Código Civil para la Ciudad de México

Código Nacional de Procedimientos Civiles y Familiares

Normatividad complementaria

Procedimiento de selección de originales, ver página web:
www.tirant.net/index.php/editorial/procedimiento-de-seleccion-de-originales

***ACCESO GRATIS** a la Lectura en la Nube + Actualizaciones*

Para visualizar el libro electrónico en la nube de lectura envíe junto a su nombre y apellidos una fotografía del código de barras situado en la contraportada del libro y otra del ticket de compra a la dirección:

ebooktirant@tirant.com

En un máximo de 72 horas laborables le enviaremos el código de acceso con sus instrucciones.

Código Civil para la Ciudad de México
Código Nacional de Procedimientos Civiles y Familiares
Normatividad complementaria

6ª Edición

MIGUEL CARBONELL

tirant lo blanch
Ciudad de México, 2025

© EDITA: TIRANT LO BLANCH
DISTRIBUYE: TIRANT LO BLANCH MÉXICO
Av. Tamaulipas 150, Oficina 502
Hipódromo, Cuauhtémoc, 06100, Ciudad de México
Telf: +52 1 55 65502317
infomex@tirant.com
www.tirant.com/mex/
www.tirant.es
ISBN: 978-84-1095-332-1

ÍNDICE

CÓDIGO CIVIL PARA LA CIUDAD DE MÉXICO

CÓDIGO NACIONAL DE PROCEDIMIENTOS CIVILES Y FAMILIARES

LEY REGISTRAL PARA LA CIUDAD DE MÉXICO

REGLAMENTO DEL REGISTRO CIVIL DE LA CIUDAD DE MÉXICO

Nota preliminar

Miguel Carbonell
Director del Centro de Estudios Jurídicos Carbonell AC

Si bien es cierto que el derecho civil se cuenta entre las ramas más tradicionales de los ordenamientos jurídicos de nuestro tiempo, también es verdad que se ha venido actualizando y transformando en su contenido en los años recientes por diversas causas.

Algunas de esas modificaciones han sido producto de reformas legislativas que han ido aconteciendo, con el objeto de poner al día los textos legales. Otros cambios han tenido como fuente las resoluciones judiciales, las cuales han suministrado significados y puntos de vista igualmente novedosos respecto al contenido de la normatividad civil.

También ha habido una influencia importante del llamado proceso de "constitucionalización" del derecho privado, a partir del cual las normas del derecho civil y mercantil se deben interpretar y aplicar a la luz del derecho constitucional, respetando en todo momento los derechos humanos.

La constitucionalización del derecho civil es una tendencia muy consolidada en el derecho comparado que también ha llegado a México. La idea fundamental de este proceso es que las normas constitucionales puedan servir como criterios de orientación interpretativa para que en las relaciones jurídicas de derecho privado se hagan valer también, en aquellos casos que así lo requieran, los derechos humanos.

En todo caso, lo que resulta evidente es que el derecho civil sigue siendo un área de estudio de la mayor relevancia, que supone grandes retos para la formación de los juristas. No se puede ser un buen profesional del derecho sin tener muy firmes las bases y el conocimiento del derecho civil. Por eso es que cada esfuerzo que se haga para ayudar en su difusión es algo que vale la pena y en lo cual todos debemos sentirnos comprometidos.

En esta edición se incluye además el Código Nacional de Procedimientos Civiles y Familiares que va a tener un profundo impacto en el conjunto del sistema jurídico nacional. Dicho Código, que fue publicado en el Diario Oficial de la Federación el 7 de junio de 2023, es una gran aportación no solamente para el derecho procesal civil y familiar, sino que también tendrá un impacto significativo en otras materias a través de la figura de la "supletoriedad".

Como podrá ver el lector, los dos ordenamientos (uno de carácter sustantivo y el otro de índole procesal) que se incluyen en este volumen son sumamente extensos y complejos. No es sencilla su comprensión, por lo que se recomienda a todos los interesados que hagan no una, sino varias lecturas que les permitan sistematizar el contenido del Código Nacional sobre todo, porque es el más reciente en el tiempo y porque ya incorpora muchas figuras novedosas, como por ejemplo el juicio oral sumario, diversos mecanismos de justicia cautelar tanto en materia civil como familiar, los apoyos extraordinarios para personas con discapacidad, la intervención de notarios en diversos procedimientos y un prolijo apartado sobre la justicia digital, entre otras cuestiones destacadas).

Ojalá que el proceso de implementación del Código Nacional se produzca de la mejor manera posible y se logren los grandes objetivos del propio Código: mejorar la justicia civil y familiar, abatir el rezago judicial, proteger a los grupos sociales más vulnerables e incentivar la tramitación por vía digital de un número cada vez más extenso de procedimientos judiciales.

También es importante observar lo relativo a la materia de las pruebas judiciales en el Código Nacional, ya que en ese tema también aparecen cuestiones que son de gran relevancia y que sin duda influirán incluso en materias del ordenamiento jurídico mexicano distintas a la materia civil y familiar.

El principal objetivo del nuevo Código Nacional de Procedimientos Civiles y Familiares es estandarizar los procedimientos judiciales civiles y familiares a nivel nacional, eliminando las disparidades que existían debido a la diversidad de normativas estatales.

Esto no solo facilita el entendimiento y la aplicación de la ley por parte de los operadores jurídicos, sino que también contribuye a que los ciudadanos tengan una mejor comprensión de sus derechos y obligaciones.

Innovaciones principales

1. Procedimientos digitales: una de las innovaciones más destacadas es la incorporación de procedimientos digitales. El Código promueve el uso de tecnologías de la información para realizar notificaciones, presentaciones de documentos y otras gestiones procesales. Esto está diseñado para agilizar los procesos y hacerlos más accesibles para el público.

En su artículo 154 el Código se refiere a la creación de la oficialía de partes virtual. En el artículo 935 se establece el principio de elegibilidad, para que las partes determinen si quieren seguir su procedimiento de forma tradicional o a través de la justicia digital. En los artículos 947 al 956 se refiere al importante tema de la firma electrónica. En el artículo 959 señala que cualquier audiencia o diligencia podrá realizarse de manera virtual.

2. Oralidad en los procesos: se introduce un mayor enfoque en la oralidad con el fin de hacer los procesos más ágiles y transparentes. Las audiencias orales permiten una comunicación directa entre las partes y el juzgador, facilitando una resolución más rápida y entendible de los conflictos. En las audiencias de juicio las partes deberán presentar sus respectivas teorías del caso cuando presenten sus alegatos de apertura. Ver al respecto lo señalado en el artículo 7 fracción XIII del Código sobre la oralidad en general y en los artículos 466 y 678 sobre la teoría del caso y los alegatos de apertura.

3. Medidas de protección inmediata: en materia de derecho familiar, el nuevo Código establece procedimientos claros y rápidos para la aplicación de medidas de protección en casos de violencia familiar o en situaciones urgencias relacionadas con la custodia de niñas, niños y adolescentes. Esto refleja una preocupación por proteger a las partes más vulnerables en contextos de emergencia. Ver los artículos 569, 571 y 573 del Código.

4. Acceso ampliado a la justicia: se busca garantizar un acceso más amplio a la justicia, simplificando procedimientos y reduciendo costos, lo que es especialmente beneficioso para las poblaciones menos favorecidas. Esto incluye la posibilidad de realizar ajustes razonables al procedimiento cuando alguna de las partes revelen estar en una condición de vulnerabilidad, para evitar situaciones de discriminación. Ver artículo 5 del Código.

5. Fomento de la conciliación: el Código enfatiza la resolución alternativa de conflictos, como la mediación y la conciliación, antes de proceder a instancias judiciales e incluso una vez iniciado el proceso. Esto no solo reduce la carga sobre los tribunales, sino que también promueve una cultura del diálogo y del acuerdo entre las partes. Ver artículos 3, 354 fracción II y 457 fracción II, entre otros, del Código. Tales disposiciones deben ser leídas y aplicadas tomando en cuenta lo que señala la Ley General de Mecanismos Alternativos de Solución de Controversias publicada en el Diario Oficial de la Federación el 26 de enero de 2024.

La enunciación de los temas de estudio a los que nos convocan los dos códigos contenidos en las siguientes páginas podría extenderse hasta poder sumar cientos de incisos o apartados. Lo importante es que cada lector se vaya familiarizando con su contenido normativo y, de esa forma, pueda estar en capacidad de realizar la mejor aplicación posible de sus mandatos. Ojalá así sea.

Ciudad de México, diciembre de 2024

Código Civil para la Ciudad de México

Última reforma publicada en la G.O. CDMX el 27 de septiembre de 2024

(Denominación reformada GODF 25/05/2000)

El C. Presidente Constitucional de la República se ha servido dirigirme el decreto que sigue:

"**PLUTARCO ELIAS CALLES,** Presidente Constitucional de los Estados Unidos Mexicanos, a sus habitantes, sabed:

Que en uso de la facultad que ha tenido a bien conferirme el H. Congreso de la Unión por Decretos de 7 de enero y de 6 de diciembre de 1926 y de 3 de enero de 1928, expido el siguiente:

DISPOSICIONES PRELIMINARES

(REFORMADO, G.O. 25 DE MAYO DE 2000)

Artículo 1°.- Las disposiciones de este Código regirán en el Distrito Federal.

N. DE E. EN RELACIÓN CON LA ENTRADA EN VIGOR DEL PRESENTE ARTÍCULO, VER ARTÍCULO SEGUNDO TRANSITORIO DEL DECRETO DE REFORMAS AL CÓDIGO.

(REFORMADO, G.O. 10 DE OCTUBRE DE 2008)

Artículo 2°.- La capacidad jurídica es igual para el hombre y la mujer. A ninguna persona por razón de edad, sexo, embarazo, estado civil, raza, idioma, religión, ideología, orientación sexual, identidad de género, expresión de rol de género, color de piel, nacionalidad, origen o posición social, trabajo o profesión, posición económica, carácter físico, discapacidad o estado de salud, se le podrán negar un servicio o prestación a la que tenga derecho, ni restringir el ejercicio de sus derechos cualquiera que sea la naturaleza de éstos.

(REFORMADO, G.O. 25 DE MAYO DE 2000)

Artículo 3º.- Las leyes, reglamentos, circulares o cualesquiera otras disposiciones de observancia general para el Distrito Federal, obligan y surten sus efectos tres días después de su publicación en la Gaceta Oficial.

(REFORMADO, G.O. 25 DE MAYO DE 2000)

Artículo 4º.- Si la ley, reglamento, circular o disposición de observancia general para el Distrito Federal, fija el día en que debe comenzar a regir, obliga desde ese día, con tal de que su publicación haya sido anterior.

Artículo 5º.- A ninguna ley ni disposición gubernativa se dará efecto retroactivo en perjuicio de persona alguna.

Artículo 6º.- La voluntad de los particulares no puede eximir de la observancia de la ley, ni alterarla o modificarla. Sólo pueden renunciarse los derechos privados que no afecten directamente al interés público, cuando la renuncia no perjudique derechos de tercero.

Artículo 7º.- La renuncia autorizada en el artículo anterior no produce efecto alguno si no se hace en términos claros y precisos, de tal suerte que no quede duda del derecho que se renuncia.

Artículo 8º.- Los actos ejecutados contra el tenor de las leyes prohibitivas o de interés público serán nulos, excepto en los casos en que la ley ordene lo contrario.

Artículo 9º.- La ley sólo queda abrogada o derogada por otra posterior que así lo declare expresamente, o que contenga disposiciones total o parcialmente incompatibles con la ley anterior.

Artículo 10.- Contra la observancia de la ley no puede alegarse desuso, costumbre o práctica en contrario.

Artículo 11.- Las leyes que establecen excepción a las reglas generales, no son aplicables a caso alguno que no esté expresamente especificado en las mismas leyes.

(REFORMADO, G.O. 25 DE MAYO DE 2000)

Artículo 12.- Las leyes para el Distrito Federal, se aplicarán a todas las personas que se encuentren en el territorio del mismo, sean nacionales o extranjeros.

(REFORMADO, G.O. 25 DE MAYO DE 2000)

Artículo 13.- La determinación del derecho aplicable en el Distrito Federal se hará conforme a las siguientes reglas:

I. En el Distrito Federal serán reconocidas las situaciones jurídicas válidamente creadas en otras entidades de la República;

II. El estado y la capacidad de las personas se rige por las leyes aplicables en el Distrito Federal;

III. La constitución, régimen y extinción de los derechos reales sobre inmuebles, así como los contratos de arrendamiento y de uso temporal de tales bienes, y los bienes muebles que se encuentren en el Distrito Federal, se regirán por las disposiciones de este Código, aunque sus titulares sean extranjeros;

IV. La forma de los actos jurídicos se regirá por el derecho del lugar en que se celebren. Sin embargo, los celebrados fuera del Distrito Federal, podrán sujetarse a las formas prescritas en este Código cuando el acto haya de tener efectos en el Distrito Federal; y

V. Salvo lo previsto en las dos fracciones anteriores, los efectos jurídicos de los actos y contratos celebrados fuera del Distrito Federal que deban ser ejecutados en su territorio, se regirán por las disposiciones de este Código, a menos que las partes hubieran designado válidamente la aplicabilidad de otro derecho.

(REFORMADO, D.O.F. 7 DE ENERO DE 1988)

Artículo 14.- En la aplicación del derecho extranjero se observará lo siguiente:

I. Se aplicará como lo haría el juez extranjero correspondiente, para lo cual el juez podrá allegarse la información necesaria acerca del texto, vigencia, sentido y alcance legal de dicho derecho;

II. Se aplicará el derecho sustantivo extranjero, salvo cuando dadas las especiales circunstancias del caso, deban tomarse en cuenta, con carácter excepcional, las normas conflictuales de ese derecho, que hagan aplicables las normas sustantivas mexicanas o de un tercer estado;

III. No será impedimento para la aplicación del derecho extranjero, que el derecho mexicano no prevea instituciones o procedimientos esenciales a la institución extranjera aplicable, si existen instituciones o procedimientos análogos;

IV. Las cuestiones previas, preliminares o incidentales que puedan surgir con motivo de una cuestión principal, no deberán resolverse necesariamente de acuerdo con el derecho que regule a esta última; y

V. Cuando diversos aspectos de una misma relación jurídica estén regulados por diversos derechos, éstos serán aplicados armónicamente, procurando realizar las finalidades perseguidas por cada uno de tales derechos. Las dificultades causadas por la aplicación simultánea de tales derechos se resolverán tomando en cuenta las exigencias de la equidad en el caso concreto.

Lo dispuesto en el presente artículo se observará cuando resultare aplicable el derecho de otra entidad de la Federación.

(REFORMADO, D.O.F. 7 DE ENERO DE 1988)

Artículo 15.- No se aplicará el derecho extranjero:

I. Cuando artificiosamente se hayan evadido principios fundamentales del derecho mexicano, debiendo el juez determinar la intención fraudulenta de tal evasión; y

II. Cuando las disposiciones del derecho extranjero o el resultado de su aplicación sean contrarios a principios o instituciones fundamentales del orden público mexicano.

(REFORMADO, D.O.F. 23 DE DICIEMBRE DE 1974)

Artículo 16.- Los habitantes del Distrito Federal tienen obligación de ejercer sus actividades y de usar y disponer de sus bienes en forma que no perjudique a la colectividad, bajo las sanciones establecidas en este Código y en las leyes relativas.

(REFORMADO, D.O.F. 27 DE DICIEMBRE DE 1983)

Artículo 17.- Cuando alguno, explotando la suma ignorancia, notoria inexperiencia o extrema miseria de otro; obtiene un lucro excesivo que sea evidentemente desproporcionado a lo que él por su parte se obliga, el perjudicado tiene derecho a elegir entre pedir la nulidad del contrato o la reducción equitativa de su obligación, más el pago de los correspondientes daños y perjuicios.

El derecho concedido en este artículo dura un año.

Artículo 18.- El silencio, obscuridad o insuficiencia de la ley, no autorizan a los jueces o tribunales para dejar de resolver una controversia.

Artículo 19.- Las controversias judiciales del orden civil deberán resolverse conforme a la letra de la ley o a su interpretación jurídica. A falta de ley se resolverán conforme a los principios generales de derecho.

Artículo 20.- Cuando haya conflicto de derechos, a falta de ley expresa que sea aplicable, la controversia se decidirá a favor del que trate de evitarse perjuicios y no a favor del que pretenda obtener lucro. Si el conflicto fuere entre derechos iguales o de la misma especie, se decidirá observando la mayor igualdad posible entre los interesados.

Artículo 21.- La ignorancia de las leyes no excusa su cumplimiento; pero los jueces teniendo en cuenta el notorio atraso intelectual de algunos individuos, su apartamiento de las vías de comunicación o su miserable situación económica, podrán, si está de acuerdo el Ministerio Público, eximirlos de las sanciones en que hubieren incurrido por la falta de cumplimiento de la ley que ignoraban, o de ser posible, concederles un plazo para que la cumplan; siempre que no se trate de leyes que afecten directamente al interés público.

LIBRO PRIMERO
DE LAS PERSONAS

TÍTULO PRIMERO
DE LAS PERSONAS FÍSICAS

Artículo 22.- La capacidad jurídica de las personas físicas se adquiere por el nacimiento y se pierde por la muerte; pero desde el momento en que un individuo es concebido, entra bajo la protección de la ley y se le tiene por nacido para los efectos declarados en el presente Código.

(REFORMADO, G.O. 25 DE MAYO DE 2000)

Artículo 23.- La minoría de edad, el estado de interdicción y demás incapacidades establecidas por la ley, son restricciones a la capacidad de ejercicio que no significan menoscabo a la dignidad de la persona ni a la integridad de la familia; los incapaces pueden ejercitar sus derechos o contraer obligaciones por medio de sus representantes.

Artículo 24.- El mayor de edad tiene la facultad de disponer libremente de su persona y de sus bienes, salvo las limitaciones que establece la ley.

TÍTULO SEGUNDO
DE LAS PERSONAS MORALES

Artículo 25.- Son personas morales:

(REFORMADA, G.O. 25 DE MAYO DE 2000)

I. La Nación, el Distrito Federal, los Estados y los Municipios;

II. Las demás corporaciones de carácter público reconocidas por la ley;

III. Las sociedades civiles o mercantiles;

IV. Los sindicatos, las asociaciones profesionales y las demás a que se refiere la fracción XVI del artículo 123 de la Constitución Federal;

V. Las sociedades cooperativas y mutualistas;

VI. Las asociaciones distintas de las enumeradas que se propongan fines políticos, científicos, artísticos, de recreo o cualquiera otro fin lícito, siempre que no fueren desconocidas por la ley;

(ADICIONADA, D.O.F. 7 DE ENERO DE 1988)

VII. Las personas morales extranjeras de naturaleza privada, en los términos del artículo 2736.

Artículo 26.- Las personas morales pueden ejercitar todos los derechos que sean necesarios para realizar el objeto de su institución.

Artículo 27.- Las personas morales obran y se obligan por medio de los órganos que las representan sea por disposición de la ley o conforme a las disposiciones relativas de sus escrituras constitutivas y de sus estatutos.

Artículo 28.- Las personas morales se regirán por las leyes correspondientes, por su escritura constitutiva y por sus estatutos.

Artículo 28 Bis.- (DEROGADO, D.O.F. 24 DE DICIEMBRE DE 1996)

TÍTULO TERCERO
DEL DOMICILIO

(REFORMADO, D.O.F. 7 DE ENERO DE 1988)

Artículo 29.- El domicilio de las personas físicas es el lugar donde residen habitualmente, y a falta de éste, el lugar del centro principal de sus negocios; en ausencia de éstos, el lugar donde simplemente residan y, en su defecto, el lugar donde se encontraren.

Se presume que una persona reside habitualmente en un lugar, cuando permanezca en él por más de seis meses.

(REFORMADO, D.O.F. 7 DE ENERO DE 1988)

Artículo 30.- El domicilio legal de una persona física es el lugar donde la ley le fija su residencia para el ejercicio de sus derechos y el cumplimiento de sus obligaciones, aunque de hecho no esté allí presente.

(REFORMADO, D.O.F. 7 DE ENERO DE 1988)

Artículo 31.- Se reputa domicilio legal:

I. Del menor de edad, el de la persona o cuya patria potestad está sujeto;

II. Del menor de edad que no esté bajo la patria potestad y del mayor incapacitado, el de su tutor;

III. En el caso de menores o incapaces abandonados, el que resulte conforme a las circunstancias previstas en el artículo 29;

IV. De los cónyuges, aquél en el cual éstos vivan de consuno, sin perjuicio del derecho de cada cónyuge de fijar su domicilio en la forma prevista en el artículo 29;

V. De los militares en servicio activo, el lugar en que están destinados;

VI. De los servidores públicos, el lugar donde desempeñan sus funciones por más de seis meses;

VII. (DEROGADA, G.O. 25 DE MAYO DE 2000)

VIII. (DEROGADA, G.O. 25 DE MAYO DE 2000)

(REFORMADA, G.O. 25 DE MAYO DE 2000)

IX. De los sentenciados a sufrir una pena privativa de la libertad por más de seis meses, el lugar en que la extingan, por lo que toca a las relaciones jurídicas posteriores a la condena; en cuanto a las relaciones anteriores, los sentenciados conservarán el último domicilio que hayan tenido.

(REFORMADO, D.O.F. 7 DE ENERO DE 1988)

Artículo 32.- Cuando una persona tenga dos o más domicilios se le considerará domiciliada en el lugar en que simplemente resida, y si viviere en varios, aquél en que se encontrare.

Artículo 33.- Las personas morales tienen su domicilio en el lugar donde se halle establecida su administración.

(REFORMADO, D.O.F. 23 DE DICIEMBRE DE 1974)

Las que tengan su administración fuera del Distrito Federal pero que ejecuten actos jurídicos dentro de su circunscripción, se considerarán domiciliadas en este lugar, en cuanto a todo lo que a esos actos se refiera.

Las sucursales que operen en lugares distintos de donde radica la casa matriz, tendrán su domicilio en esos lugares para el cumplimiento de las obligaciones contraídas por las mismas sucursales.

Artículo 34.- Se tiene derecho de designar un domicilio convencional para el cumplimiento de determinadas obligaciones.

TÍTULO CUARTO
DEL REGISTRO CIVIL

CAPÍTULO I
DISPOSICIONES GENERALES

(REFORMADO, G.O.CDMX 28 DE JUNIO DE 2024)

Artículo 35.- En la Ciudad de México estará a cargo de las Juezas y los Jueces del Registro Civil autorizar los actos del estado civil de personas mexicanas y extranjeras, al realizarse el hecho o el acto de que se trate, y extender las actas relativas a:

I. Nacimiento;

(REFORMADO, G.O.CDMX 28 DE JUNIO DE 2024)

II. Reconocimiento de hijas e hijos;

III. Adopción;

IV. Matrimonio;

V. Divorcio Administrativo;

VI. Concubinato

VII. Defunción;

VIII. La rectificación de cualquiera de estos estados;

IX. Levantamiento de una nueva acta de nacimiento para el reconocimiento de identidad de género, previa la anotación correspondiente al acta de nacimiento primigenia.

(REFORMADO, G.O.CDMX 28 DE JUNIO DE 2024)

El Registro Civil tendrá a su cargo el Registro de Deudores Alimentarios Morosos de la Ciudad de México, en el que se inscribirá a las personas que hayan dejado de cumplir por más de sesenta días, sus obligaciones alimentarias, ordenadas por los jueces y tribunales o establecidas por convenio judicial. Una vez realizada la solicitud por las autoridades jurisdiccionales, el Registro Civil tendrá 15 días hábiles para inscribir en el Registro de Deudores Alimentarios Morosos a la persona deudora. El registro expedirá un Certificado que informe si un deudor alimentario se encuentra inscrito en el Registro de Deudores Alimentarios Morosos.

El Registro Civil, una vez hecha la inscripción a que se refiere el párrafo anterior, formulará solicitud al Registro Público de la Propiedad a efecto de que se anote el Certificado respectivo en los folios reales de que sea propietario el Deudor Alimentario Moroso. El Registro Público de la Propiedad informará al Registro Civil si fue procedente la anotación.

El Registro Civil celebrará convenios con las sociedades de información crediticia a que se refiere la Ley de la materia, a fin de proporcionar la información del Registro de Deudores Alimentarios Morosos.

(REFORMADO, D.O.F. 3 DE ENERO DE 1979)

Artículo 36.- Los Jueces del Registro Civil, asentarán en formas especiales que se denominarán "Formas del Registro Civil", las actas a que se refiere el artículo anterior.

(ADICIONADO, G.O. 12 DE JUNIO DE 2012)

Las "Formas del Registro Civil" y la información asentada, serán en idioma español. En aquellos casos de personas pertenecientes a los pueblos indígenas nacionales, las actas deberán extenderse además, si así lo solicitaran, en la lengua indígena de la que sea hablante el solicitante, preservando en todo momento los nombres, apellidos ancestrales y tradicionales, conforme a sus sistemas normativos.

(ADICIONADO, G.O. 12 DE JUNIO DE 2012)

Para los efectos del párrafo anterior la Dirección General del Registro Civil del Distrito Federal, se auxiliará del Instituto Nacional de Lenguas Indígenas, para la traducción de la lengua de que se trate.

(REFORMADO, G.O. 29 DE JULIO DE 2010)

Las inscripciones se harán a través de los soportes informáticos que se contengan y en su caso, mecanográficamente.

(ADICIONADO, G.O. 13 DE ENERO DE 2004)

El Registro Civil, además resguardará las inscripciones, por medios informáticos o aquellos que el avance tecnológico ofrezca, en una base de datos en la que se reproduzcan los datos contenidos en las actas asentadas en las Formas del Registro Civil, que permitan la conservación de los mismos y la certeza sobre su autenticidad.

(REFORMADO, D.O.F. 3 DE ENERO DE 1979)

Artículo 37.- Las actas del Registro Civil, sólo se pueden asentar en las formas de que habla el artículo anterior.

La infracción de esta regla producirá la nulidad del acta y se castigará con la destitución del Juez del Registro Civil.

(REFORMADO PRIMER PÁRRAFO, G.O. 29 DE JULIO DE 2010)

Artículo 38.- Si se perdiere o destruyere alguna de las Formas del Registro Civil, se sacará inmediatamente copia de alguno de los ejemplares que obren en los archivos que esta Ley señala en su artículo 41, o bien copia de la base de datos a que se refiere el último párrafo del artículo 36 de este Código.

(REFORMADO, D.O.F. 3 DE ENERO DE 1979)

La Procuraduría General de Justicia del Distrito Federal, cuidará de que se cumpla esta disposición y a este efecto, el Juez del Registro Civil o el encargado del Archivo Judicial, le darán aviso de la pérdida.

(REFORMADO, D.O.F. 3 DE ENERO DE 1979)

Artículo 39.- El estado civil sólo se comprueba con las constancias relativas del Registro Civil; ningún otro documento ni medio de prueba es admisible para comprobarlo, salvo los casos expresamente exceptuados por la ley.

(REFORMADO, G.O. 13 DE ENERO DE 2004)

El Registro Civil podrá emitir constancias parciales que contengan extractos de las actas registrales, los cuales harán prueba plena sobre la información que contengan.

(REFORMADO, D.O.F. 3 DE ENERO DE 1979)

Artículo 40.- Cuando no hayan existido registros, se hayan perdido, estuvieren ilegibles o faltaren las formas en que se pueda suponer que se encontraba el acta, se podrá recibir prueba del acto por instrumento o testigos.

(REFORMADO [N. DE E. ADICIONADO], G.O. 29 DE JULIO DE 2010)

Para las actas cuyo contenido sea notoriamente ilegible, la Dirección General del Registro Civil del Distrito Federal, podrá habilitar la expedición de la copia certificada de manera mecanográfica siempre y cuando se pruebe el acto por instrumento.

(REFORMADO, G.O. 13 DE ENERO DE 2004)

Artículo 41.- Las Formas del Registro Civil serán expedidas por el Jefe del Gobierno del Distrito Federal o por quien él designe. Se renovarán cada año y los Jueces del Registro Civil remitirán en el transcurso del primer mes del año, un ejemplar de las Formas del Registro Civil del año inmediato anterior al Archivo de la Oficina Central del Registro Civil y el otro, con los documentos que le correspondan, quedará en el archivo de la oficina en que se haya actuado.

(REFORMADO, D.O.F. 3 DE ENERO DE 1979)

Artículo 42.- El Juez del Registro Civil que no cumpla con las prevenciones del artículo anterior, será destituido de su cargo.

Artículo 43.- No podrá asentarse en las actas, ni por vía de nota o advertencia, sino lo que deba ser declarado para el acto preciso a que ellas se refieren y lo que esté expresamente prevenido en la ley.

(REFORMADO, G.O. 25 DE MAYO DE 2000)

Artículo 44.- Cuando los interesados no puedan concurrir personalmente, podrán hacerse representar por un mandatario especial para el acto, cuyo nombramiento conste por lo menos en instrumento privado otorgado ante dos testigos. En los casos de matrimonio o de reconocimiento de hijos, se necesita poder otorgado en escritura pública o mandato extendido en escrito privado firmado por el otorgante y dos testigos y ratificadas las firmas ante Notario Público, Juez de lo Familiar o de Paz.

Artículo 45.- Los testigos que intervengan en las actas del Registro Civil, serán mayores de edad, prefiriéndose los que designen los interesados, aun cuando sean sus parientes.

(REFORMADO, D.O.F. 14 DE MARZO DE 1973)

Artículo 46.- La falsificación de las actas y la inserción en ellas de circunstancias o declaraciones prohibidas por la ley, causarán la destitución del Juez del Registro Civil, sin perjuicio de las penas que la ley señale para el delito de falsedad, y de la indemnización de daños y perjuicios.

(REFORMADO, D.O.F. 14 DE MARZO DE 1973)

Artículo 47.- Los vicios o defectos que haya en las actas, sujetan al Juez del Registro Civil a las correcciones que señale el Reglamento respectivo; pero cuando no sean substanciales no producirán la nulidad del acto, a menos que judicialmente se pruebe la falsedad de éste.

(REFORMADO, G.O. 13 DE ENERO DE 2004)

Artículo 48.- Toda persona puede pedir testimonios completos o en extracto de las actas del Registro Civil; así como de los apuntes y documentos con ellas relacionadas y los jueces y registradores estarán obligados a darlos.

La certificación de los testimonios de las actas del Registro Civil podrá autenticarse con firma autógrafa o electrónica. Por firma electrónica se entenderá la firma, clave, código o cualquier otra forma de autenticar por medios electrónicos, la autorización del funcionario competente según el sistema que instrumente el titular del Registro Civil conforme a lo que disponga el reglamento respectivo.

Las copias certificadas y las certificaciones emitidas por los servidores públicos facultados para ello y que sean autenticadas a través de firma electrónica, tendrán el mismo valor jurídico y probatorio que las suscritas en forma autógrafa.

(ADICIONADO, G.O. 12 DE JUNIO DE 2012)

La expedición de copias certificadas será en idioma español, en aquellos casos de personas pertenecientes a los pueblos indígenas nacionales, las copias certificadas deberán expedirse, si estas así lo solicitaran, en la lengua indígena nacional de la que sea hablante el solicitante.

(REFORMADO, D.O.F. 3 DE ENERO DE 1979)

Artículo 49.- Los actos y actas del estado civil del propio Juez, de su cónyuge, ascendientes y descendientes de cualquiera de ellos, no podrán autorizarse por el mismo Juez, pero se asentarán en las formas correspondientes y se autorizarán por el Juez de la adscripción más próxima.

(REFORMADO, D.O.F. 14 DE MARZO DE 1973)

Artículo 50.- Las actas del Registro Civil extendidas conforme a las disposiciones que preceden, hacen prueba plena en todo lo que el Juez del Registro Civil, en el desempeño de sus funciones, da testimonio de haber pasado en su presencia, sin perjuicio de que el acta pueda ser redargüida de falsa.

Las declaraciones de los comparecientes, hechas en cumplimiento de lo mandado por la Ley, hacen fe hasta que se pruebe lo contrario. Lo que sea extraño al acta no tiene valor alguno.

(REFORMADO, G.O. 29 DE JULIO DE 2010)

Artículo 51.- Para establecer el estado civil adquirido por los mexicanos del Distrito Federal fuera de la República, serán bastantes las constancias que los interesados presenten de los actos relativos, sujetándose a lo previsto en la Constitución Política de los Estados Unidos Mexicanos, los Tratados Internacionales firmados y ratificados por México, el Código Civil y el Código de Procedimientos Civiles del Distrito Federal, y siempre que se registren en la Oficina del Distrito Federal que corresponda.

(REFORMADO, G.O. 25 DE MAYO DE 2000)

Artículo 52.- Los Jueces del Registro Civil se suplirán en sus faltas temporales por el más próximo de la demarcación territorial del Distrito Federal en que actúen. A falta de éste, por el más próximo de la demarcación territorial colindante.

(REFORMADO, G.O. 18 DE DICIEMBRE DE 2014)

Artículo 53.- El Ministerio Público cuidará que las actuaciones e inscripciones que se hagan en las formas del Registro Civil, se realicen conforme a la Ley, pudiendo inspeccionarlas en cualquier época, así como ejercitaracción penal contra los Jueces del Registro Civil que hubieren cometido delito en el ejercicio de su cargo, o dar aviso a las autoridades administrativas de las faltas en que hubieren incurrido los empleados del Registro Civi.

CAPÍTULO II
DE LAS ACTAS DE NACIMIENTO

(REFORMADO, G.O. 13 DE ENERO DE 2004)

Artículo 54.- Las declaraciones de nacimiento se harán presentando al niño ante el Juez del Registro Civil en su oficina o en el lugar donde aquel hubiera nacido, acompañando el certificado de nacimiento. El certificado de nacimiento deberá ser suscrito por médico autorizado para el ejercicio de su profesión, o persona que haya asistido el parto, en el formato expedido para tal efecto por la Secretaría de Salud del Distrito Federal, el cual contendrá los datos que establezca el Reglamento del Registro Civil. Dicho certificado hace prueba del día, hora y lugar del nacimiento, sexo del nacido y de la maternidad.

En caso de no contar con certificado de nacimiento, el declarante deberá presentar constancia de parto en los términos que lo establezca el Reglamento del Registro Civil.

Cuando por causas de fuerza mayor, de conformidad con lo que establezca el reglamento, no se cuente con certificado de nacimiento o constancia de parto, deberá presentar denuncia de hechos ante el Ministerio Público donde se haga constar las circunstancias de los hechos.

(REFORMADO, G.O. 13 DE ENERO DE 2004)

Artículo 55.- Tienen obligación de declarar el nacimiento ante el Juez del Registro Civil de su elección, el padre y la madre o cualquiera de ellos; a falta de éstos, los ascendientes en línea recta, colaterales iguales en segundo grado y colaterales desiguales ascendentes en tercer grado dentro de los seis meses siguientes a la fecha en que ocurrió aquél.

En caso de registro extemporáneo de nacimiento, deberá estarse a lo que disponga el Reglamento del Registro Civil.

Para el registro de nacimiento a domicilio deberá estarse a lo dispuesto en el Reglamento del Registro Civil.

Artículo 56.- (DEROGADO, D.O.F. 3 DE ENERO DE 1979)

Artículo 57.- (DEROGADO, G.O. 13 DE ENERO DE 2004)

(REFORMADO PRIMER PÁRRAFO, G.O. 24 DE OCTUBRE DE 2017)

Artículo 58.- El acta de nacimiento contendrá el día, la hora y el lugar del nacimiento, el sexo del presentado, el nombre o nombres propios y los apellidos de los progenitores en el orden de prelación que ellos convengan, el Juez del Registro Civil deberá especificar, de forma expresa, el orden que acuerden. el orden de los apellidos acordado se considerará para los demás hijos e hijas del mismo vínculo asimismo, en su caso, la razón de si el registrado se ha presentado vivo o muerto y la impresión digital del mismo. Si se desconoce el nombre de los padres, el Juez del Registro Civil le pondrá el nombre y apellidos, haciendo constar esta circunstancia en el acta.

(ADICIONADO G.O. 24 DE OCTUBRE DE 2017)

Cuando no haya acuerdo entre los progenitores, el juez dispondrá el orden de los apellidos.

(REFORMADO, G.O. 29 DE JULIO DE 2010)

El juez del registro civil, exhortará a quien presente al menor que el nombre propio con el que se pretende registrar no sea peyorativo, discriminatorio, infamante, denigrante, carente de significado, o que constituya un signo, símbolo o siglas, o bien que exponga al registrado a ser objeto de burla.

(REFORMADO, G.O. 24 DE OCTUBRE DE 2017)

En el caso del artículo 60 de este Código, el Juez del Registro Civil pondrá el primer apellido de los progenitores de acuerdo al orden de prelación que ellos convengan o los dos apellidos del que lo reconozca.

(REFORMADO, G.O. 25 DE MAYO DE 2000)

Artículo 59.- En todas las actas de nacimiento se deberá asentar los nombres, domicilio y nacionalidad de los padres, los nombres y domicilios de los abuelos y los de las personas que hubieren hecho la presentación.

(REFORMADO, G.O. 25 DE MAYO DE 2000)

Artículo 60.- El padre y la madre están obligados a reconocer a sus hijos.

Cuando no estén casados, el reconocimiento se hará concurriendo los dos personalmente o a través de sus representantes, ante el Registro Civil.

La investigación tanto de la maternidad como de la paternidad, podrá hacerse ante los tribunales de acuerdo a las disposiciones relativas a este Código.

(REFORMADO, G.O. 29 DE JULIO DE 2010)

Además de los nombres de los padres, se hará constar en el acta de nacimiento su nacionalidad, edad, ocupación y domicilio.

(REFORMADO, D.O.F. 14 DE MARZO DE 1973)

Artículo 61.- Si el padre o la madre no pudieren concurrir, ni tuvieren apoderado, pero solicitaren ambos o alguno de ellos, la presencia del Juez del Registro, éste pasará al lugar en que se halle el interesado, y allí recibirá de él la petición de que se mencione su nombre; todo lo cual se asentará en el acta.

Artículo 62.- (DEROGADO, G.O. 25 DE MAYO DE 2000)

(REFORMADO, G.O. 25 DE MAYO DE 2000)

Artículo 63.- Se presume, salvo prueba en contrario, que un hijo nacido en matrimonio es hijo de los cónyuges.

Artículo 64.- (DEROGADO, G.O. 25 DE MAYO DE 2000)

Artículo 65.- Toda persona que encontrare un recién nacido o en cuya casa o propiedad fuere expuesto alguno, deberá presentarlo al Ministerio Público con los vestidos, valores o cualesquiera otros objetos encontrados con él, y declarará el día y lugar donde lo hubiere hallado así como las demás circunstancias que en su caso hayan concurrido. Una vez lo anterior, el Ministerio Público dará aviso de tal situación al Juez del Registro Civil, para los efectos correspondientes.

Artículo 66.- La misma obligación tienen los jefes, directores o administradores de los establecimientos de reclusión, y de cualquier casa de comunidad, especialmente los de los hospitales, casas de maternidad e inclusas, respecto de los niños nacidos o expuestos en ellas y en caso de incumplimiento, la autoridad del órgano político administrativo de la Demarcación Territorial del Distrito Federal que corresponda, impondrá al infractor una multa de diez a cincuenta veces del importe de la Unidad de Cuenta de la Ciudad de México vigente.

Artículo 67.- En las actas que se levanten en estos casos, se expresarán con especificación todas las circunstancias que designa el artículo 65, la edad aparente del niño, su sexo, el nombre y apellido que se le pongan, y el nombre de la persona o casa de expósitos que se encarguen de él.

(REFORMADO, D.O.F. 3 DE ENERO DE 1979)

Artículo 68.- Si con el expósito se hubieren encontrado papeles, alhajas u otros objetos que puedan conducir al reconocimiento de aquél, el Juez del Registro Civil, ordenará su depósito ante el Ministerio Público respectivo; mencionándolos en el acta y dando formal recibo de ellos al que recoja al niño.

(REFORMADO, G.O. 13 DE ENERO DE 2004)

Artículo 69.- Se prohíbe absolutamente al Juez del Registro Civil y a los testigos si los hubiera, hacer inquisición sobre la paternidad. En el acta sólo se expresará lo que deben declarar las personas que presenten al niño y los testigos; cuando se requieran, en términos de lo dispuesto por el artículo 54, aunque aparezcan sospechosas de falsedad; sin perjuicio de que ésta sea castigada conforme a las prescripciones del Código Penal.

Artículo 70.- (DEROGADO, G.O. 25 DE MAYO DE 2000)

Artículo 71.- (DEROGADO, G.O. 25 DE MAYO DE 2000)

Artículo 72.- (DEROGADO, G.O. 25 DE MAYO DE 2000)

Artículo 73.- (DEROGADO, G.O. 25 DE MAYO DE 2000)

Artículo 74.- (DEROGADO, G.O. 25 DE MAYO DE 2000)

(REFORMADO, G.O. 13 DE ENERO DE 2004)

Artículo 75.- Si al dar aviso de un nacimiento se comunicare también la muerte del recién nacido, se extenderán dos actas, una de nacimiento y otra de defunción, en las formas del Registro Civil que correspondan. Si por causa de fuerza mayor no se presentara la madre del recién nacido, deberá estarse a lo dispuesto por el artículo 55 de este Código y los datos asentados en el certificado de nacimiento deberán asentarse en el acta de nacimiento, asimismo los datos del certificado de defunción en el acta de defunción, debiéndose correlacionar ambas actas.

(REFORMADO, G.O. 13 DE ENERO DE 2004)

Artículo 76.- Cuando se trate de parto múltiple, se levantará un acta por cada uno de los nacidos, en la que además de los requisitos que señala el Artículo 58 se harán constar las particularidades que los distingan y el orden en que ocurrió su nacimiento, según lo señalado en el certificado de nacimiento, la constancia de parto o alumbramiento o los testigos que declaren, según sea el caso, de acuerdo a lo dispuesto por el artículo 54 de este Código y, además, se imprimirán las huellas digitales de los presentados. El Juez del Registro Civil relacionará las actas.

(REFORMADA SU DENOMINACIÓN, D.O.F. 3 DE ENERO DE 1979)

CAPÍTULO III
DE LAS ACTAS DE RECONOCIMIENTO

Artículo 77.- (DEROGADO, G.O. 25 DE MAYO DE 2000)

(REFORMADO, G.O. 13 DE ENERO DE 2004)

Artículo 78.- En el caso de reconocimiento hecho con posterioridad al registro, se harán las anotaciones correspondientes en el acta de nacimiento original y deberá levantarse nueva acta de nacimiento en términos de lo dispuesto por el artículo 82.

(REFORMADO, G.O. 25 DE MAYO DE 2000)

Artículo 79.- El reconocimiento del hijo mayor de edad requiere el consentimiento expreso de éste en el acta respectiva.

(REFORMADO, G.O. 13 DE ENERO DE 2004)

Artículo 80.- Si el reconocimiento se hace por alguno de los otros medios establecidos en este Código, se presentará, dentro del término de quince días ante el Juez del Registro Civil, el original o copia certificada del documento que lo compruebe.

Deberá procederse conforme a lo dispuesto por los artículos 78 y 82 de este ordenamiento.

En los casos de sentencia judicial de reconocimiento de paternidad bastará la presentación de la copia certificada de la sentencia ejecutoriada para que se dé cumplimiento.

(REFORMADO, D.O.F. 3 DE ENERO DE 1979)

Artículo 81.- La omisión del registro, en el caso del artículo que precede, no quita los efectos legales al reconocimiento hecho conforme a las disposiciones de este Código.

(REFORMADO, G.O. 13 DE ENERO DE 2004)

Artículo 82.- En el acta de nacimiento originaria se harán las anotaciones correspondientes al reconocimiento, la cual quedará reservada y no se publicará ni expedirá constancia alguna salvo mandamiento judicial.

(REFORMADO, D.O.F. 3 DE ENERO DE 1979)

Artículo 83.- Si el reconocimiento se hiciere en oficina distinta de aquélla en que se levantó el acta de nacimiento, el Juez del Registro Civil que autorice el acta de reconocimiento, remitirá copia de ésta al encargado de la oficina que haya registrado el nacimiento, para que haga la anotación en el acta respectiva.

CAPÍTULO IV
DE LAS ACTAS DE ADOPCIÓN

(REFORMADO, G.O. 9 DE JUNIO DE 2004)

Artículo 84.- Dictada la resolución judicial definitiva que autorice la adopción, el Juez, dentro del término de tres días, remitirá copia certificada de las diligencias al Juez del Registro Civil que corresponda, a fin de que, con la comparecencia del adoptante, se levante el acta correspondiente.

(REFORMADO, G.O. 13 DE ENERO DE 2004)

Artículo 85.- La falta de registro de la adopción no quita a ésta sus efectos legales, siempre que se haya hecho conforme a las disposiciones de este Código.

(REFORMADO, G.O. 25 DE MAYO DE 2000)

Artículo 86.- En los casos de adopción, se levantará un acta como si fuera de nacimiento, en los mismos términos que la que se expide para los hijos consanguíneos, sin perjuicio de lo dispuesto en el artículo siguiente.

(REFORMADO, D.O.F. 28 DE MAYO DE 1998)

Artículo 87.- En caso de adopción, a partir del levantamiento del acta, se harán las anotaciones en el acta de nacimiento originaria, la cual quedará reservada. No se publicará ni se expedirá constancia alguna que revele el origen del adoptado ni su condición de tal, salvo providencia dictada en juicio.

Artículo 88.- (DEROGADO, G.O. 25 DE MAYO DE 2000).

CAPÍTULO V
DE LAS ACTAS DE TUTELA

(REFORMADO PRIMER PÁRRAFO, G.O. 29 DE JULIO DE 2010)

Artículo 89.- Pronunciado el auto de discernimiento de la tutela y publicado en los términos que previene el Código de Procedimientos Civiles, el Juez de lo Familiar remitirá copia certificada del auto mencionado al Juez del Registro Civil, para que realice la inscripción de la ejecutoria respectiva y haga las anotaciones en el acta de nacimiento y/o matrimonio del incapacitado.

(REFORMADO, G.O. 13 DE ENERO DE 2004)

Si la inscripción se hiciere en oficina distinta de aquella en que se levantó el acta de nacimiento o matrimonio, el juez del Registro Civil que autorice la inscripción remitirá copia de ésta a la Oficina que haya registrado el nacimiento o matrimonio para que haga la anotación en el acta respectiva.

(REFORMADO, G.O. 13 DE ENERO DE 2004)

El Curador cuidará del cumplimiento de este artículo.

(REFORMADO, G.O. 13 DE ENERO DE 2004)

Artículo 90.- La omisión del registro de tutela no impide al tutor entrar en ejercicio de su cargo, ni puede alegarse por ninguna persona como causa para dejar de tratar con él, siempre que se haya hecho conforme a las disposiciones de este Código.

Artículo 91.- (DEROGADO, G.O. 13 DE ENERO DE 2004)

Artículo 92.- (DEROGADO, G.O. 13 DE ENERO DE 2004)

CAPÍTULO VI
DE LAS ACTAS DE EMANCIPACIÓN

Artículo 93.- SE DEROGA

Artículo 94.- (DEROGADO, D.O.F. 28 DE ENERO DE 1970)

Artículo 95.- (DEROGADO, D.O.F. 28 DE ENERO DE 1970)

Artículo 96.- (DEROGADO, D.O.F. 28 DE ENERO DE 1970)

CAPÍTULO VII
DE LAS ACTAS DE MATRIMONIO

(REFORMADO PRIMER PÁRRAFO, G.O. 13 DE ENERO DE 2004)

Artículo 97.- Las personas que pretendan contraer matrimonio, deberán presentar un escrito ante el Juez del Registro Civil de su elección, que deberá contener:

(REFORMADA, G.O. 29 DE JULIO DE 2010)

I. Los nombres, apellidos, edad, ocupación, domicilio y nacionalidad de los pretendientes, nombre, apellidos y nacionalidad de sus padres;

(REFORMADA, D.O.F. 14 DE MARZO DE 1973)

II. Que no tienen impedimento legal para casarse, y

(REFORMADA, D.O.F. 14 DE MARZO DE 1973)

III. Que es su voluntad unirse en matrimonio.

(REFORMADO, G.O. 13 DE JULIO DE 2016)

Este escrito deberá ser firmado por los solicitantes y deberá contener su huella digital. La voluntad deberá confirmarse y verificarse ante la autoridad del Registro Civil.

(ADICIONADO, G.O. 13 DE ENERO DE 2004)

Para el caso de matrimonios fuera de las oficinas del Registro Civil deberá observarse lo establecido en el Reglamento del Registro Civil.

(REFORMADO, G.O.CDMX 28 DE JUNIO DE 2024)

El Juez o Jueza del Registro Civil hará del conocimiento de las y los pretendientes inmediatamente después de la presentación de la solicitud, si alguno de ellos o ellas se encuentra inscrito o inscrita en el Registro de Deudores Alimentarios Morosos.

Artículo 98.- Al escrito al que se refiere el artículo anterior, se acompañará:
I. Copia certificada del acta de nacimiento de los pretendientes;

(DEROGADOO, G.O. 13 DE JULIO DE 2016)

II. Se deroga;

(REFORMADO, G.O. 13 DE JULIO DE 2016)

III. Constancia de que los pretendientes han otorgado de manera indubitable su consentimiento;

(REFORMADO, G.O. 13 DE JULIO DE 2016)

IV. Documento público de identificación de cada pretendiente o algún otro medio que acredite su identidad, de conformidad con lo que establezca el Reglamento del Registro Civil;

(REFORMADO, G.O. 13 DE JULIO DE 2016)

V. Declaración de ambos pretendientes, bajo protesta de decir verdad, de no haber sido sentenciados por violencia familiar; En caso de que alguno de los pretendientes haya sido sentenciado por violencia familiar, es necesario que el otro pretendiente entregue al juez una declaración en la que manifieste conocer de la situación y que a pesar de ello, mantiene su voluntad de contraer matrimonio.

(REFORMADO, G.O. 13 DE JULIO DE 2016)

VI. El convenio que los pretendientes celebren con relación a sus bienes presentes y a los que adquieran durante el matrimonio. En el convenio se expresará con toda claridad si el matrimonio se contrae bajo el régimen de sociedad conyugal o bajo el régimen de separación de bienes; El convenio deberá presentarse aun cuando lo pretendientes carezcan de bienes, pues en tal caso, versarán sobre los que adquieran durante el matrimonio. el convenio deberá tomar en cuenta lo que dispone el artículo 189 y 211; el Oficial del Registro Civil explicará a los pretendientes todo lo concerniente al mismo, a efecto de que el convenio quede debidamente formulado. Si de conformidad con el artículo 185 fuere necesario que las capitulaciones matrimoniales consten en escritura pública, se acompañara un testimonio de esa escritura.

(REFORMADO, G.O. 13 DE JULIO DE 2016)

VII. Copia del acta de defunción del cónyuge fallecido, si alguno de los pretendientes es viudo o de la parte resolutiva de la sentencia de divorcio o de nulidad de matrimonio, en caso de que alguno de los pretendientes hubiere sido casado anteriormente;

(REFORMADO, G.O. 13 DE JULIO DE 2016)

VIII. La manifestación, por escrito y bajo protesta de decir verdad, en el caso de que alguno de los pretendientes haya concluido el proceso para la concordancia sexogenérica, establecido en el Capítulo IV Bis, del Título Séptimo del Código de Procedimientos Civiles para el Distrito Federal, misma que tendrá el carácter de reservada; y

(ADICIONADO, G.O. 13 DE JULIO DE 2016)

IX. Copia de la dispensa de impedimentos, si los hubo.

(REFORMADO, D.O.F. 14 DE MARZO DE 1973)

El Juez del Registro Civil hará del conocimiento de los pretendientes inmediatamente después de la presentación de la solicitud, que es un requisito previo a la celebración del matrimonio, el tramitar y obtener un certificado expedido por el propio registro, para hacer constar, si alguno de ellos se encuentra inscrito en el Registro de Deudores Alimentarios Morosos, así como tomar el curso prenupcial impartido por el Gobierno del Distrito Federal a través de la Dirección General del Registro Civil.

Los cursos prenupciales serán impartidos por el personal profesional capacitado que determine el Director General del Registro Civil. Estos cursos versarán sobre temas como la prevención de la violencia familiar, salud sexual y reproductiva, planificación familiar, el respeto a la equidad de género, relaciones de pareja, fines del matrimonio, derechos y obligaciones de los cónyuges, el régimen patrimonial en las capitulaciones matrimoniales, entre otros aspectos.

Artículo 99.- En el caso de que los pretendientes, por falta de conocimientos, no puedan redactar el convenio a que se refiere la fracción V del artículo anterior, tendrá obligación de redactarlo el Juez del Registro Civil, con los datos que los mismos pretendientes le suministren.

(REFORMADO, G.O. 13 DE ENERO DE 2004)

Artículo 100.- El juez del Registro Civil a quien se presente solicitud de matrimonio con los requisitos enumerados en los artículos anteriores, hará que los pretendientes reconozcan ante él y por separado sus firmas y sostengan su voluntad para contraerlo, ponderando la veracidad de que alguno de los contrayentes no haya sido sentenciado por violencia familiar.

(REFORMADO, G.O. 13 DE ENERO DE 2004)

Artículo 101.- El matrimonio se celebrará dentro de los ocho días siguientes a la presentación de la solicitud de matrimonio, en el lugar, día y hora que se señale para tal efecto.

(REFORMADO, G.O. 13 DE ENERO DE 2004)

Artículo 102.- En el lugar, día y hora designados para la celebración del matrimonio deberán estar presentes, ante el Juez del Registro Civil, los pretendientes o su apoderado especial constituido en la forma prevenida en el artículo 44.

(REFORMADO, G.O. 29 DE JULIO DE 2010)

Acto continuo, el Juez del Registro Civil leerá en voz alta el acta respectiva y les hará saber los derechos y obligaciones legales que contraen con el matrimonio, para posteriormente preguntar a cada uno de los pretendientes si es su voluntad unirse en matrimonio, y si están conformes, los declarará unidos en nombre de la ley y de la sociedad.

Se incorpora a la ceremonia de matrimonio civil, la lectura de votos matrimoniales elaborados por las partes, con la asesoría y apoyo del personal del Registro Civil en caso de que los contrayentes así lo deseen.

(REFORMADO PRIMER PÁRRAFO, G.O. 29 DE JULIO DE 2010)

Artículo 103.- El acta de matrimonio contendrá la siguiente información:

(REFORMADA, G.O. 29 DE JULIO DE 2010)

I. Los nombres, apellidos, edad, ocupación, domicilio, lugar de nacimiento y nacionalidad de los contrayentes;

(REFORMADO, G.O. 13 DE JULIO DE 2016)

II. Los nombres, apellidos, ocupación, domicilio y nacionalidad de los padres;

(REFORMADO, G.O. 13 DE JULIO DE 2016)

III. Que no hubo impedimento para el matrimonio o que éste se dispensó;

(REFORMADO, G.O. 13 DE JULIO DE 2016)

IV. La declaración de los pretendientes de ser su voluntad unirse en matrimonio; y la de haber quedado unidos, que hará el juez en nombre de la Ley y de la sociedad;

(REFORMADO, G.O. 13 DE JULIO DE 2016)

V. La manifestación de los pretendientes de que contraen matrimonio bajo régimen de sociedad conyugal o de separación de bienes;

(REFORMADO, G.O. 13 DE JULIO DE 2016)

VI. La declaración de ambos pretendientes de no haber sido sentenciados por violencia familiar y en su caso, la declaración de que uno de los pretendientes tiene conocimiento de esa situación y aun así es su voluntad contraer matrimonio; y

(REFORMADO, G.O. 13 DE JULIO DE 2016)

VII. Que se cumplieron las formalidades exigidas por el artículo anterior.

VIII. (DEROGADA, G.O. 13 DE ENERO DE 2004)

(DEROGADO, G.O. 13 DE JULIO DE 2016)

IX. Se deroga

(REFORMADO, G.O. 13 DE ENERO DE 2004)

El acta será firmada por el Juez del Registro Civil, los contrayentes y las demás personas que hubieren intervenido si supieren y pudieren hacerlo.

(REFORMADO, D.O.F. 3 DE ENERO DE 1979)

En el acta se imprimirán las huellas digitales de los contrayentes.

(ADICIONADO, D.O.F. 3 DE ENERO DE 1979)

Artículo 103 Bis.- La celebración conjunta de matrimonios no exime al Juez del cumplimiento estricto de las solemnidades a que se refieren los artículos anteriores.

(REFORMADO, G.O. 13 DE JULIO DE 2016)

Artículo 104.- Los contrayentes que declaren maliciosamente un hecho falso, serán consignados al Ministerio Público para que ejercite la acción penal correspondiente.

(REFORMADO, D.O.F. 14 DE MARZO DE 1973)

Artículo 105.- El Juez del Registro Civil que tenga conocimiento de que los pretendientes tienen impedimento para contraer matrimonio, levantará una acta, ante dos testigos, en la que hará constar los datos que le hagan suponer que existe el impedimento. Cuando haya denuncia, se expresará en el acta el nombre, edad, ocupación, estado y domicilio del denunciante, insertándose al pie de la letra la denuncia. El acta firmada por los que en ella intervinieren, será remitida al juez de primera instancia que corresponda, para que haga la calificación del impedimento.

Artículo 106.- Las denuncias de impedimento pueden hacerse por cualquiera persona. Las que sean falsas sujetan al denunciante a las penas establecidas para el falso testimonio en materia civil. Siempre que se declare no haber impedimento el denunciante será condenado al pago de las costas, daños y perjuicios.

(REFORMADO, D.O.F. 14 DE MARZO DE 1973)

Artículo 107.- Antes de remitir el acta al juez de primera instancia, el Juez del Registro Civil hará saber a los pretendientes el impedimento denunciado, aunque sea relativo solamente a uno de ellos, absteniéndose de todo procedimiento ulterior hasta que la sentencia que decida el impedimento cause ejecutoria.

(REFORMADO, D.O.F. 14 DE MARZO DE 1973)

Artículo 108.- Las denuncias anónimas o hechas por cualquiera otro medio, si no se presentare personalmente el denunciante, sólo serán admitidas cuando estén comprobadas. En este caso, el Juez del Registro Civil dará cuenta a la autoridad judicial de primera instancia que corresponda, y suspenderá todo procedimiento hasta que ésta resuelva.

Artículo 109.- Denunciado un impedimento, el matrimonio no podrá celebrarse aunque el denunciante se desista, mientras no recaiga sentencia judicial que declare su inexistencia o se obtenga dispensa de él.

ARTÍCULO 110.- El Juez del Registro Civil que autorice un matrimonio teniendo conocimiento de que uno o ambos contrayentes son menores de dieciocho años, de que hay impedimento legal, o de que éste se ha denunciado, sin perjuicio de lo dispuesto por otros ordenamientos legales; será sancionado conforme lo disponga el Código Penal para el Distrito Federal y la Ley de Responsabilidades Administrativas de la Ciudad de México.

(REFORMADO, D.O.F. 14 DE MARZO DE 1973)

Artículo 111.- Los Jueces del Registro Civil sólo podrán negarse a autorizar un matrimonio, cuando por los términos de la solicitud, por el conocimiento de los interesados o por denuncia en forma, tuvieren noticia de que alguno de los pretendientes, o los dos carecen de aptitud legal para celebrar el matrimonio.

(REFORMADO, D.O.F. 3 DE ENERO DE 1979)

Artículo 112.- El Juez del Registro Civil, que sin motivo justificado, retarde la celebración de un matrimonio, será sancionado la primera vez con multa de $1,000.00 y en caso de reincidencia con destitución del cargo.

(REFORMADO, G.O. 13 DE JULIO DE 2016)

Artículo 113.- El juez del Registro Civil que reciba solicitud de matrimonio, exigirá de los pretendientes, bajo protesta de decir verdad, todas las declaraciones que estime convenientes a fin de asegurarse de su identidad, aptitud e inexistencia de antecedentes de violencia familiar, para contraer matrimonio.

(REFORMADA SU DENOMINACIÓN, G.O. 13 DE ENERO DE 2004)

CAPÍTULO VIII
DE LAS ACTAS, ANOTACIONES E INSCRIPCIONES DE DIVORCIO

(REFORMADO, G.O. 13 DE ENERO DE 2004)

Artículo 114.- La sentencia ejecutoria que decrete un divorcio, se remitirá copia certificada al Juez del Registro Civil para que realice la anotación en el acta de matrimonio correspondiente.

(REFORMADO, D.O.F. 3 DE ENERO DE 1979)

Artículo 115.- El acta de divorcio administrativo se levantará en los términos prescritos por el artículo 272 de este ordenamiento, previa solicitud por escrito que presenten los cónyuges y en ella se expresará el nombre y apellidos, edad, ocupación y domicilio de los solicitantes, la fecha y lugar de la Oficina en que celebraron su matrimonio y el número de partida del acta correspondiente.

(REFORMADO, G.O. 13 DE ENERO DE 2004)

Artículo 116.- Extendida el acta de divorcio administrativo, se mandará anotar en la de matrimonio de los divorciados.

Si el divorcio administrativo se hiciere en oficina distinta de aquella en que se levantó el acta de matrimonio de los divorciados, el Juez del Registro Civil que autorice el acta de divorcio administrativo, remitirá copia de ésta al encargado de la oficina que haya registrado el matrimonio, para que haga la anotación en el acta respectiva.

CAPÍTULO IX
DE LAS ACTAS DE DEFUNCIÓN

(REFORMADO, G.O. 13 DE ENERO DE 2004)

Artículo 117.- Ninguna inhumación o cremación se hará sin autorización escrita dada por el Juez del Registro Civil, quien se asegurará suficientemente del fallecimiento, con el certificado de defunción expedido por médico legalmente autorizado. La inhumación o cremación deberá realizarse dentro de las cuarenta y ocho horas siguientes a la defunción, excepto en los casos de muerte considerada violenta, o por disposición que ordene otra cosa por la autoridad competente.

El certificado de defunción hace prueba del día, hora, lugar y causas del fallecimiento, así como del sexo del fallecido.

(REFORMADO, G.O. 13 DE ENERO DE 2004)

Artículo 118.- En el acta de defunción se asentarán los datos que contenga el certificado de defunción, así como los datos que el Juez del Registro Civil requiera y será firmada por el declarante.

Para las actas de defunción de las personas transgénero, en caso de que sus familiares se negaren a realizar el trámite o pudieren vulnerar su identidad o expresión de género, dicha acta podrá ser tramitada por una persona que pertenezca a la familia social de la persona transgénero, en términos de la Ley de Víctimas de la Ciudad de México.

(REFORMADO, D.O.F. 23 DE AGOSTO DE 2024)

Artículo 119.- El acta de fallecimiento contendrá:

I. El nombre, apellido, edad, ocupación y domicilio que tuvo el difunto;

II. El estado civil de éste, y si era casado o viudo, el nombre y apellido de su cónyuge;

III. (DEROGADA, G.O. 13 DE ENERO DE 2004)

IV. Los nombres de los padres del difunto si se supieren;

(REFORMADA, G.O. 18 DE DICIEMBRE DE 2014)

V. La causa o enfermedad que originó el fallecimiento de acuerdo a la información contenida en el Certificado de Defunción, y el lugar en el que se inhumará o cremará el cadáver; y

(REFORMADA, G.O. 13 DE ENERO DE 2004)

VI. La hora de muerte, si se supiere, y todos los informes que se tengan en caso de muerte violenta, debiendo asentar los datos de la investigación sobre los hechos que puedan constituir algún delito con la que se encuentre relacionada.

N. DE E. SE RECOMIENDA CONSULTAR EL DECRETO POR EL QUE SE CREA UNA NUEVA UNIDAD DEL SISTEMA MONETARIO DE LOS ESTADOS UNIDOS MEXICANOS, PUBLICADO EN EL D.O.F. DE FECHA 22 DE JUNIO DE 1992 Y 6 DE ENERO DE 1994 Y EL AVISO POR EL QUE

SE INFORMA QUE A PARTIR DEL 1° DE ENERO DE 1994, SE SUPRIME LA PALABRA "NUEVO", PARA VOLVER A LA DENOMINACIÓN "PESO" DEL NOMBRE DE LA UNIDAD DEL SISTEMA MONETARIO, PUBLICADO EN EL D.O.F. EL 15 DE NOVIEMBRE DE 1995.

(REFORMADO, D.O.F. 3 DE ENERO DE 1979)

Artículo 120.- Los que habiten la casa en que ocurra el fallecimiento; los directores o administradores de los establecimientos de reclusión, hospitales, colegios o cualquiera otra casa de comunidad, los huéspedes de los hoteles, mesones o las casas de vecindad tienen obligación de dar aviso al Juez del Registro Civil, dentro de las veinticuatro horas siguientes del fallecimiento y en caso de incumplimiento se sancionarán con una multa de quinientos a cinco mil pesos.

Artículo 121.- (DEROGADO, G.O. 25 DE MAYO DE 2000)

(REFORMADA, G.O. 18 DE DICIEMBRE DE 2014)

Artículo 122.- Cuando el Juez del Registro Civil, sospeche que la muerte fue violenta, dará parte al Ministerio Público, comunicándole todos los informes que tenga, para que proceda a la investigación sobre hechos que puedan constituir algún delito conforme a derecho. Cuando el Ministerio Público averigüe un fallecimiento, dará parte al Juez del Registro Civil para que asiente el acta respectiva. Si se ignora el nombre del difunto, se asentarán las señas de éste, las de los vestidos y objetos que con él se hubieren encontrado y, en general, todo lo que pueda conducir a identificar a la persona; y siempre que se adquieran mayores datos, se comunicarán al Juez del Registro Civil para que los anote en el acta.

Artículo 123.- En los casos de inundación, naufragio, incendio o cualquiera otro siniestro en que no sea fácil reconocer el cadáver, se formará el acta con los datos que ministren los que lo recogieron, expresando, en cuanto fuere posible, las señas del mismo y de los vestidos u objetos que con él se hayan encontrado.

(REFORMADO, D.O.F. 3 DE ENERO DE 1979)

Artículo 124.- Si no aparece el cadáver pero hay certeza de que alguna persona ha sucumbido en el lugar del desastre, el acta contendrá el nombre de las personas que hayan conocido a la que no aparece y las demás noticias que sobre el suceso puedan adquirirse.

Artículo 125.- (DEROGADO, G.O. 25 DE MAYO DE 2000)

(REFORMADO, D.O.F. 3 DE ENERO DE 1979)

Artículo 126.- Cuando alguno falleciere en lugar que no sea el de su domicilio se remitirá al Juez del Registro Civil de su domicilio, copia certificada del acta para que se asiente en el libro respectivo.

Artículo 127.- (DEROGADO, G.O. 25 DE MAYO DE 2000)

Artículo 128.- (DEROGADO, G.O. 25 DE MAYO DE 2000)

(REFORMADO, D.O.F. 3 DE ENERO DE 1979)

Artículo 129.- En todos los casos de muerte violenta en los establecimientos de reclusión, no se hará en los registros mención de estas circunstancias y las actas solamente contendrán los demás requisitos que prescribe el artículo 119.

Artículo 130.- (DEROGADO, D.O.F. 3 DE ENERO DE 1979)

(REFORMADA SU DENOMINACIÓN, G.O. 29 DE JULIO DE 2010)

CAPÍTULO X
DE LAS INSCRIPCIONES DE LAS ANOTACIONES QUE DECLARAN O MODIFICAN EL ESTADO CIVIL Y LA CAPACIDAD LEGAL DE LAS PERSONAS

(REFORMADO, G.O. 29 DE JULIO DE 2010)

Artículo 131.- Las autoridades judiciales que declaren la ausencia, la presunción de muerte, la tutela, el divorcio o que se ha perdido o limitado la capacidad para administrar bienes, dentro del término de ocho días remitirán al Juez del Registro Civil correspondiente, copia certificada de la ejecutoria respectiva.

(REFORMADO, G.O. 29 DE JULIO DE 2010)

Artículo 132.- El Juez del Registro Civil hará la anotación correspondiente en las actas de nacimiento y de matrimonio, en su caso, e insertará los datos esenciales de la resolución judicial que se le haya comunicado.

(REFORMADO, G.O. 9 DE JUNIO DE 2004)

Artículo 133. Cuando se recobre la capacidad legal para administrar, se presente la persona declarada ausente o cuya muerte se presumía, se dará aviso al Juez del Registro Civil por el mismo interesado o por la autoridad que corresponda para que cancele la inscripción a que se refiere el artículo anterior.

(REFORMADA SU DENOMINACIÓN, D.O.F. 3 DE ENERO DE 1979)

CAPÍTULO XI
DE LA RECTIFICACIÓN, MODIFICACIÓN Y ACLARACIÓN DE LAS ACTAS DEL REGISTRO CIVIL

Artículo 134.- La rectificación de un acta del estado civil no puede hacerse sino ante el Juez del Registro Civil y en el caso de anotación divorcio en el acta de matrimonio ante el Juez de lo Familiar, con excepción del administrativo, los cuales se sujetarán a las prescripciones de este Código y del Reglamento respectivo.

Artículo 135.- Ha lugar a pedir la rectificación:

I. Por falsedad, cuando se alegue que el suceso registrado no pasó;

II. Por enmienda, cuando se solicite variar algún nombre u otro dato esencial que afecte el estado civil, la filiación, la nacionalidad, el sexo y la identidad de la persona.

III. Por existencia de errores mecanográficos y ortográficos.

Artículo 135 Bis.- Pueden pedir el levantamiento de una nueva acta de nacimiento para el reconocimiento de la identidad de género, previa la anotación correspondiente en su acta de nacimiento primigenia, las personas que requieran el reconocimiento de su identidad de género.

El reconocimiento respectivo se llevará a cabo ante las instancias y las autoridades correspondientes del Registro Civil del Distrito Federal cumpliendo todas las formalidades que exige el Reglamento del Registro Civil del Distrito Federal.

Se entenderá por identidad de género la convicción personal e interna, tal como cada persona se percibe así misma, la cual puede corresponder o no, al sexo asignado en el acta primigenia. En ningún caso será requisito acreditar intervención quirúrgica alguna, terapias u otro diagnóstico y/o procedimiento para el reconocimiento de la identidad de género.

Los efectos de la nueva acta de nacimiento para identidad de género realizados, serán oponibles a terceros desde de su levantamiento.

Los derechos y obligaciones contraídas con anterioridad al proceso administrativo para el reconocimiento de identidad de género y a la expedición de la nueva acta, no se modificarán ni se extinguen con la nueva identidad jurídica de la persona; incluidos los provenientes de las relaciones propias del derecho de familia en todos sus órdenes y grados, los que se mantendrán inmodificables.

Artículo 135 Ter.- Para realizar el levantamiento de una nueva acta de nacimiento para el reconocimiento de identidad de género, las personas interesadas deberán presentar:

I. Solicitud debidamente requisitada;

II. Copia certificada del acta de nacimiento primigenia para efecto de que se haga la reserva correspondiente;

III. Original y copia fotostática de su identificación oficial, y

IV. Comprobante de domicilio.

El levantamiento se realizará en el Juzgado Central, se procederá de inmediato a hacer la anotación y la reserva correspondiente; si se hiciere en un Juzgado distinto, se dará aviso mediante escrito al Juzgado en que se encuentre el acta de nacimiento primigenia para los mismos efectos anteriormente señalados.

El acta de nacimiento primigenia quedará reservada y no se publicará ni expedirá constancia alguna, salvo mandamiento judicial o petición ministerial.

Una vez cumpliendo el trámite se enviarán los oficios con la información, en calidad de reservada, a la Secretaría de Gobernación, Secretaría de Finanzas, Secretaría de Educación Pública, Secretaría de Salud, Secretaría de Relaciones Exteriores, Instituto Nacional Electoral, Tribunal Superior de Justicia del Distrito Federal, Procuraduría General de la República, Centro Nacional de Información del Sistema Nacional y al Consejo de la Judicatura Federal, para los efectos legales procedentes.

Artículo 135 Quater.- Además de lo señalado en el artículo anterior, para el levantamiento del acta correspondiente, se deberá cumplir con los siguientes requisitos:

I. Ser de nacionalidad mexicana;

II. Tener al menos 18 años de edad cumplidos.

III. Desahogar en el Juzgado Central del Registro Civil, la comparecencia que se detalla en el reglamento y manual de Procedimientos del Registro Civil.

Así como manifestar lo siguiente:

IV. El nombre completo y los datos registrales asentados en el acta primigenia;

V. El nombre solicitado sin apellidos y, en su caso, el género solicitado.

Artículo 135 Quitus.- Existirá un consejo integrado por la Secretaría de Desarrollo Social, la Secretaría de Gobierno, la Consejería Jurídica y de Servicios Legales, todas del Distrito Federal. El Consejo para Prevenir y Eliminar la Discriminación de la Ciudad de México, y el Mecanismo de Seguimiento y Evaluación del Programa de los Derechos Humanos del Distrito Federal.

El Consejo será el encargado de garantizar los derechos humanos en el desahogo del procedimiento administrativo de reconocimiento de identidad de género presidido por la Consejería Jurídica y de Servicios Legales del Distrito Federal y sesionará a convocatoria de esta misma.

Artículo 136.- Pueden pedir la rectificación de un acta del estado civil:

I. Las personas de cuyo estado se trata;

II. Las que se mencionan en el acta como relacionadas con el estado civil de alguno;

III. Los herederos de las personas comprendidas en las dos fracciones anteriores;

IV. Los que según los artículos 348, 349 y 350, pueden continuar o intentar la acción de que en ellos se trata.

Artículo 137.- El trámite de rectificación de acta seguirá en la forma que establezca el Reglamento del Registro Civil del Distrito Federal.

Artículo 138.- La sentencia que cause ejecutoria por divorcio y adopción se comunicará al Juez del Registro Civil y éste hará una referencia de ella al margen del acta impugnada, sea que el fallo conceda o niegue la rectificación.

Artículo 138 Bis.- La rectificación de las actas del estado civil, procede cuando en el levantamiento del acta correspondiente, existen errores de cualquier índole, y deberán tramitarse ante la Dirección General del Registro Civil.

El Reglamento del Registro Civil establecerá los supuestos, requisitos y procedimientos para realizar la rectificación de las actas del Estado Civil.

Las copias certificadas de constancias de los procedimientos de jurisdicción voluntaria, así como los testimonios de instrumentos notariales en los que se hagan constar declaraciones respecto del nombre o nombres propios, apellido o apellidos omitidos o adicionados o referencias al estado civil, no impactarán rectificación del acta correspondiente.

(ADICIONADO CON EL CAPÍTULO Y ARTÍCULOS QUE LO INTEGRAN, G.O. 25 DE MAYO DE 2000)

TÍTULO CUARTO BIS
DE LA FAMILIA

(ADICIONADO CON LOS ARTÍCULOS QUE LO INTEGRAN, G.O. 25 DE MAYO DE 2000)

CAPÍTULO ÚNICO

(ADICIONADO, G.O. 25 DE MAYO DE 2000)

Artículo 138 Ter.- Las disposiciones que se refieran a la familia son de orden público e interés social y tienen por objeto proteger su organización y el desarrollo integral de sus miembros, basados en el respeto a su dignidad.

(ADICIONADO, G.O. 25 DE MAYO DE 2000)

Artículo 138 Quáter.- Las relaciones jurídicas familiares constituyen el conjunto de deberes, derechos y obligaciones de las personas integrantes de la familia.

(ADICIONADO, G.O. 25 DE MAYO DE 2000)

Artículo 138 Quintus.- Las relaciones jurídicas familiares generadoras de deberes, derechos y obligaciones surgen entre las personas vinculadas por lazos de matrimonio, parentesco o concubinato.

(ADICIONADO, G.O. 25 DE MAYO DE 2000)

Artículo 138 Sextus.- Es deber de los miembros de la familia observar entre ellos consideración, solidaridad y respeto recíprocos en el desarrollo de las relaciones familiares.

TÍTULO QUINTO
DEL MATRIMONIO

CAPÍTULO I
DE LOS ESPONSALES

Artículo 139.- (DEROGADO, G.O. 25 DE MAYO DE 2000)

Artículo 140.- (DEROGADO, G.O. 25 DE MAYO DE 2000)

Artículo 141.- (DEROGADO, G.O. 25 DE MAYO DE 2000)

Artículo 142.- (DEROGADO, G.O. 25 DE MAYO DE 2000)

Artículo 143.- (DEROGADO, G.O. 25 DE MAYO DE 2000)

Artículo 144.- (DEROGADO, G.O. 25 DE MAYO DE 2000)

Artículo 145.- (DEROGADO, G.O. 25 DE MAYO DE 2000)

CAPÍTULO II
DE LOS REQUISITOS PARA CONTRAER MATRIMONIO

N. DE E. EN RELACIÓN CON LA ENTRADA EN VIGOR DEL PRESENTE ARTÍCULO, VÉASE TRANSITORIO PRIMERO DEL DECRETO QUE MODIFICA EL CÓDIGO.

(REFORMADO, G.O. 29 DE DICIEMBRE DE 2009)

Artículo 146.- Matrimonio es la unión libre de dos personas para realizar la comunidad de vida, en donde ambos se procuran respeto, igualdad y ayuda mutua. Debe celebrarse ante el Juez del Registro Civil y con las formalidades que estipule el presente código.

(REFORMADO, G.O. 25 DE MAYO DE 2000)

Artículo 147.- Serán nulos los pactos que hagan los contrayentes, en contravención a lo señalado en el artículo anterior.

(REFORMADO, G.O. 13 DE JULIO DE 2016)

Artículo 148.- Para contraer matrimonio es necesario que ambos contrayentes hayan cumplido 18 años de edad.

Artículo 149.- (DEROGADO, G.O. 25 DE MAYO DE 2000)

Artículo 150.- (DEROGADO, G.O. 25 DE MAYO DE 2000)

Artículo 151.- (DEROGADO, G.O. 25 DE MAYO DE 2000)

Artículo 152.- (DEROGADO, G.O. 25 DE MAYO DE 2000)

(DEROGADO, G.O. 13 DE JUNIO DE 2016)

Artículo 153.- Se deroga.

(DEROGADO, G.O. 13 DE JULIO DE 2016)

Artículo 154.- Se deroga.

(DEROGADO, G.O. 13 DE JULIO DE 2016)

Artículo 155.- Se deroga.

(REFORMADO PRIMER PÁRRAFO, G.O. 25 DE MAYO DE 2000)

Artículo 156.- Son impedimentos para celebrar el matrimonio:

(REFORMADA, G.O. 25 DE MAYO DE 2000)

I. La falta de edad requerida por la Ley;

(DEROGADO, G.O. 13 DE JULIO DE 2016)

II. Se deroga.

(REFORMADA, G.O. 25 DE MAYO DE 2000)

III. El parentesco de consanguinidad, sin limitación de grado en línea recta ascendiente o descendiente. En la línea colateral igual, el impedimento se extiende hasta los hermanos y medios hermanos. En la colateral desigual, el impedimento se extiende solamente a los tíos y sobrinos, siempre que estén en tercer grado y no hayan obtenido dispensa;

IV. El parentesco de afinidad en línea recta, sin limitación alguna;

(REFORMADA, G.O. 05 DE ABRIL DE 2017)

V. Se deroga

VI. El atentado contra la vida de alguno de los casados para contraer matrimonio con el que quede libre;

(REFORMADA, G.O. 25 DE MAYO DE 2000)

VII. La violencia física o moral para la celebración del matrimonio;

(REFORMADA, G.O. 25 DE MAYO DE 2000)

VIII. La impotencia incurable para la cópula;

(REFORMADA, G.O. 25 DE MAYO DE 2000)

IX. Padecer una enfermedad crónica e incurable, que sea, además, contagiosa o hereditaria;

(REFORMADA, G.O. 25 DE MAYO DE 2000)

X. Padecer algunos de los estados de incapacidad a que se refiere la fracción II del artículo 450;

(ADICIONADA, G.O. 25 DE MAYO DE 2000)

XI. El matrimonio subsistente con persona distinta de aquella con quien se pretenda contraer; y

(ADICIONADA, G.O. 25 DE MAYO DE 2000)

XII. El parentesco civil extendido hasta los descendientes del adoptado, en los términos señalados por el artículo 410-D.

(ADICIONADO, G.O. 25 DE MAYO DE 2000)

Son dispensables los impedimentos a que se refieren las fracciones III, VIII y IX.

(ADICIONADO, G.O. 25 DE MAYO DE 2000)

En el caso de la fracción III sólo es dispensable el parentesco de consanguinidad en línea colateral desigual.

(ADICIONADO, G.O. 25 DE MAYO DE 2000)

La fracción VIII es dispensable cuando la impotencia a que se refiere, es conocida y aceptada por el otro contrayente.

(ADICIONADO, G.O. 25 DE MAYO DE 2000)

La fracción IX es dispensable cuando ambos contrayentes acrediten fehacientemente haber obtenido de institución o médico especialista, el conocimiento de los alcances, los efectos y la prevención de la enfermedad que sea motivo del impedimento, y manifiesten su consentimiento para contraer matrimonio.

(REFORMADO, G.O. 25 DE MAYO DE 2000)

Artículo 157.- Bajo el régimen de adopción, el adoptante no puede contraer matrimonio con el adoptado o sus descendientes.

Artículo 158.- (DEROGADO, G.O. 25 DE MAYO DE 2000)

Artículo 159.- El tutor no puede contraer matrimonio con la persona que ha estado o está bajo su guarda, a no ser que obtenga dispensa, la que no se le concederá por el Presidente Municipal respectivo, sino cuando hayan sido aprobadas las cuentas de la tutela.

Esta prohibición comprende también al curador y a los descendientes de éste y del tutor.

Artículo 160.- Si el matrimonio se celebrare en contravención de lo dispuesto en el artículo anterior, el juez nombrará inmediatamente un tutor interino que reciba los bienes y los administre mientras se obtiene la dispensa.

(REFORMADO PRIMER PÁRRAFO, G.O. 25 DE MAYO DE 2000)

Artículo 161.- Los mexicanos que se casen en el extranjero, se presentarán ante el Registro Civil para la inscripción de su acta de matrimonio dentro de los primeros tres meses de su radicación en el Distrito Federal.

Si la transcripción se hace dentro de esos tres meses, sus efectos civiles se retrotraerán a la fecha en que se celebró el matrimonio; si se hace después, sólo producirá efectos desde el día en que se hizo la transcripción.

CAPÍTULO III
DE LOS DERECHOS Y OBLIGACIONES QUE NACEN DEL MATRIMONIO

Artículo 162.- Los cónyuges están obligados a contribuir cada uno por su parte a los fines del matrimonio y a socorrerse mutuamente.

(REFORMADO, G.O. 25 DE MAYO DE 2000)

Los cónyuges tienen derecho a decidir de manera libre, informada y responsable el número y espaciamiento de sus hijos, así como emplear, en los términos que señala la ley, cualquier método de reproducción asistida, para lograr su propia descendencia. Este derecho será ejercido de común acuerdo por los cónyuges.

(REFORMADO, D.O.F. 27 DE DICIEMBRE DE 1983)

Artículo 163.- Los cónyuges vivirán juntos en el domicilio conyugal. Se considera domicilio conyugal, el lugar establecido de común acuerdo por los cónyuges, en el cual ambos disfrutan de autoridad propia y consideraciones iguales.

(REFORMADO, G.O. 25 DE MAYO DE 2000)

Los tribunales, con conocimiento de causa, podrán eximir de aquella obligación a alguno de los cónyuges, cuando el otro traslade su domicilio a país extranjero, a no ser que lo haga en servicio público o social; o se establezca en lugar que ponga en riesgo su salud e integridad.

(REFORMADO, D.O.F. 31 DE DICIEMBRE DE 1974)

Artículo 164.- Los cónyuges contribuirán económicamente al sostenimiento del hogar, a su alimentación y a la de sus hijos, así como a la educación de éstos en los términos que la ley establece, sin perjuicio de distribuirse la carga en la forma y proporción que acuerden para este efecto, según sus posibilidades. A lo anterior no está obligado el que se encuentre imposibilitado para trabajar y careciere de bienes propios, en cuyo caso el otro atenderá íntegramente a esos gastos.

Los derechos y obligaciones que nacen del matrimonio serán siempre iguales para los cónyuges e independientes de su aportación económica al sostenimiento del hogar.

(ADICIONADO, G.O. 25 DE MAYO DE 2000)

Artículo 164 Bis.- El desempeño del trabajo en el hogar o el cuidado de los hijos se estimará como contribución económica al sostenimiento del hogar.

Artículo 165.- (DEROGADO, G.O. 25 DE MAYO DE 2000)

Artículo 166.- (DEROGADO, D.O.F. 31 DE DICIEMBRE DE 1974)

Artículo 167.- (DEROGADO, D.O.F. 31 DE DICIEMBRE DE 1974)

(REFORMADO, G.O. 25 DE MAYO DE 2000)

Artículo 168.- Los cónyuges tendrán en el hogar autoridad y consideraciones iguales, por lo tanto, resolverán de común acuerdo todo lo conducente al manejo del hogar, a la formación y educación, así como a la administración de los bienes de los hijos. En caso de desacuerdo, podrán concurrir ante el Juez de lo Familiar.

(REFORMADO, G.O. 25 DE MAYO DE 2000)

Artículo 169.- Los cónyuges podrán desempeñar cualquier actividad siempre que sea lícita y sin perjuicio de lo dispuesto en el artículo anterior.

Artículo 170.- (DEROGADO, D.O.F. 31 DE DICIEMBRE DE 1974)

Artículo 171.- (DEROGADO, D.O.F. 31 DE DICIEMBRE DE 1974)

(REFORMADO, G.O. 13 DE JULIO DE 2016)

Artículo 172.- Los cónyuges tiene capacidad para administrar, contratar o disponer de sus bienes propios y ejercitar las acciones u oponer las excepciones que a ellos corresponden, sin que para tal objeto necesite uno de los cónyuges el consentimiento del otro, salvo en lo relativo a los actos de administración y de dominio de los bienes comunes.

(DEROGADO, G.O. 13 DE JULIO DE 2016)

Artículo 173.- Se deroga.

Artículo 174.- (DEROGADO, D.O.F. 6 DE ENERO DE 1994)

Artículo 175.- (DEROGADO, D.O.F. 6 DE ENERO DE 1994)

Artículo 176.- El contrato de compra-venta sólo puede celebrarse entre los cónyuges cuando el matrimonio esté sujeto al régimen de separación de bienes.

(REFORMADO, G.O. 25 DE MAYO DE 2000)

Artículo 177.- Los cónyuges, durante el matrimonio, podrán ejercitar los derechos y acciones que tengan el uno contra el otro, pero la prescripción entre ellos no corre mientras dure el matrimonio.

(REFORMADA SU DENOMINACIÓN, G.O. 25 DE MAYO DE 2000)

CAPÍTULO IV
DEL MATRIMONIO CON RELACIÓN A LOS BIENES

DISPOSICIONES GENERALES

(REFORMADO, G.O. 25 DE MAYO DE 2000)

Artículo 178.- El matrimonio debe celebrarse bajo los regímenes patrimoniales de sociedad conyugal o separación de bienes.

(REFORMADO, G.O. 25 DE MAYO DE 2000)

Artículo 179.- Las capitulaciones matrimoniales son pactos que los otorgantes celebran para constituir el régimen patrimonial de su matrimonio y reglamentar la administración de los bienes, la cual deberá recaer en ambos cónyuges, salvo pacto en contrario.

(REFORMADO, G.O. 13 DE ENERO DE 2004)

Artículo 180.- Las capitulaciones matrimoniales se otorgarán antes de la celebración del matrimonio y durante éste. Podrán otorgarse o modificarse durante el matrimonio, ante el Juez de lo Familiar o ante Notario, mediante escritura pública.

(DEROGADO, G.O. 13 DE JULIO DE 2016)

Artículo 181.- Se deroga.

Artículo 182.- (DEROGADO, G.O. 25 DE MAYO DE 2000)

(ADICIONADO, G.O. 25 DE MAYO DE 2000)

Artículo 182 Bis.- Cuando habiendo contraído matrimonio bajo el régimen de sociedad conyugal, falten las capitulaciones matrimoniales o haya omisión o imprecisión en ellas, se aplicará, en lo conducente, lo dispuesto por este Capítulo.

(ADICIONADO, G.O. 25 DE MAYO DE 2000)

Artículo 182 Ter.- Mientras no se pruebe, en los términos establecidos por este Código, que los bienes y utilidades obtenidos por alguno de los cónyuges pertenecen sólo a uno de ellos, se presume que forman parte de la sociedad conyugal.

(ADICIONADO, G.O. 25 DE MAYO DE 2000)

Artículo 182 Quáter.- Salvo pacto en contrario, que conste en las capitulaciones matrimoniales, los bienes y utilidades a que se refiere el artículo anterior, corresponden por partes iguales a ambos cónyuges.

(ADICIONADO, G.O. 25 DE MAYO DE 2000)

Artículo 182 Quintus.- En la sociedad conyugal son propios de cada cónyuge, salvo pacto en contrario que conste en las capitulaciones matrimoniales:

I. Los bienes y derechos que le pertenezcan al tiempo de celebrarse el matrimonio, y los que posea antes de éste, aunque no fuera dueño de ellos, silos adquiere por prescripción durante el matrimonio;

II. Los bienes que adquiera después de contraído el matrimonio, por herencia, legado, donación o don de la fortuna;

III. Los bienes adquiridos por cualquier título propio que sea anterior al matrimonio, aunque la adjudicación se haya hecho después de la celebración de éste; siempre que todas las erogaciones que se generen para hacerlo efectivo, corran a cargo del dueño de éste;

IV. Los bienes que se adquieran con el producto de la venta o permuta de bienes propios;

V. Objetos de uso personal;

VI. Los instrumentos necesarios para el ejercicio de la profesión, arte u oficio, salvo cuando éstos integren o pertenezcan a un establecimiento o explotación de carácter común. No perderán el carácter de privativos por el hecho de haber sido adquiridos con fondos comunes, pero en este caso el otro cónyuge que los conserve, deberá pagar a otro en la proporción que corresponda; y

VII. Los bienes comprados a plazos por uno de los cónyuges antes de contraer matrimonio, tendrán el carácter de privativo cuando la totalidad o parte del precio aplazado se satisfaga con dinero propio del mismo cónyuge. Se exceptúan la vivienda, enseres y menaje familiares.

(ADICIONADO, G.O. 25 DE MAYO DE 2000)

Artículo 182 Sextus.- Los bienes de la sociedad conyugal serán administrados por ambos cónyuges, salvo pacto en contrario en las capitulaciones matrimoniales.

CAPÍTULO V
DE LA SOCIEDAD CONYUGAL

(REFORMADO, G.O. 25 DE MAYO DE 2000)

Artículo 183.- La sociedad conyugal se regirá por las capitulaciones matrimoniales que la constituyan, y en lo que no estuviere expresamente estipulado, por las disposiciones generales de la sociedad conyugal.

Los bienes adquiridos durante el matrimonio formarán parte de la sociedad conyugal, salvo pacto en contrario.

(REFORMADO, G.O. 25 DE MAYO DE 2000)

Artículo 184.- La sociedad conyugal nace al celebrarse el matrimonio o durante éste y podrán comprender, entre otros, los bienes de que sean dueños los otorgantes al formarla.

(REFORMADO, G.O. 25 DE MAYO DE 2000)

Artículo 185.- Las capitulaciones matrimoniales en que se constituya la sociedad conyugal, constarán en escritura pública cuando los otorgantes pacten hacerse copartícipes o transferirse la propiedad de bienes que ameriten tal requisito para que la traslación sea válida.

Artículo 186.- En este caso, la alteración que se haga de las capitulaciones deberá también otorgarse en escritura pública, haciendo la respectiva anotación en el Protocolo en que se otorgaron las primitivas capitulaciones, y en la inscripción del Registro Público de la Propiedad. Sin llenar estos requisitos, las alteraciones no producirán efecto contra tercero.

(REFORMADO, G.O. 13 DE JULIO DE 2016)

Artículo 187.- La sociedad conyugal puede terminar durante el matrimonio, si así lo convienen los cónyuges.

(REFORMADO PRIMER PÁRRAFO, D.O.F. 27 DE DICIEMBRE DE 1983)

Artículo 188.- Puede también terminar la sociedad conyugal durante el matrimonio, a petición de alguno de los cónyuges, por los siguientes motivos:

(REFORMADA, G.O. 25 DE MAYO DE 2000)

I. Si uno de los cónyuges por su notoria negligencia en la administración de los bienes, amenaza arruinar al otro o disminuir considerablemente los bienes comunes;

(REFORMADA, G.O. 25 DE MAYO DE 2000)

II. Cuando uno de los cónyuges, sin el consentimiento expreso del otro, hace cesión de bienes pertenecientes a la sociedad conyugal a sus acreedores;

(REFORMADA, G.O. 25 DE MAYO DE 2000)

III. Si uno de los cónyuges es declarado en quiebra, o en concurso; y

(ADICIONADA, D.O.F. 27 DE DICIEMBRE DE 1983)

IV. Por cualquiera otra razón que lo justifique a juicio del órgano jurisdiccional competente.

Artículo 189.- Las capitulaciones matrimoniales en que se establezca la sociedad conyugal, deben contener:

I. La lista detallada de los bienes inmuebles que cada consorte lleve a la sociedad, con expresión de su valor y de los gravámenes que reporten;

II. La lista especificada de los bienes muebles que cada consorte introduzca a la sociedad;

III. Nota pormenorizada de las deudas que tenga cada esposo al celebrar el matrimonio, con expresión de si la sociedad ha de responder de ellas, o únicamente de las que se contraigan durante el matrimonio, ya sea por ambos consortes o por cualquiera de ellos;

IV. La declaración expresa de si la sociedad conyugal ha de comprender todos los bienes de cada consorte o sólo parte de ellos, precisando en este último caso cuáles son los bienes que hayan de entrar a la sociedad;

V. La declaración explícita de si la sociedad conyugal ha de comprender los bienes todos de los consortes, o solamente sus productos. En uno y en otro caso se determinará con toda claridad la parte que en los bienes o en sus productos corresponda a cada cónyuge;

(F. DE E., D.O.F. 21 DE DICIEMBRE DE 1928)

VI. La declaración de si el producto del trabajo de cada consorte corresponde exclusivamente al que lo ejecutó, o si debe dar participación de ese producto al otro consorte y en qué proporción;

(REFORMADA, G.O. 25 DE MAYO DE 2000)

VII. La declaración acerca de que si ambos cónyuges o sólo uno de ellos administrará la sociedad, expresándose con claridad las facultades que en su caso se concedan;

VIII. La declaración acerca de si los bienes futuros que adquieran los cónyuges durante el matrimonio, pertenecen exclusivamente al adquirente, o si deben repartirse entre ellos y en qué proporción;

(REFORMADA, G.O. 25 DE MAYO DE 2000)

IX. La declaración expresa de que si la comunidad ha de comprender o no los bienes adquiridos por herencia, legado, donación o don de la fortuna; y

(ADICIONADA, G.O. 25 DE MAYO DE 2000)

X. Las bases para liquidar la sociedad.

Artículo 190.- Es nula la capitulación en cuya virtud uno de los consortes haya de percibir todas las utilidades; así como la que establezca que alguno de ellos sea responsable por las pérdidas y deudas comunes en una parte que exceda a la que proporcionalmente corresponda a su capital o utilidades.

Artículo 191.- Cuando se establezca que uno de los consortes sólo debe recibir una cantidad fija, el otro consorte o sus herederos deben pagar la suma convenida, haya o no utilidad en la sociedad.

Artículo 192.- Todo pacto que importe cesión de una parte de los bienes propios de cada cónyuge, será considerado como donación y quedará sujeto a lo prevenido en el capítulo VIII de este Título.

(REFORMADO, G.O. 25 DE MAYO DE 2000)

Artículo 193.- No puede renunciarse anticipadamente a los gananciales que resulten de la sociedad conyugal; pero disuelto el matrimonio, modificadas las capitulaciones o establecida la separación de bienes, pueden los cónyuges renunciar a las ganancias que les correspondan.

(REFORMADO, D.O.F. 27 DE DICIEMBRE DE 1983)

Artículo 194.- El dominio de los bienes comunes reside en ambos cónyuges mientras subsista la sociedad conyugal. La administración quedará a cargo de quien los cónyuges hubiesen designado en las capitulaciones matrimoniales, estipulación que podrá ser libremente modificada, sin necesidad de expresión de causa, y en caso de desacuerdo, el Juez de lo Familiar resolverá lo conducente.

(ADICIONADO, G.O. 25 DE MAYO DE 2000)

Artículo 194 Bis.- El cónyuge que haya malversado, ocultado, dispuesto o administrado los bienes de la sociedad conyugal con dolo, culpa o negligencia, perderá su derecho a la parte correspondiente de dichos bienes en favor del otro cónyuge. En caso de que los bienes dejen de formar parte de dicha sociedad de bienes, el cónyuge que haya procedido en los términos señalados en este artículo, deberá pagar al otro la parte que le correspondía de dichos bienes, así como los daños y perjuicios que se le ocasionen.

Artículo 195.- La sentencia que declare la ausencia de alguno de los cónyuges, modifica o suspende la sociedad conyugal en los casos señalados en este Código.

Artículo 196.- El abandono injustificado por más de seis meses del domicilio conyugal por uno de los cónyuges, hace cesar para él, desde el día del abandono, los efectos de la sociedad conyugal en cuanto le favorezcan; éstos no podrán comenzar de nuevo sino por convenio expreso.

Artículo 197.- La sociedad conyugal termina por la disolución del matrimonio, por voluntad de los consortes, por la sentencia que declare la presunción de muerte del cónyuge ausente y en los casos previstos en el artículo 188.

(REFORMADO, G.O. 25 DE MAYO DE 2000)

Artículo 198.- En el caso de nulidad de matrimonio, se observará lo siguiente:

I. Si los cónyuges procedieron de buena fe, la sociedad conyugal se considera subsistente hasta que se pronuncie sentencia ejecutoria y se liquidará conforme a lo establecido en las capitulaciones matrimoniales;

II. Si los cónyuges procedieron de mala fe, la sociedad se considera nula desde la celebración del matrimonio, quedando en todo caso a salvo los derechos que un tercero tuviere contra el fondo común. Los bienes y productos se aplicarán a los acreedores alimentarios y si no los hubiere, se repartirán en proporción de lo que cada cónyuge aportó; y

III. Si uno solo de los cónyuges tuvo buena fe, la sociedad subsistirá hasta que cause ejecutoria la sentencia, si la continuación le es favorable al cónyuge inocente; en caso contrario, se considerará nula desde un principio. El cónyuge que hubiere obrado de mala fe no tendrá derecho a los bienes y las utilidades; éstas se aplicarán a los acreedores alimentarios y, si no los hubiere, al cónyuge inocente.

Artículo 199.- (DEROGADO, G.O. 25 DE MAYO DE 2000)

Artículo 200.- (DEROGADO, G.O. 25 DE MAYO DE 2000)

Artículo 201.- (DEROGADO, G.O. 25 DE MAYO DE 2000)

Artículo 202.- (DEROGADO, G.O. 25 DE MAYO DE 2000)

(REFORMADO, G.O. 25 DE MAYO DE 2000)

Artículo 203.- Disuelta la sociedad, se procederá a formar inventario, en el cual no se incluirán el lecho, los vestidos ordinarios y los objetos de uso personal o de trabajo de los cónyuges, que serán de éstos o de sus herederos.

(REFORMADO, G.O. 25 DE MAYO DE 2000)

Artículo 204.- Terminado el inventario, se pagarán los créditos que hubiere contra el fondo social, y el sobrante, si lo hubiere, se dividirá entre los cónyuges en los términos pactados en las capitulaciones matrimoniales, y a falta u omisión de éstas, a lo dispuesto por las disposiciones generales de la sociedad conyugal. En caso de que hubiere pérdidas, el importe de éstas se deducirá del haber de cada cónyuge en proporción a las utilidades que debían corresponderles, y si uno sólo llevó el capital, de éste se deducirá la pérdida total.

Artículo 205.- Muerto uno de los cónyuges, continuará el que sobreviva en la posesión y administración del fondo social, con intervención del representante de la sucesión, mientras no se verifique la partición.

(REFORMADO, G.O. 25 DE MAYO DE 2000)

Artículo 206.- Todo lo relativo a la formación de inventarios y solemnidades de partición y adjudicación de los bienes, se regirá en lo que corresponda, por lo que disponga este Código y el Código de Procedimientos Civiles; ambos en materia de sucesiones.

(ADICIONADO, G.O. 25 DE MAYO DE 2000)

Artículo 206 Bis.- Ningún cónyuge podrá, sin el consentimiento del otro, vender, rentar y enajenar, ni en todo, ni en parte los bienes comunes, salvo en los casos del cónyuge abandonado, cuando necesite de éstos por falta de suministro de alimentos para sí o para los hijos, previa autorización judicial.

CAPÍTULO VI
DE LA SEPARACIÓN DE BIENES

Artículo 207.- Puede haber separación de bienes en virtud de capitulaciones anteriores al matrimonio, o durante éste, por convenio de los consortes, o bien por sentencia judicial. La separación puede comprender no sólo los bienes de que sean dueños los consortes al celebrar el matrimonio, sino también los que adquieran después.

Artículo 208.- La separación de bienes puede ser absoluta o parcial. En el segundo caso, los bienes que no estén comprendidos en las capitulaciones de separación, serán objeto de la sociedad conyugal que deben constituir los esposos.

(REFORMADO, G.O. 13 DE JULIO DE 2016)

Artículo 209.- Durante el matrimonio, la separación de bienes puede terminar o ser modificada, si así lo convienen los cónyuges.

Artículo 210.- No es necesario que consten en escritura pública las capitulaciones en que se pacte la separación de bienes, antes de la celebración del matrimonio. Si se pacta durante el matrimonio, se observarán las formalidades exigidas para la trasmisión de los bienes de que se trate.

Artículo 211.- Las capitulaciones que establezcan separación de bienes, siempre contendrán un inventario de los bienes de que sea dueño cada esposo al celebrarse el matrimonio, y nota especificada de las deudas que al casarse tenga cada consorte.

Artículo 212.- En el régimen de separación de bienes los cónyuges conservarán la propiedad y administración de los bienes que respectivamente les pertenecen y, por consiguiente, todos los frutos y accesiones de dichos bienes no serán comunes, sino del dominio exclusivo del dueño de ellos.

(ADICIONADO, G.O. 25 DE MAYO DE 2000)

Los bienes a los que se refiere el párrafo anterior, deberán ser empleados preponderantemente para la satisfacción de los alimentos de su cónyuge y de sus hijos, si los hubiere; en caso de que se les deje de proporcionar injustificadamente, éstos podrán recurrir al Juez de lo Familiar, a efecto de que les autorice la venta, gravamen o renta, para satisfacer sus necesidades alimentarias.

Artículo 213.- Serán también propios de cada uno de los consortes los salarios, sueldos, emolumentos y ganancias que obtuviere por servicios personales, por el desempeño de un empleo o el ejercicio de una profesión, comercio o industria.

Artículo 214.- (DEROGADO, D.O.F. 31 DE DICIEMBRE DE 1974)

Artículo 215.- Los bienes que los cónyuges adquieran en común por donación, herencia, legado, por cualquier otro título gratuito o por don de la fortuna, entre tanto se hace la división, serán administrados por ambos o por uno de ellos con acuerdo del otro; pero en este caso el que administre será considerado como mandatario.

(REFORMADO, G.O. 25 DE MAYO DE 2000)

Artículo 216.- En ninguno de los regímenes patrimoniales del matrimonio, los cónyuges podrán cobrarse retribución u honorario alguno por los servicios personales que se presten; pero si uno de los cónyuges, por ausencia o impedimento del otro, se encarga temporalmente de la administración de los bienes del ausente o impedido, tendrá derecho a que se le retribuya por este servicio en proporción a su importancia y al resultado que produjere.

Artículo 217.- El marido y la mujer que ejerzan la patria potestad se dividirán entre sí, por partes iguales, la mitad del usufructo que la ley les concede.

Artículo 218.- (DEROGADO, G.O. 25 DE MAYO DE 2000)

CAPÍTULO VII
DE LAS DONACIONES ANTENUPCIALES

(REFORMADO, G.O. 25 DE MAYO DE 2000)

Artículo 219.- Son donaciones antenupciales:

I. Las realizadas antes del matrimonio entre los futuros cónyuges, cualquiera que sea el nombre que la costumbre les haya dado; y

II. Las que un tercero hace a alguno o a ambos de los futuros cónyuges, en consideración al matrimonio.

Artículo 220.- (DEROGADO, G.O. 25 DE MAYO DE 2000)

(REFORMADO, G.O. 25 DE MAYO DE 2000)

Artículo 221.- Las donaciones antenupciales entre futuros cónyuges, aunque fueren varias, no podrán exceder reunidas de la sexta parte de los bienes del donante. En el exceso, la donación será inoficiosa.

Artículo 222.- Las donaciones antenupciales hechas por un extraño, serán inoficiosas en los términos en que lo fueren las comunes.

(REFORMADO, G.O. 25 DE MAYO DE 2000)

Artículo 223.- Para calcular si es inoficiosa una donación antenupcial, tiene el futuro cónyuge donatario y sus herederos la facultad de elegir la época en que se hizo la donación o la del fallecimiento del donador.

Artículo 224.- Si al hacerse la donación no se formó inventario de los bienes del donador, no podrá elegirse la época en que aquélla se otorgó.

Artículo 225.- Las donaciones antenupciales no necesitan para su validez de aceptación expresa.

Artículo 226.- Las donaciones antenupciales no se revocan por sobrevenir hijos al donante.

Artículo 227.- Tampoco se revocarán por ingratitud, a no ser que el donante fuere un extraño, que la donación haya sido hecha a ambos esposos y que los dos sean ingratos.

(REFORMADO, G.O. 05 DE ABRIL DE 2017)

Artículo 228.- Las donaciones ante nupciales hechas entre los futuros conyugues serán revocadas cuando, durante el matrimonio, el donatario realiza conductas de violencia familiar, abandono de las obligaciones alimentarias, sostenga relaciones sexuales con persona distinta a su conyugue u otras que sean graves a juicio del juez de lo familiar, cometidas en perjuicio del donante o sus hijos.

Artículo 229.- SE DEROGA

(REFORMADO, G.O. 25 DE MAYO DE 2000)

Artículo 230.- Las donaciones antenupciales quedarán sin efecto si el matrimonio dejare de efectuarse. Los donantes tienen el derecho de exigir la devolución de lo que hubieren dado con motivo del matrimonio a partir del momento en que tuvo conocimiento de la no celebración de éste.

Artículo 231.- Son aplicables a las donaciones antenupciales las reglas de las donaciones comunes, en todo lo que no fueren contrarias a este capítulo.

CAPÍTULO VIII
DE LAS DONACIONES ENTRE CONSORTES

(REFORMADO, G.O. 25 DE MAYO DE 2000)

Artículo 232.- Los cónyuges pueden hacerse donaciones, con tal de que no sean contrarias a las capitulaciones matrimoniales, ni perjudiquen el derecho de los acreedores alimentarios.

(REFORMADO, G.O. 25 DE MAYO DE 2000)

Artículo 233.- Las donaciones entre cónyuges pueden ser revocadas por el donante, en los términos del artículo 228.

(REFORMADO, G.O. 25 DE MAYO DE 2000)

Artículo 234.- Las donaciones entre cónyuges no se revocarán por la superveniencia de hijos, pero se reducirán cuando sean inoficiosas, en los mismos términos que las comunes.

CAPÍTULO IX
DE LOS MATRIMONIOS NULOS E ILÍCITOS

Artículo 235.- Son causas de nulidad de un matrimonio:

I. El error acerca de la persona con quien se contrae, cuando entendiendo un cónyuge celebrar matrimonio con persona determinada, lo contrae con otra;

(REFORMADA, G.O. 25 DE MAYO DE 2000)

II. Que el matrimonio se haya celebrado concurriendo algunos de los impedimentos enumerados en el artículo 156; siempre que no haya sido dispensado en los casos que así proceda; y

III. Que se haya celebrado en contravención a lo dispuesto en los artículos 97, 98, 100, 102, 103 y 148

(REFORMADO, G.O. 25 DE MAYO DE 2000)

Artículo 236.- La acción de nulidad que nace del error, sólo puede deducirse por el cónyuge engañado; pero si éste no denuncia el error dentro de los treinta días siguientes a que lo advierte, se tiene por ratificado el consentimiento y queda subsistente el matrimonio, a no ser que exista algún otro impedimento que lo anule.

(DEROGADO, G.O. 13 DE JULIO DE 2016)

Artículo 237.- Se deroga.

(DEROGADO, G.O. 13 DE JULIO DE 2016)

Artículo 238.- Se deroga.

(DEROGADO, G.O. 13 DE JULIO DE 2016)

Artículo 239.- Se deroga.

(DEROGADO, G.O. 13 DE JULIO DE 2016)

Artículo 240.- Se deroga.

(REFORMADO, G.O. 25 DE MAYO DE 2000)

Artículo 241.- El parentesco de consanguinidad no dispensado anula el matrimonio, pero dejará de ser causa de nulidad, si antes de declararse ejecutoriada la resolución de nulidad, se obtiene dispensa, en los casos que ésta proceda.

Artículo 242.- La acción que nace de esta clase de nulidad y la que dimana del parentesco de afinidad en línea recta, pueden ejercitarse por cualquiera de los cónyuges, por sus ascendientes y por el Ministerio Público.

(DEROGADO, G.O. 05 DE ABRIL DE 2017)

Artículo 243.- Se deroga.

En uno y en otro caso, la acción debe intentarse dentro de los seis meses siguientes a la celebración del matrimonio de los adúlteros.

(REFORMADO, G.O. 25 DE MAYO DE 2000)

Artículo 244.- La acción de nulidad proveniente del atentado contra la vida de alguno de los cónyuges para casarse con el que quede libre, puede ser deducida por los hijos del cónyuge víctima del atentado, o por el Ministerio Público, dentro del término de seis meses, contados desde que tuvieron conocimiento del nuevo matrimonio.

(REFORMADO, G.O. 25 DE MAYO DE 2000)

Artículo 245.- La violencia física y moral serán causa de nulidad del matrimonio, en cualquiera de las circunstancias siguientes:

I. Que importen peligro de perder la vida, la honra, la libertad, la salud o una parte considerable de los bienes;

II. Que haya sido causada al cónyuge, a la persona o personas que la tenían bajo su patria potestad o tutela al celebrarse el matrimonio, a sus demás ascendientes, a sus descendientes, hermanos o colaterales hasta el cuarto grado; y

III. Que haya subsistido al tiempo de celebrarse el matrimonio.

La acción que nace de estas causas de nulidad sólo puede deducirse por el cónyuge agraviado, dentro de sesenta días contados desde la fecha en que cesó la violencia.

(REFORMADO, G.O. 25 DE MAYO DE 2000)

Artículo 246.- La acción de nulidad que se funde en alguna de las causas expresadas en las fracciones VIII y IX del artículo 156, sólo puede ejercitarse por los cónyuges dentro de los sesenta días siguientes, contados desde que se celebró el matrimonio.

(REFORMADO, G.O. 25 DE MAYO DE 2000)

Artículo 247.- Tienen derecho a pedir la nulidad a que se refiere la fracción X del artículo 156 el otro cónyuge, el tutor del interdicto, el curador, el Consejo Local de Tutelas o el Ministerio Público.

Artículo 248.- El vínculo de un matrimonio anterior, existente al tiempo de contraerse el segundo, anula éste aunque se contraiga de buena fe, creyéndose fundadamente que el consorte anterior había muerto. La acción que nace de esta causa de nulidad puede deducirse por el cónyuge del primer matrimonio, por sus hijos o herederos, y por los cónyuges que contrajeron el segundo. No deduciéndola ninguna de las personas mencionadas, la deducirá el Ministerio Público.

Artículo 249.- La nulidad que se funde en la falta de formalidades esenciales para la validez del matrimonio, puede alegarse por los cónyuges y por cualquiera que tenga interés en probar que no hay matrimonio. También podrá declararse esa nulidad a instancia del Ministerio Público.

(REFORMADO, D.O.F. 14 DE MARZO DE 1973)

Artículo 250.- No se admitirá demanda de nulidad por falta de solemnidades en el acta de matrimonio celebrado ante el Juez del Registro Civil, cuando a la existencia del acta se una la posesión de estado matrimonial.

Artículo 251.- El derecho para demandar la nulidad del matrimonio corresponde a quienes la ley lo concede expresamente, y no es trasmisible por herencia ni de cualquiera otra manera. Sin embargo, los herederos podrán continuar la demanda de nulidad entablada por aquel a quien heredan.

(REFORMADO, D.O.F. 14 DE MARZO DE 1973)

Artículo 252.- Ejecutoriada la sentencia que declare la nulidad, el tribunal, de oficio, enviará copia certificada de ella al Juez del Registro Civil ante quien pasó el matrimonio, para que al margen del acta ponga nota circunstanciada en que conste: la parte resolutiva de la sentencia, su fecha, el tribunal que la pronunció y el número con que se marcó la copia, la cual será depositada en el archivo.

Artículo 253.- El matrimonio tiene a su favor la presunción de ser válido; sólo se considerará nulo cuando así lo declare una sentencia que cause ejecutoria.

Artículo 254.- Los cónyuges no pueden celebrar transacción ni compromiso en árbitros, acerca de la nulidad del matrimonio.

(REFORMADO, G.O. 25 DE MAYO DE 2000)

Artículo 255.- El matrimonio contraído de buena fe, aunque sea declarado nulo, produce todos sus efectos civiles en favor de los cónyuges mientras dure; y en todo tiempo, en favor de sus hijos.

Artículo 256.- Si ha habido buena fe de parte de uno sólo de los cónyuges, el matrimonio produce efectos civiles únicamente respecto de él y de los hijos.

Si ha habido mala fe de parte de ambos consortes, el matrimonio produce efectos civiles solamente respecto de los hijos.

Artículo 257.- La buena fe se presume; para destruir esta presunción se requiere prueba plena.

(REFORMADO, G.O. 25 DE MAYO DE 2000)

Artículo 258.- Desde la presentación de la demanda de nulidad, se dictarán las medidas provisionales que establece el artículo 282.

(REFORMADO, G.O. 25 DE MAYO DE 2000)

Artículo 259.- En la sentencia que declare la nulidad, el Juez de lo Familiar resolverá respecto a la guarda y custodia de los hijos, el suministro de sus alimentos y la forma de garantizarlos.

Para tal efecto, el padre y la madre propondrán la forma y términos de los mismos; de no haber acuerdo, el Juez resolverá atendiendo a las circunstancias del caso.

En ambos supuestos, deberá oírse previamente a los menores y al Ministerio Público.

(REFORMADO, G.O. 25 DE MAYO DE 2000)

Artículo 260.- El Juez de lo Familiar, en todo tiempo, podrá modificar la determinación a que se refiere el artículo anterior, atendiendo a las circunstancias del caso y velando siempre por el interés superior de los hijos.

(REFORMADO, G.O. 25 DE MAYO DE 2000)

Artículo 261.- Declarada la nulidad del matrimonio, se procederá a la división de los bienes comunes, de conformidad con lo establecido en el artículo 198 de este ordenamiento.

Artículo 262.- Declarada la nulidad del matrimonio, se observarán respecto de las donaciones antenupciales las reglas siguientes:

I. Las hechas por un tercero a los cónyuges, podrán ser revocadas;

II. Las que hizo el cónyuge inocente al culpable quedarán sin efecto y las cosas que fueron objeto de ellas se devolverán al donante con todos sus productos;

III. Las hechas al inocente por el cónyuge que obró de mala fe quedarán subsistentes;

(REFORMADA, G.O. 25 DE MAYO DE 2000)

IV. Si los dos cónyuges procedieron de mala fe, las donaciones que se hayan hecho, quedarán a favor de sus acreedores alimentarios. Si no los tienen, no podrán hacer los donantes reclamación alguna con motivo de la liberalidad.

(REFORMADO, G.O. 25 DE MAYO DE 2000)

Artículo 263.- Si al declararse la nulidad del matrimonio la mujer estuviera embarazada, se tomarán las medidas cautelares a que se refiere el Capítulo Primero del Título Quinto del Libro Tercero.

Artículo 264.- (DEROGADO, G.O. 25 DE MAYO DE 2000)

Artículo 265.- (DEROGADO, G.O. 25 DE MAYO DE 2000)

CAPÍTULO X
DEL DIVORCIO

(REFORMADO, G.O. 18 DE JULIO DE 2018)

Artículo 266.- El divorcio disuelve el vínculo del matrimonio y deja a los cónyuges en aptitud de contraer otro. Podrá solicitarse por uno o ambos cónyuges cuando cualquiera de ellos lo reclame ante la autoridad judicial manifestando su voluntad de no querer continuar con el matrimonio, sin que se requiera señalar la causa por la cual se solicita.

Solo se decretará cuando se cumplan los requisitos exigidos por el siguiente artículo.

(REFORMADO, G.O. 3 DE OCTUBRE DE 2008)

Artículo 267.- El cónyuge que unilateralmente desee promover el juicio de divorcio deberá acompañar a su solicitud la propuesta de convenio para regular las consecuencias inherentes a la disolución del vínculo matrimonial, debiendo contener los siguientes requisitos:

(REFORMADA, G.O.CDMX 28 DE JUNIO DE 2024)

I. La designación de la persona que tendrá la guarda y custodia de las hijas e hijos menores de edad o incapaces;

(FRACCIÓN REFORMADA, G.O.CDMX 28 DE JUNIO DE 2024)

II. Las modalidades bajo las cuales el progenitor, que no detente la guarda y custodia, ejercerá el derecho de visitas, respetando los horarios de comidas, descanso y estudio de las hijas y los hijos;

(FRACCIÓN REFORMADA, G.O.CDMX 28 DE JUNIO DE 2024)

III. El modo de atender las necesidades de las hijas e hijos y en su caso, del cónyuge a quien deba darse alimentos, especificando la forma, lugar y fecha de pago de la obligación alimentaria, así como la garantía para asegurar su debido cumplimiento;

(FRACCIÓN REFORMADA, G.O.CDMX 28 DE JUNIO DE 2024)

IV. Designación del cónyuge al que corresponderá el uso y disfrute del domicilio conyugal, en su caso y del menaje; señalándose la fecha de salida del cónyuge que deberá desocupar el domicilio;

(FRACCIÓN REFORMADA, G.O.CDMX 28 DE JUNIO DE 2024)

V. La manera de administrar los bienes de la sociedad conyugal durante el procedimiento y hasta que se liquide, así como la forma de liquidarla, exhibiendo para ese efecto las capitulaciones matrimoniales; el inventario que considere, bienes muebles e inmuebles, así como animales de compañía, en su caso; avalúo y el proyecto de partición; y

(FRACCIÓN REFORMADA, G.O.CDMX 28 DE JUNIO DE 2024)

VI. En el caso de que los cónyuges hayan celebrado el matrimonio bajo el régimen de separación de bienes deberá señalarse la compensación, que no podrá ser superior al 50% del valor de los bienes que hubieren adquirido, a que tendrá derecho el cónyuge que, durante el matrimonio, se haya dedicado preponderantemente al desempeño del trabajo del hogar y, en su caso, al cuidado de las hijas o los hijos o que no haya adquirido bienes propios o habiéndolos adquirido, sean notoriamente menores a los de la contraparte. La Jueza o Juez de lo Familiar resolverá atendiendo las circunstancias especiales de cada caso.

Artículo 268.- (DEROGADO, G.O. 25 DE MAYO DE 2000)

Artículo 269.- (DEROGADO, G.O. 25 DE MAYO DE 2000)

Artículo 270.- (DEROGADO, G.O. 25 DE MAYO DE 2000)

(PÁRRAFO REFORMADO, G.O.CDMX 28 DE JUNIO DE 2024)

Artículo 271.- Las Juezas y Jueces de lo familiar están obligados a suplir la deficiencia de las partes en el convenio propuesto. En caso de existir presunción de violencia familiar, deberán allegarse de los medios de prueba idóneos y decretar las medidas necesarias para salvaguardar la integridad y seguridad de las víctimas.

Las limitaciones formales de la prueba que rigen en la materia civil, no deben aplicarse en los casos de divorcio respecto del o los convenios propuestos.

(REFORMADO G.O. 18 DE JULIO DE 2018)

Artículo 272.- Procede el divorcio administrativo cuando ambos cónyuges convengan en divorciarse, hayan liquidado la sociedad conyugal de bienes, si están casados bajo ese régimen patrimonial, la cónyuge no esté embarazada, no tengan hijos en común o teniéndolos sean mayores de edad, y éstos no requieran alimentos o alguno de los cónyuges. El Juez del Registro Civil, previa identificación de los cónyuges, y ratificando en el mismo acto la solicitud de divorcio, levantará un acta en que los declarará divorciados y hará la anotación correspondiente en la del matrimonio anterior.

Artículo 273.- (DEROGADO, G.O. 3 DE OCTUBRE DE 2008)

Artículo 274.- (DEROGADO, G.O. 25 DE MAYO DE 2000)

Artículo 275.- (DEROGADO, G.O. 3 DE OCTUBRE DE 2008)

Artículo 276.- (DEROGADO, G.O. 3 DE OCTUBRE DE 2008)

(REFORMADO, G.O. 3 DE OCTUBRE DE 2008)

Artículo 277.- La persona que no quiera pedir el divorcio podrá, sin embargo, solicitar que se suspenda su obligación de cohabitar con su cónyuge, cuando éste se encuentre en alguno de los siguientes casos:

I. Padezca cualquier enfermedad incurable que sea, además, contagiosa o hereditaria;

II. Padezca impotencia sexual irreversible, siempre y cuando no tenga su origen en la edad avanzada; o

III. Padezca trastorno mental incurable, previa declaración de interdicción que se haga respecto del cónyuge enfermo;

En estos casos, el juez, con conocimiento de causa, podrá decretar esa suspensión; quedando subsistentes las demás obligaciones creadas por el matrimonio.

Artículo 278.- (DEROGADO, G.O. 3 DE OCTUBRE DE 2008)

Artículo 279.- (DEROGADO, G.O. 25 DE MAYO DE 2000)

(REFORMADO, G.O. 3 DE OCTUBRE DE 2008)

Artículo 280.- La reconciliación de los cónyuges pone término al procedimiento de divorcio en cualquier estado en que se encuentre. Para tal efecto los interesados deberán comunicar su reconciliación al Juez de lo Familiar.

Artículo 281.- (DEROGADO, G.O. 3 DE OCTUBRE DE 2008)

(PÁRRAFO REFORMADO, G.O.CDMX 28 DE JUNIO DE 2024)

Artículo 282.- Desde que se presenta la demanda, la controversia del orden familiar, la solicitud de divorcio y los juicios relativos a la filiación y solo mientras dure el juicio, se dictarán las medidas provisionales pertinentes; asimismo, en los casos de divorcio en que no se llegue a concluir mediante convenio, las medidas subsistirán hasta en tanto se dicte sentencia interlocutoria en el incidente que resuelva la situación jurídica de las hijas, hijos, alimentos, uso del domicilio familiar y bienes, según corresponda y de acuerdo a las disposiciones siguientes:

A. De oficio:

(FRACCIÓN REFORMADA, G.O.CDMX 28 DE JUNIO DE 2024)

I. De conformidad con los hechos expuestos y las documentales exhibidas en los convenios propuestos, el Juez de lo Familiar tomará las medidas que considere adecuadas para salvaguardar la integridad y seguridad de los interesados, incluyendo las de violencia familiar, aún cuando la presuma, por lo que tendrá la más amplia libertad para dictar las medidas que protejan a las víctimas;

(FRACCIÓN REFORMADA, G.O.CDMX 28 DE JUNIO DE 2024)

II. Señalar y asegurar las cantidades que a título de alimentos debe dar el deudor alimentario al cónyuge acreedor y a los hijos que correspondan, debiéndose girar los oficios necesarios para conocer la capacidad económica del deudor alimentista, y en todos los casos decretar los apercibimientos de ley;

III. Las que se estimen convenientes para que los cónyuges no se puedan causar perjuicios en sus respectivos bienes ni en los de la sociedad conyugal en su caso. Asimismo, ordenar, cuando existan bienes que puedan pertenecer a ambos cónyuges, la anotación preventiva de la demanda en el Registro Público de la Propiedad y de Comercio del Distrito Federal y de aquellos lugares en que se conozca que tienen bienes;

IV. Revocar o suspender los mandatos que entre los cónyuges se hubieran otorgado, con las excepciones que marca el artículo 2596 de este Código;

(FRACCIÓN ADICIONADA, G.O.CDMX 28 DE JUNIO DE 2024)

V. Las que sean necesarias para proteger integralmente a la mujer que se encuentre embarazada.

B. Una vez contestada la solicitud:

I. El Juez de lo Familiar determinará con audiencia de parte, y teniendo en cuenta el interés familiar y lo que más convenga a los hijos, cuál de los cónyuges continuará en el uso de la vivienda familiar y asimismo, previo inventario, los bienes y enseres que continúen en ésta y los que se ha de llevar el otro cónyuge, incluyendo los necesarios para el ejercicio de la profesión, arte u oficio a que esté dedicado, debiendo informar éste el lugar de su residencia;

II. Poner a las hijas e hijos al cuidado de la persona que de común acuerdo designen los cónyuges, pudiendo estos compartir la guarda y custodia mediante convenio. La Jueza o Juez de lo Familiar deberá, en todos los casos, ponderar el interés superior de la niñez, garantizando que reciba una protección integral de sus derechos fundamentales, para lo cual las y los menores podrán manifestar su opinión en relación con la guarda y custodia, misma que tendrá que ser tomada en cuenta al momento de emitir la resolución respectiva. En defecto de ese acuerdo, la Jueza o el Juez de lo Familiar resolverá conforme al Título Décimo Sexto del Código de Procedimientos Civiles.

En el caso de que existan menores de doce años, la Jueza o Juez de lo Familiar determinará, atendiendo a las circunstancias concretas del caso específico, garantizando las mejores condiciones para el desarrollo, cuidado y protección de las y los menores, si éstos quedan al cuidado de la madre, del padre o incluso de persona ajena a sus progenitores. No será obstáculo para la preferencia en la custodia, el hecho de que la madre o padre por dedicarse al trabajo de cuidados en el hogar carezca de recursos económicos;

III. El Juez de lo Familiar resolverá teniendo presente el interés superior de los hijos, quienes serán escuchados, las modalidades del derecho de visita o convivencia con sus padres;

IV. Requerirá a ambos cónyuges para que le exhiban, bajo protesta de decir verdad, un inventario de sus bienes y derechos, así como, de los que se encuentren bajo el régimen de sociedad conyugal, en su caso, especificando además el título bajo el cual se adquirieron o poseen, el valor que estime que tienen, las capitulaciones matrimoniales y un proyecto de partición. Durante el procedimiento, recabará la información complementaria y comprobación de datos que en su caso precise; y

V. Las demás que considere necesarias.

(ARTÍCULO ADICIONADO, G.O.CDMX 28 DE JUNIO DE 2024)

Artículo 282 Bis.- Las medidas que se dicten para salvaguardar la integridad y seguridad de las víctimas de violencia familiar atendiendo a lo dispuesto en el artículo anterior, deberán ser suficientes para salvaguardar la integridad física, psicoemocional, sexual, los bienes, propiedades e incluso la vida, y podrán ser, entre otras:

I. La desocupación de la persona agresora del domicilio donde habite la víctima, independientemente de la acreditación de propiedad o posesión del inmueble, aún en los casos de arrendamiento del mismo, ya sea durante el matrimonio, en sociedad conyugal o en la separación de bienes y, en su caso, el reingreso de la mujer en situación de violencia una vez que se resguarde su seguridad;

II. La prohibición de la persona agresora de acercarse o ingresar al domicilio, lugar de trabajo o de estudios de la víctima o cualquier otro que frecuente la víctima;

III. La prohibición de la persona agresora para que se acerque a la víctima a la distancia que la Jueza o Juez considere pertinente;

IV. Ordenar la entrega inmediata de objetos de uso personal y documentos de identidad de la víctima;

V. La prohibición a la persona agresora de comunicarse con la víctima, por sí o por interpósita persona por cualquier medio incluyendo redes sociales;

VI. La suspensión a la persona agresora de un régimen de visitas y convivencias con las y los menores de edad;

VII. Prohibición a la persona agresora de enajenar o hipotecar bienes de la sociedad conyugal o los que se encuentren en el domicilio común en caso de concubinato, y

VIII. Las demás que se consideren necesarias.

Tratándose de violencia contra las mujeres y niñas además se estará a lo dispuesto por la Ley General de Acceso de las Mujeres a una Vida Libre de Violencia y la Ley de Acceso de las Mujeres a una Vida Libre de Violencia de la Ciudad de México.

La sentencia definitiva determinará las medidas que deberán quedar vigentes, así como la forma de cumplimiento de las mismas.

(PÁRRAFO REFORMADO, G.O.CDMX 28 DE JUNIO DE 2024)

Artículo 283.- La sentencia de divorcio atenderá la perspectiva de género e interés superior de la infancia y adolescencia, fijando la situación de las hijas e hijos menores de edad, para lo cual deberá contener las siguientes disposiciones:

(FRACCIÓN REFORMADA G.O. CDMX. 28 DE JUNIO DE 2024)

I. Todo lo relativo a los derechos y deberes inherentes a la patria potestad, su pérdida, suspensión, o limitación; a la guarda y custodia, así como a las obligaciones de crianza y el derecho de las hijas e hijos a convivir con ambos progenitores, las cuales podrán restringirse cuando exista peligro para su sano desarrollo, considerando los tipos de violencia previstos en la Ley General de Acceso de las Mujeres a una Vida Libre de Violencia y la Ley de Acceso de las Mujeres a una Vida Libre de Violencia de la Ciudad de México.

(FRACCIÓN REFORMADA G.O. CDMX. 28 DE JUNIO DE 2024)

II. Todas las medidas necesarias para proteger a las hijas e hijos de actos de violencia familiar o cualquier otra circunstancia que lastime u obstaculice su desarrollo armónico y pleno.

(FRACCIÓN REFORMADA G.O. CDMX. 28 DE JUNIO DE 2024)

III. Las medidas necesarias para garantizar la convivencia de las hijas y los hijos con sus progenitores, la cual deberá ser limitada o suspendida cuando exista riesgo para los menores, o peligro para su sano desarrollo, considerando los tipos de violencia previstos en la Ley General de Acceso de las Mujeres a una Vida Libre de Violencia y la Ley de Acceso de las Mujeres a una Vida Libre de Violencia de la Ciudad de México.

(FRACCIÓN REFORMADA G.O. CDMX. 28 DE JUNIO DE 2024)

IV. Tomando en consideración, en su caso, los datos recabados en términos del artículo 282 de este Código, la Jueza o el Juez de lo Familiar fijará lo relativo a la división de los bienes y tomará las precauciones necesarias para asegurar las obligaciones que queden pendientes entre los cónyuges o con relación a las hijas e hijos. Los excónyuges tendrán obligación de contribuir, en proporción a sus bienes e ingresos, al pago de alimentos a favor de los hijos.

(FRACCIÓN REFORMADA G.O. CDMX. 28 DE JUNIO DE 2024)

V. Las medidas de seguridad, seguimiento y las psicoterapias necesarias para corregir los actos de violencia familiar en términos de la Ley de Asistencia y Prevención a la Violencia Familiar y la Ley de Acceso de las Mujeres a una Vida Libre de Violencia para la Ciudad de México. Medidas que podrán ser suspendidas o modificadas en los términos previstos por el artículo 94 del Código de Procedimientos Civiles para el Distrito Federal.

(REFORMADA, G.O. 3 DE OCTUBRE DE 2008)

VI. Para el caso de los mayores incapaces, sujetos a la tutela de alguno de los excónguyes (sic), en la sentencia de divorcio deberán establecerse las medidas a que se refiere este artículo para su protección.

(FRACCIÓN REFORMADA G.O. CDMX. 28 DE JUNIO DE 2024)

VII. En caso de desacuerdo, la Jueza o Juez de lo Familiar, en la sentencia de divorcio, habrá de resolver sobre la procedencia de la compensación que prevé el artículo 267 fracción VI, atendiendo a las circunstancias especiales de cada caso.

(FRACCIÓN REFORMADA G.O. CDMX. 28 DE JUNIO DE 2024)

VIII. Las demás que sean necesarias para garantizar el bienestar, el desarrollo, la protección y el interés superior de las hijas y los hijos menores de edad.

(PÁRRAFO REFORMADO G.O. CDMX. 28 DE JUNIO DE 2024)

Para lo dispuesto en el presente artículo, de oficio o a petición de parte interesada, durante el procedimiento la Jueza o Juez se allegará de los elementos necesarios, debiendo escuchar al Ministerio Público, a ambos padres y a las y los menores.

(REFORMADO, G.O. 3 DE OCTUBRE DE 2008)

Artículo 283 Bis.- En caso de que los padres hayan acordado la guarda y custodia compartida en términos de lo establecido en la fracción II del apartado B del artículo 282, el Juez, en la sentencia de divorcio, deberá garantizar que los divorciantes cumplan con las obligaciones de crianza, sin que ello implique un riesgo en la vida cotidiana para los hijos.

Artículo 284.- (DEROGADO, G.O. 3 DE OCTUBRE DE 2008)

Artículo 285.- El padre y la madre, aunque pierdan la patria potestad, quedan sujetos a todas las obligaciones que tienen para con sus hijos.

Artículo 286.- (DEROGADO, G.O. 3 DE OCTUBRE DE 2008)

(REFORMADO, G.O. 19 DE JUNIO DE 2013)

(ARTÍCULO REFORMADO, G.O.CDMX 28 DE JUNIO DE 2024)

Artículo 287.- En caso de que los cónyuges lleguen a un acuerdo respecto del convenio señalado en el artículo 267 y éste no contravenga ninguna disposición legal, o presentaren un convenio emanado de un procedimiento de mediación a que se refiere la Ley de Justicia Alternativa del Tribunal Superior de Justicia para el Distrito Federal, en uno u otro caso el juez lo aprobará de plano, decretando el divorcio mediante sentencia. En caso contrario, el juez decretará el divorcio dejando expedito el derecho de los cónyuges para que lo hagan valer en la vía incidental, exclusivamente por lo que concierne al convenio; quedando vigentes las medidas provisionales dictadas.

La jueza o el juez exhortará en la referida sentencia que, previo al inicio de la vía incidental, las partes acudan al procedimiento de mediación a que se refiere la Ley de Justicia Alternativa del Tribunal Superior de Justicia para la Ciudad de México, e intenten, a través de dicho procedimiento, llegar a un acuerdo respecto del convenio señalado.

En caso de que las partes, una vez recibida la pre-mediación, no hubieren aceptado el procedimiento, o habiéndolo iniciado no fuera posible llegar a un acuerdo, podrán hacer valer sus derechos por la vía incidental. En el caso de que las partes logren la construcción de un acuerdo por medio del procedimiento de mediación, lo harán del conocimiento de la persona juzgadora.

(PÁRRAFO REFORMADO, G.O.CDMX 28 DE JUNIO DE 2024)

Artículo 288.- En caso de divorcio, la jueza o Juez resolverá sobre el pago de alimentos a favor del cónyuge que, durante el matrimonio se haya dedicado preponderantemente a las labores del hogar y en su caso al cuidado de las hijas e hijos, esté imposibilitado para trabajar o carezca de bienes suficientes para sufragar sus necesidades; tomando en cuenta las siguientes circunstancias:

I. La edad y el estado de salud de los cónyuges;

(FRACCIÓN REFORMADA, G.O.CDMX 28 DE JUNIO DE 2024)

II. Su calificación profesional y posibilidad de acceso a un empleo remunerado, tomando en consideración el grado de estudios y experiencia profesional;

III. Duración del matrimonio y dedicación pasada y futura a la familia;

IV. Colaboración con su trabajo en las actividades del cónyuge;

V. Medios económicos de uno y otro cónyuge, así como de sus necesidades; y

VI. Las demás obligaciones que tenga el cónyuge deudor.

En la resolución se fijarán las bases para actualizar la pensión y las garantías para su efectividad. El derecho a los alimentos se extingue cuando el acreedor contraiga nuevas nupcias o se una en concubinato o haya transcurrido un término igual a la duración del matrimonio.

(REFORMADO, G.O. 25 DE MAYO DE 2000)

Artículo 289.- En virtud del divorcio, los cónyuges recobrarán su entera capacidad para contraer matrimonio.

Artículo 289 Bis.- (DEROGADO, G.O. 3 DE OCTUBRE DE 2008)

(REFORMADO, G.O. 25 DE MAYO DE 2000)

Artículo 290.- La muerte de uno de los cónyuges pone fin al juicio de divorcio, y los herederos tienen los mismos derechos y obligaciones que tendrían si no hubiere existido dicho juicio.

(REFORMADO, G.O. 29 DE JULIO DE 2010)

Artículo 291.- Ejecutoriada una sentencia de divorcio, el Juez de lo Familiar, bajo su más estricta responsabilidad, remitirá copia de ella al Juez del Registro Civil ante quien se celebró el matrimonio, para que realice la anotación correspondiente en la del matrimonio disuelto.

(ADICIONADO CON LOS ARTÍCULOS QUE LO INTEGRAN, G.O. 25 DE MAYO DE 2000)

CAPÍTULO XI
DEL CONCUBINATO

N. DE E. EN RELACIÓN CON LA ENTRADA EN VIGOR DEL PRESENTE ARTÍCULO, VÉASE TRANSITORIO PRIMERO DEL DECRETO QUE MODIFICA EL CÓDIGO.

(REFORMADO, G.O. 29 DE DICIEMBRE DE 2009)

(PÁRRAFO REFORMADO, G.O.CDMX 28 DE JUNIO DE 2024)

Artículo 291 Bis.- Las concubinas y los concubinarios tienen derechos y obligaciones recíprocos, siempre que, sin impedimentos legales para contraer matrimonio, han vivido en común en forma constante y permanente por un período mínimo de dos años que precedan inmediatamente a la generación de derechos y obligaciones a los que alude este capítulo.

(PÁRRAFO REFORMADO, G.O.CDMX 28 DE JUNIO DE 2024)

No es necesario el transcurso del período mencionado cuando, reunidos los demás requisitos, tengan un hijo o una hija en común.

(PÁRRAFO REFORMADO, G.O.CDMX 28 DE JUNIO DE 2024)

Si con una misma persona se establecen varias uniones del tipo antes descrito, en ninguna se reputará concubinato. Quien haya actuado de buena fe podrá demandar del otro, una indemnización por daños y perjuicios y en su caso, pensión alimenticia.

(PÁRRAFO REFORMADO, G.O.CDMX 28 DE JUNIO DE 2024)

Las Juezas y Jueces del Registro Civil podrán recibir declaraciones con relación a existencia o cesación de concubinato, existencia o cesación de cohabitación y otros hechos relativos a relaciones de pareja que no constituyan modificaciones al estado civil, y que las personas deseen hacer constar, ante el referido Juez del Registro Civil.

(PÁRRAFO REFORMADO, G.O.CDMX 28 DE JUNIO DE 2024)

Las Juezas y Jueces del Registro Civil harán constar por escrito y en los formatos que al efecto se aprueben, las declaraciones emitidas por las personas que acudan a formular las mismas. Estos formatos serán conservados por la Dirección General del Registro Civil, y se podrán expedir constancias de las mismas, las cuales sólo acreditan el hecho de la comparecencia y de haber emitido las declaraciones en ella contenidas. Las constancias emitidas por la Dirección General del Registro Civil en los términos del presente artículo no constituyen modificación del estado civil de las personas, circunstancia que se asentará en los formatos respectivos.

En caso de que, mediante las declaraciones se pretenda hacer constar actos que pudieran constituir un ilícito o unamodificación al estado civil de las personas, el Juez del Registro Civil podrá negar el servicio, fundando y motivando sunegativa.

(ARTÍCULO REFORMADO, G.O. CDMX 28 DE JUNIO DE 2024)

Artículo 291 Ter.- Regirán al concubinato todos los derechos y obligaciones inherentes a la familia y del matrimonio, en lo que le fueren aplicables.

(ADICIONADO, G.O. 25 DE MAYO DE 2000)

Artículo 291 Quáter.- El concubinato genera entre los concubinos derechos alimentarios y sucesorios, independientemente de los demás derechos y obligaciones reconocidos en este código o en otras leyes.

(ADICIONADO, G.O. 25 DE MAYO DE 2000)

Artículo 291 Quintus.- Al cesar la convivencia, la concubina o el concubinario que carezca de ingresos o bienes suficientes para su sostenimiento, tiene derecho a una pensión alimenticia por un tiempo igual al que haya durado el concubinato. No podrá reclamar alimentos quien haya demostrado ingratitud, o viva en concubinato o contraiga matrimonio.

(SE DEROGA PÁRRAFO, G.O. CDMX 28 DE JUNIO DE 2024)

(REFORMADA SU DENOMINACIÓN, D.O.F. 30 DE DICIEMBRE DE 1997)

TÍTULO SEXTO
DEL PARENTESCO, DE LOS ALIMENTOS Y DE LA VIOLENCIA FAMILIAR

CAPÍTULO I
DEL PARENTESCO

(REFORMADO, G.O. 25 DE MAYO DE 2000)

Artículo 292.- La ley sólo reconoce como parentesco los de consanguinidad, afinidad y civil.

(REFORMADO, G.O. 25 DE MAYO DE 2000)

Artículo 293.- El parentesco por consanguinidad es el vínculo entre personas que descienden de un tronco común.

(REFORMADO, G.O. 2 DE FEBRERO DE 2007)

También se da parentesco por consanguinidad, entre el hijo producto de reproducción asistida y el hombre y la mujer, o sólo ésta, que hayan procurado el nacimiento para atribuirse el carácter de progenitores o progenitora. Fuera de este caso, la donación de células germinales no genera parentesco entre el donante y el hijo producto de la reproducción asistida.

En el caso de la adopción, se equiparará al parentesco por consanguinidad aquél que existe entre el adoptado, el adoptante, los parientes de éste y los descendientes de aquél, como si el adoptado fuera hijo consanguíneo.

N. DE E. EN RELACIÓN CON LA ENTRADA EN VIGOR DEL PRESENTE ARTÍCULO, VÉASE TRANSITORIO PRIMERO DEL DECRETO QUE MODIFICA EL CÓDIGO.

(REFORMADO, G.O. 29 DE DICIEMBRE DE 2009)

Artículo 294.- El parentesco de afinidad, es el que se adquiere por matrimonio o concubinato, entre los cónyuges y sus respectivos parientes consanguíneos.

(REFORMADO, G.O. 25 DE MAYO DE 2000)

Artículo 295.- El parentesco civil es el que nace de la adopción, en los términos del artículo 410-D.

Artículo 296.- Cada generación forma un grado, y la serie de grados constituye lo que se llama línea de parentesco.

Artículo 297.- La línea es recta o transversal: la recta se compone de la serie de grados entre personas que descienden unas de otras; la transversal se compone de la serie de grados entre personas que sin descender unas de otras, proceden de un progenitor o tronco común.

(REFORMADO, G.O. 25 DE MAYO DE 2000)

Artículo 298.- La línea recta es ascendente o descendente:

I. Ascendente es la que liga a una persona con su progenitor o tronco del que procede;

II. Descendente, es la que liga al progenitor con los que de él proceden.

La misma línea recta es ascendente o descendente, según el punto de partida y la relación a que se atiende.

Artículo 299.- En la línea recta los grados se cuentan por el número de generaciones, o por el de las personas, excluyendo al progenitor.

Artículo 300.- En la línea transversal los grados se cuentan por el número de generaciones, subiendo por una de las líneas y descendiendo por la otra; o por el número de personas que hay de uno a otro de los extremos que se consideran, excluyendo la del progenitor o tronco común.

CAPÍTULO II
DE LOS ALIMENTOS

Artículo 301.- La obligación de dar alimentos es recíproca. El que los da tiene a su vez el derecho de pedirlos.

(ARTÍCULO ADICIONADO, G.O. CDMX. 28 DE JUNIO DE 2024)

Artículo 301 Bis.- Los alimentos son de orden público, interés social y de observancia general en la Ciudad de México, por lo que el juez o jueza tienen la obligación de garantizar el derecho de las personas a recibirlos; tomando en consideración el interés superior de la infancia y adolescencia, así como las necesidades inmediatas de las y los acreedores alimentistas.

(ARTÍCULO REFORMADO, G.O.CDMX 28 DE JUNIO DE 2024)

Artículo 302.- Cónyuges y concubinos están obligados a proporcionarse alimentos. La ley determinará cuándo queda subsistente esta obligación en los casos de separación, divorcio, nulidad de matrimonio y otros que la ley señale.

(ARTÍCULO REFORMADO, G.O.CDMX 28 DE JUNIO DE 2024)

Artículo 303.- Las y los progenitores están obligados a dar alimentos a sus hijas e hijos. A falta o por imposibilidad debidamente acreditada de las y los progenitores, la obligación recae en los demás ascendientes por ambas líneas que estuvieran más próximos en grado, conforme a la capacidad económica de los mismos.

Artículo 304.- Los hijos están obligados a dar alimentos a los padres. A falta o por imposibilidad de los hijos, lo están los descendientes más próximos en grado.

(REFORMADO PRIMER PÁRRAFO, G.O. 25 DE MAYO DE 2000)

Artículo 305.- A falta o por imposibilidad de los ascendientes o descendientes, la obligación recae en los hermanos de padre y madre o en los que fueren solamente de madre o padre.

Faltando los parientes a que se refieren las disposiciones anteriores, tienen obligación de ministrar alimentos los parientes colaterales dentro del cuarto grado.

(REFORMADO, G.O. 25 DE MAYO DE 2000)

Artículo 306.- Los hermanos y parientes colaterales a que se refiere el artículo anterior, tienen la obligación de proporcionar alimentos a los menores o discapacitados, este último supuesto incluye a los parientes adultos mayores, hasta el cuarto grado.

(REFORMADO, G.O. 9 DE JUNIO DE 2004)

Artículo 307.- El adoptante y el adoptado tienen la obligación de darse alimentos en los casos en que la tienen los padres y los hijos.

(REFORMADO, G.O. 18 DE JUNIO DE 2013)

Artículo 308.- Los alimentos comprenden:

I. La comida, el vestido, la habitación, la atención médica, la hospitalaria y en su caso, los gastos de embarazo y parto;

(FRACCIÓN REFORMADA, G.O.CDMX 28 DE JUNIO DE 2024)

II. Respecto de los menores, además, los gastos para su educación y para proporcionarles oficio, arte o profesión adecuados a sus circunstancias personales y para su esparcimiento;

III. Con relación a las personas con algún tipo de discapacidad o declarados en estado de interdicción, lo necesario para lograr, en lo posible, su habilitación o rehabilitación y su desarrollo; y

IV. Por lo que hace a los adultos mayores que carezcan de capacidad económica, además de todo lo necesario para su atención geriátrica, se procurará que los alimentos se les proporcionen, integrándolos a la familia.

(ARTÍCULO REFORMADO, G.O.CDMX 28 DE JUNIO DE 2024)

Artículo 309.- El obligado a proporcionar alimentos cumple su obligación, asignando una pensión al acreedor alimentista o integrándolo a la familia. En caso de conflicto para la integración, corresponde a la Jueza o Juez de lo Familiar fijar la manera de ministrar los alimentos, según las circunstancias.

Aquella persona que incumpla con lo señalado con el párrafo anterior por un periodo de sesenta días se constituirá en deudor alimentario moroso. La

Jueza o Juez de lo Familiar ordenará al Registro Civil su inscripción en el Registro de Deudores Alimentarios Morosos, proporcionando al Registro los datos de identificación del deudor alimentario que señala el artículo 323 Séptimus, los cuales le serán proporcionados al Juez por el acreedor alimentario.

El deudor alimentario moroso que acredite ante la Jueza o Juez que han sido pagados en su totalidad los adeudos a que se refiere el párrafo anterior, podrá solicitar al mismo la cancelación de la inscripción.

El Registro Civil cancelará las inscripciones a que se refiere el segundo párrafo previa orden judicial.

(REFORMADO, G.O. 25 DE MAYO DE 2000)

Artículo 310.- El deudor alimentista no podrá pedir que se incorpore a su familia el que debe recibir alimentos, cuando se trate de un cónyuge divorciado que reciba alimentos del otro o cuando haya inconveniente legal para hacer esa incorporación.

(REFORMADO, G.O. 25 DE MAYO DE 2000)

Artículo 311.- Los alimentos han de ser proporcionados a las posibilidades del que debe darlos y a las necesidades de quien deba recibirlos. Determinados por convenio o sentencia, los alimentos tendrán un incremento automático mínimo equivalente al aumento porcentual anual correspondiente al Índice Nacional de Precios al Consumidor publicado por el Banco de México, salvo que el deudor alimentario demuestre que sus ingresos no aumentaron en igual proporción. En este caso, el incremento en los alimentos se ajustará al que realmente hubiese obtenido el deudor. Estas prevenciones deberán expresarse siempre en la sentencia o convenio correspondiente.

(PÁRRAFO ADICIONADO, G.O.CDMX 28 DE JUNIO DE 2024)

En caso de no poder acreditarse los ingresos del deudor alimentario ni poder determinarse la capacidad económica del mismo, los alimentos no podrán en ningún caso ser menores a la UMA vigente en la Ciudad de México.

(ARTÍCULO REFORMADO, G.O.CDMX 28 DE JUNIO DE 2024)

Artículo 311 Bis.- Las niñas, niños y adolescentes; las personas con discapacidad; las personas sujetas a estado de interdicción, concubinas o cónyuges que se dediquen preponderantemente al hogar, gozan de la presunción de necesitar alimentos.

(ARTÍCULO REFORMADO, G.O.CDMX 28 DE JUNIO DE 2024)

Artículo 311 Ter.- Cuando no sean comprobables el salario o los ingresos de la persona deudora alimentaria, la Jueza o Juez de lo Familiar resolverá con base en la capacidad económica y nivel de vida que las y los acreedores alimentarios y la o el deudor haya llevado en los últimos dos años.

(ADICIONADO, G.O. 25 DE MAYO DE 2000)

Artículo 311 Quáter.- Los acreedores alimentarios tendrán derecho preferente sobre los ingresos y bienes de quien tenga dicha obligación, respecto de otra calidad de acreedores.

Artículo 312.- Si fueren varios los que deben dar los alimentos y todos tuvieren posibilidad para hacerlo, el juez repartirá el importe entre ellos, en proporción a sus haberes.

Artículo 313.- Si sólo algunos tuvieren posibilidad, entre ellos se repartirá el importe de los alimentos; y si uno sólo la tuviere, él cumplirá únicamente la obligación.

Artículo 314.- La obligación de dar alimentos no comprende la de proveer de capital a los hijos para ejercer el oficio, arte o profesión a que se hubieren dedicado.

Artículo 315.- Tienen acción para pedir el aseguramiento de los alimentos:

I. El acreedor alimentario;

(REFORMADA, G.O. 25 DE MAYO DE 2000)

II. El que ejerza la patria potestad o el que tenga la guarda y custodia del menor;

III. El tutor;

(F. DE E., D.O.F. 21 DE DICIEMBRE DE 1928)

IV. Los hermanos y demás parientes colaterales dentro del cuarto grado;

(REFORMADA, G.O. 25 DE MAYO DE 2000)

V. La persona que tenga bajo su cuidado al acreedor alimentario; y

(ADICIONADA, G.O. 25 DE MAYO DE 2000)

VI. El Ministerio Público.

(ADICIONADO, G.O. 25 DE MAYO DE 2000)

Artículo 315 Bis.- Toda persona que tenga conocimiento sobre la necesidad de otro de recibir alimentos y pueda aportar los datos de quienes estén obligados a proporcionarlos, podrá acudir ante el Ministerio Público o Juez de lo Familiar indistintamente, a denunciar dicha situación.

(REFORMADO, G.O. 25 DE MAYO DE 2000)

Artículo 316.- Si las personas a que se refieren las fracciones II, III, IV y V del artículo 315 no pueden representar al acreedor alimentario en el juicio en que se pida el aseguramiento de alimentos, se nombrará por el Juez de lo Familiar un tutor interino.

(REFORMADO, D.O.F. 27 DE DICIEMBRE DE 1983)

Artículo 317.- El aseguramiento podrá consistir en hipoteca, prenda, fianza, depósito de cantidad bastante a cubrir los alimentos o cualesquiera otra forma de garantía suficiente a juicio del juez.

Artículo 318.- El tutor interino dará garantía por el importe anual de los alimentos. Si administrare algún fondo destinado a ese objeto, por él dará la garantía legal.

Artículo 319.- En los casos en que los que ejerzan la patria potestad gocen de la mitad del usufructo de los bienes del hijo, el importe de los alimentos se deducirá de dicha mitad, y si ésta no alcanza a cubrirlos, el exceso será de cuenta de los que ejerzan la patria potestad.

(REFORMADO PRIMER PÁRRAFO, G.O. 25 DE MAYO DE 2000)

Artículo 320.- Se suspende o cesa, según el caso, la obligación de dar alimentos, por cualquiera de las siguientes causas:

(SE DEROGA G.O.CDMX 28 DE JUNIO DE 2024)

I. Se deroga;

II. Cuando el alimentista deja de necesitar los alimentos;

(REFORMADA, G.O. 25 DE MAYO DE 2000)

III. En caso de violencia familiar o injurias graves inferidas, por el alimentista mayor de edad, contra el que debe prestarlos;

(REFORMADA, G.O. 25 DE MAYO DE 2000)

IV. Cuando la necesidad de los alimentos dependa de la conducta viciosa o de la falta de aplicación al estudio del alimentista mayor de edad;

V. Si el alimentista, sin consentimiento del que debe dar los alimentos, abandona la casa de éste por causas injustificables;

(ADICIONADA, G.O. 25 DE MAYO DE 2000)

VI. Las demás que señale este Código u otras leyes.

Artículo 321.- El derecho de recibir alimentos no es renunciable, ni puede ser objeto de transacción.

(REFORMADO, G.O. 25 DE MAYO DE 2000)

Artículo 322.- Cuando el deudor alimentario no estuviere presente, o estándolo rehusare entregar los alimentos a que está obligado, será responsable de las deudas que los acreedores contraigan para cubrir sus exigencias.

(PÁRRAFO REFORMADO, G.O.CDMX 28 DE JUNIO DE 2024)

La Jueza o Juez de lo Familiar resolverá respecto al monto de la deuda, en atención a lo dispuesto en el artículo 311.

(PÁRRAFO ADICIONADO, G.O.CDMX 28 DE JUNIO DE 2024)

Si la persona obligada mediante resolución judicial al pago de la pensión alimenticia provisional o definitiva, dejara de cubrirla sin causa justificada por un periodo mayor a sesenta días, la Jueza o Juez de lo Familiar de inmediato, deberá dar aviso a las autoridades migratorias y demás competentes de conformidad con el artículo 48, fracción VI, de la Ley de Migración, a fin de restringir la salida del país de la persona deudora alimentaria, siempre que esta sea una medida idónea para el cumplimiento de la obligación alimentaria.

(ARTÍCULO REFORMADO, G.O.CDMX 28 DE JUNIO DE 2024)

Artículo 323.- En casos de separación o de abandono de los cónyuges, el que no haya dado lugar a ese hecho podrá solicitar al juez de lo familiar que obligue al otro a seguir contribuyendo con los gastos del hogar durante la separación, en la proporción en que lo venía haciendo hasta antes de ésta; así como también, satisfaga los adeudos contraídos en los términos del Artículo 322. Si dicha proporción no se pudiera determinar, la jueza o el juez de lo familiar fijará la suma mensual correspondiente y dictará las medidas necesarias para asegurar su entrega y el pago de lo que ha dejado de cubrir desde la separación.

Toda persona a quien, por su cargo, corresponda proporcionar informes sobre la capacidad económica de los deudores alimentarios, está obligada a suministrar los datos exactos que le solicite la jueza o el Juez de lo Familiar; de no hacerlo, será sancionada en los términos establecidos en el Código de Procedimientos Civiles y responderá solidariamente con los obligados directos de los daños y perjuicios que cause al acreedor alimentista por sus omisiones o informes falsos.

La fuente de trabajo en donde labore el deudor alimentario realizará los descuentos respectivos directo de su nómina para cubrir las pensiones alimenticias adeudadas, quienes incumplan con esta obligación se estarán a lo dispuesto en el párrafo anterior.

Las personas que incurran en desacato a las órdenes judiciales de descuento, o auxilien al deudor a ocultar o simular sus bienes, o a eludir el cumplimiento de las obligaciones alimentarias, son responsables en los términos del párrafo segundo de este artículo, sin perjuicio de lo dispuesto por otros ordenamientos legales.

El deudor alimentario deberá informar de inmediato a la jueza o Juez de lo Familiar y al acreedor alimentista cualquier cambio de empleo, la denominación o razón social de su nueva fuente de trabajo, la ubicación de ésta y el puesto o cargo que desempeñará, a efecto de que continúe cumpliendo con la pensión alimenticia decretada y no incurrir en alguna responsabilidad.

En tanto no se cumpla con el pago de la pensión alimenticia correspondiente, el deudor no podrá solicitar o demandar cambio de guarda y custodia ni suspensión o pérdida de patria potestad de sus hijas e hijos.

Artículo 323 Bis.- (DEROGADO, G.O. 22 DE JULIO DE 2005)

(ADICIONADO CON LOS ARTÍCULOS QUE LO INTEGRAN, D.O.F. 30 DE DICIEMBRE DE 1997)

CAPÍTULO III
DE LA VIOLENCIA FAMILIAR

(REFORMADO, G.O. 17 DE ENERO DE 2007)

Artículo 323 Ter.- Los integrantes de la familia tienen derecho a desarrollarse en un ambiente de respeto a su integridad física, psicoemocional, económica y sexual y tienen la obligación de evitar conductas que generen violencia familiar.

(PÁRRAFO REFORMADO, G.O.CDMX 28 DE JUNIO DE 2024)

Para tal efecto, contarán con la asistencia y protección de las instituciones públicas, de acuerdo a las leyes para combatir, prevenir y sancionar conductas de violencia familiar.

(PÁRRAFO ADICIONADO, G.O.CDMX 28 DE JUNIO DE 2024)

En los casos de violencia familiar y en particular violencia contra las mujeres la Jueza o Juez deberán actuar con la debida diligencia y expedirán de manera pronta y expedita todas las medidas necesarias para asegurar y garantizar a las víctimas, el goce de sus derechos humanos y sus libertades fundamentales.

(REFORMADO, G.O. 17 DE ENERO DE 2007)

Artículo 323 Quáter.- La violencia familiar es aquel acto u omisión intencional, dirigido a dominar, someter, controlar o agredir física, verbal, psicoemocional, o sexualmente a cualquier integrante de la familia dentro o fuera del domicilio familiar, y que tiene por efecto causar daño, y que puede ser cualquiera de las siguientes clases:

I. Violencia física: a todo acto intencional en el que se utilice alguna parte del cuerpo, algún objeto, arma o sustancia para sujetar, inmovilizar o causar daño a la integridad física del otro;

II. Violencia psicoemocional: a todo acto u omisión consistente en prohibiciones, coacciones, condicionamientos, intimidaciones, insultos amenazas, celotipia, desdén, abandono o actitudes devaluatorias, que provoquen en quien las recibe alteración auto cognitiva y auto valorativa que integran su autoestima o alteraciones en alguna esfera o área de la estructura psíquica de esa persona;

III. Violencia económica: a los actos que implican control de los ingresos, el apoderamiento de los bienes propiedad de la otra parte, la retención, menoscabo, destrucción o desaparición de objetos, documentos personales, bienes, valores, derechos o recursos económicos de la pareja o de un integrante de la familia. Así como, el incumplimiento de las obligaciones alimentarías por parte de la persona que de conformidad con lo dispuesto en éste Código tiene obligación de cubrirlas, y

IV. Violencia sexual: a los actos u omisiones y cuyas formas de expresión pueden ser: inducir a la realización de prácticas sexuales no deseadas o que generen dolor, practicar la celotipia para el control, manipulación o dominio de la pareja y que generen un daño.

No se justifica en ningún caso como forma de educación o formación el ejercicio de la violencia hacia las niñas, niños y adolescentes.

Para efectos de éste artículo, se entiende por integrante de la familia a la persona que se encuentre unida a otra por una relación de matrimonio, concubinato, o por un lazo de parentesco consanguíneo, en línea recta ascendente o descendente sin limitación de grado, colateral o afín hasta el cuarto grado, así como de parentesco civil.

(REFORMADO, G.O. 17 DE ENERO DE 2007)

Artículo 323 Quintus.- También se considera violencia familiar la conducta descrita en el artículo anterior llevada a cabo contra la persona que esté sujeta a su custodia, guarda, protección, educación, instrucción o cuidado, siempre y cuando el agresor y el ofendido convivan o hayan convivido en la misma casa.

(ADICIONADO, G.O. 25 DE MAYO DE 2000)

Artículo 323 Sextus.- Los integrantes de la familia que incurran en violencia familiar, deberán reparar los daños y perjuicios que se ocasionen con dicha conducta, con autonomía de otro tipo de sanciones que éste y otros ordenamientos legales establezcan.

En todas las controversias derivadas de violencia familiar, el Juez dictará las medidas a que se refiere la fracción VII del artículo 282 de este Código.

(ADICIONADO G.O. 9 DE MAYO DE 2014) SE RECORREN LOS SUBSECUENTES.

CAPÍTULO III
DE LA VIOLENCIA FAMILIAR

(ARTÍCULO REFORMADO, G.O.CDMX 27 DE JUNIO DE 2024)

Artículo 323 Séptimus.- Para los efectos de este Código, la violencia vicaria, es cualquier acto u omisión cometido por quien mantenga o haya mantenido una relación de matrimonio, concubinato o de hecho con una mujer, y que por sí o por interpósita persona, ejerza violencia física, psicológica, sexual, económica o patrimonial contra ella, utilizando como medio a sus descendientes, ascendientes, personas con discapacidad o enfermedad que se encuentren bajo su cuidado, mediante amenazas, intimidación, puesta en peligro o cualesquier acto de violencia.

A este tipo de violencia le será aplicable en lo conducente lo previsto en los artículos 323 Sextus y 444, párrafo primero, fracción XI de este Código, con independencia de lo previsto en el Código Penal en vigor en la Ciudad de México, y demás ordenamientos aplicables.

CAPÍTULO IV
DEL REGISTRO DE DEUDORES ALIMENTARIOS MOROSOS

(PÁRRAFO REFORMADO G.O.CDMX 28 DE JUNIO DE 2024)

Artículo 323 Octavus.- En el Registro de Deudores Alimentarios Morosos se harán las inscripciones a que se refiere el artículo 309 del presente Código. Dicho registro contendrá:

(FRACCIÓN REFORMADA G.O.CDMX 28 DE JUNIO DE 2024)

I. Nombre, apellidos Registro Federal de Contribuyentes y Clave Única de Registro de Población del deudor alimentario moroso. Esta información será del dominio público;

II. Nombre del acreedor o acreedores alimentarios;

III. Datos del acta que acrediten el vínculo entre deudor y acreedor alimentario, en su caso;

(FRACCIÓN REFORMADA G.O.CDMX 28 DE JUNIO DE 2024)

IV. Número de pagos incumplidos y monto del adeudo alimentario;

V. Órgano jurisdiccional que ordena el registro; y

VI. Datos del expediente o causa jurisdiccional de la que deriva su inscripción.

El Certificado a que se refiere el presente artículo, será expedido por el Registro Civil dentro de los tres días hábiles contados a partir de su solicitud.

(REFORMADO G.O. 9 DE MAYO DE 2014), SE RECORRE DE OCTAVUS A NOVENUS)

N. DE E. EN RELACIÓN CON LA ENTRADA EN VIGOR DEL PRESENTE ARTÍCULO, VÉASE TRANSITORIO SEGUNDO DEL DECRETO QUE MODIFICA EL CÓDIGO.

(ADICIONADO, G.O. 18 DE AGOSTO DE 2011)

Artículo 323 Nonies.- Procede la cancelación de la inscripción en el Registro de Deudores Alimentarios Morosos en los siguientes supuestos:

I. Cuando el deudor demuestra en juicio haber cumplido con su obligación alimentaria y que la misma está garantizada;

II. Cuando al momento de dictar sentencia condenatoria, la pensión de alimentos se establezca en un porcentaje del sueldo que percibe el deudor alimentario; y

III. Cuando el deudor alimentario, una vez condenado, demuestra haber cumplido con su obligación alimentaria, por un lapso de noventa días y habiendo también demostrado que la pensión está garantizada en lo futuro.

El Juez de lo Familiar ordenará al Registro Civil del Distrito Federal la cancelación de la inscripción en el Registro de Deudores Alimentarios Morosos.

IV. Órgano jurisdiccional que ordeno el registro, y

V. Datos del expediente o causa jurisdiccional de la que deriva su inscripción.

El Certificado a que se refiere el presente artículo, será expedido dentro de tres días hábiles contados a partir de su solicitud.

(REFORMADA SU DENOMINACIÓN, G.O. 25 DE MAYO DE 2000)

TÍTULO SÉPTIMO
DE LA FILIACIÓN

(REFORMADA SU DENOMINACIÓN, G.O. 25 DE MAYO DE 2000)

CAPÍTULO I
DISPOSICIONES GENERALES

(REFORMADO, G.O. 25 DE MAYO DE 2000)

Artículo 324.- Se presumen hijos de los cónyuges, salvo prueba en contrario:

I. Los hijos nacidos dentro de matrimonio; y

II. Los hijos nacidos dentro de los trescientos días siguientes a la disolución del matrimonio, ya provenga ésta de nulidad del mismo, de muerte del marido o de divorcio, siempre y cuando no haya contraído nuevo matrimonio la excónyuge. Este término se contará, en los casos de divorcio o nulidad, desde que de hecho quedaron separados los cónyuges por orden judicial.

(REFORMADO, G.O. 25 DE MAYO DE 2000)

Artículo 325.- Contra la presunción a que se refiere el artículo anterior, se admitirán como pruebas las de haber sido físicamente imposible al cónyuge varón haber tenido relaciones sexuales con su cónyuge, durante los primeros ciento veinte días de los trescientos que han precedido al nacimiento, así como aquellas que el avance de los conocimientos científicos pudiere ofrecer.

(REFORMADO, G.O. 05 DE ABRIL DE 2017)

Artículo 326.- El cónyuge varón no puede impugnar la paternidad de los hijos que durante el matrimonio conciba su cónyuge mediante técnicas de fecundación asistida, si hubo consentimiento expreso en tales métodos.

Tampoco podrá impugnar la paternidad de los hijos que durante el matrimonio conciba su cónyuge mediante técnicas de fecundación asistida, si hubo consentimiento expreso en tales métodos.

Artículo 327.- (DEROGADO, G.O. 25 DE MAYO DE 2000)

Artículo 328.- (DEROGADO, G.O. 25 DE MAYO DE 2000)

(REFORMADO, G.O. 25 DE MAYO DE 2000)

Artículo 329.- Las cuestiones relativas a la paternidad del hijo nacido después de trescientos días de la disolución del matrimonio, podrán promoverse, de conformidad con lo previsto en este Código, en cualquier tiempo por la persona a quien perjudique la filiación; pero esta acción no prosperará, si el cónyuge consintió expresamente en el uso de los métodos de fecundación asistida a su cónyuge.

(REFORMADO, G.O. 25 DE MAYO DE 2000)

Artículo 330.- En todos los casos en que el cónyuge varón impugne la paternidad, debe deducir la acción dentro de sesenta días contados desde que tuvo conocimiento del nacimiento.

(REFORMADO, G.O. 25 DE MAYO DE 2000)

Artículo 331.- Si el cónyuge varón está bajo tutela por cualquier causa de las señaladas en la fracción II del artículo 450, este derecho podrá ser ejercido por su tutor. Si éste no lo ejercitare, podrá hacerlo el cónyuge varón después de haber salido de la tutela, en el plazo señalado en el artículo anterior, mismo que se contará desde el día en que legalmente se declare haber cesado el impedimento.

(REFORMADO, G.O. 25 DE MAYO DE 2000)

Artículo 332.- Cuando el cónyuge varón, habiendo tenido o no tutor, hubiere muerto incapaz, los herederos podrán impugnar la paternidad, en los casos en que podría hacerlo el padre.

(REFORMADO, G.O. 25 DE MAYO DE 2000)

Artículo 333.- Los herederos del cónyuge varón, excepto en los casos previstos en el artículo anterior, no pueden impugnar la paternidad de un hijo nacido dentro del matrimonio, cuando el cónyuge no haya interpuesto esta demanda. En los demás casos, si el cónyuge ha fallecido sin hacer la reclamación dentro del término hábil, los herederos tendrán para interponer la demanda, sesenta días contados desde aquél en que el hijo haya sido puesto en posesión de los bienes del padre, o desde que los herederos se vean perturbados por el hijo en la posesión de la herencia.

Artículo 334.- (DEROGADO, G.O. 25 DE MAYO DE 2000)

Artículo 335.- El desconocimiento de un hijo, de parte del marido o de sus herederos, se hará por demanda en forma ante el juez competente. Todo desconocimiento practicado de otra manera es nulo.

(REFORMADO, G.O. 25 DE MAYO DE 2000)

Artículo 336.- En el juicio de impugnación de la paternidad o la maternidad, serán oídos, según el caso, el padre, la madre y el hijo, a quien, si fuere menor, se le proveerá de un tutor interino, y en todo caso el Juez de lo Familiar atenderá el interés superior del menor.

(REFORMADO, G.O. 25 DE MAYO DE 2000)

Artículo 337.- Para los efectos legales, sólo se tendrá por nacido al que, desprendido enteramente del seno materno, vive veinticuatro horas o es presentado vivo ante el Juez del Registro Civil. Faltando algunas de estas circunstancias, no se podrá interponer demanda sobre la paternidad o maternidad.

(REFORMADO, G.O. 25 DE MAYO DE 2000)

Artículo 338.- La filiación es la relación que existe entre el padre o la madre y su hijo, formando el núcleo social primario de la familia; por lo tanto, no puede ser materia de convenio entre partes, ni de transacción, o sujetarse a compromiso en árbitros.

(ADICIONADO, G.O. 25 DE MAYO DE 2000)

Artículo 338 Bis.- La ley no establece distinción alguna entre los derechos derivados de la filiación, cualquiera que sea su origen.

(REFORMADO, G.O. 25 DE MAYO DE 2000)

Artículo 339.- Puede haber transacción o compromiso en árbitros sobre los derechos pecuniarios que de la filiación legalmente adquirida pudieran deducirse, salvo aquellos casos en que este Código señale lo contrario.

(REFORMADA SU DENOMINACIÓN, G.O. 25 DE MAYO DE 2000)

CAPÍTULO II
DE LAS PRUEBAS DE FILIACIÓN DE LOS HIJOS

(REFORMADO, G.O. 25 DE MAYO DE 2000)

Artículo 340.- La filiación de los hijos se prueba con el acta de nacimiento.

(REFORMADO, G.O. 25 DE MAYO DE 2000)

Artículo 341.- A falta de acta o si ésta fuere defectuosa, incompleta o falsa, se probará con la posesión constante de estado de hijo. En defecto de esta posesión, son admisibles para demostrar la filiación todos los medios de prueba que la ley autoriza, incluyendo aquellas que el avance de los conocimientos científicos ofrecen; pero la testimonial no es admisible si no hubiere un principio de prueba por escrito o indicios o presunciones, resultantes de hechos ciertos que se consideren bastante graves para determinar su admisión.

Si faltare registro o estuviere inutilizado y existe el duplicado, de éste deberá tomarse la prueba.

Artículo 342.- (DEROGADO, G.O. 25 DE MAYO DE 2000)

(REFORMADO, G.O. 25 DE MAYO DE 2000)

Artículo 343.- Si un individuo ha sido reconocido constantemente como hijo por la familia del padre, de la madre y en la sociedad, quedará probada la posesión de estado de hijo, si además concurre alguna de las circunstancias siguientes:

I. Que el hijo haya usado constantemente los apellidos de los que pretenden ser su padre y su madre, con la anuencia de éstos;

II. Que el padre o la madre lo hayan tratado como hijo, proveyendo a su subsistencia, educación y establecimiento; y

III. Que el presunto padre o madre tenga la edad exigida por el artículo 361.

(REFORMADO, G.O. 25 DE MAYO DE 2000)

Artículo 344.- La declaración de nulidad de matrimonio, haya habido buena o mala fe en los cónyuges al celebrarlo, no afectará la filiación de los hijos.

(REFORMADO, G.O. 25 DE MAYO DE 2000)

Artículo 345.- No basta el dicho de la madre para excluir de la paternidad al padre. Mientras que éste viva, únicamente él podrá reclamar contra la filiación del hijo.

(REFORMADO, G.O. 25 DE MAYO DE 2000)

Artículo 346.- Las acciones civiles que se intenten contra el hijo por los bienes que ha adquirido durante su estado de hijo, aunque después resulte no serlo, se sujetarán a las reglas comunes para la prescripción.

(REFORMADO, G.O. 25 DE MAYO DE 2000)

Artículo 347.- La acción que compete al hijo para reclamar su filiación es imprescriptible para él y sus descendientes.

Artículo 348.- Los demás herederos del hijo podrán intentar la acción de que trata el artículo anterior:

(REFORMADA, D.O.F. 28 DE ENERO DE 1970)

I. Si el hijo ha muerto antes de cumplir veintidós años.

(REFORMADA, G.O. 25 DE MAYO DE 2000)

II. Si el hijo presentó, antes de cumplir los veintidós años, incapacidad de ejercicio y murió después en el mismo estado.

(REFORMADO, G.O. 25 DE MAYO DE 2000)

Artículo 349.- Los herederos podrán continuar la acción intentada en tiempo por el hijo, y también pueden contestar toda demanda que tenga por objeto disputarle su filiación.

Artículo 350.- Los acreedores, legatarios y donatarios tendrán los mismos derechos que a los herederos conceden los artículos 348 y 349, si el hijo no dejó bienes suficientes para pagarles.

Artículo 351.- Las acciones de que hablan los tres artículos que preceden, prescriben a los cuatro años, contados desde el fallecimiento del hijo.

(REFORMADO, G.O. 25 DE MAYO DE 2000)

Artículo 352.- La condición de hijo no puede perderse sino por sentencia ejecutoriada.

Artículo 353.- Si el que está en posesión de los derechos de padre o de hijo fuere despojado de ellos o perturbado en su ejercicio, sin que preceda sentencia por la cual deba perderlos, podrá usar de las acciones que establecen las leyes para que se le ampare o restituya en la posesión.

(ADICIONADO, G.O. 25 DE MAYO DE 2000)

Artículo 353 Bis.- Aunque el reconocimiento sea posterior, los hijos adquieren todos sus derechos desde la fecha de nacimiento que consta en la primera acta.

(ADICIONADO, G.O. 25 DE MAYO DE 2000)

Artículo 353 Ter.- Pueden gozar también de ese derecho a que se refiere el artículo anterior, los hijos que ya hayan fallecido al celebrarse el matrimonio de sus padres, si dejaron descendientes.

(ADICIONADO, G.O. 25 DE MAYO DE 2000)

Artículo 353 Quáter.- Pueden gozar también de ese derecho los hijos no nacidos, si el padre declara que reconoce al hijo de la mujer que está embarazada.

(DEROGADO CON LOS ARTÍCULOS QUE LO INTEGRAN, G.O. 25 DE MAYO DE 2000)

CAPÍTULO III
DE LA LEGITIMACIÓN

Artículo 354.- (DEROGADO, G.O. 25 DE MAYO DE 2000)

Artículo 355.- (DEROGADO, G.O. 25 DE MAYO DE 2000)

Artículo 356.- (DEROGADO, G.O. 25 DE MAYO DE 2000)

Artículo 357.- (DEROGADO, G.O. 25 DE MAYO DE 2000)

Artículo 358.- (DEROGADO, G.O. 25 DE MAYO DE 2000)

Artículo 359.- (DEROGADO, G.O. 25 DE MAYO DE 2000)

(REFORMADA SU DENOMINACIÓN, G.O. 25 DE MAYO DE 2000)

CAPÍTULO IV
DEL RECONOCIMIENTO DE LOS HIJOS

(REFORMADO, G.O. 25 DE MAYO DE 2000)

Artículo 360.- La filiación también se establece por el reconocimiento de padre, madre o ambos o por una sentencia ejecutoriada que la (sic) así lo declare.

(REFORMADO, G.O. 13 DE ENERO DE 2004)

Artículo 361.- Pueden reconocer a sus hijos los que tengan la edad exigida para contraer matrimonio.

Artículo 362.- El menor de edad no puede reconocer a un hijo sin el consentimiento del que o de los que ejerzan sobre él la patria potestad, o de la persona bajo cuya tutela se encuentre, o a falta de ésta, sin la autorización judicial.

(REFORMADO, D.O.F. 17 DE ENERO DE 1970)

Artículo 363.- El reconocimiento hecho por un menor es anulable si prueba que sufrió error o engaño al hacerlo, pudiendo intentar la acción hasta cuatro años después de la mayor edad.

Artículo 364.- (DEROGADO, G.O. 25 DE MAYO DE 2000)

Artículo 365.- (DEROGADO, G.O. 25 DE MAYO DE 2000)

Artículo 366.- El reconocimiento hecho por uno de los padres, produce efectos respecto de él y no respecto del otro progenitor.

Artículo 367.- El reconocimiento no es revocable por el que lo hizo, y si se ha hecho en testamento, cuando éste se revoque, no se tiene por revocado el reconocimiento.

(REFORMADO, D.O.F. 17 DE ENERO DE 1970)

Artículo 368.- El Ministerio Público tendrá acción contradictoria del reconocimiento de un menor de edad, cuando se hubiere efectuado en perjuicio del menor.

La misma acción tendrá el progenitor que reclame para sí tal carácter con exclusión de quien hubiere hecho el reconocimiento indebidamente o para el solo efecto de la exclusión.

El tercero afectado por obligaciones derivadas del reconocimiento ilegalmente efectuado podrá contradecirlo en vía de excepción.

En ningún caso procede impugnar el reconocimiento por causa de herencia para privar de ella al menor reconocido.

(REFORMADO PRIMER PÁRRAFO, G.O. 25 DE MAYO DE 2000)

Artículo 369.- El reconocimiento de un hijo deberá hacerse por alguno de los modos siguientes;

I. En la partida de nacimiento, ante el Juez del Registro Civil;

II. Por acta especial ante el mismo juez;

III. Por escritura pública;

IV. Por testamento;

V. Por confesión judicial directa y expresa.

(ADICIONADO, G.O. 25 DE MAYO DE 2000)

El reconocimiento practicado de manera diferente a las enumeradas no producirá ningún efecto; pero podrá ser utilizado como indicio en un juicio de investigación de paternidad o maternidad.

(REFORMADO, G.O. 25 DE MAYO DE 2000)

Artículo 370.- Cuando el padre o la madre reconozca separadamente a un hijo en un supuesto diferente al señalado en el artículo 324 de este Código, únicamente se asentará el nombre del compareciente. No obstante quedarán a salvo los derechos sobre la investigación de la paternidad o maternidad.

(REFORMADO, D.O.F. 14 DE MARZO DE 1973)

Artículo 371.- El Juez del Registro Civil, el juez de primera instancia en su caso, y el notario que consientan en la violación del artículo que precede, será (sic) castigados con la pena de destitución de empleo e inhabilitación para desempeñar otro por un término que no baje de dos ni exceda de cinco años.

(REFORMADO, D.O.F. 31 DE DICIEMBRE DE 1974)

Artículo 372.- El cónyuge podrá reconocer al hijo habido antes de su matrimonio sin el consentimiento del otro cónyuge; pero no tendrá derecho a llevarlo a vivir a la habitación conyugal si no es con la anuencia expresa de éste.

Artículo 373.- (DEROGADO, D.O.F. 31 DE DICIEMBRE DE 1974)

Artículo 374.- El hijo de una mujer casada no podrá ser reconocido como hijo por otro hombre distinto del marido, sino cuando éste lo haya desconocido, y por sentencia ejecutoria se haya declarado que no es hijo suyo.

(REFORMADO, G.O. 25 DE MAYO DE 2000)

Artículo 375.- El hijo mayor de edad no puede ser reconocido sin su consentimiento, ni el menor ni el que esté en estado de interdicción, sin el de su tutor, si lo tiene, o del tutor que el Juez de lo Familiar le nombrará especialmente para el caso.

Artículo 376.- Si el hijo reconocido es menor, puede reclamar contra del reconocimiento cuando llegue a la mayor edad.

Artículo 377.- El término para deducir esta acción será de dos años, que comenzarán a correr desde que el hijo sea mayor de edad, si antes de serlo tuvo noticia del reconocimiento; y si no la tenía, desde la fecha en que la adquirió.

(REFORMADO, G.O. 9 DE MAYO DE 2012)

Artículo 378.- La persona que cuida o ha cuidado de la lactancia de un niño, a quien le ha dado su nombre o permitido que lo lleve, que públicamente lo ha presentado como hijo suyo y ha proveído a su educación y subsistencia podrá, contradecir el reconocimiento que alguien haya hecho o pretenda hacer de ese niño. En este caso, no se le podrá separar de su lado a menos que consienta en entregarlo o que fuere obligada a hacer la entrega por sentencia ejecutoriada. El término para contradecir el reconocimiento será de ciento veinte días contados desde que se tuvo conocimiento de él.

Artículo 379.- Cuando la madre contradiga el reconocimiento hecho sin su consentimiento, quedará aquél sin efecto, y la cuestión relativa a la paternidad se resolverá en el juicio contradictorio correspondiente.

(ARTÍCULO REFORMADO, G.O.CDMX 28 DE JUNIO DE 2024)

Artículo 380.- Cuando el padre y la madre que no vivan juntos reconozcan a una hija o hijo en el mismo acto, convendrán cuál de los dos ejercerá su guarda y custodia; y si no lo hicieren, el Juez de lo Familiar, oyendo al padre, madre y al menor, resolverá lo más conveniente atendiendo siempre el interés superior de la niñez.

(REFORMADO, G.O. 18 DE JUNIO DE 2013)

Artículo 381.- Si el reconocimiento se efectúa sucesivamente por el padre o la madre que no viven juntos, ejercerá la guarda y custodia el que primero hubiere reconocido, salvo que ambos convinieran otra cosa entre ellos, y siempre que el Juez de lo Familiar no creyere necesario modificar el convenio por causa grave, con audiencia de los progenitores y del menor.

(REFORMADO, G.O. 25 DE MAYO DE 2000)

Artículo 382.- La paternidad y la maternidad pueden probarse por cualquiera de los medios ordinarios. Si se propusiera cualquier prueba biológica o proveniente del avance de los conocimientos científicos y el presunto progenitor se negara a proporcionar la muestra necesaria, se presumirá, salvo prueba en contrario, que es la madre o el padre.

Artículo 383.- Se presumen hijos del concubinario y de la concubina:

(REFORMADA, G.O. 25 DE MAYO DE 2000)

I. Los nacidos dentro del concubinato; y

(REFORMADA, G.O. 25 DE MAYO DE 2000)

II. Los nacidos dentro de los trescientos días siguientes en que cesó la vida común entre el concubinario y la concubina.

Artículo 384.- (DEROGADO, G.O. 25 DE MAYO DE 2000)

(REFORMADO, G.O. 25 DE MAYO DE 2000)

Artículo 385.- Está permitido al hijo y a sus descendientes investigar la maternidad, la cual puede probarse por cualesquiera de los medios ordinarios; pero la indagación no será permitida cuando tenga por objeto atribuir el hijo a una mujer casada.

Artículo 386.- No obstante lo dispuesto en la parte final del artículo anterior, el hijo podrá investigar la maternidad si ésta se deduce de una sentencia civil o criminal.

Artículo 387.- El hecho de dar alimentos no constituye por sí solo prueba, ni aun presunción, de paternidad o maternidad. Tampoco puede alegarse como razón para investigar éstas.

Artículo 388.- Las acciones de investigación de paternidad o maternidad, sólo pueden intentarse en vida de los padres.

Si los padres hubieren fallecido durante la menor edad de los hijos, tienen éstos derecho de intentar la acción antes de que se cumplan cuatro años de su mayor edad.

Artículo 389.- El hijo reconocido por el padre, por la madre, o por ambos, tiene derecho:

(REFORMADA, D.O.F. 30 DE DICIEMBRE DE 1975)

I. A llevar el apellido paterno de sus progenitores, o ambos apellidos del que lo reconozca;

(REFORMADA, D.O.F. 30 DE DICIEMBRE DE 1975)

II. A ser alimentado por las personas que lo reconozcan;

III. A percibir la porción hereditaria y los alimentos que fije la ley;

(ADICIONADA, G.O. 25 DE MAYO DE 2000)

IV. Los demás que se deriven de la filiación.

CAPÍTULO V
DE LA ADOPCIÓN

(ADICIONADA, D.O.F. 28 DE MAYO DE 1998)

SECCIÓN PRIMERA
DISPOSICIONES GENERALES

(REFORMADO, G.O. 15 DE JUNIO DE 2011)

Artículo 390.- La adopción es el acto jurídico por el cual el Juez de lo Familiar constituye de una manera irrevocable una relación de filiación entre el adoptante y el adoptado, al mismo tiempo que establece un parentesco consanguíneo entre el adoptado y la familia del adoptante y entre éste y los descendientes del adoptado.

Es un derecho del menor, de naturaleza restitutiva, que le garantiza vivir, crecer y desarrollarse de manera íntegra, en el seno de una familia.

(REFORMADO, G.O. 15 DE JUNIO DE 2011)

Artículo 391.- Podrán adoptar:

I. Los cónyuges en forma conjunta, que al menos tengan dos años de casados;

II. Los concubinos en forma conjunta, que demuestren una convivencia ininterrumpida de al menos dos años;

III. Las personas físicas solteras mayores de 25 años;

IV. El tutor al pupilo una vez aprobadas las cuentas de su administración; y

V. El cónyuge o concubino al hijo de su compañero que ejerza de manera individual la patria potestad y que demuestre una convivencia ininterrumpida al menos de dos años.

Los cónyuges o concubinos podrán adoptar cuando los dos estén conformes en considerar al adoptado como hijo y aunque solo uno de ellos cumpla con el requisito de edad a que se refiere este capítulo, pero siempre y cuando la diferencia de edad entre cualquiera de los adoptantes y el adoptado sea de 17 años de edad cuando menos.

En todos los casos ambos cónyuges o concubinos deberán comparecer ante la presencia judicial en el procedimiento de adopción.

(REFORMADO, G.O. 15 DE JUNIO DE 2011)

Artículo 392.- Nadie puede ser adoptado por más de una persona, salvo en caso de que los adoptantes sean cónyuges o concubinos.

A juicio del juez y previa motivación, se puede dispensar el requisito de la edad y lo relativo a la diferencia de edad en cualquier adopción, especialmente cuando se atienda al interés superior de la persona adoptada.

Artículo 392 Bis.- (DEROGADO, G.O. 15 DE JUNIO DE 2011)

(REFORMADO, G.O. 15 DE JUNIO DE 2011)

Artículo 393.- Podrán ser adoptados:

I. El niño o niña menores de 18 años:

a) Que carezca de persona que ejerza sobre ella la patria potestad;

b) Declarados judicialmente en situación de desamparo o bajo la tutela del Sistema para el Desarrollo Integral de la Familia del Distrito Federal;

c) Cuyos padres o abuelos se les hayan sentenciado a la pérdida de la patria potestad; y

d) Cuyos padres o tutor o quienes ejerzan la patria potestad otorguen su consentimiento.

II. El mayor de edad incapaz.

III. El mayor de edad con Plena capacidad jurídica y a juicio del Juez de lo Familiar y en atención del beneficio del adoptante y de la persona adoptada procederá a la adopción.

(ADICIONADO, G.O. 15 DE JUNIO DE 2011)

Artículo 394.- Podrán ser adoptados dos o más hermanos o incapacitados simultáneamente por un sólo matrimonio, concubinato o una sola persona. El juez en todo momento valorará la convivencia de los hermanos para darlos en adopción.

(REFORMADO, G.O. 15 DE JUNIO DE 2011)

Artículo 395.- La adopción produce los efectos jurídicos siguientes:

I. Constitución plena e irrevocable entre adoptado y adoptante de todos los derechos y obligaciones inherentes entre padre e hijos consanguíneos;

II. Constitución del parentesco consanguíneo en los términos del artículo 293 de este Código;

III. Obligación de proporcionar al adoptado un nombre y apellidos de los adoptantes, salvo que por circunstancias específicas y a juicio del Juez se estime inconveniente; y

IV. Extinción de la filiación entre el adoptado y sus progenitores y el parentesco con la familia de éstos, salvo los impedimentos de matrimonio. En el supuesto de que el adoptante esté casado o tenga una relación de concubinato con alguno de los progenitores del adoptado, no se extinguirán los derechos, obligaciones y demás consecuencias jurídicas que resulten de la filiación consanguínea.

(REFORMADO, G.O. 15 DE JUNIO DE 2011)

Artículo 396.- Los hijos adoptivos y los consanguíneos, así como los hijos adoptivos entre sí, serán considerados en todo momento hermanos entre sí.

(REFORMADO, G.O. 15 DE JUNIO DE 2011)

Artículo 397.- Son requisitos para la adopción:

I. Que resulte benéfica para la persona que pretende adoptarse;

II. Que el adoptante tenga más de 25 años cumplidos al momento que el juez emita la resolución que otorgue la adopción y tenga 17 años más que el adoptado;

III. Que el adoptante acredite contar medios suficientes para proveer la subsistencia recreación, alimentos y educación del menor,

IV. Como hijo propio;

V. Que el solicitante de la adopción exponga de forma clara, motivada y sencilla las razones de su pretensión;

VI. Que el solicitante de la adopción demuestre un modo de vida honesto, así como la capacidad moral y social para procurar una familia adecuada y estable al adoptado; y

VII. Que ninguno de los adoptantes haya sido procesado o se encuentre pendiente de proceso penal por delitos que atenten contra la familia, sexuales, o en su caso contra la salud.

VIII. Que ninguno de los adoptantes se encuentre inscrito en el Registro de Deudores Alimentarios Morosos o en el Registro Público de Personas Agresoras Sexuales

Estas mismas calidades se exigirán a quien adopte conjuntamente.

La persona Juzgadora de lo Familiar, el Agente del Ministerio Público y el Sistema Nacional para el Desarrollo Integral de las Familias y demás autoridades competentes, velarán para que el adoptado goce de las garantías necesarias para su debida integración a una familia, sin que se ponga en peligro su libre y debido desarrollo o se atente contra sus derechos humanos.

En todos los casos se atenderá el interés superior del menor adoptado y el principio de igualdad y no discriminación.

Artículo 397 Bis.- (DEROGADO, G.O. 15 DE JUNIO DE 2011)

(REFORMADO, G.O. 15 DE JUNIO DE 2011)

Artículo 398.- Para que la adopción proceda deberán manifestar su consentimiento, en sus respectivos casos:

I. Quienes ejerzan la patria potestad sobre el menor que se pretende adoptar;

II. El tutor del que se va a adoptar;

III. El Ministerio Público del lugar del domicilio del adoptado, cuando éste no tenga padres conocidos ni tutor; y

IV. El menor si tiene más de doce años.

En el caso de las personas señaladas en las fracciones I y IV, el consentimiento deberá otorgase invariablemente de manera libre e informada, para este efecto deberá hacerse de su conocimiento de manera amplia y exhaustiva todas las consecuencias jurídicas y psicosociales que implica la adopción. El juez contará con amplias facultades para comprobar que el consentimiento fue otorgado en las condiciones señaladas.

(REFORMADO, G.O. 15 DE JUNIO DE 2011)

Artículo 399.- Independientemente de que el consentimiento obre por escrito, el juez solicitará la comparecencia personal de su otorgante quien deberá exponer las razones para concederlo. A fin de que la comparecencia no se retrase el juez podrá imponer toda clase de medidas de apremio que estime conducentes.

En todos los asuntos de adopción serán escuchados los menores en condiciones adecuadas conforme a su edad y grado de madurez.

(REFORMADO, G.O. 15 DE JUNIO DE 2011)

Artículo 400.- La familia, con parentesco o sin el, que haya asumido la protección permanente del menor, ofreciéndole condiciones adecuadas, un ambiente armónico integral, gozará del derecho de audiencia y defensa en el procedimiento de adopción. El juez garantizará este derecho en todo momento.

Dicha familia, a través de un representante común podrá oponerse a la adopción sólo en caso de que algunos de sus integrantes deseen adoptar y materialice su intención en la gestión de trámites administrativos y judiciales y reúna condiciones de adaptabilidad.

(REFORMADO, G.O. 15 DE JUNIO DE 2011)

Artículo 401.- En el supuesto de la fracción I del artículo 398, sí los que ejercen la patria potestad están a su vez sujetos a ésta, deberán consentir en la adopción sus progenitores si están presentes; en caso contrario, el Juez de lo Familiar suplirá el consentimiento.

(ADICIONADO Y REUBICADO, G.O. 15 DE JUNIO DE 2011)

Artículo 402.- La falta de consentimiento del Tutor o Ministerio Público deberá sustentarse en un razonamiento claro de las causas por las que no se otorga. Cuando éstos dos, no consientan la adopción, podrá suplir el consentimiento el Juez competente preponderando en todo momento el interés superior del menor.

(ADICIONADO Y REUBICADO, G.O. 15 DE JUNIO DE 2011)

Artículo 403.- El procedimiento para tramitar la adopción será fijado en el Código de Procedimientos Civiles.

(ADICIONADO Y REUBICADO, G.O. 15 DE JUNIO DE 2011)

Artículo 404.- Sin perjuicio de las nulidades que resulten por las contravenciones a las disposiciones de este Código, será objeto de nulidad absoluta la adopción obtenida en violación a los preceptos referentes a:

a) La edad del adoptado;

b) La diferencia de edad entre el adoptante y el adoptado;

c) La adopción que hubiese tenido un hecho ilícito como antecedente necesario, incluido el abandono supuesto o aparente del menor proveniente de la comisión de un delito del cual hubiera sido víctima el mismo o sus padres; y

d) La adopción simultánea por más de una persona, salvo en los supuestos permitidos por la ley.

(ADICIONADO Y REUBICADO, G.O. 15 DE JUNIO DE 2011)

Artículo 405.- El Juez de lo Familiar que apruebe la adopción remitirá copia de las diligencias respectivas al Registro Civil del Distrito Federal, para que levante el acta respectiva.

En el caso de que el registro de nacimiento del adoptado se hubiese llevado en entidad distinta al Distrito Federal, el Juez de lo Familiar, remitirá las constancias del registro de adopción a su homólogo para los efectos del artículo 87 de este Código.

(ADICIONADO Y REUBICADO, G.O. 15 DE JUNIO DE 2011)

Artículo 406.- La resolución judicial se guardará en el apéndice del acta, quedando absolutamente prohibido dar información sobre ella, excepto en los siguientes casos y siempre que sea por orden del Juez competente:

I. Para efectos de impedimento para contraer matrimonio; y

II. Cuando el adoptado mayor de edad desee conocer sus antecedentes familiares; si fuere menor de edad se requerirá el consentimiento del o los adoptantes.

(DEROGADA CON LOS ARTÍCULOS QUE LA INTEGRAN, G.O. 25 DE MAYO DE 2000) (REUBICADA, G.O. 15 DE JUNIO DE 2011)

SECCIÓN SEGUNDA
DE LA ADOPCIÓN SIMPLE

Artículo 407.- (DEROGADO, G.O. 25 DE MAYO DE 2000)

Artículo 408.- (DEROGADO, G.O. 25 DE MAYO DE 2000)

Artículo 409.- (DEROGADO, G.O. 25 DE MAYO DE 2000)

Artículo 410.- (DEROGADO, G.O. 25 DE MAYO DE 2000)

(DEROGADA, G.O. 15 DE JUNIO DE 2011)

SECCIÓN TERCERA
DE LOS EFECTOS DE LA ADOPCIÓN

Artículo 410-A.- (DEROGADO, G.O. 15 DE JUNIO DE 2011)

Artículo 410-B.- (DEROGADO, G.O. 9 DE JUNIO DE 2004)

Artículo 410-C.- (DEROGADO, G.O. 15 DE JUNIO DE 2011)

(REFORMADO, G.O. 25 DE MAYO DE 2000)

Artículo 410-D.- Para el caso de las personas que tengan vínculo de parentesco consanguíneo con el menor o incapaz que se adopte; los derechos y obligaciones que nazcan de la misma, se limitarán al adoptante y adoptado.

(ADICIONADA, D.O.F. 28 DE MAYO DE 1998)

SECCIÓN CUARTA
DE LA ADOPCIÓN INTERNACIONAL

(REFORMADO, G.O. 9 DE JUNIO DE 2004)

Artículo 410-E.- La adopción internacional es la promovida por ciudadanos de otro país, con residencia habitual fuera del territorio nacional. Esta adopción se regirá por los tratados internacionales ratificados por el Estado Mexicano bajo el principio de bilateralidad y, en lo conducente, por las disposiciones de este Código.

La adopción por extranjeros es la promovida por ciudadanos de otro país, con residencia permanente en el territorio nacional. Esta adopción se regirá por lo dispuesto en el presente Código.

(ADICIONADO, D.O.F. 28 DE MAYO DE 1998)

Artículo 410-F.- En igualdad de circunstancias se dará preferencia en la adopción a mexicanos sobre extranjeros.

TÍTULO OCTAVO
DE LA PATRIA POTESTAD

CAPÍTULO I
DE LOS EFECTOS DE LA PATRIA POTESTAD RESPECTO DE LA PERSONA DE LOS HIJOS

(REFORMADO, D.O.F. 30 DE DICIEMBRE DE 1997)

Artículo 411.- En la relación entre ascendientes y descendientes debe imperar el respeto y la consideración mutuos (sic), cualquiera que sea su estado, edad y condición.

(REFORMADO, G.O. 2 DE FEBRERO DE 2007)

Quienes detenten la patria potestad tienen la responsabilidad de relacionarse de manera armónica con sus hijos menores de edad, independientemente de que vivan o no bajo el mismo techo.

Artículo 412.- Los hijos menores de edad no emancipados, están bajo la patria potestad mientras exista alguno de los ascendientes que deban ejercerla conforme a la ley.

(ARTÍCULO REFORMADO, G.O.CDMX 28 DE JUNIO DE 2024)

Artículo 413.- La patria potestad se ejerce sobre la persona y los bienes de las hijas y los hijos. Su ejercicio queda sujeto, en cuanto a la guardia y educación de las y los menores de edad, a las modalidades que le impriman las resoluciones que se dicten, de acuerdo con la Ley de Justicia para Adolescentes para la Ciudad de México.

(ARTÍCULO REFORMADO, G.O.CDMX. 28 DE JUNIO DE 2024)

Artículo 414.- La patria potestad sobre las hijas y los hijos se ejerce por la madre y el padre. Cuando por cualquier circunstancia deje de ejercerla alguno de ellos, corresponderá su ejercicio al otro.

A falta de la progenitora y progenitor o por cualquier otra circunstancia prevista en este ordenamiento, ejercerán la patria potestad sobre las y los menores de edad, los ascendientes en segundo grado en el orden que determine la Jueza o el Juez de lo Familiar, tomando en cuenta las circunstancias del caso.

(PÁRRAFO REFORMADO, G.O. CDMX 28 DE JUNIO DE 2024)

Artículo 414 Bis.- Quienes ejercen la patria potestad o la guarda y custodia provisional o definitiva de menores de edad, independientemente de que vivan o no en el mismo domicilio, deben dar cumplimiento a las siguientes obligaciones de crianza:

(FRACCIÓN REFORMADA, G.O. CDMX 28 DE JUNIO DE 2024)

I. Procurar en todo momento la seguridad física, psicológica y sexual;

(FRACCIÓN REFORMADA, G.O. CDMX 28 DE JUNIO DE 2024)

II. Fomentar hábitos adecuados de alimentación, de higiene personal y de desarrollo físico. Así como impulsar habilidades de desarrollo intelectual y escolares conforme a la edad de las niñas y niños;

(FRACCIÓN REFORMADA, G.O. CDMX 28 DE JUNIO DE 2024)

III. Realizar demostraciones afectivas, con respeto y aceptación de éstas por parte de la o el menor de edad, y

(FRACCIÓN REFORMADA, G.O. CDMX 28 DE JUNIO DE 2024)

IV. Determinar límites y normas de conducta preservando el interés superior de las y los menores de edad.

(PÁRRAFO REFORMADO, G.O. CDMX 28 DE JUNIO DE 2024)

Se considerará incumplimiento de las obligaciones de crianza, el que sin justificación y de manera permanente y sistemática no se realicen las actividades señaladas; lo que la Jueza o Juez de lo Familiar, valorarán en los casos de suspensión de la patria potestad, de la determinación de la guarda y custodia provisional y definitiva y el régimen de convivencias.

No se considera incumplimiento de éstas obligaciones el que cualquiera de los progenitores tenga jornadas laborales extensas.

Artículo 415.- (DEROGADO, D.O.F. 30 DE DICIEMBRE DE 1997)

(ARTÍCULO REFORMADO, G.O.CDMX 28 DE JUNIO DE 2024)

Artículo 416.- En caso de separación de quienes ejercen la patria potestad, ambos deberán continuar con el cumplimiento de sus obligaciones y podrán convenir los términos de su ejercicio, particularmente en lo relativo a la guarda y custodia de las y/o los menores de edad. En caso de desacuerdo, la Jueza o Juez de lo Familiar resolverá lo conducente, previo el procedimiento que fija el Título Décimo Sexto del Código de Procedimientos Civiles.

Atendiendo el interés superior de la o el menor de edad, éste quedará bajo los cuidados y atenciones de uno de ellos. La otra persona estará obligado a colaborar en su alimentación y crianza conservando el derecho de convivencia con el menor, conforme a las modalidades previstas en el convenio o resolución judicial. En los casos de violencia familiar la Jueza o Juez de lo Familiar determinará lo conducente con base en el interés superior de la niñez.

(ADICIONADO, G.O. 2 DE FEBRERO DE 2007)

Artículo 416 Bis.- En caso de separación de quienes ejercen la patria potestad, ambos deberán continuar con el cumplimiento de sus obligaciones y podrán convenir los términos de su ejercicio, particularmente en lo relativo a la guarda y custodia de los menores. En caso de desacuerdo, el Juez de lo Familiar resolverá lo conducente, previo el procedimiento que fija el Título Décimo Sexto del Código de Procedimientos Civiles.

No podrán impedirse, sin justa causa, las relaciones personales entre la niña, niño o adolescente y sus ascendientes. En caso de oposición, a petición de cualquiera de ellos, el Juez de lo Familiar resolverá lo conducente previa audiencia de la niña, niño o adolescente salvaguardando en todo momento el interés superior de la niñez.

(PÁRRAFO ADICIONADO G.O.CDMX 10/05/2023)

Para los casos anteriores y sólo por mandato judicial, este derecho deberá ser limitado o suspendido considerando el incumplimiento reiterado de las obligaciones de crianza por parte de alguno de los progenitores o cuando la salud e integridad física, psicológica o sexual de las niñas, niños y adolescentes se encuentre en peligro.

(PÁRRAFO REFORMADO G.O.CDMX 10/05/2023)

Para los casos anteriores y sólo por mandato judicial, este derecho deberá ser limitado o suspendido considerando el incumplimiento reiterado de las obligaciones de crianza o peligro para la salud e integridad física, psicológica o sexual de las hijas e hijos.

(PÁRRAFO REFORMADO, G.O.CDMX 28 DE JUNIO DE 2024)

Artículo 416 Ter.- Para los efectos del presente Código se entenderá como interés superior del menor, la prioridad que ha de otorgarse a los derechos de las niñas, niños y adolescentes respecto de los derechos de cualquier otra persona, con el fin de garantizar, entre otros, los siguientes aspectos:

(FRACCIÓN REFORMADA, G.O.CDMX 28 DE JUNIO DE 2024)

I. El acceso a la salud física, emocional, mental y sexual, alimentación y educación que fomente su desarrollo personal;

II. El establecimiento de un ambiente de respeto, aceptación y afecto, libre de cualquier tipo de violencia familiar;

III. El desarrollo de la estructura de personalidad, con una adecuada autoestima, libre de sobreprotección y excesos punitivos;

(FRACCIÓN REFORMADA, G.O.CDMX 28 DE JUNIO DE 2024)

IV. Al fomento de la responsabilidad personal y social, así como a la toma de decisiones del menor de edad de acuerdo a su edad y madurez psicoemocional; y

V. Los demás derechos que a favor de las niñas y los niños reconozcan otras leyes y tratados aplicables.

(ARTÍCULO REFORMADO, G.O.CDMX 28 DE JUNIO DE 2024)

Artículo 417.- En caso de desacuerdo sobre las convivencias o cambio de guarda y custodia, en la controversia o en el incidente respectivo deberá oírse a las y los menores de edad, tomando en cuenta su edad, así como su facilidad de comunicación y expresión.

A efecto de que la o el menor de edad sea adecuadamente escuchado independientemente de su edad, deberá ser asistido en la audiencia respectiva por el asistente de menores de edad que para tal efecto designe el Sistema para el Desarrollo Integral de la Familia de la Ciudad de México.

(ARTÍCULO REFORMADO, G.O.CDMX 28 DE JUNIO DE 2024)

Artículo 417 Bis.- Se entenderá por asistente de menores a la o el profesional en psicología, trabajo social o pedagogía exclusivamente, adscrito al Sistema para el Desarrollo Integral de la Familia de la Ciudad de México u otra institución avalada por éste, que asista a la o al menor de edad, sólo para efecto de facilitar su comunicación libre y espontánea y darle protección psicoemocional en la audiencia donde éste sea oído por la Jueza o el Juez en privado, sin la presencia de los progenitores, ni representantes legales de las partes.

Dicho asistente deberá tener acceso al expediente en el que se actúe para que tenga conocimiento sobre la situación de las niñas o los niños, y podrá solicitar hasta dos entrevistas previas con la y/o el menor de edad, para efectos de generarle seguridad y lograr su comunicación libre y espontánea. Es obligatorio para la persona que tenga bajo su cuidado o guarda y custodia a la o el menor de edad dar cumplimiento a los requerimientos de la o el asistente.

(PÁRRAFO REFORMADO, G.O.CDMX. 28 DE JUNIO DE 2024)

Artículo 418.- Las obligaciones, facultades y restricciones establecidas para los tutores, se aplicarán al pariente que por cualquier circunstancia tenga la custodia de una o un menor de edad. Quien conserva la patria potestad tendrá la obligación de contribuir con el pariente que custodia a la o el menor de edad en todos sus deberes, conservando sus derechos de convivencia y vigilancia.

La anterior custodia podrá terminar por decisión del pariente que la realiza, por quien o quienes ejercen la patria potestad o por resolución judicial.

Artículo 419.- La patria potestad sobre el hijo adoptivo, la ejercerán únicamente las personas que lo adopten.

Artículo 420.- Solamente por falta o impedimento de todos los llamados preferentemente, entrarán al ejercicio de la patria potestad los que sigan en el orden establecido en los artículos anteriores. Si sólo faltare alguna de las dos personas a quienes corresponde ejercer la patria potestad, la que quede continuará en el ejercicio de ese derecho.

(ARTÍCULO REFORMADO, G.O.CDMX. 28 DE JUNIO DE 2024)

Artículo 421.- Mientras estuviere la hija o el hijo en la patria potestad, no podrá dejar la casa de los que la ejercen, sin permiso de ellos o decreto de la autoridad competente.

(REFORMADO, D.O.F. 30 DE DICIEMBRE DE 1997)

Artículo 422.- A las personas que tienen al menor bajo su patria potestad o custodia incumbe la obligación de educarlo convenientemente.

Cuando llegue a conocimiento de los Consejos Locales de Tutela o de cualquier autoridad administrativa que dichas personas no cumplen con la obligación referida, lo avisarán al Ministerio Público para que promueva lo que corresponda.

(REFORMADO, D.O.F. 30 DE DICIEMBRE DE 1997)

Artículo 423.- Para los efectos del artículo anterior, quienes ejerzan la patria potestad o tengan menores bajo su custodia, tienen la facultad de corregirlos y la obligación de observar una conducta que sirva a éstos de buen ejemplo.

La facultad de corregir no implica infligir al menor actos de fuerza que atenten contra su integridad física o psíquica en los términos de lo dispuesto por el artículo 323 ter de este Código.

Artículo 424.- El que está sujeto a la patria potestad no puede comparecer en juicio, ni contraer obligación alguna, sin expreso consentimiento del que o de los que ejerzan aquel derecho. En caso de irracional disenso, resolverá el juez.

CAPÍTULO II
DE LOS EFECTOS DE LA PATRIA POTESTAD RESPECTO DE LOS BIENES DEL HIJO

Artículo 425.- Los que ejercen la patria potestad son legítimos representantes de los que están bajo de ella, y tienen la administración legal de los bienes que les pertenecen, conforme a las prescripciones de este Código.

(ARTÍCULO REFORMADO, G.O.CDMX 28 DE JUNIO DE 2024)

Artículo *426*.- Cuando la patria potestad se ejerza a la vez por el padre y por la madre, o por el abuelo y la abuela, o por los adoptantes, el administrador de los bienes será nombrado por mutuo acuerdo; pero el designado consultará en todos los negocios a la otra persona que también ejerza la patria potestad y requerirá su consentimiento expreso para los actos más importantes de la administración.

(ARTÍCULO REFORMADO, G.O.CDMX 28 DE JUNIO DE 2024)

Artículo 427.- La persona que ejerza la patria potestad representará también a las hijas o hijos en juicio; pero no podrá celebrar ningún arreglo para terminarlo, si no es con el consentimiento expreso de la otra persona que también ejerza la patria potestad y con la autorización judicial cuando la ley lo requiera expresamente.

(PÁRRAFO REFORMADO, G.O.CDMX 28 DE JUNIO DE 2024)

Artículo 428.- Los bienes de la hija o del hijo, mientras esté en la patria potestad, se dividen en dos clases:

I. Bienes que adquiera por su trabajo;

II. Bienes que adquiera por cualquiera otro título.

(ARTÍCULO REFORMADO, G.O.CDMX 28 DE JUNIO DE 2024)

Artículo 429.- Los bienes de la primera clase pertenecen en propiedad, administración y usufructo de la hija o del hijo.

(ARTÍCULO REFORMADO, G.O.CDMX 28 DE JUNIO DE 2024)

Artículo 430.- En los bienes de la segunda clase, la propiedad y la mitad del usufructo pertenecen a la hija o el hijo; la administración y la otra mitad del usufructo corresponde a las personas que ejerzan la patria potestad. Sin embargo, si las hijas o los hijos adquieren bienes por herencia, legado o donación y el testador o donante ha dispuesto que el usufructo pertenezca a la hija o al hijo o que se destine a un fin determinado, se estará a lo dispuesto.

Artículo 431.- Los padres pueden renunciar su derecho a la mitad del usufructo, haciendo constar su renuncia por escrito o de cualquier otro modo que no deje lugar a duda.

(ARTÍCULO REFORMADO, G.O.CDMX 28 DE JUNIO DE 2024)

Artículo 432.- La renuncia del usufructo hecha en favor de la hija o hijo, se considera como donación.

(ARTÍCULO REFORMADO, G.O.CDMX 28 DE JUNIO DE 2024)

Artículo 433.- Los réditos y rentas que se hayan vencido antes de que los padres, abuelos o adoptantes entren en posesión de los bienes cuya propiedad corresponda a la hija o al hijo, pertenecen a éste, y en ningún caso serán frutos de que deba gozar la persona que ejerza la patria potestad.

Artículo 434.- El usufructo de los bienes concedido a las personas que ejerzan la patria potestad, lleva consigo las obligaciones que expresa el Capítulo II del Título VI, y además, las impuestas a los usufructuarios, con excepción de la obligación de dar fianza, fuera de los casos siguientes:

I. Cuando los que ejerzan la patria potestad han sido declarados en quiebra, o estén concursados;

II. Cuando contraigan ulteriores nupcias;

III. Cuando su administración sea notoriamente ruinosa para los hijos.

(ARTÍCULO REFORMADO, G.O.CDMX 28 DE JUNIO DE 2024)

Artículo 435.- Cuando por la Ley o por la voluntad del padre o la madre, la hija o el hijo, tenga la administración de los bienes, se le considerará respecto de la administración como emancipado, con la restricción que establece la ley para enajenar, gravar o hipotecar bienes raíces.

(ARTÍCULO REFORMADO, G.O.CDMX 28 DE JUNIO DE 2024)

Artículo 436.- Los que ejercen la patria potestad no pueden enajenar ni gravar de ningún modo los bienes muebles e inmuebles preciosos que correspondan a la hija o al hijo, sino por causa de absoluta necesidad o de evidente beneficio y previa la autorización de la Jueza o juez competente.

Tampoco podrán celebrar contratos de arrendamiento por más de cinco años, ni recibir la renta anticipada por más de dos años; vender valores comerciales, industriales, títulos de rentas, acciones, frutos y ganados, por menor valor del que se cotice en la plaza el día de la venta; hacer donación de los bienes de las hijas o a los hijos o remisión voluntaria de los derechos de éstos; ni dar fianza en representación de la hija o el hijo.

(PÁRRAFO REFORMADO, G.O.CDMX 28 DE JUNIO DE 2024)

Artículo 437.- Siempre que la jueza o juez de lo familiar conceda licencia a los que ejercen la patria potestad, para enajenar un bien inmueble o un mueble precioso perteneciente al menor tomará las medidas necesarias para hacer que el producto de la venta se dedique al objeto a que se destinó, y para que el resto se invierta en la adquisición de un inmueble o se imponga con segura hipoteca en favor de la hija o el hijo.

Al efecto, el precio de la venta se depositará en una institución de crédito, y la persona que ejerce la patria potestad no podrá disponer de él, sin orden judicial.

(REFORMADA, G.O. 13 DE JULIO DE 2016)

ARTÍCULO 438.- El derecho de usufructo concedido a las personas que ejercen la patria potestad, se extingue:

(REFORMADA, D.O.F. 28 DE ENERO DE 1970)

I. Por la mayoría edad de los hijos;
II. Por la pérdida de la patria potestad;
III. Por renuncia.

(ARTÍCULO REFORMADO, G.O.CDMX 28 DE JUNIO DE 2024)

Artículo 439.- Las personas que ejercen la patria potestad tienen obligación de dar cuenta de la administración de los bienes de la hija o el hijo.

(ARTÍCULO REFORMADO, G.O.CDMX 28 DE JUNIO DE 2024)

Artículo 440.- En todos los casos en que las personas que ejercen la patria potestad tienen un interés opuesto al de las hijas o los hijos, serán éstos representados, en juicio y fuera de él, por un tutor nombrado por la jueza o por el juez familiar para cada caso.

(ARTÍCULO REFORMADO, G.O.CDMX 28 DE JUNIO DE 2024)

Artículo 441.- La jueza o el juez familiar, tienen facultad de tomar las medidas necesarias para impedir que, por la mala administración de quienes ejercen la patria potestad, los bienes de la hija o el hijo se derrochen o se disminuyan.

Estas medidas se tomarán a instancias de las personas interesadas, de las o los menores de edad, cuando hubiere cumplido catorce años, o del Ministerio Público en todo caso.

(ARTÍCULO REFORMADO, G.O.CDMX 28 DE JUNIO DE 2024)

Artículo 442.- Las personas que ejerzan la patria potestad deben entregar a la hija o el hijo, luego que éstos se emancipen o lleguen a la mayoría de edad, todos los bienes y frutos que les pertenecen.

(REFORMADA SU DENOMINACIÓN, G.O. 9 DE JUNIO DE 2004)

CAPÍTULO III
DE LA PÉRDIDA; SUSPENSIÓN, LIMITACIÓN Y TERMINACIÓN DE LA PATRIA POTESTAD

(REFORMADO, G.O. 9 DE JUNIO DE 2004)

Artículo 443.- La patria potestad se acaba:

I. Con la muerte del que la ejerce, si no hay otra persona en quien recaiga;

II. SE DEROGA

(FRACCIÓN REFORMADA, G.O.CDMX 28 DE JUNIO DE 2024)

III. Por la mayoría de edad de la hija o el hijo.

(FRACCIÓN REFORMADA, G.O.CDMX 28 DE JUNIO DE 2024)

IV. Con la adopción de la hija o el hijo.

(FRACCIÓN REFORMADA, G.O.CDMX 28 DE JUNIO DE 2024)

V. Cuando el que ejerza la patria potestad de una o un menor de edad, lo entregue a una Institución pública o privada de asistencia social legalmente constituida, para ser dado en adopción de conformidad con lo dispuesto por el artículo 901 bis del Código de Procedimientos Civiles.

(REFORMADO PRIMER PÁRRAFO, G.O. 2 DE FEBRERO DE 2007)

Artículo 444.- La patria potestad se pierde por resolución judicial en los siguientes supuestos:

(REFORMADA, G.O. 9 DE JUNIO DE 2004)

I. Cuando el que la ejerza sea condenado expresamente a la pérdida de ese derecho;

(REFORMADA, G.O. 9 DE JUNIO DE 2004)

II. En los casos de divorcio, teniendo en cuenta lo que dispone el artículo 283 de éste Código;

(REFORMADA, G.O. 18 DE DICIEMBRE DE 2014)

III. En los casos de violencia familiar en contra del menor;

(REFORMADA, G.O. 9 DE JUNIO DE 2004)

IV. El incumplimiento de la obligación alimentaría por más de 90 días, sin causa justificada;

(REFORMADO G.O. CDMX 04 DE AGOSTO DE 2023)

El cónyuge o concubino que perdió la patria potestad por el abandono de sus deberes alimentarios, la podrá recuperar, siempre y cuando compruebe que ha cumplido con ésta obligación por más de un año, otorgue garantía anual, se le haya realizado un estudio de su situación económica y de su comportamiento actual, así como un diagnóstico psicológico; dichos estudios serán realizados por personal adscrito a la Fiscalía General de Justicia de la Ciudad de México o por perito en la materia en los términos del último párrafo del artículo 346 del Código de Procedimientos Civiles del Distrito Federal;

(REFORMADA, G.O. 9 DE JUNIO DE 2004)

V. Por el abandono que el padre o la madre hicieren de los hijos por más de tres meses, sin causa justificada;

(REFORMADA, G.O. 24 DE JUNIO DE 2011)

VI. Cuando el que la ejerza hubiera cometido contra la persona o bienes de los hijos, un delito doloso, por el cual haya sido condenado por sentencia ejecutoriada;

(REFORMADA, G.O. 18 DE DICIEMBRE DE 2014)

VII. Cuando el que la ejerza sea condenado dos o más veces por delitos dolosos cuya pena privativa de libertad exceda de cinco años;

(REFORMADO G.O. CDMX 04 DE AGOSTO DE 2023)

VIII. Por el incumplimiento injustificado de las determinaciones judiciales que se hayan ordenado al que ejerza la patria potestad, tendientes a corregir actos de violencia familiar, cuando estos actos hayan afectado a sus descendientes;

(FRACCIÓN REFORMADA G.O. CDMX 27 DE JUNIO DE 2024)

IX. Cuando el menor haya sido sustraído o retenido ilícitamente, por quien ejerza ésta;

(FRACCIÓN REFORMADA G.O. CDMX 27 DE JUNIO DE 2024)

X. Cuando el que la ejerza sea condenado por sentencia firme por el delito de feminicidio cometido en contra de la madre de las niñas, niños y adolescentes sujetos a la patria potestad, y

(FRACCIÓN ADICIONADA G.O. CDMX 27 DE JUNIO DE 2024)

XI. En casos donde se configure violencia vicaria. Para efectos de esta fracción se estará a lo previsto en el artículo 323 Séptimus de este Código en relación con el artículo 201 del Código Penal para el Distrito Federal y artículo 6 de la Ley de Acceso de las Mujeres a una Vida Libre de Violencia de la Ciudad de México.

(ARTÍCULO REFORMADO, G.O.CDMX 28 DE JUNIO DE 2024)

Artículo 444 Bis.- La patria potestad podrá ser limitada en los casos de divorcio o separación, o violencia familiar, tomando en cuenta lo que dispone este Código.

(ARTÍCULO REFORMADO, G.O.CDMX 28 DE JUNIO DE 2024)

Artículo 445- Cuando los que ejerzan la patria potestad pasen a segundas nupcias, no perderán por ese hecho los derechos y obligaciones inherentes a la patria potestad; así como tampoco el cónyuge o concubino con quien se una, ejercerá la patria potestad de las hijas y los hijos de la unión anterior.

Artículo 446.- (DEROGADO, G.O. 25 DE MAYO DE 2000)

Artículo 447.- La patria potestad se suspende:
I. Por incapacidad declarada judicialmente;
II. Por la ausencia declarada en forma;

(FRACCIÓN REFORMADA G.O.CDMX 28 DE JUNIO DE 2024)

III. Cuando el consumo del alcohol, el hábito de juego, el uso no terapéutico de las substancias ilícitas a que hace referencia la Ley General de Salud y de las lícitas no destinadas a ese uso, que produzcan efectos psicotrópicos, amenacen causar algún perjuicio cualquiera que este sea a las y los menores de edad;

(REFORMADA, G.O. 25 DE MAYO DE 2000)

IV. Por sentencia condenatoria que imponga como pena esta suspensión;

(FRACCIÓN REFORMADA, G.O.CDMX 28 DE JUNIO DE 2024)

V. Cuando exista la posibilidad de poner en riesgo la salud, el estado emocional o incluso la vida del o de los descendientes menores de edad por parte de quien conserva la guarda y custodia, o de pariente por consanguinidad o afinidad hasta por el cuarto grado;

(REFORMADA G.O. 18 DE DICIEMBRE DE 2014)

VI. Por no permitir que se lleven a cabo las convivencias decretadas por autoridad competente o en convenio aprobado judicialmente,salvo lo dispuesto por la fracción IX del artículo 444 del presente Código; y

(FRACCIÓN REFORMADA, G.O.CDMX 28 DE JUNIO DE 2024)

VII. En los casos y mientras dure la tutela de las o los menores de edad en situación de desamparo de acuerdo a lo dispuesto en el presente Código y del artículo 902 Código de Procedimientos Civiles.

Artículo 448.- La patria potestad no es renunciable; pero aquellos a quienes corresponda ejercerla, pueden excusarse:

I. Cuando tengan sesenta años cumplidos;

II. Cuando por su mal estado habitual de salud, no puedan atender debidamente a su desempeño.

TÍTULO NOVENO
DE LA TUTELA

CAPÍTULO I
DISPOSICIONES GENERALES

Artículo 449.- El objeto de la tutela es la guarda de la persona y bienes de los que no estando sujetos a patria potestad tienen incapacidad natural y legal, o solamente la segunda, para gobernarse por sí mismos. La tutela puede también tener por objeto la representación interina del incapaz en los casos especiales que señale la ley.

En la tutela se cuidará preferentemente de la persona de los incapacitados. Su ejercicio queda sujeto en cuanto a la guarda y educación de los menores a las modalidades de que habla la parte final del artículo 413.

Artículo 450.- Tienen incapacidad natural y legal:

I. Los menores de edad;

(REFORMADA, G.O. 25 DE MAYO DE 2000)

II. Los mayores de edad que por causa de enfermedad reversible o irreversible, o que por su estado particular de discapacidad, ya sea de carácter físico, sensorial, intelectual, emocional, mental o varias de ellas a la vez, no puedan gobernarse, obligarse o manifestar su voluntad, por sí mismos o por algún medio que la supla.

(REFORMADO, D.O.F. 28 DE ENERO DE 1970)

Artículo 451.- SE DEROGA

Artículo 452.- La tutela es un cargo de interés público del que nadie puede eximirse, sino por causa legítima.

Artículo 453.- El que se rehusare sin causa legal a desempeñar el cargo de tutor, es responsable de los daños y perjuicios que de su negativa resulten al incapacitado.

(REFORMADO, G.O. 15 DE MAYO DE 2007)

Artículo 454.- La tutela se desempeñará por el tutor o tutores con intervención del curador, del Juez de lo Familiar, del Consejo Local de Tutelas y del Ministerio Público.

Ningún pupilo puede tener más de dos tutores definitivos, salvo las excepciones a que se refiere el artículo 455.

(REFORMADO, G.O. 17 DE ENERO DE 2002)

Artículo 455.- La Tutela se ejercerá por un solo tutor, excepto cuando por concurrir circunstancias especiales en la misma persona del pupilo o de su patrimonio, convenga separar como cargos distintos el de tutor de la persona y de los bienes.

(REFORMADO, G.O. 17 DE ENERO DE 2002)

Artículo 456.- Las personas físicas podrán desempeñar el cargo de tutor o curador hasta de tres incapaces. Sí estos son hermanos o son coherederos o legatarios de la misma persona, puede nombrarse un solo tutor y curador a todos ellos, aunque sean más de tres.

(ADICIONADO, G.O. 17 DE ENERO DE 2002)

Artículo 456 Bis.- Las personas morales que no tengan finalidad lucrativa y cuyo fin primordial sea la protección y atención a las personas a que se refiere el artículo 450, fracción II de este Código, podrán desempeñarse como tutores del número de personas que su capacidad lo permita, siempre que cuenten con el beneplácito de los ascendientes del Pupilo o así lo determine el juicio de interdicción y que la persona sujeta a Tutela carezca de bienes.

Cuando la Tutela se decida por medio de Juicio del Interdicción, (sic) se presentará, por parte de la persona moral, informe anual pormenorizado del desempeño del cargo conferido, ante el Juez, el cual se hará de forma individualizada por cada persona. De igual forma se presentará informe en los casos de Tutela Testamentaria o dativa a los ascendientes del Pupilo.

(REFORMADO, G.O. 25 DE MAYO DE 2000)

Artículo 457.- Cuando los intereses de alguno o algunos de los incapaces, sujetos a la misma tutela, fueren opuestos, el tutor lo pondrá en conocimiento del juez, quien nombrará un tutor especial que defienda los intereses de los incapaces, mientras se decide el punto de oposición.

Artículo 458.- Los cargos de tutor y de curador de un incapaz no pueden ser desempeñados al mismo tiempo por una sola persona. Tampoco pueden desempeñarse por personas que tengan entre sí parentesco en cualquier grado de la línea recta, o dentro del cuarto grado de la colateral.

(REFORMADO, G.O. 25 DE MAYO DE 2000)

Artículo 459.- No pueden ser nombrados tutores o curadores las personas que se desempeñen en el Juzgado de lo Familiar y las que integren los Consejos Locales de Tutelas; ni los que estén ligados con parentesco de consanguinidad con las mencionadas personas, en la línea recta, sin limitación de grados, y en la colateral dentro del cuarto grado inclusive.

N. DE E. SE RECOMIENDA CONSULTAR EL DECRETO POR EL QUE SE CREA UNA NUEVA UNIDAD DEL SISTEMA MONETARIO DE LOS ESTADOS UNIDOS MEXICANOS, PUBLICADO EN EL D.O.F. DE FECHA 22 DE JUNIO DE 1992 Y 6 DE ENERO DE 1994 Y EL AVISO POR EL QUE SE INFORMA QUE A PARTIR DEL 1° DE ENERO DE 1994, SE SUPRIME LA PALABRA "NUEVO", PARA VOLVER A LA DENOMINACIÓN "PESO" DEL NOMBRE DE LA UNIDAD DEL SISTEMA MONETARIO, PUBLICADO EN EL D.O.F. EL 15 DE NOVIEMBRE DE 1995.

(REFORMADO, G.O. 25 DE MAYO DE 2000)

Artículo 460.- Cuando fallezca una persona que ejerza la patria potestad sobre un incapacitado a quien deba designarse tutor, su ejecutor testamentario, y en caso de intestado, los parientes y personas con quienes haya vivido, están obligados a dar parte del fallecimiento al Juez de lo Familiar dentro de los ocho días siguientes, a fin de que se provea a la tutela.

En caso de no dar cumplimiento a lo establecido en este artículo, serán responsables de los daños y perjuicios que se le ocasionen al incapaz.

Los Jueces del Registro Civil, las autoridades administrativas y las judiciales tienen obligación de dar aviso a los Jueces de lo Familiar, de los casos en que sea necesario nombrar tutor y que lleguen a su conocimiento en el ejercicio de sus funciones.

(REFORMADO, G.O. 4 DE ENERO DE 2008)

Artículo 461.- La tutela es cautelar, testamentaria, legítima, dativa y de los menores en situación de desamparo.

(REFORMADO, G.O. 17 DE ENERO DE 2002)

Artículo 462.- Ninguna Tutela puede conferirse sin que previamente se declare en los términos que disponga el Código de Procedimientos Civiles del Distrito Federal, el estado y grado de capacidad de la persona que va a quedar sujeta a ella.

Tratándose de mayores de edad a que se refiere el artículo 450, fracción II de este Código, el Juez con base en dos diagnósticos médicos y/o psicológicos, escuchando la opinión de los parientes más cercanos de quien vaya a quedar bajo Tutela, emitirá la sentencia donde se establezcan los actos jurídicos de carácter personalísimo, que podrá realizar por sí mismo, determinándose con ello la extensión y límites de la Tutela.

Artículo 463.- Los tutores y curadores no pueden ser removidos de su cargo sin que previamente hayan sido oídos y vencidos en juicio.

(REFORMADO PRIMER PÁRRAFO, D.O.F. 23 DE JULIO DE 1992)

Artículo 464.- El menor de edad que se encuentre en cualquiera de los casos a que se refiere la fracción II del artículo 450, estará sujeto a la tutela de los menores, mientras no llegue a la mayoría de edad.

(REFORMADO, G.O. 25 DE MAYO DE 2000)

Si al cumplirse ésta continuare el impedimento, el incapaz continuará bajo la misma tutela o podrá sujetarse a una nueva, en ambos casos, previo juicio de interdicción, en el cual serán oídos el tutor y el curador en funciones.

Artículo 465.- Los hijos menores de un incapacitado quedarán bajo la patria potestad del ascendiente que corresponda conforme a la ley, y no habiéndolo, se les proveerá de tutor.

(REFORMADO, G.O. 25 DE MAYO DE 2000)

Artículo 466.- El cargo de tutor respecto de las personas comprendidas en los casos a que se refiere la fracción II del artículo 450 durará el tiempo que subsista la interdicción cuando sea ejercitado por los descendientes o por los ascendientes. El cónyuge tendrá obligaciones de desempeñar ese cargo mientras conserve su carácter de cónyuge. Los extraños que desempeñen la tutela de que se trata tienen derecho de que se les releve de ella a los diez años de ejercerla.

Artículo 467.- La interdicción de que habla el artículo anterior no cesará sino por la muerte del incapacitado o por sentencia definitiva, que se pronunciará en juicio seguido conforme a las mismas reglas establecidas para el de interdicción.

(REFORMADO, G.O. 25 DE MAYO DE 2000)

Artículo 468.- El Juez de lo Familiar cuidará provisionalmente de la persona y bienes del incapaz, debiendo dictar las medidas necesarias para ello, hasta el discernimiento de la tutela. Para cumplir esta función, se auxiliará de las instituciones médicas, educativas y de asistencia social.

Artículo 469.- El juez que no cumpla las prescripciones relativas a la tutela, además de las penas en que incurra conforme a las leyes, será responsable de los daños y perjuicios que sufran los incapaces.

(ADICIONADO CON LOS ARTÍCULOS QUE LO INTEGRAN, G.O. 15 DE MAYO DE 2007)

CAPÍTULO I BIS
DE LA TUTELA CAUTELAR

(ADICIONADO, G.O. 15 DE MAYO DE 2007)

Artículo 469 Bis.- Toda persona capaz para otorgar testamento puede nombrar al tutor o tutores, y a sus sustitutos, que deberán encargarse de su persona y, en su caso, de su patrimonio en previsión del caso de encontrarse en los supuestos del artículo 450. Dichos nombramientos excluyen a las personas que pudiere corresponderles el ejercicio de la tutela, de acuerdo a lo establecido en este código.

(REFORMADO PRIMER PÁRRAFO, G.O. 23 DE JULIO DE 2012)

Artículo 469 Ter.- Los nombramientos mencionados en el artículo anterior, sólo podrán otorgarse ante notario público y se harán constar en escritura pública, siendo revocable este acto en cualquier tiempo y momento con la misma formalidad.

(ADICIONADO, G.O. 15 DE MAYO DE 2007)

En caso de muerte, incapacidad, excusa, remoción, no aceptación o relevo del cargo del tutor designado, desempeñará la tutela quien o quienes sean sustitutos.

(ADICIONADO, G.O. 15 DE MAYO DE 2007)

Artículo 469 Quáter.- En la escritura pública donde se haga constar la designación, se podrán contener expresamente las facultades u obligaciones a las que deberá sujetarse la administración del tutor, dentro de las cuales serán mínimo las siguientes:

I. Que el tutor tome decisiones convenientes sobre el tratamiento médico y el cuidado de la salud del tutelado, y

II. Establecer que el tutor tendrá derecho a una retribución en los términos de este código.

El Juez de lo Familiar, a petición del tutor o del curador, y en caso de no existir éstos, los sustitutos nombrados por el juez tomando en cuenta la opinión del Consejo de Tutelas, podrá modificar las reglas establecidas si las circunstancias o condiciones originalmente tomadas en cuenta por la persona capaz en su designación, han variado al grado que perjudiquen la persona o patrimonio del tutelado.

(ADICIONADO, G.O. 15 DE MAYO DE 2007)

Artículo 469 Quintos.- El tutor cautelar que se excuse de ejercer la tutela, perderá todo derecho a lo que le hubiere dejado por testamento el incapaz.

CAPÍTULO II
DE LA TUTELA TESTAMENTARIA

Artículo 470.- El ascendiente que sobreviva, de los dos que en cada grado deben ejercer la patria potestad conforme a lo dispuesto en el artículo 414, tiene derecho, aunque fuere menor, de nombrar tutor en su testamento a aquellos sobre quienes la ejerza, con inclusión del hijo póstumo.

Artículo 471.- El nombramiento de tutor testamentario hecho en los términos del artículo anterior, excluye del ejercicio de la patria potestad a los ascendientes de ulteriores grados.

Artículo 472.- Si los ascendientes excluidos estuvieren incapacitados o ausentes, la tutela cesará cuando cese el impedimento o se presenten los ascendientes, a no ser que el testador haya dispuesto expresamente que continúe la tutela.

Artículo 473.- El que en su testamento, aunque sea un menor no emancipado, deje bienes, ya sea por legado o por herencia, a un incapaz que no esté bajo su patria potestad, ni bajo la de otro, puede nombrarle tutor solamente para la administración de los bienes que le deje.

Artículo 474.- Si fueren varios los menores podrá nombrárseles un tutor común, o conferirse a persona diferente la tutela de cada uno de ellos, observándose, en su caso, lo dispuesto en el artículo 457.

(REFORMADO, G.O. 17 DE ENERO DE 2002)

Artículo 475.- El ascendiente que ejerza la Tutela de un hijo sujeto a interdicción en los supuestos de la fracción II del artículo 450 de este Código, podrá nombrar tutor testamentario, sí el otro ascendiente ha fallecido o no puede legalmente ejercer la Tutela.

Podrán ser tutores testamentarios las personas morales sin fines de lucro y cuyo objeto primordial sea la protección y atención de las personas con discapacidad intelectual o mental.

(ADICIONADO, G.O. 17 DE ENERO DE 2002)

Artículo 475 Bis.- El ascendiente que ejerza la patria potestad o Tutela de una persona a que se refiere el artículo 450, fracción II, de este Código, que se encuentre afectado, por una enfermedad crónica o incurable, o que por razones médicas se presuma que su muerte se encuentra cercana o cierta, podrá sin perder sus derechos, designar un tutor y un curador para el Pupilo, prevaleciendo dicha designación a todas aquellas hechas anteriormente, aún las que se encuentren realizadas en: testamentos anteriores. Dicho tutor entrará en su encargo en cualquiera de los siguientes casos:

a) La muerte del ascendiente,

b) Discapacidad mental del ascendiente, o

c) Debilitamiento físico. En este supuesto será necesario el consentimiento del ascendiente.

Artículo 476.- En ningún otro caso hay lugar a la tutela testamentaria del incapacitado.

Artículo 477.- Siempre que se nombren varios tutores, desempeñará la tutela el primer nombrado, a quien substituirán los demás, por el orden de su nombramiento, en los casos de muerte, incapacidad, excusa o remoción.

Artículo 478.- Lo dispuesto en el artículo anterior no regirá cuando el testador haya establecido el orden en que los tutores deben sucederse en el desempeño de la tutela.

Artículo 479.- Deben observarse todas las reglas, limitaciones y condiciones puestas por el testador para la administración de la tutela, que no sean contrarias a las leyes, a no ser que el juez, oyendo al tutor y al curador, las estime dañosas a los menores, en cuyo caso podrá dispensarlas o modificarlas.

Artículo 480.- Si por un nombramiento condicional de tutor, o por algún otro motivo, faltare temporalmente el tutor testamentario, el juez proveerá de tutor interino al menor, conforme a las reglas generales sobre nombramiento de tutores.

Artículo 481.- El adoptante que ejerza la patria potestad tiene derecho de nombrar tutor testamentario a su hijo adoptivo; aplicándose a esta tutela lo dispuesto en los artículos anteriores.

CAPÍTULO III
DE LA TUTELA LEGÍTIMA DE LOS MENORES

Artículo 482.- Ha lugar a tutela legítima:

I. Cuando no hay quien ejerza la patria potestad, ni tutor testamentario;

II. Cuando deba nombrarse tutor por causa de divorcio.

Artículo 483.- La tutela legítima corresponde:

I. A los hermanos, prefiriéndose a los que lo sean por ambas líneas;

II. Por falta o incapacidad de los hermanos, a los demás colaterales dentro del cuarto grado inclusive.

(ADICIONADO, G.O. 25 DE MAYO DE 2000)

El juez, en resolución motivada, podrá alterar el orden anterior atendiendo al interés superior del menor sujeto a tutela.

Artículo 484.- Si hubiere varios parientes del mismo grado, el juez elegirá entre ellos al que le parezca más apto para el cargo; pero si el menor hubiere cumplido dieciséis años, él hará la elección.

Artículo 485.- La falta temporal del tutor legítimo, se suplirá en los términos establecidos en los dos artículos anteriores.

(ADICIONADO, G.O. 15 DE MAYO DE 2007)

Artículo 485 Bis.- Ha lugar a tutela legitima:

I. Cuando no haya tutor cautelar, ni testamentario, y

II. Cuando habiéndolo no pueda temporal o permanentemente ejercer el cargo y no hayan sido nombrados tutores sustitutos.

(REFORMADA SU DENOMINACIÓN, D.O.F. 23 DE JULIO DE 1992)

CAPÍTULO IV
DE LA TUTELA LEGITIMA DE LOS MAYORES DE EDAD INCAPACITADOS

(REFORMADO, G.O. 25 DE MAYO DE 2000)

Artículo 486.- La tutela del cónyuge declarado en estado de interdicción, corresponde legítima y forzosamente al otro cónyuge.

(REFORMADO, G.O. 25 DE MAYO DE 2000)

Artículo 487.- Los hijos mayores de edad son tutores legítimos de su padre o madre soltero.

Artículo 488.- Cuando haya dos o más hijos, será preferido el que viva en compañía del padre o de la madre; y siendo varios los que estén en el mismo caso, el juez elegirá al que le parezca más apto.

(REFORMADO, G.O. 25 DE MAYO DE 2000)

Artículo 489.- Los padres son de derecho tutores de sus hijos solteros, cuando éstos no tengan hijos que puedan desempeñar la tutela, debiéndose poner de acuerdo respecto a quién de los dos ejercerá el cargo.

(REFORMADO, D.O.F. 31 DE DICIEMBRE DE 1974)

Artículo 490.- A falta de tutor testamentario y de persona que con arreglo a los artículos anteriores deba desempeñar la tutela, serán llamados a ella sucesivamente: los abuelos, los hermanos del incapacitado y los demás colaterales a que se refiere la fracción II del artículo 483; observándose en su caso lo que dispone el artículo 484.

Artículo 491.- El tutor del incapacitado que tenga hijos menores bajo su patria potestad, será también tutor de ellos, si no hay otro ascendiente a quien la ley llame al ejercicio de aquel derecho.

(REFORMADA SU DENOMINACIÓN, G.O. 4 DE ENERO DE 2008)

CAPÍTULO V
DE LA TUTELA DE LOS MENORES EN SITUACIÓN DE DESAMPARO

Artículo 492.- La Ley coloca a los menores de edad en situación de desamparo bajo la tutela de la institución autorizada que los haya acogido, quien tendrá las obligaciones, facultades y restricciones previstas para los demás tutores.

Se entiende por expósito, al menor de edad que es colocado en una situación de desamparo por quienes conforme a la ley estén obligados a su custodia, protección y cuidado y no pueda determinarse su origen. Cuando la situación de desamparo se refiera a un menor de edad cuyo origen se conoce, se considerara abandonado.

Se considera como situación de desamparo, la que se produce de un hecho a causa de la imposibilidad, del incumplimiento o inapropiado ejercicio de los deberes de protección establecidos por las leyes para la patria potestad, tutela o custodia de los menores de edad, cuando estos queden privados de la necesaria asistencia material o moral; ya sea en carácter de expósitos o abandonados.

El acogimiento tiene por objeto la protección inmediata del menor, si éste tiene bienes, el juez decidirá sobre la administración de los mismos.

En todos los casos, quien haya acogido a un menor, deberá dar aviso al Ministerio Público dentro de las cuarenta y ocho horas siguientes, quien después de realizar las diligencias necesarias, en su caso, lo pondrá de inmediato bajo el cuidado y atención del Sistema para el Desarrollo Integral de la Familia del Distrito Federal.

Artículo 492-A.- El acogimiento es la acción de asumir de manera temporal el cuidado y atención integral del menor de edad en situación de desamparo en estricto respeto a los derechos humanos. Cuando exista controversia del orden familiar en materia de patria potestad, guarda y custodia o régimen de visitas se deberá estar a lo que determine el Juez de lo Familiar que conozca y resuelva el asunto.

De acuerdo a su temporalidad el acogimiento puede ser de urgencia, de corto plazo para evaluación y de largo plazo.

De acuerdo al ámbito en el que se otorgue el acogimiento puede ser en familia extensa, en familia ajena o acogimiento residencial.

Los menores de seis años de edad en condición de desamparo serán puestos inmediatamente en acogimiento de corto plazo para evaluación en su familia extensa o en familia ajena. Se evitará en la mayor medida posible su acogimiento en espacios residenciales. Atendiendo al interés superior de la niñez se evitará su institucionalización.

Todas las autoridades están obligadas a promover, proteger, respetar y garantizar los derechos de las niñas y los niños que se encuentren en alguna modalidad de acogimiento.

La ley de cuidados alternativos para la infancia en el Distrito Federal regulará los aspectos relativos al acogimiento.

Las obligaciones, facultades y restricciones establecidas para los tutores, se aplicarán a las personas que tengan parentesco con el menor de edad o a las personas físicas o morales que por cualquier circunstancia brinden el acogimiento.

Artículo 493.- Los responsables de las casas de asistencia privada u organizaciones civiles previamente autorizadas, donde se reciban menores de edad en situación de desamparo, desempeñaran la tutela de estos con arreglo a las leyes.

Tratándose de violencia familiar, sólo tendrán los cuidados y atención de los menores de edad en los mismos términos del párrafo anterior, hasta en tanto se defina la situación legal de estos.

Artículo 494.- (DEROGADO, G.O. 4 DE ENERO DE 2008)

(ADICIONADO, G.O. 4 DE ENERO DE 2008)

Artículo 494-A.- El Gobierno del Distrito Federal, a través del Sistema para el Desarrollo Integral de la Familia del Distrito Federal, ejercerá la tutela de los menores en situación de desamparo que no hayan sido acogidos por instituciones de asistencia social, en cuyo caso tendrá las obligaciones, facultades y restricciones establecidas en este Código.

Artículo 494-B.- El Sistema para el Desarrollo Integral de la Familia del Distrito Federal, para efecto de los dispuesto en el artículo anterior contará con un comité técnico como órgano de apoyo cuyo objeto será vigilar y garantizar el estricto respeto a los derechos fundamentales de las niñas y los niños con base en el interés superior del menor, adoptando las medidas necesarias de protección para su cuidado y atención.

Artículo 494-C.- El Sistema para el Desarrollo Integral de la Familia del Distrito Federal, adoptará todas las medidas necesarias para la atención, protección y tratamiento para el ejercicio pleno de los derechos de los menores en situación de desamparo de acuerdo a las necesidades especificas y edad del menor de edad, procurando siempre y en todo momento el sano desarrollo físico, mental, espiritual, moral y social, dando prioridad a los menores de edad con problemas de adicción a estupefacientes, sustancias psicotrópicas y alcoholismo.

El Sistema para el Desarrollo Integral de la Familia del Distrito Federal, realizara las acciones de prevención y protección a menores de edad para incorporarlos al núcleo familiar o integrarlos en alguna modalidad de acogimiento para su formación e instrucción, y garantizará en todo momento su situación jurídica conforme a lo previsto en este código.

La asunción de la tutela atribuida al Gobierno del Distrito Federal, en términos del Código de Procedimientos Civiles para el Distrito Federal, lleva consigo la suspensión provisional de la patria potestad y la tutela ordinarias; no obstante serán validos los actos de contenido patrimonial que realicen los padres o tutores en representación del menor de edad y que sean beneficiosos para él.

Artículo 494-D.- El Sistema para el Desarrollo Integral de la Familia del Distrito Federal, integrará a los menores que permanezcan bajo su cuidado y atención, en los espacios residenciales de instituciones u organizaciones civiles, previamente autorizados que se destinen para tal efecto con el fin de garantizar sus derechos de alimentación, salud, educación y sano esparcimiento en áreas especializadas que aseguren su desarrollo integral, de conformidad con el reglamento.

Se buscará siempre el interés superior del menor y se procurará cuando no sea contrario a ese interés, su reinserción en la propia familia.

Artículo 494-E.- En el caso de que exista oposición de parte legítima después de efectuados cualquiera de los acogimientos y actos comprendidos en este Capítulo, se reservará el derecho al opositor para que lo haga valer en la vía y forma que corresponda ante el juez de lo familiar.

CAPÍTULO VI
DE LA TUTELA DATIVA

(REFORMADO, G.O. 15 DE MAYO DE 2007)

Artículo 495.- Ha lugar a tutela dativa:

I. Cuando no haya tutor cautelar, ni testamentario, ni persona a quien conforme a la ley corresponda la tutela legítima;

II. Cuando habiéndolo no pueda temporal o permanentemente ejercer el cargo y no hayan sido nombrados tutores sustitutos, y no hay ningún pariente de los designados en el artículo 483.

(REFORMADO, D.O.F. 24 DE MARZO DE 1971)

Artículo 496.- El tutor dativo será designado por el menor si ha cumplido dieciséis años. El Juez de lo Familiar confirmará la designación si no tiene justa causa para reprobarla. Para reprobar las ulteriores designaciones que haga el menor, el Juez oirá el parecer del Consejo Local de Tutelas. Si no se aprueba el nombramiento hecho por el menor, el Juez nombrará tutor conforme a lo dispuesto en el artículo siguiente.

(REFORMADO, D.O.F. 24 DE MARZO DE 1971)

Artículo 497.- Si el menor no ha cumplido dieciséis años, el nombramiento de tutor lo hará el Juez de lo Familiar de entre las personas que figuren en la lista formada cada año por el Consejo Local de Tutelas oyendo al Ministerio Público, quien debe cuidar de que quede comprobada la honorabilidad de la persona elegida para tutor.

Artículo 498.- Si el juez no hace oportunamente el nombramiento de tutor, es responsable de los daños y perjuicios que se sigan al menor por esa falta.

Artículo 499.- Siempre será dativa la tutela para asuntos judiciales del menor de edad emancipado.

Artículo 500.- (DEROGADO, G.O. 4 DE ENERO DE 2008)

Artículo 501.- (DEROGADO, G.O. 4 DE ENERO DE 2008)

Artículo 502.- (DEROGADO, G.O. 4 DE ENERO DE 2008)

CAPÍTULO VII
DE LAS PERSONAS INHÁBILES PARA EL DESEMPEÑO DE LA TUTELA Y DE LAS QUE DEBEN SER SEPARADAS DE ELLA

Artículo 503.- No pueden ser tutores, aunque estén anuentes en recibir el cargo:

I. Los menores de edad;

II. Los mayores de edad que se encuentren bajo tutela;

III. Los que hayan sido removidos de otra tutela por haberse conducido mal, ya respecto de la persona, ya respecto de la administración de los bienes del incapacitado;

IV. Los que por sentencia que cause ejecutoria hayan sido condenados a la privación de este cargo o a la inhabilitación para obtenerlo;

(REFORMADA, G.O. 25 DE MAYO DE 2000)

V. El que haya sido condenado en sentencia ejecutoriada por delito doloso;

(REFORMADA, G.O. 25 DE MAYO DE 2000)

VI. Los que no tengan un modo honesto de vivir;

VII. Los que al deferirse la tutela, tengan pleito pendiente con el incapacitado;

VIII. Los deudores del incapacitado en cantidad considerable, a juicio del juez, a no ser que el que nombre tutor testamentario lo haya hecho con conocimiento de la deuda, declarándolo así expresamente al hacer el nombramiento;

(REFORMADA, G.O. 25 DE MAYO DE 2000)

IX. Los jueces, magistrados y demás funcionarios o empleados de la administración de justicia o del Consejo Local de Tutelas;

X. El que no esté domiciliado en el lugar en que deba ejercer la tutela;

(REFORMADA, G.O. 25 DE MAYO DE 2000)

XI. Los servidores públicos que por razón de sus funciones tengan responsabilidad pecuniaria actual o la hayan tenido y no la hubieren cubierto;

(REFORMADA, G.O. 25 DE MAYO DE 2000)

XII. El que padezca enfermedad que le impida el ejercicio adecuado de la tutela; y

XIII. Los demás a quienes lo prohiba la ley.

Artículo 504.- Serán separados de la tutela:

I. Los que sin haber caucionado su manejo conforme a la ley, ejerzan la administración de la tutela;

II. Los que se conduzcan mal en el desempeño de la tutela, ya sea respecto de la persona, ya respecto de la administración de los bienes del incapacitado;

(REFORMADA, G.O. 25 DE MAYO DE 2000)

III. Los tutores que no exhiban los certificados médicos ni rindan sus informes y cuentas dentro de los términos fijados por los artículos 544 bis, 546 y 590;

IV. Los comprendidos en el artículo anterior, desde que sobrevenga o se averigüe su incapacidad;

V. El tutor que se encuentre en el caso previsto en el artículo 159;

(REFORMADA, G.O. 25 DE MAYO DE 2000)

VI. El tutor que permanezca ausente por más de tres meses, del lugar en que debe desempeñar la tutela; y

(ADICIONADA, G.O. 25 DE MAYO DE 2000)

VII. El tutor que ejerza violencia familiar o cometa delito doloso, en contra de la persona sujeta a tutela.

(REFORMADO, D.O.F. 23 DE JULIO DE 1992)

Artículo 505.- No pueden ser tutores ni curadores de las personas comprendidas en la fracción II del artículo 450, quienes hayan sido causa o fomentado directa o indirectamente tales enfermedades o padecimientos.

Artículo 506.- (DEROGADO, D.O.F. 23 DE JULIO DE 1992)

Artículo 507.- El Ministerio Público y los parientes del pupilo, tienen derecho de promover la separación de los tutores que se encuentren en alguno de los casos previstos en el artículo 504.

(REFORMADO, G.O. 18 DE DICIEMBRE DE 2014)

Artículo 508.- El tutor que fuere procesado por cualquier hecho que la ley señale como delito, quedará suspendido en el ejercicio de su encargo desde que se le dicte prisión preventiva y hasta que se pronuncie sentencia irrevocable, o cuando se vulnere por ese hecho, los derechos y bienes jurídicos del pupilo.

Artículo 509.- En el caso de que trata el artículo anterior, se proveerá a la tutela conforme a la ley.

(REFORMADO, G.O. 18 DE DICIEMBRE DE 2014)

Artículo 510.- Absuelto el tutor, volverá al ejercicio de su encargo. Si es sentenciado condenatoriamentea una sanciónque no lleve consigo la inhabilitación para desempeñar la tutela, volverá a ésta al extinguir su sanción, siempre que la pena impuesta no exceda de un año de prisión.

CAPÍTULO VIII
DE LAS EXCUSAS PARA EL DESEMPEÑO DE LA TUTELA

Artículo 511.- Pueden excusarse de ser tutores:

(REFORMADA, G.O. 25 DE MAYO DE 2000)

I. Los servidores públicos;
II. Los militares en servicio activo;
III. Los que tengan bajo su patria potestad tres o más descendientes;

(REFORMADA, G.O. 25 DE MAYO DE 2000)

IV. Los que por su situación socioeconómica, no puedan atender a la tutela sin menoscabo de su subsistencia;

(REFORMADA, G.O. 25 DE MAYO DE 2000)

V. Los que por el mal estado habitual de su salud, no puedan atender debidamente a la tutela;
VI. Los que tengan sesenta años cumplidos;
VII. Los que tengan a su cargo otra tutela o curaduría;

(REFORMADA, D.O.F. 17 DE ENERO DE 1970)

VIII. Los que por su inexperiencia en los negocios o por causa grave, a juicio del Juez, no estén en aptitud de desempeñar convenientemente la tutela.

Artículo 512.- Si el que teniendo excusa legítima para ser tutor acepta el cargo, renuncia por el mismo hecho a la excusa que le concede la ley.

Artículo 513.- El tutor debe proponer sus impedimentos o excusas dentro del término fijado por el Código de Procedimientos Civiles, y cuando transcurra el término sin ejercitar el derecho, se entiende renunciada la excusa.

Artículo 514.- Si el tutor tuviere dos o más excusas las propondrá simultáneamente, dentro del plazo respectivo; y si propone una sola se entenderán renunciadas las demás.

Artículo 515.- Mientras que se califica el impedimento o la excusa, el Juez nombrará un tutor interino.

Artículo 516.- El tutor testamentario que se excuse de ejercer la tutela, perderá todo derecho a lo que le hubiere dejado el testador por este concepto.

Artículo 517.- El tutor que sin excusa o desechada la que hubiere propuesto no desempeñe la tutela, pierde el derecho que tenga para heredar al incapacitado que muera intestado, y es responsable de los daños y perjuicios que por su renuncia hayan sobrevenido al mismo incapacitado. En igual pena incurre la persona a quien corresponda la tutela legítima, si habiendo sido legalmente citada, no se presenta al juez manifestando su parentesco con el incapaz.

Artículo 518.- Muerto el tutor que esté desempeñando la tutela, sus herederos o ejecutores testamentarios están obligados a dar aviso al juez, quien proveerá inmediatamente al incapacitado del tutor que corresponda, según la ley.

(ADICIONADO, G.O. 25 DE MAYO DE 2000)

La misma obligación tendrá el tutor de aquel, que estando en funciones de tutor, haya sido declarado en estado de interdicción.

(ADICIONADO, G.O. 25 DE MAYO DE 2000)

En caso de omisión a lo dispuesto en este artículo, los obligados serán responsables por los daños y perjuicios que se causen a la persona sujeta a tutela.

CAPÍTULO IX
DE LA GARANTÍA QUE DEBEN PRESTAR LOS TUTORES PARA ASEGURAR SU MANEJO

Artículo 519.- El tutor, antes de que se le discierna el cargo, prestará caución para asegurar su manejo. Esta caución consistirá:

I. En hipoteca o prenda;

II. En fianza;

(ADICIONADA, G.O. 25 DE MAYO DE 2000)

III. En cualquier otro medio suficiente autorizado por la ley.

La garantía prendaria que preste el tutor se constituirá depositando las cosas dadas en prenda en una institución de crédito autorizada para recibir depósitos; a falta de ella se depositarán en poder de persona de notoria solvencia y honorabilidad.

Artículo 520.- Están exceptuados de la obligación de dar garantía:

I. Los tutores testamentarios, cuando expresamente los haya relevado de esta obligación el testador;

II. El tutor que no administre bienes;

III. El padre, la madre y los abuelos, en los casos en que conforme a la ley son llamados a desempeñar la tutela de sus descendientes, salvo lo dispuesto en el artículo 523;

IV. Los que acojan a un expósito, lo alimenten y eduquen convenientemente por más de diez años, a no ser que hayan recibido pensión para cuidar de él.

Artículo 521.- Los comprendidos en la fracción I del artículo anterior, sólo estarán obligados a dar garantía cuando con posterioridad a su nombramiento haya sobrevenido causa ignorada por el testador que, a juicio del juez y previa audiencia del curador, haga necesaria aquélla.

(REFORMADO, D.O.F. 24 DE MARZO DE 1971)

Artículo 522.- La garantía que presten los tutores no impedirá que el Juez de lo Familiar, a moción del Ministerio Público, del Consejo Local de Tutelas, de los parientes próximos del incapacitado o de éste si ha cumplido dieciséis años, dicte las providencias que se estimen útiles para la conservación de los bienes del pupilo.

Artículo 523.- Cuando la tutela del incapacitado recaiga en el cónyuge, en los ascendientes o en los hijos, no se dará garantía; salvo el caso de que el juez, con audiencia de curador y del Consejo de Tutelas, lo crea conveniente.

(F. DE E., D.O.F. 21 DE DICIEMBRE DE 1928)

Artículo 524.- Siempre que el tutor sea también coheredero del incapaz, y éste no tenga más bienes que los hereditarios, no se podrá exigir al tutor otra garantía que la de su misma porción hereditaria a no ser que esta porción no iguale a la mitad de la porción del incapaz, pues en tal caso se integrará la garantía con bienes propios del tutor o con fianza.

Artículo 525.- Siendo varios los incapacitados cuyo haber consista en bienes procedentes de una herencia indivisa, si son varios los tutores, sólo se exigirá a cada uno de ellos garantía por la parte que corresponda a su representado.

Artículo 526.- El tutor no podrá dar fianza para caucionar su manejo sino cuando no tenga bienes en que constituir hipoteca o prenda.

(ADICIONADO, G.O. 25 DE MAYO DE 2000)

En este caso, tendrá la obligación de actualizar la vigencia de la fianza mientras desempeñe la tutela.

Artículo 527.- Cuando los bienes que tenga no alcancen a cubrir la cantidad que ha de asegurar conforme al artículo siguiente, la garantía podrá consistir: parte en hipoteca o prenda, parte en fianza, o solamente en fianza, a juicio del juez, y previa audiencia del curador y del Consejo Local de Tutelas.

Artículo 528.- La hipoteca o prenda, y en su caso la fianza, se darán:

I. Por el importe de las rentas de los bienes raíces en los dos últimos años, y por los réditos de los capitales impuestos durante ese mismo tiempo;

II. Por el valor de los bienes muebles;

III. Por el de los productos de las fincas rústicas en dos años, calculados por peritos, o por el término medio en un quinquenio, a elección del juez;

IV. En las negociaciones mercantiles e industriales, por el veinte por ciento del importe de las mercancías y demás efectos muebles, calculado por los libros si están llevados en debida forma o a juicio de peritos.

Artículo 529.- Si los bienes del incapacitado, enumerados en el artículo que precede, aumentan o disminuyen durante la tutela, podrán aumentarse o disminuirse proporcionalmente la hipoteca, prenda o la fianza, a pedimento del tutor, del curador, del Ministerio Público o del Consejo Local de Tutelas.

(REFORMADO, G.O. 15 DE MAYO DE 2007)

Artículo 530.- Si fueren dos los tutores, la garantía será dada por partes iguales, salvo que acuerden otra cosa. Los tutores responderán solidariamente ante el incapaz. El Juez responde subsidiariamente con el tutor, de los daños y perjuicios que sufra el incapacitado por no haber exigido que se caucione el manejo de la tutela.

Artículo 531.- Si el tutor, dentro de tres meses después de aceptado su nombramiento, no pudiere dar la garantía por las cantidades que fija el artículo 528, se procederá al nombramiento de nuevo tutor.

Artículo 532.- Durante los tres meses señalados en el artículo precedente, desempeñará la administración de los bienes un tutor interino, quien los recibirá por inventario solemne, y no podrá ejecutar otros actos que los indispensables para la conservación de los bienes y percepción de los productos. Para cualquier otro acto de administración requerirá la autorización judicial, la que se concederá, si procede, oyendo al curador.

Artículo 533.- Al presentar el tutor su cuenta anual, el curador o el Consejo Local de Tutelas deben promover información de supervivencia e idoneidad de los fiadores dados por aquél. Esta información también podrán promoverla en cualquier tiempo que lo estimen conveniente. El Ministerio Público tiene igual facultad, y hasta de oficio el juez puede exigir esa información.

Artículo 534.- Es también obligación del curador y del Consejo Local de Tutelas, vigilar el estado de las fincas hipotecadas por el tutor o de los bienes entregados en prenda, dando aviso al juez de los deterioros y menoscabo que en ellos hubiere, para que si es notable la disminución del precio, se exija al tutor que asegure con otros bienes los intereses que administra.

(ADICIONADO, G.O. 25 DE MAYO DE 2000)

El curador y el Consejo Local de Tutelas deberán vigilar el cumplimiento a lo ordenado en el artículo 526.

CAPÍTULO X
DEL DESEMPEÑO DE LA TUTELA

Artículo 535.- Cuando el tutor tenga que administrar bienes, no podrá entrar a la administración sin que antes se nombre curador, excepto en el caso del artículo 492.

Artículo 536.- El tutor que entre a la administración de los bienes sin que se haya nombrado curador, será responsable de los daños y perjuicios que cause al incapacitado y, además, separado de la tutela; más ningún extraño puede rehusarse a tratar con él judicial o extrajudicialmente alegando la falta de curador.

Artículo 537.- El tutor está obligado:
I. A alimentar y educar al incapacitado;

(REFORMADA, G.O. 25 DE MAYO DE 2000)

II. A destinar, de preferencia los recursos del incapacitado a la curación de sus enfermedades y a su rehabilitación derivadas de éstas o del consumo no terapéutico de substancias ilícitas a que hace referencia la Ley General de Salud y las lícitas no destinadas a ese fin, que produzcan efectos psicotrópicos;

III. A formar inventario solemne y circunstanciado de cuanto constituya el patrimonio del incapacitado, dentro del término que el juez designe, con intervención del curador y del mismo incapacitado si goza de discernimiento y ha cumplido dieciséis años de edad;

El término para formar el inventario no podrá ser mayor de seis meses;

IV. A administrar el caudal de los incapacitados. El pupilo será consultado para los actos importantes de la administración cuando es capaz de discernimiento y mayor de dieciséis años;

La administración de los bienes que el pupilo ha adquirido con su trabajo le corresponde a él y no al tutor;

V. A representar al incapacitado en juicio y fuera de él en todos los actos civiles, con excepción del matrimonio, del reconocimiento de hijos, del testamento y de otros estrictamente personales;

VI. A solicitar oportunamente la autorización judicial para todo lo que legalmente no pueda hacer sin ella.

(REFORMADO, G.O. 25 DE MAYO DE 2000)

Artículo 538.- Los gastos de alimentación, educación y asistencia de la persona sujeta a tutela deben regularse de manera que nada necesario le falte, según sus requerimientos y su posibilidad económica.

(REFORMADO, G.O. 25 DE MAYO DE 2000)

Artículo 539.- Cuando el tutor entre en el ejercicio de su cargo, el juez fijará, con audiencia de aquél, la cantidad que haya de invertirse en los alimentos, educación y asistencia de la persona sujeta a tutela, sin perjuicio de alterarla, según el aumento o disminución del patrimonio y otras circunstancias. Por las mismas razones podrá el juez alterar la cantidad que el que nombró tutor hubiere señalado para dicho objeto.

(REFORMADO, G.O. 25 DE MAYO DE 2000)

Artículo 540.- El tutor proveerá la educación integral, pública o privada, incluyendo la especializada conforme a las leyes de la materia, de la persona sujeta a tutela, de acuerdo con sus requerimientos y posibilidad económica, con el propósito de que éste pueda ejercer la carrera, oficio o la actividad que elija; lo anterior incluye su habilitación o rehabilitación si cuenta con alguna discapacidad, para que éste pueda actuar en su entorno familiar o social.

Si el tutor infringe esta disposición, el curador, el Consejo Local de Tutelas, el Ministerio Público o el menor, siendo el caso, deben ponerlo en conocimiento del juez para que dicte las medidas necesarias para su cumplimiento.

(REFORMADO, G.O. 25 DE MAYO DE 2000)

Artículo 541.- Si el que tenía la patria potestad sobre el menor lo había inscrito en alguna institución para su educación, o dedicado a algún oficio o actividad, el tutor no la podrá variar, ni prohibir su continuación, sin la aprobación del juez, quien previamente deberá oír al menor, al curador y al Consejo Local de Tutelas.

(REFORMADO, G.O. 25 DE MAYO DE 2000)

Artículo 542.- Si las rentas de la persona sujeta a tutela no alcanzan a cubrir los gastos de su alimentación, educación y asistencia, el juez decidirá si ha de ponérsele a aprender un oficio o adoptarse otro medio para evitar la enajenación de los bienes y, si fuere posible, sujetará a las rentas de éstos, los gastos de alimentación.

(REFORMADO, D.O.F. 23 DE JULIO DE 1992)

Artículo 543.- Si los menores o los mayores de edad, con algunas de las incapacidades a que se refiere el artículo 450 fracción II, fuesen indigentes o careciesen de suficientes medios para los gastos que demandan su alimentación y educación, el tutor exigirá judicialmente la prestación de esos gastos a los parientes que tienen obligación legal de alimentar a los incapacitados. Las expensas que esto origine, serán cubiertas por el deudor alimentario. Cuando el mismo tutor sea obligado a dar alimentos, por razón de su parentesco con su tutelado, el curador ejercitará la acción a que este artículo se refiere.

(REFORMADO, G.O. 25 DE MAYO DE 2000)

Artículo 544.- Si los menores o mayores de edad con incapacidades como las que señala el artículo 450 en su fracción II no tienen personas que estén obligadas a alimentarlos, o si teniéndolas no pudieren hacerlo, el tutor con autorización del juez de lo familiar, quien oirá el parecer del curador y el consejo local de las tutelas, pondrá al tutelado en una institución de asistencia social pública o privada en donde pueda educarse y habilitarse. En su caso, si esto no fuera posible, el tutor procurará que los particulares suministren trabajo al incapacitado, compatible con su edad y circunstancias personales, con la obligación de alimentarlo y educarlo. No por eso el tutor queda eximido de su cargo, pues continuará vigilando a su tutelado, a fin de que no sufra daño por lo excesivo del trabajo, lo insuficiente de la alimentación o lo defectuoso de la educación que se le imparta.

(REFORMADO, D.O.F. 23 DE DICIEMBRE DE 1974)

Artículo 545.- Los incapacitados indigentes que no puedan ser alimentados y educados por los medios previstos en los dos artículos anteriores, lo serán a costa de las rentas públicas del Distrito Federal; pero si se llega a tener conocimiento de que existen parientes del incapacitado que estén legalmente obligados a proporcionarle alimentos, el Ministerio Público deducirá la acción correspondiente para que se reembolse al Gobierno de los gastos que hubiere hecho en cumplimiento de lo dispuesto por este artículo.

(REFORMADO, G.O. 25 DE MAYO DE 2000)

Artículo 546.- El tutor está obligado a presentar al Juez de lo Familiar, en el mes de enero de cada año, un informe sobre el desarrollo de la persona sujeta a su tutela.

Para el caso del tutor de las personas a que se refiere la fracción II del artículo 450 de este Código, además, está obligado a presentar al Juez de lo Familiar, en el mes de enero de cada año, un certificado de dos médicos psiquiatras que declaren acerca del estado del individuo sujeto a interdicción, a quien para ese efecto reconocerán en presencia del curador.

En todo caso, el Juez de lo Familiar se cerciorará del estado que guarda el incapacitado, tomando todas las medidas que estime convenientes para mejorar su condición.

Aún cuando no se rindan las cuentas a las que se refiere el capítulo XI de este título, será obligatoria la presentación del informe y de los certificados médicos en los términos señalados por este artículo.

Artículo 547.- Para la seguridad, alivio y mejoría de las personas a que se refiere el artículo anterior, el tutor adoptará las medidas que juzgue oportunas, previa la autorización judicial que se otorgará con audiencia del curador. Las medidas que fueren muy urgentes podrán ser ejecutadas por el tutor, quien dará cuenta inmediatamente al juez para obtener la debida aprobación.

Artículo 548.- La obligación de hacer inventarios no puede ser dispensada ni aun por los que tienen derecho de nombrar tutor testamentario.

Artículo 549.- Mientras que el inventario no estuviere formado, la tutela debe limitarse a los actos de mera protección a la persona y conservación de los bienes del incapacitado.

Artículo 550.- El tutor está obligado a inscribir en el inventario el crédito que tenga contra el incapacitado; si no lo hace, pierde el derecho de cobrarlo.

Artículo 551.- Los bienes que el incapacitado adquiera después de la formación del inventario, se incluirán inmediatamente en él, con las mismas formalidades prescritas en la fracción III del artículo 537.

Artículo 552.- Hecho el inventario no se admite al tutor rendir prueba contra de él en perjuicio del incapacitado, ni antes ni después de la mayor edad de éste, ya sea que litigue en nombre propio o con la representación del incapacitado.

Se exceptúa de lo dispuesto en el párrafo anterior los casos en que el error del inventario sea evidente o cuando se trate de un derecho claramente establecido.

Artículo 553.- Si se hubiere omitido listar algunos bienes en el inventario, el menor mismo, antes o después de la mayor edad, y el curador o cualquier pariente, pueden ocurrir al juez, pidiendo que los bienes omitidos se listen; y el juez, oído el parecer del tutor, determinará en justicia.

Artículo 554.- El tutor, dentro del primer mes de ejercer su cargo fijará, con aprobación del juez, la cantidad que haya de invertirse en gastos de administración y el número y sueldos de los dependientes necesarios. Ni el número, ni el sueldo de los empleados, podrá aumentarse después, sino con aprobación judicial.

(REFORMADO, G.O. 25 DE MAYO DE 2000)

Artículo 555.- Lo dispuesto en el artículo anterior no libera al tutor de justificar, al rendir sus cuentas, que efectivamente han sido gastadas dichas sumas en sus respectivos objetos.

Artículo 556.- Si el padre o la madre del menor ejercían algún comercio o industria, el juez, con informe de dos peritos, decidirá si ha de continuar o no la negociación; a no ser que los padres hubieren dispuesto algo sobre este punto, en cuyo caso se respetará su voluntad, en cuanto no ofrezca grave inconveniente a juicio del juez.

(REFORMADO, G.O. 25 DE MAYO DE 2000)

Artículo 557.- El dinero que resulte sobrante después de cubiertas las cargas y atenciones de la tutela, el que proceda de las redenciones de capitales y el que se adquiera de cualquier otro modo, será invertido por el tutor, dentro del mes siguiente a su obtención, bajo su más estricta responsabilidad.

(REFORMADO, G.O. 25 DE MAYO DE 2000)

Artículo 558.- Si para hacer la inversión dentro del término señalado en el artículo anterior, hubiere algún inconveniente grave, el tutor lo manifestará al Juez de lo Familiar, quien podrá ampliar el plazo por otro mes.

(REFORMADO, G.O. 25 DE MAYO DE 2000)

Artículo 559.- El tutor que no haga las inversiones dentro de los plazos señalados en los dos artículos anteriores pagará los réditos legales mientras que los capitales no sean invertidos.

(REFORMADO, G.O. 25 DE MAYO DE 2000)

Artículo 560.- Mientras que se hacen las inversiones a que se refieren los artículos 557 y 558, el tutor depositará las cantidades que perciba, en las instituciones de crédito destinadas al efecto.

(REFORMADO, D.O.F. 23 DE JULIO DE 1992)

Artículo 561.- Los bienes inmuebles, los derechos anexos a ellos y los muebles preciosos, no pueden ser enajenados ni gravados por el tutor, sino por causa de absoluta necesidad o evidente utilidad del menor o del mayor con alguna de las incapacidades a las que se refiere el artículo 450 fracción II debidamente justificada y previa a la confirmación del curador y la autorización judicial.

Artículo 562.- Cuando la enajenación se haya permitido para cubrir con su producto algún objeto determinado, el juez señalará al tutor un plazo dentro del cual deberá acreditar que el producto de la enajenación se ha invertido en su objeto. Mientras que no se haga la inversión se observará lo dispuesto en la parte final del artículo 437.

(REFORMADO, D.O.F. 23 DE JULIO DE 1992)

Artículo 563.- La venta de bienes raíces de los menores y mayores incapaces, es nula, si no se hace judicialmente en subasta pública. En la enajenación de alhajas y muebles preciosos, el juez decidirá si conviene o no la almoneda pudiendo dispensarla, acreditada la utilidad que resulte al tutelado.

Los tutores no podrán vender valores comerciales, industriales, títulos de renta, acciones, frutos y ganados pertenecientes al incapacitado, por menor valor del que se cotice en la plaza el día de la venta, ni dar fianza al (sic) nombre del tutelado.

Artículo 564.- Cuando se trate de enajenar, gravar o hipotecar a título oneroso, bienes que pertenezcan al incapacitado como copropietario, se comenzará por mandar justipreciar dichos bienes para fijar con toda precisión su valor y la parte que en ellos represente el incapacitado, a fin de que el juez resuelva si conviene o no que se dividan materialmente dichos bienes para que aquél reciba en plena propiedad su porción; o si, por el contrario, es conveniente la enajenación, gravamen o hipoteca, fijando en este caso las condiciones y seguridades con que deben hacerse, pudiendo, si lo estimare conveniente, dispensar la almoneda, siempre que consientan en ello el tutor y el curador.

(REFORMADO, G.O. 15 DE MAYO DE 2007)

Artículo 565.- Para todos los gastos extraordinarios que no sean de conservación ni de reparación, necesita el tutor ser autorizado por el juez, a excepción de los gastos médicos urgentes del pupilo, los cuales deberán comprobarse y detallarse en el informe que se estipula en el artículo 546 de este código.

Artículo 566.- Se requiere licencia judicial para que el tutor pueda transigir o comprometer en árbitros los negocios del incapacitado.

Artículo 567.- El nombramiento de árbitros hecho por el tutor deberá sujetarse a la aprobación del juez.

Artículo 568.- Para que el tutor transija cuando el objeto de la reclamación consista en bienes inmuebles, muebles preciosos o bien en valores mercantiles o industriales cuya garantía exceda de dos mil quinientas veces la Unidad de Cuenta de la Ciudad de México vigente, necesita del consentimiento del curador y de la aprobación judicial otorgada con audiencia de éste.

(REFORMADO, G.O. 25 DE MAYO DE 2000)

Artículo 569.- Ni con licencia judicial, ni en almoneda o fuera de ella puede el tutor comprar o arrendar los bienes del incapacitado, ni hacer contrato alguno respecto de ellos, para sí, sus ascendientes, su cónyuge, hijos o hermanos por consanguinidad o afinidad. Si lo hiciere, además de la nulidad del contrato, el acto será suficiente para que se le remueva.

Artículo 570.- Cesa la prohibición del artículo anterior, respecto de la venta de bienes, en el caso de que el tutor o sus parientes allí mencionados sean coherederos, partícipes o socios del incapacitado.

Artículo 571.- El tutor no podrá hacerse pago de sus créditos contra el incapacitado sin la conformidad del curador y la aprobación judicial.

Artículo 572.- El tutor no puede aceptar para sí a título gratuito u oneroso, la cesión de algún derecho o crédito contra el incapacitado. Sólo puede adquirir esos derechos por herencia.

Artículo 573.- El tutor no puede dar en arrendamiento los bienes del incapacitado, por más de cinco años, sino en caso de necesidad o utilidad, previos el consentimiento del curador y la autorización judicial, observándose en su caso, lo dispuesto en el artículo 564.

Artículo 574.- El arrendamiento hecho de conformidad con el artículo anterior, subsistirá por el tiempo convenido, aun cuando se acabe la tutela; pero será nula toda anticipación de renta o alquileres por más de dos años.

Artículo 575.- Sin autorización judicial no puede el tutor recibir dinero prestado en nombre del incapacitado, ya sea que se constituya o no hipoteca en el contrato.

Artículo 576.- El tutor no puede hacer donaciones a nombre del incapacitado.

Artículo 577.- El tutor tiene, respecto del menor, las mismas facultades que a los ascendientes concede el artículo 423.

Artículo 578.- Durante la tutela no corre la prescripción entre el tutor y el incapacitado.

Artículo 579.- El tutor tiene obligación de admitir las donaciones simples, legados y herencias que se dejen al incapacitado.

Artículo 580.- La expropiación por causa de utilidad pública de bienes de incapacitados, no se sujetará a las reglas antes establecidas, sino a lo que dispongan las leyes de la materia.

(REFORMADO, D.O.F. 31 DE DICIEMBRE DE 1974)

Artículo 581.- Cuando el tutor de un incapaz sea el cónyuge, continuará ejerciendo los derechos conyugales con las siguientes modificaciones:

I. En los casos en que conforme a derecho se requiere el consentimiento del cónyuge, se suplirá éste por el juez con audiencia del curador;

II. En los casos en que el cónyuge incapaz pueda querellarse del otro, denunciarlo o demandarlo para asegurar sus derechos violados o amenazados, será representado por un tutor interino que el juez le nombrará. Es obligación del curador promover este nombramiento y si no lo cumple, será responsable de los perjuicios que se causen al incapacitado. También podrá promover este nombramiento del Consejo Local de Tutelas.

(REFORMADO, D.O.F. 31 DE DICIEMBRE DE 1974)

Artículo 582.- Cuando la tutela del incapaz recaiga en el cónyuge, sólo podrá gravar o enajenar los bienes mencionados en el artículo 568, previa audiencia del curador y autorización judicial, que se concederá de acuerdo con lo dispuesto en el artículo 561.

(REFORMADO, G.O. 25 DE MAYO DE 2000)

Artículo 583.- Cuando la tutela recaiga en cualquiera otra persona, se ejercerá conforme a las reglas establecidas en este Código.

(REFORMADO, D.O.F. 23 DE JULIO DE 1992)

Artículo 584.- En caso de maltratamiento, de negligencia en los cuidados debidos al incapacitado o a la administración de sus bienes, podrá el tutor ser removido de la tutela a petición del curador, de los parientes del incapacitado, del Consejo Local de Tutelas o del Ministerio Público.

Artículo 585.- El tutor tiene derecho a una retribución sobre los bienes del incapacitado, que podrá fijar el ascendiente o extraño que conforme a derecho lo nombre en su testamento y para los tutores legítimos y dativos la fijará el juez.

(ADICIONADO, G.O. 15 DE MAYO DE 2007)

Artículo 585 Bis.- En caso de existir dos personas, quienes ejerzan el cargo de tutor, la retribución se dividirá entre ellos por partes iguales, salvo pacto en contrario, en cuyo caso deberá ser autorizado judicialmente.

Artículo 586.- En ningún caso bajará la retribución del cinco ni excederá del diez por ciento de las rentas líquidas de dichos bienes.

Artículo 587.- Si los bienes del incapacitado tuvieren un aumento en sus productos, debido exclusivamente a la industria y diligencia del tutor, tendrá derecho a que se le aumente la remuneración hasta un veinte por ciento de los productos líquidos. La calificación del aumento se hará por el juez, con audiencia del curador.

Artículo 588.- Para que pueda hacerse en la retribución de los tutores el aumento extraordinario que permite el artículo anterior, será requisito indispensable que por lo menos en dos años consecutivos haya obtenido el tutor la aprobación absoluta de sus cuentas.

(REFORMADO, G.O. 15 DE MAYO DE 2007)

Artículo 589.- El tutor o los tutores no tendrán derecho a remuneración alguna, excepto en los casos de tutela cautelar; y restituirán lo que por este título hubiesen recibido, en los siguientes casos:

I. Si ambos tutores fuesen separados del cargo, y
II. Si contraviniese lo dispuesto en el artículo 159.
Si sólo uno fuese separado, el otro recibirá la totalidad de la retribución.

(F. DE E., D.O.F. 21 DE DICIEMBRE DE 1928)

CAPÍTULO XI
DE LAS CUENTAS DE LA TUTELA

Artículo 590.- El tutor está obligado a rendir al juez cuenta detallada de su administración, en el mes de enero de cada año, sea cual fuere la fecha en que se le hubiere discernido el cargo. La falta de presentación de la cuenta en los tres meses siguientes al de enero, motivará la remoción del tutor.

(REFORMADO, D.O.F. 23 DE JULIO DE 1992)

Artículo 591.- También tiene obligación de rendir cuenta, cuando por causas graves que calificará el juez, la exijan el curador, el Consejo Local de Tutelas, el Ministerio Público, los propios Incapaces señalados en la fracción II del Artículo 450, o los menores que hayan cumplido 16 años de edad.

Artículo 592.- La cuenta de administración comprenderá no sólo las cantidades en numerario que hubiere recibido el tutor por producto de los bienes y la aplicación que les haya dado, sino en general todas las operaciones que se hubieren practicado, e irá acompañada de los documentos justificativos y de un balance del estado de los bienes.

Artículo 593.- El tutor es responsable del valor de los créditos activos si dentro de sesenta días, contados desde el vencimiento de su plazo, no ha obtenido su pago o garantía que asegure éste, o no ha pedido judicialmente el uno o la otra.

Artículo 594.- Si el incapacitado no está en posesión de algunos bienes a que tiene derecho, será responsable el tutor de la pérdida de ellos, si dentro de dos meses contados desde que tuvo noticia del derecho del incapacitado, no entabla a nombre de éste judicialmente, las acciones conducentes para recobrarlos.

Artículo 595.- Lo dispuesto en el artículo anterior se entiende sin perjuicio de la responsabilidad que, después de intentadas las acciones, puede resultar al tutor por culpa o negligencia en el desempeño de su encargo.

Artículo 596.- Las cuentas deben rendirse en el lugar en que se desempeña la tutela.

(REFORMADO, D.O.F. 23 DE JULIO DE 1992)

Artículo 597.- Deben abonarse al tutor todos los gastos hechos debida y legalmente aunque los haya anticipado de su propio caudal, y aunque de ello no haya resultado utilidad a los menores y a los mayores de edad incapaces, si esto ha sido sin culpa del primero.

Artículo 598.- Ninguna anticipación ni crédito contra el incapacitado se abonará al tutor, si excede de la mitad de la renta anual de los bienes de aquél, a menos que al efecto haya sido autorizado por el juez con audiencia del curador.

Artículo 599.- El tutor será igualmente indemnizado, según el prudente arbitrio del juez, del daño que haya sufrido por causa de la tutela y en desempeño necesario de ella, cuando no haya intervenido de su parte culpa o negligencia.

(REFORMADO, D.O.F. 23 DE JULIO DE 1992)

Artículo 600.- La obligación de dar cuenta no puede ser dispensada en contrato o en última voluntad, ni aún por el mismo tutelado; y si esa dispensa se pusiere como condición, en cualquier acto se tendrá como no puesta.

Artículo 601.- El tutor que sea reemplazado por otro, estará obligado, y lo mismo sus herederos, a rendir cuenta general de la tutela al que le reemplaza. El nuevo tutor responderá al incapacitado por los daños y perjuicios si no pidiere y tomare las cuentas de su antecesor.

Artículo 602.- El tutor, o en su falta quien lo represente, rendirá las cuentas generales de la tutela en el término de tres meses, contados desde el día en que fenezca la tutela. El juez podrá prorrogar este plazo hasta por tres meses más, si circunstancias extraordinarias así lo exigieren.

Artículo 603.- La obligación de dar cuenta pasa a los herederos del tutor; y si alguno de ellos sigue administrando los bienes de la tutela, su responsabilidad será la misma que la de aquél.

Artículo 604.- La garantía dada por el tutor no se cancelará, sino cuando las cuentas hayan sido aprobadas.

(REFORMADO, G.O. 25 DE MAYO DE 2000)

Artículo 605.- Hasta pasado un mes de la aprobación de cuentas, es nulo todo convenio entre el tutor y el pupilo, cuando desaparezca la causa que motivó su nombramiento, relativo a la administración de la tutela o a las cuentas mismas.

(F. DE E., D.O.F. 21 DE DICIEMBRE DE 1928)

CAPÍTULO XII
DE LA EXTINCIÓN DE LA TUTELA

Artículo 606.- La tutela se extingue:

I. Por la muerte del pupilo o porque desaparezca su incapacidad;

II. Cuando el incapacitado, sujeto a tutela entre a la patria potestad por reconocimiento o por adopción.

(F. DE E., D.O.F. 21 DE DICIEMBRE DE 1928)

CAPÍTULO XIII
DE LA ENTREGA DE LOS BIENES

Artículo 607.- El tutor, concluida la tutela, está obligado a entregar todos los bienes del incapacitado y todos los documentos que le pertenezcan, conforme al balance que se hubiere presentado en la última cuenta aprobada.

(ADICIONADO, G.O. 25 DE MAYO DE 2000)

Artículo 607 Bis.- La entrega de bienes a que se refiere el artículo anterior se deberá hacer, en sus respectivos casos:

I. Tratándose de los menores, cuando alcancen la mayor edad;

II. Al menor emancipado, respecto de los bienes que conforme a la ley pueda administrar;

III. A los que entren al ejercicio de la patria potestad;

IV. A los herederos de la persona que estuvo sujeta a tutela; y
V. Al tutor que lo sustituya en el cargo.

Artículo 608.- La obligación de entregar los bienes no se suspende por estar pendiente la rendición de cuentas. La entrega debe ser hecha durante el mes siguiente a la terminación de la tutela; cuando los bienes sean muy cuantiosos o estuvieren ubicados en diversos lugares, el juez puede fijar un término prudente para su conclusión, pero, en todo caso, deberá comenzarse en el plazo antes señalado.

Artículo 609.- El tutor que entre al cargo sucediendo a otro, está obligado a exigir la entrega de bienes y cuentas al que le ha precedido. Si no la exige, es responsable de todos los daños y perjuicios que por su omisión se siguieren al incapacitado.

Artículo 610.- La entrega de los bienes y la cuenta de la tutela se efectuarán a expensas del incapacitado. Si para realizarse no hubiere fondos disponibles, el juez podrá autorizar al tutor a fin de que se proporcione los necesarios para la primera, y éste adelantará los relativos a la segunda, los cuales le serán reembolsados con los primeros fondos de que se pueda disponer.

(REFORMADO, G.O. 25 DE MAYO DE 2000)

Artículo 611.- Cuando el tutor actúe con dolo o culpa en la entrega de los bienes, correrán por su cuenta todos los gastos, así como el pago de la reparación de los daños y perjuicios que esto ocasione.

Artículo 612.- El saldo que resulte en pro o en contra del tutor, producirá interés legal. En el primer caso correrá desde que previa entrega de los bienes se haga el requerimiento legal para el pago; y en el segundo, desde la rendición de cuentas, si hubiesen sido dadas dentro del término designado por la ley; y si no, desde que expire el mismo término.

Artículo 613.- Cuando en la cuenta resulte alcance contra el tutor, aunque por un arreglo con el menor o sus representantes se otorguen plazos al responsable o a sus herederos para satisfacerlo, quedarán vivas las hipotecas u otras garantías dadas para la administración, hasta que se verifique el pago, a menos que se haya pactado expresamente lo contrario en el arreglo.

Artículo 614.- Si la caución fuere de fianza, el convenio que conceda nuevos plazos al tutor, se hará saber al fiador; si éste consiente, permanecerá obligado hasta la solución; si no consiente, no habrá espera, y se podrá exigir el pago inmediato o la subrogación del fiador por otro igualmente idóneo que acepte el convenio.

Artículo 615.- Si no se hiciere saber el convenio al fiador, éste no permanecerá obligado.

Artículo 616.- Todas las acciones por hechos relativos a la administración de la tutela, que el incapacitado pueda ejercitar contra su tutor, o contra los fiadores y garantes de éste, quedan extinguidas por el lapso de cuatro años, contados desde el día en que se cumpla la mayor edad, o desde el momento en que se hayan recibido los bienes y la cuenta de tutela, o desde que haya cesado la incapacidad en los demás casos previstos por la ley.

Artículo 617.- Si la tutela hubiera fenecido durante la minoridad, el menor podrá ejercitar las acciones correspondientes contra el primer tutor y los que le hubieren sucedido en el cargo, computándose entonces los términos desde el día en que llegue a la mayor edad. Tratándose de los demás incapacitados, los términos se computarán desde que cese la incapacidad.

(F. DE E., D.O.F. 21 DE DICIEMBRE DE 1928)

CAPÍTULO XIV
DEL CURADOR

(REFORMADO, G.O. 17 DE ENERO DE 2002)

Artículo 618.- Todos los individuos sujetos a Tutela, ya sea testamentaria, legítima o dativa, además de tutor tendrán un curador, excepto en los casos de Tutela a los que se refieren los artículos 492 y 500 de este Código.

La Curatela podrá conferirse a personas morales sin fines de lucro y cuyo objeto primordial sea la protección y atención de las personas a que se refiere el artículo 450, fracción II de este Código. En ningún caso la Tutela y la Curatela podrán recaer en la misma persona.

Artículo 619.- En todo caso en que se nombre al menor un tutor interino, se le nombrará curador con el mismo carácter, si no lo tuviere definitivo, o si teniéndolo se halla impedido.

Artículo 620.- También se nombrará un curador interino en el caso de oposición de intereses a que se refiere el artículo 457.

Artículo 621.- Igualmente se nombrará curador interino en los casos de impedimento, separación o excusa del nombrado, mientras se decide el punto; luego que se decida se nombrará nuevo curador conforme a derecho.

Artículo 622.- Lo dispuesto sobre impedimentos o excusas de los tutores regirá igualmente respecto de los curadores.

Artículo 623.- Los que tienen derecho a nombrar tutor, lo tienen también de nombrar curador.

Artículo 624.- Designarán por sí mismos al curador, con aprobación judicial:

I. Los comprendidos en el artículo 496, observándose lo que allí se dispone respecto de esos nombramientos;

(REFORMADA, D.O.F. 28 DE ENERO DE 1970)

II. SE DEROGA

Artículo 625.- El curador de todos los demás individuos sujetos a tutela será nombrado por el juez.

Artículo 626.- El curador está obligado:

I. A defender los derechos del incapacitado en juicio o fuera de él, exclusivamente en el caso de que estén en oposición con los del tutor;

II. A vigilar la conducta del tutor y a poner en conocimiento del juez todo aquello que considere que puede ser dañoso al incapacitado;

III. A dar aviso al juez para que se haga el nombramiento de tutor, cuando éste faltare o abandonare la tutela;

IV. A cumplir las demás obligaciones que la ley le señale.

Artículo 627.- El curador que no llene los deberes prescritos en el artículo precedente, será responsable de los daños y perjuicios que resultaren al incapacitado.

Artículo 628.- Las funciones del curador cesarán cuando el incapacitado salga de la tutela; pero si sólo variaren las personas de los tutores, el curador continuará en la curaduría.

Artículo 629.- El curador tiene derecho a ser relevado de la curaduría, pasados diez años desde que se encargó de ella.

Artículo 630.- En los casos en que conforme a este Código tenga que intervenir el curador, cobrará el honorario que señala el arancel a los procuradores, sin que por ningún otro motivo pueda pretender mayor retribución. Si hiciere algunos gastos en el desempeño de su cargo, se le pagarán.

(REFORMADA SU DENOMINACIÓN, G.O. 25 DE MAYO DE 2000)

CAPÍTULO XV
DEL CONSEJO LOCAL DE TUTELAS Y DE LOS JUECES DE LO FAMILIAR

(REFORMADO PRIMER PÁRRAFO, G.O. 25 DE MAYO DE 2000)

Artículo 631.- En cada demarcación territorial del Distrito Federal habrá un Consejo Local de Tutelas compuesto de un Presidente y de dos vocales, que durarán un año en el ejercicio de su cargo, serán nombrados por el Jefe de Gobierno del Distrito Federal o por quien él autorice al efecto o por los Jefes Delegacionales, según el caso, en el mes de enero de cada año, procurando que los nombramientos recaigan en personas que tengan un modo honesto de vivir y que se hayan destacado por su interés en la protección de los menores.

(REFORMADO, D.O.F. 14 DE MARZO DE 1973)

Los miembros del Consejo no cesarán en sus funciones aun cuando haya transcurrido el término para el que fueron nombrados, hasta que tomen posesión las personas que hayan sido designadas para el siguiente período.

(REFORMADO PRIMER PÁRRAFO, D.O.F. 24 DE MARZO DE 1971)

Artículo 632.- El Consejo Local de Tutelas es un órgano de vigilancia y de información, que, además de las funciones que expresamente le asignen varios de los artículos que preceden, tiene las obligaciones siguientes:

(REFORMADA, D.O.F. 24 DE MARZO DE 1971)

I. Formar y remitir a los Jueces de lo Familiar una lista de las personas de la localidad que, por su aptitud legal y moral, puedan desempeñar la tutela, para que de entre ellas se nombren los tutores y curadores, en los casos que estos nombramientos correspondan al Juez;

(REFORMADA, G.O. 25 DE MAYO DE 2000)

II. Velar porque los tutores cumplan sus deberes, especialmente en lo que se refiere a la educación y asistencia; dando aviso al Juez de lo Familiar de las faltas u omisiones que notare;

(REFORMADA, D.O.F. 24 DE MARZO DE 1971)

III. Avisar al Juez de lo Familiar cuando tenga conocimiento de que los bienes de un incapacitado están en peligro, a fin de que dicte las medidas correspondientes;

(REFORMADA, D.O.F. 24 DE MARZO DE 1971)

IV. Investigar y poner en conocimiento del Juez de lo Familiar qué incapacitados carecen de tutor, con el objeto de que se hagan los respectivos nombramientos;

V. Cuidar con especialidad de que los tutores cumplan la obligación que les impone la fracción II del artículo 537;

VI. Vigilar el registro de tutelas, a fin de que sea llevado en debida forma.

(REFORMADO, D.O.F. 24 DE MARZO DE 1971)

Artículo 633.- Los Jueces de lo Familiar son las autoridades encargadas exclusivamente de intervenir en los asuntos relativos a la tutela. Ejercerán una sobrevigilancia sobre el conjunto de los actos del tutor, para impedir, por medio de disposiciones apropiadas, la transgresión de sus deberes.

(REFORMADO, D.O.F. 24 DE MARZO DE 1971)

Artículo 634.- Mientras que se nombra tutor, el Juez de lo Familiar debe dictar las medidas necesarias para que el incapacitado no sufra perjuicios en su persona o en sus intereses.

(F. DE E., D.O.F. 21 DE DICIEMBRE DE 1928)

CAPÍTULO XVI
DEL ESTADO DE INTERDICCIÓN

Artículo 635.- Son nulos todos los actos de administración ejecutados y los contratos celebrados por los incapacitados, sin la autorización del tutor, salvo lo dispuesto en la fracción IV del artículo 537.

Artículo 636.- Son también nulos los actos de administración y los contratos celebrados por los menores emancipados, si son contrarios a las restricciones establecidas por el artículo 643.

Artículo 637.- La nulidad a que se refieren los artículos anteriores, sólo puede ser alegada, sea como acción, sea como excepción, por el mismo incapacitado o por sus legítimos representantes; pero no por las personas con quienes contrató, ni por los fiadores que se hayan dado al constituirse la obligación, ni por los mancomunados en ella.

Artículo 638.- La acción para pedir la nulidad, prescribe en los términos en que prescriben las acciones personales o reales, según la naturaleza del acto cuya nulidad se pretende.

Artículo 639.- Los menores de edad no pueden alegar la nulidad de que hablan los artículos 635 y 636, en las obligaciones que hubieren contraído sobre materias propias de la profesión o arte en que sean peritos.

Artículo 640.- Tampoco pueden alegarla los menores, si han presentado certificados falsos del Registro Civil, para hacerse pasar como mayores o han manifestado dolosamente que lo eran.

TÍTULO DÉCIMO
DE LA EMANCIPACIÓN Y DE LA MAYOR EDAD

CAPÍTULO I
DE LA EMANCIPACIÓN

Artículo 641.- SE DEROGA.

Artículo 642.- (DEROGADO, D.O.F. 28 DE ENERO DE 1970)

(REFORMADO, D.O.F. 28 DE ENERO DE 1970)

Artículo 643.- El emancipado tiene la libre administración de sus bienes, pero simpre (sic) necesita durante su menor edad:

I. De la autorización judicial para la enajenación, gravamen o hipoteca de bienes raíces.

II. De un tutor para negocios judiciales.

Artículo 644.- (DEROGADO, D.O.F. 28 DE ENERO DE 1970)

Artículo 645.- (DEROGADO, D.O.F. 28 DE ENERO DE 1970)

CAPÍTULO II
DE LA MAYOR EDAD

(REFORMADO, D.O.F. 28 DE ENERO DE 1970)

Artículo 646.- La mayor edad comienza a los dieciocho años cumplidos.

Artículo 647.- El mayor de edad dispone libremente de su persona y de sus bienes.

TÍTULO UNDÉCIMO
DE LOS AUSENTES E IGNORADOS

CAPÍTULO I
DE LAS MEDIDAS PROVISIONALES EN CASO DE AUSENCIA

Artículo 648.- El que se hubiere ausentado del lugar de su residencia ordinaria y tuviere apoderado constituido antes o después de su partida, se tendrá como presente para todos los efectos civiles, y sus negocios se podrán tratar con el apoderado hasta donde alcance el poder.

Artículo 649.- Cuando una persona haya desaparecido y se ignore el lugar donde se halle y quien la represente, el juez, a petición de parte o de oficio, nombrará un depositario de sus bienes, la citará por edictos publicados en los principales periódicos de su último domicilio, señalándole para que se presente un término que no bajará de tres meses, ni pasará de seis, y dictará las providencias necesarias para asegurar los bienes.

Artículo 650.- Al publicarse los edictos remitirá copia a los cónsules mexicanos de aquellos lugares del extranjero en que se puede presumir que se encuentra el ausente o que se tengan noticias de él.

Artículo 651.- Si el ausente tiene hijos menores, que estén bajo su patria potestad, y no hay ascendiente que deba ejercerla conforme a la ley, ni tutor testamentario, ni legítimo, el Ministerio Público pedirá que se nombre tutor, en los términos prevenidos en los artículos 496 y 497.

Artículo 652.- Las obligaciones y facultades del depositario serán las que la ley asigna a los depositarios judiciales.

Artículo 653.- Se nombrará depositario:
I. Al cónyuge del ausente;
II. A uno de los hijos mayores de edad que resida en el lugar. Si hubiere varios, el juez elegirá al más apto;
III. Al ascendiente más próximo en grado al ausente;
IV. A falta de los anteriores o cuando sea inconveniente que éstos por su notoria mala conducta o por su ineptitud, sean nombrados depositarios, el juez nombrará al heredero presuntivo y si hubiere varios se observará lo que dispone el artículo 659.

Artículo 654.- Si cumplido el término del llamamiento, el citado no compareciere por sí, ni por apoderado legítimo, ni por medio de tutor o de pariente que pueda representarlo, se procederá al nombramiento de representante.

Artículo 655.- Lo mismo se hará cuando en iguales circunstancias caduque el poder conferido por el ausente, o sea insuficiente para el caso.

Artículo 656.- Tienen acción para pedir el nombramiento de depositario o de representante, el Ministerio Público, o cualquiera a quien interese tratar o litigar con el ausente o defender los intereses de éste.

Artículo 657.- En el nombramiento de representante se seguirá el orden establecido en el artículo 653.

Artículo 658.- Si el cónyuge ausente fuere casado en segundas o ulteriores nupcias, y hubiere hijos del matrimonio o matrimonios anteriores, el juez dispondrá que el cónyuge presente y los hijos del matrimonio o matrimonios anteriores, o sus legítimos representantes en su caso, nombren de acuerdo el depositario representante; mas si no estuvieren conformes, el juez lo nombrará libremente, de entre las personas designadas por el artículo anterior.

Artículo 659.- A falta de cónyuge, de descendientes y de ascendientes, será representante el heredero presuntivo. Si hubiere varios con igual derecho, ellos mismos elegirán el que debe representarlo. Si no se ponen de acuerdo en la elección, la hará el juez, prefiriendo al que tenga más interés en la conservación de los bienes del ausente.

Artículo 660.- El representante del ausente es el legítimo administrador de los bienes de éste y tiene respecto de ellos, las mismas obligaciones, facultades y restricciones que los tutores.

No entrará a la administración de los bienes sin que previamente forme inventario y avalúo de ellos, y si dentro del término de un mes no presta la caución correspondiente, se nombrará otro representante.

Artículo 661.- El representante del ausente disfrutará la misma retribución que a los tutores señalan los artículos 585, 586 y 587.

Artículo 662.- No pueden ser representantes de un ausente, los que no pueden ser tutores.

Artículo 663.- Pueden excusarse, los que puedan hacerlo de la tutela.

Artículo 664.- Será removido del cargo de representante, el que deba serlo del de tutor.

Artículo 665.- El cargo de representante acaba:
I. Con el regreso del ausente;
II. Con la presentación del apoderado legítimo;
III. Con la muerte del ausente;
IV. Con la posesión provisional.

Artículo 666.- Cada año, en el día que corresponda a aquel en que hubiere sido nombrado el representante, se publicarán nuevos edictos llamando al ausente. En ellos constarán el nombre y domicilio del representante, y el tiempo que falte para que se cumpla el plazo que señalan los artículos 669 y 670 en su caso.

Artículo 667.- Los edictos se publicarán por dos meses, con intervalo de quince días, en los principales periódicos del último domicilio del ausente, y se remitirán a los cónsules, como previene el artículo 650.

Artículo 668.- El representante está obligado a promover la publicación de los edictos. La falta de cumplimiento de esa obligación hace responsable al representante, de los daños y perjuicios que se sigan al ausente, y es causa legítima de remoción.

CAPÍTULO II
DE LA DECLARACIÓN DE AUSENCIA

Artículo 669.- Pasados dos años desde el día en que haya sido nombrado el representante, habrá acción para pedir la declaración de ausencia.

Artículo 670.- En caso de que el ausente haya dejado o nombrado apoderado general para la administración de sus bienes, no podrá pedirse la declaración de ausencia sino pasados tres años, que se contarán desde la desaparición del ausente, si en este período no se tuvieren ningunas noticias suyas, o desde la fecha en que se hayan tenido las últimas.

Artículo 671.- Lo dispuesto en el artículo anterior se observará aun cuando el poder se haya conferido por más de tres años.

Artículo 672.- Pasados dos años, que se contarán del modo establecido en el artículo 670, el Ministerio Público y las personas que designa el artículo siguiente, pueden pedir que el apoderado garantice, en los mismos términos en que debe hacerlo el representante. Si no lo hiciere se nombrará representante de acuerdo con lo dispuesto en los artículos 657, 658 y 659.

Artículo 673.- Pueden pedir la declaración de ausencia:

I. Los presuntos herederos legítimos del ausente;

II. Los herederos instituidos en testamento abierto;

III. Los que tengan algún derecho u obligación que dependa de la vida, muerte o presencia del ausente; y

IV. El Ministerio Público.

Artículo 674.- Si el juez encuentra fundada la demanda, dispondrá que se publique durante tres meses, con intervalos de quince días, en el Periódico Oficial que corresponda, y en los principales del último domicilio del ausente, y la remitirá a los cónsules, conforme al artículo 650.

Artículo 675.- Pasados cuatro meses desde la fecha de la última publicación, si no hubiere noticias del ausente ni oposición de algún interesado, el juez declarará en forma la ausencia.

Artículo 676.- Si hubiere algunas noticias u oposición, el juez no declarará la ausencia sin repetir las publicaciones que establece el artículo 674, y hacer la averiguación por los medios que el oponente proponga, y por los que el mismo juez crea oportunos.

Artículo 677.- La declaración de ausencia se publicará tres veces en los periódicos mencionados con intervalo de quince días, remitiéndose a los cónsules como está prevenido respecto de los edictos. Ambas publicaciones se repetirán cada dos años, hasta que se declare la presunción de muerte.

Artículo 678.- El fallo que se pronuncie en el juicio de declaración de ausencia, tendrá los recursos que el Código de Procedimientos asigne para los negocios de mayor interés.

CAPÍTULO III
DE LOS EFECTOS DE LA DECLARACIÓN DE AUSENCIA

Artículo 679.- Declarada la ausencia, si hubiere testamento público u ológrafo, la persona en cuyo poder se encuentre lo presentará al juez, dentro de quince días contados desde la última publicación de que habla el artículo 677.

Artículo 680.- El juez, de oficio o a instancia de cualquiera que se crea interesado en el testamento ológrafo, abrirá éste en presencia del representante del ausente, con citación de los que promovieron la declaración de ausencia, y con las demás solemnidades prescritas para la apertura de esta clase de testamento.

Artículo 681.- Los herederos testamentarios, y en su defecto, los que fueren legítimos al tiempo de la desaparición de un ausente, o al tiempo en que se hayan recibido las últimas noticias, si tienen capacidad legal para administrar, serán puestos en la posesión provisional de los bienes, dando fianza que asegure las resultas de la administración. Si estuvieren bajo la patria potestad o tutela, se procederá conforme a derecho.

Artículo 682.- Si son varios los herederos y los bienes admiten cómoda división, cada uno administrará la parte que le corresponda.

Artículo 683.- Si los bienes no admiten cómoda división, los herederos elegirán de entre ellos mismos un administrador general, y si no se pusieren de acuerdo, el juez le nombrará, escogiéndole de entre los mismos herederos.

Artículo 684.- Si una parte de los bienes fuere cómodamente divisible y otra no, respecto de ésta, se nombrará el administrador general.

Artículo 685.- Los herederos que no administren, podrán nombrar un interventor, que tendrá las facultades y obligaciones señaladas a los curadores. Su honorario será el que le fijen los que le nombren y se pagará por éstos.

Artículo 686.- El que entre en la posesión provisional, tendrá, respecto de los bienes, las mismas obligaciones, facultades y restricciones que los tutores.

Artículo 687.- En el caso del artículo 682, cada heredero dará la garantía que corresponda a la parte de bienes que administre.

Artículo 688.- En el caso del artículo 683, el administrador general será quien dé la garantía legal.

Artículo 689.- Los legatarios, los donatarios y todos los que tengan sobre los bienes del ausente derechos que dependan de la muerte o presencia de éste, podrán ejercitarlos, dando la garantía que corresponda, según el artículo 528.

Artículo 690.- Los que tengan con relación al ausente, obligaciones que deban cesar a la muerte de éste, podrán también suspender su cumplimiento bajo la misma garantía.

Artículo 691.- Si no pudiere darse la garantía prevenida en los cinco artículos anteriores, el juez, según las circunstancias de las personas y de los bienes, y concediendo el plazo fijado en el artículo 631, podrá disminuir el importe de aquélla, pero de modo que no baje de la tercia (sic) parte de los valores señalados en el artículo 528.

Artículo 692.- Mientras no se dé la expresada garantía, no cesará la administración del representante.

Artículo 693.- No están obligados a dar garantía:

I. El cónyuge, los descendientes y los ascendientes que como herederos entren en la posesión de los bienes del ausente, por la parte que en ellos les corresponda;

II. El ascendiente que en ejercicio de la patria potestad administre bienes que como herederos del ausente correspondan a sus descendientes.

Si hubiere legatarios, el cónyuge, los descendientes y ascendientes darán la garantía legal por la parte de bienes que correspondan a los legatarios, si no hubiere división, ni administrador general.

Artículo 694.- Los que entren en la posesión provisional tienen derecho de pedir cuentas al representante del ausente y éste entregará los bienes y dará las cuentas en los términos prevenidos en los capítulos XII y XIV del título IX de este Libro. El plazo señalado en el artículo 602, se contará desde el día en que el heredero haya sido declarado con derecho a la referida posesión.

Artículo 695.- Si hecha la declaración de ausencia no se presentaren herederos del ausente, el Ministerio Público pedirá, o la continuación del representante, o la elección de otro que en nombre de la Hacienda Pública, entre en la posesión provisional, conforme a los artículos que anteceden.

Artículo 696.- Muerto el que haya obtenido la posesión provisional, le sucederán sus herederos en la parte que le haya correspondido, bajo las mismas condiciones y con iguales garantías.

Artículo 697.- Si el ausente se presenta o se prueba su existencia antes de que sea declarada la presunción de muerte, recobrará sus bienes. Los que han tenido la posesión provisional, hacen suyos todos los frutos industriales que hayan hecho producir a esos bienes y la mitad de los frutos naturales y civiles.

CAPÍTULO IV
DE LA ADMINISTRACIÓN DE LOS BIENES DEL AUSENTE CASADO

Artículo 698.- La declaración de ausencia interrumpe la sociedad conyugal, a menos de que en las capitulaciones matrimoniales se haya estipulado que continúe.

Artículo 699.- Declarada la ausencia, se procederá, con citación de los herederos presuntivos, al inventario de los bienes y a la separación de los que deben corresponder al cónyuge ausente.

Artículo 700.- El cónyuge presente recibirá desde luego los bienes que le correspondan hasta el día en que la declaración de ausencia haya causado ejecutoria. De esos bienes podrá disponer libremente.

Artículo 701.- Los bienes del ausente se entregarán a sus herederos, en los términos prevenidos en el capítulo anterior.

Artículo 702.- En el caso previsto en el artículo 697, si el cónyuge presente entrare como heredero en la posesión provisional, se observará lo que ese artículo dispone.

Artículo 703.- Si el cónyuge presente no fuere heredero, ni tuviere bienes propios, tendrá derecho a alimentos.

Artículo 704.- Si el cónyuge ausente regresa o se probare su existencia, quedará restaurada la sociedad conyugal.

CAPÍTULO V
DE LA PRESUNCIÓN DE MUERTE DEL AUSENTE

(REFORMADO, D.O.F. 10 DE ENERO DE 1986)

Artículo 705.- Cuando hayan transcurrido 6 años desde la declaración de ausencia, el juez, a instancia de parte interesada, declarará la presunción de muerte.

Respecto de los individuos que hayan desaparecido al tomar parte en una guerra, o por encontrarse a bordo de un buque que naufrague, o al verificarse una inundación u otro siniestro semejante, bastará que hayan transcurrido dos años, contados desde su desaparición, para que pueda hacerse la declaración de presunción de muerte, sin que en estos casos sea necesario que previamente se declare su ausencia; pero sí se tomarán medidas provisionales autorizadas por el capítulo I de este Título.

Cuando la desaparición sea consecuencia de incendio, explosión, terremoto o catástrofe aérea o ferroviaria, y exista fundada presunción de que el desaparecido se encontraba en el lugar del siniestro o catástrofe, bastará el transcurso de seis meses, contados a partir del trágico acontecimiento, para que el juez de lo familiar declare la presunción de muerte. En estos casos, el juez acordará la publicación de la solicitud de declaración de presunción de muerte, sin costo alguno y hasta por tres veces durante el procedimiento, que en ningún caso excederá de treinta días.

Artículo 706.- Declarada la presunción de muerte, se abrirá el testamento del ausente, si no estuviere ya publicado, conforme al artículo 680; los poseedores provisionales darán cuenta de su administración en los términos prevenidos en el artículo 694, y los herederos y demás interesados entrarán en la posesión definitiva de los bienes, sin garantía alguna. La que según la ley se hubiere dado quedará cancelada.

Artículo 707.- Si se llega a probar la muerte del ausente, la herencia se difiere a los que debieran heredar al tiempo de ella pero el poseedor o poseedores de los bienes hereditarios, al restituirlos, se reservarán los frutos correspondientes a la época de la posesión provisional, de acuerdo con lo dispuesto en el artículo 697, y todos ellos, desde que obtuvieron la posesión definitiva.

(F. DE E., D.O.F. 21 DE DICIEMBRE DE 1928)

Artículo 708.- Si el ausente se presentare o se probare su existencia después de otorgada la posesión definitiva, recobrará sus bienes en el estado en que se hallen, el precio de los enajenados, o los que se hubieren adquirido con el mismo precio; pero no podrá reclamar frutos ni rentas.

Artículo 709.- Cuando hecha la declaración de ausencia o la presunción de muerte de una persona, se hubieren aplicado sus bienes a los que por testamento o sin él se tuvieren por heredados, y después se presentaren otros pretendiendo que ellos deben ser preferidos en la herencia, y así se declara por sentencia que cause ejecutoria, la entrega de los bienes se hará a éstos en los mismos términos en que, según los artículos 697 y 708 debiera hacerse al ausente si se presentara.

(F. DE E., D.O.F. 21 DE DICIEMBRE DE 1928)

Artículo 710.- Los poseedores definitivos darán cuenta al ausente y a sus herederos. El plazo legal correrá desde el día en que el primero se presente por sí o por apoderado legítimo, o desde aquel en que por sentencia que cause ejecutoria se haya deferido la herencia.

Artículo 711.- La posesión definitiva termina:

I. Con el regreso del ausente;

II. Con la noticia cierta de su existencia;

III. Con la certidumbre de su muerte;

IV. Con la sentencia que cause ejecutoria, en el caso del artículo 709.

Artículo 712.- En el caso segundo del artículo anterior, los poseedores definitivos serán considerados como provisionales desde el día en que se tenga noticia cierta de la existencia del ausente.

Artículo 713.- La sentencia que declare la presunción de muerte de un ausente casado, pone término a la sociedad conyugal.

Artículo 714.- En el caso previsto por el artículo 703, el cónyuge sólo tendrá derecho a los alimentos.

CAPÍTULO VI
DE LOS EFECTOS DE LA AUSENCIA RESPECTO DE LOS DERECHOS EVENTUALES DEL AUSENTE

Artículo 715.- Cualquiera que reclame un derecho referente a una persona cuya existencia no esté reconocida, deberá probar que esta persona vivía en el tiempo en que era necesaria su existencia para adquirir aquel derecho.

Artículo 716.- Si se defiere una herencia a la que sea llamado un individuo declarado ausente o respecto del cual se haya hecho la declaración de presunción de muerte, entrarán sólo en ella los que debían ser coherederos de aquél o suceder por su falta; pero deberán hacer inventario en forma de los bienes que reciban.

Artículo 717.- En este caso, los coherederos o sucesores se considerarán como poseedores provisionales o definitivos de los bienes que por la herencia debían corresponder al ausente, según la época en que la herencia se defiera.

Artículo 718.- Lo dispuesto en los dos artículos anteriores, debe entenderse sin perjuicio de las acciones de petición de herencia y de otros derechos que podrán ejercitar el ausente, sus representantes, acreedores o legatarios, y que no se extinguirán sino por el transcurso del tiempo fijado para la prescripción.

Artículo 719.- Los que hayan entrado en la herencia harán suyos los frutos percibidos de buena fe, mientras el ausente no comparezca, sus acciones no sean ejercitadas por sus representantes, o por los que por contrato o cualquiera otra causa tengan con él relaciones jurídicas.

CAPÍTULO VII
DISPOSICIONES GENERALES

Artículo 720.- El representante y los poseedores provisionales y definitivos, en sus respectivos casos, tienen la legítima procuración del ausente en juicio y fuera de él.

Artículo 721.- Por causa de ausencia no se suspenden los términos que fija la ley para la prescripción.

Artículo 722.- El Ministerio Público velará por los intereses del ausente, será oído en todos los juicios que tengan relación con él, y en las declaraciones de ausencia y presunción de muerte.

TÍTULO DUODÉCIMO
DEL PATRIMONIO DE LA FAMILIA

CAPÍTULO ÚNICO

(REFORMADO, G.O. 25 DE MAYO DE 2000)

Artículo 723.- El patrimonio familiar es una institución de interés público, que tiene como objeto afectar uno o más bienes para proteger económicamente a la familia y sostener el hogar. El patrimonio familiar puede incluir la casa-habitación y el mobiliario de uso doméstico y cotidiano; una parcela cultivable o los giros industriales y comerciales cuya explotación se haga entre los miembros de la familia; así como los utensilios propios de su actividad, siempre y cuando no exceda su valor, de la cantidad máxima fijada por este ordenamiento.

N. DE E. EN RELACIÓN CON LA ENTRADA EN VIGOR DEL PRESENTE ARTÍCULO, VÉASE TRANSITORIO PRIMERO DEL DECRETO QUE MODIFICA EL CÓDIGO.

(REFORMADO, G.O. 29 DE DICIEMBRE DE 2009)

Artículo 724.- Pueden constituir el patrimonio familiar la madre, el padre o ambos, cualquiera de los cónyuges o ambos, cualquiera de los concubinos o ambos, la madre soltera o el padre soltero, las abuelas, los abuelos, las hijas y los hijos o cualquier persona que quiera constituirlo, para proteger jurídica y económicamente a su familia.

(REFORMADO, G.O. 25 DE MAYO DE 2000)

Artículo 725.- La constitución del patrimonio de familia hace pasar la propiedad de los bienes al que quedan afectos, a los miembros de la familia beneficiaria; el número de miembros de la familia determinará la copropiedad del patrimonio, señalándose los nombres y apellidos de los mismos al solicitarse la constitución del patrimonio familiar.

(REFORMADO, G.O. 25 DE MAYO DE 2000)

Artículo 726.- Los beneficiarios de los bienes afectos al patrimonio de la familia serán representados en sus relaciones con terceros, en todo lo que al patrimonio se refiere, por el que nombre la mayoría.

(REFORMADO, G.O. 25 DE MAYO DE 2000)

Artículo 727.- Los bienes afectos al patrimonio de la familia son inalienables, imprescriptibles y no estarán sujetos a embargo ni gravamen alguno.

(REFORMADO, D.O.F. 23 DE DICIEMBRE DE 1974)

Artículo 728.- Sólo puede constituirse el patrimonio de la familia con bienes sitos en el lugar en que está domiciliado el que lo constituya.

Artículo 729.- Cada familia sólo puede constituir un patrimonio. Los que se constituyan subsistiendo el primero, no producirán efecto legal alguno.

Artículo 730.- El valor máximo de los bienes afectados al patrimonio familiar, señalados en el artículo 723, será por la cantidad resultante de multiplicar el factor 10,950 por el importe de tres veces la Unidad de Cuenta de la Ciudad de México vigente, en la época en que se constituya el patrimonio, autorizando como incremento anual, el porcentaje de inflación que en forma oficial, determine el Banco de México. Este incremento no será acumulable.

(REFORMADO, G.O. 25 DE MAYO DE 2000)

Artículo 731.- Los miembros de la familia que quieran constituir el patrimonio lo harán a través de un representante común, por escrito al Juez de lo Familiar, designando con toda precisión los bienes muebles e inmuebles, para la inscripción de éstos últimos en el Registro Público.

La solicitud, contendrá:

I. Los nombres de los miembros de la familia;

II. El domicilio de la familia;

III. El nombre del propietario de los bienes destinados para constituir el patrimonio familiar, así como la comprobación de su propiedad y certificado de libertad de gravámenes, en su caso, excepto de servidumbres; y

IV. El valor de los bienes constitutivos del patrimonio familiar no excederán el fijado en el artículo 730 de este ordenamiento.

(REFORMADO, G.O. 25 DE MAYO DE 2000)

Artículo 732.- El Juez de lo Familiar aprobará, en su caso, la constitución del patrimonio familiar y mandará que se hagan las inscripciones correspondientes en el Registro Público.

Artículo 733.- Cuando el valor de los bienes afectos al patrimonio de la familia sea inferior al máximum fijado en el artículo 730, podrá ampliarse el patrimonio hasta llegar a ese valor. La ampliación se sujetará al mismo procedimiento que para la constitución fije el Código de la materia.

(REFORMADO, G.O. 25 DE MAYO DE 2000)

Artículo 734.- Las personas que tienen derecho a disfrutar el patrimonio de familia son las señaladas en el artículo 725 y los hijos supervenientes. Estos, así como el tutor de acreedores alimentarios incapaces, familiares del deudor o el Ministerio Público, pueden exigir judicialmente que se constituya el patrimonio de familia hasta por los valores fijados en el artículo 730, sin necesidad de invocar causa alguna. En la constitución de este patrimonio se observará en lo conducente lo dispuesto en los artículos 731 y 732.

Artículo 735.- Con el objeto de favorecer la formación del patrimonio de la familia, se venderán a las personas que tengan capacidad legal para constituirlo y que quieran hacerlo, las propiedades raíces que a continuación se expresan:

(REFORMADA, G.O. 25 DE MAYO DE 2000)

I. Los terrenos pertenecientes al Gobierno del Distrito Federal que no estén destinados a un servicio público ni sean de uso común;

(REFORMADA, G.O. 25 DE MAYO DE 2000)

II. Los terrenos que el Gobierno adquiera por expropiación, de acuerdo con el artículo 27 de la Constitución Política de los Estados Unidos Mexicanos; y

III. Los terrenos que el Gobierno adquiera para dedicarlos a la formación del patrimonio de las familias que cuenten con pocos recursos.

(REFORMADO PRIMER PÁRRAFO, G.O. 25 DE MAYO DE 2000)

Artículo 736.- El precio de los terrenos a que se refiere la fracción II del artículo anterior se pagará de la manera prevenida en el artículo 27 de la Constitución Política de los Estados Unidos Mexicanos.

En los casos previstos en las fracciones I y III del artículo que precede, la autoridad vendedora fijará la forma y el plazo en que debe pagarse el precio de los bienes vendidos, teniendo en cuenta la capacidad económica del comprador.

(REFORMADO PRIMER PÁRRAFO, G.O. 25 DE MAYO DE 2000)

Artículo 737.- La familia que desee constituir el patrimonio familiar con la clase de bienes que menciona el artículo 735, comprobará:

(REFORMADA, G.O. 25 DE MAYO DE 2000)

I. Que son mexicanos;

(REFORMADA, G.O. 25 DE MAYO DE 2000)

II. La aptitud de sus integrantes de desempeñar algún oficio, profesión, industria o comercio;

(REFORMADA, G.O. 25 DE MAYO DE 2000)

III. Que poseen los instrumentos y demás objetos indispensables para ejercer la ocupación a que se dediquen;

IV. El promedio de sus ingresos, a fin de que se pueda calcular, con probabilidades de acierto, la posibilidad de pagar el precio del terreno que se le vende;

V. Que carece de bienes. Si el que tenga interés legítimo demuestra que quien constituyó el patrimonio era propietario de bienes raíces al constituirlo, se declarará nula la constitución del patrimonio.

Artículo 738.- La constitución del patrimonio de que trata el artículo 735, se sujetará a la tramitación administrativa que fijen los reglamentos respectivos. Aprobada la constitución del patrimonio, se cumplirá lo que dispone la parte final del artículo 732.

Artículo 739.- La constitución del patrimonio de la familia no puede hacerse en fraude de los derechos de los acreedores.

(REFORMADO, G.O. 25 DE MAYO DE 2000)

Artículo 740.- Constituido el patrimonio familiar, ésta tiene obligación de habitar la casa, explotar el comercio y la industria y de cultivar la parcela. El Juez de lo Familiar puede, por justa causa autorizar para que se dé en arrendamiento o aparcería, hasta por un año.

(REFORMADO PRIMER PÁRRAFO, G.O. 25 DE MAYO DE 2000)

Artículo 741.- El patrimonio familiar se extingue:

I. Cuando todos los beneficiarios cesen de tener derecho de percibir alimentos;

(REFORMADA, G.O. 25 DE MAYO DE 2000)

II. Cuando, sin causa justificada, la familia deje de habitar por un año la casa que debe servir de morada, deje de explotar el comercio o la industria o de cultivar la parcela por su cuenta, siempre y cuando no haya autorizado su arrendamiento o aparcería;

III. Cuando se demuestre que hay gran necesidad o notoria utilidad para la familia, de que el patrimonio quede extinguido;

IV. Cuando por causa de utilidad pública se expropien los bienes que lo forman;

V. Cuando tratándose del patrimonio formado con los bienes vendidos por las autoridades mencionadas en el artículo 735, se declare judicialmente nula o rescindida la venta de esos bienes.

(REFORMADO, G.O. 25 DE MAYO DE 2000)

Artículo 742.- La declaración de que queda extinguido el patrimonio la hará el Juez de lo Familiar, mediante el procedimiento fijado en el Código de Procedimientos Civiles para el Distrito Federal y la comunicará al Registro Público para que se hagan las cancelaciones correspondientes.

Cuando el patrimonio se extinga por la causa prevista en la fracción IV del artículo que precede, hecha la expropiación, el patrimonio queda extinguido sin necesidad de declaración judicial, debiendo hacerse en el Registro la cancelación que proceda. Hecha la indemnización, los miembros de la familia se repartirán en partes iguales la misma.

(REFORMADO, G.O. 25 DE MAYO DE 2000)

Artículo 743.- El precio del patrimonio expropiado y la indemnización proveniente del pago del seguro a consecuencia del siniestro sufrido por los bienes afectos al patrimonio familiar, se depositarán en una institución de crédito, a fin de dedicarlos a la constitución de un nuevo patrimonio de la familia. Durante un año son inembargables el precio depositado y el importe del seguro. Transcurrido ese lapso sin que se hubiere promovido la constitución de uno nuevo, la cantidad depositada se repartirá por partes iguales a los integrantes de la familia.

El Juez de lo Familiar podrá autorizar a disponer de él antes de que transcurra el año, atendiendo las circunstancias especiales del caso.

Artículo 744.- Puede disminuirse el patrimonio de la familia:

I. Cuando se demuestre que su disminución es de gran necesidad o de notoria utilidad para la familia;

II. Cuando el patrimonio familiar, por causas posteriores a su constitución, ha rebasado en más de un ciento por ciento el valor máximo que puede tener conforme al artículo 730.

Artículo 745.- El Ministerio Público será oído en la extinción y en la reducción del patrimonio de la familia.

(REFORMADO, G.O. 25 DE MAYO DE 2000)

Artículo 746.- Extinguido el patrimonio familiar, los bienes se liquidarán y su importe se repartirá en partes iguales.

(ADICIONADO, G.O. 25 DE MAYO DE 2000)

Artículo 746 Bis.- Si alguno de los miembros de la familia muere, sus herederos, si los hubiere, tendrán derecho a una porción hereditaria al efectuarse la liquidación, si no hubiere herederos, se repartirán entre los demás miembros de la familia.

LIBRO SEGUNDO
DE LOS BIENES

TÍTULO PRIMERO
DISPOSICIONES PRELIMINARES

Artículo 747.- Pueden ser objeto de apropiación todas las cosas que no estén excluídas del comercio.

Artículo 748.- Las cosas pueden estar fuera del comercio por su naturaleza o por disposición de la ley.

Artículo 749.- Están fuera del comercio por su naturaleza las que no pueden ser poseídas por algún individuo exclusivamente, y por disposición de la ley, las que ella declara irreductibles a propiedad particular.

TÍTULO SEGUNDO
CLASIFICACIÓN DE LOS BIENES

CAPÍTULO I
DE LOS BIENES INMUEBLES

Artículo 750.- Son bienes inmuebles:

I. El suelo y las construcciones adheridas a él;

II. Las plantas y árboles, mientras estuvieren unidos a la tierra, y los frutos pendientes de los mismos árboles y plantas mientras no sean separados de ellos por cosechas o cortes regulares;

III. Todo lo que esté unido a un inmueble de una manera fija, de modo que no pueda separarse sin deterioro del mismo inmueble o del objeto a él adherido;

IV. Las estatuas, relieves, pinturas u otros objetos de ornamentación, colocados en edificios o heredades por el dueño del inmueble, en tal forma que revele el propósito de unirlos de un modo permanente al fundo;

V. Los palomares, colmenas, estanques de peces o criaderos análogos, cuendo (sic) el propietario los conserve con el propósito de mantenerlos unidos a la finca y formando parte de ella de un modo permanente;

VI. Las máquinas, vasos, instrumentos o utensilios destinados por el propietario de la finca directa y exclusivamente a la industria o explotación de la misma;

VII. Los abonos destinados al cultivo de una heredad, que estén en las tierras donde hayan de utilizarse, y las semillas necesarias para el cultivo de la finca;

VIII. Los aparatos eléctricos y accesorios adheridos al suelo o a los edificios por el dueño de éstos, salvo convenio en contrario;

IX. Los manantiales, estanques, aljibes y corrientes de agua, así como los acueductos y las cañerías de cualquiera especie que sirvan para conducir los líquidos o gases a una finca, o para extraerlos de ella;

X. Los animales que formen el pie de cría en los predios rústicos destinados total o parcialmente al ramo de ganadería; así como las bestias de trabajo indispensables para el cultivo de la finca, mientras están destinadas a ese objeto;

XI. Los diques y construcciones que, aun cuando sean flotantes, estén destinados por su objeto y condiciones a permanecer en un punto fijo de un río, lago o costa;

XII. Los derechos reales sobre inmuebles;

(REFORMADA, D.O.F. 24 DE MAYO DE 1996)

XIII. Las líneas telefónicas y telegráficas y las estaciones radiotelegráficas fijas.

Artículo 751.- Los bienes muebles, por su naturaleza, que se hayan considerado como inmuebles, conforme a lo dispuesto en varias fracciones del artículo anterior, recobrarán su calidad de muebles, cuando el mismo dueño los separe del edificio; salvo el caso de que en el valor de éste se haya computado el de aquéllos, para constituir algún derecho real a favor de un tercero.

CAPÍTULO II
DE LOS BIENES MUEBLES

Artículo 752.- Los bienes son muebles por su naturaleza o por disposición de la ley.

Artículo 753.- Son muebles por su naturaleza, los cuerpos que pueden trasladarse de un lugar a otro, ya se muevan por sí mismos, ya por efecto de una fuerza exterior.

Artículo 754.- Son bienes muebles por determinación de la ley, las obligaciones y los derechos o acciones que tienen por objeto cosas muebles o cantidades exigibles en virtud de acción personal.

Artículo 755.- Por igual razón se reputan muebles las acciones que cada socio tiene en las asociaciones o sociedades, aun cuando a éstas pertenezcan algunos bienes inmuebles.

Artículo 756.- Las embarcaciones de todo género son bienes muebles.

Artículo 757.- Los materiales procedentes de la demolición de un edificio, y los que se hubieren acopiado para repararlo o para construir uno nuevo, serán muebles mientras no se hayan empleado en la fabricación.

Artículo 758.- Los derechos de autor se consideran bienes muebles.

Artículo 759.- En general, son bienes muebles, todos los demás no considerados por la ley como inmuebles.

Artículo 760.- Cuando en una disposición de la ley o en los actos y contratos se use de las palabras bienes muebles, se comprenderán bajo esa denominación los enumerados en los artículos anteriores.

Artículo 761.- Cuando se use de las palabras mueble o bienes muebles de una casa, se comprenderán los que formen el ajuar y utensilios de ésta y que sirven exclusiva y propiamente para el uso y trato ordinario de una familia, según las circunstancias de las personas que la integren. En consecuencia, no se comprenderán: el dinero, los documentos y papeles, las colecciones científicas y artísticas, los libros y sus estantes, las medallas, las armas, los instrumentos de artes y oficios, las joyas, ninguna clase de ropa de uso, los granos, caldos, mercancías y demás cosas similares.

Artículo 762.- Cuando por la redacción de un testamento o de un convenio, se descubra que el testador o las partes contratantes han dado a las palabras muebles o bienes muebles una significación diversa de la fijada en los artículos anteriores, se estará a lo dispuesto en el testamento o convenio.

Artículo 763.- Los bienes muebles son fungibles o no fungibles. Pertenecen a la primera clase los que pueden ser reemplazados por otros de la misma especie, calidad y cantidad.

Los no fungibles son los que no pueden ser substituidos por otros de la misma especie, calidad y cantidad.

CAPÍTULO III
DE LOS BIENES CONSIDERADOS SEGÚN LAS PERSONAS A QUIENES PERTENECEN

Artículo 764.- Los bienes son de dominio del poder público o de propiedad de los particulares.

(REFORMADO, G.O. 25 DE MAYO DE 2000)

Artículo 765.- Son bienes de dominio del poder público los que pertenecen a la Federación, al Distrito Federal, a los Estados o a los Municipios.

(REFORMADO, G.O. 25 DE MAYO DE 2000)

Artículo 766.- Los bienes del dominio público del Distrito Federal, se regirán por las disposiciones de este Código en cuanto no esté determinado por leyes especiales.

Artículo 767.- Los bienes de dominio del poder público se dividen en bienes de uso común, bienes destinados a un servicio público y bienes propios.

Artículo 768.- Los bienes de uso común son inalienables e imprescriptibles. Pueden aprovecharse de ellos todos los habitantes, con las restricciones establecidas por la ley; pero para aprovechamientos especiales se necesita concesión otorgada con los requisitos que prevengan las leyes respectivas.

Artículo 769.- Los que estorben el aprovechamiento de los bienes de uso común, quedan sujetos a las penas correspondientes, a pagar los daños y perjuicios causados y a la pérdida de las obras que hubieren ejecutado.

(REFORMADO, G.O. 25 DE MAYO DE 2000)

Artículo 770.- Los bienes destinados a un servicio público y los bienes propios, pertenecen en pleno dominio al Distrito Federal; pero los primeros son inalienables e imprescriptibles, mientras no se les desafecte del servicio público a que se hallen destinados.

Artículo 771.- Cuando conforme a la ley pueda enajenarse y se enajene una vía pública, los propietarios de los predios colindantes gozarán del derecho del tanto en la parte que les corresponda, a cuyo efecto se les dará aviso de la enajenación. El derecho que este artículo concede deberá ejercitarse precisamente dentro de los ocho días siguientes al aviso. Cuando éste no se haya dado, los colindantes podrán pedir la rescisión del contrato dentro de los seis meses contados desde su celebración.

Artículo 772.- Son bienes de propiedad de los particulares todas las cosas cuyo dominio les pertenece legalmente, y de las que no puede aprovecharse ninguno sin consentimiento del dueño o autorización de la ley.

Artículo 773.- Los extranjeros y las personas morales para adquirir la propiedad de bienes inmuebles, observarán lo dispuesto en el artículo 27 de la Constitución de los Estados Unidos Mexicanos y sus leyes reglamentarias.

CAPÍTULO IV
DE LOS BIENES MOSTRENCOS

Artículo 774.- Son bienes mostrencos los muebles abandonados y los perdidos cuyo dueño se ignore.

Artículo 775.- El que hallare una cosa perdida o abandonada, deberá entregarla dentro de tres días a la autoridad municipal del lugar o a la más cercana, si el hallazgo se verifica en despoblado.

Artículo 776.- La autoridad dispondrá desde luego que la cosa hallada se tase por peritos, y la depositará, exigiendo formal y circunstanciado recibo.

Artículo 777.- Cualquiera que sea el valor de la cosa, se fijarán avisos durante un mes, de diez en diez días, en los lugares públicos de la cabecera del municipio, anunciándose que al vencimiento del plazo se rematará la cosa si no se presentare reclamante.

Artículo 778.- Si la cosa hallada fuere de las que no pueden conservarse, la autoridad dispondrá desde luego su venta y mandará depositar el precio. Lo mismo se hará cuando la conservación de la cosa pueda ocasionar gastos que no estén en relación con su valor.

(REFORMADO, G.O. 25 DE MAYO DE 2000)

Artículo 779.- Si durante el plazo designado se presentare alguno reclamando la cosa, la autoridad de la demarcación territorial del Distrito Federal correspondiente remitirá todos los datos del caso al juez competente, según el valor de la cosa, ante quien el reclamante probará su acción, interviniendo como parte demandada el Ministerio Público.

Artículo 780.- Si el reclamante es declarado dueño, se le entregará la cosa o su precio, en el caso del artículo 778, con deducción de los gastos.

Artículo 781.- Si el reclamante no es declarado dueño, o si pasado el plazo de un mes, contado desde la primera publicación de los avisos, nadie reclama la propiedad de la cosa, ésta se venderá, dándose una cuarta parte del precio al que la halló y destinándose las otras tres cuartas partes al establecimiento de beneficencia que designe el Gobierno. Los gastos se repartirán entre los adjudicatarios en proporción a la parte que reciban.

Artículo 782.- Cuando por alguna circunstancia especial fuere necesario, a juicio de la autoridad, la conservación de la cosa, el que halló ésta recibirá la cuarta parte del precio.

Artículo 783.- La venta se hará siempre en almoneda pública.

Artículo 784.- (DEROGADO, G.O. 25 DE MAYO DE 2000)

CAPÍTULO V
DE LOS BIENES VACANTES

Artículo 785.- Son bienes vacantes los inmuebles que no tienen dueño cierto y conocido.

(REFORMADO, D.O.F. 23 DE DICIEMBRE DE 1974)

Artículo 786.- El que tuviere noticia de la existencia de bienes vacantes en el Distrito Federal y quisiere adquirir la parte que la ley da al descubridor, hará la denuncia de ellos ante el Ministerio Público del lugar de la ubicación de los bienes.

(REFORMADO, G.O. 25 DE MAYO DE 2000)

Artículo 787.- El Ministerio Público, si estima que procede, deducirá ante el juez competente, según el valor de los bienes, la acción que corresponda, a fin de que declarados vacantes los bienes, se adjudiquen a la Hacienda Pública del Distrito Federal. Se tendrá al que hizo la denuncia como tercero coadyuvante.

Artículo 788.- El denunciante recibirá la cuarta parte del valor catastral de los bienes que denuncie; observándose lo dispuesto en la parte final del artículo 781.

N. DE E. SE RECOMIENDA CONSULTAR EL DECRETO POR EL QUE SE CREA UNA NUEVA UNIDAD DEL SISTEMA MONETARIO DE LOS ESTADOS UNIDOS MEXICANOS, PUBLICADO EN EL D.O.F. DE FECHA 22 DE JUNIO DE 1992 Y 6 DE ENERO DE 1994 Y EL AVISO POR EL QUE SE INFORMA QUE A PARTIR DEL 1° DE ENERO DE 1994, SE SUPRIME LA PALABRA "NUEVO", PARA VOLVER A LA DENOMINACIÓN "PESO" DEL NOMBRE DE LA UNIDAD DEL SISTEMA MONETARIO, PUBLICADO EN EL D.O.F. EL 15 DE NOVIEMBRE DE 1995.

(REFORMADO, G.O. 18 DE DICIEMBRE DE 2014)

Artículo 789.- El que se apodere de un bien vacante sin cumplir lo prevenido en este capítulo, pagará una multa de cinco a cincuenta pesos, sin perjuicio de las penas que señale el respectivo Código.

(F. DE E., D.O.F. 21 DE DICIEMBRE DE 1928)

TÍTULO TERCERO
DE LA POSESIÓN

CAPÍTULO ÚNICO

Artículo 790.- Es poseedor de una cosa el que ejerce sobre ella un poder de hecho, salvo lo dispuesto en el artículo 793. Posee un derecho el que goza de él.

Artículo 791.- Cuando en virtud de un acto jurídico el propietario entrega a otro una cosa, concediéndole el derecho de retenerla temporalmente en su poder en calidad de usufructuario, arrendatario, acreedor pignoraticio, depositario, u otro título análogo, los dos son poseedores de la cosa. El que la posee a título de propietario tiene una posesión originaria, el otro, una posesión derivada.

Artículo 792.- En caso de despojo, el que tiene la posesión originaria goza del derecho de pedir que sea restituído el que tenía la posesión derivada, y si éste no puede o no quiere recobrarla, el poseedor originario puede pedir que se le dé la posesión a él mismo.

Artículo 793.- Cuando se demuestre que una persona tiene en su poder una cosa en virtud de la situación de dependencia en que se encuentra respecto del propietario de esa cosa, y que la retiene en provecho de éste, en cumplimiento de las órdenes e instrucciones que de él ha recibido, no se le considera poseedor.

Artículo 794.- Sólo pueden ser objeto de posesión las cosas y derechos que sean susceptibles de apropiación.

Artículo 795.- Puede adquirirse la posesión por la misma persona que va a disfrutarla, por su representante legal, por su mandatario y por un tercero sin mandato alguno; pero en este último caso no se entenderá adquirida la posesión hasta que la persona a cuyo nombre se haya verificado el acto posesorio lo ratifique.

Artículo 796.- Cuando varias personas poseen una cosa indivisa podrá cada una de ellas ejercer actos posesorios sobre la cosa común, con tal que no excluya los actos posesorios de los otros coposeedores.

Artículo 797.- Se entiende que cada uno de los partícipes de una cosa que se posee en común, ha poseído exclusivamente, por todo el tiempo que dure la indivisión, la parte que al dividirse le tocare.

Artículo 798.- La posesión da al que la tiene, la presunción de propietario para todos los efectos legales. El que posee en virtud de un derecho personal, o de un derecho real distinto de la propiedad, no se presume propietario; pero si es poseedor de buena fe tiene a su favor la presunción de haber obtenido la posesión del dueño de la cosa o derecho poseído.

Artículo 799.- El poseedor de una cosa mueble perdida o robada no podrá recuperarla de un tercero de buena fe que la haya adquirido en almoneda o de un comerciante que en mercado público se dedique a la venta de objetos de la misma especie, sin reembolsar al poseedor el precio que hubiere pagado por la cosa. El recuperante tiene derecho de repetir contra el vendedor.

Artículo 800.- La moneda y los títulos al portador no pueden ser reivindicados del adquirente de buena fe, aunque el poseedor haya sido desposeído de ellos contra su voluntad.

Artículo 801.- El poseedor actual que pruebe haber poseído en tiempo anterior, tiene a su favor la presunción de haber poseído en el intermedio.

Artículo 802.- La posesión de un inmueble hace presumir la de los bienes muebles que se hallen en él.

Artículo 803.- Todo poseedor debe ser mantenido o restituído en la posesión contra aquellos que no tengan mejor derecho para poseer.

Es mejor la posesión que se funda en título y cuando se trate de inmuebles la que está inscrita. A falta de título o siendo iguales los títulos, la más antigua.

Si las posesiones fueren dudosas, se pondrá en depósito la cosa hasta que se resuelva a quién pertenece la posesión.

Artículo 804.- Para que el poseedor tenga derecho al interdicto de recuperar la posesión, se necesita que no haya pasado un año desde que se verificó el despojo.

Artículo 805.- Se reputa como nunca perturbado o despojado, el que judicialmente fue mantenido o restituído en la posesión.

Artículo 806.- Es poseedor de buena fe el que entra en la posesión en virtud de un título suficiente para darle derecho de poseer. También es el que ignora los vicios de su título que le impiden poseer con derecho.

Es poseedor de mala fe el que entra a la posesión sin título alguno para poseer; lo mismo que el que conoce los vicios de su título que le impiden poseer con derecho.

Entiéndese por título la causa generadora de la posesión.

Artículo 807.- La buena fe se presume siempre; al que afirme la mala fe del poseedor le corresponde probarla.

Artículo 808.- La posesión adquirida de buena fe no pierde ese carácter sino en el caso y desde el momento en que existan actos que acrediten que el poseedor no ignora que posee la cosa indebidamente.

Artículo 809.- Los poseedores a que se refiere el artículo 791, se regirán por las disposiciones que norman los actos jurídicos en virtud de los cuales son poseedores, en todo lo relativo a frutos, pagos de gastos, y responsabilidad por pérdida o menoscabo de la cosa poseída.

Artículo 810.- El poseedor de buena fe que haya adquirido la posesión por título traslativo de dominio, tiene los derechos siguientes:

I. El de hacer suyos los frutos percibidos, mientras su buena fe no es interrumpida;

II. El de que se le abonen todos los gastos necesarios, lo mismo que los útiles, teniendo derecho de retener la cosa poseída hasta que se haga el pago;

III. El de retirar las mejoras voluntarias, si no se causa daño en la cosa mejorada, o reparando el que se cause al retirarlas;

IV. El de que se le abonen los gastos hechos por él para la producción de los frutos naturales e industriales que no hace suyos por estar pendientes al tiempo de interrumpirse la posesión; teniendo derecho al interés legal sobre el importe de esos gastos desde el día que los haya hecho.

Artículo 811.- El poseedor de buena fe a que se refiere el artículo anterior no responde del deterioro o pérdida de la cosa poseída, aunque haya ocurrido por hecho propio; pero sí responde de la utilidad que el mismo haya obtenido de la pérdida o deterioro.

Artículo 812.- El que posee por menos de un año, a título traslativo de dominio y con mala fe, siempre que no haya obtenido la posesión por un medio delictuoso, está obligado:

I. A restituir los frutos percibidos;

II. A responder de la pérdida o deterioro de la cosa sobrevenidos por su culpa o por caso fortuito o fuerza mayor, a no ser que pruebe que éstos se habrían causado aunque la cosa hubiere estado poseída por su dueño. No responde de la pérdida sobrevenida natural e inevitablemente por el sólo transcurso del tiempo.

Tiene derecho a que se le reembolsen los gastos necesarios.

Artículo 813.- El que posee en concepto de dueño por más de un año, pacífica, continua y públicamente, aunque su posesión sea de mala fe, con tal que no sea delictuosa, tiene derecho:

I. A las dos terceras partes de los frutos industriales que haga producir a la cosa poseída, perteneciendo la otra tercera parte al propietario, si reivindica la cosa antes de que se prescriba;

II. A que se le abonen los gastos necesarios y a retirar las mejoras útiles, si es dable separarlas sin detrimento de la cosa mejorada.

No tiene derecho a los frutos naturales y civiles que produzca la cosa que posee, y responde de la pérdida o deterioro de la cosa sobrevenidos por su culpa.

Artículo 814.- El poseedor que haya adquirido la posesión por algún hecho delictuoso, está obligado a restituir todos los frutos que haya producido la cosa y los que haya dejado de producir por omisión culpable. Tiene también la obligación impuesta por la fracción II del artículo 812.

Artículo 815.- Las mejoras voluntarias no son abonables a ningún poseedor; pero el de buena fe puede retirar esas mejoras conforme a lo dispuesto en el artículo 810, fracción III.

Artículo 816.- Se entienden percibidos los frutos naturales o industriales desde que se alzan o separan. Los frutos civiles se producen día por día, y pertenecen al poseedor en esta proporción, luego que son debidos, aunque no los haya recibido.

Artículo 817.- Son gastos necesarios los que están prescritos por la ley, y aquellos sin los que la cosa se pierda o desmejora.

Artículo 818.- Son gastos útiles aquellos que, sin ser necesarios, aumentan el precio o producto de la cosa.

Artículo 819.- Son gastos voluntarios los que sirven sólo al ornato de la cosa, o al placer o comodidad del poseedor.

Artículo 820.- El poseedor debe justificar el importe de los gastos a que tenga derecho; en caso de duda se tasarán aquéllos por peritos.

Artículo 821.- Cuando el poseedor hubiere de ser indemnizado por gastos y haya percibido algunos frutos a que no tenía derecho, habrá lugar a la compensación.

Artículo 822.- Las mejoras provenientes de la naturaleza o del tiempo, ceden siempre en beneficio del que haya vencido en la posesión.

Artículo 823.- Posesión pacífica es la que se adquiere sin violencia.

Artículo 824.- Posesión continua es la que no se ha interrumpido por alguno de los medios enumerados en el Capítulo V, Título VII, de este Libro.

Artículo 825.- Posesión pública es la que se disfruta de manera que pueda ser conocida de todos. También lo es la que está inscrita en el Registro de la Propiedad.

(F. DE E., D.O.F. 21 DE DICIEMBRE DE 1928)

Artículo 826.- Sólo la posesión que se adquiere y disfruta en concepto de dueño de la cosa poseída puede producir la prescripción.

Artículo 827.- Se presume que la posesión se sigue disfrutando en el mismo concepto en que se adquirió, a menos que se pruebe que ha cambiado la causa de la posesión.

Artículo 828.- La posesión se pierde:

I. Por abandono;

II. Por cesión a título oneroso o gratuito;

III. Por la destrucción o pérdida de la cosa o por quedar ésta fuera del comercio;

IV. Por resolución judicial;
V. Por despojo, si la posesión del despojado dura más de un año;
VI. Por reivindicación del propietario;
VII. Por expropiación por causa de utilidad pública.

Artículo 829.- Se pierde la posesión de los derechos cuando es imposible ejercitarlos o cuando no se ejercen por el tiempo que baste para que queden prescritos.

(F. DE E., D.O.F. 21 DE DICIEMBRE DE 1928)

TÍTULO CUARTO
DE LA PROPIEDAD

CAPÍTULO I
DISPOSICIONES GENERALES

Artículo 830.- El propietario de una cosa puede gozar y disponer de ella con las limitaciones y modalidades que fijen las leyes.

Artículo 831.- La propiedad no puede ser ocupada contra la voluntad de su dueño, sino por causa de utilidad pública y mediante indemnización.

(REFORMADO, G.O. 25 DE MAYO DE 2000)

Artículo 832.- Se declara de utilidad pública la adquisición que haga el Gobierno del Distrito Federal de terrenos apropiados, a fin de venderlos para la constitución del patrimonio de la familia o para que se construyan casas habitaciones que se alquilen a las familias pobres, mediante el pago de una renta módica.

(REFORMADO, G.O. 25 DE MAYO DE 2000)

Artículo 833.- El Gobierno del Distrito Federal podrá expropiar las cosas que estén en su territorio, que pertenezcan a los particulares y que se consideren como notables y características manifestaciones de nuestra cultura local, de acuerdo con la ley especial correspondiente.

(REFORMADO, G.O. 25 DE MAYO DE 2000)

Artículo 834.- Quienes actualmente sean propietarios de las cosas mencionadas en el artículo anterior, no podrán enajenarlas o gravarlas, ni alterarlas, en forma que pierdan sus características, sin autorización del Gobierno del Distrito Federal.

Artículo 835.- La infracción del artículo que precede, se castigará como delito, de acuerdo con lo que disponga el Código de la materia.

Artículo 836.- La autoridad puede, mediante indemnización, ocupar la propiedad particular, deteriorarla y aun destruirla, si esto es indispensable para prevenir o remediar una calamidad pública, para salvar de un riesgo inminente una población o para ejecutar obras de evidente beneficio colectivo.

Artículo 837.- El propietario o el inquilino de un predio tienen derecho de ejercer las acciones que procedan para impedir que por el mal uso de la propiedad del vecino, se perjudiquen la seguridad, el sosiego o la salud de los que habiten el predio.

Artículo 838.- No pertenecen al dueño del predio los minerales o substancias mencionados en el párrafo cuarto del artículo 27 de la Constitución Política de los Estados Unidos Mexicanos, ni las aguas que el párrafo quinto del mismo artículo dispone que sean de propiedad de la Nación.

Artículo 839.- En un predio no pueden hacerse excavaciones o construcciones que hagan perder el sostén necesario al suelo de la propiedad vecina; a menos que se hagan las obras de consolidación indispensables para evitar todo daño a este predio.

Artículo 840.- No es lícito ejercitar el derecho de propiedad de manera que su ejercicio no dé otro resultado que causar perjuicios a un tercero, sin utilidad para el propietario.

Artículo 841.- Todo propietario tiene derecho a deslindar su propiedad y hacer o exigir el amojonamiento de la misma.

Artículo 842.- También tiene derecho y en su caso obligación, de cerrar o de cercar su propiedad, en todo o en parte, del modo que lo estime conveniente o lo dispongan las leyes o reglamentos, sin perjuicio de las servidumbres que reporte la propiedad.

Artículo 843.- Nadie puede edificar ni plantar cerca de las plazas fuertes, fortalezas y edificios públicos, sino sujetándose a las condiciones exigidas en los reglamentos especiales de la materia.

Artículo 844.- Las servidumbres establecidas por utilidad pública o comunal, para mantener expedita la navegación de los ríos, la construcción o reparación de las vías públicas, y para las demás obras comunales de esta clase, se fijarán por las leyes y reglamentos especiales, y a falta de éstos, por las disposiciones de este Código.

Artículo 845.- Nadie puede construir cerca de una pared ajena o de copropiedad, fosos, cloacas, acueductos, hornos, fraguas, chimeneas, establos; ni instalar depósitos de materias corrosivas, máquinas de vapor o fábricas destinadas a usos que puedan ser peligrosos o nocivos, sin guardar las distancias prescritas por los reglamentos, o sin construir las obras de resguardo necesarias con sujeción a lo que prevengan los mismos reglamentos, o a falta de ellos, a lo que se determine por juicio pericial.

Artículo 846.- Nadie puede plantar árboles cerca de una heredad ajena, sino a la distancia de dos metros de la línea divisoria, si la plantación se hace de árboles grandes, y de un metro, si la plantación se hace de arbustos o árboles pequeños.

Artículo 847.- El propietario puede pedir que se arranquen los árboles plantados a menor distancia de su predio de la señalada en el artículo que precede, y hasta cuando sea mayor, si es evidente el daño que los árboles le causan.

Artículo 848.- Si las ramas de los árboles se extienden sobre heredades, jardines o patios vecinos, el dueño de éstos tendrá derecho de que se corten en cuanto se extiendan sobre su propiedad; y si fueren las raíces de los árboles las que se extendieren en el suelo de otro, éste podrá hacerlas cortar por sí mismo dentro de su heredad, pero con previo aviso al vecino.

Artículo 849.- El dueño de una pared que no sea de copropiedad, contigua a finca ajena, puede abrir en ella ventanas o huecos para recibir luces a una altura tal que la parte inferior de la ventana diste del suelo de la vivienda a que dé luz tres metros a lo menos, y en todo caso con reja de hierro remetida en la pared y con red de alambre cuyas mallas sean de tres centímetros a lo sumo.

Artículo 850.- Sin embargo de lo dispuesto en el artículo anterior, el dueño de la finca o propiedad contigua a la pared en que estuvieren abiertas las ventanas o huecos, podrá construir pared contigua a ella, o si adquiere la copropiedad, apoyarse en la misma pared, aunque de uno u otro modo, cubra los huecos o ventanas.

Artículo 851.- No se pueden tener ventanas para asomarse, ni balcones u otros voladizos semejantes, sobre la propiedad del vecino, prolongándose más allá del límite que separa las heredades. Tampoco pueden tenerse vistas de costado u oblicuas sobre la misma propiedad, si no hay un metro de distancia.

Artículo 852.- La distancia de que habla el artículo anterior se mide desde la línea de separación de las dos propiedades.

Artículo 853.- El propietario de un edificio está obligado a construir sus tejados y azoteas de tal manera que las aguas pluviales no caigan sobre el suelo o edificio vecino.

CAPÍTULO II
DE LA APROPIACIÓN DE LOS ANIMALES

Artículo 854.- Los animales sin marca alguna que se encuentren en las propiedades, se presume que son del dueño de éstas mientras no se pruebe lo contrario, a no ser que el propietario no tenga cría de la raza a que los animales pertenezcan.

Artículo 855.- Los animales sin marca que se encuentren en tierras de propiedad particular que explotan en común varios, se presumen del dueño de la cría de la misma especie y de la misma raza en ellas establecidas, mientras no se pruebe lo contrario. Si dos o más fueren dueños de la misma especie o raza, mientras no haya prueba de que los animales pertenecen a alguno de ellos, se reputarán de propiedad común.

Artículo 856.- El derecho de caza y el de apropiarse los productos de ésta en terreno público, se sujetará a las leyes y reglamentos respectivos.

Artículo 857.- En terrenos de propiedad particular no puede ejercitarse el derecho a que se refiere el artículo anterior, ya sea comenzando en él la caza, ya continuando la comenzada en terreno público, sin permiso del dueño. Los campesinos asalariados y los aparceros gozan del derecho de caza en las fincas donde trabajen, en cuanto se aplique a satisfacer sus necesidades y las de sus familias.

Artículo 858.- El ejercicio del derecho de cazar se regirá por los reglamentos administrativos y por las siguientes bases:

Artículo 859.- El cazador se hace dueño del animal que caza, por el acto de apoderarse de él, observándose lo dispuesto en el artículo 861.

Artículo 860.- Se considera capturado el animal que ha sido muerto por el cazador durante el acto venatorio, y también el que está preso en redes.

Artículo 861.- Si la pieza herida muriese en terrenos ajenos, el propietario de éstos o quien lo represente, deberá entregarla al cazador o permitir que entre a buscarla.

Artículo 862.- El propietario que infrinja el artículo anterior pagará el valor de la pieza, y el cazador perderá ésta si entra a buscarla sin permiso de aquél.

Artículo 863.- El hecho de entrar los perros de caza en terreno ajeno sin la voluntad del cazador, sólo obliga a éste a la reparación de los daños causados.

Artículo 864.- La acción para pedir la reparación prescribe a los treinta días, contados desde la fecha en que se causó el daño.

Artículo 865.- Es lícito a los labradores destruir en cualquier tiempo los animales bravíos o cerriles que perjudiquen sus cementeras o plantaciones.

Artículo 866.- El mismo derecho tienen respecto a las aves domésticas en los campos en que hubiere tierras sembradas de cereales u otros frutos pendientes, a los que pudieren perjudicar aquellas aves.

Artículo 867.- Se prohíbe absolutamente destruir en predios ajenos los nidos, huevos y crías de aves de cualquier especie.

Artículo 868.- La pesca y el buceo de perlas en las aguas del dominio del poder público, que sean de uso común, se regirán por lo que dispongan las leyes y reglamentos respectivos.

Artículo 869.- El derecho de pesca en aguas particulares, pertenece a los dueños de los predios en que aquéllas se encuentren, con sujeción a las leyes y reglamentos de la materia.

Artículo 870.- Es lícito a cualquiera persona apropiarse los animales bravíos, conforme a los Reglamentos respectivos.

Artículo 871.- Es lícito a cualquiera persona apropiarse los enjambres que no hayan sido encerrados en colmena, o cuando la han abandonado.

Artículo 872.- No se entiende que las abejas han abandonado la colmena cuando se han posado en predio propio del dueño, o éste las persigue llevándolas a la vista.

Artículo 873.- Los animales feroces que se escaparen del encierro en que los tengan sus dueños, podrán ser destruidos o capturados por cualquiera. Pero los dueños pueden recuperarlos si indemnizan los daños y perjuicios que hubieren ocasionado.

Artículo 874.- La apropiación de los animales domésticos se rige por las disposiciones contenidas en el Título de los bienes mostrencos.

CAPÍTULO III
DE LOS TESOROS

Artículo 875.- Para los efectos de los artículos que siguen, se entiende por tesoro, el depósito oculto de dinero, alhajas u otros objetos preciosos cuya legítima procedencia se ignore. Nunca un tesoro se considera como fruto de una finca.

Artículo 876.- El tesoro oculto pertenece al que lo descubre en sitio de su propiedad.

Artículo 877.- Si el sitio fuere de dominio del poder público o perteneciere a alguna persona particular que no sea el mismo descubridor, se aplicará a éste una mitad del tesoro y la otra mitad al propietario del sitio.

Artículo 878.- Cuando los objetos descubiertos fueren interesantes para las ciencias o para las artes, se aplicarán a la nación por su justo precio, el cual se distribuirá conforme a lo dispuesto en los artículos 876 y 877.

Artículo 879.- Para que el que descubra un tesoro en suelo ajeno goce del derecho ya declarado, es necesario que el descubrimiento sea casual.

Artículo 880.- De propia autoridad nadie puede, en terreno o edificio ajeno, hacer excavación, horadación u obra alguna para buscar un tesoro.

Artículo 881.- El tesoro descubierto en terreno ajeno, por obras practicadas sin consentimiento de su dueño, pertenece íntegramente a éste.

Artículo 882.- El que sin consentimiento del dueño hiciere en terreno ajeno obras para descubrir un tesoro, estará obligado en todo caso a pagar los daños y perjuicios y, además, a costear la reposición de las cosas a su primer estado; perderá también el derecho de inquilinato si lo tuviere en el fundo, aunque no esté fenecido el término del arrendamiento, cuando así lo pidiere el dueño.

Artículo 883.- Si el tesoro se buscare con consentimiento del dueño del fundo, se observarán las estipulaciones que se hubieren hecho para la distribución; y si no las hubiere, los gastos y lo descubierto se distribuirán por mitad.

Artículo 884.- Cuando uno tuviere la propiedad y otro el usufructo de una finca en que se haya encontrado el tesoro, si el que lo encontró fue el mismo usufructuario, la parte que le corresponde se determinará según las reglas que quedan establecidas para el descubridor extraño. Si el descubridor no es el dueño ni el usufructuario, el tesoro se repartirá entre el dueño y el descubridor, con exclusión del usufructuario, observándose en este caso lo dispuesto en los artículos 881, 882 y 883.

Artículo 885.- Si el propietario encuentra el tesoro en la finca o terreno cuyo usufructo pertenece a otra persona, ésta no tendrá parte alguna en el tesoro, pero sí derecho de exigir del propietario una indemnización por los daños y perjuicios que origine la interrupción del usufructo, en la parte ocupada o demolida para buscar el tesoro; la indemnización se pagará aun cuando no se encuentre el tesoro.

CAPÍTULO IV
DEL DERECHO DE ACCESIÓN

Artículo 886.- La propiedad de los bienes da derecho a todo lo que ellos producen, o se les une o incorpora natural o artificialmente. Este derecho se llama de accesión.

Artículo 887.- En virtud de él pertenecen al propietario:
I. Los frutos naturales;
II. Los frutos industriales;
III. Los frutos civiles.

Artículo 888.- Son frutos naturales las producciones espontáneas de la tierra, las crías y demás productos de los animales.

Artículo 889.- Las crías de los animales pertenecen al dueño de la madre y no al del padre, salvo convenio anterior en contrario.

Artículo 890.- Son frutos industriales los que producen las heredades o fincas de cualquiera especie, mediante el cultivo o trabajo.

Artículo 891.- No se reputan frutos naturales o industriales sino desde que están manifiestos o nacidos.

Artículo 892.- Para que los animales se consideren frutos, basta que estén en el vientre de la madre, aunque no hayan nacido.

Artículo 893.- Son frutos civiles los alquileres de los bienes muebles, las rentas de los inmuebles, los réditos de los capitales y todos aquellos que no siendo producidos por la misma cosa directamente, vienen de ella por contrato, por última voluntad o por la ley.

Artículo 894.- El que percibe los frutos tiene la obligación de abonar los gastos hechos por un tercero para su producción, recolección y conservación.

Artículo 895.- Todo lo que se une o se incorpore a una cosa, lo edificado, plantado y sembrado, y lo reparado o mejorado en terreno o finca de propiedad ajena, pertenece al dueño del terreno o finca, con sujeción a lo que se dispone en los artículos siguientes:

Artículo 896.- Todas las obras, siembras y plantaciones, así como las mejoras y reparaciones ejecutadas en un terreno, se presumen hechas por el propietario y a su costa, mientras no se pruebe lo contrario.

Artículo 897.- El que siembre, plante o edifique en finca propia, con semillas, plantas o materiales ajenos, adquiere la propiedad de unas y otros, pero con la obligación de pagarlos en todo caso y de resarcir daños y perjuicios si ha procedido de mala fe.

Artículo 898.- El dueño de las semillas, plantas o materiales, nunca tendrá derecho de pedir que se le devuelvan destruyéndose la obra o plantación; pero si las plantas no han echado raíces y pueden sacarse, el dueño de ellas tiene derecho de pedir que así se haga.

Artículo 899.- Cuando las semillas o los materiales no estén aún aplicadas a su objeto ni confundidos con otros, pueden reivindicarse por el dueño.

Artículo 900.- El dueño del terreno en que se edifique, siembre o plante de buena fe, tendrá derecho de hacer suya la obra, siembra o plantación, previa la indemnización prescrita en el artículo 897, o de obligar al que edificó o plantó a pagarle el precio del terreno, y al que sembró, solamente su renta. Si el dueño del terreno ha procedido de mala fe, sólo tendrá derecho de que se le pague el valor de la renta o el precio del terreno, en sus respectivos casos.

Artículo 901.- El que edifica, planta o siembra de mala fe en terreno ajeno, pierde lo edificado, plantado o sembrado, sin que tenga derecho de reclamar indemnización alguna del dueño del suelo, ni de retener la cosa.

Artículo 902.- El dueño del terreno en que se haya edificado con mala fe, podrá pedir la demolición de la obra, y la reposición de las cosas a su estado primitivo, a costa del edificador.

Artículo 903.- Cuando haya mala fe, no sólo por parte del que edificare, sino por parte del dueño, se entenderá compensada esta circunstancia y se arreglarán los derechos de uno y otro, conforme a lo resuelto para el caso de haberse procedido de buena fe.

Artículo 904.- Se entiende que hay mala fe de parte del edificador, plantador o sembrador, cuando hace la edificación, plantación o siembra, o permite, sin reclamar, que con material suyo las haga otro en terreno que sabe es ajeno, no pidiendo previamente al dueño su consentimiento por escrito.

Artículo 905.- Se entiende haber mala fe por parte del dueño, siempre que a su vista, ciencia y paciencia se hiciere el edificio, la siembra o la plantación.

Artículo 906.- Si los materiales, plantas o semillas pertenecen a un tercero que no ha procedido de mala fe, el dueño del terreno es responsable subsidiariamente del valor de aquellos objetos, siempre que concurran las dos circunstancias siguientes:

I. Que el que de mala fe empleó materiales, plantas o semillas, no tenga bienes con qué responder de su valor;

II. Que lo edificado, plantado o sembrado aproveche al dueño.

Artículo 907.- No tendrá lugar lo dispuesto en el artículo anterior si el propietario usa del derecho que le concede el artículo 902.

Artículo 908.- El acrecentamiento que por aluvión reciben las heredades confinantes con corrientes de agua, pertenece a los dueños de las riberas en que el aluvión se deposite.

Artículo 909.- Los dueños de las heredades confinantes con las lagunas o estanques, no adquieren el terreno descubierto por la disminución natural de las aguas, ni pierden el que éstas inunden con las crecidas extraordinarias.

Artículo 910.- Cuando la fuerza del río arranca una porción considerable y reconocible de un campo ribereño y la lleva a otro inferior, o a la ribera opuesta, el propietario de la porción arrancada puede reclamar su propiedad, haciéndolo dentro de dos años contados desde el acaecimiento; pasado este plazo perderá su derecho de propiedad, a menos que el propietario del campo a que se unió la porción arrancada, no haya aún tomado posesión de ella.

Artículo 911.- Los árboles arrancados y transportados por la corriente de las aguas pertenecen al propietario del terreno a donde vayan a parar, si no los reclaman dentro de dos meses los antiguos dueños. Si éstos los reclaman, deberán abonar los gastos ocasionados en recogerlos o ponerlos en lugar seguro.

(REFORMADO, G.O. 25 DE MAYO DE 2000)

Artículo 912.- La legislación federal correspondiente determinará a quien pertenecen los cauces abandonados de los ríos federales existentes en el territorio del Distrito Federal, que varíen de curso.

Artículo 913.- (DEROGADO, G.O. 25 DE MAYO DE 2000)

Artículo 914.- Los cauces abandonados por corrientes de agua que no sean de la Federación, pertenecen a los dueños de los terrenos por donde corren esas aguas. Si la corriente era limítrofe de varios predios, el cauce abandonado pertenece a los propietarios de ambas riberas proporcionalmente a la extensión del frente de cada heredad, a lo largo de la corriente, tirando una línea divisoria por en medio del álveo.

(REFORMADO, G.O. 25 DE MAYO DE 2000)

Artículo 915.- Cuando la corriente del río se divide en dos brazos o ramales, dejando aislada una heredad o parte de ella, el dueño no pierde su propiedad sino en la parte ocupada por las aguas, salvo lo que sobre el particular disponga la ley federal correspondiente.

Artículo 916.- Cuando dos cosas muebles que pertenecen a dos dueños distintos, se unen de tal manera que vienen a formar una sola, sin que intervenga mala fe, el propietario de la principal adquiere la accesoria, pagando su valor.

Artículo 917.- Se reputa principal, entre dos cosas incorporadas, la de mayor valor.

Artículo 918.- Si no pudiere hacerse la calificación conforme a la regla establecida en el artículo que precede, se reputará principal el objeto cuyo uso, perfección o adorno se haya conseguido por la unión del otro.

Artículo 919.- En la pintura, escultura y bordado; en los escritos, impresos, grabados, litografías, fotograbados, oleografías, cromolitografías, y en las demás obtenidas por otros procedimientos análogos a los anteriores, se estima accesorio la tabla, el metal, la piedra, el lienzo, el papel o el pergamino.

Artículo 920.- Cuando las cosas unidas puedan separarse sin detrimento y subsistir independientemente, los dueños respectivos pueden exigir la separación.

Artículo 921.- Cuando las cosas unidas no pueden separarse sin que la que se reputa accesoria sufra deterioro, el dueño de la principal tendrá también derecho de pedir la separación; pero quedará obligado a indemnizar al dueño de la accesoria, siempre que éste haya procedido de buena fe.

Artículo 922.- Cuando el dueño de la cosa accesoria es el que ha hecho la incorporación, la pierde si ha obrado de mala fe; y está, además, obligado a indemnizar al propietario de los perjuicios que se le hayan seguido a causa de la incorporación.

Artículo 923.- Si el dueño de la cosa principal es el que ha procedido de mala fe, el que lo sea de la accesoria tendrá derecho a que aquél le pague su valor y le indemnice de los daños y perjuicios; o a que la cosa de su pertenencia se separe, aunque para ello haya de destruirse la principal.

Artículo 924.- Si la incorporación se hace por cualquiera de los dueños a vista o ciencia y paciencia del otro, y sin que éste se oponga, los derechos respectivos se arreglarán conforme a lo dispuesto en los artículos 916, 917, 918 y 919.

Artículo 925.- Siempre que el dueño de la materia empleada sin su consentimiento, tenga derecho a indemnización, podrá exigir que ésta consista en la entrega de una cosa igual en especie, en valor y en todas sus circunstancias a la empleada; o bien en el precio de ella fijado por peritos.

Artículo 926.- Si se mezclan dos cosas de igual o diferente especie, por voluntad de sus dueños o por casualidad, y en este último caso las cosas no son separables sin detrimento, cada propietario adquirirá un derecho proporcional a la parte que le corresponda, atendido el valor de las cosas mezcladas o confundidas.

Artículo 927.- Si por voluntad de uno solo, pero con buena fe, se mezclan o confunden dos cosas de igual o diferente especie, los derechos de los propietarios se arreglarán por lo dispuesto en el artículo anterior; a no ser que el dueño de la cosa mezclada sin su consentimiento, prefiera la indemnización de daños y perjuicios.

Artículo 928.- El que de mala fe hace la mezcla o confusión, pierde la cosa mezclada o confundida que fuere de su propiedad, y queda, además, obligado a la indemnización de los perjuicios causados al dueño de la cosa o cosas con que se hizo la mezcla.

Artículo 929.- El que de buena fe empleó materia ajena en todo o en parte, para formar una cosa de nueva especie, hará suya la obra, siempre que el mérito artístico de ésta, exceda en precio a la materia, cuyo valor indemnizará al dueño.

Artículo 930.- Cuando el mérito artístico de la obra sea inferior en precio a la materia, el dueño de está hará suya la nueva especie, y tendrá derecho, además, para reclamar indemnización, de daños y perjuicios; descontándose del monto de éstos el valor de la obra, a tasación de peritos.

Artículo 931.- Si la especificación se hizo de mala fe, el dueño de la materia empleada tiene derecho de quedarse con la obra sin pagar nada al que la hizo, o exigir de éste que le pague el valor de la materia y le indemnice de los perjuicios que se le hayan seguido.

Artículo 932.- La mala fe en los casos de mezcla o confusión se calificará conforme a lo dispuesto en los artículos 904 y 905.

CAPÍTULO V
DEL DOMINIO DE LAS AGUAS

Artículo 933.- El dueño del predio en que exista una fuente natural, o que haya perforado un pozo brotante, hecho obras de captación de aguas subterráneas o construído aljibe o presas para captar las aguas fluviales tiene derecho de disponer de esas aguas; pero si éstas pasan de una finca a otra, su aprovechamiento se considerará de utilidad pública y quedará sujeto a las disposiciones especiales que sobre el particular se dicten.

El dominio del dueño de un predio sobre las aguas de que trata este artículo, no perjudica los derechos que legítimamente hayan podido adquirir a su aprovechamiento los de los predios inferiores.

Artículo 934.- Si alguno perforase pozo o hiciere obras de captación de aguas subterráneas en su propiedad, aunque por esto disminuya el agua del abierto en fundo ajeno, no está obligado a indemnizar; pero debe tenerse en cuenta lo dispuesto en el artículo 840.

Artículo 935.- El propietario de las aguas no podrá desviar su curso de modo que cause daño a un tercero.

Artículo 936.- El uso y aprovechamiento de las aguas de dominio público se regirá por la ley especial respectiva.

Artículo 937.- El propietario de un predio que sólo con muy costosos trabajos pueda proveerse del agua que necesite para utilizar convenientemente ese predio, tiene derecho de exigir de los dueños de los predios vecinos que tengan aguas sobrantes, que le proporcionen la necesaria, mediante el pago de una indemnización fijada por peritos.

CAPÍTULO VI
DE LA COPROPIEDAD

Artículo 938.- Hay copropiedad cuando una cosa o un derecho pertenecen pro-indiviso a varias personas.

Artículo 939.- Los que por cualquier título tienen el dominio legal de una cosa, no pueden ser obligados a conservarlo indiviso, sino en los casos en que por la misma naturaleza de las cosas o por determinación de la ley, el dominio es indivisible.

Artículo 940.- Si el dominio no es divisible, o la cosa no admite cómoda división y los partícipes no se convienen en que sea adjudicada a alguno de ellos, se procederá a su venta y a la repartición de su precio entre los interesados.

Artículo 941.- A falta de contrato o disposición especial, se regirá la copropiedad por las disposiciones siguientes.

Artículo 942.- El concurso de los partícipes, tanto en los beneficios como en las cargas será proporcional a sus respectivas porciones.

Se presumirán iguales, mientras no se pruebe lo contrario, las porciones correspondientes a los partícipes en la comunidad.

Artículo 943.- Cada partícipe podrá servirse de las cosas comunes, siempre que disponga de ellas conforme a su destino y de manera que no perjudique el interés de la comunidad, ni impida a los copropietarios usarla según su derecho.

Artículo 944.- Todo copropietario tiene derecho para obligar a los partícipes a contribuir a los gastos de conservación de la cosa o derecho común. Sólo puede eximirse de esta obligación el que renuncie a la parte que le pertenece en el dominio.

Artículo 945.- Ninguno de los condueños podrá, sin el consentimiento de los demás, hacer alteraciones en la cosa común, aunque de ellas pudiera resultar ventajas para todos.

Artículo 946.- Para la administración de la cosa común, serán obligatorios todos los acuerdos de la mayoría de los partícipes.

Artículo 947.- Para que haya mayoría se necesita la mayoría de copropietarios y la mayoría de intereses.

Artículo 948.- Si no hubiere mayoría, el juez oyendo a los interesados resolverá lo que debe hacerse dentro de lo propuesto por los mismos.

Artículo 949.- Cuando parte de la cosa perteneciere exclusivamente a un copropietario o a algunos de ellos, y otra fuere común, sólo a ésta será aplicable la disposición anterior.

Artículo 950.- Todo condueño tiene la plena propiedad de la parte alícuota que le corresponda y la de sus frutos y utilidades, pudiendo, en consecuencia, enajenarla, cederla o hipotecarla, y aun substituir otro en su aprovechamiento, salvo si se tratare de derecho personal. Pero el efecto de la enajenación o de la hipoteca con relación a los condueños, estará limitado a la porción que se le adjudique en la división al cesar la comunidad. Los condueños gozan del derecho del tanto.

(REFORMADO, D.O.F. 4 DE ENERO DE 1973)

Artículo 951.- Cuando los diferentes departamentos, viviendas, casas o locales de un inmueble, construidos en forma vertical, horizontal o mixta, susceptibles de aprovechamiento independiente por tener salida propia a un elemento común de aquél o a la vía pública, pertenecieran a distintos propietarios, cada uno de éstos tendrá un derecho singular y exclusivo de propiedad sobre su departamento, vivienda, casa o local y, además, un derecho de copropiedad sobre los elementos y partes comunes del inmueble, necesarios para su adecuado uso o disfrute.

Cada propietario podrá enajenar, hipotecar o gravar en cualquier otra forma su departamento, vivienda, casa o local, sin necesidad de consentimiento de los demás condóminos. En la enajenación, gravamen o embargo de un departamento, vivienda, casa o local, se entenderán comprendidos invariablemente los derechos sobre los bienes comunes que le son anexos.

El derecho de copropiedad sobre los elementos comunes del inmueble, sólo será enajenable, gravable o embargable por terceros, conjuntamente con el departamento, vivienda, casa o local de propiedad exclusiva, respecto del cual se considere anexo inseparable. La copropiedad sobre los elementos comunes del inmueble no es susceptible de división.

(REFORMADO, G.O. 25 DE MAYO DE 2000)

Los derechos y obligaciones de los propietarios a que se refiere este precepto, se regirán por las escrituras en que se hubiera establecido el régimen de propiedad, por las de compraventa correspondientes, por el Reglamento del Condominio de que se trate, por la Ley de Propiedad en Condominio de Inmuebles para el Distrito Federal, por las disposiciones de este Código y las demás leyes que fueren aplicables.

Artículo 952.- Cuando haya constancia que demuestre quién fabricó la pared que divide los predios, el que la costeó es dueño exclusivo de ella; si consta que se fabricó por los colindantes, o no consta quién la fabricó, es de propiedad común.

Artículo 953.- Se presume la copropiedad mientras no haya signo exterior que demuestre lo contrario:

I. En las paredes divisorias de los edificios contiguos, hasta el punto común de elevación;

II. En las paredes divisorias de los jardines o corrales, situadas en poblado o en el campo;

III. En las cercas, vallados y setos vivos que dividan los predios rústicos. Si las construcciones no tienen una misma altura, sólo hay presunción de copropiedad hasta la altura de la construcción menos elevada.

Artículo 954.- Hay signo contrario a la copropiedad:

I. Cuando hay ventanas o huecos abiertos en la pared divisoria de los edificios;

II. Cuando conocidamente toda la pared, vallado, cerca o seto están construidos sobre el terreno de una de las fincas y no por mitad entre una y otra de las dos contiguas;

III. Cuando la pared soporte las cargas y carreras, pasos y armaduras de una de las posesiones y no de la contigua;

IV. Cuando la pared divisoria entre patios, jardines y otras heredades, esté construida de modo que la albardilla caiga hacia una sola de las propiedades;

V. Cuando la pared divisoria construida de mampostería, presenta piedras llamadas pasaderas, que de distancia en distancia salen fuera de la superficie sólo por un lado de la pared, y no por el otro;

VI. Cuando la pared fuere divisoria entre un edificio del cual forme parte, y un jardín, campo, corral o sitio sin edificio;

VII. Cuando una heredad se halle cerrada o defendida por vallados, cercas o setos vivos y las contiguas no lo estén;

VIII. Cuando la cerca que encierra completamente una heredad, es de distinta especie de la que tiene la vecina en sus lados contiguos a la primera.

Artículo 955.- En general, se presume que en los casos señalados en el artículo anterior, la propiedad de las paredes, cercas, vallados o setos, pertenece exclusivamente al dueño de la finca o heredad que tiene a su favor estos signos exteriores.

Artículo 956.- Las zanjas o acequias abiertas entre las heredades, se presumen también de copropiedad si no hay título o signo que demuestren lo contrario.

Artículo 957.- Hay signo contrario a la copropiedad, cuando la tierra o broza sacada de la zanja o acequia para abrirla o limpiarla, se halla sólo de un lado; en este caso, se presume que la propiedad de la zanja o acequia es exclusivamente del dueño de la heredad que tiene a su favor este signo exterior.

Artículo 958.- La presunción que establece el artículo anterior cesa cuando la inclinación del terreno obliga a echar la tierra de un solo lado.

Artículo 959.- Los dueños de los predios están obligados a cuidar de que no se deteriore la pared, zanja o seto de propiedad común; y si por el hecho de alguno de sus dependientes o animales, o por cualquiera otra causa que dependa de ellos, se deterioraren, deben reponerlos, pagando los daños y perjuicios que se hubieren causado.

Artículo 960.- La reparación y reconstrucción de las paredes de propiedad común y el mantenimiento de los vallados, setos vivos, zanjas, acequias, también comunes, se costearán proporcionalmente por todos los dueños que tengan a su favor la copropiedad.

Artículo 961.- El propietario que quiera librarse de las obligaciones que impone el artículo anterior, puede hacerlo renunciando a la copropiedad, salvo el caso en que la pared común sostenga un edificio suyo.

Artículo 962.- El propietario de un edificio que se apoya en una pared común, puede al derribarlo renunciar o no a la copropiedad. En el primer caso serán de su cuenta todos los gastos necesarios para evitar o reparar los daños que cause la demolición. En el segundo, además de esta obligación queda sujeto a las que le imponen los artículos 959 y 960.

Artículo 963.- El propietario de una finca contigua a una pared divisoria que no sea común, sólo puede darle este carácter en todo o en parte, por contrato con el dueño de ella.

Artículo 964.- Todo propietario puede alzar la pared de propiedad común, haciéndolo a sus expensas, e indemnizando de los perjuicios que se ocasionaren por la obra, aunque sean temporales.

Artículo 965.- Serán igualmente de su cuenta todas las obras de conservación de la pared en la parte en que ésta haya aumentado su altura o espesor, y las que en la parte común sean necesarias, siempre que el deterioro provenga de la mayor altura o espesor que se haya dado a la pared.

Artículo 966.- Si la pared de propiedad común no puede resistir a la elevación, el propietario que quiera levantarla tendrá la obligación de reconstruirla a su costa; y si fuere necesario darle mayor espesor, deberá darlo de su suelo.

Artículo 967.- En los casos señalados por los artículos 964 y 965, la pared continúa siendo de propiedad común hasta la altura en que lo era antiguamente, aun cuando haya sido edificada de nuevo a expensas de uno solo, y desde el punto donde comenzó la mayor altura, es propiedad del que la edificó.

Artículo 968.- Los demás propietarios que no hayan contribuido a dar más elevación o espesor a la pared, podrán, sin embargo, adquirir en la parte nuevamente elevada los derechos de copropiedad, pagando proporcionalmente el valor de la obra y la mitad del valor del terreno sobre que se hubiere dado mayor espesor.

Artículo 969.- Cada propietario de una pared común podrá usar de ella en proporción al derecho que tenga en la comunidad; podrá, por tanto, edificar, apoyando su obra en la pared común o introduciendo vigas hasta la mitad de su espesor, pero sin impedir el uso común y respectivo de los demás copropietarios. En caso de resistencia de los otros propietarios, se arreglarán por medio de peritos las condiciones necesarias para que la nueva obra no perjudique los derechos de aquéllos.

Artículo 970.- Los árboles existentes en cerca de copropiedad o que señalen lindero, son también de copropiedad, y no pueden ser cortados ni substituidos con otros sin el consentimiento de ambos propietarios, o por decisión judicial pronunciada en juicio contradictorio, en caso de desacuerdo de los propietarios.

Artículo 971.- Los frutos del árbol o del arbusto común, y los gastos de su cultivo serán repartidos por partes iguales entre los copropietarios.

Artículo 972.- Ningún copropietario puede, sin consentimiento del otro, abrir ventana ni hueco alguno en pared común.

Artículo 973.- Los propietarios de cosa indivisa no pueden enajenar a extraños su parte alícuota respectiva, si el partícipe quiere hacer uso del derecho del tanto. A este efecto, el copropietario notificará a los demás, por medio de notario o judicialmente, la venta que tuviere convenida, para que dentro de los ocho días siguientes hagan uso del derecho del tanto. Transcurridos los ocho días, por el sólo lapso del término se pierde el derecho. Mientras no se haya hecho la notificación, la venta no producirá efecto legal alguno.

Artículo 974.- Si varios propietarios de cosa indivisa hicieren uso del derecho del tanto, será preferido el que represente mayor parte, y siendo iguales, el designado por la suerte, salvo convenio en contrario.

Artículo 975.- Las enajenaciones hechas por herederos o legatarios de la parte de herencia que les corresponda, se regirán por lo dispuesto en los artículos relativos.

Artículo 976.- La copropiedad cesa: por la división de la cosa común; por la destrucción o pérdida de ella; por su enajenación y por la consolidación o reunión de todas las cuotas en un solo copropietario.

Artículo 977.- La división de una cosa común no perjudica a tercero, el cual conserva los derechos reales que le pertenecen antes de hacerse la partición, observándose, en su caso, lo dispuesto para hipotecas que graven fincas susceptibles de ser fraccionadas y lo prevenido para el adquirente de buena fe que inscribe su título en el Registro Público.

Artículo 978.- La división de bienes inmuebles es nula si no se hace con las mismas formalidades que la ley exige para su venta.

Artículo 979.- Son aplicables a la división entre partícipes las reglas concernientes a la división de herencias.

TÍTULO QUINTO
DEL USUFRUCTO, DEL USO Y DE LA HABITACIÓN

CAPÍTULO I
DEL USUFRUCTO EN GENERAL

Artículo 980.- El usufructo es el derecho real y temporal de disfrutar de los bienes ajenos.

Artículo 981.- El usufructo puede constituirse por la ley, por la voluntad del hombre o por prescripción.

Artículo 982.- Puede constituirse el usufructo a favor de una o de varias personas, simultánea o sucesivamente.

Artículo 983.- Si se constituye a favor de varias personas simultáneamente, sea por herencia, sea por contrato, cesando el derecho de una de las personas, pasará al propietario, salvo que al constituirse el usufructo se hubiere dispuesto que acrezca a los otros usufructuarios.

Artículo 984.- Si se constituye sucesivamente, el usufructo no tendrá lugar sino en favor de las personas que existan al tiempo de comenzar el derecho del primer usufructuario.

Artículo 985.- El usufructo puede constituirse desde o hasta cierto día, puramente y bajo condición.

Artículo 986.- Es vitalicio el usufructo si en el título constitutivo no se expresa lo contrario.

Artículo 987.- Los derechos y obligaciones del usufructuario y del propietario se arreglan, en todo caso, por el título constitutivo del usufructo.

Artículo 988.- Las corporaciones que no pueden adquirir, poseer o administrar bienes raíces, tampoco pueden tener usufructo constituido sobre bienes de esta clase.

CAPÍTULO II
DE LOS DERECHOS DEL USUFRUCTUARIO

Artículo 989.- El usufructuario tiene derecho de ejercitar todas las acciones y excepciones reales, personales o posesorias, y de ser considerado como parte en todo litigio, aunque sea seguido por el propietario, siempre que en él se interese el usufructo.

Artículo 990.- El usufructuario tiene derecho de percibir todos los frutos, sean naturales, industriales o civiles.

Artículo 991.- Los frutos naturales o industriales pendientes al tiempo de comenzar el usufructo, pertenecerán al usufructuario. Los pendientes al tiempo de extinguirse el usufructo, pertenecen al propietario. Ni éste, ni el usufructuario tienen que hacerse abono alguno por razón de labores, semillas u otros gastos semejantes. Lo dispuesto en este artículo no perjudica a los aparceros o arrendatarios que tengan derecho de percibir alguna porción de frutos, al tiempo de comenzar o extinguirse el usufructo.

Artículo 992.- Los frutos civiles pertenecen al usufructuario en proporción del tiempo que dure el usufructo, aun cuando no estén cobrados.

Artículo 993.- Si el usufructo comprendiera cosas que se deteriorasen por el uso, el usufructuario tendrá derecho a servirse de ellas, empleándolas según su destino, y no estará obligado a restituirlas, al concluir el usufructo, sino en el estado en que se encuentren; pero tiene obligación de indemnizar al propietario del deterioro que hubieren sufrido por dolo o negligencia.

Artículo 994.- Si el usufructo comprende cosas que no pueden usarse sin consumirse, el usufructuario tendrá el derecho de consumirlas, pero está obligado a restituirlas, al terminar el usufructo, en igual género, cantidad y calidad. No siendo posible hacer la restitución, está obligado a pagar su valor, si se hubiesen dado estimadas, o su precio corriente al tiempo de cesar el usufructo, si no fueron estimadas.

Artículo 995.- Si el usufructo se constituye sobre capitales impuestos a réditos, el usufructuario sólo hace suyos éstos y no aquéllos, pero para que el capital se redima anticipadamente, para que se haga novación de la obligación primitiva, para que se substituya la persona del deudor, si no se trata de derechos garantizados con gravamen real, así como para que el capital redimido vuelva a imponerse, se necesita el consentimiento del usufructuario.

Artículo 996.- El usufructuario de un monte disfruta de todos los productos que provengan de éste, según su naturaleza.

Artículo 997.- Si el monte fuere tallar o de maderas de construcción, podrá el usufructuario hacer en él las talas o cortes ordinarios que haría el dueño; acomodándose en el modo, porción o épocas a las leyes especiales o a las costumbres del lugar.

Artículo 998.- En los demás casos, el usufructuario no podrá cortar árboles por el pie, como no sea para reponer o reparar algunas de las cosas usufructuadas; y en este caso acreditará previamente al propietario la necesidad de la obra.

Artículo 999.- El usufructuario podrá utilizar los viveros, sin perjuicio de su conservación y según las costumbres del lugar y lo dispuesto en las leyes respectivas.

Artículo 1000.- Corresponde al usufructuario el fruto de los aumentos que reciban las cosas por accesión y el goce de las servidumbres que tenga a su favor.

Artículo 1001.- No corresponden al usufructuario los productos de las minas que se exploten en el terreno dado en usufructo, a no ser que expresamente se le concedan en el título constitutivo del usufructo o que éste sea universal; pero debe indemnizarse al usufructuario de los daños y perjuicios que se le originen por la interrupción del usufructo a consecuencia de las obras que se practiquen para el laboreo de las minas.

Artículo 1002.- El usufructuario puede gozar por sí mismo de la cosa usufructuada. Puede enajenar, arrendar y gravar su derecho de usufructo; pero todos los contratos que celebre como usufructuario terminarán con el usufructo.

Artículo 1003.- El usufructuario puede hacer mejoras útiles y puramente voluntarias; pero no tiene derecho de reclamar su pago, aunque sí puede retirarlas, siempre que sea posible hacerlo sin detrimento de la cosa en que esté constituido el usufructo.

Artículo 1004.- El propietario de bienes en que otro tenga el usufructo, puede enajenarlos, con la condición de que se conserve el usufructo.

(F. DE E., D.O.F. 21 DE DICIEMBRE DE 1928)

Artículo 1005.- El usufructuario goza del derecho del tanto. Es aplicable lo dispuesto en el artículo 973, en lo que se refiere a la forma para dar el aviso de enajenación y al tiempo para hacer uso del derecho del tanto.

CAPÍTULO III
DE LAS OBLIGACIONES DEL USUFRUCTUARIO

Artículo 1006.- El usufructuario, antes de entrar en el goce de los bienes, está obligado:

I. A formar a sus expensas, con citación del dueño, un inventario de todos ellos, haciendo tasar los muebles y constar el estado en que se hallen los inmuebles;

II. A dar la correspondiente fianza de que disfrutará de las cosas con moderación, y las restituirá al propietario con sus accesiones, al extinguirse el usufructo, no empeoradas ni deterioradas por su negligencia, salvo lo dispuesto en el artículo 434.

Artículo 1007.- El donador que se reserva el usufructo de los bienes donados, está dispensado de dar la fianza referida, si no se ha obligado expresamente a ello.

Artículo 1008.- El que se reserva la propiedad, puede dispensar al usufructuario de la obligación de afianzar.

Artículo 1009.- Si el usufructo fuere constituido por contrato, y el que contrató quedare de propietario, y no exigiere en el contrato la fianza, no estará obligado el usufructuario a darla; pero si quedare de propietario un tercero, podrá pedirla aunque no se haya estipulado en el contrato.

Artículo 1010.- Si el usufructo se constituye por título oneroso, y el usufructuario no presta la correspondiente fianza, el propietario tiene el derecho de intervenir la administración de los bienes, para procurar su conservación, sujetándose a las condiciones prescritas en el artículo 1047 y percibiendo la retribución que en él se concede.

Cuando el usufructo es a título gratuito y el usufructuario no otorga la fianza, el usufructo se extingue en los términos del artículo 1038, fracción IX.

Artículo 1011.- El usufructuario, dada la fianza, tendrá derecho a todos los frutos de la cosa, desde el día en que, conforme al título constitutivo del usufructo, debió comenzar a percibirlos.

Artículo 1012.- En los casos señalados en el artículo 1002, el usufructuario es responsable del menoscabo que tengan los bienes por culpa o negligencia de la persona que le substituya.

Artículo 1013.- Si el usufructo se constituye sobre ganados, el usufructuario está obligado a reemplazar con las crías, las cabezas que falten por cualquier causa.

Artículo 1014.- Si el ganado en que se constituyó el usufructo perece sin culpa del usufructuario, por efecto de una epizootia o de algún otro acontecimiento no común, el usufructuario cumple con entregar al dueño los despojos que se hayan salvado de esa calamidad.

Artículo 1015.- Si el rebaño perece en parte, y sin culpa del usufructuario, continúa el usufructo en la parte que queda.

Artículo 1016.- El usufructuario de árboles frutales está obligado a la replantación de los pies muertos naturalmente.

Artículo 1017.- Si el usufructo se ha constituido a título gratuito, el usufructuario está obligado a hacer las reparaciones indispensables para mantener la cosa en el estado en que se encontraba cuando la recibió.

Artículo 1018.- El usufructuario no está obligado a hacer dichas reparaciones, si la necesidad de éstas proviene de vejez, vicio intrínseco o deterioro grave de la cosa, anterior a la constitución del usufructo.

Artículo 1019.- Si el usufructuario quiere hacer las reparaciones referidas, debe obtener antes el consentimiento del dueño; y en ningún caso tiene derecho de exigir indemnización de ninguna especie.

Artículo 1020.- El propietario, en el caso del artículo 1018, tampoco está obligado a hacer las reparaciones, y si las hace no tiene derecho de exigir indemnización.

Artículo 1021.- Si el usufructo se ha constituido a título oneroso, el propietario tiene obligación de hacer todas las reparaciones convenientes para que la cosa, durante el tiempo estipulado en el convenio, pueda producir los frutos que ordinariamente se obtenían de ella al tiempo de la entrega.

Artículo 1022.- Si el usufructuario quiere hacer en este caso las reparaciones, deberá dar aviso al propietario, y previo este requisito, tendrá derecho para cobrar su importe al fin del usufructo.

Artículo 1023.- La omisión del aviso al propietario, hace responsable al usufructuario de la destrucción, pérdida o menoscabo de la cosa por falta de las reparaciones, y le priva del derecho de pedir indemnización si él las hace.

Artículo 1024.- Toda disminución de los frutos que provenga de imposición de contribuciones, o cargas ordinarias sobre la finca o cosa usufructuada, es de cuenta del usufructuario.

Artículo 1025.- La disminución que por las propias causas se verifique, no en los frutos, sino en la misma finca o cosa usufructuada, será de cuenta del propietario; y si éste, para conservar íntegra la cosa, hace el pago, tiene derecho de que se le abonen los intereses de la suma pagada, por todo el tiempo que el usufructuario continúe gozando de la cosa.

Artículo 1026.- Si el usufructuario hace el pago de la cantidad, no tiene derecho de cobrar intereses, quedando compensados éstos con los frutos que reciba.

Artículo 1027.- El que por sucesión adquiere el usufructo universal, está obligado a pagar por entero el legado de renta vitalicia o pensión de alimentos.

Artículo 1028.- El que por el mismo título adquiera una parte del usufructo universal, pagará el legado o la pensión en proporción a su cuota.

Artículo 1029.- El usufructuario particular de una finca hipotecada, no está obligado a pagar las deudas para cuya seguridad se constituyó la hipoteca.

Artículo 1030.- Si la finca se embarga o se vende judicialmente para el pago de la deuda, el propietario responde al usufructuario de lo que pierda por este motivo, si no se ha dispuesto otra cosa, al constituir el usufructo.

Artículo 1031.- Si el usufructo es de todos los bienes de una herencia, o de una parte de ellos el usufructuario podrá anticipar las sumas que para el pago de las deudas hereditarias correspondan a los bienes usufructuados, y tendrá derecho de exigir del propietario su restitución, sin intereses, al extinguirse el usufructo.

Artículo 1032.- Si el usufructuario se negare a hacer la anticipación de que habla el artículo que precede, el propietario podrá hacer que se venda la parte de bienes que baste para el pago de la cantidad que aquél debía satisfacer, según la regla establecida en dicho artículo.

Artículo 1033.- Si el propietario hiciere la anticipación por su cuenta, el usufructuario pagará el interés del dinero, según la regla establecida en el artículo 1025.

Artículo 1034.- Si los derechos del propietario son perturbados por un tercero, sea del modo o por el motivo que fuere, el usufructuario está obligado a ponerlo en conocimiento de aquél; y si no lo hace, es responsable de los daños que resulten, como si hubiesen sido ocasionados por su culpa.

Artículo 1035.- Los gastos, costas y condenas de los pleitos sostenidos sobre el usufructo, son de cuenta del propietario si el usufructo se ha constituido por título oneroso, y del usufructuario, si se ha constituido por título gratuito.

Artículo 1036.- Si el pleito interesa al mismo tiempo al dueño y al usufructuario, contribuirán a los gastos en proporción de sus derechos respectivos, si el usufructo se constituyó a título gratuito; pero el usufructuario en ningún caso estará obligado a responder por más de lo que produce el usufructo.

Artículo 1037.- Si el usufructuario, sin citación del propietario, o éste sin la de aquél, ha seguido un pleito, la sentencia favorable aprovecha al no citado, y la adversa no le perjudica.

CAPÍTULO IV
DE LOS MODOS DE EXTINGUIRSE EL USUFRUCTO

Artículo 1038.- El usufructo se extingue:

I. Por muerte del usufructuario;

II. Por vencimiento del plazo por el cual se constituyó;

III. Por cumplirse la condición impuesta en el título constitutivo para la cesación de este derecho;

IV. Por la reunión del usufructo y de la propiedad en una misma persona; mas si la reunión se verifica en una sola cosa o parte de lo usufructuado, en lo demás subsistirá el usufructo;

V. Por prescripción, conforme a lo prevenido respecto de los derechos reales;

VI. Por la renuncia expresa del usufructuario, salvo lo dispuesto respecto de las renuncias hechas en fraude de los acreedores;

VII. Por la pérdida total de la cosa que era objeto del usufructo. Si la destrucción no es total, el derecho continúa sobre lo que de la cosa haya quedado;

VIII. Por la cesación del derecho del que constituyó el usufructo, cuando teniendo un dominio revocable, llega el caso de la revocación;

IX. Por no dar fianza el usufructuario por título gratuito, si el dueño no le ha eximido de esa obligación.

Artículo 1039.- La muerte del usufructuario no extingue el usufructo, cuando éste se ha constituido a favor de varias personas sucesivamente, pues en tal caso entra al goce del mismo, la persona que corresponda.

Artículo 1040.- El usufructo constituido a favor de personas morales que puedan adquirir y administrar bienes raíces, sólo durará veinte años; cesando antes, en el caso de que dichas personas dejen de existir.

Artículo 1041.- El usufructo concedido por el tiempo que tarde un tercero en llegar a cierta edad, dura el número de años prefijados, aunque el tercero muera antes.

Artículo 1042.- Si el usufructo está constituido sobre un edificio, y éste se arruina en un incendio, por vetustez, o por algún otro accidente, el usufructuario no tiene derecho a gozar del solar ni de los materiales; mas si estuviere constituido sobre una hacienda, quinta o rancho de que sólo forme parte el edificio arruinado, el usufructuario podrá continuar usufructuando el solar y los materiales.

Artículo 1043.- Si la cosa usufructuada fuere expropiada por causa de utilidad pública, el propietario está obligado, bien a substituirla con otra de igual valor y análogas condiciones, o bien a abonar al usufructuario el interés legal del importe de la indemnización por todo el tiempo que debía durar el usufructo. Si el propietario optare por lo último, deberá afianzar el pago de los réditos.

Artículo 1044.- Si el edificio es reconstruido por el dueño o por el usufructuario, se estará a lo dispuesto en los artículos 1019, 1020, 1021 y 1022.

Artículo 1045.- El impedimento temporal por caso fortuito o fuerza mayor, no extingue el usufructo, ni da derecho a exigir indemnización del propietario.

Artículo 1046.- El tiempo del impedimento se tendrá por corrido para el usufructuario, de quien serán los frutos que durante él pueda producir la cosa.

Artículo 1047.- El usufructo no se extingue por el mal uso que haga el usufructuario de la cosa usufructuada; pero si el abuso es grave, el propietario puede pedir que se le ponga en posesión de los bienes, obligándose, bajo de fianza, a pagar anualmente al usufructuario el producto líquido de los mismos, por el tiempo que dure el usufructo, deducido el premio de administración que el juez le acuerde.

Artículo 1048.- Terminado el usufructo, los contratos que respecto de él haya celebrado el usufructuario, no obligan al propietario, y éste entrará en posesión de la cosa, sin que contra él tengan derecho los que contrataron con el usufructuario, para pedirle indemnización por la disolución de sus contratos, ni por las estipulaciones de éstos, que sólo pueden hacer valer contra del usufructuario y sus herederos, salvo lo dispuesto en el artículo 991.

CAPÍTULO V
DEL USO Y DE LA HABITACIÓN

Artículo 1049.- El uso da derecho para percibir de los frutos de una cosa ajena, los que basten a las necesidades del usuario y su familia, aunque ésta aumente.

Artículo 1050.- La habitación da, a quien tiene este derecho, la facultad de ocupar gratuitamente, en casa ajena, las piezas necesarias para sí y para las personas de su familia.

Artículo 1051.- El usuario y el que tiene derecho de habitación en un edificio, no pueden enajenar, gravar, ni arrendar en todo ni en parte su derecho a otro, ni estos derechos pueden ser embargados por sus acreedores.

Artículo 1052.- Los derechos y obligaciones del usuario y del que tiene el goce de habitación, se arreglarán por los títulos respectivos y, en su defecto, por las disposiciones siguientes:

Artículo 1053.- Las disposiciones establecidas para el usufructo son aplicables a los derechos de uso y de habitación, en cuanto no se opongan a lo ordenado en el presente capítulo.

Artículo 1054.- El que tiene derecho de uso sobre un ganado, puede aprovecharse de las crías, leche y lana en cuanto baste para su consumo y el de su familia.

Artículo 1055.- Si el usuario consume todos los frutos de los bienes, o el que tiene derecho de habitación ocupa todas las piezas de la casa, quedan obligados a todos los gastos de cultivo, reparaciones y pago de contribuciones, lo mismo que el usufructuario; pero si el primero sólo consume parte de los frutos, o el segundo sólo ocupa parte de la casa, no deben contribuir en nada, siempre que al propietario le quede una parte de frutos o aprovechamientos bastantes para cubrir los gastos y cargas.

Artículo 1056.- Si los frutos que quedan al propietario no alcanzan a cubrir los gastos y cargas, la parte que falte será cubierta por el usuario, o por el que tiene derecho a la habitación.

TÍTULO SEXTO
DE LAS SERVIDUMBRES

CAPÍTULO I
DISPOSICIONES GENERALES

Artículo 1057.- La servidumbre es un gravamen real impuesto sobre un inmueble en beneficio de otro perteneciente a distinto dueño.

El inmueble a cuyo favor está constituida la servidumbre, se llama predio dominante; el que la sufre, predio sirviente.

Artículo 1058.- La servidumbre consiste en no hacer o en tolerar. Para que al dueño del predio sirviente pueda exigirse la ejecución de un hecho, es necesario que esté expresamente determinado por la ley, o en el acto en que se constituyó la servidumbre.

Artículo 1059.- Las servidumbres son continuas o discontinuas; aparentes o no aparentes.

Artículo 1060.- Son continuas aquellas cuyo uso es o puede ser incesante sin la intervención de ningún hecho del hombre.

Artículo 1061.- Son discontinuas aquellas cuyo uso necesita de algún hecho actual del hombre.

Artículo 1062.- Son aparentes las que se anuncian por obras o signos exteriores, dispuestos para su uso y aprovechamiento.

Artículo 1063.- Son no aparentes las que no presentan signo exterior de su existencia.

Artículo 1064.- Las servidumbres son inseparables del inmueble a que activa o pasivamente pertenecen.

Artículo 1065.- Si los inmuebles mudan de dueño, la servidumbre continúa, ya activa, ya pasivamente, en el predio u objeto en que estaba constituida, hasta que legalmente se extinga.

Artículo 1066.- Las servidumbres son indivisibles. Si el predio sirviente se divide entre muchos dueños, la servidumbre no se modifica, y cada uno de ellos tiene que tolerarla en la parte que le corresponda. Si es el predio dominante el que se divide entre muchos, cada porcionero puede usar por entero de la servidumbre, no variando el lugar de su uso, ni agravándolo de otra manera, (sic) Mas si la servidumbre se hubiere establecido en favor de una sola de las partes del predio dominante, sólo el dueño de ésta podrá continuar disfrutándola.

(F. DE E., D.O.F. 21 DE DICIEMBRE DE 1928)

Artículo 1067.- Las servidumbres traen su origen de la voluntad del hombre o de la ley; las primeras se llaman voluntarias y las segundas legales.

CAPÍTULO II
DE LAS SERVIDUMBRES LEGALES

Artículo 1068.- Servidumbre legal es la establecida por la ley, teniendo en cuenta la situación de los predios y en vista de la utilidad pública y privada conjuntamente.

Artículo 1069.- Son aplicables a las servidumbres legales lo dispuesto en los artículos del 1119 al 1127, inclusive.

Artículo 1070.- Todo lo concerniente a las servidumbres establecidas para la utilidad pública o comunal, se regirá por las leyes y reglamentos especiales y, en su defecto, por las disposiciones de este Título.

CAPÍTULO III
DE LA SERVIDUMBRE LEGAL DE DESAGÜE

Artículo 1071.- Los predios inferiores están sujetos a recibir las aguas que naturalmente, o como consecuencia de las mejoras agrícolas o industriales que se hagan, caigan de los superiores, así como la piedra o tierra que arrastren en su curso.

Artículo 1072.- Cuando los predios inferiores reciban las aguas de los superiores a consecuencia de las mejoras agrícolas o industriales hechas a éstos, los dueños de los predios sirvientes tienen derecho de ser indemnizados.

Artículo 1073.- Cuando un predio rústico o urbano se encuentre enclavado entre otros, estarán obligados los dueños de los predios circunvecinos a permitir el desagüe del central. Las dimensiones y dirección del conducto de desagüe, si no se ponen de acuerdo los interesados, se fijarán por el juez, previo informe de peritos y audiencia de los interesados, observándose, en cuanto fuere posible, las reglas dadas para la servidumbre de paso.

Artículo 1074.- El dueño de un predio en que existan obras defensivas para contener el agua, o en que por la variación del curso de ésta sea necesario construir nuevas, está obligado, a su elección, o a hacer las reparaciones o construcciones, o a tolerar que sin perjuicio suyo las hagan los dueños de los predios que experimenten o estén inminentemente expuestos a experimentar el daño, a menos que las leyes especiales de policía le impongan la obligación de hacer las obras.

Artículo 1075.- Lo dispuesto en el artículo anterior es aplicable al caso en que sea necesario desembarazar algún predio de las materias cuya acumulación o caída impida el curso del agua con daño o peligro de tercero.

Artículo 1076.- Todos los propietarios que participen del beneficio proveniente de las obras de que tratan los artículos anteriores, están obligados a contribuir al gasto de su ejecución en proporción a su interés y a juicio de peritos. Los que por su culpa hubieren ocasionado el daño, serán responsables de los gastos.

Artículo 1077.- Si las aguas que pasan al predio sirviente se han vuelto insalubres por los usos domésticos o industriales que de ellas se haya hecho, deberán volverse inofensivas a costa del dueño del predio dominante.

CAPÍTULO IV
DE LA SERVIDUMBRE LEGAL DE ACUEDUCTO

Artículo 1078.- El que quiera usar agua de que pueda disponer, tiene derecho a hacerla pasar por los fundos intermedios, con obligación de indemnizar a sus dueños, así como a los de los predios inferiores sobre los que se filtren o caigan las aguas.

Artículo 1079.- Se exceptúan de la servidumbre que establece el artículo anterior, los edificios, sus patios, jardines y demás dependencias.

Artículo 1080.- El que ejercite el derecho de hacer pasar las aguas de que trata el artículo 1078 está obligado a construir el canal necesario en los predios intermedios, aunque haya en ellos canales para el uso de otras aguas.

Artículo 1081.- El que tiene en su predio un canal para el curso de aguas que le pertenecen, puede impedir la apertura de otro nuevo, ofreciendo dar paso por aquél, con tal de que no cause perjuicio al dueño del predio dominante.

Artículo 1082.- También se deberá conceder el paso de las aguas a través de los canales y acueductos del modo más conveniente, con tal de que el curso de las aguas que se conducen por éstos y su volumen, no sufra alteración, ni las de ambos acueductos se mezclen.

Artículo 1083.- En el caso del artículo 1078, si fuere necesario hacer pasar el acueducto por un camino, río o torrente públicos, deberá indispensable y previamente obtenerse el permiso de la autoridad bajo cuya inspección estén el camino, río o torrente.

Artículo 1084.- La autoridad sólo concederá el permiso con entera sujeción a los reglamentos respectivos, y obligando al dueño del agua a que la haga pasar sin que el acueducto impida, estreche, ni deteriore el camino, ni embarace o estorbe el curso del río o torrente.

Artículo 1085.- El que sin dicho permiso previo, pasare el agua o la derramare sobre el camino, quedará obligado a reponer las cosas a su estado antiguo y a indemnizar el daño que a cualquiera se cause, sin perjuicio de las penas impuestas por los reglamentos correspondientes.

Artículo 1086.- El que pretenda usar del derecho consignado en el artículo 1078, debe previamente:

I. Justificar que puede disponer del agua que pretende conducir;

II. Acreditar que el paso que solicita es el más conveniente para el uso a que destina el agua;

III. Acreditar que dicho paso es el menos oneroso para los predios por donde debe pasar el agua;

IV. Pagar el valor del terreno que ha de ocupar el canal, según estimación de peritos y un diez por ciento más;

V. Resarcir los daños inmediatos, con inclusión del que resulte por dividirse en dos o más partes el predio sirviente, y de cualquier otro deterioro.

Artículo 1087.- En el caso a que se refiere el artículo 1081, el que pretenda el paso de aguas, deberá pagar, en proporción a la cantidad de éstas, el valor del terreno ocupado por el canal en que se introducen y los gastos necesarios para su conservación, sin perjuicio de la indemnización debida por el terreno que sea necesario ocupar de nuevo, y por los otros gastos que ocasione el paso que se le concede.

Artículo 1088.- La cantidad de agua que pueda hacerse pasar por un acueducto establecido en predio ajeno, no tendrá otra limitación que la que resulte de la capacidad que por las dimensiones convenidas se haya fijado al mismo acueducto.

Artículo 1089.- Si el que disfruta del acueducto necesitare ampliarlo, deberá costear las obras necesarias y pagar el terreno que nuevamente ocupe y los daños que cause, conforme a lo dispuesto en los incisos IV y V del artículo 1086.

Artículo 1090.- La servidumbre legal establecida por el artículo 1078 trae consigo el derecho de tránsito para las personas y animales, y el de conducción de los materiales necesarios para el uso y reparación del acueducto, así como para el cuidado del agua que por él se conduce; observándose lo dispuesto en los artículos del 1099 al 1104, inclusive.

Artículo 1091.- Las disposiciones concernientes al paso de las aguas, son aplicables al caso en que el poseedor de un terreno pantanoso quiera desecarlo o dar salida por medio de cauces a las aguas estancadas.

Artículo 1092.- Todo el que se aproveche de un acueducto, ya pase por terreno propio, ya por ajeno, debe construir y conservar los puentes, canales, acueductos subterráneos y demás obras necesarias para que no se perjudique el derecho de otro.

Artículo 1093.- Si los que se aprovecharen fueren varios, la obligación recaerá sobre todos en proporción de su aprovechamiento, si no hubiere prescripción o convenio en contrario.

Artículo 1094.- Lo dispuesto en los dos artículos anteriores comprende la limpia, construcciones y reparaciones para que el curso del agua no se interrumpa.

Artículo 1095.- La servidumbre de acueducto no obsta para que el dueño del predio sirviente pueda cerrarlo y cercarlo, así como edificar sobre el mismo acueducto de manera que éste no experimente perjuicio, ni se imposibiliten las reparaciones y limpias necesarias.

Artículo 1096.- Cuando para el mejor aprovechamiento del agua de que se tiene derecho de disponer, fuere necesario construir una presa y el que haya de hacerlo no sea dueño del terreno en que se necesite apoyarla, puede pedir que se establezca la servidumbre de un estribo de presa, previa la indemnización correspondiente.

CAPÍTULO V
DE LA SERVIDUMBRE LEGAL DE PASO

Artículo 1097.- El propietario de una finca o heredad enclavada entre otras ajenas sin salida a la vía pública, tiene derecho de exigir paso, para el aprovechamiento de aquélla por las heredades vecinas, sin que sus respectivos dueños puedan reclamarle otra cosa que una indemnización equivalente al perjuicio que les ocasione este gravamen.

Artículo 1098.- La acción para reclamar esta indemnización es prescriptible; pero aunque prescriba, no cesa por este motivo el paso obtenido.

Artículo 1099.- El dueño del predio sirviente tiene derecho de señalar el lugar en donde haya de constituirse la servidumbre de paso.

Artículo 1100.- Si el juez califica el lugar señalado de impracticable o de muy gravoso al predio dominante, el dueño del sirviente debe señalar otro.

Artículo 1101.- Si este lugar es calificado de la misma manera que el primero, el juez señalará el que crea más conveniente, procurando conciliar los intereses de los dos predios.

Artículo 1102.- Si hubiere varios predios por donde pueda darse el paso a la vía pública, el obligado a la servidumbre será aquel por donde fuere más corta la distancia, siempre que no resulte muy incómodo y costoso el paso por ese lugar. Si la distancia fuere igual, el juez designará cuál de los dos predios ha de dar el paso.

Artículo 1103.- En la servidumbre de paso, el ancho de éste será el que baste a las necesidades del predio dominante, a juicio del juez.

Artículo 1104.- En caso de que hubiere habido antes comunicación entre la finca o heredad y alguna vía pública, el paso sólo se podrá exigir a la heredad o finca por donde últimamente lo hubo.

Artículo 1105.- El dueño de un predio rústico tiene derecho, mediante la indemnización correspondiente, de exigir que se le permita el paso de sus ganados por los predios vecinos, para conducirlos a un abrevadero de que pueda disponer.

Artículo 1106.- El propietario de árbol o arbusto contiguo al predio de otro, tiene derecho de exigir de éste que le permita hacer la recolección de los frutos que no se pueden recoger de su lado, siempre que no se haya usado o no se use del derecho que conceden los artículos 847 y 848; pero el dueño del árbol o arbusto es responsable de cualquier daño que cause con motivo de la recolección.

Artículo 1107.- Si fuere indispensable para construir o reparar algún edificio pasar materiales por predio ajeno o colocar en él andamios u otros objetos para la obra, el dueño de este predio estará obligado a consentirlo, recibiendo la indemnización correspondiente al perjuicio que se le irrogue.

Artículo 1108.- Cuando para establecer comunicaciones telefónicas particulares entre dos o más fincas, o para conducir energía eléctrica a una finca, sea necesario colocar postes y tender alambres en terrenos de una finca ajena, el dueño de ésta tiene obligación de permitirlo, mediante la indemnización correspondiente. Esta servidumbre trae consigo el derecho de tránsito de las personas y el de conducción de los materiales necesarios para la construcción y vigilancia de la línea.

CAPÍTULO VI
DE LAS SERVIDUMBRES VOLUNTARIAS

Artículo 1109.- El propietario de una finca o heredad puede establecer en ella cuantas servidumbres tenga por conveniente, y en el modo y forma que mejor le parezca, siempre que no contravenga las leyes, ni perjudique derechos de tercero.

Artículo 1110.- Sólo pueden constituir servidumbres las personas que tienen derecho de enajenar; los que no pueden enajenar inmuebles sino con ciertas solemnidades o condiciones, no pueden, sin ellas, imponer servidumbres sobre los mismos.

Artículo 1111.- Si fueren varios los propietarios de un predio, no se podrán imponer servidumbres sino con consentimiento de todos.

Artículo 1112.- Si siendo varios los propietarios, uno solo de ellos adquiere una servidumbre sobre otro predio, a favor del común, de ella podrán aprovecharse todos los propietarios, quedando obligados a los gravámenes naturales que traiga consigo y a los pactos con que se haya adquirido.

CAPÍTULO VII
CÓMO SE ADQUIEREN LAS SERVIDUMBRES VOLUNTARIAS

Artículo 1113.- Las servidumbres continuas y aparentes se adquieren por cualquier título legal, incluso la prescripción.

Artículo 1114.- Las servidumbres continuas no aparentes, y las discontinuas, sean o no aparentes, no podrán adquirirse por prescripción.

Artículo 1115.- Al que pretenda tener derecho a una servidumbre, toca probar, aunque esté en posesión de ella, el título en virtud del cual la goza.

Artículo 1116.- La existencia de un signo aparente de servidumbre entre dos fincas, establecido o conservado por el propietario de ambas, se considera, si se enajenaren, como título para que la servidumbre continúe, a no ser que, al tiempo de dividirse la propiedad de las dos fincas, se exprese lo contrario en el título de enajenación de cualesquiera de ellas.

Artículo 1117.- Al constituirse una servidumbre se entienden concedidos todos los medios necesarios para su uso; y extinguida aquélla cesan también estos derechos accesorios.

CAPÍTULO VIII
DERECHOS Y OBLIGACIONES DE LOS PROPIETARIOS DE LOS PREDIOS ENTRE LOS QUE ESTÁ CONSTITUIDA ALGUNA SERVIDUMBRE VOLUNTARIA

Artículo 1118.- El uso y la extensión de las servidumbres establecidas por la voluntad del propietario, se arreglarán por los términos del título en que tengan su origen, y en su defecto, por las disposiciones siguientes.

Artículo 1119.- Corresponde al dueño del predio dominante hacer a su costa todas las obras necesarias para el uso y conservación de la servidumbre.

Artículo 1120.- El mismo, tiene obligación de hacer a su costa las obras que fueren necesarias para que al dueño del predio sirviente no se le causen, por la servidumbre, más gravámenes que el consiguiente a ella; y si por su descuido u omisión se causare otro daño, estará obligado a la indemnización.

Artículo 1121.- Si el dueño del predio sirviente se hubiere obligado en el título constitutivo de la servidumbre a hacer alguna cosa o a costear alguna obra, se librará de esta obligación abandonando su predio al dueño del dominante.

Artículo 1122.- El dueño del predio sirviente no podrá menoscabar de modo alguno la servidumbre constituida sobre éste.

Artículo 1123.- El dueño del predio sirviente, si el lugar primitivamente designado para el uso de la servidumbre llegase a presentarle graves inconvenientes, podrá ofrecer otro que sea cómodo al dueño del predio dominante, quien no podrá rehusarlo, si no se perjudica.

Artículo 1124.- El dueño del predio sirviente puede ejecutar las obras que hagan menos gravosa la servidumbre, si de ellas no resulta perjuicio alguno al predio dominante.

Artículo 1125.- Si de la conservación de dichas obras se siguiere algún perjuicio al predio dominante, el dueño del sirviente está obligado a restablecer las cosas a su antiguo estado y a indemnizar de los daños y perjuicios.

Artículo 1126.- Si el dueño del predio dominante se opone a las obras de que trata el artículo 1124, el juez decidirá, previo informe de peritos.

Artículo 1127.- Cualquiera duda sobre el uso y extensión de la servidumbre, se decidirá en el sentido menos gravoso para el predio sirviente, sin imposibilitar o hacer difícil el uso de la servidumbre.

CAPÍTULO IX
DE LA EXTINCIÓN DE LAS SERVIDUMBRES

Artículo 1128.- Las servidumbres voluntarias se extinguen:

I. Por reunirse en una misma persona la propiedad de ambos predios: dominante y sirviente; y no reviven por una nueva separación, salvo lo dispuesto en el artículo 1116; pero si el acto de reunión era resoluble por su naturaleza, y llega el caso de la resolución, renacen las servidumbres como estaban antes de la reunión;

II. Por el no uso;

Cuando la servidumbre fuere continua y aparente, por el no uso de tres años, contados desde el día en que dejó de existir el signo aparente de la servidumbre;

Cuando fuere discontinua o no aparente, por el no uso de cinco años, contados desde el día en que dejó de usarse por haber ejecutado el dueño del fundo sirviente acto contrario a la servidumbre, o por haber prohibido que se usare de ella. Si no hubo acto contrario o prohibición, aunque no se haya usado de la servidumbre, o si hubo tales actos, pero continúa el uso, no corre el tiempo de la prescripción;

III. Cuando los predios llegaren sin culpa del dueño del predio sirviente a tal estado que no pueda usarse la servidumbre. Si en lo sucesivo los predios se restablecen de manera que pueda usarse de la servidumbre, revivirá ésta, a no ser que desde el día en que pudo volverse a usar haya transcurrido el tiempo suficiente para la prescripción;

IV. Por la remisión gratuita u onerosa hecha por el dueño del predio dominante;

V. Cuando constituida en virtud de un derecho revocable, se vence el plazo, se cumple la condición o sobreviene la circunstancia que debe poner término a aquél.

Artículo 1129.- Si los predios entre los que está constituida una servidumbre legal, pasan a poder de un mismo dueño, deja de existir la servidumbre; pero separadas nuevamente las propiedades, revive aquélla, aun cuando no se haya conservado ningún signo aparente.

Artículo 1130.- Las servidumbres legales establecidas como de utilidad pública o comunal, se pierden por el no uso de cinco años, si se prueba que durante este tiempo se ha adquirido, por el que disfrutaba aquéllas, otra servidumbre de la misma naturaleza, por distinto lugar.

Artículo 1131.- El dueño de un predio sujeto a una servidumbre legal, puede, por medio de convenio, librarse de ella, con las restricciones siguientes:

(REFORMADA, G.O. 25 DE MAYO DE 2000)

I. Si la servidumbre está constituida a favor de una demarcación territorial del Distrito Federal, no surtirá el convenio efecto alguno respecto de toda la comunidad, si no se ha celebrado interviniendo el Gobierno del Distrito Federal en representación de ella; pero sí producirá acción contra cada uno de los particulares que hayan renunciado a dicha servidumbre;

II. Si la servidumbre es de uso público, el convenio es nulo en todo caso;

III. Si la servidumbre es de paso o desagüe, el convenio se entenderá celebrado con la condición de que lo aprueben los dueños de los predios circunvecinos, o por lo menos, el dueño del predio por donde nuevamente se constituya la servidumbre;

IV. La renuncia de la servidumbre legal de desagüe sólo será válida cuando no se oponga a los reglamentos respectivos.

Artículo 1132.- Si el predio dominante pertenece a varios dueños pro indiviso, el uso que haga uno de ellos aprovecha a los demás para impedir la prescripción.

Artículo 1133.- Si entre los propietarios hubiere alguno contra quien por leyes especiales no pueda correr la prescripción, ésta no correrá contra los demás.

Artículo 1134.- El modo de usar la servidumbre puede prescribirse en el tiempo y de la manera que la servidumbre misma.

TÍTULO SÉPTIMO
DE LA PRESCRIPCIÓN

CAPÍTULO I
DISPOSICIONES GENERALES

Artículo 1135.- Prescripción es un medio de adquirir bienes o de librarse de obligaciones, mediante el transcurso de cierto tiempo y bajo las condiciones establecidas por la ley.

Artículo 1136.- La adquisición de bienes en virtud de la posesión, se llama prescripción positiva; la liberación de obligaciones, por no exigirse su cumplimiento, se llama prescripción negativa.

Artículo 1137.- Sólo pueden prescribirse los bienes y obligaciones que están en el comercio, salvo las excepciones establecidas por la ley.

Artículo 1138.- Pueden adquirir por prescripción positiva todos los que son capaces de adquirir por cualquier otro título; los menores y demás incapacitados pueden hacerlo por medio de sus legítimos representantes.

Artículo 1139.- Para los efectos de los artículos 826 y 827 se dice legalmente cambiada la causa de la posesión, cuando el poseedor que no poseía a título de dueño comienza a poseer con este carácter, y en tal caso la prescripción no corre sino desde el día en que se haya cambiado la causa de la posesión.

Artículo 1140.- La prescripción negativa aprovecha a todos, aun a los que por sí mismos no pueden obligarse.

Artículo 1141.- Las personas con capacidad para enajenar pueden renunciar la prescripción ganada, pero no el derecho de prescribir para lo sucesivo.

Artículo 1142.- La renuncia de la prescripción es expresa o tácita, siendo esta última la que resulta de un hecho que importa el abandono del derecho adquirido.

Artículo 1143.- Los acreedores y todos los que tuvieren legítimo interés en que la prescripción subsista, pueden hacerla valer aunque el deudor o el propietario hayan renunciado los derechos en esa virtud adquiridos.

Artículo 1144.- Si varias personas poseen en común alguna cosa, no puede ninguna de ellas prescribir contra sus copropietarios o coposeedores; pero sí puede prescribir contra un extraño, y en este caso la prescripción aprovecha a todos los partícipes.

Artículo 1145.- La excepción que por prescripción adquiera un codeudor solidario, no aprovechará a los demás sino cuando el tiempo exigido haya debido correr del mismo modo para todos ellos.

Artículo 1146.- En el caso previsto por el artículo que precede, el acreedor sólo podrá exigir a los deudores que no prescribieren, el valor de la obligación, deducida la parte que corresponda al deudor que prescribió.

Artículo 1147.- La prescripción adquirida por el deudor principal, aprovecha siempre a sus fiadores.

(REFORMADO, G.O. 25 DE MAYO DE 2000)

Artículo 1148.- La Federación, el Distrito Federal, los Estados, los Municipios y las otras personas morales de carácter público, se considerarán como particulares para la prescripción de sus bienes, derechos y acciones que sean susceptibles de propiedad privada.

Artículo 1149.- El que prescriba puede completar el término necesario para su prescripción reuniendo al tiempo que haya poseído, el que poseyó la persona que le transmitió la cosa, con tal de que ambas posesiones tengan los requisitos legales.

Artículo 1150.- Las disposiciones de este Título, relativas al tiempo y demás requisitos necesarios para la prescripción, sólo dejarán de observarse en los casos en que la ley prevenga expresamente otra cosa.

CAPÍTULO II
DE LA PRESCRIPCIÓN POSITIVA

Artículo 1151.- La posesión necesaria para prescribir debe ser:
I. En concepto de propietario;
II. Pacífica;
III. Continua;
IV. Pública.

Artículo 1152.- Los bienes inmuebles se prescriben:

I. En cinco años, cuando se poseen en concepto de propietario, con buena fe, pacífica, continua y públicamente;

II. En cinco años, cuando los inmuebles hayan sido objeto de una inscripción de posesión;

III. En diez años, cuando se poseen de mala fe, si la posesión es en concepto de propietario, pacífica, continua y pública;

IV. Se aumentará en una tercera parte el tiempo señalado en las fracciones I y III, si se demuestra, por quien tenga interés jurídico en ello, que el poseedor de finca rústica no la ha cultivado durante la mayor parte del tiempo que la ha poseído, o que por no haber hecho el poseedor de finca urbana las reparaciones necesarias, ésta ha permanecido deshabitada la mayor parte del tiempo que ha estado en poder de aquél.

Artículo 1153.- La posesión adquirida por medio de la comisión de un delito, se tendrá en cuenta para la prescripción, a partir de la fecha en que haya quedado extinguida la pena o prescrita la acción penal, considerándose la posesión como de mala fe.

Artículo 1154.- Cuando la posesión se adquiere por medio de violencia, aunque ésta cese y la posesión continúe pacíficamente, el plazo para la prescripción será de diez años para los inmuebles y de cinco para los muebles, contados desde que cese la violencia.

(REFORMADO, G.O. 18 DE DICIEMBRE DE 2014)

Artículo 1155.- La posesión adquirida por medio de un delito, se tendrá en cuenta para la prescripción, a partir de la fecha en que haya quedado extinguida la pena o prescrita la acción penal, considerándose la posesión como de mala fe.

Artículo 1156.- El que hubiere poseído bienes inmuebles por el tiempo y con las condiciones exigidas por este Código para adquirirlos por prescripción, puede promover juicio contra el que aparezca como propietario de esos bienes en el Registro Público, a fin de que se declare que la prescripción se ha consumado y que ha adquirido, por ende, la propiedad.

Artículo 1157.- La sentencia ejecutoria que declare procedente la acción de prescripción, se inscribirá en el Registro Público y servirá de título de propidad (sic) al poseedor.

CAPÍTULO III
DE LA PRESCRIPCIÓN NEGATIVA

Artículo 1158.- La prescripción negativa se verifica por el sólo transcurso del tiempo fijado por la ley.

Artículo 1159.- Fuera de los casos de excepción, se necesita el lapso de diez años, contado desde que una obligación pudo exigirse, para que se extinga el derecho de pedir su cumplimiento.

Artículo 1160.- La obligación de dar alimentos es imprescriptible.

Artículo 1161.- Prescriben en dos años:

I. Los honorarios, sueldos, salarios, jornales u otras retribuciones por la prestación de cualquier servicio. La prescripción comienza a correr desde la fecha en que dejaron de prestarse los servicios;

II. La acción de cualquier comerciante para cobrar el precio de objetos vendidos a personas que no fueren revendedoras.

La prescripción corre desde el día en que fueron entregados los objetos, si la venta no se hizo a plazo;

III. La acción de los dueños de hoteles y casas de huéspedes para cobrar el importe del hospedaje; y la de éstos y la de los fondistas para cobrar el precio de los alimentos que ministren.

La prescripción corre desde el día en que debió ser pagado el hospedaje, o desde aquel en que se ministraron los alimentos;

IV. La responsabilidad civil por injurias, ya sean hechas de palabra o por escrito, y la que nace del daño causado por personas o animales, y que la ley impone al representante de aquéllas o al dueño de éstos.

La prescripción comienza a correr desde el día en que se recibió o fue conocida la injuria o desde aquel en que se causó el daño;

V. La responsabilidad civil proveniente de actos ilícitos que no constituyan delitos.

La prescripción corre desde el día en que se verificaron los actos.

Artículo 1162.- Las pensiones, las rentas, los alquileres y cualesquiera otras prestaciones periódicas no cobradas a su vencimiento, quedarán prescritas en cinco años, contados desde el vencimiento de cada una de ellas, ya se haga el cobro en virtud de acción real o de acción personal.

Artículo 1163.- Respecto de las obligaciones con pensión o renta, el tiempo de la prescripción del capital comienza a correr desde el día del último pago, si no se ha fijado plazo para la devolución; en caso contrario, desde el vencimiento del plazo.

Artículo 1164.- Prescribe en cinco años la obligación de dar cuentas. En igual término se prescriben las obligaciones líquidas que resulten de la rendición de cuentas. En el primer caso la prescripción comienza a correr desde el día en que el obligado termina su administración; en el segundo caso, desde el día en que la liquidación es aprobada por los interesados o por sentencia que cause ejecutoria.

CAPÍTULO IV
DE LA SUSPENSIÓN DE LA PRESCRIPCIÓN

Artículo 1165.- La prescripción puede comenzar y correr contra cualquiera persona, salvas (sic) las siguientes restricciones:

Artículo 1166.- La prescripción no puede comenzar ni correr contra los incapacitados, sino cuando se haya discernido su tutela conforme a las leyes. Los incapacitados tendrán derecho de exigir responsabilidad a sus tutores cuando por culpa de éstos no se hubiere interrumpido la prescripción.

Artículo 1167.- La prescripción no puede comenzar ni correr:

I. Entre ascendientes y descendientes, durante la patria potestad, respecto de los bienes a que los segundos tengan derecho conforme a la ley;

II. Entre los consortes;

III. Entre los incapacitados y sus tutores o curadores, mientras dura la tutela;

IV. Entre copropietarios o coposeedores, respecto del bien común;

(REFORMADA, D.O.F. 23 DE DICIEMBRE DE 1974)

V. Contra los ausentes del Distrito Federal que se encuentren en servicio público;

(REFORMADA, D.O.F. 23 DE DICIEMBRE DE 1974)

VI. Contra los militares en servicio activo en tiempo de guerra, tanto fuera como dentro del Distrito Federal.

CAPÍTULO V
DE LA INTERRUPCIÓN DE LA PRESCRIPCIÓN

Artículo 1168.- La prescripción se interrumpe:

I. Si el poseedor es privado de la posesión de la cosa o del goce del derecho por más de un año;

II. Por demanda u otro cualquier género de interpelación judicial notificada al poseedor o al deudor en su caso;

Se considerará la prescripción como no interrumpida por la interpelación judicial, si el actor desistiese de ella, o fuese desestimada su demanda;

III. Porque la persona a cuyo favor corre la prescripción reconozca expresamente, de palabra o por escrito, o tácitamente por hechos indudables, el derecho de la persona contra quien prescribe.

Empezará a contarse el nuevo término de la prescripción en caso de reconocimiento de las obligaciones, desde el día en que se haga; si se renueva el documento, desde la fecha del nuevo título y si se hubiere prorrogado el plazo del cumplimiento de la obligación, desde que éste hubiere vencido.

Artículo 1169.- Las causas que interrumpen la prescripción respecto de uno de los deudores solidarios, la interrumpen también respecto de los otros.

Artículo 1170.- Si el acreedor, consintiendo en la división de la deuda respecto de uno de los deudores solidarios, sólo exigiere de él la parte que le corresponda, no se tendrá por interrumpida la prescripción respecto de los demás.

Artículo 1171.- Lo dispuesto en los dos artículos anteriores es aplicable a los herederos del deudor.

Artículo 1172.- La interrupción de la prescripción contra el deudor principal produce los mismos efectos contra su fiador.

Artículo 1173.- Para que la prescripción de una obligación se interrumpa respecto de todos los deudores no solidarios, se requiere el reconocimiento o citación de todos.

Artículo 1174.- La interrupción de la prescripción a favor de alguno de los acreedores solidarios, aprovecha a todos.

Artículo 1175.- El efecto de la interrupción es inutilizar, para la prescripción, todo el tiempo corrido antes de ella.

CAPÍTULO VI
DE LA MANERA DE CONTAR EL TIEMPO PARA LA PRESCRIPCIÓN

Artículo 1176.- El tiempo para la prescripción se cuenta por años y no de momento a momento, excepto en los casos en que así lo determine la ley expresamente.

Artículo 1177.- Los meses se regularán con el número de días que les correspondan.

Artículo 1178.- Cuando la prescripción se cuente por días, se entenderán éstos de veinticuatro horas naturales, contadas de las veinticuatro a las veinticuatro.

Artículo 1179.- El día en que comienza la prescripción se cuenta siempre entero, aunque no lo sea; pero aquel en que la prescripción termina, debe ser completo.

Artículo 1180.- Cuando el último día sea feriado, no se tendrá por completa la prescripción, sino cumplido el primero que siga, si fuere útil.

(DEROGADO POR ARTÍCULO SEGUNDO TRANSITORIO DE LA LEY FEDERAL SOBRE EL DERECHO DE AUTOR, D.O.F. 14 DE ENERO DE 1948)

TÍTULO OCTAVO
DE LOS DERECHOS DE AUTOR

(DEROGADO POR ARTÍCULO SEGUNDO TRANSITORIO DE LA LEY FEDERAL SOBRE EL DERECHO DE AUTOR, D.O.F. 14 DE ENERO DE 1948)

CAPÍTULO I

Artículo 1181.- (DEROGADO POR ARTÍCULO SEGUNDO TRANSITORIO DE LA LEY FEDERAL SOBRE EL DERECHO DE AUTOR, D.O.F. 14 DE ENERO DE 1948)

Artículo 1182.- (DEROGADO POR ARTÍCULO SEGUNDO TRANSITORIO DE LA LEY FEDERAL SOBRE EL DERECHO DE AUTOR, D.O.F. 14 DE ENERO DE 1948)

Artículo 1183.- (DEROGADO POR ARTÍCULO SEGUNDO TRANSITORIO DE LA LEY FEDERAL SOBRE EL DERECHO DE AUTOR, D.O.F. 14 DE ENERO DE 1948)

Artículo 1184.- (DEROGADO POR ARTÍCULO SEGUNDO TRANSITORIO DE LA LEY FEDERAL SOBRE EL DERECHO DE AUTOR, D.O.F. 14 DE ENERO DE 1948)

Artículo 1185.- (DEROGADO POR ARTÍCULO SEGUNDO TRANSITORIO DE LA LEY FEDERAL SOBRE EL DERECHO DE AUTOR, D.O.F. 14 DE ENERO DE 1948)

Artículo 1186.- (DEROGADO POR ARTÍCULO SEGUNDO TRANSITORIO DE LA LEY FEDERAL SOBRE EL DERECHO DE AUTOR, D.O.F. 14 DE ENERO DE 1948)

Artículo 1187.- (DEROGADO POR ARTÍCULO SEGUNDO TRANSITORIO DE LA LEY FEDERAL SOBRE EL DERECHO DE AUTOR, D.O.F. 14 DE ENERO DE 1948)

Artículo 1188.- (DEROGADO POR ARTÍCULO SEGUNDO TRANSITORIO DE LA LEY FEDERAL SOBRE EL DERECHO DE AUTOR, D.O.F. 14 DE ENERO DE 1948)

Artículo 1189.- (DEROGADO POR ARTÍCULO SEGUNDO TRANSITORIO DE LA LEY FEDERAL SOBRE EL DERECHO DE AUTOR, D.O.F. 14 DE ENERO DE 1948)

Artículo 1190.- (DEROGADO POR ARTÍCULO SEGUNDO TRANSITORIO DE LA LEY FEDERAL SOBRE EL DERECHO DE AUTOR, D.O.F. 14 DE ENERO DE 1948)

Artículo 1191.- (DEROGADO POR ARTÍCULO SEGUNDO TRANSITORIO DE LA LEY FEDERAL SOBRE EL DERECHO DE AUTOR, D.O.F. 14 DE ENERO DE 1948)

Artículo 1192.- (DEROGADO POR ARTÍCULO SEGUNDO TRANSITORIO DE LA LEY FEDERAL SOBRE EL DERECHO DE AUTOR, D.O.F. 14 DE ENERO DE 1948)

Artículo 1193.- (DEROGADO POR ARTÍCULO SEGUNDO TRANSITORIO DE LA LEY FEDERAL SOBRE EL DERECHO DE AUTOR, D.O.F. 14 DE ENERO DE 1948)

Artículo 1194.- (DEROGADO POR ARTÍCULO SEGUNDO TRANSITORIO DE LA LEY FEDERAL SOBRE EL DERECHO DE AUTOR, D.O.F. 14 DE ENERO DE 1948)

Artículo 1195.- (DEROGADO POR ARTÍCULO SEGUNDO TRANSITORIO DE LA LEY FEDERAL SOBRE EL DERECHO DE AUTOR, D.O.F. 14 DE ENERO DE 1948)

Artículo 1196.- (DEROGADO POR ARTÍCULO SEGUNDO TRANSITORIO DE LA LEY FEDERAL SOBRE EL DERECHO DE AUTOR, D.O.F. 14 DE ENERO DE 1948)

Artículo 1197.- (DEROGADO POR ARTÍCULO SEGUNDO TRANSITORIO DE LA LEY FEDERAL SOBRE EL DERECHO DE AUTOR, D.O.F. 14 DE ENERO DE 1948)

Artículo 1198.- (DEROGADO POR ARTÍCULO SEGUNDO TRANSITORIO DE LA LEY FEDERAL SOBRE EL DERECHO DE AUTOR, D.O.F. 14 DE ENERO DE 1948)

Artículo 1199.- (DEROGADO POR ARTÍCULO SEGUNDO TRANSITORIO DE LA LEY FEDERAL SOBRE EL DERECHO DE AUTOR, D.O.F. 14 DE ENERO DE 1948)

Artículo 1200.- (DEROGADO POR ARTÍCULO SEGUNDO TRANSITORIO DE LA LEY FEDERAL SOBRE EL DERECHO DE AUTOR, D.O.F. 14 DE ENERO DE 1948)

Artículo 1201.- (DEROGADO POR ARTÍCULO SEGUNDO TRANSITORIO DE LA LEY FEDERAL SOBRE EL DERECHO DE AUTOR, D.O.F. 14 DE ENERO DE 1948)

Artículo 1202.- (DEROGADO POR ARTÍCULO SEGUNDO TRANSITORIO DE LA LEY FEDERAL SOBRE EL DERECHO DE AUTOR, D.O.F. 14 DE ENERO DE 1948)

Artículo 1203.- (DEROGADO POR ARTÍCULO SEGUNDO TRANSITORIO DE LA LEY FEDERAL SOBRE EL DERECHO DE AUTOR, D.O.F. 14 DE ENERO DE 1948)

Artículo 1204.- (DEROGADO POR ARTÍCULO SEGUNDO TRANSITORIO DE LA LEY FEDERAL SOBRE EL DERECHO DE AUTOR, D.O.F. 14 DE ENERO DE 1948)

Artículo 1205.- (DEROGADO POR ARTÍCULO SEGUNDO TRANSITORIO DE LA LEY FEDERAL SOBRE EL DERECHO DE AUTOR, D.O.F. 14 DE ENERO DE 1948)

Artículo 1206.- (DEROGADO POR ARTÍCULO SEGUNDO TRANSITORIO DE LA LEY FEDERAL SOBRE EL DERECHO DE AUTOR, D.O.F. 14 DE ENERO DE 1948)

Artículo 1207.- (DEROGADO POR ARTÍCULO SEGUNDO TRANSITORIO DE LA LEY FEDERAL SOBRE EL DERECHO DE AUTOR, D.O.F. 14 DE ENERO DE 1948)

Artículo 1208.- (DEROGADO POR ARTÍCULO SEGUNDO TRANSITORIO DE LA LEY FEDERAL SOBRE EL DERECHO DE AUTOR, D.O.F. 14 DE ENERO DE 1948)

Artículo 1209.- (DEROGADO POR ARTÍCULO SEGUNDO TRANSITORIO DE LA LEY FEDERAL SOBRE EL DERECHO DE AUTOR, D.O.F. 14 DE ENERO DE 1948)

Artículo 1210.- (DEROGADO POR ARTÍCULO SEGUNDO TRANSITORIO DE LA LEY FEDERAL SOBRE EL DERECHO DE AUTOR, D.O.F. 14 DE ENERO DE 1948)

Artículo 1211.- (DEROGADO POR ARTÍCULO SEGUNDO TRANSITORIO DE LA LEY FEDERAL SOBRE EL DERECHO DE AUTOR, D.O.F. 14 DE ENERO DE 1948)

Artículo 1212.- (DEROGADO POR ARTÍCULO SEGUNDO TRANSITORIO DE LA LEY FEDERAL SOBRE EL DERECHO DE AUTOR, D.O.F. 14 DE ENERO DE 1948)

Artículo 1213.- (DEROGADO POR ARTÍCULO SEGUNDO TRANSITORIO DE LA LEY FEDERAL SOBRE EL DERECHO DE AUTOR, D.O.F. 14 DE ENERO DE 1948)

Artículo 1214.- (DEROGADO POR ARTÍCULO SEGUNDO TRANSITORIO DE LA LEY FEDERAL SOBRE EL DERECHO DE AUTOR, D.O.F. 14 DE ENERO DE 1948)

Artículo 1215.- (DEROGADO POR ARTÍCULO SEGUNDO TRANSITORIO DE LA LEY FEDERAL SOBRE EL DERECHO DE AUTOR, D.O.F. 14 DE ENERO DE 1948)

Artículo 1216.- (DEROGADO POR ARTÍCULO SEGUNDO TRANSITORIO DE LA LEY FEDERAL SOBRE EL DERECHO DE AUTOR, D.O.F. 14 DE ENERO DE 1948)

Artículo 1217.- (DEROGADO POR ARTÍCULO SEGUNDO TRANSITORIO DE LA LEY FEDERAL SOBRE EL DERECHO DE AUTOR, D.O.F. 14 DE ENERO DE 1948)

Artículo 1218.- (DEROGADO POR ARTÍCULO SEGUNDO TRANSITORIO DE LA LEY FEDERAL SOBRE EL DERECHO DE AUTOR, D.O.F. 14 DE ENERO DE 1948)

Artículo 1219.- (DEROGADO POR ARTÍCULO SEGUNDO TRANSITORIO DE LA LEY FEDERAL SOBRE EL DERECHO DE AUTOR, D.O.F. 14 DE ENERO DE 1948)

Artículo 1220.- (DEROGADO POR ARTÍCULO SEGUNDO TRANSITORIO DE LA LEY FEDERAL SOBRE EL DERECHO DE AUTOR, D.O.F. 14 DE ENERO DE 1948)

Artículo 1221.- (DEROGADO POR ARTÍCULO SEGUNDO TRANSITORIO DE LA LEY FEDERAL SOBRE EL DERECHO DE AUTOR, D.O.F. 14 DE ENERO DE 1948)

Artículo 1222.- (DEROGADO POR ARTÍCULO SEGUNDO TRANSITORIO DE LA LEY FEDERAL SOBRE EL DERECHO DE AUTOR, D.O.F. 14 DE ENERO DE 1948)

Artículo 1223.- (DEROGADO POR ARTÍCULO SEGUNDO TRANSITORIO DE LA LEY FEDERAL SOBRE EL DERECHO DE AUTOR, D.O.F. 14 DE ENERO DE 1948)

Artículo 1224.- (DEROGADO POR ARTÍCULO SEGUNDO TRANSITORIO DE LA LEY FEDERAL SOBRE EL DERECHO DE AUTOR, D.O.F. 14 DE ENERO DE 1948)

Artículo 1225.- (DEROGADO POR ARTÍCULO SEGUNDO TRANSITORIO DE LA LEY FEDERAL SOBRE EL DERECHO DE AUTOR, D.O.F. 14 DE ENERO DE 1948)

Artículo 1226.- (DEROGADO POR ARTÍCULO SEGUNDO TRANSITORIO DE LA LEY FEDERAL SOBRE EL DERECHO DE AUTOR, D.O.F. 14 DE ENERO DE 1948)

Artículo 1227.- (DEROGADO POR ARTÍCULO SEGUNDO TRANSITORIO DE LA LEY FEDERAL SOBRE EL DERECHO DE AUTOR, D.O.F. 14 DE ENERO DE 1948)

Artículo 1228.- (DEROGADO POR ARTÍCULO SEGUNDO TRANSITORIO DE LA LEY FEDERAL SOBRE EL DERECHO DE AUTOR, D.O.F. 14 DE ENERO DE 1948)

Artículo 1229.- (DEROGADO POR ARTÍCULO SEGUNDO TRANSITORIO DE LA LEY FEDERAL SOBRE EL DERECHO DE AUTOR, D.O.F. 14 DE ENERO DE 1948)

Artículo 1230.- (DEROGADO POR ARTÍCULO SEGUNDO TRANSITORIO DE LA LEY FEDERAL SOBRE EL DERECHO DE AUTOR, D.O.F. 14 DE ENERO DE 1948)

Artículo 1231.- (DEROGADO POR ARTÍCULO SEGUNDO TRANSITORIO DE LA LEY FEDERAL SOBRE EL DERECHO DE AUTOR, D.O.F. 14 DE ENERO DE 1948)

Artículo 1232.- (DEROGADO POR ARTÍCULO SEGUNDO TRANSITORIO DE LA LEY FEDERAL SOBRE EL DERECHO DE AUTOR, D.O.F. 14 DE ENERO DE 1948)

Artículo 1233.- (DEROGADO POR ARTÍCULO SEGUNDO TRANSITORIO DE LA LEY FEDERAL SOBRE EL DERECHO DE AUTOR, D.O.F. 14 DE ENERO DE 1948)

Artículo 1234.- (DEROGADO POR ARTÍCULO SEGUNDO TRANSITORIO DE LA LEY FEDERAL SOBRE EL DERECHO DE AUTOR, D.O.F. 14 DE ENERO DE 1948)

Artículo 1235.- (DEROGADO POR ARTÍCULO SEGUNDO TRANSITORIO DE LA LEY FEDERAL SOBRE EL DERECHO DE AUTOR, D.O.F. 14 DE ENERO DE 1948)

Artículo 1236.- (DEROGADO POR ARTÍCULO SEGUNDO TRANSITORIO DE LA LEY FEDERAL SOBRE EL DERECHO DE AUTOR, D.O.F. 14 DE ENERO DE 1948)

Artículo 1237.- (DEROGADO POR ARTÍCULO SEGUNDO TRANSITORIO DE LA LEY FEDERAL SOBRE EL DERECHO DE AUTOR, D.O.F. 14 DE ENERO DE 1948)

Artículo 1238.- (DEROGADO POR ARTÍCULO SEGUNDO TRANSITORIO DE LA LEY FEDERAL SOBRE EL DERECHO DE AUTOR, D.O.F. 14 DE ENERO DE 1948)

Artículo 1239.- (DEROGADO POR ARTÍCULO SEGUNDO TRANSITORIO DE LA LEY FEDERAL SOBRE EL DERECHO DE AUTOR, D.O.F. 14 DE ENERO DE 1948)

Artículo 1240.- (DEROGADO POR ARTÍCULO SEGUNDO TRANSITORIO DE LA LEY FEDERAL SOBRE EL DERECHO DE AUTOR, D.O.F. 14 DE ENERO DE 1948)

Artículo 1241.- (DEROGADO POR ARTÍCULO SEGUNDO TRANSITORIO DE LA LEY FEDERAL SOBRE EL DERECHO DE AUTOR, D.O.F. 14 DE ENERO DE 1948)

Artículo 1242.- (DEROGADO POR ARTÍCULO SEGUNDO TRANSITORIO DE LA LEY FEDERAL SOBRE EL DERECHO DE AUTOR, D.O.F. 14 DE ENERO DE 1948)

Artículo 1243.- (DEROGADO POR ARTÍCULO SEGUNDO TRANSITORIO DE LA LEY FEDERAL SOBRE EL DERECHO DE AUTOR, D.O.F. 14 DE ENERO DE 1948)

(DEROGADO POR ARTÍCULO SEGUNDO TRANSITORIO DE LA LEY FEDERAL SOBRE EL DERECHO DE AUTOR, D.O.F. 14 DE ENERO DE 1948)

CAPÍTULO II

Artículo 1244.- (DEROGADO POR ARTÍCULO SEGUNDO TRANSITORIO DE LA LEY FEDERAL SOBRE EL DERECHO DE AUTOR, D.O.F. 14 DE ENERO DE 1948)

Artículo 1245.- (DEROGADO POR ARTÍCULO SEGUNDO TRANSITORIO DE LA LEY FEDERAL SOBRE EL DERECHO DE AUTOR, D.O.F. 14 DE ENERO DE 1948)

Artículo 1246.- (DEROGADO POR ARTÍCULO SEGUNDO TRANSITORIO DE LA LEY FEDERAL SOBRE EL DERECHO DE AUTOR, D.O.F. 14 DE ENERO DE 1948)

Artículo 1247.- (DEROGADO POR ARTÍCULO SEGUNDO TRANSITORIO DE LA LEY FEDERAL SOBRE EL DERECHO DE AUTOR, D.O.F. 14 DE ENERO DE 1948)

Artículo 1248.- (DEROGADO POR ARTÍCULO SEGUNDO TRANSITORIO DE LA LEY FEDERAL SOBRE EL DERECHO DE AUTOR, D.O.F. 14 DE ENERO DE 1948)

Artículo 1249.- (DEROGADO POR ARTÍCULO SEGUNDO TRANSITORIO DE LA LEY FEDERAL SOBRE EL DERECHO DE AUTOR, D.O.F. 14 DE ENERO DE 1948)

Artículo 1250.- (DEROGADO POR ARTÍCULO SEGUNDO TRANSITORIO DE LA LEY FEDERAL SOBRE EL DERECHO DE AUTOR, D.O.F. 14 DE ENERO DE 1948)

Artículo 1251.- (DEROGADO POR ARTÍCULO SEGUNDO TRANSITORIO DE LA LEY FEDERAL SOBRE EL DERECHO DE AUTOR, D.O.F. 14 DE ENERO DE 1948)

Artículo 1252.- (DEROGADO POR ARTÍCULO SEGUNDO TRANSITORIO DE LA LEY FEDERAL SOBRE EL DERECHO DE AUTOR, D.O.F. 14 DE ENERO DE 1948)

Artículo 1253.- (DEROGADO POR ARTÍCULO SEGUNDO TRANSITORIO DE LA LEY FEDERAL SOBRE EL DERECHO DE AUTOR, D.O.F. 14 DE ENERO DE 1948)

Artículo 1254.- (DEROGADO POR ARTÍCULO SEGUNDO TRANSITORIO DE LA LEY FEDERAL SOBRE EL DERECHO DE AUTOR, D.O.F. 14 DE ENERO DE 1948)

(DEROGADO POR ARTÍCULO SEGUNDO TRANSITORIO DE LA LEY FEDERAL SOBRE EL DERECHO DE AUTOR, D.O.F. 14 DE ENERO DE 1948)

CAPÍTULO III

Artículo 1255.- (DEROGADO POR ARTÍCULO SEGUNDO TRANSITORIO DE LA LEY FEDERAL SOBRE EL DERECHO DE AUTOR, D.O.F. 14 DE ENERO DE 1948)

Artículo 1256.- (DEROGADO POR ARTÍCULO SEGUNDO TRANSITORIO DE LA LEY FEDERAL SOBRE EL DERECHO DE AUTOR, D.O.F. 14 DE ENERO DE 1948)

Artículo 1257.- (DEROGADO POR ARTÍCULO SEGUNDO TRANSITORIO DE LA LEY FEDERAL SOBRE EL DERECHO DE AUTOR, D.O.F. 14 DE ENERO DE 1948)

Artículo 1258.- (DEROGADO POR ARTÍCULO SEGUNDO TRANSITORIO DE LA LEY FEDERAL SOBRE EL DERECHO DE AUTOR, D.O.F. 14 DE ENERO DE 1948)

Artículo 1259.- (DEROGADO POR ARTÍCULO SEGUNDO TRANSITORIO DE LA LEY FEDERAL SOBRE EL DERECHO DE AUTOR, D.O.F. 14 DE ENERO DE 1948)

Artículo 1260.- (DEROGADO POR ARTÍCULO SEGUNDO TRANSITORIO DE LA LEY FEDERAL SOBRE EL DERECHO DE AUTOR, D.O.F. 14 DE ENERO DE 1948)

Artículo 1261.- (DEROGADO POR ARTÍCULO SEGUNDO TRANSITORIO DE LA LEY FEDERAL SOBRE EL DERECHO DE AUTOR, D.O.F. 14 DE ENERO DE 1948)

Artículo 1262.- (DEROGADO POR ARTÍCULO SEGUNDO TRANSITORIO DE LA LEY FEDERAL SOBRE EL DERECHO DE AUTOR, D.O.F. 14 DE ENERO DE 1948)

Artículo 1263.- (DEROGADO POR ARTÍCULO SEGUNDO TRANSITORIO DE LA LEY FEDERAL SOBRE EL DERECHO DE AUTOR, D.O.F. 14 DE ENERO DE 1948)

Artículo 1264.- (DEROGADO POR ARTÍCULO SEGUNDO TRANSITORIO DE LA LEY FEDERAL SOBRE EL DERECHO DE AUTOR, D.O.F. 14 DE ENERO DE 1948)

Artículo 1265.- (DEROGADO POR ARTÍCULO SEGUNDO TRANSITORIO DE LA LEY FEDERAL SOBRE EL DERECHO DE AUTOR, D.O.F. 14 DE ENERO DE 1948)

Artículo 1266.- (DEROGADO POR ARTÍCULO SEGUNDO TRANSITORIO DE LA LEY FEDERAL SOBRE EL DERECHO DE AUTOR, D.O.F. 14 DE ENERO DE 1948)

Artículo 1267.- (DEROGADO POR ARTÍCULO SEGUNDO TRANSITORIO DE LA LEY FEDERAL SOBRE EL DERECHO DE AUTOR, D.O.F. 14 DE ENERO DE 1948)

Artículo 1268.- (DEROGADO POR ARTÍCULO SEGUNDO TRANSITORIO DE LA LEY FEDERAL SOBRE EL DERECHO DE AUTOR, D.O.F. 14 DE ENERO DE 1948)

Artículo 1269.- (DEROGADO POR ARTÍCULO SEGUNDO TRANSITORIO DE LA LEY FEDERAL SOBRE EL DERECHO DE AUTOR, D.O.F. 14 DE ENERO DE 1948)

Artículo 1270.- (DEROGADO POR ARTÍCULO SEGUNDO TRANSITORIO DE LA LEY FEDERAL SOBRE EL DERECHO DE AUTOR, D.O.F. 14 DE ENERO DE 1948)

Artículo 1271.- (DEROGADO POR ARTÍCULO SEGUNDO TRANSITORIO DE LA LEY FEDERAL SOBRE EL DERECHO DE AUTOR, D.O.F. 14 DE ENERO DE 1948)

Artículo 1272.- (DEROGADO POR ARTÍCULO SEGUNDO TRANSITORIO DE LA LEY FEDERAL SOBRE EL DERECHO DE AUTOR, D.O.F. 14 DE ENERO DE 1948)

Artículo 1273.- (DEROGADO POR ARTÍCULO SEGUNDO TRANSITORIO DE LA LEY FEDERAL SOBRE EL DERECHO DE AUTOR, D.O.F. 14 DE ENERO DE 1948)

Artículo 1274.- (DEROGADO POR ARTÍCULO SEGUNDO TRANSITORIO DE LA LEY FEDERAL SOBRE EL DERECHO DE AUTOR, D.O.F. 14 DE ENERO DE 1948)

Artículo 1275.- (DEROGADO POR ARTÍCULO SEGUNDO TRANSITORIO DE LA LEY FEDERAL SOBRE EL DERECHO DE AUTOR, D.O.F. 14 DE ENERO DE 1948)

Artículo 1276.- (DEROGADO POR ARTÍCULO SEGUNDO TRANSITORIO DE LA LEY FEDERAL SOBRE EL DERECHO DE AUTOR, D.O.F. 14 DE ENERO DE 1948)

Artículo 1277.- (DEROGADO POR ARTÍCULO SEGUNDO TRANSITORIO DE LA LEY FEDERAL SOBRE EL DERECHO DE AUTOR, D.O.F. 14 DE ENERO DE 1948)

Artículo 1278.- (DEROGADO POR ARTÍCULO SEGUNDO TRANSITORIO DE LA LEY FEDERAL SOBRE EL DERECHO DE AUTOR, D.O.F. 14 DE ENERO DE 1948)

Artículo 1279.- (DEROGADO POR ARTÍCULO SEGUNDO TRANSITORIO DE LA LEY FEDERAL SOBRE EL DERECHO DE AUTOR, D.O.F. 14 DE ENERO DE 1948)

Artículo 1280.- (DEROGADO POR ARTÍCULO SEGUNDO TRANSITORIO DE LA LEY FEDERAL SOBRE EL DERECHO DE AUTOR, D.O.F. 14 DE ENERO DE 1948)

LIBRO TERCERO
DE LAS SUCESIONES

TÍTULO PRIMERO
DISPOSICIONES PRELIMINARES

Artículo 1281.- Herencia es la sucesión en todos los bienes del difunto y en todos sus derechos y obligaciones que no se extinguen por la muerte.

Artículo 1282.- La herencia se defiere por la voluntad del testador o por disposición de la ley. La primera se llama testamentaria, y la segunda legítima.

Artículo 1283.- El testador puede disponer del todo o de parte de sus bienes. La parte de que no disponga quedará regida por los preceptos de la sucesión legítima.

Artículo 1284.- El heredero adquiere a título universal y responde de las cargas de la herencia hasta donde alcance la cuantía de los bienes que hereda.

Artículo 1285.- El legatario adquiere a título particular y no tiene más cargas que las que expresamente le imponga el testador, sin perjuicio de su responsabilidad subsidiaria con los herederos.

Artículo 1286.- Cuando toda la herencia se distribuya en legados, los legatarios serán considerados como herederos.

Artículo 1287.- Si el autor de la herencia y sus herederos o legatarios perecieren en el mismo desastre o en el mismo día, sin que se pueda averiguar a ciencia cierta quienes murieron antes, se tendrán todos por muertos al mismo tiempo, y no habrá lugar entre ellos a la transmisión de la herencia o legado.

Artículo 1288.- A la muerte del autor de la sucesión los herederos adquieren derecho a la masa hereditaria como a un patrimonio común, mientras que no se hace la división.

Artículo 1289.- Cada heredero puede disponer del derecho que tiene en la masa hereditaria; pero no puede disponer de las cosas que forman la sucesión.

Artículo 1290.- El legatario adquiere derecho al legado puro y simple así como al de día cierto, desde el momento de la muerte del testador.

Artículo 1291.- El heredero o legatario no puede enajenar su parte en la herencia sino después de la muerte de aquel a quien hereda.

Artículo 1292.- El heredero de parte de los bienes que quiera vender a un extraño su derecho hereditario, debe notificar a sus coherederos por medio de notario, judicialmente o por medio de dos testigos, las bases o condiciones en que se ha concertado la venta, a fin de que aquéllos, dentro del término de ocho días, hagan uso del derecho del tanto; si los herederos hacen uso de ese derecho, el vendedor está obligado a consumar la venta a su favor, conforme a las bases concertadas. Por el solo lapso de los ocho días se pierde el derecho del tanto. Si la venta se hace omitiéndose la notificación prescrita en esté artículo, será nula.

Artículo 1293.- Si dos o más coherederos quisieren hacer uso del derecho del tanto, se preferirá al que represente mayor porción en la herencia, y si las porciones son iguales, la suerte decidirá quién hace uso del derecho.

Artículo 1294.- El derecho concedido en el artículo 1292 cesa si la enajenación se hace a un coheredero.

TÍTULO SEGUNDO
DE LA SUCESIÓN POR TESTAMENTO

CAPÍTULO I
DE LOS TESTAMENTOS EN GENERAL

Artículo 1295.- Testamento es un acto personalísimo, revocable y libre, por el cual una persona capaz dispone de sus bienes y derechos, y declara o cumple deberes para después de su muerte.

Artículo 1296.- No pueden testar en el mismo acto dos o más personas, ya en provecho recíproco, ya en favor de un tercero.

Artículo 1297.- Ni la subsistencia del nombramiento del heredero o de los legatarios, ni la designación de las cantidades que a ellos correspondan, pueden dejarse al arbitrio de un tercero.

Artículo 1298.- Cuando el testador deje como herederos o legatarios a determinadas clases formadas por número ilimitado de individuos, tales como los pobres, los huérfanos, los ciegos, etc., puede encomendar a un tercero la distribución de las cantidades que deje para ese objeto y la elección de las personas a quienes deban aplicarse, observándose lo dispuesto en el artículo 1330.

Artículo 1299.- El testador puede encomendar a un tercero que haga la elección de los actos de beneficencia o de los establecimientos públicos o privados a los cuales deban aplicarse los bienes que legue con ese objeto, así como la distribución de las cantidades que a cada uno correspondan.

Artículo 1300.- La disposición hecha en términos vagos en favor de los parientes del testador, se entenderá que se refiere a los parientes más próximos, según el orden de la sucesión legítima.

Artículo 1301.- Las disposiciones hechas a título universal o particular no tienen ningún efecto cuando se funden en una causa expresa, que resulte errónea si ha sido la única que determinó la voluntad del testador.

Artículo 1302.- Toda disposición testamentaria deberá entenderse en el sentido literal de las palabras, a no ser que aparezca con manifiesta claridad que fue otra la voluntad del testador.

En caso de duda sobre la inteligencia o interpretación de una disposición testamentaria, se observará lo que parezca más conforme a la intención del testador, según el tenor del testamento y la prueba auxiliar que a este respecto pueda rendirse por los interesados.

Artículo 1303.- Si un testamento se pierde por un evento ignorado por el testador, o por haber sido ocultado por otra persona, podrán los interesados exigir su cumplimiento si demuestran plenamente el hecho de la pérdida o de la ocultación, logran igualmente comprobar lo contenido en el mismo testamento y que en su otorgamiento se llenaron todas las formalidades legales.

Artículo 1304.- La expresión de una causa contraria a derecho, aunque sea verdadera, se tendrá por no escrita.

CAPÍTULO II
DE LA CAPACIDAD PARA TESTAR

Artículo 1305.- Pueden testar todos aquellos a quienes la ley no prohíbe expresamente el ejercicio de ese derecho.

Artículo 1306.- Están incapacitados para testar:

I. Los menores que no han cumplido dieciséis años de edad, ya sean hombres o mujeres;

II. Los que habitual o accidentalmente no disfrutan de su cabal juicio.

Artículo 1307.- Es válido el testamento hecho por un demente en un intervalo de lucidez, con tal de que al efecto se observen las prescripciones siguientes:

Artículo 1308.- Siempre que un demente pretenda hacer testamento en un intervalo de lucidez, el tutor y en defecto de éste, la familia de aquél, presentará por escrito una solicitud al Juez que corresponda. El Juez nombrará dos médicos, de preferencia especialistas en la materia, para que examinen al enfermo y dictaminen acerca de su estado mental. El Juez tiene obligación de asistir al examen del enfermo, y podrá hacerle cuantas preguntas estime convenientes, a fin de cerciorarse de su capacidad para testar.

Artículo 1309.- Se hará constar en acta formal el resultado del reconocimiento.

Artículo 1310.- Si éste fuere favorable, se procederá desde luego a la formación de testamento ante Notario Público, con todas las solemnidades que se requieren para los testamentos públicos abiertos.

Artículo 1311.- Firmarán el acta, además del Notario y de los testigos, el Juez y los médicos que intervinieron para el reconocimiento, poniéndose al pie del testamento, razón expresa de que durante todo el acto conservó el paciente perfecta lucidez de juicio, y sin este requisito y su constancia, será nulo el testamento.

Artículo 1312.- Para juzgar de la capacidad del testador se atenderá especialmente al estado en que se halle al hacer el testamento.

CAPÍTULO III
DE LA CAPACIDAD PARA HEREDAR

(REFORMADO PRIMER PÁRRAFO, D.O.F. 23 DE DICIEMBRE DE 1974)

Artículo 1313.- Todos los habitantes del Distrito Federal de cualquier edad que sean, tienen capacidad para heredar, y no pueden ser privados de ella de un modo absoluto; pero con relación a ciertas personas y a determinados bienes, pueden perderla por alguna de las causas siguientes:

I. Falta de personalidad;

(REFORMADO, G.O. 18 DE DICIEMBRE DE 2014)

II. Por haber cometido un delito;

III. Presunción de influencia contraria a la libertad del testador, o a la verdad o integridad del testamento;

IV. Falta de reciprocidad internacional;

V. Utilidad pública;

VI. Renuncia o remoción de algún cargo conferido en el testamento.

Artículo 1314.- Son incapaces de adquirir por testamento o por intestado, a causa de falta de personalidad, los que no estén concebidos al tiempo de la muerte del autor de la herencia, o los concebidos cuando no sean viables, conforme a lo dispuesto en el artículo 337.

Artículo 1315.- Será, no obstante, válida la disposición hecha en favor de los hijos que nacieren de ciertas y determinadas personas durante la vida del testador.

(REFORMADO PRIMER PÁRRAFO, D.O.F. 30 DE DICIEMBRE DE 1997)

Artículo 1316.- Son incapaces de heredar por testamento o por intestado:

(REFORMADO, G.O. 18 DE DICIEMBRE DE 2014)

I. El que haya sido sentenciado condenatoriamente por haber privado de la vida ala persona de cuya sucesión se trate, o a los padres, hijos, cónyuge o hermanos de ella;

(REFORMADO, G.O. 18 DE DICIEMBRE DE 2014)

II. El que haya denunciado o se haya querellado en contra del autor de la sucesión, sus ascendientes, descendientes, hermanos o cónyuge por algún delito y éstas sean infundadas;

III. El cónyuge que mediante juicio ha sido declarado adúltero, si se trata de suceder al cónyuge inocente;

IV. El coautor del cónyuge adúltero, ya sea que se trate de la sucesión de éste o de la del cónyuge inocente;

V. El que haya sido condenado por un delito que merezca pena de prisión, cometido contra el autor de la herencia, de sus hijos, de su cónyuge, de sus ascendientes o de sus hermanos;

VI. El padre y la madre respecto del hijo expuesto por ellos;

(REFORMADA, D.O.F. 30 DE DICIEMBRE DE 1997)

VII. Los ascendientes que abandonaren, prostituyeren o corrompieren a sus descendientes, respecto de los ofendidos;

VIII. Los demás parientes del autor de la herencia que, teniendo obligación de darle alimentos, no la hubieren cumplido;

IX. Los parientes del autor de la herencia que, hallándose éste imposibilitado para trabajar y sin recursos, no se cuidaren de recogerlo, o de hacerlo recoger en establecimientos de beneficencia;

X. El que usare de violencia, dolo o fraude con una persona para que haga, deje de hacer o revoque su testamento;

XI. El que conforme al Código Penal, fuere culpable de supresión, substitución o suposición de infante, siempre que se trate de la herencia que debió de corresponder a éste o a las personas a quienes se haya perjudicado o intentado perjudicar con esos actos;

(ADICIONADA, D.O.F. 30 DE DICIEMBRE DE 1997)

XII. El que haya sido condenado por delito cometido en contra del autor de la herencia.

Artículo 1317.- Se aplicará también lo dispuesto en la fracción II del artículo anterior, aunque el autor de la herencia no fuere descendiente, ascendiente, cónyuge o hermano del acusador, si la acusación es declarada calumniosa.

Artículo 1318.- Cuando la parte agraviada de cualquiera de los modos que expresa el artículo 1316, perdonare al ofensor, recobrará éste el derecho de suceder al ofendido, por intestado, si el perdón consta por declaración auténtica o por hechos indubitables.

Artículo 1319.- La capacidad para suceder por testamento, sólo se recobra si después de conocido el agravio, el ofendido instituye heredero al ofensor o revalida su institución anterior con las mismas solemnidades que se exigen para testar.

Artículo 1320.- En los casos de intestado, los descendientes del incapaz de heredar conforme al artículo 1316, heredarán al autor de la sucesión, no debiendo ser excluidos por la falta de su padre; pero éste no puede, en ningún caso, tener en los bienes de la sucesión, el usufructo, ni la administración que la ley acuerda a los padres sobre los bienes de sus hijos.

Artículo 1321.- Por presunción de influjo contrario a la libertad del autor de la herencia, son incapaces de adquirir por testamento del menor, los tutores y curadores, a no ser que sean instituidos antes de ser nombrados para el cargo o después de la mayor edad de aquél, estando ya aprobadas las cuentas de la tutela.

Artículo 1322.- La incapacidad a que se refiere el artículo anterior no comprende a los ascendientes ni hermanos del menor, observándose en su caso lo dispuesto en la fracción X del artículo 1316.

Artículo 1323.- Por presunción contraria a la libertad del testador, son incapaces de heredar por testamento, el médico que haya asistido a aquél durante su última enfermedad, si entonces hizo su disposición testamentaria; así como el cónyuge, ascendientes, descendientes y hermanos del facultativo, a no ser que los herederos instituidos sean también herederos legítimos.

Artículo 1324.- Por presunción de influjo contrario a la verdad e integridad del testamento, son incapaces de heredar, el notario y los testigos que intervinieron en él, y sus cónyuges, descendientes, ascendientes o hermanos.

Artículo 1325.- Los ministros de los cultos no pueden ser herederos por testamento de los ministros del mismo culto o de un particular con quien no tengan parentesco dentro del cuarto grado. La misma incapacidad tienen los ascendientes, descendientes, cónyuges y hermanos de los ministros, respecto de las personas a quienes éstos hayan prestado cualquiera clase de auxilios espirituales, durante la enfermedad de que hubieren fallecido o de quienes hayan sido directores espirituales los mismos ministros.

(REFORMADO, G.O. 18 DE DICIEMBRE DE 2014)

Artículo 1326.- El notario que a sabiendas autorice un testamento en que se contravenga lo dispuesto en los tres artículos anteriores, sufrirá la sanción prevista en los términos de la Ley del Notariado del Distrito Federal.

Artículo 1327.- Los extranjeros y las personas morales, son capaces de adquirir bienes por testamento o por intestado; pero su capacidad tiene las limitaciones establecidas en la Constitución Política de los Estados Unidos Mexicanos y en las respectivas leyes reglamentarias de los artículos constitucionales. Tratándose de extranjeros, se observará también lo dispuesto en el artículo siguiente.

(REFORMADO, D.O.F. 23 DE DICIEMBRE DE 1974)

Artículo 1328.- Por falta de reciprocidad internacional, son incapaces de heredar por testamento o por intestado, a los habitantes del Distrito Federal, los extranjeros que, según las leyes de su país, no puedan testar o dejar por intestado sus bienes a favor de los mexicanos.

Artículo 1329.- La herencia o legado que se deje a un establecimiento público, imponiéndole algún gravamen o bajo alguna condición, sólo serán válidos si el Gobierno los aprueba.

(REFORMADO, G.O. 25 DE MAYO DE 2000)

Artículo 1330.- Las disposiciones testamentarias hechas en favor de personas de escasos recursos económicos en general, se regirán por lo dispuesto en la Ley de Instituciones de Asistencia Privada para el Distrito Federal. Las hechas en favor de las iglesias o instituciones religiosas, se sujetarán a lo dispuesto en los artículos 27 de la Constitución Federal y 24 de la citada Ley.

Artículo 1331.- Por renuncia o remoción de un cargo, son incapaces de heredar por testamento, los que, nombrados en él tutores, curadores o albaceas, hayan rehusado, sin justa causa, el cargo, o por mala conducta hayan sido separados judicialmente de su ejercicio.

Artículo 1332.- Lo dispuesto en la primera parte del artículo anterior, no comprende a los que, desechada por el juez la excusa, hayan servido el cargo.

Artículo 1333.- Las personas llamadas por la ley para desempeñar la tutela legítima y que rehúsen sin causa legítima desempeñarla, no tienen derecho de heredar a los incapaces de quienes deben ser tutores.

Artículo 1334.- Para que el heredero pueda suceder, basta que sea capaz al tiempo de la muerte del autor de la herencia.

Artículo 1335.- Si la institución fuere condicional, se necesitará, además, que el heredero sea capaz al tiempo en que se cumpla la condición.

Artículo 1336.- El heredero por testamento, que muera antes que el testador o antes de que se cumpla la condición; el incapaz de heredar y el que renuncie a la sucesión no transmiten ningún derecho a sus herederos.

Artículo 1337.- En los casos del artículo anterior la herencia pertenece a los herederos legítimos del testador, a no ser que éste haya dispuesto otra cosa.

Artículo 1338.- El que hereda en lugar del excluido, tendrá las mismas cargas y condiciones que legalmente se habían puesto a aquél.

Artículo 1339.- Los deudores hereditarios que fueren demandados y que no tengan el carácter de herederos, no podrán oponer, al que esté en posesión del derecho de heredero o legatario, la excepción de incapacidad.

Artículo 1340.- A excepción de los casos comprendidos en las fracciones X y XI del artículo 1316, la incapacidad para heredar a que se refiere ese artículo, priva también de los alimentos que corresponden por ley.

Artículo 1341.- La incapacidad no produce el efecto de privar al incapaz de lo que hubiere de percibir, sino después de declarada en juicio, a petición de algún interesado, no pudiendo promoverla el juez de oficio.

Artículo 1342.- No puede deducirse acción para declarar la incapacidad, pasados tres años desde que el incapaz esté en posesión de la herencia o legado; salvo que se trate de incapacidades establecidas en vista del interés público, las cuales en todo tiempo pueden hacerse valer.

Artículo 1343.- Si el que entró en posesión de la herencia y la pierde después por incapacidad, hubiere enajenado o gravado todo o parte de los bienes antes de ser emplazado en el juicio en que se discuta su incapacidad, y aquel con quien contrató hubiere tenido buena fe, el contrato subsistirá; mas el heredero incapaz estará obligado a indemnizar al legítimo, de todos los daños y perjuicios.

CAPÍTULO IV
DE LAS CONDICIONES QUE PUEDEN PONERSE EN LOS TESTAMENTOS

Artículo 1344.- El testador es libre para establecer condiciones al disponer de sus bienes.

Artículo 1345.- Las condiciones impuestas a los herederos y legatarios, en lo que no esté prevenido en este Capítulo, se regirán por las reglas establecidas para las obligaciones condicionales.

Artículo 1346.- La falta de cumplimiento de alguna condición impuesta al heredero o al legatario, no perjudicará a éstos siempre que hayan empleado todos los medios necesarios para cumplir aquélla.

Artículo 1347.- La condición física o legalmente imposible de dar o de hacer, impuesta al heredero o legatario, anula su institución.

Artículo 1348.- Si la condición que era imposible al tiempo de otorgar el testamento, dejare de serlo a la muerte del testador, será válida.

Artículo 1349.- Es nula la institución hecha bajo la condición de que el heredero o legatario hagan en su testamento alguna disposición en favor del testador o de otra persona.

Artículo 1350.- La condición que solamente suspende por cierto tiempo la ejecución del testamento, no impedirá que el heredero o el legatario adquieran derecho a la herencia o legado y lo trasmitan a sus herederos.

Artículo 1351.- Cuando el testador no hubiere señalado plazo para el cumplimiento de la condición, la cosa legada permanecerá en poder del albacea, y al hacerse la partición se asegurará competentemente el derecho del legatario para el caso de cumplirse la condición, observándose, además, las disposiciones establecidas para hacer la partición cuando alguno de los herederos es condicional.

Artículo 1352.- Si la condición es puramente potestativa de dar o hacer alguna cosa, y el que ha sido gravado con ella ofrece cumplirla; pero aquel a cuyo favor se estableció rehusa aceptar la cosa o el hecho, la condición se tiene por cumplida.

Artículo 1353.- La condición potestativa se tendrá por cumplida aun cuando el heredero o legatario hayan prestado la cosa o el hecho antes de que se otorgara el testamento, a no ser que pueda reiterarse la prestación, en cuyo caso no será ésta obligatoria sino cuando el testador haya tenido conocimiento de la primera.

Artículo 1354.- En el caso final del artículo que precede, corresponde al que debe pagar el legado la prueba de que el testador tuvo conocimiento de la primera prestación.

Artículo 1355.- La condición de no dar o de no hacer, se tendrá por no puesta.

La condición de no impugnar el testamento o alguna de las disposiciones que contenga, so pena de perder el carácter de heredero o legatario, se tendrá por no puesta.

Artículo 1356.- Cuando la condición fuere casual o mixta, bastará que se realice en cualquier tiempo, vivo o muerto el testador, si éste no hubiere dispuesto otra cosa.

Artículo 1357.- Si la condición se hubiere cumplido al hacerse el testamento ignorándolo el testador, se tendrá por cumplida, mas si lo sabía, sólo se tendrá por cumplida si ya no puede existir o cumplirse de nuevo.

Artículo 1358.- La condición impuesta al heredero o legatario, de tomar o dejar de tomar estado, se tendrá por no puesta.

Artículo 1359.- Podrá, sin embargo, dejarse a alguno el uso o habitación, una pensión alimenticia periódica o el usufructo que equivalga a esa pensión, por el tiempo que permanezca soltero o viudo. La pensión alimenticia se fijará de acuerdo con lo prevenido en el artículo 311.

Artículo 1360.- La condición que se ha cumplido existiendo la persona a quien se impuso, se retrotrae al tiempo de la muerte del testador, y desde entonces deben abonarse los frutos de la herencia o legado, a menos que el testador haya dispuesto expresamente otra cosa.

Artículo 1361.- La carga de hacer alguna cosa se considera como condición resolutoria.

Artículo 1362.- Si no se hubiere señalado tiempo para el cumplimiento de la carga, ni ésta por su propia naturaleza lo tuviere, se observará lo dispuesto en el artículo 1351.

Artículo 1363.- Si el legado fuere de prestación periódica, que debe concluir en un día que es inseguro si llegará o no, llegado el día el legatario habrá hecho suyas todas las prestaciones que correspondan hasta aquel día.

Artículo 1364.- Si el día en que debe comenzar el legado fuere seguro, sea que se sepa o no cuándo ha de llegar, el que ha de entregar la cosa legada, tendrá, respecto de ella, los derechos y las obligaciones del usufructuario.

Artículo 1365.- En el caso del artículo anterior, si el legado consiste en prestación periódica, el que debe pagarlo hace suyo todo lo correspondiente al intermedio, y cumple con hacer la prestación comenzando el día señalado.

Artículo 1366.- Cuando el legado debe concluir en un día que es seguro que ha de llegar, se entregará la cosa o cantidad legada al legatario, quien se considerará como usufructuario de ella.

Artículo 1367.- Si el legado consistiere en prestación periódica, el legatario hará suyas todas las cantidades vencidas hasta el día señalado.

CAPÍTULO V
DE LOS BIENES DE QUE SE PUEDE DISPONER POR TESTAMENTO, Y DE LOS TESTAMENTOS INOFICIOSOS

Artículo 1368.- El testador debe dejar alimentos a las personas que se mencionan en las fracciones siguientes:

(REFORMADA, D.O.F. 31 DE DICIEMBRE DE 1974)

I. A los descendientes menores de 18 años respecto de los cuales tenga obligación legal de proporcionar alimentos al momento de la muerte;

(REFORMADA, D.O.F. 31 DE DICIEMBRE DE 1974)

II. A los descendientes que estén imposibilitados de trabajar, cualquiera que sea su edad; cuando exista la obligación a que se refiere la fracción anterior;

(REFORMADA, D.O.F. 31 DE DICIEMBRE DE 1974)

III. Al cónyuge supérstite cuando esté impedido de trabajar y no tenga bienes suficientes. Salvo otra disposición expresa del testador, este derecho subsistirá en tanto no contraiga matrimonio y viva honestamente;

IV. A los ascendientes;

(REFORMADA, G.O. 28 DE OCTUBRE DE 2005)

V. A la persona con quien el testador vivió como si fuera su cónyuge durante los dos años que precedieron inmediatamente a su muerte o con quien tuvo hijos, siempre que ambos hayan permanecido libres del matrimonio durante el concubinato y que el superviviente esté impedido de trabajar y no tengan bienes suficientes. Éste derecho sólo subsistirá mientras la persona de que se trate no contraiga nupcias y observe buena conducta. Si fueren varias las personas con quien el testador vivió como si fueran su cónyuge, ninguna de ellas tendrá derecho a alimentos;

VI. A los hermanos y demás parientes colaterales dentro del cuarto grado, si están incapacitados o mientras que no cumplan dieciocho años, si no tienen bienes para subvenir a sus necesidades.

Artículo 1369.- No hay obligación de dar alimentos, sino a falta o por imposibilidad de los parientes más próximos en grado.

Artículo 1370.- No hay obligación de dar alimentos a las personas que tengan bienes; pero si teniéndolos, su producto no iguala a la pensión que debería corresponderles, la obligación se reducirá a lo que falte para completarla.

Artículo 1371.- Para tener derecho a ser alimentado se necesita encontrarse al tiempo de la muerte del testador en alguno de los casos fijados en el artículo 1368, y cesa ese derecho tan luego como el interesado deje de estar en las condiciones a que se refiere el mismo artículo, observe mala conducta o adquiera bienes, aplicándose en este caso lo dispuesto en el artículo anterior.

Artículo 1372.- El derecho de percibir alimentos no es renunciable ni puede ser objeto de transacción. La pensión alimenticia se fijará y asegurará conforme a lo dispuesto en los artículos 308, 314, 316 y 317 de este Código, y por ningún motivo excederá de los productos de la porción que en caso de sucesión intestada corresponderían al que tenga derecho a dicha pensión, ni bajará de la mitad de dichos productos. Si el testador hubiere fijado la pensión alimenticia, subsistirá su designación, cualquiera que sea, siempre que no baje del mínimum antes establecido. Con excepción de los artículos citados en el presente Capítulo, no son aplicables a los alimentos debidos por sucesión, las disposiciones del Capítulo II, Título VI del Libro Primero.

Artículo 1373.- Cuando el caudal hereditario no fuere suficiente para dar alimentos a todas las personas enumeradas en el artículo 1368, se observarán las reglas siguientes:

I. Se ministrarán a los descendientes y al cónyuge supérstite a prorrata;

II. Cubiertas las pensiones a que se refiere la fracción anterior, se ministrarán a prorrata a los ascendientes;

III. Después se ministrarán también a prorrata, a los hermanos y a la concubina;

IV. Por último, se ministrarán igualmente a prorrata, a los demás parientes colaterales dentro del cuarto grado.

Artículo 1374.- Es inoficioso el testamento en que no se deje la pensión alimenticia, según lo establecido en este Capítulo.

Artículo 1375.- El preterido tendrá solamente derecho a que se le dé la pensión que corresponda, subsistiendo el testamento en todo lo que no perjudique ese derecho.

Artículo 1376.- La pensión alimenticia es carga de la masa hereditaria, excepto cuando el testador haya gravado con ella a alguno o algunos de los partícipes de la sucesión.

Artículo 1377.- No obstante lo dispuesto en el artículo 1375, el hijo póstumo tendrá derecho a percibir íntegra la porción que le correspondería como heredero legítimo si no hubiere testamento, a menos que el testador hubiere dispuesto expresamente otra cosa.

CAPÍTULO VI
DE LA INSTITUCIÓN DE HEREDERO

Artículo 1378.- El testamento otorgado legalmente será válido, aunque no contenga institución de heredero y aunque el nombrado no acepte la herencia o sea incapaz de heredar.

Artículo 1379.- En los tres casos señalados en el artículo anterior, se cumplirán las demás disposiciones testamentarias que estuvieren hechas conforme a las leyes.

Artículo 1380.- No obstante lo dispuesto en el artículo 1344, la designación de día en que deba comenzar o cesar la institución de heredero, se tendrá por no puesta.

Artículo 1381.- Los herederos instituidos sin designación de la parte que a cada uno corresponda, heredarán por partes iguales.

Artículo 1382.- El heredero instituido en cosa cierta y determinada debe tenerse por legatario.

Artículo 1383.- Aunque el testador nombre algunos herederos individualmente y a otros colectivamente, como si dijera: "Instituyo por mis herederos a Pedro y a Pablo y a los hijos de Francisco," los colectivamente nombrados se considerarán como si fuesen individualmente, a no ser que se conozca de un modo claro que ha sido otra la voluntad del testador.

Artículo 1384.- Si el testador instituye a sus hermanos, y los tiene sólo de padre, sólo de madre, y de padre y madre, se dividirán la herencia como en el caso de intestado.

Artículo 1385.- Si el testador llama a la sucesión a cierta persona y a sus hijos, se entenderán todos instituidos simultánea y no sucesivamente.

Artículo 1386.- El heredero debe ser instituido designándolo por su nombre y apellido, y si hubiere varios que tuvieren el mismo nombre y apellido, deben agregarse otros nombres y circunstancias que distingan al que se quiere nombrar.

Artículo 1387.- Aunque se haya omitido el nombre del heredero, si el testador le desingare (sic) de otro modo que no pueda dudarse quién sea, valdrá la institución.

Artículo 1388.- El error en el nombre, apellido o cualidades del heredero, no vicia la institución, si de otro modo se supiere ciertamente cuál es la persona nombrada.

Artículo 1389.- Si entre varios individuos del mismo nombre y circunstancias no pudiere saberse a quién quiso designar el testador, ninguno será heredero.

Artículo 1390.- Toda disposición en favor de persona incierta o sobre cosa que no pueda identificarse será nula, a menos que por algún evento puedan resultar ciertas.

CAPÍTULO VII
DE LOS LEGADOS

Artículo 1391.- Cuando no haya disposiciones especiales, los legatarios se regirán por las mismas normas que los herederos.

Artículo 1392.- El legado puede consistir en la prestación de la cosa o en la de algún hecho o servicio.

(ADICIONADO, G.O. 04 DE AGOSTO DE 2021)

Artículo 1392 Bis.- El legado también puede consistir en la titularidad sobre bienes o derechos digitales almacenados en algún equipo de cómputo, servidor, plataforma de resguardo digital, dispositivo electrónico, redes sociales o dispositivos físicos utilizados para acceder a un recurso restringido electrónicamente, los cuales pueden consistir en:

I. Cuentas de correo electrónico, sitios, dominios y direcciones electrónicas de internet, archivos electrónicos tales como imágenes, fotografías, videos, textos; y

II. Claves y contraseñas de cuentas bancarias o de valores, aplicaciones de empresas de tecnología financiera de los que el testador sea titular o usuario y para cuyo acceso se requiera de un nombre o clave de usuario, clave y contraseña.

Los bienes o derechos digitales serán independientes de su valor económico y contenido determinable.

Los datos necesarios para el acceso a los bienes o derechos digitales podrán ser resguardados por el mismo notario en el apéndice del instrumento correspondiente al testamento o en el caso de la actuación digital notarial a que se refiere la Ley del Notariado para la Ciudad de México, en un sistema de almacenamiento permanente.

El testador podrá nombrar a un ejecutor especial que, constatado que se trató del último testamento otorgado y su validez fue reconocida, estará facultado para que se le proporcione la información correspondiente a los accesos de los bienes o derechos digitales y proceda según las indicaciones del testador.

La gestión de la información a que se refiere el primer párrafo de este artículo no implicará que el ejecutor especial sea titular de dichos bienes o derechos digitales o que pueda disponer de ellos, salvo disposición del testador.

Si el testador no dispuso sobre el tratamiento de su información personal almacenada en registros electrónicos públicos y privados, incluyendo imágenes, audio, video, redes sociales y cualquier método de búsqueda de internet o, en su caso, ordenó su eliminación, una vez que se tenga certeza de que se trata del último testamento y se haya declarado la validez del mismo, el albacea o el ejecutor especial procederá de inmediato a solicitar su eliminación a las instituciones públicas y/o privadas que conserven dicha información a fin de salvaguardar el derecho al olvido a favor del autor de la sucesión, salvo disposición expresa de éste.

Artículo 1393.- No produce efecto el legado si por acto del testador pierde la cosa legada la forma y denominación que la determinaban.

Artículo 1394.- El testador puede gravar con legados no sólo a los herederos, sino a los mismos legatarios.

Artículo 1395.- La cosa legada deberá ser entregada con todos sus accesorios y en el estado en que se halle al morir el testador.

Artículo 1396.- Los gastos necesarios para la entrega de la cosa legada, serán a cargo del legatario, salvo disposición del testador en contrario.

Artículo 1397.- El legatario no puede aceptar una parte del legado y repudiar otra.

Artículo 1398.- Si el legatario muere antes de aceptar un legado y deja varios herederos, puede uno de éstos aceptar y otro repudiar la parte que le corresponda en el legado.

Artículo 1399.- Si se dejaren dos legados y uno fuere oneroso, el legatario no podrá renunciar éste y aceptar el que no lo sea. Si los dos son onerosos o gratuitos, es libre para aceptarlos todos o repudiar el que quiera.

Artículo 1400.- El heredero que sea al mismo tiempo legatario, puede renunciar la herencia y aceptar el legado, o renunciar éste y aceptar aquélla.

Artículo 1401.- El acreedor cuyo crédito no conste más que por testamento, se tendrá para los efectos legales como legatario preferente.

Artículo 1402.- Cuando se legue una cosa con todo lo que comprenda, no se entenderán legados los documentos justificantes de propiedad, ni los créditos activos, a no ser que se hayan mencionado especificadamente.

Artículo 1403.- El legado del menaje de una casa sólo comprende los bienes muebles a que se refiere el artículo 761.

Artículo 1404.- Si el que lega una propiedad le agrega después nuevas adquisiciones, no se comprenderán éstas en el legado, aunque sean contiguas, si no hay nueva declaración del testador.

Artículo 1405.- La declaración a que se refiere el artículo precedente no se requiere, respecto de las mejoras necesarias, útiles o voluntarias hechas en el mismo predio.

Artículo 1406.- El legatario puede exigir que el heredero otorgue fianza en todos los casos en que pueda exigirlo el acreedor.

Artículo 1407.- Si sólo hubiere legatarios, podrán éstos exigirse entre sí la constitución de la hipoteca necesaria.

Artículo 1408.- No puede el legatario ocupar por su propia autoridad la cosa legada, debiendo pedir su entrega y posesión al albacea o al ejecutor especial.

Artículo 1409.- Si la cosa legada estuviese en poder del legatario, podrá éste retenerla, sin perjuicio de devolver en caso de reducción lo que corresponda conforme a derecho.

Artículo 1410.- El importe de las contribuciones correspondientes al legado, se deducirán del valor de éste a no ser que el testador disponga otra cosa.

Artículo 1411.- Si toda la herencia se distribuye en legados, se prorratearán las deudas y gravámenes de ella entre todos los partícipes, en proporción de sus cuotas, a no ser que el testador hubiere dispuesto otra cosa.

Artículo 1412.- El legado queda sin efecto si la cosa legada perece viviendo el testador, si se pierde por evicción, fuera del caso previsto en el artículo 1459, o si perece después de la muerte del testador, sin culpa del heredero.

Artículo 1413.- Queda también sin efecto el legado, si el testador enajena la cosa legada; pero vale si la recobra por un título legal.

Artículo 1414.- Si los bienes de la herencia no alcanzan para cubrir todos los legados, el pago se hará en el siguiente orden:

I. Legados remuneratorios;

II. Legados que el testador o la ley haya declarado preferentes;

III. Legados de cosa cierta y determinada;

IV. Legados de alimentos o de educación;

V. Los demás a prorrata.

Artículo 1415.- Los legatarios tienen derecho de reivindicar de tercero la cosa legada, ya sea mueble o raíz, con tal que sea cierta y determinada, observándose lo dispuesto para los actos y contratos que celebren los que en el Registro Público aparezcan con derecho para ello, con terceros de buena fe que los inscriban.

Artículo 1416.- El legatario de un bien que perece incendiado después de la muerte del testador, tiene derecho de recibir la indemnización del seguro, si la cosa estaba asegurada.

Artículo 1417.- Si se declara nulo el testamento después de pagado el legado, la acción del verdadero heredero para recobrar la cosa legada procede contra el legatario y no contra el otro heredero, a no ser que éste haya hecho con dolo la partición.

Artículo 1418.- Si el heredero o legatario renunciare a la sucesión, la carga que se les haya impuesto se pagará solamente con la cantidad a que tiene derecho el que renunció.

Artículo 1419.- Si la carga consiste en la ejecución de un hecho, el heredero o legatario que acepte la sucesión queda obligado a prestarlo.

Artículo 1420.- Si el legatario a quien se impuso algún gravamen no recibe todo el legado, se reducirá la carga proporcionalmente y si sufre evicción, podrá repetir lo que haya pagado.

Artículo 1421.- En los legados alternativos la elección corresponde al heredero, si el testador no la concede expresamente al legatario.

Artículo 1422.- Si el heredero tiene la elección, puede entregar la cosa de menor valor; si la elección corresponde al legatario, puede exigir la cosa de mayor valor.

Artículo 1423.- En los legados alternativos se observará, además, lo dispuesto para las obligaciones alternativas.

Artículo 1424.- En todos los casos en que el que tenga derecho de hacer la elección no pudiere hacerla, la harán su representante legítimo o sus herederos.

Artículo 1425.- El juez, a petición de parte legítima, hará la elección, si en el término que le señale no la hiciere la persona que tenga derecho de hacerla.

Artículo 1426.- La elección hecha legalmente es irrevocable.

Artículo 1427.- Es nulo el legado que el testador hace de cosa propia individualmente determinada, que al tiempo de su muerte no se halle en su herencia.

Artículo 1428.- Si la cosa mencionada en el artículo que precede, existe en la herencia, pero no en la cantidad y número designados, tendrá el legatario lo que hubiere.

Artículo 1429.- Cuando el legado es de cosa específica y determinada, propia del testador, el legatario adquiere su propiedad desde que aquél muere y hace suyos los frutos pendientes y futuros, a no ser que el testador haya dispuesto otra cosa.

Artículo 1430.- La cosa legada en el caso del artículo anterior, correrá desde el mismo instante a riesgo del legatario; y en cuanto a su pérdida, aumento o deterioro posteriores, se observará lo dispuesto en las obligaciones de dar, para el caso de que se pierda, deteriore o aumente la cosa cierta que debe entregarse.

Artículo 1431.- Cuando el testador, el heredero o el legatario sólo tengan cierta parte o derecho en la cosa legada, se restringirá el legado a esa parte o derecho, si el testador no declara de un modo expreso que sabía ser la cosa parcialmente de otro, y que no obstante esto, la legaba por entero.

Artículo 1432.- El legado de cosa ajena, si el testador sabía que lo era, es válido y el heredero está obligado a adquirirla para entregarla al legatario o a dar a éste su precio.

Artículo 1433.- La prueba de que el testador sabía que la cosa era ajena, corresponde al legatario.

Artículo 1434.- Si el testador ignoraba que la cosa legada era ajena, es nulo el legado.

Artículo 1435.- Es válido el legado si el testador, después de otorgado el testamento, adquiere la cosa que al otorgarlo no era suya.

Artículo 1436.- Es nulo el legado de cosa que al otorgarse el testamento pertenezca al mismo legatario.

Artículo 1437.- Si en la cosa legada tiene alguna parte el testador o un tercero sabiéndolo aquél, en lo que a ellos corresponda, vale el legado.

Artículo 1438.- Si el legatario adquiere la cosa legada después de otorgado el testamento, se entiende legado su precio.

Artículo 1439.- Es válido el legado hecho a un tercero de cosa propia del heredero o de un legatario, quienes, si aceptan la sucesión, deberán entregar la cosa legada o su precio.

Artículo 1440.- Si el testador ignoraba que la cosa fuese propia del heredero o del legatario, será nulo el legado.

Artículo 1441.- El legado que consiste en la devolución de la cosa recibida en prenda, o en el título constitutivo de una hipoteca, sólo extingue el derecho de prenda o hipoteca, pero no la deuda, a no ser que así se prevenga expresamente.

Artículo 1442.- Lo dispuesto en el artículo que precede se observará también en el legado de una fianza, ya sea hecho al fiador, ya al deudor principal.

Artículo 1443.- Si la cosa legada está dada en prenda o hipotecada, o lo fuere después de otorgado el testamento, el desempeño o la redención serán a cargo de la herencia, a no ser que el testador haya dispuesto expresamente otra cosa.

Si por no pagar el obligado, conforme al párrafo anterior, lo hiciere el legatario, quedará éste subrogado en el lugar y derechos del acreedor para reclamar contra aquél.

Cualquiera otra carga, perpetua o temporal, a que se halle afecta la cosa legada, pasa con ésta al legatario; pero en ambos casos las rentas y los réditos devengados hasta la muerte del testador son carga de la herencia.

Artículo 1444.- El legado de una deuda hecho al mismo deudor extingue la obligación, y el que debe cumplir el legado está obligado, no solamente a dar al deudor la constancia del pago, sino también a desempeñar las prendas, a cancelar las hipotecas y las fianzas y a libertar al legatario de toda responsabilidad.

Artículo 1445.- Legado el título, sea público o privado, de una deuda, se entiende legada ésta, observándose lo dispuesto en los artículos 1441 y 1442.

Artículo 1446.- El legado hecho al acreedor no compensa el crédito, a no ser que el testador lo declare expresamente.

Artículo 1447.- En caso de compensación, si los valores fueren diferentes, el acreedor tendrá derecho de cobrar el exceso del crédito o el del legado.

Artículo 1448.- Por medio de un legado puede el deudor mejorar la condición de su acreedor, haciendo puro el crédito condicional, hipotecario, el simple, o exigible desde luego el que lo sea a plazo; pero esta mejora no perjudicará en manera alguna los privilegios de los demás acreedores.

Artículo 1449.- El legado hecho a un tercero, de un crédito a favor del testador, sólo produce efecto en la parte del crédito que está insoluto al tiempo de abrirse la sucesión.

Artículo 1450.- En el caso del artículo anterior, el que debe cumplir el legado entregará al legatario el título del crédito y le cederá todas las acciones que en virtud de él correspondan al testador.

Artículo 1451.- Cumpliendo lo dispuesto en el artículo que precede, el que debe pagar el legado queda enteramente libre de la obligación de saneamiento y de cualquiera otra responsabilidad, ya provenga ésta del mismo título, ya de insolvencia del deudor o de sus fiadores, ya de otra causa.

Artículo 1452.- Los legados de que hablan los artículos 1444 y 1449, comprenden los intereses que por el crédito o deuda se deban a la muerte del testador.

Artículo 1453.- Dichos legados subsistirán aunque el testador haya demandado judicialmente al deudor, si el pago no se ha realizado.

Artículo 1454.- El legado genérico de liberación o perdón de las deudas, comprende sólo las existentes al tiempo de otorgar el testamento y no las posteriores.

Artículo 1455.- El legado de cosa mueble indeterminada; pero comprendida en género determinado, será válido, aunque en la herencia no haya cosa alguna del género a que la cosa legada pertenezca.

Artículo 1456.- En el caso del artículo anterior, la elección es del que debe pagar el legado, quien, si las cosas existen, cumple con entregar una de mediana calidad, pudiendo, en caso contrario, comprar una de esa misma calidad o abonar al legatario el precio correspondiente, previo convenio, o a juicio de peritos.

Artículo 1457.- Si el testador concede expresamente la elección al legatario, éste podrá, si hubiere varias cosas del género determinado escoger la mejor, pero si no las hay sólo podrá exigir una de mediana calidad o el precio que le corresponda.

Artículo 1458.- Si la cosa indeterminada fuere inmueble, sólo valdrá el legado existiendo en la herencia varias del mismo género; para la elección se observarán las reglas establecidas en los artículos 1456 y 1457.

Artículo 1459.- El obligado a la entrega del legado responderá en caso de evicción, si la cosa fuere indeterminada y se señalase solamente por género o especie.

Artículo 1460.- En el legado, de especie, el heredero debe entregar la misma cosa legada; en caso de pérdida se observará lo dispuesto para las obligaciones de dar cosa determinada.

Artículo 1461.- Los legados en dinero deben pagarse en esa especie; y si no la hay en la herencia, con el producto de los bienes que al efecto se vendan.

Artículo 1462.- El legado de cosa o cantidad depositada en lugar designado, sólo subsistirá en la parte que en él se encuentre.

Artículo 1463.- El legado de alimentos dura mientras viva el legatario, a no ser que el testador haya dispuesto que dure menos.

Artículo 1464.- Si el testador no señala la cantidad de alimentos, se observará lo dispuesto en el Capítulo II, Título VI del Libro Primero.

Artículo 1465.- Si el testador acostumbró en vida dar al legatario cierta cantidad de dinero por vía de alimentos, se entenderá legada la misma cantidad, si no resultare en notable desproporción con la cuantía de la herencia.

Artículo 1466.- El legado de educación dura hasta que el legatario sale de la menor edad.

Artículo 1467.- Cesa también el legado de educación, si el legatario, durante la menor edad, obtiene profesión u oficio con que poder subsistir.

(ARTÍCULO REFORMADO G.O.CDMX 23 DE ABRIL DE 2024)

Artículo 1468.- El legado de pensión, sean cuales fueren la cantidad, el objeto y los plazos, corre desde la muerte del testador; es exigible al principio de cada período, y el legatario hace suya la que tuvo derecho de cobrar, aunque muera antes de que termine el período comenzado.

Artículo 1469.- Los legados de usufructo, uso, habitación o servidumbre, subsistirán mientras viva el legatario, a no ser que el testador dispusiere que dure menos.

Artículo 1470.- Sólo duran veinte años los legados de que trata el artículo anterior, si fueren dejados a alguna corporación que tuviere capacidad de adquirirlos.

Artículo 1471.- Si la cosa legada estuviere sujeta a usufructo, uso o habitación, el legatario deberá prestarlos hasta que legalmente se extingan, sin que el heredero tenga obligación de ninguna clase.

CAPÍTULO VIII
DE LAS SUBSTITUCIONES

Artículo 1472.- Puede el testador substituir una o más personas al heredero o herederos instituidos, para el caso de que mueran antes que él, o de que no puedan o no quieran aceptar la herencia.

Artículo 1473.- Quedan prohibidas las substituciones fideicomisarias y cualquiera otra diversa de la contenida en el artículo anterior, sea cual fuere la forma de que se la revista.

Artículo 1474.- Los substitutos pueden ser nombrados conjunta o sucesivamente.

Artículo 1475.- El substituto del substituto, faltando éste, lo es del heredero substituido.

Artículo 1476.- Los substitutos recibirán la herencia con los mismos gravámenes y condiciones con que debían recibirlos los herederos; a no ser que el testador haya dispuesto expresamente otra cosa, o que los gravámenes o condiciones fueren meramente personales del heredero.

Artículo 1477.- Si los herederos instituidos en partes desiguales fueren substituidos recíprocamente, en la substitución tendrán las mismas partes que en la institución; a no ser que claramente aparezca haber sido otra la voluntad del testador.

Artículo 1478.- La nulidad de la substitución fideicomisaria no importa la de la institución, ni la del legado, teniéndose únicamente por no escrita la cláusula fideicomisaria.

Artículo 1479.- No se reputa fideicomisaria la disposición en que el testador deja la propiedad del todo o de parte de sus bienes a una persona y el usufructo a otra; a no ser que el propietario o el usufructuario queden obligados a transferir a su muerte la propiedad o el usufructo a un tercero.

Artículo 1480.- Puede el padre dejar una parte o la totalidad de sus bienes a su hijo, con la carga de transferirlos al hijo o hijos que tuviere hasta la muerte del testador, teniéndose en cuenta lo dispuesto en el artículo 1314, en cuyo caso el heredero se considerará como usufructuario.

Artículo 1481.- La disposición que autoriza el artículo anterior, será nula cuando la trasmisión de los bienes deba hacerse a descendientes de ulteriores grados.

Artículo 1482.- Se consideran fideicomisarias y, en consecuencia, prohibidas, las disposiciones que contengan prohibiciones de enajenar, o que llamen a un tercero a lo que quede de la herencia por la muerte del heredero, o el encargo de prestar a más de una persona sucesivamente cierta renta o pensión.

Artículo 1483.- La obligación que se impone al heredero de invertir ciertas cantidades en obras benéficas, como pensiones para estudiantes, para los pobres o para cualquier establecimiento de beneficencia, no está comprendida en la prohibición del artículo anterior.

Si la carga se impusiere sobre bienes inmuebles y fuere temporal, el heredero o herederos podrán disponer de la finca gravada, sin que cese el gravamen mientras que la inscripción de éste no se cancele.

Si la carga fuere perpetua, el heredero podrá capitalizarla e imponer el capital a interés con primera y suficiente hipoteca.

La capitalización e imposición del capital se hará interviniendo la autoridad correspondiente, y con audiencia de los interesados y del Ministerio Público.

CAPÍTULO IX
DE LA NULIDAD, REVOCACIÓN Y CADUCIDAD DE LOS TESTAMENTOS

Artículo 1484.- Es nula la institución de heredero o legatario hecha en memorias o comunicados secretos.

Artículo 1485.- Es nulo el testamento que haga el testador bajo la influencia de amenazas contra su persona o sus bienes, o contra la persona o bienes de su cónyuge o de sus parientes.

Artículo 1486.- El testador que se encuentre en el caso del artículo que precede, podrá, luego que cese la violencia o disfrute de la libertad completa, revalidar su testamento con las mismas solemnidades que si lo otorgara de nuevo. De lo contrario será nula la revalidación.

Artículo 1487.- Es nulo el testamento captado por dolo o fraude.

Artículo 1488.- El juez que tuviere noticia de que alguno impide a otro testar, se presentará sin demora en la casa del segundo para asegurar el ejercicio de su derecho, y levantará acta en que haga constar el hecho que ha motivado su presencia, la persona o personas que causen la violencia y los medios que al efecto hayan empleado o intentado emplear, y si la persona cuya libertad ampara hace uso de su derecho.

Artículo 1489.- Es nulo el testamento en que el testador no exprese cumplida y claramente su voluntad, sino sólo por señales o monosílabos en respuesta a las preguntas que se le hacen.

Artículo 1490.- El testador no puede prohibir que se impugne el testamento en los casos en que éste deba ser nulo conforme a la ley.

Artículo 1491.- El testamento es nulo cuando se otorga en contravención a las formas prescritas por la ley.

Artículo 1492.- Son nulas la renuncia del derecho de testar y la cláusula en que alguno se obligue a no usar de ese derecho, sino bajo ciertas condiciones, sean éstas de la clase que fueren.

Artículo 1493.- La renuncia de la facultad de revocar el testamento es nula.

Artículo 1494.- El testamento anterior queda revocado de pleno derecho por el posterior perfecto, si el testador no expresa en éste su voluntad de que aquél subsista en todo o en parte.

Artículo 1495.- La revocación producirá su efecto aunque el segundo testamento caduque por la incapacidad o renuncia del heredero o de los legatarios nuevamente nombrados.

Artículo 1496.- El testamento anterior recobrará, no obstante, su fuerza, si el testador, revocando el posterior, declara ser su voluntad que el primero subsista.

Artículo 1497.- Las disposiciones testamentarias caducan y quedan sin efecto, en lo relativo a los herederos y legatarios:

I. Si el heredero, o legatario muere antes que el testador o antes de que se cumpla la condición de que dependa la herencia o el legado;

II. Si el heredero o legatario se hace incapaz de recibir la herencia o legado;

III. Si renuncia a su derecho.

Artículo 1498.- La disposición testamentaria que contenga condición de suceso pasado o presente desconocidos, no caduca aunque la noticia del hecho se adquiera después de la muerte del heredero o legatario, cuyos derechos se trasmiten a sus respectivos herederos.

TÍTULO TERCERO
DE LA FORMA DE LOS TESTAMENTOS

CAPÍTULO I
DISPOSICIONES GENERALES

Artículo 1499.- (DEROGADO, G.O. 23 DE JULIO DE 2012)

Artículo 1500.- (DEROGADO, G.O. 23 DE JULIO DE 2012)

Artículo 1501.- (DEROGADO, G.O. 23 DE JULIO DE 2012)

Artículo 1502.- No pueden ser testigos del testamento:

I. Los amanuenses del Notario que lo autorice;

II. Los menores de dieciséis años;

III. Los que no estén en su sano juicio;

IV. (REFORMADA [N. DE E. DEROGADA], G.O. 4 DE DICIEMBRE DE 2008)

V. Los que no entiendan el idioma que habla el testador;

VI. Los herederos o legatarios; sus descendientes, ascendientes, cónyuge o hermanos. El concurso como testigo de una de las personas a que se refiere esta fracción, sólo produce como efecto la nulidad de la disposición que beneficie a ella o a sus mencionados parientes;

VII. Los que hayan sido condenados por el delito de falsedad.

(REFORMADO [N. DE E. ADICIONADO], G.O. 4 DE DICIEMBRE DE 2008)

Las personas con capacidades diferentes relativas a ceguera total o parcial, sordera, mudez o ambas, podrán ser testigos de un testamento con el apoyo de un intérprete pagado por el testador.

(REFORMADO, D.O.F. 6 DE ENERO DE 1994)

Artículo 1503.- Cuando el testador ignore el idioma del país, un intérprete nombrado por el mismo testador concurrirá al acto y firmará el testamento.

Artículo 1504.- Tanto el Notario como los testigos que intervengan en cualquier testamento deberán conocer al testador o cerciorarse de algún modo de su identidad, y de que se halla en su cabal juicio y libre de cualquiera coacción.

Artículo 1505.- Si la identidad del testador no pudiere ser verificada, se declarará esta circunstancia por el Notario o por los testigos, en su caso, agregando uno u otros, todas las señales que caractericen la persona de aquél.

Artículo 1506.- En el caso del artículo que precede, no tendrá validez el testamento mientras no se justifique la identidad del testador.

N. DE E. SE RECOMIENDA CONSULTAR EL DECRETO POR EL QUE SE CREA UNA NUEVA UNIDAD DEL SISTEMA MONETARIO DE LOS ESTADOS UNIDOS MEXICANOS, PUBLICADO EN EL D.O.F. DE FECHA 22 DE JUNIO DE 1992 Y 6 DE ENERO DE 1994 Y EL AVISO POR EL QUE SE INFORMA QUE A PARTIR DEL 1° DE ENERO DE 1994, SE SUPRIME LA PALABRA "NUEVO", PARA VOLVER A LA DENOMINACIÓN "PESO" DEL NOMBRE DE LA UNIDAD DEL SISTEMA MONETARIO, PUBLICADO EN EL D.O.F. EL 15 DE NOVIEMBRE DE 1995.

Artículo 1507.- Se prohíbe a los notarios y a cualesquiera otras personas que hayan de redactar disposiciones de última voluntad, dejar hojas en blanco y servirse de abreviaturas o cifras, bajo la pena de quinientos pesos de multa a los notarios y de la mitad a los que no lo fueren.

Artículo 1508.- El Notario que hubiere autorizado el testamento, debe dar aviso a los interesados luego que sepa la muerte del testador. Si no lo hace, es responsable de los daños y perjuicios que la dilación ocasione.

Artículo 1509.- Lo dispuesto en el artículo que precede se observará también por cualquiera que tenga en su poder un testamento.

Artículo 1510.- Si los interesados están ausentes o son desconocidos, la noticia se dará al juez.

CAPÍTULO II
DEL TESTAMENTO PÚBLICO ABIERTO

(REFORMADO, D.O.F. 6 DE ENERO DE 1994)

Artículo 1511.- Testamento público abierto es el que se otorga ante notario, de conformidad con las disposiciones de este Capítulo.

(REFORMADO, D.O.F. 6 DE ENERO DE 1994)

Artículo 1512.- El testador expresará de modo claro y terminante su voluntad al notario. El notario redactará por escrito las cláusulas del testamento, sujetándose estrictamente a la voluntad del testador y las leerá en voz alta para que éste manifieste si está conforme. Si lo estuviere, firmarán la escritura el testador, el notario y, en su caso, los testigos y el intérprete, asentándose el lugar, año, mes, día y hora en que hubiere sido otorgado.

(REFORMADO, G.O. 23 DE JULIO DE 2012)

Artículo 1513.- En los casos previstos en los artículos 1514, 1515, 1516 y 1517 de éste Código, así como cuando el testador o el notario lo soliciten, dos testigos deberán concurrir al acto de otorgamiento y firmar el testamento.

Los testigos instrumentales a que se refiere este artículo podrán intervenir además, como testigos de conocimiento.

(REFORMADO, D.O.F. 6 DE ENERO DE 1994)

Artículo 1514.- Cuando el testador declare que no sabe o no puede firmar el testamento, uno de los testigos firmará a ruego del testador y éste imprimirá su huella digital.

(REFORMADO [N. DE E. ADICIONADO], G.O. 23 DE JULIO DE 2012)

Artículo 1515.- Los que fueren mudos o sordomudos, pero que puedan leer y escribir expresaran su voluntad al notario por escrito, en presencia de dos testigos. El notario redactará por escrito las cláusulas del testamento sujetándose estrictamente a la voluntad del testador, y una vez leído y aprobado el testamento por el testador firmarán la escritura el testador, los dos testigos y el notario como lo previene el artículo 1512.

(F. DE E., D.O.F. 21 DE DICIEMBRE DE 1928)

Artículo 1516.- El que fuere enteramente sordo; pero que sepa leer, deberá dar lectura a su testamento; si no supiere o no pudiere hacerlo, designará una persona que lo lea a su nombre.

(REFORMADO, D.O.F. 6 DE ENERO DE 1994)

Artículo 1517.- Cuando el testador sea ciego o no pueda o no sepa leer, se dará lectura al testamento dos veces: una por el notario, como está prescrito en el artículo 1512, y otra, en igual forma, por uno de los testigos u otra persona que el testador designe.

(REFORMADO, D.O.F. 6 DE ENERO DE 1994)

Artículo 1518.- Cuando el testador ignore el idioma del país, si puede, escribirá su testamento, que será traducido al español por el intérprete a que se refiere el artículo 1503. La traducción se transcribirá como testamento en el respectivo protocolo y el original, firmado por el testador, el intérprete y el notario, se archivará, en el apéndice correspondiente del notario que intervenga en el acto.

Si el testador no puede o no sabe escribir, el intérprete escribirá el testamento que dicte aquél y leído y aprobado por el testador, se traducirá al español por el intérprete que debe concurrir al acto; hecha la traducción se procederá como se dispone en el párrafo anterior.

Si el testador no puede o no sabe leer, dictará en su idioma el testamento al intérprete. Traducido éste, se procederá como dispone el párrafo primero de este artículo.

En este caso el intérprete podrá intervenir, además, como testigo de conocimiento.

(REFORMADO, D.O.F. 6 DE ENERO DE 1994)

Artículo 1519.- Las formalidades expresadas en este capítulo se practicarán en un solo acto que comenzará con la lectura del testamento y el notario dará fe de haberse llenado aquéllas.

(REFORMADO G.O. 04 DE AGOSTO DE 2021)

Artículo 1520.- El testamento público abierto también podrá otorgarse ante notario en el ámbito de su actuación digital, de conformidad con las disposiciones aplicables de la Ley del Notariado para la Ciudad de México.

El notario, en el ámbito de su actuación digital, y de conformidad con la Ley del Notariado para la Ciudad de México, redactará las cláusulas del testamento, sujetándose estrictamente a la voluntad del testador y las leerá en voz alta para que éste manifieste su conformidad o, en su caso, también podrá reenviar el archivo electrónico al testador a efecto de que sea leído por él mismo, cualquiera de estas dos circunstancias se hará constar en el testamento.

Una vez que el testador estuviese conforme, lo hará saber al notario y procederá a firmar el testamento, haciendo uso de su Firma Electrónica Avanzada reconocida conforme a la Ley del Notariado para la Ciudad de México.

Se tendrá como fecha y hora de otorgamiento del testamento la que aparezca en el estampado de la hora correspondiente a la Firma Electrónica Avanzada reconocida por la Ley del Notariado para la Ciudad de México y como lugar la Ciudad de México.

(ADICIONADO G.O. 04 DE AGOSTO DE 2021)

Artículo 1520 Bis.- El testamento público abierto también podrá realizarse por medios electrónicos, siempre que el testador cuente con la posibilidad de comunicarse con el notario a través de un dispositivo electrónico y el notario pueda ver y oír al testador, así como hablar con él de manera directa, simultánea y en tiempo real durante todo el acto del otorgamiento. Lo anterior se actualizará cuando el testador se encuentre en alguno de los siguientes supuestos:

I. Ante peligro inminente de muerte;

II. Sufra al momento una enfermedad grave o contagiosa;

III. Haya sufrido lesiones que pongan en riesgo su vida; o IV. Se encuentre en un lugar al que, por una situación excepcional, no se pueda acceder en persona. En caso de que el testador se encuentre en alguno de los supuestos a que se refieren los artículos 1515, 1516 o 1517, no podrá llevarse a cabo esta modalidad del testamento público abierto.

(ADICIONADO G.O. 04 DE AGOSTO DE 2021)

Artículo 1520 Ter. -Para el otorgamiento del testamento público abierto descrito en el artículo 1520 bis se observará lo siguiente:

I. Si las circunstancias lo permiten, el testador podrá haber hecho con anterioridad, del conocimiento del notario el contenido de su voluntad por cualquier medio.

II. La asistencia de dos testigos que, a solicitud del testador o del notario, estén físicamente junto al testador y a la vista del notario

III. La voluntad del testador debe expresarse al notario de viva voz, de modo claro y terminante o, en caso de la fracción I, con la misma claridad y definitividad le ratificará lo que le hubiera hecho saber previamente. Asimismo, manifestará que se localiza en la Ciudad de México y que se encuentra libre de coacción.

IV. El notario deberá grabar en cualquier dispositivo electrónico, de manera nítida e ininterrumpidamente esta manifestación. El acto constará en audio y video desde el inicio de la lectura del testamento hasta la manifestación del testador señalando su absoluta conformidad respecto a las disposiciones establecidas y las explicaciones que hubiese solicitado el otorgante con relación al contenido y efectos legales de las mismas. La lectura del testamento podrá realizarse por el testador, el notario o, en su caso, alguno de los testigos presentes.

V. El notario dejará constancia en el instrumento de los hechos relevantes que a su juicio motivaron que el testamento se otorgará en las circunstancias expuestas, así como del entorno observado por él en todo el tiempo en que el acto tuvo lugar.

VI. En el instrumento respectivo el notario deberá certificar lo siguiente:

a) En su concepto y, en su caso, en el de los testigos el testador tiene plenitud de juicio para el otorgamiento y el medio por el cual se cercioró de su identidad;

b) Que procuró, por todos los medios razonables a su alcance, cerciorarse que nadie coaccionó al testador, así como que el propio testador le manifestó estar libre de coacción durante todo el acto; y

c) Cuál de los supuestos considerados en el artículo 1520 bis fue el que se actualizó para el caso concreto, así como que el testador no se encuentra en ninguno de los casos a los que se refieren los artículos 1515, 1516 o 1517 del presente Código.

VII. En la redacción y asiento del instrumento correspondiente, el notario observará las disposiciones a que se refiere el presente Capítulo, en los términos del artículo 1519. Las formalidades se practicarán en acto continuo que comenzará con la lectura del testamento, pero sin necesidad de que el testador y, en su caso, los testigos firmen. El notario lo autorizará con su firma y sello.

VIII. El notario resguardará en el apéndice del instrumento, a través de cualquier medio digital inalterable, el archivo que contenga la grabación del audio y video a que se refiere la fracción IV de este artículo, que servirá como complemento de la fe documental de dicho acto.

En caso de que el testamento que se regula en este artículo fuera declarado nulo por falsedad de las manifestaciones realizadas por el testador, por alguno de los testigos o por vicios de la voluntad, el notario ante quien se hubiese otorgado no tendrá responsabilidad alguna; siempre que haya cumplido con las formalidades descritas en el presente artículo.

(DEROGADO CON LOS ARTÍCULOS QUE LO INTEGRAN, G.O. 23 DE JULIO DE 2012)

CAPÍTULO III

Artículo 1521.- (DEROGADO, G.O. 23 DE JULIO DE 2012)

Artículo 1522.- (DEROGADO, G.O. 23 DE JULIO DE 2012)

Artículo 1523.- (DEROGADO, G.O. 23 DE JULIO DE 2012)

Artículo 1524.- (DEROGADO, G.O. 23 DE JULIO DE 2012)

Artículo 1525.- (DEROGADO, G.O. 23 DE JULIO DE 2012)

Artículo 1526.- (DEROGADO, G.O. 23 DE JULIO DE 2012)

Artículo 1527.- (DEROGADO, G.O. 23 DE JULIO DE 2012)

Artículo 1528.- (DEROGADO, G.O. 23 DE JULIO DE 2012)

Artículo 1529.- (DEROGADO, G.O. 23 DE JULIO DE 2012)

Artículo 1530.- (DEROGADO, G.O. 23 DE JULIO DE 2012)

Artículo 1531.- (DEROGADO, G.O. 23 DE JULIO DE 2012)

Artículo 1532.- (DEROGADO, G.O. 23 DE JULIO DE 2012)

Artículo 1533.- (DEROGADO, G.O. 23 DE JULIO DE 2012)

Artículo 1534.- (DEROGADO, G.O. 23 DE JULIO DE 2012)

Artículo 1535.- (DEROGADO, G.O. 23 DE JULIO DE 2012)

Artículo 1536.- (DEROGADO, G.O. 23 DE JULIO DE 2012)

Artículo 1537.- (DEROGADO, G.O. 23 DE JULIO DE 2012)

Artículo 1538.- (DEROGADO, G.O. 23 DE JULIO DE 2012)

Artículo 1539.- (DEROGADO, G.O. 23 DE JULIO DE 2012)

Artículo 1540.- (DEROGADO, G.O. 23 DE JULIO DE 2012)

Artículo 1541.- (DEROGADO, G.O. 23 DE JULIO DE 2012)

Artículo 1542.- (DEROGADO, G.O. 23 DE JULIO DE 2012)

Artículo 1543.- (DEROGADO, G.O. 23 DE JULIO DE 2012)

Artículo 1544.- (DEROGADO, G.O. 23 DE JULIO DE 2012)

Artículo 1545.- (DEROGADO, G.O. 23 DE JULIO DE 2012)

Artículo 1546.- (DEROGADO, G.O. 23 DE JULIO DE 2012)

Artículo 1547.- (DEROGADO, G.O. 23 DE JULIO DE 2012)

Artículo 1548.- (DEROGADO, G.O. 23 DE JULIO DE 2012)

Artículo 1549.- (DEROGADO, G.O. 23 DE JULIO DE 2012)

(DEROGADO CON EL ARTÍCULO QUE LO INTEGRA, G.O. 23 DE JULIO DE 2012)

CAPÍTULO III BIS

Artículo **1549 Bis.**- (DEROGADO, G.O. 23 DE JULIO DE 2012)

(DEROGADO CON LOS ARTÍCULOS QUE LO INTEGRAN, G.O. 23 DE JULIO DE 2012)

CAPÍTULO IV

Artículo 1550.- (DEROGADO, G.O. 23 DE JULIO DE 2012)

Artículo 1551.- (DEROGADO, G.O. 23 DE JULIO DE 2012)

Artículo 1552.- (DEROGADO, G.O. 23 DE JULIO DE 2012)

Artículo 1553.- (DEROGADO, G.O. 23 DE JULIO DE 2012)

Artículo 1554.- (DEROGADO, G.O. 23 DE JULIO DE 2012)

Artículo 1555.- (DEROGADO, G.O. 23 DE JULIO DE 2012)

Artículo 1556.- (DEROGADO, G.O. 23 DE JULIO DE 2012)

Artículo 1557.- (DEROGADO, G.O. 23 DE JULIO DE 2012)

Artículo 1558.- (DEROGADO, G.O. 23 DE JULIO DE 2012)

Artículo 1559.- (DEROGADO, G.O. 23 DE JULIO DE 2012)

Artículo 1560.- (DEROGADO, G.O. 23 DE JULIO DE 2012)

Artículo 1561.- (DEROGADO, G.O. 23 DE JULIO DE 2012)

Artículo 1562.- (DEROGADO, G.O. 23 DE JULIO DE 2012)

Artículo 1563.- (DEROGADO, G.O. 23 DE JULIO DE 2012)

Artículo 1564.- (DEROGADO, G.O. 23 DE JULIO DE 2012)

(DEROGADO CON LOS ARTÍCULOS QUE LO INTEGRAN, G.O. 23 DE JULIO DE 2012)

CAPÍTULO V

Artículo 1565.- (DEROGADO, G.O. 23 DE JULIO DE 2012)

Artículo 1566.- (DEROGADO, G.O. 23 DE JULIO DE 2012)

Artículo 1567.- (DEROGADO, G.O. 23 DE JULIO DE 2012)

Artículo 1568.- (DEROGADO, G.O. 23 DE JULIO DE 2012)

Artículo 1569.- (DEROGADO, G.O. 23 DE JULIO DE 2012)

Artículo 1570.- (DEROGADO, G.O. 23 DE JULIO DE 2012)

Artículo 1571.- (DEROGADO, G.O. 23 DE JULIO DE 2012)

Artículo 1572.- (DEROGADO, G.O. 23 DE JULIO DE 2012)

Artículo 1573.- (DEROGADO, G.O. 23 DE JULIO DE 2012)

Artículo 1574.- (DEROGADO, G.O. 23 DE JULIO DE 2012)

Artículo 1575.- (DEROGADO, G.O. 23 DE JULIO DE 2012)

Artículo 1576.- (DEROGADO, G.O. 23 DE JULIO DE 2012)

Artículo 1577.- (DEROGADO, G.O. 23 DE JULIO DE 2012)

Artículo 1578.- (DEROGADO, G.O. 23 DE JULIO DE 2012)

(DEROGADO CON LOS ARTÍCULOS QUE LO INTEGRAN, G.O. 23 DE JULIO DE 2012)

CAPÍTULO VI

Artículo 1579.- (DEROGADO, G.O. 23 DE JULIO DE 2012)

Artículo 1580.- (DEROGADO, G.O. 23 DE JULIO DE 2012)

Artículo 1581.- (DEROGADO, G.O. 23 DE JULIO DE 2012)

Artículo 1582.- (DEROGADO, G.O. 23 DE JULIO DE 2012)

(DEROGADO CON LOS ARTÍCULOS QUE LO INTEGRAN, G.O. 23 DE JULIO DE 2012)

CAPÍTULO VII

Artículo 1583.- (DEROGADO, G.O. 23 DE JULIO DE 2012)

Artículo 1584.- (DEROGADO, G.O. 23 DE JULIO DE 2012)

Artículo 1585.- (DEROGADO, G.O. 23 DE JULIO DE 2012)

Artículo 1586.- (DEROGADO, G.O. 23 DE JULIO DE 2012)

Artículo 1587.- (DEROGADO, G.O. 23 DE JULIO DE 2012)

Artículo 1588.- (DEROGADO, G.O. 23 DE JULIO DE 2012)

Artículo 1589.- (DEROGADO, G.O. 23 DE JULIO DE 2012)

Artículo 1590.- (DEROGADO, G.O. 23 DE JULIO DE 2012)

Artículo 1591.- (DEROGADO, G.O. 23 DE JULIO DE 2012)

Artículo 1592.- (DEROGADO, G.O. 23 DE JULIO DE 2012)

CAPÍTULO VIII
DEL TESTAMENTO HECHO EN PAÍS EXTRANJERO

(REFORMADO, G.O. 23 DE JULIO DE 2012)

Artículo 1593.- El testamento hecho en país extranjero producirá efectos en el Distrito Federal cuando haya sido formulado de acuerdo a las leyes del país en que se otorgó. Quien tenga interés jurídico deberá probar ante el juez, con las certificaciones oficiales que en su caso emita el País en donde se haya otorgado el testamento, la muerte del testador, el texto y vigencia legal del testamento. El juez lo declarará formalmente válido si no contraviene leyes, principios o instituciones del orden público mexicano.

(REFORMADO, G.O. 23 DE JULIO DE 2012)

Artículo 1594.- El testamento público abierto hecho en el extranjero ante jefe de oficinas consulares en ejercicio de funciones notariales, celebrados dentro de su circunscripción y que estén destinados a surtir efectos en el Distrito Federal, será equivalente al otorgado ante notario del Distrito Federal, en los términos de la Ley del Servicio Exterior Mexicano y su Reglamento, y el testimonio respectivo tendrá plena validez sin necesidad de legalización.

Artículo 1595.- (DEROGADO, G.O. 23 DE JULIO DE 2012)

Artículo 1596.- (DEROGADO, G.O. 23 DE JULIO DE 2012)

Artículo 1597.- (DEROGADO, G.O. 23 DE JULIO DE 2012)

Artículo 1598.- (DEROGADO, G.O. 23 DE JULIO DE 2012)

TÍTULO CUARTO
DE LA SUCESIÓN LEGÍTIMA

CAPÍTULO I
DISPOSICIONES GENERALES

Artículo 1599.- La herencia legítima se abre:

I. Cuando no hay testamento, o el que se otorgó es nulo o perdió su validez;

II. Cuando el testador no dispuso de todos sus bienes;

III. Cuando no se cumpla la condición impuesta al heredero;

IV. Cuando el heredero muere antes del testador, repudia la herencia o es incapaz de heredar, si no se ha nombrado substituto.

Artículo 1600.- Cuando siendo válido el testamento no deba subsistir la institución de heredero, subsistirán, sin embargo, las demás disposiciones hechas en él, y la sucesión legítima sólo comprenderá los bienes que debían corresponder al heredero instituido.

Artículo 1601.- Si el testador dispone legalmente sólo de una parte de sus bienes el resto de ellos forma la sucesión legítima.

(REFORMADO, D.O.F. 27 DE DICIEMBRE DE 1983)

Artículo 1602.- Tienen derecho a heredar por sucesión legítima:

I. Los descendientes, cónyuges, ascendientes, parientes colaterales dentro del cuarto grado y la concubina o el concubinario, si se satisfacen en este caso los requisitos señalados por el artículo 1635.

(REFORMADA, G.O. 7 DE JUNIO DE 2006)

II. A falta de los anteriores, el Sistema para el Desarrollo Integral de la Familia del Distrito Federal.

Artículo 1603.- El parentesco de afinidad no da derecho de heredar.

Artículo 1604.- Los parientes más próximos excluyen a los más remotos, salvo lo dispuesto en los artículos 1609 y 1632.

Artículo 1605.- Los parientes que se hallaren en el mismo grado, heredarán por partes iguales.

Artículo 1606.- Las líneas y grados de parentesco se arreglarán por las disposiciones contenidas en el Capítulo I, Título VI, Libro Primero.

CAPÍTULO II
DE LA SUCESIÓN DE LOS DESCENDIENTES

Artículo 1607.- Si a la muerte de los padres quedaren sólo hijos, la herencia se dividirá entre todos por partes iguales.

Artículo 1608.- Cuando concurran descendientes con el cónyuge que sobreviva, a éste le corresponderá la porción de un hijo, de acuerdo con lo dispuesto en el artículo 1624.

Artículo 1609.- Si quedaren hijos y descendientes de ulterior grado, los primeros heredarán por cabeza y los segundos por estirpes. Lo mismo se observará tratándose de descendientes de hijos premuertos, incapaces de heredar o que hubieren renunciado la herencia.

Artículo 1610.- Si sólo quedaren descendientes de ulterior grado, la herencia se dividirá por estirpes, y si en algunas de éstas hubiere varios herederos, la porción que a ella corresponda se dividirá por partes iguales.

Artículo 1611.- Concurriendo hijos con ascendientes, éstos sólo tendrán derecho a alimentos, que en ningún caso pueden exceder de la porción de uno de los hijos.

(REFORMADO, D.O.F. 28 DE MAYO DE 1998)

Artículo 1612.- El adoptado hereda como hijo, pero en la adopción simple no hay derecho de sucesión entre el adoptado y los parientes del adoptante.

(REFORMADO, D.O.F. 28 DE MAYO DE 1998)

Artículo 1613.- Concurriendo padres adoptantes y descendientes del adoptado en forma simple, los primeros sólo tendrán derecho a alimentos.

Artículo 1614.- Si el intestado no fuere absoluto, se deducirá del total de la herencia la parte de que legalmente haya dispuesto el testador, y el resto se dividirá de la manera que disponen los artículos que preceden.

CAPÍTULO III
DE LA SUCESIÓN DE LOS ASCENDIENTES

Artículo 1615.- A falta de descendientes y de cónyuge, sucederán el padre y la madre por partes iguales.

Artículo 1616.- Si sólo hubiere padre o madre, el que viva sucederá al hijo en toda la herencia.

(F. DE E., D.O.F. 21 DE DICIEMBRE DE 1928)

Artículo 1617.- Si sólo hubiere ascendientes de ulterior grado por una línea, se dividirá la herencia por partes iguales.

Artículo 1618.- Si hubiere ascendientes por ambas líneas, se dividirá la herencia en dos partes iguales, y se aplicará una a los ascendientes de la línea paterna y otra a los de la materna.

Artículo 1619.- Los miembros de cada línea dividirán entre sí por partes iguales la porción que les corresponda.

(REFORMADO, D.O.F. 28 DE MAYO DE 1998)

Artículo 1620.- Concurriendo los adoptantes con ascendientes del adoptado en forma simple, la herencia de éste se dividirá por partes iguales entre los adoptantes y los ascendientes.

Artículo 1621.- Si concurre el cónyuge del adoptado con los adoptantes, las dos terceras partes de la herencia corresponden al cónyuge y la otra tercera parte a los que hicieren la adopción.

Artículo 1622.- Los ascendientes, aun cuando sean ilegítimos, tienen derecho de heredar a sus descendientes reconocidos.

Artículo 1623.- Si el reconocimiento se hace después de que el descendiente haya adquirido bienes cuya cuantía, teniendo en cuenta las circunstancias personales del que reconoce, haga suponer fundadamente que motivó el reconocimiento, ni el que reconoce, ni sus descendientes tienen derecho a la herencia del reconocido. El que reconoce tiene derecho a alimentos, en el caso de que el reconocimiento lo haya hecho cuando el reconocido tuvo también derecho a percibir alimentos.

CAPÍTULO IV
DE LA SUCESIÓN DEL CÓNYUGE

Artículo 1624.- El cónyuge que sobrevive, concurriendo con descendientes, tendrá el derecho de un hijo, si carece de bienes o los que tiene al morir el autor de la sucesión, no igualan a la porción que a cada hijo debe corresponder. Lo mismo se observará si concurre con hijos adoptivos del autor de la herencia.

Artículo 1625.- En el primer caso del artículo anterior, el cónyuge recibirá íntegra la porción señalada; en el segundo, sólo tendrá derecho de recibir lo que baste para igualar sus bienes con la porción mencionada.

Artículo 1626.- Si el cónyuge que sobrevive concurre con ascendientes, la herencia se dividirá en dos partes iguales, de las cuales una se aplicará al cónyuge y la otra a los ascendientes.

Artículo 1627.- Concurriendo el cónyuge con uno o más hermanos del autor de la sucesión, tendrán dos tercios de la herencia, y el tercio restante se aplicará al hermano o se dividirá por partes iguales entre los hermanos.

Artículo 1628.- El cónyuge recibirá las porciones que le correspondan conforme a los dos artículos anteriores, aunque tenga bienes propios.

Artículo 1629.- A falta de descendientes, ascendientes y hermanos, el cónyuge sucederá en todos los bienes.

CAPÍTULO V
DE LA SUCESIÓN DE LOS COLATERALES

Artículo 1630.- Si sólo hay hermanos por ambas líneas, sucederán por partes iguales.

Artículo 1631.- Si concurren hermanos con medios hermanos, aquéllos heredarán doble porción que éstos.

Artículo 1632.- Si concurren hermanos con sobrinos, hijos de hermanos o de medios hermanos premuertos, que sean incapaces de heredar o que hayan renunciado la herencia, los primeros heredarán por cabeza y los segundos por estirpes, teniendo en cuenta lo dispuesto en el artículo anterior.

Artículo 1633.- A falta de hermanos, sucederán sus hijos, dividiéndose la herencia por estirpes, y la porción de cada estirpe por cabezas.

Artículo 1634.- A falta de los llamados en los artículos anteriores, sucederán los parientes más próximos dentro del cuarto grado, sin distinción de línea, ni consideración al doble vínculo, y heredarán por partes iguales.

Al aplicar las disposiciones anteriores se tendrá en cuenta lo que ordena el Capítulo siguiente.

(REFORMADA SU DENOMINACIÓN, D.O.F. 27 DE DICIEMBRE DE 1983)

CAPÍTULO VI
DE LA SUCESIÓN DE LOS CONCUBINOS

(REFORMADO, G.O. 25 DE MAYO DE 2000)

Artículo 1635.- La concubina y el concubinario tienen derecho a heredarse recíprocamente, aplicándose las disposiciones relativas a la sucesión del cónyuge, siempre que reúnan los requisitos a que se refiere el Capítulo XI del Título Quinto del Libro Primero de este Código.

CAPÍTULO VII
DE LA SUCESIÓN DE LA BENEFICENCIA PÚBLICA

(REFORMADO, G.O. 7 DE JUNIO DE 2006)

Artículo 1636.- A falta de todos los herederos llamados en los capítulos anteriores, sucederá el Sistema para el Desarrollo Integral de la Familia del Distrito Federal.

(REFORMADO, G.O. 7 DE JUNIO DE 2006)

Artículo 1637.- Cuando sea heredera el Sistema para el Desarrollo Integral de la Familia del Distrito Federal y entre lo que corresponda existan bienes raíces que no pueda adquirir conforme al articulo 27 constitucional, se venderán los bienes en publica subasta, antes de hacer la adjudicación, aplicándose al Sistema para el Desarrollo Integral de la Familia del Distrito Federal, el precio que se obtuviere.

TÍTULO QUINTO
DISPOSICIONES COMUNES A LAS SUCESIONES TESTAMENTARIA Y LEGÍTIMA

CAPÍTULO I
DE LAS PRECAUCIONES QUE DEBEN ADOPTARSE CUANDO LA VIUDA QUEDE ENCINTA

Artículo 1638.- Cuando a la muerte del marido la viuda crea haber quedado encinta, lo pondrá en conocimiento del juez que conozca de la sucesión, dentro del término de cuarenta días, para que lo notifique a los que tengan a la herencia un derecho de tal naturaleza que deba desaparecer o disminuir por el nacimiento del póstumo.

Artículo 1639.- Los interesados a que se refiere el precedente artículo pueden pedir al juez que dicte las providencias convenientes para evitar la suposición del parto, la substitución del infante o que se haga pasar por viable la criatura que no lo es.

Cuidará el juez de que las medidas que dicte no ataquen al pudor, ni a la libertad de la viuda.

Artículo 1640.- Háyase o no dado el aviso de que habla el artículo 1638, al aproximarse la época del parto la viuda deberá ponerlo en conocimiento del juez, para que lo haga saber a los interesados. Estos tienen derecho de pedir que el juez nombre una persona que se cerciore de la realidad del alumbramiento; debiendo recaer el nombramiento precisamente en un médico o en una partera.

Artículo 1641.- Si el marido reconoció en instrumento público o privado la certeza de la preñez de su consorte, estará dispensada ésta de dar el aviso a que se refiere el artículo 1638; pero quedará sujeta a cumplir lo dispuesto en el artículo 1640.

Artículo 1642.- La omisión de la madre no perjudica a la legitimidad del hijo, si por otros medios legales puede acreditarse.

Artículo 1643.- La viuda que quedare encinta, aun cuando tenga bienes, deberá ser alimentada con cargo a la masa hereditaria.

Artículo 1644.- Si la viuda no cumple con lo dispuesto en los artículos 1638 y 1640, podrán los interesados negarle los alimentos cuando tenga bienes; pero si por averiguaciones posteriores resultare cierta la preñez, se deberán abonar los alimentos que dejaron de pagarse.

Artículo 1645.- La viuda no está obligada a devolver los alimentos percibidos aun cuando haya habido aborto o no resulte cierta la preñez, salvo el caso en que ésta hubiere sido contradicha por dictamen pericial.

Artículo 1646.- El juez decidirá de plano todas las cuestiones relativas a alimentos conforme a los artículos anteriores, resolviendo en caso dudoso en favor de la viuda.

Artículo 1647.- Para cualquiera de las diligencias que se practiquen conforme a lo dispuesto en este Capítulo, deberá ser oída la viuda.

Artículo 1648.- La división de la herencia se suspenderá hasta que se verifique el parto o hasta que transcurra el término máximo de la preñez; mas los acreedores podrán ser pagados por mandato judicial.

CAPÍTULO II
DE LA APERTURA Y TRANSMISIÓN DE LA HERENCIA

Artículo 1649.- La sucesión se abre en el momento en que muere el autor de la herencia y cuando se declara la presunción de muerte de un ausente.

Artículo 1650.- No habiendo albacea nombrado, cada uno de los herederos puede, si no ha sido instituido heredero de bienes determinados, reclamar la totalidad de la herencia que le corresponde conjuntamente con otros, sin que el demandado pueda oponer la excepción de que la herencia no le pertenece por entero.

Artículo 1651.- Habiendo albacea nombrado, él deberá promover la reclamación a que se refiere el artículo precedente, y siendo moroso en hacerlo, los herederos tienen derecho de pedir su remoción.

Artículo 1652.- El derecho de reclamar la herencia prescribe en diez años y es trasmisible a los herederos.

CAPÍTULO III
DE LA ACEPTACIÓN Y DE LA REPUDIACIÓN DE LA HERENCIA

Artículo 1653.- Pueden aceptar o repudiar la herencia todos los que tienen la libre disposición de sus bienes.

Artículo 1654.- La herencia dejada a los menores y demás incapacitados, será aceptada por sus tutores, quienes podrán repudiarla con autorización judicial, previa audiencia del Ministerio Público.

Artículo 1655.- La herencia común será aceptada o repudiada por los dos cónyuges, en caso de discrepancia, resolverá el juez.

(ARTÍCULO REFORMADO G.O. CDMX 10/05/2023)

Artículo 1656.- La aceptación puede ser expresa o tácita. Es expresa la aceptación si el heredero acepta con palabras terminantes, y tácita, si ejecuta algunos hechos de que se deduzca necesariamente la intención de aceptar, o aquellos que no podría ejecutar sino con su calidad de heredero.

Artículo 1657.- Ninguno puede aceptar o repudiar la herencia en parte, con plazo o condicionalmente.

Artículo 1658.- Si los herederos no se convinieren sobre la aceptación o repudiación, podrán aceptar unos y repudiar otros.

Artículo 1659.- Si el heredero fallece sin aceptar o repudiar la herencia, el derecho de hacerlo se trasmite a sus sucesores.

Artículo 1660.- Los efectos de la aceptación o repudiación de la herencia se retrotraen siempre a la fecha de la muerte de la persona a quien se hereda.

Artículo 1661.- La repudiación debe ser expresa y hacerse por escrito ante el juez, o por medio de instrumento público otorgado ante Notario, cuando el heredero no se encuentra en el lugar del juicio.

Artículo 1662.- La repudiación no priva al que la hace, si no es heredero ejecutor, del derecho de reclamar los legados que se le hubieren dejado.

Artículo 1663.- El que es llamado a una misma herencia por testamento y abintestato, y la repudia por el primer título, se entiende haberla repudiado por los dos.

Artículo 1664.- El que repudia el derecho de suceder por intestado sin tener noticia de su título testamentario, puede en virtud de éste, aceptar la herencia.

Artículo 1665.- Ninguno puede renunciar la sucesión de persona viva, ni enajenar los derechos que eventualmente pueda tener a su herencia.

Artículo 1666.- Nadie puede aceptar ni repudiar sin estar cierto de la muerte de aquel de cuya herencia se trate.

Artículo 1667.- Conocida la muerte de aquel a quien se hereda, se puede renunciar la herencia dejada bajo condición, aunque ésta no se haya cumplido.

(REFORMADO PRIMER PÁRRAFO, G.O. 25 DE MAYO DE 2000)

Artículo 1668.- Las personas morales capaces de adquirir pueden, por conducto de sus representantes legítimos, aceptar o repudiar herencias; pero tratándose de corporaciones de carácter oficial o de instituciones de Asistencia Privada, no pueden repudiar la herencia, las primeras, sin aprobación judicial, previa audiencia del Ministerio Público, y las segundas, sin sujetarse a las disposiciones relativas de la Ley de Instituciones de Asistencia Privada para el Distrito Federal.

Los establecimientos públicos no pueden aceptar ni repudiar herencias sin aprobación de la autoridad administrativa superior de quien dependan.

Artículo 1669.- Cuando alguno tuviere interés en que el heredero declare si acepta o repudia la herencia, podrá pedir, pasados nueve días de la apertura de ésta, que el juez fije al heredero un plazo, que no excederá de un mes, para que dentro de él haga su declaración, apercibido de que, si no la hace, se tendrá la herencia por aceptada.

Artículo 1670.- La aceptación y la repudiación, una vez hechas, son irrevocables, y no pueden ser impugnadas sino en los casos de dolo o violencia.

Artículo 1671.- El heredero puede revocar la aceptación o la repudiación, cuando por un testamento desconocido, al tiempo de hacerla, se altera la cantidad o calidad de la herencia.

Artículo 1672.- En el caso del artículo anterior, si el heredero revoca la aceptación, devolverá todo lo que hubiere percibido de la herencia, observándose respecto de los frutos, las reglas relativas a los poseedores.

Artículo 1673.- Si el heredero repudia la herencia en perjuicio de sus acreedores, pueden éstos pedir al juez que los autorice para aceptar en nombre de aquél.

Artículo 1674.- En el caso del artículo anterior, la aceptación sólo aprovechará a los acreedores para el pago de sus créditos; pero si la herencia excediere del importe de éstos, el exceso pertenecerá a quien llame la ley, y en ningún caso al que hizo la renuncia.

Artículo 1675.- Los acreedores cuyos créditos fueren posteriores a la repudiación, no pueden ejercer el derecho que les concede el artículo 1673.

Artículo 1676.- El que por la repudiación de la herencia debe entrar en ella, podrá impedir que la acepten los acreedores, pagando a éstos los créditos que tienen contra el que la repudió.

Artículo 1677.- El que a instancias de un legatario o acreedor hereditario, haya sido declarado heredero, será considerado como tal por los demás, sin necesidad de nuevo juicio.

Artículo 1678.- La aceptación en ningún caso produce confusión de los bienes del autor de la herencia y de los herederos, porque toda herencia se entiende aceptada a beneficio de inventario, aunque no se exprese.

CAPÍTULO IV
DE LOS ALBACEAS

Artículo 1679.- No podrá ser albacea la persona que no tenga la libre disposición de sus bienes.

(ARTÍCULO REFORMADO G.O.CDMX 10/05/2023)

Artículo 1680.- No pueden ser albaceas, excepto en el caso de ser herederos únicos:

I. Los magistrados y jueces que estén ejerciendo jurisdicción en el lugar en que se abre la sucesión;

II. Los que por sentencia hubieren sido removidos otra vez del cargo de albacea;

(REFORMADO, G.O. 18 DE DICIEMBRE DE 2014)

III. Los que hayan sido condenados por delitos contra el patrimonio;

IV. Los que no tengan un modo honesto de vivir.

Artículo 1681.- El testador puede nombrar uno o más albaceas.

Artículo 1682.- Cuando el testador no hubiere designado albacea o el nombrado no desempeñare el cargo, los herederos elegirán albacea por mayoría de votos. Por los herederos menores votarán sus legítimos representantes.

Artículo 1683.- La mayoría, en todos los casos de que habla este Capítulo, y los relativos a inventario y partición, se calculará por el importe de las porciones, y no por el número de las personas.

Cuando la mayor porción esté representada por menos de la cuarta parte de los herederos, para que haya mayoría se necesita que con ellos voten los herederos que sean necesarios para formar por lo menos la cuarta parte del número total.

Artículo 1684.- Si no hubiere mayoría, el albacea será nombrado por el juez, de entre los propuestos.

Artículo 1685.- Lo dispuesto en los dos artículos que preceden se observará también en los casos de intestado, y cuando el albacea nombrado falte, sea por la causa que fuere.

Artículo 1686.- El heredero que fuere único, será albacea si no hubiere sido nombrado otro en el testamento. Si es incapaz, desempeñará el cargo su tutor.

Artículo 1687.- Cuando no haya heredero o el nombrado no entre en la herencia, el juez nombrará el albacea, si no hubiere legatarios.

Artículo 1688.- En el caso del artículo anterior, si hay legatarios, el albacea será nombrado por éstos.

Artículo 1689.- El albacea nombrado conforme a los dos artículos que preceden, durará en su encargo mientras que, declarados los herederos legítimos, éstos hacen la elección de albacea.

Artículo 1690.- Cuando toda la herencia se distribuya en legados, los legatarios nombrarán el albacea.

Artículo 1691.- El albacea podrá ser universal o especial.

Artículo 1692.- Cuando fueren varios los albaceas nombrados, el albaceazgo será ejercido por cada uno de ellos, en el orden en que hubiesen sido designados, a no ser que el testador hubiere dispuesto expresamente que se ejerza de común acuerdo por todos los nombrados, pues en este caso se considerarán mancomunados.

Artículo 1693.- Cuando los albaceas fueren mancomunados sólo valdrá lo que todos hagan de consuno; lo que haga uno de ellos, legalmente autorizado por los demás, o lo que, en caso de disidencia, acuerde el mayor número. Si no hubiere mayoría, decidirá el juez.

Artículo 1694.- En los casos de suma urgencia, puede uno de los albaceas mancomunados practicar, bajo su responsabilidad personal, los actos que fueren necesarios, dando cuenta inmediatamente a los demás.

(REFORMADO G.O. 18 DE JULIO DE 2018)

Artículo 1695.- El cargo de albacea es voluntario; pero el que lo acepte, se constituye en la obligación de desempeñarlo.

Si el que fuere nombrado albacea por el testador no es su voluntad aceptar el cargo, por intereses personales, se debe aceptar su negativa y de inmediato someter a votación de los herederos el nombramiento del que fungirá como albacea.

(ADICIONADO G.O. 18 DE JULIO DE 2018)

Artículo 1695 Bis.- No será aplicable lo previsto en el segundo párrafo del artículo 1695 cuando quien ha sido designado como albacea además, tiene la calidad de heredero universal único.

Artículo 1696.- El albacea que renuncie sin justa causa, perderá lo que hubiere dejado el testador. Lo mismo sucederá cuando la renuncia sea por justa causa, si lo que se deja al albacea es con el exclusivo objeto de remunerarlo por el desempeño del cargo.

Artículo 1697.- El albacea que presentare excusas, deberá hacerlo dentro de los seis días siguientes a aquel en que tuvo noticia de su nombramiento; o si éste le era ya conocido, dentro de los seis días siguientes a aquel en que tuvo noticia de la muerte del testador. Si presenta sus excusas fuera del término señalado, responderá de los daños y perjuicios que ocasione.

Artículo 1698.- Pueden excusarse de ser albaceas:

I. Los empleados y funcionarios públicos;

II. Los militares en servicio activo;

III. Los que fueren tan pobres que no puedan atender el albaceazgo sin menoscabo de su subsistencia;

IV. Los que por el mal estado habitual de salud, o por no saber leer ni escribir, no puedan atender debidamente el albaceazgo;

V. Los que tengan sesenta años cumplidos;

VI. Los que tengan a su cargo otro albaceazgo.

Artículo 1699.- El albacea que estuviere presente mientras se decide sobre su excusa, debe desempeñar el cargo bajo la pena establecida en el artículo 1696.

Artículo 1700.- El albacea no podrá delegar el cargo que ha recibido, ni por su muerte pasa a sus herederos; pero no está obligado a obrar personalmente; puede hacerlo por mandatarios que obren bajo sus órdenes, respondiendo de los actos de éstos.

Artículo 1701.- El albacea general está obligado a entregar al ejecutor especial las cantidades o cosas necesarias para que cumpla la parte del testamento que estuviere a su cargo.

Artículo 1702.- Si el cumplimiento del legado dependiere de plazo o de alguna condición suspensiva, podrá el ejecutor general resistir la entrega de la cosa o cantidad, dando fianza a satisfacción del legatario o del ejecutor especial, de que la entrega se hará en su debido tiempo.

Artículo 1703.- El ejecutor especial podrá también, a nombre del legatario, exigir la constitución de la hipoteca necesaria.

Artículo 1704.- El derecho a la posesión de los bienes hereditarios se transmite, por ministerio de la ley, a los herederos y a los ejecutores universales, desde el momento de la muerte del autor de la herencia, salvo lo dispuesto en el artículo 205.

Artículo 1705.- El albacea debe deducir todas las acciones que pertenezcan a la herencia.

Artículo 1706.- Son obligaciones del albacea general:

I. La presentación del testamento;

II. El aseguramiento de los bienes de la herencia;

III. La formación de inventarios;

IV. La administración de los bienes y la rendición de las cuentas del albaceazgo;

V. El pago de las deudas mortuorias, hereditarias y testamentarias;

VI. La partición y adjudicación de los bienes entre los herederos y legatarios;

VII. La defensa, en juicio y fuera de él, así de la herencia como de la validez del testamento;

VIII. La de representar a la sucesión en todos los juicios que hubieren de promoverse en su nombre o que se promovieron contra de ella;

IX. Las demás que le imponga la ley.

Artículo 1707.- Los albaceas, dentro de los quince días siguientes a la aprobación del inventario, propondrán al juez la distribución provisional de los productos de los bienes hereditarios, señalando la parte de ellos que cada bimestre deberá entregarse a los herederos o legatarios.

El juez, observando el procedimiento fijado por el Código de la materia, aprobará o modificará la proposición hecha, según corresponda.

El albacea que no presente la proposición de que se trata o que durante dos bimestres consecutivos, sin justa causa, no cubra a los herederos o legatarios lo que les corresponda, será separado del cargo a solicitud de cualquiera de los interesados.

Artículo 1708.- El albacea también está obligado, dentro de los tres meses contados desde que acepte su nombramiento, a garantizar su manejo, con fianza, hipoteca o prenda, a su elección, conforme a las bases siguientes:

I. Por el importe de la renta de los bienes raíces en el último año y por los réditos de los capitales impuestos, durante ese mismo tiempo;

II. Por el valor de los bienes muebles;

III. Por el de los productos de las fincas rústicas en un año, calculados por peritos o por el término medio en un quinquenio, a elección del juez;

IV. En las negociaciones mercantiles e industriales por el veinte por ciento del importe de las mercancías, y demás efectos muebles, calculado por los libros si están llevados en debida forma o a juicio de peritos.

Artículo 1709.- Cuando el albacea sea también coheredero y su porción baste para garantizar, conforme a lo dispuesto en el artículo que precede, no estará obligado a prestar garantía especial, mientras que conserve sus derechos hereditarios. Si su porción no fuere suficiente para prestar la garantía de que se trata, estará obligado a dar fianza, hipoteca o prenda por lo que falte para completar esa garantía.

Artículo 1710.- El testador no puede librar al albacea de la obligación de garantizar su manejo; pero los herederos, sean testamentarios o legítimos, tienen derecho de dispensar al albacea del cumplimiento de esa obligación.

Artículo 1711.- Si el albacea ha sido nombrado en testamento y lo tiene en su poder, debe presentarlo dentro de los ocho días siguientes a la muerte del testador.

Artículo 1712.- El albacea debe formar el inventario dentro del término señalado por el Código de Procedimientos Civiles. Si no lo hace, será removido.

Artículo 1713.- El albacea, antes de formar el inventario, no permitirá la extracción de cosa alguna, si no es que conste la propiedad ajena por el mismo testamento, por instrumento público o por los libros de la casa llevados en debida forma, si el autor de la herencia hubiere sido comerciante.

Artículo 1714.- Cuando la propiedad de la cosa ajena conste por medios diversos de los enumerados en el artículo que precede, el albacea se limitará a poner al margen de las partidas respectivas, una nota que indique la pertenencia de la cosa, para que la propiedad se discuta en el juicio correspondiente.

Artículo 1715.- La infracción a los dos artículos anteriores, hará responsable al albacea de los daños y perjuicios.

Artículo 1716.- El albacea, dentro del primer mes de ejercer su cargo, fijará, de acuerdo con los herederos, la cantidad que haya de emplearse en los gastos de administración y el número y sueldos de los dependientes.

Artículo 1717.- Si para el pago de una deuda u otro gasto urgente, fuere necesario vender algunos bienes, el albacea deberá hacerlo, de acuerdo con los herederos, y si esto no fuere posible, con aprobación judicial.

Artículo 1718.- Lo dispuesto en los artículos 569 y 570 respecto de los tutores, se observará también respecto de los albaceas.

Artículo 1719.- El albacea no puede gravar ni hipotecar los bienes, sin consentimiento de los herederos o de los legatarios en su caso.

Artículo 1720.- El albacea no puede transigir ni comprometer en árbitros los negocios de la herencia, sino con consentimiento de los herederos.

Artículo 1721.- El albacea sólo puede dar en arrendamiento hasta por un año los bienes de la herencia. Para arrendarlos por mayor tiempo, necesita del consentimiento de los herederos o de los legatarios en su caso.

Artículo 1722.- El albacea está obligado a rendir cada año cuenta de su albaceazgo. No podrá ser nuevamente nombrado, sin que antes haya sido aprobada su cuenta anual. Además, rendirá la cuenta general de albaceazgo. También rendirá cuenta de su administración, cuando por cualquiera causa deje de ser albacea.

Artículo 1723.- La obligación que de dar cuentas tiene el albacea, pasa a sus herederos.

Artículo 1724.- Son nulas de pleno derecho las disposiciones por las que el testador dispensa al albacea de la obligación de hacer inventario o de rendir cuentas.

Artículo 1725.- La cuenta de administración debe ser aprobada por todos los herederos; el que disienta, puede seguir a su costa el juicio respectivo, en los términos que establezca el Código de Procedimientos Civiles.

(REFORMADO, G.O. 7 DE JUNIO DE 2006)

Artículo 1726.- Cuando fuere heredera el Sistema para el Desarrollo Integral de la Familia del Distrito Federal o los herederos fueren menores, intervendrá el Ministerio Público en la aprobación de las cuentas.

Artículo 1727.- Aprobadas las cuentas, los interesados pueden celebrar sobre su resultado, los convenios que quieran.

Artículo 1728.- El heredero o herederos que no hubieren estado conformes con el nombramiento de albacea hecho por la mayoría, tienen derecho de nombrar un interventor que vigile al albacea.

Si la minoría inconforme la forman varios herederos, el nombramiento de interventor se hará por mayoría de votos, y si no se obtiene mayoría, el nombramiento lo hará el juez, eligiendo el interventor de entre las personas propuestas por los herederos de la minoría.

Artículo 1729.- Las funciones del interventor se limitarán a vigilar el exacto cumplimiento del cargo de albacea.

Artículo 1730.- El interventor no puede tener la posesión ni aun interina de los bienes.

Artículo 1731.- Debe nombrarse precisamente un interventor:
I. Siempre que el heredero esté ausente o no sea conocido;
II. Cuando la cuantía de los legados iguale o exceda a la porción del heredero albacea;
III. Cuando se hagan legados para objetos o establecimientos de Beneficencia Pública.

Artículo 1732.- Los interventores deben ser mayores de edad y capaces de obligarse.

Artículo 1733.- Los interventores durarán mientras que no se revoque su nombramiento.

Artículo 1734.- Los interventores tendrán la retribución que acuerden los herederos que los nombran, y si los nombra el juez, cobrará conforme a Arancel, como si fuera un apoderado.

Artículo 1735.- Los acreedores y legatarios no podrán exigir el pago de sus créditos y legados, sino hasta que el inventario haya sido formado y aprobado, siempre que se forme y apruebe dentro de los términos señalados por la ley; salvo en los casos prescritos en los artículos 1754 y 1757, y aquellas deudas sobre las cuales hubiere juicio pendiente al abrirse la sucesión.

Artículo 1736.- Los gastos hechos por el albacea en el cumplimiento de su cargo, incluso los honorarios de abogado y procurador que haya ocupado, se pagarán de la masa de la herencia.

Artículo 1737.- El albacea debe cumplir su encargo dentro de un año, contado desde su aceptación, o desde que terminen los litigios que se promovieren sobre la validez o nulidad del testamento.

Artículo 1738.- Sólo por causa justificada pueden los herederos prorrogar al albacea el plazo señalado en el artículo anterior, y la prórroga no excederá de un año.

Artículo 1739.- Para prorrogar el plazo del albaceazgo, es indispensable que haya sido aprobada la cuenta anual del albacea, y que la prórroga la acuerde una mayoría que represente las dos terceras partes de la herencia.

Artículo 1740.- El testador puede señalar al albacea la retribución que quiera.

Artículo 1741.- Si el testador no designare la retribución, el albacea cobrará el dos por ciento sobre el importe líquido y efectivo de la herencia, y el cinco por ciento sobre los frutos industriales de los bienes hereditarios.

Artículo 1742.- El albacea tiene derecho de elegir entre lo que le deja el testador por el desempeño del cargo y lo que la ley le concede por el mismo motivo.

Artículo 1743.- Si fueren varios y mancomunados los albaceas, la retribución se repartirá entre todos ellos; si no fueren mancomunados, la repartición se hará en proporción al tiempo que cada uno haya administrado y al trabajo que hubiere tenido en la administración.

Artículo 1744.- Si el testador legó conjuntamente a los albaceas alguna cosa por el desempeño de su cargo, la parte de los que no admitan éste, acrecerá a los que lo ejerzan.

Artículo 1745.- Los cargos de albacea e interventor, acaban:
I. Por el término natural del encargo;
II. Por muerte;
III. Por incapacidad legal, declarada en forma;

(REFORMADA, G.O. 7 DE JUNIO DE 2006)

IV. Por excusa que el juez califique de legítima, con audiencia de los interesados y del Ministerio Público, cuando se interesen menores o el Sistema para el Desarrollo Integral de la Familia del Distrito Federal;

V. Por terminar el plazo señalado por la ley y las prórrogas concedidas para desempeñar el cargo;

VI. Por revocación de sus nombramientos, hecha por los herederos;

VII. Por remoción.

Artículo 1746.- La revocación puede hacerse por los herederos en cualquier tiempo, pero en el mismo acto debe nombrarse el substituto.

Artículo 1747.- Cuando el albacea haya recibido del testador algún encargo especial, además del de seguir el juicio sucesorio para hacer entrega de los bienes a los herederos, no quedará privado de aquel encargo por la revocación del nombramiento de albacea que hagan los herederos. En tal caso, se considerará como ejecutor especial y se aplicará lo dispuesto en el artículo 1701.

Artículo 1748.- Si la revocación se hace sin causa justificada, el albacea removido tiene derecho de percibir lo que el testador le haya dejado por el desempeño del cargo o el tanto por ciento que le corresponda conforme al artículo 1741, teniéndose en cuenta lo dispuesto en el artículo 1743.

Artículo 1749.- La remoción no tendrá lugar sino por sentencia pronunciada en el incidente respectivo, promovido por parte legítima.

CAPÍTULO V
DEL INVENTARIO Y DE LA LIQUIDACIÓN DE LA HERENCIA

Artículo 1750.- El albacea definitivo, dentro del término que fije el Código de Procedimientos Civiles, promoverá la formación del inventario.

Artículo 1751.- Si el albacea no cumpliere lo dispuesto en el artículo anterior, podrá promover la formación de inventario cualquier heredero.

Artículo 1752.- El inventario se formará según lo disponga el Código de Procedimientos Civiles. Si el albacea no lo presenta dentro del término legal, será removido.

Artículo 1753.- Concluido y aprobado judicialmente el inventario, el albacea procederá a la liquidación de la herencia.

Artículo 1754.- En primer lugar, serán pagadas las deudas mortuorias, si no lo estuvieren ya, pues pueden pagarse antes de la formación del inventario.

Artículo 1755.- Se llaman deudas mortuorias, los gastos del funeral y las que se hayan causado en la última enfermedad del autor de la herencia.

Artículo 1756.- Las deudas mortuorias, se pagarán del cuerpo de la herencia.

Artículo 1757.- En segundo lugar, se pagarán los gastos de rigurosa conservación y administración de la herencia, así como los créditos alimenticios que pueden también ser cubiertos antes de la formación del inventario.

Artículo 1758.- Si para hacer los pagos de que hablan los artículos anteriores no hubiere dinero en la herencia, el albacea promoverá la venta de los bienes muebles y aun de los inmuebles, con las solemnidades que respectivamente se requieran.

Artículo 1759.- En seguida se pagarán las deudas hereditarias que fueren exigibles.

Artículo 1760.- Se llaman deudas hereditarias, las contraídas por el autor de la herencia independientemente de su última disposición, y de las que es responsable con sus bienes.

Artículo 1761.- Si hubiere pendiente algún concurso, el albacea no deberá pagar sino conforme a la sentencia de graduación de acreedores.

Artículo 1762.- Los acreedores, cuando no haya concurso, serán pagados en el orden en que se presenten; pero si entre los no presentados hubiere algunos preferentes, se exigirá a los que fueren pagados la caución de acreedor de mejor derecho.

Artículo 1763.- El albacea, concluido el inventario, no podrá pagar los legados, sin haber cubierto o asignado bienes bastantes para pagar las deudas, conservando en los respectivos bienes los gravámenes especiales que tengan.

Artículo 1764.- Los acreedores que se presenten después de pagados los legatarios, solamente tendrán acción contra éstos cuando en la herencia no hubiere bienes bastantes para cubrir sus créditos.

Artículo 1765.- La venta de bienes hereditarios para el pago de deudas y legados, se hará en pública subasta; a no ser que la mayoría de los interesados acuerde otra cosa.

Artículo 1766.- La mayoría de los interesados, o la autorización judicial en su caso, determinarán la aplicación que haya de darse al precio de las cosas vendidas.

CAPÍTULO VI
DE LA PARTICIÓN

Artículo 1767.- Aprobados el inventario y la cuenta de administración, el albacea debe hacer en seguida la partición de la herencia.

Artículo 1768.- A ningún coheredero puede obligarse a permanecer en la indivisión de los bienes, ni aun por prevención expresa del testador.

Artículo 1769.- Puede suspenderse la partición en virtud de convenio expreso de los interesados. Habiendo menores entre ellos, deberá oírse al tutor y al Ministerio Público, y el auto en que se apruebe el convenio, determinará el tiempo que debe durar la indivisión.

Artículo 1770.- Si el autor de la herencia dispone en su testamento que a algún heredero o legatario se le entreguen determinados bienes, el albacea, aprobado el inventario, les entregará esos bienes, siempre que garanticen suficientemente responder por los gastos y cargas generales de la herencia, en la proporción que les corresponda.

Artículo 1771.- Si el autor de la herencia hiciere la partición de los bienes en su testamento, a ella deberá estarse, salvo derecho de tercero.

Artículo 1772.- Si el autor de la sucesión no dispuso cómo debieran repartirse sus bienes y se trata de una negociación que forme una unidad agrícola, industrial o comercial, habiendo entre los herederos agricultores, industriales o comerciantes, a ellos se aplicará la negociación, siempre que puedan entregar en dinero a los otros coherederos la parte que les corresponda. El precio de la negociación, se fijará por peritos.

Lo dispuesto en este artículo, no impide que los coherederos celebren los convenios que estimen pertinentes.

Artículo 1773.- Los coherederos deben abonarse recíprocamente las rentas y frutos que cada uno haya recibido de los bienes hereditarios, los gastos útiles y necesarios y los daños ocasionados por malicia o negligencia.

Artículo 1774.- Si el testador hubiere legado alguna pensión o renta vitalicia, sin gravar con ella en particular a algún heredero o legatario, se capitalizará al nueve por ciento anual, y se separará un capital o fundo de igual valor, que se entregará a la persona que deba percibir la pensión o renta, quien tendrá todas las obligaciones de mero usufructuario. Lo mismo se observará cuando se trate de las pensiones alimenticias a que se refiere el artículo 1368.

Artículo 1775.- En el proyecto de partición se expresará la parte que del capital o fundo afecto a la pensión, corresponderá a cada uno de los herederos luego que aquélla se extinga.

Artículo 1776.- Cuando todos los herederos sean mayores, y el interés del Fisco, si lo hubiere, esté cubierto, podrán los interesados separarse de la prosecución del juicio y adoptar los acuerdos que estimen convenientes para el arreglo y terminación de la testamentaría o del intestado.

Cuando haya menores, podrán separarse, si están debidamente representados y el Ministerio Público da su conformidad. En este caso, los acuerdos que se tomen se denunciarán al juez, y éste, oyendo al Ministerio Público, dará su aprobación, si no se lesionan los derechos de los menores.

N. DE E. SE MODIFICA EL TEXTO DEL PRESENTE ARTÍCULO EN LOS TÉRMINOS DEL ARTÍCULO 54 DE LA LEY DEL NOTARIADO PARA EL DISTRITO FEDERAL Y TERRITORIOS, DE ACUERDO A LO DISPUESTO POR EL ARTÍCULO 14 DE LAS DISPOSICIONES TRANSITORIAS DE LA CITADA LEY, PUBLICADA EN EL D.O.F. 23 DE FEBRERO DE 1946.

Artículo 1777.- La partición constará en escritura pública, siempre que en la herencia haya bienes cuya enajenación deba hacerse con esa formalidad.

Artículo 1778.- Los gastos de la partición, se rebajarán del fondo común; los que se hagan por el interés particular de alguno de los herederos o legatarios, se imputarán a su haber.

CAPÍTULO VII
DE LOS EFECTOS DE LA PARTICIÓN

Artículo 1779.- La partición legalmente hecha, fija la porción de bienes hereditarios que corresponde a cada uno de los herederos.

Artículo 1780.- Cuando por causas anteriores a la partición, alguno de los coherederos fuese privado del todo o de parte de su haber, los otros coherederos están obligados a indemnizarle de esa pérdida, en proporción a sus derechos hereditarios.

Artículo 1781.- La porción que deberá pagarse al que pierda su parte, no será la que represente su haber primitivo, sino la que le corresponda, deduciendo del total de la herencia la parte perdida.

Artículo 1782.- Si alguno de los coherederos estuviere insolvente, la cuota con que debía contribuir se repartirá entre los demás, incluso el que perdió su parte.

Artículo 1783.- Los que pagaren por el insolvente, conservarán su acción contra él, para cuando mejore de fortuna.

Artículo 1784.- La obligación a que se refiere el artículo 1780, sólo cesará en los casos siguientes:

I. Cuando se hubieren dejado al heredero bienes individualmente determinados, de los cuales es privado;

II. Cuando al hacerse la partición, los coherederos renuncien expresamente el derecho a ser indemnizados;

III. Cuando la pérdida fuere ocasionada por culpa del heredero que la sufre.

Artículo 1785.- Si se adjudica como cobrable un crédito, los coherederos no responden de la insolvencia posterior del deudor hereditario, y sólo son responsables de su solvencia al tiempo de hacerse la partición.

Artículo 1786.- Por los créditos incobrables no hay responsabilidad.

Artículo 1787.- El heredero cuyos bienes hereditarios fueren embargados, o contra quien se pronunciare sentencia en juicio por causa de ellos, tiene derecho de pedir que sus coherederos, caucionen la responsabilidad que pueda resultarles y, en caso contrario, que se les prohiba enajenar los bienes que recibieron.

CAPÍTULO VIII
DE LA RESCISIÓN Y NULIDAD DE LAS PARTICIONES

Artículo 1788.- Las particiones pueden rescindirse o anularse por las mismas causas que las obligaciones.

Artículo 1789.- El heredero preterido tiene derecho de pedir la nulidad de la partición. Decretada ésta, se hará una nueva partición para que perciba la parte que le corresponda.

Artículo 1790.- La partición hecha con un heredero falso, es nula en cuanto tenga relación con él, y la parte que se le aplicó se distribuirá entre los herederos.

Artículo 1791.- Si hecha la partición aparecieren algunos bienes omitidos en ella, se hará una división suplementaria, en la cual se observarán las disposiciones contenidas en este Título.

LIBRO CUARTO
DE LAS OBLIGACIONES

PRIMERA PARTE
DE LAS OBLIGACIONES EN GENERAL

TÍTULO PRIMERO
FUENTES DE LAS OBLIGACIONES

CAPÍTULO I
CONTRATOS

Artículo 1792.- Convenio es el acuerdo de dos o más personas para crear, transferir, modificar o extinguir obligaciones.

Artículo 1793.- Los convenios que producen o transfieren las obligaciones y derechos toman el nombre de contratos.

Artículo 1794.- Para la existencia del contrato se requiere:
I. Consentimiento;
II. Objeto que pueda ser materia del contrato.

Artículo 1795.- El contrato puede ser invalidado:
I. Por incapacidad legal de las partes o de una de ellas;
II. Por vicios del consentimiento;
III. Porque su objeto, o su motivo o fin sea ilícito;
IV. Porque el consentimiento no se haya manifestado en la forma que la ley establece.

(REFORMADO, G.O. 22 DE ENERO DE 2010)

Artículo 1796.- Los contratos se perfeccionan por el mero consentimiento, excepto aquellos que deben revestir una forma establecida por la Ley. Desde que se perfeccionan obligan a los contratantes no sólo al cumplimiento de lo expresamente pactado, sino también a las consecuencias que, según su naturaleza son conforme a la buena fe, al uso o a la ley, con excepción de aquellos contratos que se encuentren en el supuesto señalado en el párrafo siguiente.

Salvo aquellos contratos que aparezcan celebrados con carácter aleatorio, cuando en los contratos sujetos a plazo, condición o de tracto sucesivo, surjan en el intervalo acontecimientos extraordinarios de carácter nacional que no fuesen posibles de prever y que generen que las obligaciones de una de las partes sean más onerosas, dicha parte podrá intentar la acción tendiente a recuperar el equilibrio entre las obligaciones conforme al procedimiento señalado en el siguiente artículo.

(ADICIONADO, G.O. 22 DE ENERO DE 2010)

Artículo 1796 Bis.- En el supuesto del segundo párrafo del artículo anterior, se tiene derecho de pedir la modificación del contrato. La solicitud debe hacerse dentro de los treinta días siguientes a los acontecimientos extraordinarios y debe indicar los motivos sobre los que está fundada.

La solicitud de modificación no confiere, por sí misma, al solicitante el derecho de suspender el cumplimiento del contrato.

En caso de falta de acuerdo entre las partes dentro de un término de treinta días a partir de la recepción de la solicitud, el solicitante tiene derecho a dirigirse al juez para que dirima la controversia. Dicha acción deberá presentarse dentro de los treinta días siguientes.

Si se determina la procedencia de la acción por ocurrir los acontecimientos a que se refiere el artículo anterior, la parte demandada podrá escoger entre:

I) La modificación de las obligaciones con el fin de restablecer el equilibrio original del contrato según lo determine el juez,

II) La resolución del contrato en los términos del siguiente artículo.

(ADICIONADO, G.O. 22 DE ENERO DE 2010)

Artículo 1796 Ter.- Los efectos de la modificación equitativa o la rescisión del contrato no aplicarán a las prestaciones realizadas antes de que surgiera el acontecimiento extraordinario e imprevisible sino que estas modificaciones aplicarán a las prestaciones por cubrir con posterioridad a éste. Por ello tampoco procederá la rescisión si el perjudicado estuviese en mora o hubiere obrado dolosamente.

Artículo 1797.- La validez y el cumplimiento de los contratos no puede dejarse al arbitrio de uno de los contratantes.

De la capacidad

Artículo 1798.- Son hábiles para contratar todas las personas no exceptuadas por la ley.

Artículo 1799.- La incapacidad de una de las partes no puede ser invocada por la otra en provecho propio, salvo que sea indivisible el objeto del derecho o de la obligación común.

REPRESENTACIÓN

Artículo 1800.- El que es hábil para contratar, puede hacerlo por sí o por medio de otro legalmente autorizado.

Artículo 1801.- Ninguno puede contratar a nombre de otro sin estar autorizado por él o por la ley.

Artículo 1802.- Los contratos celebrados a nombre de otro por quien no sea su legítimo representante, serán nulos, a no ser que la persona a cuyo nombre fueron celebrados, los ratifique antes de que se retracten por la otra parte. La ratificación debe ser hecha con las mismas formalidades que para el contrato exige la ley.

Si no se obtiene la ratificación, el otro contratante tendrá derecho de exigir daños y perjuicios a quien indebidamente contrató.

DEL CONSENTIMIENTO

Artículo 1803.- El consentimiento puede ser expreso o tácito. Es expreso cuando se manifiesta verbalmente, por escrito, por medios electrónicos, ópticos, por cualquier otra tecnología o por signos inequívocos. El tácito resultará de hechos o de actos que lo presupongan o que autoricen a presumirlo, excepto en los casos en que por ley o por convenio la voluntad deba manifestarse expresamente.

Artículo 1804.- Toda persona que propone a otra la celebración de un contrato fijándole un plazo para aceptar, queda ligada por su oferta hasta la expiración del plazo.

(REFORMADO G.O. 04 DE AGOSTO DE 2021)

Artículo 1805.- Cuando la oferta se haga a una persona presente, sin fijación de plazo para aceptarla, el autor de la oferta queda desligado si la aceptación no se hace inmediatamente. La misma regla se aplicará a la oferta hecha por teléfono o a través de medios electrónicos, ópticos o de cualquier otra tecnología que permita la expresión de la oferta y la aceptación de ésta en forma inmediata.

Artículo 1806.- Cuando la oferta se haga sin fijación de plazo a una persona no presente, el autor de la oferta quedará ligado durante tres días, además del tiempo necesario para la ida y vuelta regular del correo público, o del que se juzgue bastante, no habiendo correo público, según las distancias y la facilidad o dificultad de las comunicaciones.

Artículo 1807.- El contrato se forma en el momento en que el proponente reciba la aceptación, estando ligado por su oferta según los artículos precedentes.

Artículo 1808.- La oferta se considerará como no hecha si la retira su autor y el destinatario recibe la retractación antes que la oferta. La misma regla se aplica al caso en que se retire la aceptación.

Artículo 1809.- Si al tiempo de la aceptación hubiere fallecido el proponente, sin que el aceptante fuere sabedor de su muerte, quedarán los herederos de aquél obligados a sostener el contrato.

Artículo 1810.- El proponente quedará libre de su oferta cuando la respuesta que reciba no sea una aceptación lisa y llana, sino que importe modificación de la primera. En este caso la respuesta se considera como nueva proposición que se regirá por lo dispuesto en los artículos anteriores.

(REFORMADO G.O. 04 DE AGOSTO DE 2021)

Artículo 1811.- La propuesta y aceptación hechas por telégrafo producen efectos si los contratantes con anterioridad habían estipulado por escrito esta manera de contratar, y si los originales de los respectivos telegramas contienen las firmas de los contratantes y los signos convencionales establecidos entre ellos.

Tratándose de la propuesta y aceptación hechas a través de medios electrónicos, ópticos o de cualquier otra tecnología no se requerirá de estipulación previa entre los contratantes para que produzca efectos.

VICIOS DEL CONSENTIMIENTO

Artículo 1812.- El consentimiento no es válido si ha sido dado por error, arrancado por violencia o sorprendido por dolo.

Artículo 1813.- El error de derecho o de hecho invalida el contrato cuando recae sobre el motivo determinante de la voluntad de cualquiera de los que contratan, si en el acto de la celebración se declara ese motivo o si se prueba por las circunstancias del mismo contrato que se celebró éste en el falso supuesto que lo motivó y no por otra causa.

Artículo 1814.- El error de cálculo sólo da lugar a que se rectifique.

(F. DE E., D.O.F. 21 DE DICIEMBRE DE 1928)

Artículo 1815.- Se entiende por dolo en los contratos, cualquiera sugestión o artificio que se emplee para inducir a error o mantener en él a alguno de los contratantes; y por mala fe, la disimulación del error de uno de los contratantes, una vez conocido.

Artículo 1816.- El dolo o mala fe de una de las partes y el dolo que proviene de un tercero, sabiéndolo aquélla, anulan el contrato si ha sido la causa determinante de este acto jurídico.

Artículo 1817.- Si ambas partes proceden con dolo ninguna de ellas puede alegar la nulidad del acto o reclamarse indemnizaciones.

Artículo 1818.- Es nulo el contrato celebrado por violencia, ya provenga ésta de alguno de los contratantes, ya de un tercero, interesado o no en el contrato.

Artículo 1819.- Hay violencia cuando se emplea fuerza física o amenazas que importen peligro de perder la vida, la honra, la libertad, la salud, o una parte considerable de los bienes del contratante, de su cónyuge, de sus ascendientes, de sus descendientes o de sus parientes colaterales dentro del segundo grado.

Artículo 1820.- El temor reverencial, esto es, el solo temor de desagradar a las personas a quienes se debe sumisión y respeto, no basta para viciar el consentimiento.

Artículo 1821.- Las consideraciones generales que los contratantes expusieren sobre los provechos y perjuicios que naturalmente pueden resultar de la celebración o no celebración del contrato, y que no importen engaño o amenaza alguna de las partes, no serán tomadas en cuenta al calificar el dolo o la violencia.

Artículo 1822.- No es lícito renunciar para lo futuro la nulidad que resulte del dolo o de la violencia.

Artículo 1823.- Si habiendo cesado la violencia o siendo conocido el dolo, el que sufrió la violencia o padeció el engaño ratifica el contrato, no puede en lo sucesivo reclamar por semejantes vicios.

DEL OBJETO Y DEL MOTIVO O FIN DE LOS CONTRATOS

Artículo 1824.- Son objeto de los contratos:
I. La cosa que el obligado debe dar;
II. El hecho que el obligado debe hacer o no hacer.

Artículo 1825.- La cosa objeto del contrato debe: 1o. Existir en la naturaleza.- 2o. ser determinada o determinable en cuanto a su especie. 3o. Estar en el comercio.

Artículo 1826.- Las cosas futuras pueden ser objeto de un contrato. Sin embargo, no puede serlo la herencia de una persona viva, aun cuando ésta preste su consentimiento.

Artículo 1827.- El hecho positivo o negativo, objeto del contrato, debe ser:

I. Posible;

II. Lícito.

Artículo 1828.- Es imposible el hecho que no puede existir porque es incompatible con una ley de la naturaleza o con una norma jurídica que debe regirlo necesariamente y que constituye un obstáculo insuperable para su realización.

Artículo 1829.- No se considerará imposible el hecho que no pueda ejecutarse por el obligado, pero sí por otra persona en lugar de él.

Artículo 1830.- Es ilícito el hecho que es contrario a las leyes de orden público o a las buenas costumbres.

Artículo 1831.- El fin o motivo determinante de la voluntad de los que contratan, tampoco debe ser contrario a las leyes de orden público ni a las buenas costumbres.

FORMA

Artículo 1832.- En los contratos civiles cada uno se obliga en la manera y términos que aparezca que quiso obligarse, sin que para la validez del contrato se requieran formalidades determinadas, fuera de los casos expresamente designados por la ley.

Artículo 1833.- Cuando la ley exija determinada forma para un contrato, mientras que éste no revista esa forma no será válido, salvo disposición en contrario; pero si la voluntad de las partes para celebrarlo consta de manera fehaciente, cualquiera de ellas puede exigir que se dé al contrato la forma legal.

(REFORMADO G.O. 04 DE AGOSTO DE 2021)

Artículo 1834.- Cuando se exija la forma escrita para el contrato, los documentos relativos deben ser firmados por todas las personas a las cuales se imponga esa obligación ya sea en forma autógrafa, con el uso de la Firma Electrónica Avanzada o de la Firma Electrónica de la Ciudad de México.

Si alguna de ellas no puede o no sabe firmar, lo hará otra a su ruego y en el documento se imprimirá la huella digital del interesado que no firmó.

En los casos en que la ley establezca como requisito que un acto jurídico deba otorgarse en instrumento ante notario, dicho otorgamiento se hará en el protocolo ordinario o en el protocolo digital que tenga a su cargo en el ámbito de la actuación digital notarial en los términos establecidos por la Ley del Notariado para la Ciudad de México.

DIVISIÓN DE LOS CONTRATOS

Artículo 1835.- El contrato es unilateral cuando una sola de las partes se obliga hacia la otra sin que ésta le quede obligada.

Artículo 1836.- El contrato es bilateral cuando las partes se obligan recíprocamente.

Artículo 1837.- Es contrato oneroso aquel en que se estipulan provechos y gravámenes recíprocos; y gratuito aquel en que el provecho es solamente de una de las partes.

Artículo 1838.- El contrato oneroso es conmutativo cuando las prestaciones que se deben las partes son ciertas desde que se celebra el contrato, de tal suerte que ellas pueden apreciar inmediatamente el beneficio o la pérdida que les cause éste. Es aleatorio, cuando la prestación debida depende de un acontecimiento incierto que hace que no sea posible la evaluación de la ganancia o pérdida, sino hasta que ese acontecimiento se realice.

CLÁUSULAS QUE PUEDEN CONTENER LOS CONTRATOS

Artículo 1839.- Los contratantes pueden poner las cláusulas que crean convenientes; pero las que se refieran a requisitos esenciales del contrato, o sean consecuencias de su naturaleza ordinaria, se tendrán por puestas aunque no se expresen, a no ser que las segundas sean renunciadas en los casos y términos permitidos por la ley.

Artículo 1840.- Pueden los contratantes estipular cierta prestación como pena para el caso de que la obligación no se cumpla o no se cumpla de la manera convenida. Si tal estipulación se hace, no podrán reclamarse, además, daños y perjuicios.

Artículo 1841.- La nulidad del contrato importa la de la cláusula penal; pero la nulidad de ésta no acarrea la de aquél.

Sin embargo, cuando se promete por otra persona, imponiéndose una pena para el caso de no cumplirse por ésta lo prometido, valdrá la pena aunque el contrato no se lleve a efecto por falta del consentimiento de dicha persona.

Lo mismo sucederá cuando se estipule con otro, a favor de un tercero, y la persona con quien se estipule se sujete a una pena para el caso de no cumplir lo prometido.

Artículo 1842.- Al pedir la pena, el acreedor no está obligado a probar que ha sufrido perjuicios, ni el deudor podrá eximirse de satisfacerla, probando que el acreedor no ha sufrido perjuicio alguno.

Artículo 1843.- La cláusula penal no puede exceder ni en valor ni en cuantía a la obligación principal.

Artículo 1844.- Si la obligación fuere cumplida en parte, la pena se modificará en la misma proporción.

Artículo 1845.- Si la modificación no pudiere ser exactamente proporcional, el juez reducirá la pena de una manera equitativa, teniendo en cuenta la naturaleza y demás circunstancias de la obligación.

Artículo 1846.- El acreedor puede exigir el cumplimiento de la obligación o el pago de la pena, pero no ambos; a menos que aparezca haber estipulado la pena por el simple retardo en el cumplimiento de la obligación, o porque ésta no se preste de la manera convenida.

Artículo 1847.- No podrá hacerse efectiva la pena cuando el obligado a ella no haya podido cumplir el contrato por hecho del acreedor, caso fortuito o fuerza insuperable.

Artículo 1848.- En las obligaciones mancomunadas con cláusula penal, bastará la contravención de uno de los herederos del deudor para que se incurra en la pena.

Artículo 1849.- En el caso del artículo anterior, cada uno de los herederos responderá de la parte de la pena que le corresponda, en proporción a su cuota hereditaria.

Artículo 1850.- Tratándose de obligaciones indivisibles, se observará lo dispuesto en el artículo 2007.

INTERPRETACIÓN

Artículo 1851.- Si los términos de un contrato son claros y no dejan duda sobre la intención de los contratantes, se estará al sentido literal de sus cláusulas.

Si las palabras parecieren contrarias a la intención evidente de los contratantes, prevalecerá ésta sobre aquéllas.

Artículo 1852.- Cualquiera que sea la generalidad de los términos de un contrato, no deberán entenderse comprendidos en él cosas distintas y casos diferentes de aquéllos sobre los que los interesados se propusieron contratar.

Artículo 1853.- Si alguna cláusula de los contratos admitiere diversos sentidos, deberá entenderse en el más adecuado para que produzca efecto.

Artículo 1854.- Las cláusulas de los contratos deben interpretarse las unas por las otras, atribuyendo a las dudosas el sentido que resulte del conjunto de todas.

Artículo 1855.- Las palabras que pueden tener distintas acepciones serán entendidas en aquella que sea más conforme a la naturaleza y objeto del contrato.

Artículo 1856.- El uso o la costumbre del país se tendrán en cuenta para interpretar las ambigüedades de los contratos.

Artículo 1857.- Cuando absolutamente fuere imposible resolver las dudas por las reglas establecidas en los artículos precedentes, si aquéllas recaen sobre circunstancias accidentales del contrato, y éste fuere gratuito, se resolverán en favor de la menor transmisión de derechos e intereses; si fuere oneroso se resolverá la duda en favor de la mayor reciprocidad de intereses.

Si las dudas de cuya resolución se trata en este artículo recayesen sobre el objeto principal del contrato, de suerte que no pueda venirse en conocimiento de cuál fue la intención o la voluntad de los contratantes, el contrato será nulo.

DISPOSICIONES FINALES

Artículo 1858.- Los contratos que no estén especialmente reglamentados en este Código, se regirán por las reglas generales de los contratos; por las estipulaciones de las partes, y en lo que fueren omisas, por las disposiciones del contrato con el que tengan más analogía, de los reglamentados en este ordenamiento.

Artículo 1859.- Las disposiciones legales sobre contratos serán aplicables a todos los convenios y a otros actos jurídicos, en lo que no se opongan a la naturaleza de estos o a disposiciones especiales de la ley sobre los mismos.

CAPÍTULO II
DE LA DECLARACIÓN UNILATERAL DE LA VOLUNTAD

Artículo 1860.- El hecho de ofrecer al público objetos en determinado precio, obliga al dueño a sostener su ofrecimiento.

Artículo 1861.- El que por anuncios u ofrecimientos hechos al público se comprometa a alguna prestación en favor de quien llene determinada condición o desempeñe cierto servicio, contrae la obligación de cumplir lo prometido.

Artículo 1862.- El que en los términos del artículo anterior ejecutare el servicio pedido o llenare la condición señalada, podrá exigir el pago o la recompensa ofrecida.

Artículo 1863.- Antes de que esté prestado el servicio o cumplida la condición, podrá el promitente revocar su oferta, siempre que la revocación se haga con la misma publicidad que el ofrecimiento.

En este caso, el que pruebe que ha hecho erogaciones para prestar el servicio o cumplir la condición por la que se había ofrecido recompensa, tiene derecho a que se le reembolse.

Artículo 1864.- Si se hubiere señalado plazo para la ejecución de la obra, no podrá revocar el promitente su ofrecimiento mientras no esté vencido el plazo.

Artículo 1865.- Si el acto señalado por el promitente fuere ejecutado por más de un individuo, tendrán derecho a la recompensa:

I. El que primero ejecutare la obra o cumpliere la condición;

II. Si la ejecución es simultánea, o varios llenan al mismo tiempo la condición, se repartirá la recompensa por partes iguales;

III. Si la recompensa no fuere divisible se sorteará entre los interesados.

Artículo 1866.- En los concursos en que haya promesa de recompensa para los que llenaren ciertas condiciones, es requisito esencial que se fije un plazo.

Artículo 1867.- El promitente tiene derecho de designar la persona que deba decidir a quién o a quiénes de los concursantes se otorga la recompensa.

Artículo 1868.- En los contratos se pueden hacer estipulaciones en favor de tercero de acuerdo con los siguientes artículos.

Artículo 1869.- La estipulación hecha a favor de tercero hace adquirir a éste, salvo pacto escrito en contrario, el derecho de exigir del promitente la prestación a que se ha obligado.

También confiere al estipulante el derecho de exigir del promitente el cumplimiento de dicha obligación.

Artículo 1870.- El derecho de tercero nace en el momento de perfeccionarse el contrato, salvo la facultad que los contratantes conservan de imponerle las modalidades que juzguen convenientes, siempre que éstas consten expresamente en el referido contrato.

Artículo 1871.- La estipulación puede ser revocada mientras que el tercero no haya manifestado su voluntad de querer aprovecharla. En tal caso, o cuando el tercero rehuse la prestación estipulada a su favor, el derecho se considera como no nacido.

Artículo 1872.- El promitente podrá, salvo pacto en contrario, oponer al tercero las excepciones derivadas del contrato.

Artículo 1873.- Puede el deudor obligarse otorgando documentos civiles pagaderos a la orden o al portador.

Artículo 1874.- La propiedad de los documentos de carácter civil que se extiendan a la orden, se transfiere por simple endoso, que contendrá el lugar y fecha en que se hace, el concepto en que se reciba el valor del documento, el nombre de la persona a cuya orden se otorgó el endoso y la firma del endosante.

Artículo 1875.- El endoso puede hacerse en blanco con la sola firma del endosante, sin ninguna otra indicación; pero no podrán ejercitarse los derechos derivados del endoso sin llenarlo con todos los requisitos exigidos por el artículo que precede.

Artículo 1876.- Todos los que endosen un documento quedan obligados solidariamente para con el portador, en garantía del mismo. Sin embargo, puede hacerse el endoso sin la responsabilidad solidaria del endosante, siempre que así se haga constar expresamente al extenderse el endoso.

Artículo 1877.- La propiedad de los documentos civiles que sean al portador, se transfiere por la simple entrega del título.

Artículo 1878.- El deudor está obligado a pagar a cualquiera que le presente y entregue el título al portador, a menos que haya recibido orden judicial para no hacer el pago.

Artículo 1879.- La obligación del que emite el título al portador no desaparece, aunque demuestre que el título entró en circulación contra su voluntad.

Artículo 1880.- El suscriptor del título al portador no puede oponer más excepciones que las que se refieren a la nulidad del mismo título, las que se deriven de su texto o las que tenga en contra del portador que lo presente.

Artículo 1881.- La persona que ha sido desposeída injustamente de títulos al portador, sólo con orden judicial puede impedir que se paguen al detentador que los presente al cobro.

CAPÍTULO III
DEL ENRIQUECIMIENTO ILEGÍTIMO

Artículo 1882.- El que sin causa se enriquece en detrimento de otro, está obligado a indemnizarlo de su empobrecimiento en la medida que él se ha enriquecido.

Artículo 1883.- Cuando se reciba alguna cosa que no se tenía derecho de exigir y que por error ha sido indebidamente pagada, se tiene obligación de restituirla.

Si lo indebido consiste en una prestación cumplida, cuando el que la recibe procede de mala fe, debe pagar el precio corriente de esa prestación; si procede de buena fe, sólo debe pagar lo equivalente al enriquecimiento recibido.

Artículo 1884.- El que acepte un pago indebido, si hubiere procedido de mala fe, deberá abonar el interés legal cuando se trate de capitales, o los frutos percibidos y los dejados de percibir, de las cosas que los produjeren.

Además, responderá de los menoscabos que la cosa haya sufrido por cualquiera causa, y de los perjuicios que se irrogaren al que la entregó, hasta que la recobre. No responderá del caso fortuito cuando éste hubiere podido afectar del mismo modo a las cosas hallándose en poder del que las entregó.

Artículo 1885.- Si el que recibió la cosa con mala fe, la hubiere enajenado a un tercero que tuviere también mala fe, podrá el dueño reivindicarla y cobrar de uno u otro los daños y perjuicios.

Artículo 1886.- Si el tercero a quien se enajena la cosa la adquiere de buena fe, sólo podrá reivindicarse si la enajenación se hizo a título gratuito.

Artículo 1887.- El que de buena fe hubiere aceptado un pago indebido de cosa cierta y determinada, sólo responderá de los menoscabos o pérdidas de ésta y de sus accesiones, en cuanto por ellos se hubiere enriquecido. Si la hubiere enajenado, restituirá el precio o cederá la acción para hacerlo efectivo.

Artículo 1888.- Si el que recibió de buena fe una cosa dada en pago indebido, la hubiere donado, no subsistirá la donación y se aplicará al donatario lo dispuesto en el artículo anterior.

Artículo 1889.- El que de buena fe hubiere aceptado un pago indebido, tiene derecho a que se le abonen los gastos necesarios y a retirar las mejoras útiles, si con la separación no sufre detrimento la cosa dada en pago. Si sufre, tiene derecho a que se le pague una cantidad equivalente al aumento de valor que recibió la cosa con la mejora hecha.

Artículo 1890.- Queda libre de la obligación de restituir el que, creyendo de buena fe que se hacía el pago por cuenta de un crédito legítimo y subsistente, hubiese inutilizado el título, dejado prescribir la acción, abandonando las prendas, o cancelado las garantías de su derecho. El que paga indebidamente sólo podrá dirigirse contra el verdadero deudor o los fiadores, respecto de los cuales la acción estuviese viva.

Artículo 1891.- La prueba del pago incumbe al que pretende haberlo hecho. También corre a su cargo la del error con que lo realizó, a menos que el demandado negare haber recibido la cosa que se le reclama. En este caso, justificada la entrega por el demandante, queda relevado de toda otra prueba. Esto no limita el derecho del demandado para acreditar que le era debido lo que recibió.

Artículo 1892.- Se presume que hubo error en el pago, cuando se entrega cosa que no se debía o que ya estaba pagada; pero aquel a quien se pide la devolución puede probar que la entrega se hizo a título de liberalidad o por cualquiera otra causa justa.

Artículo 1893.- La acción para repetir lo pagado indebidamente prescribe en un año, contado desde que se conoció el error que originó el pago. El sólo transcurso de cinco años, contados desde el pago indebido, hace perder el derecho para reclamar su devolución.

Artículo 1894.- El que ha pagado para cumplir una deuda prescrita o para cumplir un deber moral, no tiene derecho de repetir.

Artículo 1895.- Lo que se hubiere entregado para la realización de un fin que sea ilícito o contrario a las buenas costumbres, no quedará en poder del que lo recibió. El cincuenta por ciento se destinará a la Beneficencia Pública y el otro cincuenta por ciento tiene derecho de recuperarlo el que lo entregó.

CAPÍTULO IV
DE LA GESTIÓN DE NEGOCIOS

Artículo 1896.- El que sin mandato y sin estar obligado a ello se encarga de un asunto de otro, debe obrar conforme a los intereses del dueño del negocio.

Artículo 1897.- El gestor debe desempeñar su encargo con toda la diligencia que emplea en sus negocios propios, e indemnizará los daños y perjuicios que por su culpa o negligencia se irroguen al dueño de los bienes o negocios que gestione.

Artículo 1898.- Si la gestión tiene por objeto evitar un daño inminente al dueño, el gestor no responde más que de su dolo o de su falta grave.

(F. DE E., D.O.F. 21 DE DICIEMBRE DE 1928)

Artículo 1899.- Si la gestión se ejecuta contra la voluntad real o presunta del dueño, el gestor debe reparar los daños y perjuicios que resulten a aquél, aunque no haya incurrido en falta.

Artículo 1900.- El gestor responde aun del caso fortuito si ha hecho operaciones arriesgadas, aunque el dueño del negocio tuviere costumbre de hacerlas; o si hubiere obrado más en interés propio que en interés del dueño del negocio.

Artículo 1901.- Si el gestor delegare en otra persona todos o algunos de los deberes de su cargo, responderá de los actos del delegado, sin perjuicio de la obligación directa de éste para con el propietario del negocio.

La responsabilidad de los gestores, cuando fueren dos o más, será solidaria.

Artículo 1902.- El gestor, tan pronto como sea posible, debe dar aviso de su gestión al dueño y esperar su decisión, a menos que haya peligro en la demora.

Si no fuere posible dar ese aviso, el gestor debe continuar su gestión hasta que concluya el asunto.

Artículo 1903.- El dueño de un asunto que hubiere sido útilmente gestionado, debe cumplir las obligaciones que el gestor haya contraído a nombre de él y pagar los gastos de acuerdo con lo prevenido en los artículos siguientes.

Artículo 1904.- Deben pagarse al gestor los gastos necesarios que hubiere hecho en el ejercicio de su cargo y los intereses legales correspondientes; pero no tiene derecho de cobrar retribución por el desempeño de la gestión.

Artículo 1905.- El gestor que se encargue de un asunto contra la expresa voluntad del dueño, si éste se aprovecha del beneficio de la gestión, tiene obligación de pagar a aquél el importe de los gastos hasta donde alcancen los beneficios, a no ser que la gestión hubiere tenido por objeto librar al dueño de un deber impuesto en interés público, en cuyo caso debe pagar todos los gastos necesarios hechos.

Artículo 1906.- La ratificación pura y simple del dueño del negocio, produce todos los efectos de un mandato.

La ratificación tiene efecto retroactivo al día en que la gestión principió.

Artículo 1907.- Cuando el dueño del negocio no ratifique la gestión, sólo responderá de los gastos que originó ésta, hasta la concurrencia de las ventajas que obtuvo del negocio.

Artículo 1908.- Cuando sin consentimiento del obligado a prestar alimentos, los diese un extraño, éste tendrá derecho a reclamar de aquél su importe, a no constar que los dio con ánimo de hacer un acto de beneficencia.

Artículo 1909.- Los gastos funerarios proporcionados a la condición de la persona y a los usos de la localidad, deberán ser satisfechos al que los haga, aunque el difunto no hubiese dejado bienes, por aquellos que hubieren tenido la obligación de alimentarlo en vida.

CAPÍTULO V
DE LAS OBLIGACIONES QUE NACEN DE LOS ACTOS ILÍCITOS

Artículo 1910.- El que obrando ilícitamente o contra las buenas costumbres cause daño a otro, está obligado a repararlo, a menos que demuestre que el daño se produjo como consecuencia de culpa o negligencia inexcusable de la víctima.

Artículo 1911.- El incapaz que cause daño debe repararlo, salvo que la responsabilidad recaiga en las personas de él encargadas, conforme lo dispuesto en los artículos 1919, 1920, 1921 y 1922.

Artículo 1912.- Cuando al ejercitar un derecho se causa daño a otro, hay obligación de indemnizarlo si se demuestra que el derecho sólo se ejercitó a fin de causar el daño, sin utilidad para el titular del derecho.

N. DE E. EN RELACIÓN CON LA ENTRADA EN VIGOR DEL PRESENTE ARTÍCULO, VER ARTÍCULO PRIMERO TRANSITORIO DEL DECRETO QUE MODIFICA EL CÓDIGO.

(REFORMADO, G.O. 13 DE MARZO DE 2008)

Artículo 1913.- Cuando una persona hace uso de mecanismos, instrumentos, aparatos, vehículos automotores o substancias peligrosas por sí mismos, por la velocidad que desarrollen, por su naturaleza explosiva o inflamable, por la energía de la corriente eléctrica que conduzcan o por otras causas análogas, está obligada a responder del daño que cause, aunque no obre ilícitamente, a no ser que demuestre que ese daño se produjo por culpa o negligencia inexcusable de la víctima.

En todos los casos, el propietario de los mecanismos, instrumentos, aparatos, vehículos automotores o sustancias peligrosas, será responsable solidario de los daños causados.

Artículo 1914.- Cuando sin el empleo de mecanismos, instrumentos, etc., a que se refiere el artículo anterior y sin culpa o negligencia de ninguna de las partes se producen daños, cada una de ellas los soportará sin derecho a indemnización.

(REFORMADO, D.O.F. 22 DE DICIEMBRE DE 1975)

Artículo 1915.- La reparación del daño debe consistir a elección del ofendido, en el restablecimiento de la situación anterior, cuando ello sea posible, o en el pago de daños y perjuicios.

(REFORMADO, G.O. 25 DE MAYO DE 2000)

Cuando el daño se cause a las personas y produzca la muerte, incapacidad total permanente, parcial permanente, total temporal o parcial temporal, el grado de la reparación se determinará atendiendo a lo dispuesto por la Ley Federal del Trabajo. Para calcular la indemnización que corresponda se tomará como base el cuádruplo del salario mínimo diario más alto que esté en vigor en el Distrito Federal y se extenderá al número de días que, para cada una de las incapacidades mencionadas, señala la Ley Federal del Trabajo. En caso de muerte la indemnización corresponderá a los herederos de la víctima.

Los créditos por indemnización cuando la víctima fuere un asalariado son intransferibles y se cubrirán preferentemente en una sola exhibición, salvo convenio entre las partes.

Las anteriores disposiciones se observarán en el caso del artículo 2647 de este Código.

(REFORMADO PRIMER PÁRRAFO, D.O.F. 10 DE ENERO DE 1994)

Artículo 1916.- Por daño moral se entiende la afectación que una persona sufre en sus sentimientos, afectos, creencias, decoro, honor, reputación, vida privada, configuración y aspectos físicos, o bien en la consideración que de sí misma tienen los demás. Se presumirá que hubo daño moral cuando se vulnere o menoscabe ilegítimamente la libertad o la integridad física o psíquica de las personas.

(REFORMADO, D.O.F. 10 DE ENERO DE 1994)

Cuando un hecho u omisión ilícitos produzcan un daño moral, el responsable del mismo tendrá la obligación de repararlo mediante una indemnización en dinero, con independencia de que se haya causado daño material, tanto en responsabilidad contractual como extracontractual. Igual obligación de reparar el daño moral tendrá quien incurra en responsabilidad objetiva conforme al artículo 1913, así como el Estado y sus servidores públicos, conforme a los artículos 1927 y 1928, todos ellos del presente Código.

(REFORMADO, D.O.F. 31 DE DICIEMBRE DE 1982)

La acción de reparación no es transmisible a terceros por acto entre vivos y sólo pasa a los herederos de la víctima cuando ésta haya intentado la acción en vida.

(REFORMADO, D.O.F. 31 DE DICIEMBRE DE 1982)

El monto de la indemnización lo determinará el juez tomando en cuenta los derechos lesionados, el grado de responsabilidad, la situación económica del responsable, y la de la víctima, así como las demás circunstancias del caso.

(DEROGADO ÚLTIMO PÁRRAFO POR EL ARTÍCULO SEGUNDO TRANSITORIO DE LA LEY DE RESPONSABILIDAD CIVIL PARA LA PROTECCIÓN DEL DERECHO A LA VIDA PRIVADA, EL HONOR Y LA PROPIA IMAGEN EN EL DISTRITO FEDERAL, G.O. 19 DE MAYO DE 2006)

Artículo 1916 Bis.- (DEROGADO POR EL ARTÍCULO SEGUNDO TRANSITORIO DE LA LEY DE RESPONSABILIDAD CIVIL PARA LA PROTECCIÓN DEL DERECHO A LA VIDA PRIVADA, EL HONOR Y LA PROPIA IMAGEN EN EL DISTRITO FEDERAL, G.O. 19 DE MAYO DE 2006)

Artículo 1917.- Las personas que han causado en común un daño, son responsables solidariamente hacia la víctima por la reparación a que están obligadas de acuerdo con las disposiciones de este Capítulo.

Artículo 1918.- Las personas morales son responsables de los daños y perjuicios que causen sus representantes legales en el ejercicio de sus funciones.

Artículo 1919.- Los que ejerzan la patria potestad tienen obligación de responder de los daños y perjuicios causados por los actos de los menores que estén bajo su poder y que habiten con ellos.

Artículo 1920.- Cesa la responsabilidad a que se refiere el artículo anterior, cuando los menores ejecuten los actos que dan origen a ella, encontrándose bajo la vigilancia y autoridad de otras personas, como directores de colegios, de talleres, etc., pues entonces esas personas asumirán la responsabilidad de que se trata.

Artículo 1921.- Lo dispuesto en los dos artículos anteriores es aplicable a los tutores, respecto de los incapacitados que tienen bajo su cuidado.

Artículo 1922.- Ni los padres ni los tutores tienen obligación de responder de los daños y perjuicios que causen los incapacitados sujetos a su cuidado y vigilancia, si probaren que les ha sido imposible evitarlos. Esta imposibilidad no resulta de la mera circunstancia de haber sucedido el hecho fuera de su presencia, si aparece que ellos no han ejercido suficiente vigilancia sobre los incapacitados.

Artículo 1923.- Los maestros artesanos son responsables de los daños y perjuicios causados por sus operarios en la ejecución de los trabajos que les encomienden. En este caso se aplica también lo dispuesto en el artículo anterior.

Artículo 1924.- Los patrones y los dueños de establecimientos mercantiles están obligados a responder de los daños y perjuicios causados por sus obreros o dependientes, en el ejercicio de sus funciones. Esta responsabilidad cesa si demuestran que en la comisión del daño no se les puede imputar ninguna culpa o negligencia.

Artículo 1925.- Los jefes de casa o los dueños de hoteles o casas de hospedaje están obligados a responder de los daños y perjuicios causados por sus sirvientes en el ejercicio de su encargo.

Artículo 1926.- En los casos previstos por los artículos 1923, 1924 y 1925 el que sufra el daño puede exigir la reparación directamente del responsable, en los términos de este Capítulo.

N. DE E. EN RELACIÓN CON LA ENTRADA EN VIGOR DEL PRESENTE ARTÍCULO, VER ARTÍCULO SÉPTIMO TRANSITORIO DE LA LEY DE RESPONSABILIDAD PATRIMONIAL DEL DISTRITO FEDERAL.

(REFORMADO, G.O. 21 DE OCTUBRE DE 2008)

Artículo 1927.- El Estado tiene obligación de responder del pago de los daños causado por sus empleados y servidores públicos con motivo del ejercicio de las atribuciones que les estén encomendadas. Esta responsabilidad será objetiva y directa por la actividad administrativa irregular conforme a la Ley de la materia y en los demás casos en términos del presente Código.

(REFORMADO, D.O.F. 10 DE ENERO DE 1994)

Artículo 1928.- El que paga los daños y perjuicios causados por sus sirvientes, empleados, funcionarios y operarios, puede repetir de ellos lo que hubiere pagado.

Artículo 1929.- El dueño de un animal pagará el daño causado por éste, si no probare algunas de estas circunstancias:

I. Que lo guardaba y vigilaba con el cuidado necesario;

II. Que el animal fue provocado;

III. Que hubo imprudencia por parte del ofendido;

IV. Que el hecho resulte de caso fortuito o de fuerza mayor.

Artículo 1930.- Si el animal que hubiere causado el daño fuere excitado por un tercero, la responsabilidad es de éste y no del dueño del animal.

Artículo 1931.- El propietario de un edificio es responsable de los daños que resulten de la ruina de todo o parte de él, si ésta sobreviene por falta de reparaciones necesarias o por vicios de construcción.

Artículo 1932.- Igualmente responderán los propietarios de los daños causados:

I. Por la explosión de máquinas, o por la inflamación de substancias explosivas;

II. Por el humo o gases que sean nocivos a las personas o a las propiedades;

III. Por la caída de sus árboles, cuando no sea ocasionada por fuerza mayor;

IV. Por las emanaciones de cloacas o depósitos de materias infectantes;

V. Por los depósitos de agua que humedezcan la pared del vecino o derramen sobre la propiedad de éste;

VI. Por el peso o movimiento de las máquinas, por las aglomeraciones de materias o animales nocivas a la salud o por cualquiera causa que sin derecho origine algún daño.

Artículo 1933.- Los jefes de familia que habiten una casa o parte de ella, son responsables de los daños causados por las cosas que se arrojen o cayeren de la misma.

Artículo 1934.- La acción para exigir la reparación de los daños causados en los términos del presente capítulo, prescribe en dos años contados a partir del día en que se haya causado el daño.

CAPÍTULO VI
DEL RIESGO PROFESIONAL

Artículo 1935.- Los patrones son responsables de los accidentes del trabajo y de las enfermedades profesionales de los trabajadores sufridas con motivo o en el ejercicio de la profesión o trabajo que ejecuten; por tanto, los patrones deben pagar la indemnización correspondiente, según que hayan traído como consecuencia la muerte o simplemente la incapacidad temporal o permanente para trabajar. Esta responsabilidad subsistirá aún en el caso de que el patrón contrate el trabajo por intermediario.

Artículo 1936.- Incumbe a los patrones el pago de la responsabilidad que nace de los accidentes del trabajo y de las enfermedades profesionales, independientemente de toda idea de culpa o negligencia de su parte.

Artículo 1937.- El patrón no responderá de los accidentes del trabajo, cuando el trabajador voluntariamente (no por imprudencia) los haya producido.

TÍTULO SEGUNDO
MODALIDADES DE LAS OBLIGACIONES

CAPÍTULO I
DE LAS OBLIGACIONES CONDICIONALES

Artículo 1938.- La obligación es condicional cuando su existencia o su resolución dependen de un acontecimiento futuro e incierto.

Artículo 1939.- La condición es suspensiva cuando de su cumplimiento depende la existencia de la obligación.

Artículo 1940.- La condición es resolutoria cuando cumplida resuelve la obligación, volviendo las cosas al estado que tenían, como si esa obligación no hubiere existido.

Artículo 1941.- Cumplida la condición se retrotrae al tiempo en que la obligación fue formada, a menos que los efectos de la obligación o su resolución, por la voluntad de las partes o por la naturaleza del acto, deban ser referidas a fecha diferente.

Artículo 1942.- En tanto que la condición no se cumpla, el deudor debe abstenerse de todo acto que impida que la obligación pueda cumplirse en su oportunidad.

El acreedor puede, antes de que la condición se cumpla, ejercitar todos los actos conservatorios de su derecho.

Artículo 1943.- Las condiciones imposibles de dar o hacer, las prohibidas por la ley o que sean contra las buenas costumbres, anulan la obligación que de ellas dependa.

La condición de no hacer una cosa imposible se tiene por no puesta.

Artículo 1944.- Cuando el cumplimiento de la condición dependa de la exclusiva voluntad del deudor, la obligación condicional será nula.

Artículo 1945.- Se tendrá por cumplida la condición cuando el obligado impidiese voluntariamente su cumplimiento.

Artículo 1946.- La obligación contraída bajo la condición de que un acontecimiento suceda en un tiempo fijo, caduca si pasa el término sin realizarse, o desde que sea indudable que la condición no puede cumplirse.

Artículo 1947.- La obligación contraída bajo la condición de que un acontecimiento no se verifique en un tiempo fijo, será exigible si pasa el tiempo sin verificarse.

Si no hubiere tiempo fijado, la condición deberá reputarse cumplida transcurrido el que verosímilmente se hubiere querido señalar, atenta la naturaleza de la obligación.

Artículo 1948.- Cuando las obligaciones se hayan contraído bajo condición suspensiva, y pendiente ésta, se perdiere, deteriorare o bien se mejorare la cosa que fue objeto del contrato, se observarán las disposiciones siguientes:

I. Si la cosa se pierde sin culpa del deudor, quedará extinguida la obligación;

II. Si la cosa se pierde por culpa del deudor, éste queda obligado al resarcimiento de daños y perjuicios.

Entiéndese que la cosa se pierde cuando se encuentra en alguno de los casos mencionados en el artículo 2021.

III. Cuando la cosa se deteriore sin culpa del deudor, éste cumple su obligación entregando la cosa al acreedor en el estado en que se encuentre al cumplirse la condición;

IV. Deteriorándose por culpa del deudor, el acreedor podrá optar entre la resolución de la obligación o su cumplimiento, con la indemnización de daños y perjuicios en ambos casos;

V. Si la cosa se mejora por su naturaleza o por el tiempo, las mejoras ceden en favor del acreedor;

VI. Si se mejora a expensas del deudor, no tendrá éste otro derecho que el concedido al usufructuario.

Artículo 1949.- La facultad de resolver las obligaciones se entiende implícita en las recíprocas, para el caso de que uno de los obligados no cumpliere lo que le incumbe.

El perjudicado podrá escoger entre exigir el cumplimiento o la resolución de la obligación, con el resarcimiento de daños y perjuicios en ambos casos. También podrá pedir la resolución aun después de haber optado por el cumplimiento, cuando éste resultare imposible.

Artículo 1950.- La resolución del contrato fundado en falta de pago por parte del adquirente de la propiedad de bienes inmuebles u otro derecho real sobre los mismos, no surtirá efecto contra tercero de buena fe, si no ha estipulado expresamente y ha sido inscrito en el Registro Público en la forma prevenida por la ley.

Artículo 1951.- Respecto de bienes muebles no tendrá lugar la rescisión, salvo lo previsto para las ventas en las que se faculte al comprador a pagar el precio en abonos.

Artículo 1952.- Si la rescisión del contrato dependiere de un tercero y éste fuere dolosamente inducido a rescindirlo, se tendrá por no rescindido.

CAPÍTULO II
DE LAS OBLIGACIONES A PLAZO

Artículo 1953.- Es obligación a plazo aquella para cuyo cumplimiento se ha señalado un día cierto.

Artículo 1954.- Entiéndese por día cierto aquel que necesariamente ha de llegar.

Artículo 1955.- Si la incertidumbre consistiere en si ha de llegar o no el día, la obligación será condicional y se regirá por las reglas que contiene el Capítulo que precede.

Artículo 1956.- El plazo en las obligaciones se contará de la manera prevenida en los artículos del 1176 al 1180.

Artículo 1957.- Lo que se hubiere pagado anticipadamente no puede repetirse.

Si el que paga ignoraba, cuando lo hizo, la existencia del plazo, tendrá derecho a reclamar del acreedor los intereses o los frutos que éste hubiese percibido de la cosa.

Artículo 1958.- El plazo se presume establecido en favor del deudor, a menos que resulte, de la estipulación o de las circunstancias, que ha sido establecido en favor del acreedor o de las dos partes.

Artículo 1959.- Perderá el deudor todo derecho a utilizar el plazo:

I. Cuando después de contraída la obligación, resultare insolvente, salvo que garantice la deuda;

II. Cuando no otorgue al acreedor las garantías a que estuviese comprometido;

III. Cuando por actos propios hubiese disminuido aquellas garantías después de establecidas, y cuando por caso fortuito desaparecieren, a menos que sean inmediatamente substituídas por otras igualmente seguras.

Artículo 1960.- Si fueren varios los deudores solidarios, lo dispuesto en el artículo anterior sólo comprenderá al que se hallare en alguno de los casos que en él se designan.

CAPÍTULO III
DE LAS OBLIGACIONES CONJUNTIVAS Y ALTERNATIVAS

Artículo 1961.- El que se ha obligado a diversas cosas o hechos, conjuntamente, debe dar todas las primeras y prestar todos los segundos.

Artículo 1962.- Si el deudor se ha obligado a uno de dos hechos, o a una de dos cosas, o a un hecho o a una cosa, cumple prestando cualquiera de esos hechos o cosas; mas no puede, contra la voluntad del acreedor, prestar parte de una cosa y parte de otra, o ejecutar en parte un hecho.

Artículo 1963.- En las obligaciones alternativas la elección corresponde al deudor, si no se ha pactado otra cosa.

Artículo 1964.- La elección no producirá efecto sino desde que fuere notificada.

Artículo 1965.- El deudor perderá el derecho de elección cuando, de las prestaciones a que alternativamente estuviere obligado, sólo una fuere realizable.

Artículo 1966.- Si la elección compete al deudor y alguna de las cosas se pierde por culpa suya o caso fortuito, el acreedor está obligado a recibir la que quede.

Artículo 1967.- Si las dos cosas se han perdido, y una lo ha sido por culpa del deudor, éste debe pagar el precio de la última que se perdió. Lo mismo se observará si las dos cosas se han perdido por culpa del deudor; pero éste pagará los daños y perjuicios correspondientes.

Artículo 1968.- Si las dos cosas se han perdido por caso fortuito, el deudor queda libre de la obligación.

Artículo 1969.- Si la elección compete al acreedor y una de las dos cosas se pierde por culpa del deudor, puede el primero elegir la cosa que ha quedado o el valor de la perdida, con pago de daños y perjuicios.

Artículo 1970.- Si la cosa se pierde sin culpa del deudor, estará obligado el acreedor a recibir la que haya quedado.

Artículo 1971.- Si ambas cosas se perdieren por culpa del deudor, podrá el acreedor exigir el valor de cualquiera de ellas con los daños y perjuicios, o la rescisión del contrato.

Artículo 1972.- Si ambas cosas se perdieren sin culpa del deudor, se hará la distinción siguiente:

I. Si se hubiere hecho ya la elección o designación de la cosa, la pérdida será por cuenta del acreedor;

II. Si la elección no se hubiere hecho, quedará el contrato sin efecto.

Artículo 1973.- Si la elección es del deudor y una de las cosas se pierde por culpa del acreedor, podrá el primero pedir que se le dé por libre de la obligación o que se rescinda el contrato, con indemnización de los daños y perjuicios.

Artículo 1974.- En el caso del artículo anterior, si la elección es del acreedor, con la cosa perdida quedará satisfecha la obligación.

Artículo 1975.- Si las dos cosas se pierden por culpa del acreedor y es de éste la elección, quedará a su arbitrio devolver el precio que quiera de una de las cosas.

Artículo 1976.- En el caso del artículo anterior, si la elección es del deudor éste designará la cosa cuyo precio debe pagar, y este precio se probará conforme a derecho en caso de desacuerdo.

Artículo 1977.- En los casos de los dos artículos que preceden, el acreedor está obligado al pago de los daños y perjuicios.

Artículo 1978.- Si el obligado a prestar una cosa o ejecutar un hecho se rehusare a hacer lo segundo y la elección es del acreedor, éste podrá exigir la cosa o la ejecución del hecho por un tercero, en los términos del artículo 2027. Si la elección es del deudor, éste cumple entregando la cosa.

Artículo 1979.- Si la cosa se pierde por culpa del deudor y la elección es del acreedor, éste podrá exigir el precio de la cosa, la prestación del hecho o la rescisión del contrato.

Artículo 1980.- En el caso del artículo anterior, si la cosa se pierde sin culpa del deudor, el acreedor está obligado a recibir la prestación del hecho.

Artículo 1981.- Haya habido o no culpa en la pérdida de la cosa por parte del deudor, si la elección es suya, el acreedor está obligado a recibir la prestación del hecho.

Artículo 1982.- Si la cosa se pierde o el hecho deja de prestarse por culpa del acreedor, se tiene por cumplida la obligación.

Artículo 1983.- La falta de prestación del hecho se regirá por lo dispuesto en los artículos 2027 y 2028.

CAPÍTULO IV
DE LAS OBLIGACIONES MANCOMUNADAS

Artículo 1984.- Cuando hay pluralidad de deudores o de acreedores, tratándose de una misma obligación, existe la mancomunidad.

Artículo 1985.- La simple mancomunidad de deudores o de acreedores no hace que cada uno de los primeros deba cumplir íntegramente la obligación, ni da derecho a cada uno de los segundos para exigir el total cumplimiento de la misma. En este caso el crédito o la deuda se consideran divididos en tantas partes como deudores o acreedores haya y cada parte constituye una deuda o un crédito distintos unos de otros.

Artículo 1986.- Las partes se presumen iguales a no ser que se pacte otra cosa o que la ley disponga lo contrario.

Artículo 1987.- Además de la mancomunidad, habrá solidaridad activa, cuando dos o más acreedores tienen derecho para exigir, cada uno de por sí, el cumplimiento total de la obligación; y solidaridad pasiva cuando dos o más deudores reporten la obligación de prestar, cada uno de por sí, en su totalidad, la prestación debida.

Artículo 1988.- La solidaridad no se presume; resulta de la ley o de la voluntad de las partes.

Artículo 1989.- Cada uno de los acreedores o todos juntos pueden exigir de todos los deudores solidarios o de cualquiera de ellos, el pago total o parcial de la deuda. Si reclaman todo de uno de los deudores y resultare insolvente, pueden reclamarlo de los demás o de cualquiera de ellos. Si hubiesen reclamado sólo parte, o de otro modo hubiesen consentido en la división de la deuda, respecto de alguno o algunos de los deudores, podrán reclamar el todo de los demás obligados, con deducción de la parte del deudor o deudores libertados de la solidaridad.

Artículo 1990.- El pago hecho a uno de los acreedores solidarios extingue totalmente la deuda.

Artículo 1991.- La novación, compensación, confusión o remisión hecha por cualquiera de los acreedores solidarios, con cualquiera de los deudores de la misma clase, extingue la obligación.

Artículo 1992.- El acreedor que hubiese recibido todo o parte de la deuda, o que hubiese hecho quita o remisión de ella, queda responsable a los otros acreedores de la parte que a éstos corresponda, dividido el crédito entre ellos.

Artículo 1993.- Si falleciere alguno de los acreedores solidarios dejando más de un heredero, cada uno de los coherederos sólo tendrá derecho de exigir o recibir la parte del crédito que le corresponda en proporción a su haber hereditario, salvo que la obligación sea indivisible.

Artículo 1994.- El deudor de varios acreedores solidarios se libra pagando a cualquiera de éstos, a no ser que haya sido requerido judicialmente por alguno de ellos, en cuyo caso deberá hacer el pago al demandante.

Artículo 1995.- El deudor solidario sólo podrá utilizar contra las reclamaciones del acreedor, las excepciones que se deriven de la naturaleza de la obligación y las que le sean personales.

Artículo 1996.- El deudor solidario es responsable para con sus coobligados si no hace valer las excepciones que son comunes a todos.

Artículo 1997.- Si la cosa hubiere perecido, o la prestación se hubiere hecho imposible sin culpa de los deudores solidarios, la obligación quedará extinguida.

Si hubiere mediado culpa de parte de cualquiera de ellos, todos responderán del precio y de la indemnización de daños y perjuicios, teniendo derecho los no culpables de dirigir su acción contra el culpable o negligente.

Artículo 1998.- Si muere uno de los deudores solidarios dejando varios herederos, cada uno de éstos está obligado a pagar la cuota que le corresponda en proporción a su haber hereditario, salvo que la obligación sea indivisible; pero todos los coherederos serán considerados como un solo deudor solidario, con relación a los otros deudores.

Artículo 1999.- El deudor solidario que paga por entero la deuda, tiene derecho de exigir de los otros codeudores la parte que en ella les corresponda.

Salvo convenio en contrario, los deudores solidarios están obligados entre sí por partes iguales.

Si la parte que incumbe a un deudor solidario no puede obtenerse de él, el déficit debe ser repartido entre los demás deudores solidarios, aun entre aquellos a quienes el acreedor hubiere libertado de la solidaridad.

En la medida que un deudor solidario satisface la deuda, se subroga en los derechos del acreedor.

Artículo 2000.- Si el negocio por el cual la deuda se contrajo solidariamente, no interesa más que a uno de los deudores solidarios, éste será responsable de toda ella a los otros codeudores.

Artículo 2001.- Cualquier acto que interrumpa la prescripción en favor de uno de los acreedores o en contra de uno de los deudores, aprovecha o perjudica a los demás.

Artículo 2002.- Cuando por el no cumplimiento de la obligación se demanden daños y perjuicios, cada uno de los deudores solidarios responderá íntegramente de ellos.

Artículo 2003.- Las obligaciones son divisibles cuando tienen por objeto prestaciones susceptibles de cumplirse parcialmente. Son indivisibles si las prestaciones no pudiesen ser cumplidas sino por entero.

Artículo 2004.- La solidaridad estipulada no da a la obligación el carácter de indivisible; ni la indivisibilidad de la obligación la hace solidaria.

Artículo 2005.- Las obligaciones divisibles en que haya más de un deudor o acreedor se regirán por las reglas comunes de las obligaciones; las indivisibles en que haya más de un deudor o acreedor se sujetarán a las siguientes disposiciones.

Artículo 2006.- Cada uno de los que han contraído conjuntamente una deuda indivisible, está obligado por el todo, aunque no se haya estipulado solidaridad.

Lo mismo tiene lugar respecto de los herederos de aquel que haya contraído una obligación indivisible.

Artículo 2007.- Cada uno de los herederos del acreedor puede exigir la completa ejecución indivisible, obligándose a dar suficiente garantía para la indemnización de los demás coherederos, pero no puede por sí solo perdonar el débito total, ni recibir el valor en lugar de la cosa.

Si uno solo de los herederos ha perdonado la deuda o recibido el valor de la cosa, el coheredero no puede pedir la cosa indivisible sino devolviendo la porción del heredero que haya perdonado o que haya recibido el valor.

Artículo 2008.- Sólo por el consentimiento de todos los acreedores puede remitirse la obligación indivisible o hacerse una quita de ella.

Artículo 2009.- El heredero del deudor, apremiado por la totalidad de la obligación, puede pedir un término para hacer concurrir a sus coherederos, siempre que la deuda no sea de tal naturaleza que sólo pueda satisfacerse por el heredero demandado, el cual entonces puede ser condenado, dejando a salvo sus derechos de indemnización contra sus coherederos.

Artículo 2010.- Pierde la calidad de indivisible, la obligación que se resuelve en el pago de daños y perjuicios y, entonces, se observarán las reglas siguientes:

I. Si para que se produzca esa conversión hubo culpa de parte de todos los deudores, todos responderán de los daños y perjuicios proporcionalmente al interés que representen en la obligación;

II. Si sólo algunos fueron culpables, únicamente ellos responderán de los daños y perjuicios.

CAPÍTULO V
DE LAS OBLIGACIONES DE DAR

Artículo 2011.- La prestación de cosa puede consistir:
I. En la traslación de dominio de cosa cierta;

(REFORMADA, G.O. 15 DE MAYO DE 2012)

II. En la entrega temporal del uso y/o goce de cosa cierta;
III. En la restitución de cosa ajena o pago de cosa debida.

Artículo 2012.- El acreedor de cosa cierta no puede ser obligado a recibir otra aun cuando sea de mayor valor.

Artículo 2013.- La obligación de dar cosa cierta comprende también la de entregar sus accesorios; salvo que lo contrario resulte del título de la obligación o de las circunstancias del caso.

Artículo 2014.- En las enajenaciones de cosas ciertas y determinadas, la traslación de la propiedad se verifica entre los contratantes, por mero efecto del contrato, sin dependencia de tradición ya sea natural, ya sea simbólica; debiendo tenerse en cuenta las disposiciones relativas del Registro Público.

Artículo 2015.- En las enajenaciones de alguna especie indeterminada, la propiedad no se transferirá sino hasta el momento en que la cosa se hace cierta y determinada con conocimiento del acreedor.

Artículo 2016.- En el caso del artículo que precede, si no se designa la calidad de la cosa, el deudor cumple entregando una de mediana calidad.

Artículo 2017.- En los casos en que la obligación de dar cosa cierta importe la traslación de la propiedad de esa cosa, y se pierde o deteriora en poder del deudor, se observarán las reglas siguientes:
I. Si la pérdida fue por culpa del deudor, éste responderá al acreedor por el valor de la cosa y por los daños y perjuicios;

II. Si la cosa se deteriorare por culpa del deudor, el acreedor puede optar por la rescisión del contrato y el pago de daños y perjuicios, o recibir la cosa en el estado que se encuentre y exigir la reducción de precio y el pago de daños y perjuicios;

III. Si la cosa se perdiere por culpa del acreedor, el deudor queda libre de la obligación;

IV. Si se deteriorare por culpa del acreedor, éste tiene obligación de recibir la cosa en el estado en que se halle;

V. Si la cosa se pierde por caso fortuito o fuerza mayor, la obligación queda sin efecto y el dueño sufre la pérdida, a menos que otra cosa se haya convenido.

Artículo 2018.- La pérdida de la cosa en poder del deudor se presume por culpa suya mientras no se pruebe lo contrario.

Artículo 2019.- Cuando la deuda de una cosa cierta y determinada procediere de delito o falta, no se eximirá el deudor del pago de su precio, cualquiera que hubiere sido el motivo de la pérdida; a no ser que, habiendo ofrecido la cosa al que debió recibirla, se haya éste constituido en mora.

Artículo 2020.- El deudor de una cosa perdida o deteriorada sin culpa suya, está obligado a ceder al acreedor cuantos derechos y acciones tuviere para reclamar la indemnización a quien fuere responsable.

Artículo 2021.- La pérdida de la cosa puede verificarse:

I. Pereciendo la cosa o quedando fuera del comercio;

II. Desapareciendo de modo que no se tenga noticias de ella o que aunque se tenga alguna, la cosa no se pueda recobrar.

Artículo 2022.- Cuando la obligación de dar tenga por objeto una cosa designada sólo por su género y cantidad, luego que la cosa se individualice por la elección del deudor o del acreedor, se aplicarán, en caso de pérdida o deterioro, las reglas establecidas en el artículo 2017.

Artículo 2023.- En los casos de enajenación con reserva de la posesión, uso o goce de la cosa hasta cierto tiempo, se observarán las reglas siguientes:

I. Si hay convenio expreso se estará a lo estipulado;

II. Si la pérdida fuere por culpa de alguno de los contratantes, el importe será de la responsabilidad de éste;

III. A falta de convenio o de culpa, cada interesado sufrirá la pérdida que le corresponda, en todo, si la cosa perece totalmente, o en parte, si la pérdida fuere solamente parcial;

IV. En el caso de la fracción que precede, si la pérdida fuere parcial y las partes no se convinieren en la disminución de sus respectivos derechos, se nombrarán peritos que la determinen.

Artículo 2024.- En los contratos en que la prestación de la cosa no importe la traslación de la propiedad, el riesgo será siempre de cuenta del acreedor, a menos que intervenga culpa o negligencia de la otra parte.

Artículo 2025.- Hay culpa o negligencia cuando el obligado ejecuta actos contrarios a la conservación de la cosa o deja de ejecutar los que son necesarios para ella.

Artículo 2026.- Si fueren varios los obligados a prestar la misma cosa, cada uno de ellos responderá, proporcionalmente, exceptuándose en los casos siguientes:

I. Cuando cada uno de ellos se hubiere obligado solidariamente;

II. Cuando la prestación consistiere en cosa cierta y determinada que se encuentre en poder de uno de ellos, o cuando dependa de hecho que sólo uno de los obligados pueda prestar;

III. Cuando la obligación sea indivisible;

IV. Cuando por el contrato se ha determinado otra cosa.

CAPÍTULO VI
DE LAS OBLIGACIONES DE HACER O DE NO HACER

Artículo 2027.- Si el obligado a prestar un hecho, no lo hiciere, el acreedor tiene derecho de pedir que a costa de aquél se ejecute por otro, cuando la substitución sea posible.

Esto mismo se observará si no lo hiciere de la manera convenida. En este caso el acreedor podrá pedir que se deshaga lo mal hecho.

Artículo 2028.- El que estuviere obligado a no hacer alguna cosa, quedará sujeto al pago de daños y perjuicios en caso de contravención. Si hubiere obra material, podrá exigir el acreedor que sea destruida a costa del obligado.

TÍTULO TERCERO
DE LA TRANSMISIÓN DE LAS OBLIGACIONES

CAPÍTULO I
DE LA CESIÓN DE DERECHOS

Artículo 2029.- Habrá cesión de derechos cuando el acreedor transfiere a otro los que tenga contra su deudor.

Artículo 2030.- El acreedor puede ceder su derecho a un tercero sin el consentimiento del deudor, a menos que la cesión esté prohibida por la ley, se haya convenido no hacerla o no lo permita la naturaleza del derecho.

El deudor no puede alegar contra el tercero que el derecho no podía cederse porque así se había convenido, cuando ese convenio no conste en el título constitutivo del derecho.

Artículo 2031.- En la cesión de crédito se observarán las disposiciones relativas al acto jurídico que le dé origen, en lo que no estuvieren modificadas en este Capítulo.

Artículo 2032.- La cesión de un crédito comprende la de todos los derechos accesorios como la fianza, hipoteca, prenda o privilegio, salvo aquellos que son inseparables de la persona del cedente.

Los intereses vencidos se presume que fueron cedidos con el crédito principal.

N. DE E. SE MODIFICA EL TEXTO DEL PRESENTE ARTÍCULO EN LOS TÉRMINOS DEL ARTÍCULO 54 DE LA LEY DEL NOTARIADO PARA EL DISTRITO FEDERAL Y TERRITORIOS, DE ACUERDO A LO DISPUESTO POR EL ARTÍCULO 14 DE LAS DISPOSICIONES TRANSITORIAS DE LA CITADA LEY, PUBLICADA EN EL D.O.F. 23 DE FEBRERO DE 1946.

Artículo 2033.- La cesión de créditos civiles que no sean a la orden o al portador, puede hacerse en escrito privado que firmarán cedente, cesionario y dos testigos. Sólo cuando la ley exija que el título del crédito cedido conste en escritura pública, la cesión deberá hacerse en esta clase de documento.

Artículo 2034.- La cesión de créditos que no sean a la orden o al portador, no produce efectos contra tercero, sino desde que su fecha deba tenerse por cierta, conforme a las reglas siguientes:

I. Si tiene por objeto un crédito que deba inscribirse, desde la fecha de su inscripción, en el Registro Público de la Propiedad;

II. Si se hace en escritura pública, desde la fecha de su otorgamiento;

III. Si se trata de un documento privado, desde el día en que se incorpore o inscriba en un Registro Público; desde la muerte de cualquiera de los que lo firmaren, o desde la fecha en que se entregue a un funcionario público por razón de su oficio.

Artículo 2035.- Cuando no se trate de títulos a la orden o al portador, el deudor puede oponer al cesionario las excepciones que podría oponer al cedente en el momento en que se hace la cesión.

Si tiene contra el cedente un crédito todavía no exigible cuando se hace la cesión, podrá invocar la compensación, con tal que su crédito no sea exigible después de que lo sea el cedido.

Artículo 2036.- En los casos a que se refiere el artículo 2033, para que el cesionario pueda ejercitar sus derechos contra el deudor, deberá hacer a éste la notificación de la cesión, ya sea judicialmente, ya en lo extrajudicial, ante dos testigos o ante notario.

Artículo 2037.- Sólo tiene derecho para pedir o hacer la notificación, el acreedor que presente el título justificativo del crédito, o el de la cesión, cuando aquél no sea necesario.

Artículo 2038.- Si el deudor está presente a la cesión y no se opone a ella, o si estando ausente la ha aceptado, y esto se prueba, se tendrá por hecha la notificación.

Artículo 2039.- Si el crédito se ha cedido a varios cesionarios, tiene preferencia el que primero ha notificado la cesión al deudor, salvo lo dispuesto para títulos que deban registrarse.

Artículo 2040.- Mientras no se haya hecho notificación al deudor, éste se libra pagando al acreedor primitivo.

Artículo 2041.- Hecha la notificación, no se libra el deudor sino pagando al cesionario.

Artículo 2042.- El cedente está obligado a garantir la existencia o legitimidad del crédito al tiempo de hacerse la cesión, a no ser que aquél se haya cedido con el carácter de dudoso.

Artículo 2043.- Con excepción de los títulos a la orden, el cedente no está obligado a garantir la solvencia del deudor, a no ser que se haya estipulado expresamente o que la insolvencia sea pública y anterior a la cesión.

Artículo 2044.- Si el cedente se hubiere hecho responsable de la solvencia del deudor, y no se fijare el tiempo que esta responsabilidad deba durar, se limitará a un año, contado desde la fecha en que la deuda fuere exigible, si estuviere vencida; si no lo estuviere, se contará desde la fecha del vencimiento.

Artículo 2045.- Si el crédito cedido consiste en una renta perpetua, la responsabilidad por la solvencia del deudor se extingue a los cinco años, contados desde la fecha de la cesión.

Artículo 2046.- El que cede alzadamente o en globo la totalidad de ciertos derechos, cumple con responder de la legitimidad del todo en general; pero no está obligado al saneamiento de cada una de las partes, salvo en el caso de evicción del todo o de la mayor parte.

Artículo 2047.- El que cede su derecho a una herencia, sin enumerar las cosas de que ésta se compone, sólo está obligado a responder de su calidad de heredero.

Artículo 2048.- Si el cedente se hubiere aprovechado de algunos frutos o percibido alguna cosa de la herencia que cediere, deberá abonarla al cesionario, si no se hubiere pactado lo contrario.

Artículo 2049.- El cesionario debe, por su parte, satisfacer al cedente todo lo que haya pagado por las deudas o cargas de la herencia y sus propios créditos contra ella, salvo si hubiere pactado lo contrario.

Artículo 2050.- Si la cesión fuere gratuita, el cedente no será responsable para con el cesionario, ni por la existencia del crédito, ni por la solvencia del deudor.

CAPÍTULO II
DE LA CESIÓN DE DEUDAS

Artículo 2051.- Para que haya sustitución de deudor es necesario que el acreedor consienta expresa o tácitamente.

Artículo 2052.- Se presume que el acreedor consiente en la sustitución del deudor, cuando permite que el sustituto ejecute actos que debía ejecutar el deudor, como pago de réditos, pagos parciales o periódicos, siempre que lo haga en nombre propio y no por cuenta del deudor primitivo.

Artículo 2053.- El acreedor que exonera al antiguo deudor, aceptando otro en su lugar, no puede repetir contra el primero, si el nuevo se encuentra insolvente, salvo convenio en contrario.

Artículo 2054.- Cuando el deudor y el que pretenda sustituirlo fijen un plazo al acreedor para que manifieste su conformidad con la sustitución, pasado ese plazo sin que el acreedor haya hecho conocer su determinación, se presume que rehúsa.

Artículo 2055.- El deudor sustituto queda obligado en los términos en que lo estaba el deudor primitivo; pero cuando un tercero ha constituido fianza, prenda o hipoteca para garantizar la deuda, estas garantías cesan con la sustitución del deudor, a menos que el tercero consienta en que continúen.

Artículo 2056.- El deudor sustituto puede oponer al acreedor las excepciones que se originen de la naturaleza de la deuda y las que le sean personales; pero no puede oponer las que sean personales del deudor primitivo.

Artículo 2057.- Cuando se declara nula la sustitución de deudor, la antigua deuda renace con todos sus accesorios; pero con la reserva de derechos que pertenecen a tercero de buena fe.

CAPÍTULO III
DE LA SUBROGACIÓN

Artículo 2058.- La subrogación se verifica por ministerio de la ley y sin necesidad de declaración alguna de los interesados:

I. Cuando el que es acreedor paga a otro acreedor preferente;

II. Cuando el que paga tiene interés jurídico en el cumplimiento de la obligación;

III. Cuando un heredero paga con sus bienes propios alguna deuda de la herencia;

IV. Cuando el que adquiere un inmueble paga a un acreedor que tiene sobre él un crédito hipotecario anterior a la adquisición.

Artículo 2059.- Cuando la deuda fuere pagada por el deudor con dinero que un tercero le prestare con ese objeto, el prestamista quedará subrogado por ministerio de la ley en los derechos del acreedor, si el préstamo constare en título auténtico en que se declare que el dinero fue prestado para el pago de la misma deuda. Por falta de esta circunstancia, el que prestó sólo tendrá los derechos que exprese su respectivo contrato.

Artículo 2060.- No habrá subrogación parcial en deudas de solución indivisible.

Artículo 2061.- El pago de los subrogados en diversas porciones del mismo crédito, cuando no basten los bienes del deudor para cubrirlos todos, se hará a prorrata.

TÍTULO CUARTO
EFECTOS DE LAS OBLIGACIONES

I.- EFECTOS DE LAS OBLIGACIONES ENTRE LAS PARTES
CUMPLIMIENTO DE LAS OBLIGACIONES

CAPÍTULO I
DEL PAGO

Artículo 2062.- Pago o cumplimiento es la entrega de la cosa o cantidad debida, o la prestación del servicio que se hubiere prometido.

Artículo 2063.- El deudor puede ceder sus bienes a los acreedores en pago de sus deudas. Esta cesión, salvo pacto en contrario, sólo libera a aquél de responsabilidad por el importe líquido de los bienes cedidos. Los convenios que sobre el efecto de la cesión se celebren entre el deudor y sus acreedores, se sujetarán a lo dispuesto en el Título relativo a la concurrencia y prelación de los créditos.

Artículo 2064.- La obligación de prestar algún servicio se puede cumplir por un tercero, salvo el caso en que se hubiere establecido, por pacto expreso, que la cumpla personalmente el mismo obligado, o cuando se hubieren elegido sus conocimientos especiales o sus cualidades personales.

Artículo 2065.- El pago puede ser hecho por el mismo deudor, por sus representantes o por cualquiera otra persona que tenga interés jurídico en el cumplimiento de la obligación.

Artículo 2066.- Puede también hacerse por un tercero no interesado en el cumplimiento de la obligación, que obre con consentimiento expreso o presunto del deudor.

Artículo 2067.- Puede hacerse igualmente por un tercero ignorándolo el deudor.

Artículo 2068.- Puede, por último, hacerse contra la voluntad del deudor.

Artículo 2069.- En el caso del artículo 2066 se observarán las disposiciones relativas al mandato.

Artículo 2070.- En el caso del artículo 2067, el que hizo el pago sólo tendrá derecho de reclamar al deudor la cantidad que hubiere pagado al acreedor, si éste consintió en recibir menor suma que la debida.

Artículo 2071.- En el caso del artículo 2068, el que hizo el pago solamente tendrá derecho a cobrar del deudor aquello en que le hubiere sido útil el pago.

Artículo 2072.- El acreedor está obligado a aceptar el pago hecho por un tercero; pero no está obligado a subrogarle en sus derechos, fuera de los casos previstos en los artículos 2058 y 2059.

Artículo 2073.- El pago debe hacerse al mismo acreedor o a su representante legítimo.

Artículo 2074.- El pago hecho a un tercero extinguirá la obligación, si así se hubiere estipulado o consentido por el acreedor, y en los casos en que la ley lo determine expresamente.

Artículo 2075.- El pago hecho a una persona incapacitada para administrar sus bienes, será válido en cuanto se hubiere convertido en su utilidad.

También será válido el pago hecho a un tercero en cuanto se hubiere convertido en utilidad del acreedor.

Artículo 2076.- El pago hecho de buena fe al que estuviese en posesión del crédito, liberará al deudor.

Artículo 2077.- No será válido el pago hecho al acreedor por el deudor después de habérsele ordenado judicialmente la retención de la deuda.

Artículo 2078.- El pago deberá hacerse del modo que se hubiere pactado; y nunca podrá hacerse parcialmente sino en virtud de convenio expreso o de disposición de ley.

Sin embargo, cuando la deuda tuviere una parte líquida y otra ilíquida, podrá exigir el acreedor y hacer el deudor el pago de la primera sin esperar a que se liquide la segunda.

Artículo 2079.- El pago se hará en el tiempo designado en el contrato, exceptuando aquellos casos en que la ley permita o prevenga expresamente otra cosa.

Artículo 2080.- Si no se ha fijado el tiempo en que deba hacerse el pago y se trata de obligaciones de dar, no podrá el acreedor exigirlo sino después de los treinta días siguientes a la interpelación que se haga, ya judicialmente, ya en lo extrajudicial, ante un notario o ante dos testigos. Tratándose de obligaciones de hacer, el pago debe efectuarse cuando lo exija el acreedor, siempre que haya transcurrido el tiempo necesario para el cumplimiento de la obligación.

Artículo 2081.- Si el deudor quisiere hacer pagos anticipados y el acreedor recibirlos, no podrá éste ser obligado a hacer descuentos.

Artículo 2082.- Por regla general el pago debe hacerse en el domicilio del deudor, salvo que las partes convinieren otra cosa, o que lo contrario se desprenda de las circunstancias, de la naturaleza de la obligación o de la ley.

Si se han designado varios lugares para hacer el pago, el acreedor puede elegir cualquiera de ellos.

Artículo 2083.- Si el pago consiste en la tradición de un inmueble o en prestaciones relativas al inmueble, deberá hacerse en el lugar donde éste se encuentre.

Artículo 2084.- Si el pago consistiere en una suma de dinero como precio de alguna cosa enajenada por el acreedor, deberá ser hecho en el lugar en que se entregó la cosa, salvo que se designe otro lugar.

Artículo 2085.- El deudor que después de celebrado el contrato mudare voluntariamente de domicilio, deberá indemnizar al acreedor de los mayores gastos que haga por esta causa, para obtener el pago.

De la misma manera, el acreedor debe indemnizar al deudor cuando debiendo hacerse el pago en el domicilio de aquél, cambia voluntariamente de domicilio.

Artículo 2086.- Los gastos de entrega serán de cuenta del deudor, si no se hubiere estipulado otra cosa.

Artículo 2087.- No es válido el pago hecho con cosa ajena; pero si el pago se hubiere hecho con una cantidad de dinero u otra cosa fungible ajena, no habrá repetición contra el acreedor que la haya consumido de buena fe.

Artículo 2088.- El deudor que paga tiene derecho de exigir el documento que acredite el pago y puede detener éste mientras que no le sea entregado.

Artículo 2089.- Cuando la deuda es de pensiones que deben satisfacerse en periodos determinados, y se acredita por escrito el pago de la última, se presumen pagadas las anteriores, salvo prueba en contrario.

Artículo 2090.- Cuando se paga el capital sin hacerse reserva de réditos, se presume que éstos están pagados.

Artículo 2091.- La entrega del título hecho al deudor hace presumir el pago de la deuda constante en aquél.

Artículo 2092.- El que tuviere contra sí varias deudas en favor de un solo acreedor, podrá declarar, al tiempo de hacer el pago, a cuál de ellas quiere que éste se aplique.

Artículo 2093.- Si el deudor no hiciere la referida declaración, se entenderá hecho el pago por cuenta de la deuda que le fuere más onerosa entre las vencidas. En igualdad de circunstancias, se aplicará a la más antigua; y siendo todas de la misma fecha, se distribuirá entre todas ellas a prorrata.

Artículo 2094.- Las cantidades pagadas a cuenta de deudas con intereses, no se imputarán al capital mientras hubiere intereses vencidos y no pagados, salvo convenio en contrario.

Artículo 2095.- La obligación queda extinguida cuando el acreedor recibe en pago una cosa distinta en lugar de la debida.

Artículo 2096.- Si el acreedor sufre la evicción de la cosa que recibe en pago, renacerá la obligación primitiva, quedando sin efecto la dación en pago.

CAPÍTULO II
DEL OFRECIMIENTO DEL PAGO Y DE LA CONSIGNACIÓN

Artículo 2097.- El ofrecimiento seguido de la consignación hace veces de pago, si reúne todos los requisitos que para éste exige la ley.

Artículo 2098.- Si el acreedor rehusare sin justa causa recibir la prestación debida, o dar el documento justificativo de pago, o si fuere persona incierta o incapaz de recibir, podrá el deudor librarse de la obligación haciendo consignación de la cosa.

Artículo 2099.- Si el acreedor fuere conocido, pero dudosos sus derechos, podrá el deudor depositar la cosa debida, con citación del interesado, a fin de que justifique sus derechos por los medios legales.

Artículo 2100.- La consignación se hará siguiéndose el procedimiento que establezca el Código de la materia.

Artículo 2101.- Si el juez declara fundada la oposición del acreedor para recibir el pago, el ofrecimiento y la consignación se tienen como no hechos.

Artículo 2102.- Aprobada la consignación por el juez, la obligación queda extinguida con todos sus efectos.

Artículo 2103.- Si el ofrecimiento y la consignación se han hecho legalmente, todos los gastos serán de cuenta del acreedor.

(F. DE E., D.O.F. 21 DE DICIEMBRE DE 1928)

INCUMPLIMIENTO DE LAS OBLIGACIONES

CAPÍTULO I
CONSECUENCIAS DEL INCUMPLIMIENTO DE LAS OBLIGACIONES

Artículo 2104.- El que estuviere obligado a prestar un hecho y dejare de prestarlo o no lo prestare conforme a lo convenido, será responsable de los daños y perjuicios en los términos siguientes:

I. Si la obligación fuere a plazo, comenzará la responsabilidad desde el vencimiento de éste;

II. Si la obligación no dependiere de plazo cierto, se observará lo dispuesto en la parte final del artículo 2080.

El que contraviene una obligación de no hacer pagará daños y perjuicios por el solo hecho de la contravención.

Artículo 2105.- En las obligaciones de dar que tengan plazo fijo, se observará lo dispuesto en la fracción I del artículo anterior.

Si no tuvieren plazo cierto, se aplicará lo prevenido en el artículo 2080, parte primera.

Artículo 2106.- La responsabilidad procedente de dolo es exigible en todas las obligaciones. La renuncia de hacerla efectiva es nula.

Artículo 2107.- La responsabilidad de que se trata en este Título, además de importar la devolución de la cosa o su precio, o la de entrambos (sic), en su caso, importará la reparación de los daños y la indemnización de los perjuicios.

Artículo 2108.- Se entiende por daño la pérdida o menoscabo sufrido en el patrimonio por la falta de cumplimiento de una obligación.

Artículo 2109.- Se reputa perjuicio la privación de cualquiera ganancia lícita, que debiera haberse obtenido con el cumplimiento de la obligación.

Artículo 2110.- Los daños y perjuicios deben ser consecuencia inmediata y directa de la falta de cumplimiento de la obligación, ya sea que se hayan causado o que necesariamente deban causarse.

Artículo 2111.- Nadie está obligado al caso fortuito sino cuando ha dado causa o contribuido a él, cuando ha aceptado expresamente esa responsabilidad, o cuando la ley se la impone.

Artículo 2112.- Si la cosa se ha perdido, o ha sufrido un detrimento tan grave que, a juicio de peritos, no pueda emplearse en el uso a que naturalmente está destinada, el dueño debe ser indemnizado de todo el valor legítimo de ella.

(F. DE E., D.O.F. 21 DE DICIEMBRE DE 1928)

Artículo 2113.- Si el deterioro es menos grave, sólo el importe de éste se abonará al dueño al restituirse la cosa.

Artículo 2114.- El precio de la cosa será el que tendría al tiempo de ser devuelta al dueño, excepto en los casos en que la ley o el pacto señalen otra época.

Artículo 2115.- Al estimar el deterioro de una cosa se atenderá no solamente a la disminución que él causó en el precio de ella, sino a los gastos que necesariamente exija la reparación.

(REFORMADO, D.O.F. 31 DE DICIEMBRE DE 1982)

Artículo 2116.- Al fijar el valor y deterioro de una cosa, no se atenderá al precio estimativo o de afecto, a no ser que se pruebe que el responsable destruyó o deterioró la cosa con objeto de lastimar los sentimientos o afectos del dueño; el aumento que por estas causas se haga, se determinará conforme a lo dispuesto por el artículo 1916.

Artículo 2117.- La responsabilidad civil puede ser regulada por convenio de las partes, salvo aquellos casos en que la ley disponga expresamente otra cosa.

Si la prestación consistiere en el pago de cierta cantidad de dinero, los daños y perjuicios que resulten de la falta de cumplimiento, no podrán exceder del interés legal, salvo convenio en contrario.

Artículo 2118.- El pago de los gastos judiciales será a cargo del que faltare al cumplimiento de la obligación, y se hará en los términos que establezca el Código de Procedimientos Civiles.

CAPÍTULO II
DE LA EVICCIÓN Y SANEAMIENTO

Artículo 2119.- Habrá evicción cuando el que adquirió alguna cosa fuere privado del todo o parte de ella por sentencia que cause ejecutoria, en razón de algún derecho anterior a la adquisición.

Artículo 2120.- Todo el que enajena está obligado a responder de la evicción, aunque nada se haya expresado en el contrato.

Artículo 2121.- Los contratantes pueden aumentar o disminuir convencionalmente los efectos de la evicción, y aun convenir en que ésta no se preste en ningún caso.

Artículo 2122.- Es nulo todo pacto que exima al que enajena de responder por la evicción, siempre que hubiere mala fe de parte suya.

Artículo 2123.- Cuando el adquirente ha renunciado el derecho al saneamiento para el caso de evicción, llegado que sea éste, debe el que enajena entregar únicamente el precio de la cosa, conforme a lo dispuesto en los artículos 2126, frac. I y 2127, frac. I; pero aun de esta obligación quedará libre, si el que adquirió lo hizo con conocimiento de los riesgos de evicción y sometiéndose a sus consecuencias.

Artículo 2124.- El adquirente, luego que sea emplazado, debe denunciar el pleito de evicción al que le enajenó.

Artículo 2125.- El fallo judicial impone al que enajena la obligación de indemnizar en los términos siguientes.

Artículo 2126.- Si el que enajenó hubiera procedido de buena fe, estará obligado a entregar al que sufrió la evicción:

I. El precio íntegro que recibió por la cosa;

II. Los gastos causados en el contrato, si fueren satisfechos por el adquirente;

III. Los causados en el pleito de evicción y en el de saneamiento;

IV. El valor de las mejoras útiles y necesarias, siempre que en la sentencia no se determine que el vendedor satisfaga su importe.

Artículo 2127.- Si el que enajena hubiere procedido de mala fe, tendrá las obligaciones que expresa el artículo anterior, con las agravaciones siguientes:

I. Devolverá, a elección del adquirente, el precio que la cosa tenía al tiempo de la adquisición, o el que tenga al tiempo en que sufra la evicción;

II. Satisfará al adquirente el importe de las mejoras voluntarias y de mero placer que haya hecho en la cosa;

III. Pagará los daños y perjuicios.

Artículo 2128.- Si el que enajena no sale sin justa causa al pleito de evicción, en tiempo hábil, o si no rinde prueba alguna, o no alega, queda obligado al saneamiento en los términos del artículo anterior.

Artículo 2129.- Si el que enajena y el que adquiere proceden de mala fe, no tendrá el segundo, en ningún caso, derecho al saneamiento ni a indemnización de ninguna especie.

Artículo 2130.- Si el adquirente fuere condenado a restituir los frutos de la cosa, podrá exigir del que enajenó la indemnización de ellos o el interés legal del precio que haya dado.

Artículo 2131.- Si el que adquirió no fuere condenado a dicha restitución, quedarán compensados los intereses del precio con los frutos recibidos.

Artículo 2132.- Si el que enajena, al ser emplazado, manifiesta que no tiene medios de defensa, y consigna el precio por no quererlo recibir el adquirente, queda libre de cualquiera responsabilidad posterior a la fecha de consignación.

Artículo 2133.- Las mejoras que el que enajenó hubiese hecho antes de la enajenación, se le tomarán a cuenta de lo que debe pagar, siempre que fueren abonadas por el vencedor.

Artículo 2134.- Cuando el adquirente sólo fuere privado por la evicción, de una parte de la cosa adquirida, se observarán respecto de ésta las reglas establecidas en este Capítulo, a no ser que el adquirente prefiera la rescisión del contrato.

Artículo 2135.- También se observará lo dispuesto en el artículo que precede cuando en un sólo contrato se hayan enajenado dos o más cosas sin fijar el precio de cada una de ellas, y una sola sufriera la evicción.

Artículo 2136.- En el caso de los dos artículos anteriores, si el que adquiere elige la rescisión del contrato, está obligado a devolver la cosa libre de los gravámenes que le haya impuesto.

Artículo 2137.- Si al denunciarse el pleito o durante él, reconoce el que enajenó el derecho del que reclama, y se obliga a pagar conforme a las prescripciones de este Capítulo, sólo será responsable de los gastos que se causen hasta que haga el reconocimiento, y sea cual fuere el resultado del juicio.

Artículo 2138.- Si la finca que se enajenó se halla gravada, sin haberse hecho mención de ello en la escritura, con alguna carga o servidumbre voluntaria no aparente, el que adquirió puede pedir la indemnización correspondiente al gravamen, o la rescisión del contrato.

Artículo 2139.- Las acciones rescisorias y de indemnización a que se refiere el artículo que precede, prescriben en un año, que se contará para la primera, desde el día en que se perfeccionó el contrato y para la segunda, desde el día en que el adquirente tenga noticia de la carga o servidumbre.

Artículo 2140.- El que enajena no responde por la evicción:

I. Si así se hubiere convenido;

II. En el caso del artículo 2123;

III. Si conociendo el que adquiere el derecho del que entabla la evicción, lo hubiere ocultado dolosamente al que enajena;

IV. Si la evicción procede de una causa posterior al acto de enajenación, no imputable al que enajena, o de hecho del que adquiere, ya sea anterior o posterior al mismo acto;

V. Si el adquirente no cumple lo prevenido en el artículo 2124;

VI. Si el adquirente y el que reclama transigen o comprometen el negocio en árbitros sin consentimiento del que enajenó;

VII. Si la evicción tuvo lugar por culpa del adquirente.

Artículo 2141.- En las ventas hechas en remate judicial, el vendedor no está obligado por causa de la evicción que sufriere la cosa vendida, sino a restituir el precio que haya producido la venta.

Artículo 2142.- En los contratos conmutativos, el enajenante está obligado al saneamiento por los defectos ocultos de la cosa enajenada que la hagan impropia para los usos a que se la destina, o que disminuyan de tal modo este uso, que a (sic) haberlo conocido el adquirente no hubiere hecho la adquisición o habría dado menos precio por la cosa.

Artículo 2143.- El enajenante no es responsable de los defectos manifiestos o que estén a la vista, ni tampoco de los que no lo están, si el adquirente es un perito que por razón de su oficio o profesión debe fácilmente conocerlos.

Artículo 2144.- En los casos del artículo 2142, puede el adquirente exigir la rescisión del contrato y el pago de los gastos que por él hubiere hecho, o que se le rebaje una cantidad proporcionada del precio, a juicio de peritos.

Artículo 2145.- Si se probare que el enajenante conocía los defectos ocultos de la cosa y no los manifestó al adquirente, tendrá éste la misma facultad que le concede el artículo anterior, debiendo, además, ser indemnizado de los daños y perjuicios si prefiere la rescisión.

Artículo 2146.- En los casos en que el adquirente pueda elegir la indemnización o la rescisión del contrato, una vez hecha por él la elección del derecho que va a ejercitar, no puede usar del otro sin el consentimiento del enajenante.

Artículo 2147.- Si la cosa enajenada pereciere o mudare de naturaleza a consecuencia de los vicios que tenía, y eran conocidos del enajenante, éste sufrirá la pérdida y deberá restituir el precio y abonar los gastos del contrato con los daños y perjuicios.

Artículo 2148.- Si el enajenante no conocía los vicios, solamente deberá restituir el precio y abonar los gastos del contrato, en el caso de que el adquirente los haya pagado.

(REFORMADO, G.O. 12 DE JUNIO DE 2012)

Artículo 2149.- Las acciones que nacen de lo dispuesto en los artículos del 2142 al 2148, se extinguen en un plazo de un año tratándose de bienes inmuebles, y de seis meses tratándose de bienes muebles, contados desde la entrega de la cosa enajenada, sin perjuicio de lo dispuesto en el caso especial a que se refieren los artículos 2138 y 2139.

Artículo 2150.- Enajenándose dos o más animales juntamente, sea en un precio alzado o sea señalándolo a cada uno de ellos, el vicio de uno da sólo lugar a la acción redhibitoria, respecto de él y no respecto a los demás, a no ser que aparezca que el adquirente no habría adquirido el sano o sanos sin el vicioso (sic), o que la enajenación fuese de un rebaño y el vicio fuere contagioso.

Artículo 2151.- Se presume que el adquirente no tenía voluntad de adquirir uno solo de los animales, cuando se adquiere un tiro, yunta o pareja, aunque se haya señalado un precio separado a cada uno de los animales que los componen.

Artículo 2152.- Lo dispuesto en el artículo 2150 es aplicable a la enajenación de cualquiera otra cosa.

Artículo 2153.- Cuando el animal muere dentro de los tres días siguientes a su adquisición, es responsable el enajenante, si por juicio de peritos se prueba que la enfermedad existía antes de la enajenación.

Artículo 2154.- Si la enajenación se declara resuelta, debe devolverse la cosa enajenada en el mismo estado en que se entregó, siendo responsable el adquirente de cualquier deterioro que no proceda del vicio o defecto ocultados.

Artículo 2155.- En caso de enajenación de animales, ya sea que se enajenen individualmente; por troncos o yuntas, o como ganados, la acción redhibitoria por causa de tachas o vicios ocultos, sólo dura veinte días, contados desde la fecha del contrato.

Artículo 2156.- La calificación de los vicios de la cosa enajenada se hará por peritos nombrados por las partes, y por un tercero que elegirá el juez en caso de discordia.

Artículo 2157.- Los peritos declararán terminantemente si los vicios eran anteriores a la enajenación y si por causa de ellos no puede destinarse la cosa a los usos para que fue adquirida.

Artículo 2158.- Las partes pueden restringir, renunciar o ampliar su responsabilidad por los vicios redhibitorios, siempre que no haya mala fe.

Artículo 2159.- Incumbe al adquirente probar que el vicio existía al tiempo de la adquisición, y no probándolo, se juzga que el vicio sobrevino después.

Artículo 2160.- Si la cosa enajenada con vicios redhibitorios se pierde por caso fortuito o por culpa del adquirente, le queda a éste, sin embargo, el derecho de pedir el menor valor de la cosa por el vicio redhibitorio.

Artículo 2161.- El adquirente de la cosa remitida de otro lugar que alegare que tiene vicios redhibitorios, si se trata de cosas que rápidamente se descomponen, tiene obligación de avisar inmediatamente al enajenante, que no recibe la cosa; si no lo hace, será responsable de los daños y perjuicios que su omisión ocasione.

Artículo 2162.- El enajenante no tiene obligación de responder de los vicios redhibitorios, si el adquirente obtuvo la cosa por remate o por adjudicación judicial.

CAPÍTULO I
DE LOS ACTOS CELEBRADOS EN FRAUDE DE LOS ACREEDORES

Artículo 2163.- Los actos celebrados por un deudor en perjuicio de su acreedor, pueden anularse, a petición de éste, si de esos actos resulta la insolvencia del deudor, y el crédito en virtud del cual se intenta la acción, es anterior a ellos.

Artículo 2164.- Si el acto fuere oneroso, la nulidad sólo podrá tener lugar en el caso y términos que expresa el artículo anterior, cuando haya mala fe, tanto por parte del deudor, como del tercero que contrató con él.

Artículo 2165.- Si el acto fuere gratuito, tendrá lugar la nulidad aun cuando haya habido buena fe por parte de ambos contratantes.

Artículo 2166.- Hay insolvencia cuando la suma de los bienes y créditos del deudor, estimados en su justo precio, no iguala al importe de sus deudas. La mala fe, en este caso, consiste en el conocimiento de ese déficit.

Artículo 2167.- La acción concedida al acreedor, en los artículos anteriores, contra el primer adquirente, no procede contra tercer poseedor sino cuando éste ha adquirido de mala fe.

Artículo 2168.- Revocado el acto fraudulento del deudor, si hubiere habido enajenación de propiedades, éstas se devolverán por el que las adquirió de mala fe, con todos sus frutos.

(F. DE E., D.O.F. 21 DE DICIEMBRE DE 1928)

Artículo 2169.- El que hubiere adquirido de mala fe las cosas enajenadas en fraude de los acreedores, deberá indemnizar a éstos de los daños y perjuicios, cuando la cosa hubiere pasado a un adquirente de buena fe, o cuando se hubiere perdido.

Artículo 2170.- La nulidad puede tener lugar, tanto en los actos en que el deudor enajena los bienes que efectivamente posee, como en aquellos en que renuncia derechos constituídos a su favor y cuyo goce no fuere exclusivamente personal.

Artículo 2171.- Si el deudor no hubiere renunciado derechos irrevocablemente adquiridos, sino facultades por cuyo ejercicio pudiere mejorar el estado de su fortuna, los acreedores pueden hacer revocar esa renuncia y usar de las facultades renunciadas.

Artículo 2172.- Es también anulable el pago hecho por el deudor insolvente, antes del vencimiento del plazo.

Artículo 2173.- Es anulable todo acto o contrato celebrado en los treinta días anteriores a la declaración judicial de la quiebra o del concurso, y que tuviere por objeto dar a un crédito ya existente una preferencia que no tiene.

Artículo 2174.- La acción de nulidad mencionada en el artículo 2163 cesará luego que el deudor satisfaga su deuda o adquiera bienes con qué poder cubrirla.

Artículo 2175.- La nulidad de los actos del deudor sólo será pronunciada en interés de los acreedores que la hubiesen pedido, y hasta el importe de sus créditos.

Artículo 2176.- El tercero a quien hubiesen pasado los bienes del deudor, puede hacer cesar la acción de los acreedores satisfaciendo el crédito de los que se hubiesen presentado, o dando garantía suficiente sobre el pago íntegro de sus créditos, si los bienes del deudor no alcanzaren a satisfacerlos.

Artículo 2177.- El fraude, que consiste únicamente en la preferencia indebida a favor de un acreedor, no importa la pérdida del derecho, sino la de la preferencia.

Artículo 2178.- Si el acreedor que pide la nulidad, para acreditar la insolvencia del deudor, prueba que el monto de las deudas de éste excede al de sus bienes conocidos, le impone al deudor la obligación de acreditar que tiene bienes suficientes para cubrir esas deudas.

Artículo 2179.- Se presumen fraudulentas las enajenaciones a título oneroso hechas por aquellas personas contra quienes se hubiese pronunciado antes sentencia condenatoria en cualquiera instancia, o expedido mandamiento de embargo de bienes, cuando estas enajenaciones perjudican los derechos de sus acreedores.

CAPÍTULO II
DE LA SIMULACIÓN DE LOS ACTOS JURÍDICOS

Artículo 2180.- Es simulado el acto en que las partes declaran o confiesan falsamente lo que en realidad no ha pasado o no se ha convenido entre ellas.

Artículo 2181.- La simulación es absoluta cuando el acto simulado nada tiene de real; es relativa cuando a un acto jurídico se le da una falsa apariencia que oculta su verdadero carácter.

Artículo 2182.- La simulación absoluta no produce efectos jurídicos. Descubierto el acto real que oculta la simulación relativa, ese acto no será nulo si no hay ley que así lo declare.

Artículo 2183.- Pueden pedir la nulidad de los actos simulados, los terceros perjudicados con la simulación, o el Ministerio Público cuando ésta se cometió en transgresión de la ley o en perjuicio de la Hacienda Pública.

Artículo 2184.- Luego que se anule un acto simulado, se restituirá la cosa o derecho a quien pertenezca, con sus frutos e intereses, si los hubiere; pero si la cosa o derecho ha pasado a título oneroso a un tercero de buena fe, no habrá lugar a la restitución.

También subsistirán los gravámenes impuestos a favor de tercero de buena fe.

TÍTULO QUINTO
EXTINCIÓN DE LAS OBLIGACIONES

CAPÍTULO I
DE LA COMPENSACIÓN

Artículo 2185.- Tiene lugar la compensación cuando dos personas reúnen la calidad de deudores y acreedores recíprocamente y por su propio derecho.

Artículo 2186.- El efecto de la compensación es extinguir por ministerio de la ley las dos deudas, hasta la cantidad que importe la menor.

Artículo 2187.- La compensación no procede sino cuando ambas deudas consisten en una cantidad de dinero, o cuando siendo fungibles las cosas debidas, son de la misma especie y calidad, siempre que se hayan designado al celebrarse el contrato.

Artículo 2188.- Para que haya lugar a la compensación se requiere que las deudas sean igualmente líquidas y exigibles. Las que no lo fueren, sólo podrán compensarse por consentimiento expreso de los interesados.

Artículo 2189.- Se llama deuda líquida aquella cuya cuantía se haya determinado o puede determinarse dentro del plazo de nueve días.

Artículo 2190.- Se llama exigible aquella deuda cuyo pago no puede rehusarse conforme a derecho.

Artículo 2191.- Si las deudas no fueren de igual cantidad, hecha la compensación, conforme al artículo 2186, queda expedita la acción por el resto de la deuda.

Artículo 2192.- La compensación no tendrá lugar:

I. Si una de las partes la hubiere renunciado;

II. Si una de las deudas toma su origen de fallo condenatorio por causa de despojo; pues entonces el que obtuvo aquél a su favor deberá ser pagado, aunque el despojante le oponga la compensación;

III. Si una de las deudas fuere por alimentos;

IV. Si una de las deudas toma su origen de una renta vitalicia;

V. Si una de las deudas procede de salario mínimo;

VI. Si la deuda fuere de cosa que no puede ser compensada, ya sea por disposición de la ley o por el título de que procede, a no ser que ambas deudas fueren igualmente privilegiadas;

VII. Si la deuda fuere de cosa puesta en depósito;

VIII. Si las deudas fueren fiscales, excepto en los casos en que la ley lo autorice.

Artículo 2193.- Tratándose de títulos pagaderos a la orden, no podrá el deudor compensar con el endosatario lo que le debiesen los endosantes precedentes.

Artículo 2194.- La compensación, desde el momento en que es hecha legalmente, produce sus efectos de pleno derecho y extingue todas las obligaciones correlativas.

Artículo 2195.- El que paga una deuda compensable, no puede, cuando exija su crédito que podía ser compensado, aprovecharse, en perjuicio de tercero, de los privilegios e hipotecas que tenga a su favor al tiempo de hacer el pago; a no ser que pruebe que ignoraba la existencia del crédito que extinguía la deuda.

Artículo 2196.- Si fueren varias las deudas sujetas a compensación, se seguirá, a falta de declaración, el orden establecido en el artículo 2093.

Artículo 2197.- El derecho de compensación puede renunciarse, ya expresamente, ya por hechos que manifiesten de un modo claro la voluntad de hacer la renuncia.

Artículo 2198.- El fiador, antes de ser demandado por el acreedor, no puede oponer a éste la compensación del crédito que contra él tenga, con la deuda del deudor principal.

Artículo 2199.- El fiador puede utilizar la compensación de lo que el acreedor deba al deudor principal; pero éste no puede oponer la compensación de lo que el acreedor deba al fiador.

Artículo 2200.- El deudor solidario no puede exigir compensación con la deuda del acreedor a sus codeudores.

Artículo 2201.- El deudor que hubiere consentido la cesión hecha por el acreedor en favor de un tercero, no podrá oponer al cesionario la compensación que podría oponer al cedente.

Artículo 2202.- Si el acreedor dio conocimiento de la cesión al deudor, y éste no consintió en ella, podrá oponer al cesionario la compensación de los créditos que tuviere contra del cedente y que fueren anteriores a la cesión.

Artículo 2203.- Si la cesión se realizare sin consentimiento del deudor, podrá éste oponer la compensación de los créditos anteriores a ella, y la de los posteriores, hasta la fecha en que hubiere tenido conocimiento de la cesión.

Artículo 2204.- Las deudas pagaderas en diferente lugar, pueden compensarse mediante indemnización de los gastos de transporte o cambio al lugar del pago.

Artículo 2205.- La compensación no puede tener lugar en perjuicio de los derechos de tercero legítimamente adquiridos.

CAPÍTULO II
DE LA CONFUSIÓN DE DERECHOS

Artículo 2206.- La obligación se extingue por confusión cuando las calidades de acreedor y deudor se reúnen en una misma persona. La obligación renace si la confusión cesa.

Artículo 2207.- La confusión que se verifica en la persona del acreedor o deudor solidario, sólo produce sus efectos en la parte proporcional de su crédito o deuda.

Artículo 2208.- Mientras se hace la partición de una herencia, no hay confusión cuando el deudor hereda al acreedor o éste a aquél.

CAPÍTULO III
DE LA REMISIÓN DE LA DEUDA

Artículo 2209.- Cualquiera puede renunciar su derecho y remitir, en todo o en parte, las prestaciones que le son debidas, excepto en aquellos casos en que la ley lo prohíbe.

Artículo 2210.- La condonación de la deuda principal extinguirá las obligaciones accesorias; pero la de éstas dejan subsistente la primera.

Artículo 2211.- Habiendo varios fiadores solidarios, el perdón que fuere concedido solamente a alguno de ellos, en la parte relativa a su responsabilidad, no aprovecha a los otros.

Artículo 2212.- La devolución de la prenda es presunción de la remisión del derecho a la misma prenda, si el acreedor no prueba lo contrario.

CAPÍTULO IV
DE LA NOVACIÓN

Artículo 2213.- Hay novación de contrato cuando las partes en él interesadas lo alteran substancialmente sustituyendo una obligación nueva a la antigua.

Artículo 2214.- La novación es un contrato, y como tal, está sujeto a las disposiciones respectivas, salvo las modificaciones siguientes.

Artículo 2215.- La novación nunca se presume, debe constar expresamente.

Artículo 2216.- Aun cuando la obligación anterior esté subordinada a una condición suspensiva, solamente quedará la novación dependiente del cumplimiento de aquélla, si así se hubiere estipulado.

Artículo 2217.- Si la primera obligación se hubiere extinguido al tiempo en que se contrajere la segunda, quedará la novación sin efecto.

Artículo 2218.- La novación es nula si lo fuere también la obligación primitiva, salvo que la causa de nulidad solamente pueda ser invocada por el deudor, o que la ratificación convalide los actos nulos en su origen.

Artículo 2219.- Si la novación fuere nula, subsistirá la antigua obligación.

Artículo 2220.- La novación extingue la obligación principal y las obligaciones accesorias. El acreedor puede, por una reserva expresa, impedir la extinción de las obligaciones accesorias, que entonces pasan a la nueva.

Artículo 2221.- El acreedor no puede reservarse el derecho de prenda o hipoteca de la obligación extinguida, si los bienes hipotecados o empeñados pertenecieren a terceros que no hubieren tenido parte en la novación. Tampoco puede reservarse la fianza sin consentimiento del fiador.

Artículo 2222.- Cuando la novación se efectúe entre el acreedor y algún deudor solidario, los privilegios e hipotecas del antiguo crédito sólo pueden quedar reservados con relación a los bienes del deudor que contrae la nueva obligación.

Artículo 2223.- Por la novación hecha entre el acreedor y alguno de los deudores solidarios, quedan exonerados todos los demás codeudores, sin perjuicio de lo dispuesto en el artículo 1999.

TÍTULO SEXTO
DE LA INEXISTENCIA Y DE LA NULIDAD

Artículo 2224.- El acto jurídico inexistente por la falta de consentimiento o de objeto que pueda ser materia de él, no producirá efecto legal alguno. No es susceptible de valer por confirmación, ni por prescripción; su inexistencia puede invocarse por todo interesado.

Artículo 2225.- La ilicitud en el objeto, en el fin o en la condición del acto produce su nulidad, ya absoluta, ya relativa, según lo disponga la ley.

Artículo 2226.- La nulidad absoluta por regla general no impide que el acto produzca provisionalmente sus efectos, los cuales serán destruidos retroactivamente cuando se pronuncie por el juez la nulidad. De ella puede prevalerse todo interesado y no desaparece por la confirmación o la prescripción.

Artículo 2227.- La nulidad es relativa cuando no reúne todos los caracteres enumerados en el artículo anterior. Siempre permite que el acto produzca provisionalmente sus efectos.

Artículo 2228.- La falta de forma establecida por la ley, si no se trata de actos solemnes, así como el error, el dolo, la violencia, la lesión, y la incapacidad de cualquiera de los autores del acto, produce la nulidad relativa del mismo.

Artículo 2229.- La acción y la excepción de nulidad por falta de forma compete a todos los interesados.

Artículo 2230.- La nulidad por causa de error, dolo, violencia, lesión o incapacidad, sólo puede invocarse por el que ha sufrido esos vicios de consentimiento, se ha perjudicado por la lesión o es el incapaz.

Artículo 2231.- La nulidad de un acto jurídico por falta de forma establecida por la ley, se extingue por la confirmación de ese acto hecho en la forma omitida.

Artículo 2232.- Cuando la falta de forma produzca nulidad del acto, si la voluntad de las partes ha quedado constante de una manera indubitable y no se trata de un acto revocable, cualquiera de los interesados puede exigir que el acto se otorgue en la forma prescrita por la ley.

Artículo 2233.- Cuando el contrato es nulo por incapacidad, violencia o error, puede ser confirmado cuando cese el vicio o motivo de nulidad, siempre que no concurra otra causa que invalide la confirmación.

Artículo 2234.- El cumplimiento voluntario por medio del pago, novación, o por cualquier otro modo, se tiene por ratificación tácita y extingue la acción de nulidad.

Artículo 2235.- La confirmación se retrotrae al día en que se verificó el acto nulo; pero ese efecto retroactivo no perjudicará a los derechos de tercero.

Artículo 2236.- La acción de nulidad fundada en incapacidad o en error, puede intentarse en los plazos establecidos en el artículo 638. Si el error se conoce antes de que transcurran esos plazos, la acción de nulidad prescribe a los sesenta días, contados desde que el error fue conocido.

Artículo 2237.- La acción para pedir la nulidad de un contrato hecho por violencia, prescribe a los seis meses contados desde que cese ese vicio del consentimiento.

Artículo 2238.- El acto jurídico viciado de nulidad en parte, no es totalmente nulo, si los (sic) partes que lo forman pueden legalmente subsistir separadas, a menos que se demuestre que al celebrarse el acto se quiso que sólo íntegramente subsistiera.

Artículo 2239.- La anulación del acto obliga a las partes a restituirse mutuamente lo que han recibido o percibido en virtud o por consecuencia del acto anulado.

Artículo 2240.- Si el acto fuere bilateral y las obligaciones correlativas consisten ambas en sumas de dinero o en cosas productivas de frutos, no se hará la restitución respectiva de intereses o de frutos sino desde el día de la demanda de nulidad. Los intereses y los frutos percibidos hasta esa época se compensan entre sí.

Artículo 2241.- Mientras que uno de los contratantes no cumpla con la devolución de aquello que en virtud de la declaración de nulidad del contrato está obligado, no puede ser compelido el otro a que cumpla por su parte.

Artículo 2242.- Todos los derechos reales o personales transmitidos a terceros sobre un inmueble, por una persona que ha llegado a ser propietario de él en virtud del acto anulado, quedan sin ningún valor y pueden ser reclamados directamente del poseedor actual mientras que no se cumpla la prescripción, observándose lo dispuesto para los terceros adquirentes de buena fe.

PARTE SEGUNDA
DE LAS DIVERSAS ESPECIES DE CONTRATOS

TÍTULO PRIMERO
DE LOS CONTRATOS PREPARATORIOS.- LA PROMESA.

Artículo 2243.- Puede asumirse contractualmente la obligación de celebrar un contrato futuro.

Artículo 2244.- La promesa de contratar o sea el contrato preliminar de otro puede ser unilateral o bilateral.

Artículo 2245.- La promesa de contrato sólo da origen a obligaciones de hacer, consistentes en celebrar el contrato respectivo de acuerdo con lo ofrecido.

Artículo 2246.- Para que la promesa de contratar sea válida debe constar por escrito, contener los elementos característicos del contrato definitivo y limitarse a cierto tiempo.

Artículo 2247.- Si el promitente rehusa firmar los documentos necesarios para dar forma legal al contrato concertado, en su rebeldía los firmará el juez; salvo el caso de que la cosa ofrecida haya pasado por título oneroso a la propiedad de tercero de buena fe, pues entonces la promesa quedará sin efecto, siendo responsable el que la hizo de todos los daños y perjuicios que se hayan originado a la otra parte.

TÍTULO SEGUNDO
DE LA COMPRA-VENTA

CAPÍTULO I
DISPOSICIONES GENERALES

Artículo 2248.- Habrá compra-venta cuando uno de los contratantes se obliga a transferir la propiedad de una cosa o de un derecho, y el otro a su vez se obliga a pagar por ellos un precio cierto y en dinero.

Artículo 2249.- Por regla general, la venta es perfecta y obligatoria para las partes cuando se han convenido sobre la cosa y su precio, aunque la primera no haya sido entregada, ni el segundo satisfecho.

Artículo 2250.- Si el precio de la cosa vendida se ha de pagar parte en dinero y parte con el valor de otra cosa, el contrato será de venta cuando la parte de numerario sea igual o mayor que la que se pague con el valor de otra cosa. Si la parte en numerario fuere inferior, el contrato será de permuta.

Artículo 2251.- Los contratantes pueden convenir en que el precio sea el que corre en día o lugar determinados o el que fije un tercero.

Artículo 2252.- Fijado el precio por el tercero, no podrá ser rechazado por los contratantes, sino de común acuerdo.

Artículo 2253.- Si el tercero no quiere o no puede señalar el precio, quedará el contrato sin efecto; salvo convenio en contrario.

Artículo 2254.- El señalamiento del precio no puede dejarse al arbitrio de uno de los contratantes.

Artículo 2255.- El comprador debe pagar el precio en los términos y plazos convenidos. A falta de convenio lo deberá pagar al contado. La demora en el pago del precio lo constituirá en la obligación de pagar réditos al tipo legal sobre la cantidad que adeude.

Artículo 2256.- El precio de frutos y cereales vendidos a plazo a personas no comerciantes y para su consumo, no podrá exceder del mayor que esos géneros tuvieren en el lugar, en el período corrido desde la entrega hasta el fin de la siguiente cosecha.

Artículo 2257.- Las compras de cosas que se acostumbra gustar, pesar o medir, no producirán sus efectos sino después que se hayan gustado, pesado o medido los objetos vendidos.

Artículo 2258.- Cuando se trate de venta de artículos determinados y perfectamente conocidos, el contrato podrá hacerse sobre muestras.

En caso de desavenencia entre los contratantes, dos peritos nombrados uno por cada parte, y un tercero, para el caso de discordia, nombrado por éstos, resolverán sobre la conformidad o inconformidad de los artículos con las muestras o calidades que sirvieron de base al contrato.

Artículo 2259.- Si la venta se hizo sólo a la vista y por acervo, aun cuando sea de cosas que se suelen contar, pesar o medir, se entenderá realizada luego que los contratantes se avengan en el precio, y el comprador no podrá pedir la rescisión del contrato alegando no haber encontrado en el acervo, la cantidad, peso o medida que él calculaba.

Artículo 2260.- Habrá lugar a la rescisión si el vendedor presentare el acervo como de especie homogénea, y ocultare en él especies de inferior clase y calidad de las que están a la vista.

Artículo 2261.- Si la venta de uno o más inmuebles se hiciere por precio alzado y sin estimar especialmente sus partes o medidas, no habrá lugar a la rescisión, aunque en la entrega hubiere falta o exceso.

Artículo 2262.- Las acciones que nacen de los artículos 2259 a 2261 prescriben en un año, contado desde el día de la entrega.

Artículo 2263.- Los contratantes pagarán por mitad los gastos de escritura y registro, salvo convenio en contrario.

Artículo 2264.- Si una misma cosa fuere vendida por el mismo vendedor a diversas personas, se observará lo siguiente.

Artículo 2265.- Si la cosa vendida fuere mueble, prevalecerá la venta primera en fecha; si no fuere posible verificar la prioridad de ésta, prevalecerá la hecha al que se halle en posesión de la cosa.

Artículo 2266.- Si la cosa vendida fuere inmueble, prevalecerá la venta que primero se haya registrado; y si ninguna lo ha sido, se observará lo dispuesto en el artículo anterior.

Artículo 2267.- Son nulas las ventas que produzcan la concentración o acaparamiento, en una o en pocas manos, de artículos de consumo necesario, y que tengan por objeto obtener el alza de los precios de esos artículos.

Artículo 2268.- Las ventas al menudeo de bebidas embriagantes hechas al fiado en cantinas, no dan derecho para exigir su precio.

CAPÍTULO II
DE LA MATERIA DE LA COMPRA-VENTA

(F. DE E., D.O.F. 21 DE DICIEMBRE DE 1928)

Artículo 2269.- Ninguno puede vender sino lo que es de su propiedad.

Artículo 2270.- La venta de cosa ajena es nula, y el vendedor es responsable de los daños y perjuicios si procede con dolo o mala fe; debiendo tenerse en cuenta lo que se dispone en el título relativo al Registro Público para los adquirentes de buena fe.

Artículo 2271.- El contrato quedará revalidado, si antes de que tenga lugar la evicción, adquiere el vendedor, por cualquier título legítimo, la propiedad de la cosa vendida.

Artículo 2272.- La venta de cosa o derechos litigiosos no está prohibida; pero el vendedor que no declare la circunstancia de hallarse la cosa en litigio, es responsable de los daños y perjuicios si el comprador sufre la evicción, quedando además, sujeto a las penas respectivas.

Artículo 2273.- Tratándose de la venta de determinados bienes, como los pertenecientes a incapacitados, los de propiedad pública, los empeñados o hipotecados, etc., deben observarse los requisitos exigidos por la ley para que la venta sea perfecta.

CAPÍTULO III
DE LOS QUE PUEDEN VENDER Y COMPRAR

Artículo 2274.- Los extranjeros y las personas morales no pueden comprar bienes raíces, sino sujetándose a lo dispuesto en el artículo 27 de la Constitución Política de los Estados Unidos Mexicanos, y en sus leyes reglamentarias.

Artículo 2275.- (DEROGADO, D.O.F. 31 DE DICIEMBRE DE 1974)

(REFORMADO, G.O. 18 DE DICIEMBRE DE 2014)

Artículo 2276.- Los magistrados, los jueces, el ministerio público, los defensores públicos, los abogados, los procuradores y los peritos no pueden comprar los bienes que son objeto de los juicios en que intervengan. Tampoco podrán ser cesionarios de los derechos que se tengan sobre los citados bienes.

Artículo 2277.- Se exceptúa de lo dispuesto en el artículo anterior, la venta o cesión de acciones hereditarias cuando sean coherederos las personas mencionadas, o de derechos a que estén afectos bienes de su propiedad.

Artículo 2278.- Los hijos sujetos a patria potestad solamente pueden vender a sus padres los bienes comprendidos en la primera clase de las mencionadas en el artículo 428.

Artículo 2279.- Los propietarios de cosa indivisa no pueden vender su parte respectiva a extraños, sino cumpliendo lo dispuesto en los artículos 973 y 974.

Artículo 2280.- No pueden comprar los bienes de cuya venta o administración se hallen encargados:

I. Los tutores y curadores;

II. Los mandatarios;

III. Los ejecutores testamentarios y los que fueren nombrados en caso de intestado;

IV. Los interventores nombrados por el testador o por los herederos;

V. Los representantes, administradores e interventores en caso de ausencia;

VI. Los empleados públicos.

Artículo 2281.- Los peritos y los corredores no pueden comprar los bienes en cuya venta han intervenido.

Artículo 2282.- Las compras hechas en contravención a lo dispuesto en este Capítulo, serán nulas, ya se hayan hecho directamente o por interpósita persona.

CAPÍTULO IV
DE LAS OBLIGACIONES DEL VENDEDOR

Artículo 2283.- El vendedor está obligado:

I. A entregar al comprador la cosa vendida;

II. A garantir las calidades de la cosa;

III. A prestar la evicción.

CAPÍTULO V
DE LA ENTREGA DE LA COSA VENDIDA

Artículo 2284.- La entrega puede ser real, jurídica o virtual.

La entrega real consiste en la entrega material de la cosa vendida, o en la entrega del título si se trata de un derecho.

Hay entrega jurídica cuando aún sin estar entregada materialmente la cosa, la ley considera recibida por el comprador.

Desde el momento en que el comprador acepte que la cosa vendida quede a su disposición, se tendrá por virtualmente recibido de ella, y el vendedor que la conserve en su poder sólo tendrá los derechos y obligaciones de un depositario.

Artículo 2285.- Los gastos de la entrega de la cosa vendida son de cuenta del vendedor, y los de su transporte o traslación, de cargo del comprador, salvo convenio en contrario.

Artículo 2286.- El vendedor no está obligado a entregar la cosa vendida, si el comprador no ha pagado el precio, salvo que en el contrato se haya señalado un plazo para el pago.

Artículo 2287.- Tampoco está obligado a la entrega, aunque haya concedido un término para el pago, si después de la venta se descubre que el comprador se halla en estado de insolvencia, de suerte que el vendedor corra inminente riesgo de perder el precio, a no ser que el comprador le dé fianza de pagar al plazo convenido.

Artículo 2288.- El vendedor debe entregar la cosa vendida en el estado en que se hallaba al perfeccionarse el contrato.

Artículo 2289.- Debe también el vendedor entregar todos los frutos producidos desde que se perfeccione la venta, y los rendimientos, acciones y títulos de la cosa.

Artículo 2290.- Si en la venta de un inmueble se han designado los linderos, el vendedor estará obligado a entregar todo lo que dentro de ellos se comprenda, aunque haya exceso o disminución en las medidas expresadas en el contrato.

Artículo 2291.- La entrega de la cosa vendida debe hacerse en el lugar convenido, y si no hubiere lugar designado en el contrato, en el lugar en que se encontraba la cosa en la época en que se vendió.

Artículo 2292.- Si el comprador se constituyó en mora de recibir, abonará al vendedor el alquiler de las bodegas, graneros o vasijas en que se contenga lo vendido, y el vendedor quedará descargado del cuidado ordinario de conservar la cosa, y solamente será responsable del dolo o de la culpa grave.

CAPÍTULO VI
DE LAS OBLIGACIONES DEL COMPRADOR

Artículo 2293.- El comprador debe cumplir todo aquello a que se haya obligado, y especialmente pagar el precio de la cosa en el tiempo, lugar y forma convenidos.

Artículo 2294.- Si no se han fijado tiempo y lugar, el pago se hará en el tiempo y lugar en que se entregue la cosa.

Artículo 2295.- Si ocurre duda sobre cuál de los contratantes deberá hacer primero la entrega, uno y otro harán el depósito en manos de un tercero.

Artículo 2296.- El comprador debe intereses por el tiempo que medie entre la entrega de la cosa y el pago del precio, en los tres casos siguientes:

I. Si así se hubiere convenido;

II. Si la cosa vendida y entregada produce fruto o renta;

III. Si se hubiere constituido en mora con arreglo a los artículos 2104 y 2105.

Artículo 2297.- En las ventas a plazo, sin estipular intereses, no los debe el comprador por razón de aquél, aunque entretanto perciba los frutos de la cosa, pues el plazo hizo parte del mismo contrato, y debe presumirse que en esta consideración, se aumentó el precio de la venta.

Artículo 2298.- Si la concesión del plazo fue posterior al contrato, el comprador estará obligado a prestar los intereses, salvo convenio en contrario.

Artículo 2299.- Cuando el comprador a plazo o con espera del precio, fuere perturbado en su posesión o derecho, o tuviere justo temor de serlo, podrá suspender el pago si aún no lo ha hecho, mientras el vendedor le asegure la posesión o le dé fianza, salvo si hay convenio en contrario.

Artículo 2300.- La falta de pago del precio da derecho para pedir la rescisión del contrato, aunque la venta se haya hecho a plazo; pero si la cosa ha sido enajenada a un tercero, se observará lo dispuesto en los artículos 1950 y 1951.

CAPÍTULO VII
DE ALGUNAS MODALIDADES DEL CONTRATO DE COMPRA-VENTA

Artículo 2301.- Puede pactarse que la cosa comprada no se venda a determinada persona; pero es nula la cláusula en que se estipule que no puede venderse a persona alguna.

Artículo 2302.- Queda prohibida la venta con pacto de retroventa, así como la promesa de venta de un bien raíz que haya sido objeto de una compraventa entre los mismos contratantes.

Artículo 2303.- Puede estipularse que el vendedor goce del derecho de preferencia por el tanto, para el caso de que el comprador quisiere vender la cosa que fue objeto del contrato de compra-venta.

Artículo 2304.- El vendedor está obligado a ejercer su derecho de preferencia, dentro de tres días, si la cosa fuere mueble, después que el comprador le hubiese hecho saber la oferta que tenga por ella, bajo pena de perder su derecho si en ese tiempo no lo ejerciere. Si la cosa fuere inmueble, tendrá el término de diez días para ejercer el derecho, bajo la misma pena. En ambos casos está obligado a pagar el precio que el comprador ofreciere, y si no lo pudiere satisfacer, quedará sin efecto el pacto de preferencia.

Artículo 2305.- Debe hacerse saber de una manera fehaciente, al que goza del derecho de preferencia, lo que ofrezcan por la cosa, y si ésta se vendiere sin dar ese aviso, la venta es válida; pero el vendedor responderá de los daños y perjuicios causados.

Artículo 2306.- Si se ha concedido un plazo para pagar el precio, el que tiene el derecho de preferencia no puede prevalerse de este término si no da las seguridades necesarias de que pagará el precio al expirar el plazo.

Artículo 2307.- Cuando el objeto sobre que se tiene derecho de preferencia se venda en subasta pública, debe hacerse saber al que goza de ese derecho, el día, hora y el lugar en que se verificará el remate.

Artículo 2308.- El derecho adquirido por el pacto de preferencia no puede cederse, ni pasa a los herederos del que los disfrute.

Artículo 2309.- Si se venden cosas futuras, tomando el comprador el riesgo de que no llegasen a existir, el contrato es aleatorio y se rige por lo dispuesto en el capítulo relativo a la compra de esperanza.

(REFORMADO, D.O.F. 3 DE ENERO DE 1979)

Artículo 2310.- La venta que se haga facultando al comprador para que pague el precio en abonos, se sujetará a las reglas siguientes:

(REFORMADA, G.O. 23 DE JULIO DE 2012)

I. Si la venta es de bienes inmuebles, puede pactarse que la falta de pago de uno o varios abonos ocasionará la rescisión del contrato. La rescisión producirá efectos contra tercero que hubiere adquirido los bienes de que se trata o cualquier derecho real, inclusive de garantía, siempre que la cláusula rescisoria se haya inscrito en el Registro Público;

(REFORMADA, G.O. 23 DE JULIO DE 2012)

II. Si se trata de bienes muebles que sean susceptibles de identificarse de manera indubitable, y el comprador fuere una persona moral, podrá también pactarse la cláusula rescisoria de que habla la fracción anterior, que surtirá efectos contra terceros si se inscribió en el Registro Público en el folio de dicha persona moral. Si el comprador fuere persona física, se estará a lo dispuesto en la siguiente fracción.

III. Si se trata de bienes muebles que no sean susceptibles de identificarse, los contratantes podrán pactar la rescisión de la venta por falta de pago del precio, pero esa cláusula no producirá efectos contra tercero de buena fe que hubiere adquirido los bienes a que esta fracción se refiere.

Artículo 2311.- Si se rescinde la venta, el vendedor y el comprador deben restituirse las prestaciones que se hubieren hecho; pero el vendedor que hubiere entregado la cosa vendida, puede exigir del comprador, por el uso de ella, el pago de un alquiler o renta que fijarán peritos, y una indemnización, también fijada por peritos, por el deterioro que haya sufrido la cosa.

El comprador que haya pagado parte del precio, tiene derecho a los intereses legales de la cantidad que entregó.

Las convenciones que impongan al comprador obligaciones más onerosas que las expresadas, serán nulas.

Artículo 2312.- Puede pactarse válidamente que el vendedor se reserve la propiedad de la cosa vendida hasta que su precio haya sido pagado.

Cuando los bienes vendidos son de los mencionados en las fracciones I y II del artículo 2310, el pacto de que se trata produce efectos contra tercero, si se inscribe en el Registro Público; cuando los bienes son de la clase a que se refiere la fracción III del artículo que se acaba de citar, se aplicará lo dispuesto en esa fracción.

(REFORMADO, D.O.F. 3 DE ENERO DE 1979)

Artículo 2313.- El vendedor a que se refiere el artículo anterior, mientras no se venza el plazo para pagar el precio, no podrá enajenar la cosa vendida con reserva de propiedad. Esta limitación de dominio se anotará en la parte correspondiente.

(F. DE E., D.O.F. 21 DE DICIEMBRE DE 1928)

Artículo 2314.- Si el vendedor recoge la cosa vendida porque no le haya sido pagado su precio, se aplicará lo que dispone el artículo 2311.

(F. DE E., D.O.F. 21 DE DICIEMBRE DE 1928)

Artículo 2315.- En la venta de que habla el artículo 2312, mientras que no pasa la propiedad de la cosa vendida al comprador, si éste recibe la cosa será considerado como arrendatario de la misma.

CAPÍTULO VIII
DE LA FORMA DEL CONTRATO DE COMPRA-VENTA

N. DE E. SE MODIFICA EL TEXTO DEL PRESENTE ARTÍCULO EN LOS TÉRMINOS DEL ARTÍCULO 54 DE LA LEY DEL NOTARIADO PARA EL DISTRITO FEDERAL Y TERRITORIOS, DE ACUERDO A LO DISPUESTO POR EL ARTÍCULO 14 DE LAS DISPOSICIONES TRANSITORIAS DE LA CITADA LEY, PUBLICADA EN EL D.O.F. 23 DE FEBRERO DE 1946.

Artículo 2316.- El contrato de compra-venta no requiere para su validez formalidad alguna especial, sino cuando recae sobre un inmueble.

Artículo 2317.- Las enajenaciones de bienes inmuebles cuyo valor de avalúo no exceda al equivalente a trescientas sesenta y cinco veces la Unidad de Cuenta de la Ciudad de México vigente en el momento de la operación y la constitución o trasmisión de derechos reales estimados hasta la misma cantidad o que garanticen un crédito no mayor de dicha suma, podrán otorgarse en documento privado firmado por los contratantes ante dos testigos cuyas firmas se ratifiquen ante Notario, Juez competente o Registro Público de la Propiedad.

(REFORMADO, G.O. 25 DE MAYO DE 2000)

Los contratos por los que el Gobierno del Distrito Federal enajene terrenos o casas para la constitución del patrimonio familiar o para personas de escasos recursos económicos, hasta por el valor máximo a que se refiere el párrafo anterior, podrán otorgarse en documento privado, sin los requisitos de testigos o de ratificación de firmas.

(REFORMADO, G.O. 25 DE MAYO DE 2000)

En los programas de regularización de la tenencia de la tierra que realice el Gobierno del Distrito Federal sobre inmuebles de propiedad particular, cuyo valor no rebase el que señala el primer párrafo de este artículo, los contratos que se celebren entre las partes, podrán otorgarse en las mismas condiciones a que se refiere el párrafo anterior.

(REFORMADO, G.O. 25 DE MAYO DE 2000)

Los contratos a que se refiere el párrafo segundo, así como los que se otorguen con motivo de los programas de regularización de la tenencia de la tierra que realice el Gobierno del Distrito Federal sobre inmuebles de propiedad particular, podrán también otorgarse en el protocolo abierto especial a cargo de los notarios del Distrito Federal, quienes en esos casos reducirán en un cincuenta por ciento las cuotas que correspondan conforme al arancel respectivo.

Artículo 2318.- Si alguno de los contratantes no supiere escribir, firmará a su nombre y a su ruego otra persona con capacidad legal, no pudiendo firmar con ese carácter ninguno de los testigos, observándose lo dispuesto en el párrafo segundo del art. 1834.

Artículo 2319.- De dicho instrumento se formarán dos originales, uno para el comprador y el otro para el Registro Público.

Artículo 2320.- Si el valor de avalúo del inmueble excede de trescientos sesenta y cinco veces la Unidad de Cuenta de la Ciudad de México vigente en el momento de la operación, su venta se hará en escritura pública, salvo lo dispuesto por el artículo 2317.

Artículo 2321.- Tratándose de bienes ya inscritos en el Registro y cuyo valor no exceda de trescientas sesenta y cinco veces la Unidad de Cuenta de la Ciudad de México vigente en el momento de la operación, cuando la venta sea al contado podrá formalizarse, haciéndola constar por escrito en el certificado de inscripción de propiedad que el registrador tiene obligación de expedir al vendedor a cuyo favor estén inscritos los bienes.

La constancia de la venta será ratificada ante el registrador, quien tiene obligación de cerciorarse de la identidad de las partes y de la autenticidad de las firmas, y previa comprobación de que están cubiertos los impuestos correspondientes a la compraventa realizada en esta forma, hará una nueva inscripción de los bienes vendidos en favor del comprador.

Artículo 2322.- La venta de bienes raíces no producirá efectos contra tercero sino después de registrada en los términos prescritos en este Código.

CAPÍTULO IX
DE LAS VENTAS JUDICIALES

Artículo 2323.- Las ventas judiciales en almoneda, subasta o remate públicos, se regirán por las disposiciones de este Título, en cuanto a la substancia del contrato y a las obligaciones y derechos del comprador y del vendedor, con las modificaciones que se expresan en este Capítulo. En cuanto a los términos y condiciones en que hayan de verificarse, se regirán por lo que disponga el Código de Procedimientos Civiles.

Artículo 2324.- No pueden rematar por sí, ni por interpósita persona, el Juez, Secretario y demás empleados del juzgado; el ejecutado, sus procuradores, abogados y fiadores; los albaceas y tutores, si se trata de bienes pertenecientes a la sucesión o a los incapacitados, respectivamente; ni los peritos que hayan valuado los bienes objeto del remate.

Artículo 2325.- Por regla general las ventas judiciales se harán en moneda efectiva y al contado, y cuando la cosa fuere inmueble pasará al comprador libre de todo gravamen, a menos de estipulación expresa en contrario, a cuyo efecto el juez mandará hacer la cancelación o cancelaciones respectivas, en los términos que disponga el Código de Procedimientos Civiles.

Artículo 2326.- En las enajenaciones judiciales que hayan de verificarse para dividir cosa común, se observará lo dispuesto para la partición entre herederos.

TÍTULO TERCERO
DE LA PERMUTA

Artículo 2327.- La permuta es un contrato por el cual cada uno de los contratantes se obliga a dar una cosa por otra. Se observará en su caso lo dispuesto en el artículo 2250.

Artículo 2328.- Si uno de los contratantes ha recibido la cosa que se le da en permuta, y acredita que no era propia del que la dio, no puede ser obligado a entregar la que él ofreció en cambio, y cumple con devolver la que recibió.

Artículo 2329.- El permutante que sufra evicción de la cosa que recibió en cambio, podrá reivindicar la que dio, si se halla aún en poder del otro permutante, o exigir su valor o el valor de la cosa que se le hubiere dado en cambio, con el pago de daños y perjuicios.

Artículo 2330.- Lo dispuesto en el artículo anterior no perjudica los derechos que a título oneroso haya adquirido un tercero de buena fe sobre la cosa que reclame el que sufrió la evicción.

Artículo 2331.- Con excepción de lo relativo al precio, son aplicables a este contrato las reglas de la compra-venta, en cuanto no se opongan a los artículos anteriores.

TÍTULO CUARTO
DE LAS DONACIONES

CAPÍTULO I
DE LAS DONACIONES EN GENERAL

Artículo 2332.- Donación es un contrato por el que una persona transfiere a otra, gratuitamente, una parte o la totalidad de sus bienes presentes.

Artículo 2333.- La donación no puede comprender los bienes futuros.

Artículo 2334.- La donación puede ser pura, condicional, onerosa o remuneratoria.

Artículo 2335.- Pura es la donación que se otorga en términos absolutos, y condicional la que depende de algún acontecimiento incierto.

Artículo 2336.- Es onerosa la donación que se hace imponiendo algunos gravámenes, y remuneratoria la que se hace en atención a servicios recibidos por el donante y que éste no tenga obligación de pagar.

Artículo 2337.- Cuando la donación sea onerosa, sólo se considera donado el exceso que hubiere en el precio de la cosa, deducidas de él las cargas.

Artículo 2338.- Las donaciones sólo pueden tener lugar entre vivos y no pueden revocarse sino en los casos declarados en la ley.

Artículo 2339.- Las donaciones que se hagan para después de la muerte del donante, se regirán por las disposiciones relativas del Libro Tercero; y las que se hagan entre consortes, por lo dispuesto en el Capítulo VIII, Título V del Libro Primero.

Artículo 2340.- La donación es perfecta desde que el donatario la acepta y hace saber la aceptación al donador.

Artículo 2341.- La donación puede hacerse verbalmente o por escrito.

Artículo 2342.- No puede hacerse donación verbal más que de bienes muebles.

> N. DE E. SE RECOMIENDA CONSULTAR EL DECRETO POR EL QUE SE CREA UNA NUEVA UNIDAD DEL SISTEMA MONETARIO DE LOS ESTADOS UNIDOS MEXICANOS, PUBLICADO EN EL D.O.F. DE FECHA 22 DE JUNIO DE 1992 Y 6 DE ENERO DE 1994 Y EL AVISO POR EL QUE SE INFORMA QUE A PARTIR DEL 1º DE ENERO DE 1994, SE SUPRIME LA PALABRA "NUEVO", PARA VOLVER A LA DENOMINACIÓN "PESO" DEL NOMBRE DE LA UNIDAD DEL SISTEMA MONETARIO, PUBLICADO EN EL D.O.F. EL 15 DE NOVIEMBRE DE 1995.

Artículo 2343.- La donación verbal sólo producirá efectos legales cuando el valor de los muebles no pase de doscientos pesos.

N. DE E. SE RECOMIENDA CONSULTAR EL DECRETO POR EL QUE SE CREA UNA NUEVA UNIDAD DEL SISTEMA MONETARIO DE LOS ESTADOS UNIDOS MEXICANOS, PUBLICADO EN EL D.O.F. DE FECHA 22 DE JUNIO DE 1992 Y 6 DE ENERO DE 1994 Y EL AVISO POR EL QUE SE INFORMA QUE A PARTIR DEL 1° DE ENERO DE 1994, SE SUPRIME LA PALABRA "NUEVO", PARA VOLVER A LA DENOMINACIÓN "PESO" DEL NOMBRE DE LA UNIDAD DEL SISTEMA MONETARIO, PUBLICADO EN EL D.O.F. EL 15 DE NOVIEMBRE DE 1995.

Artículo 2344.- Si el valor de los muebles excede de doscientos pesos, pero no de cinco mil, la donación debe hacerse por escrito.

Si excede de cinco mil pesos, la donación se reducirá a escritura pública.

N. DE E. SE MODIFICA EL TEXTO DEL PRESENTE ARTÍCULO EN LOS TÉRMINOS DEL ARTÍCULO 54 DE LA LEY DEL NOTARIADO PARA EL DISTRITO FEDERAL Y TERRITORIOS, DE ACUERDO A LO DISPUESTO POR EL ARTÍCULO 14 DE LAS DISPOSICIONES TRANSITORIAS DE LA CITADA LEY, PUBLICADA EN EL D.O.F. 23 DE FEBRERO DE 1946.

Artículo 2345.- La donación de bienes raíces se hará en la misma forma que para su venta exige la ley.

Artículo 2346.- La aceptación de las donaciones se hará en la misma forma en que éstas deban hacerse; pero no surtirá efecto si no se hiciere en vida del donante.

Artículo 2347.- Es nula la donación que comprenda la totalidad de los bienes del donante, si éste no se reserva en propiedad o en usufructo lo necesario para vivir según sus circunstancias.

Artículo 2348.- Las donaciones serán inoficiosas en cuanto perjudiquen la obligación del donante de ministrar alimentos a aquellas personas a quienes los debe conforme a la ley.

Artículo 2349.- Si el que hace donación general de todos sus bienes, se reserva algunos para testar, sin otra declaración, se entenderá reservada la mitad de los bienes donados.

Artículo 2350.- La donación hecha a varias personas conjuntamente, no produce a favor de éstas el derecho de acrecer, si no es que el donante lo haya establecido de un modo expreso.

Artículo 2351.- El donante sólo es responsable de la evicción de la cosa donada si expresamente se obligó a prestarla.

Artículo 2352.- No obstante lo dispuesto en el artículo que precede, el donatario queda subrogado en todos los derechos del donante si se verifica la evicción.

Artículo 2353.- Si la donación se hace con la carga de pagar las deudas del donante, sólo se entenderán comprendidas las que existan con fecha auténtica al tiempo de la donación.

Artículo 2354.- Si la donación fuere de ciertos y determinados bienes, el donatario no responderá de las deudas del donante, sino cuando sobre los bienes donados estuviere constituida alguna hipoteca o prenda, o en caso de fraude, en perjuicio de los acreedores.

Artículo 2355.- Si la donación fuere de todos los bienes, el donatario será responsable de todas las deudas del donante anteriormente contraídas; pero sólo hasta la cantidad concurrente con los bienes donados y siempre que las deudas tengan fecha auténtica.

Artículo 2356.- Salvo que el donador dispusiere otra cosa, las donaciones que consistan en prestaciones periódicas se extinguen con la muerte del donante.

CAPÍTULO II
DE LAS PERSONAS QUE PUEDEN RECIBIR DONACIONES

Artículo 2357.- Los no nacidos pueden adquirir por donación, con tal que hayan estado concebidos al tiempo en que aquélla se hizo y sean viables conforme a lo dispuesto en el artículo 337.

Artículo 2358.- Las donaciones hechas simulando otro contrato a personas que conforme a la ley no puedan recibirlas, son nulas, ya se hagan de un modo directo, ya por interpósita persona.

CAPÍTULO III
DE LA REVOCACIÓN Y REDUCCIÓN DE LAS DONACIONES

Artículo 2359.- Las donaciones legalmente hechas por una persona que al tiempo de otorgarlas no tenía hijos, pueden ser revocadas por el donante cuando le hayan sobrevenido hijos que han nacido con todas las condiciones que sobre viabilidad exige el artículo 337.

Si transcurren cinco años desde que se hizo la donación y el donante no ha tenido hijos o habiéndolos tenido no ha revocado la donación, ésta se volverá irrevocable. Lo mismo sucede si el donante muere dentro de ese plazo de cinco años sin haber revocado la donación.

Si dentro del mencionado plazo naciere un hijo póstumo del donante, la donación se tendrá por revocada en su totalidad.

Artículo 2360.- Si en el primer caso del artículo anterior el padre no hubiere revocado la donación, ésta deberá reducirse cuando se encuentre comprendida en la disposición del artículo 2348, a no ser que el donatario tome sobre sí la obligación de ministrar alimentos y la garantice debidamente.

N. DE E. SE RECOMIENDA CONSULTAR EL DECRETO POR EL QUE SE CREA UNA NUEVA UNIDAD DEL SISTEMA MONETARIO DE LOS ESTADOS UNIDOS MEXICANOS, PUBLICADO EN EL D.O.F. DE FECHA 22 DE JUNIO DE 1992 Y 6 DE ENERO DE 1994 Y EL AVISO POR EL QUE SE INFORMA QUE A PARTIR DEL 1° DE ENERO DE 1994, SE SUPRIME LA PALABRA "NUEVO", PARA VOLVER A LA DENOMINACIÓN "PESO" DEL NOMBRE DE LA UNIDAD DEL SISTEMA MONETARIO, PUBLICADO EN EL D.O.F. EL 15 DE NOVIEMBRE DE 1995.

Artículo 2361.- La donación no podrá ser revocada por superveniencia de hijos:

I. Cuando sea menor de doscientos pesos;

II. Cuando sea antenupcial;

III. Cuando sea entre consortes;

IV. Cuando sea puramente remuneratoria.

Artículo 2362.- Rescindida la donación por superveniencia de hijos, serán restituidos al donante los bienes donados, o su valor si han sido enajenados antes del nacimiento de los hijos.

Artículo 2363.- Si el donatario hubiere hipotecado los bienes donados, subsistirá la hipoteca; pero tendrá derecho el donante de exigir que aquél la redima. Esto mismo tendrá lugar tratándose de usufructo o servidumbre impuestos por el donatario.

Artículo 2364.- Cuando los bienes no puedan ser restituidos en especie, el valor exigible será el que tenían aquéllos al tiempo de la donación.

Artículo 2365.- El donatario hace suyos los frutos de los bienes donados hasta el día en que se le notifique la revocación o hasta el día del nacimiento del hijo póstumo, en su caso.

Artículo 2366.- El donante no puede renunciar anticipadamente el derecho de revocación por superveniencia de hijos.

Artículo 2367.- La acción de revocación por superveniencia de hijos corresponde exclusivamente al donante y al hijo póstumo; pero la reducción por razón de alimentos tienen derecho de pedirla todos los que sean acreedores alimentistas.

Artículo 2368.- El donatario responde sólo del cumplimiento de las cargas que se le imponen con la cosa donada, y no está obligado personalmente con sus bienes. Puede sustraerse a la ejecución de las cargas, abandonando la cosa donada, y si ésta perece por caso fortuito, queda libre de toda obligación.

Artículo 2369.- En cualquier caso de rescisión o de revocación del contrato de donación, se observará lo dispuesto en los artículos 2362 y 2363.

Artículo 2370.- La donación puede ser revocada por ingratitud:

I. Si el donatario comete algún delito contra la persona, la honra o los bienes del donante o de los ascendientes, descendientes o cónyuge de éste;

II. Si el donatario rehúsa socorrer, según el valor de la donación, al donante que ha venido a pobreza.

Artículo 2371.- Es aplicable a la revocación de las donaciones hechas por ingratitud lo dispuesto en los artículos del 2361 al 2364.

Artículo 2372.- La acción de revocación por causa de ingratitud no puede ser renunciada anticipadamente, y prescribe dentro de un año, contado desde que tuvo conocimiento del hecho el donador.

Artículo 2373.- Esta acción no podrá ejercitarse contra los herederos del donatario, a no ser que en vida de éste hubiese sido intentada.

Artículo 2374.- Tampoco puede esta acción ejercitarse por los herederos del donante si éste, pudiendo, no la hubiese intentado.

Artículo 2375.- Las donaciones inoficiosas no serán revocadas ni reducidas, cuando muerto el donante, el donatario tome sobre sí la obligación de ministrar los alimentos debidos y la garantice conforme a derecho.

Artículo 2376.- La reducción de las donaciones comenzará por la última en fecha, que será totalmente suprimida si la reducción no bastare a completar los alimentos.

Artículo 2377.- Si el importe de la donación menos antigua no alcanzare, se procederá respecto de la anterior, en los términos establecidos en el artículo que precede, siguiéndose el mismo orden hasta llegar a la más antigua.

Artículo 2378.- Habiendo diversas donaciones otorgadas en el mismo acto o en la misma fecha, se hará la reducción entre ellas a prorrata.

Artículo 2379.- Si la donación consiste en bienes muebles, se tendrá presente para la reducción el valor que tenían al tiempo de ser donados.

Artículo 2380.- Cuando la donación consiste en bienes raíces que fueren cómodamente divisibles, la reducción se hará en especie.

Artículo 2381.- Cuando el inmueble no pueda ser dividido y el importe de la reducción exceda de la mitad del valor de aquél, recibirá el donatario el resto en dinero.

Artículo 2382.- Cuando la reducción no exceda de la mitad del valor del inmueble, el donatario pagará el resto.

Artículo 2383.- Revocada o reducida una donación por inoficiosa, el donatario sólo responderá de los frutos desde que fuere demandado.

TÍTULO QUINTO
DEL MUTUO

CAPÍTULO I
DEL MUTUO SIMPLE

Artículo 2384.- El mutuo es un contrato por el cual el mutuante se obliga a transferir la propiedad de una suma de dinero o de otras cosas fungibles al mutuario, quien se obliga a devolver otro tanto de la misma especie y calidad.

Artículo 2385.- Si en el contrato no se ha fijado plazo para la devolución de lo prestado, se observarán las reglas siguientes:

I. Si el mutuario fuere labrador y el préstamo consistiere en cereales u otros productos del campo, la restitución se hará en la siguiente cosecha de los mismos o semejantes frutos o productos;

II. Lo mismo se observará respecto de los mutuarios que, no siendo labradores, hayan de percibir frutos semejantes por otro título;

III. En los demás casos, la obligación de restituir se rige por lo dispuesto en el artículo 2080.

Artículo 2386.- La entrega de la cosa prestada y la restitución de lo prestado se harán en lugar convenido.

Artículo 2387.- Cuando no se ha señalado lugar, se observarán las reglas siguientes:

I. La cosa prestada se entregará en el lugar donde se encuentre;

II. La restitución se hará, si el préstamo consiste en efectos, en el lugar donde se recibieron. Si consiste en dinero, en el domicilio del deudor, observándose lo dispuesto en el artículo 2085.

Artículo 2388.- Si no fuere posible al mutuario restituir en género, satisfará pagando el valor que la cosa prestada tenía en el tiempo y lugar en que se hizo el préstamo, a juicio de peritos, si no hubiere estipulación en contrario.

Artículo 2389.- Consistiendo el préstamo en dinero, pagará el deudor devolviendo una cantidad igual a la recibida conforme a la ley monetaria vigente al tiempo de hacerse el pago, sin que esta prescripción sea renunciable. Si se pacta que el pago debe hacerse en moneda extranjera, la alteración que ésta experimente en valor, será en daño o beneficio del mutuario.

Artículo 2390.- El mutuante es responsable de los perjuicios que sufra el mutuario por la mala calidad o vicios ocultos de la cosa prestada, si conoció los defectos y no dio aviso oportuno al mutuario.

Artículo 2391.- En el caso de haberse pactado que la restitución se hará cuando pueda o tenga medios el deudor, se observará lo dispuesto en el artículo 2080.

Artículo 2392.- No se declararán nulas las deudas contraídas por el menor para proporcionarse los alimentos que necesite, cuando su representante legítimo se encuentre ausente.

CAPÍTULO II
DEL MUTUO CON INTERÉS

Artículo 2393.- Es permitido estipular interés por el mutuo, ya consista en dinero, ya en géneros.

Artículo 2394.- El interés es legal o convencional.

Artículo 2395.- El interés legal es el nueve por ciento anual. El interés convencional es el que fijen los contratantes, y puede ser mayor o menor que el interés legal; pero cuando el interés sea tan desproporcionado que haga fundadamente creer que se ha abusado del apuro pecuniario, de la inexperiencia o de la ignorancia del deudor, a petición de éste el juez, teniendo en cuenta las especiales circunstancias del caso, podrá reducir equitativamente el interés hasta el tipo legal.

Artículo 2396.- Si se ha convenido un interés más alto que el legal, el deudor, después de seis meses contados desde que se celebró el contrato, puede reembolsar el capital, cualquiera que sea el plazo fijado para ello, dando aviso al acreedor con dos meses de anticipación y pagando los intereses vencidos.

Artículo 2397.- Las partes no pueden, bajo pena de nulidad, convenir de antemano que los intereses se capitalicen y que produzcan intereses.

TÍTULO SEXTO
DEL ARRENDAMIENTO

CAPÍTULO I
DISPOSICIONES GENERALES

(REFORMADO, G.O. 16 DE ENERO DE 2003)

Artículo 2398.- El arrendamiento es un contrato mediante el cual las partes contratantes se obligan recíprocamente, una, a conceder el uso o goce temporal de una cosa, y la otra, a pagar por ese uso o goce un precio cierto.

El arrendamiento de inmuebles destinados a casa habitación no podrá ser menor a un año.

El arrendamiento de inmuebles destinados al comercio o a la industria, no podrá exceder de veinte años.

Artículo 2399.- La renta o precio del arrendamiento puede consistir en una suma de dinero o en cualquiera otra cosa equivalente, con tal que sea cierta y determinada.

Artículo 2400.- Son susceptibles de arrendamiento todos los bienes que pueden usarse sin consumirse; excepto aquellos que la ley prohíbe arrendar y los derechos estrictamente personales.

(REFORMADO, G.O. 16 DE ENERO DE 2003)

Artículo 2401.- El que no fuere propietario de la cosa, podrá arrrendarla (sic) si tiene facultad para celebrar ese contrato ya en virtud de mandato del propietario, ya por disposición de la ley.

(REFORMADO, G.O. 16 DE ENERO DE 2003)

Artículo 2402.- En el primer caso del artículo anterior, la constitución del arrendamiento se sujetará a los límites fijados en el mandato; de conformidad a lo previsto en los artículos 2555 y 2556 de este Código.

Artículo 2403.- No puede arrendar el copropietario de cosa indivisa sin consentimiento de los otros copropietarios.

Artículo 2404.- Se prohíbe a los Magistrados, a los Jueces y a cualesquiera otros empleados públicos, tomar en arrendamiento, por sí o por interpósita persona, los bienes que deban arrendarse en los negocios en que intervengan.

Artículo 2405.- Se prohíbe a los encargados de los establecimientos públicos y a los funcionarios y empleados públicos, tomar en arrendamiento los bienes que con los expresados caracteres administren.

(REFORMADO, G.O. 16 DE ENERO DE 2003)

Artículo 2406.- El contrato de arrendamiento debe otorgarse por escrito. La falta de esta formalidad se imputará al arrendador y en su caso, dará derecho al arrendatario a que demande cuando por virtud de tal omisión se cause un daño o perjuicio, siempre que estos sean consecuencia directa de aquella.

Artículo 2407.- (DEROGADO, D.O.F. 21 DE JULIO DE 1993)

Artículo 2408.- El contrato de arrendamiento no se rescinde por la muerte del arrendador ni del arrendatario, salvo convenio en otro sentido.

(REFORMADO, G.O. 16 DE ENERO DE 2003)

Artículo 2409.- Si durante la vigencia del contrato de arrendamiento, por cualquier motivo se transmitiere la propiedad del inmueble arrendado, atendiendo a lo dispuesto en el artículo 2448-J, el arrendamiento subsistirá en los términos del contrato. Respecto al pago de las rentas el arrendatario tendrá obligación de pagar al nuevo propietario la totalidad de las rentas adeudadas y las que se causen, de conformidad a lo establecido en el contrato. A su vez el arrendador tiene la obligación de notificar de manera fehaciente al arrendatario de inmediato que le han otorgado el correspondiente título de propiedad, para estar en aptitud de reclamar el pago de rentas, aún cuando el arrendatario manifieste haber pagado por adelantado al propietario anterior, a no ser que el adelanto de rentas aparezca expresamente estipulado en el contrato, o lo acredite con los recibos de pago correspondientes.

(REFORMADO, G.O. 16 DE ENERO DE 2003)

Artículo 2410.- Si la transmisión de la propiedad se hiciere por causa de utilidad pública, el contrato, sea verbal o escrito, se rescindirá pero el arrendador y el arrendatario deberán ser indemnizados por el expropiador; el primero siempre y cuando sea el propietario, en los términos y conforme a lo que establezca la ley respectiva; el segundo, con un monto equivalente a seis meses de renta, siempre y cuando compruebe haber habitado el inmueble al menos por un año; además, el arrendatario tendrá derecho a que se le indemnice con el importe de las mejoras que acredite haber realizado en el inmueble arrendado, siempre y cuando sean necesarias y se hayan efectuado durante los últimos seis meses.

(REFORMADO, G.O. 25 DE MAYO DE 2000)

Artículo 2411.- Los arrendamientos de bienes del dominio público del Distrito Federal o de establecimientos públicos, estarán sujetos a las disposiciones del derecho administrativo, y en lo que no lo estuvieren, a las disposiciones de este título.

CAPÍTULO II
DE LOS DERECHOS Y OBLIGACIONES DEL ARRENDADOR

Artículo 2412.- El arrendador está obligado, aunque no haya pacto expreso:

(REFORMADA, D.O.F. 21 DE JULIO DE 1993)

I. A entregar al arrendatario la finca arrendada, con todas sus pertenencias y en estado de servir para el uso convenido; y si no hubo convenio expreso, para aquél a que por su misma naturaleza estuviere destinada; así como en condiciones que ofrezcan al arrendatario la higiene y seguridad del inmueble;

(REFORMADA, G.O. 16 DE ENERO DE 2003)

II. A conservar la cosa arrendada en buen estado, salvo el deterioro normal del uso que sufra el inmueble durante el arrendamiento, haciendo para ello todas las reparaciones necesarias; así como, las obras de mantenimiento para la conservación, funcionalidad y seguridad del inmueble;

III. A no estorbar ni embarazar de manera alguna el uso de la cosa arrendada, a no ser por causa de reparaciones urgentes e indispensables;

IV. A garantir el uso o goce pacífico de la cosa por todo el tiempo del contrato;

V. A responder de los daños y perjuicios que sufra el arrendatario por los defectos o vicios ocultos de la cosa, anteriores al arrendamiento.

VI. Tratándose del arrendamiento en edificios o inmuebles destinados a oficinas, a elaborar el Programa Interno de Protección Civil para espacios comunes y a proporcionar a los arrendatarios la documentación prevista en la normatividad de Gestión Integral de Riesgos y Protección Civil.

Artículo 2413.- La entrega de la cosa se hará en el tiempo convenido; y si no hubiere convenio, luego que el arrendador fuere requerido por el arrendatario.

Artículo 2414.- El arrendador no puede, durante el arrendamiento, mudar la forma de la cosa arrendada, ni intervenir en el uso legítimo de ella, salvo el caso designado en la fracción III, del artículo 2412.

Artículo 2415.- El arrendatario está obligado a poner en conocimiento del arrendador, a la brevedad posible, la necesidad de las reparaciones, bajo pena de pagar los daños y perjuicios que su omisión cause.

(REFORMADO, G.O. 16 DE ENERO DE 2003)

Artículo 2416.- Si el arrendador no cumpliere con hacer las reparaciones necesarias para el uso a que esté destinada la cosa, quedará a elección del arrendatario rescindir el arrendamiento u ocurrir al juez para que resuelva lo que en derecho corresponda. El arrendador será responsable de los daños y perjuicios que se cause al arrendatario por su omisión.

Artículo 2417.- El juez, según las circunstancias del caso, decidirá sobre el pago de los daños y perjuicios que se causen al arrendatario por falta de oportunidad en las reparaciones.

Artículo 2418.- Lo dispuesto en la fracción IV del artículo 2412 no comprende las vías de hecho de terceros que no aleguen derechos sobre la cosa arrendada que impidan su uso o goce. El arrendatario, en esos casos, sólo tiene acción contra los autores de los hechos, y aunque fueren insolventes no tendrá acción contra el arrendador. Tampoco comprende los abusos de fuerza.

Artículo 2419.- El arrendatario está obligado a poner en conocimiento del propietario, en el más breve término posible, toda usurpación o novedad dañosa que otro haya hecho o abiertamente prepare en la cosa arrendada, so pena de pagar los daños y perjuicios que cause con su omisión. Lo dispuesto en este artículo no priva al arrendatario del derecho de defender, como poseedor, la cosa dada en arrendamiento.

Artículo 2420.- Si el arrendador fuere vencido en juicio sobre una parte de la cosa arrendada, puede el arrendatario reclamar una diminución en la renta o la rescisión del contrato y el pago de los daños y perjuicios que sufra.

Artículo 2421.- El arrendador responde de los vicios o defectos de la cosa arrendada que impidan el uso de ella, aunque él no los hubiese conocido o hubiesen sobrevenido en el curso del arrendamiento, sin culpa del arrendatario. Este puede pedir la diminución de la renta o la rescisión del contrato, salvo que se pruebe que tuvo conocimiento antes de celebrar el contrato, de los vicios o defectos de la cosa arrendada.

Artículo 2422.- Si al terminar el arrendamiento hubiere algún saldo a favor del arrendatario, el arrendador deberá devolverlo inmediatamente, a no ser que tenga algún derecho que ejercitar contra aquél; en este caso depositará judicialmente el saldo referido.

Artículo 2423.- Corresponde al arrendador pagar las mejoras hechas por el arrendatario:

(REFORMADA, G.O. 16 DE ENERO DE 2003)

I. Si en el contrato, o posteriormente, por escrito, lo autorizó para hacerlas se obligó a pagarlas;

(REFORMADA, G.O. 16 DE ENERO DE 2003)

II. Cuando se trata de mejoras útiles o urgentes por causa de fuerza mayor, o bien por esta circunstancia y por culpa del arrendador se rescindiese el contrato; y

III. Cuando el contrato fuere por tiempo indeterminado, si el arrendador autorizó al arrendatario para que hiciera mejoras y antes de que transcurra el tiempo necesario para que el arrendatario quede compensado con el uso de las mejoras de los gastos que hizo, da el arrendador por concluido el arrendamiento.

Artículo 2424.- Las mejoras a que se refieren las fracciones II y III del artículo anterior, deberán ser pagadas por el arrendador, no obstante que en el contrato se hubiese estipulado que las mejoras quedasen a beneficio de la cosa arrendada.

CAPÍTULO III
DE LOS DERECHOS Y OBLIGACIONES DEL ARRENDATARIO

Artículo 2425.- El arrendatario está obligado:

I. A satisfacer la renta en la forma y tiempo convenidos;

II. A responder de los perjuicios que la cosa arrendada sufra por su culpa o negligencia, la de sus familiares, sirvientes o subarrendatarios;

III. A servirse de la cosa solamente para el uso convenido o conforme a la naturaleza y destino de ella.

(REFORMADO, G.O. 16 DE ENERO DE 2003)

Artículo 2426.- El arrendatario está obligado a pagar la renta desde el día en que reciba la cosa arrendada, aún cuando el contrato se hubiese celebrado con anterioridad.

Artículo 2427.- La renta será pagada en el lugar convenido; y a falta de convenio, en la casa, habitación o despacho del arrendatario.

Artículo 2428.- Lo dispuesto en el artículo 2422 respecto del arrendador, regirá en su caso respecto del arrendatario.

Artículo 2429.- El arrendatario está obligado a pagar la renta que se venza hasta el día que entregue la cosa arrendada.

Artículo 2430.- Si el precio del arrendamiento debiere pagarse en frutos, y el arrendatario no los entregare en el tiempo debido, está obligado a pagar en dinero el mayor precio que tuvieren los frutos dentro del tiempo convenido.

Artículo 2431.- Si por caso fortuito o fuerza mayor se impide totalmente al arrendatario el uso de la cosa arrendada, no se causará renta mientras dure el impedimento, y si éste dura más de dos meses podrá pedir la rescisión del contrato.

Artículo 2432.- Si sólo se impide en parte el uso de la cosa, podrá el arrendatario pedir la reducción parcial de la renta, a juicio de peritos, a no ser que las partes opten por la rescisión del contrato, si el impedimento dura el tiempo fijado en el artículo anterior.

Artículo 2433.- Lo dispuesto en los dos artículos anteriores no es renunciable.

Artículo 2434.- Si la privación del uso proviene de la evicción del predio, se observará lo dispuesto en al artículo 2431, y si el arrendador procedió con mala fe, responderá también de los daños y perjuicios.

(REFORMADO, G.O. 16 DE ENERO DE 2003)

Artículo 2435.- El arrendatario es responsable del incendio y quedará obligado a cubrir los daños materiales y perjuicios que se causen, a no ser que provenga de caso fortuito, fuerza mayor o vicio de construcción.

Artículo 2436.- El arrendatario no responde del incendio que se haya comunicado de otra parte, si tomó las precauciones necesarias para evitar que el fuego se propagara.

(REFORMADO, G.O. 16 DE ENERO DE 2003) (F. DE E., G.O. 6 DE FEBRERO DE 2003)

Artículo 2437.- Cuando son varios los arrendatarios y no se determine dónde comenzó el incendio, todos son responsables proporcionalmente en relación a los daños materiales y perjuicios que se causen y de la responsabilidad civil que se genere; y si el arrendador ocupa parte de la finca, también responderá proporcionalmente en los términos anteriores. Si se prueba que el incendio comenzó en la habitación de uno de los inquilinos, solamente éste será el responsable. Si el incendio es intencional, sólo responderá aquel que lo provocó.

Artículo 2438.- Si alguno de los arrendatarios prueba que el fuego no pudo comenzar en la parte que ocupa, quedará libre de responsabilidad.

Artículo 2439.- La responsabilidad en los casos de que tratan los artículos anteriores, comprende no solamente el pago de los daños y perjuicios sufridos por el propietario, sino el de los que se hayan causado a otras personas, siempre que provengan directamente del incendio.

(REFORMADO, G.O. 16 DE ENERO DE 2003)

Artículo 2440.- El arrendatario que va a establecer en la finca arrendada una industria peligrosa, tiene obligación de asegurar dicha finca contra el riesgo probable que origine el ejercicio de esa industria, en un término no mayor de dos meses, contados a partir de la fecha en que se demuestre que se generó la relación de arrendamiento; y si no lo hace, será causa de rescisión.

Artículo 2441.- El arrendatario no puede, sin consentimiento expreso del arrendador, variar la forma de la cosa arrendada; y si lo hace debe, cuando la devuelva, restablecerla al estado en que la reciba, siendo, además, responsable de los daños y perjuicios.

Artículo 2442.- Si el arrendatario ha recibido la finca con expresa descripción de las partes de que se compone, debe devolverla, al concluir el arrendamiento, tal como la recibió, salvo lo que hubiere perecido o se hubiere menoscabado por el tiempo o por causa inevitable.

Artículo 2443.- La ley presume que el arrendatario que admitió la cosa arrendada sin la descripción expresada en el artículo anterior, la recibió en buen estado, salvo la prueba en contrario.

Artículo 2444.- El arrendatario debe hacer las reparaciones de aquellos deterioros de poca importancia, que regularmente son causados por las personas que habitan el edificio.

Artículo 2445.- El arrendatario que por causa de reparaciones pierda el uso total o parcial de la cosa, tiene derecho a no pagar el precio del arrendamiento, a pedir la reducción de ese precio o a la rescisión del contrato, si la pérdida del uso dura más de dos meses, en sus respectivos casos.

(REFORMADO PRIMER PÁRRAFO, G.O. 16 DE ENERO DE 2003)

Artículo 2446.- Si la misma cosa se ha dado en arrendamiento separadamente a dos o más personas y por el mismo tiempo, prevalecerá el arrendamiento primero en fecha, salvo que se tenga la posesión material; en todo caso, predominará el arrendamiento del que tiene en su poder la cosa arrendada.

(ADICIONADO, G.O. 16 DE ENERO DE 2003)

El arrendatario que resulte afectado en virtud del supuesto anterior, será indemnizado por los daños y perjuicios causados, sin que sea menor al equivalente a tres meses del monto de la renta acordada.

Si el arrendamiento debe ser inscrito en el Registro, sólo vale el inscrito.

(REFORMADO, G.O. 16 DE ENERO DE 2003) (F. DE E., G.O. 6 DE FEBRERO DE 2003)

Artículo 2447.- En los Arrendamientos que han durado más de tres años, tiene el arrendatario derecho, si está al corriente en el pago de las rentas, a que en igualdad de condiciones, se le prefiera a otro interesado en el nuevo arrendamiento del inmueble. También gozará del derecho de preferencia si el propietario quiere vender el inmueble arrendado, aplicándose en lo conducente lo dispuesto en el artículo 2448 J de éste Código.

(REFORMADO, D.O.F. 7 DE FEBRERO DE 1985)

CAPÍTULO IV

(REFORMADA SU DENOMINACIÓN, D.O.F. 7 DE FEBRERO DE 1985)

DEL ARRENDAMIENTO DE FINCAS URBANAS DESTINADAS A LA HABITACIÓN

(REFORMADO, G.O. 16 DE ENERO DE 2003)

Artículo 2448.- Las disposiciones contenidas en este capítulo son de orden público e interés social, por tanto son irrenunciables y en consecuencia cualquier estipulación en contrario se tendrá por no puesta.

(REFORMADO, G.O. 16 DE ENERO DE 2003)

Artículo 2448 A.- No deberá darse en arrendamiento una localidad que no reúna las condiciones de higiene y salubridad necesarias para la habitabilidad del inmueble. En caso contrario, se aplicarán al arrendador las sanciones procedentes.

(REFORMADO, D.O.F. 21 DE JULIO DE 1993)

Artículo 2448 B.- El arrendador que no haga las obras que ordene la autoridad correspondiente como necesarias para que una localidad sea habitable, higiénica y segura es responsable de los daños y perjuicios que los inquilinos sufran por esa causa.

(REFORMADO, G.O. 16 DE ENERO DE 2003)

Artículo 2448 C.- La duración mínima de todo contrato de arrendamiento de inmuebles destinadas a la habitación será de un año forzoso para arrendador y arrendatario, que será prorrogable a voluntad del arrendatario, hasta por un año más, siempre y cuando se encuentre al corriente en el pago de las rentas, salvo convenio en contrario.

Artículo 2448 D.- Para los efectos de este capítulo la renta deberá estipularse en moneda nacional y solo podrá ser aumentada anualmente.

El incremento de la renta nunca será mayor a la inflación reportada por el Banco de México en el año anterior, respecto de la cantidad pactada como renta mensual.

(REFORMADO, G.O. 28 DE AGOSTO DE 2024)

Artículo 2428 (SIC) E.- La renta debe pagarse puntualmente, en los plazos convenidos y a falta de convenio por meses vencidos.

El arrendador esta obligado a entregar un recibo por cada mensualidad que el arrendatario pague; a falta de entrega de recibos de pago de renta por más de tres meses, se entenderá que el pago ha sido efectuado, salvo que el arrendador haya hecho el requerimiento correspondiente en tiempo y forma.

El arrendador no podrá exigir en su caso, más de una mensualidad de renta a manera de depósito.

(ADICIONADO, D.O.F. 7 DE FEBRERO DE 1985)

Artículo 2448 F.- Para los efectos de este Capítulo el contrato de arrendamiento debe otorgarse por escrito, la falta de esta formalidad se imputará al arrendador.

El contrato deberá contener, cuando menos las siguientes estipulaciones:

I. Nombres del arrendador y arrendatario.

II. La ubicación del inmueble.

III. Descripción detallada del inmueble objeto del contrato y de las instalaciones y accesorios con que cuenta para el uso y goce del mismo, así como el estado que guardan.

(REFORMADA, G.O. 16 DE ENERO DE 2003)

IV. El monto y lugar del pago de renta.

V. La garantía, en su caso.

VI. La mención expresa del destino habitacional del inmueble arrendado.
VII. El término del contrato.
VIII. Las obligaciones que arrendador y arrendatario contraigan adicionalmente a las establecidas en la Ley.

(ADICIONADA, G.O. 16 DE ENERO DE 2003)

IX. El monto del depósito o en su caso los datos del fiador en garantía.

(ADICIONADA, G.O. 16 DE ENERO DE 2003) (F. DE E., G.O. 6 DE FEBRERO DE 2003)

X. El carácter y las facultades con que el arrendador celebrará el contrato, incluyéndose todos los datos del instrumento con que éste acredite su personalidad.

Se establecerá un registro digital de contratos de arrendamiento, de autorización inmediata, a cargo del Gobierno de la Ciudad de México y para tales efectos el arrendador deberá registrar sus contratos en un plazo no mayor a 30 días de celebrado el contrato. El registro a que se refiere el párrafo anterior se regirá de conformidad con los criterios de la Ley de Transparencia, Acceso a la Información Pública y Rendición de Cuentas de la Ciudad de México, la Ley de Protección de Datos Personales en Posesión de Sujetos Obligados de la Ciudad de México, además de que por ningún motivo, salvo por resolución judicial, podrá ser público o darse a conocer.

La persona o personas servidoras públicas encargadas del registro que hagan mal uso del mismo, o que no actúen con el deber de cuidado necesario para preservar la integridad y divulgación de los datos de los particulares, serán sancionadas conforme a las disposiciones legales aplicables en materia penal y administrativa.

(REFORMADA, G.O. 28 DE AGOSTO DE 2024)

Artículo 2448 G.- (DEROGADO, G.O. 14 DE MAYO DE 2010)

(ADICIONADO, D.O.F. 7 DE FEBRERO DE 1985)

Artículo 2448 H.- El arrendamiento de fincas urbanas destinadas a la habitación no termina por la muerte del arrendador ni por la del arrendatario, sino sólo por los motivos establecidos en las leyes.

Con exclusión de cualquier otra persona, el cónyuge, el o la concubina, los hijos, los ascendientes en línea consanguínea o por afinidad del arrendatario fallecido se subrogarán en los derechos y obligaciones de éste, en los mismos términos del contrato, siempre y cuando hubieran habitado real y permanentemente el inmueble en vida del arrendatario.

No es aplicable lo dispuesto en el párrafo anterior a las personas que ocupen el inmueble como subarrendatarias, cesionarias o por otro título semejante que no sea la situación prevista en este artículo.

Artículo 2448 I.- (DEROGADO, D.O.F. 21 DE JULIO DE 1993)

(REFORMADO PRIMER PÁRRAFO, G.O. 16 DE ENERO DE 2003)

Artículo 2448 J.- En caso de que el propietario del inmueble arrendado decida enajenarlo, el o los arrendatarios siempre que estén al corriente en el pago de sus rentas tendrán derecho a ser preferidos a cualquier tercero en los siguientes términos:

(REFORMADA, G.O. 16 DE ENERO DE 2003)

I. En todos los casos el propietario deberá dar aviso de manera fehaciente al arrendatario de su voluntad de vender el inmueble, precisando el precio, términos, condiciones y modalidades de la compraventa;

(REFORMADA, G.O. 16 DE ENERO DE 2003)

II. El o los arrendatarios dispondrán de treinta días para dar aviso por escrito al arrendador, de su voluntad de ejercitar el derecho de preferencia que se consigna en este artículo, en los términos y condiciones de la oferta, exhibiendo para ello las cantidades exigibles al momento de la aceptación de la oferta, conforme a las condiciones señaladas en ésta;

(REFORMADA, G.O. 16 DE ENERO DE 2003)

III. En caso de que el arrendador, dentro del término de treinta días a que se refiere la fracción anterior, cambie cualquiera de los términos de la oferta inicial, estará obligado a dar un nuevo aviso por escrito al arrendatario, quien a partir de ese momento dispondrá de un nuevo plazo de treinta días. Si el cambio se refiere al precio, el arrendador solo estará obligado a dar este nuevo aviso cuando el incremento o decremento del mismo sea de más de 10 por ciento;

(REFORMADA, D.O.F. 21 DE JULIO DE 1993)

IV. Tratándose de bienes sujetos al régimen de propiedad en condominio, se aplicarán las disposiciones de la ley de la materia; y

(REFORMADA, G.O. 16 DE ENERO DE 2003)

V. La compra-venta realizada en contravención de lo dispuesto en este artículo otorgara al arrendatario el derecho a la acción de retracto y por otro lado a reclamar daños y perjuicios, sin que la indemnización por dichos conceptos pueda ser menor a un 50% de las rentas pagadas por el arrendatario en los últimos 12 meses; así como a la acción de nulidad. Las acciones mencionadas prescribirán sesenta días después de que tenga conocimiento el arrendatario de la realización de la compra-venta respectiva;

(ADICIONADA, G.O. 16 DE ENERO DE 2003)

VI. En caso de que el arrendatario no cumpla con las condiciones establecidas en las fracciones II o III de este artículo, precluirá su derecho; y

(ADICIONADA, G.O. 16 DE ENERO DE 2003)

VII. Los notarios en términos de las disposiciones legales aplicables incurrirán en responsabilidad cuando formalicen compra-ventas contrarias a este precepto, si tienen conocimiento de tal situación.

(REFORMADA, D.O.F. 21 DE JULIO DE 1993)

En caso de que el arrendatario no cumpla con las condiciones establecidas en las fracciones II o III de este artículo, precluirá su derecho.

(REFORMADO, D.O.F. 21 DE JULIO DE 1993)

Artículo 2448 K.- Si varios arrendatarios hicieren uso del derecho de preferencia a que se refiere el artículo anterior, será preferido el que tenga mayor antigüedad arrendando parte del inmueble y, en caso de ser igual, el que primero exhiba la cantidad exigible en los términos de la fracción II del artículo anterior, salvo convenio en contrario.

Artículo 2448 L.- (DEROGADO, D.O.F. 21 DE JULIO DE 1993)

(ADICIONADO, G.O. 16 DE ENERO DE 2003)

Artículo 2448 M.- Si durante el arrendamiento se suscitare el divorcio del arrendatario, y la guarda y custodia de los menores habidos en el matrimonio, se le otorga judicialmente a su cónyuge, éste o ésta se subrogarán voluntariamente, en los derechos y obligaciones correspondientes del arrendamiento, en los términos y condiciones del contrato respectivo, quedando desde luego en posesión del inmueble arrendado, siempre u cuando lo hayan cohabitado durante el matrimonio, lo mismo se aplicará en el caso de concubinato.

Artículo 2449.- (DEROGADO, D.O.F. 21 DE JULIO DE 1993)

Artículo 2450.- (DEROGADO, D.O.F. 21 DE JULIO DE 1993)

Artículo 2451.- (DEROGADO, D.O.F. 21 DE JULIO DE 1993)

Artículo 2452.- (DEROGADO, D.O.F. 21 DE JULIO DE 1993)

CAPÍTULO V
DEL ARRENDAMIENTO DE FINCAS RÚSTICAS

N. DE E. EN RELACIÓN CON LA ENTRADA EN VIGOR DEL PRESENTE, REMITIRSE AL DECRETO, PUBLICADO EN LA GACETA OFICIAL DEL DISTRITO FEDERAL DEL 17 DE ABRIL DE 1999.

Artículo 2453.- (DEROGADO, D.O.F. 21 DE JULIO DE 1993)

Artículo 2454.- La renta debe pagarse en los plazos convenidos, y a falta de convenio, por semestres vencidos.

Artículo 2455.- El arrendatario no tendrá derecho a la rebaja de la renta por esterilidad de la tierra arrendada o por pérdida de frutos proveniente de casos fortuitos ordinarios; pero sí en caso de pérdida de más de la mitad de los frutos, por casos fortuitos extraordinarios.

Entiéndese por casos fortuitos extraordinarios: el incendio, guerra, peste, inundación insólita, langosta, terremoto u otro acontecimiento igualmente desacostumbrado y que los contratantes no hayan podido razonablemente prever.

En estos casos el precio del arrendamiento se rebajará proporcionalmente al monto de las pérdidas sufridas.

Las disposiciones de este artículo no son renunciables.

Artículo 2456.- En el arrendamiento de predios rústicos por plazo determinado, debe el arrendatario, en el último año que permanezca en el fundo, permitir a su sucesor o al dueño, en su caso, el barbecho de las tierras que tengan desocupadas y en las que él no pueda verificar la nueva siembra, así como el uso de los edificios y demás medios que fueren necesarios para las labores preparatorias del año siguiente.

Artículo 2457.- El permiso a que se refiere el artículo que precede, no será obligatorio sino en el período y por el tiempo rigurosamente indispensable, conforme a las costumbres locales, salvo convenio en contrario.

Artículo 2458.- Terminado el arrendamiento, tendrá a su vez el arrendatario saliente, derecho para usar de las tierras y edificios por el tiempo absolutamente indispensable para la recolección y aprovechamiento de los frutos pendientes al terminar el contrato.

CAPÍTULO VI
DEL ARRENDAMIENTO DE BIENES MUEBLES

Artículo 2459.- Son aplicables al arrendamiento de bienes muebles las disposiciones de este Título que sean compatibles con la naturaleza de esos bienes.

Artículo 2460.- Si en el contrato no se hubiere fijado plazo, ni se hubiere expresado el uso a que la cosa se destina, el arrendatario será libre para devolverla cuando quiera, y el arrendador no podrá pedirla sino después de cinco días de celebrado el contrato.

Artículo 2461.- Si la cosa se arrendó por años, meses, semanas o días, la renta se pagará al vencimiento de cada uno de esos términos, salvo convenio en contrario.

Artículo 2462.- Si el contrato se celebra por un término fijo, la renta se pagará al vencerse el plazo, salvo convenio en contrario.

Artículo 2463.- Si el arrendatario devuelve la cosa antes del tiempo convenido, cuando se ajuste por un solo precio, está obligado a pagarlo íntegro; pero si el arrendamiento se ajusta por períodos de tiempo, sólo está obligado a pagar los períodos corridos hasta la entrega.

Artículo 2464.- El arrendatario está obligado a pagar la totalidad del precio, cuando se hizo el arrendamiento por tiempo fijo y los períodos sólo se pusieron como plazos para el pago.

Artículo 2465.- Si se arriendan un edificio o aposento amueblados, se entenderá que el arrendamiento de los muebles es por el mismo tiempo que el del edificio o aposento, a menos de estipulación en contrario.

Artículo 2466.- Cuando los muebles se alquilaren con separación del edificio, su alquiler se regirá por lo dispuesto en este Capítulo.

Artículo 2467.- El arrendatario está obligado a hacer las pequeñas reparaciones que exija el uso de la cosa dada en arrendamiento.

Artículo 2468.- La pérdida o deterioro de la cosa alquilada, se presume siempre a cargo del arrendatario, a menos que él pruebe que sobrevino sin culpa suya, en cuyo caso será a cargo del arrendador.

Artículo 2469.- Aun cuando la pérdida o deterioro sobrevengan por caso fortuito, serán a cargo del arrendatario, si éste usó la cosa de un modo no conforme con el contrato, y sin cuyo uso no habría sobrevenido el caso fortuito.

Artículo 2470.- El arrendatario está obligado a dar de comer y beber al animal durante el tiempo en que lo tiene en su poder, de modo que no se desmejore, y a curarle las enfermedades ligeras, sin poder cobrar nada al dueño.

(F. DE E., D.O.F. 21 DE DICIEMBRE DE 1928)

Artículo 2471.- Los frutos del animal alquilado pertenecen al dueño, salvo convenio en contrario.

Artículo 2472.- En caso de muerte de algún animal alquilado, sus despojos serán entregados por el arrendtario (sic) al dueño, si son de alguna utilidad y es posible el transporte.

Artículo 2473.- Cuando se arrienden dos o más animales que forman un todo, como una yunta o un tiro, y uno de ellos se inutiliza, se rescinde el arrendamiento, a no ser que el dueño quiera dar otro que forme un todo con el que sobrevivió.

Artículo 2474.- El que contrate uno o más animales especificados individualmente, que antes de ser entregados al arrendatario se inutilizaren sin culpa del arrendador, quedará enteramente libre de la obligación si ha avisado al arrendatario inmediatamente después que se inutilizó al animal; pero si éste se ha inutilizado por culpa del arrendador o si no se ha dado el aviso, estará sujeto al pago de daños y perjuicios, o a reemplazar el animal, a elección del arrendatario.

Artículo 2475.- En el caso del artículo anterior, si en el contrato de alquiler no se trató de animal individualmente determinado, sino de un género y número determinados, el arrendador está obligado a los daños y perjuicios, siempre que se falte a la entrega.

Artículo 2476.- Si en el arrendamiento de un predio rústico se incluyere el ganado de labranza o de cría existente en él, el arrendatario tendrá, respecto del ganado, los mismos derechos y obligaciones que el usufructuario, pero no está obligado a dar fianza.

Artículo 2477.- Lo dispuesto en el artículo 2465 es aplicable a los aperos de la finca arrendada.

(REFORMADA SU DENOMINACIÓN, G.O. 16 DE ENERO DE 2003)

CAPÍTULO VII
DISPOSICIONES ESPECIALES RESPECTO DE LOS ARRENDAMIENTOS POR TIEMPO INDEFINIDO

(REFORMADO, G.O. 16 DE ENERO DE 2003) (F. DE E., G.O. 6 DE FEBRERO DE 2003)

Artículo 2478.- Todos los arrendamientos que no se hayan celebrado por tiempo expresamente determinado, concluirán a voluntad de cualquiera de las partes contratantes, previo aviso por escrito dado a la otra parte, de manera fehaciente con treinta días hábiles de anticipación, si el predio es urbano, y con un año si es rústico, de comercio o de industria.

(REFORMADO, G.O. 16 DE ENERO DE 2003)

Artículo 2479.- Dado el aviso a que se refiere el artículo anterior, el arrendatario del predio urbano, de comercio o de industria, está obligado a poner cédulas y a mostrar el interior del inmueble a los que pretendan verlo. Respecto de los predios rústicos, se observará lo dispuesto en los artículos 2456, 2457 y 2458.

CAPÍTULO VIII
DEL SUBARRIENDO

Artículo 2480.- El arrendatario no puede subarrendar la cosa arrendada en todo, ni en parte, ni ceder sus derechos sin consentimiento del arrendador; si lo hiciere, responderá solidariamente con el subarrendatario, de los daños y perjuicios.

(REFORMADO, G.O. 16 DE ENERO DE 2003)

Artículo 2481.- Si el subarriendo se hiciere en virtud de la autorización concedida en el contrato, el arrendatario y subarrendatario serán responsables ante el arrendador, en los términos pactados en el contrato de subarriendo, a no ser que por convenio se acuerde otra cosa.

Artículo 2482.- (DEROGADO, G.O. 16 DE ENERO DE 2003)

CAPÍTULO IX
DEL MODO DE TERMINAR EL ARRENDAMIENTO

(REFORMADO PRIMER PÁRRAFO, G.O. 16 DE ENERO DE 2003)

Artículo 2483.- El arrendamiento puede terminar:

I. Por haberse cumplido el plazo fijado en el contrato o por la ley, o por estar satisfecho el objeto para que la cosa fue arrendada;

II. Por convenio expreso;

III. Por nulidad;

IV. Por rescisión;

V. Por confusión;

VI. Por pérdida o destrucción total de la cosa arrendada, por caso fortuito o fuerza mayor;

VII. Por expropiación de la cosa arrendada hecha por causa de utilidad pública;

VIII. Por evicción de la cosa dada en arrendamiento;

(ADICIONADA, G.O. 16 DE ENERO DE 2003)

IX. Por venta judicial en término del artículo 2495.

(REFORMADO, D.O.F. 21 DE JULIO DE 1993)

Artículo 2484.- Si el arrendamiento se ha hecho por tiempo determinado, concluye en el día prefijado. Si no se ha señalado tiempo, se observará lo que disponen los artículos 2478 y 2479.

Artículo 2485.- (DEROGADO, D.O.F. 21 DE JULIO DE 1993)

Artículo 2486.- (DEROGADO, D.O.F. 21 DE JULIO DE 1993)

(REFORMADO, D.O.F. 21 DE JULIO DE 1993)

Artículo 2487.- Si después de terminado el plazo por el que se celebró el arrendamiento, el arrendatario continúa sin oposición en el uso y goce del bien arrendado, continuará el arrendamiento por tiempo indeterminado, estando obligado el arrendatario a pagar la renta que corresponda por el tiempo que exceda conforme a lo convenido en el contrato; pudiendo cualquiera de las partes solicitar la terminación del contrato en los términos del artículo 2478. Las obligaciones contraídas por un tercero con objeto de garantizar el cumplimiento del arrendamiento, cesan al término del plazo determinado, salvo convenio en contrario.

Artículo 2488.- (DEROGADO, D.O.F. 21 DE JULIO DE 1993)

(REFORMADO PRIMER PÁRRAFO, G.O. 16 DE ENERO DE 2003)

Artículo 2489.- El arrendador puede exigir la rescisión del contrato.

(REFORMADA, D.O.F. 21 DE JULIO DE 1993)

I. Por falta de pago de la renta en los términos previstos en la fracción I del artículo 2425;

II. Por usarse la cosa en contravención a lo dispuesto en la fracción III del artículo 2425;

III. Por el subarriendo de la cosa en contravención a lo dispuesto en el artículo 2480;

(ADICIONADA, D.O.F. 21 DE JULIO DE 1993)

IV. Por daños graves a la cosa arrendada imputables al arrendatario; y

(ADICIONADA, D.O.F. 21 DE JULIO DE 1993)

V. Por variar la forma de la cosa arrendada sin contar con el consentimiento expreso del arrendador, en los términos del artículo 2441;

(ADICIONADA, G.O. 16 DE ENERO DE 2003)

VI. En los demás casos previstos por la Ley.

(REFORMADO, D.O.F. 21 DE JULIO DE 1993)

Artículo 2490.- El arrendatario puede exigir la rescisión del contrato:

I. Por contravenir el arrendador la obligación a que se refiere la fracción II del artículo 2412 de este ordenamiento;

II. Por la pérdida total o parcial de la cosa arrendada en los términos de los artículos 2431, 2434 y 2445; y

III. Por la existencia de defectos o vicios ocultos de la cosa, anteriores al arrendamiento y desconocidos por el arrendatario.

Artículo 2491.- (DEROGADO, D.O.F. 21 DE JULIO DE 1993)

Artículo 2492.- Si el arrendador, sin motivo fundado, se opone al subarriendo que con derecho pretenda hacer al (sic) arrendatario, podrá éste pedir la rescisión del contrato.

Artículo 2493.- Si el usufructuario no manifestó su calidad de tal al hacer el arrendamiento, y por haberse consolidado la propiedad con el usufructo, exige el propietario la desocupación de la finca, tiene el arrendatario derecho para demandar al arrendador la indemnización de daños y perjuicios.

Artículo 2494.- (DEROGADO, D.O.F. 21 DE JULIO DE 1993)

(REFORMADO, G.O. 16 DE ENERO DE 2003)

Artículo 2495.- Si el inmueble dado en arrendamiento fuere enajenado judicialmente, el contrato del arrendamiento subsistirá, a menos que aparezca que se celebro dentro de los setenta días anteriores al secuestro del inmueble, en cuyo caso el arrendamiento podrá darse por concluido.

Artículo 2496.- En los casos de expropiación y de ejecución judicial, se observará lo dispuesto en los artículos 2456, 2457 y 2458.

TÍTULO SÉPTIMO
DEL COMODATO

Artículo 2497.- El comodato es un contrato por el cual uno de los contratantes se obliga a conceder gratuitamente el uso de una cosa no fungible, y el otro contrae la obligación de restituirla individualmente.

Artículo 2498.- Cuando el préstamo tuviere por objeto cosas consumibles, sólo será comodato si ellas fuesen prestadas como no fungibles, es decir, para ser restituidas idénticamente.

Artículo 2499.- Los tutores, curadores y en general todos los administradores de bienes ajenos, no podrán dar en comodato, sin autorización especial, los bienes confiados a su guarda.

Artículo 2500.- Sin permiso del comodante no puede el comodatario conceder a un tercero el uso de la cosa entregada en comodato.

Artículo 2501.- El comodatario adquiere el uso, pero no los frutos y accesiones de la cosa prestada.

Artículo 2502.- El comodatario está obligado a poner toda diligencia en la conservación de la cosa, y es responsable de todo deterioro que ella sufra por su culpa.

Artículo 2503.- Si el deterioro es tal que la cosa no sea susceptible de emplearse en su uso ordinario, podrá el comodante exigir el valor anterior de ella, abandonando su propiedad al comodatario.

Artículo 2504.- El comodatario responde de la pérdida de la cosa si la emplea en uso diverso o por más tiempo del convenido, aun cuando aquélla sobrevenga por caso fortuito.

Artículo 2505.- Si la cosa perece por caso fortuito, de que el comodatario haya podido garantirla empleando la suya propia, o si no pudiendo conservar más que una de las dos, ha preferido la suya, responde de la pérdida de la otra.

Artículo 2506.- Si la cosa ha sido estimada al prestarla, su pérdida, aun cuando sobrevenga por caso fortuito, es de cuenta del comodatario, quien deberá entregar el precio, si no hay convenio expreso en contrario.

Artículo 2507.- Si la cosa se deteriora por el solo efecto del uso para que fue prestada, y sin culpa del comodatario, no es éste responsable del deterioro.

Artículo 2508.- El comodatario no tiene derecho para repetir el importe de los gastos ordinarios que se necesiten para el uso y la conservación de la cosa prestada.

Artículo 2509.- Tampoco tiene derecho el comodatario para retener la cosa a pretexto de lo que por expensas o por cualquiera otra causa le deba el dueño.

Artículo 2510.- Siendo dos o más los comodatarios, están sujetos solidariamente a las mismas obligaciones.

Artículo 2511.- Si no se ha determinado el uso o el plazo del préstamo, el comodante podrá exigir la cosa cuando le pareciere. En este caso, la prueba de haber convenido uso o plazo, incumbe al comodatario.

Artículo 2512.- El comodante podrá exigir la devolución de la cosa antes de que termine el plazo o uso convenidos, sobreviniéndole necesidad urgente de ella, probando que hay peligro de que ésta perezca si continúa en poder del comodatario, o si éste ha autorizado a un tercero a servirse de la cosa, sin consentimiento del comodante.

Artículo 2513.- Si durante el préstamo el comodatario ha tenido que hacer, para la conservación de la cosa, algún gasto extraordinario y de tal manera urgente que no haya podido dar aviso de él al comodante, éste tendrá obligación de reembolsarlo.

Artículo 2514.- Cuando la cosa prestada tiene defectos tales que causen perjuicios al que se sirva de ella, el comodante es responsable de éstos, si conocía los defectos y no dio aviso oportuno al comodatario.

Artículo 2515.- El comodato termina por la muerte del comodatario.

(F. DE E., D.O.F. 21 DE DICIEMBRE DE 1928)

TÍTULO OCTAVO
DEL DEPÓSITO Y DEL SECUESTRO

CAPÍTULO I
DEL DEPÓSITO

Artículo 2516.- El depósito es un contrato por el cual el depositario se obliga hacia el depositante a recibir una cosa, mueble o inmueble que aquél le confía, y a guardarla para restituirla cuando la pida el depositante.

Artículo 2517.- Salvo pacto en contrario, el depositario tiene derecho a exigir retribución por el depósito, la cual se arreglará a los términos del contrato y, en su defecto, a los usos del lugar en que se constituya el depósito.

Artículo 2518.- Los depositarios de títulos, valores, efectos o documentos que devenguen intereses, quedan obligados a realizar el cobro de éstos en las épocas de su vencimiento, así como también a practicar cuantos actos sean necesarios para que los efectos depositados conserven el valor y los derechos que les correspondan con arreglo a las leyes.

Artículo 2519.- La incapacidad de uno de los contratantes no exime al otro de las obligaciones a que están sujetos el que deposita y el depositario.

Artículo 2520.- El incapaz que acepte el depósito, puede, si se le demanda por daños y perjuicios, oponer como excepción la nulidad del contrato; mas no podrá eximirse de restituir la cosa depositada si se conserva aún en su poder, o el provecho que hubiere recibido de su enajenación.

Artículo 2521.- Cuando la incapacidad no fuere absoluta, podrá el depositario ser condenado al pago de daños y perjuicios, si hubiere procedido con dolo o mala fe.

Artículo 2522.- El depositario está obligado a conservar la cosa objeto del depósito, según la reciba y a devolverla cuando el depositario (sic) se lo pida, aunque al constituirse el depósito se hubiere fijado plazo y éste no hubiere llegado.

En la conservación del depósito responderá el depositario de los menoscabos, daños y perjuicios que las cosas depositadas sufrieren por su malicia o negligencia.

Artículo 2523.- Si después de constituido el depósito tiene conocimiento el depositario de que la cosa es robada y de quién es el verdadero dueño, debe dar aviso a éste o a la autoridad competente, con la reserva debida.

Artículo 2524.- Si dentro de ocho días no se le manda judicialmnte (sic) retener o entregar la cosa, puede devolverla al que la depositó, sin que por ello quede sujeto a responsabilidad alguna.

Artículo 2525.- Siendo varios los que den una sola cosa o cantidad en depósito, no podrá el depositario entregarla sino con previo consentimiento de la mayoría de los depositantes, computado por cantidades y no por personas, a no ser que al constituirse el depósito se haya convenido que la entrega se haga a cualquiera de los depositantes.

Artículo 2526.- El depositario entregará a cada depositante una parte de la cosa, si al constituirse el depósito se señaló la que a cada uno correspondía.

Artículo 2527.- Si no hubiere lugar designado para la entrega del depósito, la devolución se hará en el lugar donde se halla la cosa depositada. Los gastos de entrega serán de cuenta del depositante.

Artículo 2528.- El depositario no está obligado a entregar la cosa cuando judicialmente se haya mandado retener o embargar.

Artículo 2529.- El depositario puede, por justa causa, devolver la cosa antes del plazo convenido.

Artículo 2530.- Cuando el depositario descubra o pruebe que es suya la cosa depositada, y el depositante insista en sostener sus derechos, debe ocurrir al juez pidiéndole orden para retenerla o para depositarla judicialmente.

Artículo 2531.- Cuando no se ha estipulado tiempo, el depositario puede devolver el depósito al depositante cuando quiera, siempre que le avise con una prudente anticipación, si se necesita preparar algo para la guarda de la cosa.

Artículo 2532.- El depositante está obligado a indemnizar al depositario de todos los gastos que haya hecho en la conservación del depósito y de los perjuicios que por él haya sufrido.

Artículo 2533.- El depositario no puede retener la cosa, aun cuando al pedírsela no haya recibido el importe de las expensas a que se refiere el artículo anterior; pero sí podrá, en este caso, si el pago no se le asegura, pedir judicialmente la retención del depósito.

Artículo 2534.- Tampoco puede retener la cosa como prenda que garantice otro crédito que tenga contra el depositante.

N. DE E. SE RECOMIENDA CONSULTAR EL DECRETO POR EL QUE SE CREA UNA NUEVA UNIDAD DEL SISTEMA MONETARIO DE LOS ESTADOS UNIDOS MEXICANOS, PUBLICADO EN EL D.O.F. DE FECHA 22 DE JUNIO DE 1992 Y 6 DE ENERO DE 1994 Y EL AVISO POR EL QUE SE INFORMA QUE A PARTIR DEL 1° DE ENERO DE 1994, SE SUPRIME LA PALABRA "NUEVO", PARA VOLVER A LA DENOMINACIÓN "PESO" DEL NOMBRE DE LA UNIDAD DEL SISTEMA MONETARIO, PUBLICADO EN EL D.O.F. EL 15 DE NOVIEMBRE DE 1995.

Artículo 2535.- Los dueños de establecimientos en donde se reciben huéspedes, son responsables del deterioro, destrucción o pérdida de los efectos introducidos en el establecimiento con su consentimiento o el de sus empleados autorizados, por las personas que allí se alojen; a menos que prueben que el daño sufrido es imputable a estas personas, a sus acompañantes, a sus servidores o a los que los visiten, o que proviene de caso fortuito, fuerza mayor o vicios de los mismos efectos.

La responsabilidad de que habla este artículo, no excederá de la suma de doscientos cincuenta pesos, cuando no se pueda imputar culpa al hostelero o a su personal.

Artículo 2536.- Para que los dueños de establecimientos donde se reciben huéspedes sean responsables del dinero, valores u objetos de precio notoriamente elevado que introduzcan en esos establecimientos las personas que allí se alojan, es necesario que sean entregados en depósito a ellos o a sus empleados debidamente autorizados.

Artículo 2537.- El posadero no se exime de la responsabilidad que le imponen los dos artículos anteriores por avisos que ponga en su establecimiento para eludirla. Cualquier pacto que celebre, limitando o modificando esa responsabilidad, será nulo.

Artículo 2538.- Las fondas, cafés, casas de baño y otros establecimientos semejantes, no responden de los efectos que introduzcan los parroquianos, a menos que los pongan bajo el cuidado de los empleados del establecimiento.

CAPÍTULO II
DEL SECUESTRO

Artículo 2539.- El secuestro es el depósito de una cosa litigiosa en poder de un tercero, hasta que se decida a quién debe entregarse.

Artículo 2540.- El secuestro es convencional o judicial.

Artículo 2541.- El secuestro convencional se verifica cuando los litigantes depositan la cosa litigiosa en poder de un tercero que se obliga a entregarla, concluido el pleito, al que conforme a la sentencia tenga derecho a ella.

Artículo 2542.- El encargado del secuestro convencional no puede libertarse de él antes de la terminación del pleito, sino consintiendo en ello todas las partes interesadas, o por una causa que el juez declare legítima.

Artículo 2543.- Fuera de las excepciones acabadas de mencionar, rigen para el secuestro convencional las mismas disposiciones que para el depósito.

Artículo 2544.- Secuestro judicial es el que se constituye por decreto del juez.

Artículo 2545.- El secuestro judicial se rige por las disposiciones del Código de Procedimientos Civiles y, en su defecto, por las mismas del secuestro convencional.

TÍTULO NOVENO
DEL MANDATO

CAPÍTULO I
DISPOSICIONES GENERALES

Artículo 2546.- El mandato es un contrato por el que el mandatario se obliga a ejecutar por cuenta del mandante los actos jurídicos que éste le encarga.

Artículo 2547.- El contrato de mandato se reputa perfecto por la aceptación del mandatario.

El mandato que implica el ejercicio de una profesión se presume aceptado cuando es conferido a personas que ofrecen al público el ejercicio de su profesión, por el solo hecho de que no lo rehúsen dentro de los tres días siguientes.

La aceptación puede ser expresa o tácita. Aceptación tácita es todo acto en ejecución de un mandato.

Artículo 2548.- Pueden ser objeto del mandato todos los actos lícitos para los que la ley no exige la intervención personal del interesado.

Artículo 2549.- Solamente será gratuito el mandato cuando así se haya convenido expresamente.

Artículo 2550.- El mandato puede ser escrito o verbal.

Artículo 2551.- El mandato escrito puede otorgarse:

I. En escritura pública;

(REFORMADA, G.O. 25 DE MAYO DE 2000)

II. En escrito privado, firmado por el otorgante y dos testigos y ratificadas las firmas ante Notario Público, Juez de Primera Instancia, Juez de Paz, o ante el correspondiente funcionario o empleado administrativo, cuando el mandato se otorgue para asuntos administrativos; y

III. En carta poder sin ratificación de firmas.

Artículo 2552.- El mandato verbal es el otorgado de palabra entre presentes, hayan o no intervenido testigos.

Cuando el mandato haya sido verbal debe ratificarse por escrito antes de que concluya el negocio para que se dio.

Artículo 2553.- El mandato puede ser general o especial. Son generales los contenidos en los tres primeros párrafos del artículo 2554. Cualquier otro mandato tendrá el carácter de especial.

Artículo 2554.- En todos los poderes generales para pleitos y cobranzas, bastará que se diga que se otorga con todas las facultades generales y las especiales que requieran cláusula especial conforme a la ley, para que se entiendan conferidos sin limitación alguna.

En los poderes generales para administrar bienes, bastará expresar que se dan con ese carácter, para que el apoderado tenga toda clase de facultades administrativas.

En los poderes generales, para ejercer actos de dominio, bastará que se den con ese carácter para que el apoderado tenga todas las facultades de dueño, tanto en lo relativo a los bienes, como para hacer toda clase de gestiones a fin de defenderlos.

Cuando se quisieren limitar, en los tres casos antes mencionados, las facultades de los apoderados, se consignarán las limitaciones, o los poderes serán especiales.

Los notarios insertarán este artículo en los testimonios de los poderes que otorguen.

Artículo 2555.- El mandato debe otorgarse en escritura pública o en carta poder firmada ante dos testigos y ratificadas las firmas del otorgante y testigos ante notario, ante los jueces o autoridades administrativas correspondientes:

I. Cuando sea general;

II. Cuando el interés del negocio para el que se confiere sea superior al equivalente a mil veces la Unidad de Cuenta de la Ciudad de México vigente al momento de otorgarse; o

III. Cuando en virtud de él haya de ejecutar el mandatario, a nombre del mandante, algún acto que conforme a la ley debe constar en instrumento público.

Artículo 2556.- El mandato podrá otorgarse en escrito privado firmado ante dos testigos, sin que sea necesaria la previa ratificación de las firmas, cuando el interés del negocio para el que se confiere no exceda de mil veces la Unidad de Cuenta de la Ciudad de México vigente al momento de otorgarse.

Sólo puede ser verbal el mandato cuando el interés del negocio no exceda de cincuenta veces la Unidad de Cuenta de la Ciudad de México vigente al momento de otorgarse.

Artículo 2557.- La omisión de los requisitos establecidos en los artículos que preceden, anula el mandato, y sólo deja subsistentes las obligaciones contraídas entre el tercero que haya procedido de buena fe y el mandatario, como si éste hubiese obrado en negocio propio.

Artículo 2558.- Si el mandante, el mandatario y el que haya tratado con éste, proceden de mala fe, ninguno de ellos tendrá derecho de hacer valer la falta de forma del mandato.

Artículo 2559.- En el caso del artículo 2557, podrá el mandante exigir del mandatario la devolución de las sumas que le haya entregado, y respecto de las cuales será considerado el último como simple depositario.

Artículo 2560.- El mandatario, salvo convenio celebrado entre él y el mandante, podrá desempeñar el mandato tratando en su propio nombre o en el del mandante.

Artículo 2561.- Cuando el mandatario obra en su propio nombre, el mandante no tiene acción contra las personas con quienes el mandatario ha contratado, ni éstas tampoco contra el mandante.

En este caso, el mandatario es el obligado directamente en favor de la persona con quien ha contratado, como si el asunto fuere personal suyo. Exceptúase el caso en que se trate de cosas propias del mandante.

Lo dispuesto en este artículo se entiende sin perjuicio de las acciones entre mandante y mandatario.

CAPÍTULO II
DE LAS OBLIGACIONES DEL MANDATARIO CON RESPECTO AL MANDANTE

Artículo 2562.- El mandatario, en el desempeño de su encargo, se sujetará a las instrucciones recibidas del mandante y en ningún caso podrá proceder contra disposiciones expresas del mismo.

Artículo 2563.- En lo no previsto y prescrito expresamente por el mandante, deberá el mandatario consultarle, siempre que lo permita la naturaleza del negocio. Si no fuere posible la consulta o estuviere el mandatario autorizado para obrar a su arbitrio, hará lo que la prudencia dicte, cuidando del negocio como propio.

Artículo 2564.- Si un accidente imprevisto hiciere, a juicio del mandatario, perjudicial la ejecución de las instrucciones recibidas, podrá suspender el cumplimiento del mandato, comunicándolo así al mandante por el medio más rápido posible.

Artículo 2565.- En las operaciones hechas por el mandatario, con violación o con exceso del encargo recibido, además de la indemnización a favor del mandante, de daños y perjuicios, quedará a opción de éste ratificarlas o dejarlas a cargo del mandatario.

Artículo 2566.- El mandatario está obligado a dar oportunamente noticia al mandante, de todos los hechos o circunstancias que puedan determinarlo a revocar o modificar el encargo. Asimismo debe dársela sin demora de la ejecución de dicho encargo.

Artículo 2567.- El mandatario no puede compensar los perjuicios que cause con los provechos que por otro motivo haya procurado al mandante.

Artículo 2568.- El mandatario que se exceda de sus facultades, es responsable de los daños y perjuicios que cause al mandante y al tercero con quien contrató, si éste ignoraba que aquél traspasaba los límites del mandato.

Artículo 2569.- El mandatario está obligado a dar al mandante cuentas exactas de su administración, conforme al convenio, si lo hubiere; no habiéndolo, cuando el mandante lo pida, y en todo caso al fin del contrato.

Artículo 2570.- El mandatario tiene obligación de entregar al mandante todo lo que haya recibido en virtud del poder.

(F. DE E., D.O.F. 21 DE DICIEMBRE DE 1928)

Artículo 2571.- Lo dispuesto en el artículo anterior, se observará aun cuando lo que el mandatario recibió no fuere debido al mandante.

Artículo 2572.- El mandatario debe pagar los intereses de las sumas que pertenezcan al mandante y que haya distraído de su objeto e invertido en provecho propio, desde la fecha de inversión; así como los de las cantidades en que resulte alcanzado, desde la fecha en que se constituyó en mora.

Artículo 2573.- Si se confiere un mandato a diversas personas respecto de un mismo negocio, aunque sea en un solo acto, no quedarán solidariamente obligados si no se convino así expresamente.

Artículo 2574.- El mandatario puede encomendar a un tercero el desempeño del mandato si tiene facultades expresas para ello.

Artículo 2575.- Si se le designó la persona del substituto, no podrá nombrar a otro; si no se le designó persona, podrá nombrar a la que quiera, y en éste último caso solamente será responsable cuando la persona elegida fuere de mala fe o se hallare en notoria insolvencia.

Artículo 2576.- El substituto tiene para con el mandante los mismos derechos y obligaciones que el mandatario.

CAPÍTULO III
DE LAS OBLIGACIONES DEL MANDANTE CON RELACIÓN AL MANDATARIO

Artículo 2577.- El mandante debe anticipar al mandatario, si éste lo pide, las cantidades necesarias para la ejecución del mandato.

Si el mandatario las hubiere anticipado, debe reembolsarlas al mandante, aunque el negocio no haya salido bien, con tal que esté exento de culpa el mandatario.

El reembolso comprenderá los intereses de la cantidad anticipada, a contar desde el día en que se hizo el anticipo.

Artículo 2578.- Debe también el mandante indemnizar al mandatario de todos los daños y perjuicios que le haya causado el cumplimiento del mandato, sin culpa ni imprudencia del mismo mandatario.

Artículo 2579.- El mandatario podrá retener en prenda las cosas que son objeto del mandato hasta que el mandante haga la indemnización y reembolso de que tratan los dos artículos anteriores.

Artículo 2580.- Si muchas personas hubiesen nombrado a un solo mandatario para algún negocio común, le quedan obligadas solidariamente para todos los efectos del mandato.

CAPÍTULO IV
DE LAS OBLIGACIONES Y DERECHOS DEL MANDANTE Y DEL MANDATARIO CON RELACIÓN A TERCERO

Artículo 2581.- El mandante debe cumplir todas las obligaciones que el mandatario haya contraído dentro de los límites del mandato.

Artículo 2582.- El mandatario no tendrá acción para exigir el cumplimiento de las obligaciones contraídas a nombre del mandante, a no ser que esta facultad se haya incluído también en el poder.

Artículo 2583.- Los actos que el mandatario practique a nombre del mandante, pero traspasando los límites expresos del mandato, serán nulos, con relación al mismo mandante, si no los ratifica tácita o expresamente.

Artículo 2584.- El tercero que hubiere contratado con el mandatario que se excedió en sus facultades, no tendrá acción contra de éste, si le hubiere dado a conocer cuáles fueron aquéllas y no se hubiere obligado personalmente por el mandante.

CAPÍTULO V
DEL MANDATO JUDICIAL

Artículo 2585.- No pueden ser procuradores en juicio:
I. Los incapacitados;

II. Los jueces, magistrados y demás funcionarios y empleados de la administración de justicia, en ejercicio, dentro de los límites de su jurisdicción;

(REFORMADA, G.O. 25 DE MAYO DE 2000)

III. Los empleados de la Hacienda Pública del Distrito Federal, en cualquiera causa en que puedan intervenir de oficio, dentro de los límites de sus respectivos ámbitos de competencia.

Artículo 2586.- El mandato judicial será otorgado en escritura pública, o en escrito presentado y ratificado por el otorgante ante el juez de los autos. Si el juez no conoce al otorgante, exigirá testigos de identificación.

La substitución del mandato judicial se hará en la misma for- (sic) que su otorgamiento.

Artículo 2587.- El procurador no necesita poder o cláusula especial sino en los casos siguientes:

I. Para desistirse;

II. Para transigir;

III. Para comprometer en árbitros;

IV. Para absolver y articular posiciones;

V. Para hacer cesión de bienes;

VI. Para recusar;

VII. Para recibir pagos;

VIII. Para los demás actos que expresamente determine la ley.

Cuando en los poderes generales se desee conferir alguna o algunas de las facultades acabadas de enumerar, se observará lo dispuesto en el párrafo primero del artículo 2554.

Artículo 2588.- El procurador, aceptado el poder, está obligado:

I. A seguir el juicio por todas sus instancias mientras no haya cesado en su encargo por alguna de las causas expresadas en el artículo 2595;

II. A pagar los gastos que se causen a su instancia, salvo el derecho que tiene de que el mandante se los reembolse;

III. A practicar, bajo la responsabilidad que este Código impone al mandatario, cuanto sea necesario para la defensa de su poderdante, arreglándose al efecto a las instrucciones que éste le hubiere dado, y si no las tuviere, a lo que exija la naturaleza e índole del litigio.

Artículo 2589.- El procurador o abogado que acepte el mandato de una de las partes, no puede admitir el del contrario, en el mismo juicio, aunque renuncie el primero.

Artículo 2590.- El procurador o abogado que revele a la parte contraria los secretos de su poderdante o cliente, o le suministre documentos o datos que lo perjudiquen, será responsable de todos los daños y perjuicios, quedando, además, sujeto a lo que para estos casos dispone el Código Penal.

Artículo 2591.- El procurador que tuviere justo impedimento para desempeñar su encargo, no podrá abandonarlo sin substituir el mandato, teniendo facultades para ello o sin avisar a su mandante, para que nombre a otra persona.

Artículo 2592.- La representación del procurador, cesa además de los casos expresados en el artículo 2595:

I. Por separarse el poderdante de la acción u oposición que haya formulado;

II. Por haber terminado la personalidad del poderdante;

III. Por haber transmitido el mandante a otro sus derechos sobre la cosa litigiosa, luego que la transmisión o cesión sea debidamente notificada y se haga constar en autos;

IV. Por hacer el dueño del negocio alguna gestión en el juicio, manifestando que revoca el mandato;

V. Por nombrar el mandante otro procurador para el mismo negocio.

Artículo 2593.- El procurador que ha substituido un poder, puede revocar la substitución si tiene facultades para hacerlo, rigiendo también en este caso, respecto del substituto, lo dispuesto en la fracción IV del artículo anterior.

Artículo 2594.- La parte puede ratificar antes de la sentencia que cause ejecutoria, lo que el procurador hubiere hecho excediéndose del poder.

CAPÍTULO VI
DE LOS DIVERSOS MODOS DE TERMINAR EL MANDATO

Artículo 2595.- El mandato termina:

I. Por la revocación;

II. Por la renuncia del mandatario;

III. Por la muerte del mandante o del mandatario;

IV. Por la interdicción de uno u otro;

V. Por el vencimiento del plazo y por la conclusión del negocio para el que fue concedido;

VI. En los casos previstos por los artículos 670, 671 y 672.

Artículo 2596.- El mandante puede revocar el mandato cuando y como le parezca; menos en aquellos casos en que su otorgamiento se hubiere estipulado como una condición en un contrato bilateral, o como un medio para cumplir una obligación contraída.

En estos casos tampoco puede el mandatario renunciar el poder.

La parte que revoque o renuncie el mandato en tiempo inoportuno, debe indemnizar a la otra de los daños y perjuicios que le cause.

Artículo 2597.- Cuando se ha dado un mandato para tratar con determinada persona, el mandante debe notificar a ésta la revocación del mandato, so pena de quedar obligado por los actos del mandatario ejecutados después de la revocación, siempre que haya habido buena fe de parte de esa persona.

Artículo 2598.- El mandante puede exigir la devolución del instrumento o escrito en que conste el mandato, y todos los documentos relativos al negocio o negocios que tuvo a su cargo el mandatario.

El mandante que descuide exigir los documentos que acrediten los poderes del mandatario, responde de los daños que puedan resultar por esa causa a terceros de buena fe.

Artículo 2599.- La constitución de un nuevo mandatario para un mismo asunto, importa la revocación del primero, desde el día en que se notifique a éste el nuevo nombramiento.

Artículo 2600.- Aunque el mandato termine por la muerte del mandante, debe el mandatario continuar en la administración, entretanto los herederos proveen por sí mismos a los negocios, siempre que de lo contrario pueda resultar algún perjuicio.

Artículo 2601.- En el caso del artículo anterior, tiene derecho el mandatario para pedir al juez que señale un término corto a los herederos a fin de que se presenten a encargarse de sus negocios.

Artículo 2602.- Si el mandato termina por muerte del mandatario, deben sus herederos dar aviso al mandante y practicar, mientras éste resuelve, solamente las diligencias que sean indispensables para evitar cualquier perjuicio.

Artículo 2603.- El mandatario que renuncie tiene obligación de seguir el negocio mientras el mandante no provee a la procuración, si de lo contrario se sigue algún perjuicio.

Artículo 2604.- Lo que el mandatario, sabiendo que ha cesado el mandato, hiciere con un tercero que ignora el término de la procuración, no obliga al mandante, fuera del caso previsto en el artículo 2597.

TÍTULO DÉCIMO
DEL CONTRATO DE PRESTACIÓN DE SERVICIOS

CAPÍTULO I
DEL SERVICIO DOMÉSTICO, DEL SERVICIO POR JORNAL, DEL SERVICIO A PRECIO ALZADO EN EL QUE EL OPERARIO SÓLO PONE SU TRABAJO Y DEL CONTRATO DE APRENDIZAJE

(REFORMADO, G.O. 25 DE MAYO DE 2000)

Artículo 2605.- El servicio doméstico, el servicio por jornal, el servicio a precio alzado en el que el operario sólo pone su trabajo, y el contrato de aprendizaje, se regirán por la Ley Federal del Trabajo.

CAPÍTULO II
DE LA PRESTACIÓN DE SERVICIOS PROFESIONALES

Artículo 2606.- El que presta y el que recibe los servicios profesionales, pueden fijar, de común acuerdo, retribución debida por ellos.

Cuando se trate de profesionistas que estuvieren sindicalizados, se observarán las disposiciones relativas establecidas en el respectivo contrato colectivo de trabajo.

Artículo 2607.- Cuando no hubiere habido convenio, los honorarios se regularán atendiendo juntamente a la costumbre del lugar, a la importancia de los trabajos prestados, a la del asunto o caso en que se prestaren, a las facultades pecuniarias del que recibe el servicio y a la reputación profesional que tenga adquirida el que lo ha prestado. Si los servicios prestados estuvieren regulados por arancel, éste servirá de norma para fijar el importe de los honorarios reclamados.

Artículo 2608.- Los que sin tener el título correspondiente ejerzan profesiones para cuyo ejercicio la ley exija título, además de incurrir en las penas respectivas, no tendrán derecho de cobrar retribución por los servicios profesionales que hayan prestado.

Artículo 2609.- En la prestación de servicios profesionales pueden incluirse las expensas que hayan de hacerse en el negocio en que aquéllos se presten. A falta de convenio sobre su reembolso, los anticipos serán pagados en los términos del artículo siguiente, con el rédito legal, desde el día en que fueren hechos, sin perjuicio de la responsabilidad por daños y perjuicios cuando hubiere lugar a ella.

Artículo 2610.- El pago de los honorarios y de las expensas, cuando las haya, se hará en el lugar de la residencia del que ha prestado los servicios profesionales, inmediatamente que preste cada servicio o al fin de todos, cuando se separe el profesor o haya concluido el negocio o trabajo que se le confió.

Artículo 2611.- Si varias personas encomendaren un negocio, todas ellas serán solidariamente responsables de los honorarios del profesor y de los anticipos que hubiere hecho.

Artículo 2612.- Cuando varios profesores en la misma ciencia presten sus servicios en un negocio o asunto, podrán cobrar los servicios que individualmente haya prestado cada uno.

Artículo 2613.- Los profesores tienen derecho de exigir sus honorarios, cualquiera que sea el éxito del negocio o trabajo que se les encomiende, salvo convenio en contrario.

Artículo 2614.- Siempre que un profesor no pueda continuar prestando sus servicios, deberá avisar oportunamente a la persona que lo ocupe, quedando obligado a satisfacer los daños y perjuicios que se causen, cuando no diere este aviso con oportunidad. Respecto de los abogados se observará además lo dispuesto en el artículo 2589.

(REFORMADO, G.O. 18 DE DICIEMBRE DE 2014)

Artículo 2615.- El que preste servicios profesionales, sólo es responsable, hacia las personas a quienessirve, por negligencia, impericia o dolo, sin perjuicio de las penas que merezca por la comisión de un delito.

CAPÍTULO III
DEL CONTRATO DE OBRAS A PRECIO ALZADO

Artículo 2616.- El contrato de obras a precio alzado, cuando el empresario dirige la obra y pone los materiales, se sujetará a las reglas siguientes.

Artículo 2617.- Todo el riesgo de la obra correrá a cargo del empresario hasta el acto de la entrega, a no ser que hubiere morosidad de parte del dueño de la obra en recibirla, o convenio expreso en contrario.

N. DE E. SE RECOMIENDA CONSULTAR EL DECRETO POR EL QUE SE CREA UNA NUEVA UNIDAD DEL SISTEMA MONETARIO DE LOS ESTADOS UNIDOS MEXICANOS, PUBLICADO EN EL D.O.F. DE FECHA 22 DE JUNIO DE 1992 Y 6 DE ENERO DE 1994 Y EL AVISO POR EL QUE SE INFORMA QUE A PARTIR DEL 1º DE ENERO DE 1994, SE SUPRIME LA PALABRA "NUEVO", PARA VOLVER A LA DENOMINACIÓN "PESO" DEL NOMBRE DE LA UNIDAD DEL SISTEMA MONETARIO, PUBLICADO EN EL D.O.F. EL 15 DE NOVIEMBRE DE 1995.

Artículo 2618.- Siempre que el empresario se encargue por ajuste cerrado de la obra en cosa inmueble cuyo valor sea de más de cien pesos, se otorgará el contrato por escrito, incluyéndose en él una descripción pormenorizada, y en los casos que lo requieran, un plano, diseño o presupuesto de la obra.

Artículo 2619.- Si no hay plano, diseño o presupuesto para la ejecución de la obra y surgen dificultades entre el empresario y el dueño, serán resueltas teniendo en cuenta la naturaleza de la obra, el precio de ella y la costumbre del lugar; oyéndose el dictamen de peritos.

Artículo 2620.- El perito que forme el plano, diseño o presupuesto de una obra, y la ejecute, no puede cobrar el plano, diseño o presupuesto fuera del honorario de la obra; mas si ésta no se ha ejecutado por causa del dueño, podrá cobrarlo, a no ser que al encargárselo se haya pactado que el dueño no lo paga si no le conviniere aceptarlo.

Artículo 2621.- Cuando se haya invitado a varios peritos para hacer planos, diseños o presupuestos, con el objeto de escoger entre ellos el que parezca mejor, y los peritos han tenido conocimiento de esta circunstancia, ninguno puede cobrar honorarios, salvo convenio expreso.

Artículo 2622.- En el caso del artículo anterior, podrá el autor del plano, diseño o presupuesto aceptado, cobrar su valor cuando la obra se ejecutare conforme a él por otra persona.

Artículo 2623.- El autor de un plano, diseño o presupuesto que no hubiere sido aceptado, podrá también cobrar su valor si la obra se ejecutare conforme a él por otra persona, aun cuando se hayan hecho modificaciones en los detalles.

Artículo 2624.- Cuando al encargarse una obra no se ha fijado precio, se tendrá por tal, si los contratantes no estuviesen de acuerdo después, el que designen los aranceles, o a falta de ellos el que tasen peritos.

Artículo 2625.- El precio de la obra se pagará al entregarse ésta, salvo convenio en contrario.

Artículo 2626.- El empresario que se encargue de ejecutar alguna obra por precio determinado, no tiene derecho de exigir después ningún aumento, aunque lo haya tenido el precio de los materiales o el de los jornales.

Artículo 2627.- Lo dispuesto en el artículo anterior, se observará también cuando haya habido algún cambio o aumento en el plano o diseño, a no ser que sean autorizados por escrito por el dueño y con expresa designación del precio.

Artículo 2628.- Una vez pagado y recibido el precio, no ha lugar a reclamación sobre él, a menos que al pagar o recibir, las partes se hayan reservado expresamente el derecho de reclamar.

Artículo 2629.- El que se obliga a hacer una obra por ajuste cerrado, debe comenzar y concluir en los términos designados en el contrato, y en caso contrario, en los que sean suficientes, a juicio de peritos.

Artículo 2630.- El que se obligue a hacer una obra por piezas o por medida, puede exigir que el dueño la reciba en partes y se la pague en proporción de las que reciba.

Artículo 2631.- La parte pagada se presume aprobada y recibida por el dueño; pero no habrá lugar a esa presunción solamente porque el dueño haya hecho adelantos a buena cuenta del precio de la obra, si no se expresa que el pago se aplique a la parte ya entregada.

Artículo 2632.- Lo dispuesto en los dos artículos anteriores, no se observará cuando las piezas que se manden construir no puedan ser útiles, sino formando reunidas un todo.

Artículo 2633.- El empresario que se encargue de ejecutar alguna obra, no puede hacerla ejecutar por otro, a menos que se haya pactado lo contrario, o el dueño lo consienta; en estos casos, la obra se hará siempre bajo la responsabilidad del empresario.

Artículo 2634.- Recibida y aprobada la obra por el que la encargó, el empresario es responsable de los defectos que después aparezcan y que procedan de vicios en su construcción y hechura, mala calidad de los materiales empleados o vicios del suelo en que se fabricó; a no ser que por disposición expresa del dueño se hayan empleado materiales defectuosos, después que el empresario le haya dado a conocer sus defectos, o que se haya edificado en terreno inapropiado elegido por el dueño, a pesar de las observaciones del empresario.

Artículo 2635.- El dueño de una obra ajustada por un precio fijo, puede desistir de la empresa comenzada, con tal que indemnice al empresario de todos los gastos y trabajos y de la utilidad que pudiera haber sacado de la obra.

Artículo 2636.- Cuando la obra fue ajustada por peso o medida, sin designación del número de piezas o de la medida total, el contrato puede resolverse por una y otra parte, concluidas que sean las partes designadas, pagándose la parte concluida.

Artículo 2637.- Pagado el empresario de lo que le corresponde, según los dos artículos anteriores, el dueño queda en libertad de continuar la obra, empleando a otras personas, aun cuando aquélla siga conforme al mismo plano, diseño o presupuesto.

Artículo 2638.- Si el empresario muere antes de terminar la obra, podrá rescindirse el contrato; pero el dueño indemnizará a los herederos de aquél, del trabajo y gastos hechos.

Artículo 2639.- La misma disposición tendrá lugar si el empresario no puede concluir la obra por alguna causa independiente de su voluntad.

Artículo 2640.- Si muere el dueño de la obra, no se rescindirá el contrato, y sus herederos serán responsables del cumplimiento para con el empresario.

Artículo 2641.- Los que trabajen por cuenta del empresario o le suministren material para la obra, no tendrán acción contra el dueño de ella, sino hasta la cantidad que alcance el empresario.

Artículo 2642.- El empresario es responsable del trabajo ejecutado por las personas que ocupe en la obra.

Artículo 2643.- Cuando se conviniere en que la obra deba hacerse a satisfacción del propietario o de otra persona, se entiende reservada la aprobación, a juicio de peritos.

Artículo 2644.- El constructor de cualquiera obra mueble tiene derecho de retenerla mientras no se le pague, y su crédito será cubierto preferentemente con el precio de dicha obra.

(REFORMADO, G.O. 25 DE MAYO DE 2000)

Artículo 2645.- Los empresarios constructores son responsables, por la inobservancia de las disposiciones legales, reglamentarias o de policía vigentes en el Distrito Federal y por todo daño que causen a los vecinos.

CAPÍTULO IV
DE LOS PORTEADORES Y ALQUILADORES

Artículo 2646.- El contrato por el cual alguno se obliga a transportar, bajo su inmediata dirección o la de sus dependientes, por tierra, por agua o por el aire, a personas, animales, mercaderías o cualesquiera otros objetos; si no constituye un contrato mercantil, se regirá por las reglas siguientes.

Artículo 2647.- Los porteadores responden del daño causado a las personas por defecto de los conductores y medios de transporte que empleen; y este defecto se presume siempre que el empresario no pruebe que el mal aconteció por fuerza mayor o por caso fortuito que no le puede ser imputado.

Artículo 2648.- Responden, igualmente, de la pérdida y de las averías de las cosas que reciban, a no ser que prueben que la pérdida o la avería ha provenido de caso fortuito, de fuerza mayor o de vicio de las mismas cosas.

Artículo 2649.- Responden también de las omisiones o equivocación que haya en la remisión de efectos, ya sea que no los envíen en el viaje estipulado, ya sea que los envíen a parte distinta de la convenida.

Artículo 2650.- Responden, igualmente, de los daños causados por retardo en el viaje, ya sea al comenzarlo o durante su curso, o por mutación de ruta, a menos que prueben que caso fortuito o fuerza mayor los obligó a ello.

Artículo 2651.- Los porteadores no son responsables de las cosas que no se les entreguen a ellos, sino a sus cocheros, marineros, remeros o dependientes, que no estén autorizados para recibirlas.

Artículo 2652.- En el caso del artículo anterior, la responsabilidad es exclusiva de la persona a quien se entregó la cosa.

Artículo 2653.- La responsabilidad de todas las infracciones que durante el transporte se cometa, de leyes o reglamentos fiscales o de policía, será del conductor y no de los pasajeros ni de los dueños de las cosas conducidas, a no ser que la falta haya sido cometida por estas personas.

Artículo 2654.- El porteador no será responsable de las faltas de que trata el artículo que precede, en cuanto a las penas, sino cuando tuviere culpa; pero lo será siempre de la indemnización de los daños y perjuicios, conforme a las prescripciones relativas.

Artículo 2655.- Las personas transportadas no tienen derecho para exigir aceleración o retardo en el viaje, ni alteración alguna en la ruta, ni en las detenciones o paradas, cuando estos actos estén marcados por el reglamento respectivo o por el contrato.

Artículo 2656.- El porteador de efectos deberá extender al cargador una carta de porte de la que éste podrá pedir una copia. En dicha carta se expresarán:

I. El nombre, apellido y domicilio del cargador;

II. El nombre, apellido y domicilio del porteador;

III. El nombre, apellido y domicilio de la persona a quien o a cuya orden van dirigidos los efectos, o si han de entregarse al portador de la misma carta;

IV. La designación de los efectos, con expresión de su calidad genérica, de su peso y de las marcas o signos exteriores de los bultos en que se contengan;

V. El precio del transporte;

VI. La fecha en que se hace la expedición;

VII. El lugar de la entrega al porteador;

VIII. El lugar y el plazo en que habrá de hacerse la entrega al consignatario;

IX. La indemnización que haya de abonar el porteador en caso de retardo, si sobre este punto mediare algún pacto.

Artículo 2657.- Las acciones que nacen del transporte, sean en pro o en contra de los porteadores, no duran más de seis meses, después de concluido el viaje.

Artículo 2658.- Si la cosa transportada fuere de naturaleza peligrosa, de mala calidad o no estuviere convenientemente empacada o envasada, y el daño proviniere de alguna de esas circunstancias, la responsabilidad será del dueño del transporte, si tuvo conocimiento de ellas; en caso contrario, la responsabilidad será del que contrató con el porteador, tanto por el daño que se cause en la cosa, como por el que reciban el medio de transporte u otras personas u objetos.

Artículo 2659.- El alquilador debe declarar los defectos de la cabalgadura o de cualquier otro medio de transporte, y es responsable de los daños y perjuicios que resulten de la falta de esta declaración.

Artículo 2660.- Si la cabalgadura muere o se enferma, o si en general se inutiliza el medio de transporte, la pérdida será de cuenta del alquilador, si no prueba que el daño sobrevino por culpa del otro contratante.

Artículo 2661.- A falta de convenio expreso, se observará la costumbre del lugar, ya sobre el importe del precio y de los gastos, ya sobre el tiempo en que haya de hacerse el pago.

Artículo 2662.- El crédito por fletes que se adeudaren al porteador, serán pagados preferentemente con el precio de los efectos transportados, si se encuentran en poder del acreedor.

Artículo 2663.- El contrato de transporte es rescindible a voluntad del cargador, antes o después de comenzarse el viaje, pagando en el primer caso al porteador la mitad, y en el segundo la totalidad del porte, y siendo obligación suya recibir los efectos en el punto y en el día en que la rescisión se verifique. Si no cumpliere con esta obligación, o no pagare el porte al contado, el contrato no quedará rescindido.

Artículo 2664.- El contrato de transporte se rescindirá de hecho antes de emprenderse el viaje, o durante su curso, si sobreviniere algún suceso de fuerza mayor que impida verificarlo o continuarlo.

(F. DE E., D.O.F. 21 DE DICIEMBRE DE 1928)

Artículo 2665.- En el caso previsto en el artículo anterior, cada uno de los interesados perderá los gastos que hubiere hecho si el viaje no se ha verificado; y si está en curso, el porteador tendrá derecho a que se le pague del porte la parte proporcional al camino recorrido, y la obligación de presentar los efectos, para su depósito, a la autoridad judicial del punto en que ya no le sea posible continuarlo, comprobando y recabando la constancia relativa de hallarse en el estado consignado en la carta de porte, de cuyo hecho dará conocimiento oportuno al cargador, a cuya disposición deben quedar.

CAPÍTULO V
DEL CONTRATO DE HOSPEDAJE

Artículo 2666.- El contrato de hospedaje tiene lugar cuando alguno presta a otro albergue, mediante la retribución convenida, comprendiéndose o no, según se estipule, los alimentos y demás gastos que origine el hospedaje.

Artículo 2667.- Este contrato se celebrará tácitamente, si el que presta el hospedaje tiene casa pública destinada a ese objeto.

Artículo 2668.- El hospedaje expreso se rige por las condiciones estipuladas y el tácito por el reglamento que expedirá la autoridad competente y que el dueño del establecimiento deberá tener siempre por escrito en lugar visible.

Artículo 2669.- Los equipajes de los pasajeros responden preferentemente del importe del hospedaje; a ese efecto, los dueños de los establecimientos donde se hospeden podrán retenerlos en prenda hasta que obtengan el pago de lo adeudado.

TÍTULO DÉCIMOPRIMERO
DE LAS ASOCIACIONES Y DE LAS SOCIEDADES

I
DE LAS ASOCIACIONES

Artículo 2670.- Cuando varios individuos convienen en reunirse, de manera que no sea enteramente transitoria, para realizar un fin común que no esté prohibido por la ley y que no tenga carácter preponderantemente económico, constituyen una asociación.

Artículo 2671.- El contrato por el que se constituya una asociación, debe constar por escrito.

Artículo 2672.- La asociación puede admitir y excluir asociados.

Artículo 2673.- Las asociaciones se regirán por sus estatutos, los que deberán ser inscritos en el Registro Público para que produzcan efectos contra tercero.

Artículo 2674.- El poder supremo de las asociaciones reside en la asamblea general. El director o directores de ellas tendrán las facultades que les conceden los estatutos y la asamblea general, con sujeción a estos documentos.

(REFORMADO G.O. 04 DE AGOSTO DE 2021)

Artículo 2675.- La asamblea general se reunirá en la época fijada en los estatutos o cuando sea convocada por la dirección. Esta deberá citar a asamblea cuando para ello fuese requerida por lo menos por el cinco por ciento de los asociados, o si no lo hiciere, en su lugar lo hará el juez de lo civil a petición de dichos asociados.

Los asociados podrán celebrar asambleas por medio de videoconferencia que permita la comunicación en tiempo real, siempre y cuando la convocatoria señale el medio electrónico por el cual se celebrará, indicando la dirección electrónica o número de la reunión y, en su caso, la contraseña.

La reunión deberá grabarse y conservarse por el administrador u órgano de administración de la asociación y una copia de la grabación se agregará al acta respectiva. Podrá levantarse por escrito o en documento electrónico y será firmada por el Presidente y el Secretario de manera autógrafa o con su Firma Electrónica Avanzada.

Asimismo, los asociados podrán adoptar resoluciones tomadas fuera de asamblea, las cuales serán válidas siempre que se tomen por unanimidad y se confirmen por escrito en documento físico o electrónico, ya sea con la firma autógrafa o con la Firma Electrónica Avanzada de la totalidad de los asociados.

Artículo 2676.- La asamblea general resolverá:

I. Sobre la admisión y exclusión de los asociados;

II. Sobre la disolución anticipada de la asociación o sobre su prórroga por más tiempo del fijado en los estatutos;

III. Sobre el nombramiento de director o directores cuando no hayan sido nombrados en la escritura constitutiva;

IV. Sobre la revocación de los nombramientos hechos;

V. Sobre los demás asuntos que le encomienden los estatutos.

(REFORMADO G.O. 04 DE AGOSTO DE 2021)

Artículo 2677.- Las asambleas generales sólo se ocuparán de los asuntos contenidos en la respectiva orden del día. Sus decisiones serán tomadas por mayoría de votos de los miembros presentes o a quienes hayan atendido la asamblea por videoconferencia y participado en la misma.

Artículo 2678.- Cada asociado gozará de un voto en las asambleas generales.

Artículo 2679.- El asociado no votará las decisiones en que se encuentren directamente interesados él, su cónyuge, sus ascendientes, descendientes o parientes colaterales dentro del segundo grado.

Artículo 2680.- Los miembros de la asociación tendrán derecho de separarse de ella, previo aviso dado con dos meses de anticipación.

Artículo 2681.- Los asociados sólo podrán ser excluidos de la sociedad por las causas que señalen los estatutos.

Artículo 2682.- Los asociados que voluntariamente se separen o que fueren excluidos, perderán todo derecho al haber social.

Artículo 2683.- Los socios tienen derecho de vigilar que las cuotas se dediquen al fin que se propone la asociación y con ese objeto pueden examinar los libros de contabilidad y demás papeles de ésta.

Artículo 2684.- La calidad de socio es intransferible.

Artículo 2685.- Las asociaciones, además de las causas previstas en los estatutos, se extinguen:

I. Por consentimiento de la asamblea general;

II. Por haber concluido el término fijado para su duración o por haber conseguido totalmente el objeto de su fundación;

III. Por haberse vuelto incapaces de realizar el fin para que fueron fundadas;

IV. Por resolución dictada por autoridad competente.

Artículo 2686.- En caso de disolución, los bienes de la asociación se aplicarán conforme a lo que determinen los estatutos y a falta de disposición de éstos, según lo que determine la asamblea general. En este caso la asamblea sólo podrá atribuir a los asociados la parte del activo social que equivalga a sus aportaciones. Los demás bienes se aplicarán a otra asociación o fundación de objeto similar a la extinguida.

Artículo 2687.- Las asociaciones de beneficencia se regirán por las leyes especiales correspondientes.

II
DE LAS SOCIEDADES

(F. DE E., D.O.F. 21 DE DICIEMBRE DE 1928)

CAPÍTULO I
DISPOSICIONES GENERALES

Artículo 2688.- Por el contrato de sociedad los socios se obligan mutuamente a combinar sus recursos o sus esfuerzos para la realización de un fin común, de carácter preponderantemente económico, pero que no constituya una especulación comercial.

Artículo 2689.- La aportación de los socios puede consistir en una cantidad de dinero u otros bienes, o en su industria. La aportación de bienes implica la transmisión de su dominio a la sociedad, salvo que expresamente se pacte otra cosa.

Artículo 2690.- El contrato de sociedad debe constar por escrito; pero se hará constar en escritura pública, cuando algún socio transfiera a la sociedad bienes cuya enajenación deba hacerse en escritura pública.

Artículo 2691.- La falta de forma prescrita para el contrato de sociedad, sólo produce el efecto de que los socios puedan pedir, en cualquier tiempo, que se haga la liquidación de la sociedad conforme a lo convenido, y a falta de convenio, conforme al Capítulo V de esta Sección; pero mientras que esa liquidación no se pida, el contrato produce todos sus efectos entre los socios y éstos no pueden oponer a terceros que hayan contratado con la sociedad, la falta de forma.

Artículo 2692.- Si se formare una sociedad para un objeto ilícito, a solicitud de cualquiera de los socios o de un tercero interesado, se declarará la nulidad de la sociedad, la cual se pondrá en liquidación.

Después de pagadas las deudas sociales conforme a la ley, a los socios se les reembolsará lo que hubieren llevado a la sociedad.

Las utilidades se destinarán a los establecimientos de beneficencia pública del lugar del domicilio de la sociedad.

Artículo 2693.- El contrato de sociedad debe contener:

I. Los nombres y apellidos de los otorgantes que son capaces de obligarse;
II. La razón social;
III. El objeto de la sociedad;
IV. El importe del capital social y la aportación con que cada socio debe contribuir.

Si falta alguno de estos requisitos se aplicará lo que dispone el artículo 2691.

Artículo 2694.- El contrato de sociedad debe inscribirse en el Registro de Sociedades Civiles para que produzca efectos contra tercero.

Artículo 2695.- Las sociedades de naturaleza civil, que tomen la forma de las sociedades mercantiles, quedan sujetas al Código de Comercio.

Artículo 2696.- Será nula la sociedad en que se estipule que los provechos pertenezcan exclusivamente a alguno o algunos de los socios y todas las pérdidas a otro u otros.

Artículo 2697.- No puede estipularse que a los socios capitalistas se les restituya su aporte con una cantidad adicional, haya o no ganancias.

Artículo 2698.- El contrato de sociedad no puede modificarse sino por consentimiento unánime de los socios.

Artículo 2699.- Después de la razón social, se agregarán estas palabras "Sociedad Civil."

Artículo 2700.- La capacidad para que las sociedades adquieran bienes raíces, se regirá por lo dispuesto en el artículo 27 de la Constitución Federal y en sus leyes reglamentarias.

Artículo 2701.- No quedan comprendidas en este título las sociedades cooperativas, ni las mutualistas, que se regirán por las respectivas leyes especiales.

CAPÍTULO II
DE LOS SOCIOS

Artículo 2702.- Cada socio estará obligado al saneamiento para el caso de evicción de las cosas que aporte a la sociedad como corresponde a todo enajenante, y a indemnizar por los defectos de esas cosas como lo está el vendedor respecto del comprador; mas si lo que prometió fue el aprovechamiento de bienes determinados, responderá por ellos según los principios que rigen las obligaciones entre el arrendador y el arrendatario.

Artículo 2703.- A menos que se haya pactado en el contrato de sociedad, no puede obligarse a los socios a hacer una nueva aportación para ensanchar los negocios sociales. Cuando el aumento del capital social sea acordado por la mayoría, los socios que no estén conformes pueden separarse de la sociedad.

Artículo 2704.- Las obligaciones sociales estarán garantizadas subsidiariamente por la responsabilidad ilimitada y solidaria de los socios que administren; los demás socios, salvo convenio en contrario, sólo estarán obligados con su aportación.

Artículo 2705.- Los socios no pueden ceder sus derechos sin el consentimiento previo y unánime de los demás coasociados; y sin él tampoco pueden admitirse otros nuevos socios, salvo pacto en contrario, en uno y en otro caso.

Artículo 2706.- Los socios gozarán del derecho del tanto. Si varios socios quieren hacer uso del tanto, les competerá éste en la proporción que representen. El término para hacer uso del derecho del tanto, será el de ocho días, contados desde que reciban aviso del que pretende enajenar.

Artículo 2707.- Ningún socio puede ser excluido de la sociedad sino por el acuerdo unánime de los demás socios y por causa grave prevista en los estatutos.

Artículo 2708.- El socio excluido es responsable de la parte de pérdidas que le corresponda, y los otros socios pueden retener la parte del capital y utilidades de aquél, hasta concluir las operaciones pendientes al tiempo de la declaración, debiendo hacerse hasta entonces la liquidación correspondiente.

CAPÍTULO III
DE LA ADMINISTRACIÓN DE LA SOCIEDAD

Artículo 2709.- La administración de la sociedad puede conferirse a uno o más socios. Habiendo socios especialmente encargados de la administración, los demás no podrán contrariar ni entorpecer las gestiones de aquéllos, ni impedir sus efectos. Si la administración no se hubiese limitado a alguno de los socios, se observará lo dispuesto en el artículo 2719.

Artículo 2710.- El nombramiento de los socios administradores, no priva a los demás socios del derecho de examinar el estado de los negocios sociales y de exigir a este fin la presentación de libros, documentos y papeles, con el objeto de que puedan hacerse las reclamaciones que estimen convenientes. No es válida la renuncia del derecho consignado en este artículo.

Artículo 2711.- El nombramiento de los socios administradores, hecho en la escritura de sociedad, no podrá revocarse sin el consentimiento de todos los socios, a no ser judicialmente, por dolo, culpa o inhabilidad.

El nombramiento de administradores, hecho después de constituida la sociedad, es revocable por mayoría de votos.

Artículo 2712.- Los socios administradores ejercerán las facultades que fueren necesarias al giro y desarrollo de los negocios que formen el objeto de la sociedad; pero salvo convenio en contrario necesitan autorización expresa de los otros socios:

I. Para enajenar las cosas de la sociedad, si ésta no se ha constituido con ese objeto;

II. Para empeñarlas, hipotecarlas o gravarlas con cualquier otro derecho real;

III. Para tomar capitales prestados.

(REFORMADO G.O. 04 DE AGOSTO DE 2021)

Artículo 2713.- Las facultades que no se hayan concedido a los administradores, serán ejercitadas por todos los socios, resolviéndose los asuntos por mayoría de votos. La mayoría se computará por cantidades, pero cuando una sola persona represente el mayor interés y se trate de sociedades de más de tres socios, se necesita por lo menos el voto de la tercera parte de los socios.

Los socios podrán celebrar asambleas por medio de videoconferencia, que permita la comunicación en tiempo real, siempre y cuando la convocatoria señale el medio electrónico por el cual se celebrará, indicando la dirección electrónica o número de la reunión y, en su caso, la contraseña.

La reunión deberá grabarse y conservarse por el administrador u órgano de administración de la sociedad y una copia de la grabación se agregará al acta respectiva. Se levantará por escrito o en documento electrónico y será firmada por el Presidente y el Secretario, de manera autógrafa o firma electrónica avanzada.

Asimismo, los socios podrán adoptar resoluciones tomadas fuera de asamblea, las cuales serán válidas siempre que se tomen por unanimidad y se confirmen por escrito en documento físico o electrónico, con la firma autógrafa o electrónica avanzada de la totalidad de los socios.

Artículo 2714.- Siendo varios los socios encargados indistintamente de la administración, sin declaración de que deberán proceder de acuerdo, podrá cada uno de ellos practicar separadamente los actos administrativos que crea oportunos.

Artículo 2715.- Si se ha convenido en que un administrador nada pueda practicar sin concurso de otro, solamente podrá proceder de otra manera, en caso de que pueda resultar perjuicio grave e irreparable a la sociedad.

Artículo 2716.- Los compromisos contraídos por los socios administradores en nombre de la sociedad, excediéndose de sus facultades, si no son ratificados por ésta, sólo obligan a la sociedad en razón del beneficio recibido.

Artículo 2717.- Las obligaciones que se contraigan por la mayoría de los socios encargados de la administración, sin conocimiento de la minoría, o contra su voluntad expresa, serán válidas; pero los que las hayan contraído serán personalmente responsables a la sociedad de los perjuicios que por ellas se cause.

Artículo 2718.- El socio o socios administradores están obligados a rendir cuentas siempre que lo pida la mayoría de los socios, aun cuando no sea la época fijada en el contrato de sociedad.

(F. DE E., D.O.F. 21 DE DICIEMBRE DE 1928)

Artículo 2719.- Cuando la administración no se hubiere limitado a alguno de los socios, todos tendrán derecho de concurrir a la dirección y manejo de los negocios comunes. Las decisiones serán tomadas por mayoría, observándose, respecto de ésta lo dispuesto en el artículo 2713.

CAPÍTULO IV
DE LA DISOLUCIÓN DE LAS SOCIEDADES

Artículo 2720.- La sociedad se disuelve:

I. Por consentimiento unánime de los socios;

II. Por haberse cumplido el término prefijado en el contrato de sociedad;

III. Por la realización completa del fin social, o por haberse vuelto imposible la consecución del objeto de la sociedad;

IV. Por la muerte o incapacidad de uno de los socios que tengan responsabilidad ilimitada por los compromisos sociales, salvo que en la escritura constitutiva se haya pactado que la sociedad continúe con los sobrevivientes o con los herederos de aquél;

V. Por la muerte del socio industrial, siempre que su industria haya dado nacimiento a la sociedad;

(F. DE E., D.O.F. 21 DE DICIEMBRE DE 1928)

VI. Por la renuncia de uno de los socios, cuando se trate de sociedades de duración indeterminada y los otros socios no deseen continuar asociados, siempre que esa renuncia no sea maliciosa ni extemporánea;

VII. Por resolución judicial.

Para que la disolución de la sociedad surta efecto contra tercero, es necesario que se haga constar en el Registro de Sociedades.

Artículo 2721.- Pasado el término por el cual fue constituida la sociedad, si ésta continúa funcionando, se entenderá prorrogada su duración por tiempo indeterminado, sin necesidad de nueva escritura social, y su existencia puede demostrarse por todos los medios de prueba.

Artículo 2722.- En el caso de que a la muerte de un socio, la sociedad hubiere de continuar con los supervivientes, se procederá a la liquidación de la parte que corresponda al socio difunto, para entregarla a su sucesión. Los herederos del que murió tendrán derecho al capital y utilidades que al finado correspondan en el momento en que murió y, en lo sucesivo, sólo tendrán parte en lo que dependa necesariamente de los derechos adquiridos o de las obligaciones contraídas por el socio que murió.

Artículo 2723.- La renuncia se considera maliciosa cuando el socio que la hace se propone aprovecharse exclusivamente de los beneficios o evitarse pérdidas que los socios deberían de recibir o reportar en común con arreglo al convenio.

(F. DE E., D.O.F. 21 DE DICIEMBRE DE 1928)

Artículo 2724.- Se dice extemporánea la renuncia, si al hacerla, las cosas no se hallan en su estado íntegro y la sociedad puede ser perjudicada con la disolución que originaría la renuncia.

Artículo 2725.- La disolución de la sociedad no modifica los compromisos contraídos con terceros.

CAPÍTULO V
DE LA LIQUIDACIÓN DE LA SOCIEDAD

Artículo 2726.- Disuelta la sociedad, se pondrá inmediatamente en liquidación, la cual se practicará dentro del plazo de seis meses, salvo pacto en contrario.

Cuando la sociedad se ponga en liquidación, debe agregarse a su nombre las palabras: "en liquidación."

Artículo 2727.- La liquidación debe hacerse por todos los socios, salvo que convengan en nombrar liquidadores o que ya estuvieren nombrados en la escritura social.

Artículo 2728.- Si cubiertos los compromisos sociales y devueltos los aportes de los socios, quedaren algunos bienes, se considerarán utilidades, y se repartirán entre los socios en la forma convenida. Si no hubo convenio, se repartirán proporcionalmente a sus aportes.

Artículo 2729.- Ni el capital social ni las utilidades pueden repartirse sino después de la disolución de la sociedad y previa la liquidación respectiva, salvo pacto en contrario.

Artículo 2730.- Si al liquidarse la sociedad no quedaren bienes suficientes para cubrir los compromisos sociales y devolver sus aportes a los socios, el déficit se considerará pérdida y se repartirá entre los asociados en la forma establecida en el artículo anterior.

Artículo 2731.- Si sólo se hubiere pactado lo que debe corresponder a los socios por utilidades, en la misma proporción responderán de las pérdidas.

Artículo 2732.- Si alguno de los socios contribuye sólo con su industria, sin que ésta se hubiere estimado, ni se hubiere designado cuota que por ella debiera recibir, se observarán las reglas siguientes:

I. Si el trabajo del industrial pudiera hacerse por otro, su cuota será la que corresponda por razón de sueldos u honorarios y esto mismo se observará si son varios los socios industriales;

II. Si el trabajo no pudiere ser hecho por otro, su cuota será igual a la del socio capitalista que tenga más;

III. Si sólo hubiere un socio industrial y otro capitalista, se dividirán entre sí por partes iguales las ganancias;

IV. Si son varios los socios industriales y están en el caso de la fracción II, llevarán entre todos la mitad de las ganancias y la dividirán entre sí por convenio y, a falta de éste, por decisión arbitral.

Artículo 2733.- Si el socio industrial hubiere contribuido también con cierto capital, se considerarán éste y la industria separadamente.

Artículo 2734.- Si al terminar la sociedad en que hubiere socios capitalistas e industriales, resultare que no hubo ganancias, todo el capital se distribuirá entre los socios capitalistas.

Artículo 2735.- Salvo pacto en contrario, los socios industriales no responderán de las pérdidas.

(REFORMADA SU DENOMINACIÓN, D.O.F. 7 DE ENERO DE 1988)

CAPÍTULO VI
DE LAS PERSONAS MORALES EXTRANJERAS DE NATURALEZA PRIVADA

(REFORMADO, D.O.F. 7 DE ENERO DE 1988)

Artículo 2736.- La existencia, capacidad para ser titular de derechos y obligaciones, funcionamiento, transformación, disolución, liquidación y fusión de la (sic) personas morales extranjeras de naturaleza privada se regirán por el derecho de su constitución, entendiéndose por tal, aquél del estado en que se cumplan los requisitos de forma y fondo requeridos para la creación de dichas personas.

En ningún caso el reconocimiento de la capacidad de una persona moral extranjera excederá a la que le otorgue el derecho conforme al cual se constituyó.

Cuando alguna persona extranjera de naturaleza privada actúe por medio de algún representante, se considerará que tal representante, o quien lo substituya, está autorizado para responder a las reclamaciones y demandas que se intenten en contra de dicha persona con motivo de los actos en cuestión.

Artículo 2737.- (DEROGADO, D.O.F. 24 DE DICIEMBRE DE 1996)

Artículo 2738.- (DEROGADO, D.O.F. 24 DE DICIEMBRE DE 1996)

CAPÍTULO VII
DE LA APARCERÍA RURAL

Artículo 2739.- La aparcería rural comprende la aparcería agrícola y la de ganados.

Artículo 2740.- El contrato de aparcería deberá otorgarse por escrito, formándose dos ejemplares, uno para cada contratante.

Artículo 2741.- Tiene lugar la aparcería agrícola, cuando una persona da a otra un predio rústico para que lo cultive, a fin de repartirse los frutos en la forma que convengan, o a falta de convenio, conforme a las costumbres del lugar; en el concepto de que al aparcero nunca podrá corresponderle por sólo su trabajo menos del 40% de la cosecha.

Artículo 2742.- Si durante el término del contrato falleciere el dueño del predio dado en aparcería, o éste fuere enajenado, la aparcería subsistirá.

Si es el aparcero el que muere, el contrato puede darse por terminado, salvo pacto en contrario.

Cuando a la muerte del aparcero ya se hubieren hecho algunos trabajos, tales como el barbecho del terreno, la poda de los árboles, o cualquiera otra obra necesaria para el cultivo, si el propietario dá por terminado el contrato, tiene obligación de pagar a los herederos del aparcero el importe de esos trabajos, en cuanto se aproveche de ellos.

(REFORMADO, G.O. 25 DE MAYO DE 2000)

Artículo 2743.- El labrador que tuviere heredades en aparcería, no podrá levantar las mieses o cosechar los frutos en que deba tener parte, sin dar aviso al propietario o a quien haga sus veces, estando en el lugar o dentro de la demarcación territorial del Distrito Federal a que corresponda el predio.

(REFORMADO, G.O. 25 DE MAYO DE 2000)

Artículo 2744.- Si ni en la demarcación territorial, ni dentro del Distrito Federal, se encuentran el propietario o su representante, podrá el aparcero hacer la cosecha, midiendo, contando o pesando los frutos a presencia de dos testigos mayores de toda excepción.

Artículo 2745.- Si el aparcero no cumple lo dispuesto en los dos artículos anteriores, tendrá obligación de entregar al propietario la cantidad de frutos que, de acuerdo con el contrato, fijen peritos nombrados uno por cada parte contratante. Los honorarios de los peritos serán cubiertos por el aparcero.

Artículo 2746.- El propietario del terreno no podrá levantar la cosecha sino cuando el aparcero abandone la siembra.

En este caso, se observará lo dispuesto en la parte final del artículo 2744, y si no lo hace, se aplicará por analogía lo dispuesto en el artículo 2745.

Artículo 2747.- El propietario del terreno no tiene derecho de retener de propia autoridad, todos o parte de los frutos que correspondan al aparcero, para garantizar lo que éste le deba por razón del contrato de aparcería.

Artículo 2748.- Si la cosecha se pierde por completo, el aparcero no tiene obligación de pagar las semillas que le haya proporcionado para la siembra el dueño del terreno; si la pérdida de la cosecha es parcial, en proporción a esa pérdida quedará libre el aparcero de pagar las semillas de que se trata.

Artículo 2749.- Cuando el aparcero establezca su habitación en el campo que va a cultivar, tiene obligación el propietario de permitirle que construya su casa y de que tome el agua potable y la leña que necesite para satisfacer sus necesidades y las de su familia, así como que consuma el pasto indispensable para alimentar los animales que emplee en el cultivo.

Artículo 2750.- Al concluir el contrato de aparcería, el aparcero que hubiere cumplido fielmente sus compromisos, goza del derecho del tanto, si la tierra que estuvo cultivando va a ser dada en nueva aparcería.

(REFORMADO, G.O. 25 DE MAYO DE 2000)

Artículo 2751.- El propietario no tiene derecho de dejar sus tierras ociosas, sino el tiempo que sea necesario para que recobren sus propiedades fertilizantes. En consecuencia, pasada la época que en cada región fije la autoridad correspondiente, conforme a la naturaleza de los cultivos, si el propietario no las comienza a cultivar por sí o por medio de otros, tiene obligación de darlas en aparcería conforme a la costumbre del lugar, a quien las solicite y ofrezca las condiciones necesarias de honorabilidad y solvencia.

Artículo 2752.- Tiene lugar la aparcería de ganados cuando una persona da a otra cierto número de animales a fin de que los cuide y alimente, con el objeto de repartirse los frutos en la proporción que convenga.

Artículo 2753.- Constituyen el objeto de esta aparcería las crías de los animales y sus productos, como pieles, crines, lanas, leche, etc.

Artículo 2754.- Las condiciones de este contrato se regularán por la voluntad de los interesados; pero a falta de convenio se observará la costumbre general del lugar, salvas (sic) las siguientes disposiciones.

Artículo 2755.- El aparcero de ganados está obligado a emplear en la guarda y tratamiento de los animales, el cuidado que ordinariamente emplee en sus cosas; y si así no lo hiciere, será responsable de los daños y perjuicios.

Artículo 2756.- El propietario está obligado a garantizar a su aparcero la posesión y el uso del ganado y a substituir por otros, en caso de evicción, los animales perdidos; de lo contrario, es responsable de los daños y perjuicios a que diere lugar por la falta de cumplimiento del contrato.

Artículo 2757.- Será nulo el convenio de que todas las pérdidas que resultaren por caso fortuito, sean de cuenta del aparcero de ganados.

Artículo 2758.- El aparcero de ganados no podrá disponer de ninguna cabeza, ni de las crías, sin consentimiento del propietario, ni éste sin el de aquél.

Artículo 2759.- El aparcero de ganados no podrá hacer el esquileo sin dar aviso al propietario, y si omite darlo, se aplicará lo dispuesto en el artículo 2745.

Artículo 2760.- La aparcería de ganados dura el tiempo convenido, y a falta de convenio, el tiempo que fuere costumbre en el lugar.

Artículo 2761.- El propietario cuyo ganado se enajena indebidamente por el aparcero, tiene derecho para reivindicarlo, menos cuando se haya rematado en pública subasta; pero conservará a salvo el que le corresponda contra el aparcero, para cobrarle los daños y perjuicios ocasionados por la falta de aviso.

Artículo 2762.- Si el propietario no exige su parte dentro de los sesenta días después de fenecido el tiempo del contrato, se entenderá prorrogado éste por un año.

Artículo 2763.- En el caso de venta de los animales, antes de que termine el contrato de aparcería, disfrutarán los contratantes del derecho del tanto.

TÍTULO DÉCIMOSEGUNDO
DE LOS CONTRATOS ALEATORIOS

CAPÍTULO I
DEL JUEGO Y DE LA APUESTA

Artículo 2764.- La ley no concede acción para reclamar lo que se gana en juego prohibido.

El Código Penal señalará cuáles son los juegos prohibidos.

Artículo 2765.- El que paga voluntariamente una deuda procedente del juego prohibido, o sus herederos, tienen derecho de reclamar la devolución del 50% de lo que se pagó. El otro cincuenta por ciento no quedará en poder del ganancioso, sino que se entregará a la Beneficencia Pública.

Artículo 2766.- Lo dispuesto en los dos artículos anteriores se aplicará a las apuestas que deban tenerse como prohibidas porque tengan analogía con los juegos prohibidos.

Artículo 2767.- El que pierde en un juego o apuesta que no estén prohibidos, queda obligado civilmente, con tal que la pérdida no exceda de la vigésima parte de su fortuna. Prescribe en treinta días el derecho para exigir la deuda de juego a que este artículo se refiere.

Artículo 2768.- La deuda de juego o de apuesta prohibidos no puede compensarse, ni ser convertida por novación en una obligación civilmente eficaz.

Artículo 2769.- El que hubiere firmado una obligación que en realidad tenía por causa una deuda de juego o de apuesta prohibidos, conserva, aunque se atribuya a la obligación una causa civilmente eficaz, la excepción que nace del artículo anterior, y se puede probar por todos los medios la causa real de la obligación.

Artículo 2770.- Si a una obligación de juego o apuesta prohibidos se le hubiere dado la forma de título a la orden o al portador, el suscritor debe pagarla al portador de buena fe; pero tendrá el derecho que le concede el artículo 2765.

Artículo 2771.- Cuando las personas se sirvieren del medio de la suerte, no como apuesta o juego, sino para dividir cosas comunes o terminar cuestiones, producirá, en el primer caso, los efectos de una participación legítima, y en el segundo, los de una transacción.

Artículo 2772.- Las loterías o rifas, cuando se permitan, serán regidas, las primeras, por las leyes especiales que las autoricen, y las segundas, por los reglamentos de policía.

(REFORMADO, D.O.F. 23 DE DICIEMBRE DE 1974)

Artículo 2773.- El contrato celebrado entre los compradores de billetes y las loterías autorizadas en país extranjero, no será válido en el Distrito Federal a menos que la venta de esos billetes haya sido permitida por la autoridad correspondiente.

CAPÍTULO II
DE LA RENTA VITALICIA

Artículo 2774.- La renta vitalicia es un contrato aleatorio por el cual el deudor se obliga a pagar periódicamente una pensión durante la vida de una o más personas determinadas, mediante la entrega de una cantidad de dinero o de una cosa mueble o raíz estimadas, cuyo dominio se le transfiere desde luego.

Artículo 2775.- La renta vitalicia puede también constituirse a título puramente gratuito, sea por donación o por testamento.

Artículo 2776.- El contrato de renta vitalicia debe hacerse por escrito, y en escritura pública, cuando los bienes cuya propiedad se transfiere deban enajenarse con esa solemnidad.

Artículo 2777.- El contrato de renta vitalicia puede constituirse sobre la vida del que da el capital, sobre la del deudor o sobre la de un tercero. También puede constituirse a favor de aquella o de aquellas personas sobre cuya vida se otorga o a favor de otra u otras personas distintas.

Artículo 2778.- Aunque cuando la renta se constituya a favor de una persona que no ha puesto el capital, debe considerarse como una donación, no se sujeta a los preceptos que arreglan ese contrato, salvo los casos en que deba ser reducida por inoficiosa o anulada por incapacidad del que debe recibirla.

Artículo 2779.- El contrato de renta vitalicia es nulo si la persona sobre cuya vida se constituye ha muerto antes de su otorgamiento.

Artículo 2780.- También es nulo el contrato si la persona a cuyo favor se constituye la renta, muere dentro del plazo que en él se señale y que no podrá bajar de treinta días, contados desde el del otorgamiento.

Artículo 2781.- Aquél a cuyo favor se ha constituido la renta, mediante un precio, puede demandar la rescisión del contrato, si el constituyente no le da o conserva las seguridades estipuladas para su ejecución.

Artículo 2782.- La sola falta de pago de las pensiones no autoriza al pensionista para demandar el reembolso del capital o la devolución de la cosa dada para constituir la renta.

Artículo 2783.- El pensionista, en el caso del artículo anterior, sólo tiene derecho de ejecutar judicialmente al deudor, por el pago de las rentas vencidas, y para pedir el aseguramiento de las futuras.

Artículo 2784.- La renta correspondiente al año en que muere el que la disfruta, se pagará en proporción a los días que éste vivió; pero si debía pagarse por plazos anticipados, se pagará el importe total del plazo que durante la vida del rentista se hubiere comenzado a cumplir.

Artículo 2785.- Solamente el que constituye a título gratuito una renta sobre sus bienes, puede disponer, al tiempo del otorgamiento, que no estará sujeta a embargo por derecho de un tercero.

Artículo 2786.- Lo dispuesto en el artículo anterior no comprende las contribuciones.

Artículo 2787.- Si la renta se ha constituido para alimentos, no podrá ser embargada sino en la parte que a juicio del juez exceda de la cantidad que sea necesaria para cubrir aquéllos, según las circunstancias de la persona.

Artículo 2788.- La renta vitalicia constituida sobre la vida del mismo pensionista, no se extingue sino con la muerte de éste.

Artículo 2789.- Si la renta se constituye sobre la vida de un tercero, no cesará con la muerte del pensionista, sino que se transmitirá a sus herederos, y sólo cesará con la muerte de la persona sobre cuya vida se constituyó.

Artículo 2790.- El pensionista sólo puede demandar las pensiones, justificando su supervivencia o la de la persona sobre cuya vida se constituyó la renta.

Artículo 2791.- Si el que paga la renta vitalicia ha causado la muerte del acreedor o la de aquel sobre cuya vida había sido constituida, debe devolver el capital al que la constituyó o a sus herederos.

CAPÍTULO III
DE LA COMPRA DE ESPERANZA

Artículo 2792.- Se llama compra de esperanza al contrato que tiene por objeto adquirir por una cantidad determinada, los frutos que una cosa produzca en el tiempo fijado, tomando el comprador para sí el riesgo de que esos frutos no lleguen a existir; o bien, los productos inciertos de un hecho, que puedan estimarse en dinero.

El vendedor tiene derecho al precio aunque no lleguen a existir los frutos o productos comprados.

Artículo 2793.- Los demás derechos y obligaciones de las partes, en la compra de esperanza, serán los que se determinan en el título de compra-venta.

TÍTULO DÉCIMOTERCERO
DE LA FIANZA

CAPÍTULO I
DE LA FIANZA EN GENERAL

Artículo 2794.- La fianza es un contrato por el cual una persona se compromete con el acreedor a pagar por el deudor, si éste no lo hace.

Artículo 2795.- La fianza puede ser legal, judicial, convencional, gratuita o a título oneroso.

Artículo 2796.- La fianza puede constituirse no sólo en favor del deudor principal, sino en el del fiador, ya sea que uno u otro, en su respectivo caso, consienta en la garantía, ya sea que la ignore, ya sea que la contradiga.

Artículo 2797.- La fianza no puede existir sin una obligación válida.

Puede, no obstante, recaer sobre una obligación cuya nulidad pueda ser reclamada a virtud de una excepción puramente personal del obligado.

Artículo 2798.- Puede también prestarse fianza en garantía de deudas futuras, cuyo importe no sea aún conocido; pero no se podrá reclamar contra el fiador hasta que la deuda sea líquida.

Artículo 2799.- El fiador puede obligarse a menos y no a más que el deudor principal. Si se hubiere obligado a más, se reducirá su obligación a los límites de la del deudor. En caso de duda sobre si se obligó por menos o por otro tanto de la obligación principal, se presume que se obligó por otro tanto.

Artículo 2800.- Puede también obligarse el fiador a pagar una cantidad en dinero, si el deudor principal no presta una cosa o un hecho determinado.

Artículo 2801.- La responsabilidad de los herederos del fiador se rige por lo dispuesto en el artículo 1998.

Artículo 2802.- El obligado a dar fiador debe presentar persona que tenga capacidad para obligarse y bienes suficientes para responder de la obligación que garantiza. El fiador se entenderá sometido a la jurisdicción del juez del lugar donde ésta obligación deba cumplirse.

Artículo 2803.- En las obligaciones a plazo o de prestación periódica, el acreedor podrá exigir fianza, aun cuando en el contrato no se haya constituido, si después de celebrado, el deudor sufre menoscabo en sus bienes, o pretende ausentarse del lugar en que debe hacerse el pago.

Artículo 2804.- Si el fiador viniere a estado de insolvencia, puede el acreedor pedir otro que reúna las cualidades exigidas por el artículo 2802.

Artículo 2805.- El que debiendo dar o reemplazar el fiador, no lo presenta dentro del término que el juez le señale, a petición de parte legítima, queda obligado al pago inmediato de la deuda, aunque no se haya vencido el plazo de ésta.

Artículo 2806.- Si la fianza fuere para garantir la administración de bienes, cesará ésta si aquélla no se da en el término convenido o señalado por la ley, o por el juez, salvo los casos en que la ley disponga otra cosa.

Artículo 2807.- Si la fianza importa garantía de cantidad que el deudor debe recibir, la suma se depositará mientras se dé la fianza.

Artículo 2808.- Las cartas de recomendación en que se asegure la probidad y solvencia de alguien, no constituyen fianza.

Artículo 2809.- Si las cartas de recomendación fuesen dadas de mala fe, afirmando falsamente la solvencia del recomendado, el que las suscriba será responsable del daño que sobreviniese a las personas a quienes se dirigen, por la insolvencia del recomendado.

Artículo 2810.- No tendrá lugar la responsabilidad del artículo anterior, si el que dio la carta probase que no fue su recomendación la que condujo a tratar con su recomendado.

Artículo 2811.- Quedan sujetas a las disposiciones de este Título, las fianzas otorgadas por individuos o compañías accidentalmente en favor de determinadas personas, siempre que no las extiendan en forma de póliza; que no las anuncien públicamente por la prensa o por cualquiera otro medio, y que no empleen agentes que las ofrezcan.

CAPÍTULO II
DE LOS EFECTOS DE LA FIANZA ENTRE EL FIADOR Y EL ACREEDOR

Artículo 2812.- El fiador tiene derecho de oponer todas las excepciones que sean inherentes a la obligación principal, mas no las que sean personales del deudor.

Artículo 2813.- La renuncia voluntaria que hiciese el deudor de la prescripción de la deuda, o de toda otra causa de liberación, o de la nulidad o rescisión de la obligación, no impide que el fiador haga valer esas excepciones.

Artículo 2814.- El fiador no puede ser compelido a pagar al acreedor, sin que previamente sea reconvenido el deudor y se haga la excusión de sus bienes.

Artículo 2815.- La excusión consiste en aplicar todo el valor libre de los bienes del deudor al pago de la obligación, que quedará extinguida o reducida a la parte que no se ha cubierto.

Artículo 2816.- La excusión no tendrá lugar:

I. Cuando el fiador renunció expresamente a ella;

II. En los casos de concurso o de insolvencia probada del deudor;

III. Cuando el deudor no puede ser judicialmente demandado dentro del territorio de la República;

IV. Cuando el negocio para que se prestó la fianza sea propio del fiador;

V. Cuando se ignore el paradero del deudor, siempre que llamado éste por edictos, no comparezca, ni tenga bienes embargables en el lugar donde deba cumplirse la obligación.

Artículo 2817.- Para que el beneficio de excusión aproveche al fiador, son indispensables los requisitos siguientes:

I. Que el fiador alegue el beneficio luego que se le requiera de pago;

II. Que designe bienes del deudor que basten para cubrir el crédito y que se hallen dentro del distrito judicial en que deba hacerse el pago;

III. Que anticipe o asegure competentemente los gastos de excusión.

Artículo 2818.- Si el deudor adquiere bienes después del requerimiento, o si se descubren los que hubiese ocultado, el fiador puede pedir la excusión, aunque antes no la haya pedido.

Artículo 2819.- El acreedor puede obligar al fiador a que haga la excusión en los bienes del deudor.

Artículo 2820.- Si el fiador, voluntariamente u obligado por el acreedor, hace por sí mismo la excusión y pide plazo, el juez puede concederle el que crea conveniente, atendidas las circunstancias de las personas y las calidades de la obligación.

Artículo 2821.- El acreedor que, cumplidos los requisitos del artículo 2817, hubiere sido negligente en promover la excusión, queda responsable de los perjuicios que pueda causar al fiador, y éste libre de la obligación hasta la cantidad a que alcancen los bienes que hubiere designado para la excusión.

Artículo 2822.- Cuando el fiador haya renunciado el beneficio de orden, pero no el de excusión, el acreedor puede perseguir en un mismo juicio al deudor principal y al fiador; más éste conservará el beneficio de excusión, aun cuando se dé sentencia contra los dos.

Artículo 2823.- Si hubiere renunciado a los beneficios de orden y excusión, el fiador, al ser demandado por el acreedor, puede denunciar el pleito al deudor principal, para que éste rinda las pruebas que crea conveniente; y en caso de que no salga al juicio para el indicado objeto, le perjudicará la sentencia que se pronuncie contra el fiador.

Artículo 2824.- El que fía al fiador goza del beneficio de excusión, tanto contra el fiador como contra el deudor principal.

Artículo 2825.- No fían a un fiador los testigos que declaren de ciencia cierta en favor de su idoneidad; pero, por analogía se les aplicará lo dispuesto en el artículo 2809.

Artículo 2826.- La transacción entre el acreedor y el deudor principal, aprovecha al fiador, pero no le perjudica. La celebrada entre el fiador y el acreedor, aprovecha, pero no perjudica al deudor principal.

Artículo 2827.- Si son varios los fiadores de un deudor por una sola deuda, responderá cada uno de ellos por la totalidad de aquélla, no habiendo convenio en contrario; pero si sólo uno de los fiadores es demandado, podrá hacer citar a los demás para que se defiendan juntamente, y en la proporción debida estén a las resultas del juicio.

CAPÍTULO III
DE LOS EFECTOS DE LA FIANZA ENTRE EL FIADOR Y EL DEUDOR

Artículo 2828.- El fiador que paga debe ser indemnizado por el deudor, aunque éste no haya prestado su consentimiento para la constitución de la fianza. Si ésta se hubiere otorgado contra la voluntad del deudor, no tendrá derecho alguno el fiador para cobrar lo que pagó, sino en cuanto hubiere beneficiado el pago al deudor.

Artículo 2829.- El fiador que paga por el deudor, debe ser indemnizado por éste:

I. De la deuda principal;

II. De los intereses respectivos, desde que haya noticiado el pago al deudor, aun cuando éste no estuviere obligado por razón del contrato a pagarlos al acreedor;

III. De los gastos que haya hecho desde que dio noticia al deudor de haber sido requerido de pago;
IV. De los daños y perjuicios que haya sufrido por causa del deudor.

Artículo 2830.- El fiador que paga, se subroga en todos los derechos que el acreedor tenía contra el deudor.

Artículo 2831.- Si el fiador hubiese transigido con el acreedor, no podrá exigir del deudor sino lo que en realidad haya pagado.

Artículo 2832.- Si el fiador hace el pago sin ponerlo en conocimiento del deudor, podrá éste oponerle todas las excepciones que podría oponer al acreedor al tiempo de hacer el pago.

Artículo 2833.- Si el deudor, ignorando el pago por falta de aviso del fiador, paga de nuevo, no podrá éste repetir contra aquél, sino sólo contra el acreedor.

Artículo 2834.- Si el fiador ha pagado en virtud de fallo judicial, y por motivo fundado no pudo hacer saber el pago al deudor, éste quedará obligado a indemnizar a aquél y no podrá oponerle más excepciones que las que sean inherentes a la obligación y que no hubieren sido opuestas por el fiador, teniendo conocimiento de ellas.

Artículo 2835.- Si la deuda fuere a plazo o bajo condición, y el fiador la pagare antes de que aquél o ésta se cumplan, no podrá cobrarla del deudor sino cuando fuere legalmente exigible.

Artículo 2836.- El fiador puede, aun antes de haber pagado, exigir que el deudor asegure el pago o lo releve de la fianza:
I. Si fue demandado judicialmente por el pago;
II. Si el deudor sufre menoscabo en sus bienes, de modo que se halle en riesgo de quedar insolvente;
III. Si pretende ausentarse de la República;
IV. Si se obligó a relevarlo de la fianza en tiempo determinado, y éste ha transcurrido;
V. Si la deuda se hace exigible por el vencimiento del plazo.

CAPÍTULO IV
DE LOS EFECTOS DE LA FIANZA ENTRE LOS COFIADORES

Artículo 2837.- Cuando son dos o más los fiadores de un mismo deudor y por una misma deuda, el que de ellos la haya pagado podrá reclamar de cada uno de los otros la parte que proporcionalmente le corresponda satisfacer.

Si alguno de ellos resultare insolvente, la parte de éste recaerá sobre todos en la misma proporción.

Para que pueda tener lugar lo dispuesto en este artículo, es preciso que se haya hecho el pago en virtud de demanda judicial, o hallándose el deudor principal en estado de concurso.

Artículo 2838.- En el caso del artículo anterior, podrán los cofiadores oponer al que pagó las mismas excepciones que habrían correspondido al deudor principal contra el acreedor y que no fueren puramente personales del mismo deudor o del fiador que hizo el pago.

Artículo 2839.- El beneficio de división no tiene lugar entre los fiadores:

I. Cuando se renuncia expresamente;

II. Cuando cada uno se ha obligado mancomunadamente con el deudor;

III. Cuando alguno o algunos de los fiadores son concursados o se hallan insolventes, en cuyo caso se procederá conforme a lo dispuesto en los párrafos 2o. y 3o. del artículo 2837;

IV. En el caso de la fracción IV del artículo 2816;

V. Cuando alguno o algunos de los fiadores se encuentren en alguno de los casos señalados para el deudor en las fracciones III y V del mencionado artículo 2816.

Artículo 2840.- El fiador que pide el beneficio de división, sólo responde por la parte del fiador o fiadores insolventes, si la insolvencia es anterior a la petición; y ni aun por esa misma insolvencia, si el acreedor voluntariamente hace el cobro a prorrata sin que el fiador lo reclame.

Artículo 2841.- El que fía al fiador, en el caso de insolvencia de éste, es responsable para con los otros fiadores, en los mismos términos en que lo sería el fiador fiado.

CAPÍTULO V
DE LA EXTINCIÓN DE LA FIANZA

Artículo 2842.- La obligación del fiador se extingue al mismo tiempo que la del deudor y por las mismas causas que las demás obligaciones.

Artículo 2843.- Si la obligación del deudor y la del fiador se confunden, porque uno herede al otro, no se extingue la obligación del que fió al fiador.

Artículo 2844.- La liberación hecha por el acreedor a uno de los fiadores, sin el consentimiento de los otros, aprovecha a todos hasta donde alcance la parte del fiador a quien se ha otorgado.

Artículo 2845.- Los fiadores, aun cuando sean solidarios, quedan libres de su obligación, si por culpa o negligencia del acreedor no pueden subrogarse en los derechos, privilegios o hipotecas del mismo acreedor.

Artículo 2846.- La prórroga o espera concedida al deudor por el acreedor, sin consentimiento del fiador, extingue la fianza.

Artículo 2847.- La quita reduce la fianza en la misma proporción que la deuda principal, y la extingue en el caso de que, en virtud de ella, quede sujeta la obligación principal a nuevos gravámenes o condiciones.

Artículo 2848.- El fiador que se ha obligado por tiempo determinado, queda libre de su obligación, si el acreedor no requiere judicialmente al deudor por el cumplimiento de la obligación principal, dentro del mes siguiente a la expiración del plazo. También quedará libre de su obligación el fiador, cuando el acreedor, sin causa justificada, deje de promover por más de tres meses, en el juicio entablado contra el deudor.

Artículo 2849.- Si la fianza se ha otorgado por tiempo indeterminado, tiene derecho el fiador, cuando la deuda principal se vuelva exigible, de pedir al acreedor que promueva judicialmente, dentro del plazo de un mes, el cumplimiento de la obligación. Si el acreedor no ejercita sus derechos dentro del plazo mencionado, o si en el juicio entablado deja de promover, sin causa justificada, por más de tres meses, el fiador quedará libre de su obligación.

CAPÍTULO VI
DE LA FIANZA LEGAL O JUDICIAL

N. DE E. SE RECOMIENDA CONSULTAR EL DECRETO POR EL QUE SE CREA UNA NUEVA UNIDAD DEL SISTEMA MONETARIO DE LOS ESTADOS UNIDOS MEXICANOS, PUBLICADO EN EL D.O.F. DE FECHA 22 DE JUNIO DE 1992 Y 6 DE ENERO DE 1994 Y EL AVISO POR EL QUE SE INFORMA QUE A PARTIR DEL 1° DE ENERO DE 1994, SE SUPRIME LA PALABRA "NUEVO", PARA VOLVER A LA DENOMINACIÓN "PESO" DEL NOMBRE DE LA UNIDAD DEL SISTEMA MONETARIO, PUBLICADO EN EL D.O.F. EL 15 DE NOVIEMBRE DE 1995.

Artículo 2850.- El fiador que haya de darse por disposición de la ley o de providencia judicial, excepto cuando el fiador sea una institución de crédito, debe tener bienes raíces inscritos en el Registro de la Propiedad y de un valor que garantice suficientemente las obligaciones que contraiga.

Cuando la fianza sea para garantizar el cumplimiento de una obligación cuya cuantía no exceda de mil pesos no se exigirá que el fiador tenga bienes raíces.

La fianza puede substituirse con prenda o hipoteca.

N. DE E. SE RECOMIENDA CONSULTAR EL DECRETO POR EL QUE SE CREA UNA NUEVA UNIDAD DEL SISTEMA MONETARIO DE LOS ESTADOS UNIDOS MEXICANOS, PUBLICADO EN EL D.O.F. DE FECHA 22 DE JUNIO DE 1992 Y 6 DE ENERO DE 1994 Y EL AVISO POR EL QUE SE INFORMA QUE A PARTIR DEL 1° DE ENERO DE 1994, SE SUPRIME LA PALABRA "NUEVO", PARA VOLVER A LA DENOMINACIÓN "PESO" DEL NOMBRE DE LA UNIDAD DEL SISTEMA MONETARIO, PUBLICADO EN EL D.O.F. EL 15 DE NOVIEMBRE DE 1995.

Artículo 2851.- Para otorgar una fianza legal o judicial por más de mil pesos se presentará un certificado expedido por el Encargado del Registro Público, a fin de demostrar que el fiador tiene bienes raíces suficientes para responder del cumplimiento de la obligación que garantice.

(REFORMADO, D.O.F. 3 DE ENERO DE 1979)

Artículo 2852.- La persona ante quien se otorgue la fianza, dentro del término de tres días, dará aviso del otorgamiento al Registro Público, para que en el folio correspondiente al bien raíz que se designó para comprobar la solvencia del fiador, se haga una anotación preventiva relativa al otorgamiento de la fianza. Extinguida ésta, dentro del mismo término de tres días se dará aviso al Registro Público, para que haga la cancelación de la anotación preventiva.

La falta de avisos hace responsable al que deba darlos, de los daños y perjuicios que su omisión origine.

(REFORMADO, D.O.F. 3 DE ENERO DE 1979)

Artículo 2853.- En los certificados de gravamen que expida el Registro Público se harán figurar las anotaciones preventivas de que habla el artículo anterior.

Artículo 2854.- Si el fiador enajena o grava los bienes raíces cuyas inscripciones de propiedad están anotadas conforme a lo dispuesto en el artículo 2852, y de la operación resulta la insolvencia del fiador, aquélla se presumirá fraudulenta.

Artículo 2855.- El fiador legal o judicial no puede pedir la excusión de los bienes del deudor principal; ni los que fían a esos fiadores, pueden pedir la excusión de éstos, así como tampoco la del deudor.

TÍTULO DECIMOCUARTO
DE LA PRENDA

Artículo 2856.- La prenda es un derecho real constituido sobre un bien mueble enajenable para garantizar el cumplimiento de una obligación y su preferencia en el pago.

Artículo 2857.- También pueden darse en prenda los frutos pendientes de los bienes raíces que deben ser recogidos en tiempo determinado. Para que esta prenda surta sus efectos contra tercero necesitará inscribirse en el Registro Público a que corresponda la finca respectiva.

El que dé los frutos en prenda se considerará como depositario de ellos, salvo convenio en contrario.

Artículo 2858.- Para que se tenga por constituida la prenda, deberá ser entregada al acreedor, real o jurídicamente.

(REFORMADO, D.O.F. 18 DE ENERO DE 1952)

Artículo 2859.- Se entiende entregada jurídicamente la prenda al acreedor, cuando éste y el deudor convienen en que quede en poder de un tercero, o bien cuando quede en poder del mismo deudor porque así lo haya estipulado con el acreedor o expresamente lo autorice la ley.

(REFORMADO, G.O. 23 DE JULIO DE 2012)

La prenda sobre bienes muebles se registrará en su caso, en el folio del deudor que sea persona moral.

El deudor puede usar de la prenda que quede en su poder en los términos que convengan las partes.

Artículo 2860.- El contrato de prenda debe constar por escrito. Si se otorga en documento privado, se formarán dos ejemplares, uno para cada contratante.

No surtirá efecto la prenda contra tercero si no consta la certeza de la fecha por el registro, escritura pública o de alguna otra manera fehaciente.

Artículo 2861.- (DEROGADO, G.O. 23 DE JULIO DE 2012)

Artículo 2862.- A voluntad de los interesados podrá suplirse la entrega del título al acreedor, con el depósito de aquél en una institución de crédito.

Artículo 2863.- Si llega el caso de que los títulos dados en prenda sean amortizados por quien los haya emitido, podrá el deudor, salvo pacto en contrario, substituirlos con otros de igual valor.

Artículo 2864.- El acreedor a quien se haya dado en prenda un título de crédito, no tiene derecho, aun cuando se venza el plazo del crédito empeñado, para cobrarle ni para recibir su importe, aun cuando voluntariamente se le ofrezca por el que lo debe; pero podrá en ambos casos exigir que el importe del crédito se deposite.

Artículo 2865.- Si el objeto dado en prenda fuese un crédito o acciones que no sean al portador o negociables por endoso, para que la prenda quede legalmente constituida, debe ser notificado el deudor del crédito dado en prenda.

Artículo 2866.- Siempre que la prenda fuere un crédito, el acreedor que tuviere en su poder el título, estará obligado a hacer todo lo que sea necesario para que no se altere o menoscabe el derecho que aquél representa.

Artículo 2867.- Se puede constituir prenda para garantizar una deuda, aun sin consentimiento del deudor.

Artículo 2868.- Nadie puede dar en prenda las cosas ajenas sin estar autorizado por su dueño.

Artículo 2869.- Si se prueba debidamente que el dueño prestó su cosa a otro con el objeto de que éste la empeñara, valdrá la prenda como si la hubiere constituido el mismo dueño.

Artículo 2870.- Puede darse prenda para garantir obligaciones futuras, pero en este caso no puede venderse ni adjudicarse la cosa empeñada, sin que se pruebe que la obligación principal fue legalmente exigible.

Artículo 2871.- Si alguno hubiere prometido dar cierta cosa en prenda y no la hubiere entregado, sea con culpa suya o sin ella, el acreedor puede pedir que se le entregue la cosa, que se dé por vencido el plazo de la obligación o que ésta se rescinda.

Artículo 2872.- En el caso del artículo anterior, el acreedor no podrá pedir que se le entregue la cosa, si ha pasado a poder de un tercero en virtud de cualquier título legal.

Artículo 2873.- El acreedor adquiere por el empeño:

I. El derecho de ser pagado de su deuda con el precio de la cosa empeñada, con la preferencia que establece el artículo 2981;

II. El derecho de recobrar la prenda de cualquier detentador, sin exceptuar al mismo deudor;

III. El derecho de ser indemnizado de los gastos necesarios y útiles que hiciere para conservar la cosa empeñada, a no ser que use de ella por convenio;

IV. El de exigir del deudor otra prenda o el pago de la deuda aun antes del plazo convenido, si la cosa empeñada se pierde o se deteriora sin su culpa.

Artículo 2874.- Si el acreedor es turbado en la posesión de la prenda, debe avisarlo al dueño para que la defienda; si el deudor no cumpliere con esta obligación, será responsable de todos los daños y perjuicios.

Artículo 2875.- Si perdida la prenda el deudor ofreciere otra o alguna caución, queda al arbitrio del acreedor aceptarlas o rescindir el contrato.

Artículo 2876.- El acreedor está obligado:

I. A conservar la cosa empeñada como si fuera propia, y a responder de los deterioros y perjuicios que sufra por su culpa o negligencia;

II. A restituir la prenda luego que estén pagados íntegramente la deuda, sus intereses y los gastos de conservación de la cosa, si se han estipulado los primeros y hecho los segundos.

Artículo 2877.- Si el acreedor abusa de la cosa empeñada, el deudor puede exigir que ésta se deposite o que aquél dé fianza de restituirla en el estado en que la recibió.

Artículo 2878.- El acreedor abusa de la cosa empeñada, cuando usa de ella sin estar autorizado por convenio, o cuando estándolo, la deteriora o aplica a objeto diverso de aquel a que está destinada.

Artículo 2879.- Si el deudor enajenare la cosa empeñada o concediere su uso o posesión, el adquirente no podrá exigir su entrega sino pagando el importe de la obligación garantizada, con los intereses y gastos en sus respectivos casos.

Artículo 2880.- Los frutos de la cosa empeñada pertenecen al deudor; mas si por convenio los percibe el acreedor, su importe se imputará primero a los gastos, después a los intereses y el sobrante al capital.

Artículo 2881.- Si el deudor no paga en el plazo estipulado, y no habiéndolo, cuando tenga obligación de hacerlo conforme al artículo 2080, el acreedor podrá pedir y el juez decretará la venta en pública almoneda de la cosa empeñada, previa citación del deudor o del que hubiere constituido la prenda.

Artículo 2882.- La cosa se adjudicará al acreedor en las dos terceras partes de la postura legal, si no pudiere venderse en los términos que establezca el Código de Procedimientos Civiles.

Artículo 2883.- El deudor, sin embargo, puede convenir con el acreedor en que éste se quede con la prenda en el precio que se le fije al vencimiento de la deuda, pero no al tiempo de celebrarse el contrato. Este convenio no puede perjudicar los derechos de tercero.

Artículo 2884.- Puede por convenio expreso venderse la prenda extrajudicialmente.

Artículo 2885.- En cualquiera de los casos mencionados en los tres artículos anteriores, podrá el deudor hacer suspender la enajenación de la prenda, pagando dentro de las veinticuatro horas, contadas desde la suspensión.

Artículo 2886.- Si el producto de la venta excede a la deuda, se entregará el exceso al deudor; pero si el precio no cubre todo el crédito, tiene derecho el acreedor de demandar al deudor por lo que falte.

Artículo 2887.- Es nula toda cláusula que autoriza al acreedor a apropiarse la prenda, aunque ésta sea de menor valor que la deuda, o a disponer de ella fuera de la manera establecida en los artículos que preceden. Es igualmente nula la cláusula que prohíba al acreedor solicitar la venta de la cosa dada en prenda.

Artículo 2888.- El derecho que da la prenda al acreedor se extiende a todos los accesorios de la cosa, y a todos los aumentos de ella.

Artículo 2889.- El acreedor no responde por la evicción de la prenda vendida, a no ser que intervenga dolo de su parte o que se hubiere sujetado a aquella responsabilidad expresamente.

(F. DE E., D.O.F. 21 DE DICIEMBRE DE 1928)

Artículo 2890.- El derecho y la obligación que resultan de la prenda son indivisibles, salvo el caso en que haya estipulación en contrario; sin embargo, cuando el deudor esté facultado para hacer pagos parciales y se hayan dado en prenda varios objetos, o uno que sea cómodamente divisible, ésta se irá reduciendo proporcionalmente a los pagos hechos, con tal que los derechos del acreedor siempre queden eficazmente garantizados.

Artículo 2891.- Extinguida la obligación principal, sea por el pago, sea por cualquiera otra causa legal, queda extinguido el derecho de prenda.

Artículo 2892.- Respecto de los montes de piedad, que con autorización legal prestan dinero sobre prenda, se observarán las leyes y reglamentos que les conciernen, y supletoriamente las disposiciones de este título.

TÍTULO DECIMOQUINTO
DE LA HIPOTECA

CAPÍTULO I
DE LA HIPOTECA EN GENERAL

(F. DE E., D.O.F. 21 DE DICIEMBRE DE 1928)

Artículo 2893.- La hipoteca es una garantía real constituida sobre bienes que no se entregan al acreedor, y que da derecho a éste, en caso de incumplimiento de la obligación garantizada, a ser pagado con el valor de los bienes, en el grado de preferencia establecido por la ley.

Artículo 2894.- Los bienes hipotecados quedan sujetos al gravamen impuesto, aunque pasen a poder de tercero.

Artículo 2895.- La hipoteca sólo puede recaer sobre bienes especialmente determinados.

Artículo 2896.- La hipoteca se extiende aunque no se exprese:

I. A las accesiones naturales del bien hipotecado;

II. A las mejoras hechas por el propietario en los bienes gravados;

III. A los objetos muebles incorporados permanentemente por el propietario a la finca y que no puedan separarse sin menoscabo de ésta o deterioro de esos objetos;

IV. A los nuevos edificios que el propietario construya sobre el terreno hipotecado, y a los nuevos pisos que levante sobre los edificios hipotecados.

Artículo 2897.- Salvo pacto en contrario la hipoteca no comprenderá:

I. Los frutos industriales de los bienes hipotecados, siempre que esos frutos se hayan producido antes de que el acreedor exija el pago de su crédito;

II. Las rentas vencidas y no satisfechas al tiempo de exigirse el cumplimiento de la obligación garantizada.

Artículo 2898.- No se podrán hipotecar:

I. Los frutos y rentas pendientes con separación del predio que los produzca;

II. Los objetos muebles colocados permanentemente en los edificios, bien para su adorno o comodidad, o bien para el servicio de alguna industria, a no ser que se hipotequen juntamente con dichos edificios;

III. Las servidumbres, a no ser que se hipotequen juntamente con el predio dominante;

IV. El derecho de percibir los frutos en el usufructo concedido por este Código a los ascendientes sobre los bienes de sus descendientes;

V. El uso y la habitación;

VI. Los bienes litigiosos, a no ser que la demanda origen del pleito se haya registrado preventivamente, o si se hace constar en el Título Constitutivo de la hipoteca que el acreedor tiene conocimiento del litigio; pero en cualquiera de los casos, la hipoteca quedará pendiente de la resolución del pleito.

Artículo 2899.- La hipoteca de una construcción levantada en terreno ajeno no comprende la (sic) área.

Artículo 2900.- Puede hipotecarse la nuda propiedad, en cuyo caso si el usufructo se consolidare con ella en la persona del propietario, la hipoteca se extenderá al mismo usufructo si así se hubiere pactado.

Artículo 2901.- Pueden también ser hipotecados los bienes que ya lo estén anteriormente, aunque sea con el pacto de no volverlos a hipotecar, salvo en todo caso los derechos de prelación que establece este Código. El pacto de no volver a hipotecar es nulo.

Artículo 2902.- El predio común no puede ser hipotecado sino con consentimiento de todos los propietarios. El copropietario puede hipotecar su porción indivisa, y al dividirse la cosa común la hipoteca gravará la parte que le corresponde en la división. El acreedor tiene derecho de intervenir en la división para impedir que a su deudor se le aplique una parte de la finca con valor inferior al que le corresponda.

Artículo 2903.- La hipoteca constituida sobre derechos reales, sólo durará mientras éstos subsistan; pero si los derechos en que aquélla se hubiere constituido se han extinguido por culpa del que los disfrutaba, éste tiene obligación de constituir una nueva hipoteca a satisfacción del acreedor y, en caso contrario, a pagarle todos los daños y perjuicios. Si el derecho hipotecado fuere el de usufructo y éste concluyere por voluntad del usufructuario, la hipoteca subsistirá hasta que venza el tiempo en que el usufructo hubiera concluido, al no haber mediado el hecho voluntario que le puso fin.

Artículo 2904.- La hipoteca puede ser constituida tanto por el deudor como por otro a su favor.

Artículo 2905.- El propietario cuyo derecho sea condicional o de cualquiera otra manera limitado, deberá declarar en el contrato la naturaleza de su propiedad, si la conoce.

Artículo 2906.- Sólo puede hipotecar el que puede enajenar, y solamente pueden ser hipotecados los bienes que pueden ser enajenados.

Artículo 2907.- Si el inmueble hipotecado se hiciere, con o sin culpa del deudor, insuficiente para la seguridad de la deuda, podrá el acreedor exigir que se mejore la hipoteca hasta que a juicio de peritos garantice debidamente la obligación principal.

Artículo 2908.- En el caso del artículo anterior, se sujetará a juicio de peritos la circunstancia de haber disminuido el valor de la finca hipotecada hasta hacerla insuficiente para responder de la obligación principal.

Artículo 2909.- Si quedare comprobada la insuficiencia de la finca y el deudor no mejorare la hipoteca en los términos del artículo 2907, dentro de los ocho días siguientes a la declaración judicial correspondiente, procederá el cobro del crédito hipotecario, dándose por vencida la hipoteca para todos los efectos legales.

Artículo 2910.- Si la finca estuviere asegurada y se destruyere por incendio u otro caso fortuito, subsistirá la hipoteca en los restos de la finca, y además el valor del seguro quedará afecto al pago. Si el crédito fuere de plazo cumplido, podrá el acreedor pedir la retención del seguro, y si no lo fuere, podrá pedir que dicho valor se imponga a su satisfacción, para que se verifique el pago al vencimiento del plazo. Lo mismo se observará con el precio que se obtuviere en el caso de ocupación por causa de utilidad pública o de venta judicial.

Artículo 2911.- La hipoteca subsistirá íntegra aunque se reduzca la obligación garantida (sic), y gravará cualquier parte de los bienes hipotecados que se conserven, aunque la restante hubiere desaparecido, pero sin perjuicio de lo que disponen los artículos siguientes.

Artículo 2912.- Cuando se hipotequen varias fincas para la seguridad de un crédito, es forzoso determinar por qué porción del crédito responde cada finca, y puede cada una de ellas ser redimida del gravamen, pagándose la parte de crédito que garantiza.

Artículo 2913.- Cuando una finca hipotecada susceptible de ser fraccionada convenientemente se divida, se repartirá equitativamente el gravamen hipotecario entre las fracciones. Al efecto, se pondrán de acuerdo el dueño de la finca y el acreedor hipotecario; y si no se consiguiere ese acuerdo, la distribución del gravamen se hará por decisión judicial, previa audiencia de peritos.

Artículo 2914.- Sin consentimiento del acreedor, el propietario del predio hipotecado no puede darlo en arrendamiento, ni pactar pago anticipado de rentas, por un término que exceda a la duración de la hipoteca; bajo la pena de nulidad del contrato en la parte que exceda de la expresada duración.

Si la hipoteca no tiene plazo cierto, no podrá estipularse anticipo de rentas, ni arrendamiento, por más de un año, si se trata de finca rústica, ni por más de dos meses, si se trata de finca urbana.

Artículo 2915.- La hipoteca constituida a favor de un crédito que devengue intereses, no garantiza en perjuicio de tercero, además del capital, sino los intereses de tres años; a menos que se haya pactado expresamente que garantizará los intereses por más tiempo, con tal que no exceda del término para la prescripción de los intereses, y de que se haya tomado razón de esta estipulación en el Registro Público.

Artículo 2916.- El acreedor hipotecario puede adquirir la cosa hipotecada, en remate judicial, o por adjudicación, en los casos en que no se presente otro postor, de acuerdo con lo que establezca el Código de Procedimientos Civiles.

Puede también convenir con el deudor en que se le adjudique en el precio que se fije al exigirse la deuda, pero no al constituirse la hipoteca. Este convenio no puede perjudicar los derechos de tercero.

(REFORMADO, D.O.F. 30 DE DICIEMBRE DE 1966)

Artículo 2917.- Para la constitución de créditos con garantía hipotecaria se observarán las formalidades establecidas en los artículos 2317 y 2320.

(REFORMADO, G.O. 25 DE MAYO DE 2000)

Los contratos en los que se consigne garantía hipotecaria otorgada con motivo de la enajenación de terrenos o casas por el Gobierno del Distrito Federal para la constitución del patrimonio familiar o para personas de escasos recursos, cuando el valor del inmueble hipotecado no exceda del valor máximo establecido en el artículo 2317, se observarán las formalidades establecidas en el párrafo segundo de dicho precepto.

Artículo 2918.- La acción hipotecaria prescribirá a los diez años, contados desde que pueda ejercitarse con arreglo al título inscrito.

(F. DE E., D.O.F. 21 DE DICIEMBRE DE 1928)

Artículo 2919.- La hipoteca nunca es tácita, ni general; para producir efectos contra tercero necesita siempre de registro, y se contrae por voluntad, en los convenios y por necesidad, cuando la ley sujeta a alguna persona a prestar esa garantía sobre bienes determinados. En el primer caso se llama voluntaria; en el segundo, necesaria.

CAPÍTULO II
DE LA HIPOTECA VOLUNTARIA

Artículo 2920.- Son hipotecas voluntarias las convenidas entre partes o impuestas por disposición del dueño de los bienes sobre que se constituyen.

Artículo 2921.- La hipoteca constituida para la seguridad de una obligación futura o sujeta a condiciones suspensivas inscritas, surtirá efecto contra tercero desde su inscripción, si la obligación llega a realizarse o la condición a cumplirse.

Artículo 2922.- Si la obligación asegurada estuviese sujeta a condición resolutoria inscrita, la hipoteca no dejará de surtir su efecto respecto de tercero, sino desde que se haga constar en el registro el cumplimiento de la condición.

Artículo 2923.- Cuando se contraiga la obligación futura o se cumplan las condiciones de que tratan los dos artículos anteriores, deberán los interesados pedir que se haga constar así, por medio de una nota al margen de la inscripción hipotecaria, sin cuyo requisito no podrá aprovechar ni perjudicar a tercero la hipoteca constituida.

Artículo 2924.- Para hacer constar en el registro el cumplimiento de las condiciones a que se refieren los artículos que preceden, o la existencia de las obligaciones futuras, presentará cualquiera de los interesados al registrador la copia del documento público que así lo acredite y, en su defecto, una solicitud formulada por ambas partes, pidiendo que se extienda la nota marginal y expresando claramente los hechos que deben dar lugar a ella.

Si alguno de los interesados se niega a firmar dicha solicitud, acudirá el otro a la autoridad judicial para que, previo el procedimiento correspondiente, dicte la resolución que proceda.

Artículo 2925.- Todo hecho o convenio entre las partes, que puede modificar o destruir la eficacia de una obligación hipotecaria anterior, no surtirá efecto contra tercero si no se hace constar en el registro por medio de una inscripción nueva, de una cancelación total o parcial o de una nota marginal, según los casos.

Artículo 2926.- El crédito puede cederse, en todo o en parte, siempre que la cesión se haga en la forma que para la constitución de la hipoteca previene el artículo 2917, se dé conocimiento al deudor y sea inscrita en el Registro.

Si la hipoteca se ha constituido para garantizar obligaciones a la orden, puede transmitirse por endoso del título, sin necesidad de notificación al deudor, ni de registro. La hipoteca constituida para garantizar obligaciones al portador, se transmitirá por la simple entrega del título sin ningún otro requisito.

(ADICIONADO, D.O.F. 24 DE MAYO DE 1996)

Las instituciones del sistema bancario mexicano, actuando en nombre propio o como fiduciarias, las demás entidades financieras, y los institutos de seguridad social, podrán ceder sus créditos con garantía hipotecaria, sin necesidad de notificación al deudor, de escritura pública, ni de inscripción en el Registro, siempre que el cedente lleve la administración de los créditos.

En caso de que el cedente deje de llevar la administración de los créditos, el cesionario deberá únicamente notificar por escrito la cesión al deudor.

(ADICIONADO, D.O.F. 24 DE MAYO DE 1996)

En los supuestos previstos en los dos párrafos anteriores, la inscripción de la hipoteca a favor del acreedor original se considerará hecha a favor de el o los cesionarios referidos en tales párrafos, quienes tendrán todos los derechos y acciones derivados de ésta.

Artículo 2927.- La hipoteca generalmente durará por todo el tiempo que subsista la obligación que garantice y cuando ésta no tuviere término para su vencimiento, la hipoteca no podrá durar más de diez años.

Los contratantes pueden señalar a la hipoteca una duración menor que la de la obligación principal.

Artículo 2928.- Cuando se prorrogue el plazo de la obligación garantizada con la hipoteca, ésta se entenderá prorrogada por el mismo término, a no ser que expresamente se asigne menor tiempo a la prórroga de la hipoteca.

Artículo 2929.- Si antes de que expire el plazo se prorrogare por primera vez, durante la prórroga y el término señalado para la prescripción, la hipoteca conservará la prelación que le corresponda desde su origen.

Artículo 2930.- La hipoteca prorrogada segunda o más veces sólo conservará la preferencia derivada del registro de su constitución por el tiempo a que se refiere el artículo anterior; por el demás tiempo, o sea el de la segunda o ulterior prórroga, sólo tendrá la prelación que le corresponda por la fecha del último registro.

Lo mismo se observará en el caso de que el acreedor conceda un nuevo plazo para que se le pague su crédito.

CAPÍTULO III
DE LA HIPOTECA NECESARIA

Artículo 2931.- Llámase necesaria a la hipoteca especial y expresa que por disposición de la ley están obligadas a constituir ciertas personas para asegurar los bienes que administran, o para garantizar los créditos de determinados acreedores.

Artículo 2932.- La constitución de la hipoteca necesaria podrá exigirse en cualquier tiempo, aunque haya cesado la causa que le diere fundamento, siempre que esté pendiente de cumplimiento la obligación que se debiera haber asegurado.

Artículo 2933.- Si para la constitución de alguna hipoteca necesaria se ofrecieren diferentes bienes y no convinieren los interesados en la parte de responsabilidad que haya de pesar sobre cada uno, conforme a lo dispuesto en el artículo 2912, decidirá la autoridad judicial, previo dictamen de peritos.

Del mismo modo decidirá el Juez las cuestiones que se susciten entre los interesados, sobre la calificación de suficiencia de los bienes ofrecidos para la constitución de cualquiera hipoteca necesaria.

Artículo 2934.- La hipoteca necesaria durará el mismo tiempo que la obligación que con ella se garantiza.

Artículo 2935.- Tienen derecho de pedir la hipoteca necesaria para seguridad de sus créditos:

I. El coheredero o partícipe, sobre los inmuebles repartidos, en cuanto importen los respectivos saneamientos o el exceso de los bienes que hayan recibido;

II. Los descendientes de cuyos bienes fueren meros administradores los ascendientes, sobre los bienes de éstos, para garantizar la conservación y devolución de aquéllos; teniendo en cuenta lo que dispone la fracción III del artículo 520;

III. Los menores y demás incapacitados sobre los bienes de sus tutores, por los que éstos administren;

IV. Los legatarios, por el importe de sus legados, si no hubiere hipoteca especial designada por el mismo testador;

V. El Estado, los pueblos y los establecimientos públicos, sobre los bienes de sus administradores o recaudadores, para asegurar las rentas de sus respectivos cargos.

Artículo 2936.- La constitución de la hipoteca en los casos a que se refieren las fracciones II y III del artículo anterior, puede ser pedida:

I. En el caso de bienes de que fueren meros administradores los padres, por los herederos legítimos del menor;

II. En el caso de bienes que administren los tutores, por los herederos legítimos y por el curador del incapacitado, así como por el Consejo Local de Tutelas;

III. Por el Ministerio Público, si no la pidieren las personas enumeradas en las fracciones anteriores.

Artículo 2937.- La constitución de la hipoteca por los bienes de hijos de familia, de los menores y de los demás incapacitados, se regirá por las disposiciones contenidas en el título VIII, capítulo II; título IX, capítulo IX y título XI, capítulo (sic) I y III del libro primero.

Artículo 2938.- Los que tienen derecho de exigir la constitución de hipoteca necesaria, tienen también el de objetar la suficiencia de la que se ofrezca, y el de pedir su ampliación cuando los bienes hipotecados se hagan por cualquier motivo insuficientes para garantir el crédito; en ambos casos resolverá el Juez.

Artículo 2939.- Si el responsable de la hipoteca designada en las fracciones II, III y IV del artículo 2935 no tuviere inmuebles, no gozará el acreedor más que del privilegio mencionado en el artículo 2995, fracción I, salvo lo dispuesto en el capítulo IX, del título IX, del libro primero.

(CAPÍTULO ADICIONADO, G.O. 27 DE MARZO DE 2017)

CAPÍTULO III BIS
DE LA HIPOTECA INVERSA

Artículo 2939 Bis.- Es inversa la hipoteca que se constituye sobre un inmueble, que es la vivienda habitual y propia de la persona adulta mayor, para garantizar la deuda que le concede la entidad financiera para cubrir sus necesidades económicas de vida, en los términos de este Capítulo. También se puede constituir sobre diverso inmueble, a condición de que sea propiedad de la persona adulta mayor.

Para efectos de ejercer la hipoteca inversa el adulto mayor podrá requerir la constitución de un fideicomiso a su favor en el cual actuará como fideicomitente la entidad financiera acreditante, como fiduciario una institución financiera diferente del acreditante y como fideicomisario la Secretaría de Desarrollo Social de la Ciudad de México.

Artículo 2939 Ter.- Contrato de Hipoteca Inversa es aquel por el cuál la entidad financiera se obliga a pagar una cantidad de dinero predeterminada a la persona adulta mayor o a su beneficiario que deberá ser su cónyuge, concubina o concubinario de edad igual o superior a los 60 años; ya sea en una sola exhibición o de forma periódica hasta agotar el monto del crédito otorgado, directamente o a través del fideicomiso al que se refiere el artículo anterior, y la persona adulta mayor se obliga a garantizar hipotecando un inmueble de su propiedad en los términos de este capítulo.

El capital prestado puede ser dispuesto por el adulto mayor de dos formas diferentes: en una sola exhibición o mediante pagos periódicos hasta agotar el monto del crédito otorgado.

Artículo 2939 Quater.- Están autorizados para otorgar la hipoteca inversa las instituciones privadas del sistema bancario mexicano, actuando en nombre propio así como las demás entidades financieras, instituciones sociales e instituciones públicas, siempre que cuenten con facultades para ello.

Artículo 2939 Quinquies.- Los términos de la contratación de la hipoteca inversa se establecen previo avalúo de la institución debidamente facultada para considerar el valor comercial de mercado del inmueble que deberá actualizarse cada dos años, para estar acorde con la plusvalía que el bien inmueble adquiera con el tiempo.

El costo de dicho avalúo será cubierto por la entidad financiera.

El contrato de hipoteca inversa, además de lo pactado, estará sujeto a lo siguiente:

I. La cantidad pactada entre la entidad financiera y el adulto mayor debe ser suficiente para que éste último cumpla sus necesidades básicas; no podrá ser inferior al 70% de valor comercial del inmueble establecido en el avalúo;

II. El solicitante o los beneficiarios que él designe deben ser personas de 60 años o más;

III. El tutor, siempre que se encuentre en los supuestos señalados en el presente Capítulo, podrá, con autorización judicial, constituir hipoteca inversa para garantizar un crédito otorgado a favor de su pupilo o incapaz;

IV. La persona adulta mayor dispondrá del importe del préstamo conforme a los plazos que correspondan a las disposiciones periódicas mediante las cuales podrá acceder al importe objeto de la hipoteca inversa;

V. La persona adulta mayor o su cónyuge, concubina o concubinario de edad igual o superior a los 60 años, serán los únicos beneficiarios de los pagos periódicos a que hace referencia el Artículo 2939 Ter;

VI. En su caso, cumplir las condiciones que se establezcan, para atender lo dispuesto en el Artículo 2939 Sexies;

VII. La entidad financiera solo podrá exigir la deuda y la garantía ejecutable cuando fallezca la persona adulta mayor y el beneficiario si lo hubiere, respetando las condiciones que le concede la fracción II del Artículo 2939 Sexies, respecto a la amortización de la deuda;

VIII. La persona adulta mayor podrá realizar un pago total o parcial anticipado, sin penalización alguna;

IX. La persona adulta mayor habitará vitaliciamente el inmueble hipotecado, no obstante, la persona adulta mayor podrá arrendar de manera parcial o total el inmueble hipotecado, siempre y cuando, cuente con la autorización expresa de la entidad financiera y los términos y condiciones del arrendamiento se establezcan en el contrato correspondiente, sin afectar la naturaleza propia de la hipoteca inversa;

X. Los intereses que se generen por el capital no podrán ser mayores al promedio resultante de la tasa de interés interbancario de equilibrio y las tasas de interés de los instrumentos hipotecarios tradicionales, y serán solamente sobre las cantidades efectivamente entregadas a la persona adulta mayor;

XI. El contrato deberá incluir las especificaciones del incremento anual que tendrá la pensión otorgada a la persona adulta mayor;

XII. La hipoteca inversa se sujetará a lo previsto en los artículos 2921, 2922, y 2923 de éste Código.

Artículo 2939 Sexies.- La amortización del capital se sujetará a las siguientes normas:

I. Cuando fallezca la persona adulta mayor y su beneficiario, en caso de haberlo, sus herederos podrán abonar a la entidad financiera la totalidad del adeudo existente y vencido, quienes tendrán preferencia sobre cualquier cesión que se pretenda de dicho crédito hasta en tanto no se decidan en la forma de pago;

II. Cualquier cesión en contra de lo establecido en la fracción anterior será nula, sin compensación por la cancelación del gravamen y pago del adeudo;

III. Los herederos de la persona adulta mayor podrán optar también por reestructurar el crédito, ya sea conservando la garantía o incluyendo una adicional o a través de diverso financiamiento otorgado por institución pública o privada, con el consentimiento y autorización de la entidad financiera;

IV. Transcurridos 30 días hábiles después del fallecimiento de la persona adulta mayor sin que los herederos hayan efectuado el pago o manifestado la intención de reestructurar el crédito, se entenderá su intención de no pagar el adeudo, por lo que la entidad financiera estará en condiciones de ceder el cobro del crédito sin restricción alguna o solicitar su adjudicación o venta legal para efectuar el cobro hasta donde alcance el valor del bien inmueble hipotecado si el valor del inmueble fuera mayor que el adeudo se devolverá el remanente a los herederos.

Artículo 2939 Septies.- El inmueble hipotecado no podrá ser trasmitido por acto inter vivos sin el conocimiento y autorización previo de la entidad financiera. El incumplimiento de esta obligación le conferirá a la entidad financiera el derecho de declarar vencido anticipadamente el total del adeudo y exigible a la fecha.

Artículo 2939 Octies.- La extinción de la hipoteca inversa tiene lugar cuando fallezca la persona adulta mayor beneficiada, así como su cónyuge, concubina o concubinario nombrado como beneficiario, se extinga el capital pactado y los herederos de la persona adulta mayor decidan no reembolsar los débitos vencidos, con sus intereses, en este supuesto la entidad financiera podrá obtener el recobro hasta donde alcance el bien inmueble hipotecado, pudiendo solicitar su adjudicación o su venta.

Artículo 2939 Nonies.- En caso de incumplimiento de la entidad financiera en las ministraciones pactadas, la persona adulta mayor o el fideicomiso a favor de la persona adulta mayor estarán en condiciones de solicitar la recisión del contrato y exigir el pago de los daños y perjuicios, o en su caso, el pago de la pena pactada. Además, se tendrá la deuda como liquidada y no generará más interés; debiendo la entidad financiera liberar a su costa el gravamen correspondiente. Para el caso de que se constituya una nueva hipoteca inversa sobre el mismo inmueble, ésta tendrá prelación respecto de la anterior.

Artículo 2939 Decies.- En lo no previsto en este Código, la hipoteca inversa se regirá supletoriamente por lo dispuesto en la legislación que en cada caso resulte aplicable.

Artículo 2939 Undecies.- En materia de hipoteca inversa, no serán aplicables los artículos 2907, 2908 y 2909 de este Código.

CAPÍTULO IV
DE LA EXTINCIÓN DE LAS HIPOTECAS

Artículo 2940.- La hipoteca produce todos sus efectos jurídicos contra tercero mientras no sea cancelada su inscripción.

Artículo 2941.- Podrá pedirse y deberá ordenarse en su caso la extinción de la hipoteca:

I. Cuando se extinga el bien hipotecado;

II. Cuando se extinga la obligación a que sirvió de garantía;

III. Cuando se resuelva o extinga el derecho del deudor sobre el bien hipotecado;

IV. Cuando se expropie por causa de utilidad pública el bien hipotecado, observándose lo dispuesto en el artículo 2910;

V. Cuando se remate judicialmente la finca hipotecada, teniendo aplicación lo prevenido en el artículo 2325;

VI. Por la remisión expresa del acreedor;

VII. Por la declaración de estar prescrita la acción hipotecaria.

Artículo 2942.- La hipoteca extinguida por dación en pago, revivirá si el pago queda sin efecto, ya sea porque la cosa dada en pago se pierda por culpa del deudor y estando todavía en su poder, ya sea porque el acreedor la pierda en virtud de la evicción.

Artículo 2943.- En los casos del artículo anterior, si el registro hubiere sido ya cancelado, revivirá solamente desde la fecha de la nueva inscripción; quedando siempre a salvo al acreedor el derecho para ser indemnizado por el deudor, de los daños y perjuicios que se le hayan seguido.

TÍTULO DECIMOSEXTO
DE LAS TRANSACCIONES

Artículo 2944.- La transacción es un contrato por el cual las partes haciéndose recíprocas concesiones, terminan una controversia presente o previenen una futura.

N. DE E. SE RECOMIENDA CONSULTAR EL DECRETO POR EL QUE SE CREA UNA NUEVA UNIDAD DEL SISTEMA MONETARIO DE LOS ESTADOS UNIDOS MEXICANOS, PUBLICADO EN EL D.O.F. DE FECHA 22 DE JUNIO DE 1992 Y 6 DE ENERO DE 1994 Y EL AVISO POR EL QUE SE INFORMA QUE A PARTIR DEL 1° DE ENERO DE 1994, SE SUPRIME LA PALABRA "NUEVO", PARA VOLVER A LA DENOMINACIÓN "PESO" DEL NOMBRE DE LA UNIDAD DEL SISTEMA MONETARIO, PUBLICADO EN EL D.O.F. EL 15 DE NOVIEMBRE DE 1995.

Artículo 2945.- La transacción que previene controversias futuras, debe constar por escrito si el interés pasa de doscientos pesos.

Artículo 2946.- Los ascendientes y los tutores no pueden transigir en nombre de las personas que tienen bajo su potestad o bajo su guarda, a no ser que la transacción sea necesaria o útil para los intereses de los incapacitados y previa autorización judicial.

Artículo 2947.- Se puede transigir sobre la acción civil proveniente de un delito, pero no por eso se extingue la acción pública para la imposición de la pena, ni se da por probado el delito.

Artículo 2948.- No se puede transigir sobre el estado civil de las personas, ni sobre la validez del matrimonio.

Artículo 2949.- Es válida la transacción sobre los derechos pecuniarios que de la declaración del estado civil pudieran deducirse a favor de una persona; pero la transacción, en tal caso, no importa la adquisición del estado.

Artículo 2950.- Será nula la transacción que verse:
I. Sobre delito, dolo y culpa futuros;
II. Sobre la acción civil que nazca de un delito o culpa futuros;
III. Sobre sucesión futura;
IV. Sobre una herencia, antes de visto el testamento, si lo hay;
V. Sobre el derecho de recibir alimentos.

Artículo 2951.- Podrá haber transacción sobre las cantidades que ya sean debidas por alimentos.

Artículo 2952.- El fiador sólo queda obligado por la transacción cuando consiente en ella.

Artículo 2953.- La transacción tiene, respecto de las partes, la misma eficacia y autoridad que la cosa juzgada; pero podrá pedirse la nulidad o la rescisión de aquella en los casos autorizados por la ley.

Artículo 2954.- Puede anularse la transacción cuando se hace en razón de un título nulo, a no ser que las partes hayan tratado expresamente de la nulidad.

Artículo 2955.- Cuando las partes están instruidas de la nulidad del título, o la disputa es sobre esa misma nulidad, pueden transigir válidamente, siempre que los derechos a que se refiere el título sean renunciables.

Artículo 2956.- La transacción celebrada teniéndose en cuenta documentos que después han resultado falsos por sentencia judicial, es nula.

Artículo 2957.- El descubrimiento de nuevos títulos o documentos, no es causa para anular o rescindir la transacción, si no ha habido mala fe.

Artículo 2958.- Es nula la transacción sobre cualquier negocio que esté decidido judicialmente por sentencia irrevocable, ignorada por los interesados.

Artículo 2959.- En las transacciones sólo hay lugar a la evicción cuando en virtud de ellas da una de las partes a la otra alguna cosa que no era objeto de la disputa y que, conforme a derecho, pierde el que la recibió.

Artículo 2960.- Cuando la cosa dada tiene vicios o gravámenes ignorados del que la recibió, ha lugar a pedir la diferencia que resulte del vicio o gravamen, en los mismos términos que respecto de la cosa vendida.

Artículo 2961.- Por la transacción no se transmiten sino que se declaran o reconocen los derechos que son el objeto de las diferencias sobre que ella recae.

La declaración o reconocimiento de esos derechos no obliga al que lo hace, a garantirlos, ni le impone responsabilidad alguna en caso de evicción, ni importa un título propio en que fundar la prescripción.

Artículo 2962.- Las transacciones deben interpretarse estrictamente y sus cláusulas son indivisibles a menos que otra cosa convengan las partes.

Artículo 2963.- No podrá intentarse demanda contra el valor o subsistencia de una transacción, sin que previamente se haya asegurado la devolución de todo lo recibido, a virtud del convenio que se quiera impugnar.

TERCERA PARTE

TÍTULO PRIMERO
DE LA CONCURRENCIA Y PRELACIÓN DE LOS CRÉDITOS

CAPÍTULO I
DISPOSICIONES GENERALES

Artículo 2964.- El deudor responde del cumplimiento de sus obligaciones con todos sus bienes, con excepción de aquellos que, conforme a la ley, son inalienables o no embargables.

Artículo 2965.- Procede el concurso de acreedores siempre que el deudor suspenda el pago de sus deudas civiles, líquidas y exigibles. La declaración de concurso será hecha por el juez competente, mediante los trámites fijados en el Código de Procedimientos Civiles.

Artículo 2966.- La declaración de concurso incapacita al deudor para seguir administrando sus bienes, así como para cualquiera otra administración que por la ley le corresponda, y hace que se venza el plazo de todas sus deudas.

Esa declaración produce también el efecto de que dejen de devengar intereses las deudas del concursado, salvo los créditos hipotecarios y pignoraticios, que seguirán devengando los intereses correspondientes hasta donde alcance el valor de los bienes que los garanticen.

Artículo 2967.- Los capitales debidos serán pagados en el orden establecido en este título, y si después de satisfechos quedaren fondos pertenecientes al concurso, se pagarán los réditos correspondientes, en el mismo orden en que se pagaron los capitales, pero reducidos los intereses al tipo legal, a no ser que se hubiere pactado un tipo menor. Sólo que hubiere bienes suficientes para que todos los acreedores queden pagados, se cubrirán los réditos al tipo convenido que sea superior al legal.

Artículo 2968.- El deudor puede celebrar con sus acreedores los convenios que estime oportunos; pero esos convenios se harán precisamente en junta de acreedores debidamente constituida.

Los pactos particulares entre el deudor y cualquiera de sus acreedores serán nulos.

Artículo 2969.- La proposición de convenios se discutirá y pondrá a votación, formando resolución el voto de un número de acreedores que compongan la mitad y uno más de los concurrentes, siempre que su interés en el concurso cubra las tres quintas partes del pasivo, deducido el importe de los créditos de los acreedores hipotecarios y pignoraticios que hubieren optado por no ir al concurso.

Artículo 2970.- Dentro de los ocho días siguientes a la celebración de la junta en que se hubiere aprobado el convenio, los acreedores disidentes y los que no hubieren concurrido a la junta podrán oponerse a la aprobación del mismo.

Artículo 2971.- Las únicas causas en que podrá fundarse la oposición al convenio serán:

I. Defectos en las formas prescritas para la convocación, celebración y deliberación de la junta;

II. Falta de personalidad o representación en alguno de los votantes, siempre que su voto decida la mayoría en número o en cantidad;

III. Inteligencias fraudulentas entre el deudor y uno o más acreedores, o de los acreedores entre sí, para votar a favor del convenio;

IV. Exageración fraudulenta de créditos para procurar la mayoría de cantidad;

V. La inexactitud fraudulenta en el inventario de los bienes del deudor o en los informes de los síndicos, para facilitar la admisión de las proposiciones del deudor.

Artículo 2972.- Aprobado el convenio por el juez, será obligatorio para el fallido y para todos los acreedores cuyos créditos daten de época anterior a la declaración, si hubieren sido citados en forma legal, o si habiéndoles notificado la aprobación del convenio no hubieren reclamado contra éste en los términos prevenidos en el Código de Procedimientos Civiles, aunque esos acreedores no estén comprendidos en la lista correspondiente, ni hayan sido parte en el procedimiento.

Artículo 2973.- Los acreedores hipotecarios y los pignoraticios, podrán abstenerse de tomar parte en la junta de acreedores en la que haga proposiciones el deudor, y, en tal caso, las resoluciones de la junta no perjudicarán sus respectivos derechos.

(F. DE E., D.O.F. 21 DE DICIEMBRE DE 1928)

Si por el contrario, prefieren tener voz y voto en la mencionada junta, serán comprendidos en las esperas o quitas que la junta acuerde, sin perjuicio del lugar y grado que corresponda al título de su crédito.

Artículo 2974.- Si el deudor cumpliere el convenio, quedarán extinguidas sus obligaciones en los términos estipulados en el mismo; pero si dejare de cumplirlo en todo o en parte, renacerá el derecho de los acreedores por las cantidades que no hubiesen percibido de su crédito primitivo, y podrá cualquiera de ellos pedir la declaración o continuación del concurso.

Artículo 2975.- No mediando pacto expreso en contrario entre deudor y acreedores, conservarán éstos su derecho, terminado el concurso, para cobrar, de los bienes que el deudor adquiera posteriormente, la parte de crédito que no le hubiere sido satisfecha.

Artículo 2976.- Los créditos se graduarán en el orden que se clasifican en los capítulos siguientes, con la prelación que para cada clase se establezca en ellos.

Artículo 2977.- Concurriendo diversos acreedores de la misma clase y número, serán pagados según la fecha de sus títulos, si aquélla constare de una manera indubitable. En cualquier otro caso serán pagados a prorrata.

Artículo 2978.- Los gastos judiciales hechos por un acreedor, en lo particular, serán pagados en el lugar en que deba serlo el crédito que los haya causado.

Artículo 2979.- El crédito cuya preferencia provenga de convenio fraudulento entre el acreedor y el deudor, pierde toda preferencia, a no ser que el dolo provenga sólo del deudor, quien en este caso será responsable de los daños y perjuicios que se sigan a los demás acreedores, además de las penas que merezca por el fraude.

CAPÍTULO II
DE LOS CRÉDITOS HIPOTECARIOS Y PIGNORATICIOS Y DE ALGUNOS OTROS PRIVILEGIADOS

Artículo 2980.- Preferentemente se pagarán los adeudos fiscales provenientes de impuestos, con el valor de los bienes que los hayan causado.

Artículo 2981.- Los acreedores hipotecarios y los pignoraticios, no necesitan entrar en concurso para hacer el cobro de sus créditos. Pueden deducir las acciones que les competan en virtud de la hipoteca o de la prenda, en los juicios respectivos, a fin de ser pagados con el valor de los bienes que garanticen sus créditos.

Artículo 2982.- Si hubiere varios acreedores hipotecarios garantizados con los mismos bienes, pueden formar un concurso especial con ellos, y serán pagados por el orden de fechas en que se otorgaron las hipotecas, si éstas se registraron dentro del término legal, o según el orden en que se hayan registrado los gravámenes, si la inscripción se hizo fuera del término de la ley.

Artículo 2983.- Cuando el valor de los bienes hipotecados o dados en prenda no alcanzare a cubrir los créditos que garantizan, por el saldo deudor entrarán al concurso los acreedores de que se trata, y serán pagados como acreedores de tercera clase.

Artículo 2984.- Para que el acreedor pignoraticio goce del derecho que le concede el artículo 2981, es necesario que cuando la prenda le hubiere sido entregada en la primera de las formas establecidas en el artículo 2859, la conserve en su poder o que sin culpa suya haya perdido su posesión; y que cuando le hubiere sido entregada en la segunda de las formas previstas en el artículo citado, no haya consentido en que el deudor depositario o el tercero que la conserva en su poder, la entregue a otra persona.

Artículo 2985.- Del precio de los bienes hipotecados o dados en prenda, se pagará en el orden siguiente:

I. Los gastos del juicio respectivo y los que causen las ventas de esos bienes;

II. Los gastos de conservación y administración de los mencionados bienes;

III. La deuda de seguros de los propios bienes;

IV. Los créditos hipotecarios de acuerdo con lo dispuesto en el artículo 2982, comprendiéndose en el pago los réditos de los últimos tres años, o los créditos pignoraticios, según su fecha, así como sus réditos, durante los últimos seis meses.

Artículo 2986.- Para que se paguen con la preferencia señalada los créditos comprendidos en las fracciones II y III del artículo anterior, son requisitos indispensables que los primeros hayan sido necesarios, y que los segundos consten auténticamente.

Artículo 2987.- Si el concurso llega al periodo en que deba pronunciarse sentencia de graduación, sin que los acreedores hipotecarios o pignoraticios hagan uso de los derechos que les concede el artículo 2981, el concurso hará vender los bienes y depositará el importe del crédito y de los réditos correspondientes, observándose, en su caso, las disposiciones relativas a los ausentes.

Artículo 2988.- El concurso tiene derecho para redimir los gravámenes hipotecarios y pignoraticios que pesen sobre los bienes del deudor, o de pagar las deudas de que especialmente responden algunos de éstos, y, entonces, esos bienes entrarán a formar parte del fondo del concurso.

Artículo 2989.- Los trabajadores no necesitan entrar al concurso para que se les paguen los créditos que tengan por salarios o sueldos devengados en el último año y por indemnizaciones. Deducirán su reclamación ante la autoridad que corresponda y en cumplimiento de la resolución que se dicte, se enajenarán los bienes que sean necesarios para que los créditos de que se trata se paguen preferentemente a cualesquiera otros.

Artículo 2990.- Si entre los bienes del deudor se hallaren comprendidos bienes muebles o raíces adquiridos por sucesión y obligados por el autor de la herencia a ciertos acreedores, podrán éstos pedir que aquéllos sean separados y formar concurso especial con exclusión de los demás acreedores propios del deudor.

Artículo 2991.- El derecho reconocido en el artículo anterior no tendrá lugar:

I. Si la separación de los bienes no fuere pedida dentro de tres meses, contados desde que se inició el concurso o desde la aceptación de la herencia;

II. Si los acreedores hubieren hecho novación de la deuda o de cualquir (sic) otro modo hubieren aceptado la responsabilidad personal del heredero.

Artículo 2992.- Los acreedores que obtuvieren la separación de bienes, no podrán entrar al concurso del heredero, aunque aquéllos no alcancen a cubrir sus créditos.

CAPÍTULO III
DE ALGUNOS ACREEDORES PREFERENTES SOBRE DETERMINADOS BIENES

Artículo 2993.- Con el valor de los bienes que se mencionan serán pagados preferentemente:

I. La deuda por gastos de salvamento, con el valor de la cosa salvada;

II. La deuda contraída antes del concurso, expresamente para ejecutar obras de rigurosa conservación de algunos bienes, con el valor de éstos; siempre que se pruebe que la cantidad prestada se empleó en esas obras;

III. Los créditos a que se refiere el artículo 2644, con el precio de la obra construida;

IV. Los créditos por semillas, gastos de cultivo y recolección, con el precio de la cosecha para que sirvieron y que se halle en poder del deudor;

V. El crédito por fletes, con el precio de los efectos transportados, si se encuentran en poder del acreedor;

VI. El crédito por hospedaje, con el precio de los muebles del deudor que se encuentren en la casa o establecimiento donde está hospedado;

VII. El crédito del arrendador, con el precio de los bienes muebles embargables que se hallen dentro de la finca arrendada o con el precio de los frutos de la cosecha respectiva si el predio fuere rústico;

VIII. El crédito que provenga del precio de los bienes vendidos y no pagados, con el valor de ellos, si el acreedor hace su reclamación dentro de los sesenta días siguientes a la venta, si se hizo al contado, o del vencimiento, si la venta fue a plazo.

Tratándose de bienes muebles, cesará la preferencia si hubieren sido inmovilizados;

IX. Los créditos anotados en el Registro de la Propiedad, en virtud de mandamiento judicial, por embargos, secuestros o ejecución de sentencias, sobre los bienes anotados y solamente en cuanto a créditos posteriores;

(ADICIONADA, G.O. 27 DE ENERO DE 2011)

X. Los créditos a que se refiere el artículo 28 de la nueva Ley de Propiedad en Condominio de Inmuebles para el Distrito Federal.

CAPÍTULO IV
ACREEDORES DE PRIMERA CLASE

Artículo 2994.- Pagados los acreedores mencionados en los dos capítulos anteriores y con el valor de todos los bienes que queden, se pagarán:

I. Los gastos judiciales comunes, en los términos que establezca el Código de Procedimientos;

II. Los gastos de rigurosa conservación y administración de los bienes concursados;

III. Los gastos de funerales del deudor, proporcionados a su posición social, y también los de su mujer e hijos que estén bajo su patria potestad y no tuviesen bienes propios;

IV. Los gastos de la última enfermedad de las personas mencionadas en la fracción anterior, hechos en los últimos seis meses que precedieron al día del fallecimiento;

V. El crédito por alimentos fiados al deudor para su subsistencia y la de su familia, en los seis meses anteriores a la formación del concurso;

VI. La responsabilidad civil en la parte que comprende el pago de los gastos de curación o de los funerales del ofendido y las pensiones que por concepto de alimentos se deban a sus familiares. En lo que se refiere a la obligación de restituir, por tratarse de devoluciones de cosa ajena, no entra en concurso, y por lo que toca a las otras indemnizaciones que se deban por el delito, se pagarán como si se tratara de acreedores comunes de cuarta clase.

CAPÍTULO V
ACREEDORES DE SEGUNDA CLASE

Artículo 2995.- Pagados los créditos antes mencionados, se pagarán:

I. Los créditos de las personas comprendidas en las fracciones II, III y IV del artículo 2935, que no hubieren exigido la hipoteca necesaria;

II. Los créditos del erario que no estén comprendidos en el artículo 2980 y los créditos a que se refiere la fracción V del artículo 2935, que no hayan sido garantizados en la forma allí prevenida;

III. Los créditos de los establecimientos de beneficencia pública o privada.

CAPÍTULO VI
ACREEDORES DE TERCERA CLASE

Artículo 2996.- Satisfechos los créditos de que se ha hablado anteriormente, se pagarán los créditos que consten en escritura pública o en cualquier otro documento auténtico.

CAPÍTULO VII
ACREEDORES DE CUARTA CLASE

Artículo 2997.- Pagados los créditos enumerados en los capítulos que preceden, se pagarán los créditos que consten en documento privado.

Artículo 2998.- Con los bienes restantes serán pagados todos los demás créditos que no estén comprendidos en las disposiciones anteriores. El pago se hará a prorrata y sin atender a las fechas, ni al origen de los créditos.

(REFORMADA SU DENOMINACIÓN, D.O.F. 3 DE ENERO DE 1979)

TÍTULO SEGUNDO
DEL REGISTRO PUBLICO

(REFORMADA SU DENOMINACIÓN, D.O.F. 3 DE ENERO DE 1979)

CAPÍTULO I
DE SU ORGANIZACIÓN

(REFORMADO, G.O. 23 DE JULIO DE 2012)

Artículo 2999.- La sede del Registro Público se establecerá en el Distrito Federal y estará ubicada en el lugar que determine el Jefe de Gobierno del Distrito Federal.

(REFORMADO, G.O. 23 DE JULIO DE 2012)

Artículo 3000.- El sistema registral funcionará de conformidad con el presente Código y la Ley Registral. Mediante el Reglamento se proveerá en la esfera administrativa a la exacta observancia de este Código y de la Ley.

El registrador realizará la inscripción o anotación de los documentos registrables. Las causas de suspensión o denegación se aplicarán de manera estricta, por lo que sólo podrá suspenderse o denegarse una inscripción o anotación, en los casos de excepción que señala este Código y la Ley Registral. La función registral se regirá por los principios de publicidad, inscripción, especialidad, fe pública registral, legitimación, consentimiento, tracto sucesivo, rogación, prelación y de legalidad, establecidos en el presente Código y la Ley Registral.

(REFORMADO, G.O. 23 DE JULIO DE 2012)

Artículo 3001.- El Registro será público. Los encargados del mismo tienen la obligación de permitir a las personas que lo soliciten, acrediten o no interés, que se enteren de los asientos e información que obren en el acervo registral. También tienen la obligación de expedir copias certificadas de las inscripciones o constancias que figuren en los folios del Registro Público, certificaciones de existir o no asientos relativos a los bienes, o a personas morales, que se señalen, y de expedir los certificados a que se refiere el artículo 3016 del presente ordenamiento.

Las certificaciones a que se refiere el párrafo anterior no podrán ser denegadas, debiéndose expedir en los términos de los asientos respectivos y en su caso, se hará mención en ellas de las discrepancias existentes entre la solicitud y los asientos registrales. En los casos en que el antecedente registral, contenido en el libro o folio, se encuentre en custodia, se contestará para indicar los motivos de la misma.

(REFORMADO, G.O. 23 DE JULIO DE 2012)

Artículo 3002.- La Ley Registral establecerá los requisitos necesarios para desempeñar el cargo del titular del Registro Público y de los registradores.

(REFORMADO G.O. 20 DE JUNIO DE 2014)

Artículo 3003.- Son obligaciones de quienes desempeñan la función registral, las siguientes:

(REFORMADA G.O. 20 DE JUNIO DE 2014)

I. Admitir el título, y practicar los asientos de presentación de avisos preventivos o de avisos de otorgamiento a que se refiere el artículo 3016 de este Código, por orden de presentación de los documentos, salvo que exista motivo fundado que lo impida.

(REFORMADA G.O. 20 DE JUNIO DE 2014)

II. Practicar los asientos que le sean solicitados en los plazos señalados en el presente; o en su caso denegar o suspender la inscripción de un documento.

(REFORMADA G.O. 20 DE JUNIO DE 2014)

III. Expedir los certificados en los plazos fijados en el presente Código o en la Ley Registral, salvo que exista motivo fundado que lo impida.

(DEROGADA G.O. 20 DE JUNIO DE 2014)

IV. Derogada.

(DEROGADA G.O. 20 DE JUNIO DE 2014)

V. Derogada.

(REFORMADO G.O. 20 DE JUNIO DE 2014)

Para quienes desempeñen la función registral de manera indebida, se deberá observar lo dispuesto en el título quinto, capítulo único de la Ley Registral para el Distrito Federal.

(REFORMADO, D.O.F. 3 DE ENERO DE 1979)

Artículo 3004.- Las sentencias firmes que resulten en aplicación del artículo anterior, incluirán la inhabilitación para el desempeño del cargo o empleo hasta que sea pagada la indemnización de daños y perjuicios que en su caso corresponda.

(REFORMADA SU DENOMINACIÓN, D.O.F. 3 DE ENERO DE 1979)

CAPÍTULO II
DISPOSICIONES COMUNES DE LOS DOCUMENTOS REGISTRABLES

(REFORMADO, D.O.F. 3 DE ENERO DE 1979)

Artículo 3005.- Sólo se registrarán:

I. Los testimonios de escrituras o actas notariales u otros documentos auténticos;

(REFORMADA, G.O. 19 DE JUNIO DE 2013)

II. Las resoluciones y providencias judiciales que consten de manera auténtica, así como los convenios emanados del procedimiento de mediación que cumplan con los requisitos previstos por el artículo 38 de la Ley de Justicia Alternativa del Tribunal Superior de Justicia para el Distrito Federal.

(REFORMADA, G.O. 23 DE JULIO DE 2012)

III. Los documentos privados que en esta forma fueren válidos con arreglo a la Ley, siempre que al calce de los mismos haya la constancia de que el Notario, el Registrador, o el Juez competente, se cercioraron de la autenticidad de las firmas y de la voluntad de las partes.

(ADICIONADO, G.O. 23 DE JULIO DE 2012)

Dicha constancia deberá estar firmada por los mencionados fedatarios y llevar impreso el sello respectivo.

(REFORMADO, G.O. 23 DE JULIO DE 2012)

Artículo 3006.- Los actos ejecutados o los contratos otorgados en otra entidad federativa o en el extranjero, sólo se inscribirán si dichos actos o contratos tienen el carácter de inscribibles conforme a las Leyes.

Los documentos de procedencia extranjera debidamente apostillados o legalizados que se refieran a actos inscribibles, deberán protocolizarse ante notario. Cuando estuvieren redactados en idioma extranjero, serán previamente traducidos por perito oficial.

Las sentencias dictadas en el extranjero que no contravengan disposiciones de orden público, se registrarán cuando medie orden de autoridad judicial competente.

(REFORMADO, G.O. 23 DE JULIO DE 2012)

Artículo 3007.- Los documentos que conforme a las Leyes sean registrables y no se registren, sólo producirán efectos entre las partes y no en perjuicio de tercero.

(REFORMADO, G.O. 23 DE JULIO DE 2012)

Artículo 3008.- La inscripción de los actos o contratos en el Registro Público tiene efectos declarativos, por lo tanto no convalida los actos o contratos que sean nulos con arreglo a las leyes, ni protege los derechos inscritos cuya causa de nulidad resulte claramente del mismo registro.

(REFORMADO, G.O. 23 DE JULIO DE 2012)

Artículo 3009.- No obstante lo dispuesto en el artículo anterior, los actos o contratos que se otorguen o celebren por personas que en el Registro aparezcan con derecho para ello, no se invalidarán en perjuicio de tercero de buena fe una vez inscritos, aunque después se anule o resuelva el derecho de su otorgante o de titulares anteriores en virtud de título no inscrito aún siendo válido o por causas que no resulten claramente del mismo Registro. Lo dispuesto en este artículo no se aplicará al último adquirente cuya adquisición se haya efectuado en violación a disposiciones prohibitivas o de orden público. En cuanto a adquirentes a título gratuito, gozarán de la misma protección registral que la que tuviere su causante o transferente.

La buena fe se presume siempre; quien alegue lo contrario tiene la carga de la prueba.

(REFORMADO, G.O. 23 DE JULIO DE 2012)

Artículo 3010.- El derecho registrado se presume que existe y que pertenece a su titular en la forma expresada en el asiento respectivo. Se presume también que el titular de una inscripción de dominio o de posesión, tiene la posesión del inmueble inscrito.

No podrá ejercitarse acción contradictoria del dominio del inmueble o derechos reales sobre el mismo o de otros derechos inscritos o anotados a favor de persona o entidad determinada, sin que previa o concomitantemente, se entable demanda de nulidad o cancelación de la inscripción en que conste dicho dominio o derecho.

(REFORMADO G.O. 20 DE JUNIO DE 2014)

En el caso de cualquier procedimiento judicial o administrativo en el que se pretenda afectar o se afecten bienes, derechos reales sobre los mismos o sus frutos, tal afectación quedará sin efecto, una vez que conste manifestación auténtica del Registro Público, que indique que dichos bienes o derechos están inscritos a favor de persona distinta de aquella contra la cual se dictó la ejecución y también quedará sin efecto, si hay nota de presentación de aviso preventivo y/o aviso de otorgamiento en términos del artículo 3016 del presente Código y/o la anotación preventiva a que se refiere la fracción V del artículo 3043 de este Código, a no ser que se hubiere dirigido contra esa persona la acción, como causahabiente del que aparece como titular en el Registro Público.

(ADICIONADO G.O. 20 DE JUNIO DE 2014)

Si a pesar de la manifestación del Registro a que se refiere el párrafo anterior, la autoridad judicial o administrativa insiste en que se cumpla su mandamiento, se procederá conforme lo ordenado, tomándose razón en el asiento correspondiente, sin responsabilidad para el Registrador. En este último supuesto, el interesado podrá acreditar su interés en el procedimiento correspondiente y una vez que obtenga resolución favorable, la autoridad administrativa o judicial deberá ordenar la desafectación.

(REFORMADO G.O. 20 DE JUNIO DE 2014)

Todo lo inscrito o anotado goza de la presunción de autenticidad, veracidad, legalidad y exactitud, debiendo tomarse en cuenta lo dispuesto en el artículo 3014 de este Código.

(REFORMADO, G.O. 23 DE JULIO DE 2012)

Artículo 3011.- Los derechos reales y en general cualquier gravamen o limitación de los mismos o del dominio, para que surtan efectos contra tercero, deberán constar en el folio de la finca sobre los que recaigan, en la forma que determine el presente Código o la Ley Registral. Lo dispuesto en este artículo se aplicará a los inmuebles que, en su caso, comprendan: la hipoteca industrial prevista por la Ley de Instituciones de Crédito y la Ley General de Organizaciones y Actividades Auxiliares del Crédito; la hipoteca sobre los sistemas de las empresas, a que se refiere la Ley de Vías Generales de Comunicación; y los casos similares previstos en otras leyes.

(REFORMADO, G.O. 23 DE JULIO DE 2012)

Artículo 3012.- Tratándose de inmuebles, derechos reales sobre los mismos u otros derechos inscribibles o anotables, la sociedad conyugal no surtirá efectos contra tercero si no consta inscrita en el folio real correspondiente a la finca de que se trate.

Cualquiera de los cónyuges u otro interesado tienen derecho a pedir la inscripción de ese régimen patrimonial, cuando alguno de esos bienes forme parte de la sociedad conyugal y estén inscritos a nombre de uno solo de aquellos.

No será necesario inscribir el régimen de sociedad conyugal cuando los documentos presentados los otorgue el titular registral y en los mismos se haga constar su comparecencia independientemente de la autorización o consentimiento de su cónyuge.

(REFORMADO G.O. 20 DE JUNIO DE 2014)

Se requiere la inscripción del régimen de sociedad conyugal únicamente cuando por causa de muerte, divorcio o cambio de régimen patrimonial, comparezca el cónyuge del titular registral o su sucesión para disponer de los bienes registrados.

(REFORMADO G.O. 20 DE JUNIO DE 2014)

La solicitud de inscripción deberá hacerse de manera expresa, anexando copia certificada o su reproducción auténtica del acta de matrimonio, así como el correspondiente pago de derechos.

(ADICIONADO G.O. 20 DE JUNIO DE 2014)

Cuando exista un documento ingresado que requiera del previo registro de un régimen de sociedad conyugal, la solicitud se ingresará al Registro señalándose por el interesado, como trámites de vinculación directa con número de entrada y trámite propio para remitirse al área donde se encuentre el documento al que esté vinculado.

(REFORMADO, D.O.F. 3 DE ENERO DE 1979)

DE LA PRELACIÓN

(REFORMADO, G.O. 23 DE JULIO DE 2012)

Artículo 3013.- La preferencia entre derechos reales sobre una misma finca u otros derechos, se determinará por la prioridad de su inscripción en el Registro Público, cualquiera que sea la fecha de su constitución, observándose en todo caso lo dispuesto en los artículos 3015 y 3016 de este Ordenamiento.

El derecho real adquirido con anterioridad a la fecha de una anotación preventiva será preferente, aun cuando su inscripción sea posterior, siempre que se den los avisos que previene el artículo 3016 de este Código.

Si una anotación preventiva se hiciere con posterioridad a la presentación del aviso preventivo, el derecho real motivo de éste será preferente, aun cuando tal aviso se hubiese dado extemporáneamente.

(REFORMADO, G.O. 23 DE JULIO DE 2012)

Artículo 3014.- En tanto no se declare judicialmente la falsedad o nulidad de un asiento del Registro Público, en cuanto se refieran a derechos inscribibles o anotables, producen todos sus efectos. Los errores materiales o de concepto, se rectificarán en los términos del artículo 3023 y demás aplicables de este Código y de la Ley Registral.

(REFORMADO, D.O.F. 3 DE ENERO DE 1979)

Artículo 3015.- La prelación entre los diversos documentos ingresados al Registro Público se determinará por la prioridad en cuanto a la fecha y número ordinal que les corresponda al presentarlos para su inscripción, salvo lo dispuesto en el artículo siguiente.

(REFORMADO, G.O. 23 DE JULIO DE 2012)

Artículo 3016.- Cuando vaya a otorgarse una escritura en la que se cree, declare, reconozca, adquiera, transmita, modifique, limite, grave o extinga la propiedad o posesión de bienes raíces, o cualquier derecho real sobre los mismos, o que sin serlo sea inscribible, el notario o autoridad ante quien se haga el otorgamiento, deberá solicitar al Registro Público certificado sobre la existencia o inexistencia de gravámenes o anotaciones en relación con la misma y del titular o titulares registrales. El Registro entregará dicho certificado, en un plazo máximo de siete días. En dicha solicitud, que surtirá efectos de aviso preventivo, deberá mencionarse la operación y finca de que se trate, los nombres de los contratantes y el respectivo antecedente registral. El registrador, con esa solicitud y sin cobro de derechos por este concepto, practicará inmediatamente la nota de presentación correspondiente a dicho aviso preventivo, en el folio relativo, asiento que tendrá vigencia por un término de sesenta días naturales a partir de la fecha de presentación de la solicitud.

(REFORMADO G.O. 20 DE JUNIO DE 2014)

Una vez firmada la escritura que produzca cualquiera de las consecuencias mencionadas en el párrafo precedente, el notario o autoridad ante quien se otorgó dará aviso de otorgamiento acerca de la operación de que se trate al

Registro Público y contendrá además de los datos mencionados en el párrafo anterior, la fecha de la escritura y la de su firma. El Registrador, con el aviso de otorgamiento citado, sin cobro de derecho alguno, practicará de inmediato la nota de presentación correspondiente. Ésta tendrá una vigencia de noventa días naturales contados a partir de la fecha de presentación del aviso de otorgamiento. Si este aviso se da dentro del plazo de sesenta días a que se contrae el párrafo anterior, sus efectos se retrotraerán a la fecha de presentación de la solicitud a que se refiere el mismo párrafo; en caso contrario, sólo surtirá efectos desde la fecha en que haya sido presentado y según el número de entrada que le corresponda.

(ADICIONADO G.O. 20 DE JUNIO DE 2014)

La presentación del aviso de otorgamiento podrá ser sustituida por la presentación física del testimonio del instrumento o por la presentación electrónica del formato precodificado con copia certificada electrónica, caso en el cual surtirá los efectos que para el aviso de otorgamiento prevé este artículo, siempre y cuando la presentación se haga dentro del plazo de los sesenta días a que se refiere este párrafo.

Si el testimonio respectivo o formato precodificado con copia certificada electrónica se presentaren al Registro Público dentro de los términos que señalan los dos párrafos anteriores, su inscripción surtirá efectos contra terceros desde la fecha de presentación del aviso preventivo y con arreglo a su número de entrada. Si el aviso de otorgamiento o el testimonio, formato precodificado con copia certificada electrónica se presentaren fenecidos los referidos plazos, su anotación o inscripción sólo surtirá efectos contra terceros desde la fecha de su respectiva presentación.

Si el documento en que conste alguna de las operaciones que se mencionan en el párrafo primero de este artículo fuere privado, deberá dar el aviso de otorgamiento, con vigencia por noventa días, el notario o el juez competente que se haya cerciorado de la autenticidad de las firmas y de la voluntad de las partes, en cuyo caso el mencionado aviso de otorgamiento surtirá los mismos efectos que el dado por los notarios en el supuesto previsto en el segundo párrafo del presente artículo. Si el contrato se ratificara ante el registrador, éste deberá practicar en la misma fecha la anotación correspondiente.

Los avisos notariales a que se refiere el presente artículo podrán entregarse por vía electrónica, debiendo de inmediato generarse y enviarse por la misma vía acuse de recibo.

(ADICIONADO G.O. 20 DE JUNIO DE 2014)

Para el caso de que el aviso de otorgamiento a que se refiere este artículo, no coincida en alguno o varios datos con los que constan en el folio real, el registrador deberá publicar que se encuentra detenido para aclaración, informando de manera detallada, en el Boletín Registral las inconsistencias de que se trate, a fin de que el Notario o Autoridad, en un plazo de cinco días hábiles, contados a partir del día siguiente al de la publicación mencionada, presente, mediante sub-número, escrito de aclaración, de tal modo que no se rechace la anotación del aviso de otorgamiento que ha sido aclarado y se tome como número y fecha de prelación, la que corresponda al aviso de otorgamiento aclarado.

(REFORMADO, G.O. 23 DE JULIO DE 2012)

Artículo 3017.- La inscripción definitiva de un derecho que haya sido anotado preventivamente, o como consecuencia de aviso de presentación, surtirá sus efectos contra tercero desde la fecha en que la anotación los produjo.

(REFORMADO, D.O.F. 3 DE ENERO DE 1979)

DE QUIÉNES PUEDEN SOLICITAR EL REGISTRO Y DE LA CALIFICACIÓN REGISTRAL

(REFORMADO, G.O. 23 DE JULIO DE 2012)

Artículo 3018.- La inscripción o anotación de los títulos en el Registro Público puede pedirse por quien tenga interés legítimo en el derecho que se va a inscribir o anotar, por notario, por mandato judicial o administrativo.

Hecho el registro, serán devueltos los documentos al que los presentó, con nota de inscripción firmada por el registrador que contendrá: fecha de inscripción y número de folio. Cuando la solicitud del asiento sea por vía electrónica, por la misma vía se emitirá y enviará la nota de inscripción, que contendrá los datos ya mencionados.

El registrador sólo inscribirá y anotará lo que expresamente se le solicite y sea inscribible, por lo que no podrá actuar de oficio, salvo en los casos establecidos por este Código y la Ley Registral.

(REFORMADO, G.O. 23 DE JULIO DE 2012)

Artículo 3019.- Para inscribir o anotar cualquier título deberá constar previamente inscrito o anotado el derecho de la persona que otorgó aquel o de la que vaya a resultar afectada por la inscripción, a no ser que se trate de una inscripción de inmatriculación judicial.

(REFORMADO, G.O. 23 DE JULIO DE 2012)

Artículo 3020.- Inscrito o anotado un título, no podrá inscribirse o anotarse otro de igual o anterior fecha que refiriéndose al mismo inmueble o derecho real, se le oponga por ser incompatible. La incompatibilidad sólo tendrá lugar cuando los derechos de que se trate no puedan coexistir.

Si sólo se hubiere practicado el asiento de presentación de aviso preventivo, tampoco podrá inscribirse otro título de la clase antes expresada, mientras el asiento esté vigente.

No existirá incompatibilidad cuando se trate de una inexactitud por error material.

(REFORMADO, G.O. 23 DE JULIO DE 2012)

Artículo 3021.- Los registradores previa la calificación extrínseca a que refiere el artículo siguiente deberán inscribir o anotar, según corresponda, los documentos que se presenten al Registro para inscripción o anotación, dentro de un plazo máximo de veinte días hábiles siguientes al de su presentación, salvo las excepciones expresamente establecidas en el presente Código o en la Ley Registral.

(ADICIONADO, G.O. 23 DE JULIO DE 2012)

Artículo 3021 Bis.- Previo a la inscripción, el registrador realizará la calificación extrínseca del documento presentado dentro del plazo señalado en el artículo anterior. La calificación registral consistirá en verificar únicamente que:

I. El documento presentado y el acto en él contenido sean de los que deben inscribirse o anotarse;

II. El documento satisfaga los requisitos de forma establecidos en la ley que lo rige como necesarios para su validez;

III. En el documento conste acreditada la identidad, capacidad y legitimación de los otorgantes que el acto consignado requiera, en su caso. Cuando por cualquier circunstancia alguno de los titulares registrales varíe su nombre, estado civil, identidad de género, denominación o razón social, procederá la inscripción cuando así se hubiere hecho constar ante notario;

IV. Exista identidad entre el bien previamente inscrito y el descrito en el título. No habrá falta de identidad cuando no coincida la descripción en uno o algunos de los datos, si de los demás elementos comparados se desprende dicha identidad;

(REFORMADA G.O. 20 DE JUNIO DE 2014)

V. No haya incompatibilidad entre el texto del documento y los asientos regístrales; no se considerará incompatibilidad entre el texto del documento en relación con lo registrado en el antecedente registral sobre el cual se solicite su inscripción, cuando sea posible acreditar con los elementos aportados en el documento o los ingresados mediante subnúmero, su identidad con los asientos que constan en el Registro Público de la Propiedad del Distrito Federal, como pueden ser los otorgantes del acto jurídico, el inmueble sobre el que recae la operación o del gravamen sobre el cual se solicita su cancelación, modificación o ampliación, en cuyo caso se deberá continuar con el Procedimiento Registral.

(ADICIONADO G.O. 20 DE JUNIO DE 2014)

La incompatibilidad sólo tendrá lugar cuando los derechos de que se trate no puedan coexistir. No existirá incompatibilidad cuando se trate de una inexactitud por error material; sin embargo, cuando se aporten elementos, con los cuales sea posible realizar la rectificación correspondiente, los mismos serán ingresados por subnúmero para que el mismo Registrador que califique el documento, continúe con la calificación y él mismo, solicite a la Subdirección de Ventanilla Única y Control de Gestión que proporcione un número de entrada;

VI. Esté fijada la cantidad máxima que garantice un gravamen en el caso de obligaciones de monto indeterminado, salvo los casos previstos en la última parte del artículo 3011 del presente Ordenamiento, cuando se den las bases para determinar el monto de la obligación garantizada;

VII. En el acto consignado en el instrumento se observe el tracto sucesivo en los términos del artículo 3019 de este Código;

(REFORMADA G.O. 20 DE JUNIO DE 2014)

VIII. El documento cumpla con los requisitos que deba llenar de acuerdo con el Código u otras leyes aplicables, como indispensables para su inscripción;

IX. No haya operado el cierre de registro, en términos del artículo 3044 segundo párrafo del presente Ordenamiento;

(ADICIONADA G.O. 20 DE JUNIO DE 2014)

X. En el caso de anotaciones preventivas tales como embargo, fianza o anotación de demanda, si ya caducaron, verificará que conste en el documento solicitud de cancelación del interesado y si no consta, el Registrador estará a lo dispuesto por el artículo 43 de la Ley Registral; y

(ADICIONADA G.O. 20 DE JUNIO DE 2014)

XI. En el caso de anotaciones preventivas tales como embargo, fianza o anotación de demanda, que aún no hayan caducado, verificará que conste en el documento su reconocimiento por las partes y si no consta, el Registrador estará a lo dispuesto por el artículo 43 de la Ley Registral.

Verificado lo anterior, el registrador deberá realizar la anotación o inscripción dentro del plazo mencionado en el artículo anterior.

Los registradores no podrán exigir otros datos, requisitos e información que la necesaria para el llenado del formato precodificado.

Lo dispuesto en este artículo no es aplicable a los avisos de otorgamiento a que se refiere el artículo 3016 de este Código.

(ADICIONADO G.O. 20 DE JUNIO DE 2014)

En el caso de errores ortográficos, tipográficos, inversión del orden u omisión de letras dentro de una misma palabra, que aparezcan entre el documento y los asientos registrales, estos no serán causa o motivo para suspender o negar la migración, la inscripción o la anotación solicitada, caso en el cual, el registrador practicará la inscripción o anotación, debiendo señalar lo anterior en la constancia de finalización de trámite, sin que exista responsabilidad de su parte.

(ADICIONADO, G.O. 23 DE JULIO DE 2012)

Artículo 3021 Ter.- El registrador, dentro del plazo señalado en el artículo 3021 de este Código, podrá suspender la inscripción o anotación, según sea el caso, si el documento contiene defectos subsanables, debiendo fundar y motivar su resolución, la que deberá ser publicada íntegramente en el Boletín Registral.

En este caso el documento deberá subsanarse en un plazo de diez días hábiles, a partir de la publicación a que se refiere el párrafo anterior, pudiéndolo hacer en el propio Registro y de no ser posible así, se denegará su inscripción. Cuando para subsanar el documento se deba obtener otro documento no esencial para el otorgamiento del acto, que deba ser expedido por autoridad distinta, el registrador suspenderá la anotación o inscripción por un plazo que no exceda de noventa días, al término del cual denegará la inscripción.

Cuando la inscripción o anotación se solicite por la vía electrónica, se observará el procedimiento señalado en el párrafo anterior en lo posible, por la misma vía electrónica, dentro de los mismos plazos y con los mismos efectos.

(ADICIONADO, G.O. 23 DE JULIO DE 2012)

Artículo 3021 Quáter.- Si de la calificación del documento, el Registrador determina suspender el mismo, el solicitante tendrá un término de diez días hábiles a efecto de que presente por escrito los argumentos con los que subsane el motivo de suspensión; si el interesado presenta por escrito documentación o argumentos para subsanar el motivo de la suspensión en el plazo establecido para ello, el registrador tendrá un plazo de diez días hábiles para calificar de procedentes o improcedentes los argumentos y documentos presentados por el interesado, debiendo publicar si se registra o deniega la inscripción del documento presentado. Si el registrador deniega la inscripción del documento, su resolución debidamente fundada y motivada se publicará íntegramente en el Boletín Registral, en cuyo caso el interesado podrá presentar nuevamente argumentos por escrito, dentro del plazo de cinco días hábiles.

(REFORMADO, G.O. 23 DE JULIO DE 2012)

Artículo 3022.- La calificación del Registrador podrá recurrirse por el solicitante del servicio, o por el que tenga interés ante el Titular del Registro Público. Si éste confirma la calificación, cualquiera de ellos podrá reclamarla en juicio.

Si la autoridad judicial ordena que se registre el TÍTULO rechazado, la inscripción surtirá sus efectos, desde que por primera vez se presentó el TÍTULO, si se hubiere hecho la anotación preventiva a que se refiere la fracción V del artículo 3043 del presente Código.

(REFORMADA SU DENOMINACIÓN, G.O. 23 DE JULIO DE 2012)

DE LA RECTIFICACIÓN Y REPOSICIÓN DE ASIENTOS

(REFORMADO, G.O. 23 DE JULIO DE 2012)

Artículo 3023.- La rectificación de los asientos por causa de error material o de concepto, del contenido de los libros o de los folios y la reposición de los mismos, procederán de oficio o a petición de cualquier interesado según corresponda, en términos del presente Código y en las disposiciones contenidas en el Capítulo Cuarto, del Título Cuarto, de la Ley Registral.

(REFORMADO, G.O. 23 DE JULIO DE 2012)

Artículo 3024.- Se entenderá que se comete error material cuando se escriban unas palabras por otras, se omita la expresión de alguna circunstancia o se equivoque cualquier otro dato que deba contener la inscripción, conforme a lo dispuesto en este Código y a la Ley Registral, sin cambiar por ello el sentido general de la inscripción ni de alguno de sus conceptos.

(ADICIONADO G.O. 20 DE JUNIO DE 2014)

Los errores materiales se podrán rectificar con vista en el testimonio que se presentó para la inscripción correspondiente, testimonio ulterior del instrumento que dio origen al asiento a rectificar, o bien copia certificada de la escritura.

(ADICIONADO G.O. 20 DE JUNIO DE 2014)

Asimismo los errores podrán rectificarse de oficio o a petición del interesado, Notario o Autoridad, cuando se cuente con respaldos en el sistema informático registral, incluyendo imágenes digitalizadas y microfichas legibles, legajos o con el texto de la inscripción con las que los asientos erróneos estén relacionados.

(ADICIONADO G.O. 20 DE JUNIO DE 2014)

Cuando el Registrador cuente con todos los elementos para realizar la rectificación solicitada, procederá a efectuarla en un plazo de veinte días hábiles.

(ADICIONADO G.O. 20 DE JUNIO DE 2014)

Para el caso de que sea negada solicitud de rectificación de errores a que se refiere este artículo, el Registrador deberá publicar, de manera detallada, en el Boletín Registral los motivos de la negativa, a fin de que el interesado, Notario o Autoridad, en un plazo de cinco días hábiles, contados a partir del día siguiente al de la publicación mencionada, presente, mediante sub-número, escrito de aclaración, el cual será valorado con los documentos con que se cuenten al negar la solicitud.

(ADICIONADO G.O. 20 DE JUNIO DE 2014)

Cuando exista un documento ingresado que requiera del previo registro de una rectificación, reposición o inscripción de régimen de sociedad conyugal, éstos se ingresarán al Registro señalándose por el interesado, como trámites de vinculación directa con número de entrada y trámite propio para remitirse al área donde se encuentre el documento al que estén vinculados.

(REFORMADO, D.O.F. 3 DE ENERO DE 1979)

Artículo 3025.- Se entenderá que se comete error de concepto cuando al expresar en la inscripción alguno de los contenidos en el título se altere o varíe su sentido porque el Registrador se hubiere formado un juicio equivocado del mismo, por una errónea calificación del contrato o acto en el consignado o por cualquiera otra circunstancia.

(REFORMADO, G.O. 23 DE JULIO DE 2012)

Artículo 3026.- Cuando se trate de errores de concepto en los asientos practicados en los folios o libros del Registro Público que no puedan ser rectificados únicamente con base en el título que les dio origen, sólo podrán rectificarse con el consentimiento de los interesados en el asiento o de sus causahabientes.

A falta del consentimiento de los interesados, la rectificación sólo podrá efectuarse por resolución judicial.

En caso de que el registrador se oponga a la rectificación, se observará lo dispuesto en el artículo 3022 del presente Código.

(REFORMADO, G.O. 23 DE JULIO DE 2012)

Artículo 3027.- Los asientos rectificados o repuestos surtirán efecto desde la fecha de su primera inscripción. Si no es posible determinar dicha fecha surtirán efectos desde la fecha en que se realizó su rectificación o reposición.

Los asientos rectificados a que se refiere este artículo, podrán producir efectos retroactivamente si no perjudican derechos de terceros.

Si la reposición del asiento, por cualquier causa resulta incompleta, pero existe referencia a la parte que faltare en otro folio, esta será suficiente para considerar que existe tracto en las inscripciones.

(REFORMADO, D.O.F. 3 DE ENERO DE 1979)

DE LA EXTINCIÓN DE ASIENTOS

(REFORMADO, D.O.F. 3 DE ENERO DE 1979)

Artículo 3028.- Las inscripciones no se extinguen en cuanto a tercero sino por su cancelación o por el registro de la transmisión del dominio o derecho real inscrito a favor de otra persona.

(REFORMADO, G.O. 23 DE JULIO DE 2012)

Artículo 3029.- Las anotaciones preventivas y las notas de presentación de avisos preventivos se extinguen por cancelación, por caducidad o por su conversión en inscripción.

(REFORMADO, G.O. 23 DE JULIO DE 2012)

Artículo 3030.- Las inscripciones y anotaciones pueden cancelarse por orden judicial, o por consentimiento de las personas a cuyo favor estén hechas sin necesidad de expresión de causa. Podrán no obstante ser canceladas a petición de parte, cuando el derecho inscrito o anotado quede extinguido por disposición de la ley o por causas que resulten del título en cuya virtud se practicó la inscripción o anotación, debido a hecho que no requiera la intervención de la voluntad.

El titular del Registro Público mediante resolución fundada y motivada dictaminará la custodia de un asiento o folio que no pueda ser corregido, subsanado, confirmado, rectificado o convalidado por ninguno de los medios que establece este Código y la Ley Registral; podrá solicitar al Juez competente la declaración de invalidez, y la consecuente nulidad del asiento o folio referido.

(REFORMADO, G.O. 23 DE JULIO DE 2012)

Artículo 3031.- Para que el asiento pueda cancelarse por consentimiento de parte interesada, éste deberá constar en instrumento notarial que reúna los requisitos que para tal acto se requieran.

(REFORMADO, D.O.F. 3 DE ENERO DE 1979)

Artículo 3032.- La cancelación de las inscripciones y anotaciones preventivas podrá ser total o parcial.

(REFORMADO, D.O.F. 3 DE ENERO DE 1979)

Artículo 3033.- Podrá pedirse y deberá ordenarse, en su caso, la cancelación total:

I. Cuando se extinga por completo el inmueble objeto de la inscripción;

II. Cuando se extinga, también por completo, el derecho inscrito o anotado;

(REFORMADA, G.O. 23 DE JULIO DE 2012)

III. Cuando se declare la nulidad o falsedad del título en cuya virtud se haya hecho la inscripción o anotación;

(REFORMADA, G.O. 23 DE JULIO DE 2012)

IV. Cuando se declare la nulidad o falsedad del asiento;

(REFORMADA, G.O. 23 DE JULIO DE 2012)

V. Cuando deban extinguirse los gravámenes en términos del artículo 2325 de este Código;

VI. Cuando tratándose de cédula hipotecaria o de embargo, hayan transcurrido dos años desde la fecha del asiento, sin que el interesado haya promovido en el juicio correspondiente.

(ADICIONADO, G.O. 23 DE JULIO DE 2012)

Tratándose de cancelaciones de hipotecas, se consideraran accesorias a las mismas y en consecuencia deberán cancelarse simultáneamente de oficio, aún cuando no hayan sido mencionadas expresamente en el instrumento correspondiente, los asientos que contengan cédulas hipotecarias, reestructuras, ampliaciones o modificaciones a las mismas; y

(REFORMADA G.O. 20 DE JUNIO DE 2014)

VII. Los gravámenes inscritos en el Registro Público, podrán cancelarse a solicitud de interesado, Notario o Autoridad, mediante escrito dirigido al Titular del Registro Público de la Propiedad del Distrito Federal, previo pago de los derechos correspondientes, después de que hubieren transcurrido diez años del vencimiento del plazo del crédito garantizado, que conste inscrito o anotado; para el caso de que no conste inscrito o anotado el plazo del crédito, podrán cancelarse después de veinte años de la fecha de su inscripción o anotación y bajo la misma forma y previo pago de los derechos mencionados; y

(ADICIONADA G.O. 20 DE JUNIO DE 2014)

VIII. Los contratos de arrendamiento de parte o la totalidad de bienes inmuebles, por un período mayor de seis años y aquellos en que haya anticipo de rentas por más de tres años, una vez que hayan transcurrido los periodos mencionados y que aparezcan inscritos o anotados y cuando por cualquier causa no conste inscrito o anotado plazo o periodo alguno, después de seis años de su fecha de inscripción o anotación; en estos casos la cancelación podrá ser solicitada por cualquier interesado, notario o autoridad.

(REFORMADO, D.O.F. 3 DE ENERO DE 1979)

Artículo 3034.- Podrá pedirse y deberá decretarse, en su caso, la cancelación parcial:

I. Cuando se reduzca el inmueble objeto de la inscripción o anotación preventiva; y

II. Cuando se reduzca el derecho inscrito o anotado.

(REFORMADO, G.O. 23 DE JULIO DE 2012)

Artículo 3035.- Las anotaciones preventivas, cualquiera que sea su origen caducarán a los tres años de su fecha de presentación, salvo aquellas a las que el presente Código o la Ley de la materia les fijen un plazo de caducidad más breve, siempre que no se trate de anotaciones preventivas de carácter definitivo o les indique un tratamiento diverso. No obstante, a petición de parte o por mandato de las autoridades que las decretaron, podrá prorrogarse una o más veces, por dos años cada vez, siempre que la prórroga sea presentada al Registro antes de que caduque el asiento.

La caducidad produce la extinción del asiento respectivo por el simple transcurso del tiempo. Cualquier interesado podrá solicitar en este caso que se registre la cancelación de dicho asiento.

(REFORMADO, D.O.F. 3 DE ENERO DE 1979)

Artículo 3036.- Cancelado un asiento, se presume extinguido el derecho a que dicho asiento se refiere.

(REFORMADO, G.O. 23 DE JULIO DE 2012)

Artículo 3037.- Los padres como administradores de los bienes de sus hijos, los tutores de menores o incapacitados, y los representantes de ausentes, sólo pueden consentir la cancelación del registro hecho en favor de sus representados, en el caso de pago o por sentencia judicial.

(REFORMADO, D.O.F. 3 DE ENERO DE 1979)

Artículo 3038.- La cancelación de las inscripciones de hipotecas constituidas en garantía de títulos transmisibles por endoso, pueden hacerse.

I. Presentándose la escritura otorgada por la que se hayan cobrado los créditos, en la cual debe constar haberse inutilizado los títulos endosables en el acto de su otorgamiento; y

II. Por ofrecimiento del pago y consignación del importe de los títulos, tramitados y resueltos de acuerdo con las disposiciones legales relativas.

(REFORMADO, D.O.F. 3 DE ENERO DE 1979)

Artículo 3039.- Las inscripciones de hipotecas constituidas con el objeto de garantizar títulos al portador, se cancelarán totalmente si se hiciere constar por acta notarial, estar recogida y en poder del deudor la emisión de títulos debidamente inutilizados.

Procederá también la cancelación total si se presentasen, por lo menos, las tres cuartas partes de los títulos al portador emitidos y se asegurase el pago de los restantes, consignándose su importe y el de los intereses que procedan. La cancelación en este caso, deberá acordarse por sentencia, previos los trámites fijados en el Código de Procedimientos Civiles.

(REFORMADO, D.O.F. 3 DE ENERO DE 1979)

Artículo 3040.- Podrán cancelarse parcialmente las inscripciones hipotecarias de que se trate, presentando acta notarial que acredite estar recogidos y en poder del deudor, debidamente inutilizados, títulos por un valor equivalente al importe de la hipoteca parcial que se trate de extinguir, siempre que dichos títulos asciendan, por lo menos, a la décima parte del total de la emisión.

(REFORMADO, D.O.F. 3 DE ENERO DE 1979)

Artículo 3041.- Podrá también cancelarse, total o parcialmente la hipoteca que garantice, tanto títulos nominativos como al portador, por consentimiento del representante común de los tenedores de los títulos, siempre que esté autorizado para ello y declare bajo su responsabilidad que ha recibido el importe por el que se cancela.

(REFORMADO, D.O.F. 3 DE ENERO DE 1979)

CAPÍTULO III
DEL REGISTRO DE LA PROPIEDAD INMUEBLE Y DE LOS TÍTULOS INSCRIBIBLES Y ANOTABLES

(REFORMADO PRIMER PÁRRAFO, D.O.F. 7 DE FEBRERO DE 1985) (F. DE E., D.O.F. 29 DE MARZO DE 1985)

Artículo 3042.- En el Registro Público de la Propiedad Inmueble se inscribirán:

(REFORMADA, D.O.F. 3 DE ENERO DE 1979)

I. Los títulos por los cuales se cree, declare, reconozca, adquiera, transmita, modifique, limite, grave o extinga el dominio, posesión originaria y los demás derechos reales sobre inmuebles;

(REFORMADA, D.O.F. 3 DE ENERO DE 1979)

II. La constitución del patrimonio familiar;

(REFORMADA, G.O. 23 DE JULIO DE 2012)

III. Los contratos de arrendamiento de parte o de la totalidad de bienes inmuebles, por un período mayor de seis años y aquellos en que haya anticipos de rentas por más de tres años;

(REFORMADA, G.O. 23 DE JULIO DE 2012)

IV. El decreto de expropiación y de ocupación temporal y declaración de limitación de dominio de bienes inmuebles; y

(ADICIONADA, G.O. 23 DE JULIO DE 2012)

V. Los demás títulos que la ley ordene expresamente que sean registrados.

(REFORMADO PRIMER PÁRRAFO, G.O. 23 DE JULIO DE 2012)

Artículo 3043.- Se anotarán preventivamente en el Registro Público de la Propiedad:

(REFORMADA, D.O.F. 3 DE ENERO DE 1979)

I. Las demandas relativas a la propiedad de bienes inmuebles o a la constitución, declaración, modificación o extinción de cualquier derecho real sobre aquellos;

(REFORMADA, D.O.F. 3 DE ENERO DE 1979)

II. El mandamiento y el acta de embargo, que se haya hecho efectivo en bienes inmuebles del deudor;

(REFORMADA, D.O.F. 3 DE ENERO DE 1979)

III. Las demandas promovidas para exigir el cumplimiento de contratos preparatorios o para dar forma legal al acto o contrato concertado, cuando tenga por objeto inmuebles o derechos reales sobre los mismos;

(REFORMADA, D.O.F. 3 DE ENERO DE 1979)

IV. Las providencias judiciales que ordenen el secuestro o prohiban la enajenación de bienes inmuebles o derechos reales;

(REFORMADA, G.O. 23 DE JULIO DE 2012)

V. Los títulos presentados al Registro Público y cuya inscripción haya sido denegada por el registrador en los términos de este Código y la Ley Registral; dicha anotación preventiva se hará de oficio y la cual solo constará en el Sistema Informático, sin solicitud del interesado y aún cuando no interponga el recurso de inconformidad, anotación que caducará en los términos del artículo 3035 del presente Ordenamiento;

(REFORMADA, G.O. 23 DE JULIO DE 2012)

VI. Las fianzas legales o judiciales, de acuerdo con lo establecido en el artículo 2852 de este Código, así como las fianzas a que se refieren los artículos 31 y 100 de la Ley Federal de Instituciones de Fianzas.

(REFORMADA [N. DE E. ADICIONADA], G.O. 19 DE JUNIO DE 2013)

VII. Los convenios emanados del procedimiento de mediación que cumplan con los requisitos previstos por el artículo 38 de la Ley de Justicia Alternativa del Tribunal Superior de Justicia para el Distrito Federal.

N. DE E. EN RELACIÓN CON LA ENTRADA EN VIGOR DE LA PRESENTE FRACCIÓN, VÉASE TRANSITORIO SEGUNDO DEL DECRETO QUE MODIFICA EL CÓDIGO.

(REFORMADA, G.O. 18 DE AGOSTO DE 2011)

VIII. Las resoluciones judiciales en materia de amparo que ordenen la suspensión provisional o definitiva, en relación con bienes inscritos en el Registro Público;

N. DE E. EN RELACIÓN CON LA ENTRADA EN VIGOR DE LA PRESENTE FRACCIÓN, VÉASE TRANSITORIO SEGUNDO DEL DECRETO QUE MODIFICA EL CÓDIGO.

(REFORMADA, G.O. 18 DE AGOSTO DE 2011)

IX. Cualquier otro título que sea anotable, de acuerdo con este Código u otras Leyes, y

N. DE E. EN RELACIÓN CON LA ENTRADA EN VIGOR DE LA PRESENTE FRACCIÓN, VÉASE TRANSITORIO SEGUNDO DEL DECRETO QUE MODIFICA EL CÓDIGO.

(ADICIONADA, G.O. 18 DE AGOSTO DE 2011)

X. El Certificado del Registro de Deudores Alimentarios Morosos a que se refiere el artículo 35 del presente Código.

(REFORMADO [N. DE E. ADICIONADO], D.O.F. 18 DE ENERO DE 1952)

DE LOS EFECTOS DE LAS ANOTACIONES

(REFORMADO, D.O.F. 3 DE ENERO DE 1979)

Artículo 3044.- La anotación preventiva, perjudicará a cualquier adquirente de la finca o derecho real a que se refiere la anotación, cuya adquisición sea posterior a la fecha de aquella, y en su caso, dará preferencia para el cobro del crédito sobre cualquier otro de fecha posterior a la anotación.

(REFORMADO, G.O. 19 DE JUNIO DE 2013)

En los casos de las fracciones IV y VIII del artículo 3043 podrá producirse el cierre del registro en los términos de la resolución correspondiente. En el caso de la fracción VI la anotación no producirá otro efecto que el fijado por el artículo 2854. Tratándose del caso de la fracción VII, el mediador, Secretario

Actuario o funcionario del Centro de Justicia Alternativa según corresponda, solicitará la cancelación de la anotación una vez que las partes se den por satisfechas del cumplimiento de dicho convenio.

PÁRRAFO REFORMADO G.O. CDMX 27/09/24

(DEROGADO TERCER PÁRRAFO, G.O. 19 DE JUNIO DE 2013)

(REFORMADO, D.O.F. 3 DE ENERO DE 1979)

Artículo 3045.- Salvo los casos en que la anotación cierre el registro, los bienes inmuebles o derechos reales anotados podrán enajenarse o gravarse, pero sin perjuicio del derecho de la persona a cuyo favor se haya hecho la anotación.

(REFORMADO, D.O.F. 3 DE ENERO DE 1979)

DE LA INMATRICULACIÓN

(REFORMADO, G.O. 23 DE JULIO DE 2012) (F. DE E., G.O. 3 DE AGOSTO DE 2012)

Artículo 3046.- La inmatriculación es la inscripción de la propiedad de un inmueble en el Registro Público de la Propiedad, que carece de antecedentes registrales y se obtiene por resolución judicial a través de información de dominio. Para llevar a cabo el procedimiento de inmatriculación previsto en este Código, es requisito que dicho Registro emita, durante el procedimiento de que se trate, un certificado que acredite que el bien a inmatricularse no esté inscrito en esa institución.

(REFORMADO [N. DE E. ADICIONADO], D.O.F. 7 DE ENERO DE 1988)

INMATRICULACIÓN POR RESOLUCIÓN JUDICIAL

(REFORMADO, D.O.F. 7 DE ENERO DE 1988)

Artículo 3047.- En el caso de la información de dominio a que se refiere el inciso a) de la fracción I del artículo anterior, el que haya poseído bienes inmuebles por el tiempo y con las condiciones exigidas para prescribirlos establecidas en el Libro Segundo, Título Séptimo, Capítulo II del Código Civil, y no tenga título de propiedad o, teniéndolo no sea susceptible de inscripción por defectuoso, podrá ocurrir ante el Juez competente para acreditar la prescripción rindiendo la información respectiva, en los términos de las disposiciones aplicables del Código de Procedimientos Civiles.

Comprobados debidamente los requisitos de la prescripción, el Juez declarará que el poseedor se ha convertido en propietario en virtud de la prescripción y tal declaración se tendrá como título de propiedad y será inscrita en el Registro Público de la Propiedad.

Artículo 3048.- (DEROGADO, G.O. 23 DE JULIO DE 2012)

Artículo 3049.- (DEROGADO, G.O. 23 DE JULIO DE 2012)

(REFORMADO [N. DE E. ADICIONADO], D.O.F. 7 DE ENERO DE 1988)

INMATRICULACIÓN POR RESOLUCIÓN ADMINISTRATIVA

(REFORMADO, G.O. 23 DE JULIO DE 2012)

Artículo 3050.- El Director del Registro Público de la Propiedad ordenará de plano la inmatriculación cuando se trate de:

a) La inscripción del decreto por el que se incorpore al dominio público del Distrito Federal un inmueble;

b) La inscripción del decreto por el que se desincorpore del dominio público un inmueble, o se trate del título expedido con base en ese decreto;

c) La inscripción de parcelas sobre las que se adoptó el dominio pleno en los términos de la Ley Agraria, bastando la copia certificada de la resolución del Tribunal Agrario.

Artículo 3051.- (DEROGADO, G.O. 23 DE JULIO DE 2012)

Artículo 3052.- (DEROGADO, G.O. 23 DE JULIO DE 2012)

Artículo 3053.- (DEROGADO, G.O. 23 DE JULIO DE 2012)

Artículo 3054.- (DEROGADO, G.O. 23 DE JULIO DE 2012)

(REFORMADO [N. DE E. ADICIONADO], D.O.F. 7 DE ENERO DE 1988)

DISPOSICIONES COMUNES

Artículo 3055.- (DEROGADO, G.O. 23 DE JULIO DE 2012)

(REFORMADO, G.O. 23 DE JULIO DE 2012)

Artículo 3056.- Una vez ordenada judicialmente la inmatriculación de la propiedad de un inmueble y cubierto el pago de los derechos respectivos, se hará la inscripción en el folio correspondiente.

(REFORMADO, G.O. 23 DE JULIO DE 2012)

Artículo 3057.- La inmatriculación realizada mediante resolución judicial, no podrá modificarse o cancelarse, sino en virtud de mandato judicial contenido en sentencia firme, dictada en juicio en que haya sido parte el Titular del Registro Público de la Propiedad.

(REFORMADO, D.O.F. 7 DE ENERO DE 1988)

Artículo 3058.- No se inscribirán las informaciones judiciales o administrativas de posesión, ni las de dominio cuando se violen los programas de desarrollo urbano o las declaratorias de usos, destinos o reservas de predios, expedidos por la autoridad competente, o no se hayan satisfecho las disposiciones legales aplicables en materia de división y ocupación de predios, a menos que se trate de programas de regularización de la tenencia de la tierra aprobados por la autoridad.

(REFORMADO [N. DE E. ADICIONADO], D.O.F. 3 DE ENERO DE 1979)

DEL SISTEMA REGISTRAL

(REFORMADO, G.O. 23 DE JULIO DE 2012)

Artículo 3059.- La Ley Registral establecerá el sistema conforme al cual deberán llevarse los folios del Registro Público y practicarse los asientos.

El Registro Público deberá operar con un sistema informático, mediante el cual se realice la captura, almacenamiento, custodia, seguridad, consulta, reproducción, verificación y transmisión de la información contenida en el acervo registral.

La primera inscripción de cada finca será de dominio.

(ADICIONADO, G.O. 23 DE JULIO DE 2012)

Artículo 3059 Bis.- Los folios en que se practiquen los asientos serán electrónicos.

El procedimiento de anotación o inscripción se sujetará a lo dispuesto por este Código y el artículo 41 de la Ley Registral.

(REFORMADO, D.O.F. 3 DE ENERO DE 1979)

Artículo 3060.- Los asientos y notas de presentación expresarán:

I. La fecha y número de entrada;

(REFORMADA, G.O. 23 DE JULIO DE 2012)

II. La naturaleza del documento y el nombre del notario o funcionario que lo haya autorizado;

III. La naturaleza del acto o negocio de que se trate;

IV. Los bienes o derechos objeto del título presentado, expresando su cuantía, si constare; y

V. Los nombres y apellidos de los interesados.

(REFORMADO PRIMER PÁRRAFO, G.O. 23 DE JULIO DE 2012)

Artículo 3061.- Los asientos de inscripción deberán expresar además de lo señalado en el artículo que precede, lo siguiente:

I. (DEROGADA, G.O. 23 DE JULIO DE 2012)

(REFORMADA, D.O.F. 3 DE ENERO DE 1979)

II. La naturaleza, extensión y condiciones del derecho de que se trate;

(REFORMADA, G.O. 23 DE JULIO DE 2012)

III. El valor de los bienes o derechos a que se refiere la fracción anterior, cuando conforme a este Código y la Ley Registral deban expresarse en el título.

(REFORMADA, G.O. 23 DE JULIO DE 2012)

IV. Tratándose de hipotecas, la obligación garantizada; la época en que podrá exigirse su cumplimiento; el importe de ella o la cantidad máxima asegurada cuando se trate de obligaciones de monto indeterminado; y los intereses determinados o determinables conforme a lo pactado en el instrumento, si se causaren, y la fecha desde que deban correr;

(REFORMADA, G.O. 23 DE JULIO DE 2012)

V. Los nombres de las personas físicas o en su caso la denominación o razón social de las personas morales a cuyo favor se haga la inscripción y de aquellas de quienes procedan inmediatamente los bienes. Cuando el título exprese las generales, el Registro Federal de Contribuyentes o la Clave Única de Registro de Población de los interesados, se hará mención de dichos datos en la inscripción.

(REFORMADA, D.O.F. 3 DE ENERO DE 1979)

VI. La naturaleza del hecho o negocio jurídico; y

(REFORMADA, G.O. 23 DE JULIO DE 2012)

VII. La fecha del título, número si lo tuviere y el notario o funcionario que lo haya autorizado.

(ADICIONADO, G.O. 23 DE JULIO DE 2012)

Si el título presentado contiene lo señalado anteriormente, el registrador no podrá solicitar información o documento adicional.

(REFORMADO, D.O.F. 3 DE ENERO DE 1979)

Artículo 3062.- Las anotaciones preventivas contendrán las circunstancias que expresa el artículo anterior, en cuanto resulten de los documentos presentados y, por lo menos, la finca o derecho anotado, la persona a quien favorezca la anotación y la fecha de ésta.

Las que deban su origen a embargo o secuestro, expresarán la causa que haya dado lugar a aquellas y el importe de la obligación que los hubiere originado.

(REFORMADO, G.O. 25 DE MAYO DE 2000)

Las que provengan de una declaración de expropiación, limitación de dominio u ocupación de bienes inmuebles, mencionarán la fecha del decreto respectivo, la de su publicación en la Gaceta Oficial del Distrito Federal y el fin de utilidad pública que sirva de causa a la declaración.

(REFORMADO, D.O.F. 3 DE ENERO DE 1979)

Artículo 3063.- Los asientos de cancelación de una inscripción o anotación preventiva, expresarán:

(REFORMADA, G.O. 23 DE JULIO DE 2012)

I. La clase de documento en virtud del cual se practique la cancelación, su fecha y número si lo tuviere y el nombre del notario o quien lo solicite, así como el nombre del funcionario que lo autorice;

II. La causa por la que se hace la cancelación;

III. El nombre y apellidos de la persona a cuya instancia o con cuyo consentimiento se verifique la cancelación;

IV. La expresión de quedar cancelado total o parcialmente el asiento de que se trate; y

V. Cuando se trate de cancelación parcial, la parte que se segregue o que haya desaparecido del inmueble, o la que reduzca el derecho y la que subsista.

(ADICIONADO, G.O. 23 DE JULIO DE 2012)

Si el título presentado contiene lo señalado anteriormente, el registrador no podrá solicitar información o documento adicional.

(REFORMADO, D.O.F. 3 DE ENERO DE 1979)

Artículo 3064.- Las anotaciones deberán contener las indicaciones para relacionar entre sí las fincas o asientos a que se refieren y, en su caso, el hecho que se trate de acreditar; y el documento en cuya virtud se extienda.

(REFORMADO, D.O.F. 3 DE ENERO DE 1979)

Artículo 3065.- Los requisitos que según los artículos anteriores deban contener los asientos, podrán omitirse cuando ya consten en otros del registro de la finca, haciéndose sólo referencia al asiento que los contenga.

(REFORMADO, G.O. 23 DE JULIO DE 2012)

Artículo 3066.- Todos los asientos, de la clase que fueren, deberán ir firmados por el registrador y expresar la fecha en que se practiquen, así como el número de entrada y trámite de la solicitud, su fecha y hora

(REFORMADO PRIMER PÁRRAFO, G.O. 23 DE JULIO DE 2012)

Artículo 3067.- Los asientos del Registro Público no surtirán efecto mientras no estén firmados por el registrador o funcionario que lo substituya; en caso de omisión se subsanará en los términos del artículo 58 y demás aplicables de la Ley Registral.

(REFORMADO, D.O.F. 3 DE ENERO DE 1979)

Los asientos podrán anularse por resolución judicial con audiencia de los interesados, cuando substancialmente se hubieren alterado dichos asientos, así como en el caso de que se hayan cambiado los datos esenciales relativos a la finca de que se trate, o a los derechos inscritos o al titular de éstos, sin perjuicio de lo establecido respecto a la rectificación de errores, inexactitudes u omisiones.

(REFORMADO, D.O.F. 3 DE ENERO DE 1979)

Artículo 3068.- La nulidad de los asientos a que se refiere el artículo anterior, no perjudicará el derecho anteriormente adquirido por un tercero, protegido con arreglo al artículo 3009.

(ADICIONADO, D.O.F. 3 DE ENERO DE 1979)

CAPÍTULO IV
DEL REGISTRO DE OPERACIONES SOBRE BIENES MUEBLES

Artículo 3069.- (DEROGADO, G.O. 23 DE JULIO DE 2012)

Artículo 3070.- (DEROGADO, G.O. 23 DE JULIO DE 2012)

(REFORMADO, D.O.F. 3 DE ENERO DE 1979)

CAPÍTULO V
DEL REGISTRO DE PERSONAS MORALES

(REFORMADO [N. DE E. ADICIONADO], D.O.F. 3 DE ENERO DE 1979)

Artículo 3071.- En los folios de las personas morales se inscribirán:

(REFORMADA, G.O. 23 DE JULIO DE 2012)

I. Los instrumentos por los que se constituyan, reformen, disuelvan y liquiden las sociedades y asociaciones civiles y sus estatutos;

(REFORMADA, D.O.F. 24 DE DICIEMBRE DE 1996)

II. Los instrumentos que contengan la protocolización de los estatutos de asociaciones y sociedades extranjeras de carácter civil y de sus reformas, previa autorización en los términos de los artículos 17 y 17 A de la Ley de Inversión Extranjera; y

(REFORMADA, G.O. 25 DE MAYO DE 2000)

III. Las instituciones, fundaciones y asociaciones de asistencia privada.

(REFORMADO [N. DE E. ADICIONADO], D.O.F. 3 DE ENERO DE 1979)

Artículo 3072.- Las inscripciones referentes a la constitución de personas morales, deberán contener los datos siguientes:

I. El nombre de los otorgantes;

II. La razón social o denominación;

III. El objeto, duración y domicilio;

IV. El capital social, si lo hubiere y la aportación con que cada socio deba contribuir;

V. La manera de distribuirse las utilidades y pérdidas, en su caso;

VI. El nombre de los administradores y las facultades que se les otorguen;

VII. El carácter de los socios y de su responsabilidad ilimitada cuando la tuvieren; y

VIII. La fecha y la firma del registrador.

(REFORMADO, G.O. 23 DE JULIO DE 2012)

Artículo 3073.- Las demás inscripciones que se practiquen en los folios de las personas morales, expresarán los datos esenciales del acto o contrato según resulten del título respectivo. Los acuerdos sociales que reformen cualquiera de los datos mencionados en alguna de las fracciones II a VII del artículo anterior, deberán inscribirse en el folio respectivo previa protocolización ante Notario, si así procediera.

(REFORMADO [N. DE E. ADICIONADO], D.O.F. 3 DE ENERO DE 1979)

Artículo 3074.- Las inscripciones que se practiquen en los folios relativos a bienes muebles y personas morales no producirán más efectos que los señalados en los artículos 2310, fracción II; 2312, 2673, 2694 y 2859 de este Código, y les serán aplicables a los registros las disposicoines (sic) relativas a los bienes inmuebles, en cuanto sean compatibles con la naturaleza de los actos o contratos materia de éste y del anterior capítulo y con los efectos que las inscripciones producen.

ARTÍCULOS TRANSITORIOS

(REFORMADO, D.O.F. 1o. DE SEPTIEMBRE DE 1932)

Artículo 1o. Este Código comenzará a regir el 1o. de octubre de 1932.

Artículo 2o. Sus disposiciones regirán los efectos jurídicos de los actos anteriores a su vigencia, si con su aplicación no se violan derechos adquiridos.

Artículo 3o. La capacidad jurídica de las personas se rige por lo dispuesto en este Código, aun cuando modifique o quite la que antes gozaban; pero los actos consumados por personas capaces quedan firmes, aun cuando se vuelvan incapaces conforme a la presente ley.

Artículo 4o. Los bienes adquiridos antes de la vigencia de la Ley de Relaciones Familiares, por matrimonios celebrados bajo el régimen de sociedad legal, constituyen una copropiedad de los cónyuges, si la sociedad no se liquidó conforme a lo dispuesto en el artículo 4o. transitorio de la citada ley; cesando la sociedad de producir sus efectos desde que esa ley entró en vigor.

Artículo 5o. Los tutores y los albaceas ya nombrados, garantizarán su manejo de acuerdo con las disposiciones de este Código, dentro del plazo de seis meses contados desde que entre en vigor, so pena de que sean removidos de su cargo, si no lo hacen.

Artículo 6o. Las disposiciones de este Código se aplicarán a los plazos que estén corriendo para prescribir, hacer declaraciones de ausencia, presunciones de muerte o para cualquiera otro acto jurídico, pero el tiempo transcurrido se computará aumentándolo o disminuyéndolo en la misma proporción en que se haya aumentado o disminuido el nuevo término fijado por la presente ley.

Artículo 7o. Las disposiciones del Código Civil anterior sobre Registro Público y su Reglamento, seguirán aplicándose en todo lo que no sean contrarias a las prevenciones del presente Código, mientras no se expida el nuevo Reglamento del Registro Público.

Artículo 8o. Los contratos de censo y de anticresis celebrados bajo el imperio de la legislación anterior, continuarán regidos por las disposiciones de esa legislación.

La dote ya constituida será regida por las disposiciones de la ley bajo la que se constituyó y por las estipulaciones del contrato relativo.

Artículo 9o. Queda derogada la legislación civil anterior; pero continuarán aplicándose las leyes especiales federales que reglamenten materia civil y las disposiciones del Código Civil anterior que la presente ley expresamente ordene que continúen en vigor.

Por tanto, mando se imprima, publique, circule y se le dé el debido cumplimiento.

Dado en el Palacio del Poder Ejecutivo Federal, en México, a los treinta días del mes de agosto de mil novecientos veintiocho.- P. Elías Calles.- Rúbrica.- El Secretario de Estado y del Despacho de Gobernación, Emilio Portes Gil.- Rúbrica.- Al C. Lic. Emilio Portes Gil, Secretario de Estado y del Despacho de Gobernación.- Presente.

Lo comunico a usted para su publicación y demás fines.

Sufragio Efectivo. No Reelección.

México, a 30 de agosto de 1928.- El Secretario de Estado y del Despacho de Gobernación, Emilio Portes Gil.- Rúbrica.

N. DE E. A CONTINUACIÓN SE TRANSCRIBEN LOS ARTÍCULOS TRANSITORIOS DE LOS DECRETOS DE REFORMAS AL PRESENTE CÓDIGO.

D.O.F. 1 DE SEPTIEMBRE DE 1932.

EL DECRETO DE REFORMAS CON ANTELACIÓN CITADO, NO SEÑALA DISPOSICIONES TRANSITORIAS EN RELACIÓN CON LA PUESTA EN VIGENCIA DEL TEXTO MODIFICADO; EN CONSECUENCIA, SERÁN APLICABLES SUPLETORIAMENTE LAS REGLAS GENERALES DE INTERPRETACIÓN DE LAS NORMAS PREVISTAS EN EL ARTÍCULO 3o. DEL CÓDIGO CIVIL VIGENTE PARA EL DISTRITO FEDERAL EN MATERIA COMÚN Y PARA TODA LA REPÚBLICA EN MATERIA FEDERAL.

D.O.F. 31 DE MARZO DE 1938.

EL DECRETO DE REFORMAS CON ANTELACIÓN CITADO, NO SEÑALA DISPOSICIONES TRANSITORIAS EN RELACIÓN CON LA PUESTA EN VIGENCIA DEL TEXTO MODIFICADO; EN CONSECUENCIA, SERÁN APLICABLES SUPLETORIAMENTE LAS REGLAS GENERALES DE INTERPRETACIÓN DE LAS NORMAS PREVISTAS EN EL ARTÍCULO 3o. DEL CÓDIGO CIVIL VIGENTE PARA EL DISTRITO FEDERAL EN MATERIA COMÚN Y PARA TODA LA REPÚBLICA EN MATERIA FEDERAL.

D.O.F. 20 DE ENERO DE 1940.

EL DECRETO DE REFORMAS CON ANTELACIÓN CITADO, NO SEÑALA DISPOSICIONES TRANSITORIAS EN RELACIÓN CON LA PUESTA EN VIGENCIA DEL TEXTO MODIFICADO; EN CONSECUENCIA, SERÁN APLICABLES SUPLETORIAMENTE LAS REGLAS GENERALES DE INTERPRETACIÓN DE LAS NORMAS PREVISTAS EN EL ARTÍCULO 3o. DEL CÓDIGO CIVIL VIGENTE PARA EL DISTRITO FEDERAL EN MATERIA COMÚN Y PARA TODA LA REPÚBLICA EN MATERIA FEDERAL.

D.O.F. 11 DE NOVIEMBRE DE 1943.

DECRETO DE 24 DE SEPTIEMBRE DE 1943, QUE PRORROGA EN EL DISTRITO FEDERAL, POR EL TIEMPO QUE DURE LA GUERRA EN QUE SE ENCUENTRA EL PAÍS, TODA CLASE DE CONTRATOS DE ARRENDAMIENTO DE CASAS-HABITACIÓN VIGENTES.

ARTÍCULO 1o.- El presente Decreto entrará en vigor el día siguiente de su publicación en el "Diario Oficial" de la Federación.

ARTÍCULO 2o.- Los juicios de desocupación por terminación del contrato de arrendamiento que estén pendientes al entrar en vigor el presente, se sobrescerán (sic).

ARTÍCULO 3o.- Los términos que estuvieron corriendo de conformidad con el artículo 2478 del Código Civil para dar por terminado un arrendamiento por tiempo indefinido, se suspenderán y no surtirán efectos los avisos dados por arrendadores a los inquilinos, notificándoles su voluntad de dar por terminado el arrendamiento.

D.O.F. 9 DE JUNIO DE 1944.

DECRETO DE 15 DE MAYO DE 1944, QUE PRORROGA LOS CONTRATOS DE ARRENDAMIENTO DE CASA HABITACIÓN EN LOS TERRITORIOS FEDERALES EN BENEFICIO DE LOS INQUILINOS, MIENTRAS DURE EL ESTADO DE GUERRA.

ARTÍCULO 1o.- El presente Decreto entrará en vigor diez días después de su publicación en el "Diario Oficial" de la Federación.

ARTÍCULO 2o.- Los juicios de desocupación por terminación del contrato de arrendamiento que estén pendientes al entrar en vigor el presente, se sobreseerán.

ARTÍCULO 3o.- Los términos que estuvieron corriendo de conformidad con el artículo 2478 del Código Civil para dar por terminado un arrendamiento por tiempo indefinido, se suspenderán y no surtirán efectos los avisos dados por arrendadores a los inquilinos, notificándoseles su voluntad de dar por terminado el arrendamiento.

D.O.F. 23 DE FEBRERO DE 1946.

EL DECRETO DE REFORMAS CON ANTELACIÓN CITADO, NO SEÑALA DISPOSICIONES TRANSITORIAS EN RELACIÓN CON LA PUESTA EN VIGENCIA DE LOS TEXTOS MODIFICADOS; EN CONSECUENCIA, SERÁN APLICABLES SUPLETORIAMENTE LAS REGLAS GENERALES DE INTERPRETACIÓN DE LAS NORMAS PREVISTAS EN EL ARTÍCULO 3o. DEL CÓDIGO CIVIL VIGENTE PARA EL DISTRITO FEDERAL EN MATERIA COMÚN Y PARA TODA LA REPÚBLICA EN MATERIA FEDERAL.

D.O.F. 14 DE ENERO DE 1948.

ARTÍCULOS TRANSITORIOS DE LA LEY FEDERAL SOBRE EL DERECHO DE AUTOR.

SE TRANSCRIBEN ÚNICAMENTE LOS TRANSITORIOS DEL DECRETO DE REFORMAS QUE SE RELACIONAN CON LA LEY.

ARTÍCULO PRIMERO.- Esta ley entrará en vigor a los quince días de su publicación en el "Diario Oficial" de la Federación.

ARTÍCULO SEGUNDO.- Queda derogado el Título Octavo del Libro Segundo del Código Civil vigente y todas las disposiciones que se opongan a la presente Ley, excepto para regir las violaciones ocurridas antes de la vigencia de ésta.

D.O.F. 27 DE FEBRERO DE 1951.

EL DECRETO DE REFORMAS CON ANTELACIÓN CITADO, NO SEÑALA DISPOSICIONES TRANSITORIAS EN RELACIÓN CON LA PUESTA EN VIGENCIA DEL TEXTO MODIFICADO; EN CONSECUENCIA, SERÁN APLICABLES SUPLETORIAMENTE LAS REGLAS GENERALES DE INTERPRETACIÓN DE LAS NORMAS PREVISTAS EN EL ARTÍCULO 3o. DEL CÓDIGO CIVIL VIGENTE PARA EL DISTRITO FEDERAL EN MATERIA COMÚN Y PARA TODA LA REPÚBLICA EN MATERIA FEDERAL.

D.O.F. 18 DE ENERO DE 1952.

ARTÍCULO 1o.- El presente decreto entrará en vigor al mismo tiempo que el nuevo Reglamento del Registro Público que se expida, en la fecha que fije el Ejecutivo.

ARTÍCULO 2o.- Sus disposiciones se aplicarán a los actos y contratos y a los títulos y documentos de fecha anterior a su vigencia, siempre que su aplicación no resulte retrospectiva.

ARTÍCULO 3o.- Al entrar en vigor el presente decreto, el Director del Registro Público de la Propiedad del Distrito Federal y los registradores de los Territorios, harán entrega a los encargados de los Archivos de Notarías de sus respectivas jurisdicciones, de los testamentos ológrafos depositados en el Registro, mediante relación detallada de los mismos, entregándoles igualmente los libros de registro y los índices en donde se encuentren anotados dichos testamentos, para su guarda y depósito.

ARTÍCULO 4o.- Las personas casadas bajo el régimen de sociedad conyugal, tendrán un plazo de seis meses a partir de la fecha en que este decreto entre en vigor para inscribir en el registro relativo a los inmuebles, derechos reales sobre los mismos u otros derechos inscribibles o anotables, esta circunstancia. Pasado este plazo se aplicará a toda inscripción hecha en el registro lo dispuesto en el artículo 3012.

ARTÍCULO 5o.- Quedan derogadas las disposiciones del Código Civil de 1932, que se opongan al presente decreto.

D.O.F. 9 DE ENERO DE 1954.

El presente decreto entrará en vigor diez días después de la fecha de su publicación en el "Diario Oficial" de la Federación.

D.O.F. 15 DE DICIEMBRE DE 1954.

EL DECRETO DE REFORMA CON ANTELACIÓN CITADO, NO SEÑALA DISPOSICIONES TRANSITORIAS EN RELACIÓN CON LA PUESTA EN VIGENCIA DEL TEXTO MODIFICADO; EN CONSECUENCIA, SERÁN APLICABLES SUPLETORIAMENTE LAS REGLAS GENERALES DE INTERPRETACIÓN DE LAS NORMAS PREVISTAS EN EL ARTÍCULO 3o. DEL CÓDIGO CIVIL VIGENTE PARA EL DISTRITO FEDERAL EN MATERIA COMÚN Y PARA TODA LA REPÚBLICA EN MATERIA FEDERAL.

D.O.F. 31 DE DICIEMBRE DE 1954.

EL DECRETO DE REFORMA CON ANTELACIÓN CITADO, NO SEÑALA DISPOSICIONES TRANSITORIAS EN RELACIÓN CON LA PUESTA EN VIGENCIA DEL TEXTO MODIFICADO; EN CONSECUENCIA, SERÁN APLICABLES SUPLETORIAMENTE LAS REGLAS GENERALES DE INTERPRETACIÓN DE LAS NORMAS PREVISTAS EN EL ARTÍCULO 3o. DEL CÓDIGO CIVIL VIGENTE PARA EL DISTRITO FEDERAL EN MATERIA COMÚN Y PARA TODA LA REPÚBLICA EN MATERIA FEDERAL.

D.O.F. 30 DE DICIEMBRE DE 1966.

Primero.- El presente Decreto entrará en vigos (sic) tres días después de su publicación en el "Diario Oficial" de la Federación.

Segundo.- Se derogan las disposiciones legales que se opongan al presente Decreto.

D.O.F. 17 DE ENERO DE 1970.

DECRETO QUE REFORMA LOS ARTÍCULOS 77, 78, 79, 363, 368, 390, 391, 397 FRACCIÓN III, 398, 403, 405 FRACCIÓN I Y 406 FRACCIONES I Y II DEL CÓDIGO CIVIL PARA EL DISTRITO Y TERRITORIOS FEDERALES EN MATERIA COMÚN Y PARA TODA LA REPÚBLICA EN MATERIA FEDERAL.

ÚNICO.- Este Decreto entrará en vigor tres días después de la fecha de su publicación en el "Diario Oficial" de la Federación.

D.O.F. 17 DE ENERO DE 1970.

DECRETO QUE REFORMA LA FRACCIÓN VIII DEL ARTÍCULO 511 DEL CÓDIGO CIVIL PARA EL DISTRITO Y TERRITORIOS FEDERALES EN MATERIA COMÚN Y PARA TODA LA REPÚBLICA EN MATERIA FEDERAL.

ARTÍCULO ÚNICO.- La presente reforma entrará en vigor al tercer día de su publicación en el "Diario Oficial" de la Federación.

D.O.F. 28 DE ENERO DE 1970.

ARTÍCULO ÚNICO.- El presente decreto surtirá sus efectos a los tres días de su publicación en el "Diario Oficial" de la Federación.

D.O.F. 24 DE MARZO DE 1971.

ARTÍCULO ÚNICO.- Este decreto entrará en vigor en la misma fecha que las reformas a la Ley Orgánica de Tribunales de Justicia del Fuero Común del Distrito y Territorios Federales, aprobadas por el H. Congreso de la Unión en el presente período extraordinario de sesiones.

D.O.F. 4 DE ENERO DE 1973.

ARTÍCULO ÚNICO.- Este Decreto entrará en vigor al día siguiente de su publicación en el "Diario Oficial" de la Federación.

D.O.F. 14 DE MARZO DE 1973.

ARTÍCULO ÚNICO.- Este decreto entrará en vigor treinta días después de su publicación en el Diario Oficial de la Federación.

D.O.F. 28 DE DICIEMBRE DE 1973.

PRIMERO.- Las presentes reformas entrarán en vigor treinta días después de su publicación en el "Diario Oficial" de la Federación.

SEGUNDO.- Al entrar en vigor el Decreto de 31 de Diciembre de 1951, publicado en el "Diario Oficial" el 18 de Enero de 1952, el Artículo 3018 que se reforma en este Decreto, tomará el número que le corresponda.

TERCERO.- Se derogan las disposiciones legales que se opongan al contenido de este Decreto.

D.O.F. 23 DE DICIEMBRE DE 1974.

ARTÍCULO ÚNICO.- El presente Decreto entrará en vigor noventa días después de su publicación en el "Diario Oficial" de la Federación.

D.O.F. 31 DE DICIEMBRE DE 1974.

ÚNICO.- El presente Decreto entrará en vigor sesenta días después de su publicación en el "Diario Oficial" de la Federación.

D.O.F. 22 DE DICIEMBRE DE 1975.

ÚNICO.- El presente Decreto entrará en vigor al día siguiente al de su publicación en el "Diario Oficial" de la Federación.

D.O.F. 30 DE DICIEMBRE DE 1975.

ÚNICO.- El presente Decreto entrará en vigor a los treinta días de su publicación en el "Diario Oficial" de la Federación.

D.O.F. 29 DE JUNIO DE 1976.

ARTÍCULO ÚNICO.- Este Decreto entrará en vigor quince días después de su publicación en el "Diario Oficial" de la Federación.

D.O.F. 29 DE DICIEMBRE DE 1976.

ARTÍCULO ÚNICO.- El presente Decreto entrará en vigor a los treinta días de su publicación en el "Diario Oficial" de la Federación.

D.O.F. 3 DE ENERO DE 1979.

ARTÍCULO PRIMERO.- El presente decreto, por lo que hace al Registro Público entrará en vigor al tercer día de su publicación en el "Diario Oficial" de la Federación y, por lo que hace al sistema que habrá de seguirse en la Oficina Central y en los Juzgados del Registro Civil, treinta días después de su publicación en el propio "Diario Oficial".

ARTÍCULO SEGUNDO.- Quedan derogadas las disposiciones legales que se opongan al presente Decreto y se abroga el que reforma varios artículos del Código Civil para el Distrito Federal, en Materia Común, y para toda la República, en Materia Federal, así como el Título II de la Tercera Parte del Libro Cuarto de este mismo Código, de fecha 31 de diciembre de 1951 publicado en el "Diario Oficial" de la Federación el 18 de enero de 1952.

ARTÍCULO TERCERO.- Las disposiciones de este decreto se aplicarán a los actos, contratos, títulos y documentos de fecha anterior a su vigencia, siempre que no sean en perjuicio de los interesados.

ARTÍCULO CUARTO.- Al entrar en vigor el presente decreto en el Distrito Federal, el Director del Registro Público hará entrega al encargado del Archivo General de Notarías de los testamentos ológrafos depositados en el citado Registro Público, mediante acta que contenga la relación detallada de los mismos y de los libros e índices en que consten anotados.

D.O.F. 31 DE DICIEMBRE DE 1982.

ARTÍCULO ÚNICO.- Este Decreto entrará en vigor al día siguiente de su publicación en el Diario Oficial de la Federación.

D.O.F. 27 DE DICIEMBRE DE 1983.

DECRETO QUE REFORMA, ADICIONA Y DEROGA DIVERSAS DISPOSICIONES DEL CÓDIGO CIVIL PARA EL DISTRITO FEDERAL EN MATERIA COMÚN, Y PARA TODA LA REPÚBLICA EN MATERIA FEDERAL (ARTÍCULO 17); DEL CÓDIGO DE PROCEDIMIENTOS CIVILES PARA EL DISTRITO FEDERAL, DE LA LEY ORGÁNICA DE LOS TRIBUNALES DE JUSTICIA DEL FUERO COMÚN DEL DISTRITO FEDERAL; Y DEL CÓDIGO DE COMERCIO.

ARTÍCULO PRIMERO.- El presente ordenamiento entrará en vigor el día 1o. de octubre de 1984.

D.O.F. 27 DE DICIEMBRE DE 1983.

DECRETO QUE REFORMA Y DEROGA DIVERSAS DISPOSICIONES CONTENIDAS EN EL CÓDIGO CIVIL PARA EL DISTRITO FEDERAL EN MATERIA COMÚN, Y PARA TODA LA REPÚBLICA EN MATERIA FEDERAL, Y EN EL CÓDIGO DE PROCEDIMIENTOS CIVILES PARA EL DISTRITO FEDERAL.

SE TRANSCRIBEN ÚNICAMENTE LOS TRANSITORIOS DEL DECRETO DE REFORMAS QUE SE RELACIONAN CON EL CÓDIGO.

ARTÍCULO PRIMERO.- El presente Ordenamiento entrará en vigor 90 días después de su publicación en el Diario Oficial de la Federación.

D.O.F. 7 DE FEBRERO DE 1985.

DECRETO DE REFORMAS Y ADICIONES A DIVERSAS DISPOSICIONES RELACIONADAS CON INMUEBLES EN ARRENDAMIENTO.

TRANSITORIO PRIMERO.- Los contratos celebrados con anterioridad a la promulgación del presente decreto continuarán en vigor respecto al término pactado por las partes.

DECRETO DE REFORMAS Y ADICIONES A DIVERSAS DISPOSICIONES RELACIONADAS CON INMUEBLES EN ARRENDAMIENTO.

ÚNICO.- El presente Decreto entrará en vigor al día siguiente de su publicación en el Diario Oficial de la Federación.

D.O.F. 10 DE ENERO DE 1986.

ARTÍCULO ÚNICO.- Las presentes reformas al Código Civil para el Distrito Federal en Materia Común y para toda la República en Materia Federal, entrarán en vigor el día de su publicación en el Diario Oficial de la Federación.

D.O.F. 7 DE ENERO DE 1988.

DECRETO POR EL QUE SE REFORMAN Y ADICIONAN DIVERSOS ARTÍCULOS DEL CÓDIGO CIVIL PARA EL DISTRITO FEDERAL EN MATERIA COMÚN Y PARA TODA LA REPÚBLICA EN MATERIA FEDERAL.

ARTÍCULO PRIMERO.- El presente Decreto entrará en vigor al siguiente día de su publicación en el Diario Oficial de la Federación.

ARTÍCULO SEGUNDO.- El Ejecutivo Federal y el Jefe del Departamento del Distrito Federal dictarán las disposiciones administrativas para cumplimentar lo dispuesto en el presente Decreto.

ARTÍCULO TERCERO.- Se derogan todas las disposiciones que se opongan al presente Decreto.

ARTÍCULO CUARTO.- En las inmatriculaciones de inmuebles por resolución del Director del Registro Público de la Propiedad que se hayan realizado en un plazo mayor a cinco años de anterioridad a la entrada en vigor de las presentes reformas y adiciones, los interesados podrán solicitar la inscripción de dominio correspondiente, con sujeción a lo dispuesto por el artículo 3055 del Código Civil para el Distrito Federal en Materia Común y para toda la República en Materia Federal.

En aquellas en que aún no se cumpla el término establecido, los interesados podrán hacer la solicitud respectiva en el momento en que se satisfaga este requisito.

ARTÍCULO QUINTO.- Las solicitudes de inmatriculación por resolución del Director del Registro Público de la Propiedad que se encuentren en trámite a la entrada en vigor de estas reformas y adiciones, deberán ajustarse al procedimiento que establecen los artículos 3052 y 3053 que se reforman.

D.O.F. 7 DE ENERO DE 1988.

DECRETO POR EL QUE SE REFORMA Y ADICIONA EL CÓDIGO CIVIL PARA EL DISTRITO FEDERAL EN MATERIA COMÚN Y PARA TODA LA REPÚBLICA EN MATERIA FEDERAL.

ÚNICO.- El presente Decreto entrará en vigor al día siguiente al de su publicación en el Diario Oficial de la Federación.

D.O.F. 23 DE JULIO DE 1992.

PRIMERO.- El presente decreto entrará en vigor al día siguiente de su publicación en el Diario Oficial de la Federación.

SEGUNDO.- Las declaraciones de incapacidad o de nombramiento de tutor que actualmente se encuentra (sic) en trámite ante los tribunales competentes, en sus resoluciones que se dicten respecto de los motivos que les dieron origen y causa, deberán apegarse al texto de los artículos reformados, debiendo declarar en sus puntos resolutivos el tipo de incapacidad que padezca la persona.

D.O.F. 21 DE JULIO DE 1993.

N. DE E. EN RELACIÓN CON LA ENTRADA EN VIGOR DEL PRESENTE TEXTO, REMITIRSE A LOS ARTÍCULOS DEL DECRETO PUBLICADO EN LA G.O. DE 17 DE ABRIL DE 1999.

(REFORMADO, D.O.F. 19 DE OCTUBRE DE 1998)

PRIMERO.- Las disposiciones contenidas en el presente decreto entrarán en vigor el 19 de abril del año 1999, salvo lo dispuesto por los transitorios siguientes.

N. DE E. EN RELACIÓN CON LA ENTRADA EN VIGOR DEL PRESENTE TEXTO, REMITIRSE A LOS ARTÍCULOS DEL DECRETO PUBLICADO EN LA G.O. DE 17 DE ABRIL DE 1999.

(REFORMADO, D.O.F. 23 DE SEPTIEMBRE DE 1993)

SEGUNDO.- Las disposiciones del presente decreto se aplicarán a partir del 19 de octubre de 1993, únicamente cuando se trate de inmuebles que:

I. No se encuentren arrendados al 19 de octubre de 1993;

II. Se encuentren arrendados al 19 de octubre de 1993, siempre que sean para uso distinto del habitacional, o

III. Su construcción sea nueva, siempre que el aviso de terminación sea posterior al 19 de octubre de 1993.

N. DE E. EN RELACIÓN CON LA ENTRADA EN VIGOR DEL PRESENTE TEXTO, REMITIRSE A LOS ARTÍCULOS DEL DECRETO PUBLICADO EN LA G.O. DE 17 DE ABRIL DE 1999.

(REFORMADO, D.O.F. 19 DE OCTUBRE DE 1998)

TERCERO.- Los juicios y procedimientos judiciales y administrativos actualmente en trámite, así como los que se inicien antes del 19 de abril de 1999 derivados de contratos de arrendamiento de inmuebles para habitación y sus prórrogas, que no se encuentren en los supuestos establecidos en el transitorio anterior, se regirán hasta su conclusión, por las disposiciones del Código de Procedimientos Civiles para el Distrito Federal y de la Ley Federal de Protección al Consumidor, vigentes con anterioridad al 19 de octubre de 1993.

D.O.F. 23 DE SEPTIEMBRE DE 1993.

ÚNICO.- El presente decreto entrará en vigor el 19 de octubre de 1993.

D.O.F. 6 DE ENERO DE 1994.

PRIMERO.- El presente Decreto entrará en vigor al día siguiente de su publicación en el Diario Oficial de la Federación.

SEGUNDO.- Todas las referencias en la Ley del Notariado para el Distrito Federal, al Departamento del Distrito Federal se entenderán hechas a las autoridades del Distrito Federal; las relativas a libro autorizado y fojas, se tendrán hechas a folios, y cuando se haga alusión a notas marginales se entenderán notas complementarias.

TERCERO.- Los notarios deberán empezar a formar el protocolo bajo el nuevo sistema de folios, a más tardar el día 1o. de mayo de 1994. Dentro de ese plazo, se podrán autorizar a los notarios los libros necesarios. Transcurrido dicho plazo, los notarios asentarán la razón de terminación de cada libro después de la última escritura pasada y cancelarán las hojas no utilizadas, si las hubiere.

CUARTO.- La numeración de los instrumentos con la que cada notario iniciará el uso del protocolo a que se refieren las presentes reformas, será la que continúe al último instrumento asentado en los libros que dejarán de usarse.

QUINTO.- Los folios del Protocolo Abierto Especial actualmente en uso, serán utilizados por los notarios hasta que se terminen.

SEXTO.- En los casos en que con anterioridad a la entrada en vigor del presente Decreto, se hubieren otorgado escrituras de adquisición de los inmuebles a que se refiere el artículo 1549-Bis del Código Civil, los propietarios podrán instituir uno o más legatarios en los términos establecidos por dicho artículo.

D.O.F. 10 DE ENERO DE 1994.

SE TRANSCRIBEN ÚNICAMENTE LOS TRANSITORIOS DEL DECRETO DE REFORMAS QUE SE RELACIONAN CON EL CÓDIGO.

PRIMERO.- El presente decreto entrará en vigor el primero de febrero de mil novecientos noventa y cuatro.

CUARTO.- Se derogan todas las disposiciones que se opongan al presente decreto.

D.O.F. 24 DE MAYO DE 1996.

SE TRANSCRIBEN ÚNICAMENTE LOS TRANSITORIOS DEL DECRETO DE REFORMAS QUE SE RELACIONAN CON EL CÓDIGO.

CUARTO.- Las reformas previstas en el artículo quinto entrarán en vigor al día siguiente de su publicación en el Diario Oficial de la Federación.

D.O.F. 24 DE DICIEMBRE DE 1996.

SE TRANSCRIBEN ÚNICAMENTE LOS TRANSITORIOS DEL DECRETO DE REFORMAS QUE SE RELACIONAN CON EL CÓDIGO.

PRIMERO.- El presente Decreto entrará en vigor al día siguiente de su publicación en el Diario Oficial de la Federación, salvo lo previsto en el artículo siguiente.

D.O.F. 30 DE DICIEMBRE DE 1997.

PRIMERO.- Este Decreto entrará en vigor a los treinta días de su publicación en el Diario Oficial de la Federación.

SEGUNDO.- Los procedimientos de carácter civil que se encuentren pendientes de resolución a la entrada en vigor del presente Decreto, se substanciarán y resolverán conforme a las disposiciones vigentes al momento de su inicio.

D.O.F. 28 DE MAYO DE 1998.

PRIMERO.- El presente Decreto entrará en vigor al día siguiente de su publicación en el Diario Oficial de la Federación.

SEGUNDO.- Las adopciones que se encuentren en trámite a la fecha de publicación de las presentes reformas se resolverán de acuerdo con las disposiciones vigentes hasta antes de la publicación del presente Decreto.

No obstante, si en las adopciones que actualmente se tramitan hubiere la voluntad del adoptante de obtener la adopción plena, podrá seguirse el procedimiento establecido por el presente Decreto.

Las adopciones realizadas con anterioridad a la entrada en vigor del presente Decreto podrán convertirse a plenas, de acuerdo con los requisitos y procedimientos establecidos por este Decreto.

D.O.F. 19 DE OCTUBRE DE 1998.

ÚNICO.- El presente Decreto entrará en vigor el mismo día de su publicación en el Diario Oficial de la Federación.

G.O. 17 DE ABRIL DE 1999.

N. DE E. MEDIANTE DECRETO DE REFORMAS PUBLICADO EN FECHA 28 DE ABRIL DE 2000, EL LEGISLADOR MODIFICA EL TEXTO DEL DECRETO DE REFORMAS DEL 17 DE ABRIL DE 1999, AMBOS PUBLICADOS EN LA GACETA OFICIAL DEL DISTRITO FEDERAL, POR LO CUAL DICHAS MODIFICACIONES DEBERÁN SER CONSULTADAS DIRECTAMENTE EN LA GACETA OFICIAL DEL DISTRITO FEDERAL DE LA FECHA CON ANTELACIÓN CITADA, TODA VEZ QUE LAS MISMAS NO AFECTAN DIRECTAMENTE AL PRESENTE CÓDIGO.

ÚNICO.- El presente decreto entrará en vigor el mismo día de su publicación en la Gaceta Oficial del Distrito Federal.

G.O. 28 DE ABRIL DE 2000.

Único.- El presente Decreto entrará en vigor el mismo día de su publicación en la Gaceta Oficial del Distrito Federal.

G.O. 25 DE MAYO DE 2000.

Artículo Primero.- El presente Decreto entrará en vigor el primero de junio del año 2000.

Artículo Segundo.- Publíquese en la Gaceta Oficial del Distrito Federal y en el Diario Oficial de la Federación para su mayor difusión.

G.O. 17 DE ENERO DE 2002.

Primero.- Publíquese en la Gaceta Oficial del Distrito Federal y en el Diario Oficial de la Federación para su mayor difusión.

Segundo.- El presente decreto entrará en vigor al día siguiente de su publicación.

G.O. 16 DE ENERO DE 2003.

PRIMERO.- Túrnese al Jefe de Gobierno del Distrito Federal para su promulgación y publicación en la Gaceta Oficial del Distrito Federal y para su mayor difusión en el Diario Oficial de la Federación.

SEGUNDO.- El presente Decreto entrará en vigor al día siguiente de su publicación en la Gaceta Oficial del Distrito Federal.

G.O. 13 DE ENERO DE 2004.

ÚNICO.- El presente Decreto entrará en vigor 60 días naturales después de su publicación en la Gaceta Oficial del Distrito Federal.

G.O. 9 DE JUNIO DE 2004.

PRIMERO. Remítase al Jefe de Gobierno del distrito Federal para su publicación en la Gaceta Oficial del Distrito Federal, y para su mayor difusión también en el Diario Oficial de la Federación, en los términos previstos por el artículo 49 del Estatuto de Gobierno del Distrito Federal.

SEGUNDO. Las presentes reformas y adiciones entrarán en vigor al día siguiente de su publicación en la Gaceta Oficial del Distrito Federal.

TERCERO. Se derogan todas aquellas disposiciones que contravengan lo establecido en la presente Ley.

G.O. 6 DE SEPTIEMBRE DE 2004.

ARTÍCULO PRIMERO.- Publíquese en la Gaceta Oficial de Distrito Federal y en el Diario Oficial de la Federación para su mayor difusión.

ARTÍCULO SEGUNDO.- El presente decreto entrará en vigor a los noventa días siguientes a su publicación en la Gaceta Oficial del Distrito Federal.

ARTÍCULO TERCERO.- Las presentes disposiciones se aplicarán a todos los procedimientos judiciales y administrativos en trámite ante las autoridades correspondientes y de acuerdo a lo dispuesto en el artículo 94 de Código de Procedimientos Civiles del DF; los interesados podrán promover los beneficios que le concede la presente Ley.

G.O. 22 DE JULIO DE 2005.

PRIMERO.- El presente Decreto entrará en vigor a los quince días de su publicación en la Gaceta Oficial del Distrito Federal.

SEGUNDO.- Publíquese en la Gaceta Oficial del Distrito Federal y para su mayor difusión en el Diario Oficial del Distrito Federal.

G.O. 28 DE OCTUBRE DE 2005.

PRIMERO.- Remítase al Jefe de Gobierno para su debida promulgación y publicación en la Gaceta Oficial del Distrito Federal y para mayor difusión en el Diario Oficial de la Federación.

SEGUNDO.- La presente reforma entrará en vigor a partir del día siguiente de su publicación en la Gaceta Oficial del Distrito Federal.

G.O. 3 DE MAYO DE 2006.

PRIMERO.- Remítase al Jefe de Gobierno para su debida promulgación y publicación en la Gaceta Oficial del Distrito Federal y para mayor difusión en el Diario Oficial de la Federación.

SEGUNDO.- La presente reforma entrará en vigor a partir del día siguiente de su publicación en la Gaceta Oficial del Distrito Federal.

G.O. 19 DE MAYO DE 2006.

PRIMERO.- La presente Ley entrará en vigor al día siguiente de su publicación en la Gaceta Oficial del Distrito Federal.

SEGUNDO.- Se deroga el último párrafo del artículo 1916 y el artículo 1916 bis del Código Civil para el Distrito Federal.

TERCERO.- Se deroga el Título Décimo Tercero referente a "Delitos contra la intimidad personal y la inviolabilidad del secreto" Capítulo I "Violación de la Intimidad personal", Artículo 212 sin menoscabo de lo establecido en el 213 quedando el Título como "Inviolabilidad del secreto" y el Título Décimo Cuarto del Código Penal para el Distrito Federal nominado: "Delitos contra el honor" Artículos 214, 215, 216, 217, 218 y 219.

CUARTO.- Los juicios en materia civil que se estén tramitando antes de la entrada en vigor de la presente ley se sujetarán en los sustantivo a la ley vigente al momento en que ocurrieron los hechos. Los de materia penal se sobreseerán al momento de la entrada en vigor de la presente ley. En cuanto al procedimiento las partes de común acuerdo podrán solicitar al Juez que tenga a su cargo el caso, la continuación del procedimiento en los términos de la presente ley.

QUINTO.- Publíquese en la Gaceta Oficial del Distrito Federal y para su mayor difusión en el Diario Oficial de la Federación.

G.O. 7 DE JUNIO DE 2006.

PRIMERO. Publíquese el presente Decreto en la Gaceta Oficial del Distrito Federal y en el Diario Oficial de la Federación para su mayor difusión.

SEGUNDO. El presente Decreto entrará en vigor al día siguiente de su publicación en la Gaceta Oficial del Distrito Federal.

TERCERO. Se derogan todas aquellas disposiciones que se opongan al presente Decreto.

G.O. 17 DE ENERO DE 2007.

PRIMERO.- El presente Decreto entrará en vigor al día siguiente de su publicación en la Gaceta Oficial del Distrito Federal.

SEGUNDO.- Publíquese en la Gaceta Oficial del Distrito Federal y para su mayor difusión en el Diario Oficial de la Federación.

G.O. 2 DE FEBRERO DE 2007.

PRIMERO.- El presente Decreto entrará en vigor al siguiente día de su publicación en la Gaceta Oficial del Distrito Federal.

SEGUNDO.- Publíquese en la Gaceta Oficial del Distrito Federal y para su mayor difusión en el Diario Oficial de la Federación.

G.O. 15 DE MAYO DE 2007.

ÚNICO. El presente Decreto entrará en vigor al día siguiente de su publicación en la Gaceta Oficial del Distrito Federal.

G.O. 4 DE ENERO DE 2008.

Artículo Primero.- Publíquese en la Gaceta Oficial del Distrito Federal para su observancia y aplicación.

Artículo Segundo.- El presente Decreto entrará en vigor al día siguiente de su publicación en la Gaceta Oficial del Distrito Federal.

Artículo Tercero.- El Gobierno del Distrito Federal a través del Sistema para el Desarrollo Integral de la Familia emitirá los Lineamientos de Operación y Seguimiento para el cuidado y atención de los menores en situación de desamparo, dentro de los treinta días naturales siguientes a la publicación del decreto.

Artículo Cuarto.- El Gobierno del Distrito Federal a través del Sistema para el Desarrollo Integral de la Familia emitirá dentro de los 120 días siguientes a la fecha de publicación del presente decreto, el Reglamento a que se refiere el artículo 494-D.

Artículo Quinto.- La Asamblea Legislativa del Distrito Federal considerará una partida presupuestal de recursos financieros suficientes para asegurar la atención, cuidado y protección de los menores en situación de desamparo en el ejercicio presupuestal de 2008 y años subsecuentes.

G.O. 13 DE MARZO DE 2008.

SE TRANSCRIBEN ÚNICAMENTE LOS TRANSITORIOS DEL DECRETO DE REFORMAS QUE SE RELACIONAN CON EL CÓDIGO.

PRIMERO.- El presente Decreto entrará en vigor el día primero de julio del año dos mil ocho.

SEGUNDO.- La Asamblea Legislativa del Distrito Federal, autorizará a la Administración Pública del Distrito Federal, los recursos materiales y financieros necesarios para que la Consejería Jurídica y de Servicios Legales, dé cumplimiento al contenido de este Decreto.

...

SEXTO.- El Jefe de Gobierno del Distrito Federal deberá emitir los ordenamientos administrativos necesarios para instrumentar el presente Decreto, para que entren en vigor el mismo día que este instrumento.

...

G.O. 3 DE OCTUBRE DE 2008.

ARTÍCULO PRIMERO.- Publíquese en la Gaceta Oficial del Distrito Federal y para mayor difusión en el Diario Oficial de la Federación.

ARTÍCULO SEGUNDO.- El presente decreto entrará en vigor al día siguiente de su publicación en la Gaceta Oficial del Distrito Federal.

ARTÍCULO TERCERO.- Por lo que hace a los juicios de divorcio en trámite, será potestativo para cualquiera de las partes acogerse a las reformas establecidas en el presente decreto y, en su caso, seguirán rigiéndose con las disposiciones vigentes anteriores a la publicación del presente decreto hasta en tanto hayan concluido en su totalidad.

G.O. 10 DE OCTUBRE DE 2008.

Primero.- Publíquese en la Gaceta Oficial del Distrito Federal.

Segundo.- El presente decreto entrará en vigor a los treinta días hábiles siguientes de su publicación en la Gaceta Oficial del Distrito Federal.

Tercero.- Los juicios actualmente en trámite que tengan por objeto la rectificación o modificación de las actas el (sic) estado civil de las personas continuarán tramitándose en la vía en que hayan sido admitidos.

Cuarto.- A partir de la publicación del presente Decreto, el Jefe del Gobierno de Distrito Federal deberá realizar las adecuaciones jurídicas administrativas necesarias, en un plazo de sesenta días naturales.

G.O. 21 DE OCTUBRE DE 2008.

SE TRANSCRIBE ÚNICAMENTE EL TRANSITORIO QUE SE RELACIONA CON EL CÓDIGO.

PRIMERO.- La presente ley entrará en vigor a partir del 1º de enero del año 2009.

SEGUNDO.- Publíquese en la Gaceta Oficial del Distrito Federal y para su mayor difusión en el Diario Oficial de la Federación.

TERCERO.- Los asuntos que se encuentren en trámite en las dependencias, entidades o en la Contraloría General del Distrito Federal, relacionados con la indemnización a los particulares, derivada de las faltas administrativas en que hubieran incurrido los servidores públicos, se atenderán hasta su total terminación de acuerdo a las disposiciones aplicables a la fecha en que inició el procedimiento administrativo correspondiente.

CUARTO.- Los asuntos que se encuentren en trámite ante las Salas del Tribunal de los (sic) Contencioso Administrativo del Distrito Federal, relacionados con la responsabilidad patrimonial de dicha entidad federativa, se atenderán hasta su total terminación, de acuerdo a las disposiciones aplicables a la fecha en que inició el juicio contencioso-administrativo correspondiente.

QUINTO.- El Decreto de Presupuesto de Egresos para el ejercicio fiscal del año 2009 deberá contener el monto y las partidas que se destinarán a cubrir los compromisos derivados de la responsabilidad patrimonial de los Entes Públicos, órganos locales de gobierno del Distrito Federal, entidades, dependencias, órganos político administrativos y órganos autónomos.

...

SÉPTIMO.- La reforma al artículo 1927 del Código Civil para el Distrito Federal, entrará en vigor el 1º de enero de 2009.

G.O. 4 DE DICIEMBRE DE 2008.

ARTÍCULO PRIMERO. Publíquese en la Gaceta Oficial del Distrito Federal.

ARTÍCULO SEGUNDO. El presente Decreto entrará en vigor al día siguiente de su publicación.

G.O. 29 DE DICIEMBRE DE 2009.

Primero.- El presente decreto entrará en vigor a los 45 días hábiles de su publicación en la Gaceta Oficial del Distrito Federal.

Segundo.- A partir de la publicación del presente Decreto, el Jefe de Gobierno del Distrito Federal deberá realizar las adecuaciones jurídicas administrativas correspondientes, en un plazo no mayor a 45 días hábiles.

Tercero.- Publíquese en la Gaceta Oficial del Distrito Federal y para mayor difusión en el Diario Oficial de la Federación.

Cuarto.- Notifíquese por los conductos pertinentes el presente decreto al Jefe de Gobierno del Distrito Federal, al Presidente del Tribunal Superior de Justicia del Distrito Federal, al Presidente de la Comisión de Derechos Humanos del Distrito Federal.

G.O. 22 DE ENERO DE 2010.

PRIMERO.- Publíquese en la Gaceta Oficial del Distrito Federal para su debida difusión.

SEGUNDO.- Se abrogan todas las disposiciones que se opongan al presente Decreto.

TERCERO.- El presente Decreto entrará en vigor al día siguiente de su publicación en la Gaceta Oficial del Distrito Federal.

G.O. 14 DE MAYO DE 2010.

PRIMERO.- La presente Ley entrará en vigor al día siguiente al de su publicación en la Gaceta Oficial del Distrito Federal.

SEGUNDO.- Publíquese en la Gaceta Oficial del Distrito Federal y para su mayor difusión en el Diario Oficial de la Federación.

G.O. 29 DE JULIO DE 2010.

Primero. El presente decreto entrará en vigor al día siguiente de su publicación en la Gaceta Oficial del Distrito Federal.

Segundo. Publíquese en la Gaceta Oficial del Distrito Federal y para su mayor difusión en el Diario Oficial del (sic) la Federación.

G.O. 27 DE ENERO DE 2011.

PRIMERO.- El presente Decreto entrará en vigor el día siguiente al de su publicación en la Gaceta Oficial del Distrito Federal.

SEGUNDO.- Se abroga la actual Ley de Propiedad en Condominio de Inmuebles para el Distrito Federal, publicada en el Diario Oficial de la Federación el 31 de diciembre de 1998 y el 07 de enero de 1999 en la Gaceta Oficial del Distrito Federal.

TERCERO.- El Jefe de Gobierno del Distrito Federal, contará con 60 días hábiles a partir de la publicación de la presente Ley para emitir su Reglamento.

CUARTO.- Publíquese en la Gaceta Oficial del Distrito Federal y para mayor difusión en el Diario Oficial de la Federación.

G.O. 15 DE JUNIO DE 2011.

Primero. El presente decreto entrará en vigor al día siguiente a su publicación en la Gaceta Oficial del Distrito Federal.

Segundo. Todos los procesos iniciados con anterioridad a la entrada en vigor a la presente reforma se concluirán conforme a las disposiciones anteriores.

Tercero. Publíquese en la Gaceta Oficial del Distrito Federal y para su mayor difusión en el Diario Oficial de la Federación.

G.O. 24 DE JUNIO DE 2011.

DECRETO POR EL QUE SE REFORMA EL ARTÍCULO 267 FRACCIÓN VI DEL CÓDIGO CIVIL PARA EL DISTRITO FEDERAL

Primero. El presente decreto entrará en vigor al día siguiente a su publicación en la Gaceta Oficial del Distrito Federal.

Segundo. Publíquese en la Gaceta Oficial del Distrito Federal y para su mayor difusión en el Diario Oficial de la Federación.

G.O. 24 DE JUNIO DE 2011.

DECRETO POR EL QUE SE REFORMA Y ADICIONA UN SEGUNDO PÁRRAFO A LA FRACCIÓN IV, ASÍ COMO LAS FRACCIONES VI, VII Y VIII DEL ARTÍCULO 444 DEL CÓDIGO CIVIL PARA EL DISTRITO FEDERAL.

Primero. El presente decreto entrará en vigor al día siguiente a su publicación en la Gaceta Oficial del Distrito Federal.

Segundo. Publíquese en la Gaceta Oficial del Distrito Federal y para su mayor difusión en el Diario Oficial de la Federación.

G.O. 18 DE AGOSTO DE 2011.

Primero.- Publíquese en la Gaceta Oficial del Distrito Federal y para su mayor difusión en el Diario Oficial de la Federación.

Segundo.- El presente Decreto entrará en vigor a los 30 días siguientes de su publicación.

Tercero.- Se concede un plazo de noventa días, a partir de la entrada en vigor del presente decreto, para que se realicen las adecuaciones necesarias al Reglamento del Registro Civil.

G.O. 9 DE MAYO DE 2012.

Primero.- El presente decreto entrara en vigor al día siguiente de su publicación.

Segundo.- Publíquese en la Gaceta Oficial del Distrito Federal y en el Diario Oficial de la Federación para su mayor difusión.

G.O. 15 DE MAYO DE 2012.

PRIMERO.- Publíquese en la Gaceta Oficial del Distrito Federal y para su mayor difusión en el Diario Oficial de la Federación

SEGUNDO.- El presente decreto entrara en vigor al día siguiente de su Publicación en la Gaceta Oficial del Distrito Federal

G.O. 1 DE JUNIO DE 2012.

Primero.- La presente reforma entrará en vigor al día siguiente de su publicación en la Gaceta Oficial del Distrito Federal.

Segundo.- Publíquese en la Gaceta Oficial del Distrito Federal y en el Diario Oficial de la Federación para su mayor difusión.

G.O. 12 DE JUNIO DE 2012.

DECRETO POR EL QUE SE REFORMA EL ARTÍCULO 2149 DEL CÓDIGO CIVIL PARA EL DISTRITO FEDERAL.

Primero.- El presente decreto entrará en vigor al día siguiente de su publicación en la Gaceta Oficial del Distrito Federal.

Segundo.- Publíquese en la Gaceta Oficial del Distrito Federal y en el Diario Oficial de la Federación para su mayor difusión.

G.O. 12 DE JUNIO DE 2012.

DECRETO POR EL QUE SE A ADICIONAN DOS PÁRRAFOS AL ARTÍCULO 36 Y UN PÁRRAFO IN FINE AL ARTÍCULO 48 DEL CÓDIGO CIVIL PARA EL DISTRITO FEDERAL.

Primero.- El presente Decreto entrará en vigor al día siguiente de su publicación en la Gaceta Oficial del Distrito Federal.

Segundo.- El Jefe de Gobierno del Distrito Federal, realizará los convenios necesarios para hacer efectiva la observancia del presente Decreto, y emitirá las modificaciones correspondientes al Reglamento del Registro Civil del Distrito Federal.

Tercero.- Publíquese en la Gaceta Oficial de Distrito Federal y en el Diario Oficial de la Federación para su mayor difusión.

G.O. 23 DE JULIO DE 2012.

DECRETO POR EL QUE SE REFORMAN, ADICIONAN Y DEROGAN DIVERSAS DISPOSICIONES DEL CÓDIGO CIVIL PARA EL DISTRITO FEDERAL...

Primero.- Aquellos testamentos públicos cerrados, públicos simplificados, ológrafos, privados, militares o marítimos que hayan sido otorgados con anterioridad al presente decreto, subsistirán en sus términos y para su apertura y declaración de ser formal testamento se substanciarán de conformidad con las disposiciones vigentes al momento de su otorgamiento.

Segundo.- Las presentes reformas entrarán en vigor al día siguiente de su publicación en la Gaceta Oficial del Distrito Federal.

Tercero.- Publíquese en la Gaceta Oficial del Distrito Federal y para su mayor difusión en el Diario Oficial de la Federación.

G.O. 23 DE JULIO DE 2012.

DECRETO POR EL QUE SE REFORMAN, ADICIONAN Y DEROGAN DIVERSAS DISPOSICIONES DEL CÓDIGO CIVIL PARA EL DISTRITO FEDERAL.

Primero.- El presente decreto entrará en vigor al día siguiente de su publicación en la Gaceta Oficial del Distrito Federal.

Segundo.- Se derogan todas las disposiciones que se opongan al presente decreto.

Tercero.- Los procesos registrales en curso, en lo que favorezcan a los interesados, deberán ajustarse a las disposiciones del presente Decreto.

Cuarto.- Los recursos en trámite a la entrada en vigor del presente Decreto, se acogerán a las disposiciones del mismo, en lo que beneficie al usuario del servicio registral.

Quinto.- Los documentos ingresados que obren en el Registro con una antigüedad mayor de doce años, contados a partir de la publicación del presente Decreto que no hayan sido retirados por los interesados, deberán remitirse al Archivo General del Gobierno del Distrito Federal. Lo mismo procederá con los trámites con la misma antigüedad.

Sexto.- En virtud de la supresión de los artículos referentes a la Inmatriculación Administrativa por parte del Director General, en todos aquellos folios anteriores al año de 1982 que hayan sido creados por Inmatriculación Administrativa, se entenderán como titulares de los mismos aquellos que se indiquen como poseedores o bien como propietarios, sin necesidad de ninguna otra resolución.

Séptimo.- Publíquese en la Gaceta Oficial del Distrito Federal y en el Diario Oficial de la Federación para su mayor difusión.

Octavo.- Respecto de las anotaciones preventivas que señala el artículo 3043 fracción V, se empezarán a realizar hasta el primer día hábil de enero del

2013 a efecto de elaborar las modificaciones necesarias en el Sistema Informático con el que opera el Registro Público de la Propiedad.

G.O. 18 DE JUNIO DE 2013.

PRIMERO. Publíquese en la Gaceta Oficial del Distrito Federal.

SEGUNDO. El presente decreto entrará en vigor al día siguiente de su publicación en la Gaceta Oficial del Distrito Federal.

TERCERO. Se derogan las disposiciones que se opongan al presente Decreto.

G.O. 19 DE JUNIO DE 2013.

PRIMERO. Publíquese en la Gaceta Oficial del Distrito Federal.

SEGUNDO. El presente decreto entrará en vigor a partir del día siguiente de su publicación en la Gaceta Oficial del Distrito Federal.

TERCERO. El Jefe de Gobierno del Distrito Federal contará con un plazo de 180 días contados a partir de la entrada en vigor del presente decreto para expedir las modificaciones que correspondan al Reglamento de la Ley Registral de Distrito Federal.

CUARTO. El Consejo de la Judicatura del Distrito Federal, deberá expedir las modificaciones que correspondan al Reglamento Interno del Centro de Justicia Alternativa del Tribunal Superior de Justicia del Distrito Federal, y las Reglas del Mediador Privado en un plazo de 180 días a partir de la entrada en vigor del presente decreto.

QUINTO. Los mediadores privados con certificación y registro vigente ante el Tribunal Superior de Justicia del Distrito Federal, deberán someterse obligatoriamente para conservar el registro a un procedimiento de capacitación y actualización en razón de la entrada en vigor del presente decreto.

SEXTO. Para su mayor difusión, ordénese su publicación en el Boletín Judicial del Tribunal Superior de Justicia del Distrito Federal.

SÉPTIMO. Se derogan las disposiciones que se opongan al presente Decreto.

G.O. 8 DE AGOSTO DE 2013.

ARTÍCULO PRIMERO.- Remítase al Jefe de Gobierno para su publicación en la Gaceta Oficial del Distrito Federal y para su mayor difusión en el Diario Oficial de la Federación.

ARTÍCULO SEGUNDO.- El presente decreto entrará en vigor el día siguiente de su publicación en la Gaceta Oficial del Distrito Federal.

ARTÍCULO TERCERO.- Se derogan todas aquellas disposiciones que resulten contrarias al contenido del presente Decreto.

G.O. 9 DE MAYO DE 2014

SE ADICIONA EL ARTÍCULO 323 SÉPTIMUS AL CÓDIGO CIVIL PARA EL DISTRITO FEDERAL, RECORRIÉNDOSE LOS DEMÁS DE MANERA SUBSECUENTE.

PRIMERO.- Túrnese el presente Decreto al Jefe de Gobierno para efectos de su promulgación y publicación.

SEGUNDO.- El presente decreto entrará en vigor al día siguiente de su publicación en la Gaceta Oficial del Distrito Federal.

G.O. 20 DE JUNIO DE 2014

SE REFORMAN EL ARTÍCULO 3003, 3010, 3012, LAS FRACCIONES V Y VIII DEL ARTÍCULO 3021 BIS Y LA FRACCIÓN VII DEL ARTÍCULO 3033; SE ADICIONAN EL QUINTO PÁRRAFO AL ARTÍCULO 3010; UN SEXTO PÁRRAFO AL ARTÍCULO 3012; UN SEXTO PÁRRAFO AL ARTÍCULO 3016; UN SEGUNDO PÁRRAFO A LA FRACCIÓN V, LAS FRACCIONES X Y XI, UN SEGUNDO, TERCERO, CUARTO QUINTO Y SEXTO PÁRRAFOS AL ARTÍCULO 3024 Y LA FRACCIÓN VIII AL ARTÍCULO 3033; Y SE DEROGAN LAS FRACCIONES IV A V Y EL ÚLTIMO PÁRRAFO DEL ARTÍCULO 3003 DEL CÓDIGO CIVIL PARA EL DISTRITO FEDERAL.

PRIMERO.- Publíquese en la Gaceta Oficial del Distrito Federal y en el Diario Oficial de la Federación para su mayor publicación.

SEGUNDO.- El presente Decreto entrará en vigor al día siguiente de su publicación en la Gaceta Oficial del Distrito Federal.

TERCERO.- Se derogan todas aquellas disposiciones que se opongan al presente Decreto.

CUARTO. El Jefe de Gobierno deberá realizar las adecuaciones necesarias al Reglamento de la Ley Registral y del Registro Público de la Propiedad y de Comercio del Distrito Federal, en un plazo de sesenta días hábiles que se contarán a partir del día de su publicación.

QUINTO. El proceso registral en curso, deberá ajustarse a las disposiciones del presente Decreto.

SEXTO. Los recursos en trámite a la entrada en vigor del presente Decreto se acogerán a las disposiciones del mismo, en lo que beneficie al usuario del servicio registral.

TRANSITORIOS DEL DECRETO POR EL QUE SE REFORMAN Y ADICIONAN DIVERSAS DISPOSICIONES DEL CÓDIGO CIVIL PARA EL DISTRITO FEDERAL, PUBLICADO EN LA GACETA OFICIAL DEL DISTRITO FEDERAL EL 28 DE JULIO DE 2014.

PRIMERO.- Publíquese en la Gaceta Oficial del Distrito Oficial para su debida observancia y aplicación.

SEGUNDO.- La presente Resolución surtirá sus efectos a partir del día de su publicación y hasta el 31 de diciembre de 2014. Dado en la Residencia Oficial del Jefe de Gobierno del Distrito Federal, en la Ciudad de México, a los diecisiete días del mes de julio de dos mil catorce.- **EL JEFE DE GOBIERNO DEL DISTRITO FEDERAL, MIGUEL ÁNGEL MANCERA ESPINOSA- EL SECRETARIO DE FINANZAS, EDGAR ABRAHAM AMADOR ZAMORA.-FIRMA.**

TRANSITORIOS DEL DECRETO POR EL QUE SE REFORMA EL ARTÍCULO 291 BIS DEL CÓDIGO CIVIL PARA EL DISTRITO FEDERAL, PUBLICADO EN LA GACETA OFICIAL DEL DISTRITO FEDERAL EL 31 DE OCTUBRE DE 2014.

PRIMERO.- Publíquese en la Gaceta Oficial del Distrito Federal y en el Diario Oficial de la Federación para su mayor publicación.

SEGUNDO.- El presente Decreto entrará en vigor al día siguiente de su publicación en la Gaceta Oficial del Distrito Federal.

TERCERO.- El Jefe de Gobierno deberá realizar las modificaciones necesarias al Reglamento del Registro Civil del Distrito Federal, dentro de los sesenta días siguientes a la publicación del presente Decreto.

Recinto de la Asamblea Legislativa del Distrito Federal, a los diez días del mes de junio del año dos mil catorce**.-POR LA MESA DIRECTIVA.- DIP. SANTIAGO TABOADA CORTINA, PRESIDENTE.- DIP. JORGE AGUSTÍNZEPEDA CRUZ, SECRETARIO.- DIP. ALBERTO EMILIANO CINTA MARTÍNEZ, SECRETARIO.- (Firmas)**

En cumplimiento de lo dispuesto por los artículos 122, apartado C, Base Segunda, fracción II, inciso b), de la Constitución Política de los Estados Unidos Mexicanos; 48, 49 y 67, fracción II, del Estatuto de Gobierno del Distrito Federal, para sudebida publicación y observancia, expido el presente Decreto Promulgatorio en la Residencia Oficial del Jefe de Gobierno del Distrito Federal, en la Ciudad de México, a los cinco días del mes de agosto del año dos mil catorce.- **EL JEFE DE GOBIERNO DEL DISTRITO FEDERAL, DR. MIGUEL ÁNGEL MANCERA ESPINOSA.- FIRMA.- EL SECRETARIO DE GOBIERNO, HÉCTOR SERRANO CORTÉS.- FIRMA.**

TRANSITORIOS DEL DECRETO POR EL QUE SE REFORMAN DIVERSOS ARTÍCULOS DE CÓDIGOS Y LEYES LOCALES, QUE DETERMINAN SANCIONES Y MULTAS ADMINISTRATIVAS, CONCEPTOS DE PAGO Y MONTOS DE REFERENCIA, PARA SUSTITUIR AL SALARIO MÍNIMO POR LA UNIDAD DE CUENTA DE LA CIUDAD DE MÉXICO, DE MANERA INDIVIDUAL O POR MÚLTIPLOS DE ÉSTA, PUBLICADO EN LA GACETA OFICIAL DEL DISTRITO FEDERAL EL 28 DE NOVIEMBRE DE 2014.

PRIMERO.- Publíquese en la Gaceta Oficial del Distrito Federal.

SEGUNDO.- El presente Decreto se tomará como referencia para el diseño e integración del paquete económico correspondiente al ejercicio fiscal 2015 y entrará en vigor junto con dicho paquete, a excepción de lo dispuesto en los artículos SEGUNDO y CUADRAGÉSIMO OCTAVO del presente Decreto relacionado con la materia Electoral, que entrarán en vigor al día siguiente a aquél en que concluya el proceso electoral 2014-2015 del Distrito Federal.

TERCERO.- Las reformas contenidas en el presente decreto no se aplicarán de manera retroactiva en perjuicio de persona alguna, respecto de las sanciones y multas administrativas, conceptos de pago, montos de referencia y demás supuestos normativos que se hayan generado o impuesto de manera previa a la entrada en vigor del presente decreto.

CUARTO.- Las referencias que se hagan del salario mínimo en las normas locales vigentes, incluso en aquellas pendientes de publicar o de entrar en vigor, se entenderán hechas a la Unidad de Cuenta de la Ciudad de México, a partir de la entrada en vigor del presente Decreto.

DECRETO POR EL QUE REFORMAN, ADICIONAN Y DEROGAN, DIVERSOS ARTÍCULOS DEL CÓDIGO CIVIL PARA EL DISTRITO FEDERAL; CÓDIGO DE INSTITUCIONES Y PROCEDIMIENTOS ELECTORALES DEL DISTRITO FEDERAL; CÓDIGO FISCAL DEL DISTRITO FEDERAL; CÓDIGO PENAL PARA EL DISTRITO FEDERAL; LEY AMBIENTAL DE PROTECCIÓN A LA TIERRA EN EL DISTRITO FEDERAL; LEY DE ACCESO DE LAS MUJERES A UNA VIDA LIBRE DE VIOLENCIA DEL DISTRITO FEDERAL; LEY DE ASISTENCIA Y PREVENCIÓN DE LA VIOLENCIA FAMILIAR; LEY DE CENTROS DE RECLUSIÓN PARA EL DISTRITO FEDERAL; LEY DE CULTURA CÍVICA DEL DISTRITO FEDERAL; LEY DE ESTABLECIMIENTOS MERCANTILES DEL DISTRITO FEDERAL; LEY DE EXTINCIÓN DE DOMINIO PARA EL DISTRITO FEDERAL; LEY DE FISCALIZACIÓN SUPERIOR DE LA CIUDAD DE MÉXICO; LEY DE IGUALDAD SUSTANTIVA ENTRE MUJERES Y HOMBRES EN EL DISTRITO FEDERAL; LEY DE JUSTICIA ALTERNATIVA DEL TRIBUNAL SUPERIOR DE JUSTICIA PARA EL DISTRITO FEDERAL; LEY DE JUSTICIA ALTERNATIVA EN LA PROCURACIÓN DE JUSTICIA PARA EL DISTRITO FEDERAL; LEY DE JUSTICIA PARA ADOLESCENTES PARA EL DISTRITO FEDERAL; LEY DE PARTICIPACIÓN CIUDADANA DEL DISTRITO FEDERAL; LEY DE PROTECCIÓN A LAS VÍCTIMAS DEL DELITO DE SECUESTRO PARA EL DISTRITO FEDERAL; LEY DE PRESTACIÓN DE SERVICIOS INMOBILIARIOS DEL DISTRITO FEDERAL; LEY DE PROTECCIÓN A LOS ANIMALES DEL DISTRITO FEDERAL; LEY DE PROTECCIÓN DE DATOS PERSONALES PARA EL DISTRITO FEDERAL; LEY DE SALUD DEL DISTRITO FEDERAL; LEY DE SALUD MENTAL DEL DISTRITO FEDERAL; LEY DE SEGURIDAD PRIVADA PARA EL DISTRITO FEDERAL; LEY DE TRANSPAREN-

CIA Y ACCESO A LA INFORMACIÓN PÚBLICA DEL DISTRITO FEDERAL; LEY DEL FONDO DE APOYO A LA ADMINISTRACIÓN DE JUSTICIA EN EL DISTRITO FEDERAL; LEY DEL FONDO DE APOYO A LA PROCURACIÓN DE JUSTICIA EN EL DISTRITO FEDERAL; LEY DEL HEROICO CUERPO DE BOMBEROS DEL DISTRITO FEDERAL; LEY DEL INSTITUTO DE ESTUDIOS CIENTÍFICOS PARA LA PREVENCIÓN DEL DELITO EN EL DISTRITO FEDERAL; LEY DEL INSTITUTO DE VERIFICACIÓN ADMINISTRATIVA DEL DISTRITO FEDERAL; LEY DEL NOTARIADO PARA EL DISTRITO FEDERAL; LEY DE LA COMISIÓN DE DERECHOS HUMANOS DEL DISTRITO FEDERAL; LEY DE LA DEFENSORÍA PÚBLICA DEL DISTRITO FEDERAL; LEY DE LOS DERECHOS DE LAS PERSONAS ADULTAS MAYORES EN EL DISTRITO FEDERAL; LEY ORGÁNICA DEL TRIBUNAL SUPERIOR DE JUSTICIA DEL DISTRITO FEDERAL; LEY ORGÁNICA DE LA ADMINISTRACIÓN PÚBLICA DEL DISTRITO FEDERAL; LEY ORGÁNICA DE LA PROCURADURÍA AMBIENTAL Y DEL ORDENAMIENTO TERRITORIAL DEL DISTRITO FEDERAL; LEY PARA LA ATENCIÓN INTEGRAL DEL CONSUMO DE SUSTANCIAS PSICOACTIVAS DEL DISTRITO FEDERAL; LEY PARA LA INTEGRACIÓN AL DESARROLLO DE LAS PERSONAS CON DISCAPACIDAD DEL DISTRITO FEDERAL; LEY PARA LA PROMOCIÓN DE LA CONVIVENCIA LIBRE DE VIOLENCIA EN EL ENTORNO ESCOLAR DEL DISTRITO FEDERAL; LEY PARA LA PROTECCIÓN, ATENCIÓN Y ASISTENCIA A LAS VÍCTIMAS DE LOS DELITOS EN MATERIA DE TRATA DE PERSONAS DEL DISTRITO FEDERAL; LEY PARA PREVENIR LA VIOLENCIA EN LOS ESPECTÁCULOS DEPORTIVOS EN EL DISTRITO FEDERAL; LEY QUE ESTABLECE EL PROCEDIMIENTO DE REMOCIÓN DE LOS SERVIDORES PÚBLICOS QUE DESIGNA LA ASAMBLEA LEGISLATIVA DEL DISTRITO FEDERAL Y DE LOS TITULARES DE LOS ÓRGANOS POLÍTICO ADMINISTRATIVOS DEL DISTRITO FEDERAL; Y LEY REGISTRAL PARA EL DISTRITO FEDERAL

TRANSITORIOS DEL DECRETO POR EL QUE SE REFORMAN DIVERSOS ARTÍCULOS DE CÓDIGOS Y LEYES LOCALES, PUBLICADO EN LA GACETA OFICIAL DEL DISTRITO FEDERAL EL 18 DE DICIEMBRE DE 2014.

PRIMERO.- Publíquese en la Gaceta Oficial del Distrito Federal.

SEGUNDO.- El presente Decreto entrará en vigor en los términos establecidos en la Declaratoria de la Incorporación del Sistema Procesal Penal Acusatorio y del Código Nacional de Procedimientos Penales al orden jurídico del Distrito Federal, publicada en la Gaceta Oficial el día 20 de agosto del presente año, así como su Fe de Erratas y Aclaratoria de Fe de Erratas, publicadas en la Gaceta Oficial, los días 21 y 22 de agosto del 2014.

TERCERO.- Los asuntos iniciados con anterioridad a la entrada en vigor del presente decreto, se tramitarán conforme a las disposiciones anteriores, que le sean aplicables.

CUARTO.- La reforma al Código de Instituciones y Procedimientos Electorales del Distrito Federal prevista en el presente Decreto, entrará en vigor al día siguiente a aquél en que concluya el proceso electoral local de 2014-2015 en el Distrito Federal.

Recinto de la Asamblea Legislativa del Distrito Federal, a los veinticinco días del mes de noviembre del año dos mil catorce.-**POR LA MESA DIRECTIVA.-DIP. JAIME ALBERTO OCHOA AMORÓS, PRESIDENTE.-DIP. OSCAR OCTAVIO MOGUEL BALLADO, PROSECRETARIO.-DIP. KARLA VALERIA GÓMEZ BLANCAS, SECRETARIA.-FIRMAS.**

En cumplimiento de lo dispuesto por los artículos 122, apartado C, Base Segunda, fracción II, inciso b), de la Constitución Política de los Estados Unidos Mexicanos; 48, 49 y 67, fracción II, del Estatuto de Gobierno del Distrito Federal, para su debida publicación y observancia, expido el presente Decreto Promulgatorio en la Residencia Oficial del Jefe de Gobierno del Distrito Federal, en la Ciudad de México, a los veintiocho días del mes de noviembre del año dos mil catorce.-**EL JEFE DE GOBIERNO DEL DISTRITO FEDERAL, DR. MIGUEL ÁNGEL MANCERA ESPINOSA.-FIRMA.-EL SECRETARIO DE GOBIERNO, HÉCTOR SERRANO CORTÉS.-FIRMA.-EL SECRETARIO DE SALUD, JOSÉ ARMANDO AHUED ORTEGA.-FIRMA.-LA SECRETARIA DE DESARROLLO SOCIAL, ROSAÍCELA RODRÍGUEZ VELÁZQUEZ.-FIRMA.-EL SECRETARIO DE DESARROLLO ECONÓMICO, SALOMÓN CHERTORIVSKI WOLDENBERG.-LA SECRETARIA DE EDUCACIÓN, MARA NADIEZHDA ROBLES VILLASEÑOR.-FIRMA.-EL SECRETARIO DE DESARROLLO URBANO Y VIVIENDA, FELIPE DE JESÚS GUTIÉRREZ GUTIÉRREZ.-FIRMA.-EL SECRETARIO DE SEGURIDAD PÚBLICA, JESÚS RODRÍGUEZ ALMEIDA.-FIRMA.-ELSECRETARIO DE FINANZAS, EDGAR ABRAHAM AMADOR ZAMORA.-FIRMA.-LA SECRETARIA DE MEDIO AMBIENTE, TANYA MÜLLER GARCÍA.-FIRMA.**

TRANSITORIO DEL DECRETO POR EL QUE SE REFORMAN Y ADICIONAN DIVERSAS DISPOSICIONES DEL CÓDIGO CIVIL PARA EL DISTRITO FEDERAL Y DEL CÓDIGO DE PROCEDIMIENTOS CIVILES PARA EL DISTRITO FEDERAL, PUBLICADO EN LA GACETA OFICIAL DEL DISTRITO FEDERAL DEL 5 DE FEBRERO DE 2015.

ÚNICO.- El presente decreto entrará en vigor a los 30 días de su publicación en la Gaceta Oficial del Distrito Federal.

TRANSITORIOS DEL DECRETO POR EL QUE SE EXPIDE LA LEY DE CUIDADOS ALTERNATIVOS PARA NIÑAS, NIÑOS Y ADOLESCENTES EN EL DISTRITO FEDERAL, Y POR EL QUE SE ADICIONAN Y REFORMAN DIVERSAS DISPOSICIONES DEL CÓDIGO CIVIL DEL DISTRITO FEDERAL Y DE LA LEY DE LOS DERECHOS DE LAS NIÑAS Y NIÑOS EN EL DISTRITO FEDERAL, PUBLICADO EN LA GACETA OFICIAL DEL DISTRITO FEDERAL DEL 10 DE MARZO DE 2015.

PRIMERO. El presente decreto entrará en vigor a partir del 1º de enero de 2015.

SEGUNDO. El Ejecutivo local deberá incorporar, por conducto de la Secretaría de Finanzas, a partir del proyecto de presupuesto de Egresos del Distrito Federal para el Ejercicio Fiscal 2015, el presupuesto necesario para la correcta entrada en vigor del presente Decreto.

TERCERO. El Ejecutivo local, por conducto de la Secretaría de Finanzas, diseñará la estructura financiera necesaria para dotar de recursos con carácter de permanente a las disposiciones contenidas en el presente Decreto.

CUARTO. Los entes ejecutores de gasto que participan en la presente Ley deberán de remitir a las Secretaría de Finanzas, a más tardar el 30 de octubre de 2014 los requerimientos presupuestales necesarios a efecto de que dicha Secretaría esté en posibilidades de dar cumplimiento a lo dispuesto en los Transitorios Segundo y Tercero.

QUINTO. Para la ejecución de la presente Ley, la Asamblea Legislativa del Distrito Federal aprobará el presupuesto necesario y suficiente que permita a las distintas instancias involucradas llevar acabo de manera óptima sus responsabilidades de conformidad con las atribuciones que les han sido conferidas en la presente Ley y demás normatividad aplicable.

SEXTO. La Secretaría Técnica del Consejo Promotor de los Derechos de las Niñas y los Niños, en sesión plenaria integrará la Comisión de Cuidados Alternativos en un plazo máximo de 120 días naturales contados a partir de la entrada en vigor de la presente Ley.

SÉPTIMO. El Sistema para el Desarrollo Integral de la Familia deberá analizar la situación jurídica de todas las niñas, niños y adolescentes que se encuentren institucionalizados a la entrada en vigor de la presente Ley, de conformidad con las disposiciones contenidas en el presente ordenamiento, con la finalidad de que se determine la modalidad de acogimiento más adecuada conforme a su interés superior. Lo anterior no podrá exceder un plazo mayor a 18 meses, a partir de la entrada en vigor de esta Ley.

OCTAVO. El Sistema para el Desarrollo Integral de la Familia emitirá los lineamientos internos y constituirá el Comité Técnico en un plazo de 120 días naturales contados a partir de la entrada en vigor de la presente Ley.

NOVENO. El Sistema para el Desarrollo Integral de la Familia emitirá los Lineamientos relativos al Acogimiento en Familias Extensas o Ajenas, en un plazo de 120 días naturales, contados a partir de la entrada en vigor de la presente Ley.

DÉCIMO. El Sistema para el Desarrollo Integral de la Familia dispondrá de 180 días naturales, contados a partir de la entrada en vigor de la presente Ley, para emitir los Lineamientos relativos a la conformación y funcionamiento del Sistema de Información de Cuidados Alternativos, para que una vez emitidos, comiencen su integración de manera progresiva y permanente.

DÉCIMO PRIMERO. El Instituto para la Asistencia e Integración Social emitirá los lineamientos internos y constituirá el Comité de Supervisión, Vigilancia y Seguimiento en un plazo máximo de 120 días naturales contados a partir de la entrada en vigor de la presente Ley.

DÉCIMO SEGUNDO. El Comité de Supervisión, Vigilancia y Seguimiento emitirá el Reglamento de las Instituciones de Cuidados Alternativos en un plazo máximo de 120 días naturales, contados a partir de la entrada en vigor de la presente Ley.

DÉCIMO TERCERO. Una vez publicados los reglamentos y lineamientos, previstos en la presente Ley, quedará abrogada la Ley de Albergues Públicos y privados para Niñas y Niños del Distrito Federal.

DÉCIMO CUARTO. Se derogan todas las disposiciones que se opongan a la presente Ley.

TRANSITORIOS DEL DECRETO POR EL QUE SE REFORMAN, ADICIONAN Y DEROGAN DIVERSAS DISPOSICIONES DEL CÓDIGO CIVIL PARA EL DISTRITO FEDERAL, PUBLICADO EN LA GACETA OFICIAL DEL DISTRITO FEDERAL DEL 13 DE JULIO DE 2016.

ÚNICO.- El presente decreto entrará en vigor al día siguiente de su publicación en la Gaceta Oficial del Distrito Federal.

Recinto de la Asamblea Legislativa del Distrito Federal, a los once días del mes de mayo del año dos mil dieciséis.- **POR LA MESA DIRECTIVA.- DIP. JOSÉ MANUEL DELGADILLO MORENO, PRESIDENTE.- DIP. EVA ELOISA LESCAS HERNÁNDEZ, SECRETARIA.- DIP. CARLOS ALFONSO CANDELARIA LÓPEZ, SECRETARIO.-** (Firmas)

Con fundamento en lo dispuesto por los artículos 122, Apartado A, Base III, de la Constitución Política de los Estados Unidos Mexicanos; Transitorios Primero y Segundo del Decreto por el que se declaran reformadas y derogadas diversas disposiciones de la Constitución Política de los Estados Unidos Mexicanos, en materia de la Reforma Política de la Ciudad de México; 48, 49 y 67, fracción II, del Estatuto de Gobierno del Distrito Federal, para su debida publicación y observancia, expido el presente Decreto Promulgatorio en la Residencia Oficial del Jefe de Gobierno de la Ciudad de México, a los trece días del mes de julio del año dos mil dieciséis.- **EL JEFE DE GOBIERNO DE LA CIUDAD DE MÉXICO, MIGUEL ÁNGEL MANCERA ESPINOSA.- FIRMA.- LA SECRETARIA DE GOBIERNO, DORA PATRICIA MERCADO CASTRO.- FIRMA.**

TRANSITORIOS DEL DECRETO QUE CONTIENE LAS OBSERVACIONES AL DIVERSO POR EL QUE SE ADICIONAN DIVERSAS DISPOSICIONES AL CÓDIGO CIVIL PARA EL DISTRITO FEDERAL, PUBLICADO EN LA GACETA OFICIAL DE LA CIUDAD DE MÉXICO EL 27 DE MARZO DE 2017.

PRIMERO.- El presente Decreto entrará en vigor el día siguiente de su publicación en la Gaceta Oficial de la Ciudad de México.

SEGUNDO.- Publíquese en la Gaceta Oficial de la Ciudad de México para su conocimiento y en el Diario Oficial de la Federación para su mayor difusión.

TERCERO.- La Secretaría de Desarrollo Social de la Ciudad de México constituirá el o los fideicomisos a que se refiere esta reforma definiendo en los contratos correspondientes las facultades del mismo.

Recinto de la Asamblea Legislativa del Distrito Federal, a los ocho días del mes de diciembre del año dos mil dieciséis.- **POR LA MESA DIRECTIVA.- DIP. ADRIÁN RUBALCAVA SUÁREZ, PRESIDENTE.- DIP. EVA ELOISA LESCAS HERNÁNDEZ, SECRETARIA.- DIP. NURY DELIA RUIZ OVANDO, SECRETARIA.- (Firmas)**

Con fundamento en lo dispuesto por los artículos 122, Apartado A, Base III, de la Constitución Política de los Estados Unidos Mexicanos; Transitorios Primero y Segundo del Decreto por el que se declaran reformadas y derogadas diversas disposiciones de la Constitución Política de los Estados Unidos Mexicanos, en materia de la Reforma Política de la Ciudad de México; 48, 49 y 67, fracción II, del Estatuto de Gobierno del Distrito Federal, para su debida publicación y observancia, expido el presente Decreto Promulgatorio en la Residencia Oficial del Jefe de Gobierno de la Ciudad de México, a los veinticuatro días del mes de marzo del año dos mil diecisiete.- **EL JEFE DE GOBIERNO DE LA CIUDAD DE MÉXICO, MIGUEL ÁNGEL MANCERA ESPINOSA.- FIRMA.- LA SECRETARIA DE GOBIERNO, DORA PATRICIA MERCADO CASTRO.- FIRMA.- EL SECRETARIO DE DESARROLLO SOCIAL, JOSÉ RAMÓN AMIEVA GÁLVEZ.- FIRMA.**

TRANSITORIOS DEL DECRETO POR EL QUE SE DEROGAN Y REFORMAN DIVERSAS DISPOSICIONES DEL CÓDIGO CIVIL PARA EL DISTRITO FEDERAL, PUBLICADO EN LA GACETA OFICIAL DE LA CIUDAD DE MÉXICO EL 05 DE ABRIL DE 2017.

PRIMERO.- Publíquese el presente Decreto en la Gaceta Oficial de la Ciudad de México, y para su mayor difusión publíquese en el Diario Oficial de la Federación.

SEGUNDO.- El presente Decreto entrará en vigor al día siguiente de su publicación en la Gaceta Oficial de la Ciudad de México.

Recinto de la Asamblea Legislativa del Distrito Federal, a los ocho días del mes de diciembre del año dos mil dieciséis.- **POR LA MESA DIRECTIVA.- DIP. ADRIÁN RUBALCAVA SUÁREZ, PRESIDENTE.- DIP. EVA ELOISA LESCAS HERNÁNDEZ, SECRETARIA.- DIP. NURY DELIA RUIZ OVANDO, SECRETARIA.- (Firmas)**

Con fundamento en lo dispuesto por los artículos 122, Apartado A, Base III, de la Constitución Política de los Estados Unidos Mexicanos; Transitorios Primero y Segundo del Decreto por el que se declaran reformadas y derogadas diversas disposiciones de la Constitución Política de los Estados Unidos Mexicanos, en materia de la Reforma Política de la Ciudad de México; 48, 49 y 67, fracción II, del Estatuto de Gobierno del Distrito Federal, para su debida publicación y observancia, expido el presente Decreto Promulgatorio en la Residencia Oficial del Jefe de Gobierno de la Ciudad de México, a los tres días del mes de abril del año dos mil diecisiete.- **EL JEFE DE GOBIERNO DE LA CIUDAD DE MÉXICO, MIGUEL ÁNGEL MANCERA ESPINOSA.- FIRMA.- LA SECRETARIA DE GOBIERNO, DORA PATRICIA MERCADO CASTRO.- FIRMA.**

TRANSITORIOS DEL DECRETO POR EL QUE SE DEROGA EL ARTÍCULO 323 SÉPTIMUS DEL CÓDIGO CIVIL PARA EL DISTRITO FEDERAL, PUBLICADO EN LA GACETA OFICIAL DE LA CIUDAD DE MÉXICO EL 04 DE AGOSTO DE 2017.

PRIMERO. Publíquese el presente Decreto en la Gaceta Oficial de la Ciudad de México y para su mayor difusión en el Diario Oficial de la Federación.

SEGUNDO. El presente Decreto entrará en vigor a partir del día siguiente al de su publicación en la Gaceta Oficial de la Ciudad de México.

Recinto de la Asamblea Legislativa del Distrito Federal, al día uno del mes de agosto del año dos mil diecisiete.- **POR LA MESA DIRECTIVA.- DIP. MAURICIO ALONSO TOLEDO GUTIÉRREZ, PRESIDENTE.- DIP. REBECA PERALTA LEÓN, SECRETARIA.- DIP. LUCIANO JIMENO HUANOSTA, SECRETARIO.- (Firmas)**

Con fundamento en lo dispuesto por los artículos 122, Apartado A, Base III, de la Constitución Política de los Estados Unidos Mexicanos; Transitorios Primero y Segundo del Decreto por el que se declaran reformadas y derogadas diversas disposiciones de la Constitución Política de los Estados Unidos Mexicanos, en materia de la Reforma Política de la Ciudad de México; 48, 49 y 67, fracción II, del Estatuto de Gobierno del Distrito Federal, para su debida publicación y observancia, expido el presente Decreto Promulgatorio en la Residencia Oficial del Jefe de Gobierno de la Ciudad de México, a los tres días del mes de agosto del año dos mil diecisiete.- **EL JEFE DE GOBIERNO DE LA CIUDAD DE MÉXICO, MIGUEL ÁNGEL MANCERA ESPINOSA.- FIRMA.- LA SECRETARIA DE GOBIERNO, DORA PATRICIA MERCADO CASTRO.- FIRMA.**

TRANSITORIOS DEL DECRETO POR EL QUE SE REFORMAN DIVERSAS DISPOSICIONES DEL CÓDIGO CIVIL PARA EL DISTRITO FEDERAL, PUBLICADO EN LA GACETA OFICIAL DE LA CIUDAD DE MÉXICO EL 24 DE OCTUBRE DE 2017.

PRIMERO.- El presente Decreto entrará en vigor el día siguiente de su publicación en la Gaceta Oficial de la Ciudad de México.

SEGUNDO.- Publíquese en la Gaceta Oficial de la Ciudad de México para su conocimiento y en el Diario Oficial de la Federación para su mayor difusión.

Recinto de la Asamblea Legislativa del Distrito Federal, a los veintidós días del mes de agosto del año dos mil diecisiete.- **POR LA MESA DIRECTIVA.- DIP. MAURICIO ALONSO TOLEDO GUTIÉRREZ, PRESIDENTE.- DIP. REBECA PERALTA LEÓN, SECRETARIA.- DIP. LUCIANO JIMENO HUANOSTA, SECRETARIO.-** (Firmas)

Con fundamento en lo dispuesto por los artículos 122, Apartado A, Base III, de la Constitución Política de los Estados Unidos Mexicanos; Transitorios Primero y Segundo del Decreto por el que se declaran reformadas y derogadas diversas disposiciones de la Constitución Política de los Estados Unidos Mexicanos, en materia de la Reforma Política de la Ciudad de México; 48, 49 y 67, fracción II, del Estatuto de Gobierno del Distrito Federal, para su debida publicación y observancia, expido el presente Decreto Promulgatorio en la Residencia Oficial del Jefe de Gobierno de la Ciudad de México, a los diecinueve días del mes de octubre del año dos mil diecisiete.- **EL JEFE DE GOBIERNO DE LA CIUDAD DE MÉXICO, MIGUEL ÁNGEL MANCERA ESPINOSA.- FIRMA.- LA SECRETARIA DE GOBIERNO, DORA PATRICIA MERCADO CASTRO.- FIRMA.**

TRANSITORIOS DEL DECRETO POR EL QUE SE REFORMAN LOS ARTÍCULOS 266 Y 272 DEL CÓDIGO CIVIL PARA EL DISTRITO FEDERAL, PUBLICADO EN LA GACETA OFICIAL DE LA CIUDAD DE MÉXICO EL 18 DE JULIO DE 2018.

PRIMERO.- Publíquese en la Gaceta Oficial de la Ciudad de México y en el Diario Oficial de la Federación para su mayor difusión.

SEGUNDO.- El presente Decreto entrará en vigor el día siguiente de su publicación en la Gaceta Oficial de la Ciudad de México.

Recinto de la Asamblea Legislativa del Distrito Federal, a los veintiséis días del mes de abril del año dos mil dieciocho.- **POR LA MESA DIRECTIVA.- DIP. IVÁN TEXTA SOLÍS, PRESIDENTE.- DIP. EVA ELOISA LESCAS HERNÁNDEZ, SECRETARIA.- DIP. FRANCIS IRMA PIRIN CIGARRERO, SECRETARIA.- (Firmas)**

Con fundamento en lo dispuesto por los artículos 122, Apartado A, Base III, de la Constitución Política de los Estados Unidos Mexicanos; Transitorios Primero y Segundo del Decreto por el que se declaran reformadas y derogadas diversas disposiciones de la Constitución Política de los Estados Unidos Mexicanos, en materia de la Reforma Política de la Ciudad de México; 48, 49 y 67, fracción II, del Estatuto de Gobierno del Distrito Federal, para su debida publicación y observancia, expido el presente Decreto Promulgatorio en la Residencia Oficial del Jefe de Gobierno de la Ciudad de México, a los veintinueve días del mes de junio del año dos mil dieciocho.- **EL JEFE DE GOBIERNO DE LA**

CIUDAD DE MÉXICO, JOSÉ RAMÓN AMIEVA GÁLVEZ.- FIRMA.- EL SECRETARIO DE GOBIERNO, GUILLERMO OROZCO LORETO.- FIRMA.

TRANSITORIOS DEL DECRETO POR EL QUE SE REFORMAN DIVERSAS DISPOSICIONES DEL CÓDIGO CIVIL PARA EL DISTRITO CIVIL Y DEL CÓDIGO DE PROCEDIMIENTOS CIVILES PARA EL DISTRITO FEDERAL, PUBLICADO EN LA GACETA OFICIAL DE LA CIUDAD DE MÉXICO EL 18 DE JULIO DE 2018.

PRIMERO.- Túrnese al Jefe de Gobierno de la Ciudad de México para su publicación en la Gaceta Oficial de la Ciudad de México.

SEGUNDO.- El Presente Decreto entrará en vigor el día siguiente de su publicación en la Gaceta Oficial de la Ciudad de México.

Recinto de la Asamblea Legislativa del Distrito Federal, a los veintiséis días del mes de abril del año dos mil dieciocho.- **POR LA MESA DIRECTIVA.- DIP. IVÁN TEXTA SOLÍS, PRESIDENTE.- DIP. EVA ELOISA LESCAS HERNÁNDEZ, SECRETARIA.- DIP. FRANCIS IRMA PIRIN CIGARRERO, SECRETARIA.- (Firmas)**

Con fundamento en lo dispuesto por los artículos 122, Apartado A, Base III, de la Constitución Política de los Estados Unidos Mexicanos; Transitorios Primero y Segundo del Decreto por el que se declaran reformadas y derogadas diversas disposiciones de la Constitución Política de los Estados Unidos Mexicanos, en materia de la Reforma Política de la Ciudad de México; 48, 49 y 67, fracción II, del Estatuto de Gobierno del Distrito Federal, para su debida publicación y observancia, expido el presente Decreto Promulgatorio en la Residencia Oficial del Jefe de Gobierno de la Ciudad de México, a los diecisiete de días del mes de julio del año dos mil dieciocho.- **EL JEFE DE GOBIERNO DE LA CIUDAD DE MÉXICO, JOSÉ RAMÓN AMIEVA GÁLVEZ.- FIRMA.- EL SECRETARIO DE GOBIERNO, GUILLERMO OROZCO LORETO.- FIRMA.**

ARTÍCULOS TRANSITORIOS DEL DECRETO POR EL QUE SE ABROGAN LA LEY DE FIRMA ELECTRÓNICA DEL DISTRITO FEDERAL, PUBLICADA EN LA GACETA OFICIAL DEL DISTRITO FEDERAL EL 04 DE NOVIEMBRE DE 2009 Y LA LEY DE GOBIERNO ELECTRÓNICO DE LA CIUDAD DE MÉXICO, PUBLICADA EN LA GACETA OFICIAL DEL DISTRITO FEDERAL EL 07 DE OCTUBRE DE 2015; SE DEROGA EL ARTÍCULO 33 DE LA LEY DE OPERACIÓN E INNOVACIÓN DIGITAL PARA LA CIUDAD DE MÉXICO. SE REFORMA EL ARTÍCULO 1803 DEL CÓDIGO

CIVIL PARA EL DISTRITO FEDERAL. SE EXPIDE LA LEY DE CIUDADANÍA DIGITAL DE LA CIUDAD DE MÉXICO, PUBLICADO EN LA GACETA OFICIAL DE LA CIUDAD DE MÉXICO EL 09 DE ENERO DE 2020.

PRIMERO. El presente decreto entrará en vigor al día siguiente de su publicación en la Gaceta Oficial de la Ciudad de México.

SEGUNDO. Publíquese el presente decreto en la Gaceta Oficial de la Ciudad de México y para mayor difusión en el Diario Oficial de la Federación.

TERCERO. Se abroga la Ley de Firma Electrónica del Distrito Federal, publicada en la Gaceta Oficial del Distrito Federal el 04 de noviembre de 2009.

CUARTO. Se abroga la Ley de Gobierno Electrónico de la Ciudad de México, publicada en la Gaceta Oficial del Distrito Federal el 07 de octubre de 2015

QUINTO. Se deroga el artículo 33 de la Ley de Operación e Innovación Digital para la Ciudad de México

SEXTO. Se derogan todas aquellas disposiciones que se opongan a lo dispuesto en el presente Decreto.

SÉPTIMO. La Persona Titular de la Jefatura de Gobierno de la Ciudad de México expedirá el Reglamento de esta Ley dentro de los 180 días naturales siguientes a su publicación en la Gaceta Oficial de la Ciudad de México.

OCTAVO. La Administración Pública y las Alcaldías deberán adecuar las disposiciones administrativas aplicables al interior de los mismos, conforme a las disposiciones contenidas en la presente Ley, en un plazo que no exceda 180 días naturales a partir de la publicación del reglamento de esta Ley que emita la persona titular de la Jefatura de Gobierno.

NOVENO. Las facultades conferidas en esta Ley a la Fiscalía General de Justicia de la Ciudad de México serán asumidas por la Procuraduría General de Justicia del Distrito Federal, hasta en tanto aquella no entre en funciones de conformidad con el Transitorio Decimo Séptimo de la Constitución Política de la Ciudad de México y la Ley de Transición de la Procuraduría General de Justicia a la Fiscalía General de Justicia de la Ciudad de México.

DÉCIMO. Todas las referencias realizadas en otras disposiciones normativas al Identificador Digital Único se entenderán por el Autenticador Digital Único.

Palacio Legislativo del Congreso de la Ciudad de México, a los trece días del mes de diciembre del año dos mil diecinueve.- **POR LA MESA DIRECTIVA.- DIPUTADA ISABELA ROSALES HERRERA, PRESIDENTA.- DIPUTADA MARTHA SOLEDAD ÁVILA VENTURA.- SECRETARIA, DIPUTADA MARGARITA SALDAÑA HERNÁNDEZ, SECRETARIA.**- (Firmas) 18 GACETA OFICIAL DE LA CIUDAD DE MÉXICO 9 de enero de 2020 Con fundamento en lo dispuesto por los artículos 122, apartado A, fracción III, de la Constitución Política de los Estados Unidos Mexicanos; 32 apartado C, numeral 1, inciso a) de la Constitución Política de la Ciudad de México; 3 fracciones XVII y XVIII, 7 párrafo primero, 10 fracción II, 12 y 21, párrafo primero, de la Ley Orgánica del Poder Ejecutivo y de la Administración Pública de la Ciudad de México; para su debida publicación y observancia, expido el presente Decreto Promulgatorio en la Residencia Oficial de la Jefatura de Gobierno de la Ciudad de México, a los ocho días del mes enero del año dos mil veinte.- **LA JEFA DE GOBIERNO DE LA CIUDAD DE MÉXICO, DRA. CLAUDIA SHEINBAUM PARDO.- FIRMA.- LA SECRETARIA DE GOBIERNO, ROSA ICELA RODRÍGUEZ VELÁZQUEZ.- FIRMA.- LA SECRETARIA DE ADMINISTRACIÓN Y FINANZAS, LUZ ELENA GONZÁLEZ ESCOBAR.- FIRMA.- EL SECRETARIO DE LA CONTRALORÍA GENERAL, JUAN JOSÉ SERRANO MENDOZA.- FIRMA.- EL SECRETARIO DE CULTURA, JOSÉ ALFONSO SUÁREZ DEL REAL Y AGUILERA.- FIRMA.- EL SECRETARIO DE DESARROLLO ECONÓMICO, FADLALA AKABANI HNEIDE.- FIRMA.- LA SECRETARIA DE DESARROLLO URBANO Y VIVIENDA, ILEANA AUGUSTA VILLALOBOS ESTRADA.- FIRMA.- LA SECRETARIA DE EDUCACIÓN, CIENCIA, TECNOLOGÍA E INNOVACIÓN, ROSAURA RUIZ GUTIÉRREZ.- FIRMA.- LA SECRETARIA DE GESTIÓN INTEGRAL DE RIESGOS Y PROTECCIÓN CIVIL, MYRIAM VILMA URZÚA VENEGAS.- FIRMA.- LA SECRETARIA DE INCLUSIÓN Y BIENESTAR SOCIAL, ALMUDENA OCEJO ROJO.- FIRMA.- LA SECRETARIA DEL MEDIO AMBIENTE, MARINA ROBLES GARCÍA.- FIRMA.- EL SECRETARIO DE MOVILIDAD, ANDRÉS LAJOUS LOAEZA.- FIRMA.- LA SECRETARIA DE LAS MUJERES, GABRIELA RODRÍGUEZ RAMÍREZ.- FIRMA.- EL SECRETARIO DE OBRAS Y SERVICIOS, JESÚS ANTONIO ESTEVA MEDINA.- FIRMA.- LA SECRETARIA DE PUEBLOS Y BARRIOS ORIGINARIOS Y COMUNIDADES INDÍGENAS RESIDENTES, LARISA ORTÍZ QUINTERO.- FIRMA.- LA SECRETARIA DE SALUD, OLIVA LÓPEZ ARELLANO.- FIRMA.- EL SECRETARIO DE SEGURIDAD CIUDADANA, OMAR HAMID GARCÍA HARFUCH.- FIRMA.- LA**

SECRETARIA DE TRABAJO Y FOMENTO AL EMPLEO, HAYDEÉ SOLEDAD ARAGÓN MARTÍNEZ.- FIRMA.- EL SECRETARIO DE TURISMO, CARLOS MACKINLAY GROHMANN.- FIRMA.- EL CONSEJERO JURÍDICO Y DE SERVICIOS LEGALES, NÉSTOR VARGAS SOLANO.- FIRMA.

TRANSITORIOS DEL DECRETO POR EL QUE SE REFORMAN LOS ARTÍCULOS 110, 235 FRACCIÓN III, 272, Y 438 EN SU PRIMER PÁRRAFO Y EN SU FRACCIÓN I; SE DEROGAN LOS ARTÍCULOS 93, 229, 443 FRACCIÓN II, 451, 624 FRACCIÓN II Y 641; TODOS ELLOS DEL CÓDIGO CIVIL PARA EL DISTRITO FEDERAL, PUBLICADO EN LA GACETA OFICIAL DE LA CIUDAD DE MÉXICO EL DÍA 26 DE FEBRERO DE 2021.

PRIMERO. Remítase a la persona titular de la Jefatura de Gobierno para su promulgación y publicación en la Gaceta Oficial de la Ciudad de México.

SEGUNDO. El presente Decreto entrará en vigor al día siguiente de su publicación en la Gaceta Oficial de la Ciudad de México.

TERCERO. Los procedimientos de carácter civil que se encuentren pendientes de resolución a la entrada en vigor del presente Decreto, se substanciarán y resolverán conforme a las disposiciones vigentes al momento de su inicio, pero se podrá aplicar lo dispuesto en este Decreto en todo aquello que beneficie al interés superior de la niñez.

CUARTO. Se derogan todas aquellas disposiciones que se opongan a lo dispuesto en el presente Decreto.

Palacio Legislativo del Congreso de la Ciudad de México, a los dieciséis días del mes de febrero del año dos mil veintiuno. **POR LA MESA DIRECTIVA.- DIPUTADA MARGARITA SALDAÑA HERNÁNDEZ, PRESIDENTA.- DIPUTADA DONAJI OFELIA OLIVERA REYES, SECRETARIA.- DIPUTADO PABLO MONTES DE OCA DEL OLMO, SECRETARIO.- (Firmas)**

Con fundamento en lo dispuesto por los artículos 122, apartado A, fracción III de la Constitución Política de los Estados Unidos Mexicanos; 32, apartado C, numeral 1, inciso a) de la Constitución Política de la Ciudad de México; 2 párrafo segundo, 3 fracciones XVII y XVIII, 7 párrafo primero, 10 fracción II, 12 y 21 párrafo primero de la Ley Orgánica del Poder Ejecutivo y de la Administración Pública de la Ciudad de México; para su debida publicación y observancia, expido el presente Decreto Promulgatorio en la Residencia Oficial de la Jefatura de Gobierno de la Ciudad de México, a los veinticinco días del mes de febrero del año dos mil veintiuno.- **LA JEFA DE GOBIERNO DE LA CIUDAD DE MÉXICO, DRA. CLAUDIA SHEINBAUM PARDO.- FIRMA.- EL SECRETARIO DE GOBIERNO, JOSÉ ALFONSO SUÁREZ DEL REAL Y AGUILERA.-FIRMA.- EL CONSEJERO JURÍDICO, NESTOR VARGAS SOLANO.- FIRMA.**

TRANSITORIOS DEL DECRETO POR EL QUE SE MODIFICA LA DENOMINACIÓN DE LA LEY DE ESTABLECIMIENTOS MERCANTILES DEL DISTRITO FEDERAL Y DE LA LEY PARA LA CELEBRACIÓN DE ESPECTÁCULOS PÚBLICOS EN EL DISTRITO FEDERAL; Y SE REFORMAN, ADICIONAN Y DEROGAN DIVERSAS DISPOSICIONES DE LA LEY DE GESTIÓN INTEGRAL DE RIESGOS Y PROTECCIÓN CIVIL DE LA CIUDAD DE MÉXICO, DE LA LEY DE ESTABLECIMIENTOS MERCANTILES DEL DISTRITO FEDERAL, DE LA LEY PARA LA CELEBRACIÓN DE ESPECTÁCULOS PÚBLICOS EN EL DISTRITO FEDERAL, ASÍ COMO DEL CÓDIGO CIVIL PARA EL DISTRITO FEDERAL, PUBLICADO EN LA GACETA OFICIAL DE LA CIUDAD DE MÉXICO EL DÍA 02 DE MARZO DE 2021.

PRIMERO.- Publíquese en la Gaceta Oficial de la Ciudad de México para su conocimiento y en el Diario Oficial de la Federación para su mayor difusión.

SEGUNDO.- El presente Decreto entrará en vigor el día siguiente de su publicación en la Gaceta Oficial de la Ciudad de México.

TERCERO.- El Reglamento de la Ley de Gestión Integral de Riesgos y Protección Civil de la Ciudad de México, se actualizará dentro de un término de sesenta días, contados a partir de la entrada en vigor del presente Decreto.

CUARTO.- Las Normas Técnicas, Términos de Referencia y Lineamientos a que se refiere la Ley de Gestión Integral de Riesgos y Protección Civil de la Ciudad de México se actualizarán en lo que se opongan al presente Decreto, dentro de un término de noventa días, contados a partir de la entrada en vigor del presente mismo.

QUINTO.- La Plataforma Digital a que se refiere la Ley de Gestión Integral de Riesgos y Protección Civil de la Ciudad de México se actualizarán en lo que se opongan al presente Decreto, dentro de un término de noventa días, contados a partir de la entrada en vigor del presente mismo.

Palacio Legislativo del Congreso de la Ciudad de México, a los once días del mes de febrero del año dos mil veintiuno. **POR LA MESA DIRECTIVA.-DIPUTADA MARGARITA SALDAÑA HERNÁNDEZ, PRESIDENTA.- DIPUTADA DONAJI OFELIA OLIVERA REYES, SECRETARIA.- DIPUTADO PABLO MONTES DE OCA DEL OLMO, SECRETARIO.- (Firmas)**

Con fundamento en lo dispuesto por los artículos 122, apartado A, fracción III de la Constitución Política de los Estados Unidos Mexicanos; 32, apartado C, numeral 1, inciso a) de la Constitución Política de la Ciudad de México; 2 párrafo segundo, 3 fracciones XVII y XVIII, 7 párrafo primero, 10 fracción II, 12 y 21 párrafo primero de la Ley Orgánica del Poder Ejecutivo y de la Administración Pública de la Ciudad de México; para su debida publicación y observancia, expido el presente Decreto Promulgatorio en la Residencia Oficial de la Jefatura de Gobierno de la Ciudad de México, al primer día del mes de marzo del año dos mil veintiuno.- **LA JEFA DE GOBIERNO DE LA CIUDAD DE MÉXICO, DRA. CLAUDIA SHEINBAUM PARDO.- FIRMA.- EL SECRETARIO DE GOBIERNO, JOSÉ ALFONSO SUÁREZ DEL REAL Y AGUILERA.- FIRMA.- LA SECRETARIA DE ADMINISTRACIÓN Y FINANZAS, LUZ ELENA GONZÁLEZ ESCOBAR.- FIRMA.- EL SECRETARIO DE LA CONTRALORÍA GENERAL, JUAN JOSÉ SERRANO MENDOZA.- FIRMA.- LA SECRETARIA DE CULTURA, VANNESA BOHÓRQUEZ LÓPEZ.- FIRMA.- EL SECRETARIO DE DESARROLLO ECONÓMICO, FADLALA AKABANI HNEIDE.- FIRMA.- EL SECRETARIO DE DESARROLLO URBANO Y VIVIENDA, CARLOS ALBERTO ULLOA PÉREZ.- FIRMA.- LA SECRETARIA DE EDUCACIÓN, CIENCIA, TECNOLOGÍA E INNOVACIÓN, ROSAURA RUIZ GUTIÉRREZ.- FIRMA.- LA SECRETARIA DE GESTIÓN INTEGRAL DE RIESGOS Y PROTECCIÓN CIVIL, MYRIAM VILMA URZÚA VENEGAS.- FIRMA.- LA SECRETARIA DE INCLUSIÓN Y BIENESTAR SOCIAL, ALMUDENA OCEJO ROJO.- FIRMA.- EL SECRETARIO DE OBRAS Y SERVICIOS, JESÚS ANTONIO ESTEVA MEDINA.- FIRMA.- LA SECRETARIA DE SALUD, OLIVA LÓPEZ ARELLANO.- FIRMA.- EL SECRETARIO DE SEGURIDAD CIUDADANA, OMAR HAMID GARCÍA HARFUCH.- FIRMA.- EL SECRETARIO DE TURISMO, CARLOS MACKINLAY GROHMANN.- FIRMA.**

TRANSITORIOS DEL DECRETO POR EL QUE SE ADICIONAN LOS ARTÍCULOS 1392 BIS, 1520 BIS, 1520 TER; Y SE REFORMAN LOS ARTÍCULOS 1520,

1805, 1811, 1834, 2675, 2677 Y 2713 DEL CÓDIGO CIVIL PARA EL DISTRITO FEDERAL Y SE ADICIONAN FRACCIONES I BIS, II BIS, VIII BIS, XXI BIS, XXIII BIS, XXVIII BIS AL ARTÍCULO 2, SE ADICIONA EL ARTÍCULO 7 BIS, UN PÁRRAFO AL ARTÍCULO 32, UNA FRACCIÓN AL ARTÍCULO 36, LOS ARTÍCULOS 76 BIS, 76 TER, 76 QUATER, 76 QUINQUIES, 84 BIS,100 BIS AL 100 VICIES, UN PÁRRAFO AL ARTÍCULO 109, 114 BIS, UN PÁRRAFO AL ARTÍCULO 139, UN PÁRRAFO AL 146, UN PÁRRAFO AL ARTÍCULO 169, UN PÁRRAFO AL ARTÍCULO 218, LOS ARTÍCULOS 234 BIS, 234 TER Y 258 BIS. Y SE REFORMAN LOS ARTÍCULOS 2, 4, 5, 7, 35, 56, 67, 76, 77, 78, 79, 80, 82, 84, 92, 95, 96, 97, 98, 99, 100, 101, 102, 103, 105, 106, 110, 111, 112,113, 115, 117, 118, 119, 123, 128, 131, 138, 148, 151, 154, 157, 158, 160, 166, 173, 174, 175, 176, 214, 216, 238, 247, 249, 252, 260, 261, 262, 264 Y 268 DE LA LEY DEL NOTARIADO PARA LA CIUDAD DE MÉXICO, PUBLICADO EN LA GACETA OFICIAL DE LA CIUDAD DE MÉXICO EL DÍA 04 DE AGOSTO DE 2021.

PRIMERO.- Remítase a la persona titular de la Jefatura de Gobierno para su promulgación y publicación en la Gaceta Oficial de la Ciudad de México.

SEGUNDO.- El presente Decreto entrará en vigor al día siguiente de su publicación, con excepción de lo dispuesto en el Transitorio Tercero.

TERCERO.- Las disposiciones que se reforman y adicionan relacionadas con la Actuación Digital Notarial y conceptos correlativos tales como Protocolo Digital, Instrumento Electrónico, Apéndice del Instrumento Electrónico, Libro de Extractos, Firma Electrónica para la Actuación Digital Notarial y cualquier otro análogo o relacionado con dicha actuación contenidas en los artículos 1520 y el último párrafo del artículo 1834 del Código Civil para el Distrito Federal en lo relativo al protocolo digital, así como en los artículos 2°, 7°, 7 bis, 35, 76, 76 bis, 79, 80, 84, 96, 100 bis al 100 vicies, 101, 102, 103, 105, 109, 114 bis, 115, 117, 118, 119, 128, 131, 139, 146, 169, 173, 174, 176, 214, 216, 218 y 260 en sus fracciones XIV, XXXV y XXXVI bis, de la Ley del Notariado para la Ciudad de México entraran en vigor a los dos años a partir de la fecha de su publicación en la Gaceta Oficial de la Ciudad de México.

CUARTO.- La Agencia Digital de Innovación Pública contará con un plazo de hasta dos años, contados a partir de la publicación de la presente Ley, a efecto de realizar las adecuaciones técnicas para el desarrollo de las herramientas tecnológicas previstas en la presente Ley.

QUINTO.- Una vez habilitada la Estrategia de Firma Electrónica de la Ciudad de México el Colegio de Notarios de la Ciudad de México incorporará su utilización en el Sistema Informático prefiriéndolo frente a otros certificados digitales.

SEXTO.- En un término de 180 días hábiles, la persona titular de la Jefatura de Gobierno deberá armonizar los Reglamentos relacionados con la entrada en vigor del presente Decreto.

Palacio Legislativo del Congreso de la Ciudad de México, a los siete días del mes de julio del año dos mil veintiuno. **POR LA MESA DIRECTIVA DIPUTADA ANA PATRICIA BÁEZ GUERRERO PRESIDENTA, DIPUTADA DONAJI OFELIA OLIVERA REYES, SECRETARIA, DIPUTADO PABLO MONTES DE OCA DEL OLMO, SECRETARIO (Firmas)**

Con fundamento en lo dispuesto por los artículos 122, apartado A, fracción III de la Constitución Política de los Estados Unidos Mexicanos; 32, apartado C, numeral 1, inciso a) de la Constitución Política de la Ciudad de México; 2 párrafo segundo, 3 fracciones XVII y XVIII, 7 párrafo primero, 10 fracción II, 12 y 21 párrafo primero de la Ley Orgánica del Poder Ejecutivo y de la Administración Pública de la Ciudad de México; para su debida publicación y observancia, expido el presente Decreto Promulgatorio en la Residencia Oficial de la Jefatura de Gobierno de la Ciudad de México, a los dos días del mes de agosto del año dos mil veintiuno.- **LA JEFA DE GOBIERNO DE LA CIUDAD DE MÉXICO, DRA. CLAUDIA SHEINBAUM PARDO.- FIRMA.- EL SECRETARIO DE GOBIERNO, MARTÍ BATRES GUADARRAMA.- FIRMA.- EL CONSEJERO JURÍDICO Y DE SERVICIOS LEGALES, NÉSTOR VARGAS SOLANO.- FIRMA.**

TRANSITORIOS DEL DECRETO POR EL QUE SE REFORMAN LAS FRACCIONES I, III, IV, VII, TERCER PÁRRAFO Y SE ADICIONA UN CUARTO PÁRRAFO AL ARTÍCULO 397 AL CÓDIGO CIVIL PARA EL DISTRITO FEDERAL, PUBLICADO EN LA GACETA OFICIAL DE LA CIUDAD DE MÉXICO EL 27 DE MAYO DE 2022.

Primero.- Remítase a la persona titular de la Jefatura de Gobierno, para su promulgación y publicación en la Gaceta Oficial de la Ciudad de México.

Segundo.- El presente Decreto entrará en vigor al día siguiente de su publicación en la Gaceta Oficial de la Ciudad de México.

Palacio Legislativo del Congreso de la Ciudad de México, a los doce días del mes de mayo del año dos mil veintidós. **POR LA MESA DIRECTIVA, DIPUTADO HÉCTOR DIAZ POLANCO, PRESIDENTE.- DIPUTADA MARCELA FUENTE CASTILLO, SECRETARIA.- DIPUTADA FRIDA JIMENA GUILLÉN ORTIZ, SECRETARIA.- (Firmas)**

Con fundamento en lo dispuesto por los artículos 122, apartado A, fracción III de la Constitución Política de los Estados Unidos Mexicanos; 32, apartado C, numeral 1, inciso a) de la Constitución Política de la Ciudad de México; 2 párrafo segundo, 3 fracciones XVII y XVIII, 7 párrafo primero, 10 fracción II, 12 y 21 párrafo primero de la Ley Orgánica del Poder Ejecutivo y de la Administración Pública de la Ciudad de México; para su debida publicación y observancia, expido el presente Decreto Promulgatorio en la Residencia Oficial de la Jefatura de Gobierno de la Ciudad de México, a los veintiséis días del mes de mayo del año dos mil veintidós.- **LA JEFA DE GOBIERNO DE LA CIUDAD DE MÉXICO, DRA. CLAUDIA SHEINBAUM PARDO.- FIRMA.- EL SECRETARIO DE GOBIERNO, MARTÍ BATRES GUADARRAMA.- FIRMA**

TRANSITORIOS DEL DECRETO POR QUE SE MODIFICA EL ARTÍCULO 282, EN SU APARTADO B, FRACCIÓN II, ASÍ COMO EL ÚLTIMO PÁRRAFO DE DICHA FRACCIÓN; Y SE ADICIONA UN PÁRRAFO TERCERO AL APARTADO B, FRACCIÓN II DEL ARTÍCULO 282, TODOS DEL CÓDIGO CIVIL PARA EL DISTRITO FEDERAL, PUBLICADO EN LA GACETA OFICIAL DE LA CIUDAD DE MÉXICO, EL 02 DE JUNIO DE 2022.

PRIMERO. Túrnese a la persona titular de la Jefatura de Gobierno de la Ciudad de México para su correspondiente promulgación y publicación en la Gaceta Oficial de la Ciudad de México.

SEGUNDO. El presente Decreto entrará en vigor a partir del día siguiente de su publicación en la Gaceta Oficial de la Ciudad de México.

Palacio Legislativo del Congreso de la Ciudad de México, a los doce días del mes de mayo del año dos mil veintidós. POR **LA MESA DIRECTIVA, DIPUTADO HÉCTOR DIAZ POLANCO,** PRESIDENTE.- **DIPUTADA MARCELA FUEN-**

TE CASTILLO, SECRETARIA.- **DIPUTADA FRIDA JIMENA GUILLÉN ORTIZ**, SECRETARIA.- (Firmas)

Con fundamento en lo dispuesto por los artículos 122, apartado A, fracción III de la Constitución Política de los Estados Unidos Mexicanos; 32, apartado C, numeral 1, inciso a) de la Constitución Política de la Ciudad de México; 2 párrafo segundo, 3 fracciones XVII y XVIII, 7 párrafo primero, 10 fracción II, 12 y 21 párrafo primero de la Ley Orgánica del Poder Ejecutivo y de la Administración Pública de la Ciudad de México; para su debida publicación y observancia, expido el presente Decreto Promulgatorio en la Residencia Oficial de la Jefatura de Gobierno de la Ciudad de México, al primer día del mes de junio del año dos mil veintidós.- **LA JEFA DE GOBIERNO DE LA CIUDAD DE MÉXICO, DRA. CLAUDIA SHEINBAUM PARDO.- FIRMA.- EL SECRETARIO DE GOBIERNO, MARTÍ BATRES GUADARRAMA.- FIRMA**

TRANSITORIOS DEL DECRETO POR EL QUE SE REFORMA EL ARTÍCULO 416 BIS. DEL CÓDIGO CIVIL PARA EL DISTRITO FEDERAL, PUBLICADO EN LA GACETA OFICIAL DE LA CIUDAD DE MÉXICO, EL 10 DE JUNIO DE 2022.

PRIMERO. Remítase a la persona titular de la Jefatura de Gobierno para su promulgación y publicación en la Gaceta Oficial de la Ciudad de México.

SEGUNDO. El presente decreto entrará en vigor, al día siguiente de su publicación en la Gaceta Oficial de la Ciudad de México.

Palacio Legislativo del Congreso de la Ciudad de México, a los treinta y un días del mes de mayo del año dos mil veintidós. **POR LA MESA DIRECTIVA, DIPUTADO HÉCTOR DIAZ POLANCO,** PRESIDENTE.**- DIPUTADA MARCELA FUENTE CASTILLO,** SECRETARIA.**- DIPUTADA FRIDA JIMENA GUILLÉN ORTIZ,** SECRETARIA.**- (Firmas)**

Con fundamento en lo dispuesto por los artículos 122, apartado A, fracción III de la Constitución Política de los Estados Unidos Mexicanos; 32, apartado C, numeral 1, inciso a) de la Constitución Política de la Ciudad de México; 2 párrafo segundo, 3 fracciones XVII y XVIII, 7 párrafo primero, 10 fracción II, 12 y 21 párrafo primero de la Ley Orgánica del Poder Ejecutivo y de la Administración Pública de la Ciudad de México; para su debida publicación y observancia, expido el presente Decreto Promulgatorio en la Residencia Oficial de la Jefatura de

Gobierno de la Ciudad de México, a los nueve del mes de junio del año dos mil veintidós.- **LA JEFA DE GOBIERNO DE LA CIUDAD DE MÉXICO, DRA. CLAUDIA SHEINBAUM PARDO.- FIRMA.- EL SECRETARIO DE GOBIERNO, MARTÍ BATRES GUADARRAMA.- FIRMA.**

TRANSITORIOS DEL DECRETO POR EL QUE SE REFORMAN LOS PÁRRAFOS SEGUNDO Y CUARTO, Y SE DEROGA EL TERCER PÁRRAFO; TODOS DEL ARTÍCULO 416 BIS DEL CÓDIGO CIVIL PARA EL DISTRITO FEDERAL, PUBLICADO EN LA GACETA OFICIAL DE LA CIUDAD DE MÉXICO EL 10 DE MAYO DE 2023.

PRIMERO. Remítase a la persona Titular de la Jefatura de Gobierno de la Ciudad de México, para su promulgación y publicación en la Gaceta Oficial de la Ciudad de México.

SEGUNDO. El presente decreto entrará en vigor el día siguiente de su publicación en la Gaceta Oficial de la Ciudad de México.

Palacio Legislativo del Congreso de la Ciudad de México, a los dos días del mes de mayo del año dos mil veintitrés. **POR LA MESA DIRECTIVA.- DIPUTADO FAUSTO MANUEL ZAMORANO ESPARZA, PRESIDENTE.- DIPUTADA MARCELA FUENTE CASTILLO, SECRETARIA.- DIPUTADA MARIA GABRIELA SALIDO MAGOS, SECRETARIA.- (Firmas)**

Con fundamento en lo dispuesto por los artículos 122, apartado A, fracción III de la Constitución Política de los Estados Unidos Mexicanos; 32, apartado C, numeral 1, inciso a) de la Constitución Política de la Ciudad de México; 2 párrafo segundo, 3 fracciones XVII y XVIII, 7 párrafo primero, 10 fracción II, 12 y 21 párrafo primero de la Ley Orgánica del Poder Ejecutivo y de la Administración Pública de la Ciudad de México; para su debida publicación y observancia, expido el presente Decreto Promulgatorio en la Residencia Oficial de la Jefatura de Gobierno de la Ciudad de México, a los diez días del mes de mayo del año dos mil veintitrés.- **LA JEFA DE GOBIERNO DE LA CIUDAD DE MÉXICO, DRA. CLAUDIA SHEINBAUM PARDO.- FIRMA.- EL SECRETARIO DE GOBIERNO, MARTÍ BATRES GUADARRAMA.- FIRMA.- SECRETARIO DE INCLUSIÓN Y BIENESTAR SOLCIAL, RIGOBERTO SALGADO VÁZQUEZ.- FIRMA.- LA SECRETARIA DE LAS MUJERES, INGRID GÓMEZ SARACÍBAR.- FIRMA.**

TRANSITORIOS DEL DECRETO POR EL QUE SE MODIFICA EL ARTÍCULO 1655 Y SE DEROGA EL SEGUNDO PÁRRAFO DEL ARTÍCULO 1679 DEL CÓDIGO CIVIL PARA EL DISTRITO FEDERAL

Primero.- Remítase a la persona titular de la Jefatura de Gobierno, para su promulgación y publicación en la Gaceta Oficial de la Ciudad de México.

Segundo.- El presente decreto entrará en vigor el día siguiente al de su publicación en la Gaceta Oficial de la Ciudad de México.

Palacio Legislativo del Congreso de la Ciudad de México, a los dos días del mes de mayo del año dos mil veintitrés. **POR LA MESA DIRECTIVA.- DIPUTADO FAUSTO MANUEL ZAMORANO ESPARZA, PRESIDENTE.- DIPUTADA MARCELA FUENTE CASTILLO, SECRETARIA.- DIPUTADA MARIA GABRIELA SALIDO MAGOS, SECRETARIA.- (Firmas)**

Con fundamento en lo dispuesto por los artículos 122, apartado A, fracción III de la Constitución Política de los Estados Unidos Mexicanos; 32, apartado C, numeral 1, inciso a) de la Constitución Política de la Ciudad de México; 2 párrafo segundo, 3 fracciones XVII y XVIII, 7 párrafo primero, 10 fracción II, 12 y 21 párrafo primero de la Ley Orgánica del Poder Ejecutivo y de la Administración Pública de la Ciudad de México; para su debida publicación y observancia, expido el presente Decreto Promulgatorio en la Residencia Oficial de la Jefatura de Gobierno de la Ciudad de México, a los diez días del mes de mayo del año dos mil veintitrés.- **LA JEFA DE GOBIERNO DE LA CIUDAD DE MÉXICO, DRA. CLAUDIA SHEINBAUM PARDO.- FIRMA.- EL SECRETARIO DE GOBIERNO, MARTÍ BATRES GUADARRAMA.- FIRMA.- EL CONSEJERO JURÍDICO Y DE SERVICIOS LEGALES, NÉSTOR VARGAS SOLANO.- FIRMA.**

TRANSITORIOS DEL DECRETO POR EL QUE SE MODIFICA EL SEGUNDO PÁRRAFO DE LA FRACCIÓN IV; LAS FRACCIONES VIII Y IX TODOS DEL ARTÍCULO 444 Y SE ADICIONA UN PÁRRAFO TERCERO AL ARTÍCULO 414, LA FRACCIÓN X DEL ARTÍCULO 444, TODOS DEL CÓDIGO CIVIL PARA EL DISTRITO FEDERAL. SE ADICIONAN DOS ÚLTIMOS PÁRRAFOS AL ARTÍCULO 148 BIS DEL CÓDIGO PENAL PARA EL DISTRITO FEDERAL, PUBLICADO EN LA GACETA OFICIAL DE LA CIUDAD DE MÉXICO EL 04 DE AGOSTO DE 2023.

PRIMERO. Remítase a la persona titular de la Jefatura de Gobierno para su promulgación y publicación en la Gaceta Oficial de la Ciudad de México.

SEGUNDO. El presente Decreto entrará en vigor al día siguiente de su publicación en la Gaceta Oficial de la Ciudad de México.

Palacio Legislativo del Congreso de la Ciudad de México, a los veintiún días del mes de julio del año dos mil veintitrés..- **POR LA MESA DIRECTIVA.- DIPUTADO FAUSTO MANUEL ZAMORANO ESPARZA, PRESIDENTE.- DIPUTADA MARCELA FUENTE CASTILLO, SECRETARIA.- DIPUTADA MARIA GABRIELA SALIDO MAGOS, SECRETARIA.-** (Firmas)

Con fundamento en lo dispuesto por los artículos 122, apartado A, base III, de la Constitución Política de los Estados Unidos Mexicanos; 32, apartado C, numeral 1, inciso a), de la Constitución Política de la Ciudad de México; 2, párrafo segundo, 3 fracciones XVII y XVIII, 7, párrafo primero, 10, fracción II, 12 y 21, párrafo primero, de la Ley Orgánica del Poder Ejecutivo y de la Administración Pública de la Ciudad de México; para su debida publicación y observancia, expido el presente Decreto Promulgatorio en la Residencia Oficial de la Jefatura de Gobierno de la Ciudad de México, a los 3 días del mes de agosto del año dos mil veintitrés.- **EL JEFE DE GOBIERNO DE LA CIUDAD DE MÉXICO, MTRO. MARTÍ BATRES GUADARRAMA.- FIRMA.- EL SECRETARIO DE GOBIERNO, RICARDO RUIZ SUÁREZ.- FIRMA.- EL SECRETARIO DE INCLUSIÓN Y BIENESTAR SOCIAL, RIGOBERTO SALGADO VÁZQUEZ.- FIRMA.- LA SECRETARIA DE LAS MUJERES, INGRID GÓMEZ SARACÍBAR.- FIRMA.- EL CONSEJERO JURÍDICO Y DE SERVICIOS LEGALES, NÉSTOR VARGAS SOLANO.- FIRMA.**

TRANSITORIOS DEL DECRETO SE REFORMA EL ARTÍCULO 1467 DEL CÓDIGO CIVIL PARA EL DISTRITO FEDERAL, PUBLICADO EN LA GACETA OFICIAL DE LA CIUDAD DE MÉXICO EL 23 DE ABRIL DE 2024.

PRIMERO.- Remítase a la persona titular de la Jefatura de Gobierno, para su promulgación y publicación en la Gaceta Oficial de la Ciudad de México.

SEGUNDO.- El presente Decreto entrará en vigor al día siguiente de su publicación en la Gaceta Oficial de la Ciudad de México.

Palacio Legislativo del Congreso de la Ciudad de México, a los veintiún días del mes de marzo del año dos mil veinticuatro.- **POR LA MESA DIRECTIVA.- DIPUTADA MARÍA GABRIELA SALIDO MAGOS, PRESIDENTA.- DIPUTADA MAR-**

CELA FUENTE CASTILLO, SECRETARIA.- DIPUTADA ANA JOCELYN VILLAGRÁN VILLASANA, SECRETARIA.- (Firmas)

Con fundamento en lo dispuesto por los artículos 122, apartado A, base III, de la Constitución Política de los Estados Unidos Mexicanos; 32, apartado C, numeral 1, inciso a), de la Constitución Política de la Ciudad de México; 2, párrafo segundo, 3, fracciones XVII y XVIII, 7, párrafo primero, 10, fracción II, 12 y 21, párrafo primero, de la Ley Orgánica del Poder Ejecutivo y de la Administración Pública de la Ciudad de México; para su debida publicación y observancia, expido el presente Decreto Promulgatorio en la Residencia Oficial de la Jefatura de Gobierno de la Ciudad de México, a los diecinueve días del mes de abril del año dos mil veinticuatro.- **EL JEFE DE GOBIERNO DE LA CIUDAD DE MÉXICO, DR. MARTÍ BATRES GUADARRAMA.- FIRMA.- EL SECRETARIO DE GOBIERNO, RICARDO RUIZ SUÁREZ.- FIRMA.- LA SECRETARIA DE EDUCACIÓN, CIENCIA, TECNOLOGÍA E INNOVACIÓN, JESÚS OFELIA ANGULO GUERRERO.- FIRMA.- EL CONSEJERO JURÍDICO Y DE SERVICIOS LEGALES, NÉSTOR VARGAS SOLANO.- FIRMA.**

TRANSITORIOS DEL DECRETO POR EL QUE SE REFORMAN LOS ARTÍCULOS 323 SÉPTIMUS; SE REFORMAN LAS FRACCIONES IX Y X, Y SE ADICIONA UNA FRACCIÓN XI AL ARTÍCULO 444; AMBOS DEL CÓDIGO CIVIL PARA EL DISTRITO FEDERAL. SE REFORMA LA NUMERACIÓN DEL CAPÍTULO ÚNICO, COMO CAPÍTULO I DEL TÍTULO OCTAVO DEL LIBRO SEGUNDO; SE ADICIONA UN CAPÍTULO II AL TÍTULO OCTAVO DEL LIBRO SEGUNDO; Y SE ADICIONA UN ARTÍCULO 201 TER AL CÓDIGO PENAL PARA EL DISTRITO FEDERAL., PUBLICADO EN LA GACETA OFICIAL DE LA CIUDAD DE MÉXICO EL DÍA 27 DE JUNIO DE 2024.

PRIMERO. Remítase el presente decreto a la persona titular de la Jefatura de Gobierno, para su promulgación y publicación en la Gaceta Oficial de la Ciudad de México.

SEGUNDO. El presente Decreto entrará en vigor al día siguiente de su publicación en la Gaceta Oficial de la Ciudad de México.

Palacio Legislativo del Congreso de la Ciudad de México, a los veintiún días del mes de mayo del año dos mil veinticuatro.- **POR LA MESA DIRECTIVA.- DIPUTADA MARÍA GABRIELA SALIDO MAGOS, PRESIDENTA.- DIPUTADA**

MARCELA FUENTE CASTILLO, SECRETARIA.- DIPUTADA FRIDA FERNANDA ALCÁNTARA CABRERA, SECRETARIA.- (Firmas)

Con fundamento en lo dispuesto por los artículos 122, apartado A, base III, de la Constitución Política de los Estados Unidos Mexicanos; 32, apartado C, numeral 1, inciso a), de la Constitución Política de la Ciudad de México; 2, párrafo segundo, 3, fracciones XVII y XVIII, 7, párrafo primero, 10, fracción II, 12 y 21, párrafo primero, de la Ley Orgánica del Poder Ejecutivo y de la Administración Pública de la Ciudad de México; para su debida publicación y observancia, expido el presente Decreto Promulgatorio en la Residencia Oficial de la Jefatura de Gobierno de la Ciudad de México, a los veinticinco días del mes de junio del año dos mil veinticuatro.- **EL JEFE DE GOBIERNO DE LA CIUDAD DE MÉXICO, DR. MARTÍ BATRES GUADARRAMA.- FIRMA.- EL SECRETARIO DE GOBIERNO, RICARDO RUIZ SUÁREZ.- FIRMA.- EL SECRETARIO DE INCLUSIÓN Y BIENESTAR SOCIAL, JUAN GERARDO LÓPEZ HERNÁNDEZ.-FIRMA.- LA SECRETARIA DE LAS MUJERES, INGRID AURORA GÓMEZ SARACÍBAR.- FIRMA.- EL CONSEJERO JURÍDICO Y DE SERVICIOS LEGALES, NÉSTOR VARGAS SOLANO.- FIRMA.**

TRANSITORIOS DEL DECRETO POR EL QUE SE REFORMAN LOS ARTÍCULOS 35, PÁRRAFO PRIMERO Y FRACCIÓN II, Y PÁRRAFO SEGUNDO, 97, PÁRRAFO CUARTO, 267, FRACCIONES I, II, II, IV, V Y VI, 271 PÁRRAFO PRIMERO; 282 PÁRRAFO PRIMERO, APARTADO A, FRACCIONES I Y II, ADICIONÁNDOSE UNA FRACCIÓN V; SE ADICIONA UN ARTÍCULO 282 BIS; SE REFORMAN LOS ARTÍCULOS 283 PÁRRAFO PRIMERO Y FRACCIONES I, II, III, IV, V, VII, VIII, Y PÁRRAFO SEGUNDO, 287, 288, PÁRRAFO PRIMERO, FRACCIÓN II, 291 BIS, PÁRRAFOS PRIMERO, SEGUNDO, TERCERO, CUARTO Y QUINTO, 291 TER; SE DEROGA EL PÁRRAFO SEGUNDO DEL ARTÍCULO 291 QUINTUS; SE ADICIONA UN ARTÍCULO 301 BIS; SE REFORMAN LOS ARTÍCULOS 302, 303, 308 FRACCIÓN II, 309; SE ADICIONA UN PÁRRAFO SEGUNDO AL ARTÍCULO 311; SE REFORMAN LOS ARTÍCULOS 311 BIS, 311 TER; SE DEROGA LA FRACCIÓN I DEL ARTÍCULO 320; SE REFORMA EL ARTÍCULO 322 PÁRRAFO SEGUNDO, ADICIONÁNDOSELE UN PÁRRAFO TERCERO; SE REFORMAN LOS ARTÍCULOS 323, 323 TER PÁRRAFO SEGUNDO, ADICIONÁNDOSELE UN PÁRRAFO TERCERO, 323 OCTAVUS, PÁRRAFO PRIMERO, FRACCIONES I Y IV, 380, 413, 414, 414 BIS PÁRRAFOS PRIMERO, FRACCIONES I, II, III Y IV, Y SEGUNDO, 416, 416 TER, PÁRRAFO PRIMERO, FRACCIONES I Y IV, 417 BIS, 418, PÁRRAFO

PRIMERO, 421, 426, 427, 428, PÁRRAFO PRIMERO, 429, 430, 432, 433, 435, 436, 437 PÁRRAFO PRIMERO, 439, 440, 441, 442, 443, FRACCIONES III, IV Y V, 444 BIS, 445, Y 447 FRACCIONES III, V Y VII; TODOS DEL CÓDIGO CIVIL PARA EL DISTRITO FEDERAL, PUBLICADO EN LA GACETA OFICIAL DE LA CIUDAD DE MÉXICO EL DÍA 28 DE JUNIO DE 2024.

PRIMERO. Remítase el presente decreto a la persona titular de la Jefatura de Gobierno, para su promulgación y publicación en la Gaceta Oficial de la Ciudad de México.

SEGUNDO. El presente Decreto entrará en vigor al día siguiente de su publicación en la Gaceta Oficial de la Ciudad de México.

Palacio Legislativo del Congreso de la Ciudad de México, a los veintiún días del mes de mayo del año dos mil veinticuatro.- **POR LA MESA DIRECTIVA.- DIPUTADA MARÍA GABRIELA SALIDO MAGOS, PRESIDENTA.- DIPUTADA MARCELA FUENTE CASTILLO, SECRETARIA.- DIPUTADA FRIDA FERNANDA ALCÁNTARA CABRERA, SECRETARIA.-** (Firmas)

Con fundamento en lo dispuesto por los artículos 122, apartado A, base III, de la Constitución Política de los Estados Unidos Mexicanos; 32, apartado C, numeral 1, inciso a), de la Constitución Política de la Ciudad de México; 2, párrafo segundo, 3, fracciones XVII y XVIII, 7, párrafo primero, 10, fracción II, 12 y 21, párrafo primero, de la Ley Orgánica del Poder Ejecutivo y de la Administración Pública de la Ciudad de México; para su debida publicación y observancia, expido el presente Decreto Promulgatorio en la Residencia Oficial de la Jefatura de Gobierno de la Ciudad de México, a los veintisiete días del mes de junio del año dos mil veinticuatro.- **EL JEFE DE GOBIERNO DE LA CIUDAD DE MÉXICO, DR. MARTÍ BATRES GUADARRAMA.- FIRMA.- EL SECRETARIO DE GOBIERNO, RICARDO RUIZ SUÁREZ.- FIRMA.- EL SECRETARIO DE INCLUSIÓN Y BIENESTAR SOCIAL, JUAN GERARDO LÓPEZ HERNÁNDEZ.-FIRMA.- LA SECRETARIA DE LAS MUJERES, INGRID AURORA GÓMEZ SARACÍBAR.- FIRMA.- LA SECRETARIA DE SALUD, OLIVA LÓPEZ ARELLANO.- FIRMA.- EL SECRETARIO DE SEGURIDAD CIUDADANA, PABLO VÁZQUEZ CAMACHO.- FIRMA.- EL CONSEJERO JURÍDICO Y DE SERVICIOS LEGALES, NÉSTOR VARGAS SOLANO.- FIRMA.**

TRANSITORIOS DEL DECRETO POR EL QUE SE MODIFICA EL PÁRRAFO PRIMERO DEL ARTÍCULO 69 TER, LA FRACCIÓN VIII DEL ARTÍCULO 138, EL SEGUNDO PÁRRAFO, LA FRACCIÓN IX Y EL INCISO A) DEL PÁRRAFO QUINTO, DEL ARTÍCULO 148 BIS; SE ADICIONA UN CAPÍTULO VII, AL TÍTULO PRIMERO DEL LIBRO SEGUNDO PARTE ESPECIAL, Y UN ARTÍCULO 148 TER, AL CÓDIGO PENAL PARA EL DISTRITO FEDERAL; SE ADICIONA UN PÁRRAFO SEGUNDO AL ARTÍCULO 118 DEL CÓDIGO CIVIL PARA EL DISTRITO FEDERAL; SE MODIFICA LA FRACCIÓN IV DEL ARTÍCULO 37; SE ADICIONAN LAS FRACCIONES V, VI, VII AL ARTÍCULO 37, Y LAS FRACCIONES XXIV, XXV, XXVI, AL ARTÍCULO 65, DE LA LEY ORGÁNICA DE LA FISCALÍA GENERAL DE JUSTICIA DE LA CIUDAD DE MÉXICO Y SE ADICIONA UNA FRACCIÓN XIV BIS AL ARTÍCULO 3 DE LA LEY DE VÍCTIMAS PARA LA CIUDAD DE MÉXICO, PUBLICADO EN LA GACETA OFICIAL DE LA CIUDAD DE MÉXICO EL DÍA 23 DE AGOSTO DE 2024.

PRIMERO. Remítase a la persona titular de la Jefatura de Gobierno, para su promulgación y publicación en la Gaceta Oficial de la Ciudad de México.

SEGUNDO. El presente Decreto entrará en vigor el día siguiente al de su publicación en la Gaceta Oficial de la Ciudad de México.

Palacio Legislativo del Congreso de la Ciudad de México, a los dieciocho días del mes de julio del año dos mil veinticuatro.- **POR LA MESA DIRECTIVA.- DIPUTADA MARÍA GABRIELA SALIDO MAGOS, PRESIDENTA.- DIPUTADA MARCELA FUENTE CASTILLO, SECRETARIA.- DIPUTADA FRIDA FERNANDA ALCÁNTARA CABRERA, SECRETARIA.-** (Firmas)

Con fundamento en lo dispuesto por los artículos 122, apartado A, base III, de la Constitución Política de los Estados Unidos Mexicanos; 32, apartado C, numeral 1, inciso a), de la Constitución Política de la Ciudad de México; 2, párrafo segundo, 3, fracciones XVII y XVIII, 7, párrafo primero, 10, fracción II, 12 y 21, párrafo primero, de la Ley Orgánica del Poder Ejecutivo y de la Administración Pública de la Ciudad de México; para su debida publicación y observancia, expido el presente Decreto Promulgatorio en la Residencia Oficial de la Jefatura de Gobierno de la Ciudad de México, a los veintidós días del mes de agosto del año dos mil veinticuatro.- **EL JEFE DE GOBIERNO DE LA CIUDAD DE MÉXICO, DR. MARTÍ BATRES GUADARRAMA.- FIRMA.- EL SECRETARIO DE GOBIERNO, RICARDO RUIZ SUÁREZ.- FIRMA.- EL SECRETARIO DE BIENESTAR E IGUALDAD SOCIAL, JUAN GERARDO LÓPEZ HERNÁNDEZ.-FIRMA.- LA SE-**

CRETARIA DE LAS MUJERES, INGRID AURORA GÓMEZ SARACÍBAR.- FIRMA.- EL SECRETARIO DE SEGURIDAD CIUDADANA, LICENCIADO PABLO VÁZQUEZ CAMACHO.- FIRMA.- EL CONSEJERO JURÍDICO Y DE SERVICIOS LEGALES, NÉSTOR VARGAS SOLANO.- FIRMA.

TRANSITORIOS DEL DECRETO POR EL QUE SE REFORMA EL SEGUNDO PÁRRAFO DEL ARTÍCULO 2448 D Y SE ADICIONA UN TERCER Y CUARTO PÁRRAFO AL ARTÍCULO 2448 F, AMBOS NUMERALES DEL CÓDIGO CIVIL PARA EL DISTRITO FEDERAL YSE MODIFICAN LAS FRACCIONES XV Y XVI, ADICIONÁNDOSE UNA FRACCIÓN XVII AL ARTÍCULO 1; SE ADICIONA UNA FRACCIÓN XXXVII BIS AL ARTÍCULO 5; SE REFORMA LA FRACCIÓN VI DEL ARTÍCULO 12; SE REFORMA LA FRACCIÓN I DEL ARTÍCULO 13; SE ADICIONA UNA FRACCIÓN X BIS AL ARTÍCULO 21; SE REFORMA LA FRACCIÓN I DEL ARTÍCULO 24; SE ADICIONA UNA FRACCIÓN VII BIS AL ARTÍCULO 26; SE REFORMA EL ARTÍCULO 53 Y EL PÁRRAFO PRIMERO DEL ARTÍCULO 59; Y SE REFORMA LOS ÚNICOS PÁRRAFOS DEL ARTÍCULO 60 Y 73, TODOS LOS DISPOSITIVOS DE LA LEY DE VIVIENDA PARA LA CIUDAD DE MÉXICO, EN MATERIA DE RENTAS, PUBLICADO EN LA GACETA OFICIAL DE LA CIUDAD DE MÉXICO EL DÍA 28 DE AGOSTO DE 2024.

PRIMERO.- Remítase a la persona titular de la Jefatura de Gobierno de la Ciudad de México, para su promulgación y publicación en la Gaceta Oficial de la Ciudad de México.

SEGUNDO.- El presente Decreto entrará en vigor al día siguiente de su publicación en la Gaceta Oficial de la Ciudad de México.

TERCERO.- El registro a que se refiere el último párrafo del artículo 2448 F del Código Civil para el Distrito Federal, se llevará a cabo de conformidad con el mecanismo que el Gobierno de la Ciudad de México establezca, en un plazo no mayor a 30 días posteriores a la entrada en vigor del presente decreto.

Los contratos de arrendamiento que se encuentren en curso a la entrada en vigor del presente decreto deberán registrarse por el arrendador en un plazo no mayor a 90 días posteriores a lo señalado en el párrafo anterior.

Palacio Legislativo del Congreso de la Ciudad de México, a los veintidós días del mes de agosto del año dos mil veinticuatro.- **POR LA MESA DIRECTIVA.- DIPUTADA MARÍA GABRIELA SALIDO MAGOS, PRESIDENTA.- DIPUTADA**

MARCELA FUENTE CASTILLO, SECRETARIA.- DIPUTADA FRIDA FERNANDA ALCÁNTARA CABRERA, SECRETARIA.- (Firmas)

Con fundamento en lo dispuesto por los artículos 122, apartado A, base III, de la Constitución Política de los Estados Unidos Mexicanos; 32, apartado C, numeral 1, inciso a), de la Constitución Política de la Ciudad de México; 2, párrafo segundo, 3, fracciones XVII y XVIII, 7, párrafo primero, 10, fracción II, 12 y 21, párrafo primero, de la Ley Orgánica del Poder Ejecutivo y de la Administración Pública de la Ciudad de México; para su debida publicación y observancia, expido el presente Decreto Promulgatorio en la Residencia Oficial de la Jefatura de Gobierno de la Ciudad de México, a los veintiseis días del mes de agosto del año dos mil veinticuatro.- **EL JEFE DE GOBIERNO DE LA CIUDAD DE MÉXICO, DR. MARTÍ BATRES GUADARRAMA.- FIRMA.- EL SECRETARIO DE GOBIERNO, RICARDO RUIZ SUÁREZ.- FIRMA.- EL SECRETARIO DE DESARROLLO URBANO Y VIVIENDA, INTI MUÑOZ SANTINI.- FIRMA**

TRANSITORIOS DEL DECRETO POR EL QUE SE REFORMA EL PÁRRAFO SEGUNDO DEL ARTÍCULO 3044 DEL CÓDIGO CIVIL PARA EL DISTRITO FEDERAL Y SE REFORMA LA FRACCIÓN V DEL ARTÍCULO 50 Y EL ARTÍCULO 79 DE LA LEY REGISTRAL PARA LA CIUDAD DE MÉXICO, PUBLICADO EN LA GACETA OFICIAL DE LA CIUDAD DE MÉXICO EL DÍA 27 DE SEPTIEMBRE DE 2024.

PRIMERO. Remítase a la persona titular de la Jefatura de Gobierno para su promulgación y publicación en la Gaceta Oficial de la Ciudad de México.

SEGUNDO. El presente Decreto entrará en vigor al día siguiente de su publicación en la Gaceta Oficial de la Ciudad de México.

Palacio Legislativo del Congreso de la Ciudad de México, a los veintidós días del mes de agosto del año dos mil veinticuatro.- **POR LA MESA DIRECTIVA.- DIPUTADA MARÍA GABRIELA SALIDO MAGOS, PRESIDENTA.- DIPUTADA MARCELA FUENTE CASTILLO, SECRETARIA.- DIPUTADA FRIDA FERNANDA ALCÁNTARA CABRERA, SECRETARIA.- (Firmas)**

Código Nacional de Procedimientos Civiles y Familiares

Nuevo Código publicado en el Diario Oficial de la Federación el 7 de junio de 2023

TEXTO VIGENTE
Última reforma publicada DOF 04-06-2024

Declaratoria de invalidez de artículos por Sentencia de la SCJN notificada al Congreso de la Unión para efectos legales el 14-08-2024

Nota sobre la entrada en vigor y aplicación gradual de este Código: De conformidad con los **artículos transitorios Primero y Segundo** del Decreto **DOF 07-06-2023,** se establece:

"***Artículo Primero.*** *El presente Decreto entrará en vigor al día siguiente de su publicación en el Diario Oficial de la Federación.*

Artículo Segundo. *La aplicación de lo dispuesto en el Código Nacional de Procedimientos Civiles y Familiares previsto en el presente Decreto, entrará en vigor gradualmente, como sigue: en el Orden Federal, de conformidad con la Declaratoria que indistinta y sucesivamente realicen las Cámaras de Diputados y Senadores que integran el Congreso de la Unión, previa solicitud del Poder Judicial de la Federación, sin que la misma pueda exceder del 1o. de abril de 2027.*

En el caso de las Entidades Federativas, el presente Código Nacional, entrará en vigor en cada una de éstas de conformidad con la Declaratoria que al efecto emita el Congreso Local, previa solicitud del Poder Judicial del Estado correspondiente, sin que la misma pueda exceder del 1o. de abril de 2027.

La Declaratoria que al efecto se expida, deberá señalar expresamente la fecha en la que entrará en vigor el Código Nacional de Procedimientos Civiles y Familiares, y será publicada en el Diario Oficial de la Federación y en los Periódicos o Gacetas Oficiales del Estado, según corresponda.

Entre la Declaratoria a que se hace referencia en los párrafos anteriores, y la entrada en vigor del presente Código Nacional de Procedimientos Civiles y Familiares, deberán mediar máximo 120 días naturales. En todos los casos, vencido el plazo, sin que se hubiera emitido la Declaratoria respectiva, la entrada en vigor será automática en todo el territorio nacional sin que la misma pueda exceder el día 1o. de abril de 2027.

Al margen un sello con el Escudo Nacional, que dice: Estados Unidos Mexicanos.- Presidencia de la República.

ANDRÉS MANUEL LÓPEZ OBRADOR, Presidente de los Estados Unidos Mexicanos, a sus habitantes sabed:

Que el Honorable Congreso de la Unión, se ha servido dirigirme el siguiente

DECRETO

"EL CONGRESO GENERAL DE LOS ESTADOS UNIDOS MEXICANOS, DECRETA:

SE EXPIDE EL CÓDIGO NACIONAL DE PROCEDIMIENTOS CIVILES Y FAMILIARES

Artículo Único.- Se expide el Código Nacional de Procedimientos Civiles y Familiares, para quedar como sigue:

CÓDIGO NACIONAL DE PROCEDIMIENTOS CIVILES Y FAMILIARES

LIBRO PRIMERO
DEL SISTEMA DE IMPARTICIÓN DE JUSTICIA EN MATERIA CIVIL Y FAMILIAR

TÍTULO PRIMERO
DISPOSICIONES GENERALES

CAPÍTULO I
DEL CÓDIGO NACIONAL DE PROCEDIMIENTOS CIVILES Y FAMILIARES

SECCIÓN PRIMERA
FORMALIDADES DEL PROCEDIMIENTO

Artículo 1. Las disposiciones de este Código Nacional son de orden público, interés social y observancia general en todo el territorio nacional, tienen por objeto establecer la regulación procesal civil y familiar, con base en los derechos humanos previstos en la Constitución Política de los Estados Unidos Mexicanos y en los Tratados Internacionales de los que el Estado mexicano sea parte.

Artículo 2. Para los efectos de este Código Nacional de Procedimientos Civiles y Familiares, se entenderá por:

I. Ajustes de Procedimiento. Las modificaciones y adaptaciones necesarias y adecuadas para facilitar y garantizar el desempeño de las funciones efectivas de las personas que pertenecen a los grupos sociales en situación de vulnerabilidad como participantes directos e indirectos, en todos los procedimientos judiciales, así como el acceso a la justicia en igualdad de condiciones;

II. Apoyo. Formas de asistir en el Procedimiento a las personas para facilitar su comprensión, ejercicio y manifestación de voluntad, derechos y obligaciones;

III. Archivo o documento electrónico. Con independencia del formato en que se encuentre, comprenden el escrito que es generado, consultado, modificado o procesado por medios electrónicos, digitales u ópticos, enviado, recibido, almacenado o utilizado a través de sistemas de justicia digital;

IV. Área de transmisión. Espacio físico desde donde los intervinientes en un procedimiento en línea participan en una audiencia o diligencia virtuales, usando la herramienta de sala virtual designada para tal propósito;

V. Audiencia virtual. Cualquier audiencia de las previstas en este Código Nacional celebrada a través de una sala virtual;

VI. Autoridad jurisdiccional. Jueza, juez, magistrada, magistrado u órganos del Poder Judicial, con facultades para emitir resoluciones en el ejercicio de impartición de justicia dentro del ámbito de sus respectivas competencias;

VII. Cadena de bloques. Conjunto de tecnologías cuyas características buscan posibilitar la transferencia de valor en entornos digitales a través de métodos de consenso y cifrado. Desde un punto de vista técnico, y atendiendo a sus características, una cadena de bloques es una base de datos, descentralizada y distribuida en una red de computadoras, formada por un conjunto de registros vinculados donde se almacenan transacciones o datos, que han sido diseñados para evitar su modificación o manipulación no autorizada, una vez que un dato ha sido publicado. Una cadena de bloques es pública cuando es abierta, transparente, cualquiera puede unirse, tener acceso a ella, enviar transacciones y participar en el proceso de consenso o validación de datos. Se consideran cadenas de bloques sin permiso o no permisionadas, ya que no hay restricciones y la participación en ellas no está controlada por un administrador o por un cuerpo central de gobierno;

VIII. Certificado digital. Mensaje de datos o registro que confirme el vínculo entre un firmante y la clave privada;

IX. Clave privada. Los datos que el firmante genera de manera secreta y utiliza para crear su firma electrónica avanzada, a fin de lograr el vínculo entre dicha firma electrónica avanzada y el firmante;

X. Código Civil. Los Códigos Civiles y Familiares, Federal o Locales;

XI. Código Nacional. El Código Nacional de Procedimientos Civiles y Familiares;

XII. Declaración especial de ausencia por desaparición. Se entenderá lo previsto en la Ley General en materia de Desaparición Forzada, Desaparición cometida por Particulares y del Sistema Nacional de Búsqueda, en la Ley Federal de Declaración Especial de Ausencia para Personas Desaparecidas, así como en las leyes especiales de la materia en las Entidades Federativas;

XIII. Digitalización. Migración de documentos en soporte físico a un medio electrónico, óptico, digital o de cualquier tecnología, que genera como resultado un mensaje de datos, mediante un proceso que permita asegurar la fidelidad e integridad conforme a los documentos amparados en soportes físicos;

XIV. Diligencia virtual. Actuaciones procesales, distintas de las audiencias virtuales y promociones electrónicas, desarrolladas por personas funcionarias judiciales, las partes o sus representantes y cualquier interviniente autorizado dentro de un procedimiento judicial que se lleva a cabo a distancia o de forma remota, mediante el uso de cualquier sistema de justicia digital;

XV. Documento digitalizado. Escrito que contiene información que ha sido creado originalmente en soporte físico o de forma impresa y posteriormente ha migrado a un medio electrónico, digital o de cualquier tecnología;

XVI. Documento electrónico. Escrito que es generado, consultado, modificado o procesado por medios electrónicos, que es enviado, recibido, almacenado o utilizado a través de sistemas de justicia digital;

XVII. Enlace. Dirección electrónica o hipervínculo de la sala virtual a través de la cual las partes y el órgano jurisdiccional llevarán a cabo las audiencias o diligencias virtuales correspondientes a los procedimientos en línea;

XVIII. Expediente electrónico. Conjunto de información contenida en documentos electrónicos, documentos digitalizados o mensajes de datos que conforman un determinado procedimiento jurisdiccional, independientemente de que esté conformado por texto, imagen, audio, video o cualquier otra tecnología;

XIX. Expediente físico. Conjunto de documentos físicos que contienen las actuaciones y resoluciones judiciales, así como las promociones de las partes y demás intervinientes en un determinado procedimiento judicial;

XX. Firma electrónica avanzada. El conjunto de datos y caracteres que permite la identificación del firmante, que ha sido creada por medios electrónicos bajo su exclusivo control, de manera que está vinculada únicamente al mismo y a los datos a los que se refiere, lo que permite que sea detectable cualquier modificación ulterior de éstos, la cual produce los mismos efectos jurídicos que la firma autógrafa. La firma electrónica avanzada prevalece frente a la firma electrónica simple, ya que los requisitos de producción de la primera la dotan de más seguridad que la segunda. A pesar de que las autoridades utilicen una terminología distinta para este tipo de firma, si la misma cuenta con los atributos y características señaladas en esta definición, será considerada como firma electrónica avanzada para los efectos de este Código Nacional;

XXI. Firma electrónica o firma electrónica simple. Los datos en forma electrónica consignados en un mensaje de datos, o adjuntados o lógicamente asociados al mismo por cualquier tecnología, que son utilizados para identificar al firmante en relación con el mensaje de datos e indicar que el firmante aprueba la información contenida en el mensaje de datos, y que produce los mismos efectos jurídicos que la firma autógrafa, siendo admisible como prueba en juicio;

XXII. Grupos sociales en situación de vulnerabilidad. Las personas que pertenecen a grupos sociales en situación de vulnerabilidad, que, por causas diversas, enfrentan situaciones de riesgo o discriminación;

XXIII. Integridad. Se considerará que el contenido de un documento electrónico o mensaje de datos es íntegro, si éste ha permanecido completo e inalterado independientemente de los cambios que hubiere podido sufrir el medio que lo contiene, resultado del proceso de comunicación, archivo o presentación. El grado de confiabilidad requerido será determinado conforme a los fines para los que se generó la información y de todas las circunstancias relevantes del caso;

XXIV. Medio de comunicación judicial. El boletín judicial, lista de acuerdos, lista electrónica de acuerdos o medios electrónicos o informáticos por los que la autoridad jurisdiccional, en sus respectivos ámbitos de competencia, hace del conocimiento de las partes, la emisión de una resolución judicial;

XXV. Mensaje de datos. La información generada, enviada, recibida, archivada o comunicada a través de medios de comunicación electrónica, que puede contener documentos electrónicos;

XXVI. Metaverso. Espacio virtual que posibilita la convivencia social en mundos digitales a través de experiencias gráficas inmersivas en tercera dimensión, que suele utilizar tecnologías de realidad virtual, realidad aumentada, realidad mixta o híbrida, tokens y cadena de bloques;

XXVII. Notificación electrónica. Acto mediante el cual se hace saber a las personas a quienes va dirigida, a través de medios electrónicos, una resolución judicial;

XXVIII. Persona Desaparecida. Se entenderá lo previsto en la Ley General en materia de Desaparición Forzada, Desaparición cometida por Particulares y del Sistema Nacional de Búsqueda, en la Ley Federal de Declaración Especial de Ausencia para Personas Desaparecidas, así como las leyes especiales de la materia en las Entidades Federativas;

XXIX. Personas Mayores. Las personas determinadas como tales por la ley de la materia;

XXX. Persona Representante Autorizada. La persona autorizada por cualquiera de las partes con funciones de representación en el procedimiento judicial, de carácter público o privado que se encuentre legalmente autorizado para ejercer la profesión de abogado o licenciado en derecho con cédula profesional expedida por la autoridad competente;

XXXI. Procedimiento en línea. Todo procedimiento, contencioso o no contencioso, regulado en el presente Código Nacional, que se tramite utilizando sistemas de justicia digital;

XXXII. Promoción electrónica. Cualquier documento enviado o presentado ante un órgano jurisdiccional, a través de sistemas de justicia digital;

XXXIII. Representante social. Autoridad administrativa encargada de procurar la legalidad en los asuntos civiles y familiares, así como la representación de la sociedad en los procedimientos de orden e interés público, de acuerdo con la legislación de cada Entidad Federativa;

XXXIV. Sala virtual. Programa de cómputo, herramienta, plataforma electrónica de videoconferencia, metaverso, sistema de realidad virtual o aumentada, sistema holográfico, o cualquier otro medio tecnológico designado como sistema de interacción a distancia, que permita la transmisión de audio, video o imágenes, así como la comunicación sincrónica entre las partes que participan en cualquier acto procesal y el órgano jurisdiccional;

XXXV. Sistemas de justicia digital. Todo dispositivo electrónico, programa de cómputo, aplicación, herramienta tecnológica o plataforma electrónica, propiedad del Poder Judicial o de terceros, que sea utilizada para consultar, usar, enviar o llevar a cabo procedimientos en línea, audiencias virtuales, diligencias virtuales, expedientes electrónicos, firmas electrónicas, mensajes de datos, documentos electrónicos o digitalizados, promociones electrónicas, salas virtuales y videoconferencias, y

XXXVI. Videoconferencia. Sistema interactivo de comunicación que transmita, de forma simultánea y en tiempo real, imagen, sonido y datos a distancia de una o más personas, ubicadas en un lugar distinto del recinto del órgano jurisdiccional.

Artículo 3. En el sistema de impartición de justicia en materia civil y familiar se ponderará en todo tiempo la solución de la controversia sobre los formalismos procesales, serán aplicables las reglas y principios del juicio oral en lo que resulte compatible; asimismo, serán considerados los beneficios de la justicia alternativa o procedimientos convencionales que pacten las partes y de conformidad con lo dispuesto en este Código Nacional, podrá tramitarse mediante el uso de las tecnologías de la información y la comunicación.

Artículo 4. Las autoridades jurisdiccionales contarán con las más amplias facultades de dirección procesal para decidir en forma pronta y expedita lo que en derecho corresponda al procedimiento respectivo. Para hacer cumplir sus determinaciones podrán hacer uso de las medidas de apremio previstas en este Código Nacional.

Las autoridades jurisdiccionales deberán cerciorarse en todos los casos que las partes se encuentren debidamente representadas por persona representante autorizada.

Artículo 5. En los asuntos de orden familiar y civil, y sin alterar el principio de igualdad procesal, las partes podrán revelar su condición de vulnerabilidad, a fin de que la autoridad jurisdiccional provea ajustes de procedimiento en su caso y supla oportunamente de oficio, las deficiencias de sus planteamientos sobre la base de proteger los intereses de la familia, personas mayores, niñas, niños, adolescentes, personas con discapacidad o cualquier otra persona que se encuentre en alguna condición de vulnerabilidad.

En los casos que se involucren derechos de niñas, niños y adolescentes, así como los derechos de las mujeres, la autoridad jurisdiccional deberá actuar y resolver con base en el interés superior de las niñas, niños, o adolescentes, así como con perspectiva de género de conformidad con los Tratados Internacionales de los que el Estado Mexicano sea parte.

Asimismo, deberán adecuar sus actuaciones a las circunstancias de los grupos sociales en situación de vulnerabilidad mediante formatos alternativos, a fin de garantizar equidad y accesibilidad estructural y de comunicación, durante el procedimiento, en estricto apego al ejercicio de los derechos humanos.

Artículo 6. Tratándose de personas que pertenezcan a pueblos y comunidades indígenas y afromexicanas, la autoridad jurisdiccional deberá cerciorarse que cuenten con intérprete y traductor y en todos los casos considerará sus sistemas normativos, usos y costumbres, siempre que no contravengan lo dispuesto por la Constitución Política de los Estados Unidos Mexicanos y los Tratados Internacionales de los que el Estado mexicano sea parte.

Las personas intérpretes y traductoras al iniciar su función serán advertidos de las penas en que incurren los falsos declarantes y sobre su obligación de traducir o interpretar fielmente lo dicho. Si para el desahogo de la audiencia no es posible contar con la asistencia requerida, deberá suspenderse y ordenarse nueva fecha. En ningún caso las partes o los testigos podrán ser intérpretes.

Artículo 7. Son principios rectores del sistema de impartición de justicia en materia civil y familiar:

I. Acceso a la justicia. Cualquier persona tiene derecho a acudir ante la autoridad jurisdiccional para formular una pretensión jurídica concreta de carácter familiar y la autoridad jurisdiccional requerida deberá de proveer sobre sus peticiones;

II. Concentración. Se procurará desahogar la mayor cantidad de actuaciones procesales en una sola audiencia o el menor número de diligencias procesales;

III. Colaboración. Se propiciará que las partes resuelvan por sí mismas el conflicto en cualquier etapa del procedimiento, por tanto, las autoridades jurisdiccionales facilitarán que sean ellas las que pongan fin a la controversia mediante acuerdos conciliatorios, exceptuando aquellos casos en que existan conductas de violencia en cualquiera de sus modalidades, o que se discutan derechos intransigibles;

IV. Continuidad. Las audiencias deberán ser ininterrumpidas, permitiendo excepcionalmente su suspensión en los casos establecidos en el presente Código Nacional;

V. Contradicción. Las partes tienen derecho a debatir los hechos, argumentos jurídicos y pruebas de su contraparte, en los términos establecidos en este Código Nacional;

VI. Dirección Procesal. La rectoría del proceso está confiada únicamente a las autoridades jurisdiccionales en primera o en segunda instancia, según sea el caso;

VII. Igualdad Procesal. Desde el escrito inicial de demanda y hasta la ejecución de la sentencia, las personas recibirán el mismo trato, oportunidades, derechos y cargas procesales sin discriminación alguna. Con las excepciones que se establezcan expresamente en este Código Nacional, cuando en la controversia se involucren derechos de niñas, niños, adolescentes y personas en grupos sociales en situación de vulnerabilidad;

VIII. Inmediación. El contacto directo, personal e indelegable de la autoridad jurisdiccional con las partes y las pruebas, salvo las excepciones previstas en este Código Nacional;

IX. Interés superior de la niñez. Observancia que debe darse para hacer prevalecer los derechos de las niñas, niños o adolescentes, por sobre los otros derechos que pudieran estar en pugna en el litigio;

X. Impulso procesal. Las partes tienen la facultad para solicitar las diligencias necesarias que impidan la paralización del procedimiento, con independencia del principio de Dirección procesal que le corresponde a la autoridad jurisdiccional;

XI. Lealtad procesal. Quienes participen en el proceso, ajustarán su conducta a la dignidad de la justicia, al respeto que se deben, a la probidad y buena fe;

XII. Litis abierta. En materia familiar, la litis no se reduce a la demanda y a la contestación, o en su caso, a la reconvención y a la contestación de ésta, sino que la autoridad jurisdiccional debe hacer mérito de los hechos constitutivos, modificativos o extintivos, producidos durante la sustanciación del proceso y debidamente probados, aunque no hubiesen sido invocados oportunamente como hechos nuevos;

XIII. Oralidad. El proceso se desarrollará en audiencias orales, salvo las excepciones previstas en este Código Nacional y las que, en casos debidamente fundados y motivados, considere la autoridad jurisdiccional;

XIV. Perspectiva de género. Es una visión científica, analítica y política sobre las mujeres y los hombres. Se propone eliminar las causas de la opresión de género como la desigualdad, la injusticia y la jerarquización de las personas basada en el género. Promueve la igualdad entre los géneros a través de la equidad, el adelanto y el bienestar de las mujeres; contribuye a construir una sociedad en donde las mujeres y los hombres tengan el mismo valor, la igualdad de derechos y oportunidades para acceder a los recursos económicos y a la representación política y social en los ámbitos de toma de decisiones;

XV. Preclusión. El no ejercicio de los derechos procesales en la etapa correspondiente extingue la oportunidad de ejercerlos en la posterior;

XVI. Privacidad. En materia familiar el acceso a las audiencias queda reservado a las partes y a quienes deban comparecer conforme a la ley, y

XVII. Publicidad. En materia civil, las audiencias serán públicas, de conformidad con lo dispuesto en este Código Nacional, por las Leyes de Protección de Datos Personales, Transparencia y Acceso a la Información Pública, y demás ordenamientos aplicables en sus respectivos ámbitos de competencia.

SECCIÓN SEGUNDA
DE LA ACCIÓN

Artículo 8. El ejercicio de la acción requiere:

I. La existencia de un derecho;

II. La violación de un derecho, el incumplimiento o desconocimiento de una obligación, o la necesidad de declarar, preservar o constituir un derecho o imponer una condena, y

III. La capacidad o legitimación para ejercitar la acción por sí o por quien represente legalmente, al Ministerio Público, procurador, fiscal o representante social y a quienes cuya intervención esté autorizada por la Ley en casos especiales.

Se exceptúa de lo señalado en la fracción III anterior, el derecho o interés difuso, colectivo o individual de incidencia colectiva, de conformidad con lo dispuesto en el Libro respectivo de este Código Nacional.

Artículo 9. Las instituciones, servicios y dependencias de la Administración Pública de la Federación y de las Entidades Federativas, tendrán dentro del procedimiento judicial, en cualquier forma en que intervengan, la misma situación que otra parte cualquiera; pero nunca podrá dictarse en su contra, mandamiento de ejecución ni providencia de embargo, y estarán exentos de prestar las garantías que este Código Nacional exija de las partes.

Las resoluciones dictadas en su contra serán cumplimentadas por las autoridades correspondientes, dentro de los límites de sus atribuciones.

Artículo 10. La acción procede en juicio aun cuando no se exprese su nombre o se manifieste equivocadamente, siempre que se determine con claridad la prestación que se exija de la parte demandada y el título o causa de la acción.

Artículo 11. Por razón de su objeto, las acciones se clasifican en:
I. Reales;
II. Personales, y
III. Del estado civil de las personas.

Artículo 12. Son acciones reales las que tienen por objeto:
I. La reclamación de un bien que pertenece a título de dominio;
II. La reclamación de gravámenes, de servidumbre o la declaración que un fundo está libre de ellas;
III. La reclamación de los derechos de usufructo, uso y habitación;
IV. Las hipotecarias;
V. Las de prenda;
VI. Las de herencia;
VII. Las de posesión, y
VIII. Las demás acciones que tiendan a ejercitar un derecho contra una persona a título de propietaria o poseedora y no de obligada.

Artículo 13. Las acciones personales se deducirán para exigir el cumplimiento de una obligación personal, ya sea de dar, de hacer o no hacer determinado acto. Éstas no pueden ejercitarse sino contra la persona obligada, contra quien la haya garantizado y contra quienes legalmente le sucedan en la obligación.

Artículo 14. Las acciones de estado civil tienen por objeto las cuestiones relativas al nacimiento, reconocimiento, defunción, matrimonio, concubinato y su cesación, pacto civil de solidaridad, sociedad de convivencia o sus equivalentes.

Artículo 15. La reivindicación compete a quien no está en posesión del bien del cual tiene la propiedad, y su efecto será declarar que la parte actora tiene dominio sobre este y ordenar la entrega con sus frutos y accesiones en los términos prescritos por el Código Civil.

Artículo 16. El tenedor del bien puede declinar la responsabilidad del juicio designando a quien posee a título de dueño.

Artículo 17. El poseedor que niegue la posesión la perderá en beneficio del demandante.

Artículo 18. Pueden ser demandadas en reivindicación, aunque no posean el bien, quienes para evitar los efectos de la acción reivindicatoria dejaron de poseer y quienes están obligadas a restituir el bien o su estimación si la sentencia fuera condenatoria. La parte demandada que paga la estimación del bien puede ejercitar a su vez la reivindicación.

Artículo 19. No pueden reivindicarse los bienes que están fuera del comercio, los géneros no determinados al entablarse la demanda, las cosas unidas a otras por vía de accesión según lo dispuesto por el Código Civil, ni los bienes muebles pérdidas o robadas que una tercera persona haya adquirido de buena fe en almoneda, o de comerciante que en mercado público se dedica a la venta de objetos de la misma especie, sin previo reembolso del precio que se pagó. Se presume que no hay buena fe del adquirente, si de la pérdida o robo la persona propietaria dio aviso oportunamente a la autoridad, institución, dependencia u organismo público que corresponda, y ello se hizo del conocimiento público a través de los registros respectivos, y éstos pudieron ser consultados por el adquiriente.

Artículo 20. A quien adquiere con justo título y de buena fe, le compete la acción plenaria de posesión para que se le restituya el bien con sus frutos y accesiones en los términos del artículo 15 de este Código Nacional, incluso cuando no lo haya prescrito.

La acción se ejercitará contra el poseedor de mala fe o contra el que teniendo título de igual calidad al de la parte actora, ha poseído por menos tiempo el bien.

No procede esta acción en casos en que ambas posesiones fuesen dudosas, o la parte demandada tuviere su título registrado y la parte actora no, así como contra quien sea legítima propietaria.

Artículo 21. Procederá la acción negatoria para obtener la declaración de libertad o la de reducción de gravámenes de bien inmueble y la demolición de obras o señales que importen gravámenes, la cancelación o anotación en el Registro Público de la Propiedad, Oficina Registral o cualquier otra Institución análoga según la Entidad Federativa de que se trate, y conjuntamente, en su caso, la indemnización de daños y perjuicios. Cuando la sentencia sea condenatoria, la parte actora puede exigir de la parte demandada que caucione el respeto de la libertad del inmueble. Sólo se dará esta acción a quien posea a título de dueño o que tenga derecho real sobre el bien.

Artículo 22. Compete la acción confesoria al titular del derecho real sobre el inmueble y a quien posea el fundo dominante interesado en la existencia de la servidumbre. Se da esta acción contra el tenedor o poseedor jurídico que contraría el gravamen, para que se obtenga el reconocimiento, la declaración de los derechos y obligaciones del gravamen y el pago de frutos, daños y perjuicios, en su caso, y se haga cesar la violación. Si fuere la sentencia condenatoria, la parte actora puede exigir de la demandada que garantice el respeto del derecho.

Artículo 23. Se intentará la acción hipotecaria para constituir, ampliar y registrar una hipoteca, o bien, para obtener el pago o prelación del crédito que una hipoteca garantiza o cuando tenga por objeto la división, registro y extinción de ésta, así como su nulidad, cancelación o para obtener el pago o prelación del crédito que la hipoteca garantice. Procederá contra quien posea a título de dueña del fundo hipotecado y, en su caso, contra personas acreedoras. Cuando después de anotada la demanda en el Registro Público de la Propiedad, Oficina Registral o cualquier otra Institución análoga según la Entidad Federativa de que se trate y contestada ésta, cambiare el dueño y poseedor jurídico del fundo, con éste continuará el juicio.

Artículo 24. La acción de petición de herencia se ejercitará para que sea declarado heredero quien demande, se le haga entrega de los bienes hereditarios con sus accesiones, sea indemnizado y le rindan cuentas.

Artículo 25. La petición de herencia se deducirá por la persona presunta heredera por testamento o sucesión legítima, así como la legataria, y se da contra quien tenga el cargo de albacea y contra quien posea los bienes hereditarios con carácter de heredera o cesionaria de ésta, y contra quien no alega título ninguno de posesión del bien hereditario, o dolosamente dejó de poseerlo.

Para el caso que el juicio sucesorio ya hubiera concluido, la acción de petición de herencia deberá formularse en contra de quienes tengan la calidad de causahabientes; y de no haberse formalizado en escritura la titularidad de los bienes, esta acción real se hará en contra de quien se haya adjudicado.

Artículo 26. El copropietario puede deducir las acciones relativas al bien común, en calidad de dueño, salvo pacto en contrario o ley especial que así lo determine. La acción reivindicatoria puede ser ejercida por todos los copropietarios del bien común, una parte de ellos o uno solo, debiendo la autoridad jurisdiccional en este caso, llamar a todos al juicio ante la existencia de un litisconsorcio activo necesario. Por otro lado, el copropietario, no podrá transigir ni comprometer en árbitros el procedimiento, sin consentimiento unánime de los copropietarios.

Artículo 27. A quien se perturbe en la posesión jurídica, tanto originaria como derivada de un bien inmueble, compete el interdicto de retener la posesión contra quien le perturbe, mandó tal perturbación o que a sabiendas y directamente se aproveche de ella, y contra la sucesora de la despojante. El objeto de esta acción es poner término a la perturbación, indemnizar a la poseedora y que la parte condenada garantice no volver a perturbar.

La procedencia de esta acción requiere que la perturbación consista en actos preparatorios tendientes directamente a la usurpación violenta, o a impedir el ejercicio del derecho. Que se reclame dentro de un año, y que la persona poseedora no haya obtenido la posesión de la contraria.

Artículo 28. Quien sea despojada de la posesión jurídica de un bien inmueble, tanto originaria como derivada, debe ser restituida, y le compete la acción de recobrar contra quien despoje o lo haya mandado hacer, contra quien a sabiendas y directamente se aprovecha del despojo y contra la sucesora de quien despojó.

Artículo 29. El interdicto de recuperar la posesión tiene por objeto reponer a la persona despojada en la posesión, indemnizarla de los daños y perjuicios, obtener de la parte condenada que garantice su abstención y a la vez apercibirla con multa y arresto para el caso de reincidencia.

Artículo 30. La acción de recuperar la posesión se deducirá dentro de los dos años siguientes a los actos violentos o vías de hecho causantes del despojo. No procede en favor de aquella persona que, con relación a la parte demandada, poseía clandestinamente, por la fuerza o a ruego; pero sí contra la persona propietaria despojante que transfirió el uso y el aprovechamiento del bien por medio de contrato.

Artículo 31. A quien posea el fundo o derecho real sobre éste, compete la acción para suspender la conclusión de una obra perjudicial a sus posesiones, su demolición o modificación en su caso, y la restitución de las cosas al estado anterior a la obra nueva. Compete también a vecinos del lugar cuando la obra nueva se construye en bienes de uso común. Se da contra la persona que la mandó construir, sea poseedora o detentadora del bien donde se construye.

Para los efectos de esta acción por obra nueva, se entiende por tal no sólo la construcción de nueva planta, sino también la que se realiza sobre edificio antiguo, añadiéndole, quitándole o dándole una forma distinta.

Artículo 32. La autoridad jurisdiccional que conozca del procedimiento podrá ordenar la suspensión de la construcción hasta que el juicio se resuelva, mediante garantía que otorgue la parte actora para responder de los daños y perjuicios que se causen al demandado por obra nueva.

La suspensión quedará sin efecto, si la persona propietaria de la obra nueva da a su vez, contragarantía bastante para restituir las cosas al estado que guardaban antes o paga los gastos que erogó la parte actora para garantizar la suspensión de la obra, así como los daños y perjuicios que le sobrevengan a éste en caso de que se declare procedente la acción, salvo que la restitución se haga físicamente imposible con la conclusión de la obra, o con ésta se siga perjuicio al interés social o se contravengan disposiciones de orden público.

Artículo 33. La acción de obra peligrosa se da a quien esté en la posesión jurídica o derivada de una propiedad contigua o cercana que pueda resentirse o padecer por la ruina o derrumbe de la otra, caída de un árbol u otro objeto análogo. Su finalidad es adoptar medidas urgentes para evitar los riesgos que ofrezca el mal estado de los objetos referidos, obtener la demolición total o parcial de la obra o la destrucción del objeto peligroso.

Compete la misma acción a quienes tengan derecho privado o público de paso por las inmediaciones de la obra, árbol u otro objeto peligroso.

Artículo 34. La autoridad jurisdiccional que conozca del procedimiento podrá, previa garantía que otorgue la parte actora para responder de los daños y perjuicios que se causen a la demandada, ordenar desde luego y sin esperar la sentencia, que la persona demandada suspenda la obra o realice las obras indispensables para evitar daños a la actora.

Artículo 35. Compete acción a terceras personas para coadyuvar en el juicio seguido contra sus codeudores solidarios. Igual facultad corresponde a quienes cuyo derecho dependa de la subsistencia del derecho de la parte demandada o de la actora.

La persona deudora de obligación indivisible que sea demandada por la totalidad de la prestación puede hacer concurrir a juicio a sus codeudores, siempre y cuando su cumplimiento no sea de tal naturaleza que sólo pueda satisfacerse por la parte demandada.

Artículo 36. La parte demandada al contestar la demanda podrá denunciar el pleito a quien esté obligada a la evicción; de así considerarlo, la autoridad jurisdiccional, ordenará su llamamiento para que conteste dentro del plazo previsto por este ordenamiento para la contestación a la demanda. Quien sea llamada como obligada a la evicción, una vez salida al pleito, se convierte en principal.

El llamamiento a juicio se hará con las mismas formalidades que el emplazamiento. La parte demandada que pida sea llamada la tercera, deberá proporcionar el domicilio de ésta, y si no lo hace no se dará curso a la petición respectiva; si afirmare que desconoce, se procederá en términos de la fracción II del artículo 209 de este Código Nacional, y será a su costa el importe de la publicación de los edictos para el emplazamiento.

Artículo 37. Quien sea llamada a juicio para que le pare perjuicio la sentencia, podrá comparecer al mismo en un plazo de quince días, y estará en aptitud de ofrecer pruebas, alegar e interponer toda clase de defensas y recursos. El llamamiento a juicio se hará corriéndole traslado con los escritos y documentos que formen la litis, que deberán ser exhibidos por quien solicite la citación o en su caso, quien lo solicite deberá cubrir el pago por derecho de expedición de las copias simples necesarias para su llamamiento.

Artículo 38. Quien se ostente como tercero e intente excluir los derechos de la parte actora y de la demandada, o los de la primera solamente, tiene la facultad de concurrir al procedimiento o de iniciar uno nuevo, en el caso de que ya se haya dictado sentencia firme en aquel.

Artículo 39. Los procedimientos relacionados con el estado civil, así como su rectificación, serán competencia de la autoridad jurisdiccional o autoridad administrativa, de conformidad con las disposiciones del Código Civil respectivo.

Artículo 40. Tratándose de acciones del estado civil, salvo lo dispuesto en el párrafo siguiente, se realizará la anotación al margen o al calce del atestado respectivo, en los términos que sean ordenadas por la autoridad jurisdiccional o autoridad administrativa.

En los procedimientos de reconocimiento de identidad de género, o de reasignación por concordancia sexo genérica, en la sentencia o constancia se deberá ordenar el levantamiento de una nueva acta de nacimiento, y la cancelación del acta de nacimiento primigenia.

Artículo 41. Las acciones del estado civil fundadas en la posesión de estado de hijo o hija producirán el efecto que se ampare o restituya a quien la disfrute contra cualquier perturbador.

Las decisiones judiciales recaídas en el ejercicio de acciones de estado civil perjudican aún a quienes no litigaron.

Artículo 42. La autoridad competente tendrá a su cargo el control del registro de personas deudoras alimentarias morosas, en el que harán las inscripciones.

Artículo 43. El enriquecimiento sin causa de una parte en detrimento de otra, da derecho a la parte perjudicada para ejercitar la acción de indemnización en la medida en que aquélla se enriqueció.

Artículo 44. Quien sea perjudicado por falta de título legal, le compete la acción proforma para exigir de quien esté obligado le extienda el documento correspondiente, siempre y cuando se acredite la titularidad registral del bien inmueble transmitido por quien esté obligado a realizar la formalización que se exige.

Artículo 45. En las acciones mancomunadas por título de herencia o legado, sean reales o personales, se observarán las reglas siguientes:

I. Si no se ha nombrado albacea, interventor o albacea judicial o provisional, puede ejercitarlas quienes tengan un derecho reconocido de herencia o legado, y

II. Si se ha nombrado albacea, interventor o albacea judicial o provisional, sólo a ellos compete la facultad de deducirlas en juicio, y sólo podrán hacerlo quienes tengan reconocido derecho de herencia o legado cuando, requeridos por estos, aquéllos se rehúsen a hacerlo.

Artículo 46. Procede la acción oblicua cuando la persona acreedora tenga interés en ejercitar las acciones que competan a su deudor, cuando conste el crédito en título ejecutivo y, requerido quien sea deudor para deducirlas, descuide o rehúse hacerlo. La persona tercera demandada puede paralizar la acción pagando a la demandante el monto de su crédito.

Las acciones derivadas de derechos inherentes a la persona del deudor nunca se ejercitarán por quien sea acreedor.

Quienes acepten la herencia que corresponda a su deudor, ejercitarán las acciones pertenecientes a éste, en los términos previstos por el Código Civil correspondiente.

Artículo 47. Las acciones que pueden ejercitarse contra los herederos no obligan a éstos sino en proporción a su masa hereditaria, salvo en todo caso, la responsabilidad que les resulte cuando sea solidaria la obligación con el autor de la herencia, por ocultación de bienes o por dolo o fraude en la administración de los bienes indivisos.

Artículo 48. Cuando haya varias acciones contra una misma persona, respecto de un mismo bien y provengan de una misma causa, deberán intentarse en una sola demanda y por el ejercicio de una o más quedan extinguidas las otras. No pueden acumularse en la misma demanda las acciones contrarias o contradictorias, ni las posesorias con las petitorias ni cuando una dependa del resultado de la otra. Tampoco son acumulables acciones que por su cuantía, materia o naturaleza correspondan a jurisdicciones diferentes. Queda abolida la práctica de deducir subsidiariamente acciones contrarias o contradictorias.

Artículo 49. A nadie puede obligarse a intentar o proseguir una acción contra su voluntad, excepto cuando alguno tenga acción o excepción que dependa del ejercicio de la acción de otro, a quien pueda exigir que la deduzca, oponga o continúe desde luego; y si se rehusare, lo podrá hacer aquel.

Artículo 50. Admitida la demanda, así como formulada la contestación, no podrán modificarse ni alterarse, salvo en los casos que este Código Nacional lo disponga.

El desistimiento de la instancia que se realice con posterioridad al emplazamiento requerirá del consentimiento de la persona demandada.

Para tal efecto, se dará vista a la contraria por el término de tres días para que manifieste su conformidad o inconformidad, y en caso de silencio, se tendrá por conforme con dicho desistimiento y su efecto será que las cosas vuelvan al estado que tenían antes de la presentación de la demanda, sin perjuicio del pago a la contraparte de las costas, daños y perjuicios, en el caso de que éste haya sido emplazado, salvo convenio en contrario.

Artículo 51. El desistimiento de la acción, la extingue, aún sin consentimiento de la parte demandada, y obliga a quien lo hizo, a resarcir a la contraria en los mismos términos del desistimiento de la instancia.

Artículo 52. La acción de nulidad de juicio concluido procede en aquellos asuntos en los cuales se ha dictado sentencia o auto definitivo que han causado ejecutoria, y se actualiza alguna de las siguientes hipótesis:

I. Si se falló con base en pruebas reconocidas o declaradas de cualquier modo falsas con posterioridad a la resolución, o que la parte vencida ignoraba que se habían reconocido o declarado como tales antes de la sentencia, y

II. Cuando existiere colusión u otra maniobra fraudulenta de las partes litigantes en el juicio cuya nulidad se pide, en perjuicio de la parte promovente de la acción de nulidad de juicio concluido.

Artículo 53. La acción de nulidad de juicio concluido puede ser ejercitada por quienes hayan sido parte en el procedimiento, sus sucesores o causahabientes y los terceros a quienes perjudique la resolución.

Artículo 54. Es competente la autoridad jurisdiccional de proceso oral civil para conocer de la acción de nulidad de juicio concluido, independientemente de la cuantía del juicio solicitado como nulo.

Artículo 55. En ningún caso podrá interponerse la acción de nulidad de juicio concluido:

I. Si ha transcurrido un año desde que hubiere causado ejecutoria la resolución que en ese juicio se dictó, o

II. Si han transcurrido tres meses desde que el recurrente hubiere conocido o debió conocer los motivos en que se fundare la misma.

No procede la acción de nulidad de juicio concluido contra las sentencias dictadas en el mismo juicio de nulidad.

Artículo 56. Si se encuentra juicio pendiente de resolver sobre la falsedad de alguna prueba que fue determinante en fallo dictado en el juicio reclamado como nulo, se suspenderán los plazos a que se refiere el artículo anterior.

Artículo 57. La interposición de la acción de nulidad de juicio concluido no suspenderá la ejecución de la resolución firme que la motivare. Sin embargo, quien promueva la nulidad podrá solicitar a la autoridad jurisdiccional que conociere de la misma, la suspensión de la ejecución de aquella sentencia que motive la acción de nulidad. Para este fin, deberá otorgar garantía que fije la autoridad jurisdiccional que conoce de la acción de nulidad, por los daños y perjuicios que, de manera inmediata y directa, pudieran ocasionarse con motivo de la suspensión a la parte vencedora del juicio cuya nulidad se solicita.

Artículo 58. Cuando la acción de nulidad de juicio concluido se declare infundada, la garantía se adjudicará a la parte demandada por concepto de daños y perjuicios ocasionados por la suspensión, sin necesidad de prueba alguna.

No será necesaria la garantía cuando se acredite fehacientemente que la ejecución pueda causar un daño irreparable a quien promueve la nulidad. En este supuesto, de resultar infundada la acción de nulidad, la parte actora será condenada al pago de los daños y perjuicios ocasionados con motivo de la suspensión, sin necesidad de prueba alguna, en los términos del artículo anterior, junto con el pago de gastos y costas, así como una multa equivalente a un año de valor de la Unidad de Medida y Actualización para la persona licenciada en derecho o abogada que la haya intentado.

Artículo 59. Contra la sentencia dictada en el juicio de nulidad de juicio concluido procederá el recurso de apelación, en los términos previstos en este Código Nacional.

Artículo 60. La parte demandada que haya dado lugar a alguna de las causales para declarar nulo el juicio, será responsable de los daños y perjuicios que con su conducta haya causado.

Siempre será condenada la parte demandada al pago de los gastos y costas en el juicio en que declare fundada la acción de nulidad, conforme al arancel correspondiente.

En caso de ser improcedente o infundada la acción de nulidad de juicio concluido, siempre se condenará a la actora a una indemnización por concepto de daños y perjuicios, y a pagar gastos y costas.

El pago de los gastos y costas será conforme al arancel establecido.

Artículo 61. Quien haya actuado en ejercicio del mandato judicial de la parte actora y que intervenga de cualquier forma en el ejercicio de la acción de nulidad, podrá ser responsable solidario respecto de las prestaciones condenadas en la sentencia ejecutoriada, siempre y cuando se acredite el dolo.

SECCIÓN TERCERA
DE LAS EXCEPCIONES

Artículo 62. Las excepciones procesales son las oposiciones de la parte demandada para impugnar o contradecir el procedimiento, sin atacar el derecho sustantivo en litigio, las cuales se deben resolver antes del dictado de la sentencia definitiva.

Artículo 63. Son excepciones procesales las siguientes:

I. La falta de cumplimiento del plazo o condición a que esté sujeta la obligación;

II. La improcedencia de la vía;

III. La incompetencia de la autoridad jurisdiccional;

IV. La litispendencia;

V. La conexidad de la causa;

VI. La falta de personalidad del actor o del demandado o la falta de capacidad del actor;

VII. La cosa juzgada;

VIII. La remisión al arbitraje, y

IX. Las demás a las que les den ese carácter las leyes.

Se harán valer al contestar la demanda, la reconvención o la solicitud de medidas cautelares y en ningún caso suspenderán el procedimiento. De todas las excepciones se dará vista a la contraria por el término de tres días para que manifieste lo que a su derecho convenga, y se resolverán mediante sentencia interlocutoria en procedimientos escritos y de manera oral dentro de la audiencia preliminar en juicio oral dejando constancia de ello en el acta mínima que se levante con motivo de ésta, salvo la de cosa juzgada que se tramitará conforme a las disposiciones previstas en este Código Nacional. Contra la resolución de excepciones procesales en juicio oral no procede recurso alguno.

En las excepciones de falta de personalidad, conexidad o litispendencia, sólo se admitirá la prueba documental en copia certificada, las que se deberán exhibir antes de la audiencia preliminar, en términos de lo dispuesto en este Código Nacional.

Artículo 64. En la excepción de falta de cumplimiento del plazo o condición a que esté sujeta la obligación, si se allana la contraria, se declarará procedente de plano. De no ser así, la excepción se resolverá en la audiencia respectiva y de declararse procedente, el efecto será dejar a salvo el derecho para que se haga valer cuando cambien las circunstancias que afectan su ejercicio, debiendo condenar al pago de gastos y costas que se hubieren causado.

Artículo 65. Cuando se declare la improcedencia de la vía, el efecto será el de continuar el procedimiento para el trámite del juicio en la vía que se considere procedente declarando la validez de lo actuado, sin perjuicio de la obligación de la autoridad jurisdiccional para regularizar el procedimiento de acuerdo con la vía que se declare procedente.

Artículo 66. La incompetencia puede promoverse por declinatoria o inhibitoria, que se substanciarán conforme a lo dispuesto en este Código Nacional.

Artículo 67. La excepción de litispendencia procede cuando la autoridad jurisdiccional conoce de un juicio en el que hay identidad entre partes, acciones deducidas y objetos reclamados, cuando las partes litiguen con el mismo carácter. Quien la oponga, debe señalar precisamente la autoridad jurisdiccional ante quien se tramita el primer juicio y declarar bajo protesta de decir verdad, que no se ha dictado sentencia definitiva en el juicio primeramente promovido.

La excepción de litispendencia sólo podrá acreditarse con la copia autorizada o certificada de la demanda y contestación, así como con el original de la constancia de emplazamiento del juicio primeramente promovido, mismas que deberán exhibirse hasta el momento de celebración de la audiencia respectiva. El mismo tratamiento se dará cuando se trate de autoridad jurisdiccional que no pertenezca a la misma jurisdicción de apelación.

Artículo 68. Si se declara procedente la litispendencia, el efecto será sobreseer el juicio que en segundo lugar previno.

En materia familiar persistirán las medidas provisionales y cautelares impuestas que estén ordenadas en el juicio, hasta que determine lo contrario la autoridad jurisdiccional que previno. Lo anterior resulta aplicable tratándose de personas que pertenezcan a los pueblos y comunidades indígenas y afromexicanas y demás grupos sociales en situación de vulnerabilidad.

Artículo 69. Existe conexidad de causas en cualquiera de los supuestos siguientes:

I. Identidad de personas y acciones, aunque los bienes sean distintos;

II. Identidad de personas y bienes, aunque las acciones sean distintas;

III. Acciones que provengan de una misma causa, aunque sean diversas las personas y los bienes, y

IV. Identidad de acciones y de bienes, aunque las personas sean distintas.

Quien oponga la conexidad debe señalar precisamente la autoridad jurisdiccional ante la que se tramita el juicio conexo, y declarar bajo protesta de decir verdad el estado procesal que guarda. La conexidad sólo podrá acreditarse con la copia autorizada o certificada de la demanda y contestación, formuladas en el juicio conexo, así como con original de la constancia de emplazamiento, mismas que deberán exhibirse hasta el momento de celebración de la audiencia respectiva.

La excepción de conexidad tiene por objeto la remisión de los autos del segundo juicio a la autoridad jurisdiccional que previno conociendo primero de la causa conexa, para que se acumulen ambos juicios y se tramiten por cuerda separada, decidiéndose en una sola sentencia, evitando que exista contradicción alguna.

Artículo 70. No procede la excepción de conexidad:

I. Cuando los pleitos están en diversas instancias;

II. Cuando las autoridades jurisdiccionales que conozcan respectivamente de los juicios pertenezcan a autoridad jurisdiccional de segunda instancia o Poder Judicial diferente;

III. Cuando ambos juicios tengan trámites incompatibles, y

IV. Cuando se trate de un procedimiento que se tramite en el extranjero.

Artículo 71. La autoridad jurisdiccional estudiará de oficio la personalidad al momento de proveer el escrito inicial de demanda y su posible contestación, y el interesado podrá corregir cualquier deficiencia al respecto, siempre y cuando fuese subsanable, en un plazo no mayor de diez días, con la consecuencia de no admitir la demanda, en caso de la parte actora, o de no tener por contestada la demanda y continuar el juicio en su rebeldía, en caso de la demandada.

En caso de juicios orales, la posibilidad de subsanar la personalidad de las partes deberá realizarse a más tardar al inicio de la audiencia preliminar. Siempre que un litigante se presente en representación de alguna de las partes, la autoridad jurisdiccional estudiará de oficio su personalidad, independientemente del derecho de la contraparte de excepcionarse o realizar la objeción pertinente.

Artículo 72. La excepción de falta de personalidad de la parte actora y, en su caso, la objeción de la personalidad que haga valer la actora en contra de la demandada en la etapa postulatoria, se tramitarán incidentalmente en los procedimientos escritos, conforme a las reglas que se establecen en el presente Código Nacional.

En los juicios orales se resolverá, previo derecho de contradicción por tres días, si la excepción se hace valer en la fase postulatoria, al momento de celebrar la audiencia preliminar en la etapa de depuración del procedimiento, en la que se recibirán las pruebas que se encuentren debidamente admitidas y preparadas, dejando constancia de los puntos resolutivos en el acta mínima que se levante con motivo de la misma.

Artículo 73. En los juicios orales si la excepción de falta de personalidad fuere sobrevenida en la audiencia preliminar, se resolverá previo derecho de contradicción en la misma audiencia de la parte contraria, en la que la autoridad jurisdiccional escuchará los argumentos de las partes, proveerá lo necesario para la admisión o desechamiento de pruebas y las mandará recibir en la misma audiencia si fuere posible, resolviendo en el acto la resolución que en derecho proceda, de forma fundada y motivada, dejando constancia de los puntos resolutivos en el acta mínima que se levante con motivo de la misma.

Cuando se declare fundada una u otra, si fuere subsanable el defecto, la autoridad jurisdiccional concederá un plazo no mayor a diez días para que se subsane, y de no hacerse así, cuando se tratare de la parte actora se sobreseerá el juicio y en tratándose de la demandada se continuará el juicio en su rebeldía.

Artículo 74. Cuando se trate de objeciones de personalidad posteriores a los escritos que fijan la litis y hasta antes del dictado de la sentencia definitiva, se tramitarán de manera incidental conforme a las reglas previstas en el presente Código Nacional para los juicios del sistema escrito. En tratándose de objeción de personalidad dentro del sistema de audiencia en juicios orales, se deberá hacer valer dentro de la audiencia respectiva y resolver cumpliendo con el principio de contradicción y de manera oral en la misma audiencia cuando la naturaleza de las pruebas ofrecidas y admitidas así lo permitan; en caso de ser procedente la objeción, el interesado no podrá actuar dentro del procedimiento y se declarará nulo lo actuado por él en la audiencia respectiva.

Artículo 75. En la excepción de cosa juzgada, además de la copia certificada o autorizada de la demanda y contestación de demanda, deberá exhibirse copia certificada o autorizada de la sentencia de segunda instancia o, la de la autoridad jurisdiccional de primera instancia y del auto que la declaró ejecutoriada o, en su caso, original o copia certificada del convenio emanado del procedimiento de mediación a que se refiere la ley correspondiente que regule los medios alternativos de solución de conflictos o justicia alternativa, o cualquier otra disposición al respecto de cada Entidad Federativa.

La excepción de cosa juzgada debe oponerse al dar contestación a la demanda o la reconvención y con la misma se dará vista a la contraparte para que dentro del término de tres días manifieste lo que a su derecho convenga. Se debe resolver mediante sentencia interlocutoria en los juicios escritos y en la audiencia preliminar dentro de la etapa de depuración del procedimiento en los juicios orales; y en su caso, será apelable en ambos efectos si se declara procedente, y en el efecto devolutivo de tramitación conjunta con la sentencia definitiva si se declara improcedente. En dicho caso la autoridad jurisdiccional asumirá plena jurisdicción, resolviendo el fondo del asunto, sin necesidad de reenvío a la autoridad jurisdiccional de primera instancia del sistema escrito o sistema oral, sea en el trámite o resolución del recurso, cuando éste modifique o revoque la sentencia interlocutoria combatida.

Artículo 76. Salvo disposición expresa que señale alguna otra excepción como procesal, las demás defensas y excepciones que se opongan se resolverán en la sentencia definitiva.

TÍTULO SEGUNDO
DE LA COMPETENCIA OBJETIVA Y SUBJETIVA

CAPÍTULO I
DISPOSICIONES GENERALES

Artículo 77. Toda demanda debe formularse ante la autoridad jurisdiccional competente. La competencia de la autoridad jurisdiccional se determinará por la materia, el grado y el territorio.

La competencia por cuantía sólo aplicará en el caso de que la Ley Orgánica respectiva establezca órganos jurisdiccionales cuya competencia se defina con dicho criterio.

Artículo 78. Los Tribunales Colegiados de Circuito, Tribunales Colegiados de Apelación y Plenos Regionales, así como la Suprema Corte de Justicia de la Nación, conocerán en segunda instancia, de los procedimientos en que resulte aplicable este Código Nacional y que sea competencia de los Juzgados de Distrito, en términos de lo que disponga la Ley Orgánica del Poder Judicial de la Federación.

Cuando, en el lugar que haya de seguirse el juicio, hubiere dos o más Tribunales Federales, será competente el que elija el actor.

Las competencias entre los Tribunales Federales y los de las Entidades Federativas, se decidirán declarando cuál es el fuero en que radica la jurisdicción, y se remitirán los autos a la autoridad jurisdiccional que hubiere obtenido.

Esta resolución no impide que otras autoridades jurisdiccionales del fuero al que pertenezca la que obtuvo, le puedan iniciar competencia para conocer del mismo procedimiento.

Artículo 79. Ninguna autoridad jurisdiccional del Poder Judicial de la Federación o de las Entidades Federativas pueden negarse a conocer de un asunto, sino por considerar que carece de competencia legal. En este caso debe expresar en su resolución la motivación y los fundamentos legales en que se apoye y la autoridad que considere competente. El auto en que una autoridad jurisdiccional se negare a conocer es apelable en ambos efectos.

Artículo 80. Ninguna autoridad jurisdiccional puede sostener competencia con otra bajo cuya jurisdicción se halle, pero sí con otra que, aunque sea superior en su clase, no ejerza jurisdicción sobre ella.

Artículo 81. La autoridad jurisdiccional que reconozca la jurisdicción de otra por resolución expresa, no puede sostener su competencia.

Si el acto del reconocimiento consiste sólo en la cumplimentación de un exhorto, la autoridad jurisdiccional exhortada no estará impedida para sostener su competencia.

Artículo 82. Las partes pueden desistirse de seguir sosteniendo la competencia de una autoridad jurisdiccional, hasta antes que se resuelva la misma, si se trata de competencia por territorio.

Artículo 83. La competencia por razón del territorio y materia, son las únicas que se pueden prorrogar, salvo que correspondan al fuero federal.

La competencia por razón de materia, únicamente es prorrogable en las materias civil y familiar, y en aquellos casos en que las prestaciones tengan íntima conexión entre sí, o por los nexos entre las personas que litiguen, sea por razón de parentesco, negocios, sociedad o similares, o deriven de la misma causa de pedir, sin que para que opere la prórroga de competencia en las materias señaladas, sea necesario convenio entre las partes, ni dará lugar a excepción sobre el particular.

En consecuencia, ninguna autoridad jurisdiccional podrá abstenerse de conocer de asuntos, argumentando falta de competencia por materia cuando se presente alguno de los casos señalados, que daría lugar a la división de la continencia de la causa o a multiplicidad de litigios con posibles resoluciones contradictorias.

Artículo 84. Si la autoridad jurisdiccional deja de conocer por excusa o recusación, conocerá la que siga en número o turno, que corresponda de conformidad con la Ley Orgánica del Poder Judicial de la Federación, así como de la Entidad Federativa correspondiente.

Artículo 85. Es autoridad jurisdiccional competente aquella a la que las partes litigantes se hubieren sometido expresa o tácitamente, cuando se trate de fuero renunciable.

Artículo 86. Hay sumisión expresa cuando las partes interesadas renuncian de forma clara y precisa, sin que admita duda al fuero que la ley les concede, y se sujetan a la competencia de la autoridad jurisdiccional en turno de la materia y territorio correspondiente, o al que precisen que se someten.

Artículo 87. Se entienden sometidos:

I. La parte demandante, por el hecho de ocurrir a la autoridad jurisdiccional en turno, entablando su demanda;

II. La parte demandada, por contestar la demanda o por reconvenir a la parte actora;

III. La persona que habiendo promovido una incompetencia se desiste de ella, y

IV. La persona tercera opositora y la que por cualquier motivo viniere al juicio.

Artículo 88. Será nulo todo lo actuado por la autoridad jurisdiccional declarada incompetente, salvo que se trate de incompetencia sobrevenida, caso en el cual será nulo todo lo actuado a partir del momento en que tiene efectos dicha incompetencia.

Esta nulidad de actuaciones es de pleno derecho, y solo bastará para ello que se declare la incompetencia por la autoridad jurisdiccional para que las cosas se restituyan al estado en que se encontraban hasta antes de que se practicaran dichas actuaciones.

Serán válidas las actuaciones de una autoridad jurisdiccional competente, aun cuando declare nulo o inexistente el acuerdo en el cual se pactó su competencia.

SECCIÓN PRIMERA
DE LA FIJACIÓN DE LA COMPETENCIA

Artículo 89. Es autoridad jurisdiccional competente:

I. La del lugar que la persona deudora haya designado para ser requerida judicialmente de pago;

II. La del lugar convenido en el contrato o convenio para el cumplimiento de la obligación;

III. La de la ubicación del bien, si se ejercita una acción real sobre éste. Lo mismo se observará respecto a las cuestiones derivadas del contrato de arrendamiento de inmuebles. Cuando estuvieren comprendidos en dos o más jurisdicciones, será competente aquella en que se encuentre la mayor parte de ellos;

IV. La del domicilio de la parte demandada, si se trata del ejercicio de una acción sobre bienes muebles, de acciones personales, colectivas o del estado civil. Cuando sean varias las personas demandadas y tuvieren diversos domicilios, será competente la autoridad jurisdiccional que se encuentre en turno del domicilio que elija la parte actora;

V. En los juicios sucesorios, la autoridad jurisdiccional en cuya jurisdicción haya tenido su último domicilio el autor de la sucesión. A falta de ese domicilio, lo será el de la ubicación de los bienes inmuebles que forman la herencia y si estuvieren en varias jurisdicciones, el de aquel en que se encuentre el mayor número; y a falta de domicilio y bienes inmuebles, el del lugar del fallecimiento de la persona autora de la herencia, sin que pueda alterarse el orden anterior. Lo mismo se observará en casos de declaración especial de ausencia por desaparición o presunción de muerte. En los supuestos de la presente fracción no procede sometimiento expreso o tácito alguno;

VI. Aquella en cuyo territorio radica un juicio sucesorio para conocer:

a) De las acciones de petición de herencia.

b) De la nulidad de testamento.

c) Las relativas a la partición hereditaria.

d) De todas las acciones legales contra la sucesión antes de la partición y adjudicación de los bienes.

e) De las acciones de nulidad, rescisión y evicción de la partición hereditaria.

f) De la declaración especial de ausencia por desaparición, así como la declaración de ausencia y presunción de muerte, en los términos de la legislación aplicable.

VII. La del lugar que la persona deudora haya designado para ser requerida judicialmente de pago, o el domicilio de ésta en caso de concursos;

VIII. En los actos de jurisdicción voluntaria, la del domicilio de quien las promueve, pero si se tratare de bienes inmuebles, lo será la del lugar donde estén ubicados. En caso de conflicto de competencias se decidirá a favor del que haya prevenido en el conocimiento;

IX. La del domicilio de las niñas, niños y adolescentes, tratándose de asuntos en materia familiar;

En los procedimientos relativos a suplir el consentimiento de quien ejerce la patria potestad, o impedimentos para contraer matrimonio, la del lugar donde se hayan presentado las partes pretendientes;

X. Para decidir las controversias del estado civil de las personas, la del domicilio conyugal, o aquel en el que habiten los concubinos o convivientes;

XI. En los juicios de divorcio, lo es la del último domicilio conyugal;

XII. En los juicios de nulidad o inexistencia del matrimonio o institución equivalente o similar, lo es la del domicilio donde tuvo lugar el acto cuya nulidad se alega;

XIII. En los juicios de rectificación de actas del estado civil, lo es la del domicilio del actor;

XIV. En caso de abandono de hogar, la del domicilio en el que residía al momento del abandono el cónyuge, concubina o concubino, o conviviente que alega dicho abandono;

XV. En los juicios de alimentos o violencia familiar, la del domicilio de la persona acreedora alimentaria, la de la receptora de la violencia o la de la parte demandada, a elección de la parte actora;

XVI. La del domicilio de la hija o hijo en las acciones de filiación, sean de impugnación, contradicción, reconocimiento o desconocimiento sobre la maternidad o paternidad, y

XVII. Tratándose de juicios en los que la parte demandada sea una persona perteneciente a los pueblos y comunidades indígenas o afromexicanas, será competente la autoridad jurisdiccional del lugar en que dicha persona tenga su domicilio. Si ambas partes lo son, lo será la que ejerza jurisdicción en el domicilio del demandante.

Artículo 90. En los interdictos conocerá siempre la autoridad jurisdiccional de la ubicación del bien.

Artículo 91. Es competente para conocer de la reconvención la autoridad jurisdiccional que conoce de la demanda en el juicio principal, cualquiera que sea la materia.

Artículo 92. Las cuestiones de tercerías deben substanciarse y decidirse por la autoridad jurisdiccional que sea competente para conocer del asunto principal.

Artículo 93. Para los actos preparatorios del juicio, será competente la autoridad jurisdiccional que lo fuere para el procedimiento principal.

En las providencias precautorias y medidas cautelares o medidas provisionales regirá lo dispuesto en el párrafo anterior.

Si el expediente estuviere en segunda instancia, será competente para dictar la providencia precautoria, medidas cautelares o medidas provisionales la autoridad jurisdiccional que conoció de ellos en primera instancia. Cuando se trate de asuntos en materia familiar, de pueblos y comunidades indígenas y afromexicanas y demás grupos sociales en situación de vulnerabilidad, será competente la autoridad jurisdiccional de segunda instancia para dictarlas y en su caso, ejecutarlas con plenitud de jurisdicción.

En caso de urgencia, puede dictarla la autoridad jurisdiccional del lugar donde se hallen la persona o el bien objeto de la providencia, y una vez ejecutada, se remitirán las actuaciones a la autoridad jurisdiccional competente que conozca del procedimiento principal.

SECCIÓN SEGUNDA
DE LA SUBSTANCIACIÓN Y DECISIÓN DE COMPETENCIAS

Artículo 94. Las contiendas sobre competencia, podrán promoverse por inhibitoria o por declinatoria.

La inhibitoria se intentará ante la autoridad jurisdiccional a quien se considere competente.

La declinatoria se propondrá ante la autoridad jurisdiccional a quien se considere que carece de competencia legal, pidiéndole que resuelva no conocer del procedimiento, y remita los autos al que se estime competente. La declinatoria se promoverá y substanciará en forma incidental.

En ningún caso se promoverán de oficio las contiendas de competencia.

Artículo 95. La declinatoria se propondrá al contestar la demanda, ante la autoridad jurisdiccional que se considere que carece de competencia legal, y se expondrán las razones jurídicas esenciales, ofreciendo únicamente pruebas documentales. Se pedirá se abstenga del conocimiento del procedimiento y remita los autos a la autoridad jurisdiccional considerada competente. Al admitirla la autoridad jurisdiccional de primera instancia, se dará vista por tres días a la contraparte para que contradiga y alegue lo que a su interés convenga, así como ofrezca pruebas documentales. Vencido el término concedido con o sin el desahogo de la vista, dentro los cinco días posteriores se remitirá a la autoridad jurisdiccional de segunda instancia el testimonio de las actuaciones respectivas, haciéndolo saber a las partes interesadas para que en su caso comparezcan ante aquella.

Recibido el testimonio de las constancias por la autoridad jurisdiccional de segunda instancia, proveerá con respecto a las pruebas documentales ofrecidas su admisión o desechamiento, procediendo a desahogar en el acto las admitidas conforme a derecho. Hecho lo anterior, se dictará resolución dentro del término improrrogable de cinco días.

Artículo 96. En el caso que las partes no ofrezcan prueba, o las ofrecidas no se admitan, y no formulen alegatos, la autoridad jurisdiccional de segunda instancia citará para resolución, la que se pronunciará dentro del término improrrogable de cinco días.

Decidida la competencia, la autoridad jurisdiccional de segunda instancia lo comunicará a la autoridad jurisdiccional ante quien se promovió la declinatoria, y en su caso, al que se declare competente. Si la declinatoria se declara improcedente o infundada, la autoridad jurisdiccional de segunda instancia lo comunicará a la autoridad jurisdiccional respectiva.

Artículo 97. La autoridad jurisdiccional ante quien se promueva inhibitoria girará oficio requiriendo al que se estime incompetente, para que deje de conocer del procedimiento, y le remita los autos dentro de los cinco días posteriores. La resolución que niegue el requerimiento es apelable. Si la inhibitoria se promueve ante la autoridad jurisdiccional de segunda instancia respectiva, la resolución que niegue al requerimiento, no admite recurso ordinario alguno.

La autoridad jurisdiccional requerida, dentro del término de cinco días, resolverá si acepta o no la inhibitoria. Si las partes estuvieren conformes al ser notificadas del proveído que acepte la inhibición, se remitirá los autos a la autoridad jurisdiccional requirente dentro de los cinco días posteriores. En cualquier otro caso, se remitirán los autos a la autoridad jurisdiccional en turno que faculte la Ley Orgánica del Poder Judicial de la Federación, en tratándose de autoridades jurisdiccionales federales, comunicándolo así al requirente, para que haga igual cosa.

Recibidos los autos por la autoridad jurisdiccional de segunda instancia o aquella que faculte la Ley Orgánica del Poder Judicial de la Federación, dará vista a las partes por tres días para que aleguen por escrito lo que a su derecho corresponda y resolverá dentro del término improrrogable de cinco días.

Decidida la competencia, se comunicará la sentencia a las autoridades jurisdiccionales contendientes, y al declarado competente además se le remitirán los autos originales dentro del término de cinco días la substanciación del procedimiento y resolución.

Artículo 98. En caso de no promoverse cuestión de competencia alguna dentro de los términos señalados por la parte que se estime afectada, se considerará sometida a la autoridad jurisdiccional que lo emplazó y perderá todo derecho para intentarla.

Las cuestiones de competencia en ningún caso suspenderán el procedimiento principal, pero deberán resolverse antes de dictarse sentencia definitiva, reservándose el dictado de ésta, salvo los casos señalados en el presente Código Nacional.

Artículo 99. Si por los documentos que se hubieren presentado o por otras constancias de autos, apareciere que la parte litigante que promueve la declinatoria se ha sometido a la jurisdicción de la autoridad jurisdiccional que conoce del procedimiento, se desechará de plano, continuando su curso el juicio.

También se desechará de plano la competencia promovida que no tenga por objeto decidir cuál ha de ser la autoridad jurisdiccional que deba conocer de un asunto.

Artículo 100. Las autoridades jurisdiccionales quedan impedidas para promover oficiosamente las cuestiones de competencia, y sólo deberán inhibirse del conocimiento de un procedimiento, cuando se trate de competencias por razón de territorio, materia, con excepción de lo dispuesto en el artículo 83 de este Código Nacional, siempre y cuando se inhiban en el primer proveído que se dicte respecto de la demanda principal.

Cuando dos o más autoridades jurisdiccionales locales de la misma jurisdicción se nieguen a conocer de determinado asunto, quien se vea perjudicada ocurrirá ante la autoridad jurisdiccional de segunda instancia en turno, dentro del término de cinco días contados a partir de que la última de dichas autoridades se negó a conocer del asunto, a fin de que ésta ordene a esas autoridades jurisdiccionales, que en el término de tres días remitan los expedientes originales en que se contengan sus respectivas resoluciones. Si las dos partes consideran que les causa perjuicio la negativa a conocer del asunto siendo de materia diversa y ambas ocurrieran a autoridades jurisdiccionales de segunda instancia de diferentes Tribunales, será competente para resolver, el que primero reciba la inconformidad.

Artículo 101. Una vez recibidos los autos por la autoridad jurisdiccional de segunda instancia correspondiente, los pondrá a la vista de las partes, por el término de tres días para que ofrezcan pruebas documentales y aleguen lo que a su interés convenga.

En lo demás, será aplicable el procedimiento previsto en el artículo 95 de este ordenamiento.

Artículo 102. Cuando dos o más autoridades jurisdiccionales federales se nieguen a conocer de un determinado procedimiento, la parte interesada ocurrirá a la autoridad jurisdiccional que faculte la Ley Orgánica del Poder Judicial de la Federación, sin necesidad de agotar los recursos ordinarios, a fin de que ordene a los que se nieguen a conocer, que le envíen los expedientes en que se contengan sus respectivas resoluciones.

Recibidos los autos, se correrá de ellos traslado, por cinco días, al Ministerio Público Federal, y, desahogada que sea, se dictará la resolución que proceda, dentro de igual término.

Cuando la negativa a conocer se suscite entre dos o más autoridades jurisdiccionales del fuero común y federal, y además se encuentren en el mismo circuito judicial, corresponderá al Pleno Regional del Poder Judicial de la Federación respectivo resolver. Cuando sea entre autoridades jurisdiccionales de distintos circuitos judiciales, será el Pleno Regional del Poder Judicial de la Federación de la autoridad jurisdiccional que conoció en primer momento del asunto.

Una vez recibidos los expedientes, el procedimiento para resolver se ajustará a lo dispuesto en el artículo 95 de este Código Nacional.

Artículo 103. En el caso de que se declare infundada o improcedente la incompetencia, se aplicará una corrección disciplinaria por los montos que establece el artículo 192 fracción III de este Código Nacional, en beneficio del Fondo de Administración de Justicia del Poder Judicial de que se trate.

CAPÍTULO II
DE LA COMPETENCIA SUBJETIVA

SECCIÓN PRIMERA
DE LOS IMPEDIMENTOS Y EXCUSAS

Artículo 104. Las autoridades jurisdiccionales se tendrán por forzosamente impedidas para conocer en los casos siguientes:

I. Cuando tengan interés directo o indirecto en el procedimiento;

II. En los procedimientos que sean del mismo interés para su cónyuge, concubina, concubinario, conviviente o para sus parientes consanguíneos en línea recta sin limitación de grados, a los colaterales dentro del cuarto grado, y a los afines dentro del segundo;

III. Siempre que, entre su cónyuge, concubina, concubinario, conviviente, ascendientes o sus descendientes, y alguno de las partes interesadas, haya relación de intimidad nacida de algún acto civil o religioso, sancionado y respetado por la costumbre, relación de amistad o económica, de subordinación o lealtad, sin importar su origen;

IV. Si fuere pariente por consanguinidad o afinidad de la persona representante autorizada, abogado o procurador de alguna de las partes, en los mismos grados a que se refiere la fracción II de este artículo;

V. Cuando la autoridad jurisdiccional, su cónyuge, concubina, concubinario, conviviente o alguno de sus ascendientes o descendientes sea parte heredera, legataria, donante, donataria, socia, acreedora, deudora, fiadora, fiada, arrendadora, arrendataria, principal, dependiente o comensal habitual de alguna de las partes, o administradora actual de sus bienes;

VI. Si ha hecho promesas o amenazas, o ha manifestado de otro modo su odio o afecto por alguna de las partes; o ha sido sujeto de amenazas o la animadversión de alguna de las partes ha influido en su fuero interno de tal manera que se ponga en riesgo su imparcialidad;

VII. Si asiste o ha asistido a convites que especialmente se le ofrecieren o costeare alguna de las partes que litigan el asunto o sus personas representantes autorizadas, antes y después de comenzado el procedimiento, o si se tiene familiaridad con los mencionados, o cohabitan con ellas;

VIII. Cuando después de iniciado el procedimiento, la autoridad jurisdiccional, su cónyuge, concubina, concubinario, conviviente, ascendientes o descendientes, parientes colaterales en segundo grado y por afinidad en primer grado, haya recibido dádivas o servicios de alguna de las partes;

IX. Si ha sido abogado o procurador, ha fungido como apoyo o ha recibido apoyo para el ejercicio de la capacidad jurídica, perito o testigo en el procedimiento de que se trate o de cualquiera de las partes en éste, en cualquier otro procedimiento;

X. Si ha conocido del procedimiento como autoridad jurisdiccional, arbitro o asesor, resolviendo algún punto que afecte a la sustancia de la cuestión, en la misma instancia o en otra;

XI. Cuando la autoridad jurisdiccional, su cónyuge, concubina, concubinario, conviviente o alguno de sus parientes consanguíneos en línea recta, sin limitación de grados, de los colaterales dentro del segundo, o de los afines en el primero, siga contra alguna de las partes, o no ha pasado un año, de haber seguido un juicio civil, o una causa criminal, como parte acusadora, querellante o denunciante, o se haya constituido parte civil en causa criminal seguida contra cualquiera de ellas;

XII. Cuando alguna de las personas representantes autorizadas, sigan o hayan seguido un juicio civil, o una causa criminal, y no ha pasado un año o más, de haber causado ejecutoria, un procedimiento jurisdiccional, en contra de la autoridad jurisdiccional de que se trate, su cónyuge, concubina, concubinario, conviviente, ascendientes o descendientes, parientes colaterales en segundo grado y por afinidad en primer grado;

XIII. Cuando la persona servidora pública, su cónyuge, concubina, concubinario, conviviente, ascendientes o descendientes, parientes colaterales en segundo grado y por afinidad en primer grado, sea contrario a cualquiera de las partes en procedimiento administrativo que afecte a sus intereses;

XIV. Si la persona servidora pública, su cónyuge, concubina, concubinario, conviviente o alguno de sus expresados parientes sigue algún procedimiento civil o criminal en que sea autoridad jurisdiccional, agente del Ministerio Público Federal o Local, Procurador o Representante Social, árbitro o arbitrador, de alguno de los litigantes;

XV. Si es persona tutora, tutriz, curador o curadora de alguna de las partes interesadas, administra sus bienes, es gerente de alguna sociedad, asociación que tenga interés en la causa o no hayan pasado tres años de haberlo sido, y

XVI. Siempre que haya externado su opinión públicamente, adelantando el sentido de su fallo.

Las opiniones expresadas por la autoridad jurisdiccional al intentar conciliar entre las partes, y aquellas que se emitan con carácter doctrinario o académico, no constituyen motivo de impedimento.

Artículo 105. Las autoridades jurisdiccionales tienen el deber de excusarse del conocimiento de los procedimientos en que ocurra alguna de las causas expresadas en el artículo anterior, aún y cuando las partes no los recusen. La excusa debe expresar concretamente la causa en que se funde. Sin perjuicio de las providencias que conforme a este Código Nacional se deben dictar, tienen la obligación de excusarse inmediatamente que se avoquen al conocimiento de un procedimiento del que no deben conocer por impedimento, o dentro de los tres días siguientes en que ocurra el hecho que origina el impedimento o de que tengan conocimiento de él.

SECCIÓN SEGUNDA
DE LA RECUSACIÓN

Artículo 106. Cuando la autoridad jurisdiccional no se excusare a pesar de existir alguno de los impedimentos expresados, procede la recusación, que siempre se fundará en causa legal.

Artículo 107. Sólo pueden hacer uso de la recusación:

I. Las partes, personas interesadas o sus representantes;

II. La persona que represente a los acreedores en los concursos sólo podrá hacer uso de la recusación en los procedimientos que afecten al interés general, el cual se calculará por el importe de las porciones. En los que afecten al interés particular de alguno de las personas acreedoras, podrá la parte interesada hacer uso de la recusación, pero la autoridad jurisdiccional no quedará impedida más que en el punto de que se trate. Resuelta la cuestión se reintegra al principal;

III. La persona designada como albacea o interventor en los juicios sucesorios, y

IV. La persona que funja como representante común en caso de litisconsorcio y cuando no se haya designado aún, por cualquiera de las partes.

Artículo 108. Conocerán de las excusas y recusaciones:

I. Las autoridades jurisdiccionales respecto de las personas ante ella adscritas;

II. Los Tribunales de Segunda Instancia respecto de las autoridades jurisdiccionales de primera instancia;

III. La autoridad jurisdiccional de conformidad con lo dispuesto por la Ley Orgánica que corresponda, respecto de las personas magistradas.

En el Tribunal de segunda instancia, la recusación sólo importa la de aquellas persona o personas recusadas expresamente, y si fueren varias, deberá fundarse en la causa de impedimento que afecte a cada una.

Artículo 109. No procederá recusación:

I. En los actos prejudiciales;

II. Al cumplimentar exhortos, despachos o cartas rogatorias;

III. En las diligencias de mera ejecución;

IV. En los juicios ejecutivos mientras no se lleve a cabo el aseguramiento, y en los hipotecarios mientras no se expida el oficio de inscripción de la demanda;

V. Tratándose de ejecución de sentencia, desde la fecha del auto en que se señala término a las personas deudoras para que cumplan con ella, y

VI. En los demás actos que no radiquen jurisdicción, ni importen conocimiento de causa.

Si la ejecución de sentencia fuera mixta o si hubiere oposición de tercera persona o se opusieren excepciones en contra de la ejecución, será admisible la recusación.

Artículo 110. En los procedimientos de apremio y en el juicio que empieza por ejecución, no se dará curso a ninguna recusación sino una vez practicado el aseguramiento, hecho en el embargo o levantamiento del embargo, en su caso, o anotada la demanda en el Registro Público de la Propiedad, oficina registral o cualquier otra institución análoga según la Entidad Federativa de que se trate.

Artículo 111. La recusación puede interponerse en todo momento hasta antes de la admisión de pruebas. La recusación deberá presentarse a más tardar dentro de los cinco días a partir de que se conozca la causal que la motivó.

Artículo 112. En tanto se califica o decide la recusación, se suspenderá la jurisdicción de la autoridad jurisdiccional, excepto para la fijación de la garantía y admisión de la recusación; así como para el dictado de las medidas provisionales sobre alimentos, separación de personas o aquellas que afecten derechos de las niñas, niños o adolescentes, y demás personas que pertenezcan a grupos sociales en situación de vulnerabilidad, o a las que se refieren a providencias cautelares o diligencias de ejecución.

Artículo 113. Declarada procedente o fundada la recusación, termina la jurisdicción de la autoridad jurisdiccional en el procedimiento de que se trate.

Artículo 114. Una vez interpuesta la recusación, la parte recusante no podrá retirarla en ningún tiempo, ni variar la causa, a menos que surgiere un impedimento superveniente, en cuyo caso, se podrá permitir la substanciación de una nueva recusación.

Artículo 115. Si se declarare improcedente o no probada la causa de recusación que se hubiere alegado, no se volverá a admitir otra recusación contra la misma autoridad jurisdiccional por la misma causal, salvo cuando ésta se sustituya, en cuyo caso podrá hacerse valer la recusación.

Artículo 116. La autoridad jurisdiccional o el órgano disciplinario que conozca de la recusación la desechará de plano:

I. Por extemporánea;

II. Cuando no se funde en alguna de las causas a que se refiere el presente Título;

III. Cuando no se precisen los hechos en que se motive, no se ofrezca prueba o no se precisen los puntos sobre los que deban versar las mismas, y

IV. Cuando se interponga en procedimientos en que no puede tener lugar.

Artículo 117. Toda recusación se interpondrá ante la autoridad jurisdiccional que conozca del procedimiento, expresándose con toda claridad y precisión la causa en que se funde, así como las pruebas tendientes a justificarla, y la autoridad recusada remitirá a la autoridad competente para resolver sobre ésta, dentro del término improrrogable de cinco días, el testimonio de las actuaciones respectivas, acompañado del informe justificado, manifestando bajo protesta de decir verdad las argumentaciones que considere apoyan la inexistencia de la causa en que se funde la recusación. La falta de informe hará presumir como cierto el impedimento alegado por la parte promovente.

La autoridad jurisdiccional que conozca de una recusación, resulta irrecusable para este solo efecto.

Artículo 118. La recusación debe decidirse sin audiencia de la parte contraria, y se tramita en forma de incidente.

Artículo 119. En el incidente de la recusación son admisibles todos los medios de prueba establecidos por este Código Nacional, excepto la declaración de la autoridad jurisdiccional de la que se trate.

Artículo 120. De la recusación de las autoridades jurisdiccionales integrantes de un Tribunal de Segunda Instancia conocerá aquella a la que corresponda, y para tal efecto se integrará de acuerdo con la Ley Orgánica respectiva.

Si una autoridad jurisdiccional de segunda instancia dejare de conocer de algún asunto por impedimento o recusación, conocerá de éste la autoridad jurisdiccional que se designe mediante el turno, conforme a lo dispuesto en la Ley Orgánica respectiva.

Cuando todas las autoridades jurisdiccionales que integren la Sala estuvieren impedidas de conocer un procedimiento, pasará éste al conocimiento de la Sala que le siga en número.

Si todas las autoridades jurisdiccionales de las Salas de la materia civil y familiar estuvieren impedidas de conocer, pasará el asunto al conocimiento de las Salas de otra materia, por el orden indicado, y si éstas también se agotaren, se integrará una Sala que conozca del asunto con autoridades jurisdiccionales de todas las materias según corresponda, designadas por el Pleno, conforme a lo dispuesto en la Ley Orgánica respectiva, que al efecto se reunirá inmediatamente y sin perjuicio de sus demás labores y funciones.

Artículo 121. Para el caso que una autoridad jurisdiccional deje de conocer un caso por impedimento, recusación o excusa, ésta deberá remitir el expediente a la autoridad jurisdiccional respectiva, a la dirección o área administrativa que corresponda del Poder Judicial conforme a la Ley Orgánica respectiva, para que lo envíe a la autoridad jurisdiccional que corresponda en turno.

Artículo 122. Si en la sentencia incidental se declara procedente la recusación, se comunicará a la autoridad jurisdiccional correspondiente, para que ésta a su vez, remita los autos a la que corresponda, dentro del término de tres días posteriores a la recepción del comunicado anteriormente descrito. En la Sala, la autoridad jurisdiccional recusada quedará separada del conocimiento del procedimiento y se completará la misma en la forma en que determina la Ley Orgánica respectiva.

Si se declara improcedente la recusación, se comunicará la resolución a la autoridad jurisdiccional de su origen. Si la autoridad jurisdiccional recusada fuese una persona Magistrada, continuará conociendo del procedimiento la misma Sala como antes de la recusación.

Artículo 123. La recusación promovida contra otras personas servidoras públicas de acuerdo con el organigrama del Poder Judicial Federal o de la Entidad Federativa de que se trate, no suspenderá el procedimiento, y se proveerá de inmediato quien deba sustituirlo, en tanto se resuelva la recusación a fin de dar continuidad al juicio respectivo.

La recusación de las personas servidoras públicas antes mencionadas se substanciará ante la autoridad jurisdiccional ante la que se encuentren adscritas respectivamente, resolviendo esta de plano.

Artículo 124. En todos los casos la resolución que decida una recusación es irrecurrible.

LIBRO SEGUNDO
DEL PROCEDIMIENTO ORAL CIVIL Y FAMILIAR

TÍTULO PRIMERO
DE LAS FORMALIDADES JUDICIALES

CAPÍTULO I
DE LAS PARTES EN EL PROCEDIMIENTO

Artículo 125. Sólo puede iniciar o intervenir en un procedimiento judicial, quien tenga interés en que la autoridad jurisdiccional declare, constituya, preserve o modifique un derecho o imponga una condena y quien tenga el interés contrario.

Artículo 126. Cuando haya transmisión del interés a un tercero, en términos del artículo anterior, dejará de ser parte quien haya perdido el interés, y lo será quien lo haya adquirido. Esas transmisiones no afectarán el procedimiento judicial, excepto en los casos en que hagan desaparecer, por confusión substancial de intereses, la materia del litigio.

Las relaciones recíprocas de las partes dentro del procedimiento, con sus respectivas facultades y obligaciones, así como los términos, recursos y toda clase de medios que este Código Nacional concede para hacer valer en el litigio, no pueden sufrir modificación en ningún sentido. En todo caso, debe observarse la norma tutelar de la igualdad de las partes dentro del procedimiento, de manera tal que su curso será el mismo, aunque se inviertan los papeles de los litigantes.

Artículo 127. Los cambios de representante procesal de una parte, no causan perjuicio alguno a la contraria, mientras no sean hechos saber judicialmente. Tampoco perjudicarán a una parte los cambios operados en la parte contraria, por relaciones de causante a causahabiente, mientras no se hagan conocer en igual forma.

Cuando se verifiquen estos cambios sin cumplir con las notificaciones de sustitución o inclusión de representante procesal, la actividad procesal se desarrollará y producirá sus efectos con toda validez, como si no se hubiese operado el cambio, en tanto no se haga saber judicialmente.

Artículo 128. Tienen legitimación en el procedimiento para comparecer en juicio:

I. Las personas físicas por sí mismas o por conducto de sus personas representantes autorizadas, así como las personas que designen para su apoyo, en su caso;

II. Las personas jurídicas públicas o privadas por medio de quienes las representen, sea por disposición de la ley o reglamento, o bien, conforme a sus escrituras constitutivas, estatutos, poderes o mandatos;

III. Las agrupaciones o entes que no constituyan personas jurídicas reconocidas por la Ley, por medio de quienes en su nombre hayan actuado;

IV. Las instituciones y dependencias de la administración pública, por medio de sus órganos autorizados conforme a la normatividad que las regule;

V. Cualquiera que integre un grupo afectado, que busque una adecuada defensa para el interés general; y las instituciones, asociaciones o agrupaciones privadas, especializadas en la defensa de los intereses sociales o colectivos cuando se trata de la tutela de intereses difusos y de grupos indeterminados, siempre que no sean políticas o gremiales reguladas;

VI. En el caso de las personas de los pueblos y comunidades indígenas y afromexicanas, sus propias autoridades o las personas que designen con base en sus usos y costumbres, y

VII. El Ministerio Público Local o Federal.

Artículo 129. Podrán comparecer como terceras personas, quienes tengan interés propio y distinto de la parte actora o demandada, y la sentencia les pueda afectar.

Artículo 130. Las niñas, niños y adolescentes, comparecerán por conducto de las siguientes personas:

I. Quienes ejerzan la patria potestad;

II. Quien ejerza la tutela;

III. Las personas designadas legalmente por quien ejerza la patria potestad o la tutela, y

IV. La Procuraduría de Protección de Niñas, Niños y Adolescentes o institución con facultades de representación coadyuvante o en suplencia, de conformidad con la Ley General de los Derechos de Niñas, Niños y Adolescentes.

Sin embargo, las niñas, niños y adolescentes, podrán comparecer a juicio por sí o por cualquier persona en su nombre, sin la intervención de su legítimo representante cuando éste se halle ausente o desaparecido, se ignore quién sea, esté impedido, se negare a promover la acción o hubiese un conflicto de interés con su representado.

La autoridad jurisdiccional, nombrará un representante independiente para que intervenga en el juicio, debiendo preferir a un familiar cercano, salvo cuando haya conflicto de intereses o motivo que justifique la designación de persona diversa, sin perjuicio de dictar las providencias y medidas de protección especiales o urgentes, conforme a la Ley de la materia y, los tratados internacionales que resulten aplicables.

Artículo 131. Las personas ausentes o ignoradas y las personas desaparecidas serán representadas como se previene en el Código Civil o ley correspondiente. Si a juicio de la autoridad jurisdiccional la diligencia fuere urgente o perjudicial la dilación, la persona será representada por el Ministerio Público, Fiscalía o Representación Social.

En materia civil, si se presentare por quien esté ausente o desaparecida una persona que pueda comparecer en juicio, será admitida como gestor judicial; quien tendrá las obligaciones y responsabilidades que establezca el Código Civil Federal o Local correspondiente. Dicha persona deberá dar fianza equivalente al monto del procedimiento judicial en que intervenga; y en su caso de pagar lo juzgado y sentenciado e indemnizar los perjuicios y gastos que se causen. La fianza será calificada por la autoridad jurisdiccional.

Las resoluciones que admitan o no la figura de gestor judicial, así como la que fije la fianza, serán apelables en efecto devolutivo de tramitación inmediata.

Artículo 132. Si varios actores ejercen la misma acción en una demanda, o varios demandados niegan la acción u oponen la misma excepción, se aplicarán las disposiciones siguientes:

I. Los actores deberán tener un solo representante común;

II. El representante común de los actores será nombrado por estos en su primera intervención;

III. Los demandados deben tener un sólo representante común, y

IV. El nombramiento del representante común de los demandados lo harán en la contestación de la demanda.

Cuando la multiplicidad de personas surja en cualquier otro momento del juicio, o en actos de jurisdicción voluntaria, el nombramiento de representante común deberá hacerse, dentro de los tres días siguientes al primer acto procesal en el que aparezca la multiplicidad.

Si el nombramiento no fuere hecho por quienes tienen interés, previa prevención hecha de forma legal, lo hará la autoridad jurisdiccional, de entre las mismas personas interesadas.

La persona que como representante común designe la autoridad jurisdiccional, tendrá las mismas facultades que si litigara exclusivamente por su propio derecho, excepto las de desistirse, transigir y comprometer en árbitros. La que designen los interesados, sólo tendrá estas últimas facultades, si expresamente le fueren concedidas por quienes conforman el litisconsorcio.

Artículo 133. En los casos de litisconsorcio se observarán las siguientes reglas:

I. La carga de impulsar el procedimiento corresponderá al representante común del litisconsorcio;

II. Mientras continúe la persona designada como persona representante autorizada o representante común en su encargo, las notificaciones y citaciones de toda clase que se le hagan, tendrán la misma fuerza que si se hicieren a las personas que representan, sin que le sea permitido pedir que se entiendan con éstas, y

III. Cualquier persona interesada podrá excluirse de la representación común, para litigar por sí mismo y deducir su propio derecho.

Artículo 134. En cualquiera de los procedimientos previstos en el presente Código Nacional, sin que obste el derecho de las partes, sus abogados y representantes autorizados de comparecer a exponer sus alegatos en la audiencia respectiva, bajo el principio de igualdad procesal y publicidad, podrán solicitar fuera de audiencia, una cita a la autoridad jurisdiccional para manifestar en lo particular, los aspectos que consideren relevantes en la solución del juicio en el que intervengan. La misma se solicitará por escrito y le recaerá mandamiento judicial en el que se indique día, hora y duración de la cita, la que se autorizará con la finalidad de que comparezcan al recinto judicial el interesado y su contra parte; o bien sus asesores jurídicos; con el objeto de respetar el principio de contradicción. Fuera de estos casos, las autoridades jurisdiccionales estarán impedidas para escuchar en lo particular o individual a cualquiera de las partes.

CAPÍTULO II
DE LAS ACTUACIONES JUDICIALES

Artículo 135. Las autoridades jurisdiccionales se sujetarán al procedimiento convencional que las partes hubieren pactado, siempre que el mismo se hubiere formalizado en documento público o ante la misma autoridad jurisdiccional que conozca de la demanda en cualquier estado del juicio, y se respeten las formalidades esenciales del procedimiento; salvo los procedimientos en materia familiar, los cuales son de orden público.

Para su validez, el documento en que se encuentre el acuerdo a que se refiere este artículo, deberá contener como mínimo, por inclusión o referencia, las previsiones sobre la presentación de la demanda, el emplazamiento, la contestación de la demanda, las pruebas y los alegatos, en cuyo caso no puede imponer a las partes mayores cargas que las previstas en este Código Nacional. También podrá regular lo relacionado con:

I. El negocio o negocios en que se ha de observar el procedimiento convenido;

II. La sustanciación que debe observarse, siempre que no afecte las formalidades esenciales del procedimiento ni se vulneren derechos humanos;

III. Los términos que deberán seguirse durante el juicio, cuando se modifiquen los señalados en el presente Código Nacional;

IV. Los recursos legales a que renuncien, siempre que no se afecten las formalidades esenciales del procedimiento, ni se vulneren derechos humanos;

V. La autoridad jurisdiccional que debe conocer del litigio para el cual se convino el procedimiento en los casos en que conforme a este Código Nacional pueda prorrogarse la competencia, y

VI. El convenio también deberá expresar los nombres de los otorgantes, su capacidad para obligarse, el carácter con que contraten, sus domicilios y cualquiera otro dato que defina la especialidad del procedimiento.

Artículo 136. En caso de no existir convenio de las partes sobre el procedimiento en los términos del anterior artículo, los juicios civiles se regirán por las disposiciones de este Código Nacional.

Artículo 137. Los expedientes que se integren en los juicios civiles y familiares se sujetarán a las siguientes reglas:

I. Tanto los físicos como los electrónicos se formarán por la autoridad jurisdiccional;

II. Las promociones físicas o electrónicas de las partes deberán redactarse en español, debiendo estar firmados de manera autógrafa o mediante firma electrónica avanzada, según corresponda;

III. Quienes no supieren o no pudieren firmar autógrafamente, por presentar una condición de discapacidad física, imprimirán su huella digital, firmando otra persona en su nombre y a su ruego, indicando esta circunstancia;

IV. Las promociones subsecuentes físicas o electrónicas deberán tener la debida identificación del litigio, que contendrá los nombres de la parte actora, de la parte demandada y en su caso, de quien haga la solicitud, así como el número de expediente, situación que se observará tanto en el expediente físico como en el electrónico;

V. Los documentos redactados en idioma extranjero deberán acompañarse con la correspondiente traducción al español. Si la contraparte la objeta o la autoridad jurisdiccional lo estima necesario se nombrará a quien haga la traducción para el cotejo. Sólo para el caso que la traducción sea requerida por la autoridad jurisdiccional, los honorarios de quien realice el peritaje correrán a cargo del erario público;

VI. Las promociones a cargo de personas de los pueblos y comunidades indígenas y afromexicanas, que se hicieren en su lengua o idioma original, no necesitarán acompañarse de la traducción al español, la autoridad jurisdiccional de oficio designará persona autorizada a realizar la traducción correspondiente;

VII. En los procedimientos en los que una o ambas partes sean indígenas y no supieran leer el idioma español, podrán designar a quien traduzca o conozca su lengua nativa, y la autoridad jurisdiccional realizará una versión sintetizada de los puntos esenciales de las actuaciones y de la sentencia dictada, en dicha lengua; debiendo agregar constancia de que se cumplió con esta obligación en los autos;

VIII. En los procedimientos en los que una o ambas partes presenten una discapacidad auditiva, visual o intelectual, se estará a lo dispuesto en la fracción anterior y dichas personas podrán designar como apoyo, a quien sea intérprete de la Lengua de Señas Mexicana y la versión sintetizada de los puntos esenciales de las actuaciones y de la sentencia dictada, se les facilitará en los medios y formatos que les resulten accesibles;

IX. En las actuaciones judiciales, las fechas y cantidades se redactarán con letra, y no se emplearán abreviaturas, ni se rasparán las frases equivocadas, sobre las que sólo se pondrá una línea delgada que permita la lectura, salvándose al final del documento con toda precisión el error cometido;

X. Las actuaciones judiciales deberán ser autorizadas, bajo pena de nulidad, por la autoridad jurisdiccional o persona secretaria judicial a quien corresponda dar fe o certificar el acto;

XI. Todos los expedientes se llevarán en la forma y términos prescritos en las fracciones que anteceden y deberán integrarse electrónicamente en todos los casos, y

XII. Todas las resoluciones judiciales deberán redactarse en términos claros y sencillos.

Los Poderes Judiciales, de conformidad con la legislación de la materia o los Lineamientos que emita el Consejo de la Judicatura que corresponda, habilitarán los sistemas de justicia digital necesarios, con diseños y formatos accesibles, para facilitar la integración, promociones y consulta de los expedientes electrónicos.

Artículo 138. Es deber de las partes asistir a las audiencias del procedimiento, por sí o a través de sus personas representantes autorizadas, con facultades necesarias para celebrar el convenio correspondiente.

La persona representante autorizada que deje de asistir a las audiencias sin justa causa calificada, se le impondrá una multa a favor del Fondo de Apoyo a la Administración de Justicia del Tribunal o Poder Judicial de cada Entidad Federativa o la Federación, hasta el equivalente a cien veces el valor diario de la Unidad de Medida y Actualización vigente al momento de su aplicación. Contra dicha resolución procede el recurso de apelación.

Cuando las actuaciones involucren derechos de niñas, niños, adolescentes, personas con discapacidad o personas de los pueblos y comunidades indígenas o afromexicanas, la defensa pública en su caso, deberá ser preferentemente especializada.

Artículo 139. Si una de las partes comparecientes carece de la persona representante autorizada, la autoridad jurisdiccional por una sola ocasión diferirá la audiencia a fin de garantizar que las partes vengan asistidas. No se requiere el diferimiento de la audiencia, cuando ésta sólo se refiera al desahogo de pruebas documentales, instrumentales o presuncionales.

En caso de que las partes designen a varias personas representantes autorizadas, deberán designar quién de ellas quedará nombrada como abogado patrono para comparecer a las audiencias, así como designar quien la sustituya para el supuesto que la primera no pueda acudir, quienes quedarán vinculadas a las responsabilidades y sanciones a que alude este artículo.

La autoridad jurisdiccional dictará proveído de ejecución al finalizar la audiencia.

Artículo 140. En las audiencias se observarán las siguientes reglas:

I. Se sujetarán a los principios procesales previstos en este Código Nacional;

II. Se celebrarán presencialmente en la sede judicial o de forma virtual;

III. La autoridad jurisdiccional deberá presidir las audiencias, mismas que serán públicas salvo disposición expresa de la ley;

IV. La autoridad jurisdiccional tiene el deber de mantener el buen orden, evitar las digresiones, faltas de decoro y probidad, y exigir que se guarde el debido respeto a toda persona presente en el acto de la audiencia o sede judicial, pudiendo imponer las correcciones disciplinarias establecidas en el artículo 192 de este Código Nacional e incluso ordenar la expulsión de la sala de audiencia con uso de la fuerza pública o a través de los mecanismos tecnológicos correspondientes, tratándose de audiencias virtuales;

V. Cuando la infracción llegare a actualizar un hecho probablemente constitutivo de un delito conforme a las leyes Penales, se dará vista al Ministerio Público competente;

VI. La autoridad jurisdiccional determinará el inicio y la conclusión de cada una de las etapas de las audiencias de forma continua, precluyendo los derechos procesales que debieron ejercitar las partes en cada una de ellas, sin necesidad de declaración judicial;

VII. La parte que asista tardíamente a las audiencias, se incorporará en la etapa en que éstas se encuentren, sin perjuicio de la facultad de la autoridad jurisdiccional en materia de conciliación y en el entendido de que esto no altera los derechos que han quedado precluidos;

VIII. Podrán decretarse los recesos que la autoridad jurisdiccional o las partes soliciten razonablemente, siempre que no constituyan una dilación procesal innecesaria;

IX. La autoridad jurisdiccional señalará el orden del desahogo de las pruebas atendiendo a la propuesta de las partes, exigiendo el cumplimiento de las formalidades que correspondan y tendrá la facultad para hacer a los testigos, peritos y a las mismas partes, las preguntas que estime conducentes sin romper el principio de contradicción, dirigiendo el debate, moderando la discusión y podrá impedir que las alegaciones se desvíen hacia aspectos no pertinentes o inadmisibles o no controvertidos, e incluso limitar el tiempo y número de veces del uso de la palabra a las partes que intervienen, interrumpiendo a quienes hicieran uso abusivo de su derecho;

X. Una vez que testigos, peritos o partes concluyan su intervención, podrán retirarse de la audiencia cuando así lo soliciten y la autoridad jurisdiccional lo autorice;

XI. Las resoluciones judiciales pronunciadas oralmente o por escrito en las audiencias, según el tipo de juicio, se tendrán por notificadas en ese mismo acto a quienes estén presentes o debieron haber estado, sin necesidad de formalidad alguna;

XII. Las audiencias podrán diferirse o suspenderse por caso fortuito o fuerza mayor, o porque de las partes de común acuerdo lo soliciten. De ser posible en el mismo acto, se señalará fecha y hora para su continuación, de la que se tendrá por notificadas a las partes. Al reanudarse, la autoridad jurisdiccional expondrá una síntesis de los actos realizados hasta ese momento, y

XIII. Al terminar las audiencias, en los juicios orales se levantará acta mínima que deberá contener, cuando menos, el lugar, la fecha, el expediente y la autoridad jurisdiccional al que corresponda; el nombre de los participantes, una relatoría sucinta del desarrollo de la audiencia, y la firma autógrafa o electrónica avanzada de la autoridad jurisdiccional.

Tratándose de audiencias virtuales, se seguirán las reglas previstas en el Libro Octavo de este Código Nacional.

Artículo 141. En las audiencias en las que participen personas con discapacidad, podrán contar con la presencia de las personas de apoyo que, en su caso, designen.

Asimismo, podrán hacerse acompañar de los animales que para dichos efectos consideren, en su caso.

Artículo 142. La autoridad jurisdiccional podrá, por razones de orden o seguridad, antes del inicio y en el desarrollo de la audiencia, prohibir el ingreso físico o digital, a:

I. Personas armadas;

II. Personas que porten distintivos gremiales o partidarios;

III. Personas que porten objetos peligrosos o prohibidos;

IV. Personas que no observen las disposiciones de orden o seguridad física o informática que se establezcan;

V. Personas que puedan afectar la integridad de alguna de las partes, o de alguna persona citada para participar en la audiencia, y

VI. Cualquier otra persona que la autoridad jurisdiccional justificadamente considere como inapropiada para el orden o seguridad en el desarrollo de la audiencia.

En el desarrollo de las audiencias, las actuaciones de la autoridad jurisdiccional en el ejercicio de sus funciones serán válidas de pleno derecho, sin requerir de la fe de ninguna otra.

Artículo 143. La autoridad jurisdiccional podrá aplicar excepciones al principio de publicidad cuando, alguna situación o hecho derivados de las audiencias:

I. Pueda afectar la integridad de alguna de las partes, o de alguna persona citada para participar en la audiencia;

II. Se divulgue información gubernamental confidencial, información confidencial o secreto industrial, cuya revelación sea indebida;

III. Se afecte el interés superior de niñas, niños y adolescentes;

IV. Cuando se trate de juicios en materia familiar, y

V. En los casos previstos en este Código Nacional o en otra ley.

Artículo 144. La autoridad jurisdiccional podrá limitar el ingreso del público a una cantidad determinada de personas, de conformidad con las disposiciones aplicables en materia de protección civil.

Las personas periodistas y demás integrantes de los medios de comunicación, deberán informar su presencia a la autoridad jurisdiccional con el objeto de ser ubicados en un lugar adecuado y deberán abstenerse de grabar y transmitir por cualquier medio la audiencia, cuando así lo disponga la autoridad jurisdiccional.

Artículo 145. Las audiencias se registrarán por medios electrónicos. Excepcionalmente, y estableciendo la motivación y fundamentación correspondiente, se registrarán por escrito o por cualquier otro medio idóneo a juicio de la autoridad jurisdiccional. En caso de ser videograbadas, no requerirán transcripción escrita para su eficacia.

En el uso de tales medios, se deberán prever diseños y formatos de accesibilidad para personas con discapacidad a las que les resulte necesario consultar dicha información.

Al inicio de las audiencias la persona secretaria judicial, hará constar oralmente en el registro a que hace referencia el párrafo anterior, la fecha, hora y el lugar de realización, datos del asunto y el nombre de quien preside la audiencia.

Si a dicha audiencia comparece una persona con discapacidad auditiva, deberá estar presente a lo largo de la misma, un intérprete de la Lengua de Señas Mexicana y los intervinientes deberán emplear palabras sencillas para que sean comprendidas por una persona con discapacidad intelectual en su caso.

Artículo 146. Las personas que intervengan en las audiencias deberán identificarse previamente. Los testigos, las partes cuando declaren o sean interrogadas, o los peritos, protestarán declarar con verdad, haciendo de su conocimiento las penas que se imponen a quienes declaran con falsedad.

La autoridad jurisdiccional será quien dará fe de todo lo actuado en la audiencia respectiva.

Artículo 147. La persona secretaria judicial certificará el medio en donde se encuentren registradas las audiencias respectivas e identificará dicho medio con el número de expediente. La conservación de los registros de audio y video estará igualmente a su cargo, y las partes podrán solicitar copia que siempre será certificada, a su costa, asegurando que estén disponibles para consulta para las partes desde el momento en que concluya la audiencia.

La conservación de registros de audios y video de las audiencias deberá realizarse a través de medios que permitan garantizar la fiabilidad e integridad de la información, así como la reproducción de su contenido y acceso al mismo.

Cuando por cualquier causa se dañe el soporte material del registro afectando su contenido, la autoridad jurisdiccional ordenará su reposición conforme a lo establecido en las reglas generales del procedimiento.

Artículo 148. En el Poder Judicial respectivo estarán disponibles los documentos y personal de auxilio para que las partes tengan acceso a los registros de audiencias, a fin de conocer su contenido.

La autoridad jurisdiccional, con base en los ajustes de procedimiento conducentes a cada caso, proporcionará toda la información relacionada desde un inicio, y en todas las etapas del procedimiento. Queda a cargo de los Poderes Judiciales la elaboración de los manuales correspondientes, que deberán estar disponibles, actualizados, comprensibles y accesibles.

Desde el primer proveído y en cualquier etapa del procedimiento, las personas con discapacidad podrán solicitar a la autoridad jurisdiccional, la forma o medio que requiere para recibir la información del juicio en que interviene.

Artículo 149. Para la validez de las actuaciones judiciales es necesario que se practiquen en días y horas hábiles.

Son días hábiles todos los del año, excepto sábados y domingos y aquellos que las Leyes declaren festivos, además en los que por cualquier motivo no tengan lugar actuaciones judiciales.

Son horas hábiles las comprendidas de las siete a las diecinueve horas, pero cuando alguna diligencia se prolongue de tal manera que haya necesidad de continuarla en horas inhábiles, no se requerirá mandamiento de habilitación y cuando haya necesidad de diferirla, se continuará en la primera hora hábil siguiente.

Artículo 150. En los juicios que versen sobre alimentos, derechos de niñas, niños y adolescentes, controversias familiares, cualquier tipo de violencia intrafamiliar, y los demás que determinen las Leyes, todos los días y horas son hábiles.

En los demás casos, la autoridad jurisdiccional puede habilitar los días y horas inhábiles para actuar o para que se practiquen diligencias, cuando hubiere causa urgente que lo exija, expresando cuál sea ésta y las diligencias que hayan de practicarse.

Artículo 151. El Poder Judicial contará con una Oficialía de Partes Común, a través de la cual se presenten los escritos de demanda o promociones posteriores de manera electrónica y escrita, en los siguientes términos:

I. La demanda o escrito inicial podrá promoverse de forma física o electrónica a través de la oficina o portal autorizado por el Consejo de la Judicatura, conforme a lo dispuesto en la Ley Orgánica, que corresponda;

II. Por lo que hace a los procedimientos en línea, la demanda y documentos siempre deberán presentarse vía electrónica, debiendo verificar en todos los casos que cuenten con la firma electrónica avanzada de quien suscribe el escrito inicial, para ser turnada a la autoridad jurisdiccional que corresponda, y

III. Una vez recibido el escrito de demanda, se emitirá acuse de recibo físico o electrónico, en el que se conste la fecha y hora de presentación, número de expediente y autoridad jurisdiccional que conocerá del mismo.

En ningún caso se requerirá manifestación bajo protesta de decir verdad de que los documentos digitalizados son copia fiel e inalterada de los documentos físicos; sin embargo, deberá manifestar si los documentos digitalizados son originales, copias certificadas o copias simples, y si es el caso que están disponibles cuando la autoridad jurisdiccional se los requiera, en el entendido que de no hacerlo precluirá su derecho y se tendrán por no presentados oportunamente, con las consecuencias legales.

Artículo 152. Las promociones electrónicas subsecuentes, se podrán presentar en cualquier hora en el sistema de justicia digital autorizado, para ser remitidas a la autoridad jurisdiccional correspondiente al día y hora hábil siguiente a su presentación y deberán contener los datos de identificación, es decir, nombre de las partes, juicio y número de expediente, para ser remitidas vía electrónica a la autoridad jurisdiccional del conocimiento, sea de procedimiento escrito u oral, a efecto de que la autoridad jurisdiccional provea lo conducente.

Cuando sean promociones por escrito subsecuentes, serán recibidas físicamente cuando se presenten después de las horas de atención al público y hasta el horario que determine cada Ley Orgánica respectiva, y si exhiben copia de ellos se les devolverá sellada y firmada, con fecha y hora de su presentación, las cuales deberán contener la debida identificación del nombre de las partes, juicio, número de expediente y autoridad a la cual se dirige, para ser remitidas a la autoridad jurisdiccional correspondiente al día y hora hábil siguiente a su presentación, a fin de ser proveídas.

Artículo 153. Quedan exceptuados del cumplimiento de dichas formalidades los juicios relativos a las comparecencias para la solicitud de pensión alimenticia, así como los juicios sumarios, en los que se podrá acudir de manera directa ante la autoridad jurisdiccional que corresponda por razón de turno.

Artículo 154. La Oficialía de Partes o área de recepción de los órganos jurisdiccionales, recibirá todas las promociones subsecuentes de los procedimientos que les hayan sido turnados, durante las horas de labores correspondientes, y quien esté interesado podrá exhibir una copia de sus escritos, a fin de que se le devuelva con la anotación de la fecha y hora de presentación, sellada y firmada por la persona servidora pública que lo reciba en la Oficialía de Partes de la autoridad jurisdiccional, a fin de que le recaiga el acuerdo que le corresponda. Se implementará una Oficialía de Partes virtual, conforme a lo establecido en la Ley Orgánica o los lineamientos que al efecto emita el Consejo de la Judicatura correspondiente.

Diariamente se efectuará la descarga e impresión de las promociones físicas, así como en las virtuales presentadas en la Oficialía de Partes; hecho lo anterior se integrarán inmediatamente al expediente físico y electrónico, para ser proveídos.

Artículo 155. Las personas servidoras públicas encargadas de la recepción de escritos y documentos de la Oficialía de Partes Común, en ningún caso y por ningún motivo podrán rechazar promoción alguna.

Artículo 156. En caso de detectarse cualquier acción tendiente a eludir el turno establecido en las Oficialías de Partes, una vez presentado un escrito por el cual se inicie un procedimiento, ya sea exhibiendo varios de éstos para elegir la autoridad jurisdiccional que convenga, o desistiéndose de la instancia más de una vez, sin acreditar la necesidad de hacerlo, o cualquier acción similar, la parte promovente y quienes aparezcan autorizadas en los escritos como personas representantes autorizadas, abogadas patronas, procuradoras o asesoras jurídicas, o cualquier figura análoga, se harán acreedores, solidariamente, a una multa que será fijada por la autoridad jurisdiccional, la que no será inferior a doscientas cincuenta ni excederá de quinientas veces el valor diario de la Unidad de Medida y Actualización vigente; además, se anotará en el Registro Judicial y se dará vista al Ministerio Público.

Artículo 157. La persona secretaria judicial o quien determine la Ley, dará cuenta con las promociones que reciba física o electrónicamente, dentro de las veinticuatro horas de su presentación, sin perjuicio de hacerlo desde luego cuando se trate de un asunto urgente; la inobservancia a este artículo será sancionada de acuerdo a la Ley Orgánica respectiva y, a falta de ésta, la primera vez con amonestación y, las subsecuentes, con apercibimiento en términos de lo dispuesto por el artículo 192 de este Código Nacional.

Asimismo, cuidará que las resoluciones judiciales, actuaciones y las promociones originales o en copias sean claramente legibles y de que los expedientes sean exactamente foliados, al agregarse cada una de las hojas. En el caso del expediente físico, se firmarán todas éstas en el centro de los escritos y pondrán el sello en el fondo del cuaderno, de manera que queden selladas las dos caras. Asimismo, deberá cumplir con los requisitos para la conservación e integración de los expedientes electrónicos, de acuerdo con el Libro Octavo de este Código Nacional.

Artículo 158. La frase "dar vista" significa que los autos quedan en la secretaría para que los interesados se impongan de ellos y para tomar apuntes dentro del local de la autoridad jurisdiccional, sin que les sea permitida la sustracción fuera del recinto judicial.

La expresión "correr traslado" significa que se entreguen las copias, exhibidas al interesado. Las disposiciones de este artículo comprenden a la persona del Ministerio Público, así como a la Procuraduría de la Defensa del Menor o cualquier institución análoga según la Entidad Federativa de que se trate.

Artículo 159. Los autos que se perdieren serán repuestos a costa de quien fuere responsable de la pérdida, quien además pagará los daños y perjuicios, quedando sujeto a las disposiciones del Código Penal correspondiente.

La reposición se substanciará incidentalmente con intervención del Ministerio Público; la persona secretaria judicial certificará la existencia anterior y falta posterior del expediente en cuestión.

La autoridad jurisdiccional está obligada a investigar de oficio la existencia de las piezas de autos desaparecidos, valiéndose para ello de todos los medios que no sean contrarios al derecho.

En la reposición de los expedientes, las partes están obligadas a aportar las copias de documentos, diligencias o resoluciones judiciales que obren en su poder, incluyendo los registros que consten en el expediente electrónico.

En el caso de resultar que algunas de las partes, sus personas representantes autorizadas, fueren responsables por autoría, complicidad o encubrimiento, de la sustracción o pérdida del expediente, se dará vista de oficio por parte de la autoridad jurisdiccional o a petición de parte, al Ministerio Público para los efectos legales procedentes, sin necesidad de denuncia por parte de la autoridad jurisdiccional.

Artículo 160. La autoridad jurisdiccional está obligada a expedir a costa de la parte que lo solicite, copia simple de los documentos o resoluciones que obren en autos, bastando que lo peticione verbalmente, sin que se requiera decreto judicial, pero dejando constancia en autos de su recepción. Cuando la solicitud se realice por conducto de quien ejerza como defensora pública o de institución pública, las copias de referencia podrán expedirse exentas de pago.

Artículo 161. Para obtener copia certificada de cualquier documento o registro electrónico que obre en juicio, la parte interesada deberá solicitarlo en comparecencia, por escrito o por vía electrónica requiriéndose decreto judicial, y sólo se expedirá con citación de la contraria cuando se pidiera copia o testimonio de parte de un documento contenido en el expediente.

Cuando la parte interesada solicite copia certificada de uno o varios documentos completos, en ningún caso se dará vista a la contraria. Al entregarse las copias certificadas, quien las reciba deberá dejar razón y constancia de su recibo. Cualquier circunstancia especial se hará constar en la certificación correspondiente.

Artículo 162. Queda prohibida la reproducción, difusión o puesta a disposición por cualquier medio, de las constancias, videos o audio grabaciones de las audiencias, en términos de las leyes de transparencia, acceso a la información, privacidad y protección de datos personales que resulten aplicables.

La violación a este precepto, hará a la persona que lo infrinja, acreedora a las sanciones previstas para tal caso en la legislación administrativa, civil y penal, con independencia de las medidas disciplinarias que procedan conforme a este Código Nacional.

Artículo 163. Las actuaciones serán nulas cuando les falte alguna de las formalidades esenciales, de manera que quede sin defensa cualquiera de las partes, y cuando la Ley expresamente lo determine, pero no podrá ser invocada esa nulidad por la parte que dio lugar a ella.

Artículo 164. La nulidad establecida en beneficio de una de las partes no puede ser invocada por la otra.

Artículo 165. Las notificaciones hechas en forma distinta a la prevenida en el presente Código Nacional serán nulas; pero si la persona notificada se hubiere manifestado en juicio, sabedora de la providencia, la notificación surtirá desde entonces sus efectos como si estuviese legítimamente hecha.

Sólo por errores u omisiones sustanciales que hagan no identificables los juicios, podrá pedirse la nulidad de las notificaciones practicadas en términos del párrafo que antecede.

Artículo 166. La nulidad de una actuación debe reclamarse en la actuación subsecuente, pues de lo contrario, aquélla queda convalidada de pleno derecho, con excepción de la nulidad por defecto en el emplazamiento o de la primera notificación en los procedimientos judiciales; su trámite será en la vía incidental.

Cualquier nulidad que se genere en audiencia, deberá reclamarse de forma oral en la propia audiencia en que se actualice y antes del cierre de la etapa procesal respectiva tratándose de la audiencia preliminar, en las demás audiencias deberá hacerse valer antes de que ésta concluya. Hecha valer, la autoridad jurisdiccional proveerá sobre su admisión y estando presente la contraria, bajo el principio de contradicción contestará en el acto de la audiencia y ofrecerán sus pruebas. En la misma diligencia la autoridad jurisdiccional ordenará la admisión o desechamiento de pruebas y en su caso, ordenará desahogar las que no requieran preparación especial, dictando en el acto, de forma fundada y motivada su fallo interlocutorio, asentando en el acta mínima únicamente los puntos resolutivos. Para el caso de existir pruebas que requieran preparación especial, se señalará fecha de audiencia especial dentro del plazo de ocho días, en el que se dictará la sentencia interlocutoria.

Los incidentes que se susciten con motivo de otras nulidades de actuaciones o de notificaciones se tramitarán y resolverán en los términos de lo dispuesto por el artículo 185.

CAPÍTULO III
DE LAS RESOLUCIONES JUDICIALES

Artículo 167. Para los efectos de este Código Nacional, las resoluciones judiciales se clasifican en la forma siguiente:

I. Decretos: son simples determinaciones de trámite que no impliquen impulso u ordenación al procedimiento;

II. Autos: decisiones que tienden al impulso, desarrollo y orden del procedimiento;

III. Autos provisionales: todas aquellas determinaciones que se ejecutan de manera provisional;

IV. Autos preparatorios: resoluciones que disponen el conocimiento del asunto, ordenando la admisión de las pruebas y su preparación o su desechamiento;

V. Autos definitivos: decisiones que ponen fin la acción principal o las que impiden la continuación del procedimiento, dándolo como totalmente concluido, cualquiera que sea la naturaleza de éste;

VI. Sentencias interlocutorias: decisiones que resuelven un incidente promovido antes o después de dictada la sentencia definitiva, y

VII. Sentencias definitivas: las que resuelven el fondo del asunto en lo principal.

Artículo 168. Todas las resoluciones, de cualquier clase, dictadas por escrito en primera o segunda instancia, serán autorizadas con las rúbricas, firmas autógrafas o electrónicas avanzadas de las autoridades jurisdiccionales que las dicten y por la de la persona secretaria judicial, o a quien corresponda dar fe o certificar el acto.

Artículo 169. Todas las resoluciones, sean decretos, autos provisionales, definitivos, preparatorios o sentencias interlocutorias, deben ser dictados con plena autonomía e independencia judicial, cualquier atentado contra estos dos principios se hará del conocimiento del Ministerio Público. Igualmente serán claras, precisas y congruentes con las promociones de las partes, resolviendo sobre todo lo que éstas hayan pedido.

Cuando la autoridad jurisdiccional sea omisa en resolver todas las peticiones planteadas, de oficio o a simple instancia verbal del interesado, deberá dar nueva cuenta y resolver las cuestiones omitidas dentro del plazo de los tres días siguientes. Las sentencias definitivas también deben ser claras, precisas y congruentes con las demandas y las contestaciones, y con las demás pretensiones deducidas oportunamente en el procedimiento, condenando o absolviendo a la parte demandada, y decidiendo todos los puntos litigiosos que hayan sido objeto del debate. Cuando éstos hubieren sido varios, se hará el pronunciamiento correspondiente a cada uno de ellos.

Artículo 170. Las sentencias deben tener el lugar, fecha, nombre de la autoridad jurisdiccional que las pronuncie, nombre de las partes contendientes, el carácter con que litiguen, el objeto del pleito, y bastará que la autoridad jurisdiccional funde y motive su resolución en preceptos legales, su interpretación o principios jurídicos, de acuerdo con los artículos 14 y 16 de la Constitución Política de los Estados Unidos Mexicanos.

En el caso de que alguna de las partes sea persona, comunidad o pueblo originario, indígena y afromexicana, la fundamentación y motivación de las resoluciones judiciales deberán tomar en cuenta su derecho consuetudinario y las mismas constarán en formato de comunicación culturalmente adecuada para comunidades indígenas, anexando en su caso, una versión original e idéntica en la lengua originaria de que se trate; en términos de lo que ordena el presente Código Nacional.

En el caso de que alguna de las partes sea persona con discapacidad, las resoluciones judiciales constarán en los formatos accesibles de acuerdo con las circunstancias de cada caso.

Artículo 171. La autoridad jurisdiccional no podrá, bajo ningún pretexto, aplazar, dilatar, ni negar la resolución de las cuestiones que hayan sido discutidas en el pleito, salvo los casos previstos por la Ley.

Artículo 172. Tampoco podrán variar ni modificar sus sentencias o autos después de firmados, pero sí aclarar algún concepto que contengan omisiones sobre puntos discutidos, errores materiales o de cálculo, edades, nombres, ambigüedades, contradicciones evidentes, oscuridad de las expresiones o de las palabras, cuando sean imprecisos sin alterar su esencia.

Estas aclaraciones podrán hacerse de oficio o a petición de parte en un plazo no mayor a tres días hábiles y en su caso, la autoridad jurisdiccional resolverá lo que estime procedente dentro del tercer día hábil siguiente al de la presentación del escrito en que se solicite la aclaración conforme a lo dispuesto en el presente Código Nacional.

Artículo 173. La autoridad jurisdiccional no admitirá demandas, promociones, peticiones, incidentes o recursos notoriamente improcedentes; las desechará de plano, sin necesidad de mandarlas hacer saber o correr traslado a la otra parte ni de formar incidente.

Se entiende por notoriamente improcedente, toda actuación de las partes que, sin necesidad de demostración, es contrario a la letra de la Ley, al estado o naturaleza del procedimiento o a las facultades de la autoridad jurisdiccional.

Al desechar las promociones o solicitudes, incluyendo los recursos e incidentes que los tribunales consideren notoriamente frívolos o improcedentes, los tribunales deben fundar y motivar su determinación.

Los incidentes ajenos al procedimiento principal o notoriamente frívolo e improcedente, deberán ser repelidos de oficio por los jueces.

Artículo 174. Los decretos y los autos deben dictarse y mandarse notificar mediante su publicación en el medio de comunicación procesal oficial correspondiente, dentro del plazo de tres días siguientes a las veinticuatro horas en que se dé cuenta a la autoridad jurisdiccional de la promoción respectiva.

Se exceptúan aquellos que por disposición de este ordenamiento tenga señalado un término o forma de notificación distinta.

Artículo 175. Las sentencias interlocutorias deben dictarse y mandarse notificar por publicación en el medio correspondiente, dentro de los diez días siguientes a aquel en que surta sus efectos la notificación del auto que ordena la citación.

Las sentencias definitivas deben dictarse y mandarse notificar mediante su publicación en el medio respectivo, dentro de los quince días siguientes a aquel en que surta sus efectos la notificación del auto que ordena la citación.

En ambos casos cuando hubiere necesidad de que la autoridad jurisdiccional examine documentos o expedientes voluminosos, al resolver, podrá disfrutar de un término ampliado de diez días más para los dos fines ordenados anteriormente.

En los juicios orales la sentencia definitiva se emitirá en la misma audiencia de juicio, y, además, se explicará con un lenguaje cotidiano, en forma breve, clara y sencilla y leerá únicamente los puntos resolutivos, así como, en los casos que proceda, el derecho que tienen las partes para apelar dicha sentencia conforme a lo establecido en este Código Nacional. Acto seguido, en la audiencia entregará a cada una de las partes copia por escrito de la sentencia. En caso de asuntos voluminosos o muy complejos o de un alto grado de dificultad, la autoridad jurisdiccional podrá diferir la audiencia de juicio hasta por diez días para el dictado y explicación de la sentencia definitiva.

Artículo 176. Cuando este Código Nacional no señale términos para la práctica de algún acto judicial, o para el ejercicio de algún derecho, se tendrán por señalados los siguientes:

I. Nueve días para interponer el recurso de apelación contra sentencia definitiva;

II. Cinco días para apelar de sentencia interlocutoria o auto contra el que proceda apelación de tramitación inmediata;

III. Tres días para la celebración de juntas, reconocimientos de firmas, exhibición de documentos; a no ser que, por circunstancias probadas, solicite ampliar el término, lo cual podrá hacerse hasta por tres días más, y

IV. Tres días para todos los demás casos.

Artículo 177. El retardo sin justa causa en el pronunciamiento y publicación de decretos, autos o sentencias dará lugar a queja administrativa que se presentará ante el Consejo de la Judicatura para su trámite y sanción respectiva.

Artículo 178. Las resoluciones judiciales dictadas con el carácter de provisionales pueden modificarse en sentencia interlocutoria o definitiva.

Sin perjuicio de que la autoridad jurisdiccional, de oficio o a petición de parte, esté facultada para modificar en cualquier etapa del procedimiento las medidas provisionales, cuando cambien las circunstancias o exista causa legal acreditada que así lo amerite o se afecte el ejercicio de la acción que se dedujo en el juicio correspondiente.

Las resoluciones judiciales firmes dictadas en procedimientos de alimentos, ejercicio y suspensión de la patria potestad, jurisdicción voluntaria y las demás que prevengan las leyes, pueden alterarse y modificarse cuando cambien las circunstancias que afectan el ejercicio de la acción que se dedujo en el juicio correspondiente.

Artículo 179. Cuando hubiere condena de frutos, intereses, daños o perjuicios, se fijará su importe en cantidad líquida o se establecerán, por lo menos, las bases con arreglo a las cuales deba hacerse la liquidación.

Sólo en el caso de no ser posible lo uno ni lo otro, se hará la condena genérica, a reserva de fijar su importe y hacerlo efectivo en la ejecución de la sentencia.

CAPÍTULO IV
DE LAS COSTAS

Artículo 180. Por ningún acto judicial se cobrarán costas, ni aun cuando se actuare con testigos de asistencia, o se practicaren diligencias fuera del lugar del juicio.

Artículo 181. Cada parte será inmediatamente responsable de los gastos y costas que originen las diligencias que promueva. El pago de los gastos será a cargo de quien faltare al cumplimiento de la obligación. Cuando las leyes utilicen solamente las palabras gastos, o solamente costas, se incluyen ambos conceptos de gastos y costas, y la condenación abarcará los dos.

La condena en costas sólo comprenderá la remuneración de la persona representante autorizada para ejercer la profesión de licenciado en derecho o abogado. Las personas de origen extranjero no podrán cobrar gastos, sino cuando estén autorizados legalmente en el territorio nacional, para ejercer como licenciadas en derecho o el ejercicio de la abogacía.

Artículo 182. La condena en costas se hará cuando así lo prevenga la Ley, o cuando, a juicio de la autoridad jurisdiccional, se haya procedido con temeridad o mala fe, conforme al arancel autorizado en la Ley Orgánica respectiva.

Siempre serán condenados:

I. La persona que ninguna prueba rinda para justificar su acción o su excepción, si se funda en hechos disputados;

II. La persona que presente instrumentos o documentos falsos, testigos falsos, aleccionados o sobornados, peritos aleccionados o sobornados, oponga acciones o excepciones procesales notoriamente frívolas e improcedentes, o haga valer recursos o incidentes de ese tipo con el fin de generar dilaciones al procedimiento, no solamente se le condenará respecto de los señalados, sino que, si la sentencia definitiva le es adversa, también se le condenará por todos los demás trámites, y así lo declarará dicha resolución definitiva;

III. La persona que fuere condenada en los juicios ejecutivos, hipotecarios, en los interdictos de retener y recuperar la posesión, y la que intente alguno de estos juicios si no obtiene sentencia favorable. En estos casos, la condenación se hará en la primera instancia, observándose en la segunda lo dispuesto en la fracción siguiente;

IV. La persona que fuere condenada por dos sentencias conformes de toda conformidad de su parte resolutiva, sin tomar en cuenta la declaración sobre costas. En este caso, la condenación comprenderá las costas de ambas instancias, y

V. Las demás que prevenga este Código Nacional.

Artículo 183. Las costas judiciales tienen por objeto resarcir los gastos y erogaciones ejecutadas con motivo del juicio a cargo de la parte vencida.

Las costas serán reguladas por cualquiera de las partes contendientes, se substanciará y resolverán mediante el incidente respectivo en términos de lo dispuesto en este Código Nacional.

La autoridad jurisdiccional deberá analizar la cuantificación y liquidación que se presente por las personas que ejerzan como notaria o notario público, personas representantes autorizadas, corredor público o peritos, y para aprobarla deberá comprobar que se apega al arancel porcentual del monto del procedimiento o por actuación respectivo de la localidad de que se trate, así como a las constancias de autos, en caso, de no existir arancel, sólo se autorizará la cuantificación y liquidación formulada a juicio de peritos, debiendo mediar prudencialmente la autoridad jurisdiccional la liquidación, siempre y cuando no exista un treinta por ciento de diferencia entre el más alto y el más bajo, en cuyo caso se despachará perito adscrito tercero en discordia.

La decisión que se pronuncie será apelable en efecto devolutivo de tramitación inmediata.

Artículo 184. La condena en costas no procede en los juicios o procedimientos relacionados con el derecho familiar, o civil cuando se encuentren involucrados derechos que afecten a niñas, niños, adolescentes o personas que pertenezcan a grupos sociales en situación de vulnerabilidad, siempre que no tengan un fin preponderantemente patrimonial.

CAPÍTULO V
DE LOS INCIDENTES

Artículo 185. Los incidentes, cualquiera que sea su naturaleza, nunca suspenderán el procedimiento, además:

I. Se tramitarán oralmente en el caso de desarrollarse en el sistema de audiencias, sea en la audiencia preliminar, la de juicio o para la ejecución de la sentencia o cualquier audiencia. En caso de promoverse en la etapa postulatoria o fuera del sistema de audiencias, se hará por escrito;

II. Los incidentes que surjan en audiencia, deberán plantearse de forma oral en la misma, exponiendo los hechos, ofreciendo las pruebas e invocando la norma vulnerada. Hecho valer, la autoridad jurisdiccional proveerá sobre su admisión o desechamiento y estando presente la contraria, contestará en el acto de la audiencia y ofrecerán sus pruebas;

III. En la misma audiencia la autoridad jurisdiccional ordenará la admisión o desechamiento de pruebas y en su caso, ordenará desahogar las que no requieran preparación especial, dictando en el acto de forma fundada y motivada su fallo interlocutorio, asentando en el acta mínima únicamente los puntos resolutivos. Para el caso de existir pruebas que requieran preparación especial, se señalará fecha de audiencia especial dentro del plazo de ocho días, en el que se dictará el fallo interlocutorio, conforme a las disposiciones anteriores;

IV. En caso de no estar presente la parte contraria, se mandará correr traslado para que conteste por escrito dentro del término de tres días. Enseguida se admitirán las pruebas y se señalará dentro del término de ocho días fecha de audiencia de resultar necesario desahogo especial alguno, dictando en el acto de forma fundada y motivada el fallo interlocutorio, asentando en el acta mínima únicamente los puntos resolutivos;

V. Los incidentes fuera del sistema de audiencias, se tramitarán, cualquiera que sea su naturaleza, con un escrito de cada parte, y tres días para resolver. Si se promueve prueba, deberá ofrecerse en los escritos respectivos, fijando los puntos sobre los que verse. En ambas vías, oral y escrita, si las pruebas no tienen relación con los puntos cuestionados incidentalmente, o si éstos son puramente de derecho, la autoridad jurisdiccional deberá desecharlas. En caso de admitirlas se citará para audiencia dentro del término de ocho días, diferible por una sola vez, en que se reciban pruebas, se oigan brevemente las alegaciones, y se dicte en el acto de forma fundada y motivada el fallo interlocutorio, asentando en el acta mínima únicamente los puntos resolutivos. Los incidentes que por la naturaleza de las pruebas de que se tratan no requieran de señalamiento de audiencia, mediante acuerdo, se admitirán las mismas y se desahogarán en el acto, citando de inmediato para sentencia interlocutoria que se dictará en el plazo de cinco días por escrito.

Artículo 186. En caso de impugnación de falsedad de documentos, se estará a lo dispuesto en el presente Código Nacional.

Artículo 187. Los incidentes que se susciten con motivo de nulidades de actuaciones o de notificaciones se tramitarán conforme a lo dispuesto en este Código Nacional.

Si, dicho incidente de nulidad es notoriamente frívolo e improcedente, se desechará de plano de manera fundada y motivada, y se impondrá solidariamente a quien lo promueva y a su persona representante autorizada, una multa en términos del artículo 192 fracción III de este Código Nacional.

Artículo 188. La nulidad por defecto en el emplazamiento implica la nulidad de todo lo actuado con posterioridad al mismo de resultar procedente. Si el incidente se hace valer en cualquiera de las audiencias y, si está presente e identificada la parte interesada en la diligencia en que se declare la nulidad del emplazamiento, en el acto y de forma inmediata se procederá a emplazarlo, debiendo entregar la cédula y traslados respectivos.

La nulidad por defecto en el requerimiento en cumplimiento a la sentencia definitiva para que una persona lleve a cabo un acto determinado de ejecución inmediata, sólo implica la nulidad de la diligencia de requerimiento y sus consecuencias materiales, así como las correcciones disciplinarias o medios de apremio que se hayan decretado para hacer cumplir la orden judicial respectiva.

Artículo 189. Las demás nulidades de actuaciones o notificaciones, por regla general, solo implican la nulidad de la propia actuación o notificación defectuosa.

En todos los casos de nulidad de actuaciones o notificaciones sólo se repetirán las declaradas nulas cuando así lo solicitare la parte interesada, salvo que se trate de alguna diligencia decretada de oficio pues, en este caso, la autoridad jurisdiccional obrará discrecionalmente.

Artículo 190. En todos los casos contra la sentencia interlocutoria procede el recurso de apelación en efecto devolutivo.

CAPÍTULO VI
DE LAS MEDIDAS DE APREMIO Y LAS CORRECCIONES DISCIPLINARIAS

Artículo 191. Para hacer cumplir sus determinaciones, las autoridades jurisdiccionales, previo apercibimiento, pueden emplear cualquiera de los siguientes medios de apremio, cuantas veces crean necesario, sin que para ello sea indispensable que se ciñan al orden que a continuación se señala:

I. Multa hasta por las cantidades a que se refiere el artículo 192 fracción III de este Código Nacional, la cual podrá duplicarse en caso de reincidencia;

II. Auxilio de la fuerza pública y la fractura de cerraduras si fuere necesario;

III. Cateo por orden escrita, de conformidad con los requisitos del Artículo 16 de la Constitución Política de los Estados Unidos Mexicanos;

IV. Arresto hasta por treinta y seis horas, y

V. Presentación de testigos por la fuerza pública.

Las personas servidoras públicas habilitadas para tal efecto de acuerdo con el organigrama de la Entidad Federativa de que se trate, podrán solicitar directamente y deberán prestárseles el auxilio inmediato de la fuerza pública, cuando actúen para cumplimentar un emplazamiento, notificación o determinación de la autoridad jurisdiccional.

Si agotados los medios de apremio no se obtuviera el cumplimiento de la resolución que motivó el uso de ellos, se dará vista al Ministerio Público, Fiscal o Representante Social.

La resolución que imponga una medida de apremio será irrecurrible.

Artículo 192. Se entenderá por corrección disciplinaria:

I. La amonestación, consistente en la reprensión verbal, electrónica o escrita, que se haga al infractor por la falta cometida;

II. El apercibimiento, consistente en la prevención verbal, electrónica o escrita, que se haga a la persona infractora, en el sentido de que, de incurrir en nueva falta, se le aplicarán una o más de las sanciones previstas por este Código Nacional;

III. La multa que no podrá ser inferior a cien ni exceder de trescientas veces el valor diario de la Unidad de Medida y Actualización;

IV. La expulsión cuando las circunstancias así lo ameriten y se altere el orden de la audiencia, se retirará al responsable del recinto judicial, inclusive, con auxilio de la fuerza pública, y

V. Arresto. Quienes se resistieren a cumplir la orden de expulsión, serán sujetos a un arresto hasta por un término de treinta y seis horas.

La autoridad jurisdiccional deberá fundar y motivar la imposición de la medida que imponga.

Artículo 193. Dentro de los tres días de haberse hecho saber una corrección disciplinaria, a quien se le haya impuesto, podrá pedir a la autoridad jurisdiccional que la oiga en justicia; y se citará para la audiencia dentro del quinto día, en la que se resolverá, confirmará, atenuará o dejará sin efecto la corrección disciplinaria, sin que en contra de dicha resolución proceda recurso alguno.

CAPÍTULO VII
DEL EMPLAZAMIENTO Y LAS NOTIFICACIONES

Artículo 194. El emplazamiento, es el primer acto por el que se hace saber a una persona que se ha iniciado un juicio en su contra, para que dentro del término que se señale comparezca a contestar la demanda.

La notificación, que es el acto procesal mediante el cual la autoridad jurisdiccional da a conocer el contenido de una resolución a las partes.

La citación, que es el llamamiento para que alguna persona comparezca o intervenga en la práctica de algún acto procesal.

El requerimiento, que es el medio a través del cual la autoridad jurisdiccional conmina a las partes o a terceros, para que cumplan con un mandato judicial.

Artículo 195. El emplazamiento deberá hacerse en el domicilio que señale la parte actora, precisamente en donde vive, trabaja o habite la parte a emplazar si esta es persona física; si se trata de persona jurídica, en su domicilio social, en sus oficinas, sucursales o principal asiento de sus negocios.

Artículo 196. El emplazamiento se entenderá con la persona a quien se dirija el mandato judicial, para lo cual la persona servidora pública judicial deberá cerciorarse previamente que el lugar designado es el domicilio de la persona a la que se dirige. Si no se encontrare, se identificará con sus rasgos particulares a la persona con la que se atendió el llamado.

En la cédula se hará constar la fecha y la hora en que se entregue; la clase de procedimiento, el nombre de las partes, en su caso la denominación o razón social, la autoridad jurisdiccional que manda practicar la diligencia; transcripción de la determinación que se manda notificar y el nombre de la persona a quien se entrega, levantándose acta de la diligencia, a la que se agregará copia de la cédula entregada en la que se procurará recabar la firma de la persona con quien se entendió la actuación.

Artículo 197. El emplazamiento por medio de cédula, ésta se entregará, se asentarán, en todo caso, los medios por los cuales la persona servidora pública se haya cerciorado de que ahí tiene su domicilio la persona buscada, pudiendo recabar fotografías del exterior del domicilio en que se realizó la diligencia. En ambos casos, además de la cédula, la persona servidora pública judicial entregará y verificará, previo cotejo, que se trate de las mismas copias simples de la demanda, debidamente cotejada y sellada, más las copias simples de los demás documentos que el actor haya exhibido con su demanda, o en su caso, la entrega del dispositivo de almacenamiento de datos que garantice la inalterabilidad del o los archivos que contengan la reproducción de los anexos citados.

Artículo 198. La persona servidora pública judicial se identificará ante quien entienda la diligencia; requiriendo a ésta para que a su vez se identifique, asentando su resultado, así como los medios por los que se cerciore de ser el domicilio del buscado, pudiendo pedir la exhibición de documentos que lo acrediten, precisándolos en caso de su presentación, así como aquellos signos exteriores del inmueble que puedan servir de comprobación de haber acudido al domicilio señalado como el del buscado, y las demás manifestaciones que haga la persona con quien se entienda el emplazamiento en cuanto a su relación laboral, de parentesco, de negocios de habitación o cualquier otra existente con el interesado.

Artículo 199. Si en el domicilio señalado, cerciorado de que ahí tiene su domicilio la persona buscada pero no se encontrara, así como tampoco persona alguna que pudiera legalmente recibir la notificación o bien si se negare a recibirla, entonces procederá la persona servidora pública judicial a fijar en lugar visible del domicilio, un citatorio de emplazamiento en donde se señalará el motivo de la diligencia, la fecha, la hora y el lugar de la misma, así como la fecha y hora del día para que le espere, que en ningún caso podrá ser menor de veinticuatro horas ni exceder de cuarenta y ocho horas, contadas a partir del día en que se dio la citación, nombre de quien promueve, autoridad jurisdiccional que ordena la diligencia, la determinación que se manda notificar y el apercibimiento de que, si en la fecha señalada para llevar a cabo la diligencia de emplazamiento no se encontrara a la persona buscada o destinataria del procedimiento judicial, se aplicarán las siguientes reglas:

I. En segunda diligencia y pese al citatorio con antelación adherido, si nuevamente la demandada o persona destinataria del procedimiento judicial no se encontrare y no hubiere con quien entender la diligencia, entonces se procederá a realizar el emplazamiento por adhesión, que consistirá en que la persona servidora pública judicial dejará adherido en lugar visible al domicilio, las cédulas de notificación con las copias de traslado correspondientes así como el instructivo en el que se explique el motivo del emplazamiento por adhesión, mismo que tendrá las características de la cédula de notificación usual, dicho emplazamiento o notificación tendrá el carácter de personal;

II. Cuando el acceso a la casa, local, oficina o despacho, donde se haya ordenado el emplazamiento se encuentre restringido para su acceso, por estar en el interior de negociaciones mercantiles, establecimientos abiertos al público, clubes privados, unidades habitacionales, fraccionamientos, condominios, colonias o cualquier otro lugar similar; la persona servidora pública judicial solicitará, el ingreso a quien se encuentre resguardando la entrada y, en caso de negativa, hará uso del auxilio de la fuerza pública previamente autorizada, a fin de que ésta ejecute todos los actos tendientes a permitir el ingreso de la persona servidora pública para que se constituya en el domicilio; lo anterior, sin perjuicio de la decisión judicial de dar vista al Ministerio Público para que investigue la probable existencia de un hecho que la ley señale como delito y; en su caso, la aplicación de otras medidas de apremio que determine ordenar la autoridad jurisdiccional, para lo cual el notificador o actuario podrá ser acompañado por el interesado o el autorizado en autos, a efecto de que bajo su responsabilidad identifique plenamente a la persona con quien se entienda la diligencia;

III. La persona servidora pública judicial describirá y certificará en el acta que elabore, los documentos que en copia se adjuntaron a la demanda y que fueron entregados al destinatario del emplazamiento, y

IV. La parte actora podrá acompañar a la persona servidora pública judicial a la práctica del emplazamiento.

Deben firmar las notificaciones tanto la persona que la hace como aquella a quien se le hace, si ésta no supiere firmar, lo hará un tercero a su ruego y si no quisiere firmar, lo hará el servidor público, haciendo constar esta circunstancia. A toda persona se le dará copia simple de la resolución que se le notifique, sin necesidad de acuerdo judicial. Las copias que no recojan las partes se conservarán en la secretaría, mientras esté pendiente el procedimiento.

Artículo 200. El emplazamiento deberá hacerse en el domicilio de la parte demandada. Desde la admisión de la demanda, la autoridad jurisdiccional habilitará los domicilios que le hubiera señalado la parte actora donde se pueda encontrar a la parte contraria, siempre y cuando obren en autos datos precisos de los mismos, y la persona servidora pública judicial lo haga constar así en autos y cumpla en lo conducente con lo que se previene en los artículos anteriores.

Artículo 201. Cuando no se conociere el lugar en donde la persona que debe emplazarse o notificarse tenga su domicilio o el principal asiento de sus negocios, o en éstos no se pudiese llevar a cabo la diligencia, se podrá hacer ésta en el lugar en donde habitual o transitoriamente se encuentre. En este caso el emplazamiento o las notificaciones se firmarán por la persona servidora pública judicial y por la persona a quien se hiciere. Si ésta no supiere o no pudiera firmar lo hará a su ruego un testigo, si no quisiere firmar o presentar testigo que lo haga por ella, firmarán dos testigos requeridos al efecto por la persona servidora pública judicial. Quienes sean testigos, no podrán negarse hacerlo bajo pena de multa por los equivalentes precisados en el artículo 192 de este Código Nacional.

Artículo 202. Las personas servidoras públicas judiciales, deberán practicar los emplazamientos, notificaciones, citaciones o requerimientos dentro de los tres días siguientes a aquél en que reciban el expediente o las actuaciones correspondientes, salvo que la ley disponga otra cosa.

Artículo 203. Las notificaciones en juicio se podrán hacer:

I. Personalmente, por cédula, por instructivo, por adhesión o por correo electrónico;

II. Por medio de comunicación judicial, según corresponda;

III. Por edictos;

IV. Por correo certificado;

V. Por telégrafo, y

VI. Por cualquier otro medio de comunicación electrónica o sistema de justicia digital, mediante dispositivos físicos o móviles, autorizados en los lineamientos aprobados por el Consejo de la Judicatura conforme a la Ley Orgánica del Poder Judicial correspondiente.

La persona servidora pública judicial, elaborará la razón respectiva, acompañando las evidencias de la ejecución de la misma.

Artículo 204. Las partes, en el primer escrito o en la primera diligencia judicial, deberán designar un domicilio ubicado en el lugar del procedimiento para que se les hagan las notificaciones personales y se practiquen las diligencias que sean necesarias.

Asimismo, podrán designar en cualquier momento una dirección de correo electrónico, para que las segundas y ulteriores notificaciones, incluso las personales, se puedan practicar por esa vía; en cuyo caso, se deberá asentar razón del día y hora en que se verifiquen las notificaciones así practicadas.

Todas las notificaciones que por disposición de este Código Nacional deban hacerse personalmente, con excepción del emplazamiento o la primera notificación de un procedimiento judicial, se harán por correo electrónico cuando así haya sido designado en términos del párrafo que antecede, salvo que excepcionalmente a juicio de la autoridad jurisdiccional deba practicarla personalmente en el domicilio señalado, con las salvedades previstas en el presente Código Nacional.

Artículo 205. En caso de omisión en la designación del domicilio o dirección electrónica, las notificaciones le surtirán a la parte omisa por el medio de comunicación procesal oficial respectivo.

Las entidades públicas que participen en un procedimiento amparado por el presente Código Nacional, deberán designar una dirección de correo electrónico, y contar con el equipo y los recursos de infraestructura necesarios para la recepción de notificaciones.

Artículo 206. Las notificaciones personales y por correo electrónico, en lo que corresponda, se entenderán con la parte interesada, la persona representante autorizada en autos, entregando cédula en la que hará constar la fecha y la hora en que se entregue; la clase de procedimiento, el nombre de las partes, autoridad jurisdiccional que mande practicar la diligencia; transcripción de la determinación que se manda notificar y el nombre de la persona a quien se entrega, levantándose acta de la diligencia, a la que se agregará copia de la cédula entregada en la que se procurará recabar la firma de la persona con quien se hubiera entendido la actuación o en su caso, explicando las razones por las que no se haya recabado la firma.

Artículo 207. Salvo disposición legal en contrario, cuando se trate de diligencias de embargo, la persona servidora pública judicial, no podrá practicarla cuando por primera ocasión en que la intente no se entienda con la parte interesada. En este caso, dejará citatorio para que la espere dentro de las horas que se le precisen, que serán para después de seis horas de la del citatorio y entre las cuarenta y ocho horas siguientes. Si la persona buscada no atiende el citatorio, la diligencia se practicará con quienes tengan con ella algún parentesco o sean sus trabajadoras, o con cualquier otra persona que viva en el domicilio señalado.

En todos los casos, practicada la diligencia de ejecución decretada, la persona servidora pública judicial, entregará a las partes, copia del acta que se levante o constancia firmada por ella, en donde consten los bienes sobre los que se haya trabado embargo y el nombre y domicilio de la persona depositaria designada. Quien funja como depositaria, deberá aceptar y protestar su cargo si se encuentra presente en la diligencia para tomar posesión del mismo, o en su caso, en comparecencia ante la autoridad jurisdiccional.

La persona servidora pública judicial, expresará las causas precisas por las que no se pueda practicar la diligencia o notificación, así como las oposiciones, para que la autoridad jurisdiccional con vista al resultado, imponga las correcciones disciplinarias y medios de apremio que considere procedentes.

A petición de parte la autoridad jurisdiccional, dentro de un término de cinco días, deberá poner el oficio respectivo a disposición de la parte interesada, acompañado de la constancia debidamente certificada del embargo de bienes inmuebles, para que se presente al Registro de la Propiedad, Oficina Registral o cualquier otra institución análoga según la Entidad Federativa de que se trate, para su inscripción preventiva, la cual tendrá el efecto señalado en el Código Civil y la Ley Registral de la Entidad Federativa correspondiente. En caso de negativa sin causa justificada a la inscripción del embargo, la dependencia pública será responsable de los daños y perjuicios que se ocasionen con motivo de su omisión.

Artículo 208. Mientras las partes no hicieren nueva designación del domicilio o medio a través del cual se deban practicar las diligencias y las notificaciones personales, se seguirán practicando en el autorizado para ello.

En caso de no existir dicho domicilio, o haber negativa a recibirla en el autorizado o se encuentre vacío y desocupado, la notificación personal le surtirá por medio de publicación en el medio de comunicación procesal oficial, así como todas las notificaciones subsecuentes incluyendo las personales, previniendo a la parte para que señale nuevo domicilio o medio de comunicación con los datos precisos.

Artículo 209. Procede el emplazamiento o la notificación por edictos:

I. Cuando se trate de personas inciertas;

II. Cuando se refiera a personas cuyo domicilio se ignora, se manifieste así bajo protesta de decir verdad y previo informe o informes que electrónicamente se soliciten y rindan por el mismo medio y que, a juicio de la autoridad jurisdiccional requiera a las autoridades o instituciones públicas que cuenten con registro oficial de personas y sus domicilios, y

III. Cuando hubiere que citar a juicio a alguna persona que haya desaparecido, no tenga domicilio conocido o se ignore donde se encuentra.

En los casos dispuestos en las fracciones anteriores, los edictos contendrán una relación sucinta de la demanda, señalándose únicamente los puntos sustanciales y se publicarán por tres veces, de tres en tres días, en el medio de comunicación procesal oficial del Poder Judicial de la Entidad Federativa o de la Federación, según corresponda, haciéndosele saber que debe presentarse dentro de un término que no será inferior a quince días ni excederá de treinta días, contados a partir del siguiente al de la última publicación.

Lo anterior en la inteligencia de que, si se presentare la persona requerida ante la autoridad jurisdiccional dentro del término que se haya otorgado, será emplazada y empezará a correr el plazo para contestar la demanda al día siguiente; y de no ser así, concluido el plazo otorgado iniciará al día siguiente el plazo para dar contestación a la demanda respectiva, quedando en la secretaría de la autoridad jurisdiccional el traslado correspondiente.

Artículo 210. Se harán mediante notificación personal las siguientes resoluciones:

I. El emplazamiento a juicio al demandado, y en todo caso en que se trate de la primera notificación en cualquier procedimiento;

II. El auto que admite la reconvención, salvo que se haga sabedor de la misma;

III. Los incidentes en ejecución de sentencia;

IV. La primera resolución que se dicte cuando se dejare de actuar por más de seis meses por cualquier motivo;

V. En caso de ejecución de sentencia o convenio judicial, cuando la misma se solicite fuera de los tres meses de que haya quedado firme la sentencia definitiva;

VI. Cuando se estime que se trata de un caso urgente o que la situación de vulnerabilidad de la persona lo requiera, a juicio de la autoridad jurisdiccional y así se ordene;

VII. El requerimiento de un acto a la parte que deba cumplirlo;

VIII. La primera resolución dictada por la autoridad jurisdiccional distinto al que previno en el conocimiento;

IX. En todo caso, a las personas titulares de las fiscalías, Agentes del Ministerio Público y cuando la ley expresamente lo disponga, y

X. En los demás casos que este Código Nacional lo disponga.

Para el supuesto que se ordene la entrega de niñas, niños o adolescentes, el requerimiento se hará de manera personal, pero dicha notificación se practicará en el lugar donde se encuentre quien tenga la calidad de requerida y podrá hacerse acompañar la persona servidora pública del auxilio de la fuerza pública de ser necesario para el cumplimiento de dicha orden judicial.

Artículo 211. Hecho el emplazamiento, quedarán obligadas las partes y sus personas autorizadas, a imponerse de todas las actuaciones que se dicten en el procedimiento y se publiquen a través del medio de comunicación procesal oficial respectivo, dándose por hecha el día de su publicación y surtiendo sus efectos al día siguiente; y, en caso de que sea una notificación personal, cuando comparezca la parte interesada ante la autoridad jurisdiccional, se les deberá de notificar dejando constancia en autos de la razón de notificación, firmada por la persona servidora pública, habilitada para tal efecto de acuerdo al organigrama de la Entidad Federativa de que se trate, haciendo saber si la persona notificada se negó a firmar; caso en el cual las partes podrán comparecer el mismo día en que se dicten las resoluciones para el efecto de notificarse, sin necesidad de esperar a que se publiquen en los medios antes referidos.

Artículo 212. Cuando variare el personal de la autoridad jurisdiccional, no se proveerá decreto haciendo saber el cambio, sino que al margen del primer proveído que se dictare, después de ocurrido, se pondrán completos los nombres de las personas funcionarios judiciales nuevas. Sólo que el cambio ocurriere cuando el procedimiento esté pendiente únicamente de la sentencia, se mandará hacer saber a las partes.

Artículo 213. Cuando se trate de citar a peritos y testigos, la citación se hará por conducto de quien haya ofrecido dichas pruebas, quien estará obligada a realizar cuanta gestión sea conducente para llevarla a cabo y será en su perjuicio la falta de comparecencia de las personas, a quienes no se les volverá a buscar si la parte interesada no efectuó la citación oportuna y debidamente, pero su inasistencia no dará lugar a la imposición de medida de apremio, si no que se desechará tal probanza.

Artículo 214. Es un deber procesal de las partes interesadas concurrir a las autoridades jurisdiccionales, para ser notificados de las resoluciones e imponerse de los autos. Todas las que se dicten en cualquier procedimiento se notificarán a través del medio de comunicación procesal oficial, que contendrá la lista de los asuntos que se hayan acordado cada día, expresando solamente el número de toca o expediente, nombre de las partes interesadas y clase de juicio, con excepción de los que la autoridad jurisdiccional estime de publicación reservada o secreta dada la naturaleza del juicio.

La persona que concurra a consultar los autos de forma física a las instalaciones de la autoridad jurisdiccional, por ese sólo hecho, se tendrá por notificada de los proveídos en la que así estuviera ordenada práctica de la diligencia, dejando constancia de ello el funcionario judicial que cuente con fe pública.

Artículo 215. Las partes podrán autorizar para oír notificaciones en su nombre, a una o varias personas, quienes quedarán facultadas para intervenir en representación de quien los autoriza en todas las etapas procesales del juicio, comprendiendo la de segunda instancia y la ejecución, con todas las facultades generales y las especiales que requieran cláusula especial, incluyendo la de absolver y articular posiciones, debiendo en su caso, especificar aquellas facultades que no se les otorguen, pero no podrán sustituir o delegar dichas facultades en tercera persona. Sin embargo, requerirán manifestación expresa que los faculte para transigir, desistirse de la instancia, de la acción y de los recursos o medios de defensa.

Las personas autorizadas conforme al párrafo anterior, deberán acreditar encontrarse legalmente autorizadas para ejercer la profesión de persona licenciada en derecho o abogada, debiendo proporcionar los datos correspondientes en el escrito en que se otorgue dicha autorización y exhibir la cédula profesional o carta de pasante en su primera intervención, en el entendido que quien no cumpla con lo anterior, perderá la facultad a que se refiere este artículo en perjuicio de la parte que la hubiere designado, y únicamente tendrá las que se indican en el penúltimo párrafo del artículo 216.

Artículo 216. Las personas autorizadas en los términos del artículo anterior, serán responsables de los daños y perjuicios que causen al que las autorice, de acuerdo a las disposiciones aplicables del Código Civil para el mandato y las demás conexas, salvo prueba en contrario. Se podrá renunciar a dicha calidad, mediante escrito presentado a la autoridad jurisdiccional, haciendo saber las causas de la renuncia. En ningún caso se requerirá registro ante los poderes judiciales, ni la falta de este registro será impedimento para que las autoridades jurisdiccionales tengan por autorizadas a las personas representantes autorizadas.

Las partes podrán autorizar a personas solamente para oír notificaciones e imponerse de los autos, a cualquiera con capacidad legal, quien no gozará de las demás facultades a que se refieren los párrafos anteriores.

Al acordar lo relativo a la autorización a que se refiere este artículo, se deberá expresar con toda claridad el alcance con el que se reconoce la autorización otorgada.

CAPÍTULO VIII
DE LOS EXHORTOS Y DESPACHOS

Artículo 217. Los exhortos y despachos que se reciban de las autoridades judiciales del territorio nacional, se proveerán dentro de las veinticuatro horas siguientes a su recepción, y se diligenciarán dentro de los cinco días siguientes, a no ser que lo que haya de practicarse, exija necesariamente mayor tiempo.

En ningún caso para la diligenciación de exhortos y despachos entrantes o salientes enviados por el Poder Judicial de la Entidad Federativa que corresponda, se requerirá la legalización de las firmas de los funcionarios que los expidan.

Artículo 218. De acuerdo con la naturaleza del exhorto o despacho, podrán autorizarse áreas o autoridades jurisdiccionales especializadas para su diligenciación a cargo de personas servidoras públicas con facultades suficientes para su cumplimiento. Para la recepción y devolución de exhortos, cartas rogatorias y despachos, los Poderes Judiciales preferentemente harán uso de las tecnologías de la información y comunicación, de conformidad con lo dispuesto en la Ley Orgánica respectiva.

En materia familiar, la autoridad jurisdiccional diligenciará los exhortos, cartas rogatorias o despachos, de oficio, salvo que se requiera la presencia de parte interesada para el cumplimiento de lo encomendado.

Artículo 219. Las autoridades jurisdicciones podrán encomendar a sus diversas, la práctica de las diligencias encomendadas dentro de su propia jurisdicción si por razones de la distancia se facilita su práctica.

Los despachos, exhortos o cualquier otra comunicación similar que tenga que diligenciarse entre las autoridades judiciales de una misma Entidad Federativa, deberán ser remitidos conforme lo establezcan las leyes o reglamentos de cada Entidad Federativa.

Los exhortos y despachos a los que alude el párrafo anterior, se deberán remitir a la autoridad jurisdiccional que deba cumplir la encomienda, a través del correo electrónico institucional de la Administración de Gestión Judicial o Institución análoga que corresponda, conjuntamente con los documentos digitalizados de las constancias conducentes. Una vez recibido, la persona secretaria judicial hará constar en el citado documento, la fecha y hora de su recepción. De la misma manera, se devolverán las constancias que deriven de la diligenciación de dichos exhortos.

Artículo 220. Las diligencias de los exhortos que deban practicarse fuera del territorio de la competencia de la Entidad Federativa de que se trate, deberán encomendarse, vía correo electrónico, al Tribunal o Poder Judicial del lugar en que han de realizarse o directamente a la autoridad jurisdiccional de la jurisdicción en que deban ejecutarse, conjuntamente con las constancias conducentes; asimismo, la autoridad jurisdiccional exhortada, de resultar incompetente por razón de territorio o cuantía, emitirá los proveídos necesarios a fin de que por su conducto y vía correo electrónico lo haga llegar a la autoridad jurisdiccional competente, informando de dicha situación a la autoridad ordenadora.

El exhorto contendrá:

I. La designación de la autoridad jurisdiccional exhortante;

II. La del lugar o población en que tenga que llevarse a cabo la actividad solicitada, aunque no se designe la ubicación del Tribunal o Poder Judicial exhortado;

III. Las actuaciones cuya práctica se intenta;

IV. El término o plazo en que habrán de practicarse las mismas, y

V. El exhorto preferentemente deberá realizarse, enviarse y devolverse en forma electrónica, mediante los correos institucionales o plataformas diseñadas para ello, conforme a las disposiciones de la Ley Orgánica o los lineamientos del Consejo de la Judicatura del Poder Judicial respectivo.

Artículo 221. Excepcionalmente, de no contar con los medios para la tramitación de los exhortos de la forma antes señalada, su diligenciación se hará vía ordinaria, ya sea por servicio postal o a través de las partes interesadas o de las personas previamente autorizadas o sus representantes, para hacerlos llegar a su destino, quienes tendrán la obligación de gestionar la diligenciación ante la autoridad jurisdiccional exhortada y devolverlos con lo que se practicare, si por su conducto se hiciere la devolución, y para el caso de que sea por servicio postal, una vez cumplimentado se devolverá a su lugar de origen por el mismo medio.

Artículo 222. En caso de que no se hubieran remitido por medio electrónico para su gestión, los tribunales pueden acordar que los exhortos y despachos que manden expedir se entreguen, para hacerlos llegar a su destino, a la parte interesada que hubiere solicitado la práctica de la diligencia.

El Tribunal o Poder Judicial de cada Entidad Federativa redactará el exhorto con las inserciones respectivas, dentro del término de tres días, contados a partir de que surta efectos el proveído que ordene su remisión y lo pondrá a disposición de la parte promovente, mediante publicación por medio de comunicación procesal oficial, que se hará dentro del mismo plazo, para que a partir del día siguiente al que surta sus efectos dicha publicación, se inicie el término que se haya concedido para su diligenciación.

Cuando el exhorto tenga algún defecto, la parte promovente deberá hacerlo saber a la autoridad jurisdiccional y devolverlo dentro de los cinco días siguientes, para que sea corregido y se proceda como se ordena en el párrafo anterior. De no hacerse la devolución del exhorto defectuoso, el plazo para su diligenciación no se interrumpirá.

Artículo 223. En la resolución que ordene librar el exhorto podrá designarse, a instancia de parte, persona o personas para que intervengan en su tramitación, con expresión del alcance de su intervención y del término para su comparecencia ante la autoridad exhortada, expresando a la autoridad jurisdiccional exhortada si su incomparecencia determina o no del exhorto. No procederá la nulidad de actuaciones por las diligencias practicadas por las personas mencionadas.

De igual manera, la autoridad jurisdiccional exhortante o de oficio, otorgará plenitud de jurisdicción al exhortado, para que se practiquen cuantas diligencias sean necesarias para el cumplimiento de lo ordenado.

No se exigirá poder alguno a las personas a que se refieren el párrafo que antecede.

La autoridad jurisdiccional exhortada devolverá a la exhortante una vez cumplimentado, salvo que se designase a una o varias personas para la tramitación, en cuyo caso, se le entregarán bajo su responsabilidad, previa razón que por su recibo obre en autos, para que haga su devolución dentro del término de cinco días como máximo. La autoridad jurisdiccional exhortada, no podrá negar el despacho del exhorto por falta de formalidades que puedan ser subsanadas por ella misma, ni negar el despacho por falta de cotejos o requisitos no previstos en el presente Código Nacional.

Artículo 224. La autoridad jurisdiccional exhortante podrá inquirir del resultado de la diligenciación a la exhortada por alguno de los medios autorizados en el presente Código Nacional, dejando constancia en autos de lo que resulte. Si a pesar del recordatorio, continuase la misma situación, la autoridad jurisdiccional exhortante lo pondrá en conocimiento directo del Superior inmediato del que deba cumplimentarlo, rogándole adopte las medidas pertinentes a fin de obtener el cumplimiento.

El exhorto deberá cumplimentarse en el tiempo previsto en el mismo. De no ocurrir así, se recordará por cualquier medio de comunicación de la urgencia del cumplimiento, lo que se podrá hacer de oficio o a instancia de parte interesada.

La autoridad jurisdiccional exhortante deberá facultar a la exhortada, para que cuando el exhorto haya sido remitido a autoridad jurisdiccional diferente al que deba prestar el auxilio, el que lo reciba lo envíe directamente al que corresponda inmediatamente, si es que le consta cuál sea éste, solicitando el exhortante que se le dé cuenta de dicha circunstancia por oficio.

Si quien reciba un exhorto para los fines que se precisan en este artículo, no hace la devolución dentro de los cinco días siguientes al plazo que se le hubiere concedido para su diligenciación, sin justificar que para ello tuvo impedimento bastante, será sancionado en los términos del artículo 192 fracción III de este ordenamiento, y se dejará de desahogar la diligencia por causas imputables.

La parte a cuya instancia se libre exhorto, queda obligada a satisfacer los gastos que origine su diligenciación.

Artículo 225. Tratándose de exhortos o despachos que libren las autoridades jurisdiccionales, serán remitidos por cualquier medio de comunicación, de manera directa a las autoridades jurisdiccionales que por razón de jurisdicción y competencia deban diligenciarlos, a través del correo electrónico institucional de la Administración de Gestión Judicial o Institución análoga que corresponda, conjuntamente con los documentos digitalizados de las constancias conducentes, mismos que una vez cumplimentados deberán ser devueltos por cualquiera de estas vías.

Del empleo de los medios de comunicación indicados se dejará razón en el expediente, la cual deberá de contener, en su caso, los datos de la persona con la que se entendió la comunicación, la fecha y hora de envío o recepción y la solicitud encomendada, anexando constancia como fotografías, impresión o capturas de pantalla del medio que se haya utilizado.

Artículo 226. Las diligencias judiciales que deban practicarse en el extranjero, se cursarán en la forma que establezca el Libro Décimo de este Código Nacional, los Tratados y los Convenios Internacionales de los que los Estados Unidos Mexicanos sea parte.

La parte a cuya instancia se libre exhorto, queda obligada a satisfacer los gastos que origine su diligenciación.

CAPÍTULO IX
DE LOS TÉRMINOS JUDICIALES

Artículo 227. Los términos empezarán a correr:

I. El día siguiente en que se hubiere hecho el emplazamiento o notificación personal;

II. Fuera de los casos señalados en la fracción anterior, el día siguiente a aquel en que surtió sus efectos la notificación realizada por el medio de comunicación procesal oficial;

III. La notificación realizada por medio de comunicación judicial surtirá efectos el mismo día a aquel en que por sistema se confirme que recibió el archivo electrónico correspondiente;

IV. También podrán notificarse por correo certificado y el plazo correrá a partir del día siguiente hábil en que fue recibida la notificación, y

V. En las audiencias del juicio oral las resoluciones dictadas por la autoridad jurisdiccional surtirán efectos en el momento en que las emita, estén o no presentes las partes.

Asimismo, podrá notificarse mediante otros sistemas autorizados en las leyes que corresponda, siempre que no causen indefensión.

Artículo 228. La Ley sólo reconoce como términos comunes en los juicios, los siguientes:

I. Para todas las partes que intervengan en el juicio, el relativo a ofrecimiento de pruebas, así como aquéllos en que la autoridad jurisdiccional determine la vista para desahogo por las partes al mismo tiempo;

II. En el litisconsorcio pasivo, tratándose del emplazamiento, y

III. Los demás que expresamente señale este Código Nacional como términos comunes.

Los términos comunes se empezarán a contar desde el día siguiente a aquel en que todas las personas que conformen el posible litisconsorcio pasivo o todas las partes hayan quedado notificadas.

Los demás términos se considerarán individuales y empezarán a correr para cada parte interesada en particular, cuando se haya realizado la notificación o surtido sus efectos según el caso.

Artículo 229. En ningún término se contarán los días en que no puedan tener lugar actuaciones judiciales.

Artículo 230. En los autos se hará constar el día en que comiencen a correr los términos y aquel en que deben concluir.

Artículo 231. Una vez concluidos los términos fijados a las partes, sin necesidad de que se acuse rebeldía, seguirá el juicio su curso y se tendrá por precluido el derecho que, dentro de ellos, debió ejercitarse, salvo los casos de caducidad o excepción previstos en el presente Código Nacional.

Artículo 232. Siempre que la práctica de un emplazamiento deba realizarse fuera del lugar del juicio, para que se concurra ante la autoridad jurisdiccional sea local o Federal, se debe fijar un término en el que se aumente al señalado por la Ley, un día más por cada doscientos kilómetros de distancia o fracción que exceda de la mitad, salvo que la Ley disponga otra cosa expresamente o que la autoridad jurisdiccional estime que deba ampliarse. Si la parte demandada residiere en el extranjero, se ampliará el término del emplazamiento por el lapso que se considere necesario, atendidas las distancias y la mayor o menor facilidad de las comunicaciones.

Artículo 233. Para fijar la duración de los términos, los meses se regularán por el número de días que les correspondan, y los días se entenderán de veinticuatro horas naturales, sin perjuicio de que las actuaciones judiciales se sujeten al horario que establece el presente Código Nacional.

Artículo 234. Operará de pleno derecho la caducidad de la primera instancia cualquiera que sea el estado del juicio, desde el primer auto que se dicte en el mismo, hasta antes de que concluya la audiencia de juicio, si transcurridos cuarenta días hábiles contados a partir de la notificación de la última determinación judicial no hubiere promoción que tienda a impulsar el procedimiento de cualquiera de las partes. Los actos o promociones de mero trámite que no impliquen ordenación o impulso del procedimiento, no se considerarán como actividad de las partes ni impedirán que la caducidad se alcance.

Los efectos y formas de su declaración se sujetarán a las siguientes normas:

I. La caducidad de la instancia es de orden público, irrenunciable y no puede ser materia de convenio entre las partes. La autoridad jurisdiccional la declarará de oficio o a petición de cualquiera de las partes, cuando concurran las circunstancias a que se refiere el presente artículo;

II. La caducidad extingue el procedimiento, pero no la acción; en consecuencia, se puede iniciar un nuevo juicio, sin perjuicio de lo dispuesto en la fracción V de este artículo;

III. La caducidad de la primera instancia convierte en ineficaces las actuaciones del juicio y las cosas deben volver al estado que tenían antes de la presentación de la demanda y se levantarán los embargos preventivos, dejando sin efectos las medidas provisionales o cautelares. Se exceptúan de la ineficacia referida, las resoluciones firmes sobre competencia, litispendencia, conexidad, personalidad y capacidad de las partes litigantes, que regirán en el juicio ulterior si se promoviere. Las pruebas rendidas en el procedimiento extinguido por caducidad, podrán ser invocadas en el nuevo si se promoviere, siempre que se ofrezcan y precisen en la forma legal;

IV. La caducidad de la segunda instancia se da si en el lapso de treinta días hábiles contados a partir de la notificación de la última determinación judicial, ninguna de las partes hubiere promovido impulsando el procedimiento y su efecto será dejar firme lo actuado ante la autoridad jurisdiccional;

V. La caducidad de los incidentes se causa por el transcurso de quince días hábiles contados a partir de la notificación de la última determinación judicial sin promoción alguna de las partes; la declaración respectiva sólo afectará a las actuaciones del incidente, sin abarcar las de la instancia principal;

VI. Para los efectos de la interrupción de la prescripción por demanda o cualquier género de interpelación judicial notificada a la persona poseedora o deudora en su caso, se equipará a la desestimación de la demanda la declaración de caducidad del procedimiento;

VII. No tiene lugar la declaración de caducidad:

a) En los juicios universales de concursos y sucesiones, pero sí en los juicios con ellos relacionados que se tramiten independientemente, que de aquéllos surjan o por ellos se motive;

b) En las actuaciones de jurisdicción voluntaria o procedimientos no contenciosos;

c) En los juicios de alimentos, y

d) Cuando sea en perjuicio de niñas, niños y adolescentes;

VIII. El término de la caducidad sólo se interrumpirá por promociones de las partes o por actos de las mismas realizados ante autoridad judicial diversa, siempre que tengan relación inmediata y directa con la instancia;

IX. La suspensión del procedimiento produce la interrupción del término de la caducidad. La suspensión del procedimiento tiene lugar:

a) Cuando por fuerza mayor la autoridad jurisdiccional o las partes no puedan actuar;

b) En los casos en que es necesario esperar la resolución de una cuestión previa o conexa por la misma autoridad jurisdiccional o por otras autoridades;

c) Cuando la autoridad jurisdiccional tenga conocimiento de que las partes están participando en un procedimiento alternativo de solución de conflictos, conforme a la Ley de la materia, y

d) En los demás casos previstos por la Ley.

X. Contra la declaración de caducidad de la primera instancia procede el recurso de apelación en ambos efectos. Si la declaratoria se hace en segunda instancia, procede el recurso de reposición. Contra la negativa a la declaración de caducidad no procede recurso alguno, y

XI. Las costas serán a cargo de la parte actora; pero serán compensables con las que corran a cargo de la parte demandada en aquellos en que opusiere reconvención, compensación, nulidad y en general las excepciones que tienden a variar la situación jurídica que privaba entre las partes antes de la presentación de la demanda.

TÍTULO SEGUNDO
DE LA ETAPA POSTULATORIA

CAPÍTULO I
DE LA DEMANDA

SECCIÓN PRIMERA
REQUISITOS DE LA DEMANDA

Artículo 235. La demanda deberá cumplir los requisitos siguientes:

I. La autoridad jurisdiccional ante la que se promueve;

II. Nombre, denominación o razón social de la parte actora o de quien promueve a su nombre, el domicilio para oír y recibir notificaciones dentro de la jurisdicción, número telefónico y dirección de correo electrónico para los mismos efectos procesales. Cuando proceda, revelar si el promovente pertenece a grupos sociales en situación de vulnerabilidad;

III. Nombre de la persona designada como la persona representante autorizada. En ningún caso se exigirá contar con registro ante el Tribunal o Poder Judicial que corresponda;

IV. Nombre, denominación o razón social de la parte demandada, y su domicilio;

V. Las pretensiones, el objeto u objetos que se reclamen con sus accesorios;

VI. La exposición clara y sucinta de los hechos en que el actor funde la demanda, relacionándolos a su vez con el título o títulos de las acciones que se ejerzan;

VII. Los fundamentos de derecho, procurando citar la clase de acción intentada, los preceptos legales y, en su caso, convencionales, los criterios jurisprudenciales o doctrinales, o principios jurídicos aplicables;

VIII. En su caso, el valor de lo demandado para determinar la competencia de la autoridad jurisdiccional;

IX. El ofrecimiento de pruebas, mencionando con toda precisión el hecho o hechos que se tratan de demostrar con cada prueba, debiendo proporcionar el nombre de las personas que deban rendir testimonio;

X. Las firmas de la parte actora o de su persona representante autorizada. Si éstos no pudieran o no supieran firmar, pondrán su huella dactilar, firmando otra persona en su nombre y a su ruego indicando estas circunstancias. Igualmente podrá firmar la parte actora, la persona representante autorizada, el escrito, usando su firma electrónica avanzada, la cual deberá corresponder a la persona que promueva;

XI. Exhibir por cada demandado un ejemplar de las copias de traslado tanto de la demanda y sus anexos, ya sean en formato electrónico o físico, las cuales deberán estar debidamente foliadas e identificadas como copia; si los interesados fueran varios, se acompañará un ejemplar para cada uno de ellos. Esta exigencia no será necesaria en los casos que la demanda se presente en forma electrónica, y

XII. Los demás requisitos relacionados con las pruebas conforme a lo dispuesto en este Código Nacional.

Artículo 236. Si la demanda fuere oscura, irregular o no cumpliera con alguno de los requisitos del artículo anterior, por una sola ocasión se señalará con toda precisión en qué consisten los defectos de la misma en el proveído que al efecto se dicte y publique en el medio de comunicación judicial, para que en el término de tres días contados a partir del día siguiente a aquel en que surta efectos la notificación se desahogue en tiempo y forma.

La autoridad jurisdiccional debe hacer una nueva y exhaustiva revisión de la demanda, y si en ésta encuentra que los requisitos que omitió están satisfechos, o que no son realmente indispensables para los fines que les asigna la ley o la naturaleza del proceso, debe rectificar y admitir la demanda, sin estar vinculado ineludiblemente por su propia prevención, aunque el demandante no haya presentado ningún escrito encaminado a cumplir con lo pedido o el presentado se considere insuficiente.

Si a pesar de lo anterior, no se cumplieron los motivos de prevención dentro del término señalado para tal efecto, se desechará la demanda y devolverá al interesado todos los documentos originales y electrónicos, así como las copias simples que se hayan exhibido, con excepción de la demanda con la que se haya formado el expediente respectivo, salvo lo dispuesto en el artículo 5 del presente Código Nacional.

En caso de que se promueva la acción o una petición en una vía incorrecta, la autoridad jurisdiccional la reencausará a la que sea procedente, proveyendo sobre las medidas cautelares o provisionales solicitadas.

Artículo 237. La determinación de no admitir la demanda o cualquier otra por la que no se le dé curso, se podrá impugnar mediante el recurso de queja, para que el Tribunal de Segunda Instancia competente dicte la resolución que corresponda, bajo los lineamentos que en derecho le ordene a la autoridad jurisdiccional. En contra de dicha resolución no procede recurso ordinario alguno.

En contra del auto que admita la demanda no es procedente recurso alguno.

Los efectos de la presentación de la demanda son: interrumpir la prescripción, si no lo está por otros medios, señalar el principio de la instancia, y determinar el valor de las prestaciones exigidas, cuando no pueda referirse a otro tiempo.

Artículo 238. Cuando se trate de demandas por controversias sobre bienes inmuebles, o en caso de que se intente la acción hipotecaria, la autoridad jurisdiccional podrá ordenar su anotación preventiva ante el Registro Público de la Propiedad, Oficina Registral o cualquier Institución análoga según la Entidad Federativa de que se trate, de conformidad con las disposiciones aplicables del Código Civil respectivo, siempre que previamente se otorgue garantía suficiente a criterio de la autoridad jurisdiccional para responder de los daños y perjuicios que se puedan causar a la persona demandada, la que deberá ser fijada al prudente arbitrio de la autoridad jurisdiccional. Este requisito no será exigible en el caso de la acción hipotecaria.

Artículo 239. Admitida la demanda, se ordenará emplazar al demandado, corriéndole traslado con copias de la misma, de los documentos exhibidos por el actor y, en su caso, con la propuesta de convenio y el formulario correspondiente, a fin de que, dentro del término de quince días conteste la demanda.

Artículo 240. Los efectos del emplazamiento son:

I. Prevenir el juicio en favor de la autoridad jurisdiccional que lo hace;

II. Sujetar al emplazado a seguir el juicio ante la autoridad jurisdiccional que lo emplazó, siendo competente al tiempo de la citación, aunque después deje de serlo con relación a la parte demandada, porque éste cambie de domicilio, o por otro motivo legal;

III. Obligar a la parte demandada a contestar ante la autoridad jurisdiccional que lo emplazó, dejando en su caso a salvo, siempre el derecho de provocar la incompetencia respectiva;

IV. Producir todas las consecuencias de la interpelación judicial, si por otros medios no se hubiere constituido ya en mora el obligado, y

V. Originar el interés legal en las obligaciones pecuniarias sin causa de réditos.

SECCIÓN SEGUNDA
DE LA CONTESTACIÓN A LA DEMANDA

Artículo 241. La contestación a la demanda deberá cumplir con los siguientes requisitos:

I. Presentarse ante la autoridad jurisdiccional que lo emplazó;

II. Nombre, denominación o razón social de la parte demandada o de quien actúe en su representación, el domicilio para oír y recibir notificaciones dentro de la jurisdicción correspondiente, número telefónico y dirección de correo electrónico para los mismos efectos procesales. Cuando proceda, revelar si el promovente pertenece a grupos sociales en situación de vulnerabilidad y acreditarlo o, en su caso, solicitar el apoyo especial a que se refiere el artículo 141 de este Código Nacional;

III. El nombre de la persona designada como la persona representante autorizada. En ningún caso se exigirá contar con registro ante el Tribunal o Poder Judicial que corresponda;

IV. Contestará categóricamente cada uno de los hechos en que la parte actora funde su pretensión, aceptándolos, negándolos o manifestando bajo protesta de decir verdad los que desconozca, apercibida que en caso de no hacerlo o de evadir su respuesta se tendrán por ciertos los hechos expresados por la parte actora, salvo prueba en contrario;

V. Deberá ofrecer sus pruebas, mencionando con toda precisión el hecho o hechos que trata de demostrar, debiendo proporcionar el nombre de las personas que deban rendir testimonio;

VI. Las excepciones y defensas que se tengan, se harán valer en la contestación y nunca después, salvo las supervenientes. Se procurará citar los preceptos legales, convencionales, los criterios jurisprudenciales o doctrinales, o principios jurídicos aplicables;

VII. Las firmas de la parte demandada, o de la persona representante autorizada. Si éstos no pudieren o no supieren firmar, pondrán su huella dactilar, firmando otra persona en su nombre y a su ruego indicando estas circunstancias. La parte demandada o la persona representante autorizada podrá firmar el escrito usando su firma electrónica avanzada;

VIII. Acompañar copia simple del escrito de contestación debidamente foliada e identificada como copia para dar vista a la parte actora por el término de tres días, y

IX. Los demás requisitos relacionados con las pruebas conforme a lo dispuesto en este Código Nacional.

Artículo 242. Dentro del término para contestar la demanda, se podrá proponer la reconvención en los casos que proceda, ajustándose a las disposiciones de la demanda.

En caso de reconvención, se seguirán las reglas previstas en este Código Nacional tanto para la demanda como para la contestación. Sin embargo, el emplazamiento deberá hacerse a través de la dirección de correo electrónico señalada por la parte actora en la demanda principal.

Artículo 243. Si las partes en sus respectivos escritos quisieran llamar a un tercero deberán manifestarlo en los mismos. El llamamiento a juicio se hará corriéndole traslado con los escritos y anexos, que deberán ser exhibidos por quien solicite la citación, debiendo proporcionar el domicilio de éste, sin cuyos requisitos no se dará curso a la petición respectiva.

Si se alega que se desconoce el domicilio se procederá a su búsqueda y en su caso a publicación de edictos en los términos de las disposiciones del presente Código Nacional. El tercero llamado a juicio podrá comparecer en el mismo plazo de quince días; estando en aptitud de ofrecer pruebas, alegar e interponer toda clase de excepciones defensas y recursos.

La petición contenida en este artículo no será tramitada a no ser que se trate de cuestiones supervinientes.

Artículo 244. A toda demanda o contestación deberá acompañarle necesariamente:

I. El o los documentos que acrediten, la personalidad o carácter de aquel que comparece en representación de alguna de las partes o terceros;

II. Los documentos en los que la parte actora funde su acción y aquellos en que la parte demandada funde sus excepciones, ya sea en forma física o electrónica. Si no los tuvieren a su disposición, acreditarán haber solicitado su expedición con el acuse de recibo por el archivo o lugar en que se encuentren los originales, para que, a su costa, se les expida certificación de ellos, en la forma que prevenga la Ley. Se entiende que las partes tienen a su disposición los documentos, siempre que legalmente puedan pedir copia autorizada de los originales y exista obligación de expedírselos. Si las partes no pudiesen presentar los documentos en que funden sus acciones o excepciones, declararán, bajo protesta de decir verdad, la causa por la que no pueden presentarlos o no se les expidieren sin causa justificada; en este caso, si la autoridad jurisdiccional lo estima procedente, ordenará al responsable de la expedición que el documento solicitado por la parte interesada se expida a costa de ésta, apercibiéndolo con la imposición de alguna de las medidas de apremio;

III. Salvo disposición legal en contrario o que se trate de pruebas supervenientes, de no cumplirse por las partes con alguno de los requisitos anteriores, no se les recibirán las pruebas documentales que no obren en su poder al presentar la demanda o contestación, como tampoco si en esos escritos se dejan de identificar las documentales, para el efecto de que oportunamente sean requeridos por la autoridad jurisdiccional y sean recibidas; el mismo tratamiento se dará a los informes que se pretendan rendir como prueba;

IV. Los documentos que las partes tengan en su poder y que deban servir como pruebas de su parte y, los que presentaren después, con violación de este precepto, no les serán admitidos, salvo que se trate de pruebas supervenientes o la demanda se haya presentado vía electrónica con los documentos digitalizados para que con posterioridad sean presentados sus originales, y

V. Copias simples, siempre que sean legibles, tanto del escrito de demanda como de los demás documentos referidos, incluyendo la de los que se exhiban como prueba según los párrafos precedentes, incluyendo archivos o documentos electrónicos y si se acompañan grabaciones de audio o video, para que se impongan de ellos, se exhibirá un duplicado de los mismos para correrle traslado a la contraria. Las copias simples de los documentos que sirvan como prueba y las grabaciones de audio o video, se podrán exhibir como archivos dentro de un dispositivo de almacenamiento de datos que garantice la integridad de los mismos, debiendo el promovente identificar y precisar con toda claridad su contenido. Al momento de proveer el escrito de demanda o contestación, la persona secretaria judicial deberá cotejar que las copias exhibidas o las que se contienen en los archivos del dispositivo de almacenamiento correspondan a los documentos exhibidos como pruebas.

Artículo 245. La presentación de documentos cuando sean públicos, podrá hacerse por copia simple, si la parte interesada manifestare, bajo protesta de decir verdad, que carece de otra fehaciente; pero no producirá aquélla ningún efecto si durante el desarrollo de la audiencia respectiva, no se presentare una copia del documento con los requisitos necesarios para que haga fe en juicio, o se cotejen las copias simples con sus originales por la persona secretaria judicial y a costa de la parte interesada, pudiendo asistir a la diligencia de cotejo la contraparte, para que en su caso haga las observaciones que considere pertinentes.

Artículo 246. Después de la demanda y contestación, no se admitirán a las partes, otros documentos que los que se hallen en alguno de los casos siguientes:

I. Ser de fecha posterior a dichos escritos;

II. Los anteriores respecto de los cuales, protestando decir verdad, asevere la parte que los presente no haber tenido antes conocimiento de su existencia;

III. Los que no haya sido posible adquirir con anterioridad por causas que no sean imputables a la parte interesada, y siempre que haya hecho oportunamente la designación expresa en los términos de lo dispuesto en el presente Código Nacional;

IV. Los documentos que sirvan de pruebas contra excepciones alegadas o contra acciones en lo principal o reconvencional, y

V. Los que se ofrezcan para la impugnación de pruebas de la contraria.

Artículo 247. A ninguna de las partes se le admitirá documento alguno después de concluido el desahogo de pruebas. La autoridad jurisdiccional, de oficio, no deberá admitirlos y mandará devolverlos a la parte sin ulterior recurso, sin agregarlos al expediente en ningún caso, salvo las excepciones previstas en este Código Nacional.

Artículo 248. De todo documento que se presente después de la demanda y contestación, se dará traslado a la otra parte, para que dentro del plazo de tres días manifieste lo que a su derecho convenga.

Una vez desahogada la vista por la contraria, o transcurrido el plazo para ello, la autoridad jurisdiccional resolverá sobre su admisión.

Si la exhibición del documento se hace en el acto de la audiencia y estuviera presente la parte contraria, se le dará vista en la misma audiencia para que manifieste lo que a su derecho convenga, evaluando en todo caso la autoridad jurisdiccional su admisión o desechamiento.

Artículo 249. La omisión de presentar las copias simples no será motivo para dejar de admitir los escritos y documentos que se presenten en tiempo oportuno. En este caso, se señalará un plazo que no excederá de tres días para exhibir las copias antes referidas, y si no se presentaren en dicho plazo, se tendrán por no admitidas. Lo anterior no resulta aplicable para el caso de presentación de la demanda y sus anexos por vía electrónica o digital.

Artículo 250. En los escritos de demanda, contestación, reconvención, contestación a la reconvención y desahogo de vista, las partes ofrecerán sus pruebas, exhibirán las documentales físicas o electrónicas que tengan en su poder o el acuse de recibo mediante el cual hayan solicitado las que no tuvieren en su poder.

En el caso de documentos físicos o electrónicos que hayan sido anunciados y no se tenga la posibilidad de exhibir, deberá presentarse el acuse de recibo de la solicitud de los mismos ante la oficina o archivo en que se encuentren, la parte interesada deberá continuar con las gestiones necesarias para recabar la prueba a fin de exhibirla en la etapa de admisión de pruebas de la audiencia preliminar. Sin embargo, cuando se manifieste bajo protesta de decir verdad la imposibilidad para exhibir las documentales físicas o electrónicas ofrecidas como prueba, por causa justificada la autoridad jurisdiccional desde la admisión de la demanda, contestación o desahogo de vista de excepciones, auxiliará al oferente girando las órdenes correspondientes para que sean remitidas a más tardar en la audiencia preliminar, con los apercibimientos de las medidas de apremio que considere pertinente.

Dicha medida sólo se hará efectiva si la prueba resulta admisible y conforme a las disposiciones aplicables de las leyes vigentes en materia de transparencia, acceso a la información pública y datos personales, según corresponda.

Si se trata de documentos físicos o electrónicos a disposición de la contraparte, se le requerirán en el acuerdo que recaiga al ofrecimiento y anuncio de la prueba, quien deberá exhibirlo en el escrito subsecuente referido en el primer párrafo de este artículo o en la etapa de admisión de pruebas de la audiencia preliminar, según corresponda. En este caso, de ser admisible la prueba y no se presente oportunamente, se presumirán ciertos los hechos, salvo causa justificada y previo apercibimiento.

En el supuesto de pruebas documentales o de informe a cargo de personas ajenas al juicio y que legalmente no estén obligados a su expedición, la autoridad jurisdiccional sin perjuicio de decidir su admisión en el momento oportuno, autorizará los requerimientos respectivos en el acuerdo que recaiga al anuncio y ofrecimiento de la prueba.

Artículo 251. Una vez contestada la demanda y, en su caso, la reconvención o transcurridos los términos para ello, se señalará fecha y hora para la celebración de la audiencia preliminar, dentro de los quince días siguientes.

En el mismo auto, se admitirán o desecharán las pruebas ofrecidas en relación con las excepciones procesales, para que, en su caso, se desahoguen en la audiencia preliminar. En caso de no desahogarse las pruebas en dicha audiencia, se declararán desiertas por causa imputable al oferente.

En las excepciones de conexidad, litispendencia y cosa juzgada sólo será admisible como prueba la documental.

Artículo 252. Una vez publicado el auto que señala fecha para la celebración de la audiencia preliminar y hasta el dictado de la sentencia definitiva, las promociones de las partes que se encuentren relacionadas con el procedimiento deberán formularse oralmente al inicio de la audiencia respectiva. Las peticiones que no impulsen el procedimiento se harán valer antes del cierre de la audiencia. Cualquier promoción o petición que se presente por escrito en dichas etapas, serán devueltas al interesado, sin necesidad de acuerdo.

Las cuestiones debatidas en una audiencia deberán ser resueltas en ella. Las partes no podrán dar lectura a escritos o registros de forma íntegra, pero sí a sus notas o apuntes.

Artículo 253. La nulidad de una actuación deberá reclamarse en la audiencia subsecuente, bajo pena de quedar validada de pleno derecho. La producida en la audiencia de juicio deberá reclamarse durante ésta hasta antes de que la autoridad jurisdiccional emita la sentencia definitiva. La del emplazamiento, por su parte, podrá reclamarse en cualquier momento hasta antes de que se dicte sentencia definitiva.

Artículo 254. En los juicios orales civil y familiar, únicamente será notificado personalmente el emplazamiento y el auto que admita la reconvención.

Las demás determinaciones se notificarán a las partes a través del medio de comunicación oficial, salvo lo dispuesto para las audiencias.

SECCIÓN TERCERA
DEL ALLANAMIENTO Y REBELDÍA

Artículo 255. Transcurrido el plazo fijado en el emplazamiento sin contestar la demanda, se tendrán por contestados los hechos en sentido negativo y se hará la declaratoria de rebeldía correspondiente. A continuación, se señalará fecha para la audiencia de juicio, dictando auto de admisión de las pruebas ofrecidas por la parte actora.

Artículo 256. La parte demandada podrá allanarse a la demanda. En caso de allanamiento total, este deberá ser ratificado ante la autoridad jurisdiccional, en donde ambas partes serán asistidas técnica y efectivamente por la persona representante autorizada.

Habiéndose ratificado el allanamiento, la autoridad jurisdiccional estudiará la legitimación procesal, y dictará sentencia en un plazo que no excederá de diez días.

Artículo 257. En materia familiar, en caso de allanamiento total, además de la ratificación a que se refiere al artículo anterior, la autoridad jurisdiccional deberá proveer de la preparación de las pruebas y se fijará fecha para el desahogo de la audiencia de juicio dentro de los diez días siguientes, actuación en la que se escucharan los alegatos, se desahogaran las pruebas, y se dictará el fallo correspondiente en la misma audiencia.

Artículo 258. Cuando la controversia se refiera sólo a puntos de derecho, y no de hecho, se citará para la audiencia de juicio en el término de diez días y después de escuchar los alegatos, la autoridad jurisdiccional expondrá de forma breve, clara y sencilla su fallo y leerá únicamente los puntos resolutivos, entregando copia simple de la sentencia a las partes, así como, en los casos que proceda, el derecho que tienen las partes para apelar dicha sentencia conforme a lo establecido en este Código Nacional.

Artículo 259. En los casos de declaración de rebeldía de la parte demandada por falta de contestación, tendrán aplicación las siguientes reglas:

I. Todas las resoluciones que de ahí en adelante recaigan en el pleito y cuantas citaciones deban hacérsele, aún las de carácter personal, se notificarán por el medio de comunicación procesal oficial, salvo los casos en que otra cosa se prevenga o a juicio de la autoridad jurisdiccional;

II. Desde el día en que fue declarada rebelde o quebrantó la radicación de persona la parte demandada, se decretarán las medidas cautelares solicitadas por la parte actora, si la parte contraria lo pidiere, la retención de sus bienes muebles y el embargo de los inmuebles en cuanto se estime necesario, para asegurar lo que sea objeto del juicio, aplicando en lo conducente las reglas de las medidas cautelares.

Artículo 260. La persona declarada en rebeldía podrá apersonarse a la audiencia de juicio para participar en el desahogo de las pruebas y rendir alegatos finales, sin que en ningún caso pueda retrotraerse el procedimiento.

CAPÍTULO II
DE LAS PRUEBAS

SECCIÓN PRIMERA
DE LAS PRUEBAS EN GENERAL

Artículo 261. Las partes, para soportar su acción, excepciones y defensas, así como acreditar los hechos, podrán ofrecer medios de prueba que no sean contrarios a derecho, y les serán admitidas por la autoridad jurisdiccional, las que resulten pertinentes e idóneas y guarden relación con los hechos narrados y cumplan con los requisitos de ofrecimiento previstos en este Código Nacional.

Son admisibles como medios de prueba, todos aquellos elementos que puedan producir convicción en el ánimo de la autoridad jurisdiccional acerca de los hechos controvertidos.

Artículo 262. La autoridad jurisdiccional, de oficio podrá decretar en todo tiempo, sea cual fuere la naturaleza del procedimiento la práctica o ampliación de cualquier diligencia probatoria. En la práctica de estas diligencias, la autoridad jurisdiccional obrará como estime procedente para obtener el mejor resultado de ellas, sin lesionar el derecho de las partes, oyéndolas y procurando en todo, su igualdad y justo equilibrio, se tomará en cuenta cualquier situación de vulnerabilidad que pueda afectar el equilibrio procesal.

Artículo 263. Las diligencias de desahogo de pruebas que deban verificarse fuera del recinto asiento, de la autoridad jurisdiccional, pero dentro de su ámbito de competencia territorial, deberán ser presididas por la autoridad jurisdiccional, registradas por personal técnico adscrito al Tribunal o Poder Judicial, por cualquiera de los medios autorizados en este Código Nacional y certificadas de conformidad con lo dispuesto para el desarrollo de las audiencias.

Artículo 264. La parte que niega sólo estará obligada a probar:

I. Cuando la negación envuelva la afirmación expresa de un hecho;

II. Cuando se desconozca la presunción legal que tenga en su favor la parte colitigante;

III. Cuando la negativa fuere elemento constitutivo de la acción o de la excepción.

Artículo 265. Ni la prueba en general ni los medios de pruebas establecidos por la Ley son renunciables.

No obstante, lo dispuesto en el párrafo que antecede, las partes podrán desistirse de las pruebas que estén pendientes de desahogo, a fin de que el procedimiento continúe en sus demás etapas, pero no podrán hacerlo una vez que éstas hayan sido desahogadas. Tratándose de documentales, que lleguen con posterioridad al desistimiento, no podrán agregarse al expediente en ningún caso.

Artículo 266. Sólo los hechos estarán sujetos a prueba; el derecho lo estará únicamente cuando se trate de normas diversas a las generales o cuando se funde en usos y costumbres.

Artículo 267. La autoridad jurisdiccional aplicará el derecho extranjero tal como lo harían las del Estado cuyo derecho resultare aplicables sin perjuicio de que las partes puedan alegar la existencia y contenido del derecho extranjero invocado.

Respecto del texto, vigencia, sentido y alcance del derecho extranjero, la autoridad jurisdiccional podrá valerse de informes oficiales; los cuales podrá solicitar al servicio exterior mexicano, admitir las pruebas ofrecidas por las partes o bien ordenar las que considere necesarias.

Artículo 268. La autoridad jurisdiccional debe recibir las pruebas que le presenten las partes, siempre que estén permitidas por la Ley y se refieran a los puntos cuestionados. Si las partes estiman que las resoluciones judiciales que admitan o desechan pruebas les causan agravio, lo harán valer en la apelación contra la sentencia definitiva que, en su caso, interpongan; y la autoridad jurisdiccional de segunda instancia deberá resolver con plenitud de jurisdicción sin reenvío.

Tratándose de juicios del arrendamiento inmobiliario, la prueba pericial sobre cuantificación de daños, reparaciones o mejoras, sólo será admisible en el periodo de ejecución de sentencia, en la que se haya declarado la procedencia de dicha prestación. Asimismo, tratándose de informes que deban rendirse en dichos juicios, los mismos deberán ser recabados por la parte interesada.

Artículo 269. Los hechos notorios no necesitan ser probados, y la autoridad jurisdiccional puede invocarlos, aunque no hayan sido alegados por las partes.

Artículo 270. Cuando una de las partes se oponga a la inspección o reconocimiento, ordenados por la autoridad jurisdiccional, se tendrán por ciertas las afirmaciones de la contraparte, salvo prueba en contrario. Lo mismo se hará si una de las partes no exhibe a la inspección de la autoridad jurisdiccional el bien, documento o archivo electrónico que tiene en su poder, siempre que la posesión esté debidamente acreditada, que por disposición de la Ley deba tenerlo o deba acreditarlo o, atendiendo al caso en concreto, por la naturaleza de los hechos sea evidente su disponibilidad.

Artículo 271. Las personas terceras están obligadas, en todo tiempo, a prestar auxilio a las autoridades jurisdiccionales, en consecuencia, deben sin demora, exhibir documentos, informes, bienes y archivos electrónicos que tengan en su poder, cuando para ello fueren requeridos o permitir su inspección.

La autoridad jurisdiccional tiene la facultad y el deber de compeler a las personas terceras, por los apremios más eficaces, para que cumplan con esta obligación; y en caso de oposición, oirán las razones en que la funden y resolverán sin ulterior recurso.

De la mencionada obligación están exentas las personas ascendientes, descendientes, tutores o curadores de niñas, niños y adolescentes, personas designadas como apoyo para el ejercicio de la capacidad jurídica, pupilos, cónyuges, concubinos, convivientes, en los casos en que se trate de probar contra la parte con la que están relacionadas, sin perjuicio de que, si alguna de ellas manifiesta su voluntad de hacerlo, se les permitirá, dejando constancia de dicha circunstancia.

Es inadmisible el testimonio de personas que, respecto del objeto de su declaración, tengan el deber de guardar secreto con motivo del conocimiento que tengan de los hechos debido a su empleo, cargo, puesto, oficio, profesión o relación de negocios.

Cuando deba recibirse testimonio de menores de edad y se tema por su afectación psicológica o emocional, así como en caso de víctimas de cualquier tipo de violencia, la autoridad jurisdiccional a petición de las partes, podrá ordenar su recepción con el auxilio de familiares o peritos especializados.

Para ello deberán utilizarse las técnicas audiovisuales adecuadas que favorezcan evitar la confrontación con el generador de violencia.

Artículo 272. Las personas que no puedan concurrir a la sede judicial, por tener algún impedimento debidamente acreditado, podrán ser examinadas en el lugar donde se encuentren y su testimonio podrá ser rendido o transmitido utilizando sistemas de justicia digital, en presencia de la autoridad jurisdiccional.

Artículo 273. Las autoridades tendrán la obligación de proporcionar los informes que se les pidan respecto de los hechos relacionados con el procedimiento, y de los que hayan tenido conocimiento o en los que hubieren intervenido por razón de su cargo, los que serán proporcionados en el plazo de cinco días a que le fueran judicialmente requeridos y, en caso de incumplimiento a un mandato judicial o retardo injustificado en el cumplimiento de sus determinaciones, podrá imponerse una medida de apremio establecida en el presente Código Nacional, salvo que exista impedimento legal para ello.

Artículo 274. Las pruebas deberán ofrecerse en los escritos de demanda, contestación a la demanda, en la reconvención, y en el escrito de contestación a la reconvención, así como de las excepciones. En el caso de incidentes, se hará en el escrito que lo promueva y su contestación, si se realiza por escrito o, en el mismo acto, si se realiza oralmente en la audiencia respectiva.

Artículo 275. Las pruebas deben ofrecerse expresando con toda claridad cuál es el hecho o hechos que se pretende probar, declarando, en su caso, en los términos anteriores el nombre y domicilio de testigos y peritos, y pidiendo la citación de la contraparte para responder al interrogatorio respectivo. Si a juicio de la autoridad jurisdiccional las pruebas ofrecidas no cumplen con las condiciones apuntadas, serán desechadas. Con la taxativa de que no será necesario proporcionar el domicilio de testigos, cuando las partes por sí mismas se comprometan a presentarlas.

Artículo 276. En la etapa de admisión de pruebas de la audiencia preliminar o en la misma resolución que recaiga a la demanda incidental o contestación, la autoridad jurisdiccional se pronunciará sobre la admisión o desechamiento de pruebas, pudiendo limitar el número de testigos prudencialmente. En ningún caso, la autoridad jurisdiccional admitirá pruebas o diligencias en los siguientes supuestos:

I. Las que hayan sido ofrecidas extemporáneamente;

II. Las que sean contrarias a derecho;

III. Las que no versen sobre los hechos narrados por las partes, o hechos imposibles o notoriamente inverosímiles, y

IV. Las que no reúnan los requisitos establecidos en este Código Nacional.

En los casos en que las partes dejen de mencionar las personas testigos que estén relacionados con los hechos que fijen la litis; o se dejen de acompañar los documentos que se deben presentar, salvo en los casos autorizados en el presente Código Nacional, la autoridad jurisdiccional no admitirá tales pruebas.

Contra el auto que admita o deseche pruebas deberá estarse a lo dispuesto en el artículo 268 del presente Código Nacional.

Artículo 277. La autoridad jurisdiccional, en la audiencia preliminar al admitir las pruebas ofrecidas, procederá a señalar fecha y hora para audiencia de juicio en la que se recibirán oralmente las pruebas, para dichos efectos tomará en consideración el tiempo para su preparación.

Se señalará audiencia de juicio dentro de los siguientes cuarenta días. Presentes o no las partes en las audiencias, se les tendrá por notificadas y apercibidas de las consecuencias legales en caso de inasistencia.

La audiencia de juicio, incidental o de ejecución se celebrará con las pruebas que estén preparadas, por regla general no se diferirá y sólo se señalará nuevo día y hora para recibir las que se encuentren pendientes y que no sean imputables a la persona oferente. La nueva fecha se señalará en el menor tiempo posible que se requiera para su preparación.

Si en la siguiente ocasión no se encuentra debidamente preparada la prueba o en su caso no se puede hacer comparecer al testigo respectivo en la nueva fecha, se dejará de recibir la prueba o testimonio.

Artículo 278. Las partes, estén o no presentes en las audiencias, se les tendrá por notificadas y apercibidas de todas las resoluciones que la autoridad jurisdiccional emita de las consecuencias legales, en caso de inasistencia.

Artículo 279. Los medios de prueba también podrán desahogarse en audiencia virtual, cuando su naturaleza así lo permita, sea posible técnicamente, exista consenso de las partes y resulte necesario a juicio de la autoridad jurisdiccional, conforme a lo dispuesto en el Libro Octavo del presente Código Nacional.

Artículo 280. Cuando hubiere de practicarse alguna diligencia o aportarse pruebas fuera del lugar del juicio, de acuerdo con la naturaleza de la prueba, podrá ordenarse su recepción a distancia. Con este fin, la autoridad jurisdiccional exhortante podrá coordinarse con la exhortada, de acuerdo a los sistemas de justicia digital con que cuenten, para celebrar la audiencia respectiva de forma virtual, tramitar y devolver el exhorto o documentos en formato electrónico a través de correo electrónico o de las plataformas tecnológicas correspondientes, tomando las medidas necesarias para garantizar la integridad y autenticidad de actuaciones judiciales, conforme a las disposiciones del Código Nacional y, en su caso, el convenio de colaboración que entre los Poderes Judiciales exista.

En caso de que no se cuente con los recursos tecnológicos necesarios o que por la naturaleza de la prueba no lo permita, la prueba se preparará y se desahogará mediante el exhorto respectivo tramitado en forma escrita, a cargo de la parte interesada.

Artículo 281. En los casos establecidos en el artículo anterior, a petición de parte interesada, se concederá el siguiente término para la tramitación y diligenciación del exhorto respectivo:

I. Un mes si el lugar está comprendido dentro del territorio nacional;

II. Dos meses si lo está en los Estados Unidos de América o Canadá;

III. Tres meses si está comprendido en Centroamérica y el Caribe;

IV. Seis meses si estuviere en Europa o en la América del Sur, y

V. Siete meses cuando esté situado en cualquiera otra parte.

El término referido no será prorrogado, salvo caso fortuito o fuerza mayor plenamente acreditado.

Artículo 282. Para otorgarse el término antes referido, deberá de cumplirse con los siguientes requisitos:

I. Que se solicite en los escritos de fijación de la litis;

II. Que se indiquen los nombres y domicilios de las personas testigos que hayan de ser examinados, cuando la parte que los ofrezca no se haya comprometido a presentarlos cuando la prueba sea testimonial. Para el caso de ser inexactos los datos de identificación, domicilio o simplemente no existan, se declarará desierta la prueba;

III. Que se designen, en caso de ser prueba instrumental, los archivos públicos o particulares donde se hallen los documentos físicos o electrónicos que han de cotejarse, o presentarse originales, y

IV. En tratándose de cualquier otra diligencia, deberá indicarse con toda claridad lo que se pretende rendir o recibir y los puntos sobre los que deba versar.

La autoridad jurisdiccional al calificar la admisibilidad de las pruebas determinará el monto de la cantidad que el interesado deberá depositar como multa en caso de no rendirse la prueba, que no podrá ser superior a ciento veinte veces el valor diario de la Unidad de Medida y Actualización vigente al momento de su imposición. Sin este depósito no se hará el señalamiento para la recepción de la prueba. El acuerdo que autorice el término para el desahogo de prueba foránea no será recurrible.

Artículo 283. A la parte a la que se le hubiere concedido la ampliación a que se refiere el artículo anterior, se le entregarán en el término de cinco días los exhortos para su diligenciación, poniéndolos a su disposición, si no los recibiera en ese plazo se hará efectiva la multa y se dejará de recibir la prueba y si no rindiere las pruebas que hubiere propuesto, sin justificar que para ello tuvo impedimento bastante, se le impondrá una sanción pecuniaria a favor de su contraparte, equivalente al monto del depósito a que se hace mención en el mismo artículo anterior, incluyendo la anotación en el Registro Judicial a que se refiere el presente Código Nacional, y además se dejará de recibir la prueba por causas imputables al interesado.

En caso de que las partes, estando obligadas a presentar a sus testigos o peritos no cumplan con dicha comparecencia, se les tendrá por desistidos de la prueba, a menos que justifiquen la imposibilidad que se tuvo para presentarlos, dentro de esa misma audiencia, en la que la autoridad jurisdiccional ordenará lo procedente.

SECCIÓN SEGUNDA
DE LA DECLARACIÓN DE PARTE PROPIA Y CONTRARIA

Artículo 284. Podrá ofrecerse la prueba de declaración voluntaria de parte propia, así como la declaración de la parte contraria, a través del interrogatorio que se les formule en forma personal en el acto de la audiencia de juicio, con el fin de obtener información sobre los hechos controvertidos dentro del proceso, le sean propios o no.

La declaración voluntaria de parte propia será a cargo de la misma parte oferente de la prueba, para que sea interrogada en forma oral por su representante y su contraparte.

Artículo 285. Cuando se trate de una persona jurídica, sólo podrá ser desahogada por la persona representante autorizada, con facultades, sin que pueda exigirse que se lleve a cabo por representante o apoderado específico, quien deberá conocer de los hechos litigiosos.

La declaración voluntaria de parte propia no será admisible para las personas jurídicas públicas.

La declaración de parte contraria será a cargo de la contraparte, para que sea interrogada, por la oferente o la persona representante autorizada de la oferente de forma oral en el acto de la audiencia de juicio.

La declaración será a cargo de la contraparte, para que sea interrogada oralmente por la parte oferente o la persona representante autorizada en la audiencia respectiva. Su objetivo será aportar información de calidad o su confesión judicial para la autoridad jurisdiccional, sobre hechos materia de la controversia, conforme al caso en concreto. En el caso de persona física solo será por conducto de la propia parte interesada de forma personal.

La declaración de parte contraria de personas jurídicas de carácter público deberá de desahogarse por escrito.

Artículo 286. A la parte que corresponda desahogar el interrogatorio se le tendrá por citada, haya estado presente o no, desde la audiencia preliminar en que se admitió la prueba. En el caso de la declaración de parte contraria, quedará apercibida que, de no presentarse a la audiencia de juicio, o en caso de responder con evasivas el interrogatorio o negarse a contestarlo, se presumirán ciertos los hechos que se pretendieron demostrar, salvo prueba en contrario. Si se trata de una declaración voluntaria de parte propia, de no presentarse, el apercibimiento será dejar de recibir dicha probanza.

Artículo 287. Tanto el interrogatorio formulado para el desahogo de la prueba de declaración voluntaria de parte propia y de parte contraria deberá ajustarse a las siguientes reglas:

I. Las preguntas se formularán de manera oral, libre y directa sin incorporar valoraciones ni calificaciones, de manera que puedan ser comprendidas con facilidad por quien ha de declarar;

II. Estar dirigido a demostrar hechos controvertidos que sean objeto de la litis;

III. Estar formulado en términos sencillos, claros y precisos;

IV. Referir sobre hechos percibidos o con conocimiento de la parte respectiva, y no a conceptos subjetivos u opiniones;

V. Podrán formularse respecto de hechos complejos;

VI. Las preguntas no podrán ser insidiosas, entendiéndose por tales las que se dirijan a ofuscar la inteligencia del que ha de responder, con objeto de obtener una confesión contraria a la verdad;

VII. Las preguntas no serán repetitivas;

VIII. No se permitirán preguntas sobre cuestiones de derecho o desconocidas técnicamente por la parte respectiva, y

IX. Podrán formularse preguntas abiertas, caso en el cual la persona responderá ampliamente; o cerradas, supuesto en el cual deberá responder primero categóricamente, afirmando o negando, sin perjuicio de realizar las aclaraciones pertinentes.

Artículo 288. La declaración voluntaria de parte propia y parte contraria se desahogará conforme a las siguientes disposiciones:

I. Se desahogará primero la de la parte actora y con posterioridad la de la parte demandada;

II. En el caso de que una o ambas partes hayan ofrecido la declaración voluntaria de parte propia y declaración de parte contraria, la autoridad jurisdiccional establecerá que, quien declare primero, en una u otra modalidad, inmediatamente que concluya su desahogo, permanezca en el lugar de recepción, para el desahogo de la declaración voluntaria de parte propia y declaración de parte contraria, según corresponda, admitida a la contraparte, a fin de contribuir a la continuidad y concentración de las pruebas;

III. Quien responda al interrogatorio, al inicio de la diligencia se le tomarán sus datos de identificación general y domicilio. Del mismo modo, no podrá recibir asistencia jurídica alguna durante el desahogo de la prueba, de quien ostente su representación como persona representante autorizada;

IV. El oferente de la prueba formulará su interrogatorio en primer término, concluido éste, la parte contraria a su vez tiene derecho a formular preguntas;

V. Ante la formulación de cada pregunta la contraparte tendrá derecho a objetar la misma, exponiendo la causa fundada de la objeción. Quien interroga podrá contradecir la objeción o retirar la pregunta, resolviendo la autoridad jurisdiccional;

VI. En el caso de la declaración de parte contraria, si quien objeta, en su argumentación asiste al dar información o indicar a su representado sobre cómo responder la pregunta, se tendrán por presuntamente ciertos los hechos que se pretende demostrar con la prueba. Mismo criterio se seguirá cuando pretenda defender una pregunta en el caso de declaración voluntaria;

VII. Previo apercibimiento, en caso de que no asista a la audiencia respectiva la parte que responda al interrogatorio de declaración de parte contraria, se tendrán por ciertos los hechos que el oferente de la prueba pretendió demostrar con la misma. Mismo criterio se aplicará si no responde, responde con evasivas u omite responder categóricamente a las preguntas;

VIII. Si quien ofreció la declaración de parte propia no asiste a la audiencia respectiva, se declarará desierta la prueba;

IX. Si fueren varias las personas colitigantes que hayan de responder al interrogatorio, las diligencias se practicarán separadamente y en un mismo acto, evitando que las partes se comuniquen entre sí;

X. La parte que interroga, podrá reformular aquellas preguntas durante la audiencia cuando retire la pregunta anterior o porque no sea aprobada por objeción, y

XI. Durante el desahogo de esta prueba, podrán tenerse a la vista, así como usarse, bienes, instrumentos y apoyos técnicos, o incluso documentos, previamente admitidos, para ser mostrados al declarante para que pueda contestar los cuestionamientos que se le realicen.

Artículo 289. No estarán obligadas a comparecer en los términos previstos en los artículos anteriores y declararán por escrito las siguientes personas:

I. Las previstas en el artículo 110 de la Constitución Política de los Estados Unidos Mexicanos;

II. Los extranjeros que gozaren en el país de inmunidad diplomática, de conformidad con los Tratados sobre la materia, y

III. Quienes, por enfermedad grave u otro impedimento acreditado con certificado de salud emitido por Institución de Salud pública.

En casos urgentes podrán rendir declaraciones personalmente, con este fin, desde el ofrecimiento de pruebas se adicionará el interrogatorio a fin de dar la oportunidad a la contraparte de proponer el contra interrogatorio respectivo, conforme a las reglas establecidas en el presente Capítulo. En este caso también se tendrá la oportunidad de formular la objeción respectiva, lo cual deberá garantizar la autoridad jurisdiccional. Serán calificados por la autoridad jurisdiccional antes de su envío para su respuesta.

Artículo 290. Las personas señaladas en el artículo anterior declararán por medio de preguntas cerradas o abiertas y mediante oficio, en el que se insertará el interrogatorio que quiera hacerles la contraparte, para que, por vía de informe, contesten dentro del término improrrogable de tres días. En el oficio se apercibirá a la parte declarante de tenerla por cierta de los hechos sostenidos por la oferente de la prueba, si no contestare, se negaré u omitiera contestar el interrogatorio dentro del término concedido.

Únicamente en este caso, la autoridad jurisdiccional se impondrá del interrogatorio que se exhiba por escrito al momento de ofrecerse la prueba respectiva, en los escritos de fijación de litis; así como calificará las que resulten procedentes formular y enviar en el acto de la audiencia preliminar, en la etapa de admisión y preparación de pruebas.

Las determinaciones que adopte la autoridad jurisdiccional durante el desahogo de la prueba de declaración de parte propia o declaración de parte contraria, solo podrán recurrirse junto con la sentencia definitiva.

SECCIÓN TERCERA
DE LA DECLARACIÓN DE TESTIGOS

Artículo 291. Se podrá ofrecer la prueba testimonial para que cualquier persona que tenga conocimiento sobre los hechos relacionados al litigio comparezca a proporcionar su declaración testimonial a través del interrogatorio que oralmente se le formule. La autoridad jurisdiccional podrá prevenir al oferente para el efecto de reducir prudencialmente el número de testigos, debiendo admitir cuando menos dos por cada hecho controvertido.

Toda persona que no tenga impedimento legal y sea conocedora de los hechos que las partes deben de probar, están obligadas a declarar como testigos.

Artículo 292. Las partes tendrán la obligación de presentar a sus testigos, para cuyo efecto, de solicitarlo, se les entregarán las cédulas de notificación. Sin embargo, cuando razonable y justificadamente estén imposibilitadas para hacerlo, manifestando bajo protesta de decir verdad, dichas circunstancias calificadas por la autoridad jurisdiccional, podrán ser auxiliadas para su presentación en la audiencia respectiva.

La autoridad jurisdiccional ordenará la citación con el apercibimiento que, en caso de desobediencia, se le impondrá a la persona testigo una medida de apremio que considere la autoridad jurisdiccional y que garantice la pronta resolución del juicio.

En los casos de urgencia, podrán ser citados por cualquier medio que garantice la recepción de la citación, de lo cual se deberá dejar constancia.

Tratándose de testigos que sean citados en su calidad de servidores públicos, la dependencia en la que se desempeñen adoptará las medidas correspondientes para garantizar su comparecencia, en cuyo caso absorberá además los gastos que se generen.

La citación se realizará, por lo menos, con dos días de anticipación al día en que deban presentarse a declarar.

Si el testigo citado de esta forma no asistiere a rendir su declaración en la audiencia programada, la autoridad jurisdiccional le hará efectivo el apercibimiento realizado y reprogramará su desahogo en una nueva audiencia. Si el testigo debidamente citado no se presentara a la primera citación o haya temor fundado de que se ausente o se oculte, se le hará comparecer en ese acto por medio de la fuerza pública sin necesidad de agotar ningún otro medio de apremio. Las autoridades están obligadas a auxiliar oportuna y diligentemente a la autoridad jurisdiccional para garantizar la comparecencia obligatoria de los testigos. En este caso, deberán desahogarse las pruebas preparadas.

Artículo 293. La prueba se declarará desierta si, aplicado el uso de la fuerza pública, no se logra la presentación de los testigos. Igualmente, en caso de que el señalamiento del domicilio de algún testigo resulte inexacto, o no existe, o de comprobarse que se solicitó su citación con el propósito de retardar el procedimiento. En estos casos, además se impondrá al oferente una sanción pecuniaria a favor de la contraparte hasta por el importe autorizado para correcciones disciplinarias, conforme a lo dispuesto en el presente Código Nacional. La autoridad jurisdiccional despachará de oficio ejecución en contra del infractor, sin perjuicio de dar vista al Ministerio Público, se declarará desierta de oficio la prueba testimonial.

Artículo 294. Para el desahogo de la prueba testimonial se estará a las siguientes reglas:

I. Las personas que tengan la calidad de testigos serán protestadas para conducirse con verdad al iniciar la audiencia; se recabarán sus generales; y se procederá a su traslado y separación en el área de testigos correspondiente, hasta que sean llamados a declarar;

II. El interrogatorio estará a cargo de la parte oferente, quien será responsable de justificar la credibilidad e idoneidad del testigo, así como de plantear el interrogatorio correspondiente, conforme a los hechos controvertidos objeto de la prueba;

III. El contrainterrogatorio estará a cargo de la contraparte, quien podrá formular preguntas tendientes tanto a desvirtuar la credibilidad o idoneidad del testigo como de su declaración;

IV. El interrogatorio y contrainterrogatorio deberá formularse en términos sencillos, claros y precisos, deberá dirigirse a los hechos controvertidos objeto de la prueba; podrá destinarse a la credibilidad o idoneidad de quien declara; será libre y directo; y se hará bajo la completa responsabilidad de quien lo formule, atendiendo a los fines propios de su postulación y el debate;

V. Agotado el interrogatorio del oferente, se procederá al contrainterrogatorio de la contraparte; sin perjuicio de poder formularse un reinterrogatorio, a cargo del oferente, o recontrainterrogatorio, a cargo de la contraparte, respectivamente, sin que puedan autorizarse preguntas que debieron formularse con anterioridad;

VI. Cada una de las partes tiene el derecho de objetar las preguntas formuladas por su contraparte, exponiendo brevemente las razones para ello, antes de que se emita la respuesta. En este caso, quien formule la pregunta será escuchado para que defienda o retire la pregunta y la autoridad jurisdiccional resolverá inmediatamente en la misma audiencia;

VII. Quien comparezca como testigo, deberá responder a todas las preguntas que se le formulen, en caso de negativa o responder evasivamente, a petición de parte, la autoridad jurisdiccional lo apremiará y, en su caso, determinará las consecuencias de ello, según el caso, en sentencia definitiva, para alguna de las partes;

VIII. No se permitirá la tacha de testigos, están permitidas las preguntas para destruir la idoneidad y credibilidad, momento en el cual, podrán exhibirse y ofrecerse, en su caso, pruebas documentales para justificarlo;

IX. De admitirse, y escuchando en estricta igualdad a la parte oferente, se reservará lo conducente para la sentencia definitiva, y

X. Únicamente serán admisibles pruebas documentales exhibidas en la audiencia, que no requieran preparación y dirigidas específicamente para los fines establecidos en la fracción VIII de este artículo.

Artículo 295. La autoridad jurisdiccional cuenta con la facultad de hacer las preguntas que estime conducentes a las personas testigos, siempre y cuando sean de naturaleza aclaratoria, sin incorporar información adicional que correspondía generar a las partes involucradas y garantizando, ante todo, el principio de igualdad e inmediación, salvo que se trate de la materia familiar, en cuyo caso la autoridad jurisdiccional estará facultada para cuestionar a la persona testigo sin limitación alguna, en aras de allegarse de la verdad material o cuando advierta violaciones a derechos humanos.

Artículo 296. Si la persona testigo o declarante no hablara o entendiera el idioma español, no sabe leer; o tiene algún impedimento de comunicación para la manifestación de su voluntad, declarará a través de la persona intérprete que le acompañe o la persona que para dichos efectos designe la autoridad jurisdiccional, preferentemente de forma gratuita, según el caso en particular.

Artículo 297. A las personas mayores, con discapacidad permanente o temporal, debidamente acreditada por instituciones de salud pública, que lo soliciten, así como a las personas que se encuentren privadas de su libertad por mandato judicial, la autoridad jurisdiccional podrá recibirles la declaración en el lugar en que se encuentren en presencia de la otra parte, si asistiere.

En los casos que se acredite la discapacidad temporal o permanente por instancias de salud privada, el médico deberá exhibir cédula profesional y concurrir a la audiencia en la que comparezca la persona que testifica, para ratificar el diagnóstico, bajo protesta de decir verdad. En caso de inasistencia, la prueba no será recibida.

En todo caso, el desahogo de la prueba testimonial deberá realizarse en audiencia de juicio que se iniciará desde la Sala de Audiencias respectiva, para trasladarse al lugar y luego regresar a la misma.

Asimismo, de acuerdo a cada caso en particular, la autoridad jurisdiccional podrá autorizar su desahogo a distancia, conforme a las reglas establecidas en este Código Nacional.

Artículo 298. Ambas partes podrán solicitar a las personas previstas en el artículo 110 de la Constitución Política de los Estados Unidos Mexicanos, así como a las personas integrantes de las fuerzas armadas con mando, que desahoguen las preguntas vía informe, previo a la celebración de la audiencia de juicio.

A criterio de la autoridad jurisdiccional, podrá solicitarles la declaración personal dada su relación en los hechos materia de la controversia y no en virtud de su encargo.

Artículo 299. Cuando la persona testigo resida fuera del ámbito de competencia territorial de la autoridad jurisdiccional y no sea posible su desahogo por medios electrónicos, la parte oferente de la prueba, sin perjuicio que solicite la comparecencia del testigo, podrá optar por presentar sus interrogatorios con las copias respectivas para las otras partes, junto con la traducción y apostilla necesarias para el caso de girar carta rogatoria y; con la finalidad que tenga la oportunidad de formular sus contrainterrogatorios y ser agregados al exhorto o carta rogatoria, debiendo el contrainterrogatorio de cumplir con los mismos requisitos. Sin la exhibición de los interrogatorios por parte de la oferente no se admitirá la prueba.

El interrogatorio será previamente calificado por la autoridad jurisdiccional una vez que admita la prueba y enviados en sobre cerrado a la autoridad exhortada.

En todo caso, deberá preferirse y estarse al desahogo a distancia de la prueba testimonial, caso en el cual no se requerirá de dicho interrogatorio escrito.

SECCIÓN CUARTA
DE LA PRUEBA PERICIAL

Artículo 300. La prueba pericial solo procede cuando:

I. Sean necesarios conocimientos especiales en alguna ciencia, arte, técnica o industria o, en aquellos casos que la mande la Ley;

II. Cuando la autoridad jurisdiccional lo requiera para llegar a una solución;

III. Se ofrecerá expresando los puntos y cuestionamientos sobre los que versará y que deban resolver los peritos, sin lo cual no será admitida;

IV. Las personas designadas deben tener título en la ciencia, arte, técnica, oficio o industria a que pertenezca, y cédula si se requiere legalmente para su ejercicio;

V. Si los conocimientos especiales no estuvieren legalmente reglamentados con título oficial o, estándolo, no hubiere peritos en el lugar, podrá ser nombrada a satisfacción de la autoridad jurisdiccional, cualquier persona entendida, o bien con experiencia práctica en el ejercicio de un servicio u oficio;

VI. Se desechará la pericial cuando se trate de conocimientos generales, hechos acreditados en autos o tratándose de simples operaciones aritméticas, y

VII. El título de habilitación de corredor público acredita para todos los efectos la calidad de perito valuador.

Artículo 301. El ofrecimiento de la prueba pericial en materia civil deberá llevarse a cabo en los términos establecidos en el presente Código Nacional, con las salvedades siguientes:

I. Si se ofrece la prueba pericial en la demanda o en la reconvención, la contraria al contestar deberá designar perito de su parte, además de proponer la ampliación de los puntos y cuestiones que argumentó el oferente para que los peritos dictaminen. Si se ofrece al contestar la demanda principal o reconvencional, la contraria deberá designar a su perito, en la misma forma del párrafo anterior. Si se ofrece en el desahogo de las vistas con excepciones y defensas, la contraria lo designará dentro del término de tres días. En todo caso, deberá precisarse la ciencia, técnica o arte a que se refiere, proporcionando el nombre de la persona designada;

II. De estar debidamente ofrecida, la autoridad jurisdiccional la admitirá en la etapa de admisión de pruebas de la audiencia preliminar o, en su caso, en la audiencia donde haya ofrecido. Asimismo, conforme a la complejidad del caso, determinará un plazo de cinco a diez días para que las partes exhiban por escrito el dictamen respectivo, salvo que existiera causa bastante para modificar dicho término;

III. La autoridad jurisdiccional proveerá lo conducente con el fin de que los peritos en estricta igualdad cuenten con los elementos necesarios solicitados por las partes para emitir el dictamen y evitar dilaciones procesales;

IV. En caso de que alguna de las personas peritos de las partes no exhiba su dictamen dentro del plazo señalado por la autoridad jurisdiccional, precluirá su derecho para hacerlo y, en consecuencia, la prueba se desahogará con el dictamen que se tenga por rendido. En el supuesto de que ninguno de los peritos exhiba su dictamen en el plazo señalado se dejará de recibir la prueba;

V. Las partes deberán presentar a sus peritos en la audiencia de juicio, quienes deberán acreditar, bajo su responsabilidad, su calidad científica, técnica, artística o industrial para el que fueron propuestos, con el original o copia certificada de su cédula profesional o los documentos respectivos. Asimismo, deberán exponer verbal y brevemente las conclusiones de sus dictámenes, a efecto de que se desahogue la prueba con los exhibidos oportunamente y respondan las preguntas que la autoridad jurisdiccional o las partes les formulen con apoyo de auxiliar técnico, y

VI. El interrogatorio a los peritos seguirá las mismas reglas de la prueba testimonial.

En caso de no asistir el perito o los peritos designados por las partes, se procederá conforme a lo señalado en la fracción IV del presente artículo.

Artículo 302. Las partes podrán sustituir al perito designado a más tardar en la audiencia preliminar en la que se pronuncien sobre la admisibilidad de la prueba. Si las causas de sustitución acontecen después de la audiencia preliminar, la parte interesada podrá sustituir al perito designado, siempre y cuando se exhiba el dictamen dentro del plazo señalado para ello. Subsistiendo todas las cargas y apercibimientos para su comparecencia en la audiencia de juicio respectiva.

Artículo 303. Desahogados los dictámenes de ambas partes, si la autoridad jurisdiccional los estima substancialmente contradictorios de tal modo que no es posible encontrar conclusiones que le aporten elementos de convicción, podrá designar un perito tercero en discordia en la misma audiencia de juicio. En este caso, desahogará las pruebas preparadas y diferirá la misma para la recepción de dicho dictamen, según el caso, al prudente arbitrio de la autoridad jurisdiccional, siempre y cuando no exceda de quince días.

A la persona perito tercero en discordia deberá notificársele para que, dentro del plazo de tres días, presente escrito en el que acepte el cargo conferido y proteste su fiel y legal desempeño. Asimismo, señalará el monto de sus honorarios, en los términos de la legislación correspondiente o, en su defecto los que determine, mismos que deben ser autorizados por la autoridad jurisdiccional, y serán cubiertos por ambas partes en igual proporción en la audiencia de juicio donde comparezca. En caso de incumplir, la autoridad jurisdiccional en la audiencia respectiva emitirá auto de ejecución en contra de la parte que haya omitido el pago.

La persona perito tercero en discordia designado deberá rendir su dictamen por escrito a más tardar tres días hábiles antes de la audiencia de juicio o su continuación, debiendo asistir a la misma para efectos de explicar oralmente sus conclusiones y ser interrogado por las partes o la autoridad jurisdiccional.

En caso de incumplimiento por parte de la persona perito designado, dará lugar a que la autoridad jurisdiccional le imponga como sanción pecuniaria, en favor de las partes y de manera proporcional a cada una de ellas, por el importe de una cantidad igual a la que cotizó por sus servicios al aceptar y protestar el cargo. En el mismo acto, la autoridad jurisdiccional dictará proveído de ejecución en contra de dicha persona perito tercero en discordia, además de hacerla saber al Consejo de la Judicatura, a la asociación, colegio de profesionistas o institución que lo hubiera propuesto por así haberlo solicitado la autoridad jurisdiccional, para los efectos correspondientes, independientemente de las sanciones administrativas y legales a que haya lugar.

En el supuesto del párrafo anterior, la autoridad jurisdiccional designará otro perito tercero en discordia y, de ser necesario, diferirá la audiencia para el desahogo de la prueba en cuestión.

Artículo 304. La autoridad jurisdiccional podrá designar personas peritos terceros en discordia de entre aquéllos autorizados como auxiliares de la administración de justicia por la autoridad jurisdiccional competente del Poder Judicial respectivo; o, de entre aquéllos propuestos, a su previa solicitud, por colegios, asociaciones o barras de profesionales, artísticas, técnicas o científicas o de las instituciones de educación superior públicas o privadas o las cámaras de industria, comercio, confederaciones de cámaras, conforme al objeto del peritaje.

En todos los casos en que se trate únicamente de peritajes sobre el valor de cualquier clase de bienes y derechos, los mismos se realizarán por avalúos que practique un corredor público, una institución de crédito, monte de piedad, perito valuador o demás entidades que se dediquen a avalúos, nombrados por cada una de las partes y, en caso de diferencias en los montos que arrojen los avalúos, no mayor del veinte por ciento en relación con el monto mayor, se mediarán estas diferencias. De ser mayor tal diferencia, se nombrará una persona perito tercero en discordia, conforme a lo dispuesto en el presente Código Nacional. En este caso, de no designar perito alguna de las partes, se desahogará la prueba con el dictamen con que se cuente.

En caso de avalúos realizados para remates judiciales deberá estarse a las reglas especiales de los mismos.

Artículo 305. En materia civil, cuando la parte que promueve lo haga a través de la Defensoría Pública o Institución Pública o Privada que preste dichos servicios y ésta no cuente con la persona perito solicitado, la autoridad jurisdiccional, previa la comprobación de dicha circunstancia, nombrará una persona perito adscrita de alguna Institución Pública que cuente con el mismo. Aplicándose, en lo conducente, las disposiciones del presente Capítulo para garantizar la designación del perito respectivo.

Artículo 306. En materia familiar, para la prueba pericial se seguirán las siguientes reglas:

I. En todos los casos se nombrará persona perito oficial y sus honorarios serán cubiertos por el Estado, sin perjuicio de las personas peritos que puedan ser ofrecidas por las partes. Tratándose de avalúos sobre bienes, no habrá persona perito oficial, por lo que dicha pericial deberá de sujetarse a las reglas establecidas por la materia civil;

II. No será admisible persona perito tercero;

III. Las personas expertas forenses o peritos deberán comparecer a la etapa de admisión de pruebas de la segunda fase de la audiencia preliminar, para acreditar su experticia, así como protestar y aceptar el cargo, para el caso de su inasistencia se desechará la probanza, y

IV. Las personas designadas para emitir un peritaje quedan obligadas a rendir su dictamen dentro de los quince días siguientes a la fecha en que hayan aceptado y protestado el cargo o bien, de la fecha que señale la autoridad jurisdiccional atendiendo a las circunstancias del caso. Lo anterior en el entendido de que las partes deberán de estar en aptitud de imponerse de su contenido por lo menos con tres días de anticipación a la celebración de la audiencia del juicio.

Artículo 307. La persona perito tercero puede ser recusado en la audiencia de juicio en la que comparezca, por las mismas causas de las excusas e impedimentos que pueden serlo la autoridad jurisdiccional.

La parte que haga valer la recusación deberá presentar las pruebas necesarias para demostrar la causa que se alegue en la misma audiencia. En el mismo acto de la audiencia se hará saber a la persona perito tercero en discordia, a fin de que responda a la misma ofreciendo y presentando, en su caso, las pruebas pertinentes para ello. Si la reconoce como cierta, se niega a responder la recusación, se niega la misma sin ofrecerse prueba alguna o si se declaran desiertas las pruebas admitidas, la autoridad jurisdiccional lo tendrá por recusado sin más trámites y en el mismo acto nombrará otro perito.

Las pruebas ofrecidas por la parte recusante deben desahogarse en la misma audiencia. En caso contrario, se desechará de plano la recusación. En caso de que la persona perito tercero en discordia ofrezca pruebas, deberá ofrecerlas y exhibirlas en el momento, de no ser así y de requerir prepararse las mismas, se señalará una audiencia especial indiferible dentro del término de tres días, en la que se desahogaran y se resolverá lo conducente por la autoridad jurisdiccional.

En ese caso, no se suspenderá el desahogo del dictamen tercero en discordia, el cual quedará desierto, de declararse fundada la causa de recusación.

Cuando la recusación se declare fundada se designará otra persona perito tercero en discordia. En caso de declararse infundada, se impondrá a la parte recusante una multa equivalente al importe de los honorarios fijados por el perito a favor de la contraparte, por el retardo injustificado del procedimiento.

No habrá recurso alguno contra las resoluciones que se dicten en el trámite o la decisión de la recusación.

SECCIÓN QUINTA
DE LA PRUEBA DOCUMENTAL FÍSICA O ELECTRÓNICA

Artículo 308. Las pruebas documentales, físicas o electrónicas recibirán el mismo trato, atendiendo los principios de equivalencia funcional y neutralidad tecnológica. En todo caso, atendiendo a su naturaleza, se estará a las reglas generales y especiales, en lo relativo a su objeción, impugnación o fiabilidad.

Artículo 309. Las partes están obligadas a exhibir todas las pruebas documentales físicas o electrónicas que ofrezcan relacionadas con sus pretensiones en la demanda o su contestación, sea principal o reconvencional, así como sus respectivas vistas. Cuando estén a su disposición, pero por alguna circunstancia no pueda acompañarse a su escrito respectivo, deberá realizar todas las gestiones necesarias para hacerse de la prueba, acreditando dicha obligación al ofrecerla y, en su caso, la autoridad jurisdiccional emitirá las órdenes necesarias para su auxilio, si llegada la audiencia preliminar no se ha exhibido, no obstante ser admitida.

En el caso de información que no esté a su disposición, expresará el archivo o documento físico o electrónico en que se encuentre, o si está en poder de personas terceras, realizando las gestiones necesarias a su alcance para hacerse de la prueba, caso en el cual la autoridad jurisdiccional emitirá las órdenes y apercibimientos respectivos para su auxilio, en el entendido que subsistirá el deber de la parte interesada para gestionar dichas pruebas.

De no cumplirse con las cargas procesales antes referidas la prueba será desechada o, en su caso, declarada desierta.

Artículo 310. Los documentos que ya se exhibieron antes del período probatorio y las constancias de autos se tomarán como prueba, aunque no se ofrezcan.

Artículo 311. Los archivos o registros electrónicos de audiencias o diligencias del juicio oral, cualquiera que sea el medio, serán documentos públicos que harán prueba plena y acreditarán el contenido y modo en que se desarrolló la audiencia.

Artículo 312. Son documentos públicos:

I. Las escrituras públicas, pólizas y actas otorgadas ante corredor público, notaria o notario público, según corresponda y los testimonios y copias certificadas de dichos documentos, firmadas en forma autógrafa o con firma electrónica avanzada;

II. Los documentos auténticos e informes expedidos por personas funcionarias que desempeñen cargo público, en lo que se refiere al ejercicio de sus funciones, con firma autógrafa o electrónica avanzada;

III. Los documentos auténticos, libros de actas, estatutos, registros y catastros que se hallen en los archivos públicos, o los dependientes del Gobierno Federal, de los Estados, de los Ayuntamientos, con firma original o electrónica autorizada;

IV. Las certificaciones de las actas del estado civil expedidas por las autoridades jurisdiccionales, personas funcionarias públicas del Registro Civil o dependencia pública de acuerdo con cada Entidad Federativa, y las certificaciones que sean expedidas por medios manuales o electrónicos y que cuenten con la firma autógrafa digitalizada o firma electrónica avanzada de las personas facultadas para ello, respecto a constancias existentes en los libros correspondientes;

V. Las certificaciones de constancias existentes en los archivos públicos físicos o electrónicos firmados en forma autógrafa o electrónicamente expedidas por personas funcionarias a quienes competa;

VI. Las certificaciones de constancias existentes en los archivos parroquiales y que se refieran a actos pasados, antes del establecimiento del Registro Civil, siempre que fueren cotejadas por Notario Público o quien haga sus veces con arreglo a derecho;

VII. Las ordenanzas, estatutos, reglamentos y actas de sociedades o asociaciones, universidades, siempre que estuvieren aprobados por el Gobierno Federal o de los Estados, y las copias certificadas que de ellos se expidieren;

VIII. Las actuaciones judiciales de toda especie, incluyendo las de los expedientes electrónicos publicados y generados por cualquier autoridad jurisdiccional, en forma física o electrónica, de los Poderes Judiciales que les corresponda;

IX. Las certificaciones que expidieren las bolsas mercantiles o mineras autorizadas por la Ley y las expedidas por corredor público con arreglo al Código de Comercio;

X. Los convenios emanados del procedimiento de mediación o de Centro de Mediación o mecanismos alternativos para la solución de conflictos, que cumplan con los requisitos previstos en la Ley de la materia, y

XI. Los demás a los que se les reconozca ese carácter por la Ley.

Artículo 313. Los documentos públicos expedidos por Autoridades Federales, Locales, Municipales, Alcaldías o cualquier semejante, firmados en forma autógrafa o con la firma electrónica avanzada harán fe en las autoridades jurisdiccionales ante las que se presenten, sin necesidad de legalización.

Artículo 314. Para que los documentos públicos procedentes del extranjero, hagan fe en los Estados Unidos Mexicanos, deberán presentarse debidamente legalizados por las autoridades diplomáticas o consulares en los términos que establezcan los tratados y convenciones de los que México sea parte, la Ley del Servicio Exterior Mexicano y demás disposiciones aplicables.

En caso de imposibilidad para obtener la legalización, ésta se sustituirá por cualquier prueba adecuada para garantizar su autenticidad. En todo caso deberá estarse a lo señalado en los instrumentos internacionales en los que el Estado mexicano sea parte.

Tratándose de documentos de nacimiento que acrediten la nacionalidad e identidad de personas mexicanas nacidas en el extranjero o migrantes en retorno de nacionalidad mexicana, no se requerirá de la legalización consular o de la apostilla. Bastará con presentar el certificado de nacimiento extranjero y el acta de nacimiento del padre o madre mexicanos para acreditar su identidad y su nacionalidad mexicana con el fin de obtener el registro de su nacimiento ante los Registros Civiles del país, en términos de la normatividad aplicable.

Párrafo adicionado DOF 04-06-2024

Artículo 315. De la traducción de los documentos que se presenten en idioma extranjero, se mandará dar vista a la parte contraria para que, en un plazo de tres días, manifieste si está conforme; en caso de no estarlo, dentro del mismo plazo de tres días deberá presentar traducción emitida por un perito traductor.

Si la traducción presentada por ambas partes fuese distinta en aspectos relevantes para la solución del conflicto, a costa de las partes, la autoridad jurisdiccional ordenará la traducción a través de un perito traductor oficial o una institución educativa.

En ambos casos, si hubiere conformidad o no dijere nada el contrario, se tendrá por consentida la traducción.

Artículo 316. Siempre que una de las partes litigantes pidiere copia o testimonio de parte de un documento, firmados de forma autógrafa o electrónicamente que obren en los archivos públicos físicos o electrónicos, la parte contraria tendrá derecho de que a su costa se adicione con lo que crea conducente del mismo documento. No así de los documentos que existen en archivos físicos o electrónicos de particulares.

Artículo 317. Los documentos existentes en un sitio distinto de aquel en que se sigue el juicio, se compulsarán a virtud de despacho o exhorto que dirija la autoridad jurisdiccional competente y; siempre que estos documentos se encuentren en los archivos públicos físicos o electrónicos.

Cuando se trate de documentos con firma electrónica, simple o avanzada, de ser posible se compulsarán levantando la actuación correspondiente y se observará el documento en la página de internet o en la base de datos de la dependencia que lo expidió. De no ser posible el referido cotejo, se procederá en los términos del párrafo anterior.

Artículo 318. Los documentos públicos que hayan venido al procedimiento sin citación contraria, se tendrán por legítimos y eficaces, salvo que se impugnare expresamente su autenticidad o exactitud por la parte a quien perjudiquen. En este caso, a petición de parte, se decretará el cotejo con los protocolos y archivos físicos o electrónicos de los que provengan, mismo que se practicará en la audiencia respectiva por parte de la autoridad jurisdiccional acompañado del personal necesario y competente, así como las partes involucradas, al efecto de ingresar en el local del archivo físico, la página de internet o matriz, el día y hora señalado, a realizar dicho cotejo. Si no comparece la parte interesada o no provee los medios tecnológicos para su desahogo se declarará desierta la prueba.

Los documentos firmados en forma autógrafa o electrónica, simple o avanzada, emitidos por autoridades federales, locales, municipales, alcaldías o cualquier otra semejante; así como por países extranjeros, tendrán el mismo valor y serán tratados con las mismas condiciones que los que se hayan elaborado físicamente, autenticados con firma autógrafa.

Artículo 319. Son documentos privados los que otorgan personas particulares sin intervención de Notario Público u otra persona funcionaria dotado de fe pública, o legalmente autorizado para certificar tal documento.

También se consideran documentos privados, aquellos que provengan de personas terceras y que este Código Nacional no reconozca como documentos públicos.

Artículo 320. Los documentos privados y la correspondencia procedente de las partes, presentados en juicio por vía de prueba y no objetados por la parte contraria, se tendrán por admitidos y surtirán sus efectos como si hubieren sido reconocidos expresamente. Puede exigirse el reconocimiento expreso, si la parte que los presenta así lo pidiere; con este objeto se exhibirán los originales a quien deba reconocerlos y se le dejará verlos en su integridad y no sólo la firma.

Quien ofrezca pruebas documentales privadas está obligada a exhibir el original, si lo exhibe en copia certificada o simple y no lo exhibe para los efectos del reconocimiento o la elaboración de pruebas periciales, se presumirá ciertos los hechos que pretende demostrar la parte impugnante u objetante, salvo prueba en contrario.

Artículo 321. Los documentos privados originales, cuando formen parte de un libro, expediente o legajo, se exhibirán para que se compulse la parte que señalen las partes interesadas.

Artículo 322. Si el documento se encuentra en libros, papeles de casa, de comercio o de algún establecimiento industrial, así como archivo que, por sus características y estado no permita su reproducción sin deteriorarse, quien pida el documento o la constancia, deberá fijar con precisión cuál sea, y la copia testimoniada se tomará en el escritorio del establecimiento, sin que las personas directoras de él, estén obligados a llevar a la autoridad jurisdiccional los libros de cuentas, ni a más que a presentar las partidas o documentos designados.

Artículo 323. Cuando las partes deban servirse de documentos en poder de terceros, solicitarán del juzgado, que se intime a los mismos la exhibición o para que faciliten la obtención de copia fotográfica, electrónica o testimonio certificado de ellos, siendo los gastos que se originen a cargo de la parte que pida la prueba. Las personas terceras pueden rehusarse si tienen derechos exclusivos sobre los documentos u otra cosa, debiendo justificarlo de manera fehaciente.

Si se trata de documento que se halle en poder de la contraparte, se le intimará para que lo presente en el primer ocurso que comparezca a juicio o en la audiencia respectiva, y de no presentarlo se presumirán ciertos los hechos que pretende demostrar su contraparte. La parte que promueva la prueba podrá presentar copia del documento o proporcionar los datos que conozca acerca de su contenido, mismo que se tendrá por exacto si se probare que el documento se halla o estuvo en poder de la parte adversaria, y ésta sin justa causa no lo presenta.

Artículo 324. La obligación de exhibir documentos y cosas en procedimientos que se sigan en el extranjero, no comprenderá la de exhibir documentos o copias de éstos identificados por características genéricas.

En ningún caso podrá una autoridad jurisdiccional ordenar ni llevar a cabo la inspección de archivos que no sean de acceso público, salvo en los casos permitidos por las Leyes nacionales.

Artículo 325. Los documentos que presenten las partes en los escritos de demanda y contestación, o en el desahogo de vista, podrán ser objetados en cuanto a su alcance y valor probatorio en esos propios escritos o una vez admitidos en la audiencia preliminar. Los documentos que surjan con posterioridad, deberán ser exhibidos o incorporados sólo durante audiencia por parte interesada y, de ser admitidos, en el mismo acto podrá realizarse su objeción.

Artículo 326. En el reconocimiento de documentos se protestará en términos de Ley a la persona que debe hacerlo, ya sea tratándose de una de las partes o de un tercero, quien en la audiencia de juicio contestará oralmente los cuestionamientos que se le realicen sólo sobre el documento a reconocer. Si se niega a responder y es parte en el juicio, el documento se tendrá por reconocido.

Sólo puede reconocer un documento privado la persona que lo firmó, la que lo manda extender o la persona legítima representante con poder o cláusula especial.

Artículo 327. Podrá pedirse el cotejo de firmas y letras, siempre que se niegue o que se ponga en duda la autenticidad de un documento privado o de un documento público que carezca de matriz. Para este objeto se procederá con sujeción a lo que se previene para la prueba pericial.

Artículo 328. La falsedad consiste en la formación de un documento no verdadero, o en la alteración de uno auténtico, o bien en la falta de veracidad de los hechos representados en un documento público que se afirman como ocurridos ante una persona funcionaria pública, Notario o Corredor públicos.

La parte que redarguye de falso un documento debe indicar específicamente los motivos y las pruebas; cuando se impugne la autenticidad del documento privado o público sin matriz deben señalarse los documentos indubitables para el cotejo y promover la prueba pericial correspondiente. Sin estos requisitos se tiene por no redargüido o impugnado el documento.

Realizada la impugnación, se procederá a desahogar la prueba pericial en términos del presente Código Nacional.

Lo dispuesto en este artículo sólo da competencia a la autoridad jurisdiccional para conocer y decidir en lo principal la fuerza probatoria del documento impugnado, sin que pueda hacerse declaración alguna general que afecte al documento, y sin perjuicio del procedimiento penal a que hubiere lugar.

Si en el momento de la celebración de la audiencia se tramitare procedimiento penal sobre la falsedad del documento en cuestión, la autoridad jurisdiccional, sin suspender el procedimiento y según las circunstancias, determinará al dictar sentencia, si se reservan los derechos del impugnador para el caso en que penalmente se demuestre la falsedad, o bien puede subordinar la eficacia ejecutiva de la sentencia a la prestación de una caución.

Artículo 329. La impugnación de falsedad de un documento debe realizarse en la etapa postulatoria del juicio. Si se trata de los exhibidos en la demanda, sea principal o reconvencional, la parte demandada deberá oponer la excepción de falsedad de documento y ofrecerá las pruebas para tal fin. La parte actora podrá responder a dicha impugnación, ampliará su cuestionario y ofrecerá la pericial correspondiente, en su caso.

Si se trata de documentos exhibidos al contestar la demanda o la reconvención, la contraparte deberá promover la impugnación al desahogar la vista y ofrecerá las pruebas para ello, dando vista por tres días a su contraria para el derecho de contradicción.

En el caso de los documentos exhibidos en los escritos de desahogo de vista de excepciones, la demandada podrá impugnarlos dentro del término de tres días contados a partir del acuerdo en que se tienen por exhibidos, ofreciendo las pruebas pertinentes; y la actora en el principal o en la reconvención, responderán a dicha impugnación por escrito en el término de tres días, en el entendido de que sólo podrán adicionar puntos o cuestionamientos y, en su caso, documentos indubitables para cotejo. En el caso de documentos exhibidos en audiencia, la impugnación de falsedad se hará en la misma audiencia donde se exhiben. Las partes tienen la obligación de acudir a la audiencia respectiva debidamente preparados para tales efectos, bajo el apercibimiento de no dar trámite a su petición.

Artículo 330. Quien pida el cotejo designará el documento o documentos indubitables con que deba hacerse, o pedirá a la autoridad jurisdiccional que cite a la persona interesada, para que en su presencia y en audiencia especial o simple comparecencia asiente la firma, letras o huella digital que servirán para el cotejo. En este caso, la autoridad jurisdiccional podrá aprovechar la presencia de la persona en cualquiera de las audiencias para recabar sus firmas.

Artículo 331. Se considerarán indubitables para el cotejo:

I. Los documentos físicos o electrónicos firmados de manera autógrafa o con firma electrónica avanzada que las partes, según el caso, de común acuerdo, reconozcan como tales;

II. Los documentos privados físicos o electrónicos cuya letra o firma autógrafa o con firma electrónica avanzada hayan sido reconocidos en juicio por aquel a quien se atribuye la dudosa;

III. Los documentos físicos o electrónicos cuya letra, firma autógrafa o con firma electrónica avanzada, o huella dactilar, haya sido judicialmente declarada propia de aquel a quien se atribuye la dudosa, exceptuándose el caso en que la declaración haya sido hecha en rebeldía;

IV. El escrito impugnado, en la parte en que reconozca la letra como suya aquella parte a quien perjudique, y

V. Las firmas o huellas digitales puestas en actuaciones judiciales, en presencia de la persona secretaria judicial, auxiliar o judicial de la autoridad jurisdiccional, por la parte cuya firma, letra o huella dactilar se trata de comprobar y las puestas ante cualquier otra persona funcionaria revestida de fe pública.

SECCIÓN SEXTA
DE LA INSPECCIÓN O RECONOCIMIENTO JUDICIAL

Artículo 332. Al ofrecerse la prueba de inspección judicial, se deberá señalar e identificar los puntos sobre los que debe versar y puede verificarse respecto de lugares, bienes muebles e inmuebles, información publicada y de libre acceso en internet o personas, y que no requieran de conocimientos técnicos especializados, debiendo indicar con toda precisión, la materia u objeto de la prueba y su relación con algún punto del debate, sin cuyos requisitos no se admitirá.

El reconocimiento o inspección judicial, es el acto contingente y momentáneo, en el que la autoridad jurisdiccional, a través de sus sentidos, da fe de aspectos reales o cuestiones materiales para crear convicción respecto de los hechos materia del litigio.

Cuando el reconocimiento a cargo de una persona verse sobre algún documento, deberá desahogarse en la audiencia de juicio, apercibido que, en caso, de no comparecer, se le tendrá por cierto el contenido del mismo.

Artículo 333. La inspección o reconocimiento deberá cumplir con las siguientes reglas:

I. Deberá desahogarse en la audiencia de juicio o, según las circunstancias, o bien, antes o después de la misma en cualquier diligencia, con día de diferencia máximo, a efecto de no afectar el principio de continuidad y concentración de la información que arroje;

II. En el caso de haberse solicitado la elaboración de planos o toma de fotografías éstas deberán desahogarse necesariamente en audiencia de juicio por la parte interesada;

III. Las partes, peritos o testigos podrán estar presentes en la inspección judicial, dejando razón de su asistencia. La autoridad jurisdiccional deberá estar presente, sin poder delegar su presencia, con el personal necesario para el desarrollo de la audiencia, en caso, contrario resultará nula la diligencia de pleno derecho;

IV. De recibirse la inspección judicial en audiencia de juicio, la autoridad jurisdiccional decidirá el momento procesal para decretar el receso respectivo, definiendo las condiciones, tiempos, apercibimientos y demás medidas que considere pertinentes para llevar a cabo el desahogo y regresar a la sala de audiencias respectiva para la continuación de la audiencia, si fuera el caso;

V. Con este fin, la audiencia iniciará en la sala de audiencias de la autoridad jurisdiccional respectiva, en la que, después de cumplir con las demás formalidades de la misma, se decretará el receso para trasladarse al lugar de la inspección y, posteriormente, al regreso, continuar con la audiencia respectiva de poderse celebrar el mismo día, en caso contrario, se podrá señalar nuevo día y hora para su continuación, y

VI. En caso de no presentarse a la audiencia o diligencia la parte interesada, la prueba dejará de recibirse. Durante el desahogo de la inspección las partes, testigos o peritos, según el caso, podrán realizar las observaciones que consideren pertinentes, debiendo la autoridad jurisdiccional resolver en el acto lo que en derecho proceda, y la inspección judicial deberá videograbarse en su totalidad, sin incluir el traslado de personas; adicionándose, en su caso, los planos y fotografías respectivas. De no ser posible, se hará constar en cualquier medio a juicio de la autoridad jurisdiccional.

SECCIÓN SÉPTIMA
DE LA PRUEBA DE INFORMES

Artículo 334. El informe es un medio de prueba autónomo, que consiste en la rendición de datos, a través de un comunicado que debe contener la información que la parte oferente de la prueba proponga, o que el juzgado requiera oficiosamente y que la persona informante tenga a su disposición, en cualquier fuente que la pueda contener, ya sea electrónica o documental.

Los informes que se soliciten deberán versar sobre puntos claramente individualizados y referirse a hechos o actos que resulten de la documentación, archivo o registro de la persona informante.

La contraparte podrá formular las peticiones tendientes a que los informes sean completos y ajustados a los hechos a que han de referirse.

SECCIÓN OCTAVA
DE OTROS MEDIOS DE PRUEBA

Artículo 335. Para acreditar hechos o circunstancias que tengan relación con el procedimiento que se ventile, las partes pueden presentar otros medios de prueba que no estén expresamente reconocidos y regulados en el Código Nacional, como son, ejemplificativamente, videos, fotografías, cintas cinematográficas, disquetes o discos compactos, de sistemas computacionales, grabaciones de imágenes y sonidos, así como la información generada o comunicada que conste en medios electrónicos, magnéticos, ópticos, u otros medios de reproducción; o bien, copias digitales, impresiones de documentos electrónicos, simples o al carbón, documentos taquigráficos; así como registros dactiloscópicos, fonográficos y, en general, cualesquiera otros elementos proporcionados por la ciencia y la tecnología, que puedan producir convicción en el ánimo de la autoridad jurisdiccional.

Las pruebas ofrecidas que, por su naturaleza, requieran de dispositivos electrónicos para su reproducción o percepción, o de alguna traducción o interpretación técnica, serán admitidas siempre y cuando la autoridad jurisdiccional cuente con ellas, y en caso contrario el oferente proporcione dichas herramientas para su desahogo en la audiencia respectiva, bajo el apercibimiento de dejar de recibir la prueba.

Los registros electrónicos generados y publicados en un expediente electrónico, únicamente podrán ofrecerse precisando la liga respectiva, la parte conducente que se desea aportar como prueba, así como el nombre de las partes, número de expediente, tipo de juicio, juzgado en el que se tramita o tramitó el procedimiento respectivo, y cualquier otro dato que permita a la autoridad jurisdiccional su localización electrónica.

En todo caso, deberán respetarse los principios de equivalencia funcional o no discriminación y de neutralidad tecnológica de todo documento electrónico, conforme a las reglas de la prueba documental, atendiendo a la naturaleza del mismo.

Artículo 336. Si alguna de las partes estima que la reproducción de estos medios puede atentar contra la intimidad de las personas o poner en riesgo información reservada, confidencial o secretos industriales, lo expresará a la autoridad jurisdiccional, quien calificará tal solicitud y de considerarla fundada se recibirá en audiencia privada, dejando constancia de ello en el acta mínima que al efecto se levante.

SECCIÓN NOVENA
DE LAS PRESUNCIONES

Artículo 337. Presunción es la consecuencia que la norma jurídica o la autoridad jurisdiccional, deduce de un hecho conocido para averiguar la verdad de otro desconocido: la primera se llama legal y la segunda humana.

Artículo 338. Hay presunción legal cuando la Ley la establece expresamente y cuando la consecuencia nace inmediata y directamente de la Ley; hay presunción humana, cuando de un hecho debidamente probado, se deduce otro que es consecuencia ordinaria de aquél.

Artículo 339. La persona que tiene a su favor una presunción legal, sólo está obligada a probar el hecho en que se funda la presunción.

Artículo 340. No se admite prueba contra la presunción legal, cuando la Ley lo prohíbe expresamente y cuando el efecto de la presunción, es anular un acto o negar una acción, salvo el caso en que la Ley haya reservado el derecho de probar.

Artículo 341. La presunción debe ser grave, esto es, digna de ser aceptada por persona de buen criterio. Debe también ser precisa, esto es, que el hecho probado en que se funde, sea parte o antecedente o consecuencia del que se quiera probar, y que cuando fueren varias las presunciones han de ser concordantes entre sí.

Artículo 342. En los supuestos de presunciones legales que admiten prueba en contrario, opera la inversión de la carga de la prueba.

SECCIÓN DÉCIMA
DE LA VALORACIÓN DE LAS PRUEBAS

Artículo 343. Las autoridades jurisdiccionales apreciarán la prueba según su libre convicción extraída de la totalidad del debate y la instrumental de actuaciones, lo harán de manera libre, lógica y basada en la experiencia. En la resolución judicial respectiva siempre expondrán la motivación racional de las pruebas desahogadas tanto en lo individual como en su conjunto, salvo que se hayan desestimado, indicando las razones que se tuvieron para hacerlo.

En el caso de los recursos que se encuentran previsto en el presente Código Nacional, la autoridad de apelación deberá realizar la inmediación directa de las pruebas cuando así resulte procedente, valorándolas en los términos señalados en el párrafo anterior.

Artículo 344. Los documentos públicos siempre harán prueba plena, salvo el caso de objeción declarada procedente o probado el incidente de impugnación.

Las actuaciones e inspección judiciales que no requiera conocimientos especiales o científicos hacen prueba plena.

Artículo 345. Los documentos privados provenientes de las partes, harán prueba plena cuando no fueren objetados, cuando no se pruebe la objeción, cuando no fueren impugnados, cuando no se demuestre la impugnación o cuando fueren legalmente reconocidos.

El reconocimiento de documentos por su autor o autores, sea en etapa escrita o en audiencia, hace prueba plena salvo que existan otras que las contradigan. Los documentos privados provenientes de extraños al juicio, no reconocidos, ni objetados, constituyen indicio que requiere concatenación con otros medios de prueba para que funden una presunción.

Artículo 346. Los libros, instrumentos técnicos y demás que conforme a la Ley se deben llevar por cualquier persona, tendrán el valor probatorio que les asigne su normatividad específica.

Los documentos simples reconocidos por testigos, tendrán el valor que merezcan sus testimonios.

Artículo 347. Las presunciones legales hacen prueba plena, salvo que existan otras que la contradigan o el presente Código Nacional disponga lo contrario.

El órgano jurisdiccional según la naturaleza de los hechos, la prueba de ellos, los indicios y el enlace necesario que exista entre la verdad conocida y la que se busca, apreciará discrecionalmente el valor de las presunciones humanas.

Artículo 348. Se reconoce como prueba la información generada o comunicada que conste en medios electrónicos, ópticos, digitales, en una cadena de bloques o en cualquier otra tecnología.

Artículo 349. Para valorar la fuerza probatoria de la información a que se refiere el artículo anterior, se estimará primordialmente la fiabilidad del método en que haya sido generada, comunicada, recibida o archivada y, en su caso, si es posible atribuir a las personas obligadas el contenido de la información relativa y ser accesible para su ulterior consulta.

Artículo 350. Cuando la ley requiera que un documento sea conservado y presentado en su forma original, ese requisito quedará satisfecho si se acredita que la información generada, comunicada, recibida o archivada por medios electrónicos, ópticos, digitales, cuánticos o de cualquier otra tecnología, se ha mantenido íntegra e inalterada a partir del momento en que se generó por primera vez en su forma definitiva y ésta pueda ser accesible para su ulterior consulta.

La información, documentos electrónicos o mensajes de datos contenidos o almacenados en una cadena de bloques pública hacen prueba plena, siempre que no existan circunstancias fehacientes de que los registros vinculados en la cadena de bloques han sido vulnerados o manipulados sin autorización, o no son confiables.

CAPÍTULO III
DEL JUICIO ORAL SUMARIO

Artículo 351. Corresponde a los Consejos de la Judicatura de los Poderes Judiciales de las Entidades Federativas y del Poder Judicial de la Federación, mediante acuerdos generales, determinar qué asuntos serán gestionados en el juicio oral sumario que trata este Capítulo.

Artículo 352. Al juicio oral sumario le resultan aplicables las disposiciones generales de este Código Nacional, siempre que no contravengan lo previsto en este Capítulo.

Artículo 353. La demanda será formulada por comparecencia y en ella se expresarán en forma sucinta el objeto que se persigue y los hechos que fundan la pretensión, se ofrecerán las pruebas de tales hechos, y se indicará el nombre y domicilio de la parte demandada.

Artículo 354. De reunirse los presupuestos procesales, en la misma comparecencia la autoridad jurisdiccional admitirá la demanda y ordenará emplazar a la parte demandada para una audiencia que se celebrará en un plazo no menor a cinco días contados a partir del emplazamiento, de conformidad con lo siguiente:

I. La parte demandada dará respuesta a los hechos expuestos por su contraria y ofrecerá las pruebas que estime a su favor; en caso de documentos, deberá proporcionar copia de los mismos a la parte actora.

II. La autoridad judicial podrá suspender la audiencia para, en sesión privada, intentar la solución del asunto a través de los medios alternativos, así como informar a las partes la posibilidad de acudir ante los centros de justicia alternativa, en los casos en que procedan dichos medios.

III. La autoridad judicial admitirá a las partes las pruebas que estime pertinentes, según la naturaleza de los hechos controvertidos, y señalará día y hora para la audiencia de juicio.

Artículo 355. Para el emplazamiento se aplicarán las reglas generales previstas en este Código Nacional, pero se dará traslado a la parte demandada del registro en que conste la comparecencia para formular la demanda, así como la resolución de admisión de esta, y se le entregarán copias de los documentos o registros presentados al formular la demanda.

Artículo 356. Si solo se admiten pruebas documentales, declaración de parte, instrumental y presuncional, la autoridad judicial iniciará en ese momento la audiencia de juicio, en la cual desahogará las pruebas admitidas, escucharán los alegatos orales y emitirá la sentencia definitiva, que explicará a las partes y documentará dentro de los tres días siguientes.

Artículo 357. Cuando el allanamiento vincule a la autoridad jurisdiccional de conformidad con lo dispuesto en este Código Nacional, si la parte demandada se allana a la demanda, en la misma audiencia la autoridad judicial dictará la sentencia definitiva, que explicará a las partes y documentará dentro de los tres días siguientes. En caso de allanamiento no procederá la condenación en costas.

Artículo 358. En los casos de reconvención:

I. La autoridad jurisdiccional admitirá la reconvención, de ser procedente;

II. Ordenará emplazar al demandado reconvencional en ese mismo acto para otra audiencia que se celebrará en un plazo no menor a cinco días contados a partir de concluida la audiencia;

III. El demandado de la reconvención dará respuesta a los hechos expuestos por su contraria y ofrecerá las pruebas que estime a su favor; en caso de documentos, deberá proporcionar copia de los mismos a la parte actora, y

IV. Concluida la reconvención se estará a lo dispuesto por este Capítulo.

Artículo 359. En la audiencia de juicio se recibirán las pruebas, conforme a las disposiciones de este Código Nacional.

Los documentos y objetos que se hayan presentado serán mencionados, leídos, descritos, exhibidos o reproducidos, según corresponda.

Concluido el desahogo, se escucharán alegaciones breves de las partes y la autoridad jurisdiccional emitirá la sentencia definitiva, que explicará a las partes y documentará dentro de los cinco días siguientes.

El escrito en que se consigne la sentencia deberá corresponder a la que en la audiencia pronunció la autoridad judicial, sin que sea permitido incorporar argumentos diversos.

Artículo 360. Siempre se procurará resolver el fondo de todas las controversias planteadas.

Artículo 361. Contra la sentencia definitiva procede recurso de apelación; contra cualquier otra resolución no procede recurso alguno.

El plazo de la apelación se contará tomando en cuenta la notificación de la sentencia escrita.

Artículo 362. La autoridad jurisdiccional, sin afectar el debido proceso o los derechos humanos, bajo su prudente arbitrio y atendiendo a la naturaleza de la controversia, dispondrá de amplias facultades para orientar el desahogo de esta.

Artículo 363. La autoridad judicial podrá señalar y desahogar tantas audiencias cuantas considere necesarias para decidir los debates que establezcan las partes, sean principales, incidentales o sobre medidas cautelares.

Artículo 364. La autoridad judicial concederá la palabra a las partes las veces que estime convenientes para aclarar los puntos del propio debate y podrá interrogarlas para ese fin.

Artículo 365. En los procedimientos orales sumarios no existirá expediente.

Las audiencias se registrarán por cualquier medio que se estime conveniente, que asegure la preservación de la información para que pueda ser consultada.

No será necesario que la autoridad judicial sea asistida por persona secretaria judicial.

Artículo 366. Los Consejos de la Judicatura de los Poderes Judiciales de las Entidades Federativas y del Poder Judicial de la Federación, mediante acuerdos generales, podrán establecer los mecanismos necesarios para que los procedimientos a que se refiere este Capítulo se desahoguen a través de sistemas de justicia digital.

LIBRO TERCERO
DE LA JUSTICIA CIVIL

TÍTULO PRIMERO
DE LOS ACTOS PREJUDICIALES EN MATERIA CIVIL

CAPÍTULO I
DE LOS MEDIOS PREPARATORIOS DEL JUICIO EN GENERAL

SECCIÓN PRIMERA
DISPOSICIONES GENERALES

Artículo 367. El juicio podrá prepararse:

I. Pidiendo información a través de declaración o interrogatorio bajo protesta, a la persona que se pretenda demandar, acerca de un hecho relativo a su personalidad, negocios, la calidad de su posesión o tenencia de bienes;

II. Pidiendo la exhibición del bien mueble que haya de ser objeto de la acción real que se trate de entablar;

III. Pidiendo la persona legataria o cualquier otra que tenga el derecho de elegir uno o más bienes entre varios, su exhibición;

IV. Pidiendo la persona que se crea heredera, o coheredera o legataria, la exhibición de un testamento;

V. Pidiendo la persona compradora a la vendedora, o la vendedora a la compradora, en el caso de evicción, la exhibición de títulos u otros documentos que se refieran a los bienes vendidos;

VI. Pidiendo a una persona socia o comunera la presentación de los documentos y cuentas de la sociedad o comunidad, a una persona socia o copropietaria que los tenga en su poder;

VII. Pidiendo el examen de personas testigos, cuando se trate de personas mayores o se hallen en peligro inminente de perder la vida, o próximas a ausentarse a un lugar con el cual sean tardías o difíciles las comunicaciones y no pueda deducirse aún la acción, por depender su ejercicio de un plazo o de una condición que no se haya cumplido todavía;

VIII. Pidiendo el examen de personas testigos para probar alguna excepción, siempre que la prueba sea indispensable y las personas testigos se hallen en alguno de los casos señalados en la fracción anterior;

IX. Pidiendo el examen de personas testigos u otras declaraciones que se requieran en un procedimiento extranjero;

X. Cuando pida la exhibición de un protocolo o de cualquier otro documento archivado, la diligencia se practicará en la oficina del Notario o Notaria Pública; del Corredor o Corredora Pública o en la oficina respectiva de conformidad con lo dispuesto por la legislación Local aplicable, sin que, en ningún caso, salgan de ellas los documentos originales, y

XI. Pidiendo la exhibición de instrumentos o documentos relativos a la posesión, propiedad y tenencia de bienes muebles o inmuebles que se pretenda recuperar; así como de actos o hechos jurídicos que puedan ser materia de controversia.

La acción que pueda prepararse conforme a las fracciones I a III y XI, procede contra cualquier persona que tenga en su poder los bienes que en ellas se mencionan.

Artículo 368. Los medios preparatorios tienen por objeto que una persona se allegue de aquellos elementos que estime necesarios para ejercitar una acción o hacer valer un derecho o excepción, dentro de un procedimiento jurisdiccional.

Artículo 369. Estos procedimientos se tramitarán de forma escrita y únicamente serán aplicables los principios del juicio oral y sus reglas probatorias, durante las audiencias.

Artículo 370. Los medios preparatorios a juicio deberán solicitarse por escrito ante autoridad jurisdiccional competente y reunir al menos los siguientes requisitos:

I. Nombre, domicilio y dirección electrónica de quien promueve, en su caso;

II. El nombre y domicilio de las personas que deberán comparecer ante la autoridad jurisdiccional para rendir su declaración o exhibir los documentos o bienes solicitados;

III. Señalar el objeto que se persigue con la práctica de las diligencias;

IV. Señalar la acción, derecho o excepción que se pretenda ejercer u oponer;

V. El ofrecimiento de los medios de prueba que estime para acreditar la pertinencia de la solicitud, y

VI. La firma autógrafa o electrónica de quien promueve.

Artículo 371. La autoridad jurisdiccional podrá ordenar la práctica de diligencias que estime necesarias para cerciorarse sobre la personalidad y legitimación de quien solicita los medios preparatorios, así como de la necesidad o pertinencia de lo solicitado.

Artículo 372. Contra la resolución que concede la diligencia preparatoria, no habrá ningún recurso. Contra la resolución que niegue alguna de las diligencias enumeradas en el artículo 367 del presente Código Nacional, procede la queja.

Artículo 373. Una vez que la autoridad jurisdiccional admitió la solicitud y concedió la práctica de las diligencias preparatorias, se citará a la persona de la cual se requiera la declaración o la exhibición de los documentos o bienes, informándosele la naturaleza del procedimiento y el contenido de la solicitud, para que dentro del plazo de cinco días se lleve a cabo la audiencia respectiva o la práctica de la diligencia a que haya lugar.

Artículo 374. La solicitud de exhibición interrumpe la prescripción de la acción, siempre que se presente la demanda correspondiente dentro de los cinco días siguientes al que se efectúo la exhibición, o dentro de los cinco días siguientes al que judicialmente conste que aquella no puede efectuarse.

Artículo 375. Desahogada la diligencia, quien intentó la medida ante la autoridad jurisdiccional competente, deberá presentar la demanda dentro del término de cinco días, la que se engrosará y tramitará con el mismo número de expediente con que se radicó el medio preparatorio. Si por razón de turno, le corresponde la nueva demanda a la misma autoridad jurisdiccional que conoció de la diligencia preparatoria, en caso contrario, se remitirá al que por razón de turno le corresponda.

Artículo 376. La autoridad jurisdiccional podrá usar los medios de apremio previstos en el presente Código Nacional para hacer cumplir sus determinaciones. La persona rebelde responderá de los daños y perjuicios que cause.

Artículo 377. No se practicará diligencia alguna de jurisdicción voluntaria de la que pueda resultar perjuicio a la Federación. Las que se practicaren en contravención de este precepto serán nulas de pleno derecho y no producirán efecto legal alguno.

SECCIÓN SEGUNDA
DE LOS MEDIOS PREPARATORIOS DEL JUICIO EJECUTIVO CIVIL

Artículo 378. Los medios preparatorios a juicio ejecutivo tienen por objeto que una persona presunta deudora comparezca ante la autoridad jurisdiccional para reconocer el contenido de un documento o la firma de este, así como por solicitud de la persona acreedora y sobre una obligación cierta, liquida y exigible.

Artículo 379. La solicitud deberá formularse por escrito ante la autoridad jurisdiccional competente y contendrá al menos lo siguiente:

I. Nombre, domicilio y dirección electrónica de quien promueve;

II. Nombre y domicilio de la persona presunta deudora;

III. Los hechos en que funde su solicitud, y

IV. La firma autógrafa o electrónica de quien promueve.

Artículo 380. Tratándose de reconocimiento de documento o firma, se deberá adjuntar el documento a reconocer.

Artículo 381. Una vez que la autoridad jurisdiccional admita la solicitud, señalará fecha de audiencia dentro del plazo de veinte días y citará a la persona de la cual se requiera el reconocimiento del documento o su declaración en torno a una presunta deuda liquida y exigible, con el apercibimiento que, en caso de inasistencia o falta de contestación al interrogatorio, se le tendrá por cierto el reconocimiento de la obligación, contenido del documento o la firma de este.

Artículo 382. Practicada la citación se llevará a cabo la audiencia de reconocimiento, misma que deberá desahogarse mediante su declaración y en su caso, con la exhibición del documento. En la audiencia de reconocimiento se observará lo siguiente:

I. El interrogatorio que se le formule a la persona citada deberá estar destinado únicamente al objeto de la solicitud, sin introducir hechos ajenos al reconocimiento o declaración;

II. La autoridad jurisdiccional calificará de oficio el interrogatorio y rechazará las que resulten impertinentes. Contra dicha resolución no procede recurso alguno;

III. Se redactará acta que contenga el reconocimiento de lo solicitado, cuando así proceda.

Artículo 383. Puede hacerse el reconocimiento de documentos firmados ante Corredora o Corredor Público, Notaria o Notario Público, según corresponda de conformidad con lo dispuesto por la legislación aplicable, en forma autógrafa o con la firma electrónica, ya en el momento del otorgamiento o con posterioridad, siempre que lo haga la persona directamente obligada, la persona representante legítima o persona representante autorizada con poder bastante.

La Corredora o Corredor Público, Notaria o Notario Público hará constar el reconocimiento al pie del documento mismo, asentando si la persona que reconoce es representante legal o apoderada de la persona deudora, y la cláusula relativa, señalando también los datos de la escritura o póliza en su caso, en que se asiente tal constancia.

Artículo 384. Si el instrumento público o privado reconocido no contiene cantidad líquida, puede prepararse la acción ejecutiva siempre que la liquidación pueda hacerse en un término que no excederá de quince días.

La liquidación se hace incidentalmente con un escrito de cada parte, un plazo probatorio no mayor de seis días, si las partes lo pidieren y la autoridad jurisdiccional lo estima necesario y la resolución se dictará dentro de los tres días siguientes al desahogo de las pruebas; pronunciamiento contra el cual no procederá recurso alguno.

Artículo 385. En lo no previsto en este Capítulo se observarán las reglas para los medios preparatorios del juicio en general en lo que resulte aplicable.

SECCIÓN TERCERA
DE LA PREPARACIÓN DEL JUICIO ARBITRAL

Artículo 386. Cuando en un contrato o instrumento público se haya establecido cláusula de arbitraje y no se haya nombrado árbitro, éste se rehusare o falleciere y no exista sustituto, cualquiera de las partes contratantes podrá acudir ante la autoridad jurisdiccional para que se designe uno a través de un medio preparatorio.

Artículo 387. Presentándose por cualquiera de los interesados el documento firmado ya sea de manera electrónica o autógrafa, en el que se contiene la cláusula compromisoria, la autoridad jurisdiccional citará a una audiencia dentro del quinto día para que se presenten a elegir árbitro, apercibiéndolos de que, en caso de no hacerlo, lo hará en su rebeldía.

Artículo 388. Si la cláusula compromisoria forma parte de documento privado, al emplazar a la otra parte a la audiencia a que se refiere el artículo anterior, la persona secretaria judicial la requerirá previamente para que reconozca o no la firma autógrafa o electrónica del documento, y si se rehusare a contestar, se tendrá por reconocida.

Artículo 389. En la audiencia, la autoridad jurisdiccional exhortará a que elijan árbitro de común acuerdo, y en caso de no conseguirlo, designará uno entre las personas que aparezcan en las listas oficiales del Poder Judicial de la Federación o de las Entidades Federativas; también podrá consultar a instituciones arbitrales, colegios de corredores o notarios públicos debidamente certificados para tal fin.

Lo mismo se hará cuando el árbitro nombrado en el compromiso renunciare o fallezca y no hubiere sustituto designado.

Artículo 390. Habiéndose nombrado árbitro, se levantará acta de la audiencia, a través de la cual se iniciarán las actuaciones de este, emplazando a las partes como se determina en las reglas generales del juicio arbitral.

SECCIÓN CUARTA
DE LAS PRELIMINARES DE LA CONSIGNACIÓN

Artículo 391. Si la persona acreedora rehusare, sin justa causa recibir la prestación debida, dar el documento justificativo de pago o si fuere persona incierta o no tenga la habilidad o facultad jurídica de recibir pagos, la deudora podrá librarse de la obligación, mediante el ofrecimiento judicial de pago, seguido de consignación.

Artículo 392. Si la persona acreedora fuere cierta y conocida, se le citará para día, hora y lugar determinados, a fin de que reciba o vea depositar el bien debido. Si este fuere bien mueble de difícil conducción, la diligencia se practicará en el lugar donde se encuentre, siempre que esté dentro de la competencia territorial de la autoridad jurisdiccional; si estuviere fuera, se le citará y se librará el exhorto por escrito o vía correo electrónico o el despacho correspondiente a la autoridad jurisdiccional del lugar para que en su presencia el acreedor reciba o vea depositar el bien debido.

Artículo 393. Si se tratare de valores, alhajas o muebles de fácil conducción, la consignación se hará mediante entrega directa, o bien si fuese dinero, exhibiendo el certificado de depósito expedido por instituciones de crédito autorizadas, ante la autoridad jurisdiccional o área de apoyo judicial respectiva para tal efecto en la Ley Orgánica del Poder Judicial competente.

Artículo 394. Si la consignación fuere de inmuebles, se citará al acreedor para que dentro del plazo de tres días manifieste lo que a su derecho corresponda y, en su caso, comparezca a recibir la posesión del inmueble relativo. Para ello, es necesaria la aprobación de la consignación por parte de la autoridad jurisdiccional, a fin de que la misma surta efectos, pudiendo también, en su momento, ordenar que se entregue al acreedor la posesión del bien, lo cual determinará con base en las circunstancias que resulten de las diligencias que se practiquen.

Artículo 395. Si la persona acreedora fuere desconocida, se le citará de conformidad con lo previsto en este Código Nacional, en términos de las disposiciones que se utilizan para las notificaciones de personas inciertas o cuyo domicilio se ignore.

Si la persona acreedora estuviere ausente o desaparecida, será citada a través de representante de conformidad con las leyes de la materia, y en su caso por conducto del Ministerio Público o la Representación Social.

Artículo 396. La persona acreedora comparecerá personalmente o a través de su persona representante autorizada, el día, hora y lugar designados, ante el área de apoyo judicial respectiva o la autoridad jurisdiccional, donde se levantará constancia de la comparecencia, o no, describiendo el bien consignado, su recepción y, en su caso, que quedó constituido el depósito en la persona o establecimiento designado por la autoridad jurisdiccional, oficina de apoyo judicial, o en el lugar indicado por la Ley Orgánica respectiva.

Si la persona acreedora se negare a recibir los bienes consignados, se harán constar sus argumentos en el acto respectivo.

Artículo 397. Si el bien debido fuese cierto y determinado, que debiera ser consignado en el lugar en donde se encuentre, y la persona acreedora no lo retirara ni lo transportara, la deudora puede obtener autorización de la autoridad jurisdiccional para depositarlo en otro lugar adecuado y bajo su responsabilidad.

Artículo 398. Cuando la persona acreedora no haya estado presente en el ofrecimiento y depósito del bien debido, debe ser notificada personalmente de esas diligencias, entregándosele copia simple de ellas, si las pidiere, conforme a las formalidades establecidas en el presente Código Nacional.

Artículo 399. La consignación del dinero puede hacerse en el lugar o cuenta bancaria que designe la persona acreedora y en su defecto, mediante certificado de depósito o cheque certificado, ante el área de apoyo judicial, dispuesta para dichos efectos en la Ley Orgánica respectiva, Secretaría de Finanzas o Tesorería de cada Entidad Federativa.

Artículo 400. La consignación y el depósito de que hablan los artículos anteriores pueden hacerse por conducto de Fedatario Público, en este caso la designación de la persona depositaria será hecha bajo la responsabilidad de la persona deudora.

La Corredora o el Corredor Público, Notaria o Notario Público, en su caso atenderán personalmente la diligencia y se limitarán a hacer el ofrecimiento y expedir a la persona deudora la certificación respectiva, en la que dé fe de los hechos. La tramitación de oposiciones de la persona acreedora y declaración de liberación deberá hacerse por la autoridad jurisdiccional competente.

Artículo 401. Las mismas diligencias previstas en el artículo que antecede, se seguirán si la persona acreedora fuere conocida, pero dudosos sus derechos. Este depósito sólo podrá hacerse bajo la intervención judicial y bajo la condición de que la persona interesada justifique sus derechos por los medios legales.

Artículo 402. Cuando la persona acreedora se rehusare en el acto de la diligencia a recibir, el bien, con la certificación a que se refieren los artículos anteriores, podrá la deudora pedir la declaración de liberación en contra de la acreedora.

Mientras la acreedora no acepte la consignación o no se pronuncie resolución sobre ella, podrá la deudora retirar el depósito del bien; pero en este caso la obligación conserva todo su vigor.

Artículo 403. La persona depositaria que se constituya en estas diligencias será designada por la autoridad jurisdiccional si con intervención de ella se practicaren. Si fueren hechas con intervención de Corredor o Corredora Pública, Notaria o Notario Público, la designación será bajo la responsabilidad de la deudora.

CAPÍTULO II
DE LAS MEDIDAS CAUTELARES EN MATERIA CIVIL

SECCIÓN PRIMERA
DE LAS PROVIDENCIAS PRECAUTORIAS

Artículo 404. Las providencias precautorias son las siguientes:

I. Radicación de persona, cuando hubiere temor fundado de que se ausente u oculte la persona contra quien deba promoverse o se haya promovido una demanda. Dicha medida se reducirá a prevenir a la parte demandada que no se ausente del lugar del juicio sin dejar quien la represente legalmente, suficientemente instruida y expensada, para responder a las resultas del juicio. Quien quebrante la providencia de radicación de persona, será sancionado con la pena que señala el Código Penal respectivo por el delito de desobediencia a un mandato legítimo de la autoridad judicial, sin perjuicio de ser compelido por los medios de apremio que correspondan a volver al lugar del juicio. Quien ostente la representación legal y que se presente instruida y expensada, quedará obligada solidariamente con la persona deudora, respecto del contenido de la sentencia;

II. Retención de bienes, en cualquiera de los siguientes casos:

a) Cuando exista temor fundado de que los bienes que se hayan consignado como garantía o respecto de los cuales se vaya a ejercitar una acción real, se dispongan, oculten, dilapiden, enajenen o sean insuficientes, y

b) Tratándose de acciones personales, siempre que la persona contra quien se pida no tuviere otros bienes que aquellos en que se ha de practicar la diligencia, y exista temor fundado de que los disponga, oculte, dilapide o enajene. En los supuestos a que se refiere esta fracción, si los bienes consisten en dinero en efectivo o en depósito en instituciones de crédito, u otros bienes fungibles, se presumirá, para los efectos de este artículo, el riesgo de que los mismos sean dispuestos, ocultados o dilapidados, salvo que el afectado con la medida garantice el monto del adeudo.

III. Depósito o aseguramiento de las cosas, libros, documentos o papeles sobre que verse el litigio, cuando se demuestre la existencia de un temor fundado o el peligro de que las cosas, libros, documentos o papeles puedan ocultarse, perderse o alterarse, y

IV. El aseguramiento de bienes y condiciones necesarias para conservar la causa de pedir y garantizar la ejecución efectiva de la sentencia, siempre y cuando las cosas se mantengan en el estado en que se encuentren a la fecha de notificación de la providencia, no se afecten el orden e interés público o de terceras personas, y no se constituyan derechos a favor de la promovente equivalentes a los que obtendría, en el caso de obtener sentencia definitiva favorable. Las disposiciones de las fracciones anteriores comprenden no sólo a la persona deudora, sino también a quienes tengan la calidad de socias y administradoras de bienes ajenos.

Artículo 405. Las providencias precautorias establecidas por este Código Nacional podrán decretarse, tanto como actos prejudiciales, como después de iniciado el juicio respectivo.

En el primer caso, se tramitará en expediente que se forme por cuerda separada, previo a iniciar el juicio principal conforme al procedimiento de dos fases que prevé el artículo 409 del presente Código Nacional; en el caso de que la petición sea la radicación de persona, quien promueva deberá garantizar el pago de los daños y perjuicios que se generen si no se presenta la demanda. El monto de la garantía deberá ser determinado por la autoridad jurisdiccional prudentemente, con base en la información que se le proporcione y cuidando que la misma sea asequible para el promovente; si la autoridad jurisdiccional que decretó las providencias no fuere la que conozca del procedimiento, desde luego remitirá las mismas a la que le haya sido encomendado el mismo, quien podrá, en su caso, confirmar o revocar la decisión dictada.

En el segundo caso, se tramitará en vía incidental directamente ante la autoridad jurisdiccional que conoce del procedimiento conforme al procedimiento de dos fases del mismo artículo 409 del presente Código Nacional.

Si se pide la radicación de persona, bastará la petición de la promovente y el otorgamiento de la garantía a que se refiere este artículo para que se decrete y se haga a la persona demandada la correspondiente notificación.

Artículo 406. Quien solicite la radicación de persona, deberá acreditar el derecho que tiene para gestionar dicha medida. Se podrá probar lo anterior mediante documentos o con testigos idóneos.

Artículo 407. La autoridad jurisdiccional deberá decretar de plano la retención de bienes, cuando la persona que la pida cumpla con los siguientes requisitos:

I. Pruebe la existencia de un crédito cierto, líquido y exigible a su favor;

II. Exprese el valor de las prestaciones o el de la cosa que se reclama, designando ésta con toda precisión;

III. Manifieste, bajo protesta de decir verdad, las razones por las cuales tenga temor fundado de que los bienes consignados como garantía o respecto de los cuales se vaya a ejercitar la acción real serán ocultados, dilapidados, dispuestos o enajenados. En caso de que dichos bienes sean insuficientes para garantizar el adeudo, deberá acreditarlo con el avalúo o las constancias respectivas;

IV. Tratándose de acciones personales, manifieste bajo protesta de decir verdad que la persona deudora no tiene otros bienes conocidos que aquellos en que se ha de practicar la diligencia. Asimismo, deberá expresar las razones por las que exista temor fundado de que el deudor oculte, dilapide o enajene dichos bienes, salvo que se trate de dinero en efectivo o en depósito en instituciones de crédito, o de otros bienes fungibles. Tratándose de alimentos, bastará la protesta de decir verdad del acreedor de que la persona deudora ha dejado de suministrar alimentos por tres meses consecutivos o discontinuos, y

V. Garantice los daños y perjuicios que pueda ocasionar la medida precautoria a la persona deudora, en el caso de que no se presente la demanda dentro del plazo previsto en este Código Nacional o bien porque promovida la demanda, sea absuelta su contraparte. El monto de la garantía deberá ser determinado por la autoridad jurisdiccional prudentemente, con base en la información que se le proporcione y cuidando que la misma sea asequible para quien la solicite. Salvo en asuntos que afecten derechos de familia, niñas, niños, adolescentes o mujeres que sufran cualquier tipo de violencia, en las que no será necesaria tal garantía.

Artículo 408. Si la parte demandada consigna el valor u objeto reclamado, si da fianza bastante a juicio de la autoridad jurisdiccional o prueba tener bienes inmuebles bastantes para responder del éxito de la demanda, comprometiéndose a no transmitirlos de ningún modo, no se llevará a cabo la providencia precautoria o se levantará la que se hubiere dictado.

Artículo 409. El procedimiento para decretar una providencia precautoria constará de dos fases, una provisional y una definitiva.

En la fase provisional no se requerirá de citación de la parte afectada y tendrá por objeto proteger el peligro en la demora que afirme y demuestre el peticionario. En caso de ser otorgada, la providencia precautoria provisional surtirá sus efectos hasta que se resuelva sobre el otorgamiento de la providencia precautoria definitiva.

Para el otorgamiento de la providencia precautoria definitiva el peticionario deberá demostrar, además de los requisitos particulares que este Código Nacional exige respecto de cada providencia precautoria, la apariencia del buen derecho y el peligro en la demora. Para tal efecto, se correrá traslado a la parte afectada con la solicitud respectiva para que en el plazo de tres días hábiles manifieste lo que a su derecho convenga.

En dicho caso, las partes deben ofrecer sus pruebas en la comparecencia o en los escritos de solicitud de providencia precautoria y en el de su contestación, y cada una de ellas es responsable de su preparación de forma que puedan recibirse en la audiencia especial para la determinación de la procedencia de la providencia precautoria definitiva.

Una vez transcurrido el plazo para que la parte afectada desahogue la vista con la solicitud de la providencia precautoria, se citará a las partes para una audiencia oral que tendrá lugar en un plazo de cinco días en la que se recibirán las pruebas y alegatos de las partes. En la misma audiencia se abordará el debate sobre procedencia, en su caso, de establecer una garantía a cargo del peticionario de la providencia precautoria.

Cerrada la instrucción, la autoridad jurisdiccional gozará de un plazo de tres días hábiles para dictar la sentencia interlocutoria en la que confirme, modifique o levante la providencia precautoria, en definitiva. En todo lo relacionado a ofrecimiento, admisión, preparación, desahogo de pruebas y celebración de audiencia oral, se aplicarán las reglas previstas en el presente Código Nacional.

Artículo 410. De toda providencia precautoria queda responsable la persona que la pida; por consiguiente, son a su cargo los daños y perjuicios que se causen.

Artículo 411. El aseguramiento de bienes decretado por providencia precautoria y la consignación a que se refiere este Capítulo, se rigen en lo que sea aplicable por lo dispuesto en las reglas generales del secuestro formándose la sección de ejecución que se previene en los juicios ejecutivos.

Artículo 412. Ejecutada la providencia precautoria antes de ser presentada la demanda, la persona que la pidió deberá entablar el juicio respectivo dentro de los quince días siguientes.

Artículo 413. Si la parte actora no cumple con lo dispuesto en el artículo que precede, la providencia precautoria se revocará de oficio o a petición de parte. Dentro del término a que se refiere el artículo anterior, deberá exhibir copia certificada u original del escrito inicial de demanda debidamente recibido por la Oficialía de Partes y; en su caso, el auto que la admitiera, de lo contrario se levantará la misma.

Artículo 414. La persona contra quien se haya dictado una providencia precautoria, puede en cualquier tiempo, pero antes de la sentencia ejecutoria, solicitar a la autoridad jurisdiccional su modificación o revocación, cuando ocurra un hecho superveniente y conforme al procedimiento que establece el artículo 409 del presente Código Nacional.

Artículo 415. Puede reclamar la providencia precautoria un tercero, cuando sus bienes hayan sido objeto del secuestro. Esta reclamación se sustanciará por cuaderno separado. El tercero que reclame una providencia, deberá hacerlo mediante escrito en el que ofrezca las pruebas respectivas. La autoridad jurisdiccional correrá traslado al promovente de la precautoria y a la persona contra quien se ordenó la medida, para que la contesten dentro del término de cinco días y ofrezcan las pruebas que pretendan se les reciban. Transcurrido el plazo para la contestación, se proveerá respecto a la admisión o desechamiento de las pruebas que se hayan ofrecido y se señalará fecha para su desahogo dentro de los diez días siguientes, mandando preparar las pruebas que así lo ameriten. En la audiencia se recibirán y desahogarán las pruebas. Concluido su desahogo, las partes alegarán verbalmente lo que a su derecho convenga. La autoridad jurisdiccional fallará en la misma audiencia y dictará el acta mínima que contendrá los puntos resolutivos, siendo el medio digital que contenga la audiencia, la más fiel constancia de valoración, fundamentación y motivación de la autoridad jurisdiccional.

En contra de la resolución de dicha reclamación, procederá el recurso de apelación en el efecto devolutivo. Cuando la providencia precautoria hubiere sido dictada en segunda instancia con motivo del recurso de apelación, la sentencia de la reclamación no admitirá recurso alguno.

Artículo 416. Cuando la providencia precautoria se dicte por una autoridad jurisdiccional que no sea la que deba conocer del procedimiento principal, una vez ejecutada y resuelta en su caso la reclamación, se remitirán a la autoridad jurisdiccional competente las actuaciones que se unirán al expediente, así como las constancias digitales del audio y video de la audiencia respectiva, para que en él obren los efectos que correspondan conforme a derecho.

SECCIÓN SEGUNDA
DE LAS MEDIDAS DE ASEGURAMIENTO

Artículo 417. Antes de iniciarse el juicio, o durante su desarrollo, pueden decretarse todas las medidas necesarias para mantener la situación de hecho existente. Estas medidas se decretarán en forma provisional y definitiva siguiendo el mismo procedimiento cautelar que para las providencias precautorias se prevén en el artículo 409 del presente Código Nacional, y su resolución definitiva, es apelable en el efecto devolutivo de tramitación inmediata.

Artículo 418. La parte que tenga interés en que se modifique la situación de hecho existente, deberá proponer su demanda ante la autoridad competente.

Artículo 419. Cuando para mantener los hechos en el estado que guarden entrañe la suspensión de una obra, de la ejecución de un acto o de la celebración de un contrato, la demanda debe ser presentada por la parte que solicitó la medida, dentro del plazo de cinco días, contados a partir de la fecha en que se haya ordenado la suspensión.

El hecho de no interponer la demanda dentro del plazo indicado, deja sin efecto la medida.

Artículo 420. En todo caso, el mantener las cosas en el estado que guarden pueda causar daño o perjuicio a persona distinta de la que solicite la medida, se exigirá, previamente, garantía bastante para asegurar su pago, a juicio de la autoridad jurisdiccional que la decrete.

Artículo 421. La determinación que ordene que se mantengan las cosas en el estado que guarden al dictarse la medida, no prejuzga sobre la legalidad de la situación que se mantiene, ni sobre los derechos o responsabilidades del que la solicita, ni el pago de daños y perjuicios a que pueda resultar condenado de no ser procedente la medida de aseguramiento.

Artículo 422. Si la medida se decretó antes de iniciarse el juicio, quedará insubsistente si no se interpone la demanda dentro de los cinco días de practicada, y se restituirán las cosas al estado que guardaban antes de dictarse la medida.

Artículo 423. No podrá decretarse diligencia preparatoria alguna, de aseguramiento o precautoria que no esté autorizada por este Código Nacional o por disposición especial de la ley.

TÍTULO SEGUNDO
PROCEDIMIENTOS CIVILES NO CONTENCIOSOS

CAPÍTULO I
DE LA JURISDICCIÓN VOLUNTARIA

SECCIÓN PRIMERA
DISPOSICIONES GENERALES

Artículo 424. La jurisdicción voluntaria comprende todos los actos que, por disposición de la ley o por solicitud de las personas interesadas, se requiere la intervención de la autoridad jurisdiccional, sin que esté promovida, ni se promueva cuestión litigiosa alguna entre partes determinadas.

A solicitud de parte legítima podrán practicarse en esta vía las notificaciones o emplazamientos necesarios en procesos extranjeros.

Artículo 425. De manera enunciativa y no limitativa, podrá tramitarse la jurisdicción voluntaria en los siguientes casos:

I. Para justificar algún hecho o acreditar un derecho;

II. Cuando se pretenda justificar la posesión como medio para acreditar el dominio pleno de un inmueble o derecho real;

III. La posesión o propiedad de vehículos automotores por medio de testigos, siempre que no cuenten con reporte de robo u otros ilícitos, así como se justifique su legal estancia en el país;

IV. Cuando se trate de comprobar la posesión de un mueble o algún derecho real;

V. Para acreditar hechos conocidos o acreditar situaciones jurídicas se podrá realizar la diligencia ante Notaria o Notario Público, de conformidad con lo dispuesto por la legislación aplicable;

VI. Asimismo, se podrá realizar la diligencia ante Notaria o Notario Público, de conformidad con lo dispuesto por la legislación aplicable, en los casos del procedimiento de apeo y de deslinde, y

VII. En cualquier otro que sólo tenga interés el promovente.

En los casos de las tres primeras fracciones, así como en aquellos que se afecte el interés público, estén involucrados derechos de niñas, niños y adolescentes o se trate de derechos o bienes de personas declaradas ausentes o desaparecidas, se dará vista al Ministerio Público o Representación Social para su intervención y solo se podrá celebrar ante autoridad jurisdiccional. Las practicadas por Notaria o Notario Público las realizarán conforme a la ley respectiva.

En el caso de la fracción IV, con la quien sea titular de la propiedad o de los demás partícipes del derecho real.

Tratándose de vehículos automotores se requerirá acreditar que no cuenta con reporte de robo o de algún otro ilícito, así como su legal estancia en el país.

El Ministerio Público y las personas con cuya citación se reciba la información, pueden tachar a los testigos por circunstancias que afecten su credibilidad.

Cuando haya datos o indicios que inclinen a sospechar que la promovente trata, mediante la información de despojar inmuebles, o defraudar al fisco o cometer cualquier otro delito, la autoridad jurisdiccional, Notaria o Notario Público dará vista al Ministerio Público para los efectos conducentes y suspenderá la tramitación de la información.

Estos procedimientos se tramitarán por escrito, salvo que, atendiendo al caso en concreto puedan realizarse las diligencias ajustándose a los principios del juicio oral.

Artículo 426. La jurisdicción voluntaria deberá promoverse por escrito ante la autoridad jurisdiccional competente y reunir los siguientes requisitos:

I. Nombre y domicilio de quien promueve;

II. En su caso, nombre y domicilio de las personas que deban ser citadas;

III. La providencia solicitada;

IV. Los hechos que fundamenten la solicitud;

V. Las pruebas que se ofrezcan, y

VI. Firma de quien promueve.

Artículo 427. Si no se requiere la intervención de persona distinta al promovente, se observará lo siguiente:

I. El promovente comparecerá ante la autoridad jurisdiccional y sin mayor formalidad expresará la causa que origina la necesidad de la intervención judicial;

II. Si se requiere por la naturaleza de lo solicitado, el promovente ofrecerá las informaciones, dictámenes o pruebas necesarias para que la autoridad jurisdiccional gestione la solicitud y emita la providencia respectiva, y

III. Si la autoridad jurisdiccional admite la solicitud, en la misma audiencia recibirá las informaciones, dictámenes o pruebas ofrecidas y emitirá, en su caso, la providencia respectiva. Si se le solicita, la documentará en tres días.

Artículo 428. Si se requiere la intervención de persona distinta al promovente, se observará lo siguiente:

I. El promovente comparecerá ante la autoridad jurisdiccional, y sin mayor formalidad expresará la causa que origina la necesidad de la intervención judicial. Además, señalará el nombre y domicilio de las personas que tengan interés;

II. El promovente ofrecerá cuando así se requiera, las pruebas que sustenten la petición;

III. Se emplazará a las personas que tengan interés para una audiencia que se verificará en el término de tres días, en que expresen lo que a su interés convenga. En esa audiencia se desahogarán las pruebas de las partes y en seguida se emitirá la sentencia respectiva.

Artículo 429. Los Consejos de la Judicatura de los Poderes Judiciales de las Entidades Federativas y del Poder Judicial de la Federación, mediante acuerdos generales, podrán establecer los mecanismos necesarios para que los procedimientos a que se refiere este artículo se desahoguen por medios electrónicos.

Artículo 430. Para el examen de los testigos, se observarán las formalidades que para esta prueba regula el presente Código Nacional.

La autoridad jurisdiccional podrá ampliar el examen de los testigos con las preguntas que estime pertinentes.

Artículo 431. En ningún caso se admitirán en procedimiento judicial no contencioso, informaciones de testigos sobre hechos que fueren materia de un procedimiento en curso.

Artículo 432. La Jurisdicción Voluntaria podrá tramitarse ante Notaria o Notario Público cuando así lo disponga la legislación aplicable; y el promovente sea el único que tenga interés en el objeto de los mismos, no esté promovida, ni se promueva cuestión litigiosa alguna entre partes determinadas y no se encuentren involucrados derechos de niñas, niños y adolescentes, observándose en lo conducente las reglas del presente Código Nacional.

Artículo 433. Se dará por terminado el procedimiento de jurisdicción voluntaria si se opusiere parte legítima. Se desechará la oposición que se haga después de efectuado el acto, reservándole los derechos a quien se oponga para que los haga valer en la vía y forma que proceda.

Artículo 434. La Autoridad Jurisdiccional podrá variar o modificar las providencias que dictare, sin sujeción estricta a los términos y formas establecidos respecto de la jurisdicción contenciosa.

No se comprenden, en esa disposición, los autos que tengan fuerza de definitivos, a no ser que se demuestre que cambiaron las circunstancias que determinaron la resolución.

Artículo 435. Las resoluciones que se dicten en las diligencias de jurisdicción voluntaria ante autoridad jurisdiccional son recurribles en términos de lo que establece este Código Nacional. La resolución desestimatoria de la petición es recurrible en queja. La que dé por concluido el procedimiento de las diligencias, será apelable en el efecto devolutivo.

Artículo 436. No se practicará diligencia alguna de jurisdicción voluntaria de la que pueda resultar perjuicio a la Hacienda Pública. Las que se practicaren en contravención de este precepto serán nulas de pleno derecho y no producirán efecto legal alguno.

Artículo 437. De las informaciones o resoluciones se expedirán las copias certificadas o se mandarán protocolizar ante Fedatario Público a petición y costa del interesado.

Artículo 438. Las informaciones se inscribirán en el Registro Público de la Propiedad Federal, Oficina Registral o cualquier Institución análoga según la Entidad Federativa de que se trate, si así procediere.

SECCIÓN SEGUNDA
DEL APEO Y DESLINDE

Artículo 439. El apeo o deslinde tiene lugar siempre que no se hayan fijado los límites o linderos que separan un fundo de otro u otros, o que, habiéndose fijado, hay motivo fundado para creer que no son exactos ya sea que naturalmente se hayan confundido, o porque se hayan destruido las señales que los marcaban, o bien porque éstas se hayan colocado en lugar distinto del primitivo.

Artículo 440. Tiene derecho para promover el apeo:

I. Quien ostente la calidad de propietaria;

II. Quien posea con título bastante para transferir el dominio;

III. Quien sea titular del derecho para usufructuar el bien;

IV. El apeo o deslinde de un fundo de propiedad nacional, estatal o municipal sólo podrá practicarse a petición de la autoridad administrativa correspondiente, y

V. Los particulares pueden también pedir el apeo, para deslindar su fundo respecto de otro con carácter público. En este caso, la diligencia se limitará a marcar los linderos entre ambos fundos.

Artículo 441. La petición de apeo debe contener:

I. El nombre y ubicación de la finca que debe deslindarse;

II. La parte o partes en que el acto debe ejecutarse;

III. Los nombres de las personas colindantes que puedan tener interés en el apeo, así como de las autoridades que puedan tener injerencia en el asunto;

IV. El sitio donde están y dónde deben colocarse las señales y si éstas no existen, el lugar donde estuvieron;

V. Los planos y demás documentos que vengan a servir para la diligencia, y designación de perito por parte de la promovente, y

VI. La designación de un perito para que intervenga en el reconocimiento.

Si el apeo se tramita ante Notaria o Notario Público, además de acreditarse la propiedad o titularidad del bien a deslindar, se deberá acreditar la propiedad o titularidad de los colindantes, salvo que el predio colinde con predio o bienes destinados a servicios públicos o de propiedad municipal, estatal o federal.

Asimismo, cuando el trámite se realice por Notaria o Notario Público, la solicitud deberá ser suscrita además por los colindantes del predio a deslindar y deberá contener señalados el día, hora y lugar para que dé principio la diligencia de deslinde.

Artículo 442. Admitida la petición se mandará citar a los colindantes para que dentro de tres días presenten los títulos y documentos de su posesión, y nombren perito si quieren hacerlo. Se señalará el día, hora y lugar para que dé principio la diligencia de deslinde.

Si fuere necesario identificar alguno o algunos de los puntos de deslinde, quienes tengan interés podrán presentar dos testigos de identificación cada uno, en la diligencia.

Artículo 443. El día y hora señalados para que se celebre la diligencia de deslinde, la autoridad jurisdiccional, acompañada de la persona secretaria judicial, así como peritos, testigos de identificación y personas autorizadas en el proceso que asistan al lugar designado para dar principio a la diligencia, conforme a lo siguiente:

I. Practicará el apeo y deslinde, asentándose acta en que constarán todas las observaciones que hicieren las personas interesadas;

II. La diligencia no se suspenderá por virtud de las observaciones, sino en el caso de que se presente en el acto un documento debidamente registrado que acredite es de su propiedad el fundo que se trata de deslindar;

III. La autoridad jurisdiccional, al ir demarcando los límites del fundo deslindado, otorgará posesión a la promovente de las diligencias respecto de la propiedad que quede comprendida dentro de ellos, si quien sea colindante se opusiera, o mandará que se le mantenga en la que esté disfrutando;

IV. Si existe oposición de colindantes respecto a un punto determinado, por considerar que conforme a sus títulos quede comprendido dentro de los límites de su propiedad, la autoridad jurisdiccional oirá a los testigos de identificación y a los peritos, e invitará a los interesados a que se pongan de acuerdo. Si esto se lograre, se hará constar y se otorgará la posesión según su sentido. Si no se lograre, se abstendrá la autoridad jurisdiccional de hacer declaración alguna en cuanto a la posesión, respetando en ella a quien la disfrute, y mandará reservar sus derechos a quienes tengan interés para que los hagan valer en el juicio correspondiente mediante la resolución correspondiente que se dictare en el plazo de cinco días, y

V. La autoridad jurisdiccional mandará que se fijen las señales convenientes en los puntos deslindados, las que quedarán como límites legales. Los puntos respecto a los cuales hubiere oposición no quedarán deslindados ni se fijará en ellos señal alguna, mientras no haya sentencia ejecutoria que resuelva la cuestión, dictada en el juicio correspondiente.

Al realizarse la diligencia por Notaria o Notario Público, éste deberá levantar acta en la que haga constar y certifique los hechos ocurridos durante la diligencia, misma que deberá protocolizar en escritura pública, junto con la solicitud y demás documentos que le hayan sido presentados para la realización de la diligencia, en los términos de la Ley del Notariado de cada Entidad Federativa.

Artículo 444. Los gastos generales del apeo se harán por quien lo promueva. Los que importen la intervención de peritos y testigos que presenten los colindantes, serán pagados por quien nombre a los unos y presente a los otros.

En el caso de que el trámite de la diligencia se realice ante Notaria o Notario Público, los gastos serán únicamente por cuenta de quien la promueva.

SECCIÓN TERCERA
DE LA DESIGNACIÓN DE APOYOS EXTRAORDINARIOS

Artículo 445. Todas las personas mayores de edad tienen capacidad jurídica plena. El código civil respectivo regulará las modalidades en que las personas puedan recibir apoyo para el ejercicio de su capacidad jurídica, que son formas de apoyo que se prestan a la persona para facilitar el ejercicio de sus derechos, incluyendo el apoyo en la comunicación, la comprensión de los actos jurídicos y sus consecuencias, y la manifestación de la voluntad.

Puede ser objeto de apoyo cualquier acto jurídico, incluidos aquellos para los que la ley exige la intervención personal del interesado. Nadie puede ser obligado a ejercer su capacidad jurídica mediante apoyos, salvo lo señalado en el artículo siguiente.

Artículo 446. La autoridad jurisdiccional, en casos excepcionales, puede determinar los apoyos necesarios para personas de quienes no se pueda conocer su voluntad por ningún medio y no hayan designado apoyos ni hayan previsto su designación anticipada. Esta medida únicamente procederá después de haber realizado esfuerzos reales, considerables y pertinentes para conocer una manifestación de voluntad de la persona, y de haberle prestado las medidas de accesibilidad y ajustes razonables, y la designación de apoyos sea necesaria para el ejercicio y protección de sus derechos.

Si se hubiere realizado una designación anticipada de apoyos, se estará a su contenido.

El procedimiento para la designación extraordinaria de apoyos se llevará a cabo ante autoridad jurisdiccional civil o familiar, en su caso, en forma sumaria en una audiencia oral en los términos de este Código Nacional.

Artículo 447. La autoridad jurisdiccional determinará la persona o personas de apoyo, sobre la base de la voluntad y preferencias de la persona manifestadas previamente y, de no existir, determinará la persona o personas de apoyo tomando en cuenta la relación de convivencia, confianza, amistad, cuidado o parentesco que exista entre ellas y la persona apoyada, escuchando la opinión del Ministerio Público o autoridad competente en la Entidad Federativa. De no existir ninguna de las personas anteriores, o cuando ninguna acepte el cargo, se designará a una persona física o moral del registro de personas morales que provean apoyos para el ejercicio de la capacidad jurídica, de conformidad con la regulación del código civil respectivo.

Artículo 448. Cualquier persona podrá solicitar la designación judicial extraordinaria de apoyo; corresponderá a la autoridad jurisdiccional allegarse de la información necesaria con base en:

I. La imposibilidad de conocer la voluntad, preferencias, medio, modo y formato de comunicación;

II. El riesgo para la salvaguarda de los derechos, el patrimonio, la integridad personal o la vida, y

III. La realización de esfuerzos reales, considerables y pertinentes, incluyendo la implementación de ajustes razonables, para que la persona manifestara su voluntad y preferencias, sin que éstos resultaran eficaces.

Artículo 449. La autoridad jurisdiccional de manera fundada y motivada, determinará en la resolución la temporalidad, alcances y responsabilidades de la persona designada como apoyo, así como las salvaguardias e informes a la autoridad administrativa competente, que en su caso procedan. La designación judicial de apoyo no puede otorgarse para actos personalísimos.

Artículo 450. La persona judicialmente designada como apoyo tendrá la encomienda de realizar su mandato de acuerdo con la mejor interpretación posible de lo que fuera la voluntad y preferencias de la persona, de conformidad con las fuentes conocidas de información que resulten pertinentes, incluida la trayectoria de vida de la persona, sus valores, tradiciones y creencias, previas manifestaciones de la voluntad y preferencias en otros contextos, información con la que cuenten personas de confianza, y tecnologías presentes o futuras.

La persona designada judicialmente como apoyo está obligada a hacer esfuerzos constantes, dentro de sus posibilidades, durante su encargo para conocer la voluntad y preferencias de la persona apoyada.

Artículo 451. En caso de que se llegue a conocer la voluntad y preferencias de la persona, quien haya sido designado como apoyo, está obligada a dar aviso de inmediato a la autoridad jurisdiccional para que se revoque o modifique la presente designación.

La autoridad jurisdiccional deberá establecer revisiones periódicas, determinadas, para verificar que la persona designada está cumpliendo con su mandato, de conformidad con los parámetros establecidos en la designación extraordinaria, así como la pertinencia de su continuación o modificación. Para dichos efectos, la autoridad jurisdiccional podrá auxiliarse de las autoridades administrativas competentes.

Además, deberá verificar, de preferencia de manera directa, que sigue vigente la situación que dio lugar a la designación de apoyos y que aún no se puede conocer la voluntad y preferencias de la persona por cualquier medio, modo y formato de comunicación posible.

Artículo 452. Cualquier persona que tenga prueba de que la persona designada judicialmente como apoyo no está actuando de conformidad con la mejor interpretación posible de la voluntad y preferencias de la persona apoyada, estará autorizada a poner este hecho en conocimiento de la autoridad jurisdiccional, quien deberá tramitar por vía incidental, para realizar las diligencias y corroboraciones pertinentes a fin de adoptar las medidas correctivas, en su caso, incluida la posibilidad de remover a la persona designada como apoyo.

Artículo 453. En ningún caso se podrán tramitar ante Fedatario Público asuntos no contenciosos en los que esté involucrada la designación extraordinaria de apoyo, para el ejercicio de la capacidad jurídica, salvo aquellos asuntos autorizados por la autoridad jurisdiccional competente.

Artículo 454. La autoridad jurisdiccional no puede designar como apoyos a las personas que tengan conflicto de intereses con la persona apoyada. No será considerado como conflicto de intereses la simple relación de parentesco que tenga la persona apoyada con quien proporciona el apoyo.

Artículo 455. Se entiende que existen conflicto de intereses cuando la situación laboral, personal, profesional, familiar o de negocios, pueden llegar a afectar el desempeño o las decisiones imparciales y objetivas de sus funciones de apoyo.

CAPÍTULO II
DE LOS JUICIOS ORALES CIVILES

SECCIÓN PRIMERA
DEL JUICIO ORDINARIO CIVIL ORAL

Artículo 456. Todas las controversias de naturaleza civil que no tengan señalada tramitación especial en este Código Nacional se ventilarán en juicio ordinario civil y se tramitarán conforme a las reglas del presente Título y en lo no previsto, se regirá por las disposiciones generales de este Código Nacional.

Artículo 457. Atendiendo a lo establecido en el artículo 251, se desarrollará la audiencia preliminar con las siguientes etapas:

I. Depuración del procedimiento;

II. Conciliación de las partes y en su caso, invitación a la mediación ante los Centros Alternativos de Justicia del Poder Judicial respectivo;

III. Depuración del debate;

IV. Calificación sobre admisibilidad o desechamiento de pruebas, y

V. Citación para audiencia de juicio.

Las partes podrán solicitar a la autoridad jurisdiccional, de manera verbal, en las audiencias, que se subsanen las omisiones o irregularidades de debido proceso, que se llegasen a presentar en la substanciación del procedimiento oral, para el solo efecto de regularizar el mismo.

Artículo 458. Las partes tienen el deber de comparecer a la audiencia preliminar, personalmente o por conducto de persona representante autorizada.

A las personas representantes autorizadas que no acudan a la audiencia preliminar sin justa causa calificada por la autoridad jurisdiccional se le impondrá una multa que no podrá ser menor a veinte ni superior a sesenta Unidades de Medida y Actualización, y se diferirá la audiencia por una única ocasión.

Si dejaran de concurrir alguna o ambas partes sin justificación a la audiencia diferida, la autoridad jurisdiccional procederá a examinar los presupuestos y excepciones procesales, resolverá sobre la admisión o desechamiento de pruebas y citará para audiencia de juicio, que no podrá exceder de un plazo de cuarenta días siguientes a la celebración de esta audiencia quedando las partes notificadas desde ese momento.

Artículo 459. En la etapa de depuración del procedimiento, la autoridad jurisdiccional examinará las cuestiones relativas a la legitimación procesal y procederá, en su caso, al desahogo de las pruebas relacionadas a las excepciones procesales y una vez hecho lo anterior las resolverá de manera oral; salvo las cuestiones de incompetencia, que se tramitarán conforme a la parte general de este Código Nacional.

Artículo 460. Depurado el procedimiento, la autoridad jurisdiccional procurará conciliar a las partes, salvo que el asunto sea sobre derechos intransigibles, para dichos efectos hará saber a las partes las pretensiones de cada una de ellas, escuchará las propuestas de éstas y tendrá facultades para, sin externar opinión sobre el posible resultado del juicio, proponer alternativas relacionadas con la litis y solución del conflicto.

Dentro de la misma audiencia, las partes podrán solicitar un receso razonable para desarrollar pláticas conciliatorias entre ellas, sin la presencia de la autoridad jurisdiccional y sin que obre registro del contenido de estas.

Para el caso de conciliación se redactará convenio respectivo, que deberá referirse sólo a las cuestiones en litigio y será firmado por las partes.

La autoridad jurisdiccional examinará el convenio, si concluye que no es contrario a derecho, lo aprobará, elevándolo a categoría de cosa juzgada.

Artículo 461. Cuando en la audiencia no se logre conciliación, lo planteado por las partes no se registrará por ningún medio, ni producirá efecto alguno dentro del procedimiento o fuera de él. Asimismo, se les hará saber a las partes, la posibilidad que tienen en todo momento para llegar a un acuerdo, e incluso, acudir al centro de justicia alternativa o institución análoga que corresponda.

Artículo 462. Durante la audiencia preliminar, en la etapa de depuración del debate, las partes podrán solicitar conjuntamente a la autoridad jurisdiccional la fijación de acuerdos sobre hechos no controvertidos, los que tendrán como finalidad establecer acontecimientos que estarán fuera del debate, con el fin de que las pruebas se dirijan a los hechos controvertidos. La autoridad jurisdiccional de oficio impulsará a las partes para que realicen fijación de hechos no controvertidos con la finalidad de depurar el procedimiento.

De igual manera, las partes y la autoridad jurisdiccional precisarán los acuerdos probatorios necesarios para eliminar total o parcialmente trámites probatorios o pruebas innecesarias, o bien definirán la cooperación procesal entre las partes para su preparación y desahogo; asimismo, pueden pactar las partes el que se incorpore alguna prueba relacionada con el debate, aún y cuando no haya sido ofrecida en los escritos que fijan la Litis.

Consensuados voluntariamente los acuerdos por las partes, la autoridad jurisdiccional los tendrá por fijados.

Artículo 463. La autoridad jurisdiccional al abrir la etapa de admisión de pruebas, en la que, a petición de parte, deberá permitir un breve debate sobre la admisibilidad de las pruebas, previo al pronunciamiento de la autoridad jurisdiccional.

Concluido el breve debate sobre la admisibilidad de las pruebas, la autoridad jurisdiccional procederá a pronunciarse respecto su admisión o desechamiento, así como la forma en que deberán prepararse para su desahogo en la audiencia de juicio, quedando a cargo de las partes su oportuna preparación, bajo el apercibimiento que de no hacerlo se declararán desiertas de oficio las mismas por causas imputables al oferente. Las pruebas que ofrezcan las partes sólo deberán admitirse cuando se refieran a los hechos controvertidos y cumplan con los requisitos previstos en el presente Código Nacional.

La preparación de las pruebas quedará a cargo de las partes, por lo que deberán presentar a los testigos, peritos y demás pruebas que les hayan sido admitidas; y sólo en los casos autorizados en este Código Nacional, la autoridad jurisdiccional, en auxilio del oferente, expedirá los oficios o citaciones, los cuales serán entregados al oferente en la misma audiencia, salvo causa justificada, a efecto de que preparen sus pruebas y éstas se desahoguen en la audiencia de juicio.

Si sólo se reciben pruebas documentales, instrumentales y presuncionales, la autoridad jurisdiccional deberá concentrar la audiencia de juicio dentro de la audiencia preliminar, en la cual se expresarán alegatos de inicio, se desahogarán las pruebas admitidas, se escucharán los alegatos de cierre y se emitirá sentencia definitiva de conformidad con las reglas previstas en el presente Código Nacional.

Durante la etapa de admisión de pruebas, las partes podrán objetar las documentales que consideren pertinentes.

Artículo 464. En casos excepcionales, por la complejidad del asunto, la autoridad jurisdiccional podrá planificar el desahogo de pruebas en más de una que se celebrará en días consecutivos sin afectar los principios de continuidad y concentración.

Artículo 465. Cerrada la etapa de admisión de pruebas, la autoridad jurisdiccional dará el uso de la palabra a las partes, a fin de proveer peticiones finales antes de la conclusión de la audiencia.

Artículo 466. Abierta la audiencia de juicio, la autoridad jurisdiccional escuchará los alegatos de apertura de las partes, para exponer sus respectivas teorías del caso.

La autoridad jurisdiccional señalará el orden para el desahogo de las pruebas, de conformidad con los acuerdos fijados en la audiencia preliminar.

Serán declaradas desiertas aquellas pruebas que no estén debidamente preparadas para su desahogo por causas imputables a la parte oferente. Contra dicha resolución no procede recurso alguno.

Artículo 467. Concluido el desahogo de pruebas, se concederá el uso de la palabra, por una vez a cada una de las partes para formular los alegatos de cierre. La autoridad jurisdiccional tomará las medidas que procedan a fin de que las partes se sujeten al tiempo indicado.

Artículo 468. Enseguida se declarará el asunto visto y se emitirá de inmediato la sentencia definitiva. De ser necesario, la autoridad jurisdiccional decretará un receso razonable para resolver en el mismo día.

En su caso, reanudada la audiencia, la autoridad jurisdiccional explicará de forma breve, clara y sencilla en un lenguaje cotidiano el sentido de su sentencia definitiva y leerá únicamente los puntos resolutivos, entregando copia simple de la versión escrita de la misma a las partes, en un plazo no mayor a dos días.

Asimismo, se hará del conocimiento de las partes el derecho que tienen, si estimaren que la sentencia definitiva contiene omisiones, cláusulas o palabras contradictorias, ambiguas u oscuras, de solicitar por escrito dentro del término de tres días, posteriores a la emisión de la sentencia, la aclaración de la resolución y sin que con ello se pueda variar la substancia de la resolución, sin que dicha petición pueda alterar los plazos del recurso de apelación.

De igual forma, hará saber el derecho y término que tienen las partes para impugnar dicha sentencia conforme al caso en concreto.

En casos excepcionales, dada la complejidad del asunto, el cúmulo y naturaleza de las pruebas desahogadas, la autoridad jurisdiccional podrá diferir la audiencia para emisión de la sentencia definitiva hasta por diez días, citando a las partes para su explicación en un lenguaje cotidiano, en forma breve, clara y sencilla el sentido de la sentencia definitiva y leerá únicamente los puntos resolutivos, entregando copia simple de la versión escrita de la misma a las partes, en un plazo no mayor a dos días.

En caso de que las partes no estén presentes en la audiencia donde se emita la sentencia, se dispensará su explicación y lectura de puntos resolutivos, y se publicará la sentencia a través del medio de comunicación procesal oficial.

Tratándose de personas pertenecientes a grupos sociales en situación de vulnerabilidad la sentencia deberá explicarse y dictarse con los ajustes y formatos necesarios para su debido entendimiento y comprensión.

Artículo 469. Asimismo, al momento de dictar la sentencia definitiva, la autoridad jurisdiccional explicará a las partes las ventajas del cumplimiento voluntario de la sentencia; y las desventajas, de no hacerlo voluntariamente; así como la importancia de presentarse a las audiencias de cumplimiento voluntario de sentencia y sus consecuencias legales, para el caso de que la resolución no sea modificada o revocada por la autoridad jurisdiccional de segunda instancia. Destacando la importancia de vigilar el expediente ante la ausencia de cualquier notificación personal antes de los tres meses posteriores a que la sentencia definitiva sea ejecutable.

SECCIÓN SEGUNDA
DEL JUICIO EJECUTIVO CIVIL ORAL

Artículo 470. Procede el juicio ejecutivo en los casos que un documento lleve aparejada ejecución y que contenga obligación cierta, líquida y exigible.

Traen aparejada ejecución:

I. Los instrumentos públicos, así como los testimonios que de los mismos expidan las y los Corredores Públicos, las y los Notarios Públicos, o la autoridad competente para emitir dichos testimonios;

II. Las ulteriores copias dadas por mandato judicial, con citación de la persona a quien interesa;

III. Los demás instrumentos públicos que conforme a este Código Nacional hacen prueba plena;

IV. Cualquier documento privado después de reconocido por la persona quien lo hizo o lo mandó extender; basta con que se reconozca la firma aun cuando se niegue la deuda;

V. La confesión de la deuda hecha ante la autoridad jurisdiccional competente por la persona deudora;

VI. Los convenios celebrados en el curso de un juicio ante la autoridad jurisdiccional, ya sea de las partes entre sí o de terceros que se hubieren obligado como fiadoras, depositarias, o en cualquier otra forma;

VII. El estado de liquidación de adeudos por cuotas ordinarias o extraordinarias, intereses moratorios o penas convencionales que se hayan aprobado en la Asamblea General de Condóminos; suscrito por quien tenga a su cargo la Administración o el Comité de Vigilancia o su equivalente, conforme a lo dispuesto en la ley de la materia de cada Entidad Federativa;

VIII. Los convenios emanados del procedimiento de mediación o conciliación que cumplan con los requisitos previstos en la Ley de mecanismos alternativos de solución de controversias o de justicia alternativa respectiva, y

IX. Los demás a los que se les reconozca ese carácter por la Ley.

Artículo 471. Las sentencias que causen ejecutoria y los convenios judiciales, los convenios celebrados ante la Procuraduría Federal del Consumidor, así como los celebrados ante la Procuraduría Social o Institución autorizada de la Entidad Federativa correspondiente, los convenios emanados del procedimiento de mediación o conciliación, incluidos los de mediación comunitaria de cada Estado, que cumplan con los requisitos previstos en la Ley de Justicia Alternativa o la legislación respectiva que señale la autoridad jurisdiccional o Poder Judicial de las diversas entidades, los convenios celebrados ante Juzgado Cívico o su análogo tratándose de daños culposos causados con motivo del tránsito de vehículos, los convenios de transacción, los laudos que emitan las propias Procuradurías antes mencionadas y los laudos arbitrales o juicios de contadores, motivarán ejecución, si la persona interesada no intentare la vía de apremio.

Artículo 472. Cuando la confesión judicial de reconocimiento de deuda se haga durante la secuela del juicio ordinario, cesará este si la parte actora lo pidiere y se procederá en la vía ejecutiva.

Si la confesión sólo afecta a una parte de lo demandado en el juicio oral civil, procederá la vía ejecutiva únicamente por lo reconocido si la actora lo pidiere así. El resto de las obligaciones no reconocidas seguirán el juicio ordinario civil.

Artículo 473. La ejecución no puede despacharse sino por cantidad líquida. Si el título ejecutivo o las diligencias preparatorias determinan una cantidad líquida en parte y en parte ilíquida, por aquélla se decretará la ejecución, reservándose por el resto los derechos de la persona promovente.

Artículo 474. Las cantidades que por intereses o daños y perjuicios forman parte de la deuda reclamada y no estuvieren liquidadas al despacharse la ejecución de la suerte principal, lo serán en su oportunidad y se decidirán en la sentencia definitiva.

Artículo 475. Las obligaciones sujetas a condición suspensiva o a plazo, no serán ejecutivas, si no cuando aquélla o éste se hayan cumplido, salvo lo dispuesto en los artículos relativos al cumplimiento de la condición y pérdida del derecho a agotar el plazo del Código Civil correspondiente.

Artículo 476. Si el documento ejecutivo contiene obligación de hacer o no hacer, se observarán las reglas siguientes:

I. Si la parte actora exige la prestación del hecho por quien está obligada o por una tercera persona conforme al Código Civil de cada Entidad Federativa en relación al cumplimiento de la prestación de servicio, la tercera persona, atendidas las circunstancias del hecho, señalará un término prudente para que se cumpla la obligación;

II. Si en el contrato se estableció alguna pena por el incumplimiento, se decretará la ejecución;

III. Si no se fijó penalidad por el incumplimiento de la obligación, el importe de los daños y perjuicios será fijado por la parte actora, cuando la misma optare por el resarcimiento de daños y perjuicios; en este caso, la autoridad jurisdiccional debe moderar prudentemente la cantidad señalada, y

IV. Hecho el acto por la tercera persona, o efectuado el embargo por los daños y perjuicios o la pena, puede oponerse la demandada, de la misma manera que en las demás ejecuciones.

Artículo 477. Cuando el documento contenga la obligación de entregar bienes muebles que sin ser dinero se cuentan por número, peso o medida, o inmuebles se observará lo siguiente:

I. Si no se designa la calidad de los bienes y existieren de varias clases en poder de la parte deudora, se embargarán las de mediana calidad;

II. Si hubiere sólo calidades diferentes a la estipulada, se embargarán si así lo pidiere la parte actora, sin perjuicio de que en la sentencia definitiva se hagan los abonos recíprocos correspondientes, y

III. Si no hubiere en poder de la parte demandada ninguna calidad, se despachará ejecución por la cantidad de dinero que señale la actora, debiendo prudentemente moderarla la autoridad jurisdiccional, de acuerdo con los precios corrientes en plaza, sin perjuicio de lo que señale por daños y perjuicios, moderables también.

Artículo 478. Cuando la acción ejecutiva se ejercite sobre bien mueble o inmueble, cierto y determinado o en especie, o se haya establecido una condición resolutoria ante el incumplimiento de una obligación de dar, si hecho el requerimiento de entrega o devolución la persona demandada no la hace, se pondrá en secuestro judicial.

Si la cosa, bien mueble o inmueble ya no existe, se embargarán bienes suficientes que cubran su valor fijado por la persona ejecutante y los daños y perjuicios como en las demás ejecuciones, pudiendo ser moderada la cantidad por la autoridad jurisdiccional. La ejecutada puede oponerse a los valores fijados, y rendir las pruebas que juzgue convenientes durante la tramitación del juicio. Para el caso de pruebas periciales se estará a las disposiciones del Libro respectivo de este Código Nacional en relación a la vía de apremio y ejecución de sentencia.

Artículo 479. Si el bien mueble o inmueble especificado se halla en poder de una tercera persona, la acción ejecutiva no podrá ejercitarse contra éste, sino en los casos siguientes:

I. Cuando la acción sea real, y

II. Cuando se haya declarado judicialmente que la enajenación por la que adquirió la tercera persona fue realizada por la persona deudora en perjuicio de su acreedor, en los casos y supuestos que señala el Código Civil respectivo y los demás preceptos, en que expresamente se establezca esa responsabilidad.

Artículo 480. En el auto de admisión se mandará emplazar a la persona deudora conforme lo regula el presente Código Nacional, para que dentro de nueve días concurra a oponerse a su ejecución, si para ello tuviere excepciones que hacer valer y se dictará auto de ejecución, ordenando que se requiera de pago a la persona deudora y de no pagar se le embarguen bienes suficientes para garantizar la deuda de forma precautoria.

En los escritos de demanda o contestación y desahogo de excepciones y defensas deberán ofrecerse las pruebas pertinentes, las que se admitirán o desecharán por la autoridad jurisdiccional.

Si la parte demandada no se opusiere a la ejecución o contestadas las excepciones y defensas o precluido el derecho que de oficio se decrete, se señalará fecha para la celebración de la audiencia de juicio, que tendrá verificativo dentro de los diez días siguientes.

En la audiencia de juicio las partes expresarán los alegatos de inicio, se desahogarán las pruebas, se expondrán los alegatos de cierre y se dictará sentencia definitiva conforme a las disposiciones previstas en este Código Nacional.

Para los efectos del remate, en su caso, se estará a lo dispuesto por el Libro Noveno de este Código Nacional en relación con la vía de apremio y ejecución de sentencia.

Artículo 481. Si la persona deudora, tratándose de juicio ejecutivo, no fuere encontrada después de habérsele buscado una vez en su domicilio, se le dejará citatorio para hora fija dentro de las veinticuatro horas siguientes, y si no espera, se practicará la diligencia con cualquier persona que se encuentre en la casa o a falta de ella con el vecino inmediato.

Si no se supiere el paradero de la persona deudora, ni tuviere casa en el lugar, se hará el requerimiento por tres días consecutivos en el medio de comunicación procesal oficial y fijando la cédula en los medios de comunicación procesal oficiales y surtirá sus efectos dentro de tres días, salvo el derecho de la parte actora para pedir providencia precautoria.

Verificado de cualquiera de los modos indicados el requerimiento, se procederá en seguida al embargo.

Artículo 482. El juicio ejecutivo se tramitará en un solo cuaderno, sin necesidad de integrar secciones o cuadernillos especiales.

Artículo 483. Agotado el procedimiento se citará para la sentencia que decidirá los derechos controvertidos. Se procurará dictar en forma inmediata en términos del artículo 468 del presente Código Nacional, y en caso de que se trate de asuntos complejos que requieran mayor tiempo para su análisis, se concederá la ampliación hasta por cinco días más. De resultar probada la acción, la sentencia decretará que ha lugar a hacer trance y remate de los bienes embargados y con el producto, pago a la persona acreedora, una vez celebrada la audiencia de cumplimiento de sentencia.

Artículo 484. Si el crédito que se cobra está garantizado con hipoteca, la persona acreedora podrá intentar el juicio hipotecario o el juicio ejecutivo oral civil, según corresponda.

Artículo 485. Cuando la persona deudora consignare la cantidad reclamada para evitar los gastos y molestias del embargo, reservándose el derecho de oponerse, se suspenderá el embargo y la cantidad se depositará conforme a la Ley; y si la cantidad consignada no fuere suficiente para cubrir la deuda principal y las costas, se practicará el embargo por lo que falte.

SECCIÓN TERCERA
DE LAS TERCERÍAS

Artículo 486. Tercería es la acción que deduce un tercero en un procedimiento previamente instaurado entre dos o más personas, con el objeto de coadyuvar o adherirse a las acciones del demandante o a las excepciones del demandado, o para excluir los derechos de ese tercero.

En un juicio previamente instaurado y seguido por dos o más personas, puede uno o más terceros, con intereses distintos de las partes, presentarse a deducir una acción distinta de la que se debate entre aquellos, tercero que debe fundar su acción y presentar los documentos que tenga relación con la litis planteada en el juicio principal, sin los cuales se desechará de plano. Este nuevo litigante se llama tercer opositor.

Artículo 487. Las cuestiones de tercerías deben substanciarse y decidirse por la autoridad jurisdiccional que sea competente para conocer del asunto principal, independientemente de su cuantía.

La tercería deberá deducirse en los términos prescritos para formular una demanda ante la autoridad jurisdiccional que conoce del juicio y se tramitará conforme a las formalidades del procedimiento en el que se promueva.

Al juicio pueden venir uno o más terceros, siempre que tengan interés propio y distinto de la persona actora o persona demandada en la materia del juicio.

Artículo 488. Las tercerías son coadyuvantes o excluyentes. Las tercerías excluyentes son de dominio o preferencia.

Artículo 489. Las tercerías coadyuvantes pueden oponerse en cualquier juicio, sea cual fuere la acción que en él se ejercite y cualquiera que sea el estado en que éste se encuentre, con tal que aún no se haya pronunciado sentencia definitiva.

Artículo 490. Quien promueva tercería coadyuvante se considera asociado con la parte cuyo derecho coadyuva y, en consecuencia, podrán:

I. Salir al pleito en cualquier estado en que se encuentre, con tal que no se haya pronunciado sentencia definitiva;

II. Hacer las gestiones que estimen oportunas dentro del juicio, deduciendo la misma acción u oponiendo la misma excepción que la persona actora o la demandada, respectivamente y no hubiere designado representación común;

III. Continuar su acción y defensa, aun cuando el principal desistiere, y

IV. Apelar e interponer los recursos procedentes.

Artículo 491. Se correrá traslado a la parte actora y demandada en el principal con la promoción de la tercería coadyuvante, para que contesten en el plazo de nueve días; con el escrito de contestación a la demanda se dará vista a la tercerista para que dentro del término de tres días manifieste lo que a su derecho convenga. En los escritos citados se deberán ofrecer las pruebas, las cuales se admitirán conforme a las reglas generales de este Código Nacional.

En caso de no contestar la demanda, contestadas las excepciones y defensas o precluido el derecho para ello, la autoridad jurisdiccional señalará fecha para la celebración de una audiencia de juicio, dentro de los quince días posteriores, en donde se expresarán alegatos de inicio, se desahogarán pruebas, alegatos de cierre y se dictará sentencia. En lo no previsto y de resultar necesario, deberá de estarse a las reglas para la audiencia de juicio tratándose del procedimiento ordinario civil oral.

Artículo 492. Las tercerías excluyentes de dominio deben de fundarse en el dominio que se posee sobre los bienes objeto del procedimiento.

No es lícito interponer tercería excluyente de dominio a quien consintió en la constitución del gravamen o del derecho real en garantía de la obligación de la persona demandada.

Artículo 493. Quien promueva la tercería excluyente de preferencia debe fundarse en el mejor derecho para ser pagado.

Artículo 494. Con la demanda de tercería excluyente deberá presentarse el título de fecha cierta en original o copia certificada en que se funde o el elemento fehaciente que acredite el derecho que se pretende ejercitar.

La demanda de tercería deberá cumplir con lo previsto por el artículo 235 de este Código Nacional, sin cuyos requisitos se desechará de plano.

Artículo 495. No ocurrirán en tercerías de preferencia:

I. La persona acreedora que tenga hipoteca u otro derecho real accesorio en finca distinta de la embargada;

II. La persona acreedora que sin tener derecho real no haya embargado el bien objeto de la ejecución;

III. La persona acreedora a quien la persona deudora señale bienes bastantes a solventar el crédito, y

IV. La persona acreedora a quien la Ley lo prohíba en otros casos.

Artículo 496. La tercería excluyente de crédito hipotecario tiene derecho de pedir que se inscriba su demanda a su costa.

Artículo 497. Las tercerías excluyentes pueden oponerse en todo procedimiento, cualquiera que sea su estado, con tal de que, si son de dominio, no se haya dado posesión de los bienes a quien haya adquirido por remate o a la parte actora, en su caso, por vía de adjudicación, y que, si son de preferencia, no se haya hecho el pago al demandante.

Artículo 498. Las tercerías excluyentes no suspenderán el curso del juicio en que se interponen. Si fueren de dominio, el juicio principal seguirá sus trámites hasta antes de la aprobación definitiva del remate, y desde entonces se suspenderán sus procedimientos hasta que se decida la tercería.

Artículo 499. Si la tercería fuere de preferencia, se seguirán los procedimientos del juicio principal en que se interponga, hasta la realización de los bienes embargados.

Suspendiéndose el pago que se hará a la persona acreedora que tenga mejor derecho, definida que quede la tercería. Entre tanto se decide ésta, se depositará a disposición de la autoridad jurisdiccional el precio de la venta.

Artículo 500. Si la persona actora y la demandada en el principal se allanaren a la demanda de la tercería, la autoridad jurisdiccional, sin más trámites, mandará cancelar los embargos, si fuere excluyente de dominio, y dictará sentencia por escrito dentro de los siguientes cinco días, si fuere de preferencia. Lo mismo hará cuando ambos dejaren de contestar a la demanda de tercería.

A toda persona opositora que no obtenga sentencia favorable, se le condenará al pago de gastos y costas a favor de las partes que se hubieran opuesto a la tercería.

Al declararse fundada la tercería excluyente que motive se levante el embargo de los bienes, la parte actora en el asunto principal podrá solicitar la ampliación del embargo o un nuevo embargo de bienes sobre los cuales pueda ejecutarse la sentencia o el auto de ejecución.

Artículo 501. La persona ejecutada que haya sido declarado en rebeldía en el juicio principal, seguirá con el mismo carácter en el de tercería; pero si fuere conocido su domicilio, se le notificará el traslado de la demanda.

Artículo 502. Cuando se presenten tres o más personas acreedoras que hicieren oposición, si estuvieren conformes, se seguirá un solo juicio, graduando en una sola sentencia sus créditos; pero si no lo estuvieren, se seguirá el juicio de concurso necesario de acreedoras.

Artículo 503. Si fueren varias las personas opositoras reclamando el dominio se procederá en cualquier caso a decidir incidentalmente la controversia en unión de la ejecutante y de la ejecutada.

Artículo 504. La interposición de una tercería excluyente autoriza a la persona a pedir que se amplíe la ejecución en otros bienes de la persona deudora.

Artículo 505. Si sólo alguno de los bienes ejecutados fuere objeto de la tercería, los procedimientos del juicio principal continuarán hasta vender y hacer pago a la persona acreedora, con los bienes no comprendidos en la misma tercería.

SECCIÓN CUARTA
DEL JUICIO ESPECIAL HIPOTECARIO ORAL

Artículo 506. Se tramitará en la vía especial hipotecaria oral todo juicio que tenga por objeto la constitución, ampliación, división, registro y extinción de una hipoteca, así como su nulidad, cancelación, o bien, el pago o prelación del crédito que la hipoteca garantice.

Para que el juicio que tenga por objeto el pago o la prelación de un crédito hipotecario se siga según las reglas del presente Capítulo, es requisito indispensable que el crédito conste en documento público o privado, según la forma que establezca la legislación común o la que sea aplicable, e inscrito en el Registro, Oficina o Instituto Público Registral que corresponda y que sea de plazo cumplido, o que éste sea exigible en los términos pactados o bien conforme a las disposiciones legales aplicables.

Artículo 507. Procederá el juicio hipotecario oral que tiene por objeto el pago o la prelación de crédito sin necesidad de que el contrato esté inscrito en el Registro, Oficina o Instituto Público respectivo, cuando:

I. El documento base de la acción tenga carácter de título ejecutivo;

II. El bien se encuentre inscrito a favor de la persona demandada, y

III. No exista embargo o gravamen en favor de terceras personas, inscrito cuando menos noventa días anteriores a la de la presentación de la demanda.

Artículo 508. Presentado el escrito de demanda, acompañado del documento base de la acción, la autoridad jurisdiccional si encuentra que se reúnen los requisitos fijados por los artículos anteriores, admitirá la misma y mandará anotar la demanda en el Registro, Oficina o Instituto Público respectivo y que se corra traslado de ésta a la persona deudora y, en su caso, a quien sea titular registral del embargo o gravamen por plazo inferior a que se refiere la fracción

III, del artículo anterior, para que dentro del término de quince días ocurra a contestarla y a oponer las excepciones que no podrán ser otras que:

I. Las procesales previstas en este Código Nacional;

II. Las fundadas en que la persona demandada no haya firmado el documento base de la acción, su alteración o la de falsedad del mismo;

III. Falta de representación, de poder bastante o facultades legales de quien haya suscrito en representación de la demandada el documento base de la acción;

IV. Nulidad del contrato;

V. Pago o compensación;

VI. Remisión o quita;

VII. Oferta de no cobrar o espera;

VIII. Novación de contrato;

IX. Prescripción, y

X. Las demás que autoricen las leyes.

Las excepciones comprendidas en las fracciones de la V a la VIII sólo se admitirán cuando se funden en prueba documental. Respecto de las excepciones de litispendencia y conexidad sólo se admitirán si se exhiben con la contestación las copias selladas de la demanda y contestación o de las cédulas del emplazamiento del juicio pendiente o conexo, o bien la documentación que acredite que se encuentra tramitando un procedimiento arbitral con las excepciones y defensas se dará vista a la parte actora para que manifieste en el plazo de tres días lo que a su derecho corresponda.

Artículo 509. La autoridad jurisdiccional bajo su más estricta responsabilidad, revisará escrupulosamente la contestación de la demanda y desechará de plano las excepciones diferentes a las que se autorizan o aquéllas en que sea necesario exhibir documento y el mismo no se acompañe salvo los casos que se esté gestionando su exhibición en términos de este Código Nacional.

La reconvención sólo será procedente cuando se funde en el mismo documento base de la acción o se refiera a su nulidad. En cualquier otro caso se desechará de plano. Las cuestiones relativas a la personalidad de las partes no suspenderán el procedimiento y se resolverán dentro del plazo a que se refiere el artículo 71 de este Código Nacional.

Si la parte demandada se allanare a la demanda y solicitare término de gracia para el pago o cumplimiento de lo reclamado, se dará vista a la actora para que, dentro de tres días manifieste lo que a su derecho convenga, debiendo la autoridad jurisdiccional resolver de acuerdo a tales proposiciones de las partes en audiencia de juicio, que se celebrará dentro de los diez días siguientes, en dónde se declarará el asunto visto y de ser necesario la autoridad jurisdiccional decretará un receso razonable para resolver. En su caso, reanudada la audiencia, la autoridad jurisdiccional explicará de forma breve, clara y sencilla en un lenguaje cotidiano su sentencia definitiva y leerá únicamente los puntos resolutivos, entregando copia simple de la versión escrita de la misma a las partes, en un plazo no mayor a dos días.

Artículo 510. Tanto en la demanda como en la contestación a la misma, en la vista que se dé con ésta a la actora y en su caso en la reconvención y en la contestación a ésta, así como desahogo de excepciones y defensas, las partes tienen la carga de actuar con precisión, indicando en los hechos si sucedieron ante testigos, citando los nombres de éstos y presentando todos los documentos relacionados con tales hechos. En los mismos escritos, las partes deben ofrecer todas sus pruebas, relacionándolas con los hechos que se pretendan probar. En el caso de que las pruebas ofrecidas sean contra la moral o el derecho, sobre hechos que no han sido controvertidos por las partes, sobre hechos imposibles o notoriamente inverosímiles, o no se hayan relacionado con los mismos, serán desechadas.

Las pruebas que se admitan se desahogarán en la audiencia de juicio.

Con el escrito de contestación a la demanda se dará vista a la parte actora para que manifieste lo que a su derecho convenga; si hubiere reconvención se emplazará a la actora principal para que la conteste dentro de los quince días siguientes y en el mismo proveído, dará vista por tres días con las excepciones opuestas para que manifieste lo que a su derecho convenga.

Contestadas las excepciones opuestas en lo principal y en su caso en la reconvención, o transcurrido el plazo para ello, se admitirán las pruebas que cumplan con los requisitos de ofrecimiento y admisión, establecidos en la parte general del presente Código Nacional. Hecho lo cual, se señalará fecha para la celebración de la audiencia de juicio que deberá fijarse dentro de los quince días siguientes.

Artículo 511. En la audiencia de juicio la autoridad jurisdiccional abrirá una etapa de conciliación o mediación, y en caso de no llegar a un convenio, las partes expondrán sus alegatos de inicio, se procederá al desahogo de las pruebas admitidas, expresarán las partes alegatos de cierre, en seguida la autoridad jurisdiccional explicará de forma breve, clara y sencilla en un lenguaje cotidiano su sentencia definitiva y leerá únicamente los puntos resolutivos, entregando copia simple de la versión escrita de la misma a las partes, en un plazo no mayor a dos días, todo lo anterior, aplicando en lo conducente las reglas de las audiencias del juicio ordinario oral civil.

Artículo 512. La preparación de las pruebas quedará a cargo de las partes, por lo que deberán presentar a los testigos, peritos y demás pruebas que les hayan sido admitidas.

En caso que las partes manifiesten bajo protesta de decir verdad la imposibilidad de preparar directamente el desahogo de las mismas, la autoridad jurisdiccional previa solicitud de la oferente, expedirá los oficios o citaciones, designará en su caso perito tercero en discordia, poniendo a disposición de la oferente los oficios y citaciones respectivas, a efecto que las partes preparen las pruebas y éstas se desahoguen en la audiencia de juicio; en caso contrario se declarará desierta la prueba por causa imputable del oferente.

Si llamado un testigo, perito o solicitado un documento que hayan sido admitidos como prueba, no se desahogan éstas a más tardar en la audiencia, se declarará desierta la prueba ofrecida por causa imputable a la oferente.

Artículo 513. Si en el documento base con el cual se ejercita la acción hipotecaria se advierte que hay otros acreedores hipotecarios anteriores, se mandará notificarles personalmente la existencia del juicio para que manifiesten lo que a su derecho corresponda.

Artículo 514. La demanda se anotará en el Registro, Oficina o Instituto Público respectivo, a cuyo efecto la parte actora exhibirá un tanto más de la demanda, documentos base de la acción y en su caso, de aquellos con que justifique su representación, para que, previo cotejo con sus originales se certifiquen por la persona secretaria judicial, haciendo constar que se expiden para efectos de que la parte interesada inscriba su demanda, a quien se le entregarán para tal fin, debiendo hacer las gestiones en el registro, oficina o instituto registral dentro del término de tres días y acreditándolo en su oportunidad ante la autoridad jurisdiccional.

Artículo 515. Anotada la demanda en el Registro, Oficina o Instituto Público respectivo, no podrá verificarse en el bien hipotecado ningún embargo, toma de posesión, diligencia precautoria o cualquier otra que entorpezca el curso del juicio, salvo que se trate de derechos en materia de alimentos o en virtud de sentencia ejecutoriada relativa al mismo bien, debidamente registrada y anterior en fecha a la inscripción de la referida demanda o en razón de providencia precautoria solicitada ante la autoridad jurisdiccional por la acreedora con mejor derecho, en fecha anterior a la de inscripción de la demanda.

Artículo 516. En el trámite y resolución de las acciones deducidas en el presente Capítulo, será autoridad jurisdiccional competente, la del lugar donde se encuentra el bien inmueble objeto de la garantía real sobre el constituida, incluyendo contratos de adhesión y una de las partes sea una institución que pertenezca al sistema financiero mexicano o instituto, dependencia o institución del crédito del gobierno. Si la finca no se halla en el lugar del juicio, se librará exhorto a la autoridad jurisdiccional de la ubicación del bien inmueble objeto de la garantía real conforme a las reglas de competencia prevenidas en el presente Código Nacional.

Artículo 517. Desde el día del emplazamiento, la persona deudora contrae la obligación de depositaria judicial respecto del bien hipotecado, sus frutos y de todos los objetos que, con arreglo al contrato y conforme a lo dispuesto por la legislación aplicable, deban considerarse como inmovilizados y formando parte del mismo bien hipotecado, de los cuales se formará inventario para agregarlo a los autos, siempre que lo pida la persona acreedora. Para efecto del inventario, la persona deudora queda obligada a dar todas las facilidades para su formación y en caso de desobediencia, la autoridad jurisdiccional lo compelerá por los medios de apremio que le autoriza este Código Nacional.

Artículo 518. La parte deudora que no quiera aceptar la responsabilidad de depositaria, entregará desde luego, la tenencia material del bien hipotecado a la actora o a la depositaria que éste nombre.

Artículo 519. En todo lo no previsto en lo relativo a la demanda, emplazamiento, contestación de demanda, contestación de excepciones, ofrecimiento, admisión, preparación y desahogo de las pruebas, así como al desarrollo de la audiencia de juicio, se observarán las normas del juicio ordinario civil oral, así como las reglas generales de este Código Nacional, en cuanto no se opongan a las disposiciones del presente Capítulo.

SECCIÓN QUINTA
DEL JUICIO ESPECIAL DE ARRENDAMIENTO INMOBILIARIO ORAL

Artículo 520. A las controversias que versen sobre el arrendamiento inmobiliario les serán aplicables las disposiciones de este Capítulo.

A las acciones que se intenten contra quien haya otorgado fianza de carácter civil o terceras personas por controversias derivados del arrendamiento, se aplicarán las reglas de este Capítulo, en lo conducente. Igualmente, la acción que intente la persona arrendataria para exigir a la arrendadora, el derecho de preferencia y el pago de los daños y perjuicios a que se refiere el Código Civil correspondiente se sujetará a lo dispuesto en este Título.

Artículo 521. Los escritos de demanda, contestación, y en su caso, reconvención, observarán los requisitos establecidos en las disposiciones generales. El escrito inicial de demanda además de los requisitos referidos deberá acompañarse con el contrato de arrendamiento en caso de haberse celebrado por escrito.

En la demanda, contestación, reconvención, contestación a la reconvención y contestación a las excepciones opuestas, las partes deberán ofrecer las pruebas que pretendan rendir durante el juicio.

Artículo 522. Admitida la demanda se ordenará emplazar a la parte demandada, misma que deberá dar contestación, y formular en su caso, reconvención, dentro de los quince días siguientes a la fecha del emplazamiento; si hubiere reconvención se correrá traslado de ésta a la parte actora para que la conteste dentro de los quince días siguientes.

Desahogada la vista de las excepciones y defensas, de la contestación a la demanda y en su caso, de la contestación a la reconvención, o transcurridos los plazos para ello, la autoridad jurisdiccional señalará de inmediato la fecha y hora para la celebración de la audiencia de juicio, la que deberá fijarse dentro de los quince días siguientes.

En el mismo auto, la autoridad jurisdiccional admitirá, en su caso, las pruebas que fuesen ofrecidas en relación con las excepciones procesales opuestas, para que se rindan a más tardar en la audiencia de juicio. En caso de no desahogarse las pruebas en la audiencia, se declararán desiertas por causa imputable al oferente.

En lo no previsto para la audiencia de juicio, deberán aplicarse lo dispuesto en las reglas generales del juicio ordinario oral civil de este Código Nacional.

Artículo 523. La preparación de las pruebas quedará a cargo de las partes, por lo que deberán presentar a los testigos, peritos y demás pruebas que les hayan sido admitidas.

En caso de que las partes manifiesten bajo protesta de decir verdad la imposibilidad de preparar directamente el desahogo de las mismas, la autoridad jurisdiccional previa solicitud de la oferente, expedirá los oficios o citaciones, designará en su caso perito tercero en discordia, poniendo a disposición de la oferente los oficios y citaciones respectivas, a efecto de que las partes preparen las pruebas y éstas se desahoguen en la audiencia de juicio; en caso contrario se declarará desierta la prueba por causa imputable del oferente.

Si llamado un testigo, perito o solicitado un documento que hayan sido admitidos como prueba, no se desahogan éstas a más tardar en la audiencia, se declarará desierta la prueba ofrecida por causa imputable a la oferente.

Artículo 524. En la audiencia de juicio, se abrirá una etapa de conciliación y mediación, en caso de no lograrse un convenio, las partes expresaran sus alegatos de inicio, se desahogarán las pruebas y escuchados los alegatos finales, se declarará el asunto visto y la autoridad jurisdiccional explicará de forma breve, clara y sencilla en un lenguaje cotidiano su sentencia definitiva y leerá únicamente los puntos resolutivos, entregando copia simple de la versión escrita de la misma a las partes, en un plazo no mayor a dos días.

Artículo 525. En caso de que dentro del juicio a que se refiere este Capítulo, se demande el pago de rentas atrasadas por dos o más meses de acuerdo con el contrato suscrito por las partes, la parte actora podrá solicitar a la autoridad jurisdiccional que, al momento del emplazamiento o al dar contestación a la demanda, la demandada acredite con los recibos de renta correspondientes o escritos de consignación debidamente sellados, que se encuentra al corriente en el pago de las rentas pactadas y no haciéndolo se embargarán bienes de su propiedad suficientes para cubrir las rentas adeudadas.

Artículo 526. Para los efectos de este Capítulo siempre se tendrá como domicilio legal de la parte ejecutada el inmueble motivo del arrendamiento.

Artículo 527. Los incidentes no suspenderán el procedimiento. Se tramitarán en los términos de las reglas generales del presente Código Nacional, para los de tramitación escrita u oral, según procedan.

Artículo 528. Contra las sentencias definitivas en los procedimientos de arrendamiento inmobiliario oral, procederá el recurso de apelación en efecto devolutivo.

Artículo 529. En todo lo no previsto regirán las reglas generales de este Código Nacional, en cuanto no se opongan a las disposiciones del presente Capítulo.

SECCIÓN SEXTA
DEL PROCEDIMIENTO ESPECIAL DE INMATRICULACIÓN JUDICIAL ORAL

Artículo 530. El procedimiento especial oral de inmatriculación judicial de inmuebles, sin perjuicio de lo dispuesto en los Códigos Civiles respectivos, se substanciará conforme a lo siguiente:

I. Se presentará una solicitud que deberá de contener:

a) El origen de la posesión;

b) En su caso, el nombre de la persona de quien obtuvo la posesión el peticionario;

c) El nombre y domicilio del causahabiente de aquélla si fuere conocido;

d) La ubicación precisa del bien y sus medidas y colindancias;

e) El nombre y domicilio de las personas colindantes, y

f) El nombre de tres testigos, preferentemente colindantes del inmueble a inmatricular o, en su caso, que vivan o habiten cerca del lugar de ubicación del fundo en cuestión.

II. Se acompañará a la solicitud:

a) Un plano descriptivo de la ubicación del inmueble;

b) Un plano catastral del inmueble autorizado por el órgano de recaudación correspondiente, con una vigencia no mayor a seis meses, y

c) Un certificado de no inscripción del inmueble expedido por el Registro de la Propiedad, Oficina Registral o cualquier Institución análoga según la Entidad Federativa de que se trate. En el escrito en que se solicite dicho certificado, se deberán proporcionar los datos que identifiquen con precisión el fundo y manifestar que el certificado será exhibido en el procedimiento judicial de inmatriculación.

III. Admitida la solicitud, se ordenará la publicación por edictos en el medio de comunicación procesal oficial y en un periódico de mayor circulación en la Entidad Federativa donde se ubique el bien inmueble, por una sola ocasión, para que comparezcan al procedimiento las personas que se pudieren considerar perjudicadas, en los siguientes medios:

a) En el medio de comunicación procesal oficial de la autoridad jurisdiccional, y

b) En un periódico de los de mayor circulación en el lugar del inmueble.

IV. Se deberá fijar un anuncio de proporciones visibles en la parte externa del inmueble en cuestión, a través del cual se informe a las personas que puedan considerarse perjudicadas, a las y los vecinos, así como al público en general, la existencia del procedimiento de inmatriculación judicial respecto a ese inmueble. El anuncio deberá contener el nombre de la promovente y permanecer en el inmueble durante todo el trámite judicial.

Artículo 531. Realizadas las publicaciones y fijado el anuncio, se correrá traslado de la solicitud, para que contesten si existe oposición al procedimiento, dentro del término de quince días, las siguientes personas:

I. Aquella de quien obtuviera la posesión de quien promueve o su causahabiente si fuere conocido;

II. El Ministerio Público de la Entidad Federativa o la Federación;

III. Las personas colindantes del inmueble;

IV. El Instituto de Administración y Avalúos de Bienes Nacionales o dependencia de gobierno similar en las entidades, para que exprese si el fundo es o no de propiedad Federal o Estatal, y

V. A criterio de la autoridad jurisdiccional, el Registro Agrario Nacional.

Artículo 532. Producida la contestación y desahogadas las excepciones y defensas, en dichos escritos se ofrecerán las pruebas objeto de debate y se procederá a señalar la fecha y hora para celebración de la audiencia de juicio. En todo lo no previsto se estará a las disposiciones del juicio ordinario civil oral.

En el caso de que no hubiera oposición, y previa solicitud de acuse de rebeldía, la autoridad jurisdiccional, al vencerse el término a que se refieren los artículos anteriores, señalará fecha para la celebración de la audiencia de juicio dentro de los treinta días y se decidirá sobre la admisión y preparación de pruebas en el proveído respectivo. La audiencia se llevará a cabo con o sin la asistencia de las partes emplazadas. En caso de inasistencia sin justa causa del promovente, se sobreseerá el procedimiento.

TÍTULO TERCERO
DEL JUICIO ARBITRAL

CAPÍTULO I
DISPOSICIONES GENERALES

Artículo 533. Las partes tienen el derecho de someter sus controversias al juicio arbitral.

Artículo 534. El acuerdo de arbitraje puede celebrarse previo a que inicie un procedimiento jurisdiccional, durante éste una vez iniciado y hasta antes de dictada la sentencia definitiva.

En caso de que las partes decidan someterse a un juicio arbitral una vez iniciado un procedimiento jurisdiccional, la autoridad jurisdiccional las remitirá al arbitraje, dando por concluida la instancia, a menos, que se compruebe que el acuerdo es nulo, ineficaz o de ejecución imposible.

Lo actuado en el procedimiento jurisdiccional carecerá de validez para el juicio arbitral, salvo que las partes de común acuerdo convinieren lo contrario.

Artículo 535. El acuerdo de arbitraje es un convenio, por el que las partes deciden someter a arbitraje todas o ciertas controversias que hayan surgido o puedan surgir entre ellas respecto de una determinada relación jurídica, contractual o no. El acuerdo de arbitraje podrá adoptar la forma de una cláusula compromisoria incluida en un contrato o la forma de un acuerdo independiente.

En todos los casos el acuerdo deberá constar por escrito o por cualquier medio por el que se manifieste expresamente la voluntad de las partes que así lo convinieron.

Artículo 536. La referencia a un reglamento en el acuerdo de arbitraje, o en sus modificaciones, hará que se entiendan comprendidas en el mismo todas las disposiciones de que se trate.

Artículo 537. Quien esté en pleno ejercicio de sus derechos civiles, puede comprometer en árbitros sus negocios.

Las personas tutoras no pueden comprometer los negocios de personas sobre quienes ejercen la tutela, ni nombrar árbitros, sino con aprobación judicial, a menos que éstas fueren personas herederas de quien celebró el acuerdo de arbitraje. Si no hubiere designación de árbitros, salvo pacto en contrario de las partes, se hará con intervención judicial, como está previsto en los medios preparatorios a juicio arbitral.

Artículo 538. Los albaceas necesitan del consentimiento unánime de las personas herederas para comprometer en árbitros los negocios de la herencia y para nombrar árbitros, salvo que se tratara de cumplimentar los acuerdos de arbitraje pactados por el autor de la sucesión.

Artículo 539. Quien funja como síndico de los concursos civiles, sólo puede comprometer en árbitros con el consentimiento unánime de las personas acreedoras.

Artículo 540. No se pueden comprometer en árbitros los siguientes negocios:

I. El derecho de recibir alimentos, lo concerniente al régimen de convivencia, guarda y custodia y demás derechos de niñas, niños y adolescentes;

II. Los divorcios, excepto la separación de bienes, la liquidación y disolución de la sociedad conyugal y las demás diferencias de naturaleza pecuniarias;

III. Las acciones de nulidad de matrimonio;

IV. Los concernientes al estado civil de las personas, con las excepciones contenidas en el Código Civil o Familiar de cada Entidad Federativa que así lo determine, y

V. Los demás en los que lo prohíba expresamente la Ley.

Artículo 541. La persona a quien se comunique su posible nombramiento como árbitro, deberá estar libre de conflicto de intereses con cualquiera de las partes, así mismo, será su obligación revelar todas las circunstancias que puedan dar lugar a dudas justificadas acerca de su imparcialidad o independencia. Desde el momento de su nombramiento y durante todas las actuaciones arbitrales, revelará sin demora tales circunstancias a las partes.

Sólo podrá ser recusado si existen circunstancias que den lugar a dudas justificadas respecto de su imparcialidad o independencia, o si no posee las cualidades convenidas por las partes. Una parte sólo podrá recusar al árbitro nombrado por ella o en cuyo nombramiento haya participado, por causas de las que tenga conocimiento después de efectuada la designación.

Artículo 542. Deberá tratarse a las partes con igualdad y darse a cada una plena oportunidad de hacer valer sus derechos.

Con sujeción a las disposiciones del presente Título, las partes tendrán libertad para convenir las reglas del procedimiento a que se haya de ajustar el árbitro en sus actuaciones, a menos de que se trate de un arbitraje institucionalizado.

A falta de acuerdo sobre las reglas y siempre que no se trate de un arbitraje institucionalizado, se aplicarán las disposiciones del Reglamento de Arbitraje de la Comisión de las Naciones Unidas para el Derecho Mercantil Internacional.

En ausencia de acuerdo y de disposición expresa en el reglamento respectivo, se aplicará lo dispuesto en el presente Título.

En todo momento, el árbitro podrá, con sujeción a lo dispuesto en el presente Código Nacional, dirigir el procedimiento del modo que considere apropiado con el objeto de resolver la controversia planteada. Esta facultad conferida incluye de manera enunciativa, determinar la admisibilidad, la pertinencia y el valor de las pruebas.

Artículo 543. El acuerdo de arbitraje produce las excepciones de remisión al arbitraje y litispendencia, si durante el procedimiento se promueve el negocio en un órgano jurisdiccional ordinario.

La excepción de remisión al arbitraje debe tramitarse en la vía incidental. Sólo se denegará la remisión al arbitraje:

I. Si en el desahogo de la vista dada con la excepción de remisión al arbitraje se demuestra por medio de resolución firme, sea en forma de sentencia o laudo arbitral, que se declaró la nulidad del acuerdo de arbitraje, o

II. Si la nulidad, la ineficacia o la imposible ejecución del acuerdo de arbitraje son notorias desde el desahogo de la vista dada con la solicitud de remisión al arbitraje. Al tomar esta determinación la autoridad jurisdiccional deberá observar un criterio estricto y razonable.

Artículo 544. El tribunal arbitral resolverá la controversia según las normas de derecho que las partes hayan convenido. Si las partes no indicaren la Ley que debe regir el fondo del litigio, el tribunal arbitral, tomando en cuenta las características y conexiones del caso, determinará el derecho aplicable. Decidirá como amigable componedor o en conciencia, sólo si las partes lo han autorizado expresamente para hacerlo.

Artículo 545. El tribunal arbitral puede condenar en costas, daños y perjuicios, pero para emplear medidas de apremio debe acudir a la autoridad jurisdiccional.

CAPÍTULO II
DE LA EJECUCIÓN DE LAUDOS

Artículo 546. Notificado el laudo, cualquier parte podrá presentarlo a la autoridad jurisdiccional para su ejecución, a no ser que las partes ejercieren una acción de nulidad dentro de los siguientes tres meses a la notificación del laudo.

Artículo 547. La autoridad jurisdiccional que esté en turno y que corresponda a la competencia judicial del lugar del arbitraje, o bien, el de la ubicación de los bienes para el caso de ejecución, es competente para todos los actos relativos al juicio arbitral en lo que se refiere a jurisdicción que no tenga el árbitro; y para la ejecución de autos, decretos, órdenes y laudos.

Artículo 548. La autoridad jurisdiccional está obligada a impartir el auxilio de su jurisdicción al tribunal arbitral.

Artículo 549. Contra el laudo arbitral no procede recurso alguno. Contra la ejecución sólo serán posibles las siguientes excepciones que deberá probar la parte contra la cual se invoca el laudo:

I. Una de las partes en el acuerdo de arbitraje estaba afectada por alguna incapacidad jurídica, o que dicho acuerdo no es válido en virtud de la Ley a que las partes lo han sometido, o si nada se hubiere indicado a este respecto, en virtud de las disposiciones de este Código Nacional;

II. No fue debidamente notificada de la designación del árbitro o de las actuaciones arbitrales, o no hubiere podido, por cualquier otra razón ajena al ejecutado, hacer valer sus derechos;

III. El laudo se refiere a una controversia no prevista en el acuerdo de arbitraje o contiene decisiones que exceden los términos del acuerdo de arbitraje. No obstante, si las disposiciones del laudo que se refieren a las cuestiones sometidas al arbitraje pueden separarse de las que no lo están, se podrá dar reconocimiento y ejecución a las primeras;

IV. La composición del tribunal arbitral o el procedimiento arbitral no se ajustaron al acuerdo celebrado entre las partes o, en defecto de tal acuerdo, que no se ajustaron a la Ley del país donde se efectuó el arbitraje, o

V. El laudo no sea aún obligatorio para las partes o hubiere sido anulado o suspendido por la autoridad jurisdiccional del país en que, o conforme a cuyo derecho, hubiere sido dictado ese laudo.

En todos los casos, la autoridad jurisdiccional verificará de oficio que, el objeto de la controversia que se pretende ejecutar sea susceptible de arbitraje; o que el reconocimiento o la ejecución del laudo no sean contrarios al orden público.

LIBRO CUARTO
DE LA JUSTICIA FAMILIAR

TÍTULO PRIMERO
DISPOSICIONES COMUNES A LOS PROCEDIMIENTOS FAMILIARES

CAPÍTULO I
DISPOSICIONES GENERALES EN MATERIA FAMILIAR

SECCIÓN PRIMERA
GENERALIDADES

Artículo 550. Los procedimientos en materia familiar son de orden público; corresponde a las autoridades jurisdiccionales intervenir de oficio en los asuntos que afecten los derechos de las personas que pertenezcan a grupos sociales que se encuentren en situación de vulnerabilidad.

En todos los casos la autoridad jurisdiccional deberá:

I. Fundar y motivar sus resoluciones, de modo que estas se deduzcan lógicamente de los hechos, pruebas y leyes que les sirvan de antecedentes;

II. Procurar la preservación de los vínculos familiares, sin que ello implique una vulneración a los derechos de las personas involucradas en la controversia; para dichos efectos, también deberá de informar a las partes los beneficios del Procedimiento de Justicia Restaurativa;

III. Informar de los derechos que le asisten a la persona en su primera comparecencia ante la autoridad jurisdiccional;

IV. Valorar que los acuerdos propuestos por las partes no afectan derechos irrenunciables o propicien una segunda victimización;

V. Suplir la deficiencia procesal, y

VI. Solicitar la intervención del Ministerio Público o representación social que corresponda.

La solicitud para la intervención de la autoridad jurisdiccional podrá ser oral y sólo cuando así se prevenga los escritos, promociones y peticiones deberán reunir los requisitos mínimos exigidos por este Código Nacional.

Artículo 551. Para el esclarecimiento de la verdad de los hechos controvertidos, la autoridad jurisdiccional podrá ordenar la admisión de cualquier prueba oficial o privada y su desahogo podrá decretarse de manera anticipada.

Artículo 552. Las partes en el juicio estarán obligadas a facilitar la inspección o reconocimiento ordenados por la autoridad jurisdiccional y exhibir los documentos que tengan en su poder y se relacionen con el proceso apercibidos que de no hacerlo sin justa causa se le tendrán por ciertos los hechos que se pretendan probar con ello. La autoridad jurisdiccional podrá hacer cumplir sus determinaciones a través de la aplicación de cualquier medida de apremio prevista en el presente Código Nacional.

Las partes estarán obligadas a facilitar el examen de las condiciones físicas o mentales de una persona, o a proporcionar muestras orgánicas o biológicas, para la obtención de la verdad o resolución del conflicto; apercibiéndoles de que se tendrán por ciertas las afirmaciones de la contraparte si no cumplen con estas obligaciones, salvo prueba en contrario.

Artículo 553. La admisión de hechos por las partes y el allanamiento de estos sólo vinculan a la autoridad jurisdiccional, cuando no se afecten los derechos de niñas, niños o adolescentes, tratándose de violencia familiar, sexual o contra la mujer. Cuando se trate de un delito sexual, la autoridad jurisdiccional estará obligada a dar parte al Ministerio Público, deberá salvaguardarse la integridad y apegarse al principio del interés superior de niñas, niños y adolescentes de manera inmediata.

Artículo 554. En los casos de conductas violentas u omisiones graves que afecten a los integrantes de la familia, la autoridad jurisdiccional deberá adoptar las medidas provisionales que se estimen convenientes, para que cesen de plano. En los casos de violencia vicaria, entendida como la violencia ejercida contra las mujeres a través de sus hijos, la autoridad jurisdiccional deberá salvaguardar la integridad de niñas, niños, adolescentes y mujeres, a efecto de evitar la violencia institucional contemplada en la Ley General de Acceso de las Mujeres a una Vida Libre de Violencia.

Artículo 555. La autoridad jurisdiccional determinará siempre el aseguramiento de los alimentos de quien tenga derecho a recibirlos aun cuando el procedimiento no tenga por objeto principal dicho aseguramiento.

Artículo 556. Las medidas provisionales que hubiere decretado la autoridad jurisdiccional podrán ser modificadas o revocadas, si se demuestra que las causas que las motivaron variaron o desaparecieron.

Artículo 557. Tratándose de trámites en los que se encuentren involucrados los derechos de niñas, niños y adolescentes, la autoridad jurisdiccional, proveerá al efecto y de manera inmediata los ajustes razonables que se requiera en debida observancia del principio de interés superior de las niñas, niños y adolescentes, de conformidad con lo siguiente:

I. Actuar más allá de la demanda puntual que se le presenta cuando esto sea en aras del interés superior de la infancia;

II. Priorizar el derecho a la protección especial, contra toda forma de sufrimiento, abuso o descuido, incluidos el físico, psicológico, mental y emocional; así como priorizar el desarrollo integral en un ambiente sano y libre de violencia;

III. Atender las características, condiciones específicas y necesidades de cada niña, niño y adolescente, con base en el principio de no discriminación;

IV. Deberá cerciorarse de la necesidad de la admisión de la declaración testimonial de niñas, niños o adolescentes, con base en el principio de mínima intervención, a fin de evitar prácticas o procedimientos que causen estrés psicológico;

V. Evitar de manera acuciosa las demoras prolongadas o innecesarias en las diligencias en las que intervengan, así como la formulación de requerimientos legales que pueden resultar intimidantes;

VI. En ningún caso se hará pública la información sobre niñas, niños o adolescentes involucrados en los trámites judiciales previstos en este Código Nacional, y

VII. Toda niña, niño y adolescente, tiene derecho a expresar sus opiniones libremente sobre las decisiones que le afecten, incluidas las adoptadas en el curso de cualquier proceso, y que esos puntos de vista serán tomados en consideración por la autoridad jurisdiccional atendiendo a su edad, madurez y evolución de su capacidad; el acto procesal mediante el que sea escuchado su parecer no estará sujeto a contradicción.

Artículo 558. En todos los asuntos que estén involucrados derechos de niñas, niños y adolescentes, éstos podrán ser escuchados por la autoridad jurisdiccional, en audiencia videograbada.

La autoridad jurisdiccional señalará fecha y hora para la celebración de la comparecencia, y requerirá a quien ejerza la guarda y custodia o cuidado de la niña, niño o adolescentes para que lo presenten al desahogo de la comparecencia, con el apercibimiento de que en caso de incumplimiento se les impondrá la medida de apremio que la autoridad jurisdiccional estime conducente.

En el desahogo de la comparecencia la autoridad jurisdiccional deberá observar lo siguiente:

I. Que la comparecencia no se lleve a cabo en un ambiente hostil;

II. Asegurar que esté presente un equipo interdisciplinario, formado por: una persona profesional en psicología, preferentemente con especialidad en desarrollo infantil, una persona Agente del Ministerio Público y una persona tutora especial que se designe para el desahogo de la actuación, persona que deberá de pertenecer al Sistema al Desarrollo Integral de la Familia o a la Procuraduría de Protección de Niñas, Niños y Adolescentes;

III. La entrevista con las niñas, niños y adolescentes, está exceptuada de contradicción y debe ser resguardada en absoluta discrecionalidad, atendiendo a los principios de confidencialidad y privacidad que les asisten a las niñas, niños y adolescentes; se llevará a cabo sin la presencia de sus progenitores o tutores;

IV. En los casos en los que la niña, niño o adolescente requiera el apoyo de una persona familiar o profesional de su confianza podrá acompañarle, particularmente cuando se trate de violencia sexual infantil, ya que sólo con auxilio de sus progenitores o terapeutas suelen revelar la violencia, y

V. Dichas diligencias serán videograbadas para evitar la repetición y revictimización en el proceso de niñas, niños y adolescentes.

Los datos proporcionados en la comparecencia serán tomados en consideración por la autoridad jurisdiccional atendiendo a la edad, madurez y contexto social y familiar de la niña, niño o adolescente, así como las pruebas periciales en materia de psicología que para tal efecto se recaben. La admisión de estos medios de prueba podrá decretarse de manera anticipada.

Artículo 559. Cuando la persona que tenga a su cuidado a la niña, niño o adolescente se niegue a presentarlo a la audiencia señalada para su comparecencia, alegando cualquier causa, se harán efectivos los apercibimientos decretados con anterioridad, y de considerarse viable se señalará nuevo día y hora dentro del término de veinte días en el que la autoridad jurisdiccional, el Ministerio Público y demás personas que deban intervenir, se trasladen al domicilio donde habita la niña, niño o adolescente para llevar a cabo la diligencia referida, en su caso.

Para el caso de oposición o impedimento del desarrollo de la audiencia, la autoridad jurisdiccional dará vista al Ministerio Público para que proceda conforme a sus atribuciones y para los efectos legales conducentes. La autoridad jurisdiccional podrá adoptar las medidas de protección para las niñas, niños y adolescentes que estime pertinentes, siempre con base en el principio del interés superior de la infancia y de acuerdo con el Protocolo para juzgar con perspectiva de infancia y adolescencia de la Suprema Corte de la Justicia de la Nación.

Artículo 560. La autoridad jurisdiccional tiene, sin perjuicio de las especiales que les concede la ley, las siguientes facultades:

I. Convocar a las partes a su presencia en cualquier tiempo, para intentar la conciliación o cualquier otro medio alterno de solución de conflictos; exceptuando aquellos casos que involucren violencia de cualquier tipo incluida la de género y para cualquier persona, niña, niño y adolescente;

II. En cualquier estado o instancia del procedimiento, ordenar la comparecencia personal de las partes, a fin de interrogarlas libremente sobre los hechos por ellas afirmados. Las partes deben ser asistidas por sus representantes. Los interrogatorios se practicarán sin formalidad alguna, excepto en los casos que involucren cualquier tipo o modalidad de violencia de género, en cuyo caso las autoridades jurisdiccionales deberán actuar con base en los Protocolos que al efecto existan;

III. Rechazar de plano cualquier incidente o solicitud que merezca calificarse de frívola, notoriamente improcedente, intrascendente o dilatoria, en relación con el asunto que se ventile, lo que deberá ser hecho de manera fundada, razonada y motivada;

IV. Para el solo efecto de regularizar el proceso, ordenar en cualquier etapa del juicio que se subsane toda omisión o deficiencia formal que se notare;

V. Suplir la deficiencia de los planteamientos de derecho y de las pretensiones, así como de los agravios respecto de las niñas, niños, adolescentes; víctimas de cualquier tipo o modalidad de violencia de género y grupos de atención prioritaria;

VI. Allegarse de los medios de prueba legales que estime necesarios para la resolución del asunto, de acuerdo con la naturaleza de los derechos en conflicto, y

VII. Determinar las medidas y órdenes de protección procedentes para la protección de los miembros de la familia, cuando en un procedimiento se advierta la existencia de cualquier modalidad o tipo de violencia.

Artículo 561. Si la autoridad jurisdiccional advierte la existencia de cualquier clase de violencia, deberá modificar o suspender el ejercicio del régimen de convivencias o guarda y custodia, según sea el caso, y podrá ordenar que las convivencias se realicen de manera supervisada en los Centros o Instituciones destinadas para tal efecto en el Tribunal o Poder Judicial de cada Entidad Federativa, o bien por videoconferencia supervisada, siempre y cuando sea deseo de la niña, niño o adolescente, así como dictar las medidas que estime pertinentes para salvaguardar el orden familiar y dar vista al agente del Ministerio Público que corresponda.

SECCIÓN SEGUNDA
DE LOS ALIMENTOS

Artículo 562. Si la autoridad jurisdiccional considera acreditada la obligación alimentaria, dictará el auto admisorio a más tardar al día siguiente en que haya recibido la solicitud respectiva, fijando una pensión alimenticia provisional y dará aviso sin demora a la persona física o moral de quien perciba el ingreso la persona deudora alimentista, para que lleve a cabo el descuento y haga entrega de la cantidad al acreedor alimentario e informe sobre el total de sus percepciones.

Artículo 563. La orden de descuento de los alimentos y el informe solicitado se atenderá de inmediato por la parte responsable de la fuente de trabajo, suministrando los datos exactos dentro del término de tres días, con el apercibimiento que de no hacerlo se le aplicará una multa de hasta doscientas Unidades de Medida y Actualización, además de responder solidariamente con la obligada directa, de los daños y perjuicios que cause a la acreedora alimentaria por sus omisiones o informes falsos.

En todo momento la autoridad jurisdiccional podrá solicitar el auxilio de las autoridades fiscales para la indagación de la capacidad económica de las personas deudoras alimentarias.

Artículo 564. Cuando no se acredite la capacidad económica de la deudora alimentista, en atención a las circunstancias especiales del caso, la pensión alimenticia se fijará en salarios mínimos en la zona económica que corresponda, sin que pueda ser inferior a uno.

Artículo 565. Fuera de los casos anteriores, se ordenará requerir a la parte deudora alimentista sobre el pago inmediato de la pensión provisional, con el apercibimiento de embargar bienes de su propiedad que garanticen su cumplimiento. En caso de que se actualice el incumplimiento de la parte deudora alimentista total o parcial por un periodo mayor a 90 días, la autoridad jurisdiccional ordenará su inscripción en el Registro Nacional de Obligaciones Alimentarias.

Las personas representantes de la Procuraduría de Protección de Niñas, Niños y Adolescentes o de las instituciones análogas en las Entidades Federativas, que tengan decretada una tutoría en su favor, en todo momento se encuentran legitimadas para solicitar ante la autoridad jurisdiccional la inscripción de una persona deudora en el Registro Nacional de Obligaciones Alimentarias.

Artículo 566. En el mismo auto de admisión a la demanda, la autoridad jurisdiccional proveerá la designación de una persona profesionista en trabajo social, para que lleve a cabo un estudio socioeconómico de las partes acreedora y deudora alimentaria, el cual, de ser posible, deberá estar exhibido en la audiencia preliminar.

Artículo 567. Las cuestiones que se promuevan sobre el importe de los alimentos se decidirán por la vía incidental además de ser revisadas en la audiencia preliminar.

Artículo 568. La sentencia que decrete los alimentos fijará la pensión correspondiente y se comunicará sin demora a la persona física o moral de quien perciba el ingreso la parte deudora alimentista.

En caso de que la autoridad jurisdiccional verifique un incumplimiento total o parcial por la parte deudora alimentista del fallo que condena al pago de alimentos, ya sea que comprenda el pago de una pensión alimenticia ordinaria o retroactiva, informará para su inscripción en el plazo de tres días dicho incumplimiento al Registro Nacional de Obligaciones Alimentarias.

SECCIÓN TERCERA
DE LAS MEDIDAS PROVISIONALES Y DE PROTECCIÓN

Artículo 569. La autoridad jurisdiccional deberá intervenir de oficio en las cuestiones inherentes al orden familiar y deberá decretar las medidas provisionales necesarias sin audiencia de la contraparte y cerciorarse de su cumplimiento, en los casos que a continuación se mencionan, de manera enunciativa y no limitativa:

I. Fijación de alimentos;

II. Guarda y custodia;

III. Régimen de convivencias;

IV. Órdenes o medidas de Protección, y

V. Cualquier otra medida que señale este Código Nacional, los códigos civiles o familiares y las leyes especializadas en la materia, siempre y cuando la autoridad jurisdiccional considere pertinente para salvaguardar a los integrantes de la familia.

Las medidas indicadas en las fracciones anteriores deberán ser revisadas por la autoridad jurisdiccional, de oficio o a petición de parte, en la audiencia preliminar o en cualquier otra etapa del procedimiento. Contra dicha resolución procederá el recurso de apelación en el efecto devolutivo.

Artículo 570. Tratándose de las medidas provisionales y de protección dictadas en favor de víctimas de violencia familiar, para su revisión deberán observarse las condiciones establecidas en este Código Nacional y demás leyes aplicables.

Artículo 571. Las órdenes o medidas de protección tienen como fin salvaguardar integralmente a las víctimas de violencia y su familia, ya sea previniendo, interrumpiendo o impidiendo cualquier conducta de violencia.

Son principios básicos de la orden de protección:

I. Protección de la víctima, que la víctima recupere la sensación de seguridad ante posibles amenazas de quien violenta, lo cual, por otra parte, es indispensable para romper con el círculo de violencia;

II. Urgencia, la orden se debe implementar y cumplir de manera inmediata, con la mayor agilidad posible a efecto de que cumpla con el fin de prevenir o impedir que los actos de violencia se cometan o se sigan cometiendo;

III. Accesibilidad, quiere decir que la medida debe ser implementada a través de un procedimiento sencillo y gratuito para quien es víctima de violencia;

IV. Utilidad procesal, la orden de protección debe facilitar la confección, integración, tratamiento y conservación de las pruebas que puedan aportarse al trámite, y

V. La necesidad y proporcionalidad de la medida, las órdenes de protección deben responder a la situación de violencia en que se encuentre la persona destinataria y deben garantizar su seguridad o reducir los riesgos existentes.

Artículo 572. En caso de que la autoridad jurisdiccional conozca de hechos que probablemente constituyen actos de violencia en contra de las mujeres; niñas, niños o adolescentes; o personas que pueden encontrarse en grupos que se encuentren en situación de vulnerabilidad, tiene la obligación de dictar órdenes de protección de urgente aplicación en función del interés superior de quien pudiere resultar víctima, las cuales serán personalísimas e intransferibles, pudiendo tener incluso el carácter de preventivas y serán consideradas de naturaleza familiar.

Artículo 573. Son medidas u órdenes de protección:

I. La desocupación inmediata del domicilio conyugal o donde habite la víctima, por la persona agresora, independientemente de la acreditación de propiedad o posesión del inmueble, aún en los casos de arrendamiento;

II. La prohibición inmediata a la persona probable responsable de apersonarse en el domicilio, lugar de trabajo, de estudios, del domicilio de las y los ascendientes y descendientes o cualquier otro que frecuente la víctima;

III. La prohibición de intimidar o molestar a la víctima en su entorno social, así como a cualquier integrante de su familia;

IV. El auxilio policiaco de reacción inmediata a favor de la víctima, con autorización expresa de ingreso al domicilio donde se localice o se encuentre la víctima al momento de solicitar el auxilio;

V. El inventario de los bienes muebles e inmuebles de propiedad común, incluyendo los implementos de trabajo de la víctima;

VI. Informar a las autoridades o instituciones competentes sobre las medidas tomadas, a fin de que presten atención inmediata a las personas afectadas;

VII. El uso y goce de los bienes que se encuentren en el inmueble que sirva de domicilio a la víctima;

VIII. El acceso al domicilio en común, de autoridades policiacas o de personas que auxilien a la víctima a tomar sus pertenencias personales y las de su familia;

IX. Emitir orden de protección y auxilio dirigida a las autoridades de seguridad pública, de la que se expedirá copia a la víctima para que pueda acudir a la autoridad más cercana en caso de amenaza de agresión;

X. Brindar servicios reeducativos integrales especializados y gratuitos, con perspectiva de género en instituciones especializadas y gratuitas a la persona agresora para erradicar las conductas violentas a través de una educación que elimine los estereotipos de supremacía de género y los patrones machistas y misóginos que generaron;

XI. Suspensión temporal al agresor del régimen de visitas y convivencia con sus descendientes;

XII. Prohibición al agresor de enajenar o hipotecar bienes de su propiedad, que puedan ser susceptibles de división entre los cónyuges o concubinos, con independencia del régimen matrimonial al que se encuentre sujeto el matrimonio;

XIII. Embargo preventivo de bienes del agresor, que deberá inscribirse en el Registro Público de la Propiedad, a efecto de garantizar las obligaciones alimentarias de cualquier clase, y

XIV. En caso de ser solicitado, proveer a fin de que la víctima pueda recibir en instituciones públicas y de manera gratuita atención médica y acompañamiento psicológico.

La autoridad jurisdiccional está obligada a observar aquellos casos en los que pudiera tratarse de violencia vicaria en contra de mujeres, por sí o a través de una tercera persona.

Artículo 574. Toda persona integrante de la familia podrá solicitar las medidas de protección que considere pertinentes y se atenderá al principio de lealtad procesal para su decreto; sin embargo, atendiendo a los elementos del caso concreto el estándar probatorio requerido para el decreto podrá variar.

En caso de que se acredite que dichas medidas tengan el propósito de ejercer violencia contra la mujer, éstas se dejarán sin efecto.

Si quien solicita la medida de protección es una niña, niño o adolescente, y no se encuentra asistido por sus representantes legales, se ordenará por la autoridad judicial la fijación de una representación inmediata de algún familiar o persona cuidadora temporal o por alguna institución especializada, a efecto de que se dicten las órdenes solicitadas de manera inmediata, ya sea que comparezca por escrito o por comparecencia.

Artículo 575. Las medidas de protección previstas en este Código Nacional deben ser dictadas dentro de las veinticuatro horas siguientes al conocimiento de los hechos, y ser cumplimentadas en un término no mayor a setenta y dos horas; por lo que, no será necesario que surta efectos ningún tipo de notificación para la materialización de las medidas u órdenes.

Las órdenes de protección, pueden ser modificadas durante la tramitación del juicio, en la audiencia preliminar, o en la sentencia definitiva.

La autoridad jurisdiccional tiene la obligación de dar seguimiento a las órdenes de protección dictadas en el juicio.

Artículo 576. En el caso de violencia en contra de la mujer, serán aplicables las órdenes de protección que dispone la Ley General de Acceso de las Mujeres a una Vida Libre de Violencia, sin perjuicio de cualquier otra medida prevista en la legislación Federal y Local, así como en los tratados internacionales aplicables.

Artículo 577. Cuando el deudor alimentario haya dejado de cumplir con sus obligaciones en materia de alimentos por un periodo mayor de dos meses o sesenta días naturales, continuos o discontinuos, en cualquier momento del procedimiento podrá solicitarse a la autoridad jurisdiccional lo haga del conocimiento del Registro de Deudores Alimentarios Morosos o institución similar o análoga en las Entidades Federativas.

La autoridad jurisdiccional podrá retener los pasaportes a los deudores alimentarios morosos, y tratándose de extranjeros se dará vista al Instituto Nacional de Migración, mediante oficio para que proceda conforme a la Ley de Migración, a efecto que no se le permita la salida del Territorio Nacional.

Del mismo modo la autoridad jurisdiccional podrá ordenar a petición de parte, el embargo precautorio de bienes y derechos de los que sea titular del deudor alimentario, así como el congelamiento provisional de sus cuentas bancarias.

A efecto de lo anterior la autoridad jurisdiccional también podrá instruir la anotación, registro o inscripción que corresponda a la medida ordenada.

En su caso, se dará vista al Ministerio Público para los efectos que corresponda.

SECCIÓN CUARTA
DE LA SEPARACIÓN DE PERSONAS

Artículo 578. Quien intente demandar, denunciar o querellarse contra su cónyuge o persona concubina, podrá solicitar a la autoridad jurisdiccional en materia familiar su separación del domicilio hogar común.

Artículo 579. La solicitud de separación del hogar común podrá hacerse por comparecencia o por escrito que deberá contener al menos lo siguiente:

I. Expresar los hechos sobre los que base la solicitud;

II. Indicar el domicilio en el que pretende permanecer o del que se desea retirar, y

III. En caso de existir hijas o hijos menores de edad correspondientes a la unión, se deberán de exhibir los documentos que acrediten la filiación, sin perjuicio de que en situación de urgencia no será necesaria tal exhibición y la autoridad jurisdiccional podrá hacer uso de los medios necesarios para comprobar el parentesco indicado.

Artículo 580. Cuando, derivado de una situación de cualquier tipo o modalidad de violencia, exista imposibilidad material para la presentación por la parte interesada, cualquier persona podrá bajo protesta de decir verdad, realizar su solicitud.

La autoridad jurisdiccional de primera o segunda instancia en materia familiar más cercana al domicilio común o en el que habite quien haga la solicitud, será la encargada de recibirla y decretar la separación provisional de personas, remitiendo las diligencias a la autoridad jurisdiccional que resulte competente.

Artículo 581. Presentada la solicitud de separación, si la autoridad jurisdiccional considera que procede, conjuntamente a la admisión del trámite deberá decretar lo siguiente:

I. Para el caso que la solicitud fuera interpuesta por una tercera persona, se proveerá respecto de la manifestación de conformidad con la persona interesada en el trámite, lo cual se realizará en la diligencia de cumplimiento;

II. Las medidas pertinentes y órdenes de protección a fin de que se efectúe de inmediato la separación, con atención a los hechos y circunstancias de la solicitud;

III. La determinación en cuanto a la guarda y custodia provisional de las niñas, niños o adolescentes relacionados con el caso;

IV. La fijación de la pensión alimenticia provisional correspondiente;

V. El régimen de visitas y convivencias provisionales, si ello no lesiona los derechos de las niñas, niños y adolescentes;

VI. Establecer que quien conserve el cuidado de los hijos o hijas menores de edad o de personas que pertenezcan a grupos que se encuentren en situación de vulnerabilidad, siga habitando el domicilio conyugal o familiar, si así lo desea;

VII. Quien se separe del domicilio familiar y conserve la guarda y custodia de hijos menores de edad habidos en el matrimonio o relación familiar, se le entregarán la ropa, muebles y demás enseres de los mismos, así como de las personas mayores que deban salir del domicilio con quien se haya separado del mismo. En todos los casos quien se retire del domicilio familiar podrá retirar sus objetos personales y de trabajo, y

VIII. Ordenar la notificación al otro cónyuge, concubina o concubinario, con la prevención expresa de que deberá abstenerse de impedir la separación o causarle cualquier tipo de molestias a la parte solicitante, apercibiéndole con las medidas de apremio previstas en el presente Código Nacional para en caso de incumplimiento.

Artículo 582. Decretada procedente la separación de personas, la autoridad jurisdiccional deberá prevenir a la parte solicitante para que presente la demanda correspondiente, dentro de un plazo de quince días hábiles, bajo el apercibimiento que de no realizarlo en el término señalado se levantará el acto prejudicial y cesarán los efectos de las medidas provisionales. En este sentido, podrá autorizarse por una sola ocasión una prórroga de hasta diez días hábiles.

Si la autoridad jurisdiccional advierte que con el levantamiento del acto prejudicial se pudiera vulnerar el interés superior de la niñez o de personas que pertenezcan a grupos que se encuentren en situación de vulnerabilidad, se dará vista a la Procuraduría de Protección para Niños, Niñas y Adolescentes o su equivalente en la Entidad Federativa de la que se trate, así como al Agente del Ministerio Público de su adscripción.

Artículo 583. La autoridad jurisdiccional puede modificar las resoluciones decretadas cuando los cónyuges o concubinos lo soliciten de común acuerdo o cuando aparezcan nuevas circunstancias que así lo hagan posible.

Cualquier oposición de las personas cónyuges o concubinas respecto de los alimentos o la guarda y custodia o visitas y convivencias, decretados en el acto prejudicial, se deberá tramitar en el juicio respectivo.

SECCIÓN QUINTA
DE LA JUSTICIA RESTAURATIVA EN MATERIA FAMILIAR

Artículo 584. Las partes de común acuerdo podrán sujetarse a un procedimiento de Justicia Restaurativa en materia familiar, el cual tendrá como finalidad que las partes reconozcan la existencia de un conflicto, asuman su responsabilidad y participen tanto en la reparación de los daños como en la reestructuración de la dinámica familiar. Quedan exceptuados los casos de violencia sexual contra niñas, niños y adolescentes. El procedimiento de Justicia Restaurativa no es obligatorio para acceder a la justicia familiar.

Las partes podrán acordar suspender la tramitación del juicio que hayan iniciado por un intervalo no mayor a tres meses. Las medidas cautelares, precautorias o provisionales decretadas en el trámite de cualquier juicio se mantendrán vigentes.

Las partes podrán sujetarse a los mecanismos de justicia restaurativa, sin suspensión del trámite judicial correspondiente.

En los casos que alguna de las partes manifieste su deseo de no continuar con el proceso de justicia restaurativa en materia familiar o simplemente una de ellas deje de acudir a las sesiones que se señalen, se dará por concluido el proceso, y suspendido o no el trámite, sin dilación alguna se continuará el juicio en la etapa procesal respectiva.

Artículo 585. Para la implementación de estos procesos, la autoridad jurisdiccional podrá auxiliarse de expertos en psicología, trabajo social, mediadores o facilitadores especializados en materia de familia, quienes deberán de preservar los principios de: legalidad, imparcialidad, voluntariedad, confidencialidad, flexibilidad, simplicidad, acceso a la información y que cuenten con la certificación que para dichos efectos expida la autoridad competente.

Artículo 586. En los casos en que las partes manifiesten su deseo de someterse a los beneficios de la justicia restaurativa, la autoridad jurisdiccional señalará día y hora para que las partes acudan a la entrevista inicial, a la cual podrán ser acompañadas en todo momento de cualquier persona de su confianza, lo que incluye a su representante legal.

Una vez realizadas las entrevistas la persona facilitadora informará en el plazo de tres días a la autoridad jurisdiccional la viabilidad de la implementación de un proceso de Justicia Restaurativa. No obstante, si en los encuentros preparatorios o dentro del proceso sobreviene alguna causa de inviabilidad, la persona facilitadora lo informará en un plazo máximo de cuarenta y ocho horas a la autoridad jurisdiccional.

En caso de que las partes, asistidas de la persona facilitadora, diseñen un plan de reparación del daño, deberá de observar lo siguiente:

I. De ninguna manera podrá pactarse la renuncia de los derechos de niñas, niños o adolescentes;

II. En asuntos en los que existan datos de la existencia de conductas de violencia, queda prohibido convenir el mero pago de obligaciones pecuniarias como forma de reparación del daño, y

III. No podrán pactarse cláusulas desde una asimetría en las relaciones de poder.

En el plan o convenio, en su caso, la persona mediadora o facilitadora deberán promover que se garantice el bienestar psicológico y la seguridad física de todos los miembros de la familia. Después de aceptado y firmado el acuerdo la persona facilitadora tendrá un plazo máximo de tres días para presentarlo ante la autoridad jurisdiccional competente.

Recibido por la autoridad jurisdiccional competente el plan de restitución de derechos o el convenio, en un plazo de cinco días hábiles la autoridad jurisdiccional fijará día y hora para el desahogo de una audiencia oral, a fin de sancionar y en su caso aprobar los acuerdos formulados por las partes.

Las partes comparecerán personal y debidamente asistidas a la audiencia y en caso de que la autoridad jurisdiccional lo considere pertinente podrá apersonarse la persona facilitadora. En todos los casos deberá de encontrase presente en la actuación la persona Agente del Ministerio Público correspondiente y en caso de que así lo considere la autoridad jurisdiccional, la persona representante de la Procuraduría de Protección de niñas, niños y adolescentes a nivel federal o de cada Entidad Federativa.

De resultar en derecho el convenio, se elevará a categoría de cosa juzgada y de inmediato la autoridad jurisdiccional proveerá de todo lo necesario para su ejecución.

El cumplimiento forzoso del convenio judicial podrá solicitarse en la vía de apremio.

TÍTULO SEGUNDO
PROCEDIMIENTOS NO CONTENCIOSOS EN MATERIA FAMILIAR

CAPÍTULO I
DE LA JURISDICCIÓN VOLUNTARIA

SECCIÓN PRIMERA
GENERALIDADES

Artículo 587. La jurisdicción voluntaria comprende todos los actos que, por disposición de la ley o por solicitud de las personas interesadas, se requiere la intervención de la autoridad jurisdiccional, sin que esté promovida, ni se promueva cuestión litigiosa alguna entre partes determinadas.

A solicitud de parte legítima podrán practicarse en esta vía las notificaciones o emplazamientos necesarios en procesos extranjeros.

Los procedimientos de que trata este Capítulo podrán tramitarse ante Notaria o Notario Público de conformidad con lo dispuesto por este Código Nacional, así como el Código Civil y demás leyes de la Entidad Federativa de la que se trate.

Artículo 588. De manera enunciativa y no limitativa, los siguientes casos se podrán tramitar mediante jurisdicción voluntaria:

I. Nombramiento de personas tutoras y curadoras;

II. Enajenación de bienes propiedad de niñas, niños, adolescentes, ausentes o desaparecidos;

III. Declaración de ausencia, así como la declaración especial de ausencia por desaparición;

IV. Procedimiento de adopción, y

V. Restitución nacional.

Artículo 589. La jurisdicción voluntaria deberá promoverse por escrito ante la autoridad jurisdiccional competente y reunir los siguientes requisitos:

I. Nombre y domicilio de quien promueve;

II. En su caso, nombre y domicilio de las personas que deban ser citadas;

III. La petición expresa de lo solicitado;

IV. Los hechos que fundamenten la solicitud;

V. Las pruebas que se ofrezcan, y

VI. Firma de quien promueve.

Artículo 590. Cuando fuere necesaria la audiencia de alguna persona, se la citará conforme a derecho, apercibiéndole en la citación que quedan, por tres días, las actuaciones en la secretaría de la autoridad jurisdiccional para que se imponga de ellas y señalará día y hora para la audiencia dentro del término de quince días, a la que concurrirá el promovente o su representante legal.

Artículo 591. En la Jurisdicción Voluntaria ante autoridad jurisdiccional se dará vista al Ministerio Público, Federal o local, según corresponda:

I. Cuando la solicitud promovida afecte los intereses públicos;

II. Cuando se refiera a la persona o bienes de niñas, niños o adolescentes o personas que no tengan capacidad para comprender el significado del hecho;

III. Cuando tenga relación con los derechos o bienes de persona ausente o desaparecida;

IV. Cuando se encuentren involucrados derechos de personas pertenecientes a grupos que se encuentren en situación de vulnerabilidad;

V. Cuando lo considere necesario la autoridad jurisdiccional o lo pidan las partes, y

VI. Cuando lo dispusiere la Ley aplicable.

Artículo 592. Recibida la solicitud, la autoridad jurisdiccional la examinará y conjuntamente a su admisión, proveerá respecto de las pruebas ofrecidas, las que se desahogarán en una audiencia oral que se fijará dentro del término de quince días. En su caso, se dará vista al Ministerio Público sin que sea obstáculo para la celebración de la audiencia la inasistencia de este último.

Si no mediare oposición, la autoridad jurisdiccional aprobará la información o la autorización judicial si lo considera procedente y se expedirá copia certificada al peticionario si la pidiese.

Artículo 593. En ningún caso se admitirán en procedimiento judicial no contencioso, informaciones de testigos sobre hechos que fueren materia de un procedimiento en curso.

Artículo 594. Se dará por terminado el procedimiento de jurisdicción voluntaria si se opusiere parte legítima. Se desechará la oposición que se haga después de efectuado el acto, reservándole los derechos a quien se oponga para que los haga valer en la vía y forma que proceda.

Artículo 595. La autoridad jurisdiccional podrá variar o modificar las providencias que dictare, sin sujeción estricta a los términos y formas establecidas respecto del procedimiento contencioso que corresponda.

Artículo 596. Las resoluciones que se dicten en las diligencias de jurisdicción voluntaria ante autoridad jurisdiccional son recurribles en términos de lo que establece este Código Nacional. Contra la resolución desestimatoria de la petición procede el recurso de queja y la que dé por concluido el procedimiento de las diligencias, será apelable en ambos efectos.

SECCIÓN SEGUNDA
DE LA CONSIGNACIÓN DE ALIMENTOS

Artículo 597. Quien sea deudor alimentista puede promover diligencias de consignación, derivadas de su obligación de proporcionar alimentos, sin que ello constituya la extinción de la obligación alimentaria y sin perjuicio de que la autoridad jurisdiccional determine lo conducente.

Artículo 598. La consignación se hará en cheque certificado, o billete de depósito expedido por la oficina recaudadora o bancaria que corresponda.

Artículo 599. Hecha la consignación, la autoridad jurisdiccional deberá proveer de inmediato, haciendo saber a la persona acreedora alimentaria, que lo depositado queda a su disposición, para lo cual debe citarle para que comparezca a recibir o verificar el depósito.

Artículo 600. Si la acreedora alimentaria recibe lo consignado lisa y llanamente, la autoridad jurisdiccional hará constar su recepción, sin perjuicio de que las posteriores consignaciones se sigan realizando en ese procedimiento.

Artículo 601. Cuando la persona acreedora alimentaria no comparezca o se rehúse en el acto de la diligencia a recibir lo consignado, la autoridad jurisdiccional lo hará constar, con independencia de los depósitos de alimentos subsecuentes.

Artículo 602. La consignación que hace el deudor de pensiones alimentarias no extingue ni fija por sí misma su obligación de pagar alimentos.

SECCIÓN TERCERA
DEL NOMBRAMIENTO DE PERSONAS TUTORAS Y CURADORAS

Artículo 603. Toda persona tutora cualquiera que sea su clase debe manifestar si acepta o no el cargo dentro de los tres días que sigan a la notificación de su nombramiento; en igual término debe proponer su impedimento o excusa.

Tanto las personas tutoras como curadoras aceptarán los cargos y protestarán su leal desempeño ante la autoridad jurisdiccional de primera instancia en materia familiar que los nombró.

Cuando el impedimento o la causa legal de excusa ocurrieren después de la aceptación de la tutela o curatela, los términos correrán desde el día en que la persona tutora o curadora conoció el impedimento o la causa legal de excusa.

La aceptación o el lapso de los términos, en su caso, importan renuncia de la excusa.

Artículo 604. La persona designada, dentro de los diez días que sigan a su aceptación, debe prestar las garantías exigidas por la legislación sustantiva de cada Entidad Federativa, a no ser que lo exceptuaren expresamente.

Artículo 605. Puede oponerse al nombramiento de persona tutora, la niña, niño o adolescente que tenga la edad para nombrarla y el Ministerio Público, manifestando en un escrito las razones de su oposición y en su caso la documentación que la avale, con el que se dará vista a la persona tutora en cuestión y desahogada o no, la autoridad jurisdiccional resolverá de plano, sin que dicha resolución sea recurrible, así como también podrá oponerse al hecho por la persona que no siendo ascendiente le haya instituido heredero o legatario, de acuerdo a sus intereses.

Artículo 606. Siempre que la persona nombrada como persona tutora o curadora no reúna los requisitos que la ley disponga, la autoridad jurisdiccional denegará el discernimiento del cargo respectivo y proveerá al nombramiento en la forma y términos prevenidos por la legislación sustantiva de cada Entidad Federativa. Contra dicha resolución no procede recurso alguno.

Podrá decretarse el cuidado de niñas, niños y adolescentes que se hallen sujetos a patria potestad o a tutela y que fueren maltratados por sus padres o persona tutora o reciban de éstos ejemplos perniciosos, a juicio de la autoridad jurisdiccional, o sean obligados por ellos a cometer actos reprobados por las Leyes. La misma disposición se aplicará en caso de personas adultos mayores.

La autoridad jurisdiccional deberá privilegiar el cuidado a cargo de familiares o personas más cercanas y de confianza de los infantes.

En este caso no son necesarias formalidades de ninguna clase, asentándose solamente en una o más actas las diligencias del día.

Artículo 607. La autoridad jurisdiccional deberá contar con un registro de todos los discernimientos que se hicieren de los cargos de persona tutora y curadora, así como las modificaciones que se dieran en dichos cargos, que contendrá el nombre del pupilo, fecha de la resolución donde se le designó persona tutora y curadora, domicilio, número telefónico y correo electrónico para que por cualquiera de esos medios de comunicación procesal se realicen las notificaciones respectivas, y estará a disposición del Consejo de Tutelas, Procuraduría de Protección para Niñas, Niños y Adolescentes, del Representante de la Institución análoga de la Entidad Federativa de que se trate, así como del Ministerio Público de la adscripción.

Artículo 608. Dentro del primer mes de cada año, en audiencia pública con citación del Consejo Local de Tutelas, Procuraduría de Protección para Niñas, Niños y Adolescentes, del Representante de la Institución análoga de la Entidad Federativa de que se trate, así como del Ministerio Público de la adscripción, se procederá a examinar dicho registro y ya en su vista, recibirá la rendición de cuentas, la exhibición del informe médico y dictará las medidas que estime pertinentes:

I. Si resultare haber fallecido alguna persona tutora o curadora, harán que sea reemplazada, con arreglo a las disposiciones contenidas en este ordenamiento;

II. Si hubiere alguna cantidad de dinero que resultare sobrante después de cubiertas las cargas y atenciones de la tutela o dinero que proceda de las retenciones de capitales o que se adquiera de cualquier otro modo, se ordenará que se invierta en alguna Institución de Crédito destinadas al efecto, al plazo que mayor beneficio o interés produzca al pupilo, para lo cual la persona tutora con conocimiento de la o el curador, acreditará dicha circunstancia ante la autoridad jurisdiccional para que ésta emita el mandato judicial correspondiente, de acuerdo a la normatividad sustantiva aplicable de cada Entidad Federativa;

III. En dicha audiencia pública la persona tutora con la conformidad de la persona curadora presentará un informe sobre el desarrollo de la persona sujeta a tutela y de manera obligatoria un certificado de salud de dos profesionistas en materia de medicina general, así como un certificado de salud de dos personas médicos de la especialidad respectiva;

IV. A la audiencia indicada deberá presentarse la persona tutora o curadora, en compañía de su pupilo si sus condiciones de salud así lo permiten, para que en ese acto exprese lo que considere pertinente y la autoridad jurisdiccional se cerciore del estado que guardan éstas y tome las medidas que estime necesarias para mejorar su condición;

V. Dentro de la misma diligencia la persona tutora, deberá rendir cuenta detallada de su administración como lo preceptúa el Código Civil o Familiar de cada Entidad Federativa, sea cual fuere la fecha en que se le hubiere discernido el cargo u otorgado la encomienda. La falta de presentación de la cuenta en los tres meses siguientes al de enero, motivará la remoción de la persona tutora.

Artículo 609. En todos los casos de impedimento, separación o excusa de la persona tutora o curadora, definitivos o propietarios, se nombrará un interino mientras se decide la cuestión litigiosa y resuelto éste, se designará al que lo sustituya.

Artículo 610. Sobre la rendición y aprobación de cuentas de las personas tutoras, regirán las siguientes reglas:

I. Las cuentas se rendirán dentro del mes de enero de cada año, exhibiendo los documentos justificativos, aunque no exista prevención judicial para ello;

II. La persona tutora, también tiene obligación de rendir cuentas cuando, por causas graves que calificará la autoridad jurisdiccional, lo exijan la persona curadora, el Consejo Local de Tutelas, la Procuraduría de Protección para Niñas, Niños y Adolescentes o el Representante de la Institución análoga de la Entidad Federativa de que se trate o el mismo menor [que hubiere cumplido la edad exigida por la legislación sustantiva de cada Entidad Federativa];

Fracción declarada inválida por sentencia de la SCJN a Acción de Inconstitucionalidad notificada para efectos legales 14-08-2024 (En la porción normativa "que hubiere cumplido la edad exigida por la legislación sustantiva de cada Entidad Federativa")

III. Se requiere prevención judicial para que las cuentas se rindan antes de llegar al plazo previsto en la fracción I; a menos que hubiese remoción o separación de la persona tutora, pues en este caso, sin requerimiento judicial, deberán presentarlas dentro de los quince días siguientes de la fecha de la remoción o separación. En igual forma se procederá cuando la tutela o la encomienda lleguen al final del plazo por haber cesado el estado de minoridad;

IV. Las personas a quienes deben ser rendidas las cuentas son: la misma autoridad jurisdiccional, la persona curadora, el Consejo Local de Tutelas, la misma niña, niño o adolescente [que hubiere cumplido la edad exigida por la legislación sustantiva de cada Entidad Federativa], la persona tutora que lo sustituya, el pupilo que dejare de serlo, el Ministerio Público y las demás personas que fija la ley de la materia;

Fracción declarada inválida por sentencia de la SCJN a Acción de Inconstitucionalidad notificada para efectos legales 14-08-2024 (En la porción normativa "que hubiere cumplido la edad exigida por la legislación sustantiva de cada Entidad Federativa")

V. La resolución que desaprobare las cuentas indicará, si fuere posible, los alcances y la que aprobare puede ser apelada por el Ministerio Público, los demás interesados y la persona curadora si hizo observaciones. Del auto de desaprobación pueden apelar en ambos efectos la persona tutora, la curadora o el Ministerio Público de la adscripción, y

VI. Si se objetaren de falsas algunas partidas, se substanciarán incidentalmente conforme a las disposiciones previstas en el presente Código Nacional, entendiéndose la audiencia sólo con los objetantes, el Ministerio Público de la adscripción y la persona tutora.

Artículo 611. Cuando del examen de la cuenta o del cercioramiento que realice la autoridad jurisdiccional del estado de salud que guarda el pupilo, encontrare motivos graves para sospechar dolo, fraude, negligencia, descuido o maltrato de la persona tutora, su función, se iniciará, a petición de la persona curadora o del Ministerio Público, procedimiento incidental de remoción de la persona tutora, ante la autoridad jurisdiccional que corresponda conocer del presente procedimiento, se respetará el derecho de audiencia del pupilo, para que pueda expresar lo que a su derecho corresponda; y si de la resolución resultaren confirmadas las sospechas, se revocará el cargo y se nombrará nueva persona tutora, curadora, sin perjuicio de que se remita testimonio de lo conducente a las autoridades penales.

Artículo 612. Las personas tutoras y curadoras, no pueden ser removidas sino a través del procedimiento incidental respectivo, de acuerdo a la autoridad jurisdiccional que corresponda conocer del presente procedimiento.

Tratándose de excusa, únicamente se dará vista a los interesados y al Ministerio Público de la adscripción, la autoridad jurisdiccional resolverá en auto lo conducente, la resolución que se dicte en el último de los supuestos será recurrible a través del recurso de apelación en el efecto devolutivo.

SECCIÓN CUARTA
DE LA ENAJENACIÓN DE BIENES DE NIÑAS, NIÑOS Y ADOLESCENTES

Artículo 613. Será necesaria autorización judicial en la vía de jurisdicción voluntaria para la enajenación de los bienes que pertenezcan exclusivamente a niñas, niños, adolescentes y correspondan a las clases siguientes:

I. Bienes muebles, inmuebles y derechos reales sobre estos;

II. Alhajas y muebles valiosos;

III. Acciones sobre personas jurídicas colectivas, y

IV. Derechos de patentes, marcas, autorales y otros derechos análogos.

Artículo 614. Para decretar la enajenación de bienes se necesita que al pedirse se exprese el motivo de la enajenación y el objeto a que debe aplicarse la suma que se obtenga, y que se justifique la absoluta necesidad o la evidente utilidad de la enajenación.

Si fuere la persona tutora, quien solicitare la venta, debe proponer, al hacer la promoción, las bases del remate en cuanto a la cantidad que deba darse de contado, el plazo, interés y garantías del remanente.

La solicitud se substanciará ante la autoridad jurisdiccional que corresponda con la persona curadora, el Consejo Local de Tutelas o la Procuraduría de Protección para Niñas, Niños y Adolescentes o el Representante de la Institución análoga de la Entidad Federativa de que se trate, con vista del Ministerio Público de la adscripción.

Para acreditar el valor del bien o bienes inmuebles que se pretende enajenar, la persona tutora, bajo su más estricta responsabilidad deberá presentar los avalúos correspondientes.

La sentencia que se dictare es apelable en ambos efectos.

Artículo 615. Respecto de las alhajas y muebles, la autoridad jurisdiccional determinará si conviene o no la subasta, atendiendo en toda la utilidad que resulte a la niña, niño, adolescente; si se decreta, se hará por conducto de la institución de asistencia privada que designe la autoridad jurisdiccional; de lo contrario, se procederá conforme a lo dispuesto en este Código Nacional.

El remate de los inmuebles se hará conforme a las disposiciones de este Código Nacional y no podrá admitirse postura que baje de las dos terceras partes del avalúo, ni la que no se ajuste a los términos de la autorización judicial.

Si en la primera subasta no hubiere postor, la autoridad jurisdiccional convocará, a solicitud de la persona tutora, curadora, Consejo Local de Tutelas, Procuraduría de Protección para Niñas, Niños y Adolescentes, Representante de la Institución análoga de la Entidad Federativa de que se trate, Ministerio Público de la adscripción, a una junta dentro del tercer día, para ver si son de modificarse o no las bases del remate, señalándose nuevamente las subastas que fueren necesarias, de conformidad con las disposiciones previstas en el presente Código Nacional.

Artículo 616. Para la venta de acciones y títulos de renta, se concederá la autorización sobre la base de que no se haga por menor valor del que se cotice en la plaza el día de la venta, y por conducto de corredora o corredor público, y si no lo hay, de comerciante establecido y acreditado.

Artículo 617. El precio de la venta se entregará a la persona tutora, si la caución, fianzas o garantías prestadas son suficientes para responder de él. De otra manera, se depositará en el establecimiento destinado al efecto.

La autoridad jurisdiccional señalará un término prudente a la persona tutora, para que justifique la inversión del precio de la enajenación.

Artículo 618. Para la venta de los bienes inmuebles de las personas menores de edad, o de los muebles, quienes ejercen la patria potestad o tutela, requerirán la autorización judicial en los mismos términos que los señalados en este Código Nacional.

Artículo 619. El procedimiento se substanciará con intervención del Ministerio Público de la adscripción y con la persona tutora especial que, para el efecto, nombre la autoridad jurisdiccional desde las primeras diligencias. La base de la primera subasta, si es bien inmueble, será el precio fijado por los peritos, y la postura legal no será menor a las dos terceras partes de ese precio. Bajo las mismas condiciones podrán gravar los padres los bienes inmuebles de sus hijos, o consentir la extinción de derechos reales.

Artículo 620. Para recibir dinero prestado en nombre de la niña, niño o adolescente, necesita la persona tutora la autorización judicial y la conformidad de la persona curadora y del Consejo Local de Tutelas o de la Procuraduría de Protección para Niñas, Niños y Adolescentes o del Representante de la Institución análoga de la Entidad Federativa de que se trate y del Ministerio Público de la adscripción.

SECCIÓN QUINTA
DE LA DECLARACIÓN DE AUSENCIA Y ESPECIAL DE AUSENCIA POR DESAPARICIÓN

Artículo 621. La declaración de ausencia, así como la declaración especial de ausencia por desaparición, podrá ser solicitada por cualquier persona a quien le asista un interés en términos de la legislación sustantiva aplicable y será recibida mediante escrito o por comparecencia ante la autoridad jurisdiccional en materia civil o familiar en turno, quien podrá recibir la solicitud sin mayores formalidades, en caso de recibirse por comparecencia será preferentemente videograbada. En ambas modalidades la solicitud deberá ser despachada por la autoridad jurisdiccional dentro de las veinticuatro horas siguientes a su recepción.

En caso de que la persona solicitante comparezca sin representación autorizada, la autoridad jurisdiccional designará de inmediato persona de la defensoría pública para su asistencia y representación.

Artículo 622. La declaración especial de ausencia por desaparición, se tramitará por la autoridad jurisdiccional en materia familiar o civil de conformidad con lo dispuesto en la Ley General en Materia de Desaparición Forzada de Personas, Desaparición Cometida por Particulares y del Sistema Nacional de Búsqueda de Personas, así como las leyes especiales de la materia en el Orden Federal y de las Entidades Federativas. En lo no previsto en las leyes especiales, se observarán las disposiciones establecidas en este Código Nacional para su debida tramitación.

Artículo 623. Ante la solicitud de declaración de ausencia y la declaración especial de ausencia por desaparición en su caso, la autoridad jurisdiccional deberá, una vez admitido el trámite, dar intervención inmediata, tanto a la autoridad ministerial correspondiente, como al Sistema Nacional de Protección Integral de Niñas, Niños y Adolescentes, así como a las autoridades del Sistema Nacional de Búsqueda de Personas según corresponda. Dichas autoridades deberán ser notificadas de inmediato por el medio de comunicación que la autoridad jurisdiccional considere más efectivo.

Artículo 624. Presentada la solicitud, en el mismo proveído la autoridad jurisdiccional dispondrá lo relativo a la admisión de las pruebas ofrecidas por la persona promovente cuando así fuere necesario, y ordenará recabar oficiosamente las probanzas que considere faltantes para el trámite y resolución de la declaración de ausencia y presunción de muerte o bien, la declaración especial de ausencia por desaparición, sin que ello signifique cargas onerosas o dilatorias a quienes solicitan.

Dentro de los cinco días hábiles siguientes a la radicación del trámite, se señalará fecha y hora para el desahogo de una audiencia, a fin de revisar o decretar medidas provisionales idóneas para la máxima protección de la persona de cuya ausencia o desaparición se trate, así como de su familia, tomando en cuenta las situaciones particulares al caso concreto siempre que no contravengan lo dispuesto por las leyes de la materia en el orden Federal así como en el ámbito de las Entidades Federativas.

De manera enunciativa y no limitativa la autoridad deberá proveer sobre guarda y custodia y ejercicio de la patria potestad de los hijos o hijas menores de edad, así como de los alimentos de los acreedores alimentarios, uso y pago de la vivienda y vehículos, la continuidad en los servicios médicos y beneficios a los que puedan acceder los y las familiares de la persona ausente o desaparecida.

Artículo 625. Una vez cumplimentados los requisitos que para el caso establecen los códigos civiles, o en su caso, la Ley General en Materia de Desaparición Forzada de Personas, Desaparición Cometida por Particulares y del Sistema Nacional de Búsqueda de Personas, así como las leyes especiales en el Orden Federal o de las Entidades Federativas, en materia de declaración de ausencia así como de declaración especial de ausencia por desaparición, se expedirán los Edictos de Búsqueda correspondientes en los términos y plazos que las leyes establezcan para tal efecto.

Artículo 626. Una vez publicados los edictos a que se refiere el código civil respectivo o ley en materia de declaración especial de ausencia por desaparición, la autoridad jurisdiccional dictará la sentencia definitiva y en ese mismo acto se ordenará la expedición inmediata de las copias y oficios necesarios para hacer efectiva la resolución ante las personas públicas o privadas que correspondan a cada caso concreto.

La resolución será apelable en efecto devolutivo, debiéndose remitir actuaciones originales a la autoridad jurisdiccional de apelación dentro de los tres días siguientes, en el entendido que dicho órgano jurisdiccional tendrá un plazo máximo de quince días para resolver de plano el recurso sin necesidad de reenvío.

Artículo 627. La resolución que dicte la autoridad Jurisdiccional sobre declaración de ausencia prevista en los códigos civiles y familiares, así como en la declaración especial de ausencia por desaparición, regulada por la Ley General en Materia de Desaparición Forzada de Personas, Desaparición Cometida por Particulares y del Sistema Nacional de Búsqueda de Personas y en las leyes especiales en el Orden Federal así como de las Entidades Federativas, incluirá los efectos y las medidas definitivas para garantizar la máxima protección a la persona ausente o desaparecida y los familiares, sin que implique la obligación de continuar con el trámite de presunción de muerte.

Una vez efectuada la Declaración de Ausencia o la Declaración Especial de Ausencia por Desaparición, esta surtirá todos sus efectos legales.

Artículo 628. Lo dispuesto en los artículos que preceden, se aplicará al gravamen y enajenación de los bienes de las personas ausentes o desaparecidas, así como a la transacción y arrendamiento por más de cinco años, de bienes de ausentes o desaparecidos.

SECCIÓN SEXTA
RESTITUCIÓN NACIONAL DE NIÑAS, NIÑOS Y ADOLESCENTES

Artículo 629. El procedimiento de restitución nacional tiene como finalidad tutelar el derecho de las niñas, niños y adolescentes a no ser trasladados de manera ilegal de su domicilio habitual.

Artículo 630. La autoridad jurisdiccional competente para conocer de la custodia de niñas, niños o adolescentes será aquella en cuya jurisdicción se encuentre el lugar de residencia habitual de los mismos, salvo que exista un procedimiento previo en materia de custodia o patria potestad, ante otra autoridad jurisdiccional en cuyo caso este último será competente.

Recibida la solicitud de restitución, la autoridad tendrá un plazo máximo de tres días para proveer al respecto.

Artículo 631. Podrá presentar solicitud de restitución del traslado o retención ilegal o sin previa autorización, por escrito o mediante comparecencia:

I. La madre;

II. El padre, y

III. La persona o institución que tenga la custodia de niñas, niños o adolescentes.

Se exceptúan los casos en los que los progenitores cuenten con condena de violencia sexual contra niñas, niños, adolescentes o feminicidio.

Artículo 632. La solicitud de restitución deberá contener al menos lo siguiente:

I. Nombre, domicilio, fecha y lugar de nacimiento, parentesco con la niña, niño o adolescente; y en el caso de instituciones u organismos, el mandamiento judicial con el que se le designó la custodia;

II. Manifestación bajo protesta de decir verdad, que la niña, niño o adolescente ha sido trasladado o retenido ilegalmente o sin previo consentimiento de las personas que pueden otorgarlo;

III. Exhibición de la copia certificada del acta de registro de nacimiento de la niña, niño o adolescente y documentos que acrediten su domicilio habitual;

IV. Información relativa a la identidad de la persona que se refiere ha sustraído o retenido a la niña, niño o adolescente, así como el posible domicilio en el que se encuentre;

V. Los hechos en que se basa el o la solicitante, y

VI. Toda la información disponible relativa a la localización de niñas, niños o adolescentes y de la persona con la que se presume se encuentra.

La solicitud podrá contener fotografías tanto de la niña, niño o adolescente trasladado o retenido ilegalmente, así como de la persona con la que se presume se encuentra.

Artículo 633. Admitida la solicitud por la autoridad jurisdiccional y autorizada, se librará de inmediato, exhorto a la autoridad jurisdiccional con sede en el lugar en el que se señaló se encuentra la niña, niño o adolescente, otorgando plenitud de jurisdicción para el cumplimiento del mandamiento judicial.

Artículo 634. La autoridad jurisdiccional exhortante deberá en el proveído que autorice la restitución, solicitar a la exhortada al menos lo siguiente:

I. Provea respecto a la localización inmediata del niño, niña o adolescente, de conformidad con los datos proporcionados en el exhorto;

II. Ejecute el requerimiento para la restitución de la niña, niño o adolescente con el acompañamiento de personal especializado para dichos efectos y en su caso el uso de la fuerza pública. En todo momento se privilegiará la voluntariedad en la restitución;

III. Ordenar el cuidado temporal de la niña, niño o adolescente en una institución pública especializada, en su caso;

IV. En caso de oposición a la restitución, en ese mismo acto ordenar se realice la notificación del trámite y la celebración del desahogo de la única audiencia oral de restitución, y

V. Resolver la restitución y en caso de ser procedente, decretar de inmediato su cumplimiento con plenitud de jurisdicción.

Artículo 635. La notificación deberá realizarse con las formalidades establecidas en este Código Nacional. En ella se hará del conocimiento de la persona que trasladó o retuvo a la niña, niño o adolescente, que puede interponer sus excepciones y defensas de manera oral en la audiencia señalada.

Hecha la notificación, la persona requerida deberá presentarse en la fecha y hora señalada por la autoridad jurisdiccional, en compañía de la niña, niño o adolescente de quien se trate, si aún permaneciere en su compañía.

En caso de que no asista o no se presente con la niña, niño o adolescente, motivo de la restitución, se le impondrá la medida de apremio más eficaz que la autoridad jurisdiccional estime procedente y sin mayor trámite se procederá a la restitución solicitada.

Artículo 636. La audiencia de restitución será única y se tramitará en forma oral, se celebrará en un término no mayor a los tres días siguientes a la notificación y no podrá diferirse, y en ella se deberá determinar la procedencia o no de la restitución.

Artículo 637. La audiencia de restitución será presidida por la autoridad jurisdiccional, con la presencia de un representante del Sistema para el Desarrollo Integral de la Familia de la Entidad Federativa correspondiente, el Agente del Ministerio Público adscrito a la autoridad jurisdiccional respectivo, el solicitante y su persona representante autorizada, la persona a quien se atribuye el traslado o retención ilegal y su persona representante autorizada, así como el personal del juzgado que la autoridad jurisdiccional designe para dichos efectos, de conformidad con lo siguiente:

I. La persona a quien se le atribuye el traslado o retención ilegal de la niña, niño o adolescente, deberá señalar las objeciones que tenga para su restitución y presentar las pruebas que acrediten su dicho, con base en lo dispuesto por este Código Nacional;

II. En el mismo acto se dará vista a la parte contraria, para que manifieste lo que a su derecho corresponda;

III. Se escuchará a la niña, niño y adolescente en cuestión, si así lo desean, a efecto de que sus manifestaciones sean consideradas, con base en su autonomía progresiva, y

IV. Desahogadas las pruebas y escuchadas las partes, se decretará la restitución o su negativa. Contra dicha resolución no procede recurso alguno.

La audiencia deberá ser videograbada.

Artículo 638. La restitución de una niña, niño o adolescente sólo podrá negarse con base en lo siguiente:

I. Que existan pruebas suficientes a consideración de la autoridad jurisdiccional, de peligro inminente, o cualquier tipo de violencia, generada por la persona que solicita la restitución o con quien ésta comparta la residencia habitual;

II. Que quien solicitó la restitución no tenga derecho para solicitarla;

III. [Que hubieren transcurrido más de tres años desde que fue presentada la solicitud de restitución, y]

Fracción declarada inválida por sentencia de la SCJN a Acción de Inconstitucionalidad notificada para efectos legales 14-08-2024

IV. Que la persona adolescente solicitada hubiere alcanzado la edad de dieciséis años y manifieste su conformidad con el traslado.

El desarrollo de la audiencia y la resolución que dicte la autoridad jurisdiccional, deberán apegarse de manera estricta al principio de interés superior de las niñas, niños o adolescentes.

Artículo 639. En caso de que sea ordenada la restitución de la niña, niño o adolescente buscado, éste deberá ser entregado al solicitante, quien, para su traslado al lugar de habitual residencia de la niña, niño o adolescente, podrá ser acompañado por quien hubiera ejercido su cuidado, si así lo determina la autoridad jurisdiccional.

Artículo 640. La autoridad jurisdiccional del lugar de residencia habitual de la niña, niño o adolescente quien fuere objeto de la restitución, será la única competente para determinar la custodia, régimen de convivencias, y patria potestad.

Artículo 641. Las solicitudes de restitución internacional de niñas, niños o adolescentes se regirán conforme a las disposiciones previstas en los tratados internacionales de los que el Estado Mexicano sea parte, y por este Código Nacional.

SECCIÓN SÉPTIMA
DEL PROCEDIMIENTO DE ADOPCIÓN

Artículo 642. Será competente para tramitar la solicitud de adopción la autoridad jurisdiccional ubicada en el domicilio de la persona que se pretende adoptar.

Artículo 643. Cuando en el trámite de adopción acontezca oposición legítima se tramitará en la vía incidental y de resultar procedente se dará por concluido el mismo.

En contra de dicha resolución procederá el recurso de apelación en ambos efectos.

Artículo 644. La solicitud de adopción podrá ser recibida mediante escrito o por comparecencia desahogada en audiencia, esta última será preferentemente videograbada o a través de los medios de comunicación electrónicos previstos en este Código Nacional. En ambas modalidades la solicitud deberá de ser proveída por la autoridad jurisdiccional el mismo día de la recepción.

En todos los casos, la solicitud deberá hacerse del conocimiento del Sistema Nacional de Desarrollo Integral de la Familia (DIF) para privilegiar el interés superior de la niñez.

En caso de que la o las personas adoptantes comparezcan sin representación técnica, la autoridad jurisdiccional designará persona defensora pública a fin de que les asista de manera efectiva y gratuita.

Cuando se presente la solicitud por comparecencia deberán de apersonarse la o las personas que pretendan adoptar debidamente identificadas y también podrá concurrir la o las personas a las que les corresponde otorgar su consentimiento para la adopción, ello a efecto de que en la misma audiencia sea otorgado tal consentimiento, lo que deberá de realizarse de manera informada y asistida. En esta audiencia deberá encontrarse presente la persona Agente del Ministerio Público, a quien se le notificará a través del medio que la autoridad jurisdiccional considere efectivo.

No obstante, el consentimiento para la adopción podrá recibirse en comparecencia por separado o se podrá acreditar mediante la exhibición de la documental pública que consigne el acto, ello al inicio o durante el procedimiento.

Artículo 645. Para la admisión del trámite únicamente deberán de exhibirse las certificaciones de las actas de nacimiento tanto de las personas que pretenden adoptar y de la o las personas que se pretende adoptar. No obstante, y con independencia de los requisitos establecidos en las legislaciones locales, en la solicitud deberá de expresarse, bajo protesta de decir verdad, lo siguiente:

I. El nombre y domicilio de las personas que se pretenden adoptar;

II. El nombre y domicilio de las personas que ejerzan o estén en aptitud de ejercer la patria potestad de quien se solicita la adopción o bien la tutela, así como quien esté a cargo de la guarda y custodia de hecho o de derecho;

III. El nombre y domicilio de las personas que pretendan adoptar, y

IV. Los hechos que motiven la solicitud.

Artículo 646. En el proveído que admita a trámite la autoridad jurisdiccional deberá indicarse a las personas adoptantes, preferentemente a través del principio de inmediación en audiencia videograbada, los requisitos que en contraste con los documentos exhibidos faltan de cumplimentar según las leyes aplicables al procedimiento pretendido.

En ese mismo acto de admisión, la autoridad jurisdiccional notificará mediante oficio al Sistema Nacional para el Desarrollo Integral de la Familia o bien a los organismos homólogos en las Entidades Federativas a través de sus Procuradurías, la tramitación de la solicitud y en caso de que no fuera exhibido el certificado o constancia de Idoneidad de Adopción en la comparecencia inicial o escrito correspondiente, se le notificará de inmediato y preferentemente vía electrónica, al organismo encargado de la expedición del documento que deberá proveer en relación con la expedición o negación del documento en un plazo no mayor a noventa días naturales, bajo el apercibimiento que de no hacerlo podrán ser aplicadas las medidas de apremio que establece este Código Nacional.

En el primer proveído del procedimiento se apercibirá a la o las personas adoptantes para que comparezcan ante la autoridad encargada de expedir el Certificado de Idoneidad, en el término de tres días a fin de que realicen todas las gestiones que a ellas corresponda para la expedición del señalado Certificado, bajo el apercibimiento que, de no hacerlo, se le aplicará las medidas de apremio señaladas en este Código Nacional.

De manera conjunta con el Certificado de Idoneidad la autoridad administrativa deberá remitir copia certificada del expediente administrativo que dio origen al documento, en el cual siempre deberán ser recabados los estudios psicológicos, sociológicos, médicos y socioeconómicos correspondientes en su caso, a la persona o personas que pretenden adoptar.

Artículo 647. Durante el trámite de la adopción, la autoridad jurisdiccional deberá proveer respecto de las siguientes medidas:

I. La guarda y custodia provisional de la persona o personas que se pretende adoptar, tomando todas las medidas necesarias para la seguridad de dicha o dichas personas, y

II. El acompañamiento psicológico tanto para la o las personas que pretenden adoptar, como para quien o quienes pretenden sean adoptadas, y si es solicitado, para quienes otorgaron el consentimiento para la adopción.

Artículo 648. Una vez reunidos los requisitos señalados por la ley sustantiva para la Adopción, se proveerá respecto de los medios de prueba ofertados y se fijará fecha y hora dentro de los siguientes quince días para el desahogo de la comparecencia de la persona que se pretende adoptar, ello a efecto de que sea escuchada su opinión y su sentir respecto del trámite pretendido.

Dentro de los cinco días hábiles siguientes al desahogo de la comparecencia señalada en el párrafo que antecede, se fijarán fecha y hora para el desahogo de una audiencia especial en la que la o las personas promoventes podrán expresar alegatos, se desahogarán los medios de prueba que fueron admitidos y se dictará de manera oral la sentencia, en la que se incluirá la modalidad del seguimiento de la adopción.

Artículo 649. En caso de que la autoridad jurisdiccional así lo requiera, a la audiencia de desahogo de pruebas, deberá comparecer el personal especializado encargado de la integración del expediente administrativo exhibido en el trámite.

Dentro de los tres días hábiles siguientes al desahogo de la última audiencia, se remitirán los autos originales a la autoridad jurisdiccional de segunda instancia para que proceda a la revisión oficiosa de la resolución, misma que deberá confirmarse, modificarse o revocarse dentro de los siguientes quince días hábiles siguientes a la recepción del expediente, sin que lo anterior implique algún tipo de reenvío.

Artículo 650. Una vez autorizada la resolución de adopción por la autoridad jurisdiccional de segunda instancia, deberá de emitirse la sentencia en formato de lectura fácil para la persona o personas adoptadas y a cargo del erario las copias y oficios necesarios para la inscripción de la adopción.

Artículo 651. Durante los tres años siguientes a la autorización de la adopción, en ejecución de sentencia y de manera oficiosa, la autoridad jurisdiccional revisará los informes que realice el Sistema Nacional para el Desarrollo Integral de la Familia o bien los organismos competentes en las Entidades Federativas, con motivo del seguimiento correspondiente a la adopción, así como cualquier medida de similar que haya sido decretada en el fallo en atención al caso concreto.

Artículo 652. Tratándose de extranjeros con residencia en el país, deberán acreditar los mismos requisitos que las personas nacionales.

Artículo 653. En los casos de adopción en los que intervengan extranjeros o mexicanos con residencia en otro país, el procedimiento se llevará a cabo según lo dispuesto por el Capítulo de procedimientos internacionales de este Código Nacional, los tratados internacionales y la legislación aplicable en cada Entidad Federativa.

CAPÍTULO II
DEL DIVORCIO BILATERAL

Artículo 654. Será competente para tramitar la disolución del vínculo matrimonial la autoridad jurisdiccional ubicada en donde se encuentre el último domicilio conyugal, salvo sumisión expresa de ambos cónyuges ante alguna otra autoridad jurisdiccional.

Artículo 655. El Divorcio Bilateral podrá tramitarse a solicitud de ambos cónyuges ante la autoridad jurisdiccional, Notaria o Notario Público o la autoridad del Registro Civil correspondiente de conformidad con las siguientes disposiciones.

Artículo 656. Ante la autoridad jurisdiccional, a la solicitud deberá acompañarse:

I. Copia certificada, física o electrónica del acta de matrimonio de la unión que se pretenda disolver;

II. En su caso, copia certificada física o electrónica de las actas de nacimiento de las hijas e hijos menores de edad, y

III. Una propuesta de Convenio que contenga:

a) De existir hijos o hijas menores de edad, quien ejercerá su guarda y custodia, la fijación de la pensión alimenticia que les corresponderá y el establecimiento de un régimen de convivencias, así como la pensión alimenticia que, en su caso pudiera corresponder al o la divorciante, y

b) La forma en que deban distribuirse los bienes, derechos y obligaciones que se hayan adquirido durante el matrimonio, de conformidad con el régimen patrimonial al que estuviera sujeto el matrimonio.

En caso de no ser aplicable lo dispuesto en las fracciones anteriores, las partes deberán manifestar lo necesario bajo protesta de decir verdad.

Artículo 657. Presentada la solicitud y el convenio o manifestación a que alude el artículo anterior, cumplidas en su caso las prevenciones, se le dará vista a la persona Agente del Ministerio Público de la adscripción en caso de afectarse derechos de niñas, niños o adolescentes y la autoridad jurisdiccional admitirá el trámite y citará a los cónyuges, dentro de los diez días siguientes, a una única audiencia.

En la audiencia se procederá a ratificación, revisión y en su caso aprobación del convenio presentado. Aprobado el convenio se declarará visto el asunto y se dictará en ese momento de manera oral la sentencia, la cual en caso de decretar la disolución del vínculo matrimonial será irrecurrible y causará ejecutoria en ese momento por ministerio de ley.

Artículo 658. En el caso de que alguna de las partes falte a la audiencia, por única ocasión se fijará nueva fecha y hora para el desahogo de la audiencia en un plazo máximo de diez días, en caso de verificarse de nueva cuenta la inasistencia se dará por concluido el trámite.

Artículo 659. Cuando en el convenio aprobado se haya pactado sobre la donación de inmuebles, la autoridad jurisdiccional de manera oficiosa, girará oficio al titular del Registro Público de la Propiedad correspondiente, para que haga la anotación preventiva.

Artículo 660. En la audiencia se entregará a los cónyuges o a sus representantes el oficio dirigido al Registro Civil que corresponda, para los efectos de la inscripción del divorcio. En dicho oficio quedará inserta la trascripción de los puntos resolutivos del fallo.

Artículo 661. El Divorcio Bilateral podrá tramitarse ante Notaria o Notario Público, siempre y cuando no se hayan procreado hijas o hijos, o que aun sean menores de edad y no existan bienes o deudas atribuibles al patrimonio conyugal, o el Código Civil o leyes de cada Entidad Federativa así lo dispongan.

Artículo 662. Procede el divorcio ante la autoridad del Registro Civil cuando ambos cónyuges convengan en divorciarse; no tengan bienes o deudas pertenecientes al patrimonio conyugal; no tengan hijos en común o teniéndolos sean mayores de edad, y éstos no requieran alimentos.

La autoridad del Registro Civil, previa identificación de los cónyuges, y ratificando en el mismo acto la solicitud de divorcio, levantará un acta en que los declarará divorciados y hará la anotación correspondiente en el acta de matrimonio.

TÍTULO TERCERO
DEL JUICIO ORAL FAMILIAR

CAPÍTULO I
DISPOSICIONES GENERALES

SECCIÓN PRIMERA
DE LA PROCEDENCIA DEL JUICIO ORAL FAMILIAR

Artículo 663. Se tramitarán en la vía oral familiar, todas las controversias que no tengan tramitación especial señalada en este Código Nacional.

Las disposiciones de este Capítulo serán aplicables en lo conducente a los demás procedimientos familiares que establece este Código Nacional cuando no exista previsión específica.

Artículo 664. Podrá acudirse ante la autoridad jurisdiccional en materia familiar por escrito o por comparecencia, para constituir, declarar, preservar o restituir derechos, únicamente precisando los hechos en que se funde su pretensión. Asimismo, podrán solicitarse las medidas provisionales que considere necesarias. Las partes deberán presentar desde la primera actuación las documentales que soporten su pretensión o excepción y ofrecer los medios de prueba que estimen oportunos.

Las copias respectivas de la comparecencia y demás documentos, serán tomados como pruebas, debiendo relacionarse en forma pormenorizada con todos y cada uno de los hechos narrados por el compareciente, así como los medios de prueba que presente.

La autoridad jurisdiccional una vez presentada la demanda, se deberá pronunciar, en su caso, sobre su admisión dentro del término máximo de tres días.

Artículo 665. De admitirse la solicitud, deberá decretar las medidas provisionales conducentes, las que serán revisadas de oficio o a petición de parte en la audiencia preliminar. Ordenará emplazar personalmente a la parte demandada, para que conteste por escrito o comparecencia, dentro del término de nueve días, quien deberá ofrecer las pruebas que estime necesarias, opondrá sus excepciones y defensas.

En el mismo proveído, le hará saber a las partes su derecho para designar mandatario judicial, así como la posibilidad de contar con los servicios gratuitos de la defensoría pública.

Además, la autoridad jurisdiccional hará saber a las partes la posibilidad de acudir al centro de justicia alternativa o institución análoga en las Entidades Federativas para formar parte de un proceso de mediación o conciliación.

Artículo 666. En todo momento las partes deberán contar con una defensa técnica, efectiva y tratándose de asuntos que afecten derechos de la infancia además la defensa será especializada. Para el caso de que alguna o ambas partes acudan sin ella, la autoridad jurisdiccional solicitará de inmediato la intervención de la Defensoría Pública, quien de manera gratuita asistirá a quien lo requiera y para el caso de que la designación se realice en el momento del desahogo de alguna audiencia, la autoridad jurisdiccional podrá diferirla, por una única ocasión, fijándose nuevo día y hora dentro de los siguientes diez días hábiles.

Artículo 667. En cualquier etapa del procedimiento, la autoridad jurisdiccional exhortará a los interesados a lograr un avenimiento con el que pueda darse por terminado el asunto, ello siempre y cuando no existan conductas de violencia acreditadas en juicio.

Para este fin, se les hará saber a las partes los beneficios de llegar a un convenio proponiéndoles soluciones.

Si en audiencia los interesados llegan a un convenio, la autoridad jurisdiccional lo sancionará y aprobará de plano si procede legalmente, y dicho pacto tendrá fuerza de cosa juzgada.

Las declaraciones, propuestas o aceptaciones de las partes, no surtirán efecto legal alguno en juicio ni podrán ser utilizadas por la parte contraria. Las propuestas y pronunciamientos de la autoridad no implican ningún tipo de prejuicio sobre el fondo del asunto.

La autoridad jurisdiccional les hará saber a las partes la posibilidad de acudir al centro de justicia alternativa o institución análoga en las Entidades Federativas para formar parte de un proceso de mediación o conciliación.

Artículo 668. A fin de proveer respecto de las medidas provisionales, la autoridad jurisdiccional podrá ordenar con causa justificada el desahogo anticipado de la prueba en una audiencia especial que para tal efecto se fije, con citación de las partes y en apego a las directrices que se establece para el desahogo de cada probanza conforme a las reglas generales previstas en este Código Nacional.

Este anticipo de prueba además será procedente cuando:

I. Exista peligro de que una persona se ausente del lugar del juicio o se altere su declaración.

II. Un objeto se oculte, dilapide o pueda no lograrse su inspección.

Artículo 669. En todo lo no previsto regirán las reglas generales de este Código Nacional, en cuanto no se opongan a los principios y disposiciones del presente Libro.

SECCIÓN SEGUNDA
DE LA AUDIENCIA PRELIMINAR FAMILIAR

Artículo 670. Una vez contestada la demanda, con las excepciones y defensas se dará vista a la parte actora por el término de tres días para que manifieste lo que a su derecho convenga y ofrezca pruebas.

Al contestar la demanda, se hará valer la reconvención cuando así proceda, y en su caso, se ordenará emplazar personalmente a la parte demandada reconvencionista, en el domicilio personal, procesal o correo electrónico, para que conteste por escrito, dentro del término de nueve días hábiles, quien deberá ofrecer las pruebas que estime necesarias, opondrá las excepciones y defensas que estime procedentes, interponiendo las objeciones de pruebas. Con las excepciones y defensas de la contestación de la reconvención se dará vista a la actora reconvencionista por el término de tres días para que manifieste lo que a su derecho convenga y ofrezca pruebas.

Una vez contestadas las excepciones y defensas en lo principal, o en su caso, en la reconvención o transcurrido el plazo para ello, se señalará fecha y hora para la celebración de la audiencia preliminar que tendrá verificativo dentro de los quince días siguientes.

Artículo 671. La audiencia preliminar se integra por dos fases que deberán celebrarse el mismo día y de manera consecutiva, las cuales son:

I. La junta anticipada, que se celebrará ante la persona secretaria judicial, y no será videograbada, dejando constancia en el acta mínima respectiva, y

II. La audiencia ante la autoridad jurisdiccional.

Artículo 672. La primera fase de la audiencia preliminar consistente en la junta anticipada tiene por objeto:

I. El intercambio de información y de pruebas entre las partes;

II. Formular propuestas de convenio;

III. Establecer acuerdos sobre hechos no controvertidos, y

IV. Proponer acuerdos probatorios, dentro de los cuales se puede incluir la exclusión parcial o total de pruebas o la incorporación de otras.

La persona secretaria judicial dará cuenta inmediata a la autoridad jurisdiccional con el resultado de la junta anticipada.

Artículo 673. La segunda fase de la audiencia preliminar iniciará inmediatamente después de concluida la primera, y en ella se desarrollarán las siguientes etapas:

I. La enunciación de la Litis, que es el momento procesal en que se precisarán las prestaciones admitidas y sus contestaciones;

II. La depuración del procedimiento, momento en que se estudiará y resolverá lo atinente a los presupuestos y excepciones procesales, salvo las cuestiones competenciales las cuales se tramitarán de conformidad con las reglas previstas en el presente Código Nacional;

III. La revisión y aprobación del convenio que hayan celebrado las partes. En caso de no existir convenio en la primera fase, en esta segunda se procurará la conciliación o mediación entre las partes ante la autoridad jurisdiccional;

IV. La revisión de acuerdos de hechos o probatorios y en su caso, nueva discusión, proposición y fijación de acuerdos sobre hechos no controvertidos y exclusión total o parcial de medios de prueba o incorporación de nuevos factores probatorios, independientemente de los acordados en la fase anterior;

V. La admisión y preparación de las pruebas;

VI. La revisión oficiosa de las medidas provisionales y órdenes de protección decretadas, y

VII. Citación para la audiencia de juicio.

Artículo 674. Las partes tienen el deber de comparecer a la audiencia preliminar personalmente.

A las personas representantes autorizadas que dejen de asistir a la audiencia preliminar sin justa causa calificada por la autoridad jurisdiccional se les impondrá una multa que no podrá ser menor a veinte ni superior a sesenta Unidades de Medida y Actualización, y se continuará con la audiencia por una única ocasión.

Si dejaran de concurrir alguna o ambas partes materiales a la audiencia preliminar sin justa causa calificada por la autoridad jurisdiccional, se les impondrá una multa que no podrá ser menor a diez ni superior a treinta Unidades de Medida y Actualización, y se diferirá la audiencia preliminar por una única ocasión.

En la audiencia diferida si las partes sin justificación dejaren de asistir, la autoridad jurisdiccional procederá a examinar los presupuestos y excepciones procesales, resolverá sobre la admisión o desechamiento de pruebas y citará para audiencia de juicio, que no podrá exceder de un plazo de cuarenta días siguientes a la celebración de esta audiencia quedando las partes notificadas desde ese momento.

Artículo 675. En la Audiencia Preliminar, la autoridad jurisdiccional se pronunciará respecto de la admisión de las pruebas, así como la forma en que deberán prepararse para su desahogo en la audiencia de juicio, quedando a cargo de las partes su oportuna preparación, bajo el apercibimiento que, de no hacerlo, se declararán desiertas de oficio las mismas por causas imputables al oferente.

Durante la etapa de admisión de pruebas, las partes podrán igualmente objetar las pruebas que consideren pertinentes.

De estimarlo necesario, la autoridad jurisdiccional, en auxilio del oferente, expedirá los oficios o citaciones y realizará el nombramiento de las personas peritas para su aceptación en la misma audiencia, en el entendido de que los oficios serán puestos a disposición de la parte oferente, a afecto de que preparen sus pruebas y éstas se desahoguen en la audiencia de juicio.

En su caso, la autoridad jurisdiccional señalará fecha para la entrevista de la niña, niño o adolescente en comparecencia.

Artículo 676. Concluido lo anterior, la autoridad jurisdiccional citará a las partes a la audiencia de juicio que deberá realizarse dentro de los cuarenta días siguientes de celebrada la audiencia preliminar, quedando notificadas las partes, en ese acto.

Artículo 677. Cuando las partes hayan demandado la disolución del vínculo matrimonial y en la junta anticipada de la audiencia preliminar manifiesten su intención de sujetarse a la vía especial de Divorcio Bilateral y elaboren el convenio respectivo, la autoridad jurisdiccional proveerá en la segunda fase el cambio de vía y celebrará inmediatamente la única audiencia prevista para el trámite especial.

Si las partes no reúnen los requisitos necesarios para acceder al cambio de vía, la autoridad jurisdiccional dentro de la segunda fase de la audiencia, particularmente en la etapa de fijación para audiencia de juicio, resolverá de manera oral únicamente sobre la disolución del vínculo matrimonial.

SECCIÓN TERCERA
DE LA AUDIENCIA DE JUICIO

Artículo 678. Abierta la audiencia de juicio, la autoridad jurisdiccional escuchará los alegatos de apertura de las partes, los cuales no podrán exceder de diez minutos, para exponer sus respectivas teorías del caso.

La autoridad jurisdiccional señalará el orden para el desahogo de las pruebas, de conformidad con los acuerdos fijados en la audiencia preliminar.

Serán declaradas desiertas aquellas pruebas que no estén debidamente preparadas para su desahogo por causas imputables a la parte oferente.

Artículo 679. En la audiencia y concluido el desahogo de pruebas se concederá el uso de la palabra, por una vez a cada una de las partes y por un máximo de diez minutos para formular los alegatos de cierre. La autoridad jurisdiccional tomará las medidas que procedan a fin de que las partes se sujeten al tiempo indicado.

Artículo 680. Enseguida se declarará el asunto visto y se emitirá la sentencia definitiva correspondiente, para lo cual la autoridad jurisdiccional dispondrá del receso necesario dentro del mismo día de la audiencia.

En la misma audiencia de juicio, la autoridad jurisdiccional explicará con lenguaje sencillo, en forma breve y clara la sentencia definitiva y leerá únicamente los puntos resolutivos, así como, en los casos que proceda, el derecho que tienen las partes para impugnar dicha sentencia mediante el recurso de apelación, lo que se asentará en el acta mínima respectiva y ésta contendrá los puntos resolutivos expuestos, entregando en un plazo no mayor a tres días la versión escrita de la sentencia definitiva.

Cuando así lo considere la autoridad jurisdiccional y se involucren a niñas, niños o adolescentes, se deberá redactar una sentencia en formato de lectura fácil.

Asimismo, se hará del conocimiento de las partes el derecho que tienen, si estimaren que la sentencia definitiva contiene omisiones, cláusulas o palabras contradictorias, ambiguas u oscuras, de solicitar por escrito dentro del término de tres días, posteriores a que se encuentre puesta a su disposición la sentencia escrita, la aclaración o adición a la resolución, sin que con ello se pueda variar la substancia del fondo de la resolución. Contra tal determinación procederá el recurso de apelación, sin necesidad de reenvío, debiendo la autoridad jurisdiccional de apelación asumir plena jurisdicción.

Artículo 681. En casos excepcionales, atendiendo a la complejidad del asunto, al cúmulo y naturaleza de las pruebas desahogadas, la autoridad jurisdiccional podrá diferir, por única ocasión, la audiencia para la explicación de la sentencia hasta por quince días, citando a las partes para el dictado y explicación conforme a lo establecido en el presente artículo.

En caso de que las partes no estén presentes en la audiencia donde se dicte la sentencia, se dispensará su explicación y lectura de puntos resolutivos, y se les hará saber al día siguiente a través del medio de comunicación procesal oficial.

Artículo 682. Concluida la explicación de la sentencia definitiva, la autoridad jurisdiccional informará a las partes la importancia de presentarse a la audiencia de cumplimiento de sentencia y sus ventajas, así como las consecuencias en caso de ejecución forzosa.

Artículo 683. Las resoluciones firmes dictadas en juicios sobre alimentos y en los que se vean involucrados derechos de niñas, niños y adolescentes, pueden ser modificados en vía incidental o juicio autónomo.

Para los efectos del párrafo anterior, será competente la misma autoridad jurisdiccional que emitió la resolución que hubiera quedado firme, salvo que así lo determine este Código Nacional.

LIBRO QUINTO
DE LOS JUICIOS UNIVERSALES

TÍTULO PRIMERO
JUICIOS SUCESORIOS

CAPÍTULO I
DISPOSICIONES GENERALES

Artículo 684. Será competente para conocer del procedimiento sucesorio testamentario o intestamentario, la autoridad jurisdiccional, en materia civil o familiar de conformidad con las leyes orgánicas del poder judicial de cada Entidad Federativa, así como la o el Notario Público en los términos que dispone el presente Código Nacional.

El procedimiento se inicia mediante denuncia o solicitud de apertura de procedimiento sucesorio por parte legítima, y deberá contener la expresión de los siguientes requisitos o bien declaración bajo protesta de decir verdad sobre su desconocimiento:

I. Nombre, fecha, lugar de la defunción y último domicilio de la persona de cuya sucesión se trata y a falta de éste, cualquier otra información pertinente para fijar la competencia en términos del artículo 89 de este Código Nacional;

II. Testamento, en su caso, y

III. En caso de no haber testamento, los nombres de las posibles personas herederas de que tenga conocimiento la parte denunciante, con expresión del grado de parentesco o lazo con la persona de cuya sucesión se trate.

Los procedimientos a que se refiere el presente Título se tramitarán por escrito, salvo aquellas diligencias que, por su naturaleza, puedan realizarse conforme a los principios del juicio oral.

Artículo 685. Podrán denunciar un juicio sucesorio enunciativa y no limitativamente:

I. Las personas presuntas herederas del autor de la sucesión;

II. Las personas presuntas legatarias;

III. La persona albacea designada en el testamento;

IV. Cualquier persona acreedora de aquella de cuya sucesión se trata, y

V. El Ministerio Público, la representación social o autoridad competente.

Artículo 686. Con el escrito de denuncia de un juicio sucesorio, deberán acompañarse los siguientes documentos:

I. Acta de defunción o copia certificada del acta de defunción de la persona de cuya sucesión se trata;

II. El testamento, en caso de haberlo;

III. En su caso, el acta del Registro Civil que compruebe el parentesco de la persona de cuya sucesión se trata;

IV. En su caso, el documento que acredite la relación con la persona de cuya sucesión se trata, tratándose de cónyuges, concubinas, concubinos o convivientes;

V. En su caso, las capitulaciones matrimoniales o documento que contenga el régimen patrimonial que rija la relación jurídica con la persona de cuya sucesión se trata, y

VI. Cualquier otro documento que acredite la legitimación de la persona denunciante.

Artículo 687. Cuando la autoridad jurisdiccional conozca de la muerte de una persona, en tanto no se presenten los interesados, dictará en audiencia oral con la presencia del Ministerio Público, representación social o autoridad competente, las medidas cautelares para proteger los bienes o derechos de la sucesión:

I. Si hay peligro de que se oculten, pierdan o dilapiden los mismos;

II. Si hay niñas, niños y adolescentes interesados, y

III. Si hay personas con discapacidad que pudieran requerir apoyo para el ejercicio de su capacidad jurídica.

En caso de no asistir a la audiencia el Ministerio Público, el representante social o autoridad competente, la autoridad jurisdiccional resolverá las medidas pertinentes.

Artículo 688. Las medidas cautelares para la conservación de los bienes, que la autoridad jurisdiccional debe decretar en caso del artículo anterior, son las siguientes:

I. Reunir y asegurar, el resguardo de documentos y mensajes de datos de la persona de cuya sucesión se trate, en forma física o electrónica que, cerrados y sellados, se resguardarán en el secreto del juzgado;

II. Ordenar a la administración de correos que le remita la correspondencia dirigida de la persona de cuya sucesión se trate, con la cual hará lo mismo que con los demás documentos;

III. Requerir el dinero, alhajas, valores, acciones y demás bienes muebles de valor que se tengan, así como degradables o de fácil descomposición, para ser puestos a disposición, y que los mismos sean depositados en el establecimiento autorizado por la Ley, y

IV. Girar oficios a las autoridades o personas que tengan registros de bienes o derechos, a efecto de que informen sobre su existencia y la autoridad jurisdiccional dicte las medidas de conservación pertinentes.

Artículo 689. Mientras no se nombre albacea, y cuando ello fuere necesario para la guarda y conservación de los bienes de la sucesión o derechos que correspondan a la autora o el autor de la herencia, la autoridad jurisdiccional nombrará a alguien que ejerza el cargo de interventor como albacea judicial o provisional, de entre los mencionados en el escrito de denuncia a que se refiere el artículo 685, para que en el término de diez días acuda a aceptar el nombramiento conferido y, de no comparecer para su aceptación, se designará otro en sustitución, con la obligación y responsabilidad de actuar de manera diligente bajo apercibimiento de que los interesados puedan incoar los procedimientos para el resarcimiento de los daños ocasionados por sus actuaciones.

También se deberá nombrar por la autoridad jurisdiccional interventor en caso de que no haya heredero o el nombrado no entre en la herencia.

Artículo 690. La persona designada como interventor recibirá los bienes por inventario y tendrá el carácter de simple depositario o depositaria, sin poder desempeñar otras funciones administrativas que las de mera conservación y las que se refieran al pago de las deudas mortuorias con autorización judicial.

Si los bienes estuvieren situados en lugares diversos o a largas distancias, bastará, para la formación del inventario, que se haga mención en él de los títulos de propiedad, si existen, entre los documentos de cuya sucesión se trate, o la descripción de ellos según las noticias que se tuvieren.

Si hubiere bienes degradables o de fácil descomposición, se autorizará al interventor, albacea judicial o provisional, su enajenación.

Podrá la persona interventora, albacea judicial o provisional, promover las demandas que tengan por objeto recobrar bienes o hacer efectivos derechos pertenecientes a la sucesión, y contestar las demandas que contra ella se promuevan.

Artículo 691. La persona que ejerza el cargo de interventor, albacea judicial o provisional, no podrá deducir en juicio las acciones que por razón de mejoras, manutención o reparación tenga contra el testamentario o el intestado, sino cuando haya hecho esos gastos con autorización previa.

Artículo 692. En caso de que se hayan otorgado medidas cautelares para la conservación de bienes, la autoridad jurisdiccional abrirá la correspondencia física o electrónica que se encuentre dirigida a la persona de cuya sucesión se trate, en presencia de la persona secretaria judicial y la persona que ejerza el cargo de persona interventora, albacea judicial o provisional, en los periodos que se señalen, según las circunstancias.

La persona interventora, albacea judicial o provisional, recibirá la correspondencia física o electrónica que tenga relación con el caudal, dejándose testimonio de ella en los autos, y la autoridad jurisdiccional conservará la restante para darle en su oportunidad el destino correspondiente.

Artículo 693. La persona interventora, albacea judicial o provisional, recibirá por el desempeño de su cargo, el monto a que se refiera el Código Civil correspondiente y a falta de disposición, el dos por ciento del importe de los bienes, si no exceden de doscientas Unidades de Medida y Actualización; si excedieren este monto, pero no de mil Unidades de Medida y Actualización, recibirá, además, el uno por ciento sobre el exceso; y, si lo excediere, recibirá el medio por ciento, además sobre la cantidad excedente.

Artículo 694. La persona interventora, albacea judicial o provisional, cesará en su función luego que se dé a conocer que la persona albacea nombrada por los herederos aceptó el cargo y aquella entregará a éste los bienes, así como la cantidad que resulte de la venta de los bienes a que se refiere este Código Nacional, sin que pueda retenerlos bajo ningún pretexto, ni aún por razón de mejoras, o gastos de manutención o reparación.

Artículo 695. La madre o el padre en ejercicio de la patria potestad serán los representantes de sus hijas o hijos que sean niñas, niños o adolescentes en los procedimientos siempre que, a juicio de la persona juzgadora, no haya conflicto de interés. En caso de haberlo, o a falta de quien ejerza la patria potestad, habiendo adolescentes, si han cumplido dieciséis años, podrán designar una persona tutora dativo que los represente en el juicio. Si las niñas o niños no han cumplido dieciséis años, se deberá designar a quien los represente a propuesta de quien ejerza la patria potestad o a través de su persona tutora o persona tutora ya sea especial, interino o definitivo.

Cuando la autoridad jurisdiccional considere que las niñas, niños y adolescentes tienen la capacidad suficiente para proponer a la persona tutora que haya de representarlos en el juicio, debe concederles el derecho de proponerlo.

Artículo 696. En las sucesiones de personas extranjeras, se dará a los cónsules o agentes consulares, la intervención que les conceda la Ley, los Tratados o los usos internacionales.

Artículo 697. Serán remitidos a los juicios testamentarios y a los intestamentarios, siempre que no se haya dictado sentencia de adjudicación:

I. Todos los juicios ordinarios y especiales, ya sean por acciones reales, personales o las ejecutivas, siempre que las demandas sean incoadas en contra de la persona de cuya sucesión se trate, por lo que se suspenderán hasta la designación de albacea, debiendo informar la autoridad jurisdiccional que conozca de la sucesión, sin que por ello se suspenda otra cosa que la adjudicación de los bienes en la partición, hasta en tanto se concluyen los juicios, con sentencia ejecutoriada, para ser remitida al juicio sucesorio y sea considerada en el haber hereditario, y

II. Todas las sentencias ejecutoriadas de las demandas ordinarias y ejecutivas que se dedujeron contra los herederos de la persona cuya sucesión se trate, cuando afecte a otros acreedores de la sucesión en su calidad de tales, después de denunciado el intestado.

De manera excepcional, en el juicio sucesorio, cuando quede de manifiesto que dolosamente repudió una persona heredera, con la intención de evadir el cumplimiento de una obligación en perjuicio de acreedores, sin que ello sea considerado vulnerar la voluntad de la persona de cuya sucesión se trate; quien solicitará la remisión de la sentencia ejecutoriada será la autoridad jurisdiccional en cuyo tribunal se encuentre radicada la sucesión.

Artículo 698. Son acumulables a los juicios sucesorios:

I. Los juicios ejecutivos incoados contra la persona de cuya sucesión se trate antes de su fallecimiento;

II. Las demandas por acciones personales pendientes en primera o única instancia contra la persona de cuya sucesión se trate;

III. Los juicios contra la persona de cuya sucesión se trate respecto de acciones reales pendientes en primera o única instancia;

IV. Las demandas ordinarias o ejecutivas promovidas contra las personas herederas o legatarias en dicho carácter, después de denunciada la sucesión;

V. Los juicios que sigan las personas herederas deduciendo la acción de petición de herencia, ya impugnando el testamento o la capacidad de aquellas personas herederas presentadas o reconocidas, o exigiendo su reconocimiento; siempre que esto último acontezca antes de la adjudicación, y

VI. Las acciones de las personas legatarias reclamando sus legados, siempre que sean posteriores a la acción de inventarios, y antes de la adjudicación, excepto los legados de alimentos, de pensiones, de educación y de uso y habitación.

Artículo 699. En los juicios sucesorios, el Ministerio Público, representación social o autoridad competente, comparecerá a nombre de las personas herederas, mientras no se presenten o no acrediten su representante legítimo, niñas, niños o adolescentes que no tengan representantes legítimos y, al Sistema para el Desarrollo Integral de la Familia, Beneficencia Pública, Instituciones Educativas, el Fisco, al Estado, o a quien se señale en el Código Civil Sustantivo en cada Entidad Federativa cuando no haya herederos legítimos dentro del grado de Ley, y mientras no se haga reconocimiento o declaración de herederos.

Artículo 700. La intervención que debe tener el representante del Fisco será determinada por las Leyes especiales de cada Entidad Federativa, pero conservando siempre la unidad del juicio.

Artículo 701. La persona albacea manifestará, dentro de tres días de haberle notificado el nombramiento, si acepta o no el cargo y hecho que sea, deberá garantizarlo dentro del término y conforme a las bases fijadas en el Código Civil de la Entidad Federativa que corresponda.

Si la persona albacea no garantiza su manejo dentro de los términos señalados conforme el párrafo anterior, se les removerá de plano, sin perjuicio de su obligación de rendir cuentas.

Artículo 702. Iniciado un juicio sucesorio intestamentario o testamentario y habiéndose reconocido los derechos hereditarios a las partes interesadas, así como aceptado el cargo de albacea, éstas podrán encomendar a una Notaria o un Notario Público, la continuación en la formación de inventarios, avalúos, liquidación, partición y adjudicación de la herencia, procediendo en todo de común acuerdo, lo que constará en uno o varios instrumentos, conforme a la legislación civil y notarial respectiva.

En el supuesto del párrafo anterior, cuando entre los interesados haya niñas, niños y adolescentes, deberán estar debidamente representados y no existir oposición del Ministerio Público, representación social o autoridad competente.

Los acuerdos que se tomen se denunciarán a la autoridad jurisdiccional, en su caso, y éste, oyendo al Ministerio Público, representación social o autoridad competente, dará su aprobación si no se lesionan sus derechos. Podrán convenir los interesados que los acuerdos se tomen por mayoría de votos.

Cuando no hubiere convenio o se suscite oposición o controversia entre los interesados, cesará la tramitación extrajudicial, quedando a cargo de la Notaria o Notario Público la devolución del juicio sucesorio al juzgado que lo puso a su disposición.

Artículo 703. La Notaria o Notario Público tendrá la responsabilidad de cumplir aquello que dicten las leyes para la satisfacción del interés fiscal que genere la adjudicación de los bienes de la masa hereditaria.

Artículo 704. En los juicios sucesorios se formarán cuatro secciones compuestas de los cuadernos necesarios. Pueden iniciarse conjuntamente las secciones segunda, tercera y cuarta, cuando simultáneamente se puedan aprobar las dos primeras y la última se turne para dictar la sentencia definitiva de adjudicación.

Artículo 705. La primera sección se llamará de sucesión y contendrá en sus respectivos casos:

I. El testamento o testimonio de protocolización, o la denuncia del intestado;

II. El acta de defunción de la persona de cuya sucesión se trate;

III. Las citaciones a las personas herederas, así como la convocatoria a quienes se crean con derecho a la herencia;

IV. La constancia de haberse obtenido los informes de existencia o no de testamento otorgado por la persona de cuya sucesión se trate, de las autoridades que correspondan en cada Entidad Federativa, así como del Registro Nacional de Avisos de Testamento;

V. El reconocimiento de derechos hereditarios, la repudiación y aceptación de la herencia y de los legados en caso de la comparecencia de legatarios, el reconocimiento de la validez del testamento y la declaratoria de herederos;

VI. Lo relativo al nombramiento y la aceptación o no del cargo de albacea;

VII. Los incidentes que se promueven sobre remoción de albacea, interventores o albaceas judiciales o provisionales, y

VIII. Las resoluciones que se pronuncien sobre la validez del testamento, la capacidad legal para heredar y la preferencia de derechos.

Artículo 706. La sección segunda se llamará de inventarios, y contendrá:

I. El inventario realizado por la persona que tenga el cargo de interventor, albacea judicial o provisional;

II. El inventario que forme la persona albacea o los herederos, según corresponda de conformidad con la legislación sustantiva de la Entidad Federativa respectiva;

III. La documentación que acredite la propiedad de los bienes inmuebles y su identificación plena con los datos del título de propiedad o escritura respectiva, acompañando, de ser necesario, la constancia de alineamiento y número oficial o cualquier otra constancia de autoridad competente de acuerdo a cada Entidad Federativa;

IV. El avalúo que solicite el albacea o los herederos el cual deberá ser practicado por corredora o corredor público, perito valuador de institución crediticia o de los auxiliares de la administración de justicia o el valor catastral según la Entidad Federativa de la que se trate;

V. Los incidentes que se promuevan, y

VI. La resolución sobre el inventario y avalúo.

Artículo 707. La tercera sección se llamará de administración y contendrá:

I. Todo lo relativo a la administración y rendición de cuentas;

II. La cuenta general, su glosa y calificación;

III. La comprobación de haberse cubierto el impuesto fiscal relativo al pago predial, consumo de agua y electricidad de los inmuebles inventariados; y los comprobantes de pago de deudas a cargo de la persona de cuya sucesión se trate;

IV. Los incidentes que se promuevan;

V. Todos los cuadernillos, archivos electrónicos y libros que contengan las cuentas anuales que se rindan hasta la conclusión del juicio sucesorio;

VI. En cuerda por separado el proyecto de distribución provisional de frutos si los hubiere, y

VII. Las cuentas que rinda el albacea removido.

Artículo 708. La cuarta sección se llamará partición y contendrá:

I. El proyecto de partición de los bienes, en el juicio testamentario de acuerdo a la voluntad del testador y en el caso del intestamentario, en términos de la declaratoria de herederos;

II. Los incidentes que se promuevan respecto del proyecto a que se refiere la fracción anterior y su resolución;

III. Los arreglos relativos, y

IV. La resolución respecto a la aplicación de los bienes del proyecto de partición.

Artículo 709. Si dictada la resolución que califica a la sucesión como intestamentaria apareciere un testamento, se aplicarán las disposiciones siguientes:

I. Se atenderá al contenido de la disposición testamentaria y quedará sin efecto la intestamentaria para recomponerse el procedimiento, y

II. Si la disposición testamentaria no comprendiere todos los bienes hereditarios, en el mismo expediente continuará el intestado y se tramitará el testamentario en cuanto haya lugar.

En este caso, se acumularán los juicios si resulta procedente, cumpliendo con las formalidades de este Código Nacional.

Artículo 710. Inmediatamente que se inicie el procedimiento sucesorio, la autoridad jurisdiccional o la Notaria o Notario Público ante quien se tramite, deberá obtener el informe de existencia o inexistencia de alguna disposición testamentaria otorgada por la persona de cuya sucesión se trate, ante el Archivo Judicial del Tribunal o Poder Judicial, así como en el Archivo General de Notarías, Registro Público de la Propiedad, Procuraduría Social del Estado, la Dirección del Archivo de Instrumentos Públicos, Dirección de Notarías y Registros Públicos, Secretaría General de Gobierno o cualquier otra dependencia, autoridad u oficina que lleve a cabo dicha función en la respectiva Entidad Federativa, siendo estas dependencias las encargadas de solicitar la información al Registro Nacional de Avisos de Testamento, sobre la existencia o inexistencia de alguna disposición testamentaria en alguna Entidad Federativa. Toda la información podrá ser recabada en formato impreso, o en medios electrónicos, ópticos o de cualquier otra tecnología.

SECCIÓN PRIMERA
DEL PROCEDIMIENTO ESPECIAL EN LOS INTESTADOS

Artículo 711. En las sucesiones intestamentarias en que no hubiere controversia alguna y las personas herederas fueren mayores de edad, así como niñas, niños o adolescentes que se encuentren debidamente representados, se podrá realizar el procedimiento especial en los intestados a que se refiere esta sección.

Se exceptúa de lo dispuesto en el párrafo anterior, cuando los bienes se encuentren afectos a patrimonio familiar, en cuyo caso no se admitirá a trámite el juicio hasta en tanto se presente la constancia de que el mismo se ha extinguido, en caso de que así lo prevea el Código Civil de la Entidad Federativa donde se pretenda radicar el juicio sucesorio, de lo contrario, deberán seguirse las reglas particulares que al efecto establezca dicha legislación.

Artículo 712. Las personas herederas de un juicio intestamentario pueden acudir ante la autoridad jurisdiccional en materia familiar para realizar el procedimiento especial en los intestados exhibiendo:

I. Copia certificada del acta de defunción o declaración judicial de muerte de la autora o el autor de la sucesión;

II. Actas de nacimiento para comprobar el entroncamiento o parentesco de las personas herederas;

III. Documentos o pruebas que acrediten la relación con la persona autora de la sucesión, tratándose de cónyuges, concubinos o convivientes;

IV. Inventario de los bienes, al que se le acompañarán los documentos que acrediten la propiedad de la persona autora de la sucesión, y

V. Convenio de adjudicación de bienes.

Artículo 713. La autoridad jurisdiccional en audiencia de juicio, habiendo solicitado previamente informe del Archivo Judicial o Poder Judicial, Archivo General de Notarías o Registro Público de la Propiedad del Estado o Procurador Social del Estado o Director del Archivo de Instrumentos Públicos o Dirección de Notarías y Registros Públicos del Estado o la Secretaría General de Gobierno así como del Registro Nacional de Avisos de Testamento o cualquier otra oficina pública que lleve a cabo la función de informar sobre la existencia o inexistencia de testamento, en presencia de los interesados examinará los documentos, así como a los testigos a que se refiere este Código Nacional; hecho lo anterior en la misma audiencia resolverá haciendo la declaración de herederos y adjudicación de los bienes de acuerdo al convenio exhibido, debiendo señalar a la Notaria o Notario Público que procederá a la formalización de la misma.

Una vez recibida la información solicitada en el párrafo que antecede, se fijará fecha de audiencia de juicio, la que se celebrará dentro de los veinte días siguientes, en la que se desahogarán las pruebas admitidas y se escucharán los alegatos finales de los interesados. Enseguida, se señalará fecha para escucha de explicación de la sentencia definitiva en el plazo de tres días.

En dicha audiencia de comparecer los interesados se dictará el fallo final, cuyos puntos resolutivos serán agregados al acta mínima que se levante con motivo de la diligencia, entregando a las partes copia simple de la versión escrita. En caso de incomparecencia de los interesados, la sentencia quedará a su disposición en la oficina judicial.

Artículo 714. Si en el procedimiento especial hubiere controversia, el juicio se seguirá conforme a las reglas generales de este Título.

Artículo 715. Al promoverse un intestado, deberá darse cumplimiento con los requisitos y exhibir los documentos señalados en este Código Nacional. Si la autoridad jurisdiccional encuentra apegada a derecho la denuncia, la radicará y ordenará girar los oficios respectivos y mandará notificar a los presuntos herederos, cónyuge que sobreviva o concubina, concubinario o conviviente, haciéndoles saber la radicación del juicio sucesorio para que comparezcan a deducir los posibles derechos hereditarios que consideren les correspondan, con citación del Ministerio Público.

Si las personas interesadas desde su presentación otorgaron su voto para la designación de albacea y fueren reconocidos como los herederos de la persona cuya sucesión se trata, la autoridad jurisdiccional deberá ordenar la ratificación de sus votos, y procederá a reconocer al albacea que resulte nombrado conforme a la ley.

Artículo 716. Una vez recibidos los informes de la inexistencia de disposición testamentaria, la autoridad jurisdiccional dentro del término de quince días señalará día y hora para la recepción de la información testimonial a cargo de dos personas dignas de fe, que protestadas legalmente testifiquen en primer término, que los interesados o los que designen son los únicos herederos, y en segundo lugar cuando se refiera a concubinos o convivientes para acreditar la existencia de éstos, si la Ley no contempla su registro obligatorio en la Entidad Federativa de la que se trate.

Artículo 717. Dicha información se practicará con citación del Ministerio Público, quien en el mismo acto o dentro de los tres días que sigan al de la diligencia y examinadas las constancias, formule los pedimentos con los que se dará vista a las personas interesadas para que los cumplimenten, si los hubiere.

Artículo 718. Una vez examinadas las constancias por el Ministerio Público y su opinión conforme al contenido de las mismas, de así considerarlo la autoridad jurisdiccional, se turnarán los autos para que dentro del término de diez días dicte sentencia interlocutoria de declaratoria de herederos, en la que se reconozca a quienes acreditaron su derecho hereditario intestamentario, o negándolo se reserve su acción, para que se haga valer en el juicio.

Contra la sentencia interlocutoria que se dicte procederá el recurso de apelación en efecto devolutivo de tramitación inmediata.

Artículo 719. En la sentencia interlocutoria de declaratoria de herederos se nombrará albacea, si las personas interesadas desde su escrito de denuncia dieron su voto y fue ratificado, de no ser así, en la propia sentencia se citará a una junta de herederos dentro de los quince días siguientes para que designen albacea. Se omitirá la junta si el heredero fuere único.

Artículo 720. Si la declaración de herederos la solicitaren parientes colaterales dentro del cuarto grado, la autoridad jurisdiccional después de recibir los justificantes del entroncamiento y la información testimonial, mandará fijar edictos en el medio de comunicación judicial, así como en un diario de los de mayor circulación del último domicilio y del lugar del fallecimiento de la persona finada, dos veces, de diez en diez días, anunciando su muerte, sin testar, y los nombres y grado de parentesco de los que reclaman la herencia, llamando a los que se crean con igual o mejor derecho para que comparezcan al juzgado a reclamarla dentro de los cuarenta días siguientes.

Artículo 721. Transcurrido el término de los edictos, a contar desde el día siguiente de su última publicación, si nadie se hubiere presentado, se pondrán los autos a la vista de la autoridad jurisdiccional, quien hará la declaración de herederos respectiva, conforme a lo dispuesto en este Código Nacional.

Si hubieren aparecido otros parientes, al momento de comparecer deberán acompañar los atestados del Registro Civil que justifiquen su mejor o igual grado de parentesco, con lo que se dará vista al Ministerio Público para que se imponga de ellos y desahogada o sin pedimento alguno, se procederá a realizar la declaratoria respectiva.

Artículo 722. Si el juicio intestamentario es denunciado por un acreedor o tercero interesado, se ordenará la elaboración de los oficios de localización de testamento ordenados en este Código Nacional, si de los informes se aprecia que no existe disposición testamentaria alguna y no se presentaren descendientes, cónyuge, ascendientes, concubina, convivientes o colaterales dentro del cuarto grado, la autoridad jurisdiccional mandará fijar edictos en el medio de comunicación judicial, así como en un diario de los de mayor circulación, de la manera y por los términos expresados en este Código Nacional, anunciando la muerte intestada de la persona cuya sucesión se trate, y llamando a los que se crean con derecho a la herencia.

Artículo 723. Vencido el término de los edictos si no se hubiere presentado ningún aspirante a la herencia o no fuere reconocido con derechos a ella ninguno de los pretendientes, se tendrán como herederos a quien señale el Código Civil y demás legislación de cada Entidad Federativa y como albacea a la persona que dichas instituciones señalen como su representante.

Artículo 724. Las personas que comparezcan a consecuencia de dichos llamamientos, reclamando su derecho a la herencia, deberán expresar, por escrito, el grado de parentesco en que se hallen con el causante de la herencia, justificándolo con los correspondientes documentos y previa vista al Ministerio Público, se turnará a sentencia, por lo que la autoridad jurisdiccional aplicará las reglas sucesorias que se consagran en el código sustantivo e incluso la norma general de que los parientes más próximos excluyen a los más remotos y procediendo desde luego al nombramiento de albacea.

Artículo 725. Al albacea se le entregarán los bienes sucesorios, así como los libros, archivos electrónicos y papeles, debiendo rendirle cuentas el interventor, con la finalidad de que el primero pueda realizar el inventario de la masa hereditaria, sin perjuicio de lo dispuesto en el Código Civil de cada Entidad Federativa respecto de si la o el cónyuge, conviviente o concubino, conserva la posesión y administración de la misma.

SECCIÓN SEGUNDA
DE LAS SUCESIONES TESTAMENTARIAS

Artículo 726. En los juicios de sucesión, si la Federación o las Entidades Federativas son herederos o legatarios en concurrencia con los particulares, se estará a las reglas de competencia previstas en este Código Nacional.

Artículo 727. La persona que promueva el juicio testamentario debe cumplir con los requisitos y exhibir la documentación ordenada en este Código Nacional, de no ser así, la autoridad jurisdiccional requerirá se corrija o se complete, y de encontrarse apegada a derecho, sin más trámite, lo tendrá por radicado y librará los oficios para búsqueda de testamento y de no existir otro testamento más que el exhibido, se notificará a los herederos en términos de este Código Nacional, haciéndole saber la radicación del presente juicio sucesorio, con citación del Ministerio Público.

Artículo 728. Si no se conociere el domicilio de los herederos, se mandarán publicar edictos en un diario de mayor circulación en la Entidad Federativa, conforme a lo dispuesto en este Código Nacional.

Artículo 729. La autoridad jurisdiccional convocará a los herederos designados en el mismo a una junta, que tendrá verificativo dentro de los veinte días siguientes a la citación, si la mayoría de los herederos reside en el lugar del juicio. Si la mayoría residiere fuera del lugar del juicio, la autoridad jurisdiccional señalará el plazo que crea prudente, atendidas las distancias; si hubiere albacea nombrado en el testamento, se les dé a conocer, y, si no lo hubiere, procedan a elegirlo con arreglo a este Código Nacional.

Artículo 730. Si en la designación hubiere personas con discapacidad, niñas, niños o adolescentes que tengan persona quien ejerza la patria potestad, persona tutora o persona que brinde apoyos para el ejercicio de su capacidad jurídica, se les mandará citar a estos últimos para la junta.

Si las herederas niñas, niños y adolescentes no estuvieren bajo patria potestad o tutela, la autoridad jurisdiccional dispondrá que se les nombren uno con arreglo a derecho como se previene en este Código Nacional.

Artículo 731. Respecto del heredero declarado ausente o desaparecido, se entenderá la citación con el que fuere su representante legítimo.

Artículo 732. Se citará también al Ministerio Público para que represente a los herederos cuyo paradero se ignore y a los que habiendo sido citados no se presentaren y mientras se presenten.

Luego que se presenten los herederos ausentes o desaparecidos cesará la representación del Ministerio Público.

Artículo 733. Si la madre, el padre, la persona tutora o tutriz, o cualquier representante legítimo de algún heredero que sea niña, niño, adolescente, tiene interés en la herencia, le proveerá la autoridad jurisdiccional, con arreglo a derecho, de una persona tutora especial para el juicio o hará que le nombre, si tuviere edad para ello. La intervención de la persona tutora especial se limitará sólo a aquello en que el propietario o representante legítimo tenga incompatibilidad.

Artículo 734. Si el testamento no es impugnado ni se objeta la capacidad de las personas interesadas, la autoridad jurisdiccional en la misma junta, reconocerá como herederos a los que estén nombrados en las porciones que les correspondan.

Si se impugnare la validez del testamento o la capacidad legal de algún heredero, se substanciará el juicio ordinario correspondiente con el albacea o el heredero respectivamente, sin que por ello se suspenda otra cosa que la adjudicación de los bienes en la partición.

Artículo 735. En la junta de las personas herederas, podrán estas nombrar a quien funja como interventor, conforme a la facultad y en los casos previstos en el Código Civil de cada Entidad Federativa.

SECCIÓN TERCERA
DEL INVENTARIO Y AVALÚO

Artículo 736. Dentro de diez días de haber aceptado su cargo, quien ejerce el albaceazgo debe dar aviso de que procederá a la formación de inventarios y avalúos, y propondrá al o los peritos valuadores en la materia correspondiente, debiendo concluir la presente sección dentro de los siguientes sesenta días.

Las personas herederas dentro del término de tres días deberán manifestar si están de acuerdo o no con la o las propuestas de peritos y si no lo hicieren, la autoridad jurisdiccional hará la designación procedente.

Se exceptuará el nombramiento de perito valuador cuando todas las personas herederas están conformes en que se tome el valor del avalúo catastral.

El inventario y avalúo se practicarán simultáneamente, si es única y universal persona heredera o si todos quienes tienen esta calidad firmaran de conformidad.

Artículo 737. El inventario deberá practicarse por la autoridad jurisdiccional, persona secretaria judicial, alcalde, alcaldesa, Notaria o Notario Público nombrada por los herederos, o autoridad competente en su caso, con las formalidades correspondientes al Código Civil aplicable siempre y cuando tenga que realizarse una descripción detallada de aquello que conforme la masa hereditaria de acuerdo con el importe de sus porciones, cuando concurran como herederos:

I. Niñas, niños y adolescentes;

II. Personas con discapacidad;

III. El Sistema para el Desarrollo Integral de la Familia;

IV. La Beneficencia Pública;

V. Instituciones Educativas;

VI. El Estado o las Entidades Federativas, y

VII. En su defecto, a quien, teniendo interés en la sucesión, señale la legislación sustantiva correspondiente.

A dicho inventario concurrirá conjuntamente el albacea.

Artículo 738. El inventario puede ser presentado por el albacea, cuando el acervo hereditario se constituya únicamente por inmuebles, y una vez que se encuentren exhibidos los avalúos se señalará fecha dentro de los cinco días siguientes, para que el albacea ante la presencia judicial ratifique el inventario a efecto de cumplir con la solemnidad y si comparecieran todos los reconocidos como herederos manifestando su conformidad se aprobará de plano, en caso contrario se procederá de acuerdo a lo dispuesto en este Código Nacional.

Artículo 739. El albacea dentro del término señalado en este Código Nacional procederá, a presentar el inventario de forma clara y precisa y en el orden siguiente:

I. Dinero en efectivo;

II. Alhajas;

III. Bienes, derechos de comercio o industria, así como de propiedad intelectual

IV. Semovientes;

V. Frutos;

VI. Muebles;

VII. Inmuebles;

VIII. Créditos;

IX. Documentos y correspondencia;

X. Bienes ajenos que tenía en su poder el finado en comodato, depósito, prenda o bajo cualquier otro título, con expresión de la causa;

XI. Bienes o derechos litigiosos señalándose la autoridad jurisdiccional, la clase de juicio, la persona contra quien se litiga y la causa del pleito, y

XII. Las deudas que formen el pasivo de la sucesión, incluyendo los legados vigentes, los gastos funerarios y los que se hayan causado en la última enfermedad de la persona cuya sucesión se trata, con expresión de los títulos y documentos que justifiquen este pasivo.

Artículo 740. El inventario deberá especificar si de los bienes inventariados alguno corresponde la sociedad conyugal o se encuentren en copropiedad o posesión común en los casos de sociedad de convivencia o concubinato y los porcentajes, en su caso.

Si la masa hereditaria la conforma un solo bien y éste se encuentra afecto al patrimonio de familia, se suspenderá el procedimiento hasta en tanto no se haya extinguido el mismo, salvo que el Código Civil de la Entidad Federativa donde se encuentra radicado el juicio sucesorio intestamentario o testamentario prevea otra cosa.

Si dentro del caudal hereditario existen otros bienes que no conformen patrimonio familiar, el juicio podrá continuar por lo que hace a ellos, y por tanto, la suspensión sólo será del que sí se encuentra en dicha hipótesis en términos del párrafo que antecede.

Artículo 741. Si los bienes inventariados se encontraren en diversas Entidades Federativas se ampliará el término respectivo hasta por treinta días más.

Artículo 742. Practicados el inventario y avalúo serán agregados a los autos y se pondrá de manifiesto en la Secretaría, por cinco días, para que las personas interesadas puedan examinarlos, citándoseles mediante notificación personal en términos de lo dispuesto en este Código Nacional.

Artículo 743. Si transcurrido el término a que se refiere el artículo anterior, sin haberse hecho oposición, la autoridad jurisdiccional lo aprobará sin más trámites. En caso contrario, se substanciará el incidente respectivo.

Para dar curso al incidente de oposición, es indispensable expresar concretamente cuáles son los bienes omitidos o que deban de excluirse o el valor que se atribuye a cada uno de los inventariados correctamente, aportando pruebas para acreditar la misma.

Este incidente se desahogará en una sola audiencia oral a la que se citará a las partes.

Artículo 744. Si quienes reclamen fueren varios e idénticas sus oposiciones, deberán nombrar representante común en la audiencia oral. En caso de no nombrarlo o de no ponerse de acuerdo, la autoridad jurisdiccional lo nombrará de oficio de entre ellos mismos.

Artículo 745. Si a la audiencia dejaren de presentarse las personas designadas como peritos sin causa justificada, perderán el derecho de cobrar honorarios por los trabajos practicados.

En la tramitación de este incidente cada parte es responsable de la asistencia de los peritos que propusiere, de manera que la audiencia no se suspenderá por la ausencia de todos o de alguno de los propuestos.

Artículo 746. Si las oposiciones tuvieran por objeto impugnar simultáneamente el inventario y el avalúo, o se tramitaran diversos incidentes, estos se acumularán y se resolverán en una sola audiencia oral, a fin de evitar contradicción alguna.

Artículo 747. El inventario hecho por albacea o por heredero aprovecha a todas las personas interesadas, aunque no hayan sido citadas, incluso las substitutas y herederos por intestado.

El inventario perjudica a quienes lo hicieron y a quienes lo aprobaron.

Aprobado el inventario por la autoridad jurisdiccional o por el consentimiento de todas las personas interesadas, no podrá reformarse sino por error o vicio, debidamente justificado, a criterio de la propia autoridad jurisdiccional, en una audiencia oral y antes de dictarse la sentencia definitiva.

Artículo 748. Si aparecieren bienes omitidos, se procederá a la formación de un inventario suplementario aplicándose las reglas de esta sección, y demás disposiciones del Código Civil aplicable.

Artículo 749. Si pasados los términos establecidos en este Código Nacional, el albacea no promoviere o no concluyere el inventario, será removido de plano sin derecho a la percepción de honorarios y cualquier heredero podrá promover la formación del inventario.

Artículo 750. Los gastos de inventario y avalúo son a cargo de la masa hereditaria, salvo que se hubiere dispuesto otra cosa en el testamento.

SECCIÓN CUARTA
DE LA ADMINISTRACIÓN Y RENDICIÓN DE CUENTAS

Artículo 751. Corresponde la posesión y administración de la masa hereditaria a quien sobreviva, de conformidad con lo siguiente:

I. El o la cónyuge supérstite tanto en el régimen de la sociedad conyugal como en el de separación de bienes;

II. El o la conviviente que haya elegido que su patrimonio presente y futuro forme parte del patrimonio de la sociedad en convivencia, y

III. El o la concubina que hayan adquirido bienes en copropiedad o que haya procreado hijos en común con la persona de cuya sucesión se trata.

La posesión y administración de la masa hereditaria, por cualquiera de las personas anteriormente mencionadas se hará con intervención del albacea quien pondrá a su disposición los bienes que conforman la masa hereditaria.

Artículo 752. La intervención del albacea se concretará a vigilar la administración del o la cónyuge, del o la conviviente o del o la concubina, supérstite, y en cualquier momento en que observe que no se hace convenientemente, promoverá incidente ante la autoridad jurisdiccional, que conozca de la sucesión quien dará vista a quien se imputa la indebida administración, otorgando un término de tres días para que manifieste lo que a sus intereses convenga.

Una vez hechas sus manifestaciones, la autoridad jurisdiccional citará a ambas partes a una audiencia oral dentro de los tres días siguientes, en la que resolverá lo que en derecho proceda.

Artículo 753. Durante la substanciación del juicio sucesorio no se podrá enajenar los bienes inventariados, sino por acuerdo de las personas herederas o con aprobación judicial en los siguientes casos:

I. Cuando haya deuda o gasto urgente;

II. Cuando los bienes puedan deteriorarse;

III. Cuando sean de difícil y costosa conservación;

IV. Cuando para la enajenación de los frutos se presenten condiciones ventajosas, y

V. Cuando el acuerdo de los herederos no perjudique derechos de algún acreedor reconocido.

Artículo 754. Las cuentas y sus archivos físicos y electrónicos se entregarán al albacea y, hecha la partición a los herederos reconocidos. Los demás documentos y archivos físicos y electrónicos quedarán en poder de la persona que haya desempeñado el albaceazgo.

Artículo 755. Si nadie se hubiera presentado alegando derecho a la sucesión, o no hubieren sido reconocidos quienes se hubiesen presentado, y se hubiere declarado heredero, en su caso, a quien para esta hipótesis establezca como heredero legítimo la legislación sustantiva que corresponda a cada Entidad Federativa. Se entregarán a éstos por conducto de representante legal, los bienes, los documentos y archivos físicos y electrónicos que tengan relación con la misma, para su administración y rendición de cuentas.

Artículo 756. Concluido y aprobado el inventario, dentro de los quince días siguientes presentará el albacea su cuenta general de albaceazgo; si no lo hace se le apremiará por los medios legales.

Artículo 757. Presentada la cuenta general de administración, la autoridad jurisdiccional mandará dar vista a las personas interesadas por un término de diez días para que se impongan de ello, notificándose en forma personal en términos de lo dispuesto en este Código Nacional.

Artículo 758. Si todas las personas interesadas aprobaren la cuenta, o no la impugnaren, la autoridad jurisdiccional la aprobará de plano.

Si existe inconformidad, la persona interesada promoverá el incidente respectivo dentro de los tres días siguientes en que haya concluido la vista. Para darle curso al incidente, será indispensable que el promovente inconforme exprese concretamente cuáles son los puntos de la cuenta general del albaceazgo con los que se inconforma, aportando pruebas en su caso para controvertirlos. Este incidente se desahogará y resolverá en una sola audiencia oral a la que se citará a las partes, dentro de los cinco días siguientes.

En caso de que se promovieren dos o más incidentes en los que existiera identidad de puntos de inconformidad, se acumularán para ser resueltos en la misma audiencia.

Artículo 759. La persona interventora, el albacea provisional o judicial, en su caso, el o la cónyuge, el o la conviviente, el o la concubina, supérstite, el albacea designado por el testador o por los herederos y cualquier persona que haya tenido la administración de los bienes hereditarios, están obligados a rendir, dentro de los cinco primeros días de cada año del ejercicio de su cargo, la cuenta de su administración correspondiente al año anterior.

Artículo 760. Presentada la cuenta anual de administración, se mandará poner en la Secretaría, a disposición de quienes tengan interés para que se impongan, por un término de diez días, citándose mediante notificación personal en términos de lo dispuesto por este ordenamiento.

Artículo 761. Si todas las personas interesadas aprobaren la cuenta, o no la impugnaren, la autoridad jurisdiccional la aprobará. Si existiere inconformidad se tramitará el incidente respectivo. Quienes sostengan la misma pretensión deberán nombrar representante común.

Artículo 762. Las cantidades que resulten líquidas se depositarán a disposición de quien corresponda, en el establecimiento destinado por este Código Nacional.

Artículo 763. Cuando quien administre no rinda dentro del término legal su cuenta anual, será removido de plano. También podrá ser removido en términos de este Código Nacional, a solicitud de cualquiera de las personas interesadas, cuando alguna de las cuentas no fuere aprobada en su totalidad. El trámite se hará en forma incidental.

Artículo 764. Cuando no alcancen los bienes para pagar las deudas y legados, el albacea debe dar cuenta de su administración a personas acreedoras y legatarias.

Artículo 765. El albacea, dentro de los quince días de aprobado el inventario, presentará ante la autoridad jurisdiccional un proyecto para la distribución provisional de los productos de los bienes hereditarios, señalando la parte de ellos que, cada bimestre, deberá entregarse a herederos y legatarios, en proporción a su haber. La distribución de los productos se hará en efectivo o en especie.

Artículo 766. Presentado el proyecto, se pondrá a la vista de las personas interesadas por cinco días, citándose mediante notificación personal en términos de lo dispuesto en este Código Nacional.

Si están conformes o nada exponen dentro del término de la vista, lo aprobará la autoridad jurisdiccional y mandará abonar a cada quien la porción que le corresponda.

La inconformidad expresa se substanciará en forma incidental, el incidente se desahogará y resolverá en una sola audiencia oral a la que se citará a las partes, dentro de los cinco días siguientes. Dicha resolución será apelable en efecto devolutivo.

Artículo 767. Cuando los productos de los bienes variaren de bimestre a bimestre, el albacea presentará su proyecto de distribución por cada uno de los periodos indicados. En este caso deberá presentarse el proyecto dentro de los primeros cinco días del bimestre.

Artículo 768. Si el albacea no presentare el proyecto de distribución provisional de los productos de los bienes hereditarios, dentro del término legal o cuando durante dos bimestres consecutivos, sin justa causa, deje de cubrir a los herederos o legatarios las porciones de frutos correspondientes, será revocado de plano sí así lo solicita la mayoría de las personas herederas.

SECCIÓN QUINTA
DE LA PARTICIÓN DE HERENCIA

Artículo 769. Aprobada la cuenta general de administración, dentro de los quince días siguientes, el albacea presentará el proyecto de partición de los bienes, en los términos del Código Civil respectivo.

Artículo 770. Será removido el albacea de su cargo, mediante incidente, si no presentare el proyecto de partición dentro del término indicado en el artículo anterior o dentro de la prórroga que le concedan las personas interesadas por mayoría de votos.

Artículo 771. Cuando quien ejerza el albaceazgo requiera auxiliarse para hacer el proyecto de partición, podrá auxiliarse de un perito o especialista cuyo nombramiento deberá ser promovido dentro del tercer día de aprobada la cuenta y la autoridad jurisdiccional convocará a los herederos, a junta, dentro de los tres días siguientes, a fin de que se haga en su presencia la elección cuyo nombramiento se hará por mayoría de los presentes.

Si no hubiere mayoría, la autoridad jurisdiccional nombrará al perito o especialista de entre los propuestos.

Artículo 772. Quien tenga la calidad de cónyuge, conviviente, concubino o concubina, aunque no tenga el carácter de heredero, será tenido como parte, si entre los bienes hereditarios hubiere bienes de la sociedad conyugal, sociedad en convivencia o disposición de los concubinos que rija su patrimonio y será convocado a la junta que refiere el artículo que antecede, para que intervenga de acuerdo con sus intereses.

Artículo 773. Si se encuentra presente el partidor, encargado de la formulación del proyecto de partición en la misma junta que fue nombrado, procederá a aceptar y protestar su cargo, y en caso contrario se le notificará para que dentro del término de tres días comparezca a aceptar el mismo, habiendo señalado previamente el monto de sus honorarios de acuerdo con lo que le autoriza la Ley de cada Entidad Federativa, los que deberán ser autorizados y aprobados por la autoridad jurisdiccional, y cubiertos por los herederos en proporción a sus haberes.

Artículo 774. La autoridad jurisdiccional pondrá a disposición del partidor los autos y, bajo inventario, los papeles y documentos relativos al caudal, para que proceda a la partición, concediéndole hasta cuarenta días para que presente el proyecto partitorio, bajo el apercibimiento de perder los honorarios que le fueron autorizados y aprobados, ser separado de plano de su encargo y, en su caso, responsable de los daños y perjuicios.

Artículo 775. El partidor pedirá a las personas interesadas las instrucciones que estime necesarias, a fin de hacer las adjudicaciones de conformidad con ellas, en todo lo que estén de acuerdo, o de conciliar en lo posible sus pretensiones.

Puede solicitarse a la autoridad jurisdiccional para que, convoque a una junta, a fin de que las personas interesadas fijen de común acuerdo las bases de la partición, que se considerará como un convenio. Si no hubiere conformidad, el partidor presentará el proyecto de partición de los bienes, en los términos que lo dispuso el testador, en lo que no contravenga el Código Civil correspondiente.

Al hacerse la división se separarán los bienes que correspondan al cónyuge, conviviente, concubino o concubina que sobreviva, conforme a las capitulaciones matrimoniales que regulan la sociedad conyugal, a las disposiciones de la sociedad en convivencia o a las del patrimonio concubinal, cuando resulte ser en partes iguales y será convocado a la junta que refiere el artículo que antecede, para que intervenga de acuerdo con sus intereses.

Artículo 776. A falta de convenio entre las personas interesadas, se incluirán en cada porción, bienes de la misma calidad y especie, si fuere posible.

Si hubiere bienes gravados, se especificarán los gravámenes indicando el modo de redimirlos o dividirlos entre las personas herederas.

Artículo 777. Concluido el proyecto de partición, la autoridad jurisdiccional lo mandará poner a la vista de los interesados en la Secretaría, por un término de diez días. Vencido el término sin hacerse oposición, la autoridad jurisdiccional aprobará el proyecto y dictará sentencia de adjudicación, mandando entregar a cada quien los bienes muebles que le hubieren sido adjudicados, con la factura o los documentos de propiedad, después de asentarse por la persona secretaria judicial, una nota en que se haga constar la adjudicación.

Si se trata de niñas, niños o adolescentes, la autoridad jurisdiccional deberá verificar de manera oficiosa el proyecto de partición.

Si entre los bienes de la masa hereditaria, hubiere inmuebles, se mandará formalizar el proyecto de división y partición y otorgar la escritura pública correspondiente misma que deberá ser inscrita en el Registro Público de la Propiedad, Oficina Registral o cualquier otra Institución análoga según la Entidad Federativa de que se trate.

Artículo 778. Si hubiera oposición contra el proyecto, se substanciará en forma incidental, procurando que, si fueren varias, la audiencia sea común, y a ella concurrirán las personas interesadas y el partidor para que se discutan las gestiones promovidas y se reciban pruebas.

Para dar curso a esta oposición, es indispensable expresar concretamente cuál sea el motivo de la inconformidad y cuáles las pruebas que se invocan como base de la oposición.

Artículo 779. Pueden oponerse a que se lleve a efecto la partición:

I. Las personas acreedoras hereditarias legalmente reconocidas, mientras no se pague su crédito, si ya estuviere vencido y, si no lo estuviere, mientras no se les asegure debidamente el pago, y

II. Las personas legatarias de cantidad, de alimentos, de educación y de pensiones, mientras no se les pague o se garantice legalmente el derecho.

Artículo 780. La adjudicación de bienes hereditarios se otorgará con las formalidades que, por su cuantía, la Ley exige para su venta. La Notaria o Notario Público ante la que se otorgue la escritura será designada por el albacea.

Artículo 781. La escritura de partición, cuando haya lugar a su otorgamiento, deberá contener, la superficie, medidas y linderos que correspondan a los inmuebles adjudicados conforme al convenio con el fin de permitir su plena identificación.

El resto de los bienes o derechos adjudicados la autoridad jurisdiccional deberá formalizar su transmisión de conformidad con las leyes aplicables para cada caso.

Artículo 782. La sentencia que apruebe o repruebe la partición es apelable en ambos efectos.

CAPÍTULO II
DE OTRAS FORMAS TESTAMENTARIAS

SECCIÓN PRIMERA
DEL TESTAMENTO PÚBLICO CERRADO

Artículo 783. Para la apertura del testamento público cerrado, los testigos reconocerán separadamente sus firmas y el pliego que las contenga. El Ministerio Público asistirá a la diligencia.

Artículo 784. Cumplido lo prescrito en el Código Civil de la Entidad Federativa respectiva, ante la autoridad jurisdiccional, los testigos reconocerán separadamente sus firmas en el pliego que contenga el testamento y hecho lo anterior en presencia del Notario o Notaria Pública, testigos, Ministerio Público y persona secretaria judicial, abrirá el testamento, lo leerá, para sí y después le dará lectura en voz alta, omitiendo lo que deba permanecer en secreto y cumplidos los requisitos del Código Sustantivo de cada Entidad Federativa declarará la formalidad del testamento ordenando su protocolización.

En seguida firmarán al margen del testamento las personas que hayan intervenido en la diligencia, con la autoridad jurisdiccional y secretaria judicial de la Entidad Federativa de que se trate, y se le pondrá el sello del juzgado, asentándose todo ello en el acta.

Artículo 785. Para la protocolización del testamento la persona que hubiere promovido elegirá al Notario o Notaria Pública, dentro de la misma Entidad Federativa en donde se encuentre la autoridad jurisdiccional que apertura el testamento.

Artículo 786. Si se presentaren dos o más testamentos cerrados de una misma persona, la autoridad jurisdiccional procederá respecto a cada uno de ellos como se previene en este Capítulo y los hará protocolizar en un mismo oficio para los efectos de que el testamento que subsista sea aquel que indiquen las disposiciones del Código Civil de la Entidad Federativa respectiva.

SECCIÓN SEGUNDA
DE LA DECLARACIÓN DEL TESTAMENTO OLÓGRAFO

Artículo 787. La autoridad jurisdiccional que tenga noticia de que el autor de la herencia depositó su testamento ológrafo, como se dispone en el Código

Civil respectivo, dirigirá oficio al encargado del Archivo General de Notarías, Registro de la Propiedad, Director del Archivo de Instrumentos Públicos, Dirección de Notarías y Registros Públicos, la Secretaría General de Gobierno o cualquier otra oficina que lleve a cabo dicha función en la Entidad Federativa, en que se hubiere hecho el depósito, a fin de que le remita el pliego cerrado en que el testador declaró que se contiene su última voluntad.

Artículo 788. Recibido el pliego, procederá la autoridad jurisdiccional como se dispone en el Código Civil de cada Entidad Federativa.

Artículo 789. Si para la debida identificación fuere necesario reconocer la firma, por no existir los testigos de identificación que hubieren intervenido, o por no estimarse bastante sus declaraciones, la autoridad jurisdiccional nombrará un perito para que confronte la firma con las indubitadas que existan del testador, y teniendo en cuenta su dictamen hará la declaración que corresponda.

SECCIÓN TERCERA
DEL TESTAMENTO PRIVADO

Artículo 790. A instancia de parte legítima formulada ante la autoridad jurisdiccional competente, puede declararse formal el testamento privado de una persona, sea que conste por escrito o sólo de palabra de conformidad con el Código Civil respectivo.

Artículo 791. La declaración de estar conforme a derecho un testamento privado, se iniciará a solicitud de legítimo interesado, quien ofrecerá la información testimonial de quienes hayan concurrido al otorgamiento.

La autoridad jurisdiccional, citará al Ministerio Público, señalando día y hora para una audiencia en la que se recibirá la información testimonial, la que deberá rendirse en los términos que para estos casos prevén los Códigos Civiles respectivos.

Recibida la información testifical, la autoridad jurisdiccional en la misma audiencia, de estimar probados los requisitos previstos por el Código Civil respectivo, declarará la existencia de formal testamento.

Contra la declaración de no estar ajustado a derecho el testamento, procede apelación sin necesidad de reenvío. Si se declara lo contrario, podrá impugnarse la validez en el juicio hereditario que con él se inicie.

Artículo 792. Es parte legítima para los efectos del artículo anterior:

I. El que tuviere interés en el testamento;

II. El que hubiere recibido en él algún encargo del testador, y

III. El que, con arreglo a las Leyes aplicables, pueda representar sin poder, a cualquiera de los que se encuentren en los casos que se expresan en las fracciones anteriores.

Artículo 793. Hecha la solicitud, se señalarán día y hora dentro de los siguientes veinte días para el examen de los testigos que hayan concurrido al otorgamiento, bajo las reglas previstas por este Código Nacional.

Para la información se citará al Ministerio Público, quien tendrá obligación de asistir a las declaraciones de testigos e interrogarlos para asegurarse de su veracidad.

Las personas testigos declararán al tenor del interrogatorio respectivo, que se sujetará estrictamente a lo dispuesto en el Código Civil de cada Entidad Federativa.

Recibidas las declaraciones, y si éstas reúnen los requisitos de este Código Nacional, la autoridad jurisdiccional declarará que sus dichos son el formal testamento de la persona de que se trate, ordenando su protocolización.

Artículo 794. De la resolución que niegue la declaración de formalidad de un testamento privado, pueden apelar el promovente y cualquiera de las personas interesadas en la disposición testamentaria.

De la que otorgue la declaración de formalidad, puede apelar el Ministerio Público.

SECCIÓN CUARTA
DEL TESTAMENTO MILITAR

Artículo 795. Luego que la autoridad jurisdiccional reciba, por conducto de la persona titular de la Secretaría de la Defensa Nacional, el parte a que se refiere el Código Civil correspondiente, citará a los testigos que estuvieren en el lugar, y respecto a los ausentes o desaparecidos, mandará exhorto al Tribunal o Poder Judicial del lugar donde se hallen.

Artículo 796. De la declaración judicial se remitirá copia autorizada a la persona titular de la Secretaría de la Defensa Nacional. En lo demás, se observará lo dispuesto en el Capítulo que antecede.

SECCIÓN QUINTA
DEL TESTAMENTO MARÍTIMO

Artículo 797. Hechas las publicaciones que ordena el Código Civil de la Entidad Federativa respectiva, podrán los interesados ocurrir ante la autoridad jurisdiccional competente para que pida de la Secretaría de Relaciones Exteriores o al Gobierno local, según la Entidad Federativa que lo contemple, la remisión del testamento para que lo envíe y continúe el trámite legal correspondiente.

SECCIÓN SEXTA
DEL TESTAMENTO HECHO EN PAÍS EXTRANJERO

Artículo 798. El testamento hecho en país extranjero será declarado válido por la autoridad jurisdiccional competente, cuando haya sido formulado de conformidad con las Leyes del país en que se otorgue y no contravenga al orden público mexicano, siguiendo las reglas de aplicación e interpretación que contempla la legislación sustantiva de cada Entidad Federativa.

CAPÍTULO III
PROCEDIMIENTO SUCESORIO NO CONTROVERTIDO VÍA JUDICIAL

Artículo 799. En el caso que no exista controversia alguna entre herederos y legatarios si los hubiera, podrá optar por el trámite de sucesiones intestadas o testamentarias conforme a este procedimiento, y debiéndose cumplimentar los requisitos siguientes:

I. Exhibir las copias certificadas, ya sea en formato físico o electrónico, de las actas de nacimiento y defunción de la persona autora de la sucesión;

II. Exhibir las copias certificadas, ya sea en formato físico o electrónico, de las actas de la totalidad de las personas interesadas, en su caso las necesarias para acreditar el entroncamiento con la persona autora de la sucesión, así como la información relativa a si la persona se encontraba unida en matrimonio o concubinato en el momento de su fallecimiento;

III. En los casos de intestado, la denuncia deberá estar firmada por la totalidad de las personas presuntamente herederas, o por sus representantes, todas deberán de señalar bajo protesta de decir verdad su reconocimiento entre sí y la propuesta para la designación de albacea;

IV. Cuando se tenga conocimiento de la existencia de un testamento, a la denuncia se acompañará éste, o bien se realizará el señalamiento relativo a la ubicación del documento. El escrito de denuncia deberá de estar firmado por todas las personas interesadas o probablemente interesadas;

V. Se deberá exhibir el inventario de los bienes cuya propiedad esté debidamente acreditada, el cual deberá estar firmado y con la aceptación expresa de las personas interesadas;

VI. Se deberá exhibir el avalúo expedido por el perito valuador autorizado en términos de este Código Nacional, y

VII. Se exhibirá una propuesta de convenio de liquidación y partición del haber hereditario, en el cual se deberá de consignar la aceptación de las personas interesadas.

Artículo 800. Para el caso de que entre las personas interesadas existan niñas, niños o adolescentes, conjuntamente a su comparecencia mediante sus legítimos representantes, deberá verificarse por la autoridad jurisdiccional que se cuente con una defensa técnica y especializada durante el trámite del procedimiento.

Artículo 801. En la admisión del trámite la autoridad jurisdiccional ordenará de manera oficiosa que:

I. Se recabe ante las dependencias registrales que corresponda la información relativa a la existencia o no de un testamento otorgado por la persona autora de la sucesión y en caso de existir tal documento se ordenará su remisión a la autoridad jurisdiccional;

II. Se recabe en los Registros Públicos correspondientes, la información relativa a la existencia de bienes propiedad de la persona autora de la sucesión, y en su caso la existencia de gravámenes, y

III. Se recabe en el Registro Civil de la entidad las certificaciones de las actas de nacimiento de los ascendientes, descendientes y colaterales hasta el cuarto grado de la persona autora de la sucesión.

En el momento de la admisión del trámite se le dará intervención activa a la persona Agente del Ministerio Público correspondiente.

Artículo 802. En caso de que el trámite se encuentre iniciado como intestado y de la información rendida por las dependencias registrales se actualice la existencia de un testamento atribuible a la persona autora de la sucesión, el procedimiento especial se ajustará a las reglas aplicables a lo previsto en este procedimiento para el caso de sucesiones testamentarias.

Artículo 803. Recibidos los informes precisados en los artículos anteriores, se procederá a presentar y revisar el inventario, avalúo y proyecto de partición y de resultar ajustado a derecho, la autoridad jurisdiccional citará a la totalidad de los interesados a una sola audiencia oral en un término no mayor de veinte días, y en la que declarará herederas o legatarias de acuerdo a lo dispuesto en la legislación sustantiva de la Entidad Federativa correspondiente, o a las que hayan sido designadas con ese carácter en el testamento, teniéndose como albacea a la persona designada en el testamento o en su defecto a la propuesta por los herederos o por la autoridad jurisdiccional.

En la misma audiencia se proveerá respecto de la aprobación del inventario y avalúo y el proyecto de partición de los bienes, adjudicándolos a las personas interesadas conforme al convenio presentado. Finalmente, se ordenará remitir las constancias a la Notaria o Notario Público señalado por la persona albacea o por la mayoría de los herederos, ello para el otorgamiento de la escritura de formalización correspondiente.

En caso de que a la audiencia señalada en este artículo no comparezcan la totalidad de las personas interesadas por sí mismas o mediante representante legal, la actuación se diferirá por una única ocasión. Sin embargo, en caso de que de nueva cuenta no comparezcan las personas interesadas, ante la falta de interés de los promoventes se dará por concluido el trámite.

Artículo 804. Si existe oposición entre las partes interesadas o no se acredita plenamente la propiedad de los bienes del autor de la herencia, la autoridad jurisdiccional dará por concluido el procedimiento especial a que hace referencia este Capítulo y abrirá el proceso sucesorio correspondiente.

CAPÍTULO IV
DE LA SUCESIÓN TRAMITADA POR NOTARIO PÚBLICO

Artículo 805. Podrán tramitarse ante Notaria o Notario Público todas las sucesiones testamentarias o intestamentarias, siempre y cuando no hubiere controversia alguna, con arreglo a lo que se establece en el presente Código Nacional.

La apertura del testamento público cerrado, la declaración de ser formal el testamento ológrafo o un testamento especial y la declaración de ser formalmente válido un testamento otorgado en país extranjero se tramitará siempre judicialmente, excepto en este último caso cuando se trate de un testamento público abierto otorgado ante miembro del servicio exterior mexicano en ejercicio de funciones notariales en los términos de la Ley del Servicio Exterior Mexicano y su Reglamento, cuyo testimonio tendrá plena validez sin necesidad de legalización. Cumplido lo anterior, podrá tramitarse la sucesión ante Notaria o Notario Público conforme a lo dispuesto en este Código Nacional.

Artículo 806. Las sucesiones testamentarias podrán tramitarse ante la o el Notario Público al que acudan las y los herederos, así como el albacea de común acuerdo, sin que, para este supuesto apliquen las disposiciones de competencia del presente Código Nacional.

El albacea, si lo hubiere, y las personas herederas comparecerán ante la Notaria o el Notario Público, exhibiendo el acta de defunción del autor de la herencia y, en su caso, la de matrimonio con sus respectivas capitulaciones si las hubiere, constancia o convenio que realicen concubinos, o convivientes en los términos de la legislación sustantiva de cada Entidad Federativa que contenga la disposición patrimonial aplicable, el testimonio del testamento o de su protocolización, según corresponda.

La Notaria o Notario Público procederá a recabar los informes respectivos ante el Archivo Judicial del Tribunal o Poder Judicial, en el Archivo General de Notarías, Registro Público de la Propiedad, Procurador Social, Director del Archivo de Instrumentos Públicos, Dirección de Notarías y Registros Públicos, Secretaría General de Gobierno o cualquier otra oficina que lleve a cabo dicha función en cada Entidad Federativa, siendo estas dependencias las encargadas de solicitar la información al Registro Nacional de Avisos de Testamento, sobre la existencia o inexistencia de alguna disposición testamentaria en su localidad.

Toda la información podrá ser recabada en formato impreso, o en medios electrónicos, ópticos o de cualquier otra tecnología, para constatar que el testamento exhibido es el único o último otorgado por el autor de la sucesión y hecho lo anterior los interesados se presentarán ante la Notaria o Notario Público para hacer constar que aceptan la herencia, legados en su caso, se reconocen recíprocamente sus derechos hereditarios, que quien fue designado albacea aceptó el cargo y, a su vez, va a proceder a formar el inventario de los bienes de la herencia.

En el mismo acto, la o el Notario Público, podrá hacer constar el repudio de herencia, así como la manifestación de no aceptación del cargo de albacea por aquellas personas que tuvieren dichos derechos.

La Notaria o Notario Público dará a conocer estas declaraciones por medio de dos publicaciones que se harán, de diez en diez días en un periódico de circulación Nacional y en el registro nacional correspondiente.

Artículo 807. Para la sucesión intestamentaria que pretenda tramitarse ante Notaria o Notario Público, deberá de observar la competencia y formalidades previstas en este Código Nacional. Comparecerán las personas interesadas, exhibiendo la copia certificada del acta de defunción del autor de la herencia, en su caso atestado de matrimonio y capitulaciones de acuerdo al régimen patrimonial que lo regule, constancia o convenio que realicen los concubinos o convivientes cuando se encuentre legalmente constituida su relación y contenga disposición expresa, de que el patrimonio que se adquiera será en partes iguales y las partidas del estado civil que justifiquen su entroncamiento con el autor de la sucesión, ofreciendo en compañía de dos testigos idóneos quienes darán su testimonio bajo protesta de decir verdad, la información testimonial respectiva para constatar que no existen otras personas con igual o mejor derecho a la herencia.

La Notaria o Notario Público procederá a recabar los informes correspondientes a que se refiere el artículo anterior, para constatar que no existe disposición testamentaria otorgada por el autor de la sucesión.

En el instrumento que al efecto se levante, y previa declaración de quienes acudan como testigos conforme se señala en el siguiente párrafo, las personas comparecientes se reconocerán recíprocamente su calidad de herederos y propondrán entre ellos al albacea, quien deberá comparecer a aceptar el cargo que se le confiere.

Adicionalmente los herederos y sus testigos declararán bajo protesta de decir verdad el último domicilio del finado; que no tienen conocimiento de la existencia de testamento alguno otorgado por el autor de la sucesión; que no tienen conocimiento de que se haya iniciado el trámite de la sucesión ni de la existencia de persona alguna diversa de ellos con derecho a heredar en el mismo o preferente grado.

La Notaria o Notario Público dará a conocer estas declaraciones por medio de dos publicaciones en la forma y con la periodicidad prevista en el artículo anterior.

Artículo 808. Practicado el inventario y avalúos por el albacea en cualesquiera de las sucesiones y estando conformes con él todos los herederos, lo presentarán a la Notaria o Notario Público para su protocolización acompañando los documentos que acrediten la propiedad o titularidad de los bienes inventariados.

Artículo 809. El proyecto de partición formado por el albacea, con la aprobación de los herederos, lo exhibirán ante la Notaria o Notario Público, quien elaborará la escritura de protocolización y la de adjudicación a su solicitud. Si el testador hubiere ordenado la partición, esta se deberá llevar a cabo en los términos dispuestos por él.

Siempre que haya oposición de algún aspirante a la herencia o de cualquier persona acreedora, la Notaria o Notario Público suspenderá su intervención y lo remitirá a la autoridad jurisdiccional ante quien se tramite la oposición.

Artículo 810. Para la titulación notarial de la adquisición por los legatarios instituidos en testamento público simplificado o testamento respecto de vivienda de interés social popular que hubiere sido otorgado en el mismo instrumento de adquisición o de conformidad con la legislación particular de cada Entidad Federativa, se observará lo siguiente:

I. Los legatarios o sus representantes, exhibirán ante la Notaria o Notario Público la copia certificada del acta de defunción del testador y testimonio del testamento público simplificado o testamento respecto de vivienda de interés social popular y solicitarán por escrito el inicio del procedimiento especial de adjudicación;

II. La Notaria o Notario Público dará a conocer, por medio de una publicación en un periódico de circulación nacional, que ante él se está tramitando la titulación notarial de la adquisición derivada del testamento público simplificado o testamento respecto de vivienda de interés social popular, el nombre de la o el testador y de los legatarios;

III. La Notaria o Notario Público solicitará al Archivo Judicial del Tribunal o Poder Judicial, así como el Archivo General de Notarías, Registro Público de la Propiedad, Procurador Social, Director del Archivo de Instrumentos Públicos, Dirección de Notarías y Registros Públicos, la Secretaría General de Gobierno o cualquier otra oficina que lleve a cabo dicha función en cada Entidad Federativa, quienes serán las dependencias encargadas de solicitar la información al Registro Nacional de Avisos de Testamento, de las constancias relativas a la existencia o inexistencia de testamento. En el caso de que el testamento público simplificado o testamento respecto de vivienda de interés social popular presentado sea el último otorgado, la Notaría Pública podrá continuar con los trámites relativos, pasados diez días posteriores a la publicación a que se refiere la fracción anterior.

Si hubiese oposición dentro de dicho plazo la o el notario suspenderá el trámite y remitirá el asunto a la autoridad jurisdiccional que se lo solicite;

IV. La Notaria o Notario Público redactará el instrumento en el que se relacionarán los documentos exhibidos, las constancias a que se refiere la fracción anterior, los demás documentos del caso, y la conformidad expresa de los legatarios en aceptar el legado. El testimonio que se expida se inscribirá en el Registro de la Propiedad, Oficina Registral o cualquier otra Institución análoga según la Entidad Federativa de que se trate. En su caso, se podrá hacer constar la repudiación expresa, y

V. En el instrumento a que se refiere la fracción anterior, los legatarios podrán otorgar, a su vez, un testamento público simplificado o testamento respecto de vivienda de interés social popular, cuando reúnan los requisitos del Código Civil de la Entidad Federativa respectiva.

TÍTULO SEGUNDO
DEL CONCURSO DE ACREEDORES

CAPÍTULO ÚNICO
DISPOSICIONES GENERALES

Artículo 811. Puede someterse a los procedimientos regulados en este Título la persona deudora no comerciante, que no pueda hacer frente a sus obligaciones líquidas y exigibles, siempre que no se encuentre en los supuestos que regula la Ley de Concursos Mercantiles y demás leyes especiales.

El procedimiento puede ser extrajudicial o judicial, asimismo, podrá ser necesario o voluntario. Es necesario, cuando un acreedor de plazo cumplido ha demandado y ejecutado a su deudor y no haya bienes bastantes para pagar o garantizar su crédito.

El procedimiento extrajudicial se tramitará ante un facilitador o conciliador certificado en los términos de la Ley de la materia, y sólo podrá iniciarse a solicitud por escrito de la persona deudora o de algún acreedor.

El procedimiento judicial se tramita ante autoridad jurisdiccional en materia civil, quien podrá solicitar el auxilio de un facilitador o conciliador público en lo que estime necesario, y puede iniciarse a solicitud de la persona deudora o acreedor.

Artículo 812. Salvo disposición expresa en contrario, los convenios suscritos en el procedimiento extrajudicial no admitirán recurso alguno, pero su ejecución será en la vía de apremio, donde previa su ejecución, la autoridad jurisdiccional de oficio o a instancia de cualquiera de las partes, hará una revisión del procedimiento extrajudicial, convenio y plan de pagos alcanzado, verificando que se ajuste a derecho.

La resolución final que contenga el plan de pagos emitida en el procedimiento judicial es apelable en el efecto devolutivo de conformidad con las disposiciones del presente Código Nacional.

Artículo 813. Las personas casadas por sociedad conyugal o en régimen similar pueden presentar solicitud conjunta o ser demandadas en forma conjunta. En su caso, se aprobará un solo convenio o, en su defecto, se dictará una sola sentencia que contendrá un solo plan de pagos.

Artículo 814. Son personas relacionadas con la persona deudora o acreedora y no podrán desempeñarse como facilitadores o conciliadores en los procedimientos previstos en el presente Título, las siguientes:

I. En el caso de deudores personas físicas no comerciantes: su cónyuge, concubina o concubino, parientes consanguíneos o por afinidad, sus garantes, personas con quienes el deudor o quienes se mencionan en esta fracción, tengan algún vínculo de amistad, trabajo o de alguna otra naturaleza que pueda generar un conflicto de interés, o cualquier persona moral de la que sean socios o en la que tengan poder decisorio en forma directa o indirecta quienes se mencionan en esta fracción, y

II. En el caso de deudores personas morales de naturaleza civil no comerciantes: sus socios, cualquier miembro de sus órganos de administración, quienes tengan poder decisorio o por cualquier otra persona que tenga facultades de decisión en dichas personas morales.

Artículo 815. El facilitador o conciliador será el encargado del procedimiento extrajudicial y será auxiliar de la autoridad jurisdiccional en el proceso judicial cuando así se ordene.

Sus funciones en el procedimiento extrajudicial serán integrar la lista de créditos, verificar los pagos efectuados y comprobados por la persona deudora, y auxiliar el acuerdo entre las partes para la firma de un convenio con un plan de pagos, y en su caso, hacer propuestas de reestructuración de adeudos, que en el supuesto de personas morales de naturaleza civil no comerciante podría llegar hasta proponer su reorganización económica, si la Asamblea General de Socios así lo decide.

Iniciado el procedimiento extrajudicial, los acuerdos privados entre acreedores o entre cualquier acreedor y la persona deudora que participen del mismo, son nulos.

Artículo 816. A lo largo del procedimiento la persona deudora está obligada a proporcionar al facilitador o conciliador y a la autoridad jurisdiccional, toda la información que le sea requerida. La parte acreedora deberá entregar toda la información de sus créditos y manifestar claramente desde un inicio su postura, para que el facilitador o conciliador o autoridad jurisdiccional cuenten con los elementos necesarios a fin de que las partes lleguen a un acuerdo y plan de pagos.

Si el facilitador o conciliador es privado deberá de estar certificado y la persona deudora podrá elegirlo al inicio del procedimiento, siempre que no sea una persona relacionada en términos del artículo 814 del presente Código Nacional y este se encargará de su trámite si la mayoría simple de personas acreedoras presentes así lo ratifican.

Si el procedimiento extrajudicial lo inician los acreedores ante un facilitador o conciliador privado, este deberá ser certificado y ellos serán quienes lo designen por mayoría simple de votos de las personas acreedoras presentes en la primera convocatoria. En los procesos judiciales se dará preferencia a los facilitadores o conciliadores públicos; quienes deberán estar igualmente certificados en los términos de la ley de la materia.

Si no hay oposición de alguna de las partes, quien haya actuado como facilitador o conciliador en el procedimiento extrajudicial podrá continuar actuando en el proceso judicial. En caso de oposición la autoridad jurisdiccional lo designará y contra dicha resolución no procede recurso alguno.

Artículo 817. Los créditos insolutos se deberán demostrar con pruebas documentales. Los archivos electrónicos se considerarán documentos y no se les negarán efectos jurídicos por ese sólo hecho. Sólo en el procedimiento judicial los documentos exhibidos, podrán ser objetados e impugnados de falsos conforme a las disposiciones de este Código Nacional.

Las personas relacionadas que se presenten como acreedoras al procedimiento deberán en todo caso exhibir los documentos originales de sus créditos. Las partes tendrán derecho de prueba para controvertir tales documentos en los términos previstos en el presente Código Nacional.

Las acciones promovidas por los acreedores, así como los juicios seguidos contra de la persona deudora, que se encuentren en trámite al iniciarse el procedimiento extrajudicial, no se acumularán al mismo. Una vez iniciado el procedimiento extrajudicial, los acreedores podrán solicitar en forma legal la suspensión de aquellos procedimientos judiciales que estén pendientes de resolución definitiva, los que serán de inmediato enviados para su resguardo al Archivo Judicial sin que se contabilice el plazo para la caducidad y con el objeto de no proseguir con el mismo.

Alcanzado un acuerdo en el procedimiento extrajudicial, una vez cumplido el convenio y plan de pago, las partes estarán obligadas a desistirse de sus acciones contra el deudor dentro de un plazo no mayor a diez días de dicho cumplimiento.

Artículo 818. Las partes podrán convenir de manera conjunta, previo al procedimiento extrajudicial, los honorarios con su facilitador o conciliador y serán cubiertos de manera independiente al concurso civil, los cuales deberán ajustarse al arancel que se establezca en cada Entidad Federativa.

Artículo 819. Los procedimientos regulados en este Título, se regirán bajo las disposiciones previstas para concurrencia y prelación de créditos prevenidos en la legislación civil correspondiente; en caso de ausencia o para efecto del plan de pagos, con independencia a cualquier otro acreedor siempre serán preferidos los acreedores alimentarios, los acreedores laborales conforme al apartado A del artículo 123 de la Constitución Política de los Estados Unidos Mexicanos, así como los gastos de enfermedad en su caso, a quienes se pagará en primer lugar mes a mes o con la periodicidad que corresponda al tipo de obligación contraída hasta por el monto que en derecho proceda. La persona deudora podrá conservar el mínimo vital, para sí y para el de sus dependientes económicos.

En su caso, se considerará a los acreedores con créditos garantizados debidamente constituidos conforme a la ley con prenda o hipoteca sobre bienes de la persona deudora, quienes sujeto a lo establecido en este Título podrán conservar el contrato y reajustar su forma de pago, o bien, cobrarse con el valor de su garantía conforme al valor de mercado y con posterioridad al cobro de los acreedores preferentes.

Los acreedores comunes son todos aquellos que no están considerados en los párrafos anteriores, quienes cobrarán a prorrata, sin distinción de fechas y conforme al plan de pagos que en su caso se apruebe.

SECCIÓN PRIMERA
DEL PROCEDIMIENTO EXTRAJUDICIAL

Artículo 820. El procedimiento extrajudicial inicia en la fecha en la que la persona deudora entregue bajo protesta de decir verdad al facilitador o conciliador el formato único universal con toda la información precisada en el artículo 833 del presente Código Nacional, acompañado de su reporte especial de crédito emitido por una sociedad de información crediticia con no más de treinta días de antigüedad.

El facilitador o conciliador podrá ayudar a la persona deudora en el llenado del formato y la preparación de los documentos. En el transcurso del procedimiento, el facilitador o conciliador podrá solicitar a las partes la entrega de información o documentos adicionales, según sea el caso, para el mejor entendimiento del estado económico del concursado.

Artículo 821. El facilitador o conciliador notificará a cada uno de los acreedores de la solicitud presentada por la persona deudora dentro de los tres días hábiles siguientes por correo certificado, en el entendido de que en todo caso deberá contar con un acuse de recibo de la notificación. Además, se hará una publicación en el Boletín Concursal Nacional o medio de comunicación aplicable, a efecto de convocar a las personas acreedoras.

La notificación deberá acompañarse de la información presentada por la persona deudora, con el objeto de que en la primera reunión el facilitador o conciliador presente una lista de créditos con el fin de establecer un mecanismo de conciliación sobre el estado de adeudos entre las partes, y deberá precisar lo siguiente:

I. Lugar, fecha y hora de la primera reunión que deberá realizarse dentro de los siguientes veinticinco días y en la que deberá estar presente la persona deudora;

II. Nombre y domicilio de la persona deudora, así como del facilitador o conciliador;

III. El monto líquido probable de las obligaciones pecuniarias que la persona deudora sostenga se le deben a dicho acreedor, y

IV. El probable grado de prelación atribuido a su crédito, así como solicitarle exhiba los documentos justificativos de su crédito agregando un cálculo del saldo insoluto dentro de los diez días hábiles siguientes a la fecha de la notificación en el domicilio del facilitador o conciliador.

Para el caso de inasistencia sin causa justificada de la persona deudora en la primera reunión o subsecuentes, se dará por terminado el procedimiento extrajudicial.

Si las partes lo convienen desde la primera reunión, se podrá suspender la generación de intereses ordinarios y moratorios sobre la suerte principal, y en su caso, acordar que los acreedores se abstengan de hacer requerimientos judiciales de pago, de ejecución o requerimiento de la posesión de sus bienes o de dar por terminados los contratos que tengan entre ellos celebrados y puedan agravar la situación de la persona deudora.

Artículo 822. El facilitador elaborará la lista de créditos que sea compatible para personas deudoras no comerciantes, considerando todas las obligaciones pecuniarias del deudor aun cuando la determinación de algunos adeudos se encuentre reservada a otra autoridad, en el entendido de que estos últimos no podrán ser objeto de negociación en el procedimiento de concurso.

La lista de créditos deberá contener al menos lo siguiente:

I. El nombre, domicilio y correo electrónico de la persona deudora y de cada acreedor, y

II. La conciliación del saldo insoluto principal adeudado a cada acreedor más los intereses devengados hasta la fecha de presentación de la solicitud, especificando la prelación atribuida a cada crédito y sus garantías, misma que será explicada en la primera reunión con la finalidad de alcanzar acuerdo entre las partes.

En el caso de créditos garantizados deberá especificarse el valor de la garantía. Para dichos efectos el acreedor garantizado deberá presentar un avalúo de institución de crédito o una opinión de perito valuador, en este último caso la persona deudora también tendrá derecho a que se escuche a un experto nombrado de su parte.

Si algún acreedor no está de acuerdo con el monto y grado de prelación atribuido a su crédito en la lista de créditos propuesta por el facilitador o conciliador, tendrá expedito su derecho para hacerlo valer ante la autoridad jurisdiccional en la vía y forma que sea procedente, en cuyo caso, se dará por terminado el procedimiento extrajudicial.

Artículo 823. El convenio extrajudicial debe contener un plan de pagos que no excederá de tres años, con excepción del pago de créditos con garantía real en los que se observarán las reglas previstas en los Códigos Civiles respectivos, en relación con la concurrencia y prelación de créditos, salvo pacto en contrario, en el que los acreedores manifiesten su voluntad de acogerse a los beneficios del presente procedimiento. En el convenio se deberá determinar lo siguiente, según corresponda:

I. El reconocimiento de adeudo, pagos efectuados con anterioridad y monto que debe retener la persona deudora para satisfacer sus necesidades básicas y las de sus dependientes económicos, garantizando los alimentos de ellos;

II. Los montos y forma de pago de los acreedores preferentes y demás acreedores;

III. La continuación o terminación con consentimiento del acreedor del contrato sobre la vivienda de la persona deudora y su familia;

IV. Un plan de pagos en el que se detallará como se aplicarán los montos de los ingresos que la persona deudora se obliga a pagar a sus acreedores, con los montos, fechas y formas de pago;

V. Una lista de los bienes que se destinarán al pago de acreedores y que no sean necesarios para la subsistencia y trabajo de la persona deudora, en su caso, al valor más alto que les fue atribuido por corredor público o casa de comercio que se dedique a la venta de esos bienes, su posible adjudicación a favor de los acreedores como forma de pago o bien, el procedimiento para su venta extrajudicial de forma consensuada por las partes;

VI. Modificaciones a los plazos, amortizaciones o intereses de los créditos a cargo de la persona deudora sin que constituyan usura. Si la persona deudora es una persona moral de naturaleza civil, el convenio establecerá las modificaciones consensuadas entre las partes que deben hacerse a los créditos y garantías a su cargo, así como las modificaciones que sean necesarias para que la persona moral siga operando, siempre y cuando sea viable su operación;

VII. Las quitas o reducciones en los pagos, a cargo de la persona deudora y consentidas por el acreedor, y

VIII. Reservas para el pago derivado de los adeudos de procedimientos judiciales que se estén siguiendo en contra la persona deudora o en los que se haya dictado sentencia definitiva.

El plan de pagos y el convenio deberán elaborarse atendiendo a la capacidad del pago de la persona deudora. El facilitador o conciliador será responsable de los daños y perjuicios que se ocasionen a las partes por su culpa o negligencia.

Artículo 824. El convenio deberá establecer que la persona deudora tome un curso de educación financiera impartido por institución pública. Los acreedores garantizados sólo serán tomados en cuenta en la votación del convenio si desean suscribirlo, en caso contrario, podrán ejercer sus derechos en la vía procedente.

El facilitador o conciliador procurará que el convenio represente un instrumento que beneficie a los acreedores en una recuperación rápida, eficiente y equitativa, y se constituya en una herramienta que dignifique a la persona deudora.

Artículo 825. Las obligaciones pecuniarias deducidas por concepto de alimentos decretadas judicialmente no pueden ser materia en el concurso civil, en cuyo caso, el facilitador o conciliador sólo podrá tomar nota de esas obligaciones para efectos del convenio.

El convenio alcanzado en este procedimiento de concurso sólo vincula a los celebrantes.

Artículo 826. El facilitador o conciliador tendrá un plazo máximo de dos meses contados a partir de la fecha de inicio del procedimiento para tener la lista definitiva de créditos y obtener la aprobación del convenio que dé por terminado el procedimiento.

El facilitador o conciliador podrá hacer modificaciones a la propuesta de convenio presentada por la persona deudora o acreedor, y podrá presentar propuestas alternativas, que concilien los intereses de las partes, debiendo para ello explicarles exhaustivamente las mismas.

Tendrá libertad para comunicarse en forma directa con todas y cada una de las partes, ya sea en forma verbal o escrita, e incluso en forma electrónica, y podrá reunirse o tener comunicaciones en forma individual con cada uno de los acreedores o en forma conjunta, según lo considere más adecuado para el avance de las negociaciones, debiendo resolver todas las deudas de que conozca en un solo convenio y plan de pagos.

Los acreedores que hayan comparecido al procedimiento extrajudicial y no hayan consentido la propuesta de convenio no les será vinculante, por lo que podrán ejercer sus derechos en la vía y forma que estimen procedente.

Artículo 827. El facilitador o conciliador deberá notificar a las sociedades de información crediticia respecto de la celebración del convenio por parte de la persona deudora y acreedores, así como la fecha de terminación del plan de pagos convenido. Además, en el caso que la deudora sea una persona moral de naturaleza civil, el convenio deberá inscribirse en Registro Público de la Propiedad u organismo equivalente, en el folio de la persona moral de que se trate. Dicho aviso en ningún caso puede constituir un acto de discriminación a la persona deudora.

Artículo 828. El convenio celebrado ante un facilitador o conciliador certificado en caso de incumplimiento trae aparejada ejecución para su exigibilidad en la vía de apremio.

Las materias siguientes no serán objeto de negociación en el convenio, sin embargo, el facilitador o conciliador deberá tomar nota de esas obligaciones en el plan de pagos:

I. Alimentos decretados judicialmente, que son de exclusivo conocimiento de autoridad jurisdiccional;

II. Responsabilidad civil decretada en sentencia firme proveniente de delitos o de actos dolosos o de mala fe, y

III. Aquellos casos que conforme a la Ley no sean materia disponible.

Durante el plazo de cumplimiento del convenio, permanecerá la suspensión de los procedimientos y actos de ejecución sobre los bienes de la persona deudora entre aquellos que se sujetaron al convenio respectivo y la generación de intereses sólo operará en los términos establecidos en el convenio de conformidad con lo establecido en el artículo 821.

Cuando las sociedades de información crediticia no reciban un aviso de incumplimiento del convenio, deberán tenerlo por cumplido al término del plazo establecido realizando la cancelación correspondiente, salvo prueba en contrario.

Artículo 829. No podrán suspenderse los servicios de agua, luz, internet ni de ningún otro servicio básico que atente contra la dignidad humana, en la vivienda de la persona deudora. La persona deudora tendrá prohibido gravar, enajenar o disponer de cualquier forma de sus bienes, salvo autorización judicial.

Artículo 830. El procedimiento extrajudicial tendrá una duración que no excederá de dos meses a partir de la fecha de presentación del formato único universal. Si alguna de las partes inicia el proceso judicial de concurso después de haber sido parte de un procedimiento extrajudicial, el facilitador o conciliador estará obligado a remitir toda la información que haya sido materia del procedimiento extrajudicial a la autoridad jurisdiccional.

Para efecto de lo dispuesto en el párrafo anterior, el facilitador o conciliador remitirá la lista de créditos, la propuesta de convenio, todos los documentos exhibidos por las partes en el procedimiento extrajudicial, y en su caso, las actas de las reuniones respectivas celebradas de forma extrajudicial entre las partes y el facilitador o conciliador.

Artículo 831. De alcanzarse un convenio y durante la vigencia del plan de pagos la persona deudora recibiere bienes o ingresos adicionales a los que fueron considerados para el plan de pagos o anticipa que no le será posible cumplir con los términos establecidos en el plan de pagos, la persona deudora o cualquier acreedor, podrán solicitar de manera preferente al facilitador o conciliador la modificación del convenio y del plan de pagos, aportando las pruebas correspondientes. El facilitador o conciliador deberá notificarlo a todas las partes que fueron obligadas por el convenio, y tendrá un plazo máximo de treinta días naturales contados a partir que haya sido recibida la última notificación para evaluar las pruebas y lograr un acuerdo adicional entre las partes, para la modificación del convenio original.

La modificación del convenio deberá mantener la vigencia establecida en el convenio original.

En caso de no lograrse un nuevo acuerdo en el plazo señalado, el facilitador o conciliador dejará expedito a las partes su derecho para que lo hagan valer en la vía y forma correspondiente.

Artículo 832. Si la persona deudora cumple el convenio, quedarán extinguidas sus obligaciones en los términos estipulados en el mismo; pero si dejare de cumplirlo en todo o en parte, su exigibilidad se hará en la vía de apremio y se podrá iniciar el concurso necesario.

SECCIÓN SEGUNDA
DEL PROCESO JUDICIAL DE CONCURSO CIVIL

Artículo 833. Para iniciar el proceso judicial, la persona deudora debe presentar en la oficialía de partes o en la vía electrónica la solicitud de concurso a través del formato único concursal que deberá contener además de la firma, todos los datos requeridos en éste. Dicho formato podrá ser descargado de la página de internet del Poder Judicial de la Entidad Federativa en que se inicie el proceso. La persona deudora en su escrito deberá expresar los motivos que lo obligan a iniciar el procedimiento.

Mediante la presentación del formato, la persona deudora declarará bajo protesta de decir verdad que todos los datos señalados son ciertos, con el apercibimiento que si incurre en falsedad se hará acreedor a las sanciones civiles, penales o administrativas que correspondan.

El formato deberá contener la información y anexos siguientes:

I. Nombre, domicilio para oír y recibir notificaciones, correo electrónico, a fin de que las notificaciones subsecuentes se le realicen por vía electrónica, así como identificación y datos de localización de cualquier persona con titularidad sobre los bienes de la persona deudora para que pueda deducir sus derechos;

II. El nombre, domicilio y correo electrónico de los acreedores. Asimismo, nombre y domicilio de los deudores del concursado y manifestar si existen juicios pendientes o en trámite en contra de dichos deudores del concursado, como proporcionando los datos necesarios para su identificación;

III. La persona deudora hará la solicitud a la autoridad jurisdiccional para que requiera al Centro de Justicia Alternativa del Poder Judicial de la Entidad Federativa que corresponda, designe una persona facilitadora o conciliador adscrito. Si la persona deudora o cualquiera de los acreedores no están de acuerdo con dicha designación, por encontrarse en alguno de los supuestos del artículo 814 del presente Código Nacional, la autoridad jurisdiccional designará al síndico provisional, quien se encargará de las funciones que correspondan;

IV. Identificación de todo tipo de procedimientos contra la persona deudora;

V. Montos que se estiman adeudados del principal e intereses a la fecha de presentación de la solicitud, con su prelación y en su caso, si tienen constituidas garantías, deberá exhibir las pruebas que así lo demuestren y manifestar el origen de cada deuda;

VI. Enlistado de bienes susceptibles de embargo propiedad de la persona deudora. Si tiene inmuebles, debe acompañar un certificado de gravámenes y un avalúo;

VII. Propuesta de un plan de pagos a sus acreedores, y

VIII. La persona deudora exhibirá un reporte de crédito especial emitido por una sociedad de información crediticia con los nombres y domicilios de sus acreedores, con no más de un mes de antigüedad.

Artículo 834. En los casos en los que resulte que la deudora es persona física, además deberá incluir:

I. Una copia de su identificación oficial;

II. El monto promedio mensual de sus ingresos ordinarios y extraordinarios, que acredite razonablemente mediante comprobantes, y a falta de estos, deberá expresarlos y señalarlos bajo protesta de decir verdad, con el apercibimiento de ley;

III. Nombres y edades de dependientes económicos comprobando el vínculo;

IV. Lista de gastos mensuales, con sus comprobantes, y a falta de alguno de ellos, que lo señale bajo protesta de decir verdad, con el apercibimiento de ley, y

V. La resolución provisional o definitiva o convenio que ordene el pago de pensión alimenticia, en su caso.

La persona deudora podrá acompañar un avalúo o una opinión de experto, sobre el valor de los bienes enlistados que puedan ser comercializados.

Artículo 835. En caso de personas físicas, la persona deudora deberá consignar a la autoridad jurisdiccional, el excedente de sus gastos necesarios de vida y de su familia para demostrar su voluntad de pago. A partir de la presentación de la solicitud, la persona deudora deberá consignar en billete de depósito el excedente de sus gastos necesarios a la autoridad jurisdiccional cada mes, salvo que la autoridad jurisdiccional establezca un plazo distinto.

Artículo 836. Cuando la deudora es persona jurídica de naturaleza civil, además deberá exhibir:

I. El Registro Federal de Contribuyentes junto con un balance que muestre su activo, pasivo y capital al mes anterior a la fecha de presentación de su solicitud de concurso;

II. Copia de su escritura constitutiva inscrita en el Registro Público de la Propiedad y del Comercio, en su caso;

III. Copia de sus estatutos vigentes, en caso de que haya habido modificaciones;

IV. Certificación de las hojas de sus libros o equivalente, que identifique a sus socios y miembros integrantes del órgano de administración. En caso de no contar con libros, una certificación del órgano de administración con esa información;

V. Resolución de la asamblea general de socios de la persona deudora o equivalente, en el sentido de iniciar el procedimiento, y

VI. La persona deudora deberá acompañar un avalúo o una opinión de experto sobre el valor de los bienes muebles e inmuebles enlistados que puedan ser comercializados.

Artículo 837. La demanda de concurso civil deberá especificar lo siguiente:

I. Autoridad jurisdiccional ante la cual se promueve;

II. Nombre, domicilio para oír y recibir notificaciones y correo electrónico del acreedor o deudor según sea el caso;

III. En su caso, solicitud para que las notificaciones subsecuentes se le realicen en la vía electrónica;

IV. Declaración de obligarse a dar aviso a la autoridad jurisdiccional dentro los tres días hábiles siguientes, respecto de cualquier pago que reciba de algún garante, avalista o coobligado de la persona deudora o acreedora según sea el caso;

V. Nombre y domicilio de la persona deudora;

VI. Fecha de suscripción, de vencimiento y monto total de su o sus créditos, tasa de interés aplicable y saldo principal no pagado e intereses a la fecha de presentación de la demanda, junto con los documentos que así lo justifiquen;

VII. Posible grado y prelación de su o sus créditos en concordancia con lo previsto en el Código Civil respectivo y salvedades contenidas en el presente Título, precisando si tiene garantías, y en su caso, especificando el valor de las mismas, lo cual debe acreditar agregando una valuación de institución de crédito o la opinión de experto, con no más de tres meses de antigüedad;

VIII. Hechos y fundamentos de derecho, así como las probanzas que tenga a su disposición, las que deberán de sujetarse a las reglas previstas en el presente Código Nacional;

IX. Datos de identificación de los juicios o procedimientos iniciados en contra de la persona deudora por el acreedor demandante, y

X. Los demás documentos o pruebas que acrediten la existencia del o los créditos. En su caso debe adjuntarse una relación que desglose los cargos y pagos realizados hasta ese momento por la persona deudora.

El acreedor podrá solicitar las medidas cautelares que resulten necesarias para preservar la finalidad del procedimiento de conformidad con las reglas previstas en el presente Código Nacional.

Artículo 838. Si la demanda o solicitud fuera oscura o irregular, y no cumpliera con alguno de los requisitos a que se refiere el presente Título, la autoridad jurisdiccional dentro del término de tres días señalará en qué consisten los defectos de la misma, en el proveído que al efecto se dicte. El solicitante deberá cumplir con la prevención en un plazo máximo de tres días contados a partir del día siguiente a aquél en que haya surtido efectos la notificación por boletín judicial, y de no hacerlo o transcurrido el término, la autoridad jurisdiccional la desechará y devolverá al interesado todos los documentos originales que se hayan exhibido. Contra la anterior determinación procede el recurso de queja.

No será motivo de desechamiento o prevención el hecho de no exhibir con la solicitud estados financieros o contabilidad del deudor persona física.

Artículo 839. Subsanada la prevención hecha al acreedor, se admitirá la demanda.

Admitida la demanda y emplazada la persona deudora, ésta podrá oponerse al concurso necesario, y en su caso, a las medidas cautelares, dentro de los quince días hábiles siguientes al emplazamiento, probando que está en cumplimiento o cumplió sus obligaciones y que ha realizado el pago puntual a los acreedores demandantes. La persona demandada podrá oponer las excepciones y defensas que estime pertinentes, con las que se dará vista por tres días al o los acreedores demandantes. Desahogada o no la vista la autoridad señalará fecha para celebrar audiencia preliminar dentro del término de quince días siguientes, en la que únicamente se resolverá lo referente a la depuración del procedimiento, así como fijación de hechos no controvertidos y acuerdos probatorios, siguiendo para el efecto las formalidades previstas en el presente Código Nacional.

Artículo 840. Subsanada la prevención ordenada a la persona deudora, en su caso, la autoridad jurisdiccional dictará el auto de admisión de la solicitud de concurso, o la resolución que lo tiene por presentado conforme al artículo anterior, en el que declarará la apertura del procedimiento y ordenará lo siguiente:

I. Notificar el inicio del procedimiento a todas las sociedades de información crediticia y solicitarles un reporte de crédito especial de la persona deudora, con los nombres y domicilios de sus acreedores al momento de la emisión del reporte;

II. Notificar a la persona deudora la formación de su concurso sea necesario o voluntario;

III. Notificar la formación del concurso a los acreedores personalmente o por correo certificado en el domicilio señalado en el reporte especial de crédito; y, cuando el domicilio del acreedor no esté señalado en dicho reporte, será en el domicilio señalado por la persona deudora y de no existir el domicilio o no encontrarse la persona acreedora en el mismo se ordenará la búsqueda a través de los medios que establece el presente Código Nacional.

Con la notificación se permitirá el acceso electrónico al formato único concursal y a la propuesta del plan de pagos realizada por la persona deudora, y en caso de no ser posible, se les correrá traslado con la información;

IV. Publicar el auto de apertura del procedimiento concursal en el medio de comunicación procesal oficial, por tres días hábiles consecutivos, contados a partir del día hábil siguiente a la fecha en que se dicte dicho auto. Las publicaciones en relación a los procedimientos regulados en este Capítulo serán gratuitas para el deudor;

V. Notificar electrónicamente al Centro de Justicia Alternativa de la Entidad Federativa que corresponda el inicio del proceso concursal a efecto que designe al facilitador o conciliador;

VI. La prohibición a la persona deudora de enajenar o gravar sus bienes, salvo con autorización judicial;

VII. Designar a la persona deudora como depositario judicial de todos sus bienes a la fecha de presentación del formato único concursal;

VIII. Señalará un término de quince días hábiles, contados a partir de que cause estado su notificación, para que los acreedores presenten los documentos justificativos de sus créditos y sus objeciones respecto de la información exhibida por la persona deudora, acompañadas de las pruebas que acrediten su dicho, apercibidas que, de no hacerlo, precluirá su derecho;

IX. Notificar a las autoridades jurisdiccionales ante quienes se tramiten juicios en contra de la persona deudora, del inicio del procedimiento concursal civil a efecto que informen a la autoridad jurisdiccional del concurso sobre el alcance y monto objeto del litigio para que sea tomado en cuenta en el procedimiento, así como en su caso, exhibir copia certificada de la sentencia y auto que la declare firme y que condene al pago de una cantidad líquida y exigible en contra de la persona deudora. El presente procedimiento no puede afectar los derechos de las niñas, niños o adolescentes en lo particular y los derechos de familia en lo general;

X. Notificar a los deudores conocidos la prohibición de hacer pagos o entregar efectos al concursado, bajo el apercibimiento de doble pago, debiendo consignar esos pagos a la autoridad jurisdiccional que conozca del concurso;

XI. Ordenar inscribir el auto de inicio del proceso concursal en los Registros Públicos que correspondan a los bienes de la persona deudora o cuando sea una persona jurídica colectiva de naturaleza civil o existan bienes inmuebles en su patrimonio, ordenando los exhortos, que resulten necesarios;

XII. Señalar la fecha de retroacción;

XIII. Tener por vencidas a la fecha de presentación de la solicitud o demanda todas las obligaciones de la persona deudora para poder determinar su cuantía durante el procedimiento;

XIV. Interrumpir el cómputo de la prescripción negativa respecto de todos los adeudos, y

XV. Se tendrán por no puestos los pactos que limiten o impidan el procedimiento concursal, o que iniciado el mismo agraven las obligaciones de la persona deudora en perjuicio de los acreedores.

Artículo 841. La autoridad jurisdiccional podrá ordenar las medidas de protección al patrimonio, descritas en el artículo 828 del presente Código Nacional, las cuales dejarán de surtir efectos si la solicitud o demanda es desechada, o en la fecha que ocurra antes de:

I. La aprobación del convenio entre la persona deudora y sus acreedores por la autoridad jurisdiccional o la emisión de una sentencia con un plan de pagos;

II. Un plazo de tres meses contados a partir de la notificación al último acreedor del auto referido en este artículo, y

III. Un plazo de tres meses contados a partir de la publicación a que se refiere la fracción IV del artículo 840.

Artículo 842. Por efecto de la notificación a que se refiere la fracción V del artículo 840, el Centro de Justicia Alternativa deberá designar al facilitador o conciliador y notificar a la autoridad jurisdiccional y al facilitador o conciliador sobre su designación.

Artículo 843. En caso de que el concursado no colabore o interfiera negativamente en el proceso concursal, se designará a un síndico provisional, quien tomará posesión y administración de los bienes, libros, valores y documentos del concursado de forma inmediata, debiendo llevar la contabilidad del concursado. En su caso, el síndico o depositario diverso a la persona deudora deberá otorgar garantía dentro de los siguientes diez días de aceptación del cargo.

Artículo 844. No se acumulan al concurso civil los juicios que estén pendientes de resolución ni los casos siguientes:

I. Los juicios de alimentos;

II. Los deducidos por trabajadores;

III. Los hipotecarios;

IV. Los que procedan de créditos prendarios;

V. Los que no sean acumulables, por disposición de la ley, y

VI. Los demás que se hubieren fallado en primera instancia, mismos que se acumularán una vez que se decidan definitivamente.

Artículo 845. El facilitador o conciliador designado para intervenir en el proceso judicial de concurso civil deberá aceptar su cargo ante la autoridad jurisdiccional dentro de los tres días hábiles siguientes a su designación.

El facilitador o conciliador deberá realizar lo necesario para que, en un plazo máximo de tres meses, contados a partir de la notificación al último acreedor del auto de apertura del procedimiento, se pueda conformar la lista definitiva de créditos, el convenio y plan de pagos en los términos precisados en el artículo 823 del presente Código Nacional debidamente aprobado por los acreedores. En el procedimiento concursal judicial el facilitador o conciliador realizará sus funciones de acuerdo con lo establecido en este Capítulo, siendo responsable de los daños y perjuicios que se produzca a cualquiera de las partes por su culpa o negligencia.

El convenio requerirá la aprobación de los acreedores que representen la mitad más uno y que sus créditos representen por lo menos las tres quintas partes del pasivo reconocido a acreedores comunes y de aquellos acreedores garantizados que suscriban el convenio.

Hecho lo anterior, se pondrá a consideración de la autoridad jurisdiccional el convenio para que en un plazo máximo de ocho días hábiles proceda a su revisión y eventual aprobación, plazo durante el cual se continuarán las medidas protectoras del patrimonio que hayan sido dictadas por la autoridad judicial.

Artículo 846. Si transcurrido el plazo de los tres meses referido en el artículo anterior, no se tiene una lista definitiva de créditos o no se ha aprobado un convenio con plan de pagos, el facilitador o conciliador deberá entregar de inmediato a la autoridad jurisdiccional:

I. Si el concursado es persona física, el formato único universal y en su caso, el enlistado actualizado de los bienes y adeudos del concursado. Si es persona jurídica, de manera adicional al formato único universal, deberá presentar un balance y un inventario actualizados de los bienes del concursado;

II. Todos los documentos que las partes le hubieren entregado, incluyendo propuestas de convenio o plan de pagos, y

III. Las demás que se le requiera de conformidad con el presente Capítulo y las que estime la autoridad jurisdiccional.

De igual manera, la autoridad jurisdiccional convocará a las partes a una audiencia para escuchar lo que a su derecho convenga en relación al convenio y plan de pagos, que se efectuará dentro de los quince días siguientes a la conclusión del plazo de tres meses al que se refiere el artículo anterior, la que tendrá lugar con independencia del número de acreedores que se presenten.

Verificada la audiencia de conformidad con lo dispuesto en el presente Código Nacional, se dictará resolución dentro de los diez días siguientes.

Artículo 847. La sentencia definitiva, además de cumplir con los requisitos de ley, deberá resolver:

I. El plan de pagos en los términos establecidos en el artículo 823;

II. Los bienes susceptibles de enajenación;

III. El monto que podrá conservar la persona deudora para cubrir los gastos necesarios para su subsistencia y la de sus dependientes económicos, y

IV. Las consideraciones aplicables, bajo la perspectiva de derechos humanos, sobre la declaratoria de concurso de la persona deudora y la imposibilidad de pago de sus deudas existentes al inicio del procedimiento.

Una vez que la persona deudora cumpla con lo establecido en la sentencia, se tendrán por extinguidas sus obligaciones existentes al inicio del procedimiento.

Artículo 848. La autoridad jurisdiccional deberá notificar a las sociedades de información crediticia respecto de la celebración del convenio o la emisión de la sentencia, adjuntado una copia certificada, y ordenará la inscripción del convenio o de la sentencia en los registros públicos en que proceda.

Artículo 849. La junta de acreedores se desarrollará como sigue:

I. El síndico exhibirá el formato único universal, en su caso, el balance actual y un inventario de los bienes;

II. Se examinarán los créditos de los acreedores;

III. El síndico formulará un proyecto de clasificación de los créditos;

IV. Los créditos podrán ser objetados por el síndico, por el concursado o por cualquier acreedor, y

V. Terminado el reconocimiento y graduación, los acreedores, por mayoría de créditos y de personas asistentes designarán síndico definitivo o en su defecto lo hará la autoridad jurisdiccional.

El síndico tendrá los mismos impedimentos respecto del concursado y de la autoridad jurisdiccional que los que tienen las personas tutoras que administren bienes. El síndico será removido, mediante incidente, si deja de cumplir con alguna de sus funciones.

Artículo 850. Sólo serán apelables las resoluciones que desechen la solicitud y contra la sentencia definitiva. Contra la resolución judicial que desecha la solicitud de concurso civil procede el recurso de queja. Contra la sentencia definitiva procede el recurso de apelación en ambos efectos.

Artículo 851. Para el supuesto que la persona deudora deba entrar en liquidación y, eventualmente, al remate de los bienes, las funciones del síndico serán:

I. Tomar posesión del patrimonio y de los demás bienes del concursado, con excepción de los necesario para la subsistencia de la persona deudora y sus dependientes económicos;

II. Redactar el inventario;

III. Formular el balance en caso de que el concursado sea una persona moral, y de ser necesario, rectificarlo, o aprobarlo en su caso;

IV. Recibir y examinar los libros y documentos del patrimonio del concursado;

V. Depositar los valores para su resguardo y conservación;

VI. Rendir a la autoridad jurisdiccional un informe del estado del patrimonio;

VII. Llevar a cabo las acciones necesarias para el avalúo de los bienes;

VIII. Llevar la contabilidad, y

IX. Ejercitar y continuar todos los derechos, acciones y excepciones que correspondan al concursado, con relación a sus bienes.

La liquidación del patrimonio de la persona deudora debe seguir las reglas de la ejecución de la sentencia, trance y remate de bienes que previene el presente Código Nacional.

Cuando no haya plazo específico para el cumplimiento de las obligaciones del síndico, lo será de diez días.

Artículo 852. Podrá constituir causa de anulación total o parcial del plan de pagos si en el transcurso de cualquiera de los procedimientos regulados en este Capítulo la persona deudora incurre en actos tendientes a retrasar u obstaculizar los objetivos del procedimiento, o en alguna de las conductas siguientes:

I. Proporcionar información falsa, inexacta u omitir información;

II. Ocultar sus bienes o ingresos u ocasionar su insolvencia poniendo sus bienes a nombre de personas relacionadas o se abstiene de distribuir el excedente a sus acreedores;

III. Abstenerse intencionalmente de conseguir un empleo o de generar ingresos;

IV. Celebrar actos jurídicos que disminuyan su patrimonio sin causa justificada o realizar algún acto en fraude de acreedores;

V. Celebrar actos jurídicos a título gratuito o sin una contraprestación a valor de mercado, y

VI. Realizar algún acto jurídico que le de alguna preferencia o coloque en una mejor posición a alguno de sus acreedores sin causa justificada, causando un daño o perjuicio al resto de los acreedores.

Cualquier acreedor estará legitimado para solicitar ante la autoridad jurisdiccional que se revoquen las medidas de protección al patrimonio.

El rector del procedimiento levantará todas las medidas de protección del patrimonio de la persona deudora previstas en este Capítulo. El acreedor deberá adjuntar a su escrito las pruebas que acrediten su solicitud de levantamiento o anulación, la cual se hará valer en la vía incidental. Contra esta resolución procede el recurso de apelación en el efecto devolutivo.

Artículo 853. La liquidación del patrimonio de la persona deudora procede, en el caso de personas físicas, cuando ésta lo solicite o cuando obstaculice la celebración o ejecución del convenio o sentencia definitiva.

Tratándose de personas jurídicas, la liquidación del patrimonio de la persona deudora procederá en caso de que no se logre la aprobación de un convenio con los acreedores y se determine que no es viable la consecución de su objeto o cuando se obstaculice la ejecución del convenio o sentencia definitiva.

En esos casos, el producto de la venta de los bienes se distribuirá entre los acreedores de acuerdo con el grado de prelación establecido en la lista de créditos aprobada y una vez pagados los acreedores preferentes. Si al efectuarse la distribución hubiere algún crédito que esté sujeto a algún litigio que todavía no tenga una resolución firme, se reservará su pago en la proporción que corresponda. Mientras no se entregue a los acreedores el producto de la venta de los bienes, las cantidades que se obtengan deberán invertirse por el síndico en instrumentos de renta fija, cuyos rendimientos protejan preponderantemente el valor real de dichos recursos en términos de la inflación y que, además, cuenten con las características adecuadas de seguridad, rentabilidad, liquidez y disponibilidad.

Artículo 854. Si la autoridad jurisdiccional determina la liquidación y ejecución de los bienes de la persona deudora, una vez distribuido todo el producto de la venta de los bienes que integran el patrimonio de la persona deudora o adjudicados los mismos, se dará por terminado el procedimiento. Lo anterior sin perjuicio de aquellos casos en que por dolo o mala fe de la persona deudora se reserve los derechos de los acreedores de exigir legalmente los saldos originales no pagados y sus accesorios.

El síndico debe notificar a las sociedades de información crediticia respecto de la sentencia que ordena la liquidación del patrimonio de la persona deudora.

LIBRO SEXTO
DE LAS ACCIONES COLECTIVAS

CAPÍTULO ÚNICO
DISPOSICIONES GENERALES

Artículo 855. La defensa y protección de los derechos e intereses colectivos, será ejercida ante los órganos jurisdiccionales competentes en el ámbito Federal con las modalidades que se señalen en este Libro, y sólo podrán promoverse en materia de relaciones de consumo de bienes o servicios, públicos o privados y medio ambiente.

Artículo 856. La acción colectiva es procedente para la tutela de las pretensiones cuya titularidad corresponda a una colectividad de personas determinadas o indeterminadas, así como para el ejercicio de las pretensiones individuales, cuya titularidad corresponda a miembros de un grupo de personas.

La acción colectiva será procedente además contra toda persona física o moral, que directa o a través de terceras personas hayan causado o causen daños en términos de las normas sustantivas aplicables a una colectividad de personas, independientemente de que haya o no un vínculo jurídico con los miembros de la colectividad.

Artículo 857. Para los efectos de este Código Nacional, los derechos citados en el artículo anterior se ejercerán a través de acciones colectivas, que se clasificarán en:

I. Acción difusa: Es aquélla de naturaleza indivisible que se ejerce para tutelar los derechos e intereses difusos, cuyo titular es una colectividad indeterminada, que tiene por objeto reclamar judicialmente de la persona demandada la reparación del daño causado a la colectividad, consistente en la restitución de las cosas al estado que guardaren antes de la afectación o, en su caso, al cumplimiento sustituto de acuerdo a la afectación de los derechos o intereses de la colectividad, sin que necesariamente exista vínculo jurídico alguno entre dicha colectividad y la parte demandada;

II. Acción colectiva en sentido estricto: Es aquélla de naturaleza indivisible que se ejerce para tutelar los derechos e intereses colectivos, cuyo titular es una colectividad determinada o determinable con base en circunstancias comunes, cuyo objeto es reclamar judicialmente de la parte demandada, la reparación del daño causado consistente en la realización de una o más acciones o abstenerse de realizarlas, así como a cubrir los daños en forma individual a las personas integrantes del grupo y que deriva de un vínculo jurídico común, existente por mandato de ley entre la colectividad y la parte demandada, y

III. Acción individual homogénea: Es aquélla de naturaleza divisible, que se ejerce para tutelar derechos e intereses individuales de incidencia colectiva, cuyos titulares son los individuos agrupados con base en circunstancias comunes, cuyo objeto es reclamar judicialmente de un tercero el cumplimiento forzoso de un contrato o su rescisión con sus consecuencias y efectos según la legislación aplicable.

La autoridad jurisdiccional calificará en definitiva la procedencia de la acción colectiva planteada por la parte actora en la etapa de certificación. En caso de que la autoridad jurisdiccional considere que la acción se planteó incorrectamente al referir la categoría propuesta en este mismo artículo, de oficio determinará cuál es la acción colectiva que se admite, en el entendido que lo anterior en ningún momento podrá ser motivo de desechamiento de la demanda. La autoridad jurisdiccional no podrá modificar los hechos ni los argumentos planteados en el escrito inicial de demanda.

Artículo 858. En particular, las acciones colectivas son procedentes para tutelar:

I. Derechos e intereses difusos y colectivos, entendidos como aquéllos de naturaleza indivisible cuya titularidad corresponde a una colectividad de personas, indeterminada o determinable, relacionadas por circunstancias de hecho o de derecho comunes, y

II. Derechos e intereses individuales de incidencia colectiva, entendidos como aquéllos de naturaleza divisible cuya titularidad corresponde a quienes sean integrantes de una colectividad de personas, determinable, relacionadas por circunstancias de derecho.

Artículo 859. Cualquier acción colectiva podrá tener por objeto pretensiones declarativas, constitutivas o de condena, con base a los principios de reparación integral del daño y justa indemnización.

Se entenderá por reparación integral del daño y justa indemnización, aquellas pretensiones a favor de la colectividad encaminadas a resarcir los daños causados por la parte demandada, considerando las medidas necesarias para la no repetición de los actos que causaron el daño.

Artículo 860. La autoridad jurisdiccional interpretará las normas y los hechos de forma compatible con los principios y objetivos de los procedimientos colectivos, en aras de proteger y tutelar el interés general y los derechos e intereses colectivos.

Artículo 861. Las acciones colectivas previstas en este Libro prescribirán a los cinco años, contados a partir del día en que se haya causado el daño. Si se trata de un daño de naturaleza continua, el plazo para la prescripción transcurrirá de momento a momento y comenzará a contar a partir del último día en que se haya generado el daño que produjo la afectación. No correrá el plazo de la prescripción en los casos que se siga generando el daño.

Se interrumpirá el plazo de la prescripción con la sola presentación de la demanda. Si resulta desestimada la demanda colectiva, se dejarán a salvo los derechos de los miembros de la colectividad para que los ejerzan en la vía y forma que mejor convenga.

Tratándose de acciones colectivas relacionadas con prácticas monopólicas y concentraciones ilícitas, el plazo de prescripción se suspenderá con el acuerdo de inicio de investigación por parte de la Comisión Federal de Competencia Económica y del Instituto Federal de Telecomunicaciones.

SECCIÓN PRIMERA
DE LA LEGITIMACIÓN ACTIVA

Artículo 862. Tienen legitimación activa para ejercitar las acciones colectivas:

I. La Procuraduría Federal del Consumidor, la Procuraduría Federal de Protección al Ambiente, la Comisión Nacional para la Protección y Defensa de los Usuarios de Servicios Financieros, la Comisión Federal de Competencia Económica y el Instituto Federal de Telecomunicaciones en materia de competencia económica;

II. La persona que ejerza la representación común deberá ser parte de la colectividad conformada por, al menos quince personas;

III. Las asociaciones civiles o sus correlativas sin fines de lucro, legalmente constituidas, al menos, un año previo al momento de presentar la acción, cuyo objeto social incluya la promoción o defensa de los derechos e intereses de la materia de que se trate y que cumplan con los requisitos establecidos en este Código Nacional;

IV. La Fiscalía General de la República, y

V. El Instituto Federal de la Defensoría Pública.

Artículo 863. La representación a que se refieren las fracciones II y III del artículo anterior, deberá ser adecuada. Se considera representación adecuada:

I. Actuar con diligencia, pericia y buena fe en la defensa de los intereses de la colectividad en el juicio;

II. No encontrarse en situaciones de conflicto de interés con las personas que representa respecto de las actividades que realiza;

III. No promover o haber promovido de manera reiterada acciones difusas, colectivas o individuales homogéneas frívolas o temerarias;

IV. No promover una acción difusa, colectiva en sentido estricto o individual homogénea con fines de lucro, electorales, proselitistas, de competencia desleal o especulativos, y

V. No haberse conducido con impericia, mala fe o negligencia en acciones colectivas previas, en los términos del Código Civil Federal.

La representación de la colectividad en el juicio se considera de interés público. La autoridad jurisdiccional Federal, deberá vigilar de oficio que dicha representación sea adecuada durante la substanciación del procedimiento.

La persona que ejerza el cargo de representante deberá rendir protesta ante la autoridad jurisdiccional Federal y rendir cuentas en cualquier momento a petición de ésta.

En el caso de que durante el procedimiento dejare de haber alguien con legitimación activa o bien, los legitimados referidos en las fracciones II y III, del artículo 862 de este Código Nacional, no cumplieran con los requisitos referidos en el presente artículo, la autoridad jurisdiccional Federal, de oficio o a petición de cualquier integrante de la colectividad, abrirá un incidente de remoción y sustitución, debiendo suspender el juicio y notificar el inicio del incidente a la colectividad en los términos a que se refiere este Código Nacional.

Una vez realizada la notificación a que se refiere el párrafo anterior, la autoridad jurisdiccional Federal recibirá las solicitudes de las partes interesadas dentro del término de diez días, evaluará las solicitudes que se presentaren y resolverá lo conducente dentro del plazo de tres días.

En caso de no existir interesados, la autoridad jurisdiccional Federal dará vista a los órganos u organismos a que se refiere la fracción I del artículo 862 de este ordenamiento, según la materia del litigio de que se trate, quienes deberán asumir la representación de la colectividad o grupo.

La autoridad jurisdiccional Federal deberá notificar la resolución de remoción al Consejo de la Judicatura Federal para que registre tal actuación y en su caso, aplique las sanciones que correspondan a la persona representante.

La persona que ejerza el cargo de representante será responsable frente a la colectividad por el ejercicio de su gestión.

SECCIÓN SEGUNDA
DEL PROCEDIMIENTO

Artículo 864. La demanda deberá contener:

I. La autoridad jurisdiccional ante la cual se promueve;

II. El nombre, domicilio, número telefónico y dirección de correo electrónico que señale para oír y recibir notificaciones;

III. En el caso de las acciones colectivas en sentido estricto y las individuales homogéneas, los nombres de quienes integren la colectividad promoventes de la demanda;

IV. El nombre de la persona representante autorizada y número de cédula profesional;

V. Los documentos con los que la parte actora acredite su representación de conformidad con este Título;

VI. El nombre de la parte demandada y su domicilio, o la manifestación bajo protesta de decir verdad de que se ignora éste;

VII. La precisión del derecho difuso, colectivo o individual homogéneo que se considera afectado;

VIII. El tipo de acción que pretende promover;

IX. Las pretensiones correspondientes a la acción;

X. Los hechos en que funde sus pretensiones y las circunstancias comunes que comparta la colectividad respecto de la acción que se intente;

XI. Los fundamentos de derecho, y

XII. En el caso de las acciones colectivas en sentido estricto e individuales homogéneas, las consideraciones y los hechos que sustenten la conveniencia de la substanciación por la vía colectiva en lugar de la acción individual.

La autoridad jurisdiccional Federal podrá prevenir a la parte actora para que aclare o subsane su demanda cuando advierta la omisión de requisitos de forma, sea obscura o irregular, otorgándole un término de cinco días para tales efectos.

La autoridad jurisdiccional Federal resolverá si desecha de plano la demanda en los casos en que la parte actora no desahogue la prevención, no se cumplan los requisitos previstos en este Libro, o se trate de pretensiones infundadas, frívolas o temerarias.

Artículo 865. Son requisitos de procedencia de la legitimación en la causa los siguientes:

I. Que se trate de actos que dañen a personas consumidoras o usuarias de bienes o servicios públicos o privados o al medio ambiente o que se trate de actos que hayan dañado a la persona consumidora por la existencia de concentraciones indebidas o prácticas monopólicas, declaradas existentes por resolución firme emitida por la Comisión Federal de Competencia Económica y el Instituto Federal de Telecomunicaciones;

II. Que verse sobre cuestiones comunes de hecho o de derecho entre quienes integren la colectividad de que se trate;

III. Que existan al menos quince personas en la colectividad, en el caso de las acciones colectivas en sentido estricto e individuales homogéneas;

IV. Que exista coincidencia entre el objeto de la acción ejercitada y la afectación sufrida;

V. Que la materia de la litis no haya sido objeto de cosa juzgada en procedimientos previos con motivo del ejercicio de las acciones tuteladas en este Título;

VI. Que no haya prescrito la acción, y

VII. Las demás que determinen las leyes especiales aplicables.

Artículo 866. Son causales de improcedencia de la legitimación en el procedimiento, los siguientes:

I. Que las partes promoventes de la colectividad no hayan otorgado su consentimiento en el caso de las acciones colectivas en sentido estricto e individuales homogéneas;

II. Que los actos en contra de los cuales se endereza la acción constituyan procesos judiciales;

III. Que la representación no cumpla los requisitos previstos en este Libro;

IV. Que la colectividad en la acción colectiva en sentido estricto o individual homogénea, no pueda ser determinable o determinada en atención a la afectación a sus miembros, así como a las circunstancias comunes de hecho o de derecho de dicha afectación;

V. Que su desahogo mediante el procedimiento colectivo no sea idóneo;

VI. Que exista litispendencia entre el mismo tipo de acciones, en cuyo caso procederá la acumulación en los términos previstos en este Código Nacional, y

VII. Que las asociaciones que pretendan ejercer la legitimación en el procedimiento no cumplan con los requisitos establecidos en este Libro.

La autoridad jurisdiccional Federal, de oficio o a petición de cualquier persona interesada, podrá verificar el cumplimiento de estos requisitos durante el procedimiento.

Artículo 867. Una vez presentada la demanda o desahogada la prevención, la autoridad jurisdiccional Federal, certificará el cumplimiento de los requisitos de procedencia previstos en los artículos 865 y 866 de este Código Nacional, dentro del término de diez días. Este plazo podrá ser prorrogado por la autoridad jurisdiccional hasta por otro igual, en caso de que la complejidad de la demanda lo amerite.

Artículo 868. Concluida la certificación referida en el artículo anterior, la autoridad jurisdiccional Federal proveerá en el término de cuarenta y ocho horas sobre la admisión o desechamiento de la demanda, ordenará el emplazamiento a la parte demandada, y en su caso, dará vista por el plazo de tres días hábiles, a los órganos y organismos públicos referidos en el artículo 862 fracciones I, IV y V de este Código Nacional, según la materia del litigio de que se trate.

Cuando la autoridad jurisdiccional Federal advierta que existen elementos constitutivos de un posible delito en contra de la colectividad, por parte de la demandada, de oficio dará vista al Ministerio Público Federal para que proceda conforme a su competencia.

La autoridad jurisdiccional Federal ordenará la notificación a la colectividad del inicio del ejercicio de la acción colectiva de que se trate, mediante los medios idóneos para tales efectos, incluso a través de tecnologías avanzadas de información tomando en consideración el tamaño, localización y demás características de dicha colectividad. La notificación deberá ser económica, eficiente y amplia, teniendo en cuenta las circunstancias en cada caso.

El auto que admita la demanda deberá ser notificado en forma personal a los legitimados referidos en las fracciones II y III del artículo 862 de este Código Nacional, quienes deberán ratificar la demanda.

Contra el desechamiento de la demanda procede el recurso de apelación en ambos efectos, y contra el auto que la admite en efecto devolutivo.

Artículo 869. La parte demandada contará con quince días para contestar la demanda a partir de que surta efectos la notificación del auto de admisión de la demanda. La autoridad jurisdiccional podrá ampliar este plazo hasta por un periodo igual, a petición de la parte demandada.

Una vez contestada la demanda, se dará vista a la actora por cinco días para que manifieste lo que a su derecho convenga, plazo que podrá prorrogarse hasta por otro igual.

Artículo 870. La notificación a que se refiere el presente Título, contendrá una relación sucinta de los puntos esenciales de la acción colectiva respectiva, así como las características que permitan identificar a la colectividad.

Las demás notificaciones a la colectividad o grupo se realizarán por estrados y a través del uso de tecnologías de la información y comunicación, atendiendo a lo establecido en el artículo 203, fracción VI, de este Código Nacional. Salvo que se encuentren previstas de forma diversa en este Título, las notificaciones a las partes se realizarán en los términos que establece este Ordenamiento.

Artículo 871. Las personas de la colectividad afectada podrán adherirse a la acción de que se trate, conforme a las reglas establecidas en este artículo.

En el caso de las acciones colectivas en sentido estricto e individuales homogéneas, la adhesión a su ejercicio podrá realizarse por cada persona que tenga una afectación a través de una comunicación expresa por cualquier medio físico o a través del uso de tecnologías de la información y la comunicación, dirigida a la persona representante o persona representante autorizada de la parte actora, según sea el caso.

Las personas afectadas podrán adherirse voluntariamente a la colectividad durante la substanciación del procedimiento y hasta dos años posteriores a que la sentencia haya causado estado o en su caso, el convenio judicial adquiera la calidad de cosa juzgada.

Dentro de este lapso, la persona interesada hará llegar su consentimiento expreso y simple por cualquier medio físico o a través del uso de tecnologías de la información y la comunicación a la persona representante, quien a su vez lo presentará a la autoridad jurisdiccional.

La autoridad jurisdiccional Federal proveerá sobre la adhesión y, en su caso, ordenará el inicio del incidente de liquidación que corresponda a la persona interesada.

Las personas afectadas que se adhieran a la colectividad durante la substanciación del procedimiento, promoverán el incidente de liquidación en los términos previstos en este Capítulo.

Las personas afectadas que se adhieran posteriormente a que la sentencia haya causado estado o, en su caso, el convenio judicial adquiera la calidad de cosa juzgada, deberán probar el daño causado en el incidente respectivo.

En tratándose de la adhesión voluntaria, la exclusión que haga cualquier persona integrante de la colectividad posterior al emplazamiento de la parte demandada, equivaldrá a un desistimiento de la acción colectiva, por lo que no podrá volver a participar en un procedimiento colectivo derivado de los mismos hechos.

Tratándose de acciones colectivas en sentido estricto e individuales homogéneas sólo tendrán derecho al pago que derive de la condena, las personas que formen parte de la colectividad y prueben en el incidente de liquidación haber sufrido el daño causado.

La persona representante designada por la colectividad, tendrá los poderes más amplios que en derecho procedan con las facultades especiales necesarias para sustanciar el procedimiento y para representar a la colectividad y a cada una de las personas integrantes que se hayan adherido o se adhieran a la acción.

Artículo 872. Realizada la notificación ordenada en este Código Nacional, la autoridad jurisdiccional Federal señalará de inmediato fecha y hora para la celebración de la audiencia previa y de conciliación, la cual se llevará a cabo dentro de los diez días siguientes.

En la audiencia, la autoridad jurisdiccional Federal exhortará a las partes a solucionarlo, pudiendo auxiliarse de las personas expertas que considere idóneas

La acción colectiva podrá ser resuelta por convenio judicial entre las partes en cualquier momento del procedimiento hasta antes de que cause estado.

Si las partes alcanzaren un convenio total o parcial, la autoridad jurisdiccional Federal, de oficio, revisará que proceda legalmente y que los intereses de la colectividad de que se trate estén debidamente protegidos. Previa vista por diez días a los órganos y organismos a que se refiere la fracción I del artículo

862 de este Código Nacional y a la persona titular de la Fiscalía General de la República, y una vez escuchadas las manifestaciones de la colectividad, si las hubiere, la autoridad jurisdiccional Federal podrá aprobar el convenio elevándolo a la categoría de cosa juzgada.

Artículo 873. En caso de que las partes no alcanzaren acuerdo alguno en la audiencia previa y de conciliación, la autoridad jurisdiccional procederá a abrir el juicio a prueba por un período de treinta días hábiles, comunes para las partes, para su ofrecimiento y preparación, pudiendo, a instancia de parte, otorgar una prórroga hasta por diez días hábiles. No obstante, las partes podrán ofrecer pruebas antes y durante la audiencia previa y de conciliación, siempre que estén reconocidas por la ley y guarden relación inmediata con los hechos controvertidos. Las partes podrán formular acuerdos sobre hechos no controvertidos en la misma audiencia previa y de conciliación.

La audiencia de juicio observará para su desarrollo las reglas previstas en este Código Nacional en lo que no se oponga a este procedimiento.

Las pruebas de declaración de parte y testimonial se desahogarán a través de sus representantes legales.

La admisión de las pruebas es recurrible como violación procesal cuando se apele la sentencia definitiva; el desechamiento es apelable en efecto devolutivo.

La autoridad jurisdiccional Federal dictará sentencia dentro de los treinta días hábiles posteriores a la celebración de la audiencia de juicio.

Artículo 874. Los términos establecidos en este Capítulo, podrán ser ampliados por una sola vez por la autoridad jurisdiccional Federal, si existieren causas justificadas para ello.

Artículo 875. La autoridad jurisdiccional Federal podrá allegarse de cualquier medio de prueba para mejor proveer, siempre que tenga relación inmediata con los hechos controvertidos.

Las personas tercero que acudan no deberán de encontrarse en conflicto de interés respecto de las partes ni de la autoridad jurisdiccional.

La autoridad jurisdiccional Federal en su sentencia deberá, sin excepción, hacer una relación sucinta de las personas que en calidad de tercero interesadas ejerzan el derecho de comparecer ante el Tribunal, conforme a lo establecido en el párrafo anterior y de los argumentos o manifestaciones por ellos vertidos.

La autoridad jurisdiccional Federal podrá requerir a los órganos y organismos a que se refiere la fracción I del artículo 862 de este Código Nacional o a cualquier tercero, la elaboración de estudios o presentación de los medios probatorios necesarios con cargo al Fondo a que se refiere este Título.

Artículo 876. Si la autoridad jurisdiccional Federal lo considera pertinente, de oficio o a petición de parte, podrá solicitar a una de las partes la presentación de información o medios probatorios que sean necesarios para mejor resolver el litigio de que se trate o para ejecutar la sentencia respectiva.

Artículo 877. Para resolver, la autoridad jurisdiccional Federal puede valerse de medios probatorios estadísticos, actuariales o cualquier otro derivado del avance de la ciencia.

Artículo 878. No será necesario que la parte actora ofrezca y desahogue pruebas individualizadas por cada integrante de la colectividad. Las reclamaciones individuales deberán justificar, en su caso, la relación causal en el incidente de liquidación respectivo.

Artículo 879. Cuando la acción sea interpuesta por las personas a que se refieren las fracciones II y III del artículo 862 de este ordenamiento, estarán obligadas a informar a través de los medios idóneos a la colectividad, sobre el estado que guarda el procedimiento por lo menos cada seis meses.

SECCIÓN TERCERA
DE LAS SENTENCIAS

Artículo 880. Las sentencias deberán resolver la controversia planteada por las partes conforme a derecho.

Artículo 881. En acciones difusas, la autoridad jurisdiccional Federal sólo podrá condenar a la parte demandada a la reparación del daño causado a la colectividad, consistente en la restitución de las cosas al estado que guardaren antes de la afectación, si esto fuere posible.

Esta restitución podrá consistir en la realización de una o más acciones o abstenerse de realizarlas.

Tratándose de materia ambiental y de consumo, la autoridad jurisdiccional Federal también podrá imponer las medidas adicionales que considere pertinentes a efecto de asegurar que no se repita la conducta materia de la condena.

Artículo 882. En el caso de acciones colectivas en sentido estricto e individuales homogéneas, la autoridad jurisdiccional podrá condenar a la parte demandada a la reparación del daño, consistente en la realización de una o más acciones o abstenerse de realizarlas, así como a cubrir los daños en forma individual a los miembros del grupo conforme a lo establecido en este artículo.

Cada integrante de la colectividad podrá promover el incidente de liquidación, en el que deberá probar el daño sufrido, o en su caso, la persona representante común o cualquiera de las personas a que se refiere el artículo 862 de este Código Nacional podrá presentar el incidente de liquidación masivo en el que se deberá probar el monto del daño sufrido por cada integrante de la colectividad.

La autoridad jurisdiccional establecerá en la sentencia, los requisitos, bases y plazos que deberán cumplir las personas integrantes de la colectividad para promover el incidente. Contra la sentencia interlocutoria que resuelva el incidente de liquidación procederá el recurso de apelación.

El incidente de liquidación podrá promoverse por cada persona que integre la colectividad o en forma masiva en ejecución de sentencia, dentro de los dos años siguientes al que la sentencia cause ejecutoria.

El pago que resulte del incidente de liquidación será hecho a las personas integrantes de la colectividad en los términos que ordene la sentencia; en ningún caso a través de la persona representante común o cualquiera de las personas a que se refiere el artículo 862 de este Código Nacional.

Artículo 883. En caso de que una colectividad haya ejercitado por los mismos hechos de manera simultánea una acción difusa y una acción colectiva, la autoridad jurisdiccional proveerá la acumulación de las mismas en los términos de este Código Nacional.

Artículo 884. La sentencia fijará a la parte condenada un plazo prudente para su cumplimiento atendiendo a las circunstancias del caso, así como los medios de apremio que deban emplearse cuando se incumpla con la misma.

Artículo 885. La sentencia o convenio respectivo, serán notificados a la colectividad en los términos de lo dispuesto en el presente Código Nacional.

Artículo 886. Cuando alguna de las partes o miembro de la colectividad, tenga conocimiento de que sus representantes ejercieron una representación fraudulenta en contra de sus intereses, éstas podrán promover por la vía incidental, la remoción de la persona representante y la reposición de las actuaciones viciadas dentro del procedimiento colectivo y hasta antes del dictado de la sentencia. Contra la resolución interlocutoria que se dicte al respecto, no cabrá recurso alguno.

En este supuesto, la autoridad jurisdiccional hará del conocimiento de los hechos que correspondan al Ministerio Público Federal.

Cuando la representación fraudulenta se advirtiera después de dictada la sentencia, la autoridad jurisdiccional reservará los derechos de las partes para hacerlos valer en la vía y forma que estimen procedentes.

Artículo 887. En cualquier etapa del procedimiento, la autoridad jurisdiccional Federal podrá decretar a petición de parte, medidas precautorias que podrán consistir en:

I. La orden de cesación de los actos o actividades que estén causando o necesariamente hayan de causar un daño inminente e irreparable a la colectividad;

II. La orden de realizar actos o acciones que su omisión haya causado o necesariamente hayan de causar un daño inminente e irreparable a la colectividad;

III. El retiro del mercado o aseguramiento de instrumentos, bienes, ejemplares y productos directamente relacionados con el daño irreparable que se haya causado, estén causando o que necesariamente hayan de causarse a la colectividad, y

IV. Cualquier otra medida que la autoridad jurisdiccional considere pertinente dirigida a proteger los derechos e intereses de una colectividad.

Artículo 888. Las medidas precautorias previstas en el artículo anterior podrán decretarse siempre que con las mismas no se causen más daños que los que se causarían con los actos, hechos u omisiones objeto de la medida.

La autoridad jurisdiccional Federal deberá valorar que las medidas que se dicten no afecten la viabilidad financiera de la parte demandada.

Para el otorgamiento de dichas medidas se requerirá:

I. Que la persona solicitante de la medida manifieste claramente cuáles son los actos, hechos o abstenciones que estén causando un daño o vulneración a los derechos o intereses colectivos o lo puedan llegar a causar.

II. Que exista urgencia en el otorgamiento de la medida en virtud del riesgo de que se cause o continúe causando un daño de difícil o imposible reparación.

Si con el otorgamiento de la medida se pudiera ocasionar daño a la persona demandada, ésta podrá otorgar garantía suficiente para reparar los daños que pudieran causarse a la colectividad, salvo aquellos casos en los que se trate de una amenaza inminente e irreparable al interés social, a la vida o a la salud de los miembros de la colectividad o por razones de seguridad nacional.

Artículo 889. La autoridad jurisdiccional federal, para hacer cumplir sus determinaciones, puede emplear, a discreción, los siguientes medios de apremio:

I. Multa hasta por la cantidad equivalente a treinta mil Unidades de Medida y Actualización, cantidad que podrá aplicarse por cada día que transcurra sin cumplimentarse lo ordenado por la autoridad jurisdiccional;

II. El auxilio de la fuerza pública y la fractura de cerraduras si fuere necesario;

III. El cateo por orden escrita;

IV. El arresto hasta por treinta y seis horas.

Si fuere insuficiente el apremio, se procederá contra la persona rebelde por el delito de desobediencia.

Artículo 890. No procederá la acumulación entre procedimientos individuales y procedimientos colectivos.

En caso de coexistencia de un proceso individual y de un proceso colectivo proveniente de la misma causa, la misma persona demandada en ambos procesos informará de tal situación a las autoridades jurisdiccionales Federales.

La autoridad jurisdiccional Federal del proceso individual notificará a la parte actora de la existencia de la acción colectiva para que, en su caso, decida continuar por la vía individual o ejerza su derecho de adhesión a la misma dentro del plazo de noventa días contados a partir de la notificación.

Para que proceda la adhesión de la parte actora a la acción colectiva, deberá desistirse del proceso individual para que éste se sobresea.

Tratándose de derechos o intereses individuales de incidencia colectiva, en caso de la improcedencia de la pretensión en el procedimiento colectivo, las personas interesadas tendrán a salvo sus derechos para ejercerlos por la vía individual.

Artículo 891. La sentencia no recurrida tendrá efectos de cosa juzgada.

Artículo 892. Si alguna persona inició un procedimiento individual al cual recayó una sentencia que causó ejecutoria no podrá ser incluida dentro de una colectividad para efectos de un proceso colectivo, si el objeto, las causas y las pretensiones son las mismas.

Artículo 893. La sentencia de condena incluirá lo relativo a los gastos y costas que correspondan.

Artículo 894. Cada parte asumirá sus gastos y costas derivados de la acción colectiva, así como los respectivos honorarios de sus representantes.

Los honorarios de la persona representante legal y representante común, que convengan con sus representados, quedarán sujetos al siguiente arancel máximo:

I. Serán de hasta el veinte por ciento si el monto líquido de la suerte principal no excede de doscientos mil Unidades de Medida y Actualización;

II. Si el monto líquido de la suerte principal excede doscientos mil, pero es menor a dos millones de Unidades de Medida y Actualización, serán de hasta el veinte por ciento sobre los primeros doscientos mil y de hasta el diez por ciento sobre el excedente, y

III. Si el monto líquido de la suerte principal excede a dos millones de Unidades de Medida y Actualización, serán de hasta el once por ciento sobre los primeros dos millones, y hasta el tres por ciento sobre el excedente.

Si las partes llegaren a un acuerdo para poner fin al juicio antes del dictado de la sentencia, los gastos y costas deberán estar contemplados como parte de las negociaciones del convenio de transacción judicial. En cualquier caso, los honorarios de la persona representante legal y representante común que pacten con sus representados deberán ajustarse al arancel máximo previsto en este artículo.

Artículo 895. Los gastos y costas se liquidarán en ejecución de sentencia de conformidad con las siguientes reglas:

I. Los gastos y costas, así como los honorarios de las personas representantes de la parte actora referidos en el artículo anterior, serán cubiertos en la forma que lo determine la autoridad jurisdiccional Federal, buscando asegurar el pago correspondiente. Dicho pago se hará con cargo al Fondo a que se refiere este Libro, cuando exista un interés social que lo justifique y hasta donde la disponibilidad de los recursos lo permita.

II. En el caso de las sentencias que establezcan una cantidad cuantificable, la parte actora pagará entre el tres y el veinte por ciento del monto total condenado por concepto de honorarios a sus representantes según lo previsto en el artículo anterior.

La autoridad jurisdiccional Federal tomará en consideración el trabajo realizado y la complejidad del mismo, el número de miembros, el beneficio para la colectividad respectiva y demás circunstancias que estime pertinente.

III. Si la condena no fuere cuantificable, la autoridad jurisdiccional Federal determinará el monto de los honorarios, tomando en consideración los criterios establecidos en el segundo párrafo de la fracción anterior.

Artículo 896. Por ser la representación común de interés público, las asociaciones civiles a que se refiere la fracción III del artículo 862, deberán registrarse ante el Consejo de la Judicatura Federal.

Artículo 897. Para obtener el registro correspondiente, dichas asociaciones deberán:

I. Presentar los estatutos sociales que cumplan con los requisitos establecidos en este Título, y

II. Tener al menos un año de haberse constituido y acreditar que han realizado actividades inherentes al cumplimiento de su objeto social.

Artículo 898. El registro será público, su información estará disponible en la página electrónica del Consejo de la Judicatura Federal, y cuando menos deberá contener los nombres de los socios, asociados, representantes y aquellos que ejerzan cargos directivos, su objeto social, así como el informe a que se refiere la fracción II del artículo 900 de este Código Nacional.

Artículo 899. Las asociaciones deberán:

I. Evitar que sus asociados, socios, representantes o aquellos que ejerzan cargos directivos, incurran en situaciones de conflicto de interés respecto de las actividades que realizan en términos de este Título;

II. Dedicarse a actividades compatibles con su objeto social, y

III. Conducirse con diligencia, probidad y en estricto apego a las disposiciones legales aplicables.

Artículo 900. Para mantener el registro las asociaciones deberán:

I. Cumplir con lo dispuesto en el artículo anterior;

II. Entregar al Consejo de la Judicatura Federal, un informe anual sobre su operación y actividades respecto del año inmediato anterior, a más tardar el último día hábil del mes de abril de cada año, y

III. Mantener actualizada en forma permanente la información que deba entregar al Consejo de la Judicatura Federal en los términos de lo dispuesto por el artículo 898 de este Código.

Artículo 901. Para los efectos señalados en este Capítulo, el Consejo de la Judicatura Federal administrará los recursos provenientes de las sentencias que deriven de las acciones colectivas difusas y para tal efecto deberá crear un Fondo.

Artículo 902. Los recursos que deriven de las sentencias recaídas en las acciones referidas en el párrafo anterior, deberán ser utilizados exclusivamente para el pago de los gastos derivados de los procedimientos colectivos, así como para el pago de los honorarios de las personas representantes de la parte actora a que se refiere el artículo 894 de este Código, cuando exista un interés social que lo justifique y la autoridad jurisdiccional así lo determine, incluyendo pero sin limitar, las notificaciones a los miembros de la colectividad, la preparación de las pruebas pertinentes y la notificación de la sentencia respectiva. Los recursos podrán ser además utilizados para el fomento de la investigación y difusión relacionada con las acciones y derechos colectivos.

Artículo 903. El Consejo de la Judicatura Federal divulgará anualmente el origen, uso y destino de los recursos del Fondo.

LIBRO SÉPTIMO
DE LOS RECURSOS

CAPÍTULO ÚNICO
DISPOSICIONES GENERALES

Artículo 904. Las resoluciones judiciales dictadas dentro de los procedimientos son impugnables conforme a lo ordenado por este Código Nacional. Para ello la persona recurrente deberá precisar la parte de la resolución que impugna.

Artículo 905. Los recursos previstos en este Código Nacional son:

I. Apelación;

II. Reposición, y

III. Queja.

Artículo 906. En el sistema de recursos previsto en el presente Código Nacional, se tendrá por perdido el derecho a recurrir una resolución judicial cuando:

I. Se consienta expresamente, y

II. Una vez concluido el plazo que la ley señala para interponer algún recurso, éste no se interponga.

Quienes hubieren interpuesto un recurso podrán desistirse de éste antes de su resolución. Los efectos del desistimiento no se extenderán a los demás recurrentes.

Artículo 907. La citación errónea en la fundamentación de preceptos legales en la sentencia o resolución impugnada que no haya influido en el sentido del fallo, así como los errores de forma en la transcripción que no causen agravio, no anularán ni revocarán la resolución judicial, deberán ser subsanados de oficio en cuanto sean advertidos de forma inmediata por la autoridad que emita la resolución judicial, o a petición de parte cuando sea advertida por ella, con la finalidad de evitar dar trámite a algún recurso que represente dilaciones procesales.

SECCIÓN PRIMERA
DE LA APELACIÓN

Artículo 908. El recurso de apelación tiene por objeto que la autoridad jurisdiccional de apelación confirme, revoque o modifique la resolución impugnada.

Artículo 909. La apelación procederá en el efecto devolutivo o en ambos efectos.

Las apelaciones que se admitan en ambos efectos suspenderán el procedimiento; en el efecto devolutivo no suspenderán el procedimiento.

No obstante, cuando la apelación se admita en ambos efectos, la autoridad jurisdiccional continuará conociendo para resolver con plenitud de jurisdicción, todo lo relativo a depósitos, embargos trabados, rendición de cuentas, gastos de administración, aprobación de entrega de fondos para pagos urgentes, medidas provisionales decretadas durante el juicio y cuestiones similares que por su urgencia no pueden esperar.

Artículo 910. La apelación en ambos efectos procede:

I. Sentencias definitivas dictadas en juicios escritos, de acciones colectivas, y ordinarios orales civiles; en materia familiar, únicamente contra la sentencia definitiva o interlocutoria que cancele o disminuya alimentos;

II. Sentencias o cualquier otra resolución judicial que por su naturaleza suspenda, impida la continuación del juicio, le pongan fin o haga imposible su continuación, cualquiera que sea la naturaleza del procedimiento, y

III. Aquellas resoluciones judiciales señaladas expresamente por este Código Nacional.

Artículo 911. Además de los casos determinados expresamente en este Código Nacional, el recurso de apelación en efecto devolutivo procede contra:

I. Sentencias definitivas dictadas en juicios sumarios, especiales orales civiles; juicios orales familiares tanto ordinarios como especiales, salvo la precisión realizadas en la fracción I del artículo anterior;

II. El auto que desecha el incidente de nulidad de actuaciones por defectos en el emplazamiento, la resolución que se dicte en el incidente y en donde la autoridad jurisdiccional de oficio decrete nulo el emplazamiento;

III. El auto que tenga por contestada o no la demanda principal o reconvencional;

IV. Las sentencias interlocutorias que trasciendan al resultado del fallo;

V. La última resolución dictada para el cumplimiento de la sentencia definitiva;

VI. La resolución que apruebe o no el remate;

VII. Resoluciones que, en la fase definitiva del proceso cautelar, decreten providencias precautorias y medidas de aseguramiento;

VIII. En contra de la imposición de cualquier medida de apremio;

IX. La resolución dictada durante la revisión de las medidas provisionales en materia de familia, en la audiencia preliminar o las que se dicten con posterioridad a dicha etapa, y

X. Las resoluciones dictadas en los procedimientos sucesorios, salvo la sentencia definitiva que se admitirá en ambos efectos.

Artículo 912. Admitida la apelación en efecto devolutivo, sólo se suspenderá la ejecución de la resolución en los casos en que, de los autos o de las sentencias recurridas derive una ejecución que pueda causar un daño irreparable o de difícil reparación. La parte apelante podrá solicitar la suspensión al interponer el recurso y deberá señalar con precisión los motivos por los que considera el daño irreparable o de difícil reparación, y, además, otorgue garantía mediante fianza o billete de depósito conforme a las reglas siguientes:

I. La calificación de la idoneidad de la garantía será al prudente arbitrio de la autoridad jurisdiccional;

II. La garantía otorgada por la parte actora comprenderá la devolución del bien o bienes que deba percibir, sus frutos e intereses y la indemnización de daños y perjuicios si la segunda instancia revoca el fallo;

III. La otorgada por la persona demandada comprenderá el pago de lo juzgado y sentenciado, como su cumplimiento, en el caso de que la sentencia condene a hacer o a no hacer;

IV. La liquidación de los daños y perjuicios que se hará en la ejecución de la sentencia, y

V. En los juicios sin interés pecuniario, el monto de la garantía quedará a criterio de la autoridad jurisdiccional.

La parte contraria y perjudicada puede solicitar la no suspensión de la ejecución, otorgando a su vez contragarantía, la que se fijará por la autoridad jurisdiccional de acuerdo con las mismas bases que se tomaron en consideración para fijar la garantía y en ningún caso puede ser inferior a ésta, caso en el cual no se admitirá la suspensión del procedimiento.

En caso de que la resolución impugnada pueda afectar a niñas, niños y adolescentes, grupos sociales en situación de vulnerabilidad, no se exigirá garantía o contragarantía para que, de oficio o a petición de parte, se suspenda la ejecución de la resolución impugnada.

Si la segunda instancia confirmare la resolución apelada, hará efectiva la garantía o contragarantía, según corresponda, a favor de la contraparte.

Artículo 913. La parte que obtuvo sentencia definitiva favorable, puede adherirse a la apelación interpuesta en contra de la sentencia definitiva al momento de contestar los agravios, expresando los razonamientos tendientes a mejorar las consideraciones vertidas por la autoridad jurisdiccional en la resolución de que se trate. Con dicho escrito, se dará vista a la contraria para que en el plazo de tres días manifieste lo que a su derecho corresponda.

La adhesión al recurso sigue la suerte de éste, al no ser una apelación independiente.

Artículo 914. Pueden apelar las partes que consideren haber recibido algún agravio, las terceras que hayan salido al juicio y las demás personas con interés jurídico a quienes perjudique la resolución judicial.

No puede apelar la persona que obtuvo todo lo que pidió. La parte vencedora que no obtuvo todo lo solicitado puede apelar en lo que a estos puntos de la resolución se refiere.

Artículo 915. Los plazos para la interposición del recurso de apelación serán de nueve días si fuere sentencia definitiva y de cinco días en contra de las demás resoluciones, a partir del día siguiente a aquél en que surta efecto la notificación de la resolución impugnada.

Artículo 916. El recurso de apelación se interpondrá ante la autoridad jurisdiccional que pronunció la resolución impugnada, con expresión de agravios.

Al apelar la sentencia definitiva se deberán expresar agravios en contra de las resoluciones dictadas durante el procedimiento en contra de las cuales no proceda recurso alguno, que les hayan causado un agravio y que trasciendan al resultado del fallo, dentro del mismo plazo para apelar la sentencia definitiva, en escritos por separado o conjuntos, exponiendo en sus agravios de qué manera trascendería al fondo del asunto el resarcimiento de la violación a subsanar.

Si fuera procedente la existencia de una o varias violaciones procesales hechas valer en la apelación, la segunda instancia así lo declarará y reservará la resolución del recurso en contra de la definitiva, procediendo a subsanar la o las violaciones procesales bajo las mismas formalidades que el juicio de origen, y una vez reparada, se citará para resolver la apelación en contra de la sentencia definitiva. Lo anterior, salvo en tratándose de defectos en el emplazamiento, que de existir se declarará su nulidad y se ordenará la reposición del procedimiento por parte de la autoridad jurisdiccional de origen, declarando insubsistente la sentencia definitiva.

De no ser procedentes los agravios de las apelaciones en contra de violaciones procesales, la segunda instancia estudiará y resolverá la procedencia o no de los agravios expresados en contra de la definitiva, resolviendo el recurso con plenitud de jurisdicción.

Artículo 917. La autoridad jurisdiccional dará trámite al recurso, expresando si lo admite en ambos efectos o sólo en el efecto devolutivo y ordenará dar vista con la expresión de agravios a la parte apelada, para que los conteste dentro del término de tres días.

Cuando se trate de apelaciones en ambos efectos, transcurrido el plazo señalado en el párrafo anterior, sin necesidad de declaración de rebeldía y se hayan contestado o no los agravios, dentro del término de ocho días, se remitirán a la segunda instancia el escrito de apelación electrónico o físico del apelante y en su caso de la parte apelada, así como los autos originales digitales o físicos, incluidos los documentos exhibidos por las partes y terceros, así como los soportes electrónicos de las audiencias, los cuales, en caso de existir agravio en contra de actuaciones realizadas dentro de audiencia, serán materia de análisis y harán fe de lo actuado, por ello, en ningún caso se exigirá reproducción escrita o documental de su contenido.

En el caso de apelaciones admitidas en efecto devolutivo, la autoridad jurisdiccional, dentro del término de ocho días, deberá integrar y remitir el escrito de apelación electrónico o físico del apelante y en su caso de la parte apelada, así como testimonio físico o electrónico del primer testimonio de apelación; debiendo dejar en el expediente original copia certificada de los escritos de apelación y de su contestación si lo hubiera.

En tratándose de segunda o ulteriores apelaciones, solamente formará el testimonio de apelación con las constancias faltantes entre la última apelación admitida y las subsecuentes hasta la apelación de que se trate, incluyéndose todos los documentos que las partes hayan exhibido desde el escrito inicial de demanda y durante la tramitación del juicio, hasta la etapa en que se encuentre. Si existieren apelaciones pendientes para su debida integración y el juicio estuviere en estado de resolución, el término para dictar la sentencia definitiva o interlocutoria iniciará una vez que se haya remitido el testimonio a la segunda instancia.

Artículo 918. Los expedientes, testimonios de apelación, documentos y videograbaciones podrán integrarse y remitirse digital o electrónicamente a la segunda instancia, ya sea mediante la generación de un archivo digital o con la autorización de acceso al expediente electrónico, de conformidad con lo que establezca la Ley Orgánica respectiva. Los Consejos de la Judicatura deberán implementar las medidas de protección y seguridad adecuadas para garantizar la confidencialidad e integridad de la información y los datos que se generen de forma electrónica.

Artículo 919. La segunda instancia integrará digital o documentalmente el toca respectivo con copia certificada de la resolución impugnada, los escritos de agravios y contestación, así como los proveídos que les recayeron, agregando lo que se actúe en cada recurso, y la resolución que se dicte.

Artículo 920. En tratándose de apelaciones en efecto devolutivo, con los testimonios que remita la autoridad jurisdiccional se formarán los cuadernos de constancias consecutivos que sean necesarios, a los que se seguirán agregando los subsecuentes testimonios que se remitan para tramitar otras apelaciones.

Una vez integrados los tocas de apelación, la segunda instancia calificará la admisión y el efecto, y en caso de confirmarse, se citará para oír sentencia.

Artículo 921. Admitido y calificado el recurso, de oficio o a petición de parte, en tratándose de apelaciones en contra de sentencias definitivas, con o sin resoluciones dictadas dentro del procedimiento, se señalará fecha para la celebración de una audiencia oral que presidirá la persona Magistrada Ponente, en donde se otorgará el uso de la palabra a los interesados directamente o por conducto de su persona representante autorizada, para que realicen sus aclaraciones o resumen de agravios y su contestación, por un máximo de tiempo de diez minutos para cada una de las partes.

Posteriormente, se citará a las partes para oír sentencia. Por lo que una vez firmada electrónica o físicamente la resolución por unanimidad o mayoría de votos, dentro de los tres días siguientes se señalará fecha para la celebración de una audiencia oral, en donde la persona Magistrada ponente explicará de manera breve, clara y precisa, con uso de lenguaje cotidiano, la resolución definitiva dictada y hecho lo cual entregará a las partes comparecientes copia simple de la misma, quedando debidamente notificados de dicha sentencia, la cual se ordenará en ese momento publicar por el medio de comunicación procesal oficial.

En caso de incomparecencia de ambas partes contendientes, no será necesaria la explicación de la sentencia y se pondrá a disposición de los contendientes copia simple de la misma, quedando notificados en ese acto de la resolución, hubiesen asistido o no a la celebración de la audiencia, ordenando entonces su publicación por el medio de comunicación procesal oficial.

Artículo 922. En los escritos de expresión de agravios, tratándose de apelación de sentencia definitiva, el apelante sólo podrá ofrecer pruebas cuando hubieren ocurrido hechos supervenientes, especificando los puntos sobre los que deben versar, que no serán extrañas ni a la cuestión debatida ni a los hechos sobrevenidos, pudiendo el apelado en la contestación de los agravios, oponerse a esa pretensión.

Artículo 923. En el auto de radicación la segunda instancia resolverá sobre la admisión de las pruebas ofrecidas y en caso de admitirlas ordenará se reciban en forma oral y señalará la audiencia dentro de los veinte días siguientes.

Artículo 924. La audiencia de desahogo de pruebas será impostergable y la parte que ofreció la prueba será responsable de la falta de su oportuna preparación. De no preparar la prueba, ésta se dejará de recibir, sin necesidad de prevención. Concluida la recepción de pruebas en la audiencia, alegarán verbalmente las partes y se les citará para oír sentencia.

Artículo 925. La segunda instancia deberá suplir la falta de agravios o la deficiencia de los expresados en los casos siguientes:

I. Cuando el juicio verse sobre derechos que pudieran afectar el interés de la familia;

II. Cuando intervenga por lo menos un niño, niña o adolescente como parte, si por falta de esa suplencia pudieran verse afectados sus derechos; y

III. Cuando se advierta por el Tribunal de apelación que en el procedimiento de primera instancia existieron violaciones manifiestas de la Ley que hayan dejado sin defensa a alguna de las partes.

Artículo 926. En los recursos de apelación en contra de sentencia definitiva el ponente contará con diez días para la elaboración del proyecto y las demás personas magistradas contarán con un plazo de cinco días para emitir su voto.

En tratándose de recursos de apelación distintos a la sentencia definitiva o en los casos que deban resolverse unitariamente, la resolución deberá pronunciarse dentro del plazo de ocho días.

En aquellos asuntos complejos o por el volumen de las constancias podrán ampliarse los plazos antes citados por quince días más.

SECCIÓN SEGUNDA
DE LA REPOSICIÓN

Artículo 927. En la segunda instancia sólo procederá el recurso de reposición y será:

I. En contra de la calificación de admisibilidad del recurso de apelación, así como en contra de su efecto;

II. Cuando no se admitan pruebas en segunda instancia, y

III. Cuando algún o algunas de las apelaciones en contra de resoluciones dictadas dentro del procedimiento hubiere resultado procedente, la reposición será admitida en contra de aquellas resoluciones que se dicten para reparar la violación procesal, siempre y cuando causen un perjuicio irreparable y puedan trascender al sentido del fallo definitivo.

Artículo 928. El recurso de reposición debe interponerse por escrito dentro de los tres días siguientes a que surta efectos la notificación de la resolución impugnada, y de admitirse se dará vista a la parte contraria por el término de tres días, para que exprese lo que a su derecho convenga, y se resolverá por escrito dentro de los tres días siguientes.

En contra de esta resolución no se admitirá ningún recurso.

SECCIÓN TERCERA
DE LA QUEJA

Artículo 929. El recurso de queja procede:

I. Contra la resolución que niegue la admisión de la apelación o adhesión a ésta;

II. En contra de resolución que se emita para fijar el monto de la fianza en tratándose de apelaciones en efecto devolutivo, y

III. En los demás casos fijados por este Código Nacional.

Artículo 930. El recurso de queja se interpondrá ante la autoridad jurisdiccional de primera instancia, dentro de los tres días siguientes a que surta efectos la notificación del proveído que se recurra, expresando los motivos de inconformidad.

Artículo 931. Dentro de los cinco días siguientes en que se tenga por interpuesto el recurso, la autoridad jurisdiccional de primera instancia remitirá a la segunda instancia el informe que justifique su resolución, y acompañará en su caso, las constancias procesales respectivas.

Artículo 932. La autoridad jurisdiccional de segunda instancia, dentro de los ocho días siguientes a la recepción de las citadas constancias, dictará el fallo correspondiente.

LIBRO OCTAVO
DE LA JUSTICIA DIGITAL

TÍTULO ÚNICO
DEL PROCEDIMIENTO EN LÍNEA E INTEGRACIÓN DEL EXPEDIENTE JUDICIAL

CAPÍTULO I
DISPOSICIONES GENERALES

Artículo 933. Todos los procedimientos regulados en el presente Código Nacional podrán tramitarse bajo la modalidad de procedimiento en línea que, al igual que cualquier otra modalidad procesal, será gratuita para las partes.

En los procedimientos en línea, la autoridad jurisdiccional garantizará una justicia digital equitativa y segura.

Artículo 934. En la aplicación de las normas referentes a justicia digital se tomarán en cuenta los principios de elegibilidad, equivalencia funcional o no discriminación, neutralidad tecnológica y seguridad de la información, adicionalmente a los generales del presente Código Nacional.

Artículo 935. El principio de elegibilidad consiste en que las partes tienen el derecho de optar voluntariamente que los procedimientos regulados en el presente Código Nacional, se tramiten de forma digital y en línea. La elegibilidad permitirá la sola integración de expedientes electrónicos, así como actuaciones y audiencias presenciales o a distancia, indistintamente.

La autoridad jurisdiccional, podrá proponer que un procedimiento se lleve a cabo en línea, atendiendo a cada caso en concreto o en las situaciones en que acontezca un fortuito o fuerza mayor; o bien, cuando para el trámite expedito del procedimiento de que se trate así convenga.

En el escrito inicial de demanda o comparecencia, la persona accionante manifestará si es su deseo tramitar el procedimiento en línea. En el caso de un procedimiento contencioso, al contestar la demanda, la persona demandada, manifestará si es su deseo igualmente de llevar el procedimiento en línea. Además, la autoridad jurisdiccional podrá, solicitar a las partes contendientes para que, de común acuerdo de forma voluntaria, el trámite procesal del juicio de que se trate, se realice de manera digital y en línea; en caso contrario, se continuará con la modalidad procesal tradicional, conforme a las disposiciones del presente Código Nacional, salvo que se trate de un procedimiento en línea exclusivamente.

Lo anterior sin perjuicio de que las partes, en cualquier etapa procesal, puedan solicitar que se cambie la modalidad para que, en lo subsecuente, se tramite en línea y digital.

Artículo 936. El principio de equivalencia funcional o no discriminación, para los efectos de los procedimientos que regula este Código Nacional, se puede interpretar bajo cualesquiera de las siguientes formas:

I. La autoridad jurisdiccional no negará efectos jurídicos, validez o eficacia probatoria a cualquier tipo de información por la sola razón de que esté contenida en un documento electrónico o en un mensaje de datos.

En ningún caso se requerirá manifestación bajo protesta de decir verdad de que los documentos digitalizados son copia fiel e inalterada de los documentos físicos;

II. La autoridad jurisdiccional no negará validez a la información o las comunicaciones, sea que estén contenidas en documentos electrónicos, mensajes de datos o en medios físicos por el solo hecho de usar alguna tecnología determinada;

III. La firma electrónica avanzada en un documento electrónico o en su caso, en un mensaje de datos, satisface el requisito de firma del mismo modo que la firma autógrafa en los documentos impresos;

IV. Todas las actuaciones judiciales, promociones, resoluciones, diligencias, expedientes, audiencias y demás semejantes dadas en forma oral, de forma virtual, electrónica, remota o a distancia, tendrán la misma eficacia probatoria o valor jurídico, que los que este Código Nacional consagra para las actuaciones presenciales y los instrumentos escritos, y

V. Los procedimientos judiciales podrán tramitarse total o parcialmente en línea, así como celebrarse sus actuaciones judiciales presencialmente o a distancia, sin que ello afecte la validez de las actuaciones. No se cuestionará la validez de un procedimiento por la sola razón de que una de las partes haya elegido llevarlo en línea y la otra de forma tradicional.

Artículo 937. El principio de neutralidad tecnológica consiste en que este Código Nacional no impondrá preferencias en favor o en contra de determinada tecnología, ni fomentará artificialmente determinadas opciones tecnológicas en detrimento de otras.

Este principio no limitará o impedirá que se usen los sistemas de justicia digital autorizados, según lo determinen los Acuerdos que establezcan los Lineamientos aprobados por el Consejo de la Judicatura respectivo.

Artículo 938. Los sistemas de justicia digital constituyen implementos adicionales, progresivos y optativos que deberán aplicarse y usarse en respeto a los derechos humanos y garantizando el derecho a la tutela judicial efectiva, por lo que de ninguna forma podrán interpretarse en forma restrictiva.

SECCIÓN PRIMERA
DE LA INTEGRACIÓN DEL EXPEDIENTE JUDICIAL

Artículo 939. El expediente judicial se integrará física y electrónicamente de acuerdo con las disposiciones establecidas en el presente Código Nacional, salvo que las partes convengan en que únicamente se integre de forma electrónica.

El Acuerdo que contenga Lineamientos aprobados por el Consejo de la Judicatura que corresponda, establecerá las reglas que permitan la debida integración de expedientes físicos y electrónicos, para los procedimientos tramitados en la modalidad en línea.

El expediente físico deberá contar con la impresión de los mensajes de datos y, de ser requerido, autenticados con firma electrónica avanzada, así como, en su caso, el acta de la diligencia respectiva, en la que se indicará la existencia de la videograbación que, aunque esté resguardada en otro lugar, formará parte del expediente respectivo.

Artículo 940. La autoridad jurisdiccional, a través de las áreas competentes, realizará todos los actos necesarios para concentrar todas las actuaciones, audiencias, diligencias, promociones y demás constancias de un procedimiento en línea en un mismo expediente judicial, que se integrará cronológicamente con las actuaciones judiciales, con independencia de la forma en que se hayan celebrado o presentado las mismas, garantizando que tanto el expediente físico como el electrónico contengan la misma información.

Artículo 941. El expediente electrónico deberá integrarse simultáneamente con el expediente físico, salvo aquellos casos en que el Consejo de la Judicatura correspondiente autorice solamente la integración de la versión electrónica y siempre que se garantice el derecho a la tutela judicial efectiva de las partes.

El expediente electrónico será el reflejo del expediente físico, para lo cual, además de los requisitos aplicables, se certificará por la persona funcionaria judicial facultada para ello, la coincidencia de las actuaciones judiciales entre sí.

Artículo 942. En los procedimientos en línea o promociones electrónicas, cualquier anexo deberá ir adjunto a la promoción electrónica. El juzgador podrá requerir la exhibición física del documento para corroborar su autenticidad e integridad. El anexo debe ir digitalizado junto con la promoción, lo que permitirá al juzgador consultarlo cuando lo requiera.

Artículo 943. El cotejo de documentos y demás actos necesarios que se requieran confrontar entre los expedientes físico y electrónico, se podrá realizar por conducto de la persona funcionaria judicial facultada para ello.

Dicha persona funcionaria judicial será responsable de verificar la coincidencia de contenidos entre el expediente físico y el expediente electrónico, y deberá validar, cuando así proceda, que:

I. Toda documentación recibida por vía electrónica se imprima y agregue al expediente físico, en su caso, con la evidencia criptográfica de la firma electrónica avanzada respectiva, y

II. La documentación recibida en formato impreso se digitalice e ingrese al expediente electrónico respectivo, certificándolo mediante el uso de la firma electrónica avanzada correspondiente.

Artículo 944. Las personas que intervengan en el procedimiento en línea deberán ajustarse a los Lineamientos para la promoción, consulta y acceso de expedientes digitales que emitan los Consejos de la Judicatura respectivos.

Artículo 945. Las personas funcionarias judiciales adscritas a las autoridades jurisdiccionales podrán acceder a los expedientes electrónicos relacionados con el ejercicio de sus atribuciones, para lo cual deberán contar con la clave de acceso otorgada por el órgano competente del Consejo de la Judicatura respectivo. Adicionalmente, deberán utilizar su firma electrónica avanzada para agregar constancias y resoluciones judiciales a los referidos expedientes.

Artículo 946. La información relativa a los expedientes electrónicos será preservada de conformidad con los lineamientos o disposiciones correspondientes.

SECCIÓN SEGUNDA
DE LA DIGITALIZACIÓN Y USO DE FIRMA ELECTRÓNICA

Artículo 947. Toda promoción, documentación y actuación que ingrese a un expediente electrónico deberá ser suscrita y autenticada con una firma electrónica avanzada.

Artículo 948. Las diligencias, promociones, resoluciones o actuaciones físicas autenticadas con firma autógrafa, se digitalizarán para su incorporación en el expediente electrónico de forma que se garantice su integridad, conservación y disponibilidad. Para la conservación y digitalización de documentos, la autoridad jurisdiccional seguirá las reglas que, para tal efecto, establece la Norma Oficial Mexicana que regule dichas actividades o las que se establezcan en los lineamientos que emita el Consejo de la Judicatura Federal correspondiente y que deberán ser acordes con dicha Norma.

Artículo 949. Las actuaciones y promociones judiciales contenidas en un mensaje de datos o documento electrónico suscritas con una firma electrónica avanzada amparada por un certificado digital vigente, garantizará la integridad del documento y producirá los mismos efectos que las leyes otorgan a los documentos con firma autógrafa, teniendo el mismo valor probatorio.

Artículo 950. Para efectos de los procedimientos en línea regulados por este Código Nacional, la autoridad jurisdiccional y las partes podrán utilizar la Firma Electrónica Certificada del Poder Judicial de la Federación (FIREL), la firma electrónica que se utilice en el Poder Judicial respectivo, y las firmas electrónicas emitidas y reconocidas por otras autoridades con los cuales los Poderes Judiciales hayan celebrado convenios para el reconocimiento de certificados digitales homologados.

Artículo 951. La página de firmantes que contenga las firmas electrónicas avanzadas de las personas funcionarias judiciales, hará las veces del sello físico que la autoridad jurisdiccional impone en los expedientes físicos.

Artículo 952. Todas las notificaciones realizadas en los procedimientos en línea surtirán sus efectos conforme a lo previsto en este Código Nacional.

Artículo 953. Cuando deba correrse traslado en la notificación electrónica, se adjuntará el documento digitalizado, documento electrónico o mensaje de datos respectivo debidamente cotejado por la persona funcionaria judicial facultada, de forma que garantice su disponibilidad e integridad.

Artículo 954. Cuando las partes reciban la notificación electrónica, el sistema de justicia digital correspondiente deberá generar acuse de recibido en el momento de la recepción del mensaje de datos a notificar, de conformidad con los lineamientos que para dichos efectos se emitan. Dicho acuse acreditará la debida notificación.

Artículo 955. Las comunicaciones diversas, como vistas al Ministerio Público, Fiscalías o Representación Social, requerimientos a las autoridades, peritos y demás auxiliares oficiales, se harán en forma electrónica a su correo electrónico oficial designado para ello, con acuse de recibo.

Artículo 956. Toda la información recibida vía electrónica, se apegará a las disposiciones aplicables de las leyes vigentes en materia de transparencia, acceso a la información pública y protección de datos personales, según corresponda.

CAPÍTULO II
DEL PROCEDIMIENTO EN LÍNEA Y DE LAS AUDIENCIAS VIRTUALES

SECCIÓN PRIMERA
DEL PROCEDIMIENTO EN LÍNEA

Artículo 957. Los procedimientos en línea se ajustarán a las siguientes disposiciones:

I. Las partes e intervinientes en un procedimiento en línea podrán presentar todos sus escritos, promociones y anexos de forma electrónica o a través de documento digitalizado. En ambos casos deberán estar autenticados mediante firma electrónica avanzada.

II. En el caso de diligencias y audiencias virtuales:

a) Se señalará día y hora para llevarla a cabo;

b) Se hará saber a las partes y demás intervinientes, por cualquiera de los medios de comunicación establecidos en este Código Nacional, la fecha de la misma y el enlace o método de acceso a la sala virtual;

c) En la fecha señalada, la autoridad jurisdiccional declarará la apertura de la diligencia o audiencia virtual en su sede judicial, ordenando a la persona secretaria de acuerdos o a quien, de acuerdo con el organigrama correspondiente realice tales funciones, proceda a identificar a todos y cada uno de los participantes;

d) Para fines de dicha identificación, los participantes deberán presentar el original de su identificación oficial vigente con fotografía, a los efectos de contar con evidencia digital, videograbada o fotográfica de la misma o, en su caso, cualquier elemento de identificación adicional que al efecto se autorice por la autoridad jurisdiccional, y

e) Hecho lo anterior, se procederá al desahogo de la diligencia o audiencia en los términos establecidos en este Código Nacional para el procedimiento respectivo;

III. Cuando deban recibirse testimonios, declaraciones, peritajes o cualquier información, con el objeto de garantizar las condiciones de autonomía y libertad en su emisión, o el derecho de las partes a realizar las preguntas que les correspondan, según sea el caso, la autoridad jurisdiccional podrá ordenar, a su criterio, cualquiera de las siguientes medidas:

a) Que la persona declarante lo haga en un área de transmisión designada por la autoridad jurisdiccional, sala remota o unidad de enlace que proporcione el Poder Judicial de la Entidad Federativa que corresponda, debiendo cumplir los requisitos para la recepción del desahogo de la prueba o información de que se trate;

b) Que la persona declarante lo haga en el área de transmisión que haya señalado la parte oferente en el juicio, acompañada de un servidor público, quien deberá asegurarse y hacer constar que la persona declarante no está siendo asistida de ninguna forma;

c) Que la persona declarante transmita desde un área que haya señalado la parte interesada, que permita verificar visual y auditivamente, a través de la cámara y micrófono, que al momento de la recepción de la prueba se encuentra sin asistencia, debiendo mantenerse a cuadro en todo momento, con el micrófono encendido durante su desahogo, ya que no se permitirá la interrupción de la transmisión de video y audio en ningún caso, así como el uso de algún dispositivo electrónico o la injerencia de cualquier otra persona durante el desahogo y hasta en tanto concluya la audiencia. En caso de incumplimiento se amonestará al infractor por única ocasión y, en caso de reincidencia, se dará vista a la Representación Social para que, de oficio, inicie la investigación correspondiente, y se declarará desierta la prueba por causas imputables a su oferente, continuándose en la etapa procesal que corresponda;

d) La parte contraria podrá estar presente durante el desahogo de la audiencia o diligencia virtual y, de ser necesaria su intervención, podrá solicitarlo mediante mensaje en el sistema electrónico de la sala virtual, levantando la mano o pidiéndolo verbalmente, para ser escuchado por la autoridad jurisdiccional. Mismo orden deberá llevarse a cabo, en el supuesto de que decida formular preguntas a alguno de los declarantes;

e) Que la persona declarante, o aquella que tenga a su cargo el desahogo de una prueba, se ubique en la misma área de transmisión de la autoridad jurisdiccional, aun cuando los representantes legales o demás participantes se encuentren en diverso lugar del de la transmisión, y

f) Cumplir con las disposiciones de la Sección segunda "De las Audiencias y Diligencias Virtuales", de este Capítulo.

IV. La persona juzgadora usará un lenguaje sencillo y claro durante toda la audiencia o diligencia virtual.

V. En su caso, desahogado todo el caudal probatorio, se pasará al período de alegatos si se prevé esta etapa para el procedimiento respectivo y, declarado visto el asunto, se procederá a emitir en el acto la sentencia o resolución judicial correspondiente, la cual se explicará con un lenguaje cotidiano, breve y sencillo a quien esté presente, entregando copia de la misma. Para ello, se decretará el receso pertinente para la materialización de la sentencia o resolución judicial. A quien esté ausente o desaparecido se le notificará en forma electrónica, dispensándose la explicación ante la inasistencia de ambas partes. La sentencia o resolución judicial correspondiente se emitirá en los términos y con las formalidades que se establecen en el presente Código Nacional para cada caso.

VI. Una vez hecho lo anterior, la autoridad jurisdiccional ordenará la elaboración de un acta mínima de la diligencia o audiencia virtual, la cual no requerirá de la firma de los participantes y sólo contendrá la firma electrónica avanzada de la persona a quien corresponda autorizar y dar fe del contenido de dicha acta.

VII. Si en la sentencia o resolución judicial se ordena su inscripción ante algún Registro, autoridad o institución, o la expedición de algún oficio, la autoridad jurisdiccional lo realizará y enviará electrónicamente a las autoridades o personas correspondientes.

En todo lo no previsto en el presente Capítulo, se estará a las disposiciones contenidas en este Código Nacional.

Artículo 958. En todos los casos las partes interesadas o intervinientes en una audiencia o diligencia virtual, deberán cumplir con las disposiciones antes referidas, apercibidos de que, en caso contrario, serán expulsadas de la sala virtual las personas infractoras, por causas imputables a las mismas, debiendo asumir las consecuencias legales que esto implique, continuando con el desarrollo de la audiencia o diligencia virtual. Asimismo, se impondrán las correcciones disciplinarias y medidas de apremio reguladas en este Código Nacional que la persona juzgadora considere oportunas.

SECCIÓN SEGUNDA
DE LAS AUDIENCIAS Y DILIGENCIAS VIRTUALES

Artículo 959. A petición de parte o por propuesta de la autoridad jurisdiccional, cualquier audiencia y diligencia prevista en el presente Código Nacional podrá celebrarse bajo la modalidad de audiencia virtual y diligencia virtual.

En las audiencias, cualquiera de las partes o la autoridad jurisdiccional, podrán estar presentes vía remota o a través de sistemas de justicia digital de acuerdo con los lineamientos respectivos, siempre y cuando se garantice el derecho a la tutela judicial efectiva y los principios procesales previstos en el presente Código Nacional.

Artículo 960. Cuando la autoridad jurisdiccional advierta en cualquier etapa del procedimiento, la viabilidad de llevar a cabo la audiencia o diligencia virtuales del procedimiento de que se trate, exhortará a las partes para optar por dicha alternativa. En todo caso, quienes intervengan en forma virtual o remota deberán:

I. Tener acceso a una computadora o dispositivo electrónico similar que tenga la capacidad de realizar videoconferencias, para lo cual es necesario que dicho equipo cuente con micrófono y cámara web;

II. Contar con conexión a Internet con al menos una velocidad de 1.5 megabytes por segundo;

III. Señalar un correo electrónico que esté registrado o señalado ante la autoridad jurisdiccional para ser notificado, así como para recibir el enlace o método de acceso a la sala virtual designada para llevar la audiencia o diligencia virtual, y

IV. Quienes comparezcan vía remota o electrónica deberán indicar el lugar y área de transmisión que ocuparán, así como los demás intervinientes a su cargo, lo que deberán hacer bajo protesta de decir verdad, cumpliendo además con lo dispuesto en este Código Nacional.

En caso de requerirlo, cualquiera de las partes o intervinientes en una audiencia o diligencia virtuales, podrán solicitar a una autoridad jurisdiccional, local o federal, distinta de la que sustancie el procedimiento, que le permita el acceso a su recinto judicial y le proporcione todo lo necesario para atender en tiempo y forma la audiencia o diligencia virtual. Dicha solicitud deberá hacerse con una razonable anticipación a la celebración de la audiencia o diligencia virtuales, dependiendo del procedimiento de que se trate, y deberá contener los datos de identificación del expediente y procedimiento judicial, las razones en que sustenta su solicitud y una dirección de correo electrónico. La autoridad jurisdiccional requerida deberá resolver y notificar su resolución mediante correo electrónico, en un plazo breve.

Artículo 961. En caso de advertir alguna falla técnica u otra situación extraordinaria que impida el desarrollo de la audiencia o diligencia virtuales, la autoridad jurisdiccional determinará las medidas que estime necesarias para continuarla o, de ser el caso, suspenderla, supuesto en el que señalará una hora o fecha posterior para su reanudación a través del uso preferente de la sala virtual o de manera presencial.

Las audiencias y diligencias virtuales se registrarán y el personal facultado para ello deberá relacionarlas con el expediente electrónico respectivo, siguiendo para ambos aspectos las pautas establecidas en los Acuerdos que contengan los Lineamientos que los Consejos de la Judicatura respectivos emitan para tal efecto.

El registro de las diligencias virtuales, audiencias virtuales y, tratándose de sesiones, de la porción respectiva al asunto del que se trate, será parte del expediente electrónico y no se requerirá transcripción alguna de lo que ahí conste.

La participación de las partes a través de audiencias y diligencias virtuales generará los mismos efectos y alcances jurídicos que la audiencia o diligencia que se realice con presencia física ante las autoridades jurisdiccionales.

Artículo 962. Cuando para el desarrollo de la audiencia o diligencia virtuales resulte fundamental mantener la separación o exclusión de ciertos intervinientes en determinados momentos de la misma, la autoridad jurisdiccional encargada de su conducción solicitará el apoyo de su personal técnico o administrativo para que, con asistencia técnica, se adopten medidas tendientes a:

I. Verificar dicha separación física y la ausencia de influencias o injerencias que puedan afectar un testimonio, declaración o peritaje;

II. Enviar a dichos intervinientes a salas de espera virtuales, utilizando para ello las funcionalidades previstas en la herramienta tecnológica implementada para la práctica de las mismas, y

III. Ordenar todas las medidas necesarias para tal efecto, siempre que se respeten los principios de este Código Nacional.

Artículo 963. Para la celebración de las diligencias y audiencias virtuales deberán de acatarse las reglas de las diligencias y audiencias dentro del procedimiento judicial respectivo, ajustándose en lo conducente a las reglas para el desarrollo de las audiencias y diligencias virtuales, en términos de lo dispuesto en el presente Título.

CAPÍTULO III
DE LOS SISTEMAS DE JUSTICIA DIGITAL Y DE LA SEGURIDAD DE LA INFORMACIÓN

SECCIÓN PRIMERA
DE LOS SISTEMAS DE JUSTICIA DIGITAL

Artículo 964. Los Poderes Judiciales correspondientes, a través del Consejo de la Judicatura o la autoridad competente señalada en su respectiva Ley Orgánica:

I. Implementarán y mantendrán actualizadas y funcionales los sistemas de justicia digital necesarios con el fin de contar con Oficialías de Partes en línea, servicios digitales, notificaciones electrónicas, así como las tecnologías necesarias para hacer accesible para todas las personas la justicia digital, y proveer lo necesario para que exista ciberseguridad;

II. Designarán a una persona, área, unidad administrativa o proveedor de tecnologías de información que de forma permanente sea responsable de:

a) Supervisar que los sistemas de justicia digital se mantengan funcionando de forma correcta y segura;

b) Dar soporte a las personas juzgadoras y personas funcionarias judiciales en todo lo relacionado con el uso de los sistemas de justicia digital;

c) Atender las quejas y orientar a los usuarios de sistemas de justicia digital para que comprendan la forma de operar de dichos sistemas;

d) Corregir cualquier falla, error, intermitencia o problema que afecte, impida u obstaculice, total o parcialmente, el funcionamiento de los sistemas de justicia digital, y

e) Conocer y compartir las mejores prácticas en el funcionamiento e implementación de sistemas de justicia digital con los Consejos de la Judicatura de otras Entidades Federativas, así como con el Consejo de la Judicatura Federal.

Artículo 965. Los sistemas de justicia digital deberán:

I. Contar con garantías sólidas de uso y funcionamiento, que les brinde continuidad y soporte permanente a los usuarios de estos sistemas, y

II. Gozar de medidas de seguridad de la información confiables y robustas.

Artículo 966. Cuando por caso fortuito, fuerza mayor o por fallas técnicas se interrumpa el funcionamiento de uno o más de los sistemas de justicia digital que dependan (sic) la autoridad jurisdiccional y que hacen posible los procedimientos en línea, hagan inviable el cumplimiento de los plazos establecidos en la ley, las partes deberán dar aviso a la autoridad jurisdiccional correspondiente en la misma promoción sujeta a término, quien pedirá un reporte al titular de la unidad administrativa del Juzgado o Tribunal responsable de la administración del sistema o plataforma sobre la existencia de la interrupción del servicio.

El reporte que determine que existió interrupción en el sistema o plataforma deberá señalar la causa y el tiempo de dicha interrupción, indicando la fecha y hora de inicio y término de la misma. Los plazos se suspenderán únicamente por el tiempo que haya durado la interrupción del sistema de justicia digital afectado. Para tal efecto, el Juzgado o la Sala hará constar esta situación mediante acuerdo en el expediente electrónico y, considerando el tiempo de la interrupción, realizará el computo correspondiente, para determinar si hubo o no incumplimiento de los plazos legales.

Artículo 967. Las fallas que pueda sufrir la computadora, dispositivo, el equipo o la conexión a internet de las partes, interesados o sus representantes legales, de ninguna forma interrumpirán los plazos establecidos en este Código Nacional.

SECCIÓN SEGUNDA
DE LA SEGURIDAD DE LA INFORMACIÓN

Artículo 968. Seguridad de la información es el principio consistente en que todo procedimiento en línea, promoción electrónica, audiencia virtual, diligencia virtual, videoconferencia, y en general, toda actuación y documentación que forme parte de procedimientos en línea, se lleve a cabo protegiendo la información y los sistemas de información contra el acceso, uso, divulgación, interrupción, modificación o destrucción no autorizados a fin de proporcionar confidencialidad, integridad y disponibilidad, mientras dichos atributos no se contrapongan con la naturaleza o características de determinado procedimiento, audiencia o actuación judicial.

Artículo 969. Las autoridades jurisdiccionales tienen la principal responsabilidad de proteger la información, los documentos y las comunicaciones que se lleven a través de medios electrónicos, así como los sistemas que contengan dicha información, incluyendo las audiencias y diligencias virtuales.

Lo anterior no exime a las partes interesadas y usuarios de sistemas de justicia digital de tomar sus propias medidas y precauciones para mantener la seguridad de la información que se envíe, intercambie y gestione a través de dichos sistemas.

Artículo 970. La autoridad jurisdiccional advertirá a todas las personas que intervengan en un procedimiento en línea, de la naturaleza confidencial o pública de las audiencias y diligencias virtuales.

Artículo 971. Las partes, los auxiliares en la administración de justicia, sus representantes y cualquier otra persona que intervenga en un procedimiento en línea, deberán acatar toda instrucción, orden u obligación en materia de seguridad de la información, privacidad y protección de datos personales, que provenga de la autoridad jurisdiccional, de este Código Nacional, de la legislación federal aplicable o de los Lineamientos que emita el Consejo de la Judicatura respectivo.

Artículo 972. Son acciones básicas que debe adoptar la autoridad jurisdiccional para darle seguridad al expediente electrónico, así como a los procedimientos en línea, y todos los sistemas de justicia digital:

I. Adoptar e implementar políticas, programas o soluciones informáticas que detecten, prevengan, mitiguen y eliminen amenazas, riesgos e incidentes cibernéticos;

II. Verificar la vigencia de los certificados digitales de las firmas electrónicas avanzadas;

III. Verificar el adecuado funcionamiento de los programas o plataformas electrónicas que posibiliten las audiencias virtuales, así como las videoconferencias;

IV. Usar comunicaciones electrónicas protegidas por algún mecanismo de seguridad como el cifrado;

V. Corroborar que los enlaces y documentos electrónicos o mensajes de datos que se adjunten en correos o comunicaciones electrónicas estén libres de virus y código malicioso, y en caso contrario, aplicar los mecanismos necesarios para eliminar o corregir cualquier amenaza cibernética detectada;

VI. Comprobar la integridad, accesibilidad, formato y contenido de los documentos digitalizados, archivos electrónicos o mensajes de datos que formen parte de los expedientes judiciales, las actuaciones, las audiencias y las diligencias virtuales;

VII. Corroborar fehacientemente la identidad de las partes y otras personas intervinientes en un procedimiento en línea;

VIII. Aplicar soluciones o mecanismos tecnológicos que aseguren la conservación, integridad y disponibilidad de todas las resoluciones judiciales e información que contenga el expediente electrónico, y

IX. Mantener respaldos seguros de toda la información que contengan los expedientes electrónicos.

El Consejo de la Judicatura respectivo emitirá Lineamientos de Seguridad de la Información, y todos aquellos que considere pertinentes para dotar de seguridad jurídica y tecnológica a los procedimientos en línea.

Artículo 973. No se deberán usar los documentos, sellos y firmas electrónicas para fines indebidos, por lo que ante ello se dará vista a los interesados para que realicen las gestiones pertinentes ante los órganos administrativos o autoridades correspondientes.

LIBRO NOVENO
DE LA SENTENCIA, VÍA DE APREMIO Y SU EJECUCIÓN

TÍTULO ÚNICO
DE LA EJECUCIÓN DE LA SENTENCIA

CAPÍTULO I
DE LA SENTENCIA EJECUTORIADA Y COSA JUZGADA

Artículo 974. Se considera cosa juzgada la sentencia que ha causado ejecutoria, el convenio emanado de cualquier procedimiento judicial, el celebrado en el procedimiento de mediación en el Centro de Justicia Alternativa correspondiente en las Entidades Federativas, así como el que resulte de la mediación comunitaria, y en los demás casos que la ley prevea.

Artículo 975. Causan ejecutoria por ministerio de Ley:

I. Las sentencias de segunda instancia;

II. Las que resuelvan una queja;

III. Las que resuelven una competencia;

IV. Las demás que se declaran irrevocables por prevención expresa de la Ley;

V. Las que no puedan ser recurridas por ningún medio ordinario, y

VI. Los convenios de mediación, conciliación o transacción emanados de los mecanismos alternativos para la solución de controversias realizados antes del inicio de un procedimiento jurisdiccional o durante el desarrollo de éste, sin necesidad de ser ratificados ante la autoridad jurisdiccional, los que tendrán la categoría de cosa juzgada o en su caso de sentencia ejecutoriada de conformidad con sus propias leyes.

Artículo 976. Las sentencias definitivas o interlocutorias respecto de prestaciones futuras y de los juicios que por su naturaleza así proceda, serán declaradas firmes, en virtud de que sólo tendrán autoridad de cosa juzgada, mientras no se alteren o cambien las circunstancias que afecten el ejercicio de la acción que se dedujo en el juicio principal y sólo podrán ser modificadas mediante juicio posterior.

Artículo 977. Causan ejecutoria por declaración judicial:

I. Las sentencias y resoluciones judiciales consentidas expresamente por las partes o por su persona representante autorizada con poder o cláusula especial;

II. Las sentencias de que hecha notificación en forma, no se interponga recurso en el término señalado por la Ley, y

III. Las sentencias contra las que se interpuso recurso, pero no se continuó en forma y términos legales, operando la caducidad de la segunda instancia; o cuando el recurso se declare improcedente, se deseche o se desista de éste, la parte o su persona representante autorizada con poder o cláusula especial.

Artículo 978. En los casos a que se refiere la fracción I del artículo anterior, la autoridad jurisdiccional de oficio hará la declaración correspondiente.

En el caso de la fracción II, la declaración se hará de oficio o a petición de parte, previa la certificación correspondiente de la persona secretaria judicial.

En los supuestos de la fracción III, la declaración se hará de oficio o a petición de parte, por la autoridad jurisdiccional que corresponda.

Artículo 979. El auto en que se declara que una sentencia o resolución judicial ha causado o no ejecutoria, no admite ningún recurso.

CAPÍTULO II
DE LA VÍA DE APREMIO Y EJECUCIÓN DE SENTENCIA

Artículo 980. En la vía de apremio y los procedimientos de ejecución de sentencia o convenio, además de los principios previstos por este Código Nacional, serán aplicables los siguientes:

I. Cumplimiento voluntario. La autoridad jurisdiccional privilegiará y dará prioridad al cumplimiento voluntario de la sentencia de la resolución a través de los mecanismos autorizados en el presente Código Nacional y los que considere pertinentes, dejando como última alternativa la ejecución forzosa;

II. Ejecución con óptica de derechos humanos. Debe garantizarse la ejecución pronta y expedita de la sentencia definitiva o convenio judicial en estricto respeto a los derechos humanos de la parte ejecutante y ejecutada;

III. Idoneidad, razonabilidad y proporcionalidad. La autoridad jurisdiccional deberá interpretar armónicamente las disposiciones para la ejecución de sentencias en relación con los puntos resolutivos de la sentencia definitiva, procurará tener siempre un enfoque de los derechos humanos de la persona ejecutante y ejecutada;

IV. Celeridad. La ejecución de sentencia o convenio judicial, privilegiará el cumplimiento sobre la formalidad, siempre y cuando se garantice la igualdad, seguridad y la tutela jurisdiccional efectiva de las personas ejecutantes, ejecutadas y terceros relacionados con los últimos, y

V. Buena fe y lealtad procesal. Es responsabilidad de las partes, ejecutante y ejecutada, cumplir y lograr la ejecución de la sentencia o convenio judicial, por lo que su participación debe entenderse en el sentido de cumplir con la vigilancia y postulación del procedimiento, así como garantizar el cumplimiento de la misma con dignidad para todas las personas, sin dilación en la impartición de justicia.

Artículo 981. En el procedimiento de ejecución de sentencia, de las resoluciones judiciales o la tramitación de cualquier incidente relacionado con las mismas, no se requerirá notificación personal, salvo que la ejecución se solicite después de tres meses que la sentencia definitiva o convenio judicial cause ejecutoria o se trate del emplazamiento de una tercería. Lo anterior, salvo la materia familiar, en la que la autoridad jurisdiccional proveerá lo necesario en relación con las notificaciones personales en dichos supuestos.

Las tercerías en etapa de ejecución de sentencia y aquellos que la autoridad jurisdiccional estime necesario, se notificarán personalmente a las partes, a través del correo electrónico que hayan designado en autos, o en su defecto, por cualquier medio de comunicación judicial de los previstos en el presente Código Nacional.

Artículo 982. Procede la vía de apremio a instancia de parte, siempre que se trate de la ejecución de una sentencia o de un convenio celebrado en juicio o en virtud de pacto comisorio expreso que obre en escritura pública, ya sea por las partes o por terceros que hayan venido a juicio.

Esta disposición será aplicable en la ejecución de convenios celebrados ante la Procuraduría Federal del Consumidor, la Procuraduría Social y las Instituciones homólogas de la Entidad Federativa de que se trate con las atribuciones respectivas, así como los laudos emitidos por dichas Instituciones.

La ejecución de convenios emanados del procedimiento de mediación ante los Centros de Justicia Alternativa, de Mediación Comunitaria, Estatales o Municipales, los realizados a través de Mediadores Públicos o Privados certificados, que cumplan previamente con los requisitos previstos en la Ley de cada Entidad Federativa, los celebrados ante los Juzgados Cívicos o sus homólogos tratándose de daños culposos causados con motivo de tránsito de vehículos.

Artículo 983. La ejecución de sentencias definitivas que hayan causado ejecutoria, se hará por la autoridad jurisdiccional que conoció del procedimiento en la primera instancia o por aquella que la Ley Orgánica respectiva determine.

La ejecución de las resoluciones firmes que resuelvan un incidente queda a cargo de la autoridad jurisdiccional que conozca del principal, según corresponda.

La ejecución de los convenios celebrados en juicio se hará por la autoridad jurisdiccional que conozca del asunto en que tuvieron lugar; pero no procede en la vía de apremio, si no consta judicialmente en autos.

Las sentencias pronunciadas sobre derechos reales e inmuebles en una Entidad Federativa serán ejecutadas en las demás y por la Federación por la autoridad jurisdiccional facultada para ello de conformidad con las leyes del lugar de la ejecución.

Artículo 984. Las transacciones o los convenios que se celebren en segunda instancia, serán ejecutados por la autoridad jurisdiccional que resolvió en la primera instancia, debiendo la autoridad jurisdiccional de segunda instancia enviar los autos y copia certificada del convenio respectivo dentro de los tres días siguientes a que se celebró y aprobó.

Artículo 985. La sentencia ejecutoriada que pronuncie la autoridad jurisdiccional de segunda instancia no requerirá notificación personal alguna a las partes.

Artículo 986. La ejecución de las sentencias arbitrales, los laudos, los convenios de mediación o transacción extrajudiciales y los celebrados ante las autoridades administrativas correspondientes, se hará por la autoridad jurisdiccional designada por las partes o, en su defecto, por la del lugar del procedimiento o la de la ubicación de los bienes objeto de ejecución a elección de la parte ejecutante.

Artículo 987. La ejecución de las sentencias y convenios en la vía ejecutiva, se efectuará conforme a las reglas generales del juicio ejecutivo civil oral por la autoridad jurisdiccional que resolvió el asunto.

Artículo 988. Las sentencias definitivas, interlocutorias y los convenios judiciales deberán señalar un plazo razonable para su cumplimiento; en caso de ausencia de dicho plazo, la persona ejecutada contará con el término improrrogable de diez días, una vez que la resolución judicial de que se trate quede firme, mismo que correrá a partir del día siguiente en que surta efectos su notificación.

Artículo 989. Una vez que la sentencia definitiva, sentencia interlocutoria ejecutoriada o convenio judicial, se encuentre firme, y transcurrido el plazo concedido para su cumplimiento voluntario, sin que éste se haya realizado, la parte que pretenda ejecutar, podrá solicitar a la autoridad jurisdiccional, la celebración de la audiencia de cumplimiento. Admitida la solicitud, se señalará fecha y hora para su celebración dentro de los siguientes diez días.

En los demás casos que proceda la vía de apremio será siempre a instancia de parte interesada el inicio del procedimiento. En estos casos deberá notificarse personalmente a las partes involucradas el inicio del procedimiento y los demás casos que la autoridad jurisdiccional lo considere necesario.

Artículo 990. En materia familiar, sólo en aquellos casos que dadas las especiales particularidades de los efectos de la sentencia ejecutoriada y cuando la autoridad jurisdiccional considere viable la celebración de la audiencia de cumplimiento, se ordenará la misma. En los demás casos, transcurrido el plazo para su cumplimiento voluntario, se procederá a su inmediata ejecución forzosa, sin necesidad de notificación personal a las partes, salvo que la autoridad jurisdiccional así lo decrete.

Artículo 991. Tratándose de prestaciones económicas sin cuantificar, en la audiencia de cumplimiento las partes podrán realizar adicionalmente las propuestas para efecto de su liquidación; quienes además podrán acordar el plazo, forma y modo para su cumplimiento.

Cuando las partes no alcancen un acuerdo sobre la forma, plazo, cuantía o modo de cumplimiento de la sentencia ejecutoriada, se dará por concluida la etapa, y, sin mayor trámite, la autoridad jurisdiccional procederá a ordenar la ejecución forzosa de la sentencia de la que se trate, dictando auto de mandamiento en forma.

Artículo 992. La ejecución de una sentencia definitiva, interlocutoria o convenio judicial podrá iniciarse en la misma audiencia de juicio, concluida la explicación del fallo, siempre que haya comparecido la parte que resultó vencida y se conforme con la misma. La persona ejecutada en ese mismo acto podrá proponer un acuerdo de cumplimiento a la persona que venció, sin que este acuerdo, pueda alterar, modificar o novar el fondo de los puntos resolutivos de la sentencia, salvo en los asuntos del orden familiar y la autoridad jurisdiccional así lo apruebe.

Artículo 993. Cuando se pida la ejecución de una sentencia ejecutoriada, la autoridad jurisdiccional señalará fecha única e indiferible en el plazo de diez días para la celebración de la audiencia de cumplimiento que contará con las siguientes etapas:

I. La etapa de cumplimiento voluntario, y

II. La etapa de ejecución forzosa.

La audiencia se desarrollará de acuerdo a las siguientes reglas:

I. Declarada la apertura de la audiencia de cumplimiento de sentencia ejecutoriada, se iniciará con los acuerdos sobre el cumplimiento voluntario de la sentencia. El funcionario judicial que asista a la autoridad jurisdiccional, identificará a las partes y les tomará la protesta de ley. Seguidamente dará lectura a los puntos resolutivos de la sentencia ejecutoriada de que se trate. En caso de hacerse constar la incomparecencia de la parte demandada desde el inicio de la audiencia, se decretará precluidos sus derechos y se iniciará de inmediato la ejecución forzosa de la sentencia;

II. Agotada la lectura a que se refiere la fracción anterior, la persona ejecutada propondrá a la persona ejecutante una propuesta de cumplimiento voluntario de la sentencia. Enseguida, la persona ejecutante manifestará su conformidad, o bien, propondrá a la persona ejecutada una nueva contra propuesta, quien manifestará la conformidad o no con la misma. Las partes podrán hacer cuantas propuestas y contra propuestas que consideren oportunas con el objeto de llegar a un acuerdo de cumplimiento y siempre que no entrañen dilaciones procesales a consideración de cualquiera de las partes o de la autoridad jurisdiccional;

III. De llegar a un acuerdo sobre el cumplimiento voluntario, la autoridad jurisdiccional, verificará que sea conforme a derecho, respetando los derechos humanos de todos los participantes y que el mismo no provoque o modifique de manera sustancial el fallo que se ejecuta, salvo en materia familiar;

IV. De no llegarse a un acuerdo entre las partes en esta audiencia, se declarará cerrada la etapa de cumplimiento voluntario y, sin mayor trámite se procederá a la apertura de la etapa de ejecución forzosa de la sentencia, procediendo el órgano jurisdiccional a pronunciar auto de mandamiento en forma en contra del ejecutado;

V. Asimismo, en el caso de que existan prestaciones económicas por cuantificar o liquidar o alguna otra condición que no haya hecho exigible la prestación condenada desde la sentencia, las partes podrán llevar sus propuestas de cuantificación para que consensen acuerdo al respecto.

Cuando no se logre ningún acuerdo, en esta etapa, se dará por concluida la etapa de cumplimiento voluntario y se iniciará la ejecución forzosa de la sentencia ejecutoriada, procediendo el órgano jurisdiccional a pronunciar auto de mandamiento en forma en contra del ejecutado por las prestaciones liquidas y se dejarán a salvo los derechos de las partes para que en la vía y forma cuantifiquen las prestaciones pendientes;

VI. En la etapa de ejecución forzada de la sentencia, las partes podrán igualmente intentar llegar a acuerdos sobre la forma de fijar el valor de los bienes en caso de remate, designación de perito único, forma de desocupación, compensaciones y el perdón o quita de algunas prestaciones económicas condenadas, para facilitar la pronta ejecución, los que en su caso serán aprobados por la autoridad jurisdiccional.

De encontrarse el ejecutado o no llegar a algún acuerdo las partes, se emitirá únicamente auto de mandamiento en forma en contra del ejecutado;

VII. Abierta la etapa de ejecución forzada de la sentencia, las partes podrán hacer valer en forma oral, el incidente de liquidación de aquellas prestaciones que la sentencia no tenga cuantificadas de conformidad con las reglas previstas en este Código Nacional.

De no estar presente alguna de las partes, el incidente de liquidación siempre se deberá presentar por escrito, observando las disposiciones aplicables en materia de incidentes previstas en el presente Código Nacional, y

VIII. En la audiencia de cumplimiento no serán admisibles promociones o peticiones por escrito, y las resoluciones judiciales no serán impugnables, salvo que el presente Código Nacional disponga lo contrario.

Artículo 994. Transcurrido el plazo para el cumplimiento voluntario y dictado el auto de mandamiento en forma, si la sentencia condenare al pago de cantidad líquida, se procederá siempre, y sin necesidad de previo requerimiento personal a la persona condenada, se procederá al embargo de bienes en los términos previstos en el presente Código Nacional.

El embargo de bienes, en ejecución de sentencia, sólo puede tener lugar para garantizar el pago de las prestaciones condenadas, así como el pago de daños y perjuicios.

En el caso de procedimientos emplazados por edictos y el ejecutado se encuentre en rebeldía, el embargo se trabará en la sede del órgano jurisdiccional que resultó competente para el trámite y resolución del asunto, debiendo notificarse dicho acto procesal mediante edictos, que se publicarán por una única ocasión en el medio que determine la autoridad jurisdiccional, con los apercibimientos respectivos.

Iniciada la ejecución forzosa de la sentencia ejecutoriada, los actos que requieran notificación personal del ejecutado, se efectuarán en el correo electrónico designado para tal efecto, a falta de correo electrónico o domicilio para oír y recibir notificaciones, le surtirán efectos las mismas, mediante su publicación en el medio de comunicación judicial que ordene la autoridad jurisdiccional.

Artículo 995. Transcurrido el plazo otorgado en el acuerdo respectivo para el cumplimiento de la sentencia, sin haberse cumplido, se procederá al embargo de cantidad cierta y determinada.

En todo caso en que, para despachar ejecución, sea necesario practicar previamente una liquidación de la sentencia, se efectuará ésta por el procedimiento incidental.

Artículo 996. Si los bienes embargados fueren dinero, sueldos, pensiones o créditos realizables en el acto, como efectos de comercio o acciones de compañías que se coticen en la Bolsa Mexicana de Valores, se hará el pago a la persona acreedora inmediatamente después del embargo. Los efectos de comercio y acciones, bonos o títulos de pronta realización, se mandarán vender por conducto de Corredor Público o por la Institución autorizada, a costa de la persona obligada.

Cuando la persona deudora consignare la cantidad reclamada, se suspenderá el embargo y la cantidad se consignará mediante billete de depósito. Si la cantidad consignada no fuere suficiente para cubrir la deuda principal y demás condenas accesorias, se practicará el embargo por lo que falte.

Artículo 997. Si los bienes embargados precautoriamente no estuvieren valuados anteriormente o no se define en audiencia de cumplimiento su valor por acuerdo de ambas partes, se ordenará el avalúo y en su caso, la venta en almoneda pública, en los términos previstos por este Código Nacional.

Sin perjuicio por lo dispuesto en las normas fiscales, no se requiere avalúo cuando el precio conste en instrumento público o se haya fijado por consentimiento de las personas interesadas o se determine por otros medios el precio de los bienes, según las estipulaciones del contrato base de la controversia, a menos que en el curso del tiempo o por mejoras, hubiere variado el precio; el que se fijará sobre el valor objetivo y razonable del mismo, por la autoridad jurisdiccional a través de un único perito valuador.

Cuando la persona ejecutada no hubiere hecho el nombramiento en ejecución de sentencia de perito valuador, se realizará el mismo a través del perito designado por la autoridad jurisdiccional, dentro de aquellos que se encuentren autorizados por el Poder Judicial que corresponda, a costa de la parte ejecutada.

Artículo 998. Del precio del remate, se pagará a la persona ejecutante el importe de su crédito y se cubrirán los gastos de ejecución que hayan sido probados.

Artículo 999. Si la sentencia contuviere condena al pago de cantidad líquida y de otra ilíquida, podrá hacerse efectiva la primera, sin esperar a que se liquide la segunda.

Artículo 1000. Si la sentencia no contiene cantidad líquida, cualquiera de las partes podrá cuantificarla por escrito o en forma oral al promover su liquidación. Si se promueve fuera de la audiencia, se dará un plazo de tres días para que se conteste el incidente, señalándose fecha para audiencia de cumplimiento en cuanto las pruebas admitidas estén preparadas, misma en la que se resolverá. Esta resolución será apelable en el efecto devolutivo.

En el caso de que para la cuantificación se requiera de alguna pericial se ofrecerá en el momento de que se promueva o conteste, la que seguirá el trámite de ofrecimiento, preparación y desahogo en los términos previstos en el presente Código Nacional.

Artículo 1001. Cuando la sentencia hubiere condenado al pago de daños y perjuicios sin fijar su importe en cantidad líquida, habiéndose establecido o no en aquélla las bases para la liquidación, la persona que haya obtenido a su favor el fallo, presentará con la solicitud oral o escrita, en relación de los daños y perjuicios y de su importe, observándose lo dispuesto en este Código Nacional.

Lo mismo se practicará cuando la cantidad ilíquida proceda de frutos, rentas o productos de cualquier clase.

Artículo 1002. Si la sentencia condena a la ejecución de un hecho o prestación de algún bien, la autoridad jurisdiccional señalará al que fue condenado a un plazo prudente para el cumplimiento. Si pasado el plazo el obligado no cumpliere, se observarán las reglas siguientes, dentro o fuera de audiencia de cumplimiento en ejecución de sentencia:

I. Si el hecho fuere personal del obligado y no pudiere prestarse por otro, el ejecutante podrá reclamar el pago de daños y perjuicios a juicio de peritos, salvo que se hubiera condenado al pago de alguna pena, caso en el cuál por ésta, se despachará ejecución;

II. Si el hecho pudiere prestarse por otro, la autoridad jurisdiccional nombrará a la persona o personas que lo ejecuten a costa del obligado en el término que le fije. La persona nombrada podrá solicitar, antes de realizar los trabajos, se le asegure el importe fijado por acuerdo entre ellos, o en su defecto, a juicio de perito oficial, pidiendo de ser necesario se despache auto de ejecución para tal efecto, y

III. Si el hecho consiste en el otorgamiento de algún instrumento o la celebración de un acto jurídico, la autoridad jurisdiccional lo ejecutará por el obligado, expresándose en el documento que se otorgó en rebeldía.

En el caso de que el documento consista en una escritura pública, se pondrán los autos a disposición de la Notaria o el Notario Público que designe la parte en cuyo favor se dictó la sentencia y mediante notificación que surta sus efectos a través de la publicación en el medio de comunicación judicial oficial, se hará del conocimiento de la parte condenada, su deber de comparecer ante la Notaría, a cumplir con su obligación de firmar la escritura que se elabore en estricto cumplimiento a la sentencia condenatoria, lo que deberá hacer dentro del término de cinco días a partir de que la Notaria o el Notario Público le informe que está listo el proyecto respectivo, apercibido que de no hacerlo lo hará la autoridad jurisdiccional en su rebeldía.

Artículo 1003. En el instrumento público, que se otorgue conforme a lo señalado en el artículo anterior, se hará constar que se otorga en ejecución de la sentencia emitida en juicio.

Las actuaciones judiciales que deberán relacionarse, insertarse o agregarse en copias certificadas, al apéndice en la escritura serán, al menos las siguientes:

I. Las cláusulas del contrato que se formaliza o acto jurídico del que emana dicha obligación;

II. La demanda, el emplazamiento y su contestación o la declaración de rebeldía;

III. La sentencia que haya resuelto el fondo del asunto y, en su caso, del auto que la declara firme o del convenio judicial y el auto de aprobación que lo eleve a categoría de sentencia ejecutoriada;

IV. El proveído que ordene poner a disposición de la Notaria o Notario Público los autos para el otorgamiento de escritura respectiva en el cual consta, además, la notificación a las partes de dicho hecho, y

V. El auto de la autoridad jurisdiccional por el que, al no haber comparecido a la firma correspondiente, se otorga la escritura sin su comparecencia.

La Notaria o el Notario Público, una vez que se haya otorgado el instrumento deberá informar a la autoridad jurisdiccional, el número, libro y fecha que corresponda al mismo y, en su caso, devolverá el expediente puesto a su disposición. En caso de requerimiento, la Notaria o el Notario Público, informará de la situación que guarda el expediente que le haya sido turnado.

La autoridad jurisdiccional contará con un plazo máximo de diez días hábiles para emitir mediante proveído las observaciones que estime pertinentes. En caso de requerimiento, la Notaria o el Notario Público, contará con el mismo plazo para su atención.

De no existir observaciones o una vez realizadas las indicadas, la autoridad jurisdiccional firmará la escritura en rebeldía de la parte condenada.

Las resoluciones judiciales que se emitan con relación a las actuaciones que se deben insertar en la escritura y sus aclaraciones, serán irrecurribles.

Artículo 1004. Si la parte ejecutante optare, en cualquiera de los casos enumerados en el artículo anterior, por el resarcimiento de daños y perjuicios, se procederá a embargar bienes de la persona deudora por la cantidad que aquella señale y que la autoridad jurisdiccional podrá moderar prudentemente, sin perjuicio de que la persona deudora reclame sobre el monto.

Esta reclamación se substanciará como el incidente de liquidación de sentencia, misma que será susceptible de apelación.

Artículo 1005. Cuando se trate de sentencia que condene a no hacer, su ejecución consistirá en notificar, al sentenciado, que a partir del cumplimiento del término que en ella misma se señale, o del que, en su defecto, le fije la autoridad jurisdiccional prudentemente, se abstenga de hacer lo que se le prohíba. Lo mismo se observará cuando la obligación de no hacer constare en cualquier otro título que motive ejecución.

Artículo 1006. Tratándose de arrendamiento, en caso de que el arrendatario, en la contestación de la demanda, confiese o se allane a la misma, siempre y cuando esté y se mantenga al corriente en el pago de las rentas, la autoridad jurisdiccional concederá un plazo de tres meses, fijado prudentemente, para la desocupación del inmueble. Cuando la demanda se funde exclusivamente en el pago de rentas este beneficio será de tres meses, siempre y cuando exhiba las rentas adeudadas y se mantenga al corriente en el pago de las mismas. Estos plazos podrán modificarse por acuerdo de ambas partes en la audiencia de cumplimiento.

Artículo 1007. En cualquier otro caso en que se despache ejecución, mandará la autoridad jurisdiccional que se requiera a la persona deudora, para que, en el acto de la diligencia, cubra las prestaciones reclamadas y que, en caso de no hacerlo, si no hubiere bienes embargados afectos al cumplimiento de la obligación, o los que hubiere no fuesen suficientes, se le embarguen los que basten para satisfacer la reclamación.

En el mismo auto a que se refiere el párrafo anterior, se mandará prevenir a las partes que, dentro de tres días, nombre cada una un perito valuador o en su caso, un perito único designado por la autoridad jurisdiccional.

Artículo 1008. Cuando la ejecución tenga por objeto bienes determinados, y, al tratar de llevarse a efecto, resultare que ya no existe, que el deudor la ha ocultado o simplemente no aparece, el ejecutante puede reclamar su valor, intereses y daños y perjuicios, por las cantidades que específicamente fije, y por ellas se despachará ejecución, substanciándose la oposición, en su caso, por el procedimiento incidental, cuya resolución será apelable en el efecto devolutivo.

Artículo 1009. Si el o los bienes se hallan en poder de un tercero, la ejecución no podrá despacharse en su contra, sino en los casos siguientes:

I. Cuando la ejecución se funde en acción real, y

II. Cuando judicialmente se haya declarado nula la enajenación por la que adquirió el tercero.

Artículo 1010. Cuando, en una ejecución, se afecten intereses de terceros que no tengan, con el ejecutante o el ejecutado, alguna controversia que pueda influir sobre los intereses de éstos y en virtud de los cuales se ha ordenado la ejecución, tanto el ejecutante como el ejecutado son solidariamente responsables de los daños y perjuicios que con ella se causen al tercero, y la oposición de éste se resolverá por el procedimiento incidental.

Cuando se demuestre que sólo una de las partes ha sido responsable de la ejecución en bienes del tercero, cesa la solidaridad, condenando sólo al responsable.

Artículo 1011. Cuando la sentencia condene a rendir cuentas, la autoridad jurisdiccional señalará un término de cinco días a la persona obligada, para que se rindan, e indicará también a quién se deban de rendir.

Artículo 1012. La persona obligada, en el término que se le fije, y que no se prorrogará sino por una sola vez y por causa grave, rendirá su cuenta presentando los documentos que tenga en su poder y que la persona acreedora tenga en el suyo y que debe presentar poniéndolos a la disposición de la persona deudora en la secretaría de la autoridad jurisdiccional de que se trate.

Las cuentas deben de contener un preámbulo que contenga la exposición sucinta de los hechos que dieron lugar a la gestión y la resolución judicial que ordena la rendición de cuentas, la indicación de las sumas recibidas y gastadas y el balance de las entradas y salidas, acompañándose de los documentos justificativos, como recibos, comprobantes de gastos y demás.

Artículo 1013. Si la persona deudora presenta sus cuentas en el término señalado, quedarán éstas por tres días a la vista de las partes en el órgano jurisdiccional, y dentro del mismo tiempo presentarán sus objeciones, determinando las partidas no consentidas.

El incidente de impugnación de algunas partidas no impide que se despache ejecución a solicitud de parte, respecto de aquellas cantidades que confiese tener en su poder la persona deudora, sin perjuicio de que se substancien las oposiciones a las partidas objetadas.

Artículo 1014. Si la persona obligada no rindiere cuentas en el plazo que se le señaló, puede la persona acreedora pedir que se despache ejecución contra la persona deudora, si durante el juicio comprobó que ésta tuviera ingresos por la cantidad que estos importaron. La persona obligada puede contradecir el monto de la ejecución, substanciándose el incidente en la misma forma a que se refiere el artículo anterior.

En el mismo caso podrá la persona acreedora pedir a la autoridad jurisdiccional que, en lugar de ejecutar a la persona obligada, preste el hecho un tercero que la propia autoridad jurisdiccional nombre al efecto con cargo al deudor.

Artículo 1015. Cuando la sentencia condene a dividir un bien común y no presente las bases para ello, en la audiencia de cumplimiento se convocará al ejecutante y al ejecutado, para que en presencia judicial determinen las bases de la partición y si no se pusieren de acuerdo, la autoridad jurisdiccional designará a un perito en la materia y señalará a éste el término prudente para que presente el proyecto partitorio.

Presentado el plan de partición, quedará en la secretaría a la vista de los interesados por tres días hábiles para que formulen las objeciones dentro de ese mismo tiempo y de las que se correrá traslado al partidor, y se substanciarán en la misma forma de los incidentes de liquidación de sentencia. La autoridad jurisdiccional, al resolver oralmente, mandará hacer las adjudicaciones.

Artículo 1016. Si la sentencia condena a no hacer, su infracción se resolverá en el pago de daños y perjuicios a la persona actora, quien tendrá el derecho de señalarlos para que por ello se despache ejecución, sin perjuicio de la pena que señale en la sentencia o convenio judicial.

Artículo 1017. Cuando en virtud de la sentencia o de la determinación de la autoridad jurisdiccional deba entregarse algún bien mueble o inmueble, se procederá inmediatamente a poner en posesión de éste a la parte ejecutante o a la persona en quien se fincó el remate aprobado, practicando para este fin todas las diligencias conducentes que solicite la persona interesada.

Si el bien fuere mueble y pudiere ser habido, se le mandará entregar a la persona ejecutante o interesada, que indique la resolución. Si la persona obligada se resistiere, lo hará el actuario, notificador, ejecutor o su homólogo, quien podrá mandar romper las cerraduras y en los casos que se requiera emplear el uso de la fuerza pública.

En caso de no poderse entregar los bienes muebles señalados en la sentencia, se despachará la ejecución por la cantidad que señale la parte interesada y sin perjuicio de que se oponga la persona deudora en la vía incidental al monto señalado.

Igualmente, en los casos que la autoridad jurisdiccional ordene la legal intervención de instituciones de gobierno, éstas deberán brindar el auxilio necesario y sin dilaciones a los efectos de la realización del desalojo.

En la resolución judicial respectiva, se deberá ordenar que, en caso de uso de la fuerza pública, éste será el necesario, razonable y proporcional en la diligencia de desalojo. En la solicitud para la práctica de dicha diligencia, el ejecutante deberá solicitar la autorización judicial de aquellas personas que intervendrán en el desalojo, debiendo identificarlas de forma individual y quienes solo facilitarán el traslado de bienes muebles del interior al exterior del inmueble o mudanza respectiva.

El ejecutante y el ejecutado, serán responsables de los daños y perjuicios ocasionados con motivo de actos realizados por ellos u otras personas que intervengan en el desalojo legal, por actos de exceso y oposición al mismo.

La autoridad jurisdiccional desde que reciba la demanda e identifique la posibilidad de un desalojo legal, garantizará la igualdad de las partes y ordenará las medidas de protección, ajustes razonables, sistemas de apoyo, y demás determinaciones para el debido cumplimiento de la sentencia o convenio sin menoscabo de los derechos humanos de las partes.

La diligencia podrá ser videograbada por servidor público judicial que intervenga.

Artículo 1018. Cuando la sentencia ejecutoriada ordene la entrega de personas, la autoridad jurisdiccional dictará de inmediato los decretos para su debido cumplimiento, contra dicha resolución no procede recurso ordinario alguno.

Además de las medidas de apremio previstas en este Código Nacional, la autoridad jurisdiccional podrá dictar las siguientes:

I. Orden de búsqueda dentro del domicilio en el que se presuma se encuentra la persona que se pretenda restituir, que precise en su caso el rompimiento de cerraduras y el auxilio de la fuerza pública en estricto apego a los requisitos y formalidades previstas en la Constitución Política de los Estados Unidos Mexicanos y los tratados internacionales en la materia;

II. Retención de pasaporte de la persona que se busca, y

III. Solicitud de activación del Protocolo Nacional Alerta AMBER México, en su caso.

Artículo 1019. Todos los gastos y costas que se originen en la ejecución de una sentencia serán a cargo de la persona que fue condenada en ella.

Artículo 1020. La petición para exigir la ejecución de una sentencia, transacción o convenio judiciales podrá ser ejercitada dentro de los siguientes plazos:

I. Tres años en juicios ejecutivos orales, diversos especiales en materia civil y derivados de convenios de mediación y extrajudiciales referidos en este Código Nacional, salvo que la ley especial de donde surja el convenio prevea un plazo diverso;

II. Cinco años para los juicios ordinarios orales civiles;

III. Diez años para el resto de las sentencias dictadas en diversos juicios, incluida la materia familiar, y

IV. En los demás casos, en los plazos que el presente Código Nacional establezca.

Artículo 1021. Los términos fijados en el artículo anterior, se contarán desde la fecha de la sentencia o convenio, a no ser que en ellos se fije el plazo para el cumplimiento de la obligación, en cuyo caso el término se contará desde el día en que se venció el plazo o desde que pudo exigirse la última prestación vencida si se tratare de prestaciones periódicas.

Sólo la última resolución dictada en ejecución forzosa de una sentencia admitirá el recurso de apelación en el efecto devolutivo.

Artículo 1022. Contra la ejecución de las sentencias, convenios judiciales, extrajudiciales y de mediación que alcancen categoría de cosa juzgada, no se admitirá más excepción que la de pago, transacción, compensación, compromiso en árbitros, novación, la espera, la quita, y cualquier otro arreglo que modifique la obligación.

Todas estas excepciones, sin comprender la de falsedad, deberán ser posteriores a la sentencia, convenio o juicio, y constar por instrumento público o por documento privado judicialmente reconocido, o por confesión judicial en la audiencia de cumplimiento.

Estas excepciones se substanciarán en la audiencia de cumplimiento de sentencia, con suspensión de la ejecución únicamente cuando se sustente en la prueba documental antes señalada.

Artículo 1023. Todo lo que en este Capítulo se dispone respecto de la sentencia, comprende el pacto comisorio expreso, transacciones, convenios, laudos y aquellos que ponen fin a los juicios arbitrales, convenios judiciales y aquellos a que se refiere el artículo 471 de este Código Nacional.

CAPÍTULO III
DEL EMBARGO

Artículo 1024. En los casos que así proceda, en la audiencia de cumplimiento la autoridad jurisdiccional decretará oralmente o por escrito el auto de ejecución, el cual tendrá fuerza de mandamiento en forma, para el efecto de que se requiera a la persona deudora el cumplimiento de la obligación respectiva y no verificándolo en el acto, se proceda a embargar bienes suficientes a garantizar el importe de lo que se reclama.

Cuando la parte ejecutada no acuda a la audiencia de cumplimiento, el ejecutor judicial, en compañía del ejecutante, requerirá en el domicilio de la persona deudora el cumplimiento de la obligación y no verificándolo éste en el acto, se procederá a embargar bienes suficientes para cubrir las prestaciones condenadas en la sentencia ejecutoriada, o bien, las demandadas, si se tratare de juicio ejecutivo.

Si el demandado, en el acto del requerimiento, cumple la obligación, ya no se efectuará el embargo.

Artículo 1025. No es necesario el requerimiento de pago en la ejecución del embargo precautorio, ni en la ejecución de sentencias cuando no fuere hallado el ejecutado.

Cuando el embargo recaiga sobre bienes muebles, se podrá efectuar sobre aquellos que el ejecutor judicial tenga a la vista y sean susceptibles de plena identificación, especificando en el acta respectiva las características específicas de los mismos.

Para el caso de no tener a la vista los bienes, a petición del interesado, la autoridad jurisdiccional prestará auxilio para el perfeccionamiento del embargo.

Artículo 1026. Decretado el embargo, si la persona deudora no fuere encontrada en su domicilio, para hacerle el requerimiento de pago, se le dejará citatorio para que espere a hora fija del día siguiente hábil y si no espera, se practicará la diligencia con la persona que se encuentre en el mismo, o a falta de ésta, con el vecino inmediato.

Cuando se encontrare cerrado el domicilio, o se impidiere el acceso al mismo, el ejecutor judicial requerirá el auxilio de la fuerza pública, para hacer respetar la determinación judicial, y hará que, en su caso, sean rotas las cerraduras, para poder practicar el embargo de bienes que se hallen dentro de dicho domicilio.

No verificado el pago, sea que la diligencia se haya o no entendido con el ejecutado, se procederá al embargo de bienes, en el mismo domicilio del demandado o en el lugar en que se encuentren los bienes que han de embargarse.

Artículo 1027. Tratándose de juicio ejecutivo, si la persona deudora, no fuere encontrada en su domicilio por una vez, se le dejará citatorio para hora fija dentro de las veinticuatro horas siguientes y si no espera, se practicará la diligencia con cualquier persona que se encuentre en el domicilio.

Si no se supiere el paradero de la persona deudora, ni tuviere domicilio en el lugar, se hará el requerimiento por tres días consecutivos en el medio de comunicación judicial, se fijará la cédula en los lugares públicos de costumbre y surtirá sus efectos dentro de tres días, salvo el derecho de la persona actora para pedir providencia precautoria.

Verificado de cualquiera de los modos indicados el requerimiento, se procederá en seguida al embargo.

Artículo 1028. Para el caso que no se conociere el paradero de la persona deudora, una vez que se hayan llevado a cabo las diligencias a que se refiere el artículo 199 del presente Código Nacional, se hará la citación a través de la publicación en el medio de comunicación judicial por tres días consecutivos, el cual surtirá sus efectos dentro de tres días. Transcurridos los tres días el embargo se ejecutará, según el caso, en una audiencia especial ante la autoridad jurisdiccional respectiva.

En el caso que la persona ejecutada se encuentre en la audiencia de cumplimiento y la autoridad jurisdiccional ordene auto de mandamiento, en el acto se procederá al requerimiento del pago y en caso de negativa, se procederá al embargo de bienes que resulte procedente conforme a las reglas previstas en el presente Capítulo.

Artículo 1029. El derecho de designar los bienes que han de embargarse corresponde a la persona deudora; y sólo que ésta se rehúse a hacerlo o que esté ausente o desaparecido, deberá ejercerlo la persona actora o su representante legal con facultad expresa para ello, o bien manifestar que se reserva el derecho para hacerlo con posterioridad. El orden que debe guardarse para los embargos es el siguiente:

I. Los bienes consignados como garantía de la obligación que se reclama;

II. Dinero;

III. Créditos realizables en el acto;

IV. Alhajas;

V. Frutos y rentas de toda especie;

VI. Bienes muebles no comprendidos en las fracciones anteriores;

VII. Bienes inmuebles;

VIII. Créditos, y

IX. Sueldos o comisiones.

Artículo 1030. La designación de embargo sobre créditos o cuentas bancarias de la persona deudora sólo procede respecto de las que existen al momento de la ejecución, y bastará que se haga en forma genérica, para que se trabe el embargo y se perfeccione posteriormente por la parte a cuyo favor se haga la ejecución, con el auxilio judicial acerca de informes que rindan terceros, quienes estarán en todo caso obligados a proporcionar los números de cuenta o crédito que permitan su identificación.

En el caso de que el ejecutante se reserve el derecho a señalar bienes, no será motivo para dar nueva oportunidad al ejecutado de señalar.

Cualquier dificultad suscitada en la diligencia no impedirá el embargo; el ejecutor judicial la allanará prudentemente, a reserva de lo que determine la autoridad jurisdiccional.

En caso de que se pretenda ejecutar deudas de carácter alimentario, la prelación establecida en el artículo 819 del presente Código Nacional no será necesaria.

Artículo 1031. La persona ejecutante puede señalar los bienes que han de ser objeto de embargo, sin sujetarse al orden establecido por el artículo anterior:

I. Si para hacerlo estuviere autorizado por la persona obligada en virtud de convenio expreso;

II. Si los bienes que señala la persona demandada no fueron bastantes o si no se sujeta al orden establecido, o

III. Si los bienes estuvieren en diversos lugares. Pudiendo señalar los que se hallen en el lugar del juicio.

Artículo 1032. El embargo sólo procede y subsiste en cuanto a los bienes que fueron objeto de él, basten para cubrir lo condenado en la resolución judicial de que se trate la suerte principal, intereses, costas, gastos y daños y perjuicios, en su caso, incluyéndose los nuevos vencimientos y réditos hasta la conclusión del procedimiento.

Artículo 1033. Cuando practicado el remate de los bienes consignados en garantía, no alcanzare su producto para cubrir la reclamación, la persona acreedora puede pedir el embargo de otros bienes.

Artículo 1034. Podrá pedirse la ampliación de embargo:

I. En cualquier caso, en que, a juicio de la autoridad jurisdiccional, no basten los bienes embargados para cubrir lo condenado en la resolución judicial de que se trate;

II. Si el bien mueble embargado que se sacó a remate dejare de cubrir el importe de lo reclamado a consecuencia de las retasas que sufriere o si transcurrido seis meses de la remisión, no se hubiere obtenido su venta;

III. Cuando no se embarguen bienes suficientes por no tenerlos la persona deudora y después aparezcan o los adquiera;

IV. En los casos que se promueva una tercería, conforme a lo dispuesto en este Código Nacional, y

V. En los casos en los que después de emplazarse a todas las personas demandadas, transcurran seis meses sin que haya resuelto en definitiva el juicio debido a medios de defensa promovidos por el presunto ejecutado.

Artículo 1035. La ampliación del embargo se seguirá sin suspensión de la sección de ejecución.

Artículo 1036. De todo embargo se tendrá como persona depositaria o interventor, según la naturaleza de los bienes que sean objeto de éste, a la persona o institución, que bajo su responsabilidad nombre la persona acreedora, pudiendo ser ella misma o la persona deudora, mediante formal inventario.

En dichos casos la persona deberá identificarse, señalar domicilio para la guarda y custodia de los bienes dentro de la competencia territorial de la autoridad jurisdiccional, así como protestar y aceptar el cargo en la diligencia respectiva; requisitos sin los cuales no se le tendrá por designado.

El depositario o interventor recibirán los bienes bajo inventario formal, previa aceptación y protesta de desempeñar el cargo. De igual manera, responderán de los daños y perjuicios que pudieran causarse por su negligencia o mala fe, con motivo del depósito o por el incumplimiento de cualquier mandato que determine sobre el destino de los bienes secuestrados.

Se exceptúan de lo dispuesto en este precepto:

I. El embargo de dinero o de créditos fácilmente realizables que se efectúa en virtud de sentencia, porque entonces se hace entrega inmediata a la persona actora en pago; en cualquier otro caso, el depósito se hará en billete o certificado respectivo que se conservará en el seguro del juzgado;

II. El embargo de bienes que han sido objeto de embargo judicial anterior, en cuyo caso este depositario lo será respecto de todos los embargos subsecuentes mientras subsista el primero, a no ser que el reembargo sea por virtud de juicio hipotecario, derecho de prenda u otro privilegio real; porque entonces éste prevalecerá si el crédito de que procede es de fecha anterior al primer embargo, y

III. El embargo de alhajas, obras de arte y demás bienes muebles o inmuebles preciosos que se hará depositándolos en el Monte de Piedad o Institución designada para ello, a costa de la persona deudora.

Artículo 1037. Cuando se justifique que los bienes que se trate de embargar están sujetos a depósito o intervención con motivo de embargo judicial anterior, en caso de reembargo no se nombrará nuevo depositario o interventor, sino que el nombrado con anterioridad lo será para todos los reembargos subsecuentes, mientras subsista el primer embargo, y se pondrá en conocimiento de las autoridades jurisdiccionales que ordenaron los anteriores aseguramientos.

Cuando se remueva al depositario, se comunicará el nuevo nombramiento a las autoridades jurisdiccionales que practicaron los ulteriores embargos, para que procedan conforme a derecho.

Artículo 1038. Cuando por cualquier motivo, quede insubsistente el primer embargo, la autoridad jurisdiccional que lo haya dictado lo comunicará así al que le siga en orden, para que, ante él, se haga el nombramiento de nuevo depositario; pero la autoridad jurisdiccional que dictó dicho primer embargo no cancelará, por esta razón, las garantías otorgadas, hasta que apruebe la gestión del depositario que nombró, y lo declare libre de toda responsabilidad, y hasta que el que le siga en orden le comunique que ante él se otorgaron las que exige la ley. Además, deberá estar concluida toda cuestión relativa a la entrega de los bienes al nuevo depositario.

La autoridad jurisdiccional cuyo embargo quede en primer término, lo comunicará, así a los ulteriores, con expresión de todos los requisitos que, ante ésta, llenó el nuevo depositario.

Artículo 1039. No son susceptibles de embargo:

I. Los bienes que constituyan el patrimonio de familia desde su inscripción en el Registro Público de la Propiedad, Oficina Registral o cualquier otra Institución Registral análoga según la Entidad Federativa de la que se trate, en los términos establecidos por el Código Civil;

II. El lecho cotidiano, los vestidos y los muebles de uso ordinario de la persona deudora, su cónyuge o sus hijos, siempre que no se trate de artículos de lujo;

III. Los instrumentos, aparatos y útiles necesarios para el arte u oficio a que la persona deudora esté dedicada;

IV. La maquinaria, instrumentos y animales propios para el cultivo agrícola, en cuanto fueren necesarios para el servicio de la finca a que estén destinados a juicio de la autoridad jurisdiccional, a cuyo efecto oirá el informe de un perito nombrado por ella a costa de la persona deudora;

V. Los libros, aparatos, instrumentos y útiles de las personas que ejerzan o se dediquen al estudio de profesiones liberales;

VI. Las armas que los militares en servicio activo usen, indispensables para éste, conforme a las Leyes relativas;

VII. Los efectos, maquinaria e instrumentos propios para el fomento y giro de las negociaciones mercantiles e industriales, en cuanto fueren necesarios para su servicio y movimiento, a juicio de la autoridad jurisdiccional, a cuyo efecto oirá el dictamen de un perito nombrado por ella, cuyos honorarios correrán a costa de la persona deudora, pero podrán ser intervenidos juntamente con la negociación a que estén destinados;

VIII. Las mieses, antes de ser cosechadas, pero no los derechos sobre las siembras;

IX. El derecho de usufructo, pero no los frutos de éste;

X. Los derechos de uso y habitación;

XI. Las servidumbres, a no ser que se embargue el fundo a cuyo favor están constituidas, excepto la de aguas, que es embargable independientemente;

XII. La renta vitalicia, en los términos establecidos en los artículos relativos del Código Civil;

XIII. Los sueldos y el salario de las personas trabajadoras, en los términos que establece la Ley; siempre que no se trate de deudas alimenticias o responsabilidad proveniente de delito;

XIV. Las asignaciones de las personas pensionistas del erario;

XV. Los ejidos de los pueblos y la parcela individual que en su fraccionamiento haya correspondido a cada persona ejidataria, y

XVI. Los demás bienes exceptuados por disposición de las leyes.

Artículo 1040. La persona deudora sujeta a patria potestad o tutela, la que estuviere físicamente impedida para trabajar y la que sin culpa carezca de diversos bienes o de profesión u oficio, tendrán alimentos que la autoridad jurisdiccional fijará, sólo cuando existan bienes que produzcan frutos, de entre los que se encuentran garantizando la obligación y hasta en tanto salgan del patrimonio del titular, momento en que cesarán los alimentos, siempre atendiendo a la importancia de la demanda y de los bienes y las circunstancias de la persona demandada.

Artículo 1041. Todo embargo de bienes inmuebles o derechos reales sobre bienes inmuebles, se inscribirá en el Registro Público de la Propiedad, Oficina Registral o cualquier otra Institución Registral análoga de la Entidad Federativa de la que se trate, expidiéndose para tal efecto por duplicado, copia certificada de la diligencia o del acta mínima de la audiencia, y cuando se trate de juicios ejecutivos; de la diligencia de embargo, uno de los ejemplares, después del registro, se agregará a los autos y el otro quedará en la oficina de registro.

El embargo de títulos valor se puede realizar aun cuando no se tengan a la vista, y se tomará nota de él en el registro que corresponda, conforme al procedimiento establecido en el párrafo anterior.

Artículo 1042. Una vez trabado el embargo no puede el ejecutado alterar en forma alguna el bien embargado, ni contratar el uso del mismo, si no es con autorización judicial, que se otorgará oyendo al ejecutante. Registrado que sea el embargo, toda transmisión de derechos respecto de los bienes sobre los que se haya trabado, no altera de manera alguna la situación jurídica de los mismos en relación con el derecho del embargante de obtener el pago de su crédito con el producto del remate de esos bienes, derecho que se surtirá en contra de tercero con la misma amplitud y en los mismos términos que se surtiría en contra del embargado, si no se hubiese operado la transmisión.

Artículo 1043. Cuando se aseguren créditos, el embargo se reducirá a notificar a la persona deudora o a quien deba pagarlos, que no verifique el pago, sino que retenga la cantidad o cantidades correspondientes a disposición del juzgado, apercibida de doble pago en caso de desobediencia; y a la persona acreedora contra quien se haya dictado el embargo, que no disponga de esos créditos, bajo las penas que señala el Código Penal aplicable.

Si llegare a asegurarse el título mismo del crédito, se nombrará una persona depositaria que lo conserve en guarda, quien tendrá obligación de hacer todo lo necesario para que no se altere ni menoscabe el derecho que el título represente, y de intentar todas las acciones y recursos que la ley conceda para hacer efectivo el crédito, quedando sujeto, además a las obligaciones que impone el Código Civil.

Si se tratare de títulos a la orden o al portador, el embargo sólo podrá practicarse mediante la aprehensión de los mismos.

Si el crédito fuere pagado en su totalidad, se depositará su importe en la institución de crédito respectiva y el billete de depósito se guardará en la caja del juzgado que se trate y, desde ese momento, cesará en sus funciones el depositario nombrado.

Artículo 1044. Si los créditos a que se refiere el artículo anterior fueren derechos litigiosos, la providencia de embargo se notificará a la autoridad jurisdiccional de los autos respectivos, dándole a conocer a la persona depositaria nombrada a fin de que ésta pueda sin obstáculo alguno desempeñar las obligaciones que corresponda.

Artículo 1045. Cuando el embargo recaiga sobre el dinero efectivo o alhajas, el depósito se hará en una institución de crédito, y, donde no haya esta institución, en casa comercial de crédito reconocida. En este caso, el billete de depósito se guardará en la caja del juzgado que se trate, y no se recogerá lo depositado sino en virtud de orden escrita de la autoridad jurisdiccional de los autos.

Artículo 1046. Una vez recaído el embargo sobre bienes muebles que no sean dinero, alhajas, ni créditos, la persona depositaria que se nombre sólo tendrá el carácter de simple custodia de los objetos puestos a su cuidado, los que conservará a disposición de la autoridad jurisdiccional respectiva. Si los muebles fueren fructíferos, rendirá cuentas en los términos de este Código Nacional.

Artículo 1047. La persona depositaria, en el caso del artículo anterior, pondrá en conocimiento de la autoridad jurisdiccional el lugar en que quede constituido el depósito y recabará de ésta la autorización para hacer, en caso necesario, los gastos razonables de almacenaje y conservación. Los gastos de almacenaje serán a cargo de la persona deudora.

Si no pudiere, la persona depositaria, hacer los gastos que demande el depósito, pondrá esta circunstancia en conocimiento de la autoridad jurisdiccional, para que ésta, oyendo a las partes en una audiencia, que se efectuará dentro de tres días siguientes, decrete el modo de hacer los gastos, según en la audiencia se acordare o, en caso de no haber acuerdo, imponiendo esa obligación al que obtuvo la providencia del embargo.

Artículo 1048. Si los muebles depositados fueren bienes fungibles, la persona depositaria tendrá, además, la obligación de imponerse del precio observado en el comercio de los efectos confiados a su guarda, a fin de que, si encuentra ocasión favorable para la venta, lo ponga desde luego, en conocimiento de la autoridad jurisdiccional, con objeto que ésta determine lo que fuere conveniente, en una audiencia en que oirá al depositario y a las partes, si asistieren, y que se efectuará, a más tardar, dentro de los tres días siguientes.

Los bienes podrán depositarse en un almacén general de depósito cuyo costo será a cargo de la persona deudora.

Artículo 1049. Cuando hubiere inminente peligro de que los bienes fungibles se pierdan o inutilicen, entre tanto que se cita y efectúa la audiencia a que se refiere el artículo anterior, el depositario está obligado a venderlas al mejor precio observado en el comercio, rindiendo, a la autoridad jurisdiccional, cuenta con pago.

Artículo 1050. Si los muebles depositados fueren bienes fáciles de deteriorarse o demeritarse, la persona depositaria deberá examinar frecuentemente su estado y poner en conocimiento de la autoridad jurisdiccional el deterioro o demérito que en ellos observe o tema fundadamente que sobrevenga, a fin de que ésta dicte las medidas conducentes para evitar el daño, o acuerde su venta con las mejores condiciones, en vista de los precios observados en el comercio y del demérito que hayan sufrido o estén expuestos a sufrir los objetos secuestrados.

Artículo 1051. Si el embargo recayere en finca urbana y sus rentas o sobre éstas solamente, la persona depositaria tendrá el carácter de administradora, con las facultades y deberes siguientes:

I. Podrá contratar los arrendamientos fijando una renta a precio de mercado, procurando que las rentas no sean menores a las que estuvieron vigentes al tiempo de verificarse el embargo. Exigirá para asegurar el arrendamiento las garantías de estilo, bajo su responsabilidad, si no quiere aceptar ésta, recabará la autorización judicial;

II. Recaudará las pensiones que por arrendamiento rinda la finca, en sus términos y plazos; procediendo, en su caso, contra las personas inquilinas morosas, con arreglo a la ley;

III. Efectuará, sin previa autorización los gastos ordinarios de la finca, como el pago de contribuciones y los de mera conservación, servicio y aseo, no siendo excesivo su monto, cuyos gastos incluirá en la cuenta mensual que presentará a la autoridad jurisdiccional y serán a cargo de la persona deudora;

IV. Pagará los impuestos que corresponda por el arrendamiento en forma oportuna, y de no hacerlo así, serán de su responsabilidad los daños y perjuicios que su omisión origine;

V. Para hacer los gastos de reparación o de construcción ocurrirá a la autoridad jurisdiccional solicitando la autorización para ello, y acompañando, al efecto, los presupuestos respectivos, y

VI. Pagará, previa autorización judicial, los réditos de gravámenes reconocidos sobre la finca.

Artículo 1052. Para el efecto que se refiere en la fracción I del artículo anterior del presente Código Nacional, si ignorare la persona depositaria cuál era el importe de la renta al tiempo de practicarse el embargo, recabará dictamen pericial y solicitará la correspondiente autorización judicial para tal efecto.

Pedida la autorización a que se refiere la fracción V del mismo artículo 1051 del presente Código Nacional, la autoridad jurisdiccional citará a una audiencia que se verificará dentro de tres días siguientes para que las partes, en vista de los documentos que se acompañan, resuelvan de común acuerdo, si se autoriza o no el gasto. Si no se logra el acuerdo, y la persona depositaria o alguna de las partes insiste en la necesidad de la reparación, conservación o construcción, la autoridad jurisdiccional resolverá, autorizando o no el gasto, como lo estime conveniente. Contra dicha resolución no procede recurso alguno.

Artículo 1053. Cuando se embarguen bienes que estuvieren arrendados o alquilados, se notificará, a los arrendatarios, que, en lo sucesivo, deben pagar las rentas o alquileres a la persona depositaria nombrada, apercibidos de doble pago, si no lo hicieren así.

Al hacerse la notificación, se dejará, en poder del inquilino, cédula en que se insertará el auto respectivo. Si, en el acto de la diligencia o dentro del día siguiente de causar estado la notificación, el inquilino o arrendatario manifestare haber hecho algún anticipo de rentas o alquileres, deberá acreditarlo al hacer su manifestación, con los recibos del arrendador. De lo contrario, no se tomará en cuenta, y quedará obligado en los términos anteriores.

Artículo 1054. Si el embargo se efectúa en una finca rústica o en una negociación mercantil o industrial, la persona depositaria será interventora con cargo a la caja, vigilando la contabilidad y todas las operaciones que se efectúen, pudiendo oponerse incidentalmente a la realización de cualquier acto que perjudique a los intereses de la persona ejecutante y tendrá las siguientes atribuciones:

I. Dentro de los diez días siguientes a la fecha en que haya tomado posesión de su cargo, realizara una descripción de todos los bienes muebles e inmuebles, títulos valor, géneros de comercio y derechos de cualquier otra especie, conforme al valor que la propia contabilidad de la negociación les fije, elaborando, asimismo, un balance que muestre la situación financiera de la negociación a fin de que produzcan el mejor rendimiento posible, con los cuales dará cuenta a la autoridad jurisdiccional y vigilará:

a) En las fincas rústicas, la recolección de los frutos y su venta;

b) Las compras y ventas de las negociaciones mercantiles, recogiendo, bajo su responsabilidad el numerario y efectos de comercio para hacerlos efectivos en su vencimiento;

c) La compra de materia prima, su elaboración y la venta de los productos, en las negociaciones industriales, recogiendo el numerario y efectos de comercio para hacerlos efectivos en su vencimiento;

II. Ministrará los fondos para los gastos de la negociación o finca rústica y cuidará que la inversión de esos fondos se haga convenientemente;

III. Depositará mediante billete de depósito el dinero que resultare sobrante, después de cubiertos los gastos necesarios y ordinarios a disposición del juzgado;

IV. Las medidas necesarias para evitar abusos y malos manejos de las personas administradoras, dando cuenta a la autoridad jurisdiccional para su ratificación y para que determine lo conducente para remediar en su caso, la mala administración, y

V. La persona administradora designada deberá acreditar, conjuntamente al aceptar y protestar el cargo, tener conocimiento y experiencia para ejercer el cargo, así como acreditar contar con bienes inmuebles suficientes o exhibir una garantía o fianza que cubra los daños y perjuicios, para así asegurar el debido ejercicio del cargo. Sin ese requisito no se le tendrá por designado y no se le pondrá en posesión del cargo.

Artículo 1055. Si en el cumplimiento de los deberes que el artículo anterior impone a la persona interventora, ésta encontrare que la administración no se hace convenientemente, o puede perjudicar los derechos de la persona que pidió y obtuvo el embargo, lo pondrá en conocimiento de la autoridad jurisdiccional, para que, oyendo a las partes y a la persona interventora, determine lo conveniente. Contra dicha resolución no procede recurso alguno.

Artículo 1056. Si la persona interventora al efectuar la valoración de los bienes muebles e inmuebles, incluyendo los efectos, maquinaria e instrumentos propios para el fomento y giro de las negociaciones mercantiles o industriales, así como de los títulos valor, géneros de comercio y derechos de cualquier otra especie, encuentra que alguno o algunos de ellos son suficientes para cubrir el adeudo, lo hará del conocimiento de la autoridad jurisdiccional, para que ésta autorice su venta, a valor de mercado, debiendo tomar nota del valor de venta en la contabilidad de la negociación y el que arroje el juicio de perito único adscrito y designado por la autoridad jurisdiccional, siempre y cuando los bienes de que se trate no fueren necesarios para el servicio y movimiento de aquellas, a juicio de la autoridad jurisdiccional.

En caso de que el producto de la venta cubra el monto total de la condena y los gastos que correspondan, terminará la designación del interventor con cargo a la caja.

Artículo 1057. Las personas que tengan administración o intervención presentarán a la autoridad jurisdiccional cada mes, una cuenta de los esquilmos y demás frutos de la finca, y de los gastos erogados, con todos los comprobantes respectivos, en cuyo caso las partes tendrán derecho de controvertir en la vía incidental.

Artículo 1058. La autoridad jurisdiccional en la vía incidental aprobará o no, la cuenta mensual y determinará los fondos que deban quedar para los gastos necesarios, mandando depositar el sobrante líquido. Los incidentes relativos al depósito y a las cuentas, se seguirán de conformidad con las disposiciones previstas en el presente Código Nacional.

Artículo 1059. Será removida la persona depositaria en los siguientes casos:

I. Si dejare de rendir cuenta mensual o la presentada no fuere aprobada;

II. Cuando no haya manifestado su domicilio o el cambio de ésta;

III. Cuando tratándose de bienes muebles, no pusiere en conocimiento de la autoridad jurisdiccional, dentro de los tres días que sigan a la entrega, el lugar en donde quede constituido el depósito, y

IV. Cuando actúe con dolo, negligencia o mala fe con motivo del depósito o por el incumplimiento de cualquier mandato que determine sobre el destino de los bienes secuestrados.

Si la persona removida fuere la persona deudora, la persona ejecutante nombrará nuevo depositario. Si lo fuere la persona acreedora o la persona por él nombrada, la nueva elección se hará por la autoridad jurisdiccional, de conformidad con las disposiciones previstas en el presente Capítulo. Contra dicha resolución no procede recurso alguno.

La persona depositaria responderá de los daños y perjuicios causados en caso de negligencia o mala fe.

Artículo 1060. La persona depositaria y la persona actora, cuando ésta la hubiere nombrado, serán responsables solidariamente de los bienes.

Artículo 1061. Cuando hubiere cambio de la persona depositaria, se prevendrá, a quien tuviere los bienes, que haga entrega de ellos, dentro de los tres días siguientes al que fuere nombrado, con el apercibimiento de que, de no hacerlo, se hará uso inmediato de la fuerza pública. Si el plazo indicado no bastare para concluir la entrega, la autoridad jurisdiccional podrá ampliarlo.

Artículo 1062. Las personas depositarias e interventoras percibirán por honorarios los que señale el arancel autorizado por la Ley Orgánica o legislación correspondiente de cada Entidad Federativa.

Artículo 1063. Los incidentes de liquidación de sentencia, rendición de cuentas y determinación de daños y perjuicios, así como cualquier audiencia, solicitud o trámite para la ejecución de la sentencia, se harán de la manera más sencilla y accesible, sin mayor formalidad que las dispuestas en este Código Nacional. Lo anterior resulta aplicable tratándose de la fijación de acuerdos siempre que no vulneren disposiciones de orden público y social, o derechos de terceros.

En todos los casos se procurará dar trámite y resolver dentro del sistema de audiencias, conforme a los principios del juicio oral.

Artículo 1064. Las disposiciones de este Capítulo resultan aplicables a todos los casos de embargo judicial, salvo aquéllos en que este Código Nacional disponga expresamente otra cosa.

CAPÍTULO IV
DEL REMATE EN SUBASTA PÚBLICA

Artículo 1065. Toda venta que legalmente deba practicarse en subasta o almoneda pública, se sujetará a las disposiciones contenidas en este Capítulo, salvo en los casos en que el presente Código Nacional disponga expresamente lo contrario.

Artículo 1066. Todo remate de bienes inmuebles o muebles será público y deberá celebrarse en la sede de la autoridad jurisdiccional que fuere competente para la ejecución.

Las reglas contenidas en este Capítulo serán aplicables para los semovientes y créditos en lo que resulte aplicable.

Artículo 1067. Una vez inscrito el embargo sobre el bien inmueble de que se trate, exhibido el certificado de gravamen y notificados los acreedores o terceros que del mismo se desprendan, dentro del término común de diez días que establezca la autoridad jurisdiccional, la parte ejecutora, parte ejecutada, personas acreedoras y terceros tendrán derecho de exhibir avalúo de los bienes inmuebles, mismo que deberá ser realizado por corredor público, institución de crédito o perito valuador autorizado por el Consejo de la Judicatura, los cuales en ningún caso podrán tener el carácter de parte o de persona interesada en el juicio.

Artículo 1068. En el caso de bienes inmuebles el valuador deberá considerar en su dictamen las características físicas, económicas, plusvalía, contexto y zona sociodemográfica en la que se encuentra el inmueble, el precio del mercado inmobiliario y todo aquel otro elemento que sirva para determinar el valor comercial del mismo.

Cuando la parte ejecutada no hubiere designado perito valuador en el plazo legal o el juicio se siga en su rebeldía, la autoridad jurisdiccional lo designará en su rebeldía, nombrado de la lista de peritos autorizados por el Consejo de la Judicatura respectivo, cuyos honorarios serán cubiertos por la parte ejecutada.

Artículo 1069. En el supuesto de que ninguna de las partes exhiba el avalúo dentro del plazo señalado, cualquiera de ellas podrá presentarlo posteriormente. A partir de que se presente el primero, las demás partes tendrán un término común de diez días para exhibir el suyo.

Artículo 1070. Si todas las partes exhibieren los avalúos y el valor referido en ellos no coincide, se tomará como base para el remate el promedio de entre el más alto y más bajo, siempre que no exista un veinte por ciento de diferencia entre ellos. En caso de que la diferencia supere ese porcentaje, la autoridad jurisdiccional ordenará se practique un nuevo avalúo para determinar el valor, nombrando perito valuador de la lista autorizada por el Consejo de la Judicatura respectivo, cuyos honorarios serán cubiertos por ambas partes.

Artículo 1071. El avalúo practicado tendrá vigencia de un año. Durante la primera subasta deberá estar vigente el avalúo practicado. Si entre ésta y las subsecuentes mediará un término mayor de seis meses, se deberán actualizar los valores.

Artículo 1072. Tratándose de remate de bienes inmuebles, se deberá exhibir certificado que consigne la existencia de gravámenes, emitido no mayor a seis meses por autoridad registral competente.

Artículo 1073. Si del certificado aparecieren gravámenes, se procederá a notificar de forma personal el estado de ejecución a las personas acreedoras o quienes a su favor existan derechos para que intervengan en el avalúo y subasta de los bienes, si así lo deciden.

Artículo 1074. Las personas acreedoras o aquellas cuyo gravamen este a su favor, tendrán las siguientes facultades:

I. Intervenir en el acto del remate y hacer las observaciones a la autoridad jurisdiccional que estimen pertinentes para garantizar sus derechos. Lo anterior no implicará que se suspenda el procedimiento de remate;

II. En su caso, apelar el auto de aprobación del remate, y

III. Una vez notificado, nombrar a su costa perito valuador que podrá con los nombrados por las partes, practicar el correspondiente avalúo. No podrá ejercer este derecho después de transcurrido el término común y practicado el avalúo por los peritos de las partes o el tercero en discordia o el designado por la autoridad jurisdiccional, ni cuando la valorización se haga por otros medios.

Artículo 1075. Cuando el monto líquido total de la condena sea igual o superior al valor de los bienes valuados y del certificado en el que se hagan constar los gravámenes, no aparecieren otras personas acreedoras, la parte ejecutante podrá optar por la adjudicación directa de los bienes. Contra la resolución que adjudica de forma directa al ejecutante, procede el recurso de apelación en ambos efectos.

La persona acreedora o alguna otra tercera a quien se adjudique el bien, de forma directa o en subasta pública, reconocerá, a las personas acreedoras hipotecarias anteriores, sus créditos, hasta donde baste a cubrir el precio de adjudicación, para pagárselos al vencimiento de sus escrituras.

Artículo 1076. Una vez determinado el valor de los bienes inmuebles, la autoridad jurisdiccional deberá cerciorarse que los datos de identificación de los mismos asentados en el acta de embargo coincidan con aquellos contenidos en el certificado en el que se hace constar los gravámenes, así como con los datos de identificación en el avalúo. Tratándose de juicios que en autos conste los títulos de propiedad de los bienes, la autoridad jurisdiccional deberá hacer la misma identificación señalada en el párrafo anterior. Una vez realizada la identificación, se podrá ordenar la publicación de edictos para anunciar la subasta pública.

Artículo 1077. De existir diferencias en los datos de identificación de los inmuebles a rematar, la autoridad jurisdiccional lo hará del conocimiento a las partes, a efecto de que éstas aporten los elementos necesarios para subsanar cualquier diferencia previa a la subasta pública.

Artículo 1078. El remate deberá realizarse dentro de los veinte días siguientes a la fecha de publicación del anuncio de su celebración; pero en ningún caso mediarán menos de cinco días entre la publicación del último edicto y la subasta.

La subasta pública deberá anunciarse por edicto una sola ocasión en el medio de comunicación procesal oficial y a través de los medios electrónicos del Poder Judicial respectivo, así como en los de la Tesorería de cada Entidad Federativa, debiendo mediar entre la publicación y la fecha de remate cuando menos cinco días hábiles.

Tratándose de remates del interés de la Federación, deberá anunciarse la subasta pública ante el Instituto de la Administración y Avalúos de Bienes Nacionales.

Si los bienes estuvieren ubicados en diversas jurisdicciones, en todas ellas se publicarán los edictos privilegiando los medios electrónicos correspondientes, o aquellos que considere a juicio de la autoridad jurisdiccional.

Artículo 1079. Antes de aprobarse la subasta, podrá la persona deudora librar sus bienes pagando lo condenado a través de la exhibición de certificado de depósito por la cantidad que prudentemente califique la autoridad jurisdiccional, para garantizar el pago de las costas, si hubiere condena a ello. Después de aprobada la subasta, no podrá ser revocada por la propia autoridad jurisdiccional. La resolución que apruebe o desapruebe un remate podrá ser apelable en el efecto devolutivo.

Artículo 1080. Si los bienes inmuebles estuvieren situados en otra Entidad Federativa distinta al del lugar de la ejecución, en todos ellos se publicarán los edictos en los sitios de costumbre y en las puertas de los tribunales respectivos.

En tales casos, se ampliará el plazo para la celebración de la subasta, concediéndose un día más por cada doscientos kilómetros o por una fracción que exceda de la mitad, y se calculará para designar el día de la subasta, la distancia mayor a que se hallen los bienes. La autoridad jurisdiccional además de los medios de publicidad mencionados, podrá utilizar algún otro para convocar postores.

Artículo 1081. Postura legal es la que cubre las dos terceras partes del valor determinado para los bienes en subasta, con el objeto de que la cantidad de la parte de contado, sea suficiente para pagar el monto del crédito o créditos de lo sentenciado.

Cuando por el importe del valor fijado a los bienes, no sea suficiente la parte de contado para cubrir lo sentenciado, será postura legal las dos terceras partes del avalúo, dadas al contado.

Artículo 1082. Las posturas se formularán por escrito, salvo que los Consejos de la Judicatura establezcan otros mecanismos para ello expresando, la misma parte postora o su representante con facultades para ello, lo siguiente:

I. El nombre, capacidad legal y domicilio de la parte postora;

II. La cantidad que se ofrezca por los bienes;

III. La cantidad que se otorgue de contado, y los términos en que se haya de pagar el resto;

IV. El interés que deba causar la suma que se quede reconociendo, el que no puede ser menor del nueve por ciento anual;

V. La exhibición del billete de depósito que consigne el diez por ciento del valor de los bienes sujetos a la subasta, y

VI. La sumisión expresa a la autoridad jurisdiccional que conozca del negocio, para que haga cumplir el contrato.

En caso de que una postura no cumpla con los anteriores requisitos, la autoridad jurisdiccional le requerirá al postor que satisfaga los omitidos, que deberán ser subsanados dentro del día siguiente, y en caso de que ese día se celebre la subasta, deberá realizarse antes de su inicio, caso contrario, se tendrá por no hecha la postura.

Artículo 1083. Las posturas que ofrezcan de contado solo una parte del precio, deberán exhibir en el remate el diez por ciento en numerario o billete de depósito a favor de la autoridad jurisdiccional ante la cual se lleva la subasta, y la cantidad que adeude será garantizada con primera hipoteca o prenda, expresando, al formular su postura, los bienes que quedarán sujetos al gravamen respectivo.

Al concluir la subasta, la autoridad jurisdiccional ordenará al postor en quien se finque el remate, la exhibición del diez por ciento que quedará como garantía del cumplimiento de su obligación, misma que se mandará depositar en términos del presente Código Nacional. Las exhibiciones de las personas postoras que no se les fincaron los bienes, les serán devueltas en ese acto.

Artículo 1084. Cuando el importe de las posturas y mejoras en el precio de subasta se ofrezcan de contado, debe exhibirse en numerario o billete de depósito a favor de la autoridad jurisdiccional que realiza la subasta; y, fincado el bien en favor del postor que hubiere hecho la exhibición, se procederá en los términos de la parte final del artículo anterior.

Artículo 1085. La parte ejecutante podrá formar parte en la subasta y mejorar las posturas de las pujas que se hicieren, sin necesidad de consignar el depósito prevenido en el artículo anterior.

Cuando la parte ejecutante haga postura, la garantía o la exhibición de contado, en su caso, se limitará al exceso de la postura, sobre el importe de lo sentenciado.

Artículo 1086. La persona postora no puede rematar para un tercero, sino con poder y cláusula especial, quedando prohibido hacer postura, reservándose la facultad de declarar después, el nombre de la persona para quien se hizo.

Artículo 1087. Desde que se anuncie el remate y durante éste, se pondrán de manifiesto los planos que hubiere y estarán a la vista los avalúos.

Artículo 1088. La autoridad jurisdiccional revisará minuciosamente el expediente antes de iniciar la subasta, y decidirá de plano cualquier cuestión que se suscite durante la misma. Las resoluciones que dicte durante la subasta serán irrecurribles.

Artículo 1089. En la hora prevista el día de la subasta, la autoridad jurisdiccional, de forma personal, pasará lista de las partes postoras presentadas, y concederá diez minutos para admitir a las nuevas personas postoras que se presenten. Concluido el plazo, la autoridad jurisdiccional declarará que procederá a subastar los bienes y no podrá admitir nuevos participantes. Enseguida revisará las propuestas presentadas, desechando, desde luego, las que no tengan postura legal y las que no estuvieren acompañadas del billete de depósito a que se refiere el presente Capítulo del Código Nacional.

Artículo 1090. Calificadas de buenas las posturas, la autoridad jurisdiccional las leerá en voz alta por sí misma, para que las partes postoras presentes puedan mejorarlas. Si hay varias posturas legales, la autoridad jurisdiccional decidirá cuál es la preferente.

Hecha la declaración de la postura considerada preferente, la autoridad jurisdiccional preguntará si alguno de los licitadores la mejora inmediatamente, contando del uno al tres en un término no mayor a los treinta segundos, sin necesidad de certificación. En caso de que alguna persona mejore la postura antes de llegar al conteo señalado, interrogará de nuevo si algún postor puja la mejora, realizando un nuevo conteo en igual tiempo y forma y, así, sucesivamente, con respecto a las pujas que se hagan y mejoren el precio del remate. En cualquier momento en que, transcurrido el término antes señalado, después de hacer la pregunta correspondiente, no se mejorare la última postura o puja, declarará la autoridad jurisdiccional fincado el remate en favor del postor que hubiere hecho aquélla y lo aprobará en su caso.

En caso de que la autoridad jurisdiccional lo considere necesario podrá decretar un receso razonable que no excederá de treinta minutos para analizar las pujas, previo a la aprobación y fincar el remate.

La resolución que apruebe o desapruebe el remate será apelable en el efecto devolutivo, sin que proceda recurso alguno en contra de las resoluciones que se dicten durante el procedimiento de remate.

Artículo 1091. Una vez ejecutada la subasta, si restan cantidades exigibles por cuantificar que sean pendientes de cumplimiento en la resolución judicial que se ejecuta, cualquiera de las partes podrá promover incidente de liquidación.

Antes de fincado el remate, puede el deudor librar sus bienes si paga en el acto lo sentenciado y garantiza el pago de las costas que estén por liquidar.

Artículo 1092. Al declarar aprobada la subasta, mandará la autoridad jurisdiccional, dentro de los tres días siguientes se otorgue a favor de la persona adjudicataria la escritura de adjudicación correspondiente, en los términos de su postura y que se le entreguen los bienes subastados. Para ello corresponderá a la autoridad jurisdiccional la firma de la escritura, sin necesidad de requerir al ejecutado.

La suscripción de la escritura de adjudicación observará el procedimiento prescrito en este Código Nacional. Independientemente de ello, a petición de parte se ordenará la entrega de los bienes rematados.

Artículo 1093. Si el postor no cumpliere sus obligaciones, ya porque se negare a otorgar la garantía ofrecida, ya porque, extendida la escritura correspondiente, en su caso, se negare a firmarla en el término legal, la autoridad jurisdiccional, cerciorándose de estas circunstancias declarará sin efecto el remate, para citar, nuevamente, a la misma almoneda, y el postor perderá el diez por ciento exhibido, el que se aplicará, por vía de indemnización, al ejecutado, manteniéndose en depósito para los efectos del pago al ejecutante, hasta concluir los procedimientos de ejecución.

Artículo 1094. No habiendo parte postora, quedará al arbitrio de la parte ejecutante pedir en el momento de la subasta que se le adjudiquen los bienes por el precio del avalúo que sirvió de base para el remate o que se saquen de nuevo a subasta pública sin rebaja en el precio.

Esta segunda subasta se anunciará y celebrará en igual forma que la anterior.

En caso de liquidación de sociedad conyugal o herencias, no operará la rebaja en el precio fijado a los bienes, al no constituir un crédito pendiente de pago.

Artículo 1095. Si en la segunda subasta tampoco hubiere personas licitadoras, la persona actora podrá pedir o la adjudicación por el precio que sirvió de base para la segunda subasta o, que se le entreguen en administración los bienes para aplicar sus productos al pago del capital, los intereses y de las costas.

Artículo 1096. Si la parte ejecutante no está de acuerdo con ninguno de los dos medios expresados en el artículo que precede, podrá pedir que se celebre una tercera subasta, con rebaja del diez por ciento de la tasación.

En este caso, si hubiere parte postora que ofrezca las dos terceras partes del precio con rebaja para la subasta que sirvió de base y que acepte las condiciones de ésta, se fincará el remate, sin más trámites.

Si no llegase a dichas dos terceras partes, con suspensión del fincamiento del remate, se hará saber el precio ofrecido a la parte deudora, para que, en una continuación de la audiencia a celebrarse en los siguientes diez días hábiles, para que haga el pago a la parte acreedora librando los bienes, o presentar persona que mejore la postura, dentro de la referida continuación de audiencia de ejecución.

Si la parte deudora no hizo el pago o no lleva un mejor postor, se aprobará el remate mandando llevar a efecto la venta.

Las personas postoras a que se refiere este artículo cumplirán con el requisito previo del depósito a que se refiere este Código Nacional.

Artículo 1097. Cuando se mejore la postura, la autoridad jurisdiccional, mandará abrir nueva subasta dentro de los siguientes cinco días hábiles, la que se celebrará únicamente entre las dos personas postores, realizándose las pujas respectivas inmediatamente, conforme a las disposiciones del presente

Capítulo y, en su caso, se adjudicará la finca al que hiciere la proposición más ventajosa.

Si la primera persona postora, en vista de la mejora hecha por la segunda, manifestare que renuncia a sus derechos, o no se presentare a la subasta, se fincará en favor de la segunda. Lo mismo se hará con la primera, si la segunda no se presenta a la subasta.

Artículo 1098. Si en la tercera subasta se hiciere postura admisible en cuanto al precio, pero ofreciendo pagar a plazos o alterando alguna otra condición, se hará saber a la persona acreedora, la cual podrá pedir en los cinco días siguientes, la adjudicación de los bienes en las dos tercias partes del precio de la segunda subasta; y si no hace uso de este derecho, se aprobará el remate en los términos ofrecidos por el postor.

Para el caso de que la parte acreedora, el precio desee adjudicarse el bien de que se trate y su crédito condenado no alcance las dos tercias partes del precio del avalúo, podrá formar parte de la subasta y exhibir la diferencia en numerario o billete de depósito con las formalidades exigidas en el presente Capítulo.

Artículo 1099. Cualquier subasta que tenga que hacerse de los gravámenes que afecten a los inmuebles vendidos, gastos de la ejecución y demás, se regulará por la autoridad jurisdiccional en forma incidental.

Artículo 1100. Aprobada la subasta se prevendrá a la persona compradora que consigne ante la propia autoridad jurisdiccional, el precio del remate.

Si la persona compradora no consignare el precio en el plazo que la autoridad jurisdiccional señale, o por su culpa dejare de tener efecto la venta, se procederá a nueva subasta como si no se hubiera celebrado, perdiendo la persona postora el depósito respectivo, que se aplicará por vía de indemnización, por partes iguales, a las partes ejecutante y ejecutada.

Artículo 1101. Consignado el precio y aprobado en definitiva el remate o la adjudicación, se suscribirá la escritura a la persona adquirente ante la Notaria o Notario Público que éste designe, apremiando, en su caso, a la persona deudora para que los entregue, y se pondrán los bienes a disposición del mismo comprador, dándose para ello las órdenes necesarias, aun las de desocupación de fincas habitadas por la persona deudora o terceros que no tuvieren contrato para acreditar el uso, en los términos que fija el Código Civil respectivo de cada Entidad Federativa. Se le dará a conocer como dueño a las personas que él mismo designe.

En todos los casos el ejecutado, es responsable de la evicción.

Artículo 1102. Con el precio se pagará a la persona acreedora hasta donde alcance, y si hubiere costas pendientes que liquidar, se mantendrá en depósito la cantidad que se estime bastante para cubrirlas, hasta que sean aprobadas las que faltaren de pagarse; pero si la persona ejecutante no formula su liquidación dentro de los cinco días de hecho el depósito perderá el derecho de reclamarlas.

El reembargo produce su efecto en lo que resulte líquido del precio del remate, después de pagarse el primer embargante, salvo el caso de preferencia de derechos. La persona reembargante para obtener el remate en caso de que éste no se haya verificado, puede obligar a la primera ejecutante a que continúe su acción.

En la liquidación deberán comprobarse todos los gastos y costas posteriores a la sentencia de remate.

Artículo 1103. Si la parte que se diera de contado o billete de depósito excediere del monto de lo sentenciado, formada y aprobada la liquidación, se entregará la parte restante al ejecutado, si no se hallare retenida a instancia de otro acreedor, observándose, en su caso, las disposiciones del Código Civil respectivo sobre graduación de crédito.

Artículo 1104. Si la ejecución se hubiere despachado a instancia de una segunda persona acreedora hipotecario o de otra persona hipotecaria de ulterior grado, el importe de los créditos hipotecarios preferentes de que responda la finca rematada, se consignará ante el juzgado correspondiente y el resto se entregará sin dilación a la persona ejecutante, si notoriamente fuera inferior a su crédito o lo cubriere.

Si excediere, se le entregarán capital e intereses y las costas líquidas. El remanente quedará a disposición de la persona deudora a no ser que se hubiere retenido judicialmente para el pago de otras deudas.

Artículo 1105. La persona acreedora que se adjudique la cosa soportará los créditos hipotecarios que existan para pagarlos al vencimiento de su escrituración, y entregará a la persona deudora al contado, lo que resulte libre del precio, después de hecho el pago.

Artículo 1106. Cuando se hubiere seguido la vía de apremio en virtud de títulos a la persona portadora con hipoteca inscrita sobre la finca vendida, si existieren otros títulos con igual derecho, se prorrateará entre todo el valor líquido de la venta, entregando a la persona ejecutante lo que le corresponda y depositándose la parte correspondiente a los demás títulos hasta su cancelación.

Artículo 1107. En los casos a que se refieren los artículos 1102 y 1104 de este Código Nacional se cancelarán las inscripciones de las hipotecas a que estuviere afecta la finca vendida, expidiéndose para ello mandamiento, en el que se exprese que el importe de la venta no fue suficiente para cubrir el crédito de la persona ejecutante y, en su caso, haberse consignado el importe del crédito acreedor preferente o el sobrante, si los hubiere, a disposición de las personas interesadas.

En el caso del artículo 1105 de este ordenamiento, si el precio de la venta fuere insuficiente para pagar las hipotecas anteriores y las posteriores, sólo se cancelarán éstas, conforme a lo prevenido en la primera parte de este artículo.

Artículo 1108. Cuando conforme a lo previsto en este Código Nacional, la persona acreedora hubiere optado por la administración de las fincas embargadas, se observará lo siguiente:

I. La autoridad jurisdiccional mandará que se le haga entrega de ellas bajo el correspondiente inventario, y que se le dé a reconocer a las personas que el mismo acreedor designe;

II. La persona acreedora y la persona deudora podrán establecer por acuerdos particulares las condiciones y término de la administración, forma y época de rendir las cuentas. Si así no lo hicieren se entenderá que las fincas han de ser administradas según la costumbre del lugar, debiendo el acreedor rendir cuentas cada seis meses;

III. Si las fincas fueren rústicas podrá la persona deudora intervenir las operaciones de la recolección;

IV. La rendición de cuentas y las diferencias que de ellas surgieren se substanciarán sumariamente;

V. Cuando la persona ejecutante haya hecho pago de su crédito, intereses y costas con el producto de las fincas, volverán éstas a poder de la persona ejecutada, y

VI. La persona acreedora podrá cesar en la administración de la finca cuando lo crea conveniente y pedir se saque de nuevo a pública subasta por el precio que salió a segunda almoneda, y si no hubiere persona postora, que se le adjudique por dos terceras partes de ese valor, en lo que sea necesario para completar el pago, deduciendo lo que hubiere percibido a cuenta.

Artículo 1109. Si en el contrato se ha fijado el precio en que una finca hipotecada haya de ser adjudicada a la persona acreedora sin haberse renunciado la subasta, el remate se hará teniéndose como postura legal la que exceda del precio señalado para la adjudicación, y cubra con el contado lo sentenciado. Si no hubiere postura legal, se llevará a efecto desde luego la adjudicación en el precio convenido, debiéndose observar al efecto lo dispuesto en este Código Nacional.

Artículo 1110. Cuando los bienes, cuyo remate se haya decretado, fueran muebles, se observará lo siguiente:

I. Se efectuará su venta siempre de contado, por medio de corredor o casa de comercio que expenda objetos o mercancías similares, o cualquier otro medio que la autoridad jurisdiccional considere, haciéndole saber, para la busca de personas compradoras el precio fijado por peritos o por convenio de las partes;

II. Si pasados diez días de puestos a la venta no se hubiere logrado ésta, la autoridad jurisdiccional ordenará una rebaja del diez por ciento del valor fijado primitivamente, y, conforme a ella comunicará al corredor o casa de comercio el nuevo precio de venta, y así sucesivamente, cada diez días, hasta obtener la realización;

III. Efectuada la venta, el corredor, casa de comercio o el establecimiento correspondiente, entregará los bienes a la persona compradora, otorgándosele la factura correspondiente, que firmará la persona ejecutada o la autoridad jurisdiccional en su rebeldía;

IV. Después de ordenada la venta, puede la parte ejecutante pedir la adjudicación de los bienes por el precio que tuvieren señalado al tiempo de su petición; eligiendo los que basten para cubrir su crédito, según lo sentenciado;

V. Los gastos de corretaje o comisión serán a cargo de la persona deudora y se deducirán preferentemente del precio de venta que se obtenga, y

VI. En todo lo demás, se estará a las disposiciones de este Capítulo.

CAPÍTULO V
DE LA EJECUCIÓN DE LA SENTENCIA Y DEMÁS RESOLUCIONES DE LAS AUTORIDADES JURISDICCIONALES DE LAS ENTIDADES FEDERATIVAS

Artículo 1111. La autoridad jurisdiccional ejecutora que reciba exhorto con las inserciones necesarias, conforme a derecho para la ejecución de una sentencia u otra resolución judicial, cumplirá con lo que disponga la autoridad jurisdiccional requirente, siempre que lo que haya de ejecutarse no fuere contrario a las Leyes de cada Entidad Federativa.

Artículo 1112. La autoridad jurisdiccional ejecutora no podrá oír ni conocer de excepciones, cuando fueren opuestas por alguna de las partes que litigan ante la autoridad jurisdiccional requirente, salvo el caso de competencia legalmente interpuesta por alguna de las personas interesadas.

Artículo 1113. Si al ejecutar los autos insertos en las requisitorias, se opusiere tercera persona, el órgano jurisdiccional oirá incidentalmente y calificará las excepciones opuestas, conforme a lo siguiente:

I. Cuando la tercera persona que no hubiere sido oído por la autoridad jurisdiccional requirente y poseyere en nombre propio la cosa en que debe ejecutarse la sentencia, no se llevará adelante la ejecución, devolviéndose el exhorto con inserción del auto en que se dictare esa resolución y de las constancias en que se haya fundado, y

II. Si la tercera opositora que se presente ante la autoridad jurisdiccional requerida, no probare que posee con cualquier título traslativo de dominio la cosa sobre que verse la ejecución del auto inserto en la requisitoria, será condenada a satisfacer las costas, daños y perjuicios a quien se los hubiere ocasionado. Contra esta resolución no se dará recurso alguno.

Artículo 1114. Las autoridades jurisdiccionales requeridas deberán ejecutar las sentencias, de conformidad con lo siguiente:

I. Que versen sobre cantidad líquida o cosa determinada individualmente;

II. Que se trataren de derechos reales sobre inmuebles o de bienes muebles ubicados en la Entidad Federativa correspondiente y conforme a las Leyes del lugar;

III. Si tratándose de derechos personales o del estado civil, la persona condenada se sometió expresamente o por razón de domicilio a la justicia que la pronunció, y

IV. Siempre que la parte condenada haya sido emplazada personalmente para ocurrir al juicio.

Artículo 1115. La autoridad jurisdiccional que reciba despacho u orden de su superior para ejecutar cualquier diligencia es mero ejecutor y, en consecuencia, no dará curso a ninguna excepción que opongan los interesados, y se tomará simplemente razón de sus respuestas en el expediente, antes de devolverlo.

LIBRO DÉCIMO
DE LOS PROCESOS DE CARÁCTER INTERNACIONAL

CAPÍTULO I
DE LA COMPETENCIA

Artículo 1116. Los procesos de carácter internacional se regirán por las disposiciones de este Código Nacional y demás leyes aplicables, salvo lo dispuesto en los tratados y convenciones de los que México sea parte.

Artículo 1117. Es autoridad jurisdiccional competente para conocer de los siguientes casos:

I. La del domicilio del demandado;

II. En caso de declaración de ausencia o declaración especial de ausencia por desaparición, la del domicilio del último lugar de residencia habitual del ausente o desaparecido;

III. En caso de restitución de niñas, niños y adolescentes, la del lugar donde se encuentren;

IV. En asuntos de relaciones de filiación, curatela y tutela, la de la residencia habitual de los hijos o pupilos o adolescentes; si el actor es alguno de éstos o su representante, éste también podrá elegir el foro del domicilio del padre, madre o persona tutora;

V. En acciones reales sobre inmuebles o muebles, será la del lugar de la ubicación de los bienes;

VI. La autoridad jurisdiccional mexicana competente para ejecutar una sentencia, laudo o resolución jurisdiccional proveniente del extranjero, será el del domicilio del ejecutado o el del lugar donde se encuentran los bienes sobre los que podrá ejecutarse la sentencia;

VII. Para el discernimiento de personas que pertenezcan a grupos sociales en situación de vulnerabilidad que les impida la emisión clara de su voluntad, es competente la autoridad jurisdiccional del foro de la residencia de éstos y si este no se conociere, el del lugar donde se encuentren;

VIII. Cuando de acuerdo con las reglas del litisconsorcio pasivo necesario debiera ser llamada a juicio una autoridad extranjera ante la cual se celebró el acto materia de la litis, la autoridad jurisdiccional competente será la del lugar donde se encuentra el funcionario o la autoridad demandada;

IX. Para conocer de acciones relativas a obligaciones derivadas del hecho ilícito, la autoridad jurisdiccional competente será la del foro en que se produzca el daño o el acontecimiento del que deriva la acción; salvo que se trate de demandas por responsabilidad por el producto, en cuyo caso, el foro competente será el del domicilio del productor o el lugar de producción del bien, y

X. Para el caso de acciones contra personas jurídicas o sin personalidad jurídica, pero con un patrimonio de afectación identificable, con residencia o ubicación en el extranjero, será competente la autoridad jurisdiccional mexicana si la demandada cuenta con alguna sede o sucursal en territorio mexicano.

Artículo 1118. Son reglas especiales de competencia tratándose de sucesiones en el ámbito internacional, las siguientes:

I. Es competente para conocer de una sucesión, incluida su liquidación y tutela testamentaria, la autoridad jurisdiccional de la última residencia del causante de la misma al momento de su fallecimiento, ausencia o desaparición. Si no hubiera tenido domicilio o se desconociera, lo será la del lugar de la ubicación de los bienes inmuebles, en su defecto, la del lugar del fallecimiento, y

II. Si la persona hubiese tenido domicilio en el territorio nacional y falleció en el extranjero y no se hubiese iniciado en el extranjero la sucesión dentro de los siguientes tres meses a partir de la fecha de su fallecimiento, será competente la autoridad jurisdiccional nacional.

Artículo 1119. Tratándose de sucesiones de personas extranjeras, las autoridades jurisdiccionales y notariales nacionales deberán avisar a la Secretaría de Relaciones Exteriores para todos los efectos legales y consulares a que haya lugar.

Artículo 1120. En el caso de adopción internacional de niñas, niños o adolescentes, la competencia de las autoridades jurisdiccionales se regirá conforme a lo siguiente:

I. Para el otorgamiento de la adopción, la del lugar de la residencia habitual del adoptado;

II. Sobre la nulidad de la adopción, será la del lugar de la residencia habitual del adoptado al momento de la adopción, y

III. Para decidir sobre la conversión de la adopción simple en adopción plena, legitimación adoptiva o figuras afines, a elección del actor, la del lugar de la residencia habitual del adoptado o adoptantes, al momento de la adopción.

Artículo 1121. La competencia de las autoridades nacionales para conocer de asuntos sobre alimentos se regirá por las siguientes disposiciones:

I. A elección del acreedor alimentario, la de su residencia o la del deudor alimentista, o la ubicación de los bienes del deudor alimentista, y

II. Para las acciones de cese o modificación de la pensión alimenticia la que haya conocido de la fijación de ésta, o los de la residencia del acreedor.

Artículo 1122. Para conocer de los efectos del matrimonio o figuras similares, es competente la autoridad jurisdiccional de la residencia o domicilio común; la de la residencia de la persona demandada o la del lugar en que se encuentre, a elección del actor.

En caso de divorcio o semejante, será competente la autoridad jurisdiccional que elijan en común acuerdo las partes y, a falta de acuerdo, el foro del último domicilio común de la pareja o el del actor, cuando éste ya hubiese cumplido en ese lugar seis meses de residencia.

Artículo 1123. Tratándose de foros renunciables es competente el elegido por las partes, siempre y cuando dicha elección se hubiese hecho expresamente y por escrito.

Para efectos de la competencia, un acuerdo exclusivo de elección de competencia que forme parte de un convenio o contrato, deberá ser considerado un acuerdo independiente de las demás cláusulas del mismo, y no podrá ser impugnada por la sola razón de que el resto del convenio o contrato no es válido.

No procede la elección o renuncia previa de la competencia suscrita en los Estados Unidos Mexicanos tratándose de cuestiones alimenticias, capacidad de las personas físicas, responsabilidad extracontractual, derechos reales sobre bienes ubicados en el territorio de los Estados Unidos Mexicanos, validez de las inscripciones en los registros públicos, y demás establecidos en las leyes nacionales.

Artículo 1124. Cualquier autoridad jurisdiccional mexicana suspenderá el procedimiento iniciado y, en su caso, rechazará la demanda que se le hubiese presentado, cuando ante éste se demuestre que el litigio hubiese sido sometido a un acuerdo exclusivo de elección de foro, salvo que concurra alguna de las siguientes circunstancias:

a) El acuerdo de exclusividad sea nulo o no aceptable, en virtud de la ley del lugar donde se encuentra el tribunal elegido.

b) Una de las partes careciera de capacidad para celebrar el acuerdo de elección de foro en virtud de la ley del tribunal al que se ha acudido.

c) Que de dar efecto al acuerdo conduciría a una manifiesta denegación de justicia o violación del equilibrio procesal o sería manifiestamente contrario a principios o instituciones fundamentales del orden público mexicano, en términos del Artículo 15, fracción II del Código Civil Federal.

d) Cuando por causas excepcionales, fuera del control de las partes, el acuerdo no pudiera ser razonablemente ejecutado.

e) Que el tribunal elegido haya resuelto no conocer del litigio.

Artículo 1125. Las autoridades jurisdiccionales nacionales asumirán competencia para resolver un asunto, cuando, al haberse presentado un conflicto competencial internacional negativo de no aceptarla, conduzca a una denegación de justicia.

Artículo 1126. En los casos que una persona goce de inmunidad de jurisdicción e inicie una acción judicial no podrá alegar dicha inmunidad en relación con una demanda reconvencional que esté directamente ligada a la demanda principal.

Artículo 1127. En el caso de reconvención, se considerará satisfecho el requisito de la competencia en la esfera internacional cuando la demanda principal hubiera cumplido con las disposiciones previstas en este Código Nacional, y la reconvención se fundamente en el acto o hecho en que se basó la demanda principal.

Artículo 1128. En ningún caso la competencia de las autoridades jurisdiccionales nacionales se suspenderá por el hecho de que se invoque litispendencia apoyada en la existencia de un proceso ante la autoridad jurisdiccional extranjera. Solo podrá suspenderse el proceso iniciado en los Estados Unidos Mexicanos cuando éste se hubiese iniciado con posterioridad al iniciado en el extranjero, y que el demandado en el proceso extranjero hubiese sido notificado de la demanda en el proceso extranjero antes de que se hubiese iniciado el proceso mexicano.

CAPÍTULO II
DE LA COOPERACIÓN PROCESAL INTERNACIONAL

Artículo 1129. Salvo lo prescrito en los tratados internacionales de que México sea parte, no procede la acumulación de procesos que también se estén tramitando en el extranjero, ni la escisión de procesos que produzcan la remisión de un proceso al extranjero.

Artículo 1130. Salvo disposición derivada de este Código y de tratados y convenciones internacionales de que México sea parte, el derecho procesal aplicable al proceso es el mexicano, siguiendo, al efecto, las siguientes reglas:

I. El orden jurídico de los Estados Unidos Mexicanos determinará las condiciones, procedimiento y efectos de las inscripciones registrales en los registros públicos mexicanos, y

II. Solo los hechos estarán sujetos a prueba; el derecho lo estará únicamente cuando se funde en usos, costumbres, tradiciones o valores culturales.

SECCIÓN PRIMERA
DE LAS NOTIFICACIONES, EMPLAZAMIENTOS Y MEDIDAS CAUTELARES

Artículo 1131. Las notificaciones y emplazamientos provenientes del extranjero, para la Federación y sus dependencias, las Entidades Federativas y los Municipios, se harán por conducto de las autoridades Federales que resulten competentes por razón del domicilio o residencia de aquéllas.

Artículo 1132. Toda notificación a una persona que se encuentre fuera de los Estados Unidos Mexicanos, para surtir efectos en territorio nacional, deberá hacérsele en forma personal y deberá informársele por los medios que prescriba el orden jurídico del lugar en donde se encuentre.

Las notificaciones que se hagan en los Estados Unidos Mexicanos por medio de edictos a personas que residan en el extranjero serán nulas.

Artículo 1133. Cuando alguna persona extranjera de naturaleza privada actúe por medio de algún representante, se considerará que tal representante, o quien lo sustituya, está autorizado para responder a las reclamaciones y demandas que se intenten en contra de dicha persona con motivo de los actos en cuestión, de conformidad con lo dispuesto en este Código Nacional.

Artículo 1134. Todas las notificaciones y emplazamientos provenientes del extranjero en territorio nacional se harán conformidad con lo dispuesto en este Código Nacional.

Artículo 1135. El plazo concedido a una persona domiciliada en el extranjero para contestar una demanda seguida ante tribunales de los Estados Unidos Mexicanos, nunca podrá ser menor de veinte días hábiles.

Cuando un tribunal extranjero conceda un plazo a una persona residente en México para que conteste una demanda seguida en el extranjero, si fue notificada en territorio mexicano, ese plazo deberá ser similar o mayor, al que se refiere el párrafo anterior.

Artículo 1136. El trato procesal dispensado a mexicanos y extranjeros será igual de conformidad con lo dispuesto por las leyes de los Estados Unidos Mexicanos. Toda persona gozará de los derechos a los mismos procedimientos y medios impugnativos sin necesidad de otorgar garantías especiales, así como del derecho de asistencia judicial y representación jurídica que otorgue el orden jurídico mexicano. No obstante, ningún extranjero podrá recurrir a la protección diplomática de su Estado hasta en tanto hubiese agotado los medios impugnativos que ofrece el orden jurídico mexicano.

El hecho de que una persona carezca de condición o calidad migratoria, que permita su estancia en México, no suspenderá sus derechos y garantías de participación en un proceso.

Artículo 1137. Las autoridades jurisdiccionales nacionales podrán ejecutar las medidas cautelares dictadas por una autoridad jurisdiccional extranjera, cuando el objeto de la medida consista en garantizar la seguridad de personas y bienes.

En su ejecución se observarán las siguientes disposiciones:

I. El cumplimiento de medidas cautelares por una autoridad jurisdiccional nacional no implicará el compromiso de reconocer y ejecutar la sentencia extranjera que se pudiere dictar.

II. La modificación de una medida cautelar, así como las sanciones por peticiones maliciosas o desproporcionadas, se regirán por este Código Nacional y demás leyes nacionales aplicables.

III. En caso de que el afectado justifique la improcedencia de la medida, la autoridad jurisdiccional nacional podrá levantar o disminuir dicha medida de acuerdo con el derecho mexicano.

IV. Si se opusiese una tercería excluyente de dominio o de derechos reales sobre el bien embargado o su posesión de éste último, se resolverá por la autoridad jurisdiccional nacional, de acuerdo con el orden jurídico del lugar de la ubicación de dicho bien.

V. Tratándose de alimentos, se ejecutarán las medidas cautelares solicitadas cuando exista resolución judicial, lo establezca un instrumento internacional o exista prueba incontrovertible a juicio de la autoridad jurisdiccional nacional, de que el ejecutado es deudor alimentista.

Artículo 1138. La autoridad jurisdiccional nacional dictará las medidas necesarias, a petición de cualquier persona o del Ministerio Público, cuando una persona que se presuma extranjera, haya desaparecido o se ignore el lugar donde se encuentre o quien la represente, nombrando un depositario de sus bienes, además informará de inmediato a la representación consular de su nacionalidad y se ordenará la búsqueda correspondiente.

En caso de que, un nacional se extravíe en el extranjero, se enviará al cónsul mexicano en el lugar en que se presume el extravío, la solicitud de búsqueda, incluido el edicto que se publique en los Estados Unidos Mexicanos.

SECCIÓN SEGUNDA
DE LAS PRUEBAS

Artículo 1139. Las disposiciones relativas a la presentación de documentos y desahogo de pruebas en procedimientos internacionales se regirán por lo previsto en instrumentos internacionales y en su defecto, por lo dispuesto en esta Sección.

Artículo 1140. La obligación de exhibir documentos y bienes en procedimientos que se sigan en el extranjero, no comprenderá la de exhibir documentos o copias de documentos identificados por características genéricas.

En ningún caso, podrá una autoridad jurisdiccional nacional ordenar ni llevar a cabo la inspección general de archivos que no sean de acceso al público, salvo en los casos permitidos por las leyes nacionales.

Artículo 1141. Las dependencias y organismos públicos de la Federación, Entidades Federativas y municipales, así como sus servidores públicos, estarán impedidos de llevar a cabo la exhibición de documentos o copias de documentos existentes en archivos oficiales bajo su control y desahogar prueba testimonial con respecto a sus actuaciones en su calidad de tales; se exceptúa de lo anterior los casos que, tratándose de asuntos particulares, deban exhibir documentos o archivos personales según lo permita la Ley.

Artículo 1142. En un proceso extranjero en que se precise la prueba testimonial o declaración de parte requerida, los declarantes podrán ser examinados en términos del derecho procesal extranjero, sin perjuicio de que la autoridad mexicana solicite la aplicación de disposiciones de este Código Nacional cuando se estime que, de aplicarse las extranjeras se vulnerarían derechos humanos.

Se deberá acreditar ante la autoridad jurisdiccional nacional, que los hechos materia del interrogatorio están relacionados con el proceso pendiente y que medie solicitud de parte o de la autoridad extranjera requirente.

Artículo 1143. El estado civil o análogo se acreditará mediante documento salvo que, dejaren de existir los registros o constancias, se admitirá cualquier medio de prueba que acredite dicho estado.

Artículo 1144. Los documentos públicos extranjeros serán reconocidos por las autoridades mexicanas cuando se presenten debidamente apostillados o legalizados en términos de la legislación aplicable o conforme a las salvedades que dispongan los instrumentos internacionales o las leyes nacionales en la materia.

En caso de imposibilidad para obtener la legalización, ésta se substituirá por cualquier prueba adecuada para garantizar su autenticidad.

Tratándose de documentos de nacimiento que acrediten la nacionalidad e identidad de personas mexicanas nacidas en el extranjero o migrantes en retorno de nacionalidad mexicana, no se requerirá de la legalización consular o de la apostilla. Bastará con presentar el certificado de nacimiento extranjero y el acta de nacimiento del padre o madre mexicanos para acreditar su identidad y su nacionalidad mexicana con el fin de obtener el registro de su nacimiento ante los Registros Civiles del país, en términos de la normatividad aplicable.

Párrafo adicionado DOF 04-06-2024

Artículo 1145. Los procedimientos en el ámbito de cooperación internacional observarán el principio de publicidad de conformidad con lo establecido en los tratados internacionales, las leyes nacionales en materia de transparencia, acceso a la información pública, con excepción de los procedimientos donde se ventilen secretos profesionales, comerciales, industriales o personales y protección de datos personales.

En ningún caso podrán ser públicos los procedimientos donde se encuentren involucrados derechos de niñas, niños y adolescentes.

Artículo 1146. Cuando las personas no hablen o no entiendan el idioma español, deberá proveérseles intérprete y traductor, sin perjuicio que puedan nombrar ellas mismas intérprete y traductor de su confianza. Además, podrán producir documentos en su propia lengua y grabar sus declaraciones, mismos que luego deberán traducirse al idioma español. Lo anterior también resulta aplicable para las personas que tengan algún impedimento en comunicarse.

Artículo 1147. Las autoridades jurisdiccionales nacionales podrán encomendar la práctica de diligencias en territorio extranjero a los miembros del Servicio Exterior Mexicano, las cuales producirán sus efectos jurídicos en los procedimientos ante ellas tramitados, en términos de este Código Nacional y la normatividad aplicable, dentro de los límites que conceda el derecho internacional.

Artículo 1148. Un proceso que tenga lugar en el extranjero podrá prepararse solicitando la declaración de testigos, peritos u otras declaraciones para ser practicadas en territorio nacional. La parte interesada al solicitar la diligencia citará los hechos sobre los cuales se hará el examen.

La parte legítima podrá solicitar a la autoridad jurisdiccional nacional actos de emplazamiento, notificación o de recepción de pruebas, para ser utilizados en procesos en el extranjero sin que se requiera exhorto para su trámite, a través de los procedimientos de jurisdicción voluntaria y medios preparatorios a juicio previstos en este Código Nacional, según corresponda.

La diligenciación de cualquiera de estos actos, no implicará el reconocimiento de la competencia asumida por la autoridad jurisdiccional extranjera, ni el compromiso de ejecutar la sentencia que a futuro se dictare en el proceso correspondiente.

Artículo 1149. Las autoridades jurisdiccionales nacionales y los fedatarios públicos nacionales, podrán solicitar el auxilio y cooperación del Servicio Exterior Mexicano para ejecutar actos relacionados con un asunto o proceso que ante ellos se tramite, en los términos previstos por los instrumentos internacionales, este Código Nacional o cualquier disposición legal nacional.

SECCIÓN TERCERA
DE LA COOPERACIÓN, CUANDO INTERVENGAN NIÑAS, NIÑOS Y ADOLESCENTES

Artículo 1150. El ejercicio del derecho de visita y custodia de niñas, niños o adolescentes cuyos padres radiquen en países diferentes de manera habitual, se regirá conforme a los instrumentos internacionales y se observarán las siguientes reglas:

I. Las autoridades nacionales ejecutarán las medidas necesarias a fin de lograr la plena convivencia de las niñas, niños o adolescentes con sus padres, incluyendo la utilización de medios telemáticos;

II. El derecho de visita de una niña, niño o adolescente a otro país diferente al del lugar de su residencia, implicará que el progenitor que lo reciba en visita en el Extranjero o en los Estados Unidos Mexicanos, asegure la restitución de la niña, niño o adolescente, y

III. La autoridad jurisdiccional fijará a cargo de qué persona correrán los gastos de desplazamiento, si es que no hubiese acuerdo entre los interesados.

Artículo 1151. Las solicitudes de restitución internacional de niñas, niños o adolescentes se regirán de acuerdo con los tratados internacionales y en su defecto, por las siguientes disposiciones:

I. La autoridad jurisdiccional tendrá la facultad de ordenar las medidas precautorias y de aseguramiento, con el fin de asegurar el bienestar de las niñas, niños y adolescentes y prevenir que sean nuevamente trasladados indebidamente o retenidos.

II. Los procedimientos de restitución no podrán pronunciarse y decidir sobre el fondo de la guarda y custodia.

III. En los casos de retención o traslado ilícito de una niña, niño o adolescente, deberá procederse de inmediato y sin dilaciones a la restitución del mismo.

IV. Cuando la niña, niño o adolescente reclamado, no se encuentre en territorio mexicano, el órgano competente autorizado responderá a la solicitud informando el resultado de la búsqueda.

Ninguna autoridad jurisdiccional de lugar diferente al de la residencia habitual de la niña, niño o adolescente, podrá declarar a favor de la persona que retiene o efectúe el traslado, algún derecho de custodia, salvo que el derecho convencional internacional lo permita. Si se encuentran en trámite procedimientos jurisdiccionales que resuelvan la custodia, éstos deberán suspenderse.

Artículo 1152. La autoridad jurisdiccional nacional podrá rechazar una solicitud de restitución de una niña, niño o adolescente, cuando la persona que se oponga a la restitución compruebe que:

I. La persona, institución u organismo titulares de la solicitud de restitución, no ejercía de modo efectivo el derecho de custodia en el momento en que fue trasladado o retenido, o había consentido o posteriormente aceptado, dicho traslado o retención.

II. Existe un riesgo grave de que la restitución del menor lo exponga a un peligro físico o psicológico, o que de cualquier otra manera ponga al menor en una situación intolerable.

III. La niña, niño o adolescente, se oponga a la restitución, si ya alcanzó una edad y un grado de madurez suficiente en que resulte apropiado tener en cuenta su opinión.

IV. La restitución podría violentar los derechos humanos reconocidos en los Estados Unidos Mexicanos y las garantías que para ellos se otorguen.

V. Cuando la solicitud de restitución se hubiere presentado un año después de ocurrido el traslado o la retención y se comprueba que la niña, niño o adolescente, ha quedado integrado a su nuevo medio ambiente.

Artículo 1153. Los procedimientos de restitución deberán ser iniciados dentro del plazo máximo de un año contado a partir de la fecha en que la niña, niño o adolescente hubiere sido trasladado o retenido ilícitamente, por lo que corresponderá a la autoridad competente ordenar la restitución inmediata del menor.

Respecto de menores cuyo paradero se desconozca, el plazo se computará a partir del momento en que fueren precisa y efectivamente localizados.

Artículo 1154. Toda solicitud de restitución de una niña, niño o adolescente, proveniente del extranjero, se presentará, por conducto de la Secretaría de Relaciones Exteriores, la cual lo remitirá a la o las autoridades jurisdiccionales competentes.

Si en los Estados Unidos Mexicanos se encuentra la niña, niño o el adolescente, deberán adoptarse todas las medidas adecuadas tendientes a obtener la restitución voluntaria de la niña, niño o adolescente.

Las autoridades nacionales podrán propiciar una solución amigable, a través de la mediación. De no lograrse ésta en una única sesión, deberán iniciar procedimiento jurisdiccional o administrativo con el objeto de conseguir la restitución, o en su caso, permitir la regulación o ejercicio efectivo del derecho de visita.

Artículo 1155. La solicitud de restitución deberá contener al menos lo siguiente:

I. Nombre y datos generales de la niña, niño o adolescente;

II. Nombre y datos del solicitante y el carácter con el que promueve respecto a la niña, niño o adolescente;

III. Antecedentes y los hechos relativos al traslado o sustracción;

IV. El nombre de la persona que se presume retuvo o traslado ilícitamente y el domicilio o ubicación donde se presume que se encuentra la niña, niño o adolescente, y

V. Cualquier información que sea necesaria o pertinente para su localización.

Artículo 1156. La solicitud de restitución deberá estar acompañada de:

I. Copia documento que acredite la custodia de la niña, niño o adolescente solicitado;

II. Constancia de la residencia habitual de la niña, niño o adolescente solicitado;

III. Cualquier otro documento con el que se pueda probar el medio en el que se desarrolla habitualmente la niña, niño o adolescente;

IV. Fotografías y demás datos o elementos precisos de identificación de la niña, niño o adolescente en su caso, y

V. La traducción de los documentos que se presenten en un idioma distinto al del país al que se solicite la restitución.

La autoridad competente podrá prescindir de algunos de estos requisitos si a su juicio se justifica la restitución.

Artículo 1157. Toda petición de restitución será preferente y, salvo consideración especial de la autoridad jurisdiccional, deberá concluir dentro del plazo de seis semanas a partir de su presentación.

Artículo 1158. Ningún procedimiento de custodia tramitado en los Estados Unidos Mexicanos suspenderá la restitución ordenada.

Artículo 1159. Presentada la solicitud de restitución, la autoridad jurisdiccional dispondrá de un plazo de veinticuatro horas para pronunciarse sobre su admisión.

En caso de ser admitida, ordenará correr traslado a la parte de la que se presume ha retenido o trasladado ilícitamente a la niña, niño o adolescente para que, con los apercibimientos legales correspondientes, acuda ante la autoridad jurisdiccional dentro del término de tres días hábiles siguientes en compañía de la niña, niño o adolescente, así como todas las pruebas que considere necesarias para apoyar su objeción a la restitución, si fuera el caso.

El auto que admita la solicitud deberá disponer las medidas cautelares necesarias, y en su caso, ordenará la entrevista con la niña, niño o adolescente solicitado, en términos de este Código Nacional.

Artículo 1160. En la audiencia única la autoridad jurisdiccional intentará conciliar a las partes para su restitución voluntaria y la parte requerida deberá manifestar si acepta restituir voluntariamente a la niña, niño o adolescente; en caso de que así sea, se levantará el acta correspondiente con las condiciones que las partes concedan, debiendo ser dicho acuerdo sancionado por la autoridad jurisdiccional. En caso de que haya objeción en la restitución, quien se oponga deberá hacer valer las excepciones aplicables y ofrecer las pruebas correspondientes que las acrediten.

En esa audiencia, la autoridad jurisdiccional realizará la entrevista a la niña, niño o adolescente. Hecho lo anterior, admitirá o no las pruebas ofrecidas y enseguida procederá a su desahogo, en términos de este Código Nacional.

Artículo 1161. Concluido el desahogo, la autoridad jurisdiccional deberá resolver sobre la restitución, dentro de la misma audiencia.

En caso de que se otorgue la restitución, la autoridad jurisdiccional dictará las medidas adecuadas y eficaces para garantizar el retorno seguro de la niña, niño o adolescente.

La autoridad jurisdiccional deberá informar de dicha decisión a la Secretaría de Relaciones Exteriores.

SECCIÓN CUARTA
DE LOS EXHORTOS INTERNACIONALES Y CARTAS ROGATORIAS

Artículo 1162. Los exhortos o cartas rogatorias que se remitan al extranjero serán comunicaciones oficiales escritas, que contendrán la petición de ejecutar las actuaciones necesarias para el proceso en que se expidan. Dichas comunicaciones contendrán los datos informativos necesarios y las copias certificadas, cédulas, copias de traslado y demás anexos procedentes, con su respectiva traducción, según sea el caso.

Artículo 1163. Los exhortos extranjeros o cartas rogatorias que se reciban serán diligenciados conforme a la legislación mexicana, salvo en lo prescrito en los instrumentos internacionales y en este Código Nacional. Sólo requerirán homologación cuando requieran ejecución forzosa sobre personas, bienes o derechos. En este caso, se aplicará lo dispuesto por el apartado relativo a la ejecución de sentencias extranjeras.

Artículo 1164. Los exhortos o cartas rogatorias relativas a notificaciones, recepción de pruebas y a otros asuntos de sólo trámite, se diligenciarán sin necesidad de homologación o reconocimiento, de acuerdo con las siguientes disposiciones:

I. La solicitud deberá contener la descripción de las formalidades necesarias para la diligenciación del exhorto o carta rogatoria;

II. La autoridad jurisdiccional nacional requerida podrá conceder la simplificación de formalidades o la observancia de formalidades diversas a las nacionales, salvo que concurra una excepción al reconocimiento o aplicación del derecho extranjero o vulnere los derechos humanos;

III. La autoridad jurisdiccional prevendrá al solicitante en caso de que se omitiere acompañar los documentos correspondientes, para que dentro del plazo de cuarenta y cinco días naturales presente la documentación faltante, caso contrario, se desechará la solicitud;

IV. Las autoridades jurisdiccionales nacionales formarán expediente de todas las actuaciones que realicen en todos los procedimientos de cooperación internacional en las que intervengan y enviarán copia de las actuaciones que correspondan a la autoridad jurisdiccional requirente;

V. En el caso de que no se pudiere ejecutar la totalidad de lo solicitado a la autoridad jurisdiccional nacional, deberá retransmitir la autoridad jurisdiccional competente el resto para su ejecución. Las autoridades jurisdiccionales que conozcan deberán informar al requirente, y

VI. No se exigirán requisitos de forma adicionales respecto de los exhortos o cartas rogatorias que provengan del extranjero.

Las autoridades jurisdiccionales nacionales que sean competentes para realizar las diligencias, deberán cooperar y colaborar entre ellas.

Artículo 1165. Los exhortos o cartas rogatorias podrán ser presentadas a la autoridad jurisdiccional competente por las propias partes interesadas, vía judicial, vía consular, agentes diplomáticos o por la autoridad competente del Estado requirente, salvo que los instrumentos internacionales prescriban otra cosa.

Se privilegiará la presentación y transmisión por vías oficiales, que no implique la participación de las partes interesadas.

Los exhortos o cartas rogatorias provenientes del extranjero que sean presentadas por conductos oficiales no requerirán legalización o apostillamiento, tampoco la requerirán los que se remitan al extranjero, salvo que el otro Estado lo exija.

La participación de particulares en cualquier acto de traslado o presentación de exhortos o cartas rogatorias sin participación de los conductos oficiales, requerirán la legalización o apostillamiento, según corresponda.

Artículo 1166. Todo exhorto o carta rogatoria, así como los anexos que se reciban del extranjero, en idioma distinto del español, deberán acompañarse de su debida traducción.

Artículo 1167. Las autoridades nacionales jurisdiccionales de ciudades fronterizas que requieran enviar o recibir cartas rogatorias, podrán diligenciarlas a través de sus servidores públicos adscritos, en caso de que el Estado requerido lo tenga previsto en su legislación.

Lo anterior no requerirá de legalización ni apostillamiento, únicamente deberá obrar constancia del nombre y cargo del personal que obre la diligencia.

La autoridad nacional fronteriza deberá cerciorarse de la autenticidad del exhorto o carta rogatoria, por el medio de comunicación que estime más idóneo.

Artículo 1168. La entrega de resultados o devolución de un exhorto o carta rogatoria, se hará por la misma vía en que se recibió, o por la vía en que lo solicite la autoridad jurisdiccional internacional requirente.

SECCIÓN QUINTA
DE LA UTILIZACIÓN DE VIDEOCONFERENCIAS EN PROCESOS INTERNACIONALES

Artículo 1169. De acuerdo al uso de tecnologías en la cooperación internacional, requirente y requerido, podrán utilizar videoconferencias para la ejecución de actos procesales y empleo de medios electrónicos de comunicación oficiales.

Artículo 1170. Procederá el empleo de videoconferencia cuando medie solicitud del Estado requirente y sea técnicamente realizable. La preparación de la videoconferencia podrá iniciarse por medio de correo electrónico o cualquier otra tecnología que permita la transmisión de la solicitud, siempre que se remita de un sistema de información que esté bajo el control del iniciador o de la parte que la envíe en nombre de éste. Se establecerá día, hora y lugar de la misma.

Artículo 1171. La solicitud para el empleo de videoconferencia deberá señalar:

I. Las formas y medios técnicos que permitan lograr la comunicación entre el requirente y el requerido.

II. La naturaleza del caso, nombres y domicilios de las personas a ser interrogadas, el objetivo que se persigue con la diligencia y los impedimentos previstos por orden jurídico del requirente para que una persona declare.

Artículo 1172. Durante una videoconferencia solo podrán permanecer en la sala de audiencia los interesados y deberá privilegiarse la privacidad y deberá grabarse la videoconferencia desde su inicio hasta su conclusión. Para su ejecución se tomarán en cuenta las siguientes reglas:

a) Cuando los técnicos informen que se ha logrado la comunicación, la autoridad requirente comenzará notificando lugar, fecha, nombres de las personas que intervendrán en la videoconferencia como autoridad jurisdiccional, persona secretaria judicial, nombre de los declarantes y abogados presentes. Lo mismo hará la autoridad requerida;

b) La autoridad requerida identificará a cada testigo o perito a ser interrogados. Deberá aludir a los medios como se ha realizado la identificación, debiendo obtener copia de los documentos identificatorios. En caso necesario, deberá estar presente la persona que hubiese de realizar la traducción, que también deberá ser identificada;

c) La autoridad requirente tomará la protesta o juramento de que el declarante se conducirá con verdad, incluida el apercibimiento en la que se le haga saber al declarante la sanción por conducirse con falsedad;

d) Durante la audiencia podrán presentarse aquellos documentos que se pongan a la vista del declarante para su reconocimiento. Podrá recurrirse a cualquier tipo de tecnología que permita la transmisión de cualquier tipo de datos, y

e) El examen lo hará la autoridad requirente o los abogados reconocidos ante ésta. Las preguntas podrán ser objetadas por el requirente o el requerido, cuando no sean admisibles acorde al orden jurídico mexicano.

SECCIÓN SEXTA
DE LA INFORMACIÓN DEL DERECHO EXTRANJERO

Artículo 1173. El conocimiento, texto, alcance, sentido y vigencia del derecho extranjero, escrito o no escrito, deberá realizarse en forma oficiosa por la autoridad jurisdiccional nacional, pudiendo los interesados allegarle a la autoridad jurisdiccional datos o elementos para su conocimiento.

Para informarse del texto, vigencia, sentido y alcance legal del derecho extranjero, el que, de resultar aplicable se considerará derecho y no hecho; las autoridades jurisdiccionales mexicanas podrán valerse de informes oficiales al respecto, pudiendo solicitarlos al Servicio Exterior Mexicano, o bien, las autoridades jurisdiccionales podrán ordenar o admitir las diligencias que consideren necesarias o que ofrezcan las partes.

Artículo 1174. Por sentido y alcance legal del derecho extranjero se entenderá el resultado de la interpretación del derecho y normas extranjeras y de su aplicabilidad al caso concreto. El sentido implica la calificación del supuesto, así como el significado de lo contenido en la disposición extranjera, mientras que el alcance comprende los datos o campos sobre los que aplica o se abstiene de su aplicación. Se hará el mismo análisis tratándose de usos, costumbres, tradiciones o valores culturales extranjeros, sin embargo, estos sí se considerarán hechos sujetos a prueba.

Artículo 1175. La solicitud de informe sobre derecho extranjero se tramitará acorde a lo establecido en los instrumentos internacionales. En su defecto, se observará lo siguiente:

a) Preferentemente, se dirigirá a la autoridad central extranjera solicitándole le informe sobre el texto, vigencia, sentido y alcance legal del derecho extranjero, en el apartado que desea conocer. A su solicitud, deberá agregar una síntesis de los hechos a partir de los cuales se formula la solicitud;

b) De no ser posible lo anterior, la autoridad jurisdiccional podrá ordenar y admitir las diligencias que considere necesarias o que le ofrezcan las partes en la audiencia preliminar, y

c) Asimismo, podrá ordenar el desahogo de dictámenes o pruebas periciales a cargo de expertos mexicanos o extranjeros, solicitar el auxilio del servicio consular mexicano en el extranjero e incluso, podrá emplear medios electrónicos que le den rapidez a la comunicación e informe de ese derecho extranjero.

Artículo 1176. Cuando un Estado extranjero solicite informes sobre el derecho nacional, así como de usos y costumbres, se tramitará acorde a lo establecido en los instrumentos internacionales. En su defecto, se observará lo siguiente:

I. La autoridad jurisdiccional extranjera podrá solicitar a la Secretaría de Relaciones Exteriores un informe sobre el texto, vigencia, sentido y alcance legal del derecho mexicano que desea conocer. A su solicitud, deberá agregar una síntesis de los hechos a partir de los cuales se formula la solicitud.

II. La Autoridad Central nacional podrá acceder directamente a la solicitud o, en su caso, asistirse de personas expertas y conocedoras del apartado del derecho solicitado. En la información que pudiera proporcionar, dará a conocer los textos prescritos del orden jurídico mexicano que contengan la respuesta, su interpretación, según los precedentes de las autoridades jurisdiccionales y doctrinarios que obtuviese, y una opinión sobre cómo una autoridad jurisdiccional nacional calificaría e interpretaría el derecho para el caso concreto solicitado, así como los usos y costumbres.

La respuesta que proporcione el Estado mexicano no implicará que la sentencia que se pudiera dictar en el extranjero tenga que ejecutarse en los Estados Unidos Mexicanos, ni que con ello reconozca la competencia asumida por la autoridad jurisdiccional extranjera.

Artículo 1177. Cuando se admita una demanda y contestación que impliquen la aplicación del derecho extranjero o que tenga aspectos de derecho internacional privado, la autoridad jurisdiccional nacional deberá citar a la audiencia preliminar en términos de este Código Nacional.

Artículo 1178. En la audiencia preliminar la autoridad jurisdiccional deberá precisar la procedencia de su competencia judicial internacional y en su caso, definir el derecho sustantivo aplicable, nacional o extranjero. Las partes podrán manifestar sus argumentos jurídicos sobre la competencia y el derecho sustantivo aplicable, que consideran deben ser tomados en cuenta por la autoridad jurisdiccional para emitir su declaración.

Las partes podrán convenir en una solución a su conflicto, decidir sobre la autoridad jurisdiccional competente y definir el derecho sustantivo aplicable en aquellos casos que así sea permitido.

Artículo 1179. Depurado el procedimiento y hecha la declaración de competencia de la autoridad jurisdiccional nacional y definido el derecho sustantivo aplicable, tanto la audiencia preliminar como el procedimiento continuará en los términos previstos por este Código Nacional y resolverá aplicando los diversos derechos de manera armónica, procurando realizar las finalidades perseguidas por cada uno de tales derechos. Las dificultades causadas por la aplicación simultánea de tales derechos se resolverán tomando en cuenta las exigencias de la equidad en el caso concreto.

Artículo 1180. La autoridad jurisdiccional nacional para mejor proveer podrá admitir o allegarse de informes técnicos de personas, instituciones y organismos ajenos al litigio y que ostenten reconocida competencia sobre la cuestión planteada por las partes; éstas tendrán el carácter de Amigos del Tribunal y su informe no implicará el pago de costas u honorarios.

CAPÍTULO III
DE LA EJECUCIÓN DE SENTENCIAS, LAUDOS Y RESOLUCIONES DICTADAS EN EL EXTRANJERO

Artículo 1181. El procedimiento de reconocimiento de sentencias, laudos arbitrales y demás resoluciones extranjeras, así como su ejecución se regirán conforme a las disposiciones previstas en los instrumentos internacionales aplicables y las contenidas en este Código Nacional, en particular, las disposiciones especiales de este Capítulo.

Los efectos que las sentencias, laudos arbitrales y demás resoluciones extranjeras produzcan en los Estados Unidos Mexicanos se regirán por lo dictado en la sentencia, fallo o laudo arbitral.

La forma y el fondo de la sentencia extranjera, así como los procedimientos seguidos para dictarla, estarán regulados por el orden jurídico del lugar de la autoridad jurisdiccional que la emitió, incluidas sus normas de conflicto.

Artículo 1182. La autoridad jurisdiccional competente mexicana para ejecutar una sentencia, laudo o resolución jurisdiccional proveniente del extranjero, será el del domicilio del ejecutado o el del lugar donde se encuentran los bienes sobre los que deba ejecutarse la sentencia. En el caso de un laudo arbitral, también será competente la autoridad jurisdiccional mexicana cuando la sede del arbitraje haya sido en los Estados Unidos Mexicanos.

Artículo 1183. Las sentencias extranjeras que no requieran el procedimiento de reconocimiento u homologación para su ejecución, así como demás documentos públicos extranjeros, deberán ser reconocidas de acuerdo con los tratados internacionales y al derecho mexicano.

Artículo 1184. Tratándose de sentencias, laudos arbitrales o resoluciones jurisdiccionales que únicamente vayan a utilizarse como prueba, será suficiente que las mismas llenen los requisitos necesarios para ser consideradas como documentos auténticos.

Artículo 1185. Los acuerdos o transacciones judiciales entre las partes, sancionados por una autoridad jurisdiccional extranjera, podrán reconocerse como sentencias firmes cuando se acredite que en el país de origen se le otorgue dicho carácter. Para esto, deberá presentarse una certificación de la autoridad jurisdiccional del Estado de origen, haciendo constar que la transacción judicial o una parte de ella es ejecutoria como lo es una resolución judicial en el Estado de origen.

Artículo 1186. Las sentencias, laudos arbitrales privados de carácter no comercial y resoluciones jurisdiccionales dictados en el extranjero, tendrán carácter de cosa juzgada para ser ejecutadas en los Estados Unidos Mexicanos, si cumplen con los siguientes requisitos:

I. Que se hayan satisfecho las formalidades previstas en este Código en materia de exhortos o cartas rogatorias provenientes del extranjero y llenen los requisitos para ser considerados como auténticos;

II. Que no hayan sido dictados como consecuencia del ejercicio de una acción real inmobiliaria;

III. Que la autoridad jurisdiccional que dictó la sentencia haya tenido competencia para conocer y juzgar el asunto de acuerdo con las reglas reconocidas en la esfera internacional, que sean análogas y compatibles con las adoptadas por el orden jurídico mexicano;

IV. No se reconocerá la competencia de la autoridad jurisdiccional extranjera cuando el acuerdo de elección del foro sea estimado como nulo si alguna de las partes carecía de la capacidad para celebrar el acuerdo;

V. Que el demandado haya sido notificado o emplazado en forma personal a efecto de asegurarle la garantía de audiencia y el efectivo ejercicio de sus defensas y derechos procesales;

VI. Que tengan el carácter de cosa juzgada en el país en que fueron dictados, o que no exista recurso ordinario en su contra;

VII. Que la acción que les dio origen no sea materia de juicio que esté pendiente entre las mismas partes ante autoridades jurisdiccionales nacionales y en el cual hubiere prevenido la autoridad jurisdiccional nacional o cuando menos que el exhorto o carta rogatoria para emplazar hubieren sido tramitados y entregados a la Secretaría de Relaciones Exteriores o a las autoridades del Estado donde deba practicarse el emplazamiento, y

VIII. Que la ejecución de la resolución no vaya en contra de instituciones o principios fundamentales del orden público mexicano, que implique la evasión fraudulenta del derecho aplicable.

No obstante, lo anterior la autoridad jurisdiccional podrá negar la ejecución si se probara que en el país de origen no se ejecutan sentencias o laudos extranjeros en casos análogos.

Cuando la sentencia no evidencie los requisitos anteriores, la autoridad jurisdiccional requerida podrá solicitar otros medios de prueba para constatar que se cumplen tales.

Artículo 1187. En la resolución de reconocimiento u homologación, la autoridad jurisdiccional deberá especificar, si fuere el caso, qué parte del procedimiento de ejecución podrá ejecutarse siguiendo formas especiales o distintas a las mexicanas. La autoridad jurisdiccional también especificará las formas procesales que podrán adicionarse o suprimirse. Lo anterior procederá siempre y cuando no resulte lesivo a principios e instituciones fundamentales del orden público y especialmente a los Derechos Humanos contemplados en la Constitución. La petición extranjera o la parte interesada deberá integrar la descripción de las formalidades cuya aplicación se solicite para la diligenciación del exhorto internacional o carta rogatoria.

Artículo 1188. El exhorto de la autoridad jurisdiccional requirente deberá acompañarse de la siguiente documentación:

I. Copia auténtica de la sentencia, laudo o resolución jurisdiccional;

II. Copia auténtica de las constancias que acrediten que se cumplieron los requisitos previstos en las fracciones IV y V del artículo 1186;

III. Las traducciones al idioma español que sean necesarias al efecto, y

IV. Que el ejecutante haya señalado domicilio para oír notificaciones en el lugar de la autoridad jurisdiccional del reconocimiento u homologación.

Artículo 1189. Ninguna sentencia o resolución extranjera será reconocida en el ámbito nacional cuando:

I. Al momento de la solicitud de reconocimiento no posea el carácter de cosa juzgada.

II. La sentencia carezca totalmente de efectos jurídicos en todo el territorio del Estado donde fue emitida.

III. La sentencia resulta contraria a los principios o instituciones fundamentales del orden público nacional o fue emitida en fraude a la ley.

IV. El procedimiento concreto que condujo a la resolución fue incompatible con los principios fundamentales de equidad procesal establecidos en el derecho nacional.

SECCIÓN ÚNICA
DE LA EJECUCIÓN FORZOSA

Artículo 1190. El reconocimiento y ejecución de sentencias, fallos y laudos extranjeros que impliquen coacción en su ejecución, requerirá procedimiento de homologación y se sujetará a las siguientes disposiciones, en el entendido de que no podrá controvertirse el fondo de la resolución:

I. Se citará personalmente tanto a la persona ejecutante como a la ejecutada y se les concederá el término de nueve días para que manifiesten lo que a su derecho conviniere. Se les admitirán los medios de prueba que ofrezcan si fueren pertinentes y se señalará fecha y hora de audiencia para su desahogo. La preparación de la prueba correrá a cargo del oferente, salvo razón fundada.

II. Las personas autorizadas o reconocidas como apoderados por la autoridad jurisdiccional extranjera podrán actuar como tal conforme a las facultades que la autoridad requirente señale.

III. En todo momento la autoridad jurisdiccional ejecutante velará por el interés superior de las niñas, niños y adolescentes y gozará de plenitud de jurisdicción para garantizar sus derechos.

IV. Los gastos de ejecución correrán a cargo de parte interesada, sin perjuicio que en su momento deban ser cubiertos por la parte ejecutada.

V. La resolución que determine la ejecución forzosa deberá pronunciarse dentro del plazo de tres días, una vez que se haya desahogado la última prueba. Dicha resolución es apelable en ambos efectos.

VI. Las cuestiones sobre el depósito, avalúo, subasta y demás sobre la ejecución de la sentencia se regirán conforme a este Código Nacional.

VII. La autoridad jurisdiccional de ejecución, y en su caso, la de segunda instancia, se abstendrá de pronunciarse sobre el fondo del fallo ni sobre los fundamentos del hecho o derecho en que se apoye, ni exigir equivalencia de resultados del fallo extranjero con respecto al propio, únicamente examinarán la autenticidad de la misma y sobre la forma de su ejecución en términos de este Código Nacional.

VIII. La sentencia reconocida podrá tener cumplimientos parciales cuando no sea posible cumplimentarse en su integridad.

IX. La autoridad jurisdiccional que se declare incompetente para ejecutar la sentencia deberá remitir oficiosamente los autos a la autoridad jurisdiccional que considere competente.

X. La resolución que reconozca la sentencia extranjera precisará en su caso, qué parte del procedimiento de ejecución observará disposiciones especiales o extranjeras, observando la autoridad jurisdiccional requerida que no se violenten derechos humanos.

XI. El exhorto internacional de requerimiento o solicitud deberá especificar las formalidades de su diligenciación.

Durante la tramitación del procedimiento de reconocimiento no procederá recurso alguno, ni medio que lo suspenda.

Artículo 1191. La resolución reconocida será cumplimentada conforme al derecho mexicano, excepto en los casos en que se autoricen disposiciones distintas.

En el caso de subasta pública, los fondos resultantes quedarán a disposición de la autoridad jurisdiccional extranjera hasta por la cantidad definida en la resolución. El resto será distribuido por la autoridad jurisdiccional ejecutante conforme al derecho nacional.

ARTÍCULOS TRANSITORIOS

Artículo Primero. El presente Decreto entrará en vigor al día siguiente de su publicación en el Diario Oficial de la Federación.

Artículo Segundo. La aplicación de lo dispuesto en el Código Nacional de Procedimientos Civiles y Familiares previsto en el presente Decreto, entrará en vigor gradualmente, como sigue: en el Orden Federal, de conformidad con la Declaratoria que indistinta y sucesivamente realicen las Cámaras de Diputados y Senadores que integran el Congreso de la Unión, previa solicitud del Poder Judicial de la Federación, sin que la misma pueda exceder del 1o. de abril de 2027.

En el caso de las Entidades Federativas, el presente Código Nacional, entrará en vigor en cada una de éstas de conformidad con la Declaratoria que al efecto emita el Congreso Local, previa solicitud del Poder Judicial del Estado correspondiente, sin que la misma pueda exceder del 1o. de abril de 2027.

La Declaratoria que al efecto se expida, deberá señalar expresamente la fecha en la que entrará en vigor el Código Nacional de Procedimientos Civiles y Familiares, y será publicada en el Diario Oficial de la Federación y en los Periódicos o Gacetas Oficiales del Estado, según corresponda.

Entre la Declaratoria a que se hace referencia en los párrafos anteriores, y la entrada en vigor del presente Código Nacional de Procedimientos Civiles y Familiares, deberán mediar máximo 120 días naturales. En todos los casos, vencido el plazo, sin que se hubiera emitido la Declaratoria respectiva, la entrada en vigor será automática en todo el territorio nacional sin que la misma pueda exceder el día 1o. de abril de 2027.

Artículo Tercero. De conformidad con el Artículo Segundo de las Disposiciones Transitorias de este Decreto, se abrogan el Código Federal de Procedimientos Civiles, así como la legislación procesal civil y familiar de las Entidades Federativas.

Artículo Cuarto. Los procedimientos civiles y familiares que a la entrada en vigor del Código Nacional de Procedimientos Civiles y Familiares se encuentren en trámite, continuarán su sustanciación de conformidad con la legislación aplicable en el momento del inicio de los mismos, salvo que las partes conjuntamente opten por la regulación del Código Nacional.

No procederá la acumulación de procesos civiles y familiares cuando alguno de ellos se esté tramitando conforme al presente Código Nacional, y el otro proceso conforme a un Código abrogado.

Artículo Quinto. Cuando por razón de competencia, sea por fuero o territorio, se realicen actuaciones conforme a un fuero o sistema procesal distinto al que se remiten, podrá la autoridad jurisdiccional receptora convalidarlas, siempre que, de manera, fundada y motivada, se concluya que se respetaron las garantías esenciales del debido proceso en el procedimiento de origen.

Asimismo, podrá regularizarse aquellas actuaciones que, también de manera fundada y motivada, la autoridad jurisdiccional que las recibe determine que las mismas deban ajustarse a las formalidades del sistema civil o familiar al cual se incorporarán tomando en cuenta su marco sustantivo interno.

Artículo Sexto. En el caso de la Federación, la Cámara de Diputados, tomando en cuenta la estimación de ingresos aprobados para cada ejercicio fiscal, y con base en los principios de austeridad, eficiencia, eficacia y economía, contemplará en los ejercicios fiscales posteriores a la publicación del presente Decreto, una asignación de recursos presupuestarios para el cumplimiento del presente Decreto.

Para efectos de lo anterior, el Poder Judicial de la Federación, al elaborar su proyecto de presupuesto de egresos anual, deberá observar los criterios generales de política económica, en los términos de la Ley Federal de Presupuesto y Responsabilidad Hacendaria y demás disposiciones aplicables.

Los Congresos Locales, en el ámbito de sus atribuciones, aprobarán los recursos presupuestarios correspondientes para los Poderes Judiciales de las Entidades Federativas, para el cumplimiento del presente Decreto.

En todo caso y siempre que proceda, las adecuaciones a las estructuras orgánicas, ocupacionales y salariales que se deriven de la ejecución del presente Decreto, deberán realizarse mediante movimientos compensados y no deberán incrementar el presupuesto regularizable de servicios personales.

Artículo Séptimo. La Secretaría de Gobernación, sesenta días hábiles posteriores a la publicación de este Decreto, instalará y presidirá una Comisión para la Coordinación del Sistema de Justicia previsto en el presente Decreto, con la participación de la Presidencia de la Comisión Nacional de Tribunales Superiores de Justicia de los Estados Unidos Mexicanos; la Presidencia del Tribunal Superior de Justicia del Estado, así como la Presidencia de la Comisión de Justicia del Congreso Local que corresponda, quienes concurrirán a convocatoria o solicitud ante la Presidencia de la Comisión, con el fin de configurar la asistencia técnica a los Poderes Judiciales, Federal y Locales, en la instrumentación del Código Nacional de Procedimientos Civiles y Familiares con base en el desarrollo de habilidades, destrezas y sanas prácticas procesales, y la definición de estándares uniformes de operación del sistema; así como la correcta aplicación de los recursos públicos asignados; asimismo la Comisión contará con la representación de la Presidencia de la Comisión de Justicia tanto de la Cámara de Diputados como del Senado de la República; y la Presidencia del Consejo de la Judicatura Federal y Locales, en caso de ausencia de las personas designadas, concurrirán quienes ostenten su representación legal. En todos los casos las participaciones de quienes integran esta Comisión, serán honoríficos.

La Comisión tendrá por objeto analizar y acordar las políticas de coordinación necesarias para la instrumentación del Código Nacional de Procedimientos Civiles y Familiares, así como la armonización legislativa que apareja, en todo el territorio nacional. Para dichos efectos podrá convocar a los diversos grupos de la sociedad y la academia, de conformidad con las Bases de Operación que para dichos efectos expida la propia Comisión, en cumplimiento a su Acuerdo de instalación. La Comisión deberá remitir un Informe de Actividades a las Cámaras del Congreso General de los Estados Unidos Mexicanos.

Artículo Octavo. La Comisión, atendiendo a lo previsto en el Artículo Sexto transitorio, contará con una Secretaría Técnica, encargada de ejecutar los Acuerdos y determinaciones de la Comisión, así como coadyuvar, coordinar y brindar apoyo a las autoridades Locales y Federales en la instrumentación del Código Nacional de Procedimientos Civiles y Familiares.

Artículo Noveno. Los Poderes Judiciales de la Federación y de las Entidades Federativas, en el ámbito de sus respectivas competencias, establecerán las etapas y calendarios para llevar a cabo las acciones y medidas necesarias para la instrumentación del Código Nacional de Procedimientos Civiles y Familiares, de conformidad con las asignaciones presupuestales aprobadas para ese fin en sus respectivos presupuestos de egresos del ejercicio fiscal que corresponda.

La Comisión prevista en el Artículo Séptimo de estas Disposiciones Transitorias, dará seguimiento a la implementación conforme a lo establecido o dispuesto en el párrafo anterior.

Artículo Décimo. El Congreso General de los Estados Unidos Mexicanos, así como las Legislaturas de las Entidades Federativas, contarán con un plazo máximo de 180 días naturales posteriores a la publicación del presente Decreto, para expedir las actualizaciones normativas correspondientes para su debido cumplimiento.

Artículo Décimo Primero. Los Poderes Judiciales Federal y de las Entidades Federativas, deberán hacer los ajustes reglamentarios para la adopción de las mejoras en sus estructuras e infraestructura física y tecnológica y de capacitación en el plazo máximo de a la entrada en vigor del presente Código Nacional.

Artículo Décimo Segundo. Para la instrumentación de lo dispuesto en este Decreto, tanto en el ámbito Federal como Local, las autoridades podrán establecer Convenios de Colaboración.

Artículo Décimo Tercero. Toda referencia a la legislación procesal civil y familiar Federal y de las Entidades Federativas, en ordenamientos diversos, se entenderá a partir de la vigencia en las mismas, al Código Nacional de Procedimientos Civiles y Familiares.

Artículo Décimo Cuarto. El Consejo de la Judicatura Federal coordinará, con los Consejos de la Judicatura de las Entidades Federativas, la armonización regulatoria y operativa respecto de la información judicial a su cargo para la instrumentación de una plataforma digital bajo la denominación de Sistema Nacional de Información Jurisdiccional, para acceso y consulta pública, la cual deberá contener al menos el nombre de la persona actora, demandada, autoridad jurisdiccional que conoce del juicio o de la apelación, tipo de juicio, así como las resoluciones de primera y segunda instancia y en su caso si se promovió juicio de amparo.

En esta plataforma se agregará un apartado, en el que se contengan las direcciones de correo electrónico de las autoridades, peritos y auxiliares oficiales.

Dicha plataforma digital será administrada por el Consejo de la Judicatura Federal, quien tendrá control y resguardo absoluto de las bases de datos, bajo lineamientos que al efecto expida para el manejo y recopilación de la información, observando en todo momento el marco regulatorio en materia de transparencia.

Artículo Décimo Quinto. En materia de digitalización de documentos en expedientes judiciales, mientras el Consejo de la Judicatura respectivo no establezca sus propios lineamientos, deberá cumplirse lo que para tal efecto establece la Norma Oficial Mexicana que señala los requisitos que deben observarse para la conservación de mensajes de datos y digitalización de documentos.

Artículo Décimo Sexto. Para efecto de que todas las comunicaciones y notificaciones electrónicas, se les realicen a todas las autoridades, peritos y demás auxiliares oficiales a través de su dirección de correo electrónico oficial, deberán señalar dicha dirección en su página de internet oficial, de contar con ella, y en todo caso deberán hacerlo de conocimiento de los poderes judiciales dentro de los 90 días siguientes a la entrada en vigor del presente Decreto. Los poderes judiciales deberán registrar y almacenar dicha información, para remitirla al Sistema Nacional de Información Jurisdiccional a fin de que sea de acceso público.

Artículo Décimo Séptimo. Los Consejos de la Judicatura Federal y de las Entidades Federativas, contarán con un plazo máximo de 180 días naturales a partir de la publicación de este Decreto, para emitir el formato único concursal; así como el diseño e instrumentación del Boletín Concursal Nacional Digital en la Plataforma del Sistema Nacional de Información Jurisdiccional, en el que se registre el número de expediente de cada proceso judicial de insolvencia que se admita, la fecha de admisión, el juzgado de radicación y el nombre de la persona deudora. Dicho registro será público, y tendrá por objeto servir de medio de notificación de los procedimientos de insolvencia a todos los acreedores que puedan ser afectados; así como a las autoridades jurisdiccionales que conozcan de algún proceso a favor o en contra de la persona deudora.

Artículo Décimo Octavo. Las sociedades de información crediticia contarán con un plazo máximo de 180 días naturales a partir de la entrada gradual en vigor del presente Decreto según corresponda, para incorporar en sus reportes de crédito una clasificación especial que identifique a las personas deudoras que celebraron un convenio, plan de pagos, o sentencia, que deriven del concurso civil que prevé el presente Código Nacional.

Artículo Décimo Noveno. Se derogan todas aquellas disposiciones que establezcan procedimientos de interdicción, cuyo efecto sea restringir la capacidad jurídica de las personas mayores de 18 años, de conformidad con lo previsto por las Disposiciones Transitorias del presente Decreto.

Artículo Vigésimo. Para el caso que, en la fecha de publicación en el Diario Oficial de la Federación este Código Nacional, en la legislación vigente de las entidades federativas no exista regulación relacionada con el procedimiento especial de declaración de ausencia por desaparición, a partir del día siguiente de dicha publicación, se aplicarán supletoriamente las disposiciones del presente Código Nacional.

Ciudad de México, a 24 de abril de 2023.- Sen. Alejandro Armenta Mier, Presidente.- Dip. Santiago Creel Miranda, Presidente.- Sen. Verónica Noemí Camino Farjat, Secretaria.- Dip. Sarai Núñez Cerón, Secretaria.- Rúbricas.

En cumplimiento de lo dispuesto por la fracción I del Artículo 89 de la Constitución Política de los Estados Unidos Mexicanos, y para su debida publicación y observancia, expido el presente Decreto en la Residencia del Poder

Ejecutivo Federal, en la Ciudad de México, a 6 de junio de 2023.- Andrés Manuel López Obrador.- Rúbrica.- El Secretario de Gobernación, Lic. Adán Augusto López Hernández.- Rúbrica.

Artículos Transitorios de Decretos de Reforma

DECRETO por el que se adicionan los artículos 314 y 1144 del Código Nacional de Procedimientos Civiles y Familiares.

Publicado en el Diario Oficial de la Federación el 4 de junio de 2024

Artículo Único. Se adicionan un tercer párrafo al artículo 314 y un tercer párrafo al artículo 1144 del Código Nacional de Procedimientos Civiles y Familiares, para quedar como sigue:

....

TRANSITORIOS

Primero. El presente Decreto entrará en vigor el día siguiente al de su publicación en el Diario Oficial de la Federación.

Segundo. La Secretaría de Gobernación, a través de la Dirección General del Registro Nacional de Población e Identidad, emitirá los lineamientos para acreditar la autenticidad de los certificados de nacimiento expedidos por autoridades extranjeras, a efecto de darlos a conocer a todas las autoridades del registro civil en el país.

Ciudad de México, a 23 de abril de 2024.- Dip. **Marcela Guerra Castillo**, Presidenta.- Sen. **Ana Lilia Rivera Rivera**, Presidenta.- Dip. **Pedro Vázquez González**, Secretario.- Sen. **Verónica Noemí Camino Farjat**, Secretaria.- Rúbricas."

En cumplimiento de lo dispuesto por la fracción I del Artículo 89 de la Constitución Política de los Estados Unidos Mexicanos, y para su debida publicación y observancia, expido el presente Decreto en la Residencia del Poder Ejecutivo Federal, en la Ciudad de México, a 4 de junio de 2024.- **Andrés Manuel López Obrador**.- Rúbrica.- La Secretaria de Gobernación, **Luisa María Alcalde Luján**.- Rúbrica.

PUNTOS RESOLUTIVOS de la sentencia dictada por el Tribunal Pleno de la Suprema Corte de Justicia de la Nación en la Acción de Inconstitucionalidad 154/2023, promovida por la Comisión Nacional de los Derechos Humanos.

Notificados al Congreso de la Unión para efectos legales el 14 de agosto de 2024

Al margen un sello con el Escudo Nacional, que dice: Poder Judicial de la Federación.- Suprema Corte de Justicia de la Nación.

SECRETARÍA GENERAL DE ACUERDOS
OFICIO NÚM. SGA/MOKM/272/2024

SEÑOR LICENCIADO EDUARDO ARANDA MARTÍNEZ
SECRETARIO DE LA SECCIÓN DE TRÁMITE DE CONTROVERSIAS CONSTITUCIONALES Y DE ACCIONES DE INCONSTITUCIONALIDAD DE LA SUPREMA CORTE DE JUSTICIA DE LA NACIÓN

P R E S E N T E

El Tribunal Pleno, en su sesión celebrada el trece de agosto de dos mil veinticuatro, resolvió la acción de inconstitucionalidad 154/2023, promovida por la Comisión Nacional de los Derechos Humanos, en los términos siguientes:

"PRIMERO. Es procedente y parcialmente fundada la presente acción de inconstitucionalidad.

SEGUNDO. Se reconoce la validez de los artículos 554, en su porción normativa 'entendida como la violencia ejercida contra las mujeres a través de sus hijos', y 610, fracción II, en su porción normativa 'el mismo menor', del Código Nacional de Procedimientos Civiles y Familiares, publicado en el Diario Oficial de la Federación el siete de junio de dos mil veintitrés.

TERCERO. Se declara la invalidez de los artículos 610, fracciones II y IV, en sendas porciones normativas 'que hubiere cumplido la edad exigida por la legislación sustantiva de cada Entidad Federativa', y 638, fracción III, del referido Código Nacional de Procedimientos Civiles y Familiares, la cual

surtirá sus efectos a partir de la notificación de estos puntos resolutivos al Congreso de la Unión.

CUARTO. Publíquese esta resolución en el Diario Oficial de la Federación, así como en el Semanario Judicial de la Federación y su Gaceta."

Cabe señalar que el Tribunal Pleno determinó que la declaratoria de invalidez surtirá sus efectos a partir de la notificación de estos puntos resolutivos al Congreso de la Unión, por lo que le solicito gire instrucciones para que, a la brevedad, se practique la citada notificación al referido Congreso, inclusive al titular del Poder Ejecutivo Federal.

Asimismo, con el objeto de dar cumplimiento a lo determinado por el Tribunal Pleno en su sesión privada celebrada el doce de abril de dos mil diez, le solicito que remita a esta Secretaría General de Acuerdos únicamente copia certificada del documento en el que conste la notificación que se realice al Congreso de la Unión.

Atentamente

Ciudad de México; 13 de agosto de 2024

LICENCIADO RAFAEL COELLO CETINA.- Rúbrica.

Notificados los puntos resolutivos a la Cámara de Diputados del H. Congreso de la Unión el miércoles 14 de agosto de 2024 a las 12:40 hrs.- Dirección General de Asuntos Jurídicos.- Sello de Recibido.

Ley Registral para la Ciudad de México

PUBLICADA EN LA GACETA OFICIAL DE LA CIUDAD DE MÉXICO EL 11 DE JUNIO DE 2018

TEXTO VIGENTE

Última reforma publicada en la G.O. CDMX el 27 de septiembre de 2024

DECRETO POR EL QUE SE ABROGA LA LEY REGISTRAL PARA EL DISTRITO FEDERAL Y SE EXPIDE LA LEY REGISTRAL PARA LA CIUDAD DE MÉXICO.

JOSÉ RAMÓN AMIEVA GÁLVEZ, Jefe de Gobierno de la Ciudad de México, a sus habitantes sabed:

Que la H. Asamblea Legislativa del Distrito Federal, VII Legislatura se ha servido dirigirme el siguiente

D E C R E T O

(Al margen superior izquierdo el Escudo Nacional que dice: ESTADOS UNIDOS MEXICANOS.- **ASAMBLEA LEGISLATIVA DEL DISTRITO FEDERAL.- VII LEGISLATURA**)

ASAMBLEA LEGISLATIVA DEL DISTRITO FEDERAL

VII LEGISLATURA

D E C R E T A

DECRETO POR EL QUE SE ABROGA LA LEY REGISTRAL PARA EL DISTRITO FEDERAL Y SE EXPIDE LA LEY REGISTRAL PARA LA CIUDAD DE MÉXICO.

Artículo Único.- Se abroga la Ley Registral para el Distrito Federal y se expide la Ley Registral para la Ciudad de México, para quedar como sigue:

LEY REGISTRAL PARA LA CIUDAD DE MÉXICO

TÍTULO PRIMERO
DISPOSICIONES GENERALES

CAPÍTULO PRIMERO
DISPOSICIONES GENERALES

Artículo 1.- Esta Ley es de orden e interés público y tiene por objeto establecer las disposiciones legales que regulan el proceso registral del Registro Público de la Propiedad de la Ciudad de México de conformidad con lo dispuesto por el Código Civil para la Ciudad de México.

Artículo 2.- El Registro Público de la Propiedad es la Institución a través de la cual el Gobierno de la Ciudad de México, cumple la función de dar publicidad a la situación jurídica de bienes y derechos, así como los actos jurídicos que conforme a la ley deban registrarse para surtir efectos contra terceros.

El Registro Público de la Propiedad proporcionará orientación y asesoría a los particulares y usuarios para la realización de los trámites que tiene encomendados. Todos los trámites a que se refiere esta Ley estarán disponibles para su consulta en el sitio de internet del Registro Público de la Propiedad de forma accesible para los ciudadanos.

Artículo 3.- Para los efectos de esta Ley se entenderá por:

I. Administración Pública: a la Administración Pública de la Ciudad de México;

II. Asientos registrales: las notas de presentación, las anotaciones preventivas, las inscripciones, las cancelaciones y las rectificaciones;

III. Autoridad Competente: el Jefe de Gobierno de la Ciudad de México, la Consejería Jurídica y de Servicios Legales, el Registro Público de la Propiedad, la Unidad de Firma Electrónica de dependencia encargada del control interno, cada una en el ámbito de sus competencias;

IV. Antecedente Registral: el documento que fue elaborado con sujeción a los procedimientos y formalidades vigentes al momento de su creación;

V. Boletín: a la Sección Boletín Registral, de la Gaceta Oficial de la Ciudad de México;

VI. Certificado Electrónico: es el documento firmado electrónicamente por un prestador de servicios de certificación que vincula los datos de la firma a su autor y confirma su identidad;

VII. Código: al Código Civil para la Ciudad de México;

VIII. Consejería Jurídica: a la Consejería Jurídica y de Servicios Legales del Gobierno de la Ciudad de México;

IX. Copia certificada electrónica: es la reproducción total o parcial de una escritura, acta o testimonio, así como de sus respectivos documentos del apéndice, o sólo de éstos o de alguno o algunos de ellos, que el Notario expide únicamente en soporte electrónico y que autoriza mediante su firma electrónica notarial. La copia certificada electrónica que el notario autorice será un documento notarial válido jurídicamente y se considerará con valor equivalente a la copia certificada prevista en la Ley del Notariado para la Ciudad de México;

X. Custodia: Resguardo administrativo de documentos;

XI. Titular: al titular del Registro Público de la Propiedad de la Ciudad de México;

XII. Firma electrónica: (FEA) la firma electrónica avanzada que es generada con un certificado reconocido legalmente a través de un dispositivo seguro de creación de firma y tiene, en relación a la información firmada, un valor jurídico equivalente al de la firma autógrafa;

XIII. Firma electrónica notarial: (FEN) es la firma electrónica de un notario de la Ciudad de México, la cual se considera con igual valor jurídico que su firma autógrafa y su sello de autorizar en términos de la Ley de Firma Electrónica de la Ciudad de México y demás disposiciones aplicables;

XIV. Hoja de seguridad: al papel oficial en que se expiden las certificaciones;

XV. Jefe de Gobierno: al Jefe de Gobierno de la Ciudad de México;

XVI. Ley: a la Ley Registral para la Ciudad de México;

XVII. Migración: es el traslado de la información registral al folio electrónico;

XVIII. Registro Público: a.- El Registro Público de la Propiedad Inmueble; y, b.- El Registro Público de las Personas Morales ambos de la Ciudad de México; y

XIX. Reglamento: al Reglamento de la Ley Registral para la Ciudad de México.

Artículo 4.- Corresponde el ejercicio de la función registral al Jefe de Gobierno de la Ciudad de México y la realiza a través del titular del Registro Público.

Artículo 5.- Para el cumplimiento de sus funciones, el Registro será dotado de la estructura operativa y funcional necesaria, en términos de lo que señale el Reglamento, que proveerá en la esfera administrativa a la exacta observancia del Código y de esta Ley.

Las funciones encomendadas a los servidores públicos del Registro se regirán por el Código, por esta Ley, su Reglamento, Manuales de Organización, de procedimientos y demás ordenamientos que resulten aplicables.

Artículo 6.- El Jefe de Gobierno nombrará al titular del Registro Público, quien tendrá las siguientes atribuciones:

I. Ser depositario de la fe pública registral y ejercerla, para cuyo pleno ejercicio se auxiliará de los registradores y demás unidades administrativas y servidores públicos de la Institución, autorizados conforme a las disposiciones aplicables;

II. Coordinar y controlar las actividades registrales y promover políticas, acciones y métodos que contribuyan a la mejor aplicación y empleo de los elementos técnicos y humanos, para el eficaz funcionamiento del Registro;

III. Girar instrucciones tendientes a unificar criterios, que tendrán carácter obligatorio para los servidores públicos de la Institución; los criterios registrales que nunca podrán ser contrarios a lo que dispone el Código y la presente Ley, deberán publicarse en el Boletín.

IV. Conocer, substanciar y resolver los recursos de inconformidad que se presenten en los términos de la Ley y su Reglamento;

V. Permitir de manera oportuna la consulta de los asientos registrales, así como de los documentos relacionados con los mismos que estuvieren archivados en su acervo, sin que pueda negar ni restringir ese derecho a los usuarios, excepto cuando la Ley así lo establezca;

VI. Expedir las certificaciones y constancias que le sean solicitadas, en los términos del Código, de la presente Ley y su Reglamento;

VII. Designar a servidores públicos para que autoricen los documentos que no le sean expresamente reservados, debiendo publicar el aviso correspondiente en el Boletín; lo anterior, sin perjuicio de su intervención directa cuando lo estime conveniente;

VIII. Publicar la información correspondiente en el Boletín;

IX. Autorizar el formato para la utilización de hojas de seguridad, en que deban expedirse las certificaciones;

X. Autorizar el formato para la creación y utilización del folio electrónico;

XI. Implementar la instrumentación de los sistemas de tecnología requeridos para el funcionamiento del Registro conforme a las disposiciones aplicables;

XII. Supervisar la actualización permanente del sistema registral, así como favorecer la vinculación técnica, operativa y jurídica entre el Registro y otras dependencias e instituciones;

XIII. Promover la implantación y operación de un sistema de calidad en el Registro;

XIV. Ordenar la conformación de la estadística relativa a la operación del Registro;

XV. Informar mensualmente a las instancias correspondientes, sobre la estadística consolidada y desglosada de las actividades del Registro;

XVI. Elaborar y presentar propuestas de programas institucionales de corto, mediano y largo plazo, con los correspondientes proyectos de presupuestos, a fin de contar oportunamente con los recursos necesarios para la prestación del servicio registral y de favorecer la constante mejora y actualización del Registro;

XVII. Representar al Registro en los procedimientos judiciales o administrativos, en asuntos de su competencia y en aquellos en que se demande al Registro, sin perjuicio de las facultades de representación que otorga el Reglamento Interior de la Administración Pública de la Ciudad de México al Director General de Servicios Legales;

XVIII. Proponer a la Consejería Jurídica las reformas y adiciones a los ordenamientos legales en materia registral;

XIX. Proponer la celebración de convenios y acuerdos de coordinación con dependencias o entidades federales o estatales, así como con organizaciones vinculadas con los servicios registrales, a efecto de difundir o mejorar la función registral;

XX. Elaborar y proponer a la Consejería Jurídica la expedición de los manuales de organización, de procedimientos, del sistema informático y de servicios electrónicos que se requieran para el cumplimiento eficiente de la función registral;

XXI. Actualizar la prestación de los servicios que ofrece el Registro, así como los trámites, requisitos y formatos para acceder a los mismos, en términos de la Ley de Transparencia, Acceso a la Información Pública y Rendición de Cuentas de la Ciudad de México; y

XXII. Las demás que le sean conferidas por el Código, por esta Ley u otros ordenamientos.

Artículo 7.- Para ser titular del Registro Público se requiere:

I. Ser licenciado en derecho;

II. Contar con una experiencia mínima de cinco años en la práctica de la profesión, preferentemente registral;

III. Tener treinta años cumplidos en el momento de su designación;

IV. No encontrarse inhabilitado para desempeñar el cargo; y

V. No haber sido sentenciado mediante sentencia ejecutoriada, por un delito doloso que amerite pena privativa de libertad.

Artículo 8.- Los servicios registrales se prestarán en la sede del Registro y las solicitudes y su desahogo se podrán hacer en el propio Registro o por vía electrónica.

Artículo 9.- El Registro contará con Registradores quienes tendrán las siguientes atribuciones:

I. Auxiliar en el ejercicio de la fe pública registral;

II. Realizar la calificación extrínseca de los documentos que les sean turnados para su inscripción o anotación dentro de un plazo máximo de veinte días hábiles siguientes al de su presentación;

III. Inscribir, anotar, suspender o denegar el servicio registral conforme a las disposiciones del Código, de esta Ley y su Reglamento;

IV. Dar cuenta a su inmediato superior, de los fundamentos y resultados de la calificación;

V. Realizar el proceso de inscripción, autorizando con su firma los asientos registrales, así como las constancias que se generen por la inscripción correspondiente;

VI. Cumplir con las disposiciones aplicables, así como con las instrucciones que emita el titular del Registro y los demás deberes que le impone el Código y la presente Ley;

VII. Realizar las inscripciones por riguroso turno, según el momento de la presentación de los documentos y dentro de los plazos establecidos en el Código y la presente Ley;

VIII. Expedir con sujeción a los requisitos que señale el Código y la presente Ley, certificaciones de los asientos que se encuentren en el archivo a su cargo, así como reproducciones y transcripciones certificadas del acervo registral, autorizándolas con su firma;

IX. Hacer constar que un determinado inmueble no está inscrito en el Registro;

X. Certificar si una persona determinada tiene o no inscrito a su nombre algún bien inmueble o derecho real;

XI. Realizar la reposición del acervo registral que esté deteriorado, extraviado o destruido, conforme a las constancias existentes en el Registro, así como las que sean proporcionadas o indicadas por los interesados, autoridades o notarios, conforme al Código y la presente Ley;

XII. Proporcionar a las instancias facultadas, los datos registrales que les soliciten y existan en el Registro, conforme a las disposiciones aplicables;

XIII. Resolver sobre las solicitudes de corrección, rectificación, reposición, convalidación y cancelación de asientos;

XIV. Comprobar el pago de los derechos de inscripción, y verificar que se haya dejado constancia en la escritura, del pago del impuesto de adquisición de inmuebles u otras contribuciones conforme lo exija el Código Fiscal de la Ciudad de México, o bien que se hayan acompañado al documento los comprobantes de pago correspondientes; y

XV. Las demás que les sean conferidas por el Código y por esta Ley.

Los registradores se excusarán de ejercer sus funciones, cuando ellos, su cónyuge, sus ascendientes, descendientes y parientes consanguíneos colaterales hasta el cuarto grado tengan algún interés en el asunto sobre el que verse el documento a calificar. Respecto de parientes afines, la excusa deberá tener lugar, si son en línea recta, sin limitación de grado y en línea colateral hasta del segundo grado.

Artículo 10.- Para ser Registrador se requiere ser licenciado en derecho y cumplir con los requisitos y condiciones que se establezcan en el Reglamento.

Artículo 11.- Los términos previstos en esta Ley, salvo disposición en contrario, se contarán por días hábiles y comenzarán a correr a partir del día hábil siguiente al en que surta sus efectos la publicación de la notificación o desde aquél en que se extienda la constancia de recibo si se trata de notificaciones por oficio.

CAPÍTULO SEGUNDO
DE LOS PRINCIPIOS REGISTRALES

Artículo 12.- La función registral se prestará con base en los principios registrales contenidos en esta Ley y el Código, los cuales se enuncian a continuación de manera enunciativa más no limitativa:

I. Publicidad: Es el principio y función básica del Registro que consiste en revelar la situación jurídica de los bienes y derechos registrados, a través de sus respectivos asientos y mediante la expedición de certificaciones y copias de dichos asientos, permitiendo conocer las constancias registrales.

II. Inscripción: Es el principio por el cual el registro ésta obligado a asentar los actos que determine la Ley, y que sólo por ésta circunstancia, surten efectos frente a terceros.

III. Especialidad o determinación: Principio en virtud del cual, el registro realiza sus asientos precisando con exactitud los derechos, los bienes y los titulares.

IV. Consentimiento: Consiste en la necesidad de la expresión de la voluntad acreditada fehacientemente de quien aparece inscrito como titular registral de un asiento, a efecto de que se modifique o cancele la inscripción que le beneficia.

V. Tracto Sucesivo: Es la concatenación ininterrumpida de inscripciones sobre una misma unidad registral.

VI. Rogación: Es un principio que implica que el Registrador no puede actuar de oficio sino a petición o instancia de parte interesada.

VII. Prioridad o prelación: Principio que implica que la preferencia entre derechos sobre una finca se determine por el número de entrada que otorgue el Registro, que se basará en el día, hora, minuto y segundo de su presentación ante la ventanilla, lo que determinará la preferencia y el rango, con independencia de la fecha de otorgamiento del documento.

VIII. Legalidad: Es la función atribuida al Registrador para examinar los documentos que se presenten para su inscripción y determinar si los mismos son susceptibles de inscribirse; y en caso afirmativo, llevar a cabo la inscripción solicitada, o en su defecto suspender el trámite si contienen defectos que a su juicio son subsanables o denegarla en los casos en que los defectos sean insubsanables.

IX. Legitimación: Principio en cuya virtud, prevalece lo inscrito mientras no se pruebe su inexactitud; y

X. Fe Pública Registral: Por el principio de fe pública registral se presume, salvo prueba en contrario, que el derecho inscrito en el Registro existe y pertenece a su titular en la forma expresada en la inscripción o anotación respectiva.

La seguridad jurídica es una garantía institucional que se basa en un título auténtico generador del derecho y en su publicidad que opera a partir de su inscripción o anotación registral, por lo tanto, el registrador realizará siempre la inscripción o anotación de los documentos que se le presenten. Las causas de suspensión o denegación se aplicarán de manera estricta, por lo que sólo podrá suspenderse o denegarse una inscripción o anotación, en los casos de excepción que señala el Código y esta Ley.

Artículo 13.- La inscripción de los actos o contratos en el Registro Público tiene efectos declarativos, por lo tanto no convalida los actos o contratos que sean nulos con arreglo a las leyes.

No obstante lo dispuesto en el párrafo anterior, los actos o contratos que se otorguen o celebren por personas que en el Registro aparezcan con derecho para ello, no se invalidarán en cuanto a tercero de buena fe una vez inscritos, aunque después se anule o resuelva el derecho de su otorgante o de titulares anteriores en virtud de título no inscrito aún siendo válido o por causas que no resulten claramente del mismo Registro. Lo dispuesto en este artículo no se aplicará al último adquirente cuya adquisición se haya efectuado en violación a disposiciones prohibitivas o de orden público. En cuanto a adquirentes a título gratuito, gozarán de la misma protección registral que la que tuviere su causante o transferente. La buena fe se presume siempre; quien alegue lo contrario tiene la carga de la prueba.

Artículo 14.- El derecho registrado se presume que existe y que pertenece a su titular en la forma expresada en el asiento respectivo. Se presume también que el titular de una inscripción de dominio o de posesión, tiene la posesión del inmueble inscrito.

No podrá ejercitarse acción contradictoria de dominio del inmueble o derechos reales sobre el mismo o de otros derechos inscritos o anotados a favor de persona o entidad determinada, sin que previa o concomitantemente, se entable demanda de nulidad o cancelación de la inscripción en que conste dicho dominio o derecho.

En el caso de cualquier procedimiento judicial o administrativo en el que se afecten bienes, derechos reales sobre los mismos o sus frutos, tal afectación quedará sin efecto, una vez que conste manifestación auténtica del Registro Público, que indique que dichos bienes o derechos están inscritos a favor de persona distinta de aquella contra la cual se dictó la ejecución, a no ser que se hubiere dirigido contra ella la acción, como causahabiente del que aparece como titular en el Registro Público.

Todo lo inscrito o anotado goza de la presunción de autenticidad, veracidad, legalidad y exactitud.

En tanto no se declare judicialmente la falsedad o nulidad de un asiento del Registro Público, en cuanto se refieran a derechos inscribibles o anotables, producen todos sus efectos. Los errores materiales o de concepto, se rectificarán en términos del Código y de la presente Ley.

TÍTULO SEGUNDO

CAPÍTULO ÚNICO
DEL SERVICIO PROFESIONAL DE CARRERA REGISTRAL

Artículo 15.- Con el fin de garantizar que los servidores públicos que presten el servicio público registral lo realicen con eficiencia, eficacia y certeza, el Jefe de Gobierno dictará a través del Reglamento, medidas necesarias para profesionalizar dicho servicio, las cuales tendrán el carácter de obligatorias y que comprenderán el desarrollo, capacitación profesional del personal, selección para la prestación del servicio registral, evaluación del desempeño, normas éticas, obligatoriedad de prestar el servicio y responsabilidad del personal.

Artículo 16.- Para efectos del artículo anterior se creará un órgano encargado del desarrollo del servicio profesional de carrera registral al interior del Registro Público; asimismo se integrará una Comisión compuesta por las entidades, dependencias, e instituciones públicas y privadas relacionadas con la función registral en los términos que establezca el Reglamento, la cual supervisará, evaluará y hará las recomendaciones necesarias y contará con representación de los registradores.

Dicho órgano entrará en funciones una vez que se encuentre operando de manera plena el servicio profesional de carrera en la Ciudad de México.

Artículo 17.- El Servicio Profesional Registral es un sistema público de carrera que se integrará por servidores públicos calificados en el desempeño de sus funciones, el cual tendrá como objeto:

I. Coadyuvar con la consecución de los fines del Registro;

II. Proveer mediante procedimientos claros, objetivos y transparentes al Registro del personal calificado necesario para prestar el Servicio Profesional;

III. Asegurar el desempeño profesional de las actividades del Registro y el desarrollo de sus integrantes, conforme a los principios rectores de la función registral;

IV. Apoyar al ejercicio de las atribuciones de sus órganos; y

V. Contribuir a garantizar la constitucionalidad y legalidad de todos los actos del Registro.

Artículo 18.- Para el cumplimiento de su función el Registro Público deberá:

I. Reclutar y seleccionar al personal profesional conforme a la Ley y el Reglamento;

II. Formar y desarrollar al personal del Registro conforme a lo establecido en esta Ley y su Reglamento;

III. Generar en el personal la lealtad e identificación con el Registro Público propiciando condiciones de equidad, objetividad y certeza en el desempeño de sus labores;

IV. Procurar la permanencia, superación y consolidación de su personal, sin que ello implique su inamovilidad; y

V. Evaluar periódicamente la labor de su personal y retribuirlo adecuadamente.

TÍTULO TERCERO
DEL SISTEMA REGISTRAL

CAPÍTULO PRIMERO
DISPOSICIONES GENERALES

Artículo 19.- La finca y la persona moral constituyen la unidad básica registral.

Artículo 20.- El folio real y el folio de persona moral, numerado y autorizado, son los documentos físicos o electrónicos, que contendrán sus datos de identificación, así como los asientos de los actos jurídicos o hechos que en ellos incidan.

Artículo 21.- A la apertura del folio electrónico, la primera inscripción contendrá la materia a la que se refiere, los antecedentes registrales vigentes y la siguiente información, según conste en el libro, folio o título que le de origen a la apertura:

I. Inmueble:

a) Descripción del mismo;

b) Calle y número y/o lote y manzana que lo identifique;

c) Denominación, si la tuviere;

d) Alcaldía en la que se ubique;

e) Fraccionamiento, colonia, poblado o barrio;

f) Código postal;

g) Superficie, con letra y número, si la tuviere;

h) Rumbos, medidas y colindancias;

i) Número de cuenta catastral; y

j) Titular registral con sus generales.

II. Persona Moral:

a) Denominación o razón social;

b) Tipo de persona moral;

c) Objeto;

d) Domicilio;

e) Importe del capital social, en su caso;

f) Duración; y

g) Registro Federal de Contribuyentes.

Artículo 22.- A la apertura de cada folio electrónico se le dará el número progresivo que le corresponda y según la materia de que se trate.

Artículo 23- Los Registradores, al realizar el proceso de migración de datos de un Folio Real, deberán analizar únicamente la inscripción del último titular registral.

La migración que se haga para la apertura del folio electrónico, con base en los datos de libros, folios reales o folios de personas morales, se hará trasladando la información vigente, sin calificación alguna. De toda migración deberá dejarse constancia en el sistema informático, señalando el número de folio electrónico que le corresponda.

Realizada la migración, se podrá revisar la misma, por errores u omisiones.

Artículo 24.- Todo folio será autorizado con firma electrónica del servidor público de la Institución que se designe. De la designación a que se refiere el presente artículo quedará constancia en el sistema informático.

Artículo 25.- Cada asiento deberá contener, en todos los casos, lo siguiente:

a) El número y fecha de entrada;

b) Datos de identificación del documento presentado;

c) Acto jurídico asentado y los elementos que sean materia de publicidad, en los términos de lo dispuesto por el Código y la presente Ley;

d) Generales de los otorgantes, si constan en el documento;

e) Clave Única de Registro de Población (CURP) y Registro Federal de Contribuyentes (RFC), si constan en el documento; y

f) Nombre y firma del registrador.

CAPÍTULO SEGUNDO
DEL SISTEMA INFORMÁTICO

Artículo 26.- En términos del Código, el Registro Público deberá operar con un sistema informático integral, mediante el cual se realice la captura, almacenamiento, custodia, seguridad, consulta, reproducción, verificación y transmisión de la información contenida en el acervo registral.

Artículo 27.- El procedimiento registral se llevará electrónicamente a través del sistema informático y de comunicación remota. La información almacenada en el sistema y los archivos complementarios necesarios serán utilizados para inscribir, asentar, anotar, cancelar, verificar, rectificar, validar y reponer los asientos registrales, así como para expedir certificados, copias certificadas y constancias de los asientos.

Los asientos que autorice el Registrador mediante firma electrónica, así como las certificaciones y constancias originales son documentos públicos y tendrán valor probatorio pleno. El mismo valor probatorio, tendrán los asientos y actos registrales que contengan la base de datos del sistema.

Artículo 28.- El sistema informático incluirá:

I. Un control de gestión;

II. Un sistema de procedimiento registral;

III. Un sistema de información permanente y actualizado para su consulta pública, incluyendo días y horas inhábiles;

IV. Las bases de datos y archivos complementarios, necesarios para explotar y validar la información; y

V. Los respaldos.

Artículo 29.- A través del control de gestión se incorpora, ordena, archiva y consulta la información sobre los trámites y servicios que presta la institución, desde su ingreso hasta su conclusión.

La situación de los trámites y servicios en el control de gestión, según corresponda, se actualizará conforme a las siguientes etapas del procedimiento:

I. Ingresado;

II. En calificación;

III. Inscrito;

IV. Suspendido;

V. Detenido por causas internas;

VI. Denegado;

VII. En recurso de inconformidad;

VIII. Resolución del Recurso; y

IX. Entregado.

La situación de los trámites, se actualizará diariamente según corresponda de acuerdo con las etapas del procedimiento.

Dichas etapas serán consultables por los usuarios a través de los medios informáticos y del Boletín.

Tratándose de las etapas a que se refieren las fracciones IV, V, VI y VIII, la determinación correspondiente se publicará íntegramente en el Boletín, debiendo incluirse en tal publicación, de manera detallada y precisa, los fundamentos y motivación de la resolución, de tal manera que el interesado, con la simple publicación en el mencionado Boletín, pueda formular la acción legal que decida ejercer.

Artículo 30.- La solicitud de entrada y trámite o, en su caso, la solicitud electrónica respectiva, tendrá el objeto de servir:

A) Como elemento probatorio de la prelación de los documentos presentados, los que deberán contar con el número de entrada correspondiente, fecha y hora; y

B) Como medio de control de los mismos.

Artículo 31.- La función registral se apoyará en los archivos de validación sustentados en el sistema informático.

Artículo 32.- La Dependencia encargada del control interno del Gobierno de la Ciudad, con base en la Ley de Firma Electrónica de la Ciudad de México y demás disposiciones aplicables, determinará el uso de la Firma Electrónica en los documentos y asientos registrales relativos al acervo registral.

Artículo 33.- El registrador practicará los asientos a través del sistema informático y los autorizará con su firma electrónica al igual que todo documento que emita, circunstancia que se publicará en el Boletín.

Artículo 34.- El Sistema Registral permitirá la consulta electrónica externa de la base de datos del acervo registral, en los términos del Código, de la presente Ley, su Reglamento y los lineamientos que emita el Registro.

Artículo 35.- Cuando la autorización a que se refiere el artículo anterior se otorgue a notarios, dicha autorización permitirá el envío de solicitudes por medios electrónicos con la utilización de la firma electrónica notarial. El Registro enviará por el mismo medio el acuse de recibo al propio notario. Dicho acuse servirá como boleta de ingreso y la determinación que recaiga a la solicitud se enviará por el mismo medio, a fin de que el notario pueda imprimir ambas. El régimen jurídico de la utilización de la firma electrónica notarial y de las copias certificadas electrónicas en materia registral, se regirá por el Código, por la Ley del Notariado para la Ciudad de México y por esta Ley.

Artículo 36.- Para garantizar la integridad, confidencialidad y disponibilidad de la información registral, el sistema informático contará con las medidas de seguridad necesarias, autorizaciones y procedimientos según la Ley de Firma Electrónica de la Ciudad de México y las demás disposiciones aplicables.

CAPÍTULO TERCERO
DE LA CONSULTA

Artículo 37.- La consulta de los asientos se realizará proporcionando el número del folio real o de la persona moral. A falta de éstos se podrá solicitar la búsqueda de los asientos proporcionando cualquiera de los siguientes datos:

I. Tratándose de inmuebles:

a) Denominación de la finca;

b) Calle o avenida, número y colonia;

c) Lote, manzana y fraccionamiento;

d) Nombre o clave única de registro de población (CURP) de alguno de los propietarios o de los titulares de otros derechos; y

e) Clave catastral.

II. En caso de personas morales:

a) Denominación o razón social;

b) Registro Federal de Contribuyentes; y

c) Nombre de los socios, asociados o administradores.

III. Por cualquier otro dato que determine el titular

Artículo 38.- La información registral deberá ser consultada para la calificación de los documentos por parte de los registradores directamente a través del sistema informático.

Artículo 39.- La consulta electrónica externa podrá hacerse por notarios a través de la utilización de la firma electrónica notarial, y por las personas que así lo soliciten y cumplan con los requisitos para ello, en términos de ésta Ley. Se llevará una bitácora de las consultas efectuadas.

TÍTULO CUARTO
DEL PROCEDIMIENTO REGISTRAL

CAPÍTULO PRIMERO
DISPOSICIONES GENERALES

Artículo 40.- Cuando el acto sea inscribible y el notario haya sido requerido y expensado para ello, deberá presentar a inscripción el formato precodificado, testimonio o copia certificada electrónica, que expida en los términos de la Ley de Notariado para la Ciudad de México.

Artículo 41.- El procedimiento registral se inicia con la asignación del número de entrada y trámite a la solicitud presentada.

La fase de recepción podrá ser física, acompañada del testimonio del instrumento en el que conste el acto a inscribir, o electrónica acompañada de un formato precodificado o una copia certificada electrónica. En todo caso se acreditará el pago de los derechos que se causen, cuando así proceda.

La fase de recepción consistirá, dependiendo el caso, de lo siguiente:

I. Recepción física.- El interesado presentará en la Oficialía de Partes del Registro el testimonio u otro título auténtico y se sujetará a las siguientes reglas:

a) Ingresado el documento, el sistema informático asignará al mismo, el número de entrada por orden de presentación, que será progresivo, fecha, hora y materia a que corresponda, lo que se hará constar en la solicitud de entrada y trámite de cada documento, de la que un ejemplar deberá entregarse al solicitante. La numeración se iniciará cada año calendario, sin que por ningún motivo, esté permitido emplear para documentos diversos el mismo número, salvo que se trate de un solo instrumento;

b) Con la solicitud de entrada y trámite, se turnará el testimonio o documento a inscribir, al registrador para continuar la fase de calificación; y

c) El documento presentado, podrá ir acompañado del formato precodificado.

II. Recepción electrónica.- El notario podrá enviar por medios telemáticos a través del sistema informático, el formato precodificado y una copia certificada electrónica en la que conste el acto a inscribir y deberá sujetarse a las siguientes reglas:

a. El formato precodificado, deberá enviarse firmado electrónicamente y una copia certificada electrónica, así como de su correspondiente pago de derechos que en su caso procedan. El sistema informático asignará al mismo, el número de entrada por orden de presentación, que será progresivo, fecha, hora y materia a que corresponda, generando con estos datos una boleta de ingreso y que surtirá efectos de solicitud de entrada y trámite, que se enviará al notario por vía telemática de manera inmediata. La numeración se iniciará cada año calendario, sin que por ningún motivo, esté permitido emplear para documentos diversos el mismo número, salvo que se trate de un sólo instrumento; y

b. La copia certificada electrónica deberá incluir las "notas complementarias" del instrumento en las que el notario indique que se ha cumplido con todos los requisitos fiscales y administrativos que el acto requiera para su inscripción.

Artículo 42.- Una vez cumplidas las fases a que se refiere el artículo que precede, se pasará directamente a la fase de calificación extrínseca con el registrador.

El registrador verificará que el testimonio, formato precodificado o la copia certificada electrónica coincidan con el contenido del folio correspondiente a la finca o persona moral y no podrá exigir otros datos, requisitos e información que la necesaria para el llenado del formato precodificado. El contenido y características del formato precodificado serán establecidos en el Reglamento.

Los registradores deberán calificar y resolver, según corresponda, los documentos que se presenten al Registro para inscripción o anotación, dentro de un plazo máximo de veinte días hábiles siguientes al de su presentación.

La calificación registral consistirá en verificar únicamente que:

I. El documento presentado y el acto en el contenido sean de los que deben inscribirse o anotarse;

II. El documento satisfaga los requisitos de forma establecidos en la ley que lo rige como necesarios para su validez;

III. En el documento conste acreditada la identidad, capacidad y legitimación de los otorgantes que el acto consignado requiera, en su caso. Cuando por cualquier circunstancia alguno de los titulares registrales varíe su nombre, denominación o razón social, procederá la inscripción cuando así se hubiere hecho constar ante notario;

IV. Exista identidad entre el bien previamente inscrito y el descrito en el título. No habrá falta de identidad cuando no coincida la descripción en uno o algunos de los datos, si de los demás elementos comparados se desprende dicha identidad;

V. No haya incompatibilidad entre el texto del documento y los asientos regístrales; no se considerará incompatibilidad entre el texto del documento en relación con lo registrado en el antecedente registral sobre el cual se solicite su inscripción, cuando sea posible acreditar con los elementos aportados en el documento o los ingresados mediante subnúmero, su identidad con los asientos que constan en el Registro Público de la Propiedad de la Ciudad de México, como pueden ser los otorgantes del acto jurídico, el inmueble sobre el que recae la operación o del gravamen sobre el cual se solicita su cancelación, modificación o ampliación, en cuyo caso se deberá continuar con el Procedimiento Registral.

La incompatibilidad sólo tendrá lugar cuando los derechos de que se trate no puedan coexistir. No existirá incompatibilidad cuando se trate de una inexactitud por error material; sin embargo, cuando se aporten elementos con los cuales sea posible realizar la rectificación correspondiente, los mismos serán ingresados por subnúmero para que el mismo Registrador que califique el documento, continúe con la calificación y él mismo, solicite a la Subdirección de Ventanilla Única y Control de Gestión que proporcione un número de entrada;

VI. Esté fijada la cantidad máxima que garantice un gravamen en el caso de obligaciones de monto indeterminado, salvo los casos previstos en la última parte del artículo 3011 del Código, cuando se den las bases para determinar el monto de la obligación garantizada;

VII. En el acto consignado en el instrumento se observe el tracto sucesivo, lo que significa que para inscribir o anotar cualquier título deberá constar previamente inscrito o anotado el derecho de la persona que otorgó aquel o de la que vaya a resultar afectada por la inscripción, a no ser que se trate de una inscripción de inmatriculación judicial;

VIII. El documento cumpla con los requisitos que deba llenar de acuerdo con el Código u otras leyes aplicables, como indispensables para su inscripción;

IX. No haya operado el cierre de registro, en términos del artículo 3044 segundo párrafo del Código;

X. En el caso de anotaciones preventivas tales como embargo, fianza o anotación de demanda, si ya caducaron, verificará que conste en el documento solicitud de cancelación del interesado y si no consta, el Registrador estará a lo dispuesto por el artículo 43 de la presente Ley; y

XI. En el caso de anotaciones preventivas tales como embargo, fianza o anotación de demanda, que aún no hayan caducado, verificará que conste en el documento su reconocimiento por las partes y si no consta, el Registrador estará a lo dispuesto por el artículo 43 de la presente Ley.

Verificado lo anterior, el registrador deberá realizar la anotación o inscripción dentro del plazo mencionado en este artículo.

Siendo el trámite por vía electrónica, se reducirá al menos a la mitad el plazo señalado en este artículo.

Artículo 43.- El registrador, dentro del plazo señalado en el artículo anterior, podrá suspender la inscripción o anotación, según sea el caso, si el documento contiene defectos subsanables, debiendo fundar y motivar su resolución, la que deberá ser publicada íntegramente en el Boletín.

En este caso el documento deberá subsanarse en un plazo de diez días hábiles, a partir de la publicación a que se refiere el párrafo anterior, pudiéndolo hacer en el propio Registro y de no ser posible así, se denegará su inscripción. Cuando para subsanar el documento se deba obtener otro documento no esencial para el otorgamiento del acto, que deba ser expedido por autoridad distinta y en el instrumento obre constancia de haberse solicitado previamente a su otorgamiento, el registrador suspenderá la anotación o inscripción por un plazo que no exceda de noventa días al término del cual denegará la inscripción.

Cuando la inscripción o anotación se solicite por la vía electrónica, se observará el procedimiento señalado en el párrafo anterior en lo posible, por la misma vía electrónica, dentro de los mismos plazos y con los mismos efectos.

La calificación del Registrador podrá recurrirse por el solicitante del servicio ante el titular. Si éste confirma la calificación, cualquiera de ellos podrá reclamarla en juicio de nulidad ante el Tribunal de Justicia Administrativa de la Ciudad de México.

Si mediante sentencia ejecutoriada se resuelve que el título fue mal calificado e indebidamente rechazado y se ordena que se registre, la inscripción se practicará de inmediato y surtirá sus efectos, desde que por primera vez se presentó el título.

Artículo 44.- El registrador autorizará con su firma los asientos que practique. Hecho el registro, serán devueltos los documentos al que los presentó, con nota de inscripción firmada por el registrador que contendrá: fecha de inscripción y número de folio. Cuando la solicitud del asiento sea por vía electrónica, por la misma vía se emitirá y enviará la nota de inscripción, firmada por el registrador electrónicamente, que contendrá los datos ya mencionados.

El registrador sólo inscribirá y anotará lo que expresamente se le solicite y sea inscribible, por lo que no podrá actuar de oficio, salvo en los casos establecidos por el Código y esta Ley.

Artículo 45.- Efectuada la publicación a que se refiere el artículo 29, los interesados gozarán de un plazo de 30 días hábiles para retirar sus documentos. Los documentos que no sean retirados en dicho término, se remitirán al Archivo de la Ciudad de México, para su resguardo por el plazo que establezca la ley.

Artículo 46.- Los documentos a que se refieren las fracciones II y III del artículo 3005 del Código serán resguardados en archivo electrónico y formarán parte del sistema informático del Registro para los efectos legales conducentes.

Artículo 47.- El registrador no calificará la legalidad de la sentencia, orden judicial o administrativa que decrete un asiento, pero si concurren circunstancias por las que legalmente no deba practicarse, dará cuenta de esta situación a la autoridad ordenadora.

Si a pesar de ello ésta insiste en que se cumpla su mandamiento, se procederá conforme a lo ordenado tomándose razón en el asiento correspondiente.

Cuando habiéndose prevenido a la autoridad ordenadora, ésta no reitere expresamente su requerimiento en el plazo de treinta días hábiles contados a partir de la notificación correspondiente, se dará por concluido el procedimiento y se publicará esa determinación en el Boletín.

En los supuestos anteriores no habrá responsabilidad para el registrador.

Artículo 48.- Los asientos registrales que se practicarán en los folios, son los siguientes:

I. Notas de presentación;

II. Anotaciones preventivas;

III. Inscripciones;

IV. Cancelaciones; y

V. Rectificaciones.

Todos éstos se ordenarán cronológicamente y de acuerdo a su naturaleza; igualmente se asentarán el número y la fecha de cualquier solicitud de entrada y trámite.

Artículo 49.- Las anotaciones preventivas a que se refieren las fracciones I, II, III y IV del artículo 3043 del Código, se practicarán mediante mandamiento judicial y contendrán:

I. Autoridad ordenadora;

II. Expediente;

III. Naturaleza del procedimiento;

IV. Acción deducida;

V. Resolución a cumplimentar; y

VI. En su caso, suerte principal y accesorios legales.

Artículo 50.- Las anotaciones a que se refiere la fracción VII del artículo 3043 del Código, contendrán cuando menos los siguientes datos:

I. El nombre de los mediados;

II. Tipo de servicio de mediación;

III. El nombre del Director General, Director de Mediación, Subdirector de Mediación del Centro de Justicia Alternativa del Tribunal Superior de Justicia de la Ciudad de México, del Secretario Actuario en funciones de mediador público o mediador privado, certificado por el Tribunal Superior de Justicia de la Ciudad da México, ante quien se hubiere celebrado el convenio;

IV. La fecha de celebración del convenio, número del convenio y número de registro que le corresponda en su caso;

V. El acuerdo de los mediados relativo a la voluntad de inscripción del convenio;

Fracción reformada G.O. CDMX 27/09/24

VI. Los acuerdos donde consten las obligaciones de dar, hacer o no hacer a que se refiere la Ley de Justicia Alternativa del Poder Judicial de la Ciudad de México; y

VII. En su caso, suerte principal y accesorios legales.

Artículo 51.- Solo se asentarán las anotaciones preventivas por denegación de las inscripciones, cuando se interponga el recurso legal que proceda.

Artículo 52.- Las anotaciones relativas a fianzas y contrafianzas, contendrán cuando menos los siguientes datos:

I. La autoridad ordenadora, en su caso;

II. El otorgante;

III. La afianzadora;

IV. Objeto y cuantía; y

V. Vigencia.

Artículo 53.- Una vez publicado el decreto por el cual se expropie, incorpore, desincorpore, destine o se declare la ocupación temporal y/o limitación del dominio de bienes inmuebles, deberá registrarse mediante el procedimiento establecido en el Reglamento.

Artículo 54.- Para la inscripción de inmuebles que hayan cambiado de circunscripción territorial como resultado de las modificaciones a los límites territoriales entre la Ciudad de México y otras entidades federativas, deberá constar en escritura pública la cancelación del antecedente registral de la entidad de origen.

Artículo 55.- El Registro que practique las nuevas inscripciones por encontrarse en el inmueble dentro de su jurisdicción territorial, deberá presentar aviso al Registro de origen, señalando que procedió la inscripción del inmueble, informando cuál es el antecedente en el que practicó dicha inscripción.

Artículo 56.- Los asientos de las resoluciones judiciales en materia de amparo que ordenen la suspensión provisional o definitiva, contendrán:

I. El Juzgado o Tribunal que las haya dictado;

II. El número de expediente y el número y fecha del oficio mediante el que se comunique al Registro la resolución respectiva;

III. El nombre de los quejosos;

IV. La naturaleza y efecto de la suspensión;

V. El acto reclamado;

VI. Los nombres de los terceros perjudicados, si los hubiere;

VII. Las garantías otorgadas para que surta efectos la suspensión; y

VIII. Las demás circunstancias relativas al incidente respectivo, cuando así lo disponga el Tribunal o el Juez del conocimiento.

Artículo 57.- Todo documento que se refiera a diversas fincas o diversos actos, podrá ser inscrito total o parcialmente a solicitud de parte interesada. En la nota que haga el registrador en el documento que motivó la inscripción parcial hará mención de ello, dejando constancia en dicha nota de esa circunstancia.

Artículo 58.- Para que surtan efectos los asientos registrales, deberán contener nombre y firma electrónica del Registrador. Si faltare cualquiera de estos requisitos, el registro deberá subsanar dicha omisión en un plazo máximo de cinco días hábiles, a solicitud de cualquier interesado, quien podrá exhibir testimonio, acta o cualquier documento auténtico que reproduzca el título que dio origen al asiento.

Si la omisión fuere de un Registrador que hubiese cesado en el ejercicio de su cargo, otro en funciones practicará el asiento respectivo, en el plazo mencionado con anterioridad.

En todo caso, la falta de nombre y/o firma del registrador, podrá ser subsanada de oficio.

CAPÍTULO SEGUNDO
DEL REGISTRO INMOBILIARIO

Artículo 59.- La finca es la unidad básica registral en el Registro, la cual constará en un folio real electrónico.

Los asientos registrales vigentes con relación a una finca que consten en asientos de libros o en folios reales, pasarán a integrar el folio real electrónico para inmuebles mediante el procedimiento de migración.

En el caso de que los antecedentes registrales vigentes deban reponerse por completo, se producirá la apertura de folio electrónico por reposición de antecedentes.

Artículo 60.- Cuando se subdivida una finca, se asentarán como fincas nuevas las partes resultantes, asignándoles un folio real electrónico a cada una, a los que se trasladarán todos los asientos vigentes. Se requerirá el permiso de subdivisión sólo cuando la legislación vigente en la fecha en que se hubiese formalizado dicho acto jurídico así lo hubiere exigido.

Artículo 61.- Cuando se fusionen dos o más fincas para formar una sola, se creará un folio real electrónico para la finca resultante. Los asientos originales serán cancelados y se conservarán como antecedentes. Al nuevo folio se trasladarán los asientos vigentes o que no hayan sido expresamente cancelados. Se requerirá el permiso de fusión sólo cuando la legislación vigente en la fecha en que se hubiese formalizado dicho acto jurídico así lo hubiere exigido.

Artículo 62.- En los folios reales electrónicos de las fincas modificadas por fusión o subdivisión, se harán constar los actos realizados y el número de los nuevos folios que resultaren.

Artículo 63.- Cuando exista discrepancia entre el bien materia de inscripción con sus antecedentes registrales, podrá acreditarse su identidad con documentos oficiales idóneos, como el plano o constancia catastral, siempre y cuando la superficie no se incremente. En caso contrario, procederá la inscripción mediante resolución o diligencia judicial, o en una orden o constancia administrativa que provenga de autoridad competente.

No se entenderá que existe discrepancia, cuando identificado el inmueble en el documento correspondiente según sus antecedentes registrales, se haga mención adicional de los cambios de nomenclatura, denominación del fraccionamiento o colonia, así como la Alcaldía, entre otros casos, por haberse modificado los límites de ésta.

Artículo 64.- En el folio real electrónico se asentarán los actos jurídicos contenidos en los títulos o documentos a los que se refiere el Código; aquéllos por los que se constituyan, reconozcan, transmitan, modifiquen o extingan derechos reales distintos del de propiedad:

I. Las enajenaciones en las que se sujete la transmisión de la propiedad a condiciones suspensivas o resolutorias;

II. Las ventas con reserva de dominio a que se refiere el artículo 2312 del Código, haciendo referencia expresa al pacto de reserva;

III. El cumplimiento de las condiciones a que se refieren las dos fracciones anteriores;

IV. Los fideicomisos traslativos o de garantía;

V. La constitución del Patrimonio de Familia;

VI. Los contratos de arrendamiento, subarrendamiento o cesión de arrendamiento, con las prevenciones que establece el Código;

VII. La prenda de frutos pendientes en los términos del artículo 2857 del Código;

VIII. El nacimiento de la obligación futura y el cumplimiento de las condiciones a que se refieren los artículos del 2921 al 2923 del Código;

IX. Las afectaciones o limitaciones a que dé lugar la aplicación de la Ley de Desarrollo Urbano de la Ciudad de México; y

X. Los que de manera expresa señalen otros ordenamientos.

Artículo 65.- Para mayor exactitud de las inscripciones sobre fincas se observará lo dispuesto por el Código, con arreglo a lo siguiente:

I. Para determinar la situación de las fincas se expresará, de acuerdo con los datos del documento, Alcaldía en la que se ubiquen, denominación del predio, si la tuviere, fraccionamiento, colonia, poblado o barrio; la calle y número o lote y manzana que lo identifiquen, código postal y número de cuenta catastral;

II. Superficie, linderos, medidas y colindancias, según conste en el documento;

III. El acto o derecho se asentará con la denominación que se le dé en el documento;

IV. Tratándose de hipotecas, los asientos se efectuarán de acuerdo con lo dispuesto por los artículos que contempla el Libro Cuarto, Segunda Parte, Capítulo I, del Título XV, del Código;

V. Cuando se trate de derechos, los asientos deberán contener todos los datos que según el documento, los determine o limite;

VI. Cuando se modifique la nomenclatura de las calles o la numeración de las fincas, los titulares registrales de éstas podrán solicitar la modificación relativa en el folio real electrónico correspondiente, mediante cualquier constancia expedida por autoridad del Distrito Federal que acredite lo anterior;

Artículo 66.- Tratándose de la constitución del régimen de propiedad y condominio, el notario que solicite su inscripción, ingresará mediante un archivo electrónico firmado con su firma electrónica notarial, las descripciones de cada unidad privativa resultante.

Cuando se trate de la inscripción de actos relativos a las diversas unidades resultantes de condominios, modificaciones, o subdivisiones, en proceso de inscripción, no se requerirá un certificado por cada una de ellas, siempre que se cuente con certificado vigente respecto del inmueble del que provengan.

En estos casos, las notas de presentación a que se refiere el artículo 3016 del Código, se harán en el folio del inmueble de que provengan, debiendo el Registro expresarlo así en los certificados o constancias que expida y trasladarlo así al folio de la unidad objeto del acto, en cuanto el mismo sea creado. Lo mismo se aplicará para el caso de fusiones y subdivisiones.

CAPÍTULO TERCERO
DEL REGISTRO DE LAS PERSONAS MORALES

Artículo 67.- La persona moral será la unidad básica de este registro, identificándose con un número único correspondiente a cada folio electrónico.

Las personas a que se refiere este capítulo serán aquellas previstas por el artículo 3071 del Código y deberán tener su domicilio en la Ciudad de México.

Artículo 68.- Las inscripciones de la constitución de fundaciones o asociaciones de asistencia privada, además de los requisitos señalados en el artículo 3072 del Código, contendrán la resolución aprobatoria de su constitución conforme a lo dispuesto por la Ley de Instituciones de Asistencia Privada para la Ciudad de México.

Artículo 69.- Para los casos no previstos en este capítulo, serán aplicables a los asientos a que el mismo se refiere, las demás disposiciones del Código y de esta Ley, en lo que fueren compatibles.

CAPÍTULO CUARTO
DE LA RECTIFICACIÓN, REPOSICIÓN Y CANCELACIÓN DE LOS ASIENTOS

Artículo 70.- Los errores materiales en los asientos registrales serán rectificados de oficio cuando de la revisión de los antecedentes se advierta que puedan corregirse con base en la información de los asientos con los cuales se encuentran relacionados, indicando las causas y motivos que generaron dicha rectificación.

También se podrá rectificar con vista en el testimonio original, testimonio ulterior del instrumento que dio origen al asiento a rectificar, o bien copia certificada de los mismos.

Asimismo los errores podrán rectificarse de oficio o a petición del interesado, cuando se cuente con respaldos en el sistema informático registral, incluyendo imágenes digitalizadas y microfichas legibles, legajos o con el texto de la inscripción con las que los asientos erróneos estén relacionados.

Cuando el Registrador cuente con todos los elementos y haya concluido su investigación, hará la rectificación en un plazo de veinte días hábiles.

Para el caso de que sea negada la solicitud de rectificación de errores a que se refiere este artículo, el Registrador deberá publicar, de manera detallada, en el Boletín Registral los motivos de la negativa, a fin de que el interesado o el Notario, en un plazo de cinco días hábiles, contados a partir del siguiente al de la publicación mencionada, presente mediante subnúmero, escrito de aclaración, el cual será valorado con los documentos con que se cuenten al negar la solicitud.

Cuando exista un documento ingresado que requiera del previo registro de una rectificación o reposición, éstos se ingresarán al Registro Público de la Propiedad de la Ciudad de México señalándose por el interesado, como trámites de vinculación directa con número de entrada y trámite propio para remitirse al área donde se encuentre el documento al que estén vinculados.

En aquellos casos en que se acredite que un asiento fue practicado de manera dolosa e irregular, en los que no se haya cumplido el procedimiento registral, previo dictamen jurídico, se procederá a su cancelación, publicándose dicha resolución en el Boletín Registral

Artículo 71.- Se equipara al error material, la práctica de un asiento en folio distinto a aquél en que debió practicarse. Su rectificación se hará de oficio mediante el traslado del asiento al folio correcto cuando se advierta.

Artículo 72.- Rectificado un asiento, se rectificarán todos los que estén relacionados y contengan el mismo error, siempre que sea susceptible de llevarse a cabo.

Artículo 73.- Procede la reposición de los folios y asientos regístrales, cuando por su destrucción, mutilación o extravío no sea posible realizar su consulta a fin de establecer el tracto sucesivo correspondiente.

La reposición se hará con vista en el testimonio original, copia certificada del Archivo General de Notarías o bien testimonio ulterior o copia certificada del instrumento que dio origen al asiento o folio a reponer en los que, cuando fueren indispensables, consten datos de su inscripción en el Registro Público de la Propiedad de la Ciudad de México.

Tratándose de documentos privados, en los casos en los que el asiento documental que se pretenda reponer cuente con respaldos en el sistema informático, procederá la reposición sin que sea obligatorio para el interesado exhibir la documentación original con sellos de registro.

Artículo 74.- En todos los procedimientos de reposición, deberá de elaborarse un acta circunstanciada con vista en los informes rendidos por las unidades responsables, haciendo constar la información de mutilación, destrucción o extravío del asiento o folio sujeto a reposición.

Artículo 75.- Todo antecedente registral repuesto hará mención de dicha circunstancia en el folio electrónico que se genere.

Artículo 76.- Los derechos temporales o vitalicios inscritos, podrán cancelarse:

a) A petición de quien acredite el interés legítimo; o

b) Por fallecimiento, por expiración del plazo o por cualquier otra forma de extinción que pueda comprobarse, sin necesidad de resolución judicial.

Artículo 77.- Las anotaciones preventivas se cancelarán:

I. Cuando se practique la inscripción definitiva;

II. Por caducidad en los términos del artículo 3035 del Código, sin prejuzgar sobre el derecho de que se trate y sin perjuicio de que dicha anotación pueda realizarse nuevamente;

III. A petición del titular del derecho anotado o de quien haya solicitado su anotación;

IV. A petición del notario que haya solicitado la anotación a que se refiere el primer párrafo del artículo 3016 del Código; y

V. Cuando así lo ordene la autoridad competente o por sentencia firme.

Artículo 78.- Las anotaciones preventivas a que se refiere el artículo 3035 del Código caducarán a los tres años contados a partir de la fecha que establezca el número de entrada y trámite ante el Registro Público de la Propiedad de la Ciudad de México, salvo aquellas a las que la presente Ley o el Código les fijen un plazo de caducidad menor, siempre que no se trate de anotaciones preventivas de carácter definitivo o les indique un tratamiento diverso.

No obstante, a petición de parte o por mandato de las autoridades que las decretaron, podrán prorrogarse una o más veces, por dos años cada vez, siempre que la prórroga sea presentada al Registro Público de la Propiedad de la Ciudad de México antes de que caduque el asiento.

Artículo 79.- Las anotaciones preventivas que se originen por resoluciones judiciales o administrativas de carácter definitivo, que tengan efectos definitivos, no caducan.

Artículo reformado G.O.CDMX 27/09/24

CAPÍTULO QUINTO
DE LA PUBLICIDAD Y DE LAS NOTIFICACIONES

Artículo 80.- Los asientos registrales son públicos.

En todos los casos en que de cualquier forma se consulte un asiento, deberá quedar expresamente determinada la identidad del solicitante.

El Boletín se publicará de manera electrónica.

Los informes a las autoridades se harán mediante oficio. Las notificaciones que procedan se harán mediante el Boletín.

CAPÍTULO SEXTO
DE LAS CERTIFICACIONES

Artículo 81.- El Registro emitirá las siguientes certificaciones:

a) Certificado de libertad de existencia o inexistencia de gravámenes, limitaciones de dominio y anotaciones preventivas único;

b) Certificado de inscripción;

c) Certificado de no inscripción;

d) Certificado de adquisición o enajenación de bienes inmuebles; y

e) Copias certificadas de antecedentes registrales.

Artículo 82.- Cuando las solicitudes de los interesados o los mandamientos de autoridad no expresen con claridad o precisión la especie de certificación que se requiere, los bienes, personas o periodos a que debe referirse y, en su caso, los datos del asiento sobre cuyos contenidos debe versar el certificado, se denegará el trámite y se notificará mediante publicación en el Boletín y a las autoridades por oficio.

Artículo 83.- Durante los días y horas hábiles podrán realizarse todos los trámites en el Registro y permitirse la consulta de los asientos mediante la expedición de constancias y certificaciones, teniéndose en cuenta lo dispuesto en el artículo 6, fracción VI. El Titular deberá proveer todos los medios para su debido cumplimiento.

Artículo 84.- Al expedirse un certificado de libertad de existencia o inexistencia de gravámenes único, limitaciones de dominio y anotaciones preventivas, de acuerdo a lo previsto en el artículo 3016 del Código, en el mismo se harán constar todos los asientos vigentes.

Las certificaciones a que se refiere el párrafo anterior no podrán ser denegadas, debiéndose expedir en los términos de los asientos respectivos y en su caso, se hará mención en ellas de las discrepancias existentes entre la solicitud y los asientos registrales. En los casos en que el antecedente registral, contenido en libro o folio, se encuentre en custodia, se contestará para indicar los motivos de la misma.

Artículo 85.- El certificado de existencia o inexistencia de gravámenes a que se refiere el inciso a) del artículo 81 se expedirá a más tardar el séptimo día contado a partir de aquél en que se haya presentado la solicitud.

Artículo 86.- Cuando las certificaciones no concuerden con los asientos a que se refieren, se estará al texto de éstos, quedando a salvo la acción del perjudicado por aquéllas, para exigir la responsabilidad correspondiente conforme a lo dispuesto en el Código y en la presente Ley y demás ordenamientos aplicables.

Artículo 87.- Para hacer constar la existencia de asientos se expedirán copias certificadas de los mismos.

Artículo 88.- Cuando la solicitud de expedición de certificados de no inscripción tenga omisiones o deficiencias, el Registro lo notificará al interesado mediante publicación en el Boletín, a fin de que el solicitante dentro de un término de diez días contados a partir de la notificación las corrija, apercibido que de no hacerlo se tendrá por denegada la solicitud.

Artículo 89.- Una vez recibida la solicitud del certificado de no inscripción, se expedirá en un plazo, que no exceda de ciento ochenta días.

CAPÍTULO SÉPTIMO
DE LA CUSTODIA DE FOLIOS

Artículo 90.- Cuando el Titular detecte alguna anomalía u omisión en cualquiera de los libros o folios, pondrá en custodia el libro o folio de que se trate, previa resolución motivada y fundada, que al efecto dicte, publicándose ésta con sujeción al procedimiento que se establece en los artículos siguientes de esta Ley.

Los motivos por los que el Titular pondrá en custodia el libro o folio de que se trate son:

I. Multiplicidad de folios;

II. Falta de tracto sucesivo que no pueda ser rectificado;

III. Todos los documentos que aún localizándose en los archivos de la bóveda del Registro Público de la Propiedad de la Ciudad de México, carezcan de los elementos y de los requisitos que puedan probar su correcta elaboración y validez como asientos registrales;

IV. Múltiple titularidad;

V. Información registral alterada; y

VI. Aquellas causas que presuman alteraciones en los asientos y el tracto registral.

Igualmente se pondrán en custodia los antecedentes registrales por sentencia, resolución judicial o administrativa que la ordene.

También procederá la custodia del folio real de un predio, cuando así lo determinen:

a) El Tribunal de Justicia Administrativa de la Ciudad de México, en juicio de lesividad o nulidad, en el acuerdo correspondiente en el que se otorgue la suspensión del acto impugnado;

b) El Instituto de Verificación Administrativa de la Ciudad de México, dentro del procedimiento de verificación administrativa, en el acuerdo de suspensión que dicte como medida de seguridad;

c) Los Órganos Políticos Administrativos, dentro del procedimiento de revocación y lesividad;

d) La Secretaría de Desarrollo Urbano y Vivienda de la Ciudad de México, dentro del procedimiento de revocación y de lesividad, en el que dicte el acuerdo de suspensión correspondiente; y

e) La Procuraduría Ambiental y del Ordenamiento Territorial, en los procedimientos de investigación que conozcan con motivo de ilícitos ambientales.

En caso de que el Folio o Antecedente haya sido remitido a Custodia por el Titular, el solicitante dentro del término de diez días hábiles posteriores a la publicación que haga el registrador que está conociendo del proceso de inscripción deberá presentar la solicitud de liberación.

Si no es presentada dentro del término la solicitud de liberación o la misma es negada, el trámite que se encontraba detenido se denegará.

Ahora bien, cuando el motivo de Custodia del Antecedente Registral se derive de una orden de autoridad administrativa o judicial, el procedimiento registral deberá continuarse hasta su conclusión, respetando la prelación de los documentos ingresados a registro, de conformidad con las disposiciones legales aplicables, sin perjuicio de los efectos que pueda llegar a producir en su caso la resolución judicial o administrativa al titular del derecho inscrito.

Artículo 91.- Cuando las anomalías u omisiones en los antecedentes registrales sean corregibles mediante los procedimientos establecidos en el Código, ésta Ley o su reglamento, no serán objeto de custodia.

Artículo 92.- La custodia de los libros o folios del Registro, pondrá en resguardo y vigilancia el libro o folio de que se trate, previa resolución motivada y fundada, que al efecto se dicte.

La resolución de custodia:

I. Se publicará en el Boletín el contenido íntegro de la resolución.

II. En todo caso deberá dejarse constancia de la resolución en el sistema registral.

Artículo 93.- En el caso del artículo anterior, el titular registral del inmueble inscrito, sus sucesores o cualquier otro interesado, así como el representante legal de la persona moral de que se trate, podrán en cualquier momento, exhibir al Registro, los elementos que subsanen las anomalías u omisiones observadas en el folio o libro, en cuyo caso, el Titular del Registro Público en un plazo no mayor a treinta días hábiles, notificará por Boletín al interesado la procedencia o no de la liberación solicitada, o bien los elementos que se requieran para su solución.

Artículo 94.- Si los elementos presentados no son suficientes a juicio del Titular del Registro Público para subsanar las anomalías u omisiones observadas en el folio o libro, el Titular del Registro Público en un plazo no mayor de quince días hábiles, dictará nueva resolución fundada y motivada en el sentido de que el folio o libro continúe en custodia, y en su caso los elementos que se requieran para su solución; se asentará en el sistema informático razón que así lo exprese, lo cual no impedirá que se expidan los informes a que se refiere el artículo 84 de la presente ley, en las que bajo la estricta responsabilidad del propio Titular, se indicará que el folio o libro está sujeto a tal custodia.

En todo momento el interesado podrá aportar nuevos elementos para liberar la custodia. Igualmente el Titular del Registro Público podrá liberar el folio o libro si así lo considera, dejando constancia siempre de la liberación.

El interesado en cualquier momento podrá recurrir a la Autoridad Judicial competente a solicitar la liberación correspondiente.

CAPÍTULO OCTAVO
DEL RECURSO DE INCONFORMIDAD

Artículo 95.- El solicitante del servicio podrá interponer el recurso de inconformidad, contra la calificación del Registrador que suspenda o deniegue la inscripción o anotación.

Artículo 96.- El recurso de inconformidad, se sustanciará ante el Titular del Registro, en la forma y términos previstos por el artículo siguiente, quien ordenará que se practique la anotación preventiva a que se refiere el Artículo 3043, fracción V, del Código.

La anotación preventiva tendrá vigencia hasta el día siguiente de la publicación de la resolución.

Artículo 97.- El recurso de inconformidad deberá interponerse por escrito, en un plazo no mayor de 15 días hábiles contados a partir del día siguiente de la publicación de la suspensión o denegación por parte del Registrador en el Boletín.

El Titular del Registro en un plazo no mayor de 15 días hábiles siguientes a su interposición, previa audiencia del interesado, resolverá el recurso, dando por terminada la instancia.

El recurso de inconformidad será desechado de plano en los siguientes casos:

a) Cuando falte la firma del interesado;

b) Ante la falta de legitimación del recurrente;

c) Cuando haya salida sin registro a petición de parte, una vez calificado;

d) Cuando no se haya subsanado el motivo de suspensión mediante los documentos idóneos;

e) Cuando se interponga en contra de aquellos trámites en los cuales no se realiza una calificación respecto del documento tales como liberaciones, rectificaciones, reposiciones; o bien en contra de la anotación preventiva a que alude el artículo 3016 del Código Civil para la Ciudad de México;

f) Cuando el recurso sea interpuesto extemporáneamente;

g) En contra de aquellos trámites que provengan de autoridades judiciales o administrativas, en uso de sus facultades; y

h) Cuando se interponga en contra de resoluciones que ya hayan sido materia de otro recurso.

Artículo 98.- El recurso de inconformidad se sobreseerá en los siguientes casos:

a) Cuando sobrevenga alguna causal de las señaladas en el artículo que antecede;

b) Por desistimiento expreso del recurrente;

c) Por falta de objeto o materia del acto; y

d) Cuando no subsista el acto impugnado.

Artículo 99.- Si la resolución del Titular del Registro Público de la Propiedad de la Ciudad de México fuese favorable al recurrente, o se ordenare la modificación del acto impugnado, se remitirá al Registrador para su inmediato cumplimiento. En caso contrario el documento será puesto a disposición del inconforme quedando sin efecto la anotación preventiva correspondiente.

TÍTULO QUINTO

CAPÍTULO ÚNICO
DE LA RESPONSABILIDAD DEL PERSONAL DEL REGISTRO PÚBLICO

Artículo 100.- El Titular del Registro, los Registradores y demás servidores públicos adscritos al Registro, son responsables por los delitos o faltas que cometan en el ejercicio de su función, en los términos que previenen las leyes penales del fuero común y federales.

De la responsabilidad civil en que incurran en el ejercicio de sus funciones conocerán los Tribunales del fuero común. De la responsabilidad administrativa en que incurran por violación a los preceptos del Código y de esta Ley y su Reglamento, conocerán las autoridades competentes.

En los supuestos establecidos en este capítulo se deberá observar lo dispuesto en el artículo 1927 del Código.

Artículo 101.- La autoridad competente sancionará al Titular del Registro, Registradores y demás servidores públicos adscritos al Registro, por las violaciones en que incurran a los preceptos del Código, de esta Ley, y demás disposiciones aplicables, conforme lo establece la Ley de Responsabilidades de los Servidores Públicos.

Artículo 102.- Se sancionará al Titular, a los Registradores y a los demás servidores adscritos al Registro, con amonestación:

I. Por retraso injustificado imputable al servidor público de que se trate en la realización de una actuación o desahogo de un trámite relacionado con un servicio solicitado;

II. Por no anotar los avisos a que se refiere la presente Ley; y

III. Cuando sin causa justificada se niegue la atención a los usuarios del servicio.

Artículo 103.- Se sancionará al Titular, a los Registradores y a los demás servidores adscritos al registro, con multa de treinta a trescientos sesenta veces la Unidad de Medida y Actualización vigente, en el momento del incumplimiento:

I. Por reincidir, en la comisión de alguna de las faltas a que se refiere el artículo anterior; y,

II. Por provocar dolosamente un error en la inscripción o anotación.

Artículo 104.- Se sancionará con la cesación del ejercicio de la función a la que estén asignados los servidores públicos del Registro, en los siguientes casos:

I. Por incurrir reiteradamente en alguno de los supuestos señalados en el artículo anterior;

II. Cuando en el ejercicio de su función incurra en reiteradas deficiencias administrativas, y las mismas hayan sido oportunamente advertidas al servidor público de que se trate por la autoridad competente, siendo aquél omiso en corregirlas;

III. Por falta grave de probidad, o notorias deficiencias o vicios debidamente comprobados en el ejercicio de sus funciones;

IV. Por uso indebido del sistema registral; y

V. Por permitir la suplantación de su persona y firma.

Artículo 105.- El trámite, procedimiento y emisión de las resoluciones respectivas que se consignan en este Capítulo se tramitarán ante el órgano de control interno correspondiente.

ARTÍCULOS TRANSITORIOS

Primero.- Remítase al Jefe de Gobierno para su promulgación y su publicación en la Gaceta Oficial de la Ciudad de México, y para su mayor difusión en el Diario Oficial de la Federación.

Segundo.- El presente decreto entrará en vigor el día 5 de diciembre de 2018, según lo establecido en el artículo transitorio décimo primero de la Constitución Política de la Ciudad de México, salvo el artículo tercero en su fracción IX, artículos dieciséis, veintinueve en su fracción V, setenta y noventa, que entrarán en vigor al día siguiente de su publicación.

Tercero.- Se abroga la Ley Registral para el Distrito Federal publicada en la Gaceta Oficial del Distrito Federal el 21 de enero de 2011, sus específicas reformas y se derogan las disposiciones que se opongan a esta ley.

Cuarto.- Túrnese a la Consejería Jurídica y de Servicios Legales de la Ciudad de México para que, antes de la entrada en vigor de la presente ley, se acople y adopte la normatividad necesaria para su correcta aplicación.

Quinto.- Las alusiones a la Dependencia encargada del control Interno del Gobierno de la Ciudad de México, se entenderán hechas a la Contraloría General de la Ciudad de México, hasta que la misma cambie de denominación.

Recinto de la Asamblea Legislativa del Distrito Federal, a los veintiséis días del mes de abril del año dos mil dieciocho.- **POR LA MESA DIRECTIVA.- DIP. IVÁN TEXTA SOLIS, PRESIDENTE.- DIP. EVA ELOISA LESCAS HERNÁNDEZ, SECRETARIA.- DIP. FRANCIS IRMA PIRIN CIGARRERO, SECRETARIA.- (Firmas)**

Con fundamento en lo dispuesto por los artículos 122, Apartado A, Base III, de la Constitución Política de los Estados Unidos Mexicanos; Transitorios Primero y Segundo del Decreto por el que se declaran reformadas y derogadas diversas disposiciones de la Constitución Política de los Estados Unidos Mexicanos, en materia de la Reforma Política de la Ciudad de México; 48, 49 y 67, fracción II, del Estatuto de Gobierno del Distrito Federal, para su debida publicación y observancia, expido el presente Decreto Promulgatorio en la Residencia Oficial del Jefe de Gobierno de la Ciudad de México, a los treinta y un días del mes de mayo del año dos mil dieciocho.- **EL JEFE DE GOBIERNO DE LA CIUDAD DE MÉXICO, JOSÉ RAMÓN AMIEVA GÁLVEZ, FIRMA.- EL SECRETARIO DE GOBIERNO, GUILLERMO OROZCO LORETO.- FIRMA.- EL SECRETARIO DE DESARROLLO URBANO Y VIVIENDA, FELIPE DE JESÚS GUTIÉRREZ GUTIÉRREZ.- FIRMA.**

TRANSITORIOS DEL DECRETO POR EL QUE SE REFORMA EL PÁRRAFO SEGUNDO DEL ARTÍCULO 3044 DEL CÓDIGO CIVIL PARA EL DISTRITO FEDERAL Y SE REFORMA LA FRACCIÓN V DEL ARTÍCULO 50 Y EL ARTÍCULO 79 DE LA LEY REGISTRAL PARA LA CIUDAD DE MÉXICO, PUBLICADO EN LA GACETA OFICIAL DE LA CIUDAD DE MÉXICO EL 27 DE SEPTIEMBRE DE 2024.

PRIMERO. Remítase a la persona titular de la Jefatura de Gobierno para su promulgación y publicación en la Gaceta Oficial de la Ciudad de México.

SEGUNDO. El presente Decreto entrará en vigor al día siguiente de su publicación en la Gaceta Oficial de la Ciudad de México.

Palacio Legislativo del Congreso de la Ciudad de México, a los veintidós días del mes de agosto del año dos mil veinticuatro.- **POR LA MESA DIRECTIVA.- DIPUTADA MARÍA GABRIELA SALIDO MAGOS, PRESIDENTA.- DIPUTADA MARCELA FUENTE CASTILLO, SECRETARIA.- DIPUTADA FRIDA FERNANDA ALCÁNTARA CABRERA, SECRETARIA.- (Firmas)**

Reglamento del Registro Civil de la Ciudad de México

PUBLICADA EN LA GACETA OFICIAL DE LA CIUDAD DE MÉXICO EL 25 DE SEPTIEMBRE DE 2024

DECRETO POR EL QUE SE ABROGA EL REGLAMENTO DEL REGISTRO CIVIL DEL DISTRITO FEDERAL Y SE EXPIDE EL REGLAMENTO DEL REGISTRO CIVIL DE LA CIUDAD DE MÉXICO.

PRIMERO. Se abroga el Reglamento del Registro Civil del Distrito Federal, publicado el 30 de julio de 2002 en la Gaceta Oficial no. 103 del —entonces— Distrito Federal.

SEGUNDO. Se expide el Reglamento del Registro Civil de la Ciudad de México, para quedar como sigue:

REGLAMENTO DEL REGISTRO CIVIL DE LA CIUDAD DE MÉXICO

CAPÍTULO I
DISPOSICIONES GENERALES

Artículo 1. Las disposiciones del presente ordenamiento son de orden público e interés general y tienen por objeto regular la organización, funcionamiento y procedimientos del Registro Civil de la Ciudad de México, a cargo de la Administración Pública de esta ciudad, por conducto de la Consejería Jurídica y de Servicios Legales.

El Registro Civil es una institución garante del derecho a la identidad que actúa de buena fe, cuya función pública es conocer, autorizar, inscribir, resguardar, modificar y dar constancia de los hechos y actos del estado civil de las personas que habitan o transitan en la Ciudad de México, conforme a lo dispuesto en el Código Civil vigente y bajo los principios de legalidad, honradez, lealtad, imparcialidad, eficiencia y transparencia por conducto de las personas titulares de los Juzgados del Registro Civil.

Artículo 2. Para los efectos del presente Reglamento, se entenderá por:

I. Acta: documento público autorizado por las personas titulares de los Juzgados del Registro Civil, a través del cual se hace constar la inscripción de los hechos y actos del estado civil de las personas;

II. Alcaldía: órgano político-administrativo de cada demarcación territorial de la Ciudad de México;

III. Anotación: inscripción que se realiza en el acta en la que se hace constar la modificación o rectificación del contenido original asentado en los actos del estado civil de las personas;

IV. Apéndice: expediente integrado con los documentos necesarios establecidos en la normativa vigente para realizar la inscripción o la rectificación de los hechos o actos del estado civil de las personas, susceptibles de registro;

V. Archivo Judicial: espacio físico en el que se resguardan los expedientes y libros relativos a los actos del estado civil de las personas ubicado en las instalaciones del Tribunal Superior de Justicia de la Ciudad de México;

VI. Certificado de defunción: documento expedido por médico con cédula profesional en el formato único nacional establecido por la Secretaría de Salud federal, el cual es gratuito y obligatorio, con carácter individual e intransferible, en el que se hace constar la ocurrencia de un fallecimiento y las circunstancias del mismo;

VII. Certificado de nacimiento: documento expedido por la persona autorizada para ello en el formato único nacional establecido por la Secretaría de Salud federal, el cual es gratuito y obligatorio, con carácter individual e intransferible, en el que se hace constar el nacimiento de una persona nacida viva y las circunstancias que acompañaron el mismo;

VIII. Certificado de muerte fetal: documento expedido por médico con cédula profesional en el formato único nacional establecido por la Secretaría de Salud federal, gratuito y obligatorio, de carácter individual e intransferible, en el que se hace constar la pérdida de la vida de un producto de la concepción antes de la expulsión o extracción completa del cuerpo de su madre independientemente de la duración del embarazo;

IX. Certificado de REDAM: documento expedido por la Persona Titular de la Dirección General del Registro Civil, a través del cual se hace constar que una persona se encuentra inscrita, o no, en el Registro de Deudores Alimentarios Morosos;

X. Código Civil: Código Civil para el Distrito Federal, vigente en la Ciudad de México;

XI. Consejería Jurídica: Consejería Jurídica y de Servicios Legales de la Ciudad de México;

XII. Constancia de curso prenupcial: documento expedido por la Dirección General del Registro Civil a través del cual se hace constar que las personas contrayentes participaron en el curso prenupcial, previsto en el Código Civil vigente en la Ciudad de México;

XIII. Copia certificada directa de libro: reproducción fehaciente de los actos del estado civil de las personas que obran en los archivos del Registro Civil de la Ciudad de México, misma que debe coincidir con la documentación original que podrá ser certificada mediante firma autógrafa o facsímil de la persona servidora pública facultada para ello;

XIV. Copia certificada en extracto: constancia parcial de los actos del estado civil de las personas que obran en el sistema nacional de registro e identidad, la cual deberá coincidir con la información del registro que obra en los archivos del Registro Civil, certificada mediante firma electrónica que otorgan plena validez jurídica al documento;

XV. Copia certificada en formato digital: reproducción digital de los actos del estado civil de las personas que obran en el acervo registral de la institución, misma que será certificada a través de firma electrónica y un código QR que otorgan plena validez jurídica al documento;

XVI. Copia certificada de reciente expedición: copia certificada expedida en cualquiera de los formatos autorizados con antigüedad no mayor a seis meses a la fecha de su presentación para realizar el trámite de que se trate;

XVII. Curso prenupcial: el curso contemplado en el último párrafo del artículo 98 del Código Civil vigente en la Ciudad de México, en el que obligatoriamente deberá participar toda persona que desee contraer matrimonio, a fin de que cuente con la información necesaria sobre la prevención de la violencia familiar, salud sexual y reproductiva, planificación familiar, el respeto a la equidad de género, relaciones de pareja, fines del matrimonio, derechos y obligaciones de los cónyuges, el régimen patrimonial en las capitulaciones matrimoniales, entre otros aspectos;

XVIII. Demarcaciones Territoriales: son la base de la división territorial y de la organización político administrativa de la Ciudad de México, que cuentan con un órgano de gobierno que es la alcaldía;

XIX. Dirección General: Dirección General del Registro Civil de la Ciudad de México;

XX. Error mecanográfico: es la acción u omisión en que incurre el Registro Civil, cuando al escribir pulsando las teclas de una máquina que imprime carácteres alfanuméricos en un papel u otro soporte, de manera involuntaria se asientan unas palabras por otras, se omite la expresión de alguna circunstancia o datos, o provoca manchones, imprecisiones, letras o números encimados, enlazados o remarcados, que no afecten los datos esenciales del mismo;

XXI. Errores ortográficos: es la equivocación involuntaria en la que incurre el Registro Civil cuando no cumple con las reglas de la ortografía como son nombres, acentuación, signos, entre otras;

XXII. Firma autógrafa: trazos gráficos o conjunto de rasgos que realizados con tinta siempre de la misma manera identifican a una persona, es decir, sustituyen su nombre y apellidos para aprobar o dar autenticidad a un documento y proviene del puño y letra de la persona servidora pública facultada para certificar los hechos y actos del estado civil de las personas que obran en el Registro Civil;

XXIII. Firma autógrafa digitalizada: trazos gráficos manuscritos de la persona titular de la Dirección General realizados en un dispositivo de captura de firma digital, para certificar los hechos y actos del estado civil de las personas que obran en el sistema informático de la Dirección General;

XXIV. Firma electrónica: datos electrónicos consignados en un mensaje de datos o adjuntados al mismo, utilizados como medio para identificar a la persona autora o emisora;

XXV. Formas: hojas impresas en papel seguridad autorizado por la Dirección General, en las que se asientan los hechos y actos del estado civil de las personas;

XXVI. Identidad de género: percepción subjetiva que una persona tiene respecto a su propio género, al margen de su orientación sexual o sus características sexuales biológicas;

XXVII. Identificación oficial: documento público expedido por autoridad competente que permite acreditar la identidad de las personas;

XXVIII. Inscripción de actos del estado civil de las personas efectuados en el extranjero: documento a través del cual se reconoce la validez de actos del estado civil de las personas mexicanas celebrados en el extranjero;

XXIX. Juzgado: Juzgado del Registro Civil de la Ciudad de México;

XXX. Jueces: personas nombradas por la autoridad competente que ejerce las funciones de de dar fe de los actos del estado civil de las personas dentro del territorio de la demarcación territorial en la cual se encuentren adscritas;

XXXI. Módulo Registral: oficina desconcentrada de la Dirección General a través de la cual se brindan los servicios de registro de nacimiento y de defunción;

XXXII. Oficina Central: sede de la Dirección General del Registro Civil de la Ciudad de México;

XXXIII. Persona Titular: servidor público designado por la o el Jefe de Gobierno, a cargo de la Unidad Administrativa Dirección General del Registro Civil;

XXXIV. REDAM: el Registro de Deudores Alimentarios Morosos;

XXXV. Reglamento: Reglamento del Registro Civil de la Ciudad de México;

XXXVI. SID: Sistema Nacional de Registro e Identidad; y

XXXVII. Sociedades de Información Crediticia: instituciones financieras, autorizadas por la Secretaría de Hacienda y Crédito Público, previa opinión del Banco de México y de la Comisión Nacional Bancaria y de Valores, que realizan los servicios consistentes en la recopilación, manejo y entrega o envío de información relativa al historial crediticio de personas físicas.

Artículo 3. Los hechos y actos del estado civil de las personas que se realicen ante el Registro Civil de la Ciudad de México únicamente podrán efectuarse en días y horas hábiles dentro de las oficinas de la Institución. Para efectos de lo anterior, se consideran horas hábiles, las que medien entre las ocho y las quince horas, asimismo, son días inhábiles los sábados y domingos, así como los establecidos por la Administración Pública de la Ciudad de México.

Para la operación de los módulos registrales que habilite la Dirección General se considerarán hábiles todos los días del año, en un horario de atención entre las ocho y las veinte horas.

La Persona Titular podrá habilitar días y horas hábiles para el desempeño de las funciones del Registro Civil cuando resulte necesario para el cumplimiento de sus funciones.

Tratándose de registros de nacimiento y matrimonio, la Persona Titular podrá autorizar su realización fuera de las oficinas del Registro Civil, siempre que se cumplan los requisitos establecidos en el Código Civil y en el presente Reglamento y se realice el pago de derechos que establezca el Código Fiscal vigente en la Ciudad de México, según sea el caso, dentro o fuera de la demarcación territorial del Juzgado.

Asimismo, podrá autorizar la celebración de registros de matrimonio en días y horas inhábiles al interior de las oficinas de los Juzgados del Registro Civil, mismos que serán considerados como celebrados a domicilio.

Artículo 4. La inscripción y autorización de los actos del estado civil de las personas corresponde al Registro Civil, a través de los Jueces, quienes estarán bajo la dirección, coordinación, inspección y vigilancia de la Persona Titular, quien tendrá el carácter de Juez Central de la Ciudad de México.

Artículo 5. Los jueces únicamente están facultados para autorizar los actos del estado civil de las personas en días y horas hábiles dentro del inmueble del Juzgado de adscripción.

Para que puedan celebrar actos de nacimiento y/o matrimonio a domicilio, en días y horas hábiles e inhábiles, dentro y fuera de la demarcación de su adscripción, siempre que se encuentren en el territorio de la Ciudad de México, así como para la celebración de matrimonios en el Juzgado en días y horas inhábiles, deberán solicitar autorización a la Persona Titular mediante los mecanismos que se habiliten para tal fin.

Dicha solicitud deberá ser presentada ante la Dirección General en un término no mayor a cinco días hábiles previos a la celebración del acto registral, precisando la fecha y hora en que se realizará dicho acto, el nombre completo de la o las personas interesadas, la ubicación específica del lugar en donde tendrá verificativo el trámite y adjuntar copia certificada del pago derechos efectuado por concepto del trámite a domicilio que corresponda.

Artículo 6. Los hechos y actos regístrales que se efectúen respecto del estado civil de las personas ante el Registro Civil causarán los derechos que establezca el Código Fiscal vigente en la Ciudad de México, los cuales únicamente podrá ser pagados a través de los formatos autorizados por la Administración Pública de la Ciudad y ante las instituciones bancarias o comerciales autorizadas por la Secretaría de Administración y Finanzas, así como en las cajas y/o ventanillas ubicadas en la oficina central de la Dirección General.

Queda estrictamente prohibido el cobro de cualquier tipo de emolumento o pago que no esté previsto expresamente en la normativa vigente, o solicitar y recibir pagos en efectivo en cualquiera de los Juzgados.

Artículo 7. Todas las personas servidoras públicas adscritas al Registro Civil están impedidas para brindar orientación, asesoría o patrocinio, por sí o por interpósita persona, respecto de trámites y juicios relacionados con el estado civil de las personas.

Artículo 8. El incumplimiento a lo establecido en los artículos 5 y 6 tendrá como consecuencia la nulidad del registro, con independencia de las sanciones administrativas y/ o penales que correspondan para el Juez que hubiere autorizado dicho acto.

CAPÍTULO II
ORGANIZACIÓN Y ATRIBUCIONES DEL REGISTRO CIVIL

Artículo 9. El Registro Civil de la Ciudad de México estará a cargo de la Unidad Administrativa denominada Dirección General, adscrita a la Consejería Jurídica, los Juzgados del Registro Civil y los módulos registrales necesarios para el desempeño de sus funciones.

Artículo 10. Corresponde a la Persona Titular de la Jefatura de Gobierno de la Ciudad de México:

I. Nombrar y remover libremente a la Persona Titular de la Dirección General del Registro Civil;

II. Nombrar y remover libremente a los Jueces del Registro Civil;

III. Autorizar el funcionamiento de nuevos Juzgados, la adscripción y reubicación de los mismos, así como el cierre temporal o definitivo de los ya existentes, considerando las necesidades del servicio registral; y

IV. Proponer la celebración de convenios de coordinación en materia registral, con las autoridades internacionales, federales, estatales y municipales.

Artículo 11. Corresponde a la Persona Titular de la Consejería Jurídica:

I. Emitir los criterios normativos para el mejor desempeño del Registro Civil conforme a las disposiciones jurídicas vigentes aplicables;

II. Coordinar las funciones del Registro Civil promoviendo planes, programas y mecanismos que contribuyan a la mejor aplicación y empleo de los elementos jurídicos, técnicos y humanos, para el eficaz funcionamiento del mismo;

III. Gestionar ante las Alcaldías los recursos humanos y materiales necesarios para el cumplimiento de las funciones de los Juzgados, que permitan la prestación óptima del servicio registral;

IV. Coordinar y supervisar, por conducto de la Dirección General, el debido funcionamiento de los Juzgados y módulos registrales;

V. Celebrar convenios con las instituciones públicas del sector salud, para la apertura y permanencia de módulos registrales en las instalaciones de éstas;Celebrar convenios con las sociedades de información crediticia, a fin de compartir la información del Registro de Deudores Alimentarios Morosos;

VI. Proponer a la Persona Titular de la Jefatura de Gobierno, el nombramiento y remoción de los Jueces;

VII. Proponer a la Persona Titular de la Jefatura de Gobierno la adscripción territorial de los Juzgados en las demarcaciones;

VIII. Expedir el Manual Administrativo del Registro Civil y los demás instrumentos normativos necesarios, de conformidad con las disposiciones jurídicas aplicables; y

IX. Presidir el Consejo para garantizar los Derechos Humanos en el Procedimiento Administrativo de Reconocimiento de Identidad de Género de la Ciudad de México.

Artículo 12. Corresponde a la Persona Titular de la Dirección General del Registro Civil:

I. Dirigir, organizar, coordinar, inspeccionar y supervisar el debido cumplimiento de las funciones a cargo del Registro Civil;

II. Ser depositaria de los libros que contienen los actos del estado civil de las personas, apéndices y/o documentos que se relacionen con los mismos, así como de los registros en medios electrónicos que los contengan;

III. Verificar el debido cumplimiento de las disposiciones jurídicas y administrativas aplicables al Registro Civil;

IV. Implementar e instrumentar cursos de capacitación para el personal con el objetivo de mejorar el funcionamiento, así como los trámites y servicios que brinda la institución;

V. Administrar el archivo del Registro Civil, así como tener actualizados los índices y catálogos de las actas del estado civil de las personas, procurando su incorporación en medios electrónicos;

VI. Recibir y revisar las formas que contengan los registros que autoricen las y los Jueces, así como instruir su encuadernación;

VII. Ordenar y, en su caso, autorizar la reposición de las actas del estado civil de las personas que se deterioren, destruyan, mutilen o extravíen;

VIII. Dar cumplimiento a las resoluciones jurisdiccionales;

IX. Autorizar la inscripción de anotaciones que modifiquen, rectifiquen, aclaren, complementen, revoquen o anulen el contenido de los actos del estado civil de las personas;

X. Distribuir en los Juzgados las formas autorizadas para asentar los actos del estado civil de las personas, así como el papel seguridad correspondiente para la expedición de copias certificadas;

XI. Nombrar y remover libremente a las personas supervisoras de los Juzgados;

XII. Rotar a los Jueces de adscripción, atendiendo a las necesidades del servicio;

XIII. Rotar a las personas Secretarias de adscripción;

XIV. Autorizar la celebración de registros de nacimiento y matrimonio a domicilio, así como aquellos que efectúen fuera de su competencia territorial, siempre y cuando se cumpla con las disposiciones jurídicas aplicables;

XV. Instruir la autorización para el registro de los actos del estado civil de las personas en días y horas inhábiles;

XVI. Coordinar y supervisar el cumplimiento de las guardias que realicen los Juzgados y módulos registrales, relativos a los trámites de nacimiento, matrimonio y/o defunción los sábados, domingos y días festivos con un horario de ocho a veinte horas, respectivamente;

XVII. Implementar los mecanismos necesarios para la recepción de opiniones, sugerencias y/o quejas de las personas usuarias sobre la prestación de los servicios del registro civil;

XVIII. Conocer y, en su caso, canalizar las quejas sobre faltas u omisiones cometidas por las personas servidoras públicas adscritas al Registro Civil;

XIX. Autorizar las ausencias o suplencias temporales que soliciten los Jueces. Para cubrir dichas ausencias, considerando la disponibilidad presupuestal, la Dirección General contará con el número de Jueces con carácter de interinos, exclusivamente por tiempo determinado, que pueden ser días, semanas, o meses, por lo que podrán ser removidos al término de su encargo sin responsabilidad para la Consejería Jurídica;

XX. Sancionar y hacer del conocimiento de las autoridades competentes las faltas u omisiones de las personas servidoras públicas del Registro Civil;

XXI. Implementar campañas tendientes a regularizar los diversos hechos y actos del estado civil de las personas, así como difundir los servicios del Registro Civil en las demarcaciones territoriales de la Ciudad de México;

XXII. Realizar búsquedas y emitir actas gratuitas a las autoridades que lo soliciten y acrediten que dicha solicitud la realizan con motivo del ejercicio de sus funciones;

XXIII. Emitir lineamientos y criterios operativos para el buen funcionamiento del Registro Civil, conforme a las disposiciones jurídicas aplicables; y

XXIV. Las demás que establezca el presente Reglamento y los demás ordenamientos jurídicos y administrativos aplicables.

Artículo 13. La Persona Titular podrá representar al Registro Civil en los juicios y procedimientos relativos al estado civil en los que sea parte, sin perjuicio de las facultades de representación que otorga el Reglamento Interior del Poder Ejecutivo y de la Administración Pública de la Ciudad de México a la Dirección General de Servicios Legales.

La Persona Titular podrá solicitar a la Unidad Administrativa de la Consejería Jurídica las designaciones y revocaciones de apoderados que considere necesarias, para el ejercicio de la representación legal del Registro Civil.

Artículo 14. Son atribuciones de la Persona Titular, en su carácter de Juez Central:

I. Fungir como Juez Central, con competencia territorial en toda la Ciudad de México;

II. Autorizar con firma autógrafa los actos del estado civil de las personas;

III. Autorizar la desincorporación de los registros de nacimiento de alumbramientos múltiples o de personas que fueron registradas en un mismo acto, a fin de individualizar su identidad;

IV. Autorizar por sí, o por conducto de los jueces que para tal efecto autorice, la inhumación o cremación de los cadáveres que sean internados en la Ciudad de México;

V. Autorizar la inscripción de los actos del estado civil de las personas mexicanas efectuados en el extranjero cuando estos residan en la Ciudad de México;

VI. Autorizar la inscripción de medidas cautelares, resoluciones judiciales incidentales, provisionales o definitivas relativas a la pérdida de patria potestad o tutela; otorgamiento, cesación, incremento o disminución de alimentos; celebración de convenios que regulen el régimen de visitas; aquellas que declaren la ausencia, la presunción de muerte, el divorcio judicial, la tutela o que se ha perdido la capacidad legal para administrar bienes y las que determinen los órganos jurisdiccionales competentes en materia del estado civil de las personas;

VII. Asimismo, autorizará la inscripción de las anotaciones derivadas de instrumentos notariales o cualquier otra resolución que anule, revoque o modifique el estado civil de las personas, siempre y cuando se cumplan las formalidades exigidas por los ordenamientos jurídicos aplicables;

VIII. Administrar el Registro de Deudores Alimentarios Morosos de la Ciudad de México, a fin de inscribir, modificar o cancelar el registro de una persona, conforme lo ordenado por el Tribunal Superior de Justicia de la Ciudad de México, así como emitir los certificados de registro, o no registro, correspondientes;

IX. Expedir las copias certificadas directas de libro, en extracto y/o digitales relativas a los actos del estado civil de las personas que obren en los archivos o sistemas de la Dirección General;

X. Inscribir las anotaciones que establece el Código Civil;

XI. Supervisar que las formas en que se asienten los actos del estado civil no se encuentren dañadas, alteradas, con raspaduras, contengan enmendaduras o tachaduras;

XII. Remitir, en términos de las disposiciones jurídicas aplicables, la información que en materia registral del estado civil de las personas requieran las instituciones correspondientes;

XIII. Expedir copias certificadas de las constancias, o apéndices, que obren en los expedientes del archivo del Registro Civil, excepto de los documentos de carácter jurisdiccional, mismos que únicamente podrá expedirse copia certificada por mandamiento de Juez competente;

XIV. Expedir las constancias de:

a) Inexistencia de registros de nacimiento, matrimonio o defunción;

b) Declaración de existencia o cesación de concubinato; y,

d) De participación en un curso prenupcial.

XV. Expedir certificados de registro o no registro en el REDAM;

XVI. Solicitar al Registro Público de la Propiedad y del Comercio de la Ciudad de México la inscripción del Certificado de REDAM en los folios reales de que sea propietaria la persona deudora alimentaria morosa, así como, de ser el caso, su cancelación;

XVII. Autorizar con firma autógrafa el cierre de los libros que se integraron en el año inmediato anterior, relativos a los actos del estado civil de las personas realizados en el Juzgado Central;

XVIII. Atender las solicitudes de corrección de actas del estado civil de las personas, debido a errores o por enmienda, mediante el procedimiento administrativo establecido en el Código Civil vigente, así como lo dispuesto en el presente Reglamento;

XIX. Organizar la impartición de los cursos prenupciales y determinar el contenido de los mismos;

XX. Las demás que le confieran las disposiciones jurídicas y administrativas aplicables, así como el presente Reglamento.

Artículo 15. Para ser designada como Persona Titular deberá cumplir con los siguientes requisitos:

I. Ser de nacionalidad mexicana por nacimiento, en pleno goce y ejercicio de sus derechos civiles y políticos;

II. No haber sido condenada por sentencia irrevocable como responsable de un delito doloso o culposo calificado como grave por la ley, ni estar sujeta a proceso penal;

III. No estar suspendida ni haber sido destituida o inhabilitada por resolución firme como persona servidora pública en términos de la normativa aplicable;

IV. Contar con título y cédula profesional de licenciatura en derecho, así como contar con cinco años de práctica profesional; y,

V. No ser persona ministra de algún culto religioso.

Artículo 16. Corresponde a los Jueces desempeñar las funciones del Registro Civil a que se refiere el artículo 35 del Código Civil vigente en la Ciudad de México, así como realizar funciones de dirección, organización, coordinación e inspección en el Juzgado al cual se encuentren adscritos.

Artículo 17. Para ser Juez o Jueza del Registro Civil se deben cumplir con los siguientes requisitos:

I. Ser de nacionalidad mexicana por nacimiento en pleno goce y ejercicio de sus derechos civiles y políticos;

II. No haber sido condenada por sentencia irrevocable como responsable de un delito doloso o culposo calificado como grave por la Ley, ni estar sujeto a proceso penal;

III. No estar suspendida ni haber sido destituida o inhabilitada por resolución firme como persona servidora pública en términos de las normas aplicables;

IV. Contar con título y cédula profesional de licenciatura en derecho y tres años de práctica profesional; y,

V. No ser persona ministra de algún culto religioso.

Artículo 18. Los Jueces cuentan con las siguientes facultades:

I. Autorizar con su firma autógrafa las actas del estado civil de las personas que habiten o transiten en la Ciudad de México, así como verificar que los apéndices que se integren con motivo de cada acto cumplan con la normativa vigente, aplicable en la Ciudad de México;

II. Brindar información u orientación sobre los actos del estado civil de las personas y demás trámites y servicios que brinda el Registro Civil a las personas usuarias;

III. Coordinar y supervisar las funciones del personal adscrito al Juzgado que tienen a cargo, a fin de que cumplan con la normativa aplicable y actúen conforme a los principios de transparencia, disciplina, legalidad, objetividad, profesionalismo, honradez, lealtad, imparcialidad, integridad, rendición de cuentas, eficacia y eficiencia, y cumplan con las funciones, atribuciones y comisiones encomendadas, con disciplina, respeto y conforme a una cultura de servicio, procurando en todo momento un mejor desempeño de sus funciones;

IV. Expedir copias certificadas directas de libro de las actas del estado civil que obren en los archivos del Juzgado que tienen a su cargo, en un término máximo de tres días hábiles, así como de los apéndices de los actos efectuados en ese Juzgado, excepto de los documentos de carácter jurisdiccional, de los cuales únicamente podrá expedirse copia certificada por mandamiento judicial;

V. Custodiar los sellos oficiales del Juzgado y las formas del estado civil de las personas asignadas al Juzgado que tiene a cargo;

VI. Adherir las anotaciones que remita la Dirección General, en un término no mayor a diez días hábiles;

VII. Cuidar que las formas en las que se asientan los hechos y actos del estado civil de las personas no presenten alteraciones, raspaduras, enmendaduras o tachaduras, procediendo en esos casos a testarlas y levantar inmediatamente otra acta con el número consecutivo correspondiente;

VIII. Administrar y custodiar el archivo del Juzgado a su cargo, así como tener actualizados los índices y catálogos de las actas del estado civil de las personas y sus apéndices respectivos;

IX. Remitir la información que en materia registral que requieran las instituciones correspondientes, informando en todo momento a la Persona Titular;

X. Atender en tiempo y forma los requerimientos que se les formulen en relación con sus funciones y atribuciones;

XI. Rendir a la Persona Titular, dentro de los primeros cinco días hábiles del mes siguiente, un informe mensual de actividades del Juzgado al que se encuentran adscritos; asimismo, comunicar por escrito los actos que fueron testados, precisando los datos registrales del acto y el motivo de la cancelación;

XII. Cuando en los registros de cada libro se acumulen doscientos cincuenta actos, deberán remitir a la Dirección General el tanto único de las actas del estado civil de las personas para que se realice el procedimiento de encuadernación correspondiente;

XIII. Notificar a la Persona Titular, mínimo con dos tres hábiles de anticipación, sus ausencias temporales o definitivas, a efecto de que emita la autorización correspondiente y designe la suplencia correspondiente, salvo los casos de fuerza mayor en los que deberán justificar dentro del plazo de setenta y dos horas posteriores a su ausencia, las causas o motivos de la misma;

XIV. Otorgar las facilidades necesarias al personal designado por la Persona Titular para la práctica de las supervisiones que señala el presente Reglamento;

XV. Coordinar y supervisar el cumplimiento de las guardias del Juzgado relativas al trámite de registro de defunción sábados, domingos y días festivos con un horario de ocho a veinte horas;

XVI. Presentar la denuncia correspondiente ante la Fiscalía General de Justicia de la Ciudad de México cuando adviertan indicios que fundadamente puedan presumir la falta de autenticidad de algún documento exhibido ante el Juzgado a su cargo o ante el extravío, pérdida, destrucción o robo de los libros de actos del estado civil de las personas, apéndices, formas, papel valorado, equipos de cómputo o dispositivos;

XVII. Acordar con la Persona Titular los asuntos de su competencia;

XVIII. Desempeñar sus funciones dentro del territorio de la demarcación en la cual se encuentre el Juzgado a su cargo, y que previamente cuenten con las constancias correspondientes del pago de derechos, cuando el hecho o acto sea a domicilio deberán contar con la autorización correspondiente;

XIX. Celebrar los cursos prenupciales que le instruya la Persona Titular;

XX. Verificar en el SID que no exista otro acto que imposibilite la celebración de un registro además de validar la filiación; y

XXI. Las demás que les confiere el Reglamento y la demás normativa jurídica y administrativa vigente aplicable.

Artículo 19. Cada Juzgado del Registro Civil contará con una persona que se denominará Secretaria, que tendrá como funciones primordiales auxiliar a los Jueces en el desarrollo de sus atribuciones y en la correcta organización y funcionamiento del Juzgado.

Artículo 20. Para ser Secretaria de Juzgado del Registro Civil, deberá cumplir los siguientes requisitos:

I. Contar con nacionalidad mexicana por nacimiento en pleno goce y ejercicio de sus derechos civiles y políticos;

II. No haber sido condenada por sentencia irrevocable como responsable de delito doloso o culposo calificado como grave por la Ley, ni estar sujeta a proceso penal;

III. No estar suspendida ni haber sido destituida o inhabilitada por resolución firme como persona servidora pública en términos de las normas aplicables;

IV. Contar con el ochenta por ciento de créditos de la licenciatura en derecho y un año de práctica profesional; y

V. No ser persona ministra de algún culto religioso.

La Persona Titular podrá otorgar dispensa del requisito señalado en la fracción VI al personal del Registro Civil, siempre y cuando se aprueben las evaluaciones realizadas que acrediten los conocimientos teórico-prácticos de la materia y la aptitud para desempeñar el cargo.

Artículo 21. Las Secretarias de Juzgado tendrán las siguientes funciones:

I. Organizar, coordinar e inspeccionar al personal adscrito al Juzgado, conforme a las indicaciones que los Jueces determinen, conforme a la normativa aplicable;

II. Ejecutar y, en su caso, verificar el cumplimiento de las instrucciones del Juez, siempre y cuando estén dentro del marco normativo vigente y aplicable a la materia en la Ciudad de México y se encuentren dentro de las atribuciones indicadas en el artículo anterior;

III. Implementar mecanismos de control autorizados por los Jueces para el uso de las formas de los actos del estado civil de las personas asignadas al Juzgado;

IV. Organizar las formas que contengan las actas del estado civil de las personas para su remisión a la oficina central a fin de que sean debidamente encuadernadas;

V. Organizar, registrar y dar trámite a la correspondencia que sea remitida al Juzgado, así como revisar que los documentos que integran los apéndices de los actos del estado civil de las personas cumplan con las disposiciones legales vigentes y, en su caso, dar aviso al Juez de las deficiencias advertidas;

VI. Elaborar las estadísticas, informes y documentos relativos a los actos del estado civil de las personas que sean requeridos por las autoridades competentes;

VII. Informar al Juez correspondiente lo relativo a los permisos, licencias, vacaciones, faltas y ausencias del personal para los efectos administrativos conducentes;

VIII. Coordinar la colocación de las anotaciones que remita la Persona Titular para los actos que obren registrados en el Juzgado;

IX. Organizar el manejo de las formas, libros, expedientes y demás apuntes y documentos que se encuentren bajo resguardo en el Juzgado; y

X. Las demás que les confiera el presente Reglamento y demás disposiciones aplicables.

Artículo 22. Cada Juzgado contará con una caja-ventanilla a través de la cual se podrán expedir copias certificadas de actas del estado civil de las personas, así como constancias de inexistencia de registro de nacimiento o matrimonio; constancias del REDAM y solicitar búsquedas de antecedentes registrales.

Las personas operadoras de la caja-ventanilla adscritas a los Juzgados tendrán la obligación de solicitar, resguardar y administrar el papel seguridad en el que se expiden las copias certificadas y los pagos de derechos que entreguen las personas usuarias; asimismo, deberán realizar informes semanales y mensuales en los que precisen los trámites realizados, mismos que deberán ser acreditados con el comprobante de pago correspondiente.

En caso de robo o extravío de papel valorado, la persona operadora de la caja-ventanilla deberá realizar la denuncia correspondiente ante la Fiscalía General de Justicia de la Ciudad de México, sin perjuicio de la responsabilidad administrativa o penal que resulte procedente, lo cual se hará del conocimiento a la Dirección General.

Artículo 23. De conformidad con el artículo 53, fracción I, de la Ley Orgánica de Alcaldías de la Ciudad de México, las Alcaldías deberán proveer a los Juzgados de su adscripción los recursos materiales suficientes y necesarios para el adecuado desempeño de sus funciones.

CAPÍTULO III
PROFESIONALIZACIÓN DEL PERSONAL DEL REGISTRO CIVIL

Artículo 24. Con el objetivo de garantizar el derecho a la buena administración pública y brindar un servicio de calidad, el Registro Civil contará con un programa de capacitación permanente enfocado en la profesionalización de todo el personal adscrito a la Dirección General.

Artículo 25. Es obligación de los Jueces y Secretarias de Juzgado participar y aprobar los cursos de actualización y/o capacitación y evaluaciones anuales. El incumplimiento a esta disposición dará lugar a las sanciones correspondientes previstas en la normativa aplicable.

Artículo 26. La Dirección General aprobará los programas de actualización, capacitación y evaluación; para ello, con la intención de especializar los contenidos, la Persona Titular podrá coordinarse con las demás dependencias, unidades administrativas, órganos desconcentrados y unidades administrativas de apoyo técnico operativo de la Administración Pública local.

CAPÍTULO IV
PROCEDIMIENTO DE SUPLENCIA POR AUSENCIA DE LOS JUECES

Artículo 27. Las ausencias de los Jueces se clasifican de la siguiente manera:

I. Definitivas: por fallecimiento, renuncia o resolución administrativa o jurisdiccional que determine la destitución o inhabilitación del cargo;

II. Temporales previsibles: se actualizan cuando los Jueces gozan de periodo vacacional, licencias, suspensiones judiciales o administrativas y permisos administrativos; y

III. Temporales imprevisibles: son las derivadas de ausencias por caso fortuito o fuerza mayor.

Artículo 28. Las ausencias podrán suplirse conforme a los siguientes criterios:

I. Por el Juez más cercano en la demarcación territorial en que se encuentren adscritas;

II. Por la más próxima de la demarcación territorial colindante;

III. Por el Juzgado que tenga menor carga de trabajo conforme a las estadísticas reportadas a la Persona Titular; y

IV. Por el Juez que designe la persona Persona Titular;

Artículo 29. En caso de ausencias temporales previsibles por incapacidades médicas, suspensiones judiciales o administrativas y permisos administrativos, con la debida antelación, se deberá informar a la Persona Titular a fin de determinar la suplencia y medidas correspondientes.

Tratándose del periodo vacacional, éste se deberá ajustar al programa que realice y autorice la Dirección General por lo que será obligación de los Jueces presentar por escrito, con por lo menos cinco días de anticipación, la solicitud correspondiente ante la Persona Titular.

CAPÍTULO V
SUPERVISIONES DE LOS JUZGADOS DEL REGISTRO CIVIL

Artículo 30. Con el objeto de verificar el correcto desempeño de las atribuciones y obligaciones del personal, así como la debida observancia de la normativa vigente, la Persona Titular tiene la facultad de instruir las visitas de supervisión que considere necesarias en los Juzgados, cajas-ventanillas, módulos registrales o unidades móviles del Registro Civil, así como supervisar el uso del papel valorado en los Kioscos, Centros de Servicio y Tesorerías Express de la Secretaría de Administración y Finanzas.

Artículo 31. Para cumplir con el objetivo de las funciones de supervisión, las visitas podrán realizarse en días y horas hábiles o inhábiles, cuando menos una vez al mes, sin que ello límite la realización de inspecciones adicionales conforme lo instruya la Persona Titular.

Se podrán supervisar la celebración de los actos del estado civil de las personas que se autoricen fuera de sus instalaciones y en ningún caso se podrá dar aviso previo de las visitas de supervisión.

Artículo 32. Todas las personas servidoras públicas adscritas al Registro Civil tienen la obligación de proporcionar la información y documentos necesarios para el desarrollo de las visitas de supervisión por lo que en caso de incumplimiento a lo anterior se aplicarán las sanciones correspondientes.

Artículo 33. Para ser persona supervisora es necesario contar con título y cédula profesional de licenciatura en derecho y contar con experiencia profesional mínima de un año.

Artículo 34. Durante las visitas de supervisión en los Juzgados, de manera enunciativa y no limitativa, se deberá observar lo siguiente:

I. Estricto control del uso de las formas para la inscripción de los actos del estado civil de las personas;

II. Estricto resguardo, control y debido uso del papel seguridad proporcionado para la expedición de copias certificadas;

III. Mecanismo de control y resguardo de los pagos de derechos recibidos;

IV. Los libros y expedientes que obren en el archivo de los Juzgados se encuentren en buen estado;

V. El personal del Juzgado cumpla con las disposiciones jurídicas, así como con los criterios técnico-jurídicos que se dicten por las autoridades competentes;

VI. Exhibir en lugares visibles a las personas usuarias, los requisitos para autorizar los actos del estado civil de las personas establecidos en el presente Reglamento;

VII. Buzón de quejas y sugerencias relacionadas con el funcionamiento del Juzgado, o caja ventanilla, en un lugar visible al público;

VIII. Que los informes del Juzgado se presenten en el término que establece el presente Reglamento y concuerde con los actos y expedientes que obran en el Juzgado;

IX. Que los actos del estado civil de las personas autorizados en el Juzgado se efectuaron conforme a la normativa vigente;

X. La información asentada en los registros de los actos del estado civil de las personas coincidan con la documentación contenida en los apéndices, mismos que deberán ser integrados conforme a los requisitos que establece la normativa, verificando su autenticidad;

XI. Cumplir con el horario de atención establecido en el presente Reglamento; y

XII. Las formas testadas coincidan con el informe que se remita a la Persona Titular.

Artículo 35. En todas las visitas de supervisión se levantará un acta circunstanciada que se hará constar por lo menos lo siguiente:

I. Lugar, fecha y hora en que inicie y concluya la supervisión;

II. Fundamento legal;

III. Nombre de la persona supervisora, así como del Juez y de los Testigos de asistencia;

IV. Relación de la información y documentación revisada;

V. En su caso, observaciones o irregularidades detectadas;

VI. Lista de asistencia correspondiente; y

VII. Quejas o sugerencias de las personas usuarias.

Dicha acta deberá ser firmada en tres tantos por las personas que intervengan en la visita y contener el sello autorizado por el Juez a cargo del Juzgado, entregando un tanto que deberá resguardarse en el propio Juzgado.

Artículo 36. Los Jueces deberán instruir al personal a su cargo para brindar las facilidades necesarias a las personas supervisoras.

Artículo 37. En caso de existir presuntas irregularidades, el acta circunstanciada se remitirá a la Dirección General, quien la turnará al área competente para su calificación, a fin de que se registre y asigne un número de expediente y se acuerde la procedencia o improcedencia.

De determinarse la procedencia, se notificará a las personas relacionadas con las irregularidades el inicio del procedimiento, a fin de que, en un término de tres días hábiles, rindan un informe escrito, detallado y debidamente justificado, asimismo, se citará a las partes para que realicen las manifestaciones que consideren necesarias.

Posteriormente, se analizará la información y manifestaciones ofrecidas para emitir la resolución correspondiente, a fin de aplicar las sanciones respectivas y dar vista a las autoridades competentes.

CAPÍTULO VI
SANCIONES DEL PERSONAL ADSCRITO A LA DIRECCIÓN GENERAL DEL REGISTRO CIVIL

Artículo 38. Las faltas u omisiones que cometan las personas servidoras públicas del Registro Civil, serán sancionadas en los términos de la Ley de Responsabilidades Administrativas de la Ciudad de México y del presente Reglamento, sin perjuicio de la responsabilidad civil, administrativa o penal, que corresponda.

CAPÍTULO VII
CERTIFICACIÓN DE ACTOS DEL ESTADO CIVIL DE LAS PERSONAS Y APÉNDICES

Artículo 39. La Persona Titular tiene la facultad de expedir copias certificadas de los actos del estado civil de las personas y apéndices que obren en el acervo registral, así como en el sistema informático de la Dirección General.

Artículo 40. Las copias certificadas de los actos del estado civil de las personas se podrán expedir en los siguientes formatos:

I. Directa de libro;

II. En extracto; y

III. Digital.

Todos los formatos de copias certificadas tendrán plena validez jurídica, no tendrán vigencia y deberán ser admitidos por toda la administración pública local y particulares para cualquier trámite.

Artículo 41. Las copias certificadas directas de libro se efectuarán en los formatos autorizados por la Dirección General y podrán autorizarse con firma autógrafa, con facsímil o firma autógrafa digitalizada de la persona facultada para ello y deberán contener el sello correspondiente.

Artículo 42. Las copias certificadas en extracto se imprimirán en los formatos autorizados por la Dirección General y serán autorizadas con firma autógrafa digitalizada, o con firma digital, código QR y de verificación.

Para la expedición de copias certificadas en extracto que contengan anotaciones que rectifiquen, modifiquen o aclaren los datos de los actos del estado civil de las personas, se asentará en el cuerpo del extracto dicha modificación relacionándose con la anotación que dio origen a la misma.

Artículo 43. Las copias certificadas en formato digital se expedirán a través de las plataformas digitales oficiales autorizadas por la Dirección General y serán autorizadas con firma autógrafa digitalizada y firma digital, código QR y de verificación. Las plataformas autorizadas por la Dirección General serán publicadas en la página oficial de la Consejería Jurídica.

Artículo 44. Cuando las características del acta no permitan la expedición de copias certificadas directas de libro mediante el proceso de fotocopiado, se podrá autorizar su expedición de forma mecanografiada, cuidando que se reproduzca íntegramente el contenido del registro.

Artículo 45. Se podrá expedir copia certificada parcial o total de los apéndices que obren en los archivos de la Dirección General, misma que podrá ser autorizada mediante firma autógrafa o facsímil de la persona facultada para ello.

CAPÍTULO VIII
CONSTANCIAS

Artículo 46. La Persona Titular, en su carácter de Juez Central, tiene la facultad de emitir constancias que den fe de una defunción fetal, la inexistencia de registro de actos del estado civil de las personas, declaraciones sobre la existencia o cesación de concubinato y respecto a la participación en el curso prenupcial.

Artículo 47. En concordancia con el artículo 174 de la Ley de Salud de la Ciudad de México, la constancia de defunción fetal es el documento mediante el cual se hace constar la muerte fetal en el cuerpo de la madre.

Artículo 48. Para autorizar la constancia de defunción fetal es necesario cumplir los siguientes requisitos:

I. Solicitud de constancia de muerte fetal autorizado por la Dirección General;

II. Certificado de muerte fetal expedido en el formato autorizado por la Secretaría de Salud conforme a la norma oficial mexicana NOM-035-SSA3-2012;

III. Identificación oficial vigente de la madre al momento de la solicitud, lo anterior en original y copia simple; y

IV. Comparecencia de la madre o padre o, en su caso, una persona ascendiente en línea recta o colateral hasta tercer grado.

Artículo 49. La constancia de inexistencia de nacimiento, matrimonio o defunción es el documento a través del cual se informa a la persona solicitante, que el acto o hecho sobre el cual se solicitó una búsqueda no se encuentra en el acervo registral y en el sistema informático del Registro Civil.

Artículo 50. Las constancias de inexistencia deberán contener, cuando menos, la siguiente información:

I. Nombre y apellidos completos de la persona relacionada con el acto;

II. Fecha y lugar de nacimiento o fallecimiento de la persona, según sea el caso;

III. En caso de existir, nombre y apellidos de personas ascendientes; y

IV. Tipo de acto (nacimiento, matrimonio o defunción).

Artículo 51. Las constancias podrán autorizarse mediante firma autógrafa, autógrafa digitalizada o firma electrónica y tendrán una vigencia de tres meses.

Artículo 52. Para emitir una constancia de inexistencia de actos registrales la persona solicitante deberá proporcionar nombre, fecha y lugar de nacimiento de la persona relacionada con el acto y, en caso de existir, nombre de las personas ascendientes y el tipo de acto.

Artículo 53. Las constancias de inexistencia de actos del estado civil de las personas se emitirán respecto a la búsqueda que comprenda el lapso entre la fecha de nacimiento de la persona relacionada con el acto y la fecha de expedición.

Artículo 54. La constancia de existencia de concubinato es el documento a través del cual se da fe de la declaración de dos personas que manifiestan tener un compromiso mutuo para tener una vida en común.

Artículo 55. Para autorizar la emisión de una constancia de existencia de concubinato se deberán cumplir los siguientes requisitos:

I. Solicitud de constancia de existencia de concubinato que autorice la Dirección General;

II. Copia certificada en extracto del registro de nacimiento de las personas interesadas;

III. Identificación oficial vigente al momento de la solicitud en original y copia de las personas interesadas;

IV. Constancia de inexistencia de registro de matrimonio vigente de las personas interesadas;

V. Escrito firmado por ambas personas en el que manifiesten bajo protesta de decir verdad que han vivido en común, en forma constante y permanente por un periodo mínimo de dos años;

No será necesario dicho escrito cuando tengan hijas o hijos en común, por lo que deberán presentar copia certificada del registro de nacimiento;

VI. Comparecencia de ambas personas; y

VII. Comprobante del domicilio en el que cohabitan las personas interesadas, y que radiquen en esta Ciudad;

Artículo 56. Una vez cumplidos los requisitos, se harán constar por escrito las declaraciones de las personas interesadas, a fin de emitir la constancia de existencia de concubinato, la cual únicamente acreditará la comparecencia de las personas y no constituyen modificación alguna del estado civil de las personas interesadas.

Artículo 57. Cuando se acredite el fallecimiento de alguna de las personas concubinas y tenga hijas o hijos en común con la persona que sobrevive se podrá autorizar la emisión de la constancia de concubinato con la comparecencia de la persona viva, siempre y cuando se cumplan con los demás requisitos establecidos.

En caso de no tener hijos en común, podrá autorizarse, siempre y cuando la persona que vive presente documentales públicas o privadas que acrediten que vivió en común, en forma constante y permanente por un periodo mínimo de dos años con la persona que falleció; asimismo, podrá presentar testigos que acrediten su dicho. Lo anterior, estará sujeto al criterio de la autoridad, basado objetivamente en los testimonios recibidos concatenados con las documentales y requisitos que tenga a la vista al momento de la resolución.

Artículo 58. Para autorizar la emisión de una constancia de cesación del concubinato se deberán cumplir con los siguientes requisitos:

I. Solicitud de constancia de cesación de concubinato que autorice la Dirección General;

II. Identificación oficial vigente al momento de la solicitud en original y copia simple de ambas personas; y

III. Comparecencia de ambas personas.

Artículo 59. Cumplidos los requisitos del artículo anterior se hará constar por escrito la manifestación de la voluntad de las personas interesadas de concluir la relación de concubinato.

Artículo 60. Para autorizar la emisión de una constancia de curso prenupcial se deberá acreditar la asistencia de ambas personas a través de los formatos de asistencia y formularios de evaluación autorizados por la Dirección General.

CAPÍTULO IX
AUTORIZACIÓN E INSCRIPCIÓN DE LOS ACTOS DEL ESTADO CIVIL DE LAS PERSONAS

Artículo 61. La inscripción y autorización de los actos del estado civil de las personas relativos al nacimiento, reconocimiento, adopción, matrimonio, divorcio administrativo y defunción corresponde al Registro Civil, a través de los Jueces.

Artículo 62. La inscripción y autorización de los actos del estado civil de las personas se efectuará en los inmuebles de los Juzgados y/o módulos registrales, así como en el domicilio que indiquen las personas solicitantes, siempre que la Dirección General emita la autorización correspondiente y se efectúe el pago de derechos conforme al Código Fiscal vigente.

Artículo 63. Para la inscripción y autorización de los actos del estado civil de las personas, éstas deberán satisfacer los requisitos establecidos en las disposiciones jurídicas aplicables. El incumplimiento de lo anterior ocasionará la nulidad del acto en términos de lo dispuesto por el Código Civil, sin perjuicio de la responsabilidad penal o administrativa de las personas servidoras públicas que participaron en su inscripción y autorización.

De manera enunciativa y no limitativa, para realizar cualquier trámite ante el Registro Civil, se podrán presentar las siguientes identificaciones:

a. Carta de naturalización;
b. Cartilla del Servicio Militar Nacional Liberada;
c. Credencial de elector;
d. Certificado de estudios;
e. Cédula profesional;
f. Constancia de identidad;
g. Constancia de persona refugiada;
h. Curp con fotografía;
i. Matrícula consular;
j. Pasaporte vigente. y,
k. Constancia de inscripción al padrón de huéspedes y migrantes en retorno.

Artículo 64. Una vez cumplidos los requisitos establecidos en el Código Civil y en el presente Reglamento, se procederá a capturar en el SID la información relacionada con el acto de que se trate, a fin de emitir el registro previo del acto, mismo de que deberá ponerse a la vista de las personas usuarias para la revisión de su contenido y, en caso de identificar errores ortográficos, gramaticales u omisiones, se procederá a efectuar la modificación correspondiente, para posteriormente imprimir el registro definitivo en el que se asentará la firma o huella dactilar de las personas interesadas y deberá ser autorizado por la o el Juez correspondiente.

Artículo 65. Para que un acto del estado civil de las personas tenga plena validez deberá cumplir con las formalidades establecidas en el presente Reglamento y demás normativa aplicable, así como contar con la firma autógrafa del Juez del Registro Civil correspondiente.

CAPÍTULO X
REGISTRO DE NACIMIENTO

Artículo 66. El registro de nacimiento se clasifica en ordinario y extemporáneo, será ordinario aquel que se efectúe dentro de los 6 meses siguientes al hecho vital y será extemporáneo cuando se realice con posterioridad a los 6 meses de vida de la persona.

Artículo 67. En caso de que se solicite inscribir el registro de nacimiento y defunción de una persona, se autorizarán ambos actos, mismos que deberán relacionarse entre sí, siempre que se cumplan los requisitos establecidos en el presente Reglamento.

Artículo 68. En caso de parto múltiple, se realizará un registro de nacimiento por cada persona y en el apartado de anotaciones se asentarán las particularidades que les distingan y el orden en que ocurrió el nacimiento conforme a lo que establezca el certificado de nacimiento.

Artículo 69. En caso del registro de nacimiento de alumbramientos múltiples o de hermanas y hermanos que, por usos y costumbres de la época, fueron inscritos en una sola acta, se podrá autorizar la emisión de un registro de nacimiento para cada persona, a fin de individualizar su identidad.

Artículo 70. Atendiendo a los principios de interés superior de la infancia y de autonomía progresiva establecidos en la Convención sobre los Derechos del Niño, cuando la madre o padre de la persona a registrar sea menor de edad, bastará con su comparecencia y manifestación de su voluntad para que el Juez autorice el registro de nacimiento y asiente los apellidos correspondientes.

Artículo 71. Tratándose de niñas, niños o adolescentes expósitos o abandonados, podrán ser presentados para el registro de nacimiento por el Ministerio Público o, en su caso, por la persona directora, administradora, apoderada legal o responsable de la institución o casa de asistencia ya sea pública o privada, donde se encuentre institucionalizado.

Artículo 72. Con la finalidad de garantizar el derecho a la identidad, para autorizar el registro de nacimiento, se podrá eximir la presentación de la copia certificada del registro de nacimiento de las personas progenitoras, copia certificada de su registro de matrimonio o de la constancia de existencia de concubinato; sin embargo, no se podrá asentar la filiación de abuelos y/o abuelas.

Artículo 73. El certificado de nacimiento hará prueba plena del día, hora y lugar en que ocurrió el nacimiento, así como de la identidad de la madre salvo los casos de maternidad subrogada.

En caso de que los documentos de mérito presenten algún error ortográfico en el nombre o apellidos de la madre, edad u omisión y se compruebe el dato correcto con su registro de nacimiento de la madre, se deberá asentar la información correcta en el registro de nacimiento, sin solicitar fe de erratas del Hospital o Clínica.

Artículo 74. A fin de garantizar el derecho a la identidad de los grupos de atención prioritaria, la Dirección General estará facultada para entregar de manera gratuita las constancias de inexistencia de registro de nacimiento del Registro Civil de la Ciudad.

Artículo 75. Las autoridades ministerial y jurisdiccional podrán solicitar a la Dirección General la inscripción de un registro de nacimiento relativo al cambio de identidad de una persona, a fin de salvaguardar su integridad física y psicológica, así como su vida. Para autorizar la inscripción de dicho registro, la Dirección General deberá recibir un oficio signado por la autoridad competente en el que se ordene levantar dicho acto conforme a la información proporcionada.

CAPÍTULO XI
REGISTRO DE NACIMIENTO ORDINARIO

Artículo 76. Para autorizar el registro de nacimiento ordinario se deberán presentar los siguientes requisitos:

I. Solicitud de registro de nacimiento;

II. Certificado de nacimiento expedido en el formato autorizado por la Secretaría de Salud federal conforme a la norma oficial mexicana NOM-035-SSA3-2012 En caso de no contar con el documento señalados en el párrafo anterior, se deberá presentar una denuncia digital o escrita ante la Fiscalía de General Justicia de la Ciudad de México, en la que deberá constar el motivo de la falta del documento, así como las circunstancias en las que ocurrió el nacimiento;

III. Copia certificada del registro de nacimiento de las personas progenitoras o, en caso de existir, copia certificada de su registro de matrimonio o de la constancia de existencia de concubinato, a fin de asentar la filiación de abuelas y/o abuelos. En caso de que alguna de las personas sea extranjera, deberá presentar copia certificada de su registro de nacimiento debidamente apostillada y/o legalizada; cuando se encuentre asentada en un idioma distinto al español deberá presentarse la traducción correspondiente, misma que deberá ser realizada por una persona autorizada por el Tribunal Superior de Justicia de la Ciudad de México;

IV. Identificación oficial en original y copia de las personas que comparezcan; y

V. La presentación de la persona a registrar por conducto de su madre o padre, personas ascendientes en línea recta y/o colateral hasta tercer grado.

CAPÍTULO XII
REGISTRO DE NACIMIENTO EXTEMPORÁNEO

Artículo 77. Para autorizar el registro de nacimiento extemporáneo de personas mayores de 6 meses y menores de 18 años se deberá cumplir los siguientes requisitos:

I. Solicitud de registro de nacimiento;

II. Certificado de nacimiento expedido en el formato autorizado por la Secretaría de Salud conforme a la norma oficial mexicana NOM-035-SSA3-2012; en caso de no contar con el documento señalados en el párrafo anterior, se deberá presentar denuncia ante la Fiscalía de General Justicia de la Ciudad de México, en la que deberá constar el motivo de la falta del documento, así como las circunstancias en las que ocurrió el nacimiento; asimismo, deberá presentar una constancia de inexistencia de registro de nacimiento emitida por la Dirección General y, en el supuesto o de que la persona sea originaria de otra entidad, también deberá presentar una constancia de inexistencia de registro expedida en su lugar de origen que deberá comprender un año anterior a la fecha de nacimiento a la actualidad;

III. Cuando se cuente con copia certificada del registro de nacimiento de las personas progenitoras, de su registro de matrimonio o de la constancia de existencia de concubinato, a fin de asentar la filiación. En caso de que alguna de las dos personas sea extranjera, deberá presentar copia certificada de su registro de nacimiento debidamente apostillada y legalizada; cuando se encuentre asentada en un idioma distinto al español deberá presentarse la traducción correspondiente, misma que podrá realizar una persona acreditada y autorizada por el Tribunal Superior de Justicia de esta Ciudad;

IV. Identificación oficial en original y copia de las personas que acudan; y

V. La presentación de la persona a registrar por conducto de su madre o padre, personas ascendientes en línea recta o colateral hasta el tercer grado.

Artículo 78. Para autorizar el registro de nacimiento extemporáneo de niñas, niños y adolescentes que se encuentren institucionalizados, bastará con la presentación de los documentos enlistados en los numerales I y II del artículo anterior, así como la presentación de la persona a registrar por el Ministerio Público, en coordinación con las Instituciones públicas que cuenten con programas de integración o reintegración social.

En los casos en que se presente el certificado de nacimiento, se establecerá la filiación materna, dejando a salvo los derechos de la paternidad, en los casos en que no se presente para realizar el registro.

Artículo 79. Para autorizar el registro de nacimiento extemporáneo de personas mayores de 18 años se deberá cumplir los siguientes requisitos:

I. Solicitud de registro de nacimiento;

II. Denuncia ante la Fiscalía de General Justicia de la Ciudad de México, misma que podrá ser digital o presencial y en la que deberá constar el motivo por el cual la persona no tiene registro y las circunstancias en las que ocurrió el nacimiento;

III. Constancia de inexistencia de registro de nacimiento que comprenda un año anterior a la fecha de nacimiento y hasta la fecha de su expedición, emitida por la Dirección General;

En caso de que la persona sea originaria de otra entidad, también deberá presentar una constancia de inexistencia de registro emitida por el Registro Civil de su lugar de origen que deberá comprender un año anterior a la fecha de nacimiento a la actualidad;

IV. En caso de existir, copia certificada del registro de nacimiento de las personas progenitoras o de su registro de matrimonio y/o de la constancia de existencia de concubinato, a fin de asentar la filiación, siempre que comparezcan a reconocer a la persona o se presente un documento público o privado que acredite dicho reconocimiento

V. Identificaciones, documentos públicos y/o privados que acrediten el uso del nombre con el cual se pretende registrar la persona; y

Vi. Comparecencia de la persona a registrar.

Artículo 80. Cuando exista duda fundada respecto de la veracidad de los documentos presentados por la persona interesada, el Juez deberá dar vista a la Fiscalía General de Justicia de la Ciudad de México.

Artículo 81. Los Jueces tienen la obligación de realizar el registro de nacimiento con los documentos que la persona detente y presente, por lo que no podrá solicitarse un número mínimo o específico de documentos para acreditar el uso de nombre de la persona que se pretenda registrar.

A fin de garantizar el derecho a la identidad de los grupos de atención prioritaria, se podrá realizar el registro de nacimiento con la presentación de los requisitos enunciados en los numerales I, II y V del artículo 77. En estos casos, la constancia de inexistencia de registro de nacimiento será expedida por la Dirección General de manera gratuita.

CAPÍTULO XIII
REGISTRO DE NACIMIENTO POR DESINCORPORACIÓN

Artículo 82. Para autorizar el registro de nacimiento por desincorporación las personas interesadas deberán acudir al Juzgado Central de manera individual o en conjunto con la siguiente documentación:

I. Copia certificada directa de libro del acta en la que conste el nacimiento de las personas interesadas;

II. Identificación oficial de la persona interesada; y

III. En caso de que alguna persona sea finada, copia certificada del acta de defunción de quien falleció..

Artículo 83. Cuando sea necesaria la autorización del registro de nacimiento por desincorporación de una persona finada, podrán solicitar dicho trámite las personas descendientes o hermanas y hermanos.

Artículo 84. En el caso de las personas interesadas que acrediten la imposibilidad de acudir ante el Registro Civil a realizar el trámite, podrán autorizar mediante poder especial otorgado ante Notaría Pública a una persona, que acuda a realizar el registro correspondiente.

CAPÍTULO XIV
REGISTRO DE NACIMIENTO POR RECONOCIMIENTO

Artículo 85. Los Jueces podrán autorizar la inscripción de un nuevo registro de nacimiento con motivo del reconocimiento administrativo o jurisdiccional de una persona mexicana que cuente con un registro primigenio.

Se considerará reconocimiento administrativo cuando las personas interesadas comparezcan de manera voluntaria ante el Registro Civil con la finalidad de obtener el registro correspondiente o expresen dicho reconocimiento a través de otros medios conforme al Reglamento; y será de carácter jurisdiccional cuando exista una sentencia ejecutoriada que ordene efectuar un nuevo registro de nacimiento con la filiación indicada.

Artículo 86. Para autorizar un registro de nacimiento por reconocimiento administrativo se deberán cumplir los siguientes requisitos:

I. Solicitud de registro de nacimiento;

II. Copia certificada directa de libro de reciente expedición del registro de nacimiento primigenio de la persona a reconocer;

III. Copia certificada del registro de nacimiento de la persona que efectuará el reconocimiento, a fin de asentar la filiación correspondiente; en caso de no presentar dicho documento, se podrá realizar el registro omitiendo dicha información;

IV. Identificación oficial vigente en original y copia simple de la persona que realizará el reconocimiento;

V. Cuando se solicite el reconocimiento de una persona menor de edad, deberá comparecer la persona que ejerza la patria potestad o tutela con una identificación oficial en original y copia simple, a efecto de que otorgue su consentimiento para dicho acto;

VI. Presentación de la persona que será reconocida, en caso de ser mayor de edad, también se deberá presentar identificación oficial vigente en original y copia; y

VII. Comparecencia de la persona que reconoce.

Artículo 87. Cuando una persona realice el reconocimiento de una hija o hijo mediante escritura pública, por testamento o por confesión judicial directa y expresa para autorizar dicho acto, se deberán cumplir los requisitos establecidos en los numerales I, II, III, V y VI del artículo anterior, así como copia certificada del documento respectivo, mediante el cual conste dicho reconocimiento.

Artículo 88. Para autorizar un registro de nacimiento por sentencia se deberán cumplir los siguientes requisitos:

I. Solicitud de registro de nacimiento;

II. Copia certificada directa de libro de reciente expedición del registro de nacimiento primigenio de la persona a reconocer;

III. Identificación oficial en original y copia simple de la persona que comparece a realizar el acto, ya sea la parte actora o la parte demanda; y

IV. Copia certificada de la sentencia que ordene la emisión del nuevo registro de nacimiento con la filiación correspondiente, así como el auto que declare que ha causado estado, misma que deberá ser notificada mediante oficio signado por la autoridad jurisdiccional competente.

Artículo 89. En caso de que la persona que desea realizar el reconocimiento no pueda comparecer personalmente, podrá autorizar a otra persona para acudir en su representación mediante un poder especial otorgado ante Notaría Pública.

Artículo 90. Podrán reconocer a sus descendientes vía administrativa las personas mayores de edad; no obstante, una persona menor de edad podrá reconocer con previo consentimiento de quien o quienes ejerzan sobre él la patria potestad, o de la persona bajo cuya tutela se encuentre.

Artículo 91. Una vez efectuado un nuevo registro de nacimiento, el Juez deberá notificar a la Dirección General dicho acto, a fin de que se realice la anotación correspondiente en el registro de nacimiento primigenio de la persona reconocida, mismo que deberá reservarse en el acervo registral y en el sistema informático, a fin de que no se publique ni se expida constancia alguna, salvo mandato judicial.

CAPÍTULO XV
REGISTRO DE NACIMIENTO POR ADOPCIÓN

Artículo 92. Para autorizar un registro de nacimiento por adopción se deberán observar los siguientes requisitos:

I. Solicitud de registro de nacimiento;

II. Copia certificada de la sentencia definitiva y del auto que la declara firme, mismas que deberán ser notificadas ante el Registro Civil mediante oficio signado por la autoridad jurisdiccional competente;

III. Copia certificada del acta de nacimiento directa de libro de la persona adoptada;

IV. Copia certificada del registro de nacimiento de la o las personas adoptantes; y

V. Comparecencia de la persona adoptada y adoptantes.

Artículo 93. Una vez autorizado el registro de nacimiento, el Juez que lo autorice deberá notificar a la Dirección General para que se realicen las anotaciones correspondientes en el registro primigenio de la persona, mismo que deberá reservarse y no se publicará ni se expedirá constancia alguna, salvo mandamiento jurisdiccional.

CAPÍTULO XVI
PROCEDIMIENTO ADMINISTRATIVO DE RECONOCIMIENTO DE IDENTIDAD DE GÉNERO

Artículo 94. El Registro Civil está facultado para autorizar la inscripción de un nuevo registro de nacimiento para garantizar el derecho a la identidad de género de toda persona binaria y no binaria, a través del procedimiento administrativo, informado y expedito.

Artículo 95. Para autorizar la inscripción de un registro de nacimiento con motivo del procedimiento administrativo de reconocimiento de identidad de género, la persona interesada mayor de edad deberá cumplir los siguientes requisitos:

I. Contar con nacionalidad mexicana;

II. Solicitud de registro de nacimiento;

III. Copia certificada directa de libro de reciente expedición del registro de nacimiento primigenio;

IV. Identificación oficial vigente en original y copia simple; y

V. Comprobante de domicilio no mayor a tres meses.

Artículo 96. Una vez cumplidos los requisitos establecidos en el artículo anterior, personal adscrito al Registro Civil deberá efectuar una comparecencia de la persona interesada, quien manifestará su voluntad para realizar el procedimiento administrativo de reconocimiento de identidad de género, a fin de adecuar su realidad jurídica a su vivencia interna, a través de un nuevo registro de nacimiento que reconozca su identidad de género y en el que se asiente el nombre que determine la persona.

Artículo 97. Con el nuevo registro de nacimiento, el Juez que lo autorice deberá notificar a la Dirección General en un término no mayor a tres días hábiles contados a partir del siguiente, a fin de que se realice la anotación correspondiente en el registro de nacimiento de la persona, mismo que quedará reservado y no se publicará ni expedirá constancia alguna, salvo mandamiento judicial o petición ministerial.

En caso de que el acta primigenia sea de otra entidad federativa, en un término no mayor a tres días hábiles posteriores al registro, el o la Juez deberá entregar a la persona interesada un oficio mediante el cual notifique a la autoridad homóloga del Estado de origen de la persona la emisión del nuevo registro, a fin de que se realicen las acciones necesarias para reservar el acta primigenia conforme a la legislación vigente.

Asimismo, tendrá la obligación de informar de la autorización de dicho procedimiento, en calidad de reservado, a las Secretarías de Gobernación, de Educación Pública, de Salud, de Relaciones Exteriores, Instituto Nacional Electoral, Fiscalía General de la República, Centro Nacional de Información del Sistema Nacional, Consejo de la Judicatura Federal, Tribunal Superior de Justicia de la Ciudad de México y a la Secretaría de Administración y Finanzas, para los efectos legales procedentes.

Artículo 98. Las solicitudes para el desahogo del procedimiento administrativo de reconocimiento de identidad de género de personas adolescentes estará a cargo del "Consejo para garantizar los Derechos Humanos en el Procedimiento Administrativo de reconocimiento de Identidad de Género de la Ciudad de México", el cual está integrado por las personas titulares de las siguientes Dependencias:

I. Consejería Jurídica y de Servicios Legales, quien lo presidirá;

II. Secretaría de Gobierno;

III. Secretaría de Inclusión y Bienestar Social;

IV. Consejo para Prevenir y Eliminar la Discriminación de la Ciudad de México; e

V. Instancia Ejecutora del Sistema Integral de Derechos Humanos.

Las personas titulares de las Dependencias señaladas en las fracciones I, II y III, contarán con derecho de voz y voto; las restantes, únicamente con voz.

La persona titular de la Dirección General del Registro Civil será quien desempeñe las labores de Secretario Técnico de este órgano colegiado.

Artículo 99. La presidencia del Consejo para garantizar los Derechos Humanos en el Procedimiento Administrativo de reconocimiento de Identidad de Género de la Ciudad de México podrá invitar en cualquier momento a las personas especialistas, académicas, titulares de Dependencias o cualquier otra que considere necesarias para el desahogo de los puntos sometidos a su consideración, quienes sólo contarán con voz.

Artículo 100. Son facultades de las personas integrantes del Consejo establecido en el artículo anterior, las siguientes:

I. Conocer, analizar y emitir opiniones de los asuntos que sean sometidos a su consideración;

II. Aprobar lineamientos, criterios y demás documentos que garanticen el cumplimiento de su objeto;

III. Promover y respetar la normativa aplicable en materia de derechos humanos; y

IV. Aprobar y modificar los lineamientos que regulen su operatividad.

Artículo 101. Para autorizar la inscripción de un registro de nacimiento con motivo del procedimiento administrativo de reconocimiento de identidad de género de personas adolescentes, de conformidad con el Acuerdo por el que se emiten los Lineamientos para Garantizar los Derechos Humanos en el Procedimiento Administrativo de Reconocimiento de Identidad de Género en la Ciudad de México de las Personas Adolescentes, la persona interesada deberá presentar una solicitud ante la Dirección General con la siguiente documentación:

I. Solicitud signada por la persona interesada en realizar el procedimiento, en el cual manifieste lo siguiente:

a) Que es de nacionalidad mexicana;

b) Que se autopercibe con un género diferente al que se asentó en su registro de nacimiento primigenio;

c) Que es su voluntad obtener una nueva acta de nacimiento que concuerde con género con el cual se identifica; y

d) Que tiene conocimiento de la trascendencia y alcances jurídicos y administrativos del procedimiento.

II. Copia certificada del acta de nacimiento de la persona expedida por la Dirección General del Registro Civil de la Ciudad de México que acredite que cuenta con al menos doce años cumplidos;

III. Documento que acredite su identidad; y

IV. Autorización escrita del padre, madre o tutor que la persona adolescente determine para que le acompañe durante el procedimiento. En caso de padres o madres no presentes, se deberá manifestar bajo protesta de decir verdad que dicha persona está ausente, desaparecida o que no han tenido noticias suyas.

Artículo 102. La Persona Titular verificará que la solicitud cumpla con los documentos indicados en el numeral anterior, a fin de remitirlos a la Presidencia del Consejo para Garantizar los Derechos Humanos en el Procedimiento Administrativo de Reconocimiento de Identidad de Género de la Ciudad de México, conforme al Acuerdo por el que se emiten los Lineamientos para Garantizar los Derechos Humanos en el Procedimiento Administrativo de Reconocimiento de Identidad de Género en la Ciudad de México de las Personas Adolescentes.

Artículo 103. Una vez emitido el nuevo registro de nacimiento, se realizará la reserva del acta de nacimiento primigenia de la que no se podrá publicar ni expedir constancia alguna salvo mandamiento judicial o petición ministerial; asimismo, la Dirección enviará los oficios con la información, en calidad de reservada, entre otras, a las siguientes dependencias: Secretaría de Gobernación, Secretaría de Educación Pública, Secretaría de Salud y Secretaría de Relaciones Exteriores, para los efectos legales procedentes.

Artículo 104. Los efectos del registro de nacimiento con motivo del Reconocimiento de identidad de género serán oponibles a terceros a partir de su levantamiento.

CAPÍTULO XVII
REGISTRO DE MATRIMONIO

Artículo 105. Para autorizar la inscripción de un registro de matrimonio se deberán cumplir los siguientes requisitos:

I. Solicitud de registro de matrimonio conforme al formato autorizado por la Dirección General;

II Copia certificada directa de libro, extracto o digital del acta de nacimiento de las personas solicitantes;

En caso de que alguna de las personas contrayentes sea extranjera, deberá presentar copia certificada de registro de nacimiento debidamente apostillada o legalizada; cuando se encuentre asentada en un idioma distinto al español deberá presentarse la traducción correspondiente, misma que deberá realizar una persona perito autorizada por el Tribunal Superior de Justicia de esta Ciudad;

III Identificación oficial vigente en original y copia simple de las personas solicitantes;

IV. Convenio del régimen matrimonial respecto a los bienes presentes y que se adquieran durante el matrimonio;

V. Certificado del REDAM;

VI. Constancia del Curso prenupcial;

VII. Cuando una o ambas personas hayan sido casadas con anterioridad, deberá exhibir copia certificada del registro de matrimonio con la inscripción de la disolución del vínculo matrimonial o copia certificada del acta de divorcio, o copia certificada de la sentencia de divorcio o nulidad de matrimonio y del auto que la declare firme. Para el caso de que alguna de las personas sea viuda, deberá presentar copia certificada del registro de defunción correspondiente; y

VIII. Comprobante de domicilio de ambas personas.

Artículo 106. Cuando alguno o ambos contrayentes no hablen o comprendan el idioma castellano, deberán presentarse acompañados por perito intérprete a su costa, que haga saber los derechos y obligaciones a que se hacen sujetos con la celebración del acto.

Artículo 107. Cuando las personas interesadas no puedan concurrir personalmente, podrán designar a otra para acudir en su representación mediante poder especial otorgado ante Notaría Pública.

CAPÍTULO XVIII
DIVORCIO ADMINISTRATIVO

Artículo 108. La disolución del vínculo matrimonial vía administrativa procede cuando ambos cónyuges así lo convengan y ratifiquen ante la autoridad competente y cumplan con los siguientes requisitos: ser mayores de edad en pleno goce de sus derechos; la cónyuge no esté embarazada, no tengan hijos en común o, teniéndolos, sean mayores de edad y no requieran alimentos, así como alguno de las personas solicitantes y, en caso de estar casados bajo el régimen de sociedad conyugal, hayan liquidado la sociedad.

Artículo 109. Cuando las personas interesadas no puedan concurrir personalmente, podrán designar a otra persona para acudir en su representación mediante poder especial otorgado ante Notaría Pública.

Artículo 110. Para autorizar la disolución del vínculo matrimonial vía administrativa se deberán cumplir los siguientes requisitos:

I. Solicitud de divorcio administrativo;

II. Copia certificada directa de libro de reciente expedición del registro de matrimonio;

III. Declaración por escrito, bajo protesta de decir verdad, en la que ambas personas manifiesten no tener hijas o hijos durante el matrimonio o, en caso de tenerlos, que son mayores de edad y no son acreedores alimentarios, comprobando de manera fehaciente dicha circunstancia con la copia certificada en extracto de sus descendientes mayores de edad;

IV. Manifestación expresa y bajo protesta de decir verdad, que la solicitante no se encuentra embarazada o que ambas personas no se han sometido a técnicas de reproducción asistida;

V. Comprobante de domicilio de las personas solicitantes;

VI. Si el matrimonio se contrajo bajo el régimen de sociedad conyugal y durante el matrimonio se adquirieron bienes, derechos, cargas u obligaciones, se debe presentar convenio de liquidación de la sociedad conyugal efectuado ante la autoridad jurisdiccional competente o Notario Público;

En caso de que los solicitantes no hayan obtenido bienes, derechos, cargas u obligaciones susceptibles de liquidación lo manifestarán bajo protesta de decir verdad, bastará con su manifestación firmada y ratificada ante el Juez; y

VII. En su caso, documento público mediante el cual se acredite la personalidad de la persona apoderada legal.

Artículo 111. Previa identificación de las personas solicitantes, la o el Juez levantará un acta en la que hará constar la disolución del vínculo matrimonial y los declarará divorciados.

Artículo 112. Una vez realizada la disolución del vínculo matrimonial, en un término no mayor a tres días hábiles contados a partir del día siguiente de la emisión del acta, la o el Juez deberá notificar a la Dirección General la emisión de dicha acta, a fin de que se realice la anotación de divorcio en el registro de matrimonio.

Artículo 113. En el caso de que el matrimonio haya sido celebrado en el extranjero, las personas solicitantes deberán presentar la inscripción efectuada ante el Juzgado Central.

Artículo 114. Si se comprueba que los cónyuges no cumplen con los supuestos exigidos, el divorcio así obtenido no producirá efectos, independientemente de las sanciones previstas en las leyes.

CAPÍTULO XIX
REGISTRO DE DEFUNCIÓN

Artículo 115. El Registro Civil está facultado para autorizar el registro de defunción de las personas que fallezcan dentro de la Ciudad de México, en cualquiera de los Juzgados.

Artículo 116. En el registro de defunción se harán constar el día, hora, lugar y causas del fallecimiento de la persona y se asentarán los datos que contenga el certificado de defunción correspondiente.

Si al momento de realizar el registro de defunción, se acredita con documentos públicos anteriores al deceso, que algún dato contenido en el certificado de defunción es incorrecto, se procederá a asentar el dato correcto en el acta correspondiente, conforme a la documentación que se acompañe, la cual se integrará al expediente respectivo.

En caso de omisión de información en el certificado de defunción, la manifestación de los datos proporcionados durante el registro de defunción será responsabilidad de quien los declare.

Artículo 117. Para autorizar el registro de defunción de una persona que falleció en la Ciudad de México se deberán cumplir los siguientes requisitos:

I. Certificado de defunción expedido en el formato autorizado Secretaría de Salud federal conforme a la norma oficial mexicana NOM-035-SSA3-2012;

II. Identificación oficial vigente de la persona compareciente; y

III. Comparecencia del familiar o mandatario acreditado mediante carta poder simple.

Artículo 118. En caso de muerte en vía pública o violencia, además de los requisitos mencionados en el artículo anterior se deberá presentar la autorización por escrito del Ministerio Público para que se realice la inhumación o cremación y, en su caso, autorización expedida por la Autoridad Sanitaria competente cuando así lo requiera la normativa aplicable.

Artículo 119. Cuando el registro de defunción se efectúe con posterioridad a las cuarenta y ocho horas posteriores al fallecimiento, además de los requisitos establecidos en el artículo 129, se deberá presentar la autorización expedida por la autoridad sanitaria competente.

Artículo 120. Una vez efectuado el registro de defunción, previa solicitud escrita de quien acredite su interés jurídico, se podrá cambiar el destino final del cadáver dentro de las veinticuatro horas posteriores al registro, mediante anotación marginal elaborada por la Dirección General, salvo cuando la autoridad competente ordene lo contrario.

Artículo 121. Ninguna inhumación o cremación se hará sin autorización escrita otorgada por el Registro Civil, a través de la o el Juez que autorice el registro, quien deberá constatar el fallecimiento mediante certificado de defunción suscrito por médico legalmente acreditado.

Cuando el cadáver se traslade a otra entidad federativa, a otro país, o ingrese a la Ciudad de México, será necesaria la autorización expedida por la Autoridad Sanitaria competente para la permitir la inhumación o cremación.

No se procederá a la inhumación o cremación, sino hasta después de que transcurran doce horas y hasta antes de las cuarenta y ocho horas del fallecimiento, excepto en los casos que se ordene otra cosa por la autoridad que corresponda.

En el caso de que el fallecimiento se relacione con una carpeta de investigación, la o el Juez estará impedido para autorizar la cremación del cadáver, a fin de no extinguir elementos de prueba para el posterior esclarecimiento de los hechos que motivaron la muerte, excepto en los casos que se ordene los contrario la autoridad que corresponda.

Artículo 122. Para autorizar la inhumación o cremación de un cuerpo trasladado de otra Entidad Federativa a la Ciudad de México, la persona que acredite el interés jurídico deberá cumplir con los siguientes requisitos:

I. Copia certificada directa de libro o en extracto del registro de defunción;

II. Identificación oficial vigente al momento de la solicitud en original y copia simple quien acredite interés jurídico como declarante;

III. Autorización del traslado del cadáver expedida por la autoridad competente del lugar donde se efectuó el registro de defunción; y

IV. Autorización para la internación en la Ciudad de México expedida por la Autoridad Sanitaria competente.

En caso de no contar con la documentación anterior, el Juez podrá abstenerse de autorizar la inhumación o cremación del cadáver y de advertirse la posible comisión de algún delito, lo hará del conocimiento del Ministerio Público para los efectos legales a que haya lugar.

El Juez podrá autorizar el cambio de panteón, horno crematorio, inhumación o cremación del cadáver, siempre que medie solicitud por escrito de quien acredite interés jurídico, haciendo constar tal autorización en la boleta de inhumación o cremación. Lo anterior, siempre y cuando la causa de la muerte no sea derivado de conducta violenta u ocurrida en la vía pública; en tal caso, se requerirá autorización de la autoridad investigadora.

Artículo 123. Para autorizar la inhumación o cremación de un cuerpo trasladado de otro país a la Ciudad de México, la persona que acredite interés jurídico deberá presentar ante el Registro Civil los siguientes requisitos:

I. Copia certificada del registro de defunción debidamente apostillado y/o legalizado;

II. En caso de estar en un idioma distinto al español deberá presentarse traducción efectuada por una persona perita autorizada por el Tribunal Superior de Justicia de la Ciudad de México;

III. Identificación oficial vigente en original y copia de quien acredite interés jurídico como declarante;

IV. Autorización del traslado del cadáver expedida por la autoridad competente del lugar donde se efectuó el registro de defunción; y

V. Autorización para la internación en la Ciudad de México expedida por la Autoridad Sanitaria competente.

Artículo 124. Respecto a la autorización de inhumación y cremación prevista en los artículos 122 y 123 del presente Reglamento, se integrará un expediente y se entregará la respectiva orden de inhumación y/o cremación.

Artículo 125. Para autorizar la expedición de boletas de cremación se deberá verificar que el horno crematorio cuente con el título de concesión en términos del Reglamento de Cementerios, Crematorios y Servicios Funerarios en la Ciudad de México.

CAPÍTULO XX
INSCRIPCIÓN DE ACTOS DEL ESTADO CIVIL DE PERSONAS MEXICANAS EFECTUADOS EN EL EXTRANJERO

Artículo 126. Las personas mexicanas que celebren actos relacionados con su estado civil en el extranjero deberán solicitar su inscripción ante la Dirección General para que surtan efectos dentro de territorio nacional.

Artículo 127. Las inscripciones de hechos o actos del estado civil ocurridos en el extranjero de las personas mexicanas que habitan en la Ciudad de México se inscribirán ante el Juzgado Central del Registro Civil, mismas que deberán contener la trascripción íntegra del documento presentado debidamente certificado por la autoridad emitente en el país de origen, mismo que deberá presentarse debidamente apostillado o legalizado por el Servicio Exterior Mexicano, en caso de estar redactado en idioma distinto al castellano, se requerirá traducción realizada por el perito autorizado por el Tribunal Superior de Justicia de la Ciudad de México.

En caso de inscripciones relativas a nacimiento, la persona no estará sujeta a las normas y procedimientos sobre legalización o apostilla de las copias certificadas, cuando sea posible su verificación de forma electrónica con la autoridad competente en el extranjero o con la embajada de su país para acreditar su validez; asimismo, la Dirección General podrá autorizar personas traductoras para facilitar la gratuidad de la traducción.

En caso de personas que acrediten la condición de refugiadas no será necesaria la legalización o apostilla para cualquier inscripción.

Artículo 128. Las personas que soliciten la inscripción de un acto efectuado en el extranjero deberán acreditar fehacientemente que son de nacionalidad mexicana por nacimiento o naturalización mediante los documentos enlistados en los incisos I, II y III del numeral 3 de la Ley de Nacionalidad.

Artículo 129. Las personas mexicanas que hayan efectuado trámites relacionados con actos del estado civil en el extranjero podrán solicitar el trámite de inscripción, siempre y cuando acrediten lo siguiente:

I. Ser la Persona Titular del acto;

II. En su caso, que ejercen legalmente la patria potestad o tutela de la Persona Titular;

III. En su caso, ser parientes ascendientes en línea recta y colateral hasta tercer grado; y

IV. En su caso, ser persona autorizada mediante carta poder simple.

Artículo 130. Para autorizar la inscripción de registro de nacimiento de hijas e hijos de madre y padre mexicanos efectuado en el extranjero se deberán cumplir los siguientes requisitos:

I. Copia certificada del registro de nacimiento expedido en el extranjero

II. En caso de que el documento se encuentre en idioma distinto al español, traducción al español por persona perita autorizada por la Dirección General;

III. Documento que demuestre la nacionalidad mexicana de madre y/o padre conforme al artículo 128; y,

IV. Identificación oficial vigente en original y copia de la persona solicitante.

Artículo 131. Para autorizar la inscripción de registro de matrimonio de personas mexicanas efectuado en el extranjero se deberán cumplir los siguientes requisitos:

I. Copia certificada del registro de matrimonio debidamente apostillada o legalizada;

II. En caso de que el documento se encuentre en idioma distinto al español, traducción al español por persona perita autorizada por el Tribunal Superior de Justicia de la Ciudad de México;

III. Documento que demuestre la nacionalidad mexicana de alguno de los contrayentes conforme al artículo 128;

IV. Identificación oficial vigente en original y copia de la persona solicitante; y

V. Comprobante de domicilio

Artículo 132. Para autorizar la inscripción de registro de defunción de personas mexicanas efectuado en el extranjero se deberán cumplir los siguientes requisitos:

I. Copia certificada del registro de defunción debidamente apostillado y/o legalizado;

II. En caso de que el documento se encuentre en idioma distinto al español, traducción al español por persona perita autorizada por el Tribunal Superior de Justicia de la Ciudad de México;

III. Documento que demuestre la nacionalidad mexicana de la Persona Titular del registro de defunción conforme al artículo 128;

IV. Identificación oficial vigente en original y copia de la persona solicitante; y

V. Comprobante de domicilio.

CAPÍTULO XXI
CORRECCIÓN DE EXTRACTOS

Artículo 133. La Dirección General tiene la facultad de corregir los errores de captura o informáticos que existan en el Sistema Informático del Registro Civil.

Artículo 134. La corrección de extractos procederá cuando la información transcrita en el sistema informático no concuerde con los datos asentados en los registros que obran en el acervo registral del Registro Civil y podrá realizarse de manera presencial o vía remota, a través de la plataforma que la Dirección General habilite para ello.

CAPÍTULO XXII
PROCEDIMIENTO ADMINISTRATIVO DE CORRECCIÓN DE ACTOS DEL ESTADO CIVIL DE LAS PERSONAS

Artículo 135. El Registro Civil está facultado para autorizar la rectificación de las actas del estado civil de las personas en los siguientes supuestos:

I. Errores mecanográficos u ortográficos;

II. Omisiones, imprecisiones, datos inverosímiles o usos y costumbres de época;

III. Corrección del nombre u orden de los apellidos;

IV. Corrección de discrepancias entre el registro original y su duplicado;

V. Omisiones o errores en fechas de nacimiento, defunción o de registro;

VI. Corrección de nombre, apellidos o de preposiciones del nombre que se adviertan al cotejar con los documentos que integran el expediente formado con motivo del levantamiento del acto que se pretende aclarar;

VII. Actos asentados de imposible realización en tiempo, lugar o circunstancia;

VIII. Supresión o inclusión de la conjunción copulativa entre los apellidos paterno y materno de la persona de que se trate;

IX. Rectificación del registro de nacimiento de una persona para adecuarlo a todos sus actos del estado civil y, en su caso, de las personas descendientes;

X. Uso de abreviaturas o guarismos no permitidos, el empleo de idioma distinto al español, la difícil legibilidad de caracteres, así como la defectuosa expresión de conceptos, cuando por el contexto de la inscripción o de otras inscripciones no haya duda de su contenido; y

XI. Cualquier dato esencial que tenga por objeto adecuar la realidad jurídica y social mediante la acreditación de su uso u omisión; sin que ello implique cambio con fines dolosos en su identidad, generación de derechos sucesorios, cambio de filiación, ni que pueda sustraerse de obligaciones contraídas con anterioridad a la rectificación de las mismas.

Artículo 136. Podrán efectuar procedimiento administrativo de corrección las siguientes personas:

I. Persona titular del acto;

II. Personas que se mencionan en el registro;

III. Personas descendientes de las comprendidas en las dos fracciones anteriores;

IV. En caso de personas menores de edad o se encuentren en estado de interdicción quienes ejerzan la patria potestad o tutela;

V. Persona que demuestre mediante poder simple o notarial estar facultada para ello por quien tenga derecho para otorgarlo; y

VI. Quien acredite un interés jurídico.

Artículo 137. Cuando se advierta un error notorio u omisiones, la Persona Titular podrá iniciar el procedimiento administrativo de corrección mediante acuerdo.

Artículo 138. Para iniciar el procedimiento administrativo de corrección de actos del estado civil de las personas la persona interesada deberá exhibir de manera presencial o vía remota la siguiente documentación:

I. Presentar la solicitud de corrección administrativa en el formato autorizado por la Dirección General;

II. Copia certificada de reciente expedición directa de libro del acto que se pretende corregir;

III. Identificación oficial vigente en original y copia de quien comparezca;

IV. Documentales públicas y/o privadas que acrediten la procedencia del dato a corregir en original; y

V. En su caso, documento que acredite a la persona mandataria.

Artículo 139. Las solicitudes deberán contener la firma de quien se encuentre autorizado para iniciar dicho procedimiento o de lo contrario no se admitirá dicha petición.

Artículo 140. Las solicitudes notoriamente improcedentes se desecharán de plano antes de acordar su admisión o bien se declararán improcedentes en la resolución respectiva.

Artículo 141. Una vez aceptada la solicitud de corrección administrativa, se le asignará un número progresivo de expediente y se entregará a la persona solicitante un comprobante de recepción de dicha solicitud. Posteriormente, en un término no mayor a doce días hábiles contados a partir del día siguiente de la presentación de la solicitud, personal adscrito a la Dirección General analizará la solicitud y los documentos presentados, a fin de emitir una resolución administrativa en que se determine la procedencia o improcedencia de dicha solicitud.

Artículo 142. En caso de que la documentación presentada para solicitar la corrección sea insuficiente o se advierta la falta de algún requisito, a través del correo electrónico proporcionado para tal efecto se requerirá a la persona interesada para que en un término no mayor a diez días hábiles contados a partir del día siguiente a la notificación, presente la documentación correspondiente.

Si la persona solicitante no comparece ante la Dirección General en el término indicado, se podrá determinar la improcedencia de la solicitud.

Artículo 143. Son admisibles como medios de prueba para el procedimiento administrativo de corrección las documentales públicas y privadas de conformidad con lo previsto en el Código Civil aplicable en la Ciudad de México, así como la comparecencia de la persona interesada y, en su caso, de testigos que acrediten fehacientemente la procedencia de su rectificación.

Tratándose de medios de prueba documentales serán esenciales los documentos públicos, y complementarios los privados o de naturaleza religiosa que la persona utilizó en las diversas etapas de su vida.

En caso de estimarse necesaria la comparecencia del interesado y de sus testigos, se les requerirá mediante el correo electrónico que se proporcionó para tal efecto.

Artículo 144. El expediente o apéndice de las actas del estado civil de las personas que obren en los archivos del Registro Civil, así como los que se encuentren bajo resguardo del Archivo Judicial, se tomarán como medios de prueba en el procedimiento de rectificación de acta.

Artículo 145. Una vez emitida la resolución de procedencia o improcedencia, se notificará su contenido a la persona solicitante, mediante el correo electrónico que proporcionó para tal efecto.

Artículo 146. El procedimiento administrativo de corrección de actos del estado civil de las personas se podrá realizar vía remota, a través de la plataforma que la Dirección General habilite con el uso de la llave CDMX, por lo que se creará un expediente digital.

CAPÍTULO XXIII
PROCEDIMIENTO ADMINISTRATIVO DE RESERVA POR DUPLICIDAD DE REGISTRO DE NACIMIENTO

Artículo 147. Cuando una persona tenga conocimiento que existen dos registros de nacimiento a su nombre en el archivo de la Dirección General podrá solicitar mediante escrito la reserva administrativa de algunos de los dos actos, siempre y cuando acredite fehacientemente que se trata de la misma persona, sin perjuicio de las acciones legales que pueda ejercer para solicitar la nulidad de dicha acta.

Artículo 148. Para autorizar la reserva administrativa por duplicidad de registro la persona interesada deberá cumplir con los siguientes requisitos:

I. Solicitud de reserva administrativa en el formato que autorice la Dirección General;

II. Copia certificada directa de libro de reciente expedición de ambos registros de nacimiento;

III. Identificación oficial vigente con fotografía de la persona interesada;

IV. En caso de existir, copia certificada del apéndice que se integró con motivo del registro de nacimiento; y

V. Comparecencia por escrito de la persona interesada en la que manifieste, bajo protesta de decir verdad, que ambos registros corresponden a la misma persona.

Artículo 149. La solicitud de reserva administrativa únicamente podrá presentarse por la Persona Titular de ambos registros vía remota, a través de la plataforma que la Dirección General habilite con el uso de la llave CDMX, por lo que se creará un expediente digital.

Artículo 150. Una vez presentada la solicitud, el personal autorizado por la Dirección General analizará la solicitud y los documentos presentados, a fin de emitir una resolución administrativa en que se determine la procedencia o improcedencia de dicha solicitud.

Artículo 151. Una vez emitida la procedencia de la reserva administrativa se procederá a realizar la anotación marginal correspondiente en el SID y en el acto registral.

CAPÍTULO XXIV
INSCRIPCIÓN DE LA ANOTACIONES QUE DECLARAN O MODIFICAN EL ESTADO CIVIL DE LAS PERSONAS

Artículo 152. La Dirección General está facultada para autorizar la inscripción de anotaciones que modifiquen, rectifiquen, aclaren, complementen, revoquen o anulen el contenido original de los actos del estado civil de las personas derivado de un procedimiento administrativo o jurisdiccional.

Dichas anotaciones pueden ser de tres tipos:

a) Las relacionadas con el registro al momento de su autorización;

b) Que modifiquen el estado civil de las personas; y

c) Cuando aclaren, modifiquen o rectifiquen algún dato del registro.

Artículo 153. Las anotaciones se inscribirán a través del SID con firma autógrafa digitalizada y electrónica, mismas que deberán adherirse al reverso del acta la cual permanecerá como consta en el libro, sin sufrir enmendaduras o tachaduras. Una vez adherida la anotación en el acta correspondiente se deberá relacionar con dicho acto.

Artículo 154. La inscripción de anotación por resolución jurisdiccional se efectuará una vez que el Tribunal Superior de Justicia de la Ciudad de México notifique por escrito a la Dirección General la sentencia firme que ordene la inscripción de la anotación correspondiente.

Una vez notificada la resolución al Registro Civil, el personal adscrito a la Dirección General verificará que ésta cumpla con los requisitos de validez correspondientes y con el pago de derechos por concepto de inscripción de sentencia conforme al Código Fiscal vigente. En caso de cumplir los requisitos correspondientes, en un plazo no mayor a ocho días hábiles contados a partir del día siguiente de la notificación de la resolución, se realizará la anotación respectiva.

En el caso de que la anotación no proceda o no pueda realizarse, la Dirección General dará aviso por escrito al órgano jurisdiccional competente, señalando las causas por las cuales no se pueda realizar dicha anotación.

Artículo 155. La inscripción de anotación por procedimiento administrativo se realizará en un término no mayor a 3 días hábiles contados a partir de la fecha de notificación de la resolución o acto administrativo que dé origen a la modificación o rectificación del contenido del acto.

CAPÍTULO XXV
REGISTRO DE DEUDORES ALIMENTARIOS MOROSOS DE LA CIUDAD DE MÉXICO

Artículo 156. El Registro Civil tendrá a su cargo el Registro de Deudores Alimentarios Morosos de la Ciudad de México, en el cual se inscribirán por orden jurisdiccional a las personas que hayan dejado de cumplir por más de noventa días con sus obligaciones alimentarías.

Artículo 157. Para autorizar la inscripción de una persona en el REDAM el Tribunal Superior de Justicia de la Ciudad de México deberá ordenar a la Dirección General su registro y proporcionar la siguiente información:

I. Nombre completo, Registro Federal de Contribuyentes y Clave Única de Registro de Población de de la persona deudora alimentaria morosa;

II. Nombre de la o las personas acreedoras alimentarias;

III. Datos del acta que acrediten el vínculo entre deudor y acreedor alimentario;

IV. Número de pagos incumplidos y monto del adeudo alimentario; y

V. Datos del expediente o causa jurisdiccional de la que deriva la inscripción.

Artículo 158. Una vez notificada la orden de inscripción de una persona en el REDAM y la información precisada en el artículo anterior, la Dirección General deberá realizar el registro correspondiente en un término no mayor a cinco días hábiles y, en su caso, solicitará al Registro Público de la Propiedad y del Comercio que se anote el certificado respectivo en los folios correspondientes.

Artículo 159. La Dirección General deberá contar con una plataforma digital para que el REDAM sea público y cualquier persona pueda realizar una búsqueda y obtener el certificado de registro o no registro correspondiente, mismo que será gratuito y también podrá obtenerse en las cajas ventanillas de la oficina central y en los Juzgados del Registro Civil.

Artículo 160. Cuando proceda la cancelación de la inscripción de una persona en el REDAM conforme al artículo 323 nonies del Código Civil vigente, el Tribunal Superior de Justicia de la Ciudad de México deberá notificar al Registro Civil, a fin de que realice en un término de tres días hábiles para eliminar el registro correspondiente.

CAPÍTULO XXVI
PROCEDIMIENTO DE REPOSICIÓN DE LOS ACTOS DEL ESTADO CIVIL DE LAS PERSONAS

Artículo 161. La Dirección General está facultada para autorizar la reposición de los actos del estado civil de las personas cuando se pierda, destruya, deteriore o altere la forma en la que obre el registro correspondiente, a través de copia fotostática de alguno de los ejemplares que obren en los archivos del Registro Civil, en el Archivo Judicial o de la información inscrita en el SID.

Artículo 162. Cuando se advierta que las formas en las que obran los actos del estado civil de las personas se perdieron, destruyeron o mutilaron, se deberá informar a la Persona Titular para que solicite el segundo tanto del libro al Archivo Judicial o al Juzgado del Registro Civil correspondiente.

Una vez que se remita el libro correspondiente, se reproducirá mediante una fotocopia el contenido de dicha acta y en caso de que el segundo tanto también se encuentre deteriorado, la reposición se efectuará del sistema informático del Registro Civil. Dicha reposición podrá ser autorizada mediante firma autógrafa o facsímil por la Persona Titular.

Artículo 163. En los casos de las actas del estado civil de las personas que se pierdan, destruyan o mutilen y no exista, además el libro que obra en el Archivo Judicial o en el Juzgado del Registro Civil correspondiente, podrán reponerse de conformidad con lo señalado en los artículos 39 y 40 del Código Civil.

CAPÍTULO XXVII
ARCHIVOS DEL REGISTRO CIVIL

Artículo 164. Los archivos del Registro Civil son repositorios de la memoria de los hechos y actos del estado civil de las personas que habitan o transitan en la Ciudad de México.

Artículo 165. Respecto a la gestión, clasificación y resguardo de los archivos que obran en la oficina de la Dirección General y de los 49 Juzgados del Registro Civil se deberá observar el contenido de la Ley de Archivos de la Ciudad de México.

Artículo 166. Las áreas de resguardo de archivos del Registro Civil deberán contar con personal especializado y técnico suficiente para cumplir sus funciones.

Artículo 167. Por ningún motivo se extraerán del archivo de la Oficina Central o de los Juzgados las actas del estado civil de las personas, los documentos y apuntes con ellas relacionados; excepto por orden escrita debidamente autorizada por quien los tenga a su resguardo.

El responsable del archivo estará encargado de custodiar la documentación e información que por razón de su empleo, conserve bajo su cuidado o a la cual tenga acceso, impidiendo o evitando el uso, la sustracción, destrucción, ocultamiento, alteración o inutilización indebidas.

CAPÍTULO XXVIII
JUZGADO MÓVIL DEL REGISTRO CIVIL

Artículo 168. La Dirección General contará con unidades móviles que se podrán trasladar a lugares distintos a la Oficina Central y los Juzgados del Registro Civil, los cuales brindarán de manera gratuita los siguientes servicios:

a) Expedición de constancia de inexistencia de registro de nacimiento, matrimonio o defunción;

b) Expedición de copias certificadas de actas de nacimiento, matrimonio y defunción emitidas por el Registro Civil de la Ciudad de México u otras Entidades Federativas;

c) Búsqueda de datos registrales de actas del estado civil de las personas; y

g) Registro de nacimientos, celebración de matrimonios, divorcios administrativos e inscripción de actos celebrados en el extranjero.

Artículo 169. Para obtener los servicios gratuitos las personas solicitantes deberán acudir personalmente al lugar donde se encuentren ubicadas las unidades móviles del Registro Civil.

CAPÍTULO XXIX
MATRIMONIOS COLECTIVOS

Artículo 170. Las Alcaldías, Dependencias o Entidades de la Administración Pública interesadas en llevar a cabo matrimonios colectivos, deberán realizar su solicitud por escrito dirigido a la Dirección General.

Artículo 171. La Dirección General podrá agendar y acordar los matrimonios colectivos de acuerdo a su capacidad operativa y disponibilidad de servicios.

Artículo 172. Todos los matrimonios colectivos celebrados serán gratuitos para las personas beneficiadas, a quienes por parte de la Dirección General se les entregará la primera copia certificada de su acta sin costo alguno.

Artículo 173. La integración de los expedientes de matrimonio estará a cargo de la autoridad solicitante, con quien la Dirección General se coordinará para su validación. Además la autoridad solicitante será la encargada de brindar la información requerida a las personas interesadas, así como tramitar el curso prenupcial ante la Dirección General.

Artículo 174. La Dirección General no cuenta con atribuciones ni recursos relacionados con la logística ni gastos que impliquen la celebración de los eventos de matrimonios colectivos, ya que dichos conceptos correrán por parte de la autoridad o las autoridades solicitantes.

TRANSITORIOS

Primero. Publíquese el presente Decreto en la Gaceta Oficial de la Ciudad de México.

Segundo. El presente Decreto entrará en vigor a los quince días naturales siguientes de su publicación en la Gaceta Oficial de la Ciudad de México.

Tercero. Los trámites y procedimientos iniciados con anterioridad a la entrada en vigor del presente Reglamento y aquellos que se verifiquen antes de su entrada en vigor continuarán tramitándose hasta su resolución final conforme a las disposiciones aplicables vigentes a su inicio.

Cuarto. A partir de la entrada en vigor del presente Reglamento, se abroga el Reglamento del Registro Civil del Distrito Federal, publicado el 30 de julio de 2002 en la Gaceta Oficial del —entonces— Distrito Federal N° 103.

Dado en la Residencia Oficial de la Jefatura de Gobierno de la Ciudad de México, a los 24 días del mes de septiembre del 2024. **DR. MARTÍ BATRES GUADARRAMA, JEFE DE GOBIERNO DE LA CIUDAD DE MÉXICO.- FIRMA.- EL SECRETARIO DE GOBIERNO, RICARDO RUÍZ SUÁREZ.- FIRMA.- LA SECRETARIA DE ADMINISTRACIÓN Y FINANZAS, LUZ ELENA GONZÁLEZ ESCOBAR.- FIRMA.- EL SECRETARIO DE LA CONTRALORÍA GENERAL, JUAN JOSÉ SERRANO MENDOZA.- FIRMA.- EL ENCARGADO DEL DESPACHO EN LA SECRETARÍA DE CULTURA, ARGEL GÓMEZ CONCHEIRO.- FIRMA.- EL SECRETARIO DE DESARROLLO ECONÓMICO, FADLALA AKABANI HNEIDE.- FIRMA.- EL SECRETARIO DE DESARROLLO URBANO Y VIVIENDA, CARLOS ALBERTO ULLOA PÉREZ.- FIRMA.- LA SECRETARIA DE EDUCACIÓN, CIENCIA, TECNOLOGÍA E INNOVACIÓN, JESÚS OFELIA ANGULO GUERRERO.- FIRMA.- LA SECRETARIA DE GESTIÓN INTEGRAL DE RIESGOS Y PROTECCIÓN CIVIL, MYRIAM VILMA URZÚA VENE-**

GAS.- FIRMA.- EL SECRETARIO DE BIENESTAR E IGUALDAD SOCIAL, JUAN GERARDO LÓPEZ HERNÁNDEZ.- FIRMA.- LA SECRETARIA DEL MEDIO AMBIENTE, MARINA ROBLES GARCÍA.- FIRMA.- EL SECRETARIO DE MOVILIDAD, ANDRÉS LAJOUS LOAEZA.- FIRMA.- LA SECRETARIA DE LAS MUJERES, INGRID AURORA GÓMEZ SARACÍBAR.- FIRMA.- SECRETARIO DE OBRAS Y SERVICIOS, JESÚS ANTONIO ESTEVA MEDINA.- FIRMA.- LA SECRETARIA DE PUEBLOS Y BARRIOS ORIGINARIOS Y COMUNIDADES INDÍGENAS RESIDENTES, LAURA ITA ANDEHUI RUIZ MONDRAGÓN.- FIRMA.- LA SECRETARIA DE SALUD, OLIVA LÓPEZ ARELLANO.- FIRMA.-EL SECRETARIO DE SEGURIDAD CIUDADANA, PABLO VÁZQUEZ CAMACHO.- FIRMA EL SECRETARIO DE TRABAJO Y FOMENTO AL EMPLEO, JOSÉ LUIS RODRÍGUEZ DÍAZ DE LEÓN.- FIRMA.- LA SECRETARIA DE TURISMO, NATHALIE VERONIQUE DESPLAS PUEL.- FIRMA.- EL CONSEJERO JURÍDICO Y DE SERVICIOS LEGALES, NÉSTOR VARGAS SOLANO.- FIRMA.